이렇게
기막힌
적중률

컴퓨터그래픽기능사

실기 기본서

2권·문제집

"이" 한 권으로 합격의 "기적"을 경험하세요!

▶ 합격 강의

동영상 강의가 제공되는 부분을 표시했습니다.
이기적 수험서 사이트(license.youngjin.com)에 접속하여 시청하세요.

▶ 본 도서에서 제공하는 동영상은 1판 1쇄 기준 2년간 유효합니다. 단, 출제기준안에 따라 내용은 변경될 수 있습니다.

※ 독자의 편의를 위해 기출 풀이를 CC 버전과 CS6 버전으로 나누어 수록했습니다.

PART 04 기출 유형 문제 1 ▶ 어도비 CC 버전 화면을 기준으로 설명되었습니다. 2권

부록 BONUS  또기적 합격자료집 PDF

- 추가 기출 유형 문제
- 프로그램별 핵심 단축키

※ **참여 방법** : '이기적 스터디 카페' 검색 → 이기적 스터디카페(cafe.naver.com/yjbooks) 접속 → '구매 인증 PDF 증정' 게시판 → 구매 인증 → 메일로 자료 받기

04

기출 유형 문제 1

파트 소개

실기 기출 유형을 실제 시험과 동일한 흐름으로 풀어보며 실전 감각을 기를 수 있는 파트입니다. 이해가 어려운 부분은 QR 코드를 통해 제공되는 동영상 강의를 함께 시청하실 수 있습니다.

※ 기출 유형 문제 1은 CC 버전 프로그램 화면과 풀이 과정을 기준으로 구성되었습니다.

시험지시서와 디자인 원고를 꼼꼼히 분석한 뒤, 그리드 제작, 프로그램별 작업 과정을 거쳐 최종 도면을 완성하는 전 과정을 따라가며 학습합니다. 실제 시험처럼 순서를 생각하며 연습해 보세요.

차례

SECTION
01 뮤직 페스티벌 포스터

합격 강의

반복학습 1 2 3

작업 프로그램 포토샵, 일러스트레이터, 인디자인

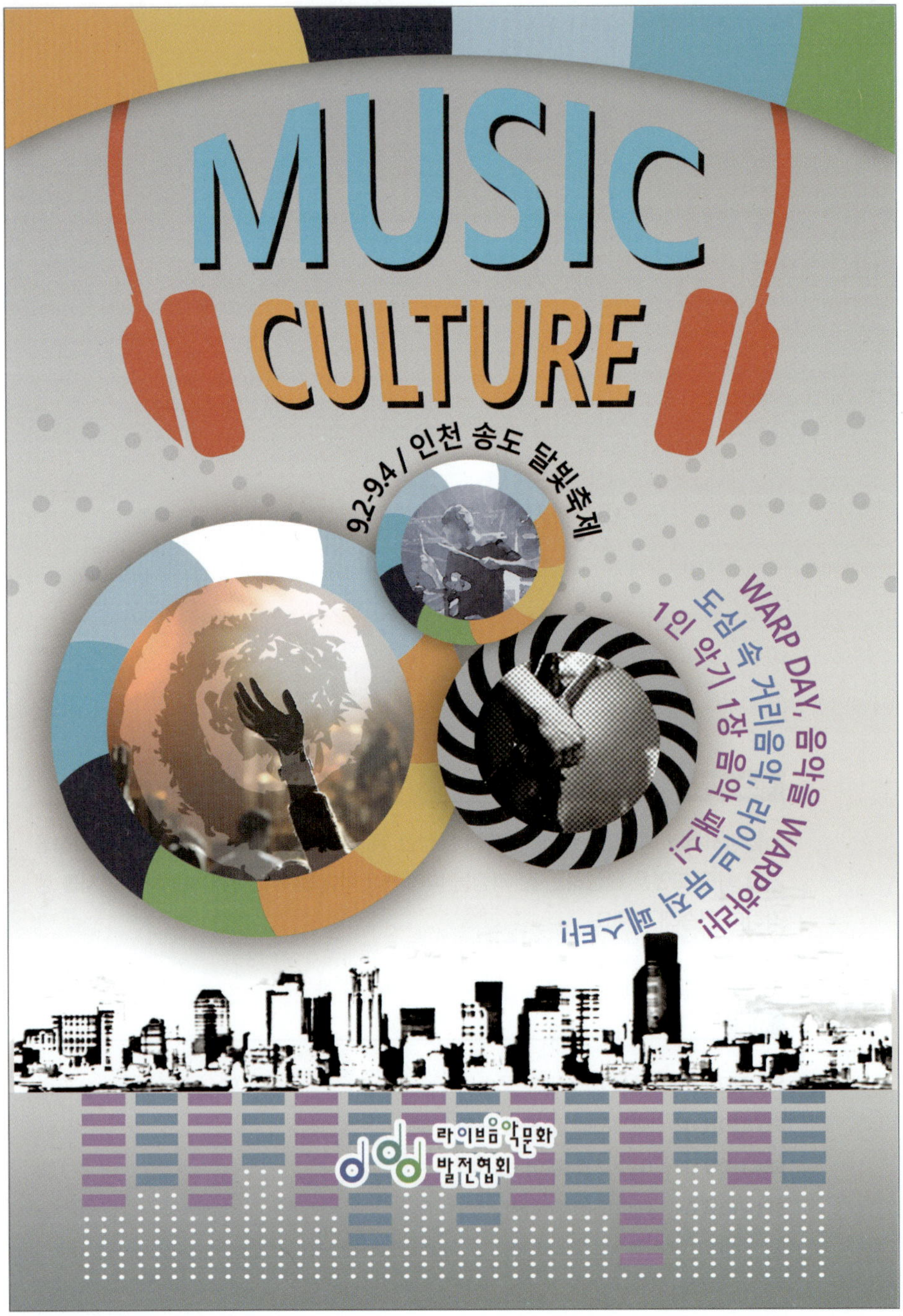
MUSIC
CULTURE
9.2-9.4 / 인천 송도 달빛축제
WARP DAY, 음악을 WARP하라!
도심 속 거리음악, 라이브 뮤직 페스타!
1인 악기 1장 음악 패스!
라이브음악문화
발전협회

국가기술자격 실기시험 문제

자격종목	컴퓨터그래픽기능사	과제명	뮤직 페스티벌 포스터

※ 시험시간 : 3시간 30분

1. 요구사항

※ 다음의 요구사항에 맞도록 주어진 자료(컴퓨터에 수록)를 활용하여 디자인 원고를 시험시간 내에 컴퓨터 작업으로 완성하여 A4 용지로 출력 후 A3 용지에 마운팅(부착)하여 제출하시오.

※ 모든 작업은 수험자가 컴퓨터 바탕화면에 폴더를 만들어 저장하시오.

가. 작품규격(재단되었을 때의 규격) : 160mm X 240mm ※A4 용지 중앙에 작품이 배치되도록 하시오.

나. 구성요소(문자, 그림) : ※(디자인 원고 참조)

① 문자요소

- MUSIC CULTURE
- 9.2–9.4 / 인천 송도 달빛축제공원
- WARP DAY, 음악을 WARP하라!
- 도심 속 거리음악, 라이브 뮤직 페스타!
- 1인 악기 1장 음악 패스!
- 라이브음악문화 발전협회

② 그림요소 : 디자인 원고 참조

01.jpg

02.jpg

03.jpg

04.jpg

다. 작업내용

01) 주어진 디자인 원고(그림, 사진, 문자, 색채, 레이아웃, 규격 등)와 동일하게 작업하시오.

02) 디자인 원고 내용 중 불명확한 형상, 색상코드 불일치, 색 지정이 없는 부분, 원고에 없는 형상 등이 있을 때는 수험자가 완성도면 내용과 같이 작업하시오.

03) 디자인 원고의 서체(요구서체)가 사용 컴퓨터 및 소프트웨어와 맞지 않을 경우는 가장 근접한 서체를 사용하시오.

04) 상하, 좌우에 3mm 재단여유를 갖도록 작품을 배치하고, 재단선은 작품규격에 맞추어 용도에 맞게 표시하시오.
(단, 디자인 원고 중 작품의 규격을 표시한 외곽선이 있을 때는 원고의 지시에 따라 표시여부를 결정한다.)

05) 디자인 원고 좌측 하단으로부터 3mm를 띄워 비번호를 고딕 10pt로 반드시 기록하시오.

06) 출력물(A4)은 어떠한 경우에도 절취할 수 없으며, 반드시 A3 용지 중앙에 마운팅하시오.

라. 컴퓨터 작업범위

01) 15MB 용량의 폴더에 수록될 수 있도록 작업범위(해상도 및 포맷형식)를 계획하시오.

02) 규격 : A4(210x297mm) 중앙에 디자인 원고 내용과 같은 작품(원고규격)을 배치하시오.

03) 해상도 및 포맷형식 : 제한용량 범위 내에서 선택하시오.

04) 기타 : ① 제공된 자료범위 내에서 활용하시오.

　　　　② 3개의 2D 응용프로그램을 고루 활용하되, 최종작업 및 출력은 편집 프로그램(쿽 익스프레스, 인디자인)에서 하시오.
　　　　　(최종작업 파일이 다른 프로그램에서 생성된 경우는 출력할 수 없음)

작품명 : 뮤직 페스티벌 포스터

※ 작품규격(재단되었을 때의 규격) : 가로 160mm X 세로 240mm, 작품 외곽선은 생략하고, 재단선은 3mm 재단 여유를 두고 용도에 맞게 표시할 것.
※ 지정되지 않은 색상 및 모든 작업은 "최종결과물" 오른쪽 디자인 원고를 참고하여 작업하시오.

❶ 원고와 같이 글자 변형

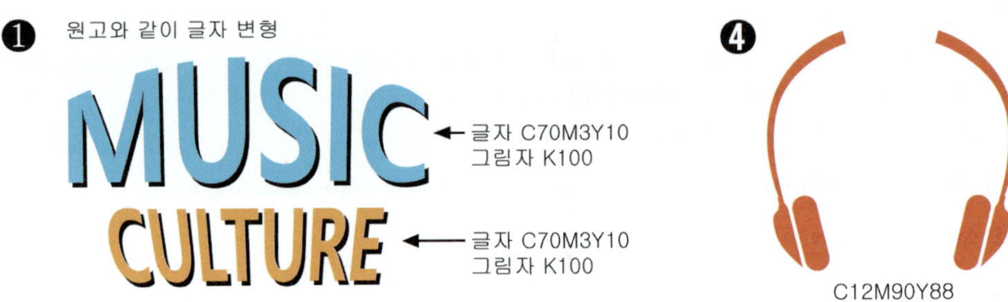

❹

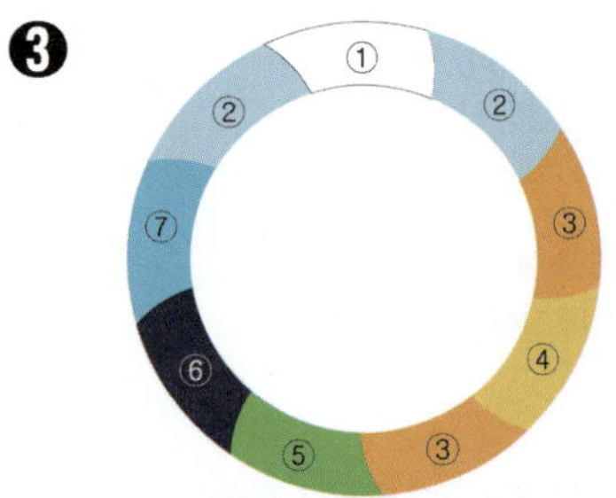

❷

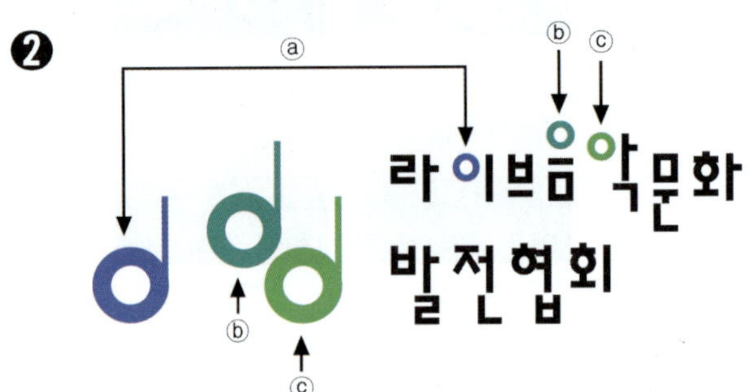

ⓐ C90M70Y5
ⓑ C90M27Y50
ⓒ C75M13Y87

-그 외 모두 K100
-테두리 적용 : W

❺

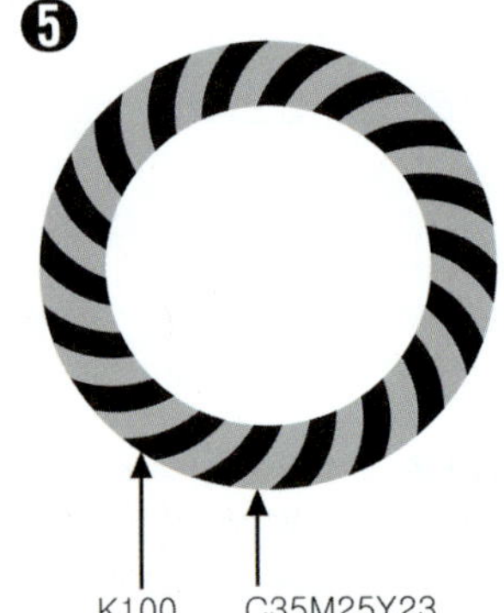

❸

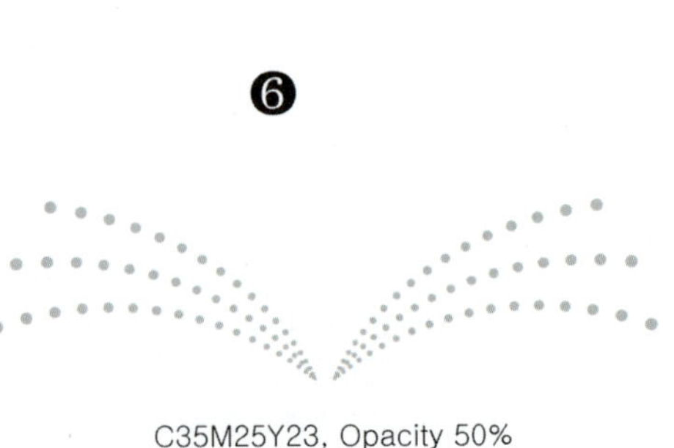

① W
② C40M10Y10
③ C10M50Y85
④ C10M25Y80

⑤ C65M15Y85
⑥ C95M85Y60K35
⑦ C70M10Y15

-그림자 효과 적용

❻

순서대로
C10M45Y85,
C10M25Y80,
C95M85Y60K35,
C40M10Y10,
C70M10Y15,
C65M15Y85,
K100 그림자 효과 적용

원형패스 글자, K100

이미지(01)
수채화 효과,
마스크 적용

이미지(04)
소용돌이 모양 제작 후
원고와 같이 합성,
마스크 적용

이미지(02)
하프톤 패턴 효과,
마스크 적용

이미지(03)
원고와 같이
필터 효과 적용

막대모양 순서대로
C40M65Y5,
C70M35Y20

W

전체 배경 그라데이션,
C35M25Y25~
C10M10Y10

글자 순서대로
C50M100,
C85M50,
C50M100

그라데이션,
C20M15Y15~
C60M40Y40

01　작업 그리드 그리기

배부받은 디자인 원고의 완성 이미지 위에 필기구와 자를 이용하여 가로, 세로의 크기를 측정한 후 각 4등분으로 선을 그어 줍니다. 16등분의 직사각형이 그려지면 가로와 세로선이 교차되는 지점을 기준으로 대각선을 그립니다.

> **기적**의 TIP
>
> **작업 그리드를 그리는 이유?**
> 컴퓨터 작업 시 각 이미지나 도형의 크기, 위치, 간격을 파악하기 위해 필요한 작업입니다. 빨간색 볼펜 등의 튀는 색상의 필기구로 기준선 그리기 작업을 하는 것이 좋습니다.

02　실제 작업 크기 분석 및 계획 세우기

작품 규격 160mm×240mm를 확인합니다. 작품 외곽선을 생략하고, 재단선은 3mm의 재단 여유를 두고 용도에 맞게 표시할 것을 염두에 둡니다. 작품규격에 위쪽, 아래쪽, 왼쪽, 오른쪽으로 각 3mm씩 재단 여유를 주면 실제 작업 크기는 166mm×246mm가 됩니다. 그리고 각 요소를 표현하기 위해 사용될 프로그램을 계획해 줍니다.

01 일러스트레이터를 실행하고, [New File]을 선택하여 [Units] : Millimeters, [Width] : 166mm, [Height] : 246mm, [Color Mode] : CMYK로 설정한 후, [Create] 버튼을 클릭합니다.

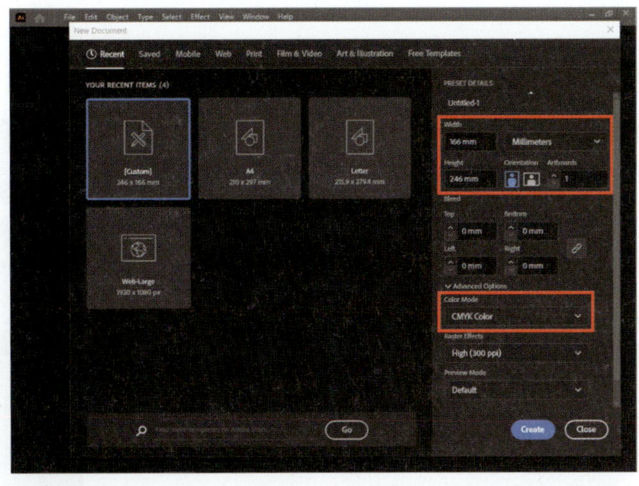

> **기적의 TIP**
>
> - Ctrl + N : New Document(새 문서 만들기)
> - 작품 규격은 160mm × 240mm이므로 재단선 3mm씩을 더하면 작업 창의 크기는 166mm × 246mm가 됩니다.

02 'Rectangular Grid Tool'을 선택하고, 작업 창을 클릭하여 대화상자를 엽니다. 작품 규격대로 Default Size 'Width : 160mm, Height : 240mm'로 설정하고, 16등분으로 나누기 위해 Horizontal Dividers, Vertical Dividers 'Number : 3'으로 입력한 후, [OK] 버튼을 클릭합니다.

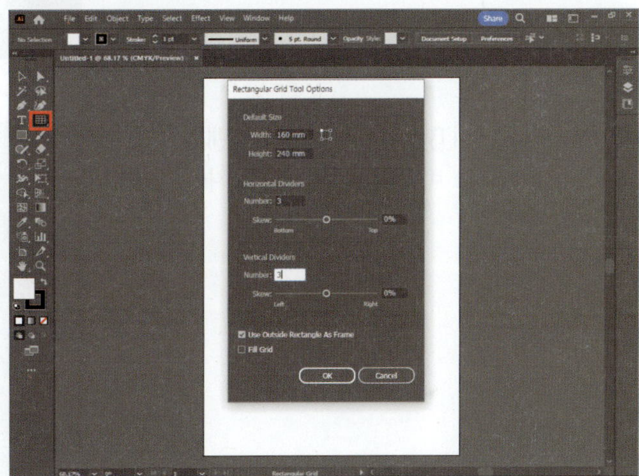

03 [Window] 〉 [Align] 패널에서 'Align To : Align to Artboard'를 선택하고 'Align Objects : Horizontal Align Center, Vertical Align Center'를 클릭합니다. Ctrl + 2 로 격자 도형을 잠그고, 'Line Segment Tool'로 좌상단에서 우하단 대각선 7개를 그린 후, Reflect Tool로 반대 방향 대각선을 복사합니다. Alt + Ctrl + 2 로 잠금 해제 후, Ctrl + A 로 모두 선택, Stroke를 빨간색으로 바꾼 뒤, Ctrl + G 로 그룹 지정합니다.

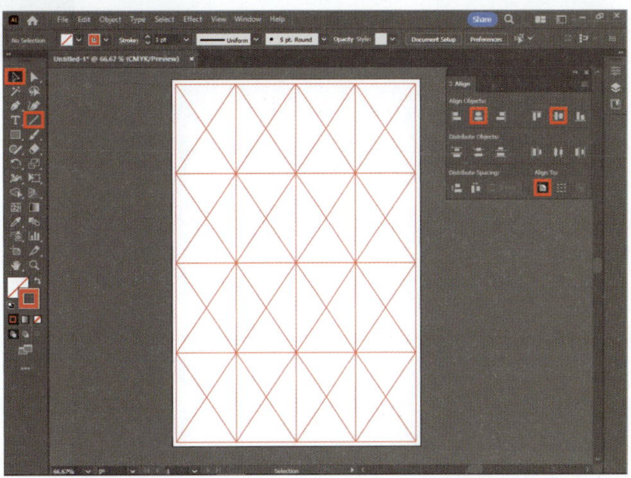

> **기적의 TIP**
>
> - Shift + F7 : Show Align
> - 'Line Segment Tool'로 7개의 대각선을 그린 후, Ctrl + A 로 모두 선택하고, 'Reflect Tool' 〉 'Vertical' 선택 후 [Copy]하면 반대편으로 대각선이 복사됩니다.

01 MUSIC CULTURE 타이틀 만들기

01 'Type Tool'을 선택하고 'MUSIC'을 입력합니다. [Ctrl]을 누른 채 작업 화면을 클릭하여 확정하고 다시 'Type Tool'로 아래에 'CULTURE'를 입력합니다.

> **기적의 TIP**
>
> **[Ctrl]+빈 곳 클릭**
> - 현재 선택된 오브젝트를 선택 해제해서 아무것도 선택되지 않은 상태가 됩니다.
> - 텍스트 입력 중이면 텍스트 편집 모드가 해제됩니다.

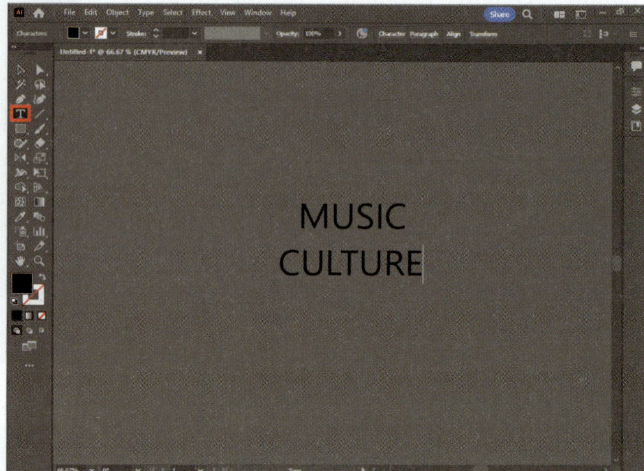

02 [Window] > [Type] > [Character] 패널을 열고 디자인 원고와 비슷한 폰트, 크기, 자간 등을 설정합니다.

03 'MUSIC' 오브젝트를 선택하고 [Object] 〉 [Envelope Distort] 〉 [Make with Warp]를 클릭합니다.

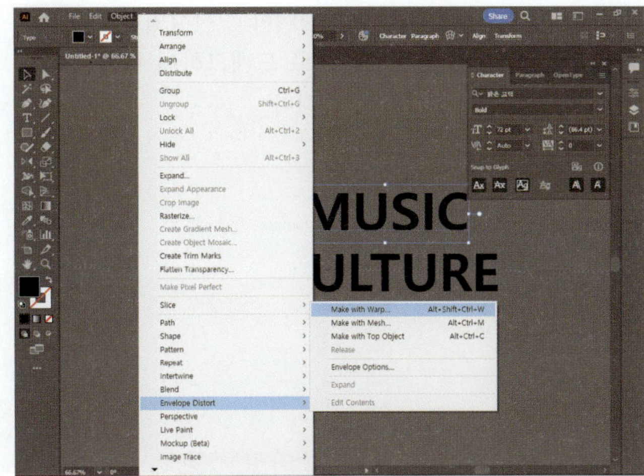

04 [Warp Options] 대화상자가 나타나면 'Style'을 'Arc Upper'로 설정하고 'Bend' 값을 조절하여 디자인 원고와 비슷하게 만든 뒤 [OK]를 누릅니다.

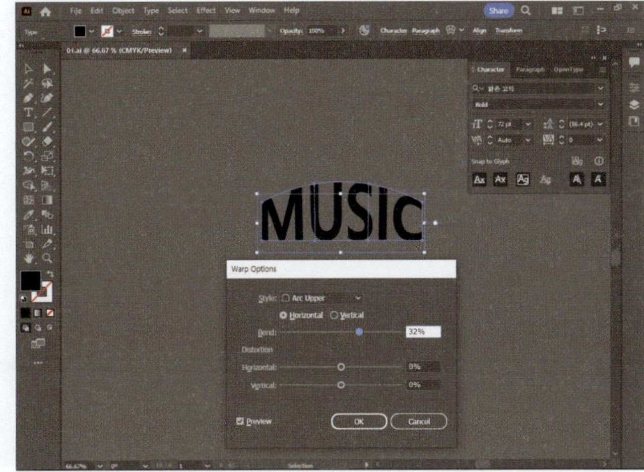

05 'Rectangle Tool'을 선택하고 'CULTURE' 오브젝트 아래에 다음과 같이 비슷한 크기의 사각형을 그립니다.

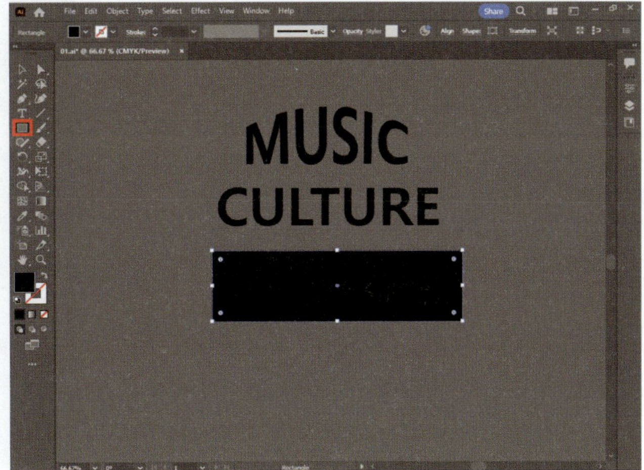

06 'Direct Selection Tool'을 선택하고 사각형의 양쪽 상단 고정점을 바깥쪽으로 드래그하여 다음과 같은 모양이 되도록 만듭니다.

07 사각형 오브젝트와 'CULTURE'를 함께 선택하고 [Object] 〉 [Envelope Distort] 〉 [Make with Top Object]를 클릭합니다.

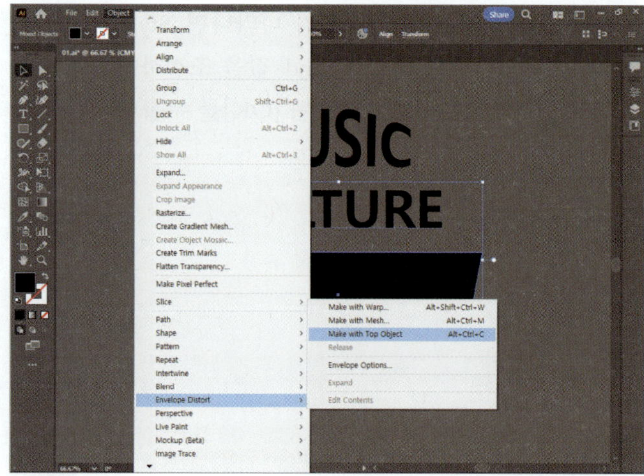

08 'MUSIC'과 'CULTURE' 오브젝트를 모두 선택하고 [Object] 〉 [Expand]를 클릭하여 면 오브젝트로 변환합니다.

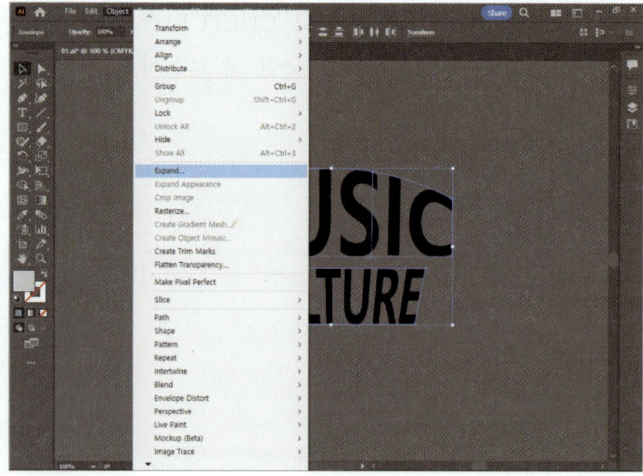

09 'Selection Tool'로 'MUSIC'을 선택하고 Alt 를 누른 채 좌측 상단으로 조금 드래그하여 복사합니다. 복사한 오브젝트를 선택하고 면색을 C70M3Y10K0으로 설정합니다.

이전과 같이 'CULTURE'를 좌측 상단으로 복사한 뒤 면색을 C7M45Y85K0로 설정합니다.

02 로고 만들기

01 빈 공간으로 화면을 이동하고 'Ellipse Tool'을 선택한 뒤 Shift 를 누른 채 작업 화면을 드래그하여 정원을 그립니다. 면색은 None, 선색은 C90M70Y5K0으로 설정합니다. 상단 옵션 바에서 'Stroke' 값을 조절하여 다음과 같이 두껍게 만듭니다.

⊫ 기적의 TIP

'Stroke' 옵션이 보이지 않는다면 'Selection Tool'을 선택하고 오브젝트를 클릭합니다.

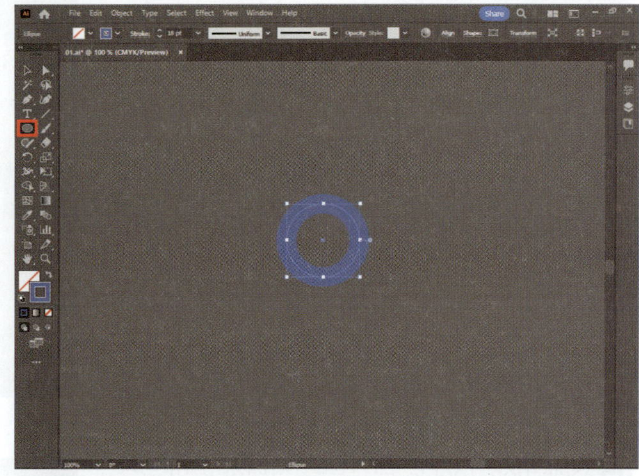

02 'Line Segment Tool'을 선택하고 Shift 를 누른 채 드래그하여 수직선을 그립니다. 면색은 None, 선색은 C90M70Y5K0으로 설정한 뒤 상단 옵션 바에서 선의 두께를 조절합니다. 'Selection Tool'로 선을 다음과 같이 배치합니다.

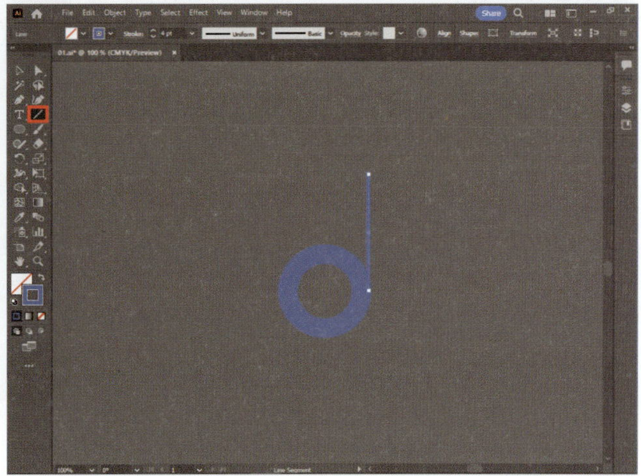

03 'Selection Tool'로 음표 오브젝트를 모두 선택하고 [Alt]를 누른 채 드래그하여 복사합니다. 같은 방식으로 하나 더 복사하여 다음과 같이 배치한 뒤 왼쪽 음표부터 면색을 C90M27Y50K0, C75M13Y87K0으로 설정합니다.

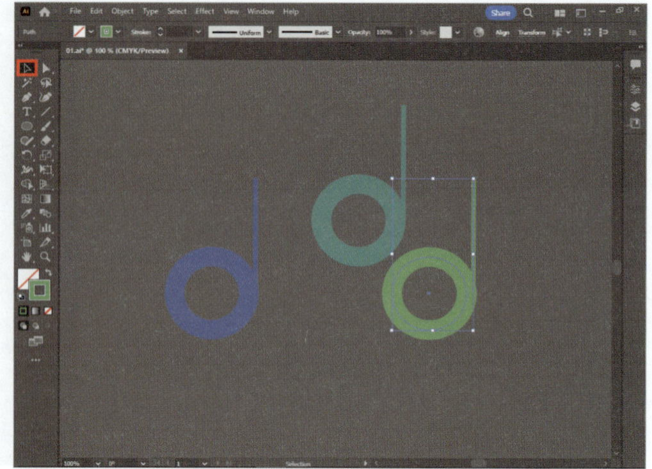

04 'Type Tool'을 선택하고 '라이브음악문화 발전협회'를 입력합니다. [Window] 〉 [Type] 〉 [Character] 패널을 열고 폰트, 크기, 자간 등을 디자인 원고와 비슷하게 설정합니다.

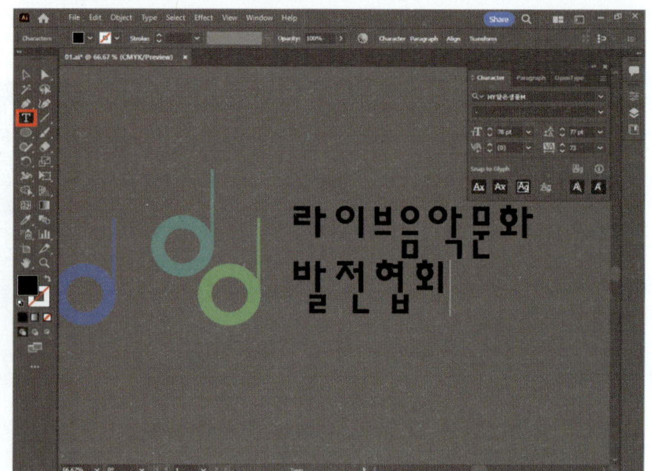

05 'Selection Tool'로 텍스트를 선택하고 마우스를 우클릭한 뒤 'Create Outlines'를 선택합니다.

> **기적의 TIP**
>
> Create Outlines : 텍스트를 선과 면이 있는 도형으로 변환합니다. 단축키는 [Shift]+[Ctrl]+[O]입니다.

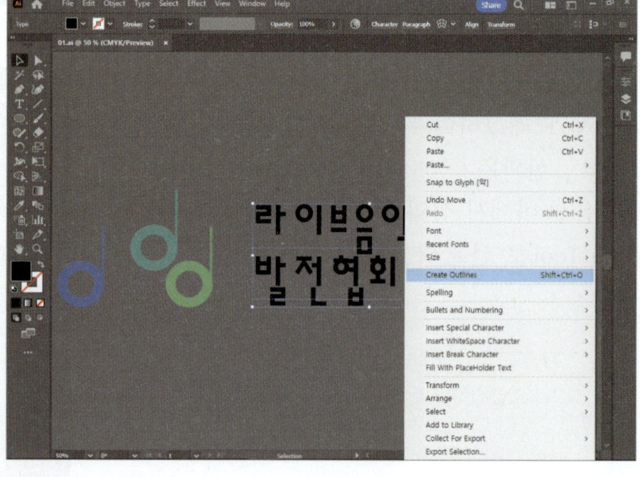

06 'Selection Tool'로 텍스트 오브젝트를 선택하고 마우스 우클릭한 뒤 'Ungroup'을 클릭하여 그룹을 해제합니다. 디자인 원고와 비슷하도록 '음'과 '악' 오브젝트를 움직여 다음과 같이 배치합니다.

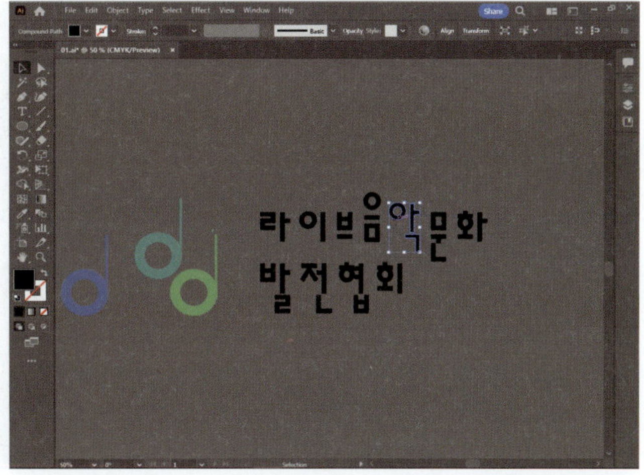

07 '음' 오브젝트를 선택하고 마우스를 우클릭한 뒤 'Release Compound Path'를 클릭합니다.

- Compound Path : 두 개 이상의 도형을 하나의 패스처럼 합쳐서, 구멍이 뚫린 형태를 만들거나 특수한 투명 영역을 만드는 기능 예 도넛 모양의 뚫린 효과, 한글 ㅇ, ㅁ의 내부
- Release Compound Path : 합쳐졌던 패스를 끊어서 다시 개별 상태로 되돌립니다. 예 도넛 모양의 오브젝트가 동그란 원 두 개로 바뀌고, 가운데의 투명 부분이 원의 면으로 채워집니다.

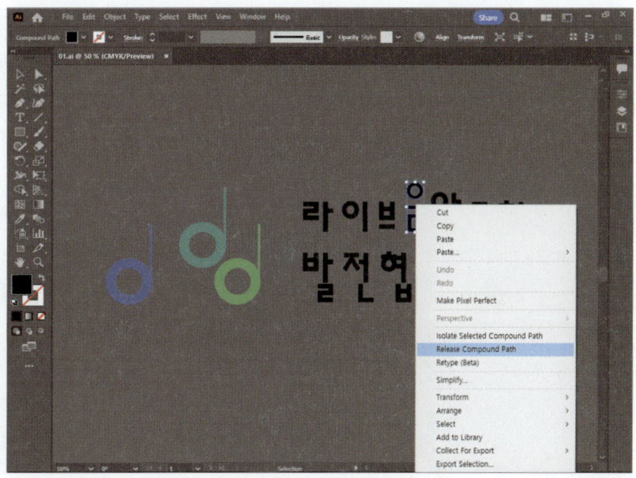

08 구멍이 막혀 있는 'ㅇ'과 'ㅁ'은 [Window] 〉 [Pathfinder] 패널을 열고 'Selection Tool'로 'ㅇ' 오브젝트를 모두 선택한 뒤 [Shape Modes : Minus Front]를 클릭합니다.

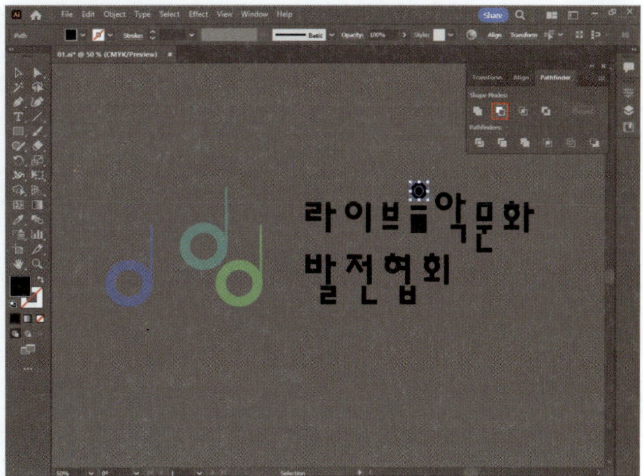

09 같은 방식으로 'ㅁ' 오브젝트도 'Release Compound Path'를 적용하고 막힌 'ㅁ' 오브젝트를 모두 선택한 다음 [Shape Modes : Minus Front]를 클릭해서 가운데 구멍을 뚫어줍니다.

항상 작업 시작과 도중에는 Ctrl+S를 눌러 수시로 저장하는 습관을 기르도록 합니다.

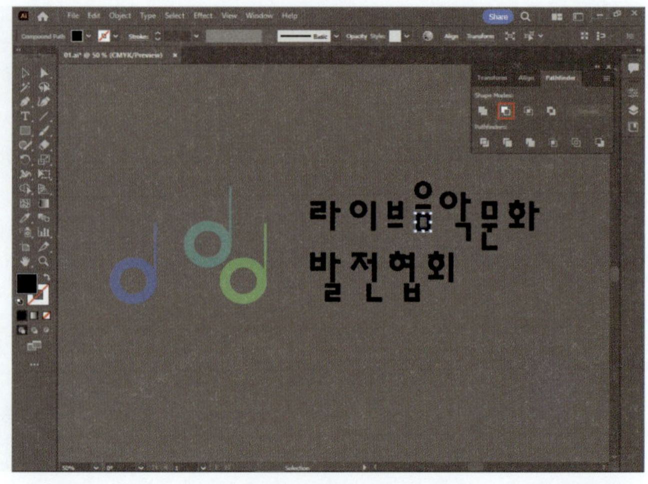

10 자음 색상을 바꿔야 하는 '이'와 '악' 오브젝트도 같은 방식으로 'Release Compound Path'를 적용합니다.

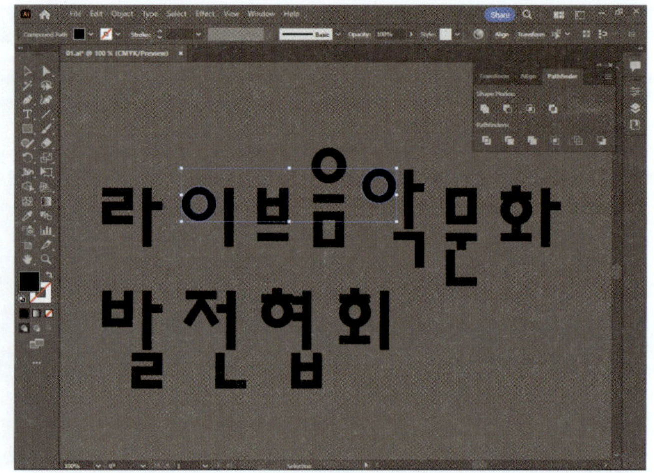

11 'ㅇ' 오브젝트의 면색을 왼쪽부터 C90M70Y5K0, C90M27Y50K0, C75M13Y87K0으로 설정합니다.

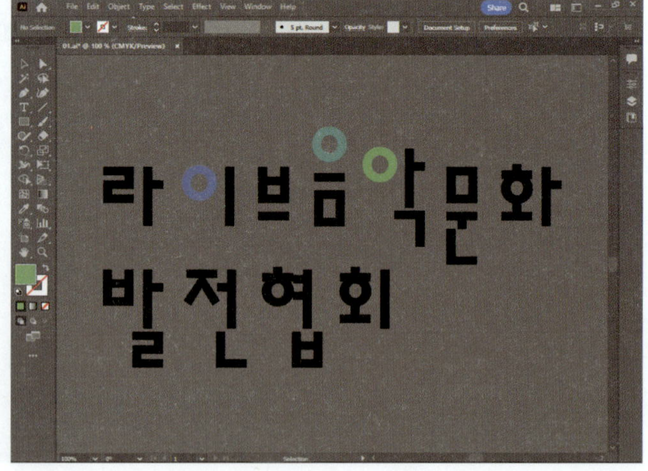

03 원형 문양 만들기

01 'Ellipse Tool'을 선택하고 정원을 그립니다. 면색은 None, 선색은 임의의 색으로 설정합니다. 상단 옵션 바에서 'Stroke' 값을 조절하여 두껍게 만듭니다.

> **기적의 TIP**
>
> 'Stroke' 옵션이 보이지 않는다면 'Selection Tool'을 선택하고 오브젝트를 클릭합니다.

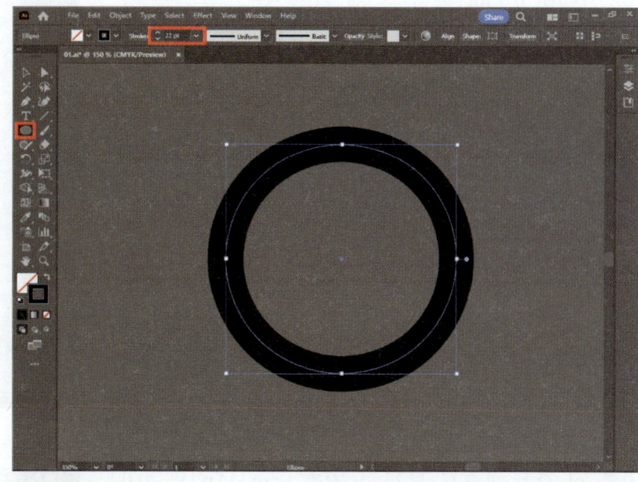

02 'Selection Tool'로 원을 선택한 다음 [Object] 〉 [Expand]를 클릭해서 선을 면 오브젝트로 변환합니다.

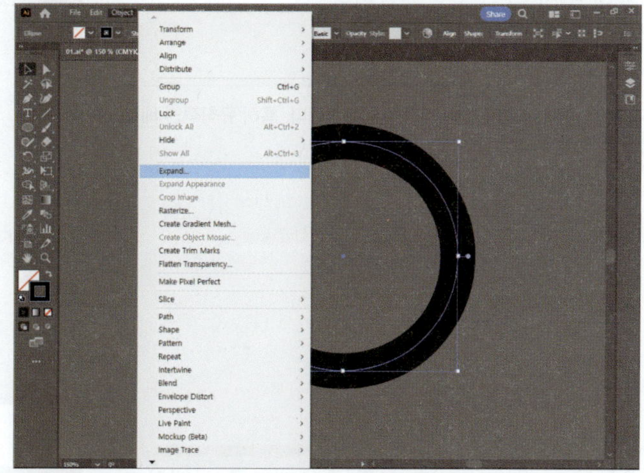

03 'Pen Tool'을 선택하고 다음과 같이 원 오브젝트 상단에 선을 그립니다. 면색은 None, 선색은 임의의 색상으로 설정합니다.

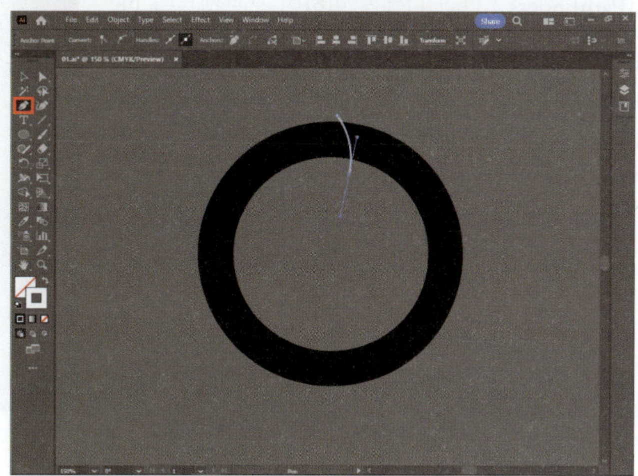

04 선 오브젝트가 선택된 상태로 'Rotate Tool'을 선택하고 [Alt]를 누른 채 원의 중앙 부분을 클릭합니다. [Rotate] 대화상자가 나타나면 'Angle' 값을 40°로 설정하고 [Copy] 버튼을 누릅니다.

'Rotate Tool'을 선택하고 [Alt]를 누른 채 클릭하여 클릭한 지점을 기준으로 회전 및 복사할 수 있습니다.

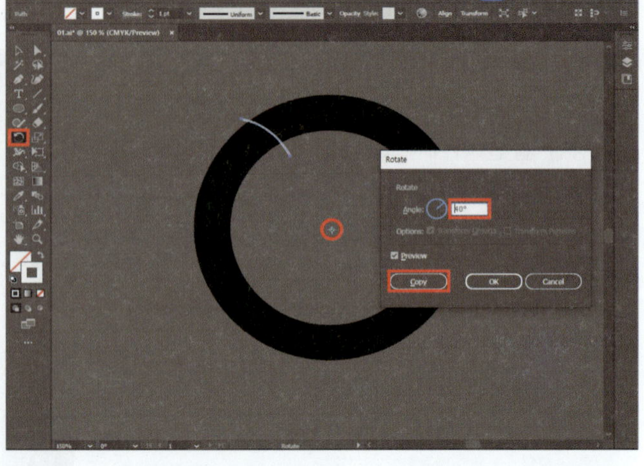

05 선 오브젝트를 복사한 직후 [Ctrl]+[D]를 7번 눌러 복사 작업을 반복합니다.

[Ctrl]+[D] : 마지막 변형 작업을 반복합니다. 특히 규칙적인 배열 작업에 가장 많이 쓰입니다.

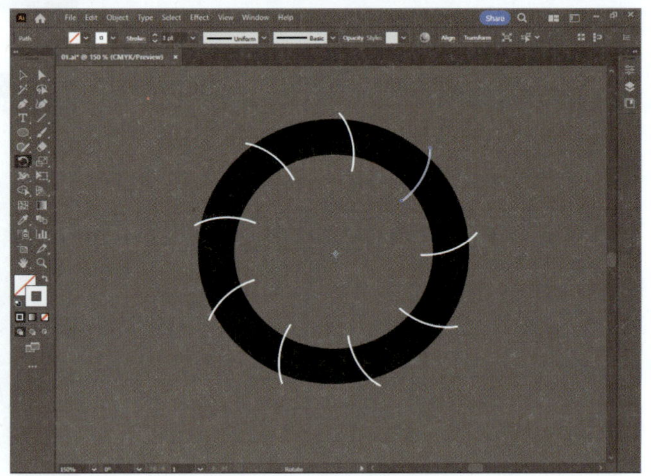

06 'Selection Tool'로 모든 오브젝트를 선택하고 [Pathfinders : Divide]를 클릭하여 오브젝트를 나눕니다. 'Direct Selection Tool'로 불필요한 패스를 삭제합니다.

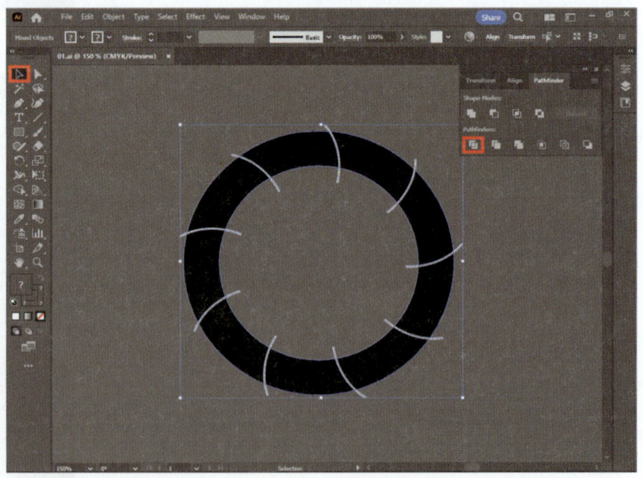

07 'Direct Selection Tool'로 나눠진 원 오브젝트의 12시 방향에 있는 조각을 선택하고 면색을 White로 설정합니다.

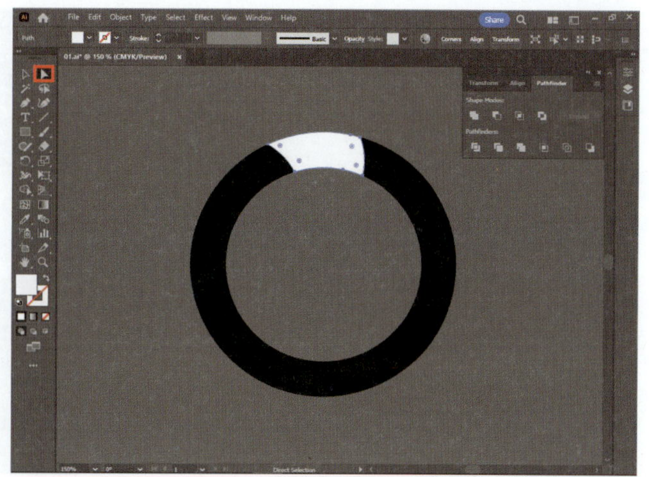

08 나머지 부분도 'Direct Selection Tool'로 선택한 다음, 면색을 시계 방향으로 다음과 같이 바꿉니다.

C40M10Y10K0, C10M50Y85K0,
C10M25Y80K0, C10M50Y85K0,
C65M15Y85K0, C95M85Y60K35,
C70M10Y15K0, C40M10Y10K0

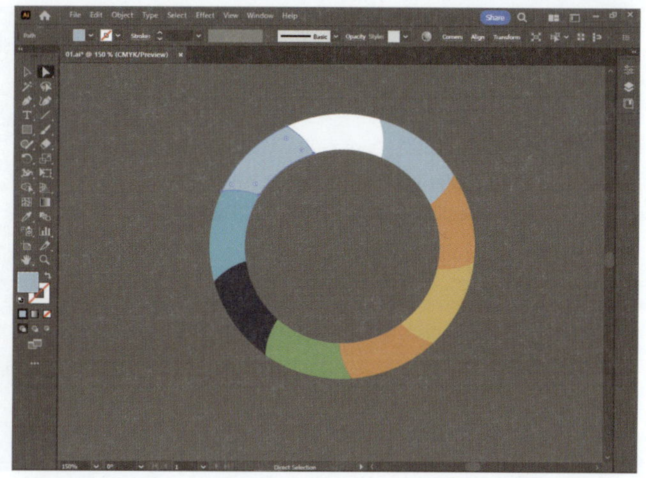

04 헤드셋 만들기

01 빈 공간으로 화면을 이동합니다. 'Rounded Rectangle Tool'을 선택하고 작업 화면을 드래그하여 다음과 같은 둥근 사각형을 그립니다. 면색은 C12M90Y88K0으로 설정합니다.

⚙ **버전** TIP

CS6 버전은 둥근 사각형을 그릴 때 마우스를 떼지 않은 상태에서 방향키 ↓, ↑를 눌러 둥근 정도를 조절할 수 있습니다.

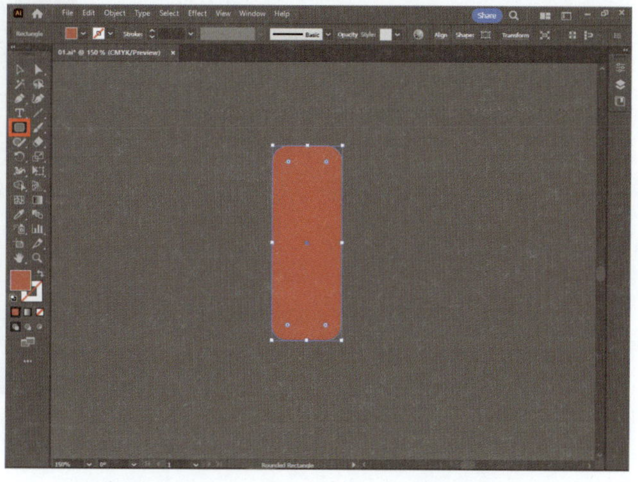

02 'Pen Tool'을 선택하고 다음과 같이 헤드셋 모양을 그립니다.

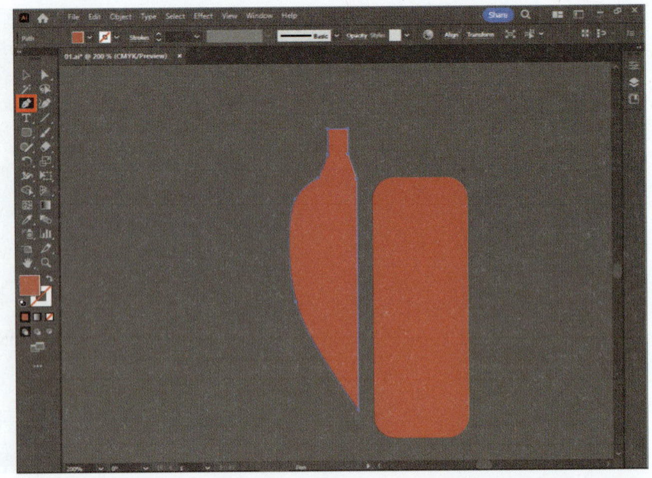

03 다음과 같이 'Pen Tool'로 헤드셋의 윗부분까지 모두 그립니다.

대략적인 크기와 형태를 먼저 그리고 나중에 'Anchor Point Tool'과 'Direct Selection Tool'로 수정하는 것이 좋습니다

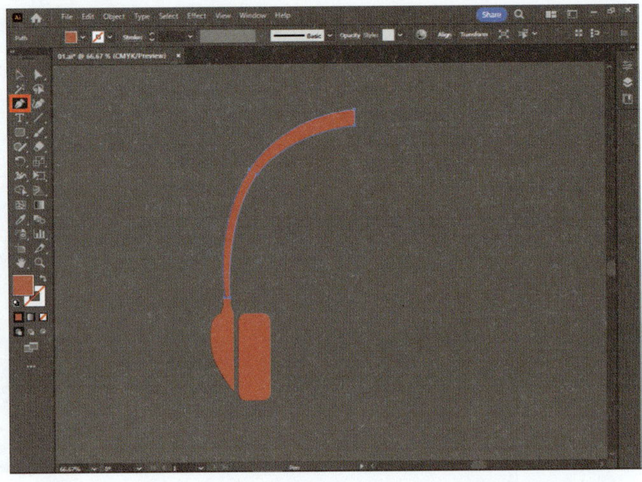

04 'Selection Tool'로 헤드셋 오브젝트를 모두 선택하고 왼쪽으로 살짝 기울입니다.
'Reflect Tool'을 선택한 뒤 헤드셋의 중앙이 될 부분에 Alt 키를 누른 채 클릭하면 대화상자가 열립니다. 'Vertical'을 선택하고 [Copy]를 클릭합니다.

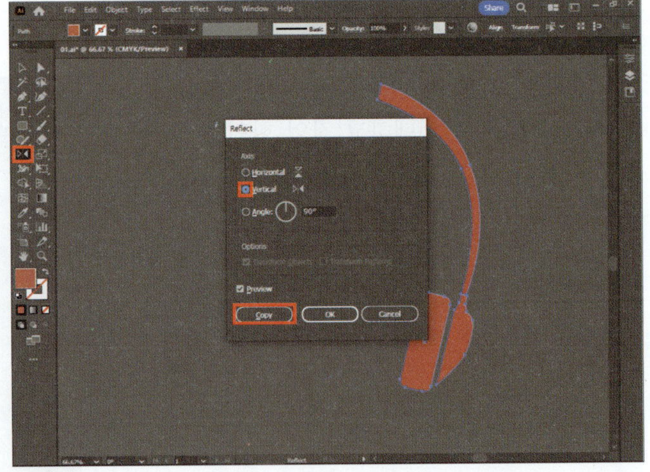

05 복사된 오브젝트를 확인하고 'Selection Tool'로 헤드셋 간의 간격을 조절합니다.

추후에 포토샵 작업을 할 때 각각의 오브젝트를 따로 불러와야 하기 때문에 그룹으로 지정하지 않습니다.

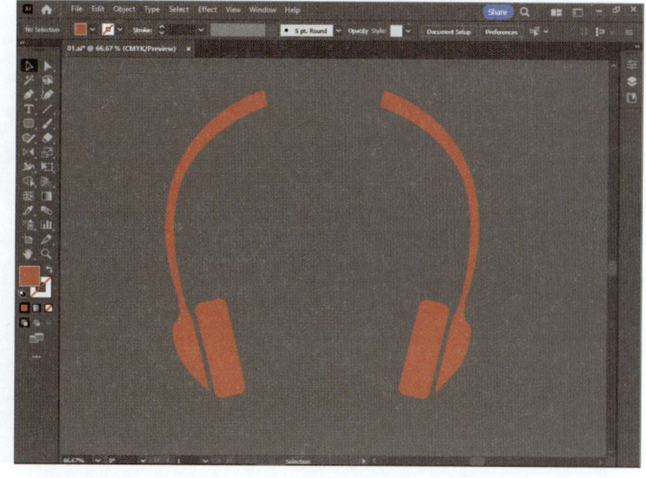

05 원형 문양 2 만들기

01 'Ellipse Tool'을 선택하고 정원을 그립니다. 면색은 None, 선색은 C35M25Y23K0으로 설정합니다. 상단 옵션 바에서 'Stroke' 값을 조절하여 두껍게 만듭니다.

'Stroke' 옵션이 보이지 않는다면 'Selection Tool'을 선택하고 오브젝트를 클릭합니다.

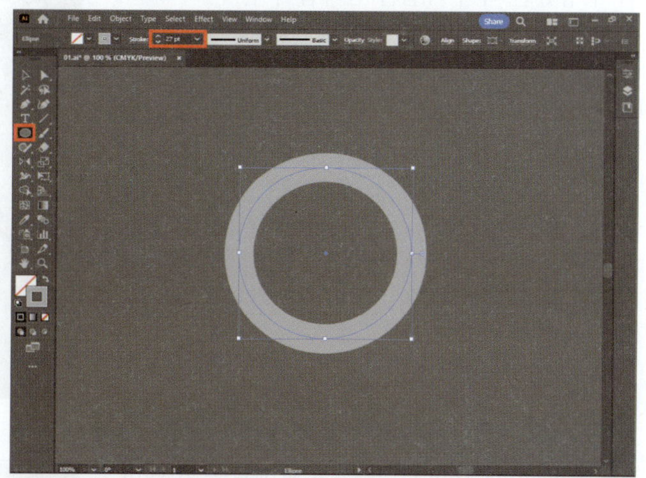

02 'Pen Tool'을 선택하고 다음과 같이 원 오브젝트 상단에 선을 그립니다. 면색은 None, 선색은 임의의 색상으로 설정합니다.

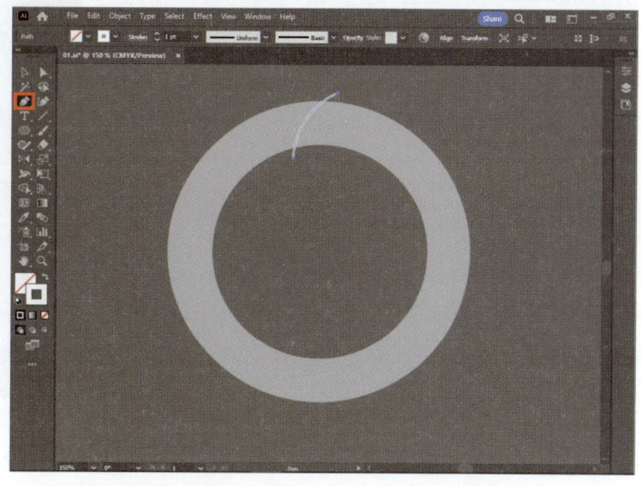

03 선 오브젝트를 선택하고 'Rotate Tool'을 선택한 뒤 Alt 를 누른 채 원 오브젝트의 중앙을 클릭하여 대화상자를 엽니다. 'Angle' 값을 10°로 설정하고 [Copy]를 누릅니다.

총 36개의 선을 만들어야 하기 때문에 전체 360°에서 36을 나눈 값인 10을 입력합니다.

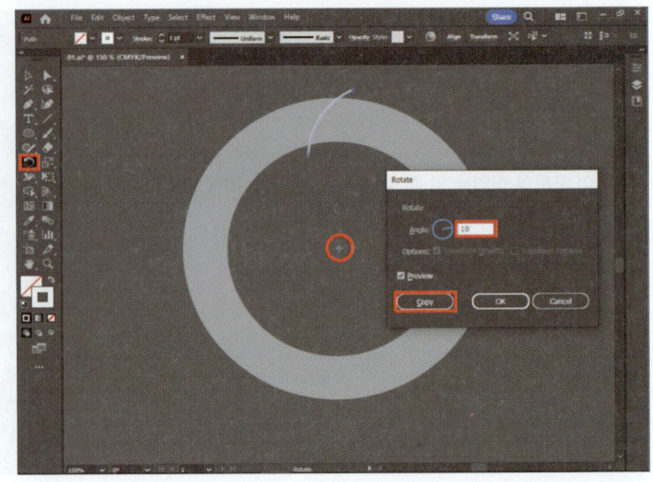

04 선을 복사한 직후 Ctrl + D 를 34번 눌러 방금 수행했던 복사 작업을 반복합니다.

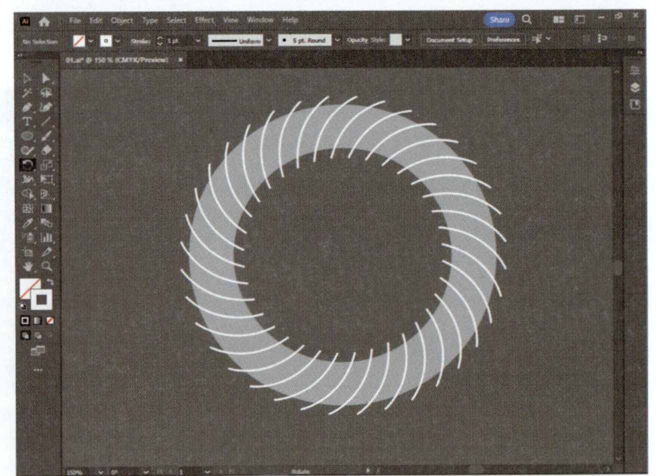

05 'Selection Tool'로 모든 오브젝트를 선택한 뒤 [Pathfinder] 패널을 열어서 [Pathfinders : Divide]를 클릭하여 원 오브젝트를 나눕니다.

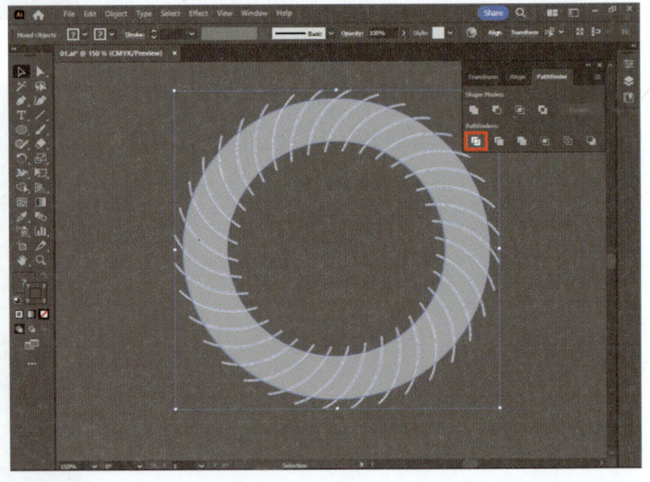

06 'Direct Selection Tool'로 불필요한 패스를 지운 다음 Shift 를 누른 채 검정색이 들어갈 부분을 선택한 뒤, 면색을 C0M0Y0K100으로 설정합니다.

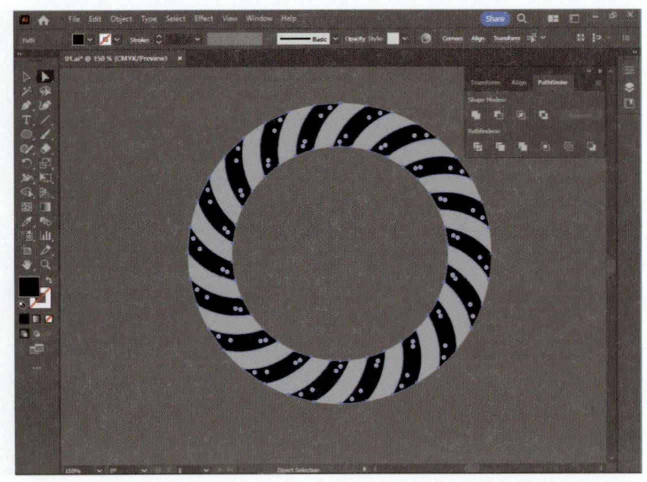

06 곡선을 따라 커지는 점 만들기

01 빈 공간으로 화면을 옮깁니다. 'Ellipse Tool'을 선택하고 다음과 같이 작은 정원, 큰 정원을 그립니다. 색상은 C35M25Y23K0으로 설정합니다.

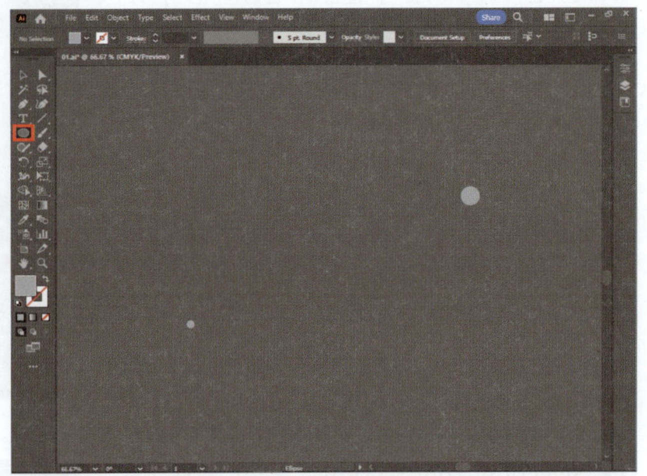

02 [Object] > [Blend] > [Blend Options] 대화상자를 엽니다. 'Spacing : Specified Steps'를 선택하고 값을 18로 설정한 뒤 [OK]를 누릅니다.

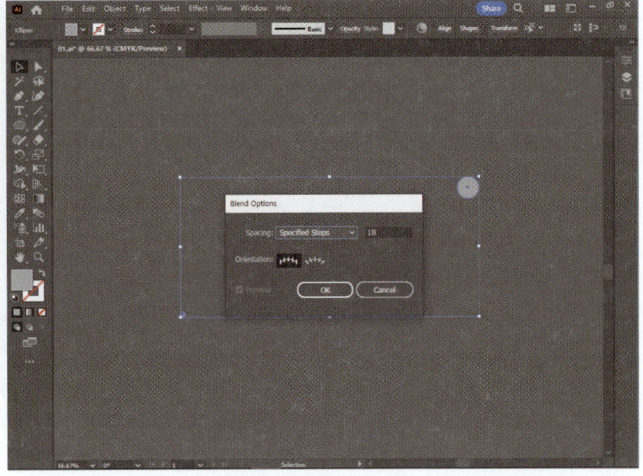

03 두 개의 원 오브젝트를 모두 선택하고 [Object] > [Blend] > [Make]를 클릭하여 블렌드 효과를 적용합니다.

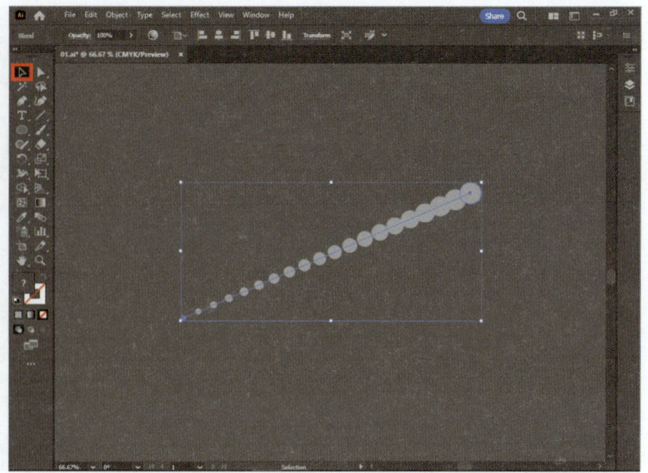

04 점선 오브젝트에 굴곡을 주기 위해 'Pen Tool'을 선택하고 다음과 같은 곡선을 그립니다.

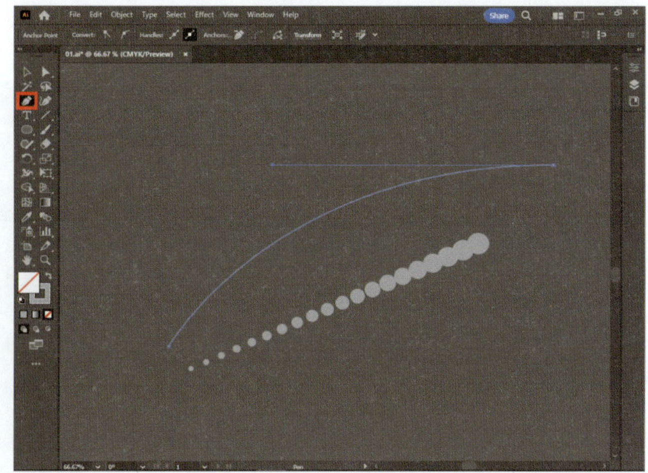

05 'Selection Tool'로 점선과 곡선 오브젝트를 모두 선택하고 [Object] > [Blend] > [Replace Spine]을 클릭하여 곡선을 적용합니다.

> **기적의 TIP**
>
> 효과를 적용한 후에도 'Direct Selection Tool'로 곡선의 고정점을 움직여 모양을 수정할 수 있습니다.

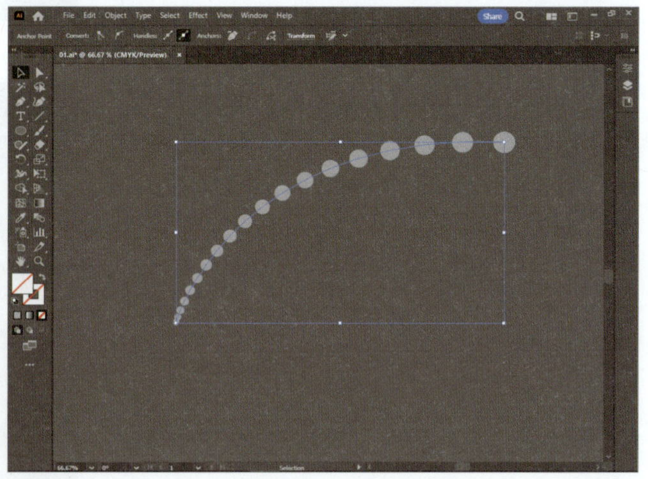

06 'Selection Tool'로 점선 오브젝트를 선택하고 Alt를 누른 채 복사하고 기울기를 수정해 다음과 같이 배치합니다. 한 번 더 복사하고 기울인 다음 배치하여 총 3개의 점선 오브젝트를 만듭니다.

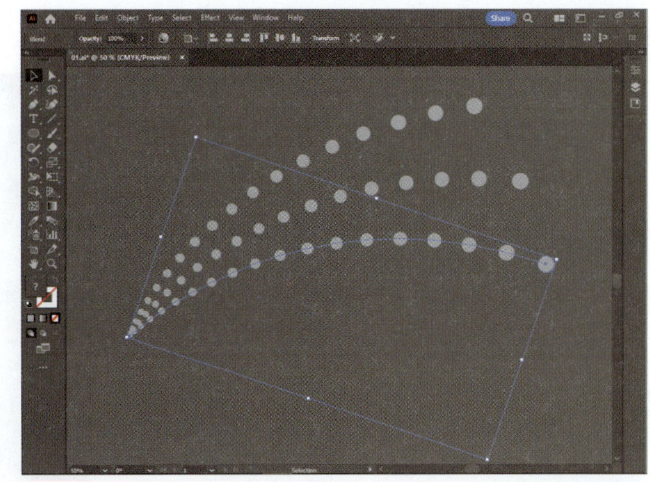

07 'Selection Tool'로 3개의 점선 오브젝트를 모두 선택하고 'Reflect Tool'을 선택한 다음 기준이 될 부분에 Alt를 누른 채 클릭하여 대화상자를 엽니다. 'Vertical'을 선택하고 [Copy]를 눌러 복사합니다.

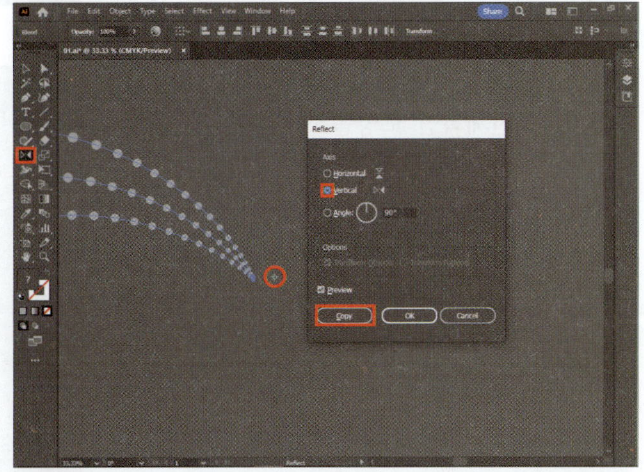

08 복사된 점선 오브젝트를 선택하고 간격을 조절합니다. 양쪽 모든 오브젝트를 선택하고 Ctrl +G를 눌러 그룹으로 지정합니다.

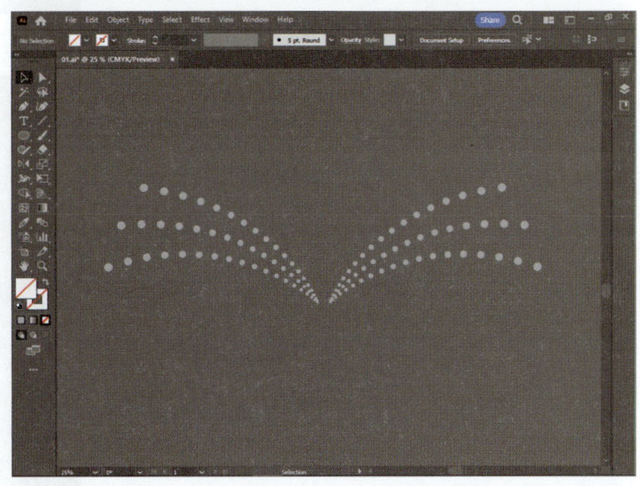

01 정확한 크기로 만들기 위해 그리드 위에서 작업하겠습니다. 그리드를 선택하고 Ctrl + 2 를 눌러 방해되지 않도록 잠급니다.

🏁 **기적의 TIP**

Ctrl + Shift + 2 를 눌러 모든 잠금을 해제할 수 있습니다.

02 'Pen Tool'을 선택하고 그리드 윗부분에 다음과 같이 전체적인 모양을 그립니다. 선색은 None, 면색은 임의의 색상으로 설정합니다.

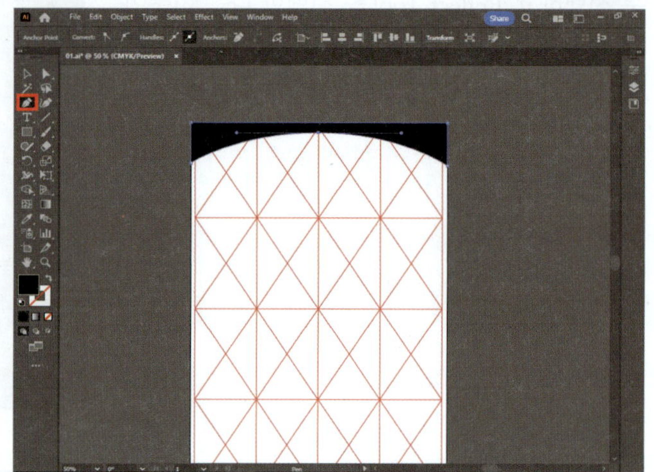

03 오브젝트를 나누기 위해 'Pen Tool'을 선택하고 다음과 같이 5개의 선을 그립니다. 면색은 None, 선색은 임의의 색상으로 설정합니다.

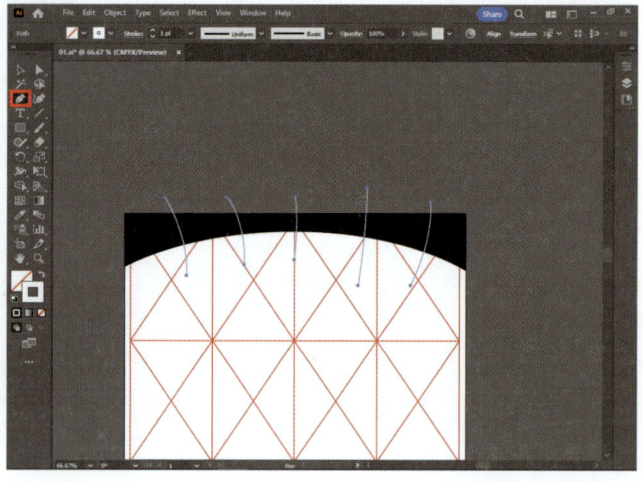

04 'Selection Tool'로 모든 오브젝트를 선택한
뒤 [Pathfinder] 패널을 열어서 [Pathfinders : Di-
vide]를 클릭하여 원 오브젝트를 나눕니다.
'Direct Selection Tool'을 선택하고 왼쪽부터 면
색을 C10M45Y85K0, C10M25Y80K0, C95M85
Y60K35, C40M10Y10K0, C70M10Y15K0, C65
M15Y85K0으로 설정합니다.

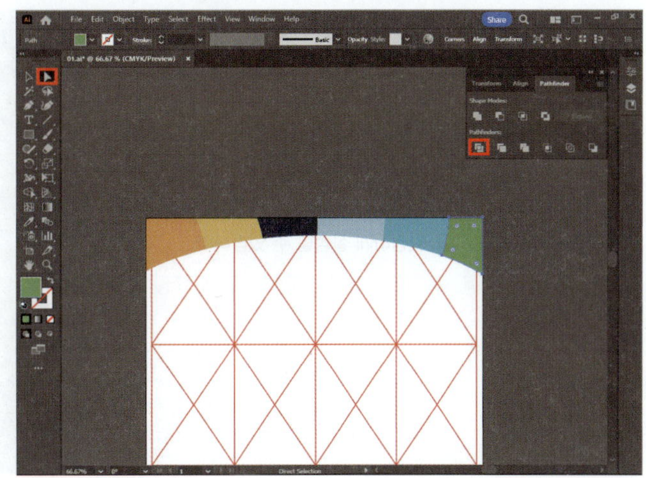

08 사운드 웨이브 만들기

01 그리드 하단에 'Rectangle Tool'로 작은
사각형을 그립니다. 선색은 None, 면색은
C40M65Y5K0으로 설정합니다.

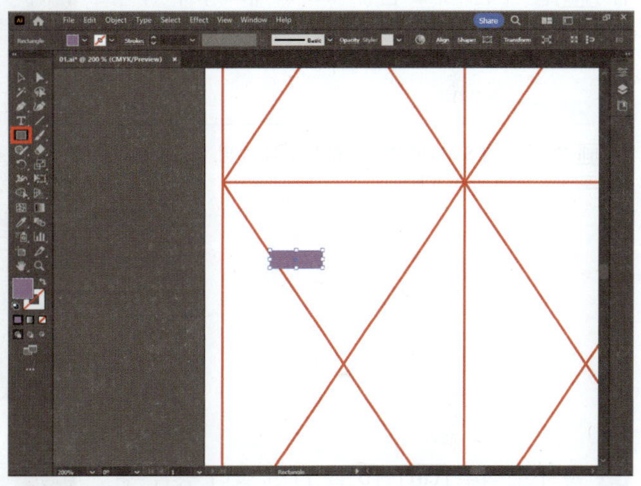

02 'Selection Tool'로 사각형을 선택하고 Alt 를
누른 채 드래그하여 복사합니다.

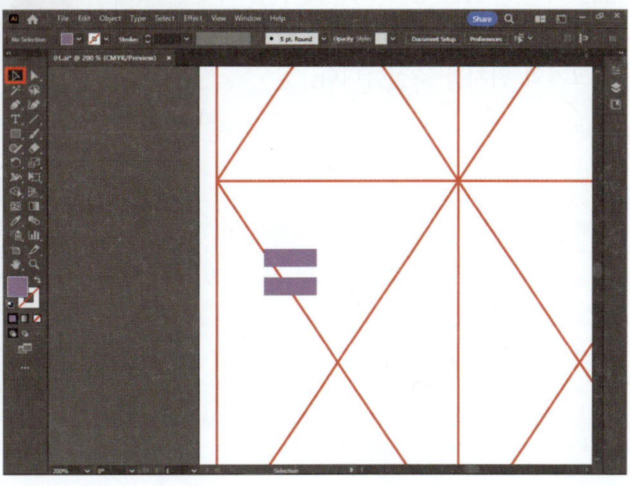

03 사각형을 복사한 직후 [Ctrl]+[D]를 4번 눌러
사각형 복사 작업을 반복합니다.

> ▶ **기적의 TIP**
>
> 정렬할 오브젝트를 선택하고 [Window] 〉 [Align] 패널을 열
> 고 'Distribute Objects : Vertical Distribute Center'를 클릭
> 하면 오브젝트의 간격을 일정하게 설정할 수 있습니다.

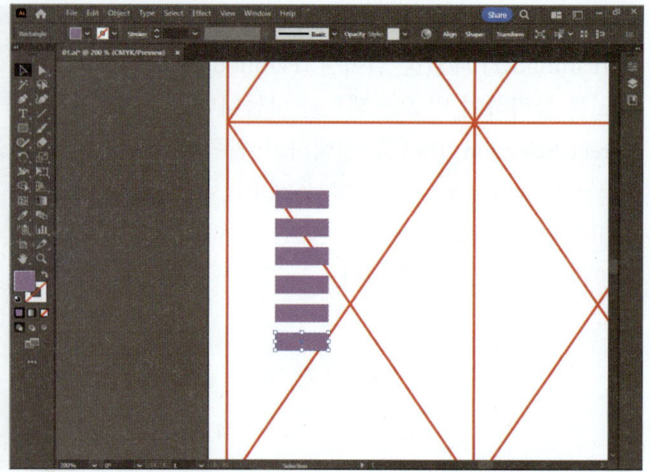

04 'Selection Tool'로 모든 사각형을 선택한 다
음 [Alt]를 누른 채 오른쪽으로 드래그하여 복사
합니다.

> ▶ **기적의 TIP**
>
> [Shift]를 누른 채 오브젝트를 이동하면 수직, 수평, 45° 방향
> 으로만 옮길 수 있습니다.

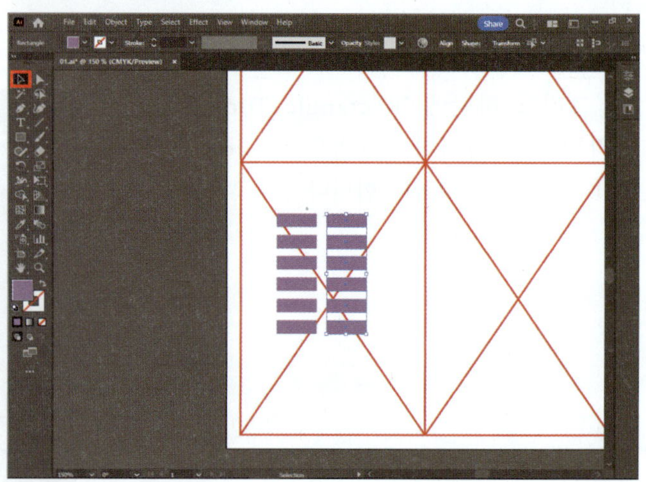

05 복사한 직후 [Ctrl]+[D]를 11번 눌러 방금 수
행한 복사 작업을 반복 적용합니다. 복사된 사각
형 오브젝트를 모두 선택하고 디자인 원고에 맞
게 크기와 위치를 조절합니다.

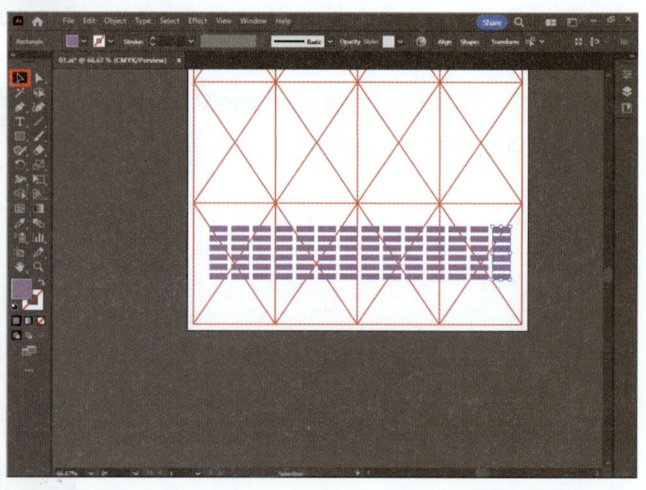

06 'Selection Tool'로 색상이 바뀌어야 할 곳만 [Shift]를 누른 채 세로로 한 줄씩 드래그하여 교차 선택합니다. 면색을 C70M35Y20K0으로 변경합니다.

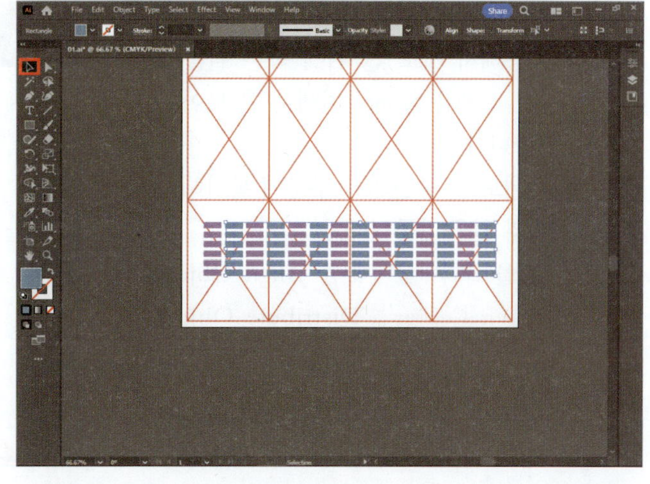

07 'Selection Tool'로 디자인 원고에 맞게 [Alt]를 누른 채 사각형을 이동시켜 복사하거나 선택해서 삭제합니다.

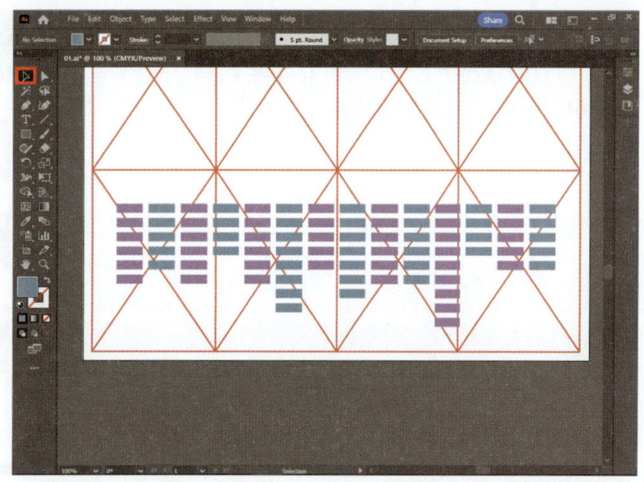

08 아래 점무늬를 만들기 위해 [Window] 〉 [Layers] 패널을 열고 하단의 'Create New Layer' 버튼을 클릭해서 새 레이어를 꺼냅니다.
기존의 작업 중이던 레이어의 눈 모양 아이콘 옆의 빈 공간을 클릭해서 레이어의 오브젝트가 선택되지 않도록 잠가 줍니다.

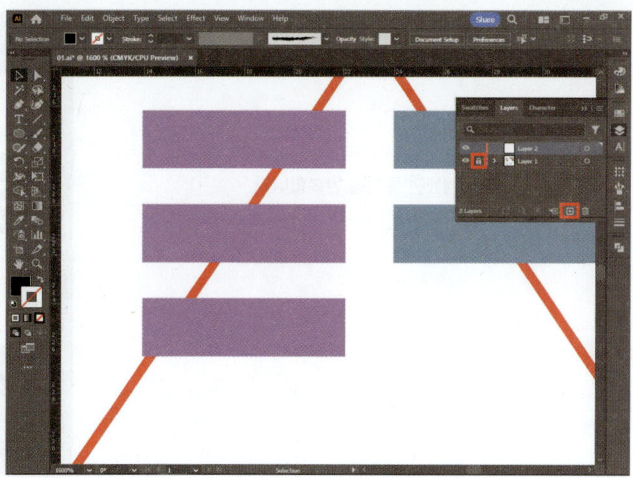

09 새 레이어를 클릭해서 선택하고 'Ellipse Tool'을 이용해서 네모 칸 위에 작은 원을 하나 그려줍니다. 선색은 None, 면색은 잘 보이는 색으로 지정합니다.

작은 원을 네모 칸 중간과 끝부분에 복사해서 똑같은 세 개의 원을 만듭니다.

세 개의 원을 모두 선택해서 'Align Objects : Vertical Align Center', 'Distribute Objects : Horizontal Distribute Center'을 클릭하여 정렬합니다.

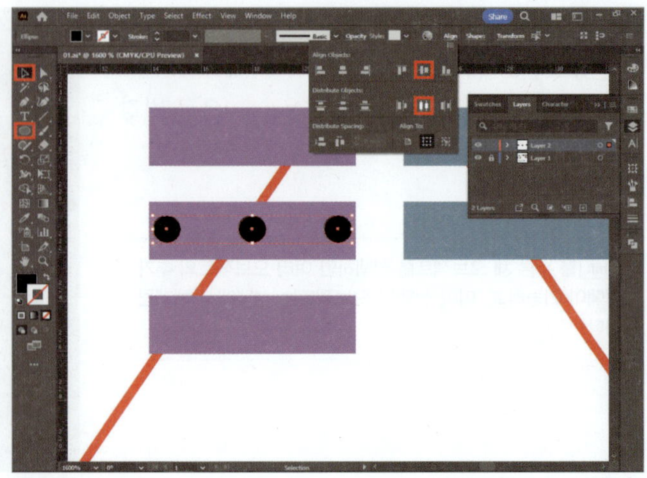

10 'Selection Tool'을 선택하고 세 개의 원을 모두 선택한 뒤 Alt 를 누른 채 옆으로 드래그하여 일정한 간격으로 복사합니다.

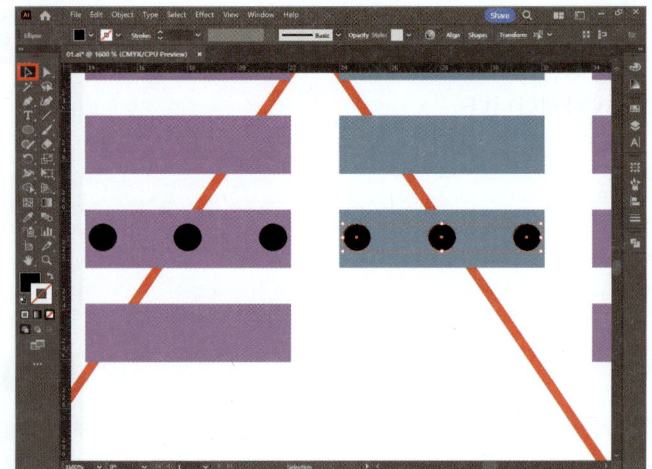

11 Ctrl + D 를 열두 번 더 눌러서 열두 번 복사합니다.

> **기적의 TIP**
>
> Ctrl + D : 방금 실행했던 동작을 반복합니다.

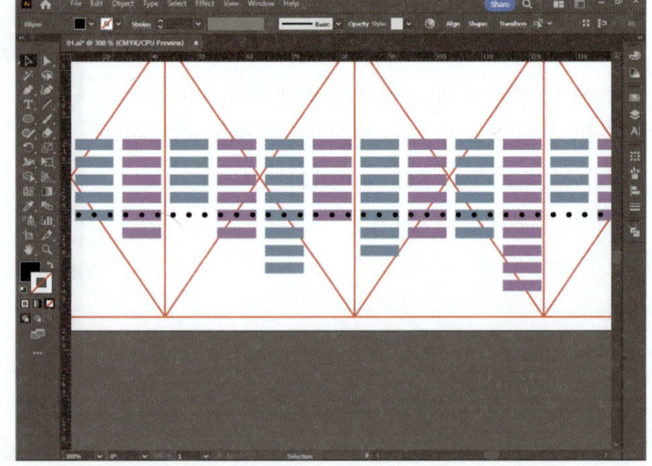

12 복사되어 가로로 길게 나열된 점들을 모두 선택해서 [Alt] 키를 누른 채 아래로 이동시켜 복사합니다.

[Ctrl]+[D]를 여러 번 눌러 가이드 선까지 복사합니다.

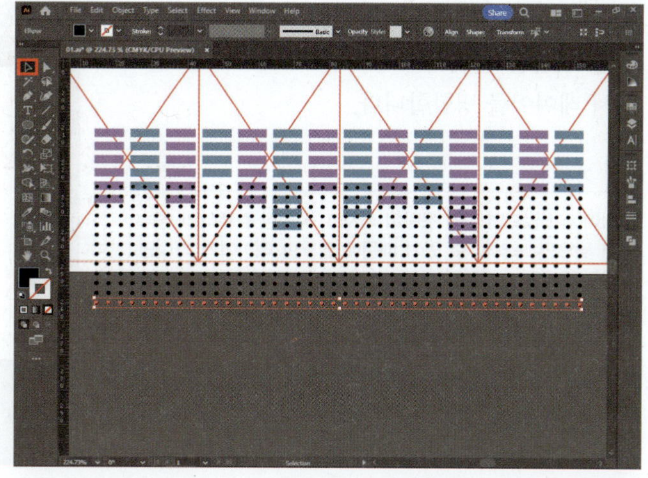

13 'Selection Tool'을 이용해서 불필요한 원들을 드래그해서 삭제합니다.

하단은 가이드 선에 맞춰서 삭제하고 상단은 네모 모양과 겹쳐지는 곳을 모두 선택해서 삭제합니다.

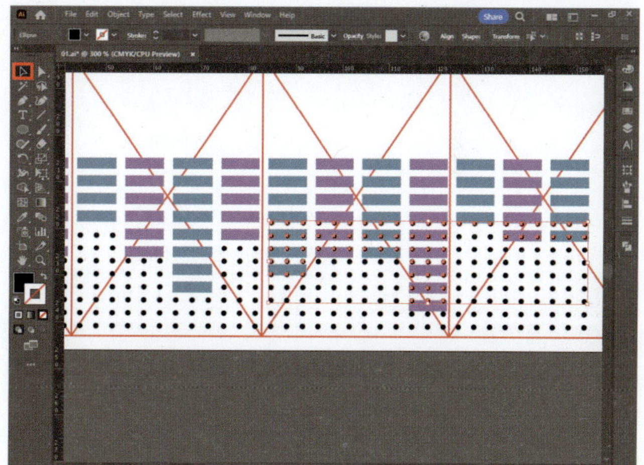

14 [Layers] 패널에서 작업 중인 레이어의 오른쪽 끝부분에 있는 동그라미를 클릭해서 점들이 모두 선택되면 면색을 White, 선색은 None으로 바꿔줍니다.

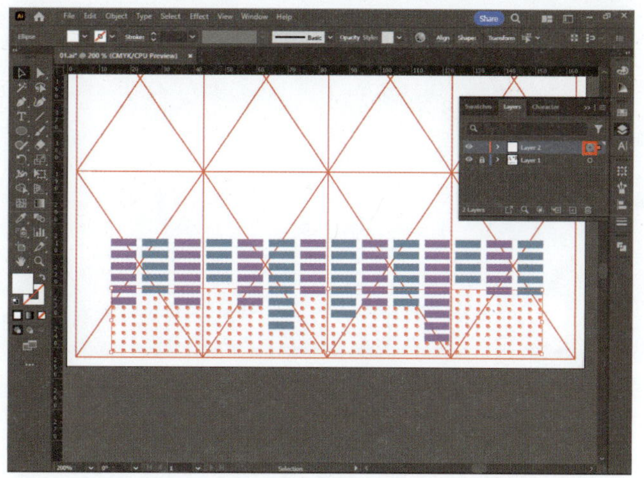

15 [Layers] 패널의 오른쪽 상단 모서리에 있는
옵션 버튼을 클릭하고 'Flatten Artwork'를 클릭
해서 레이어를 병합합니다.

레이어가 많으면 파일 용량이 커지고, 시험장 컴퓨터의 성능
이 낮으면 느려질 수 있기 때문에 필요한 레이어가 아니면
병합합니다.

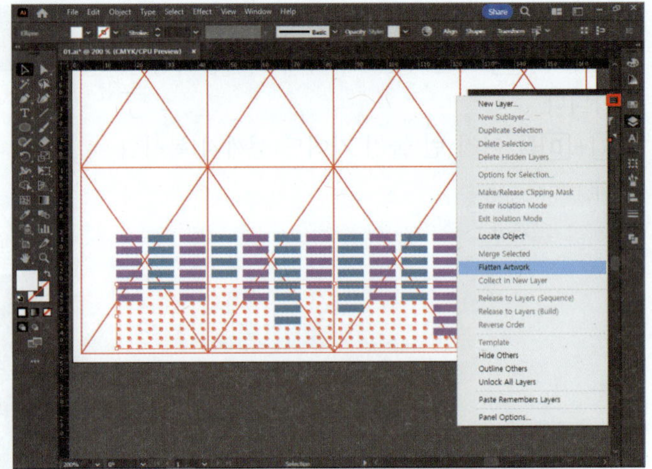

01 작업 준비하기

01 포토샵을 실행하고 [File] 〉 [New]를 선택하여 [New] 대화상자에서 'Width : 166mm, Height : 246mm, Resolution : 300 pixels/inch, Color Mode : RGB Color'로 설정한 후 [Create] 버튼을 클릭합니다.

🏁 기적의 TIP

Color Mode : 인쇄물에 적합한 CMYK 모드를 설정해 주어야 하지만, 시험장의 프린터가 인쇄소의 출력이 아니기 때문에 회색기, 탁함, 채도저하 발생이 빈번합니다. 또한 시험 문항에 여러 가지 패턴 적용 문제들이 출제되기 때문에 RGB 모드로 설정합니다.

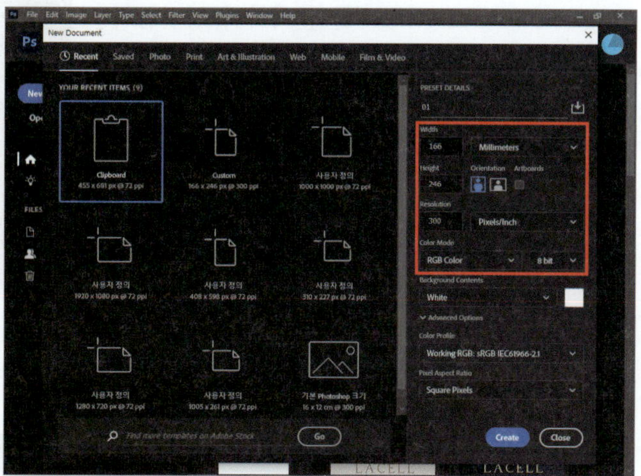

02 '일러스트작업' 창에서 그리드를 선택하고, Ctrl + C 를 눌러 복사합니다.

포토샵 작업 창에 Ctrl + V 를 눌러 붙여넣기한 후, [Paste] 대화상자에서 'Pixels'를 선택하고, [OK] 버튼을 클릭합니다.

🏁 기적의 TIP

일러스트에서 오브젝트가 잠겨서 선택되지 않는 경우, [Object] 〉 [Unlock All]을 클릭하거나, 단축키 Alt + Ctrl + 2 를 눌러 오브젝트 잠금을 해제합니다.

03 [Layers] 패널에서 이름을 '그리드'로 변경합니다. 'Move Tool'을 선택하고, [Ctrl]을 누른 채 'Background' 레이어와 '그리드' 레이어를 함께 선택한 후, 옵션 바에서 'Align vertical centers', 'Align horizontal centers'를 클릭하여 정렬합니다. '그리드' 레이어만 선택하고, 'Lock all' 아이콘을 클릭하여 잠급니다.

항상 작업 시작과 도중에는 예기치 못한 상황을 대비하여 수시로 저장하는 습관을 길러야 합니다.

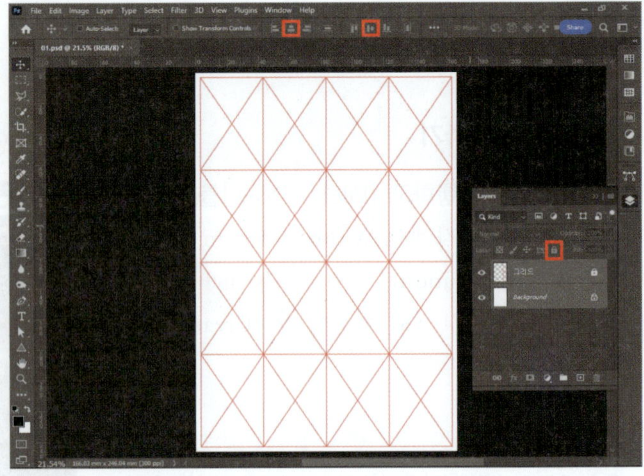

02 일러스트 작업 불러오기

01 일러스트 작업 창에서 'MUSIC CULTURE' 오브젝트를 선택하고 [Ctrl]+[C]를 눌러서 복사한 뒤 포토샵 작업 창으로 돌아와 [Ctrl]+[V]를 눌러 붙여넣습니다. 대화상자가 나타나면 'Pixels'를 선택합니다.

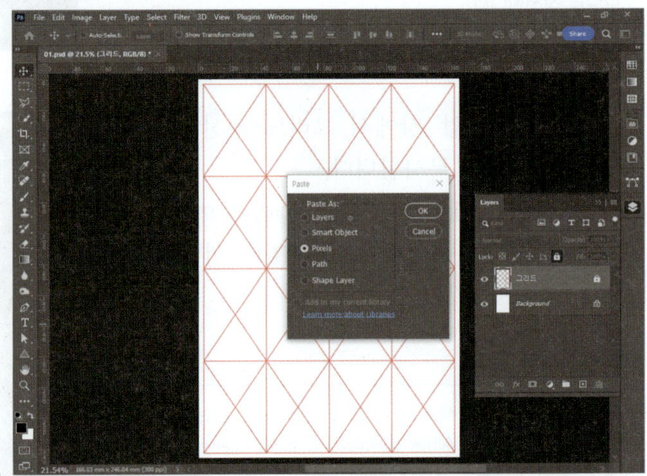

02 'Move Tool'을 선택한 뒤 [Ctrl]+[T]를 눌러 크기 조절점을 나타내고 디자인 원고에 맞게 배치합니다. [Layers] 패널에서 레이어의 이름을 '타이틀'로 변경합니다.

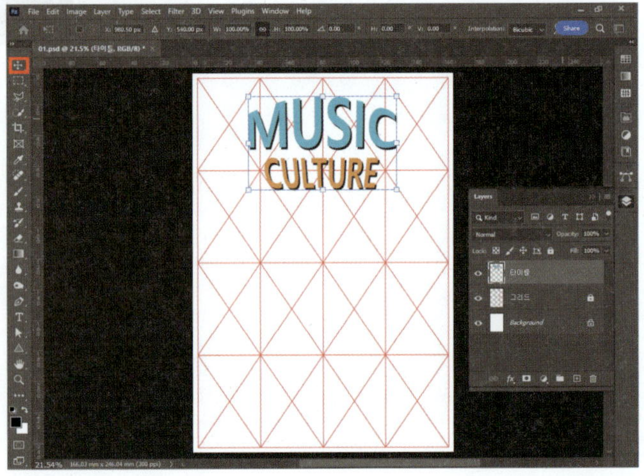

03 일러스트 작업 창에서 '상단 오브젝트'를 복사한 뒤 포토샵 작업 창으로 돌아와 'Pixels'로 붙여넣습니다. 'Move Tool'로 크기와 위치를 수정하고 레이어의 이름은 '상단'으로 입력합니다.

04 일러스트 작업 창에서 '점무늬' 오브젝트를 포토샵 작업 창으로 가져옵니다. 크기와 위치를 디자인 원고와 같이 수정하고 레이어의 이름은 '점무늬'로 입력합니다. [Layers] 패널에서 '그리드' 레이어 위로 옮기고 'Opacity' 값을 50%로 설정합니다.

05 일러스트 작업 창에서 양쪽 '헤드셋' 오브젝트를 각각 따로 가져옵니다. Ctrl + T 를 눌러 크기와 위치를 조절하고 레이어 이름을 '왼 헤드셋', '오 헤드셋'으로 변경한 뒤 '상단' 레이어 아래로 모두 옮깁니다.

기적의 TIP

헤드셋 레이어를 모두 선택하고 상단 옵션 바에서 'Align Vertical Center'를 클릭하여 헤드셋을 정확하게 정렬할 수 있습니다.

06 일러스트에서 '원형 문양 1' 오브젝트를 포토샵 작업 창으로 가져와서 배치하고 레이어 이름을 '원1'로 설정합니다. '원1' 레이어가 선택된 상태에서 Ctrl+J를 눌러 레이어를 복사하고 Ctrl+T를 눌러 크기와 위치를 조절한 뒤 레이어 이름을 '원2'로 변경합니다.

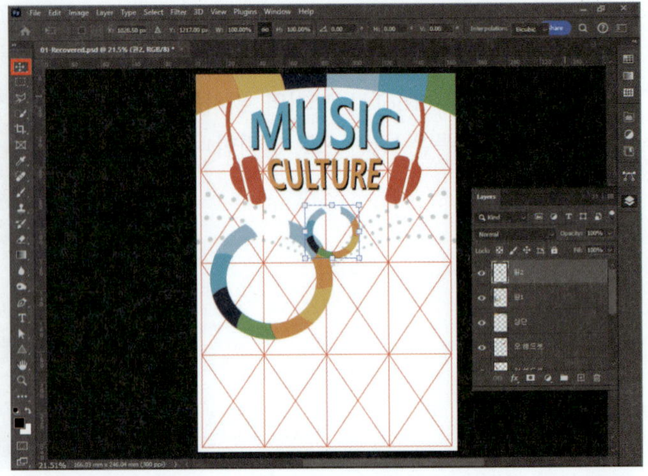

07 일러스트 작업 창에서 '원형 문양 2'를 포토샵 작업창으로 가져옵니다. 크기와 위치를 수정하고 레이어 이름을 '원3'으로 설정합니다. 레이어의 위치를 '원1'과 '원2' 레이어 사이로 옮깁니다.

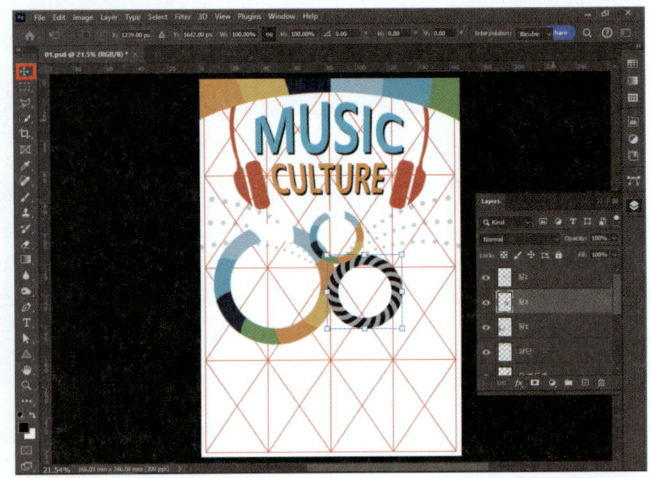

08 일러스트 작업 창에서 '사운드 웨이브'와 '로고' 오브젝트를 각각 포토샵 작업 창으로 가져옵니다. 크기와 위치를 조절하고 레이어의 이름을 '사운드'와 '로고'로 설정합니다.

📑 **기적의 TIP**

'로고' 레이어를 '사운드' 레이어 위에 배치합니다.

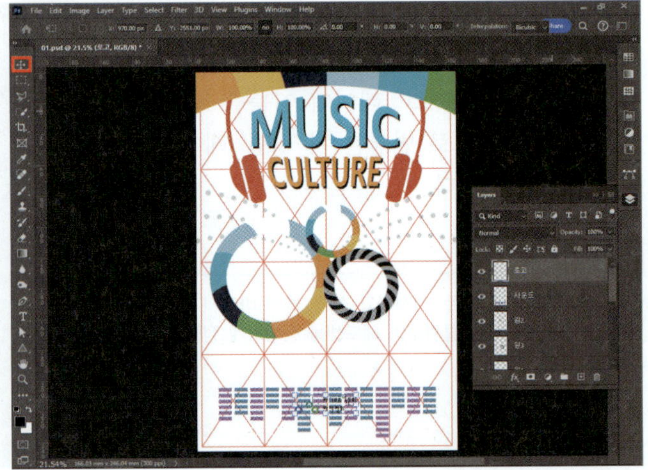

01 'Gradient Tool'을 선택하고 상단 옵션 바에서 'Classic gradient'를 선택합니다. 'Mode'는 'Normal'로 설정하고 색상을 클릭하여 'Gradient Editor'를 열고 마커는 왼쪽부터 C35M25Y25K0, C10M10Y10K0으로 설정한 뒤 [OK]를 클릭합니다.

기적의 TIP

기본값이 투명한 그라디언트일 경우, 색상 슬라이더 위에 있는 검은색 마커를 클릭하여 'Opacity' 값을 늘립니다.

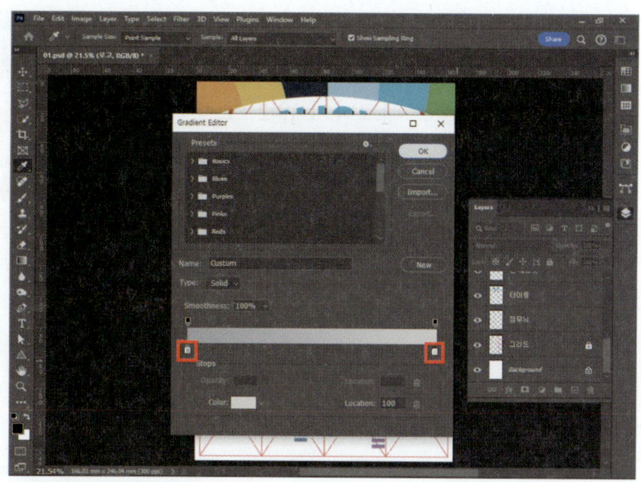

02 'Background' 레이어를 선택하고 'Gradient Tool'로 Shift 를 누른 채 캔버스 위에서 아래로 드래그합니다.

01 'Ellipse Tool'을 선택하고 상단 옵션 바에서 'Fill'과 'Stroke'를 None으로 설정합니다. Shift 를 누른 채 작업 창을 드래그하여 '원2' 오브젝트보다 약간 더 큰 원을 그립니다. 레이어의 이름은 '패스1'로 설정합니다.

02 'Horizontal Type Tool'을 선택하고 패스를 클릭하여 '9.2-9.4 / 인천 송도 달빛축제공원'을 입력합니다. [Window] 〉 [Character] 패널을 열고 글꼴과 크기, 자간을 디자인 원고와 비슷하게 설정합니다. 색상은 C0M0Y0K100으로 설정합니다.

> **기적**의 TIP
>
> - 'Direct Selection Tool'을 선택하고 텍스트의 끝 부분을 드래그하여 패스 내에서 텍스트를 이동할 수 있습니다.
> - Alt 키를 누른채 원의 크기를 조절하면 중앙을 중심으로 크기를 줄이거나 키울 수 있습니다.

03 '원3' 오브젝트 위에도 'Ellipse Tool'로 원형 패스를 그립니다. 레이어의 이름은 '패스2'로 설정합니다.

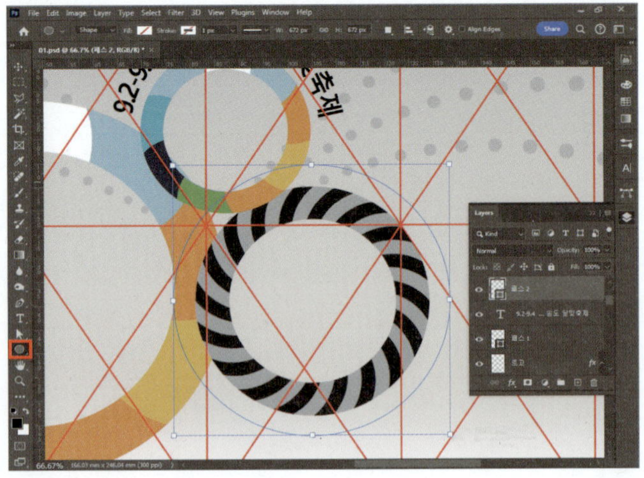

04 'Horizontal Type Tool'을 선택하고 원형 패스를 클릭하여 '1인 악기 1장 음악 패스!'를 입력합니다. [Character] 패널을 열고 폰트와 크기, 자간 등을 설정합니다. 색상은 C50M100Y0K0으로 변경합니다.

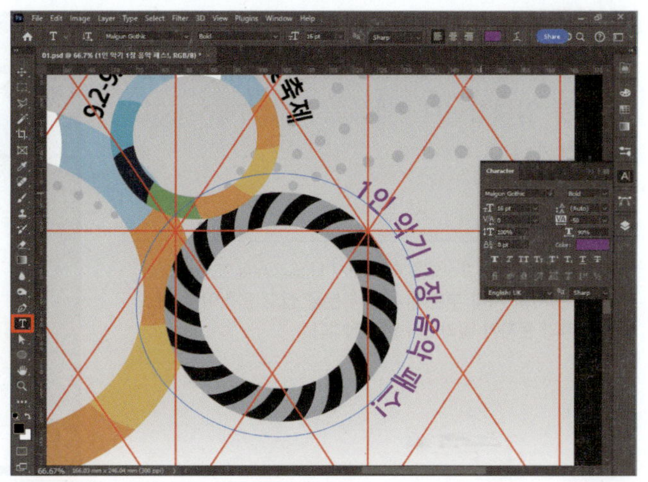

05 '1인 악기~' 레이어를 선택하고 Ctrl+J를 눌러 레이어를 복사합니다. 'Move Tool'을 클릭하고 복사된 레이어를 클릭한 후 Ctrl+T를 눌러서 모서리의 조절점을 Alt를 누른 채 드래그하여 다음과 같이 키운 뒤 오른쪽으로 살짝 회전합니다.

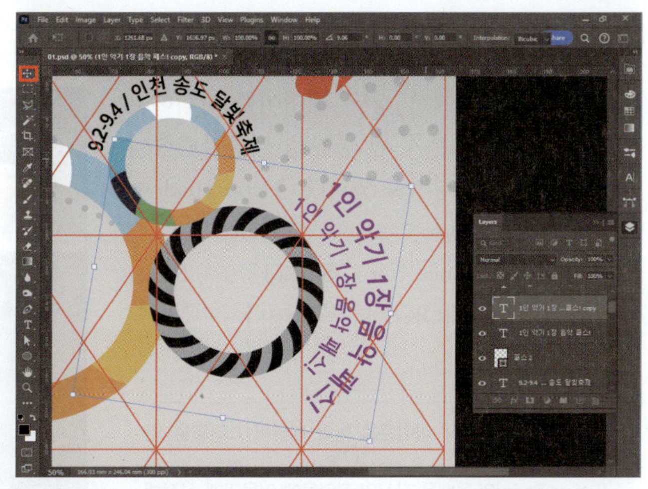

06 'Horizontal Type Tool'을 선택하고 텍스트를 수정합니다. '도심 속 거리음악, 라이브 뮤직 페스타!'를 입력하고 글자 크기를 기존과 동일하게 설정합니다. 색상은 C85M50Y0K0으로 변경합니다.

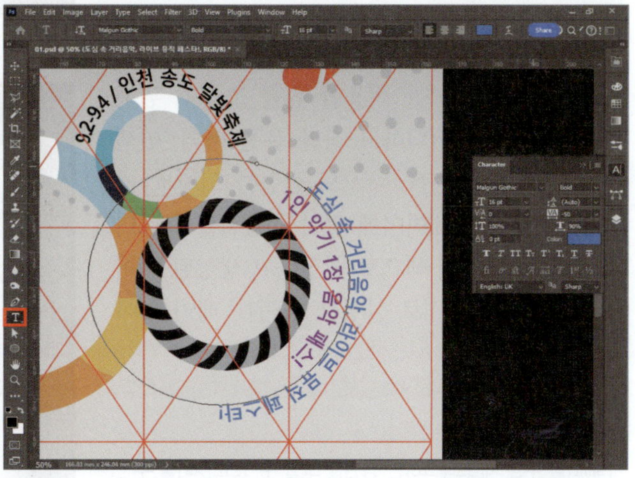

07 같은 방식으로 기존 텍스트 레이어를 복사한 뒤 크기를 키우고 'WARP DAY, 음악을 WARP 하라!'를 입력합니다. 색상은 C50M100Y0K0으로 변경합니다.

'Direct Selection Tool'을 이용해서 Horizontal Type Tool 로 쓴 문자의 시작 부분이나 끝 부분을 잡고 움직이면 패스 선을 따라 문자가 밀리거나 당겨집니다.

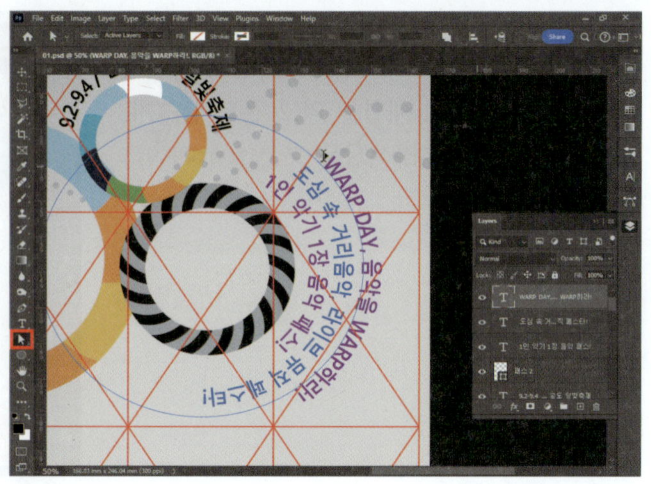

05 레이어 스타일 편집하기

01 [Layers] 패널에서 '상단' 레이어를 선택하고 해당 레이어의 오른쪽 빈 공간을 더블클릭하여 [Layer Style] 대화상자를 엽니다. 'Drop Shadow'를 클릭하고 'Color : Black, Opacity : 51%, Angle : 90˚, Distance : 3px, Spread : 0%, Size : 62%'로 설정한 후 [OK]를 클릭합니다.

• [Layers] 패널의 'fx' 아이콘을 눌러 레이어 스타일을 열 수도 있습니다.
• [Layer Style]의 옵션은 자신의 작업물에 어울리게 설정해 줍니다.

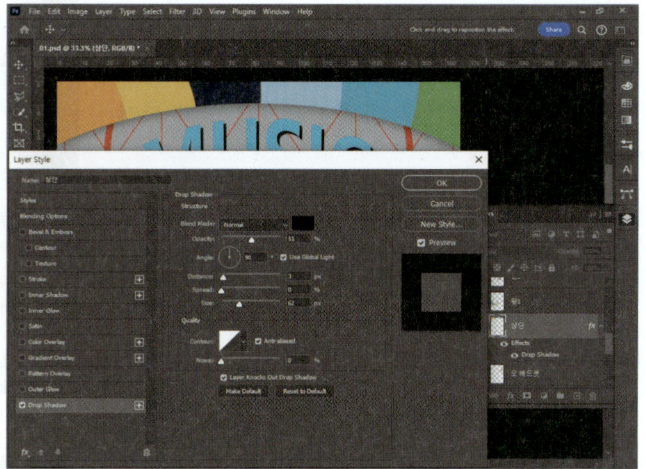

02 클리핑 마스크를 적용할 원을 그리기 위해 'Ellipse Tool'을 선택하고 상단 옵션 바의 '면색은 : Black, 선색은 None'으로 설정하고 Shift 키를 누른 채 '원1' 레이어에 맞춰서 정원을 그립니다. 색상은 임의의 색으로 설정하고 생성된 레이어 이름은 '마스크1'로 설정한 뒤 '원1' 레이어 아래로 옮깁니다.

Shift 를 누른 채 드래그하면 정원을 그릴 수 있고 Alt 를 누른 채 드래그하면 도형의 중앙을 중심으로 원을 그릴 수 있습니다.

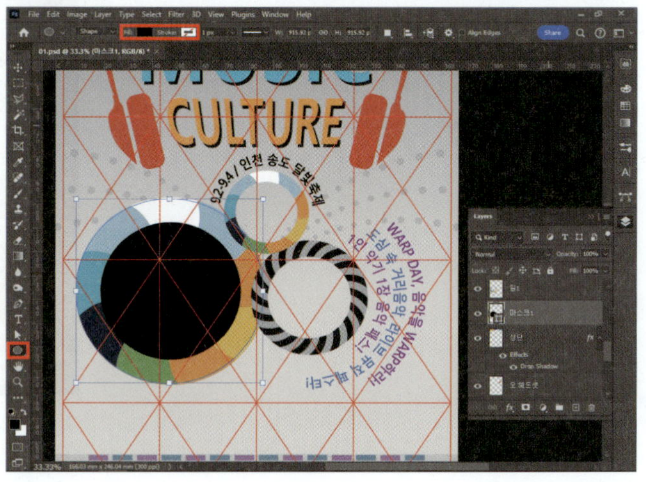

03 [Layers] 패널에서 Alt 키를 먼저 누른 채 '마스크1' 레이어를 클릭해서 '원3' 레이어 아래로 드래그하면 '마스크1' 레이어가 '원3' 레이어 아래에 복제됩니다. Ctrl + T를 눌러 크기와 위치를 '원3' 오브젝트에 맞게 조절하고 레이어 이름을 '마스크3'으로 바꿔줍니다. 같은 방법으로 '원2' 레이어 아래에 '마스크3' 레이어를 복제해서 '마스크2'로 이름을 바꿔줍니다.

04 'Rectangle Tool'을 선택하고 작업 화면 하단에 다음과 같이 사각형을 그립니다. 레이어의 이름은 '사각형'으로 설정하고 'Background' 레이어 위로 옮깁니다.

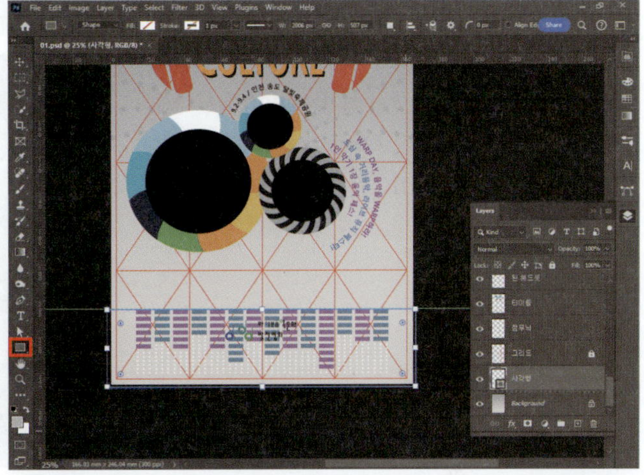

05 '사각형' 레이어의 오른쪽 빈 공간을 더블클릭해서 [Layer Style] 대화상자가 열리면 왼쪽 옵션의 'Gradient Overlay'에 체크합니다.
오른쪽에 있는 옵션에서 '그라디언트 편집기' 버튼을 클릭하고 [Gradient Editor]가 열리면 슬라이더의 왼쪽 마커부터 C20M15Y15K0, C60M40Y40K0으로 설정하고 [OK]를 누릅니다.

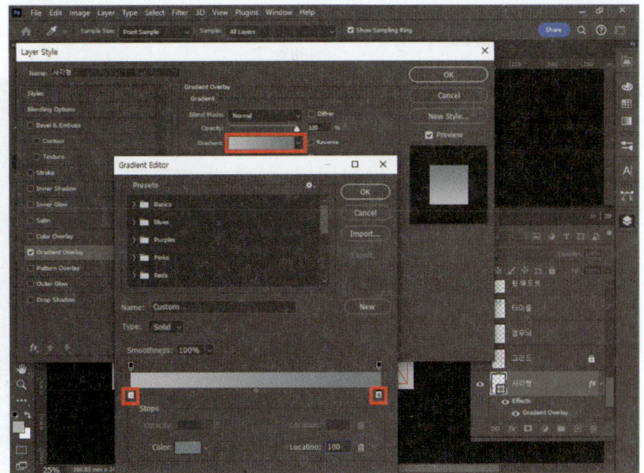

06 [Layer Style] 패널의 오른쪽 옵션에서 'Angle : −90°'로 설정해서 그라디언트 방향을 디자인 원고와 동일하게 맞춘 뒤 [OK]를 클릭합니다.

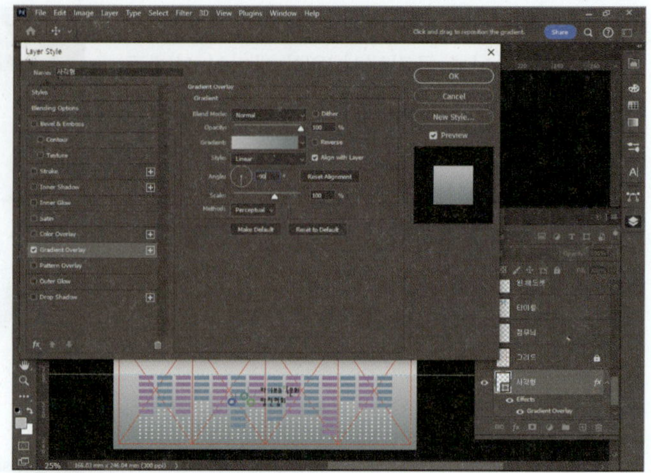

07 '로고' 레이어를 선택하고 [Layer Style] 패널을 엽니다. 왼쪽에 있는 'Stroke'에 체크하고 오른쪽 옵션에서 'Size : 11px, Position : Outside, Blend Mode : Normal, Opacity : 100%, Color : White'로 설정한 뒤 [OK]를 누릅니다.

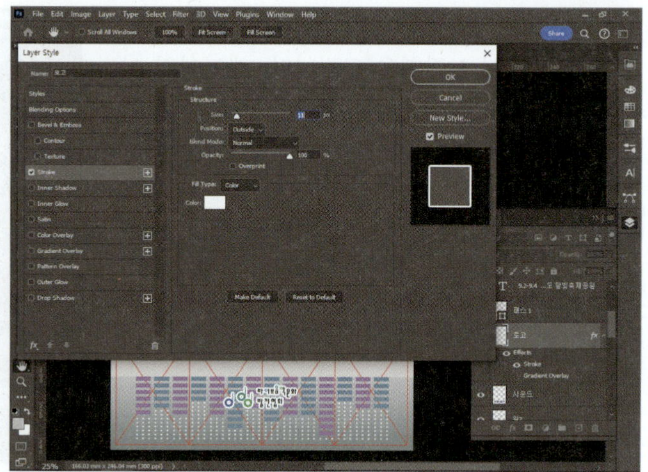

06 이미지 편집하기

01 [File] 〉 [Open]을 클릭하여 '03.jpg'를 불러옵니다. [Image] 〉 [Adjustments] 〉 [Levels]를 클릭하고 양쪽에 있는 슬라이더를 가운데 쪽으로 움직여서 이미지의 명암 대비를 높인 후 [OK]를 클릭합니다.

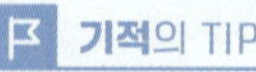 기적의 TIP

Levels : Ctrl + L

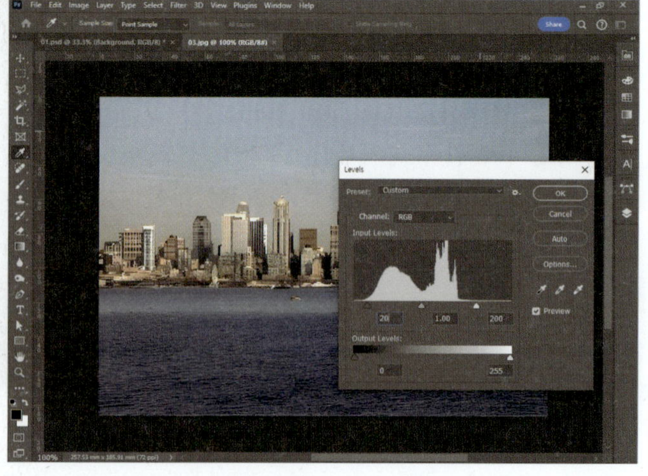

02 메뉴의 [Filter] 〉 [Filter Gallery] 패널을 열고 'Sketch 〉 Photocopy'를 선택하고 오른쪽의 옵션을 'Detail : 16, Darkness : 8'로 조절해 줍니다.

기적의 TIP

필터의 오른쪽 옵션 설정은 자신의 작업물에 맞게 적절히 조절해 줍니다.

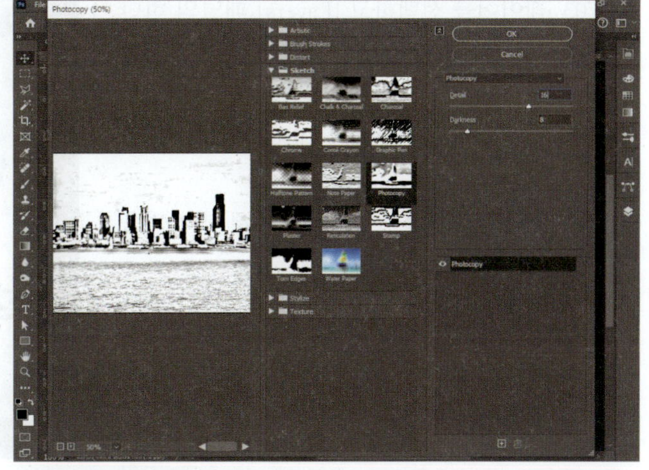

03 'Rectangular Marquee Tool'을 클릭하고 하늘과 건물을 드래그해서 선택 영역으로 지정한 후 Ctrl + C 를 눌러서 복사합니다.

04 작업 중이던 창에 Ctrl + V 를 눌러서 붙여넣기합니다.
'Move Tool'을 선택한 뒤 Ctrl + T 를 눌러 크기 조절점을 나타내고 디자인 원고와 같게 가이드선을 참고하여 배치합니다. [Layers] 패널에서 레이어의 위치는 'Background' 레이어 바로 위로 옮겨주고, 이름을 '03'으로 변경합니다.

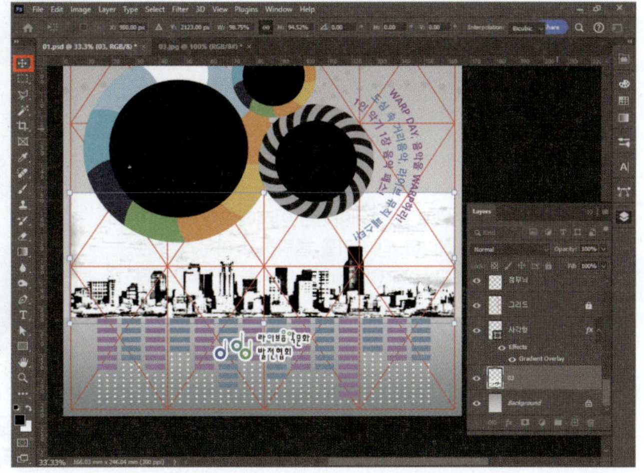

05 '03' 레이어를 선택하고 [Layers] 패널의 하단에 있는 'Layer Masks'를 클릭합니다.
'Gradient Tool'을 클릭하고 상단의 그라디언트 편집 버튼을 클릭해서 색상을 Black, White로 설정합니다.
건물 그림과 배경 사이를 드래그해서 경계면을 자연스럽게 만들어줍니다.

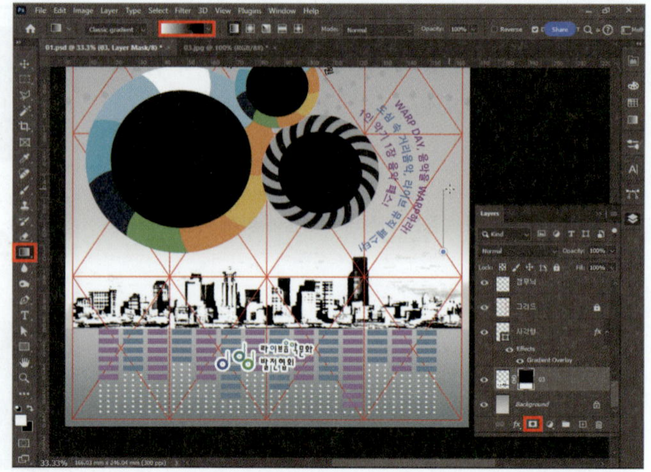

06 [File] > [Open]을 클릭하여 '01.jpg'를 불러옵니다. '마스크2' 레이어 위에 배치하고 Ctrl + T를 눌러서 원 안에 보이는 이미지를 고려해서 크기와 위치를 조절해줍니다.
레이어 이름을 '01'로 바꿔줍니다.

07 '01' 레이어와 '마스크2' 레이어 사이를 Alt 키를 누른 채 클릭해서 Clipping Mask를 적용합니다.

> **기적의 TIP**
>
> • Clipping Mask : 위에 있는 레이어가 아래에 있는 레이어 모양만큼 보이게 됩니다. 레이어를 클릭하고 마우스 오른쪽 버튼을 눌러서 Create Clipping Mask를 클릭해도 됩니다.
> • Create Clipping Mask : Alt + Ctrl + G

08 '01' 레이어를 선택하고 메뉴의 [Filter] 〉
[Filter Gallery]를 클릭합니다.

'Artistic 〉 Watercolor'를 선택하고 오른쪽 옵션
설정의 슬라이더를 조절해서 디자인 원고와 비
슷하게 조절합니다.

'Brush Detail : 12, Shadow Intensity : 1, Tex-
ture : 1'로 설정해 보세요.

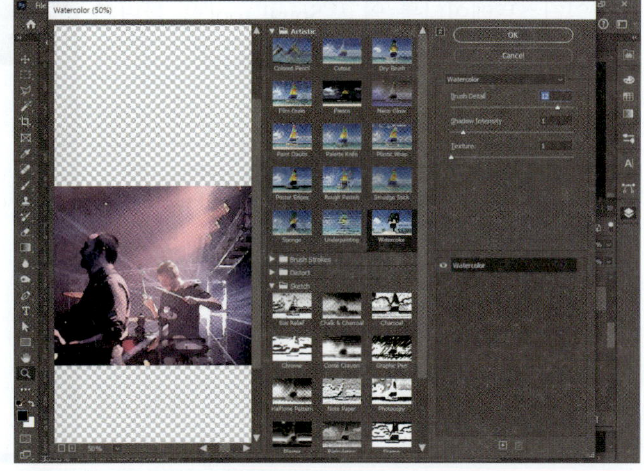

09 '01' 레이어를 선택하고 [Image] 〉 [Adjust-
ments] 〉 [Hue/Saturation]을 열어서 오른쪽 하
단에 'Colorize'를 체크하고 색조, 채도, 밝기의
슬라이더를 움직여서 디자인 원고와 같은 블루
계열로 조절한 후 [OK] 버튼을 클릭합니다.

Colorize : 선택된 이미지 전체를 하나의 색조로 덮어씌웁니
다.

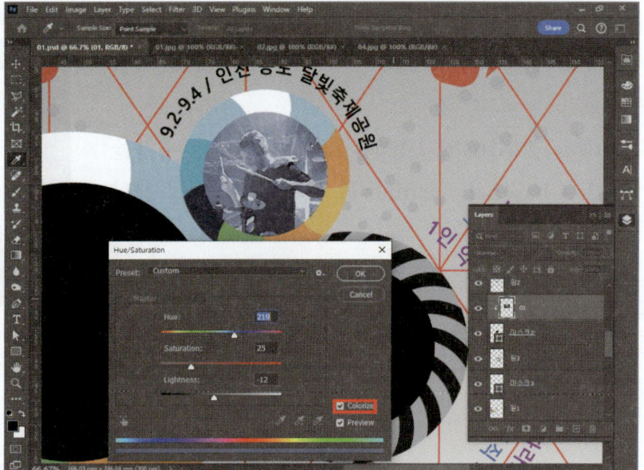

10 [File] 〉 [Open]을 클릭하여 '04.jpg'를 불러옵
니다. '마스크1' 레이어 위에 배치하고 Ctrl +
T를 눌러서 원 안에 보이는 이미지를 고려해서
크기와 위치를 조절하고, 레이어 이름을 '04'로
바꿔줍니다.

'04' 레이어와 '마스크1' 레이어 사이를 Alt 키를
누른 채 클릭해서 Clipping Mask를 적용합니다.

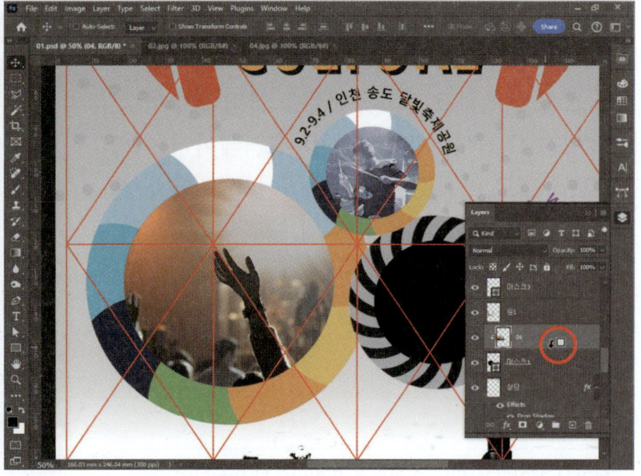

11 일러스트레이터를 열고 'Spiral tool'을 클릭하고 드래그해서 나선형을 만듭니다.

나선형의 방향을 바꾸고 싶다면 'Spiral tool'을 선택하고 아트보드를 클릭하면 옵션 창이 나타납니다. 나선형의 방향을 선택할 수 있어요.

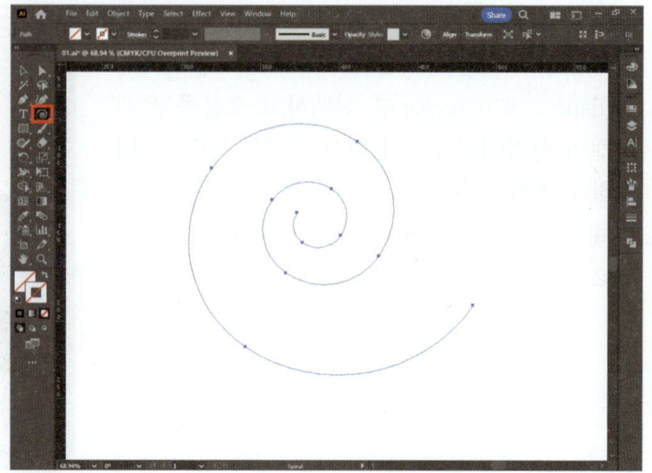

12 [Window] > [Brushes] 패널을 열고 왼쪽 하단에 있는 'Brush Libraries Menu' 버튼을 클릭합니다.

'Artistic > Artistic_ChalkCharcoalPencil' 패널을 열고 'Charcoal−Feather'를 선택해서 적용합니다.

'Selection Tool'을 클릭하고 브러시가 적용된 나선형 오브젝트를 선택하고 Ctrl+C를 눌러서 복사해서 포토샵으로 가져갑니다.

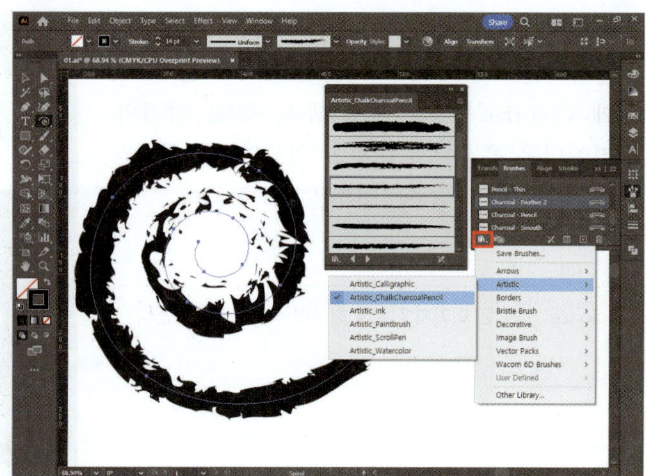

13 일러스트에서 만든 나선형 모양을 Ctrl+V를 눌러서 붙여넣은 후 [Paste] 대화상자에서 'Pixels'를 선택하고, [OK] 버튼을 클릭합니다.
위치를 '04' 레이어 위로 배치하고, 레이어 이름을 '브러시'로 바꿔준 후 '04' 레이어와 '브러시' 레이어 사이를 Alt 키를 누른 채 클릭해서 클리핑 마스크를 적용합니다.
[Layers] 패널의 블렌딩 모드를 'Linear Dodge (Add)'로 선택합니다.

브러시 레이어가 원의 외곽으로 튀어나오지 않는다면 클리핑 마스크를 할 필요가 없습니다.

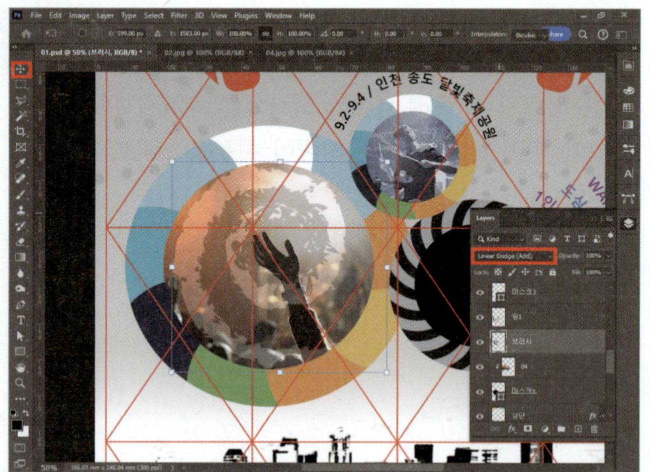

14 [File] 〉 [Open]을 클릭하여 '02.jpg'를 불러
옵니다. '마스크3' 레이어 위에 배치하고 Ctrl +
T 를 눌러서 원 안에 보이는 이미지를 고려해서
크기와 위치를 조절하고, 레이어 이름을 '02'로
바꿔줍니다.
'원3' 레이어와 '02' 레이어 사이를 Alt 키를 누른
채 클릭해서 Clipping Mask를 적용합니다.

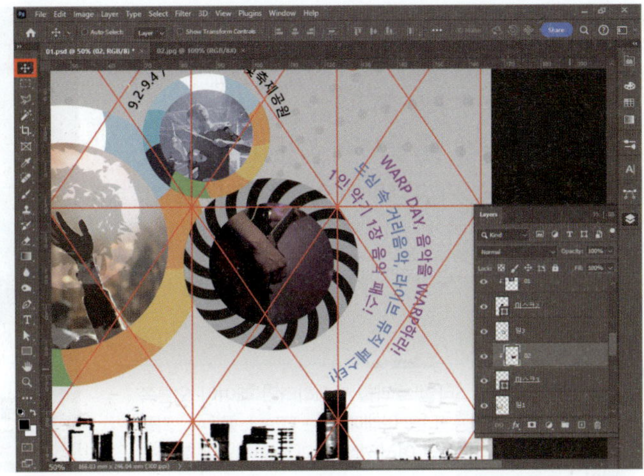

15 '02' 레이어를 선택하고 [Filter] 〉 [Filter Gal-
lery]를 클릭해서 'Sketch 〉 Halftone Pattern'을
적용합니다. 오른쪽의 옵션에서 'Pattern Type :
Dot'로 선택하고 크기와 명암 대비는 슬라이더
를 움직여서 자신의 작업물에 맞게 설정합니다.
'Size : 3, Contrast : 8' 정도로 설정해 보세요.

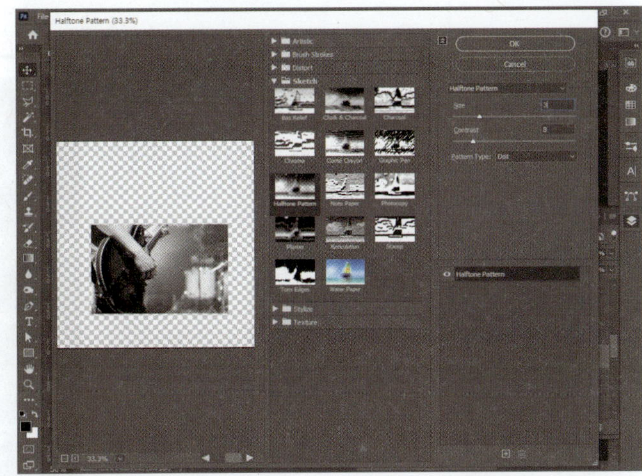

16 '마스크 1' 레이어를 선택하고, [Layers] 패
널의 하단에 있는 fx 버튼을 클릭해서 'Drop
Shadow'를 선택합니다.
[Layer Style] 패널이 열리면 오른쪽의 'Drop
Shadow' 옵션을 설정합니다.
'Blend Mode : Normal, Color : Black, Opacity
: 50%, Angle : 117, Distance : 3px, Spread :
24%, Size : 122px'로 설정해 보세요.

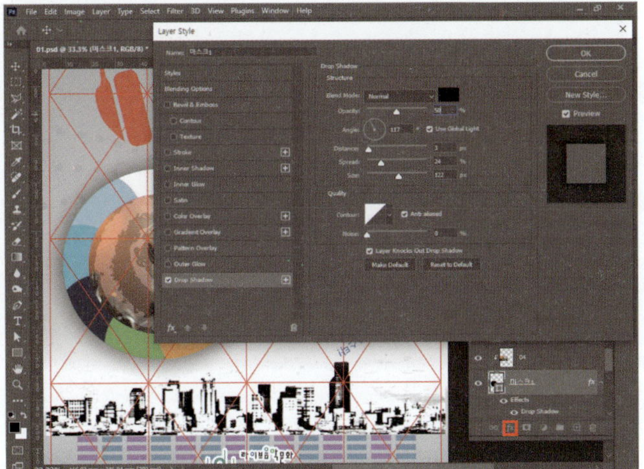

17 '마스크1' 레이어에 있는 'Drop Shadow'를 Alt 키를 먼저 누르고 클릭 드래그해서 '마스크 3' 레이어로 끌어다 놓습니다.

'Drop Shadow'가 '마스크3'에 복제되었습니다. 같은 방법으로 '마스크2' 레이어에도 Alt 키를 먼저 누른 채 클릭 드래그해서 이동시켜서 'Drop Shadow' 효과를 복제합니다.

> **기적의 TIP**
>
> 여러 개의 레이어 스타일 효과를 복제하려면 레이어 오른쪽 끝에 있는 Fx 아이콘 또는, 아래에 있는 Effects를 Alt 키를 누른 채 클릭 드래그하면 여러 개의 효과가 한꺼번에 복제됩니다.

18 '그리드' 레이어의 눈을 꺼서 숨긴 후 [File] > [Export] > [Export As]를 클릭해서 파일 셋팅을 'Format : JPG, Quality : 7'로 설정한 후 [Export] 버튼을 누릅니다.

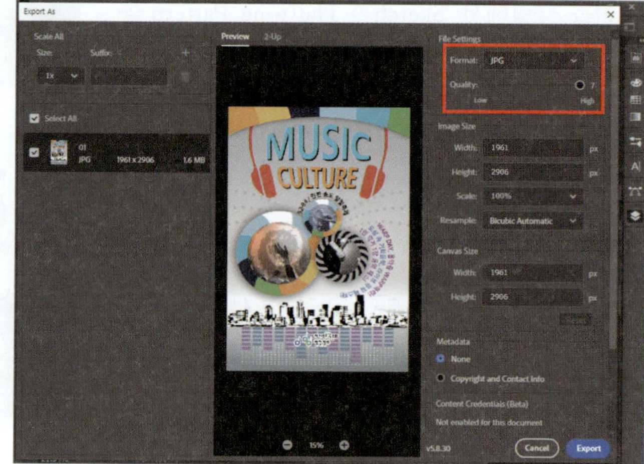

01 작업 준비하기

[File] > [New] > [Document]를 선택하여 'Number of Pages : 1, Facing Pages : 체크해제', 'Page Size : A4 (Width : 210mm, Height : 297mm)', Margins 'Make all settings the same : 해제', 'Top : 25.5mm, Bottom : 25.5mm, Left : 22mm, Right : 22mm'로 입력한 후, [Create] 버튼을 클릭합니다.

> **기적의 TIP**
>
> A4의 가로 길이 210mm에서 166mm를 뺀 값은 44mm이고, A4의 세로 길이 297mm에서 246mm를 뺀 값은 51mm이므로 이 여백을 2등분하여 각각의 여백으로 지정합니다.

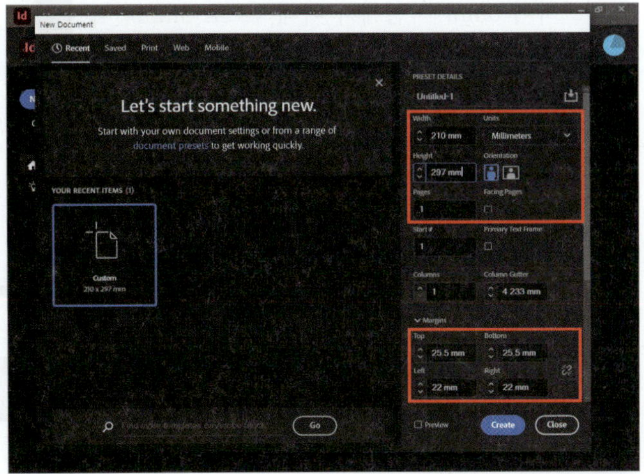

02 안내선 만들기

01 실제 크기의 안내선이 만들어졌으면 안내선의 위쪽, 아래쪽, 왼쪽, 오른쪽의 안쪽으로 3mm를 뺀 작품 규격 크기의 안내선도 만들어야 합니다. 눈금자의 기준점을 드래그하여 왼쪽 위의 안내선 교차 지점에 이동시켜 기준점이 0이 되도록 합니다.

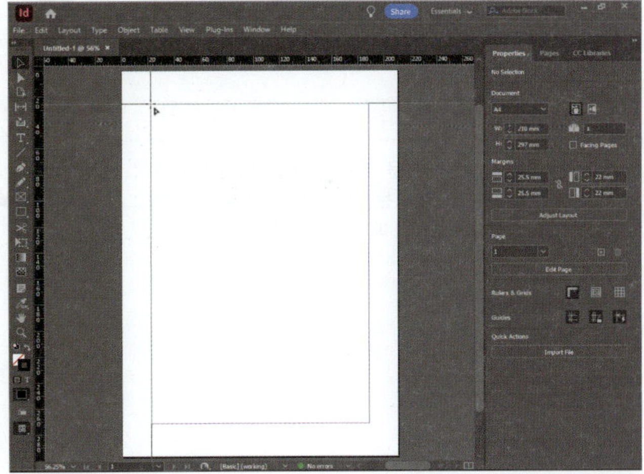

02 'Zoom Tool'로 실제 크기 안내선 왼쪽 위를 드래그하여 확대하고, 왼쪽 눈금자에서 마우스를 드래그하여 0mm 지점에서 오른쪽으로 3mm 만큼 이동한 지점과 위쪽 눈금자에서 마우스를 드래그하여 0mm 지점에서 아래쪽으로 3mm만큼 이동한 지점에 안내선을 가져다 놓습니다.

> **기적**의 TIP
>
> 왼쪽 눈금자에서 안내선을 꺼내 [Properties] 패널에서 'X : 3mm'로 입력하고, 위쪽 눈금자에서 안내선을 꺼내 'Y : 3mm'로 입력하여 정확히 배치할 수 있습니다.

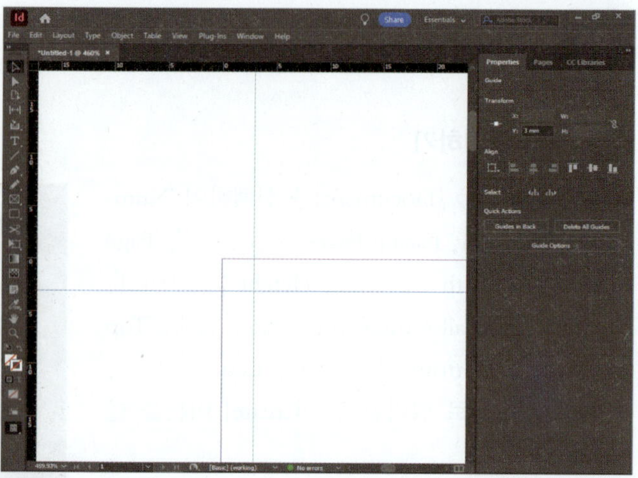

03 'Hand Tool'을 더블클릭하여 윈도우 화면으로 맞춘 후, 실제크기의 안내선 오른쪽 아래를 'Zoom Tool'로 확대합니다. 왼쪽 눈금자에서 마우스를 드래그하여 166mm 지점에서 왼쪽으로 3mm만큼 이동한 지점(163mm)과 위쪽 눈금자에서 마우스를 드래그하여 오른쪽 아래의 246mm 지점에서 위쪽으로 3mm만큼 이동한 지점(243mm)에 안내선을 가져다 놓습니다.

> **기적**의 TIP
>
> 왼쪽 눈금자에서 안내선을 꺼내 컨트롤 패널에서 'X : 163mm'로 입력하고, 위쪽 눈금자에서 안내선을 꺼내 'Y : 243mm'로 입력하여 정확히 배치할 수 있습니다.

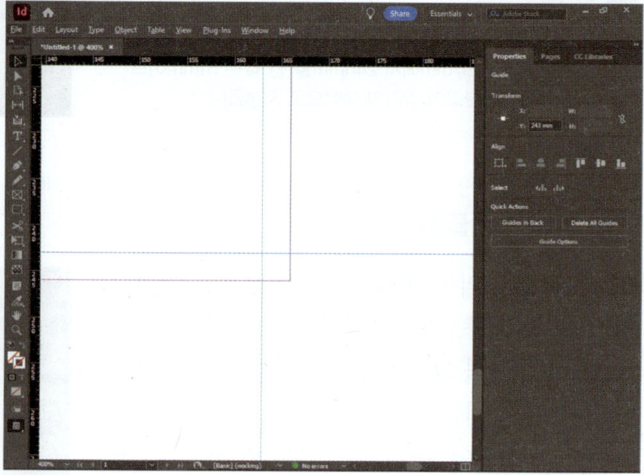

01 왼쪽 위를 'Zoom Tool'로 확대한 후, 'Line Tool'을 클릭하고, Shift 를 누른 상태에서 왼쪽 위의 세로 안내선과 실제 크기 안내선 경계 부분에 수직으로 드래그하여 5mm 길이의 재단선을 그립니다. 가로 안내선과 실제크기 안내선 경계 부분도 수평으로 드래그하여 5mm 길이의 재단선을 그립니다. 두 재단선을 'Selection Tool'로 Shift 를 누른 상태에서 각각 클릭하고, Ctrl + G 를 눌러서 그룹으로 지정한 후 Ctrl + C 를 눌러 복사합니다.

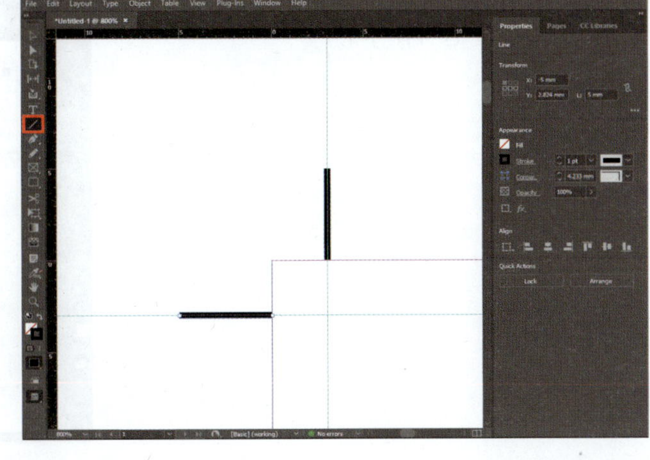

> **기적의 TIP**
>
> 컨트롤 패널에서 'L' 값을 참고하여 수치를 확인하거나 입력할 수 있습니다.

02 오른쪽 위를 'Zoom Tool'로 확대한 후 Ctrl + V 를 눌러 붙여넣기 합니다. Shift 를 누른 채 조절점을 돌려 방향을 맞춘 후, 안내선에 맞춰 배치합니다. 동일한 방법으로 아래쪽의 재단선도 만듭니다.

01 [File] 〉 [Place]를 선택하여 '01.jpg'를 선택하고 [열기] 버튼을 클릭합니다.

기적의 TIP

Ctrl + D : Place

02 실제 크기 안내선의 왼쪽 위를 클릭하여 이미지를 삽입합니다. [Properties] 패널의 'Reference Point'를 왼쪽 상단의 모퉁이로 선택하고, [W : 166mm], [H : 246mm]로 입력하고 Ctrl + Alt + Shift + E 를 눌러 프레임 비율에 이미지를 맞춥니다. 마우스 오른쪽 버튼을 클릭하여 [Display Performance] 〉 [High Quality Display]를 선택합니다.

기적의 TIP

High Quality Display

화면에서 보여지는 이미지의 품질을 최고 수준으로 표시하는 보기 옵션일 뿐 실제 출력물의 품질과는 관련이 없습니다.

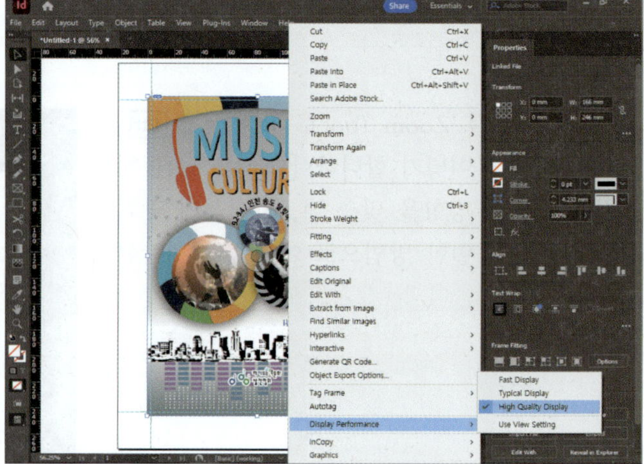

01 작업 화면의 좌측 하단을 'Zoom Tool'로 확대하고 'Type Tool'로 자신의 비번호(01)를 입력합니다. 폰트는 고딕, 크기는 10pt로 설정하고, 위치는 작품에서 3mm 떨어진 지점으로 이동합니다.

기적의 TIP

- 요구사항에 의하면 비번호를 입력할 때 폰트는 고딕체, 폰트 크기는 10pt로 입력해야 합니다.
- 시험장에서 배정된 자신의 비번호를 입력하면 됩니다. 예제에서의 01은 예시입니다.

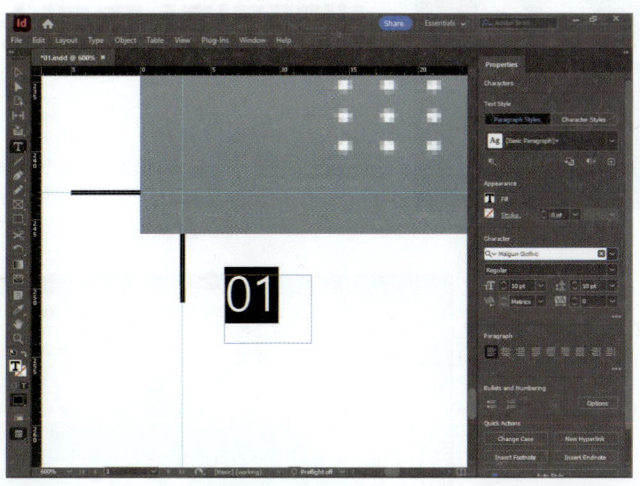

02 'Hand Tool'를 더블클릭하여 결과물 전체를 확인하고, [File] 〉 [Save]를 클릭하여 파일 이름을 자신의 비번호 01로 입력한 후 [저장] 버튼을 클릭합니다. 바탕화면의 전송용 폴더에서 '비번호.indd', '*.jpg' 파일만 제출합니다.

기적의 TIP

제출해야 할 파일(포토샵에서 만든 JPG 파일+인디자인 파일)의 용량은 총 15MB 이하입니다.

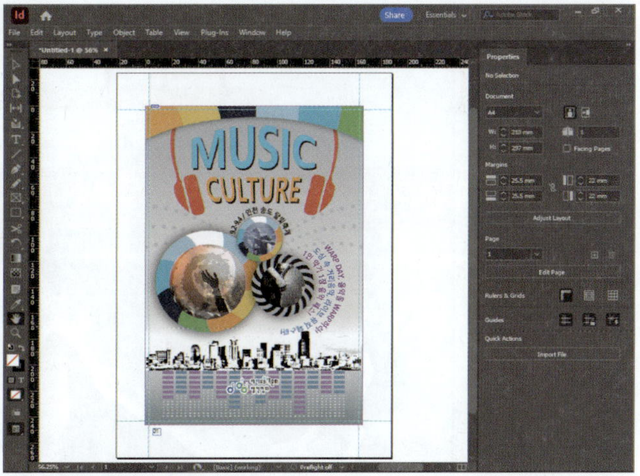

세계지리 교과서 표지

작업 프로그램 포토샵, 일러스트레이터, 인디자인

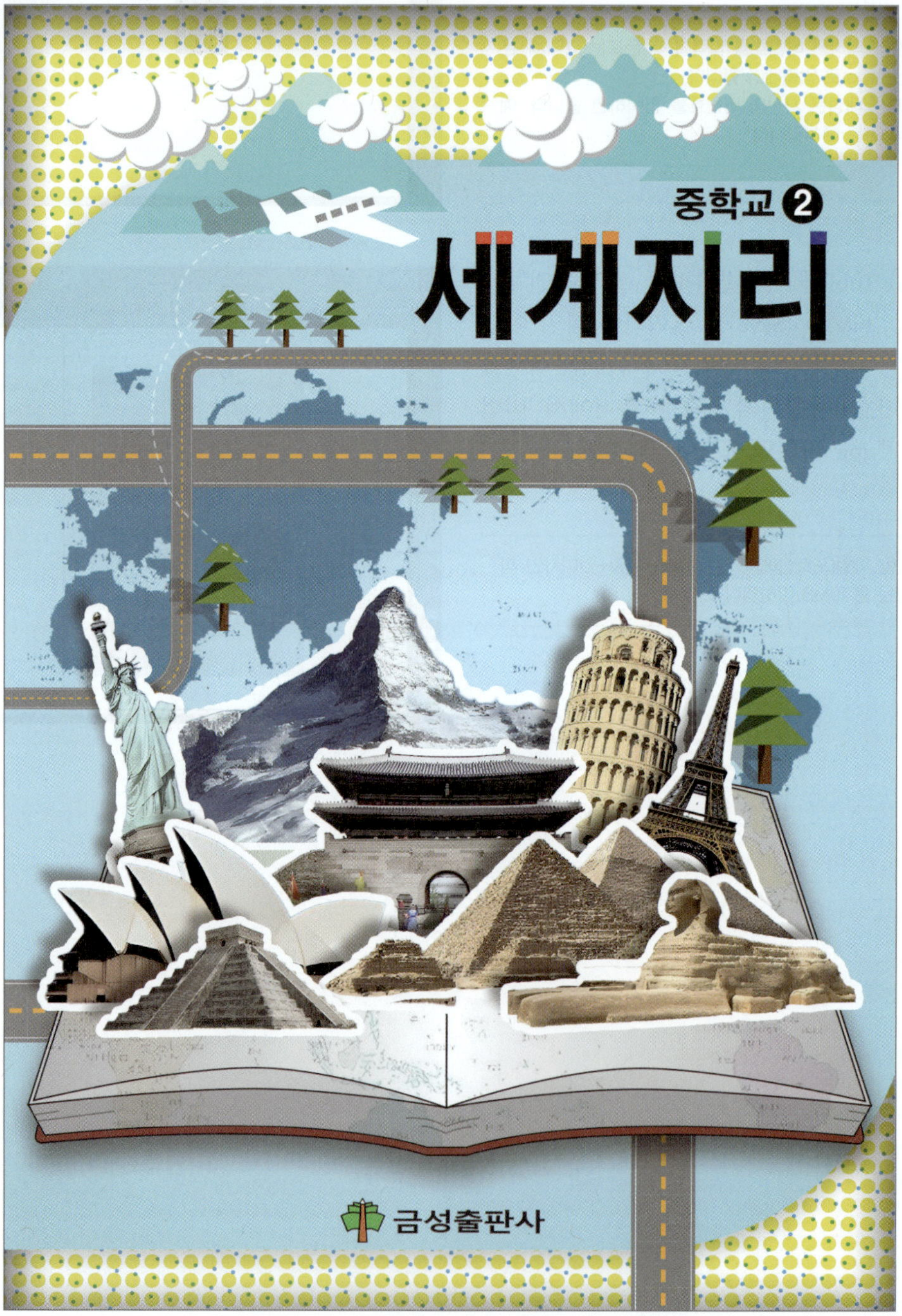

자격종목	컴퓨터그래픽기능사	과제명	세계지리 교과서 표지

※ 시험시간 : 3시간 30분

1. 요구사항

※ 다음의 요구사항에 맞도록 주어진 자료(컴퓨터에 수록)를 활용하여 디자인 원고를 시험시간 내에 컴퓨터 작업으로 완성하여 A4 용지로 출력 후 A3 용지에 마운팅(부착)하여 제출하시오.

※ 모든 작업은 수험자가 컴퓨터 바탕화면에 폴더를 만들어 저장하시오.

가. 작품규격(재단되었을 때의 규격) : 160mm X 240mm ※A4 용지 중앙에 작품이 배치되도록 하시오.

나. 구성요소(문자, 그림) : ※(디자인 원고 참조)

① 문자요소
 • 세계지리　　　　　 • 중학교　　　　　 • 2　　　　　 • 금성출판사

② 그림요소 : 디자인 원고 참조

01.jpg

02.jpg

03.jpg

04.jpg

05.jpg

06.jpg

07.jpg

08.jpg

09.jpg

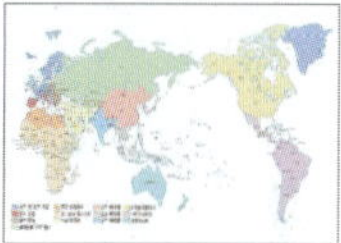

10.jpg

다. 작업내용

01) 주어진 디자인 원고(그림, 사진, 문자, 색채, 레이아웃, 규격 등)와 동일하게 작업하시오.

02) 디자인 원고 내용 중 불명확한 형상, 색상코드 불일치, 색 지정이 없는 부분, 원고에 없는 형상 등이 있을 때는 수험자가 완성도면 내용과 같이 작업하시오.

03) 디자인 원고의 서체(요구서체)가 사용 컴퓨터 및 소프트웨어와 맞지 않을 경우는 가장 근접한 서체를 사용하시오.

04) 상하, 좌우에 3mm 재단여유를 갖도록 작품을 배치하고, 재단선은 작품규격에 맞추어 용도에 맞게 표시하시오.
　　(단, 디자인 원고 중 작품의 규격을 표시한 외곽선이 있을 때는 원고의 지시에 따라 표시여부를 결정한다.)

05) 디자인 원고 좌측 하단으로부터 3mm를 띄워 비번호를 고딕 10pt로 반드시 기록하시오.

06) 출력물(A4)은 어떠한 경우에도 절취할 수 없으며, 반드시 A3 용지 중앙에 마운팅하시오.

라. 컴퓨터 작업범위

01) 15MB 용량의 폴더에 수록될 수 있도록 작업범위(해상도 및 포맷형식)를 계획하시오.

02) 규격 : A4(210x297mm) 중앙에 디자인 원고 내용과 같은 작품(원고규격)을 배치하시오.

03) 해상도 및 포맷형식 : 제한용량 범위 내에서 선택하시오.

04) 기타 : ① 제공된 자료범위 내에서 활용하시오.
　　　　　 ② 3개의 2D 응용프로그램을 고루 활용하되, 최종작업 및 출력은 편집 프로그램(퀵 익스프레스, 인디자인)에서 하시오.
　　　　　　　(최종작업 파일이 다른 프로그램에서 생성된 경우는 출력할 수 없음)

작품명 : 세계지리 교과서 표지

※ 작품규격(재단되었을 때의 규격) : 가로 160mm X 세로 240mm, 작품 외곽선은 생략하고, 재단선은 3mm 재단 여유를 두고 용도에 맞게 표시할 것.
※ 지정되지 않은 색상 및 모든 작업은 "최종결과물" 오른쪽 디자인 원고를 참고하여 작업하시오.

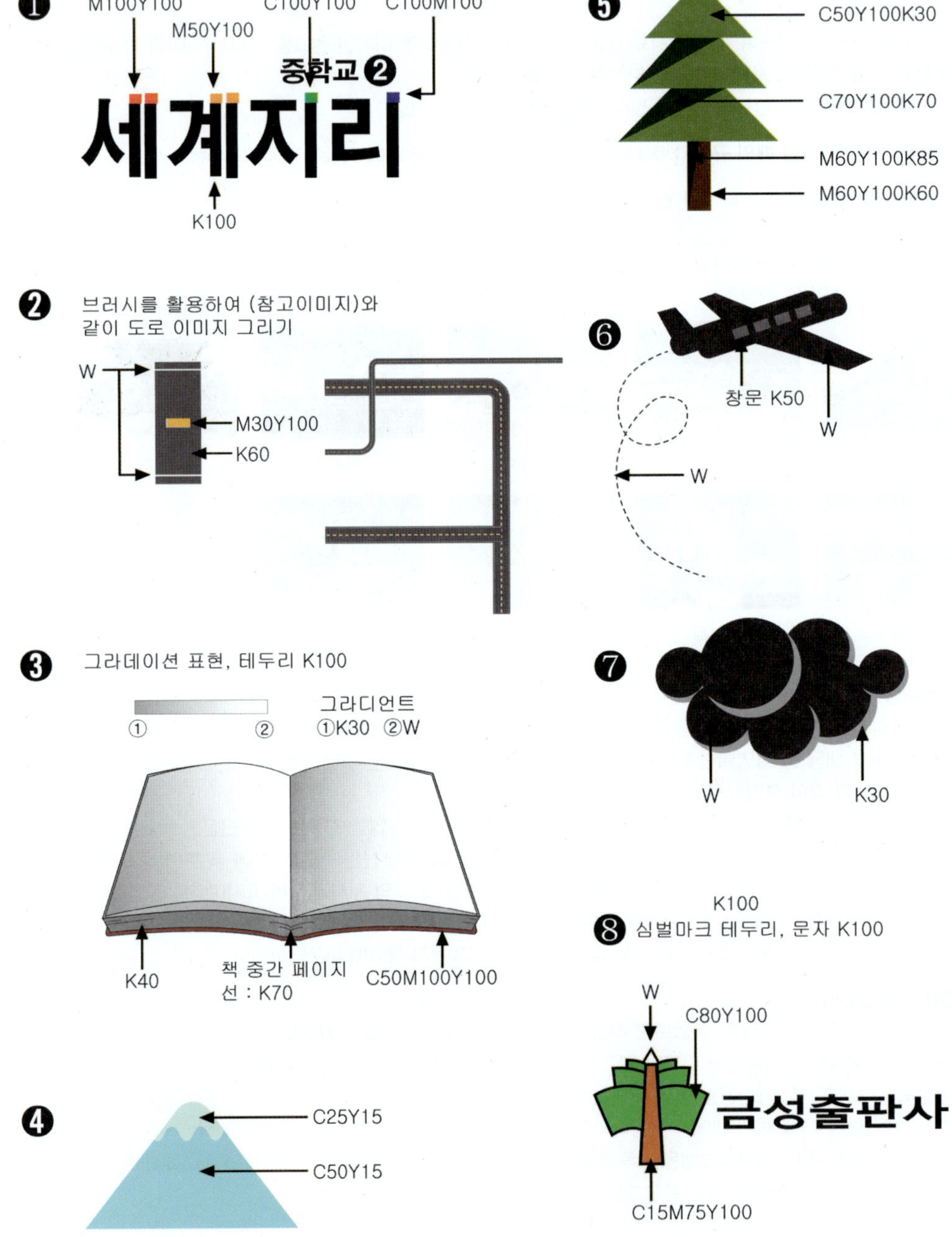

원고와 같이
C3Y50 망점,
내부 그림자 효과 적용
비행기 그림자 효과
적용
배경 원형 그라데이션
C20 ~ C75M10Y25
중학교 ❷
세계지리
나무 그림자 효과 적용
이미지(10)
배경 제거, 색상 변경
C80M30Y20
이미지(01 ~ 09)
배경 제거 후 테두리 W
그림자 효과 적용,
원고를 참고하여
이미지를 순서대로 배치
이미지(10)과 합성
그림자 효과 적용
금성출판사

01 작업 그리드 그리기

배부받은 디자인 원고의 완성 이미지 위에 필기구와 자를 이용하여 가로, 세로의 크기를 측정한 후 각 4등분으로 선을 그어줍니다. 16등분의 직사각형이 그려지면 가로와 세로선이 교차되는 지점을 기준으로 대각선을 그립니다.

기적의 TIP

작업 그리드를 그리는 이유?
컴퓨터 작업 시 각 이미지나 도형의 크기, 위치, 간격을 파악하기 위해 필요한 작업입니다. 빨간색 볼펜 등의 튀는 색상의 필기구로 기준선 그리기 작업을 하는 것이 좋습니다.

02 실제 작업 크기 분석 및 계획 세우기

작품 규격 160mm×240mm를 확인합니다. 작품 외곽선을 생략하고, 재단선은 3mm의 재단 여유를 두고 용도에 맞게 표시할 것을 염두에 둡니다. 작품규격에 위쪽, 아래쪽, 왼쪽, 오른쪽으로 각 3mm씩 재단 여유를 주면 실제 작업 크기는 166mm×246mm가 됩니다. 그리고 각 요소를 표현하기 위해 사용될 프로그램을 계획해 줍니다.

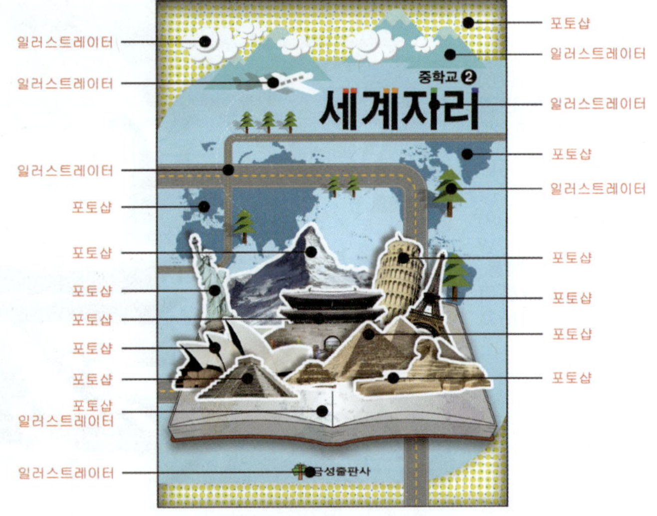

01 일러스트레이터를 실행하고, [File] 〉 [New]
를 선택하여 [Units] : Millimeters, [Width] :
166mm, [Height] : 246mm, [Color Mode] :
CMYK'로 설정한 후, [Create] 버튼을 클릭합니
다.

기적의 TIP

- Ctrl + N : New Document(새 문서 만들기)
- 작품 규격은 160mm × 240mm이므로 재단선 3mm씩을
  더하면 작업 창의 크기는 166mm × 246mm 가 됩니다.

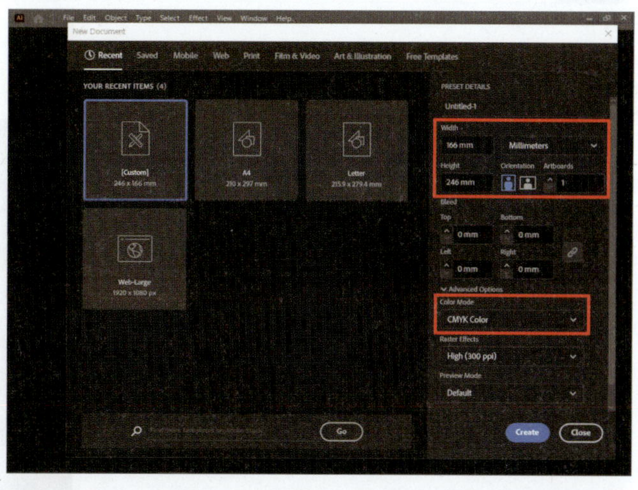

02 'Rectangular Grid Tool'을 선택하고, 작업 창
을 클릭하여 대화상자를 엽니다. 작품 규격대로
Default Size 'Width : 160mm, Height : 240mm'
로 설정하고, 16등분으로 나누기 위해 Horizon-
tal Dividers, Vertical Dividers 'Number : 3'으로
입력한 후, [OK] 버튼을 클릭합니다.

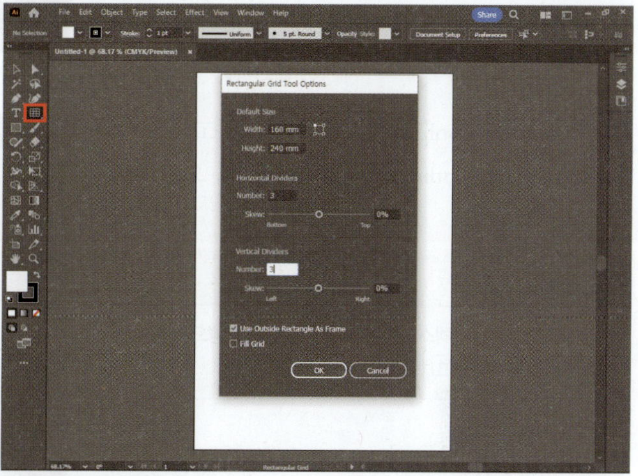

03 [Window] 〉 [Align] 패널에서 'Align To :
Align to Artboard'를 선택하고 'Align Objects :
Horizontal Align Center, Vertical Align Center'
를 클릭합니다. Ctrl + 2 로 격자 도형을 잠그고,
'Line Segment Tool'로 좌상단에서 우하단 대각
선 7개를 그린 후, Reflect Tool로 반대 방향 대각
선을 복사합니다. Alt + Ctrl + 2 로 잠금 해제
후, Ctrl + A 로 모두 선택, Stroke를 빨간색으로
바꾼 뒤, Ctrl + G 로 그룹 지정합니다.

기적의 TIP

- Shift + F7 : Show Align
- 'Line Segment Tool'로 7개의 대각선을 그린 후, Ctrl +
  A 로 모두 선택하고, 'Reflect Tool' 〉 'Vertical' 선택 후
  [Copy]하면 반대편으로 대각선이 복사됩니다.

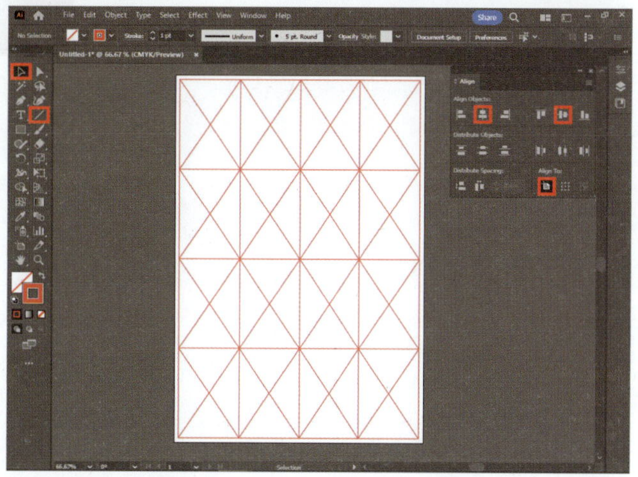

01 세계지리 타이포그래피 만들기

01 `Space Bar` 를 누른 상태로 작업 화면을 드래그 하여 빈 공간으로 옮기고 'Type Tool'로 '세계지리'를 입력한 뒤 [Window] > [Type] > [Character] 패널에서 폰트와 크기 등을 디자인 원고와 비슷하게 설정합니다.

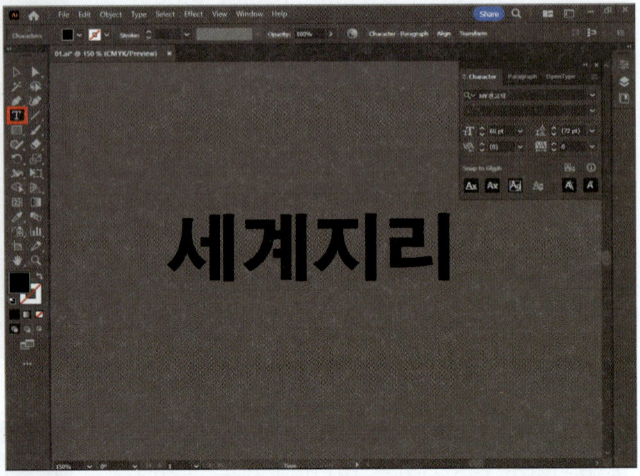

02 'Selection Tool'로 텍스트를 선택하고 우클릭한 뒤 [Create Outlines]를 클릭하여 면 오브젝트로 변환합니다.

🏁 **기적**의 TIP

Create Outlines : 텍스트를 선과 면이 있는 도형으로 변환합니다. 단축키는 `Ctrl` + `Shift` + `O` 입니다.

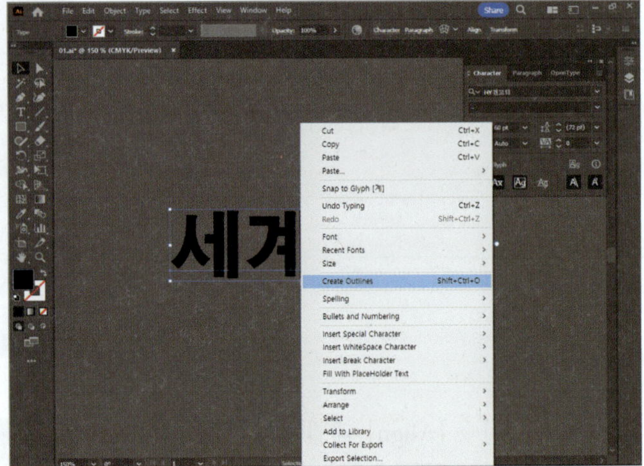

03 'Rectangle Tool'로 텍스트 상단에 다음과 같이 사각형을 그립니다. 사각형 색상은 왼쪽에서부터 오른쪽 순으로 C0M100Y100K0, C0M50Y100K0, C100M0Y100K0, C100M100Y0K0으로 설정합니다.

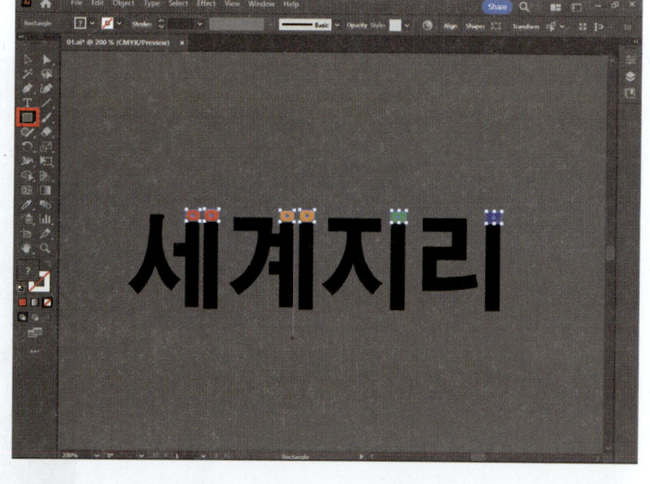

04 '세계지리' 오브젝트 위에 'Type Tool'로 '중학교'를 입력하고 [Character] 패널에서 폰트와 크기를 수정합니다.

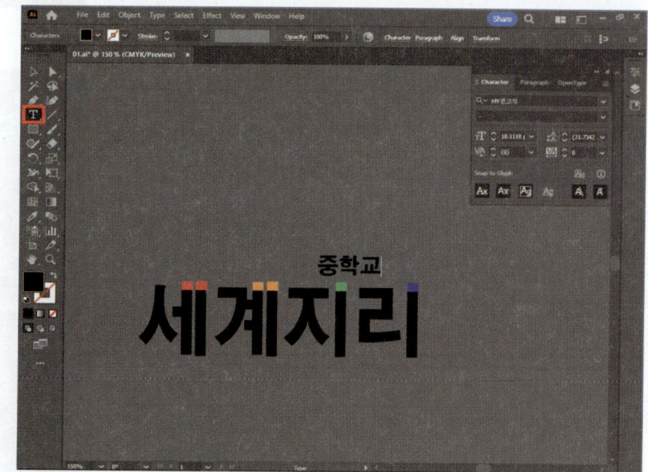

05 'Ellipse Tool'을 선택하고 '중학교' 오른쪽에 정원을 그린 후 'Type Tool'로 원 내부에 '2'를 입력합니다. 색상은 흰색으로 설정합니다.

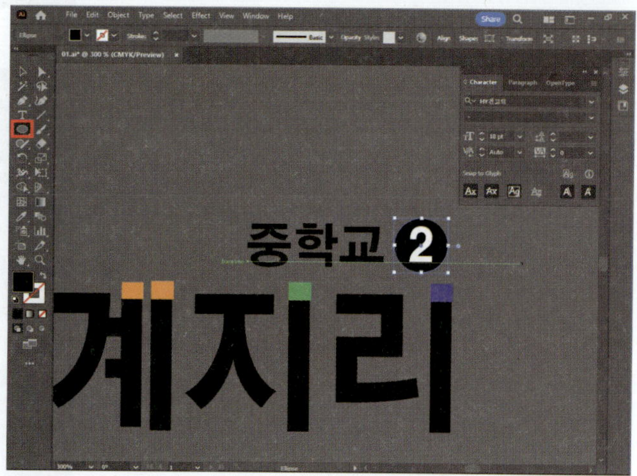

02 브러쉬로 도로 만들기

01 'Rectangle Tool'을 선택하고 직사각형을 그립니다. 색상은 C0M0Y0K60으로 설정합니다.

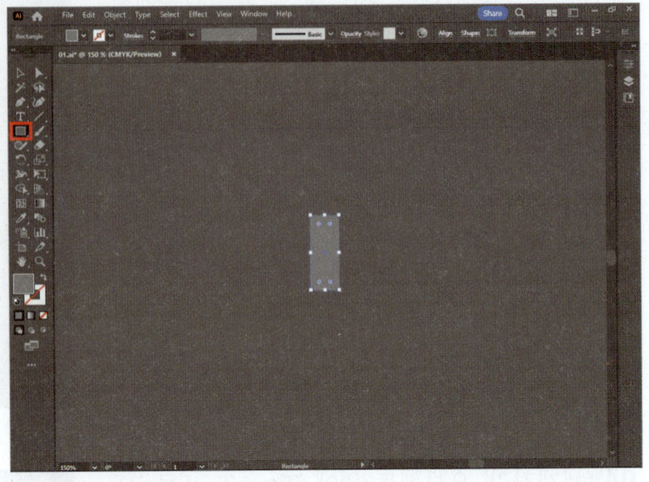

02 'Line Segment Tool'로 다음과 같이 2줄의 선을 그립니다. 선색은 흰색으로 설정하고 'Rectangle Tool'을 선택한 뒤 사각형 중앙에 Alt 를 누른 채 드래그하여 작은 사각형을 그리고 색상은 C0M30Y100K0으로 설정합니다.

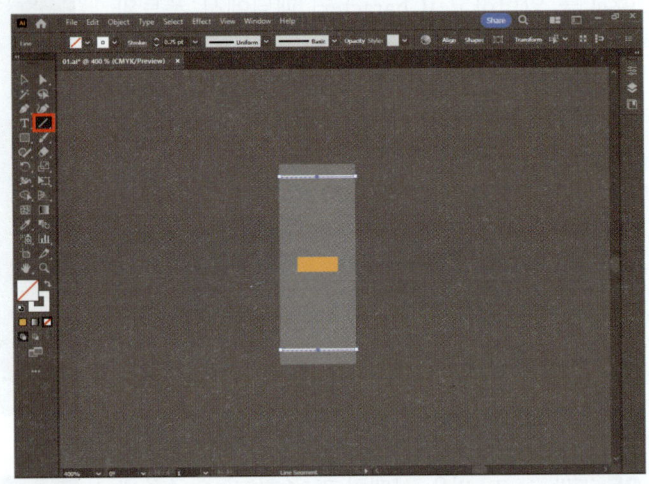

03 [Window] 〉 [Brushes] 패널을 열고 도로 오브젝트를 모두 선택한 뒤 [Brushes] 패널로 드래그합니다. 'New Brush' 대화상자가 나타나면 [Pattern Brush]를 선택하고 [OK]를 누릅니다.

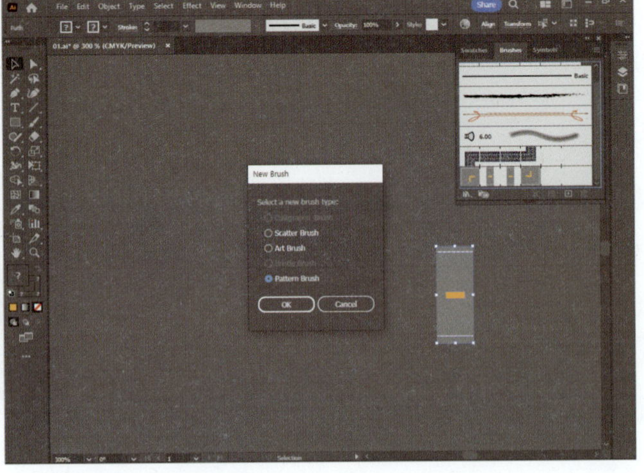

04 [Pattern Brush Options] 대화상자가 나타나
면 'Outer Corner Tile'과 'Inner Corner Tile'을
모두 'Auto-Centered'로 설정한 뒤 [OK] 버튼을
누릅니다.

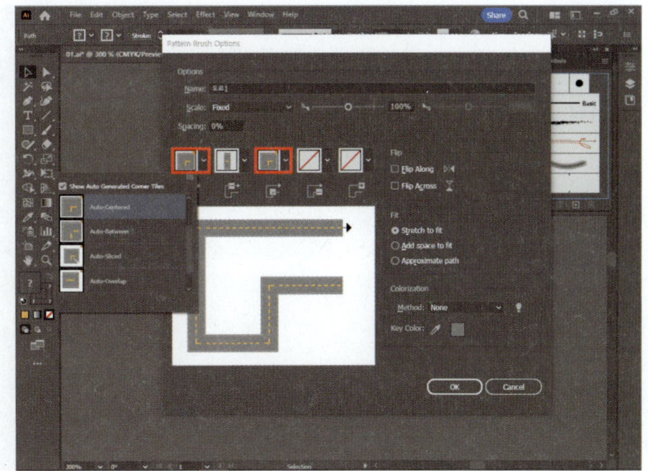

05 'Pen Tool'을 선택하고 디자인 원고를 참고하
여 도로가 들어갈 자리에 Shift 키를 누른 상태
로 수직, 수평인 직선들을 그려줍니다.

기적의 TIP

- 'Pen Tool'로 선을 그린 뒤 Ctrl 를 누른 채 배경을 클릭하
  여 선을 끊을 수 있습니다.
- 'Pen Tool'로 선을 그릴때 Shift 키를 누르면 수직, 수평,
  45°로 직선을 그릴 수 있습니다.

버전 TIP

CS6 버전은 모서리의 라운드를 펜툴 단계에서 둥글게 그려
줍니다.

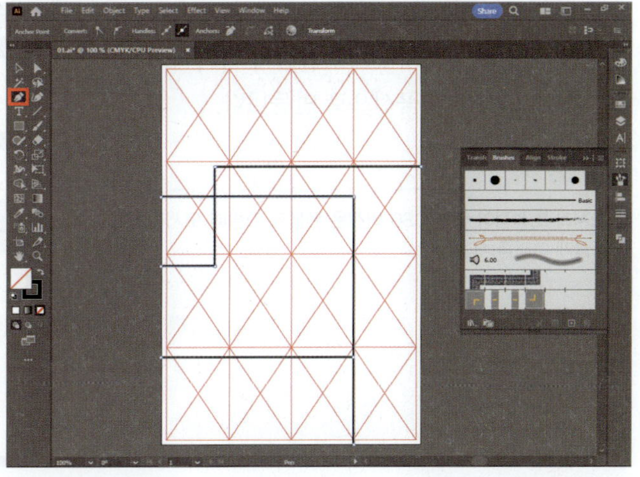

06 'Selection Tool'을 이용해서 도로의 선들을
모두 선택하고 [Brushes] 패널에서 등록해 둔 도
로 패턴을 클릭합니다.

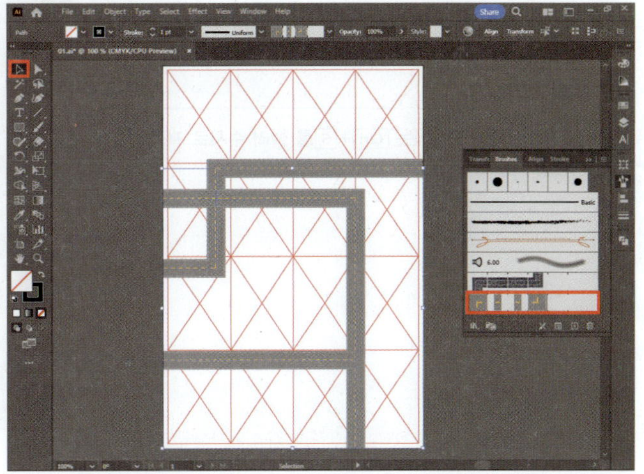

07 도로의 두께를 수정하기 위해서 'Selection Tool'로 도로를 선택한 후 상단 옵션바의 Stroke 수치를 도로마다 각각 조절해 줍니다.

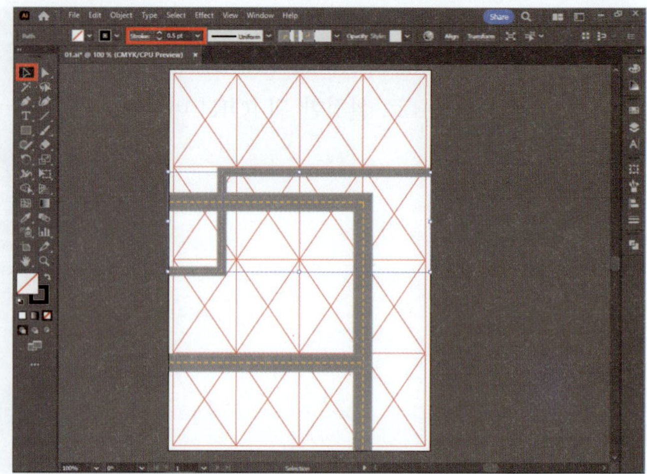

08 'Direct Selection Tool'로 각진 모서리의 조절점을 클릭하고 'Corner' 조절점이 나타나면 드래그하여 모서리를 곡선으로 만듭니다.

⚙️ **버전** TIP

모서리 조절점이 없는 CS6 버전은 펜툴로 그릴때 모서리를 둥글게 그려줍니다.

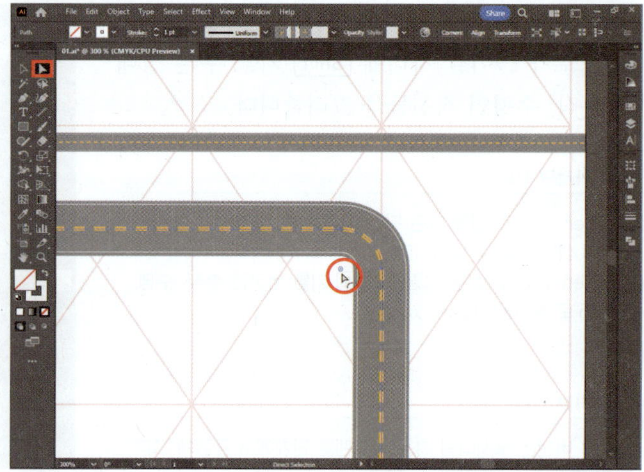

09 디자인 원고를 참고하여 나머지 모서리도 곡선으로 만들어 줍니다.

🏳 **기적의** TIP

항상 작업 시작과 도중에는 Ctrl + S 를 눌러 수시로 저장하는 습관을 기르도록 합니다.

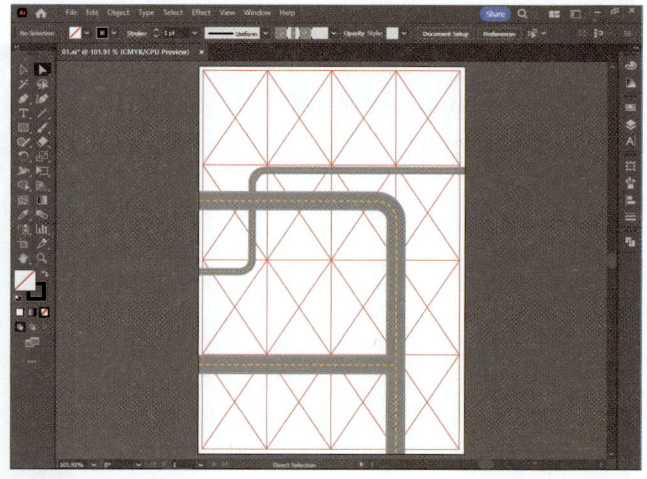

03 책 만들기

01 'Rectangle Tool'을 선택하고 사각형을 그립니다. 사각형이 선택된 상태에서 'Gradient Tool'을 더블클릭하여 패널을 연 뒤 왼쪽 마커는 C0M0Y0K30, 오른쪽은 흰색으로 설정합니다.

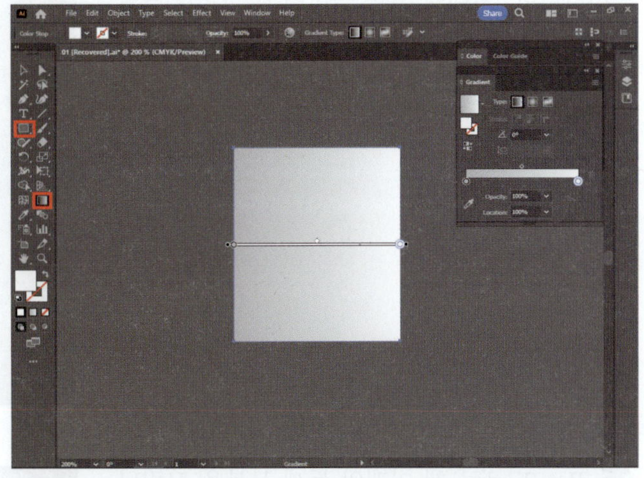

02 'Pen Tool', 'Direct Selection Tool, 'Anchor Point Tool'을 활용해 고정점을 추가하고 곡선을 만들어 사각형을 다음과 같이 변형합니다.

> ▶ **기적**의 TIP
>
> 'Pen Tool'을 선택하고 Ctrl 을 누르면 'Direct Selection Tool'로, Alt 를 눌러 'Anchor Point Tool'로 빠르게 바꾸며 매우 효율적으로 작업할 수 있습니다.

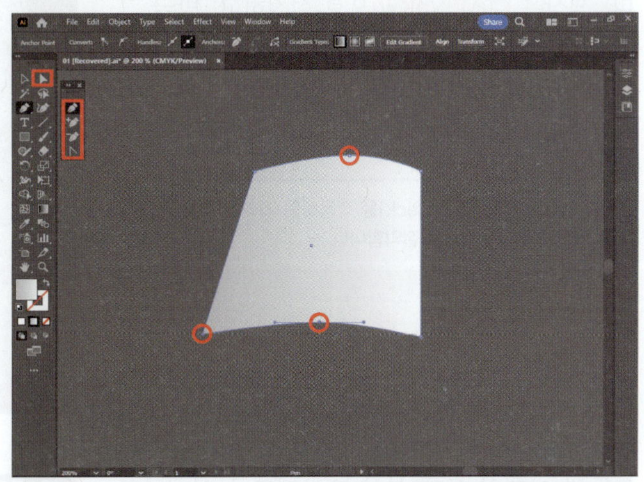

03 책 오브젝트의 선색은 C0M0Y0K100으로 설정하고 상단 옵션 바에서 'Stroke'의 값을 적절하게 설정합니다.

> ▶ **기적**의 TIP
>
> 옵션바에 'Stroke'가 보이지 않는다면 'Selection Tool'이 선택되었는지 확인합니다.

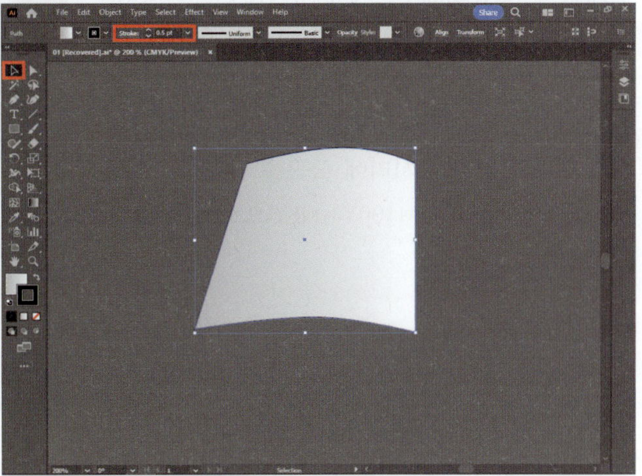

04 책 오브젝트를 Ctrl+C, Ctrl+V를 눌러 복사합니다. 아래에 있는 복사된 책 오브젝트를 'Direct Selection Tool'과 'Pen Tool'을 이용해서 다음과 같이 변형합니다. 면색은 C0M0Y0K20으로 설정합니다.

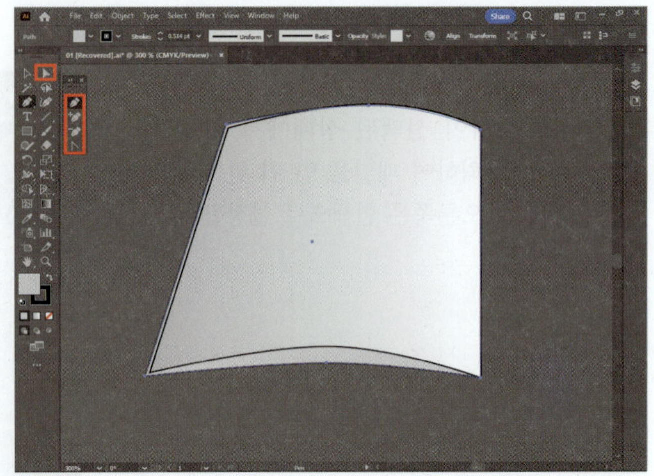

05 'Pen Tool'로 책 아래의 두께 부분을 그립니다. 색상은 C0M0Y0K40으로 설정하고, 방금 그린 오브젝트를 우클릭한 뒤 [Arrange] > [Send to Back]을 적용하여 맨 뒤로 보냅니다.

> **기적의 TIP**
>
> [Arrange] > [Send to Back]을 적용하여 가려질 부분은 과감하게 생략하여 시간을 절약합니다.

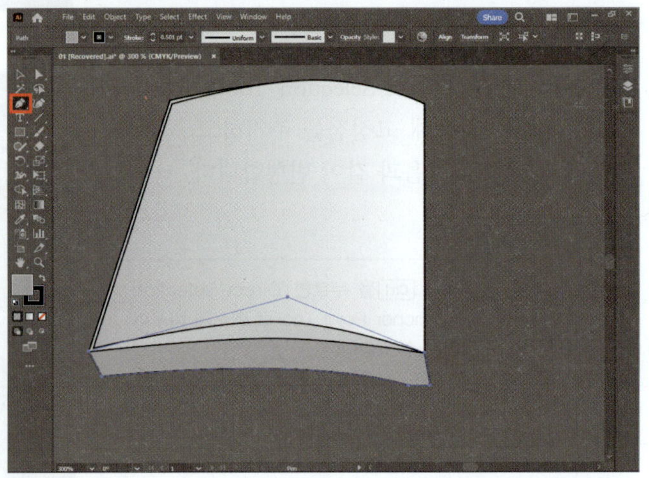

06 책 아래의 두께 부분 오브젝트를 선택하고 복사한 뒤 [Arrange] > [Send to Back]을 적용하여 맨 뒤로 보냅니다. 왼쪽 끝 부분의 모양을 조금 수정하고 'Direct Selection Tool'로 둥글게 만들 고정점을 클릭한 뒤 원 모양의 작은 조절점을 드래그하여 각진 모서리에 굴곡을 줍니다. 오브젝트의 색상은 C50M100Y100K0으로 설정합니다.

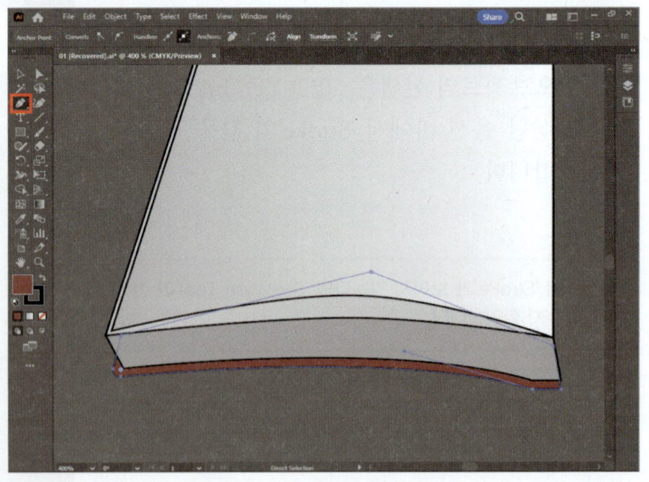

07 모든 오브젝트를 선택하고 'Reflect Tool'을 선택한 뒤 [Alt]를 누른 채 기준점이 될 책의 가운데 부분을 클릭합니다. [Reflect] 대화상자가 나타나면 'Vertical'을 선택하고 [Copy] 버튼을 누릅니다.

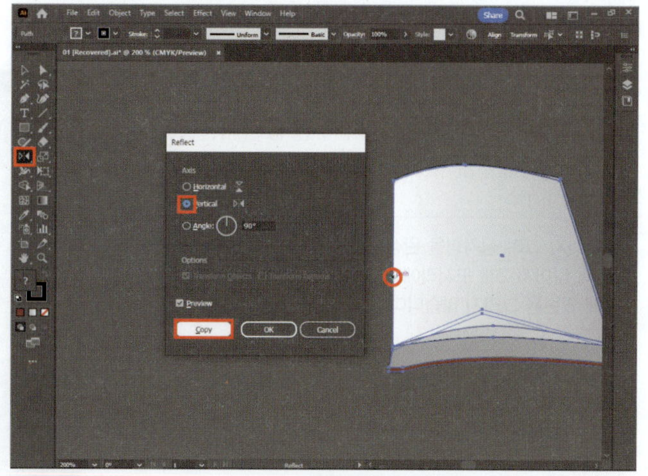

08 'Selection Tool'로 책의 두께 부분 좌, 우 오브젝트를 선택하고 'Shape Builder'로 두 오브젝트를 드래그 해서 하나로 합쳐줍니다. 구 버전은 [Window] 〉 [Pathfinder] 패널을 열어서 [Shape Modes : Unite]를 클릭해 합쳐줍니다. 맨 아래의 책 표지도 같은 방식으로 좌우를 하나로 합쳐줍니다. 오브젝트의 겹쳐지는 순서는 마우스를 우클릭 하고 [Arrange]의 옵션을 활용합니다.

🚩 **기적의 TIP**

- [Bring to Front] : 맨 앞으로 가져오기
- [Bring Forward] : 1단계 앞으로 가져오기
- [Send Backward] : 1단계 뒤로 보내기
- [Send to Back] : 맨 뒤로 보내기

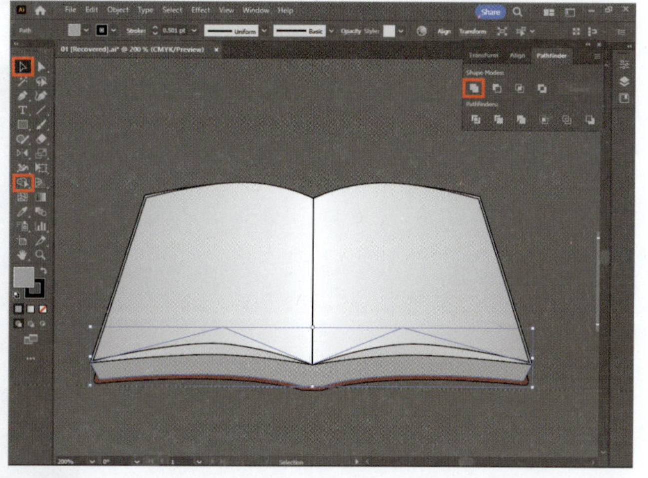

09 'Pen Tool'을 선택하고 책 하단의 두께에 다음과 같이 선을 그립니다. 선을 그리고 [Ctrl]을 누른 채 배경을 선택하여 선을 끊고 반복적으로 그립니다. 선색은 C0M0Y0K70으로 설정합니다.

01 산을 그리기 위해 'Pen Tool'로 다음과 같은 선을 그립니다. 밑변은 그리지 않습니다.

기적의 TIP

밑변까지 그려 삼각형을 완성하면 추후에 산 정상에 굴곡을 줄 때 나머지 2개 모서리에도 자동으로 굴곡이 들어가기 때문에 밑변을 그리지 않습니다.

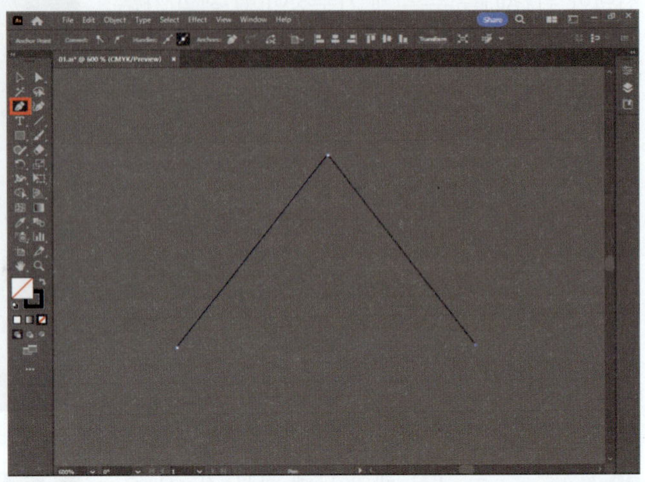

02 면색을 C50M0Y15K0, 선색은 None으로 설정한 뒤 'Direct Selection Tool'로 산 위쪽의 고정점을 클릭한 뒤 모서리 조절점을 드래그하여 굴곡을 만듭니다.

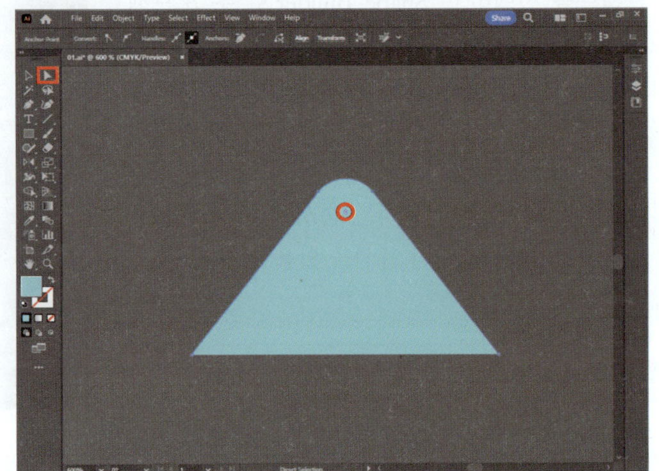

03 'Line Segment Tool'을 선택하고 다음과 같이 가로선을 그립니다. 면색은 None, 선색은 검정색으로 설정합니다.

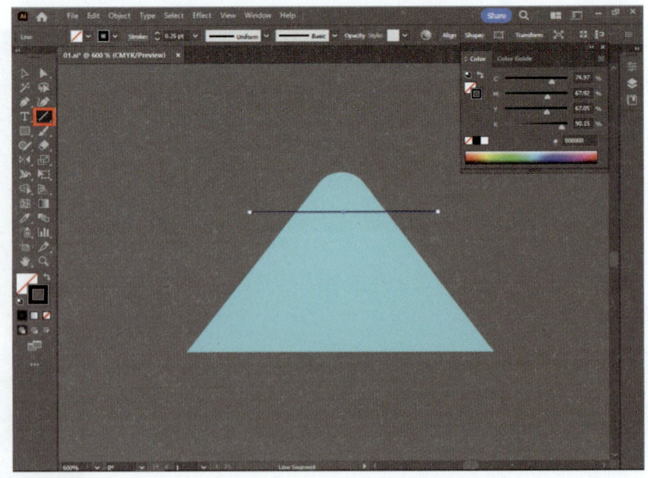

04 선이 선택된 상태로 [Effect] 〉 [Distort & Transform] 〉 [Zig Zag] 패널을 열고 'Smooth' 를 클릭한 뒤 'Size'와 'Ridges per segment' 의 슬라이더를 조절하여 다음과 같은 곡선을 만들고 [OK] 버튼을 클릭합니다.

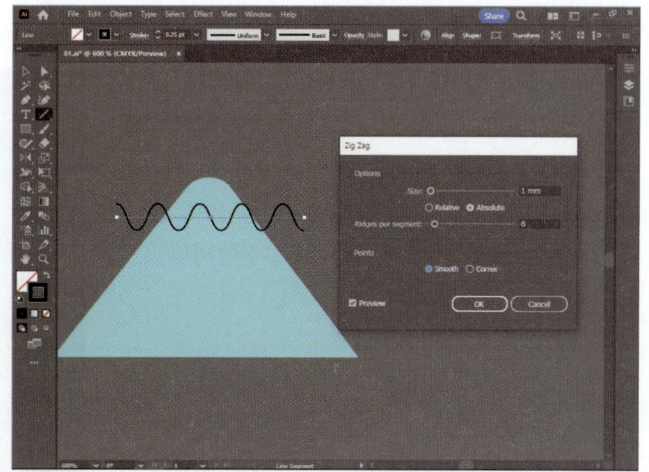

05 곡선을 선택하고 [Object] 〉 [Expand Appearance]를 클릭한 뒤 모든 오브젝트를 선택하고 [Window] 〉 [Pathfinder] 패널에 [Pathfinders : Divide]를 클릭하여 면을 나눕니다.

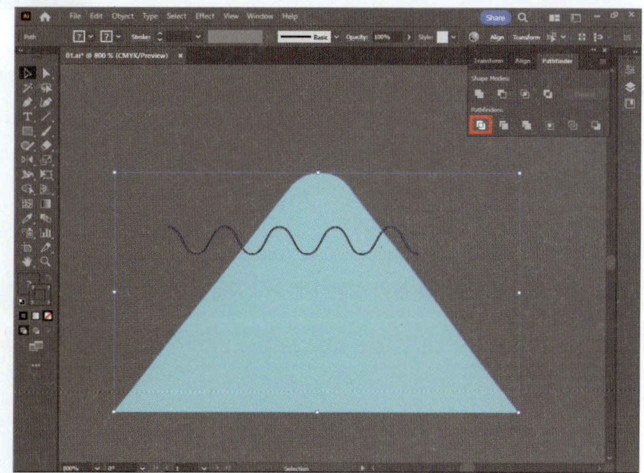

06 'Direct Selection Tool'로 산의 윗부분을 선택하고 색상을 C25M0Y15K0으로 설정합니다.

기적의 TIP

Pathfinders : Divide를 적용한 오브젝트는 자동으로 그룹으로 묶이게 됩니다. 개별 선택을 하려면 Direct Selection Tool을 이용하거나 그룹해제를 해야 합니다.

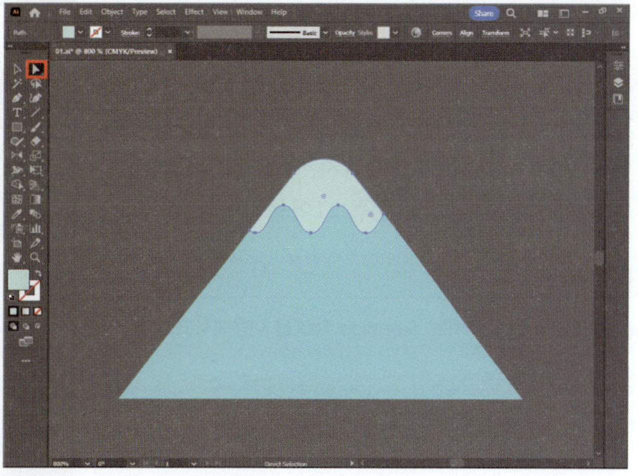

01 나무를 만들기 위해 빈 작업 공간으로 화면을 이동하고 'Polygon Tool'을 선택한 뒤 작업 화면을 클릭합니다. [Polygon] 대화상자가 나타나면 'Sides'를 3으로 입력하고 [OK] 버튼을 누릅니다. 색상은 C50M0Y100K30으로 설정합니다.

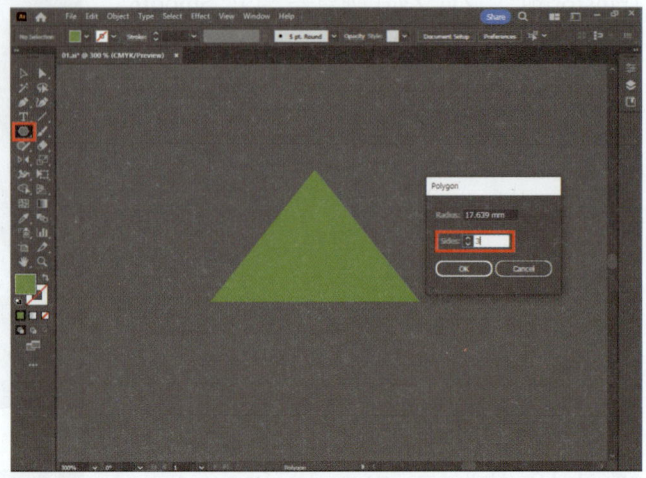

02 'Selection Tool'로 삼각형을 선택하고 Alt 와 Shift 를 누른 채 가로로 드래그하여 나무의 윗부분을 만듭니다.

▶ **기적**의 TIP

오브젝트 이동 중 Shift 를 눌러 정확하게 수직, 수평으로 이동시킬 수 있습니다.

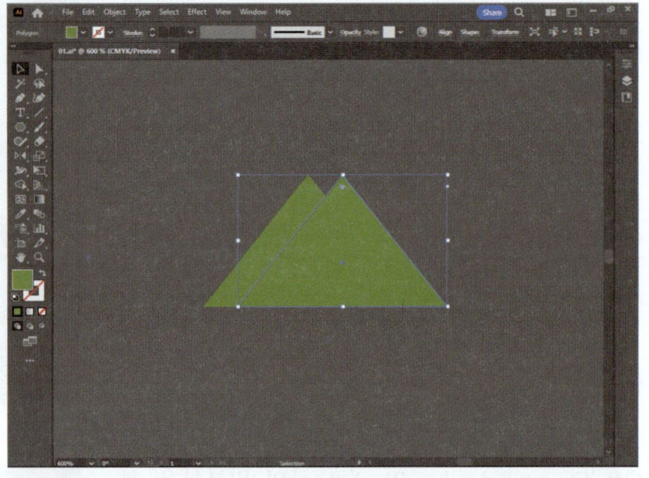

03 음영 부분을 나누기 위해 'Line Segment Tool'을 이용해서 가운데 삼각형의 왼쪽 모서리에서부터 오른쪽 모서리까지 선을 그어줍니다. 맨 아래의 삼각형에도 선을 그어줍니다.

▶ **기적**의 TIP

선의 양쪽 끝의 위치는 'Selection Tool'을 이용해서 조절할 수 있습니다.

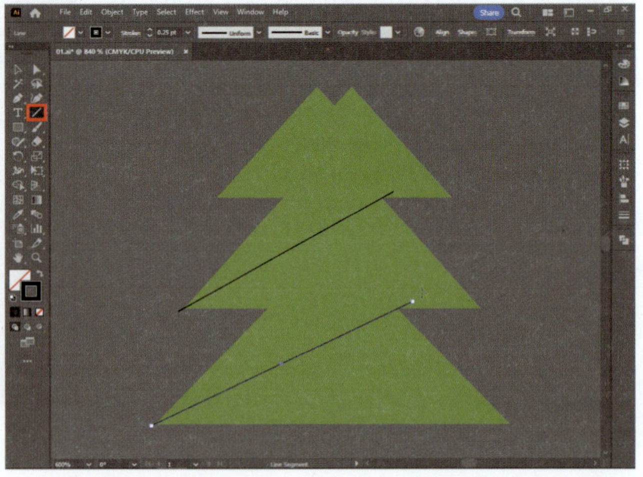

04 'Selection Tool'로 삼각형과 그 위에 그어진 선을 선택하고 [Pathfinder] 패널의 'Pathfinders : Divide'를 클릭해서 음영이 들어갈 부분을 나눠 줍니다.
남은 삼각형과 그 위에 그어진 선을 선택해서 같은 방법으로 면을 나눠 줍니다.

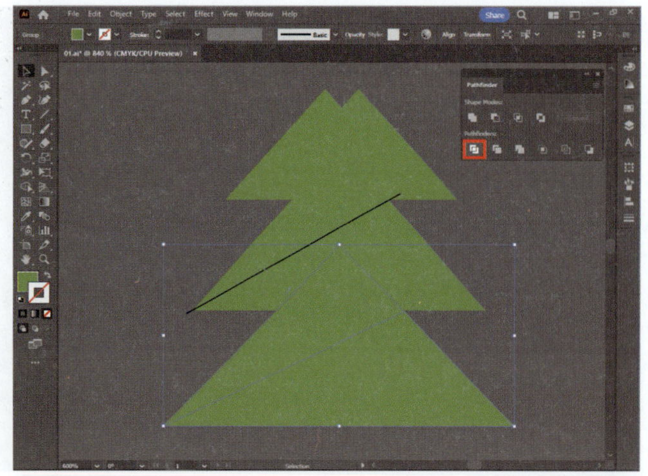

05 'Direct Selection Tool'을 이용해서 음영이 들어갈 부분의 색상을 C70M0Y100K70으로 설정합니다.
'Selection Tool'을 이용해서 가장 아래에 있는 삼각형을 선택하고 마우스 오른쪽 버튼을 클릭한 후 [Arrange] 〉 [Send to Back]을 클릭해 뒤로 정렬합니다.

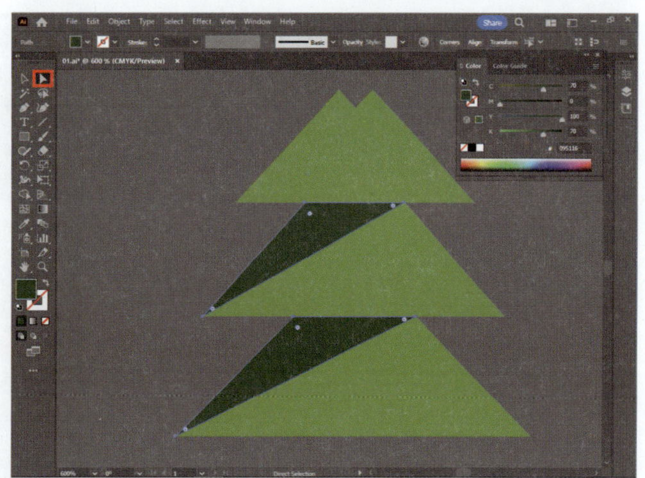

06 'Rectangle Tool'로 나무의 기둥을 그립니다. 색상은 C0M60Y100K60으로 설정합니다.

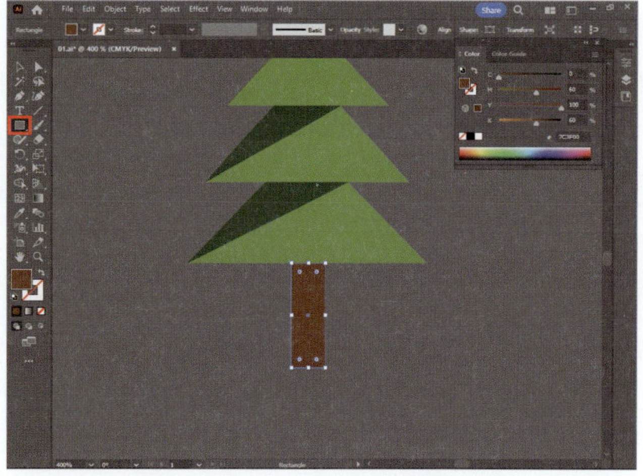

07 'Line Segment Tool'로 음영이 들어갈 부분에 선을 그려 나누고 [Pathfinder] 패널에서 [Pathfinders : Divide]를 클릭하여 오브젝트를 나눕니다.

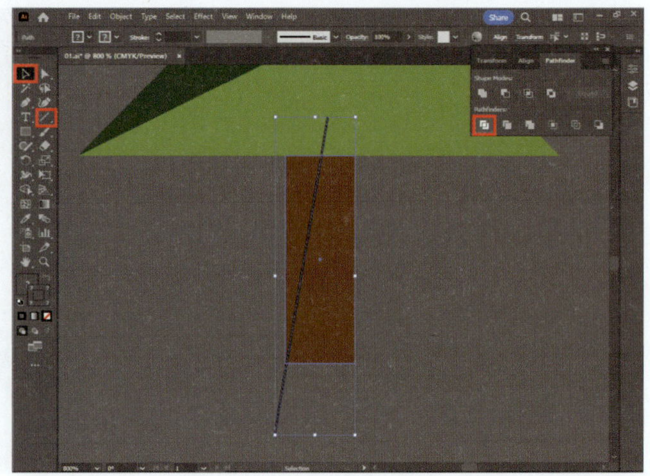

08 'Direct Selection Tool'로 음영 부분을 선택하고 색상을 C0M60Y100K85로 변경합니다.

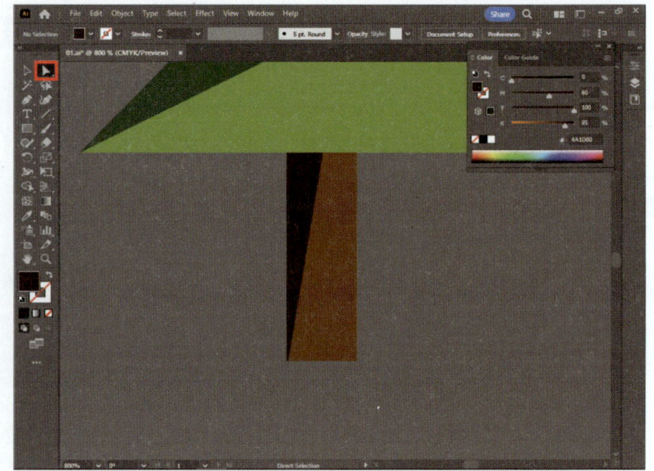

01 'Rounded Rectangle Tool'을 선택하고 막대 모양을 그린 뒤 Alt 를 누른 채 복사하여 다음과 같이 배치합니다. 색상은 흰색으로 설정합니다.

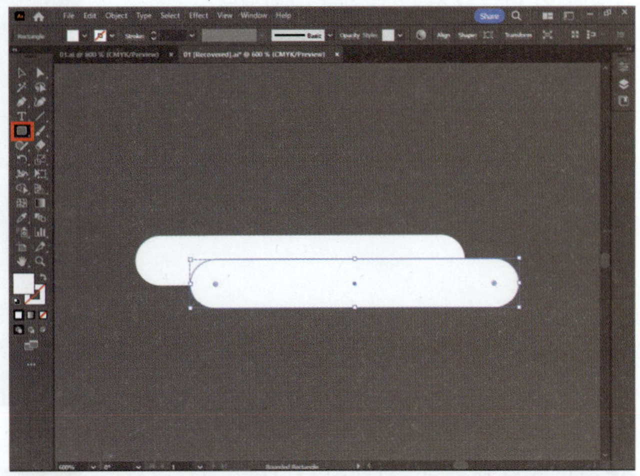

02 'Rectangle Tool'을 선택하고 다음과 같이 사각형을 그립니다. 색상은 C0M0Y0K50으로 설정한 뒤 Alt 를 누른 채 옆으로 이동하여 복사하고 Ctrl + D 를 두 번 눌러 작업을 반복합니다.

> ⚑ **기적의** TIP
>
> 오브젝트를 Alt 를 눌러 복사한 후 Ctrl + D 를 누르면 같은 간격만큼 복사를 반복할 수 있습니다.

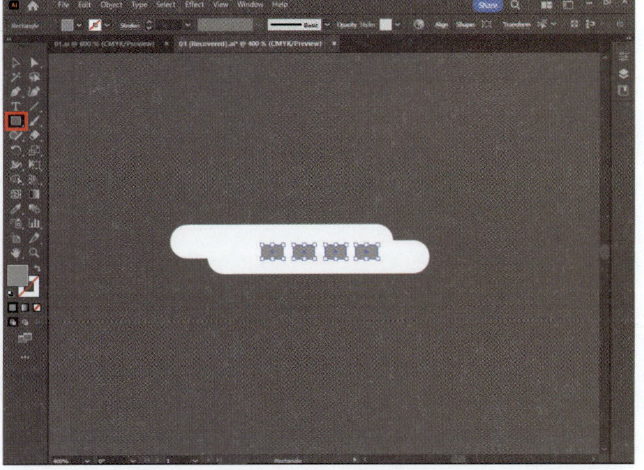

03 'Selection Tool'을 이용해 오브젝트를 선택한 후 Alt 키를 누른 상태로 이동해 복사합니다. 같은 방법으로 여러 개를 복사한 후 크기를 조절하고 배치합니다. 구름 모양이 완성되면 Ctrl + G 를 눌러 그룹으로 묶어 둡니다.

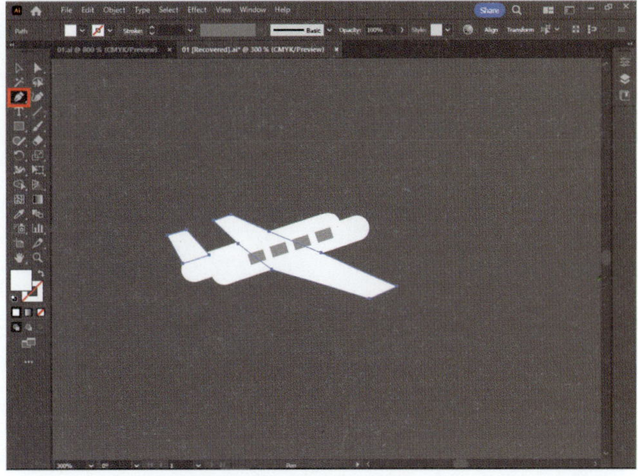

04 'Pen Tool'로 면색은 None, 선색은 흰색으로 설정한 뒤 다음과 같은 곡선을 그립니다.

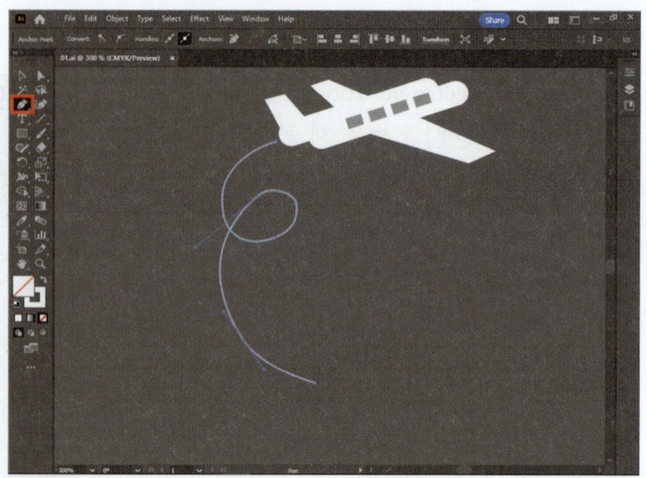

05 선 오브젝트를 선택하고 [Window] 〉 [Stroke] 패널을 열어 [Cap : Round Cap]으로 설정하고 'Dashed Line'에 체크한 뒤 'Dash'와 'Weight'의 값을 조절하여 디자인 원고와 비슷한 점선을 만듭니다.

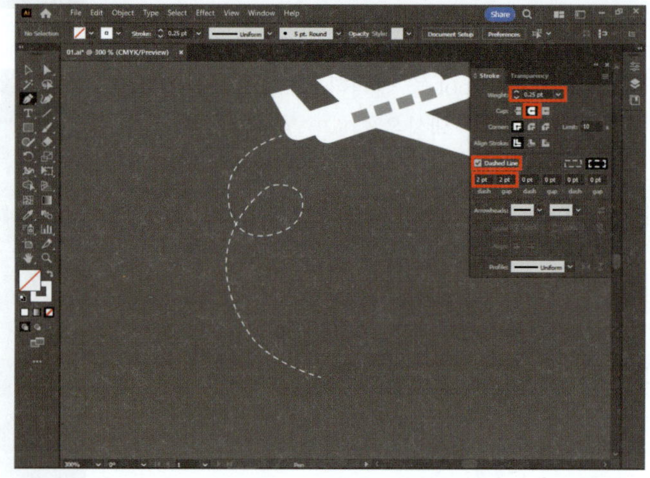

01 구름을 그리기 위해 'Ellipse Tool'로 다음과 같은 흰색의 정원을 Shift 를 누른 채 그립니다. Alt 를 누른 채로 원을 살짝 옮겨 복사합니다.

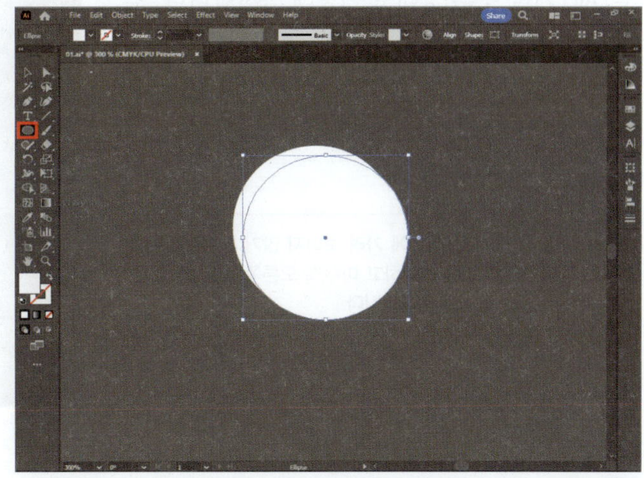

02 'Selection Tool'을 클릭하고 두 개의 원을 드래그 해서 모두 선택합니다. [Window] > [Path-finder] 패널의 'Pathfinders : Divide'를 클릭합니다.

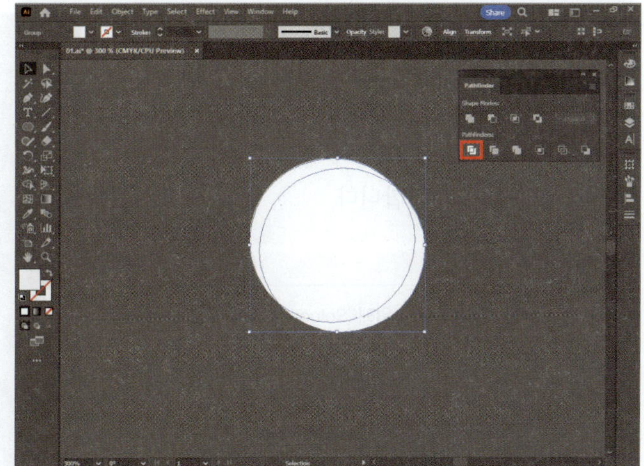

03 'Direct Selection Tool'로 위쪽 그믐달 모양의 면을 선택해서 삭제하고, 아랫쪽 초승달 모양의 면을 선택해서 면색을 C0M0Y0K30으로 설정합니다.

기적의 TIP

Pathfinders : Divide 적용한 오브젝트는 그룹 상태가 되기 때문에 그룹 상태로 개별 선택을 하기 위해 Direct Selection Tool을 이용합니다.

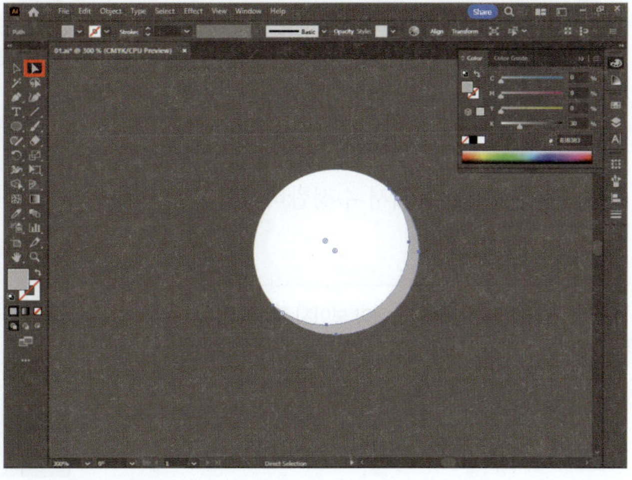

04 'Selection Tool'을 이용해 오브젝트를 선택한
후 Alt 키를 누른 상태로 이동해 복사합니다. 같
은 방법으로 여러 개를 복사한 후 크기를 조절하
고 배치합니다. 구름 모양이 완성되면 Ctrl + G
를 눌러 그룹으로 묶어 둡니다.

기적의 TIP

오브젝트가 다른 오브젝트에 가려 보이지 않거나 뒤로 보내
려면 해당 오브젝트를 선택하고 마우스 오른쪽 버튼을 클릭
한 후 Arrange 옵션을 이용합니다.

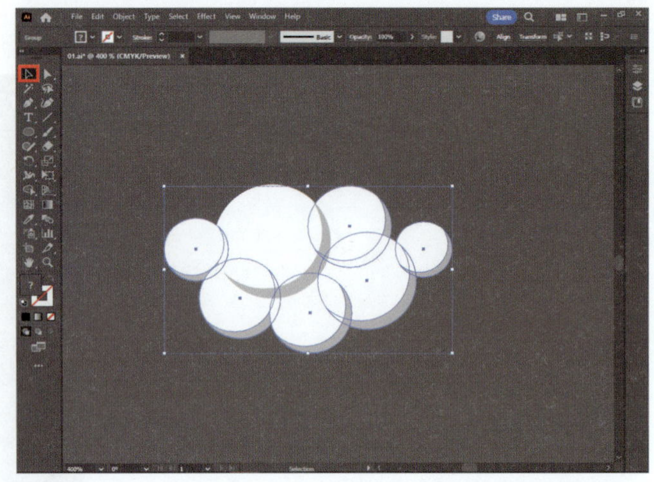

08 출판사 로고 만들기

01 출판사 로고를 만들기 위해 'Type Tool'을 선
택하고 금성출판사를 입력합니다. [Window] 〉
[Type] 〉 [Character]를 클릭하여 패널을 열고 폰
트와 크기, 자간 등을 조절하며 텍스트를 디자인
원고와 비슷하게 수정합니다.

기적의 TIP

텍스트가 눌린 효과를 주기 위해 'Selection Tool'로 텍스트
의 조절점을 움직여 조금 납작하게 만듭니다.

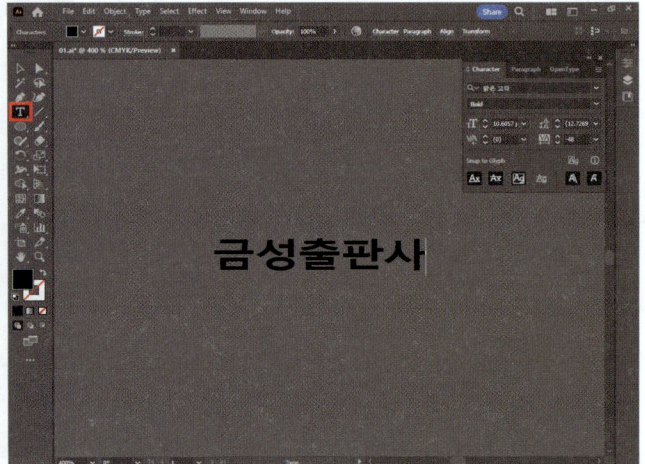

02 'Rectangle Tool'을 선택하고 직사각형을 그
린 뒤 'Direct Selection Tool'로 다음과 같이 변형
합니다. 면색은 C15M75Y100K0으로 설정하고
선색은 검정색으로 설정합니다. 선의 두께는 상
단 옵션 바의 Stroke에서 수정합니다.

기적의 TIP

상단 옵션 바에 'Stroke' 옵션이 보이지 않는다면 'Selection
Tool' 또는 'Direct Selection Tool'이 선택되어 있는지 확인
합니다.

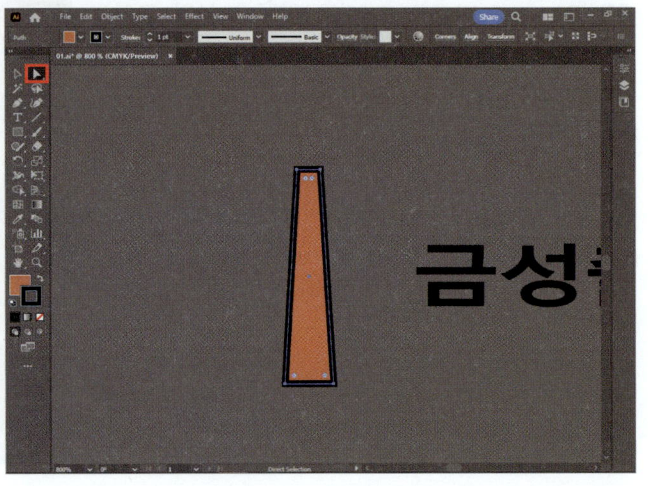

03 'Pen Tool'로 다음과 같이 로고 윗부분을 그립니다. 시간 제한을 고려해서 가려져 있는 부분은 대충 빠르게 그려주고, 색상은 C80M0Y100K0으로 설정합니다.

곡선을 그릴 때 'Pen Tool'이 선택된 상태로 Alt 를 누른 채 고정점을 클릭해 고정점의 핸들을 빠르게 제거할 수 있습니다.

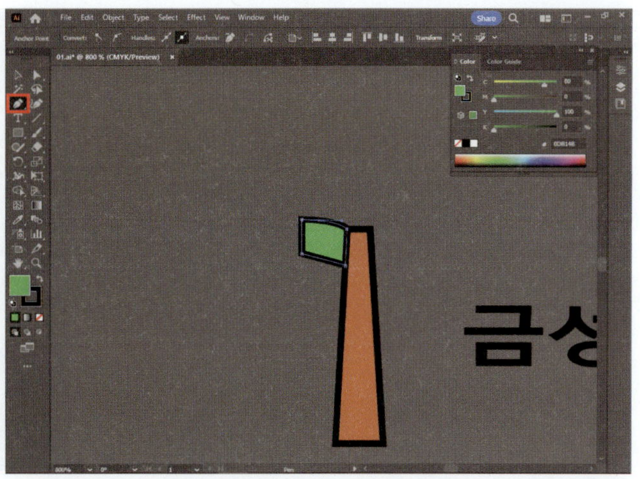

04 오브젝트 위에 다시 'Pen Tool'로 다음과 같은 오브젝트를 2번 더 그립니다.

가장 뒤에 있는 오브젝트부터 먼저 그리는 것이 오브젝트 순서를 정렬하는 데 더 편리합니다.

05 왼쪽 오브젝트를 모두 선택하고 'Reflect Tool'을 선택한 뒤 Alt 를 클릭한 채 로고 오브젝트의 기준점을 클릭하여 대화상자를 엽니다. 'Vertical'을 선택하고 [Copy]를 눌러 복사합니다.

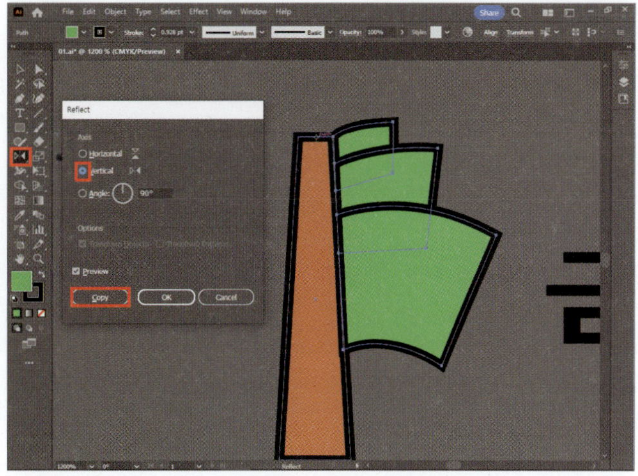

06 'Pen Tool'로 로고 끝부분에 다음과 같은 모양을 그립니다. 아랫부분은 보이지 않도록 우클릭한 후 [Arrange] 〉 [Send to Back]을 클릭하여 맨 뒤로 보냅니다. 색상은 흰색으로 설정합니다.

01 작업 준비하기

01 포토샵을 실행하고, [File] 〉 [New]를 선택하여 [New] 대화상자에서 'Width : 166mm, Height : 246mm, Resolution : 300 pixels/inch, Color Mode : RGB Color'로 설정한 후, [Create] 버튼을 클릭합니다.

> **🏳 기적의 TIP**
>
> Color Mode : 인쇄물에 적합한 CMYK 모드를 설정해 주어야 하지만, 시험장의 프린터가 인쇄소의 출력이 아니기 때문에 회색기, 탁함, 채도저하 발생이 빈번합니다. 또한 시험 문항에 여러 가지 패턴 적용 문제들이 출제되기 때문에 RGB 모드로 설정합니다.

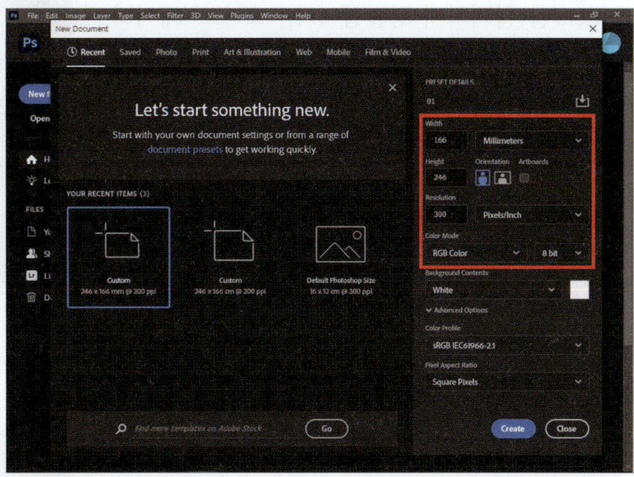

02 '일러스트작업' 창에서 그리드를 선택하고, Ctrl + C 를 눌러 복사합니다.
'포토샵작업' 창에 Ctrl + V 를 눌러 붙여넣기한 후, [Paste] 대화상자에서 'Pixels'를 선택하고, [OK] 버튼을 클릭합니다.
사이즈는 일러스트에서 이미 설정했기 때문에 그대로 Enter 를 누릅니다.

> **🏳 기적의 TIP**
>
> 일러스트에서 오브젝트가 잠겨서 선택되지 않는 경우, [Object] 〉 [Unlock All]을 클릭하거나, 단축키 Alt + Ctrl + 2 를 눌러 오브젝트 잠금을 해제합니다.

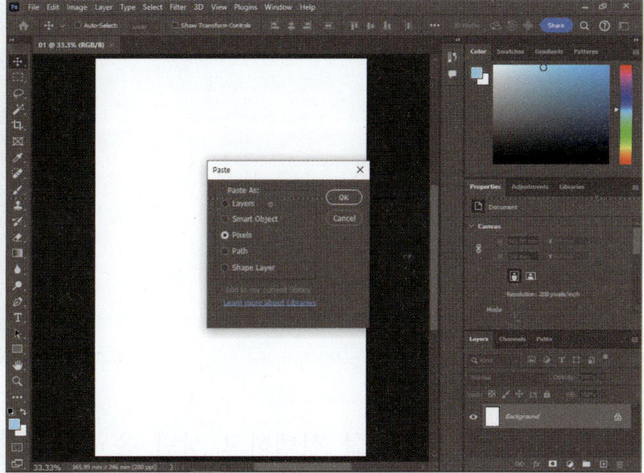

03 [Layers] 패널에서 이름을 '그리드'로 변경합
니다. 'Move Tool'을 선택하고, [Ctrl]을 누른 채
'Background' 레이어와 함께 선택한 후, 옵션바
에서 'Align vertical centers', 'Align horizontal
centers'를 클릭하여 정렬합니다. '그리드' 레이어
만 선택하고, 'Lock all' 아이콘을 클릭하여 잠급
니다.

> **P** **기적의 TIP**
>
> 항상 작업 시작과 도중에는 예기치 못한 상황을 대비하여 수
> 시로 하는 저장하는 습관을 길러야 합니다.

02 푸른 배경 만들기

01 'Rectangle Tool'을 클릭하고 작업 화면에 다
음과 같은 사각형을 그립니다. [Layers] 패널에서
레이어의 이름은 '푸른 배경'으로 변경하고 '그리
드' 레이어 아래로 옮깁니다.

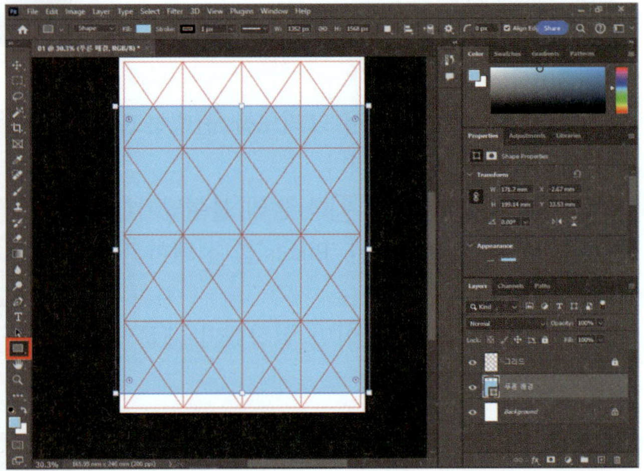

02 '푸른 배경' 레이어를 선택하고 상단 옵
션 바에서 'Stroke'를 None으로 설정하고 'Fill'
을 클릭한 뒤 양쪽 마커의 색상을 왼쪽부터
C20M0Y0K0, C75M10Y25K0으로 설정합니다.
바로 아래에 그라디언트 스타일을 'Radial'로 변
경하고 'Scale'의 값을 조절하여 더 밝게 수정합니
다.

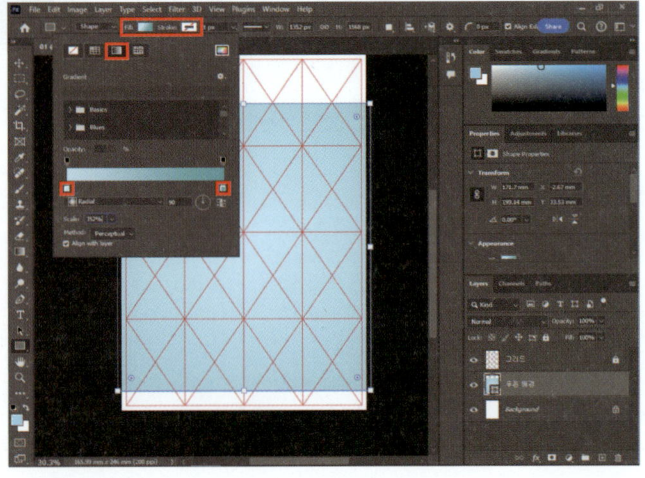

03 [Properties] 패널에서 'Appearance' 항목에 외곽에 곡선을 넣는 기능이 있습니다. 사슬 모양 아이콘을 눌러 해제하고, 'Top Left Corner Radius'와 'Bottom Right Corner Radius'의 값을 각각 400px로 입력하여 모서리를 둥글게 만듭니다.

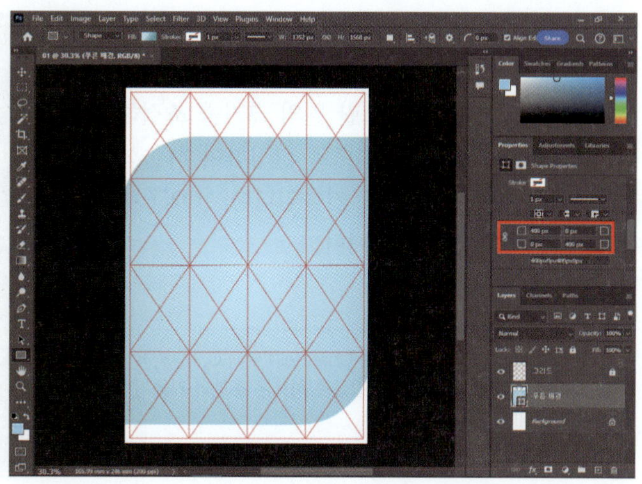

03 망점 배경 만들기

01 [Layers] 패널에서 새로운 레이어를 추가하기 위해 'Layers' 아이콘을 클릭합니다. 새 레이어가 추가되면 도구 패널에서 전경색을 C3M0Y50K0으로 설정하고 Alt + Delete 를 눌러 레이어에 색상을 채웁니다. 레이어의 이름은 '노란 배경'으로 변경합니다.

> **기적의 TIP**
>
> • Alt + Delete : 전경색 채우기
> • Ctrl + Delete : 배경색 채우기

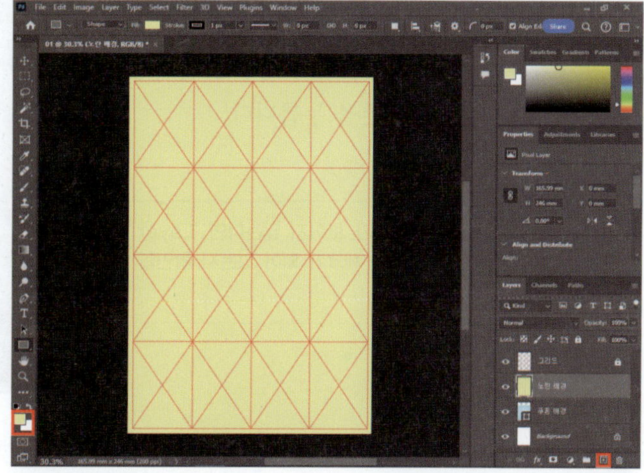

02 망점 만들기에 앞서 빨강색의 그리드가 시각적으로 방해가 되기 때문에 [Layers] 패널에서 '그리드' 레이어의 눈 모양 아이콘을 클릭해 잠시 꺼 두겠습니다.

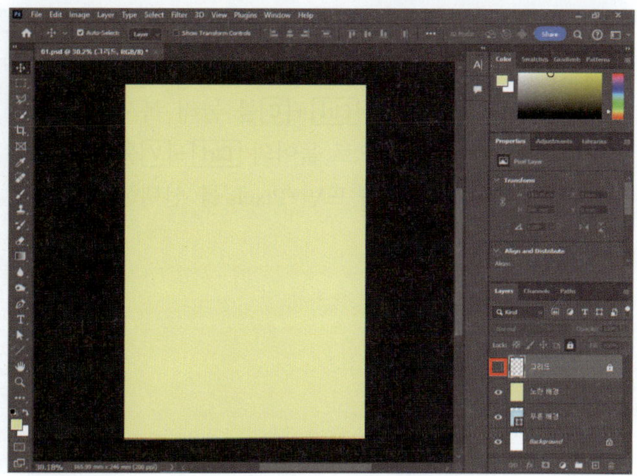

03 '노란 배경' 레이어가 선택된 상태로 [Filter] 〉 [Pixelate] 〉 [Color Halftone] 패널을 엽니다. 'Max Radius'의 값으로 노란 원의 크기를 조절하고 'Channel 1'의 값을 10으로 설정하여 하늘색 점 무늬의 기울기를 10도 기울입니다. [OK] 버튼을 눌러 효과를 적용합니다.

'Color Halftone'의 각 채널들은 'Channel 1'부터 C, M, Y, K 를 의미하고 각 채널 오른쪽의 값들은 하프톤 효과의 기울기 를 의미합니다.

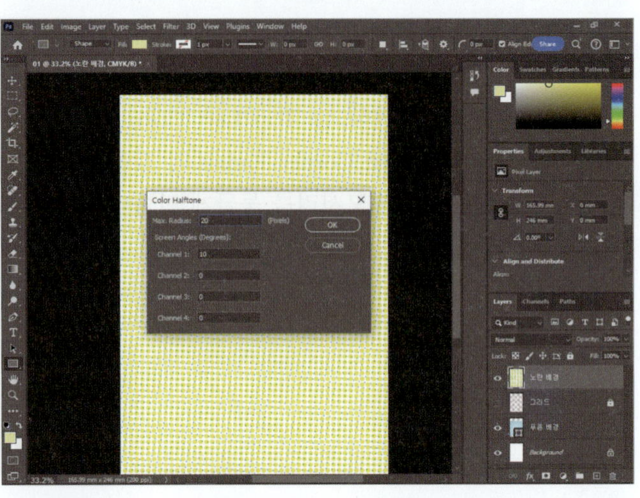

04 [Layers] 패널에서 '노란 배경' 레이어의 오른쪽 빈 공간을 더블클릭하여 'Layer Style' 대화상자를 열고 'Inner Shadow'를 클릭합니다. 투명도와 크기 등 슬라이더를 조절하며 내부 그림자 효과를 확인한 뒤 [OK] 버튼을 누릅니다.

슬라이더를 조절했을 때 효과가 보이지 않는다면 'Layer Style' 대화상자의 'Preview'에 체크가 되어 있는지 확인합 니다.

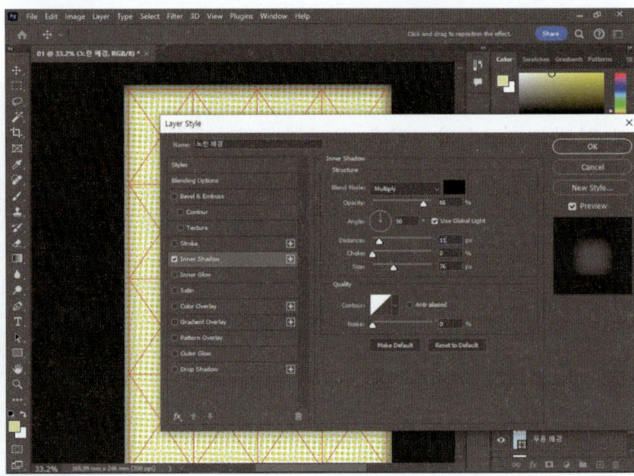

04 일러스트 불러오기

01 '노란 배경' 레이어는 '푸른 배경' 레이어 아래에 위치합니다. 일러스트 창에서 '세계지리' 오브젝트를 모두 선택하고 Ctrl + C 를 눌러 복사합니다. 포토샵 작업 창으로 돌아와 Ctrl + V 를 누르고 'Paste' 대화상자가 뜨면 'Pixels'를 선택한 뒤 [OK]를 누릅니다.

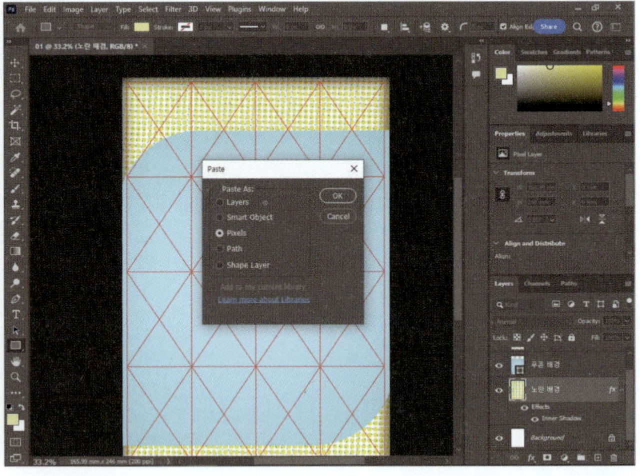

02 Ctrl+T를 눌러 조절점을 나타내고 크기와 위치를 조절하여 디자인 원고와 같은 위치에 배치합니다. 레이어의 이름은 '세계지리'로 입력하고 '푸른 배경' 레이어 위로 옮깁니다.

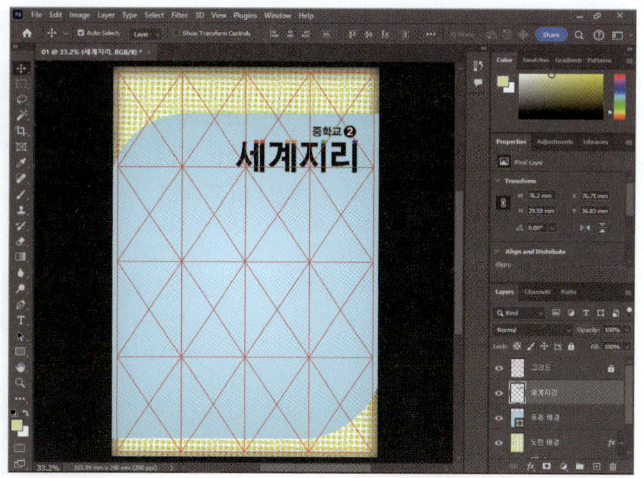

03 다음으로 일러스트 창에서 도로 오브젝트들을 모두 선택하고 복사한 뒤 포토샵 작업 창으로 돌아와 붙여 넣습니다. 크기와 위치를 조절하여 다음과 같은 위치에 배치합니다. 레이어의 이름은 '도로'로 수정하고 '푸른 배경'과 '세계지리' 레이어 사이로 옮깁니다.

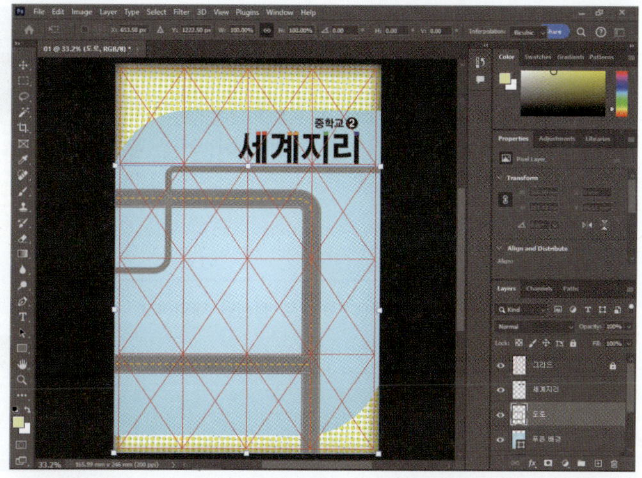

04 일러스트 작업 창에서 산 오브젝트를 선택하고 포토샵 작업 창에 붙여넣습니다. Ctrl+T를 눌러 디자인 원고에 따라 산을 배치한 뒤 Alt를 누른 채로 드래그해 산을 복사하여 다음과 같이 4개의 산을 적절한 크기와 위치를 조절하여 배치합니다. 레이어의 이름은 오른쪽부터 '산 1', '산 2', '산 3', '산 4'로 수정하고 '세계지리' 레이어 위로 옮깁니다.

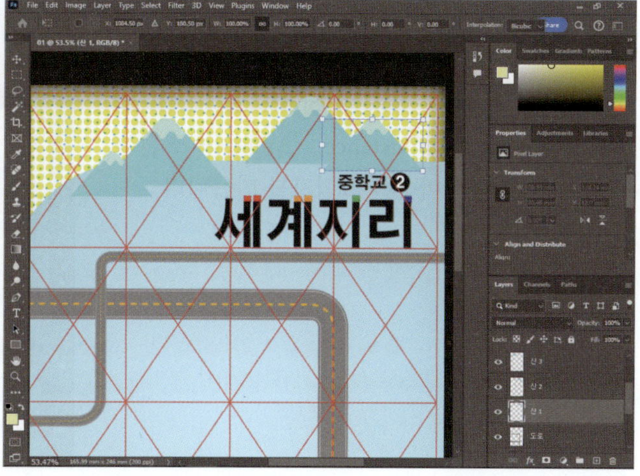

05 일러스트 작업 창에서 구름 오브젝트를 포토샵 작업 창에 불러옵니다. 디자인 원고에 따라 구름을 배치하고 산과 마찬가지로 [Alt]를 누른 채 드래그하여 복사한 뒤 5개의 구름을 다음과 같이 배치합니다. 레이어의 이름은 왼쪽부터 '구름 1~5'로 입력합니다.

06 일러스트 작업 창에서 점선을 제외한 비행기 오브젝트를 포토샵 작업 창으로 가져온 후 크기와 위치를 조절하여 배치합니다. 레이어의 이름은 '비행기'로 수정하고 '구름 5' 레이어 위로 옮깁니다.

비행기에 그림자 효과를 추가해야 하므로 점선을 제외하고 따로 가져옵니다.

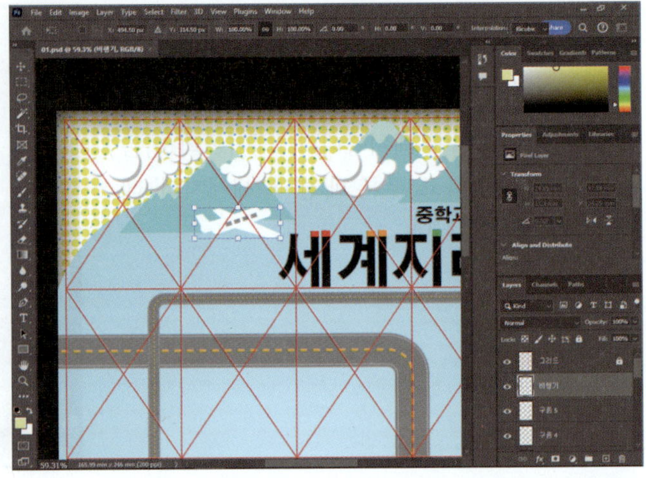

07 '비행기' 레이어의 오른쪽 빈 공간을 더블클릭하여 'Layer Style' 대화상자를 엽니다. 'Drop Shadow'를 클릭하고 'Size'와 'Spread'를 0으로 설정하고 'Opacity'와 'Distance', 'Angle'을 조절하여 디자인 원고와 비슷한 그림자를 만듭니다.

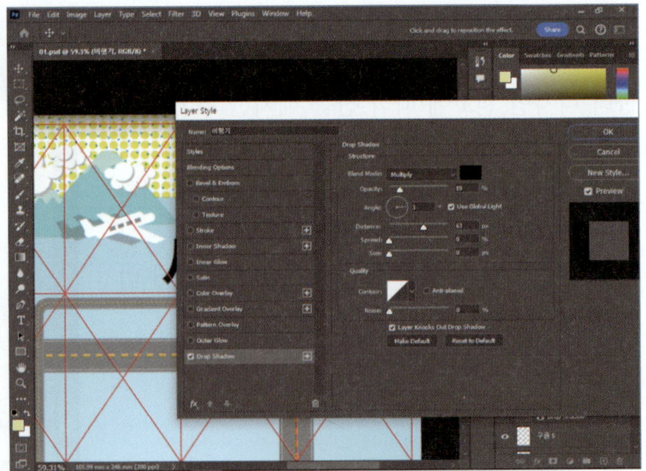

08 일러스트에서 점선 오브젝트를 포토샵 작업 창으로 가져옵니다. '비행기' 뒤에 다음과 같이 배치하고 레이어 이름을 '점선'으로 설정합니다.

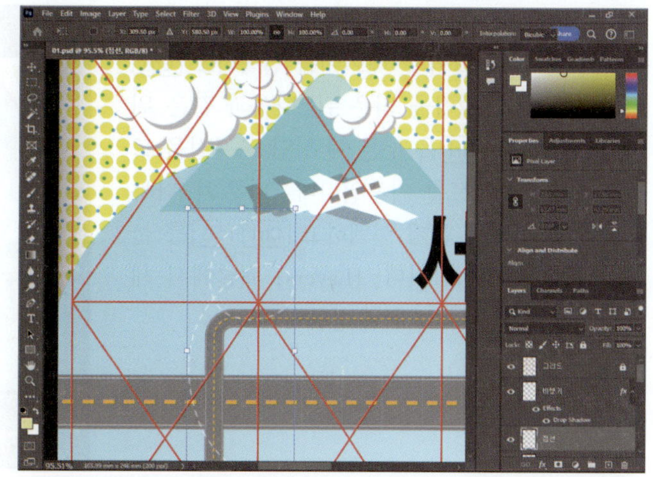

09 일러스트에서 나무 오브젝트를 포토샵으로 가져옵니다. 크기와 위치를 다음과 같이 조절하고 레이어 이름을 '나무'로 수정합니다.

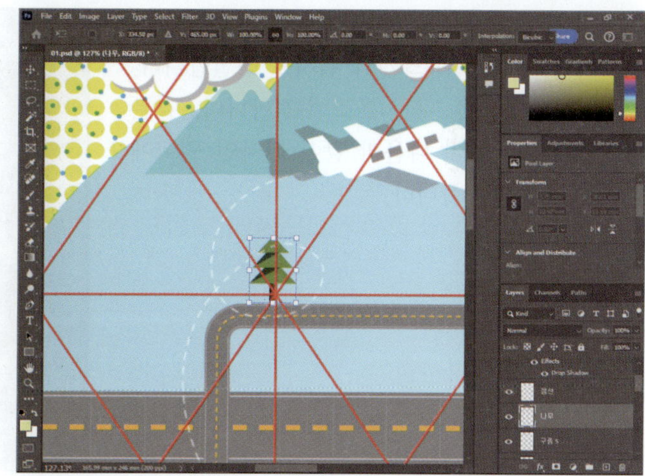

10 '나무' 레이어의 오른쪽 빈 공간을 더블클릭하여 'Layer Style' 대화상자를 열고 'Drop Shadow' 효과를 적용합니다. [Layers] 패널에 '나무' 레이어의 'Drop Shadow'를 우클릭하고 'Create Layer'를 선택하여 그림자 레이어를 따로 나눕니다.

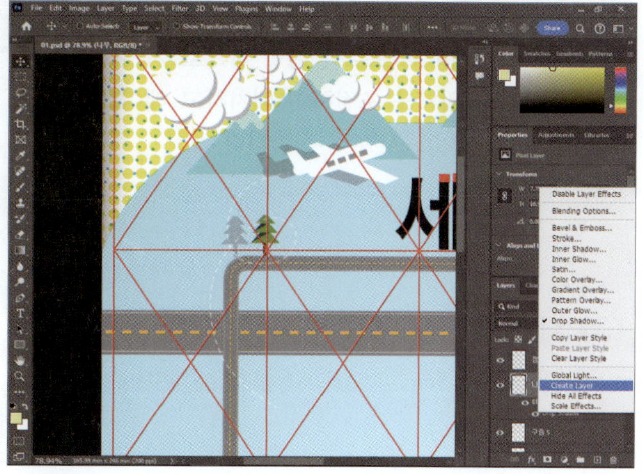

11 그림자 레이어의 이름을 '나무 그림자'로 수정합니다. '나무 그림자' 레이어를 선택하고 Ctrl +T를 눌러 조절점을 띄운 뒤, 다음과 같은 위치에 배치하고 Ctrl을 누른 채 상단 조절점을 드래그하여 오브젝트를 기울입니다. '나무'와 '나무 그림자' 레이어를 함께 선택하고 Ctrl+G를 눌러 그룹으로 지정합니다. [Layers] 패널에서 새 그룹의 이름을 '나무 1'로 수정합니다.

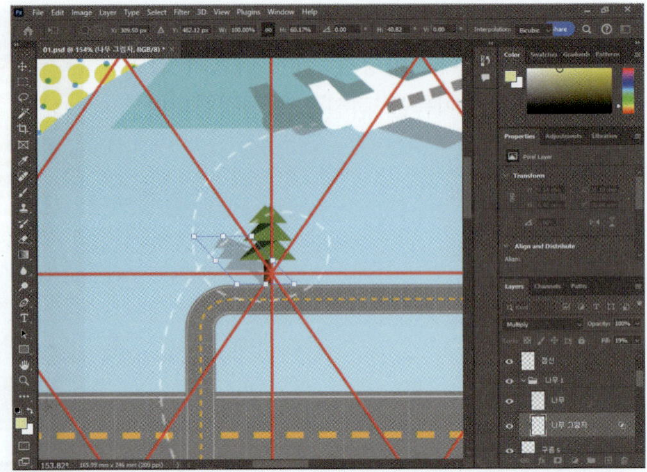

12 '나무 1' 그룹을 선택하고 Alt를 누른 채 드래그하여 복사한 뒤 크기와 위치를 조절합니다. 새 그룹의 이름은 '나무 2'로 수정합니다. 같은 방식으로 반복하여 다음과 같이 디자인 원고에 따라 나무를 배치합니다.

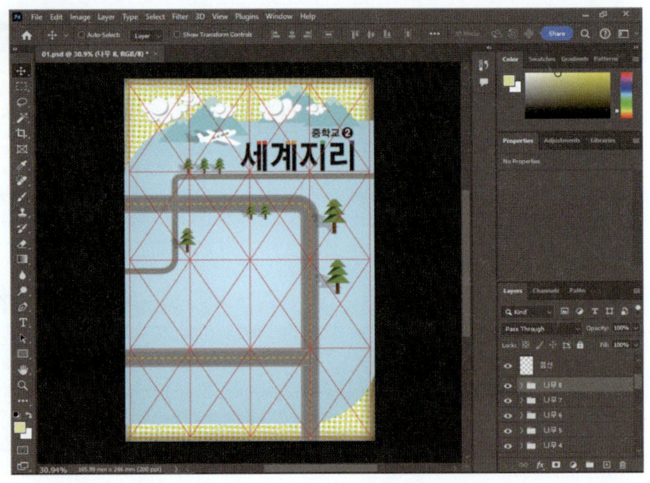

13 일러스트 작업 창에서 금성출판사 로고 오브젝트를 모두 선택하고 포토샵 작업 창으로 가져옵니다. 크기와 위치를 조절하여 배치하고 레이어의 이름을 '금성출판사'로 수정합니다.

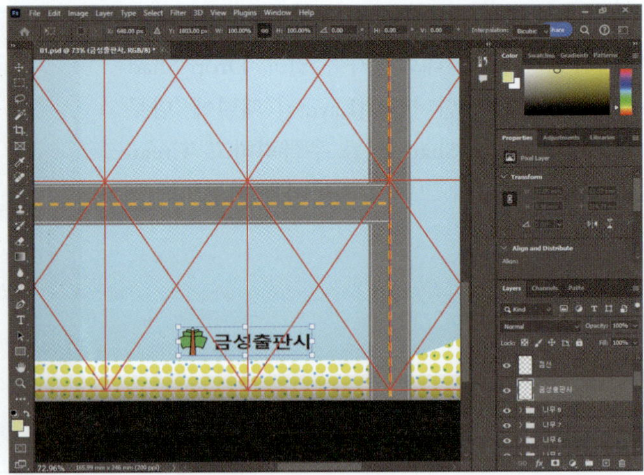

14 일러스트 작업 창에서 책 오브젝트를 포토샵 작업 창으로 가져옵니다. 크기와 위치를 조절하여 배치하고 레이어의 이름을 '책'으로 수정합니다.

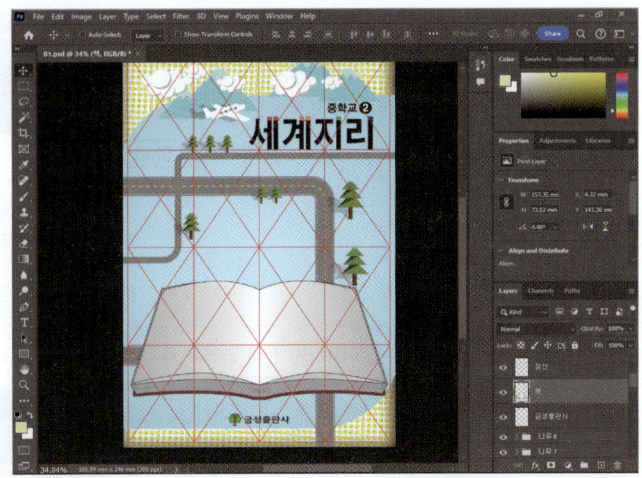

15 '책' 레이어의 오른쪽 빈 공간을 더블클릭하여 'Layer Style' 대화상자를 열고 'Drop Shadow'에 체크, 그림자 각도와 크기, 불투명도 등을 조절하여 디자인 원고와 비슷하게 만든 뒤 [OK]를 누릅니다.

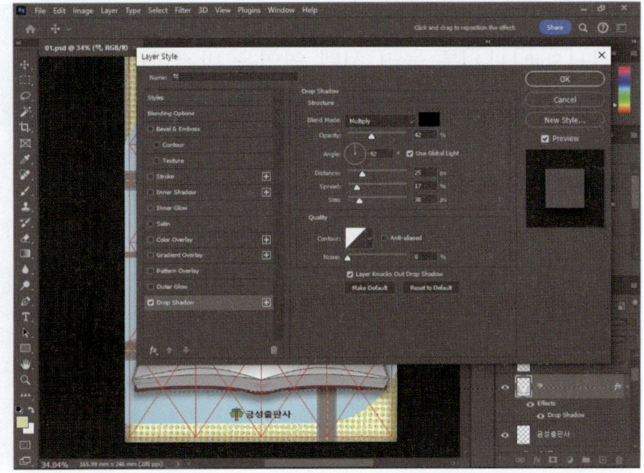

05 이미지 편집하기

01 [File] 〉 [Open]을 클릭하고 예제 자료 폴더의 '10.jpg' 이미지를 불러옵니다. 'Background' 레이어를 더블클릭하고 'New Layer' 대화상자라 열리면 [OK]를 누릅니다.

🏁 **기적의 TIP**

고정된 'Background' 레이어를 편집 가능한 일반 레이어로 바꾸는 과정입니다.

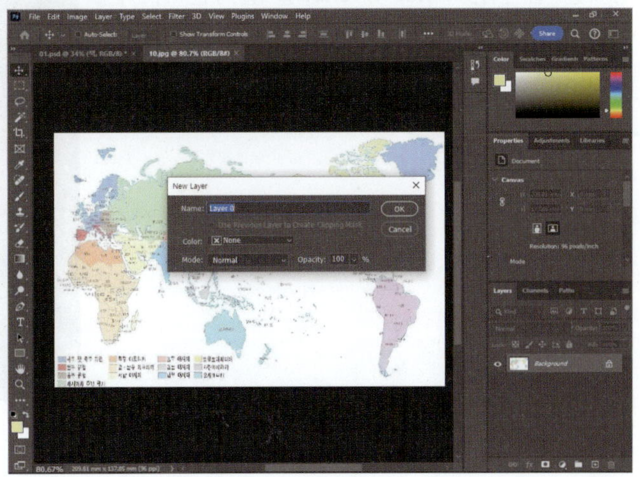

02 'Magic Wand Tool'을 선택하고 상단 옵션 바에서 'Tolerance'를 25로, 'Contiguous'를 체크한 뒤 흰 배경을 클릭해 선택 영역으로 지정합니다. 하단의 텍스트는 'Lasso Tool'을 선택하고 Shift 를 누른 채 드래그하여 선택 영역으로 포함시킵니다.

Shift 를 누른 채 올가미 도구를 이용하면 선택 영역을 추가할 수 있고 Alt 를 누른 채 이용하면 선택 영역에서 제외됩니다.

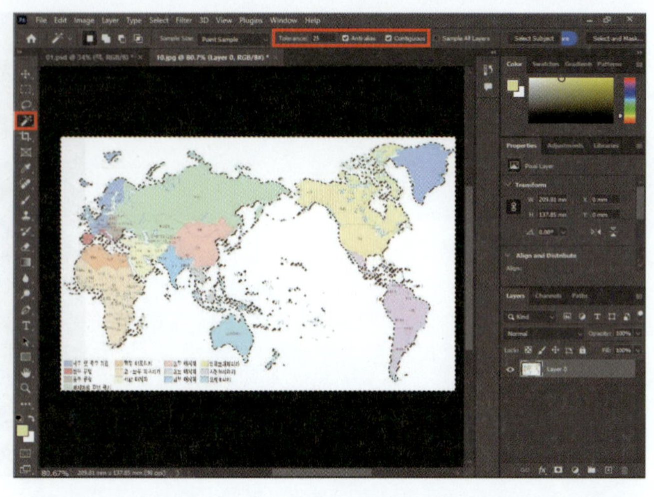

03 삭제될 영역만 선택 영역으로 지정했다면 Ctrl + Shift + I 를 눌러 선택 영역을 반전합니다. Ctrl + C 를 눌러 반전된 선택 영역을 복사하고 포토샵 작업 창으로 돌아와 Ctrl + V 로 붙여 넣은 뒤 크기와 위치를 다음과 같이 조절하고 레이어의 이름은 '지도'로 변경합니다. '지도' 레이어를 '푸른 배경' 레이어 위로 옮깁니다.

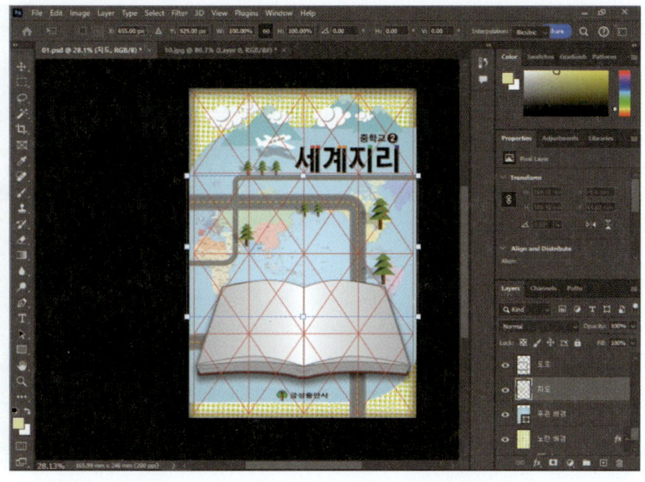

04 '지도' 레이어를 선택하고 'Layer Style' 대화상자를 엽니다. 'Color Overlay'를 클릭한 뒤 색상을 C80M30Y20K0으로 설정하고 [OK]를 클릭합니다.

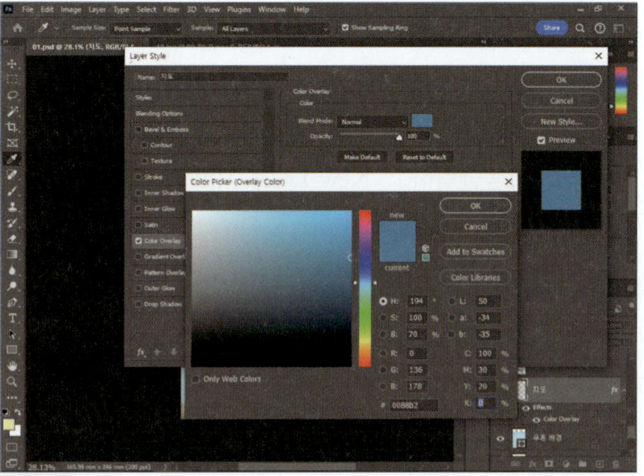

05 [File] 〉 [Open]을 클릭한 뒤 '01.jpg'부터 '09.jpg'까지 모두 불러옵니다. '01.jpg'부터 시작 하겠습니다. 'Object Selection Tool'을 선택하고 건축물을 클릭한 뒤 선택 영역으로 지정되면 Ctrl + C 를 눌러 복사합니다.

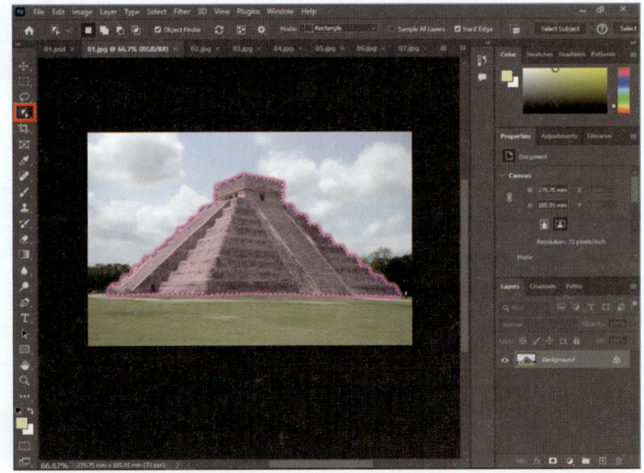

06 포토샵 작업 창으로 돌아와 Ctrl + V 를 눌러 붙여넣은 뒤 크기와 위치를 조정하고 레이어의 이름을 '01'로 변경합니다. 레이어의 위치는 그리드 아래로 옮기고 Ctrl + T 를 눌러 조절점을 나타내고 이미지에 마우스를 우클릭한 뒤 'Flip Horizontal'을 클릭하여 디자인 원고와 같이 이미지의 방향을 반전시킵니다.

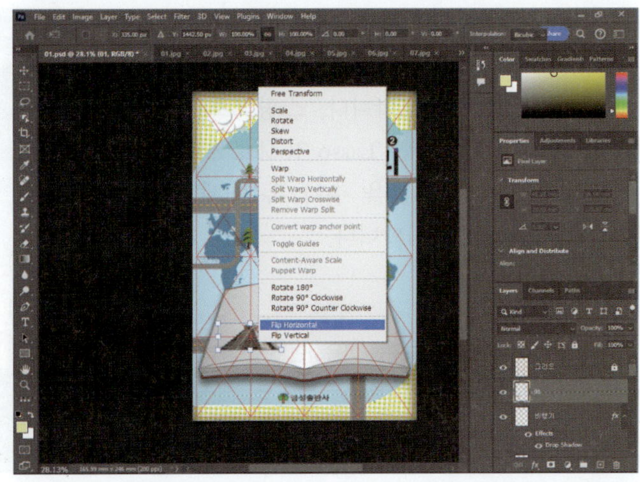

07 '01' 레이어를 선택하고 'Layer Style' 대화상자를 엽니다. 'Stroke'를 선택하고 색상은 흰색, 'Size'는 11px로 설정합니다.

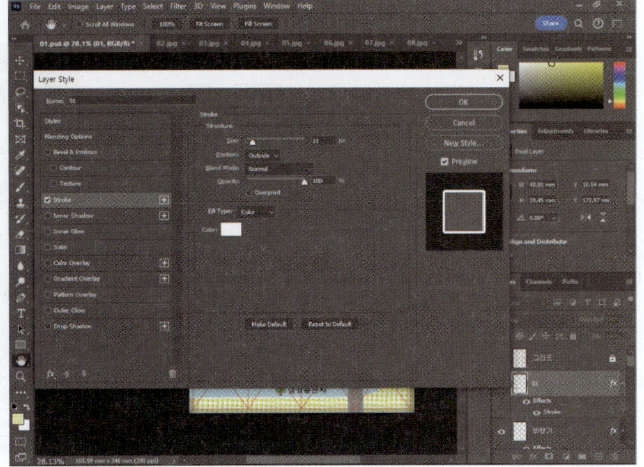

08 'Drop Shadow'를 클릭하고 디자인 원고와 비슷하게 그림자의 'Angle', 'Distance', 'Size', 'Opacity'의 값을 조절하고 [OK] 버튼을 누릅니다.

📌 **기적의** TIP

'Preview' 기능을 이용해 그림자의 변화를 직접 확인하면서 디자인 원고와 최대한 비슷하도록 값을 조절합니다.

09 '02.jpg' 작업 창으로 이동합니다. 'Object Selection Tool'로 스핑크스가 사각형 선택 영역 안에 들어가도록 드래그합니다. 스핑크스가 선택 영역으로 지정되었다면 'Lasso Tool'로 불필요한 부분이나 필요한 부분을 추가 혹은 제거하고 [Ctrl]+[C]를 눌러 복사합니다.

📌 **기적의** TIP

[Shift]를 누른 채 올가미 도구를 이용하면 선택 영역을 추가할 수 있고 [Alt]를 누른 채 이용하면 선택 영역에서 제외됩니다.

10 포토샵 작업 창으로 돌아와 [Ctrl]+[V]를 눌러 붙여 넣습니다. 크기와 위치를 조절하고 레이어의 이름을 '02'로 변경합니다. [Ctrl]+[T]를 누르고 마우스 우클릭, 'Flip Horizontal'을 선택하여 디자인 원고에 따라 방향을 반전합니다.

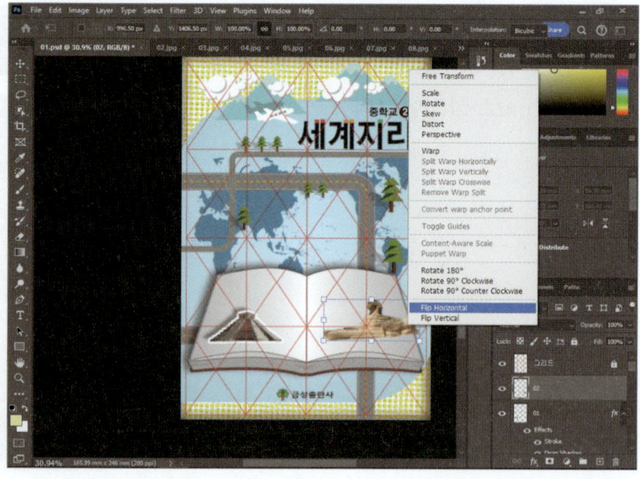

11 '01'에 적용된 효과를 복사하기 위해 [Layers] 패널에 '01' 레이어의 'Effects'를 Alt 를 누른 채 '02' 레이어로 드래그합니다.

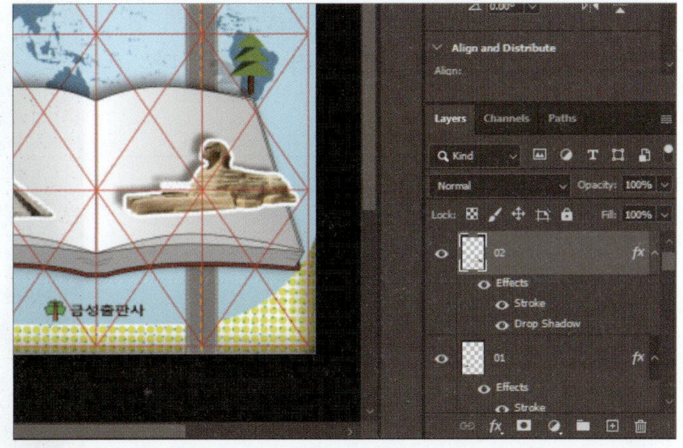

12 같은 방식으로 'Object Selection Tool'로 건축물을 선택 영역으로 지정하고 Ctrl + C 를 눌러 복사합니다.

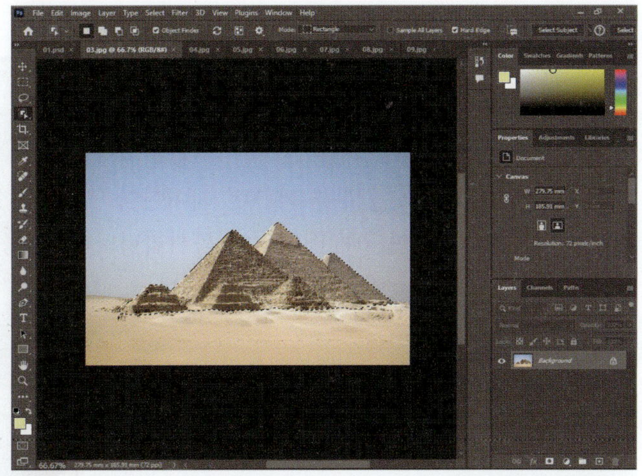

13 복사한 이미지를 포토샵 작업 창에 붙여넣고 크기와 위치를 조절한 뒤 레이어의 이름을 '03'으로 수정합니다. '03' 레이어는 '01' 레이어 아래에 위치하도록 옮기고, Alt 를 누른 채 '01' 레이어의 'Effects'를 드래그하여 '03' 레이어에 복사합니다.

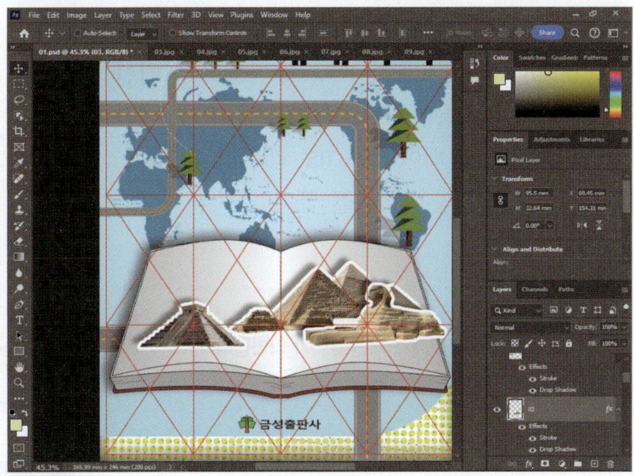

14 'Object Selection Tool'로 건축물을 선택 영
역으로 지정하고 Ctrl + C 를 눌러 복사합니다.

'Lasso Tool'이나 'Polygonal Lasso Tool'로 부족한 선택
영역을 보충하거나 제외합니다.

15 복사한 이미지를 포토샵 작업 창에 붙여넣고
크기와 위치를 조절한 뒤 레이어의 이름을 '04'로
수정합니다. '04' 레이어는 '03' 레이어 아래에 위
치하도록 옮기고, Alt 를 누른 채 '03' 레이어의
'Effects'를 드래그하여 '04' 레이어에 복사합니
다. 나머지 이미지들도 이와 같이 작업합니다.

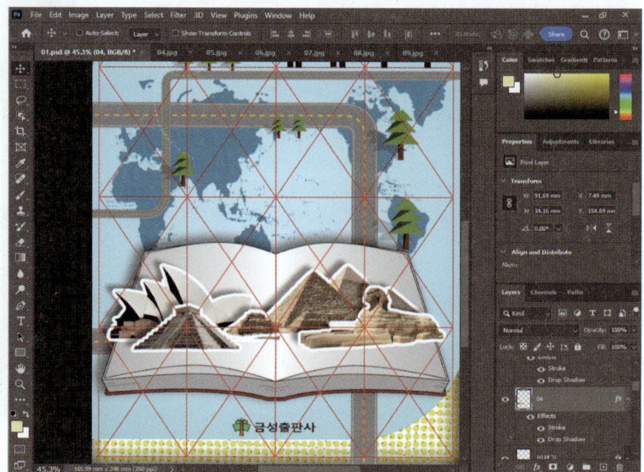

16 '09.jpg' 이미지까지 모두 불러오고 편집한
뒤 효과까지 적용합니다. 디자인 원고에 따라
예외적으로 '09' 레이어와 '05' 레이어에 'Drop
Shadow'의 눈 모양 아이콘을 끕니다.

눈 모양 아이콘은 'Visibility' 아이콘으로, 클릭하여 끄면 보
이지 않게 됩니다. 클릭해서 켜면 효과가 나타납니다.

01 [File] 〉 [Open]을 클릭하여 '10.jpg'를 불러
옵니다. 포토샵 작업 창으로 통째로 가져오고 레
이어의 이름을 '책 배경'으로 수정합니다. 마스크
를 적용하기 위해 '책 배경'을 포함해서 '01'~'09'
레이어의 눈 모양 아이콘을 눌러 잠시 끕니다.

02 '책' 레이어가 선택된 상태에서 'Quick Selec-
tion Tool'을 선택하고 책의 흰 부분을 드래그하
여 선택 영역으로 지정합니다.

03 '책 배경' 레이어의 눈 모양 아이콘을 눌러
다시 켜고 해당 레이어를 선택한 뒤 [Layers] 패
널 하단에 'Layer Masks' 아이콘을 클릭하여 선택
영역에 레이어 마스크를 적용합니다.

> **기적의 TIP**
>
> 만약 지도의 잘못된 부분이 레이어 마스크에 적용되었다면
> Ctrl + Z 를 눌러 이전 상황으로 되돌아간 후 'Lasso Tool'
> 을 선택하고 Space Bar 를 누른 채 선택 영역을 움직여 알맞
> 은 부분에 선택 영역을 배치한 뒤 레이어 마스크를 적용합니
> 다.

04 [Layers] 패널 상단에 '책 배경' 레이어의 블
렌드 모드를 'Multiply'로 설정하고 'Opacity' 값을
조절하여 디자인 원고와 비슷하게 만듭니다.

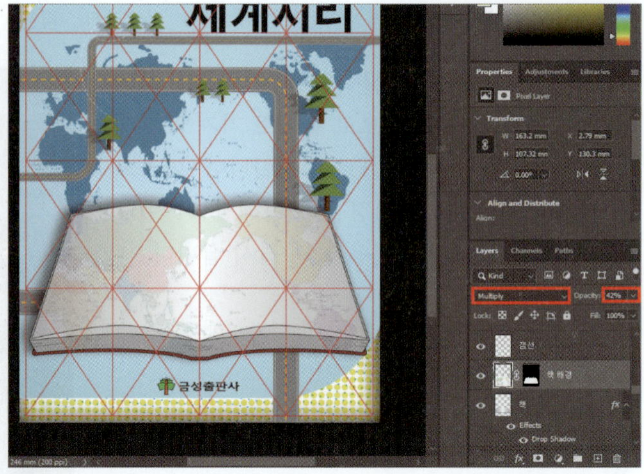

05 마지막으로 '푸른 배경' 레이어에 다음과 같
이 'Drop Shadow' 효과를 추가한 뒤 [OK] 버튼
을 누릅니다.

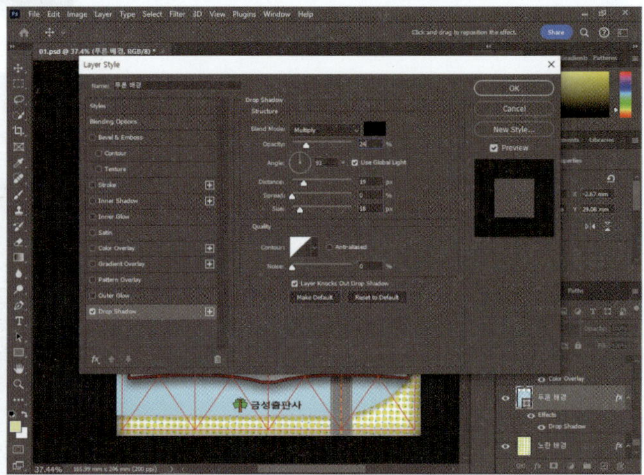

06 작업물을 전체적으로 확인한 뒤 '그리드' 레
이어의 눈 모양 아이콘을 끄고 [File] 〉 [Export]
〉 [Export As]에 들어가서 [Format : JPG],
'Quality'를 가장 높게 설정한 뒤 [Export]를 클릭
하여 저장합니다.

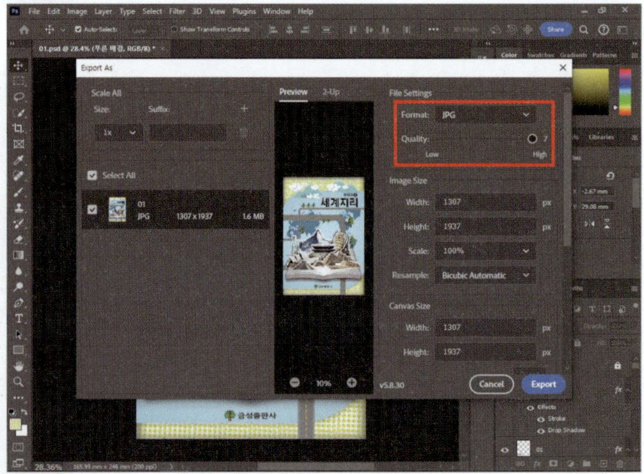

01 작업 준비하기

[File] > [New] > [Document]를 선택하여 'Number of Pages : 1, Facing Pages : 체크해제', 'Page Size : A4 (Width : 210mm, Height : 297mm)', Margins 'Make all settings the same : 해제', 'Top : 25.5mm, Bottom : 25.5mm, Left : 22mm, Right : 22mm'로 입력한 후, [Create] 버튼을 클릭합니다.

기적의 TIP

A4의 가로 길이 210mm에서 166mm를 뺀 값은 44mm이고, A4의 세로 길이 297mm에서 246mm를 뺀 값은 51mm이므로 이 여백을 2등분하여 각각의 여백으로 지정합니다.

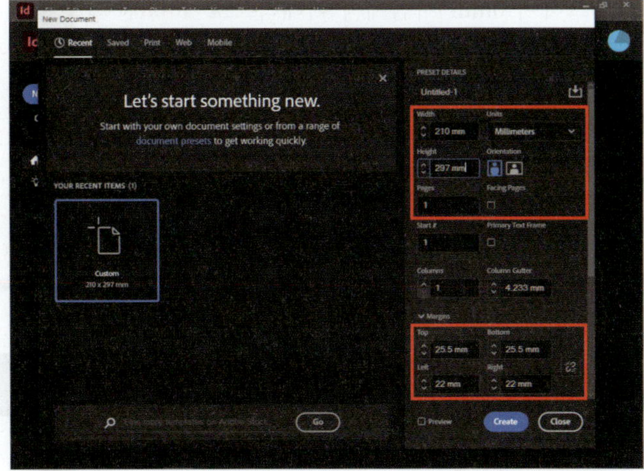

02 안내선 만들기

01 실제 크기의 안내선이 만들어졌으면 안내선의 위쪽, 아래쪽, 왼쪽, 오른쪽의 안쪽으로 3mm를 뺀 작품 규격 크기의 안내선도 만들어야 합니다. 눈금자의 기준점을 드래그하여 왼쪽 위의 안내선 교차 지점에 이동시켜 기준점이 0이 되도록 합니다.

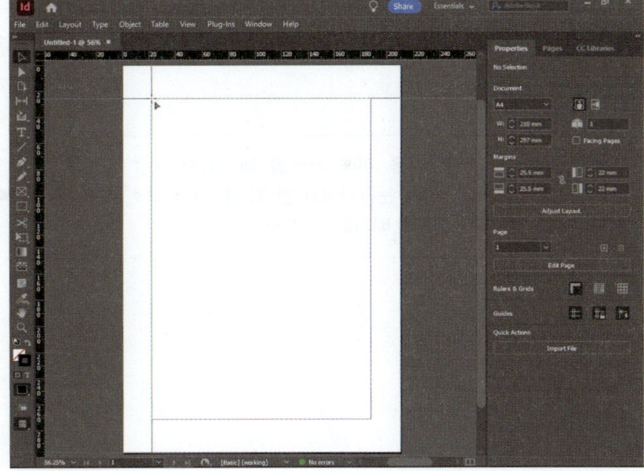

02 'Zoom Tool'로 실제 크기 안내선 왼쪽 위를 드래그하여 확대하고, 왼쪽 눈금자에서 마우스를 드래그하여 0mm 지점에서 오른쪽으로 3mm만큼 이동한 지점과 위쪽 눈금자에서 마우스를 드래그하여 0mm 지점에서 아래쪽으로 3mm만큼 이동한 지점에 안내선을 가져다 놓습니다.

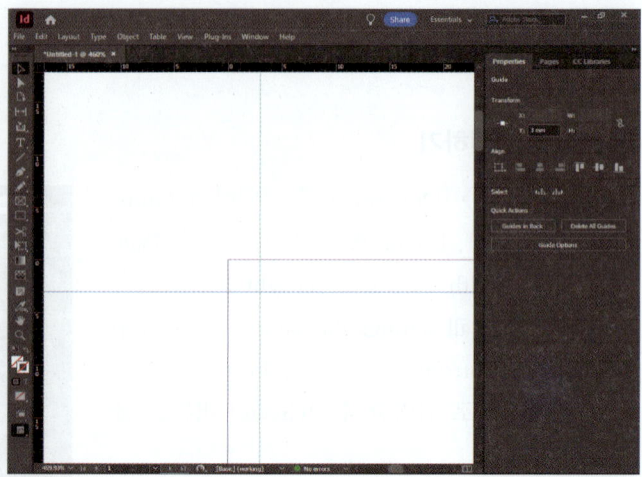

> **기적의 TIP**
>
> 왼쪽 눈금자에서 안내선을 꺼내 [Properties] 패널에서 'X : 3mm'로 입력하고, 위쪽 눈금자에서 안내선을 꺼내 'Y : 3mm'로 입력하여 정확히 배치할 수 있습니다.

03 'Hand Tool'을 더블클릭하여 윈도우 화면으로 맞춘 후, 실제 크기의 안내선 오른쪽 아래를 'Zoom Tool'로 확대합니다. 왼쪽 눈금자에서 마우스를 드래그하여 166mm 지점에서 왼쪽으로 3mm만큼 이동한 지점(163mm)과 위쪽 눈금자에서 마우스를 드래그하여 오른쪽 아래의 246mm 지점에서 위쪽으로 3mm만큼 이동한 지점(243mm)에 안내선을 가져다 놓습니다.

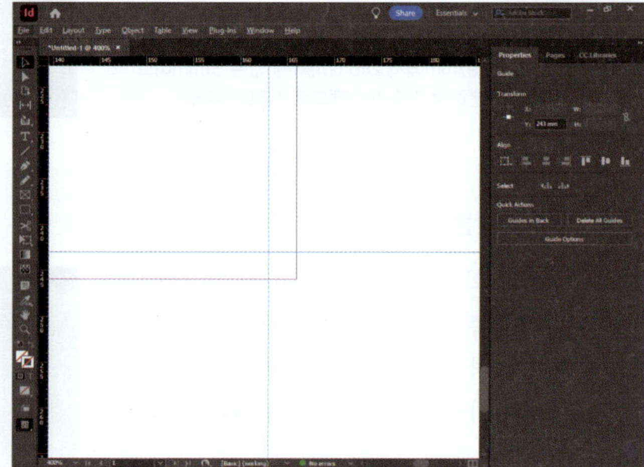

> **기적의 TIP**
>
> 왼쪽 눈금자에서 안내선을 꺼내 컨트롤 패널에서 'X : 163mm'로 입력하고, 위쪽 눈금자에서 안내선을 꺼내 'Y : 243mm'로 입력하여 정확히 배치할 수 있습니다.

01 왼쪽 위를 'Zoom Tool'로 확대한 후, 'Line Tool'을 클릭하고, [Shift]를 누른 상태에서 왼쪽 위의 세로 안내선과 실제 크기 안내선 경계 부분에 수직으로 드래그하여 5mm 길이의 재단선을 그립니다. 가로 안내선과 실제 크기 안내선 경계 부분도 수평으로 드래그하여 5mm 길이의 재단선을 그립니다. 두 재단선을 'Selection Tool'로 [Shift]를 누른 상태에서 각각 클릭하고, [Ctrl]+[G]를 눌러 그룹으로 지정한 후 [Ctrl]+[C]를 눌러 복사합니다.

> **⚑ 기적의 TIP**
>
> 컨트롤 패널에서 'L' 값을 참고하여 수치를 확인하거나 입력할 수 있습니다.

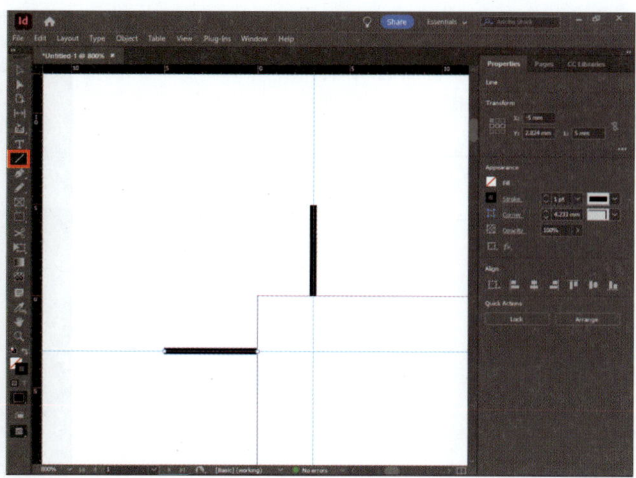

02 오른쪽 위를 'Zoom Tool'로 확대한 후 [Ctrl]+[V]를 눌러 붙여넣기 합니다. [Shift]를 누른 채 조절점을 돌려 방향을 맞춘 후, 안내선에 맞춰 배치합니다. 동일한 방법으로 아래쪽의 재단선도 만듭니다.

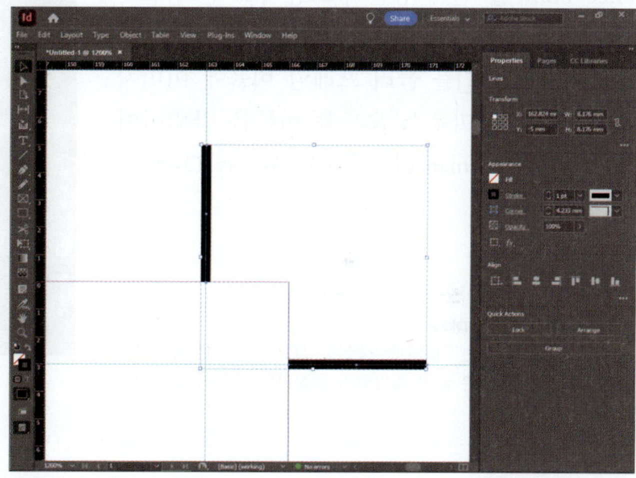

04 이미지 배치하기

01 [File] 〉 [Place]를 선택하여 01.jpg를 선택하고 [열기] 버튼을 클릭합니다.

02 실제 크기 안내선의 왼쪽 위를 클릭하여 이미지를 삽입합니다. [Properties] 패널의 'Reference Point'를 왼쪽 상단의 모퉁이로 선택하고, [W : 166mm], [H : 246mm]로 입력하고 Ctrl + Alt + Shift + E 를 눌러 프레임 비율에 이미지를 맞춥니다. 마우스 오른쪽 버튼을 클릭하여 [Display Performance] 〉 [High Quality Display]를 선택합니다.

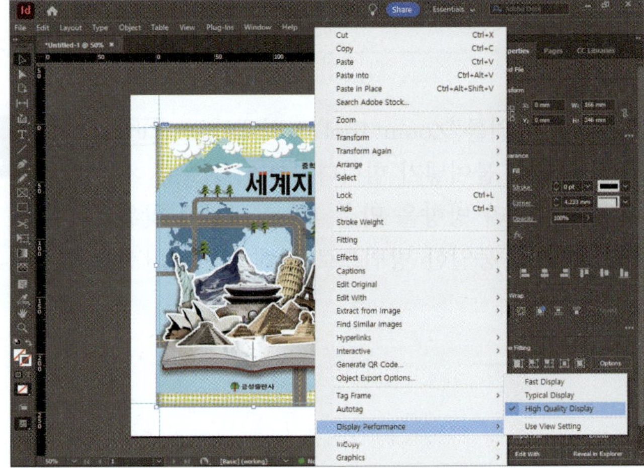

01 작업 화면의 좌측 하단을 확대하고 'Type Tool'로 자신의 비번호(01)를 입력합니다. 폰트는 고딕, 크기는 10pt로 설정합니다. 위치는 작품에서 3mm 떨어진 지점으로 이동합니다.

□ 기적의 TIP

- 요구사항에 의하면 비번호를 입력할 때 폰트는 고딕체, 폰트 크기는 10pt로 입력해야 합니다.
- 시험장에서 배정된 자신의 비번호를 입력하면 됩니다. 예제에서의 01은 예시입니다.

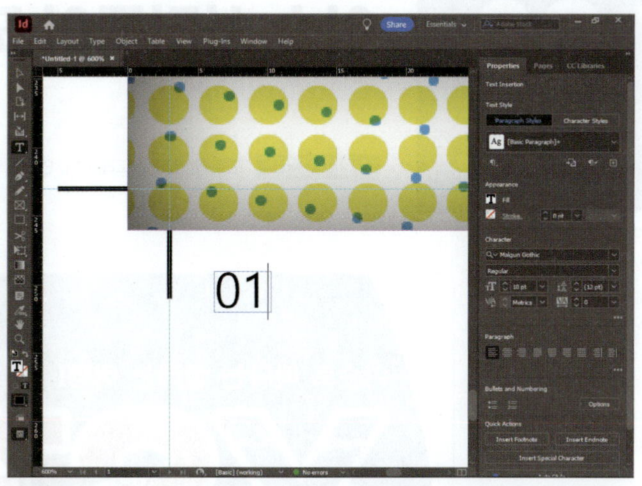

02 'Hand Tool'를 더블클릭하여 결과물 전체를 확인합니다. [File] 〉 [Save]를 선택하여 파일 이름을 자신의 비번호 01로 입력한 후 [저장] 버튼을 클릭합니다. 바탕화면에 있는 전송용 폴더에 확장자 jpg와 indd 파일만 저장합니다. 결과물을 프린트하고 프린트된 A4 용지는 시험장에서 제공하는 켄트지의 한 가운데에 붙여 제출합니다.

□ 기적의 TIP

제출해야 할 폴더의 용량은 총 15MB 이하입니다.

여수 시티투어 포스터

▶ 합격 강의

작업 프로그램 포토샵, 일러스트레이터, 인디자인

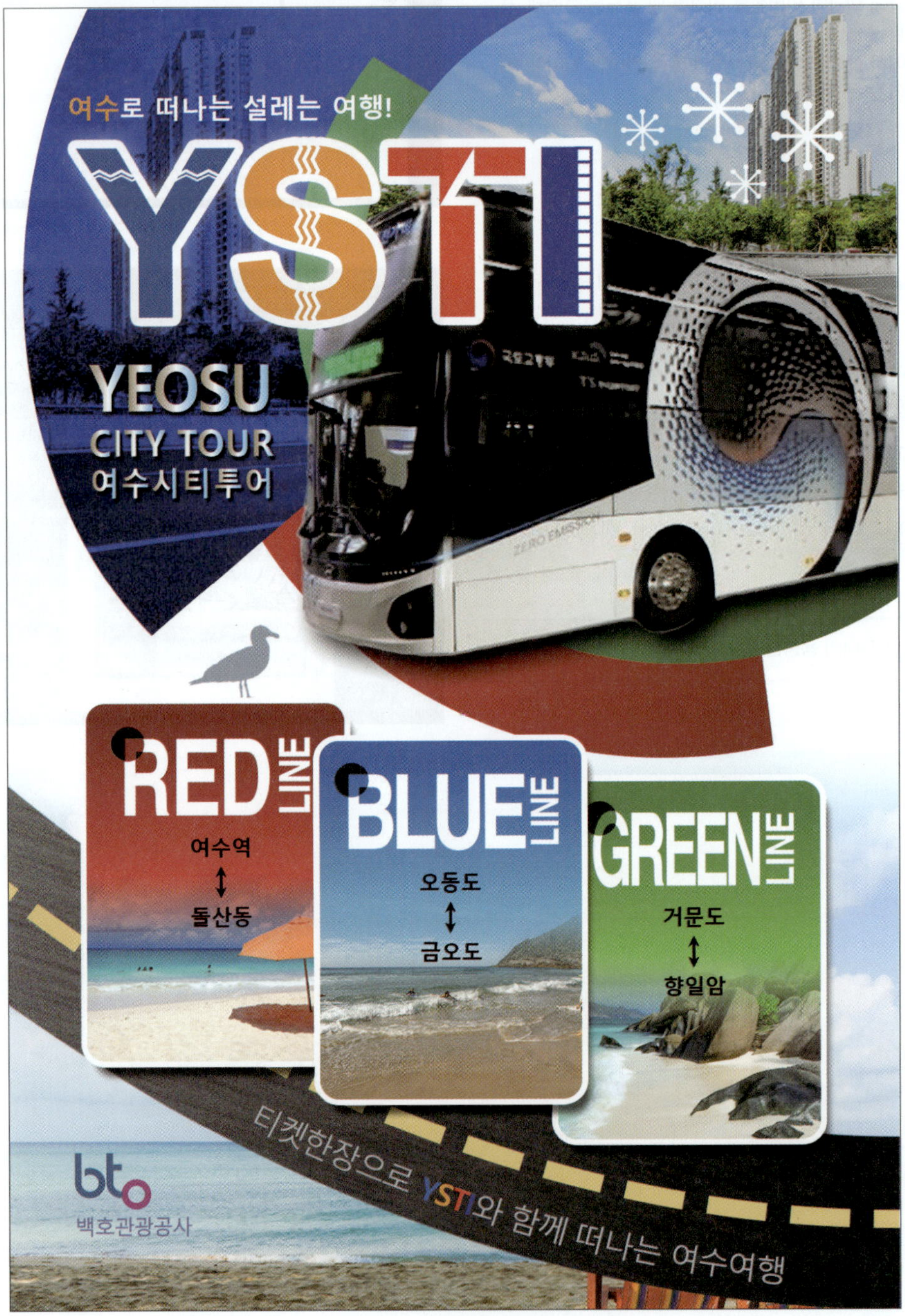

자격종목	컴퓨터그래픽기능사	과제명	여수 시티투어 포스터

※ 시험시간 : 3시간 30분

1. 요구사항

※ 다음의 요구사항에 맞도록 주어진 자료(컴퓨터에 수록)를 활용하여 디자인 원고를 시험시간 내에 컴퓨터 작업으로 완성하여
A4 용지로 출력 후 A3 용지에 마운팅(부착)하여 제출하시오.

※ 모든 작업은 수험자가 컴퓨터 바탕화면에 폴더를 만들어 저장하시오.

가. 작품규격(재단되었을 때의 규격) : 160mm X 240mm ※A4 용지 중앙에 작품이 배치되도록 하시오.

나. 구성요소(문자, 그림) : ※(디자인 원고 참조)

① 문자요소

- YSTI
- RED
- LINE
- BLUE
- GREEN
- 백호관광공사
- 티켓한장으로 YSTI와 함께 떠나는 여수여행
- YEOSU CITY TOUR 여수시티투어
- 여수로 떠나는 설레는 여행!
- 여수역
- 오동도
- 거문도
- 돌산동
- 금오도
- 향일암

② 그림요소 : 디자인 원고 참조

01.jpg

02.jpg

03.jpg

04.jpg

05.jpg

06.jpg

07.jpg

다. 작업내용

01) 주어진 디자인 원고(그림, 사진, 문자, 색채, 레이아웃, 규격 등)와 동일하게 작업하시오.

02) 디자인 원고 내용 중 불명확한 형상, 색상코드 불일치, 색 지정이 없는 부분, 원고에 없는 형상 등이 있을 때는 수험자가 완성도면 내용과 같이 작업하시오.

03) 디자인 원고의 서체(요구서체)가 사용 컴퓨터 및 소프트웨어와 맞지 않을 경우는 가장 근접한 서체를 사용하시오.

04) 상하, 좌우에 3mm 재단여유를 갖도록 작품을 배치하고, 재단선은 작품규격에 맞추어 용도에 맞게 표시하시오.
(단, 디자인 원고 중 작품의 규격을 표시한 외곽선이 있을 때는 원고의 지시에 따라 표시여부를 결정한다.)

05) 디자인 원고 좌측 하단으로부터 3mm를 띄워 비번호를 고딕 10pt로 반드시 기록하시오.

06) 출력물(A4)은 어떠한 경우에도 절취할 수 없으며, 반드시 A3 용지 중앙에 마운팅하시오.

라. 컴퓨터 작업범위

01) 15MB 용량의 폴더에 수록될 수 있도록 작업범위(해상도 및 포맷형식)를 계획하시오.

02) 규격 : A4(210x297mm) 중앙에 디자인 원고 내용과 같은 작품(원고규격)을 배치하시오.

03) 해상도 및 포맷형식 : 제한용량 범위 내에서 선택하시오.

04) 기타 : ① 제공된 자료범위 내에서 활용하시오.

② 3개의 2D 응용프로그램을 고루 활용하되, 최종작업 및 출력은 편집 프로그램(퀵 익스프레스, 인디자인)에서 하시오.
(최종작업 파일이 다른 프로그램에서 생성된 경우는 출력할 수 없음)

작품명 : 여수 시티투어 포스터

※ 작품규격(재단되었을 때의 규격) : 가로 160mm X 세로 240mm, 작품 외곽선은 생략하고, 재단선은 3mm 재단 여유를 두고 용도에 맞게 표시할 것.
※ 지정되지 않은 색상 및 모든 작업은 "최종결과물" 오른쪽 디자인 원고를 참고하여 작업하시오.

❶ 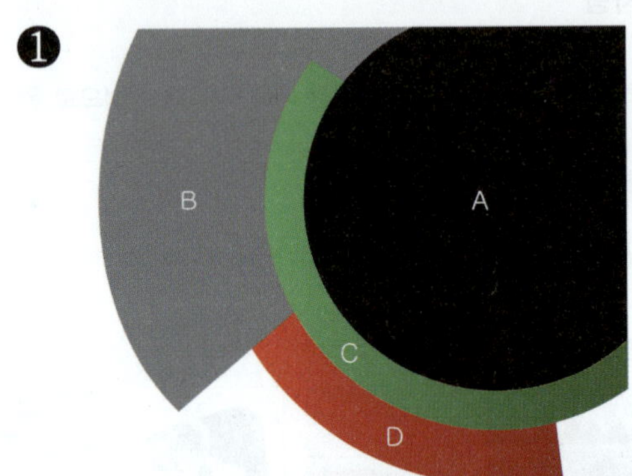

A – 이미지(01)을 좌우반전하여 배치
B – 이미지(01)을 블루톤으로 색조 변경
　　A영역과 이어지듯 배치
C – C70M10Y74~C85M50Y100K20 그라데이션
D – C10M95Y85~C45M100Y100K20 그라데이션

❷ 

Y : C90M65Y10
S : C5M45Y90
T : C5M95Y90
I : C95M90Y10

글자 전체에 W 으로 테두리 적용
W 으로 외부광선 효과 적용

❹ 

b, t : C90M60Y20K5
o　　: C30M95Y15
백호관광공사 : C70M65Y10

❸ 

전체글자 W
R, B, G 위쪽 원형 : K100
A : C40M100Y100K5~C10M95Y80~W 그라데이션
　　이미지(04)와 자연스럽게 합성
B : C95M60~C60M10Y5~W 그라데이션
　　이미지(05)와 자연스럽게 합성
C : C80M30Y100~C55Y95~w 그라데이션
　　이미지(06)과 자연스럽게 합성

❺

도로모양 :
-필터효과(Render, Noise, Blur)로 원고와
　같이 회색 아스팔트 질감 표현
-오른쪽으로 점점 어두워지도록 명암 표현
중앙선 : C5M15Y60
글자 :
-Y (C90M65Y10) / S (C5M45Y90)
　T (C5M95Y90) / I (C95M90Y5)
　그 외 글자 (K30)

여수 : C5M45Y90
그 외의 글자 : W

이미지(03)
원고와 같이 배경
제거 후 오른쪽 부분에
스케치 효과를 적용하여
자연스럽게 합성,
아래쪽 그림자 표현

C30M35Y55K5~
W~C55M5
그라데이션 적용

이미지(07)
배경 제거 후 좌우반전,
C45M30Y20으로
실루엣 표현

글자 100

W 테두리,
그림자 효과 적용
아래쪽에 원고와 같이
그림자 표현

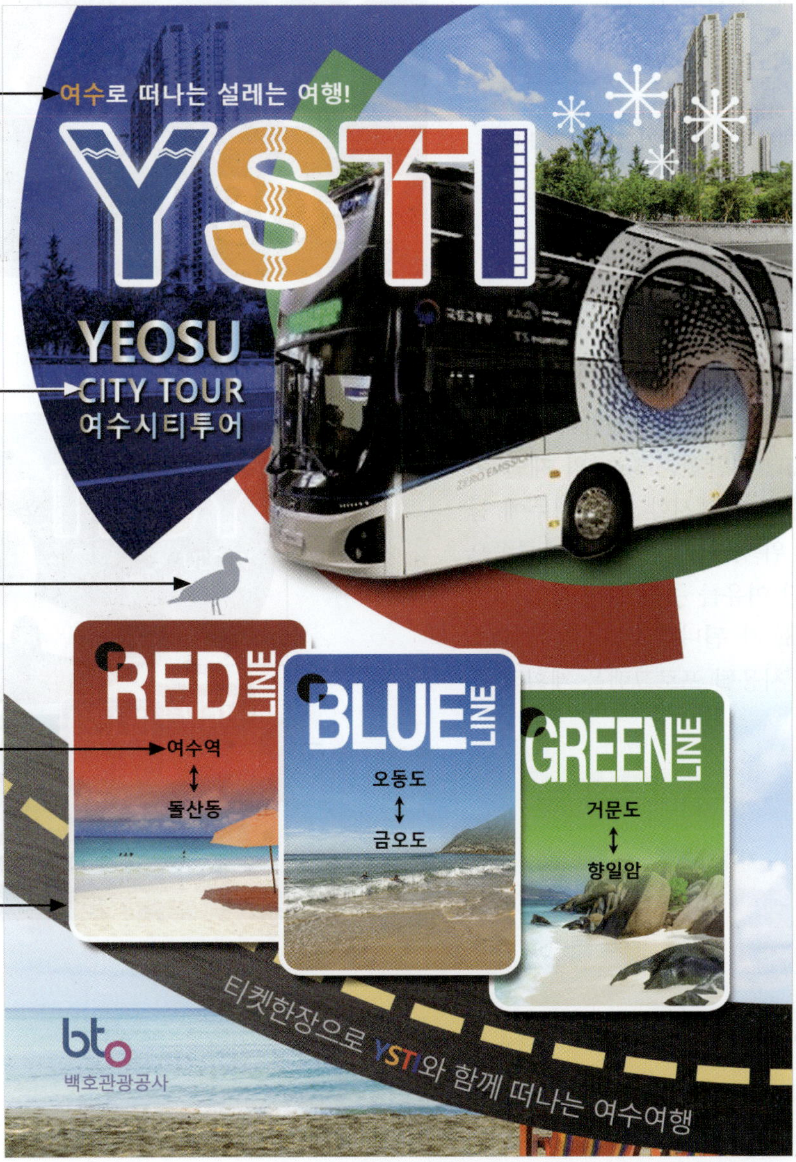

이미지(02)
배경 W와
원고와 같이
자연스럽게 합성

01 작업 그리드 그리기

배부받은 디자인 원고의 완성 이미지 위에 필기구와 자를 이용하여 가로, 세로의 크기를 측정한 후 각 4등분으로 선을 그어줍니다. 16등분의 직사각형이 그려지면 가로와 세로선이 교차되는 지점을 기준으로 대각선을 그립니다.

ⓟ 기적의 TIP

작업 그리드를 그리는 이유?
컴퓨터 작업 시 각 이미지나 도형의 크기, 위치, 간격을 파악하기 위해 필요한 작업입니다. 빨간색 볼펜 등의 튀는 색상의 필기구로 기준선 그리기 작업을 하는 것이 좋습니다.

02 실제 작업 크기 분석 및 계획 세우기

작품 규격 160mm × 240mm를 확인합니다. 작품 외곽선을 생략하고, 재단선은 3mm의 재단 여유를 두고 용도에 맞게 표시할 것을 염두에 둡니다. 작품규격에 위쪽, 아래쪽, 왼쪽, 오른쪽으로 각 3mm씩 재단 여유를 주면 실제 작업 크기는 166mm × 246mm가 됩니다. 그리고 각 요소를 표현하기 위해 사용될 프로그램을 계획해 줍니다.

03 그리드 제작하기

01 일러스트레이터를 실행하고, [File] > [New]를 선택하여 [Units] : Millimeters, [Width] : 166mm, [Height] : 246mm, [Color Mode] : CMYK'로 설정한 후, [Create] 버튼을 클릭합니다.

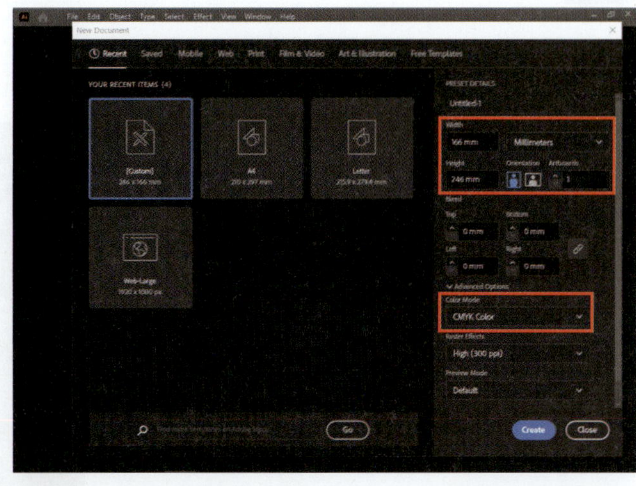

02 'Rectangular Grid Tool'을 선택하고, 작업창을 클릭하여 대화상자를 엽니다. 작품 규격대로 Default Size 'Width : 160mm, Height : 240mm'로 설정하고, 16등분으로 나누기 위해 Horizontal Dividers, Vertical Dividers 'Number : 3'으로 입력한 후, [OK] 버튼을 클릭합니다.

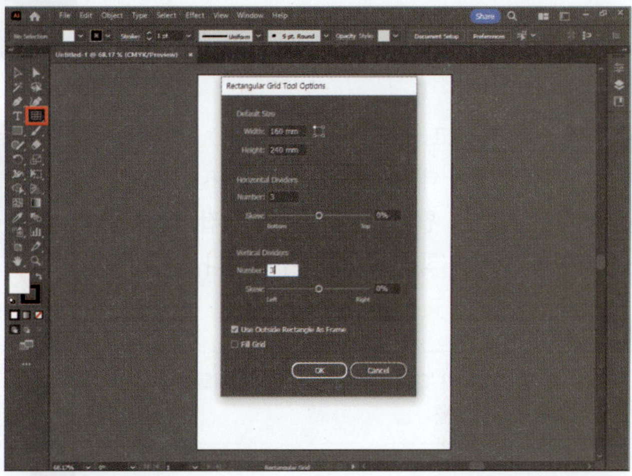

03 [Window] > [Align] 패널에서 'Align To : Align to Artboard'를 선택하고 'Align Objects : Horizontal Align Center, Vertical Align Center'를 클릭합니다. Ctrl + 2 로 격자 도형을 잠그고, 'Line Segment Tool'로 좌상단에서 우하단 대각선 7개를 그린 후, Reflect Tool로 반대 방향 대각선을 복사합니다. Alt + Ctrl + 2 로 잠금 해제 후, Ctrl + A 로 모두 선택, Stroke를 빨간색으로 바꾼 뒤, Ctrl + G 로 그룹 지정합니다.

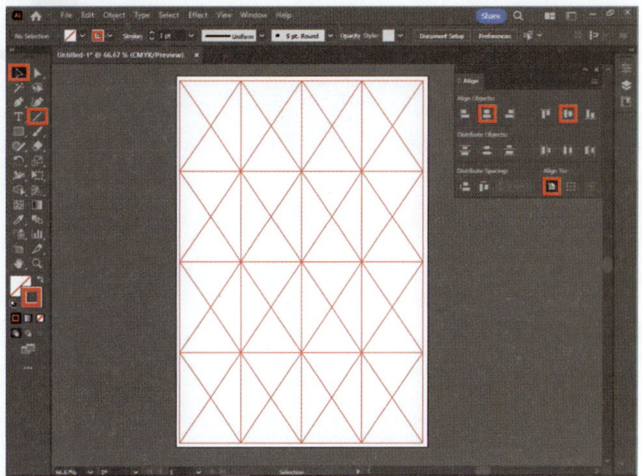

01 원형 오브젝트 만들기

01 원형 오브젝트를 만들기 위해 디자인 원고를 참고하여 'Ellipse Tool'을 선택하고 Shift 를 누른 채 다음과 같은 크기의 정원을 그립니다. 'Selection Tool'을 선택하고 그리드를 참고하여 위치를 조정합니다.

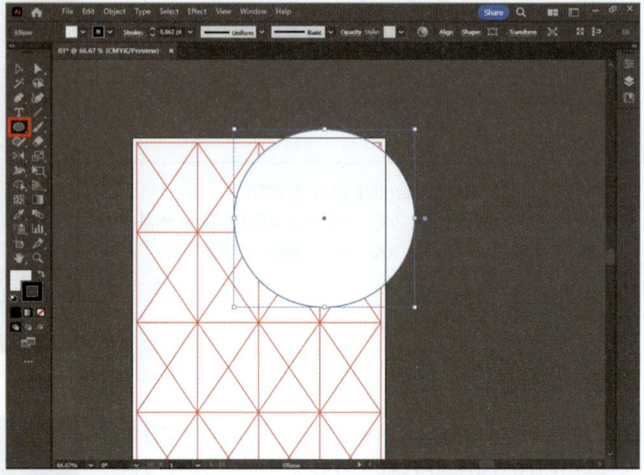

02 원을 선택하고 [Object] > [Path] > [Offset Path]를 클릭하여 대화상자를 열고 'Offset' 값을 클릭한 뒤 마우스 휠을 굴려 변화를 직접 확인하며 적절한 수치를 찾고 [OK]를 누릅니다.

🏁 **기적의 TIP**

'Preview'를 체크해야 'Offset' 값에 따라 미리보기를 확인할 수 있습니다.

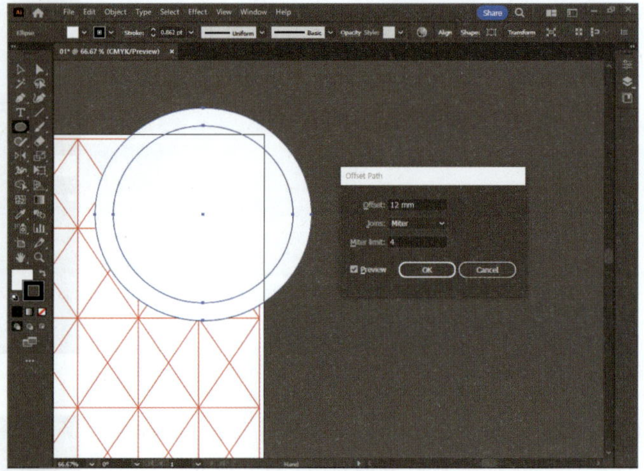

03 생성한 바깥 원을 선택하고 다시 [Object] 〉
[Path] 〉 [Offset Path]를 클릭하여 대화상자를 열
고 'Offset' 값을 다음과 같이 조절한 뒤 [OK]를
누릅니다.

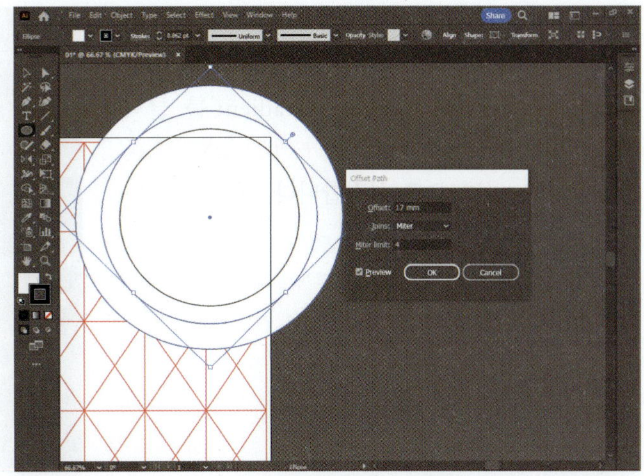

04 바깥쪽 원을 선택하고 다시 [Offset Path]를
적용하여 네 번째 원을 추가합니다.

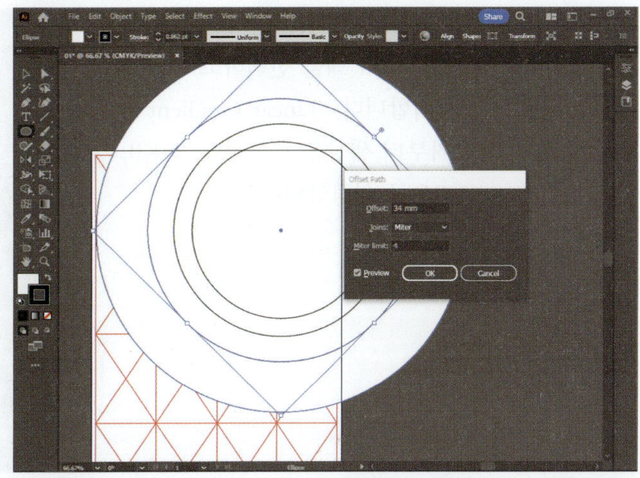

05 'Selection Tool'로 가장 작은 원의 면색을 임
의의 검정색, 선색은 None으로 설정하고 가장
바깥쪽 원을 선택한 뒤 면색을 임의의 푸른색,
선색을 None으로 설정합니다.

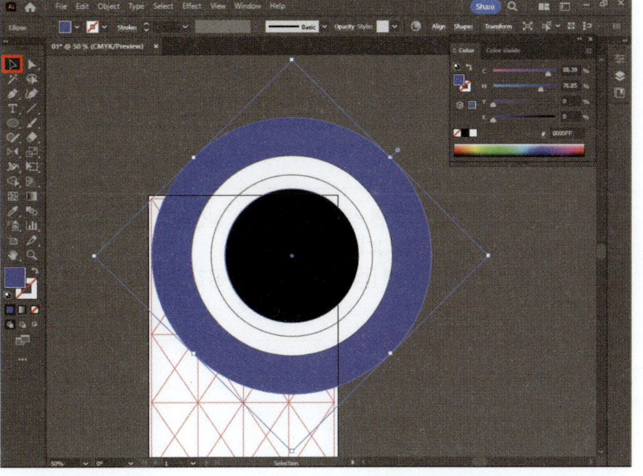

06 두 번째 원을 선택하고 선색을 None으로 설정한 뒤, 면색을 선택하고 'Gradient Tool'을 더블클릭합니다. 'Linear Gradient'를 클릭하고 왼쪽 마커부터 색상을 C70M10Y74K0, C85M50Y100K20으로 설정합니다.

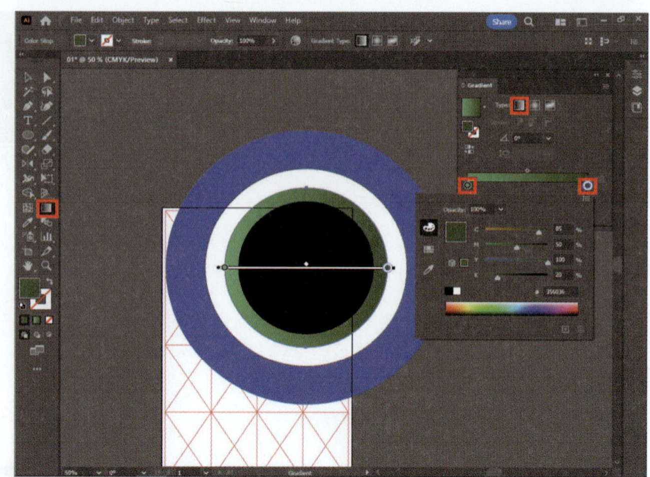

07 같은 방식으로 세 번째 원을 선택하고 선색을 None으로 설정한 뒤, 면색을 선택하고 'Gradient Tool'을 더블클릭합니다. 'Linear Gradient'를 클릭하고 왼쪽 마커부터 색상을 C10M95Y85K0, C45M100Y100K20으로 설정합니다.

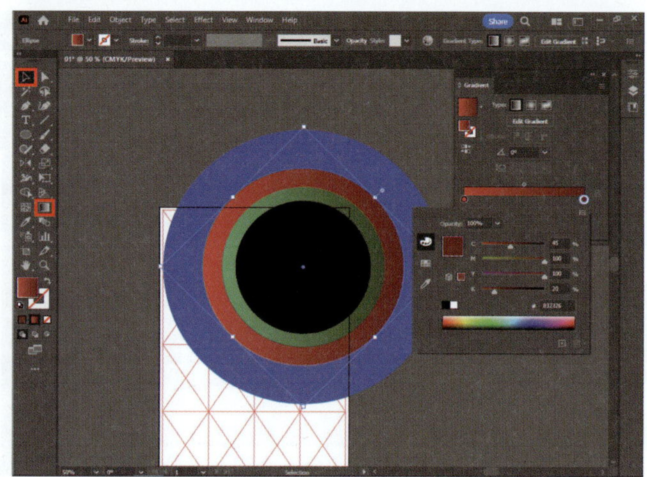

08 필요하지 않은 부분을 삭제하기 위해 'Pen Tool'을 선택하고 다음과 같이 자를 부분에 선을 그립니다.

> 기적의 TIP
>
> 선이 잘 보이게 하기 위해 면 색을 None으로 설정하고 선 색을 임의의 색으로 설정합니다.
> 선을 그리고 확정 짓기 위해 Ctrl을 누르고 빈 공간을 클릭합니다.

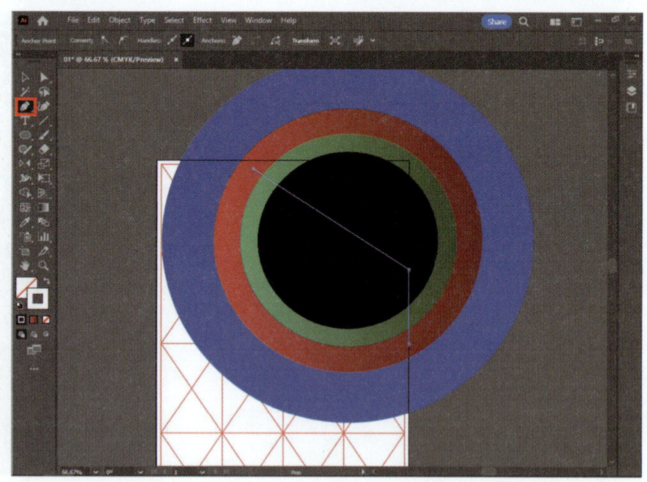

09 두 번째 원과 선 오브젝트를 함께 선택하고 [Window] 〉 [Pathfinder] 패널을 열고 [Pathfinders : Divide]를 클릭합니다. 'Direct Selection Tool'을 선택하고 불필요한 부분을 선택하고 삭제합니다.

🏳 **기적의 TIP**

'Selection Tool'로 선택하면 원 오브젝트가 묶여 선택되기 때문에 'Direct Selection Tool'을 이용합니다.

10 'Pen Tool'로 세 번째 원 오브젝트가 잘릴 부분에 선을 그려주고 선과 붉은색 원 오브젝트를 선택한 뒤 [Pathfinders : Divide]를 클릭하여 나눕니다. 'Direct Selection Tool'로 불필요한 부분을 삭제합니다.

11 같은 방식으로 'Pen Tool'로 네 번째 원 오브젝트가 잘릴 부분에 선을 그려주고 [Pathfinders : Divide]를 활용하여 나눈 뒤 'Direct Selection Tool'로 불필요한 부분을 삭제합니다.

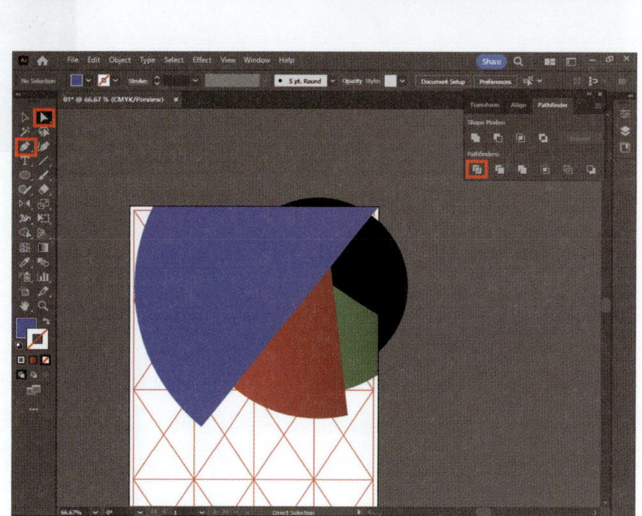

12 화면 모서리에 생긴 빈틈은 검은색 원에 'Pen Tool'로 앵커포인트를 추가하고 틈이 가려지도록 앵커포인트를 'Direct Selection Tool'로 움직여 줍니다. 'Pen Tool'을 이용해서 검은색 원이 잘려야 할 곳에 선을 그어주고 [Pathfinder] 패널의 [Pathfinders : Divide]를 클릭해서 잘라준 후 불필요한 부분은 'Direct Selection Tool'로 선택해서 삭제합니다.

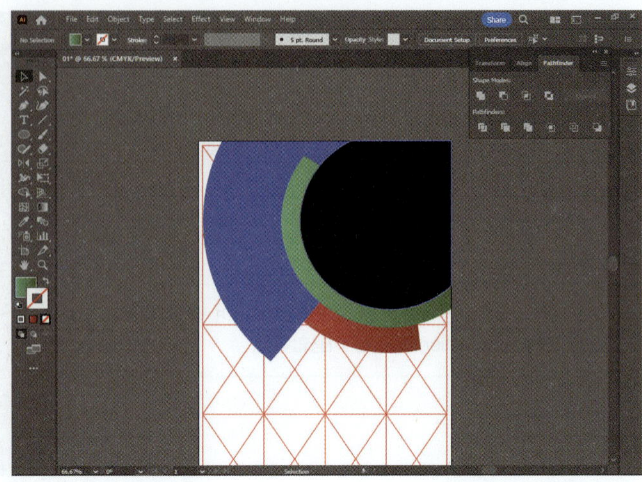

02 YSTI 타이포그래피 만들기

01 'Type Tool'을 선택하고 'YSTI'를 입력합니다. Ctrl+T를 눌러 [Character] 패널을 열고 디자인 원고와 비슷한 폰트와 크기, 자간 등을 설정합니다.

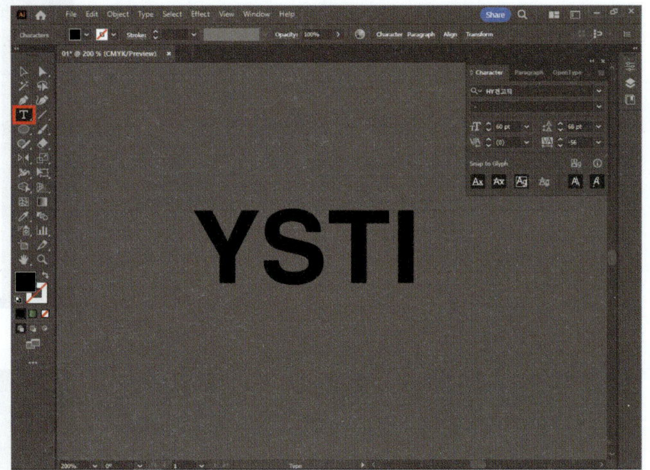

02 알파벳을 하나씩 드래그해서 블럭을 씌운 후 색상을 적용합니다. 'Y'부터 다음과 같이 색상을 적용합니다. Y : C90M65Y10K0, S : C3M45Y90K0, T : C6M95Y88K0, I : C94M90Y7K0

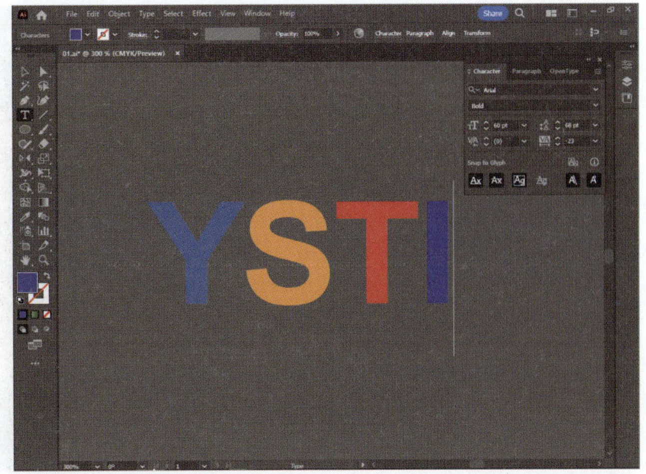

03 'YSTI' 오브젝트를 우클릭하고 'Create Outlines'를 선택하여 면 오브젝트로 변환합니다.

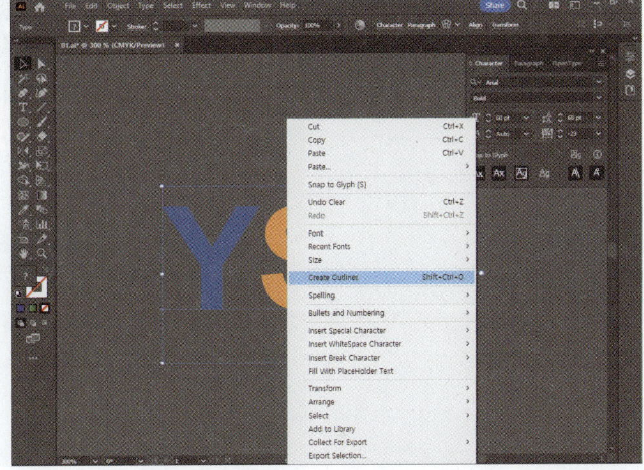

04 'Selection Tool'로 'YSTI' 오브젝트를 선택하고 마우스를 우클릭한 뒤 'Ungroup'를 선택합니다.

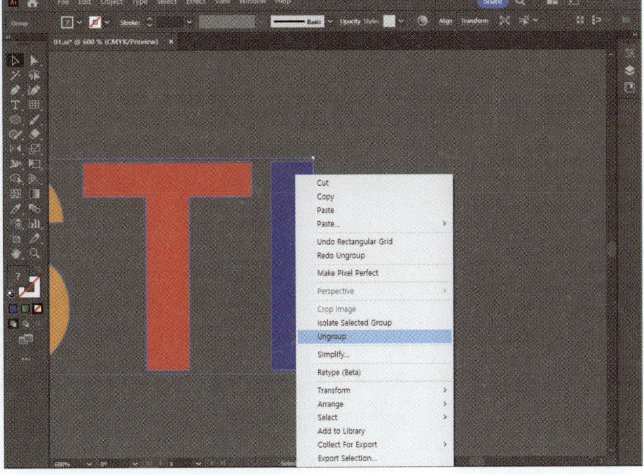

05 'Rectangular Grid Tool'을 선택하고 'T' 알파벳 길이만큼 세로로 길게 드래그 하고 마우스를 떼지 않은 상태에서 ⬆와 ⬅ 방향키를 눌러 세로에는 12칸, 가로는 1칸의 사각형이 남도록 만듭니다.

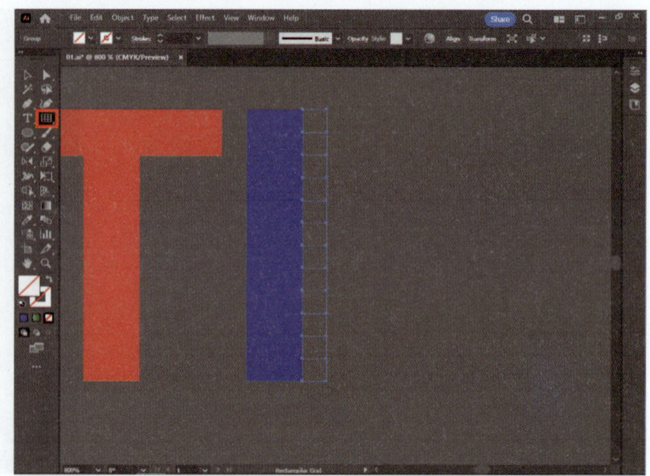

06 선색을 C94M90Y7K0으로 설정하고 'Selection Tool'을 선택한 뒤 화면 상단 옵션 바에서 'Stroke'의 값을 디자인 원고와 비슷하게 설정합니다.

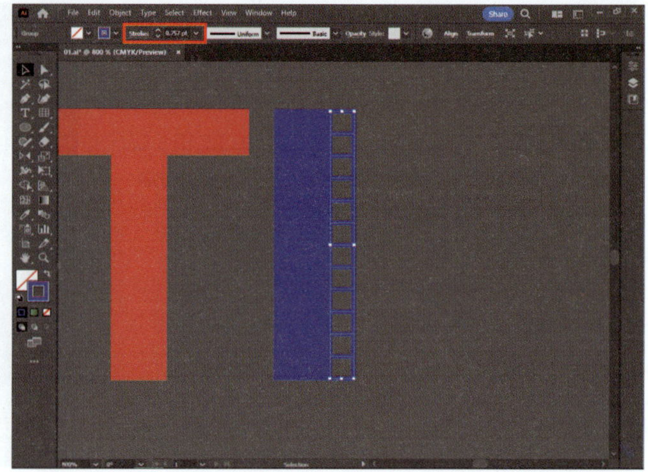

07 'Pen Tool'로 'T' 오브젝트에 다음과 같은 삼각형을 그립니다. 선색은 None, 면색은 임의의 색상으로 설정합니다.

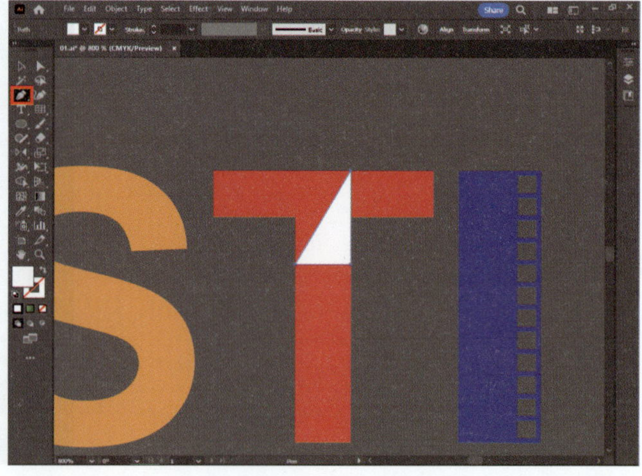

08 삼각형과 'T' 오브젝트를 함께 선택하고 [Window] 〉 [Pathfinder] 패널에서 [Shape Modes : Minus Front]를 클릭하여 구멍을 뚫습니다.

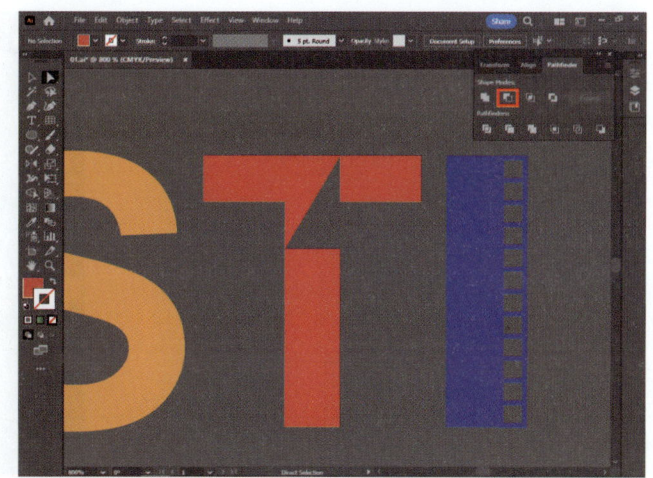

09 'Line Segment Tool'을 선택하고 Shift 를 누른 채 다음과 같이 수직 선을 그립니다.

📍 **기적의 TIP**

항상 작업 시작과 도중에는 Ctrl + S 를 눌러 수시로 저장하는 습관을 기르도록 합니다.

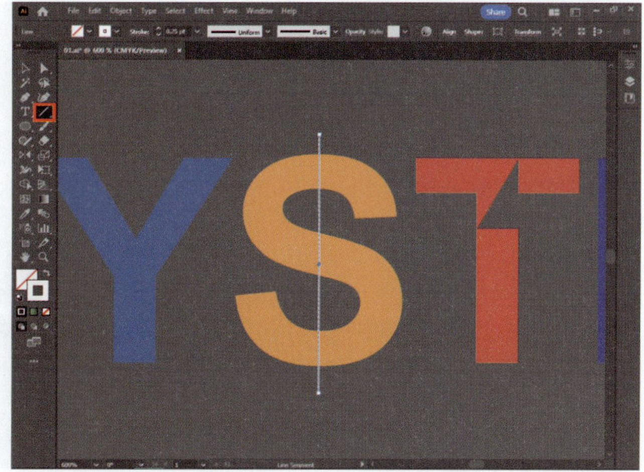

10 선을 선택한 뒤 [Effect] 〉 [Distort & Transform] 〉 [Zig Zag] 대화상자를 엽니다. 'Corner'를 선택한 뒤 슬라이더를 조절하여 디자인 원고와 최대한 비슷하게 만듭니다.

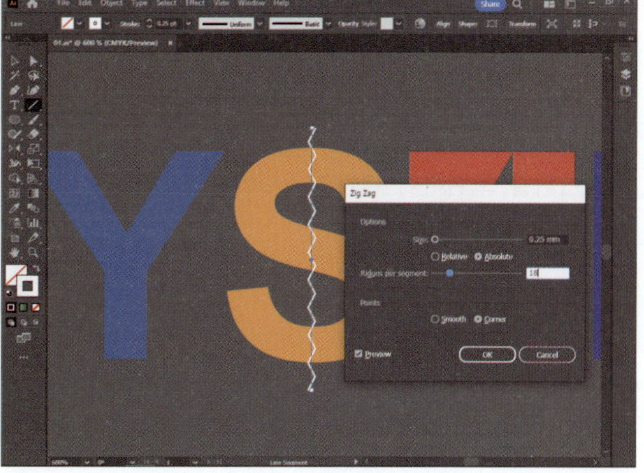

11 'Selection Tool'을 선택하고 상단 옵션 바에 'Stroke' 값을 조절하여 선의 두께를 조절합니다. [Alt]를 누른 채 선을 드래그하여 복사하여 총 3개의 선을 다음과 같이 배치합니다.

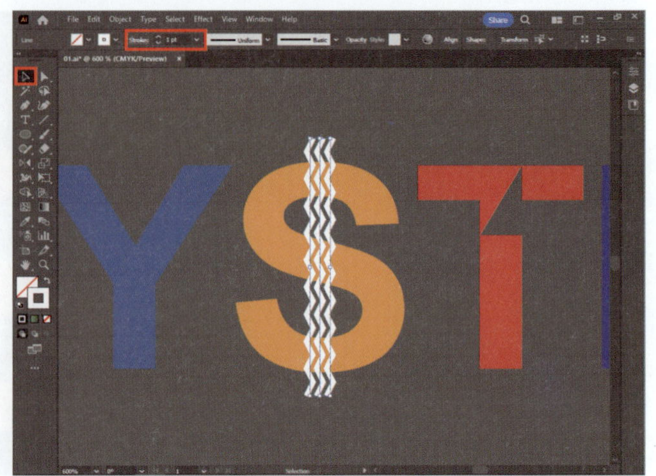

12 세 개의 선을 선택하고 [Object] > [Path] > [Outline Stroke]를 선택하여 선을 면 오브젝트로 바꿉니다. 'S'와 선 세 개를 선택하고 [Pathfinder] 패널에서 [Shape Modes : Minus Front]를 클릭하여 구멍을 뚫습니다.

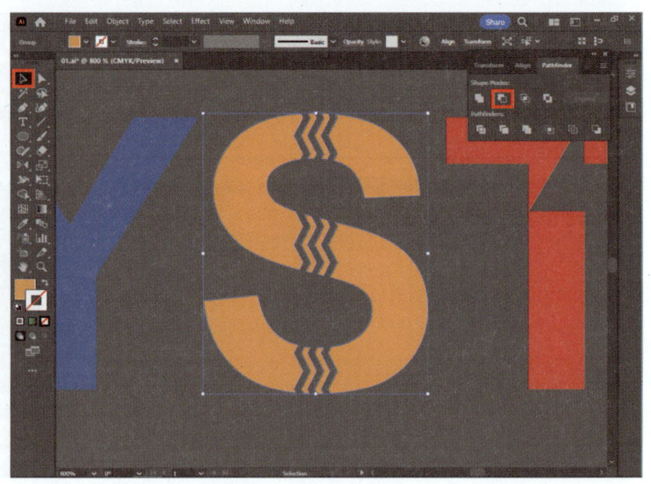

13 'Line Segment Tool'을 선택하고 'Y' 오브젝트 위에 [Shift]를 누른 채 가로로 드래그하여 선을 그립니다. 선을 선택하고 [Effect] > [Distort & Transform] > [Zig Zag] 대화상자를 엽니다. 슬라이더를 조절하여 디자인 원고와 비슷하게 만든 후 [OK]를 누릅니다.

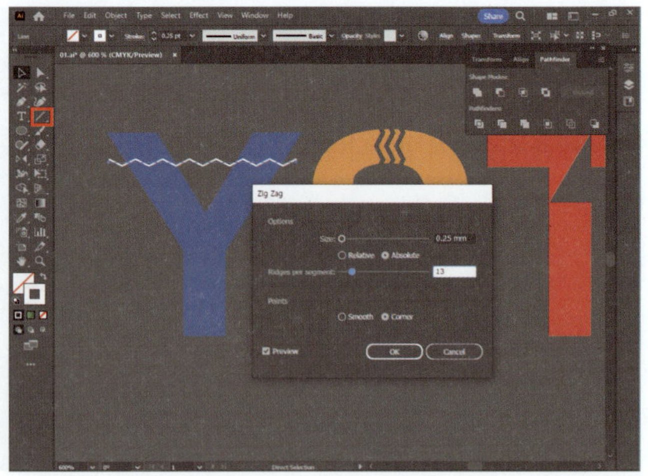

14 'Selection Tool'로 [Alt]를 누른 채 선을 드래그하여 복사합니다. 'Stroke' 값을 조절하여 디자인 원고와 같이 두께를 조절합니다.

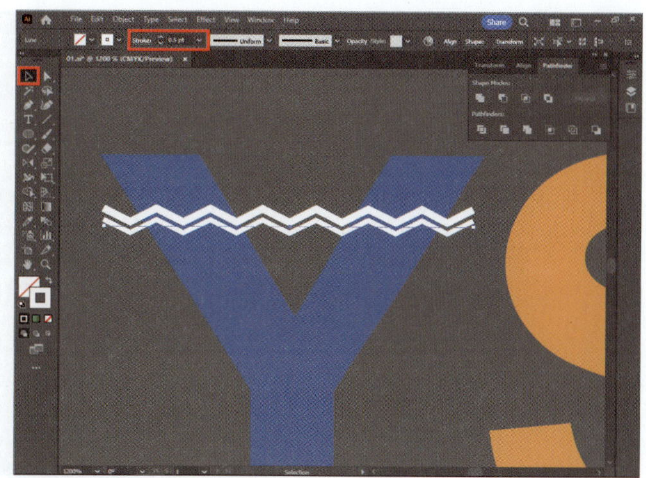

15 선 오브젝트를 선택하고 [Object] > [Path] > [Outline Stroke]를 클릭하고, 선과 'Y' 오브젝트를 모두 선택한 뒤 [Pathfinder] 패널에서 [Shape Modes : Minus Front]를 클릭합니다.

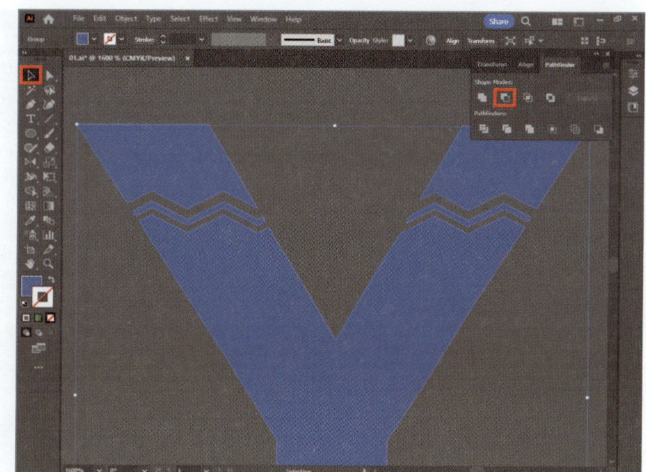

03 RGB 카드 만들기

01 'Rounded Rectangle Tool'을 선택하고 모서리가 둥근 사각형을 만들어 줍니다. 모서리의 조절점을 움직여서 모서리의 굴곡을 조절합니다.

⚙ 버전 TIP

CS6 버전은 Rounded Ractangle Tool을 선택하고 마우스로 드래그해서 사각형을 만든 뒤, 마우스를 떼지 않은 상태에서 위/아래 방향키를 눌러 사각형 모서리의 굴곡을 조절합니다.

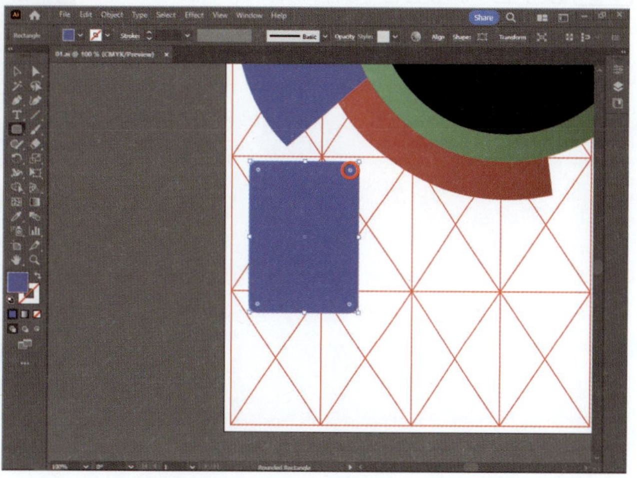

02 사각형 오브젝트를 선택하고 'Gradient Tool'을 더블클릭하여 대화상자를 엽니다. 'Linear Gradient'를 클릭하고 왼쪽 마커부터 C50M100Y100K5, C10M95Y80K0, 흰색으로 설정합니다. [Shift]를 누른 채 오브젝트 위에서 마우스를 수직으로 드래그하여 그라디언트를 적용합니다.

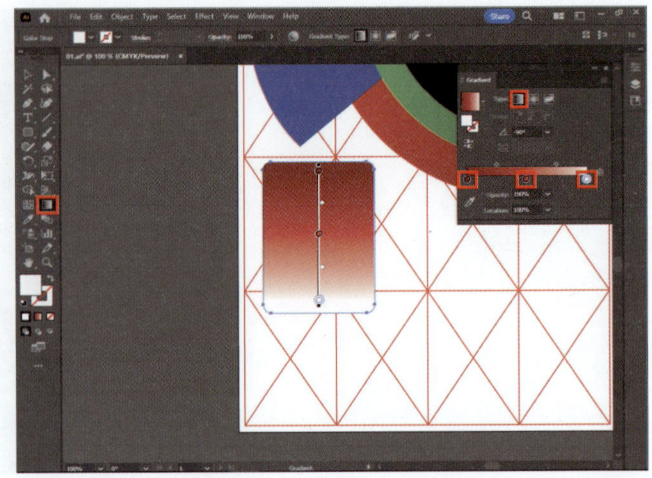

03 'Type Tool'을 선택하고 'RED'를 입력합니다. [Ctrl]+[T]를 눌러 [Character] 패널을 띄우고 폰트, 크기, 자간 등을 설정합니다. 다음으로 'Type Tool'로 'LINE'을 입력하고 'Selection Tool'로 [Shift]를 누른 채 90° 돌린 뒤 다음과 같이 배치합니다. 색상은 흰색으로 설정합니다.

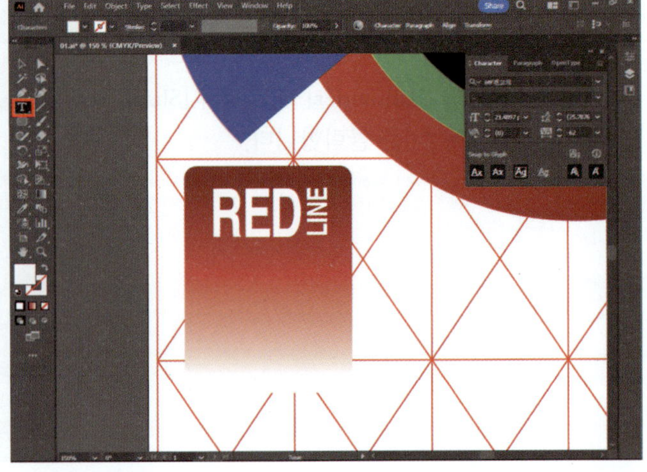

기적의 TIP

'Selection Tool'로 조절점을 드래그해 텍스트를 늘리거나 기울이는 등 형태를 수정할 수 있습니다.

04 'Ellipse Tool'을 선택하고 'R' 오브젝트 위에 [Shift]를 누른 채 정원을 그립니다. 면색은 C0M0Y0K100으로 설정합니다.

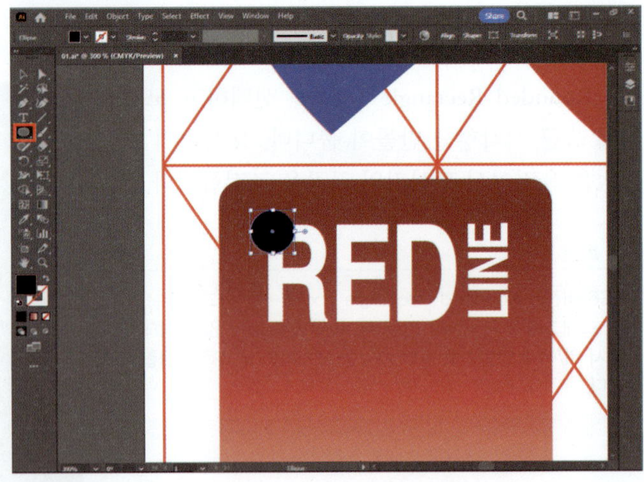

05 'Selection Tool'로 카드 오브젝트 전체를 선택하고 [Alt]를 누른 채 드래그하여 복사합니다. 총 3개의 카드 오브젝트를 디자인 원고에 따라 다음과 같이 배치합니다. 각각의 카드 오브젝트를 선택하고 마우스 우클릭, [Arrange] 옵션을 활용하여 오브젝트 순서를 정렬합니다.

- [Bring to Front] : 맨 앞으로 가져오기
- [Bring Forward] : 1단계 앞으로 가져오기
- [Send Backward] : 1단계 뒤로 보내기
- [Send to Back] : 맨 뒤로 보내기

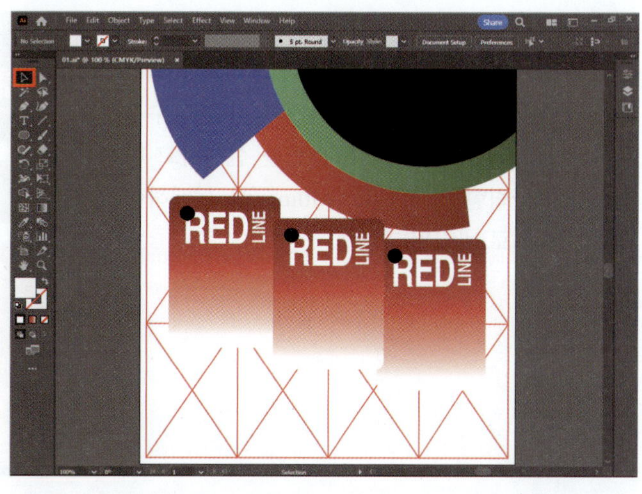

06 'RED'와 'LINE' 오브젝트를 선택하고 마우스를 우클릭한 뒤 'Create Outlines'를 클릭하여 텍스트를 면 오브젝트로 바꿉니다.

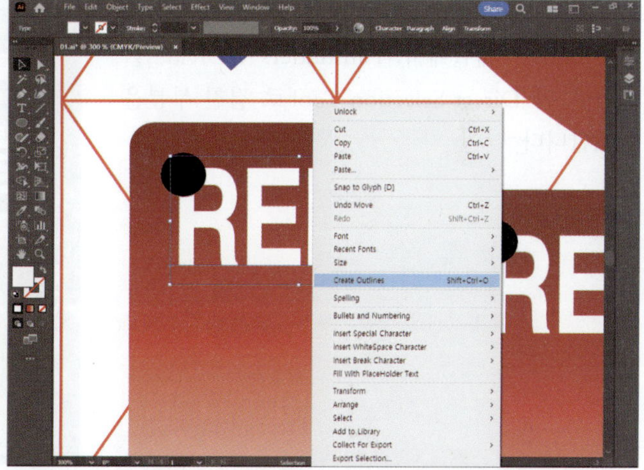

07 'RED'와 원 오브젝트를 함께 선택하고 [Pathfinder] 패널을 열어서 [Pathfinders : Divide]를 클릭합니다. 'Direct Selection Tool'로 오브젝트가 겹친 부분을 선택하고 [Delete]를 눌러 삭제합니다.

[Pathfinder] 패널에 [Shape Modes : Exclude]를 사용하면 효과는 같지만 색상이 통일되기 때문에 [Pathfinders : Divide]를 사용합니다.

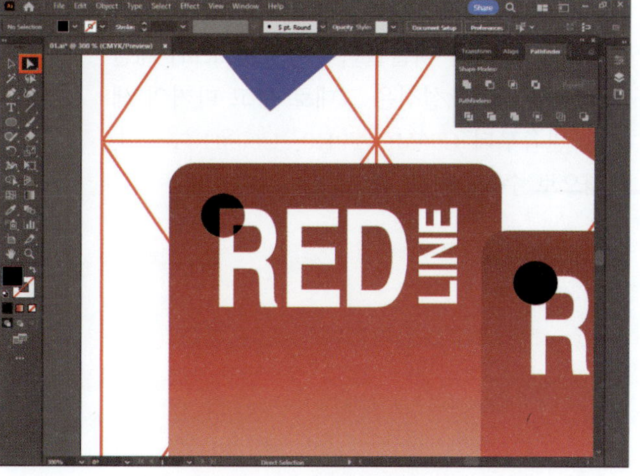

08 두 번째 카드 오브젝트를 만들겠습니다. 기존의 'RED' 텍스트를 'BLUE'로 변경하고 [Character] 패널을 열어서 텍스트 크기와 자간을 수정합니다. 'Selection Tool'로 텍스트를 선택하고 마우스를 우클릭한 뒤 'Create Outlines'를 선택하여면 오브젝트로 바꿉니다.

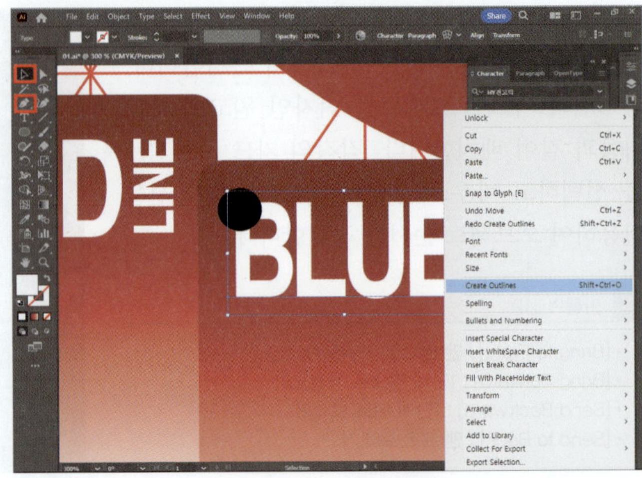

09 'BLUE' 오브젝트와 원 오브젝트를 선택하고 [Pathfinder] 패널에서 [Pathfinders : Divide]를 클릭한 뒤 'Direct Selection Tool'로 겹친 부분을 삭제합니다.

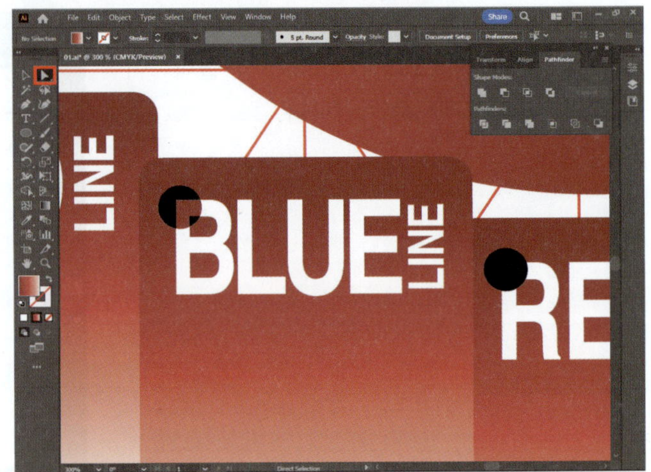

10 두 번째 카드의 사각형 오브젝트를 선택하고 'Gradient Tool'을 더블클릭하여 [Gradient] 패널을 엽니다. 기존 설정은 그대로 두고 마커의 색상만 왼쪽부터 C95M60Y0K0, C60M10Y5K0, 흰색으로 수정합니다.

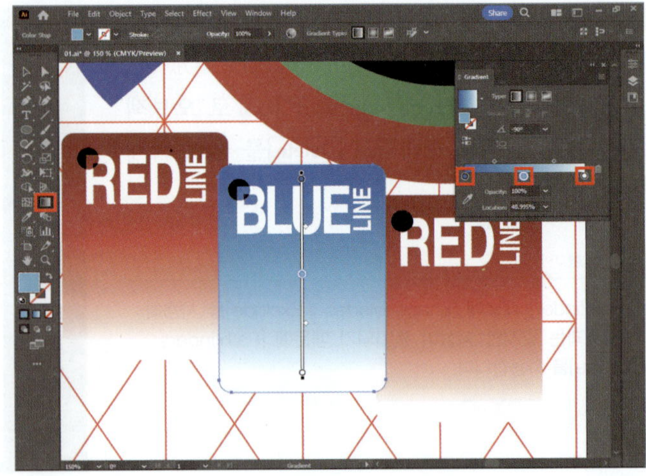

11 마지막 카드도 수정하겠습니다. 기존 텍스트를 'GREEN'으로 변경하고 [Character] 패널을 통해 글자 크기와 자간을 수정한 뒤 'Selection Tool'로 양옆에 조절점을 움직여 다음과 같이 변형합니다. 오브젝트에 마우스 우클릭을 하고 [Create Outlines]를 선택하여 면 오브젝트로 바꿉니다.

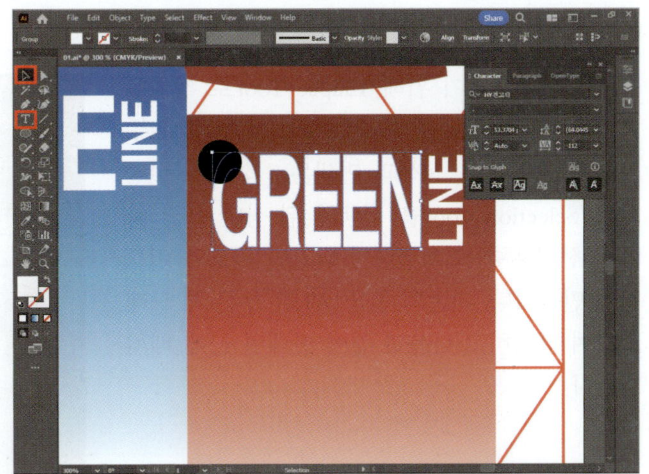

12 'GREEN' 오브젝트와 원 오브젝트를 선택하고 [Pathfinder] 패널에 [Pathfinders : Divide]를 클릭한 뒤 'Direct Selection Tool'로 겹치는 부분을 삭제합니다.

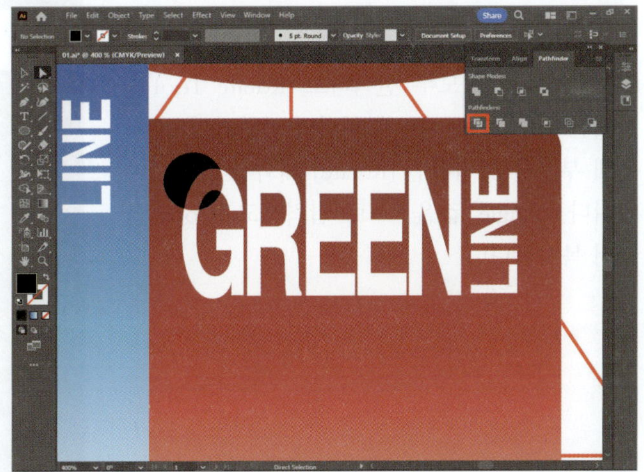

13 사각형 오브젝트를 선택하고 'Gradient Tool'을 더블클릭하여 [Gradient] 패널을 엽니다. 기존 설정은 그대로 두고 마커의 색상만 왼쪽부터 C80M30Y100K0, C55M0Y95K0, 흰색으로 수정합니다.

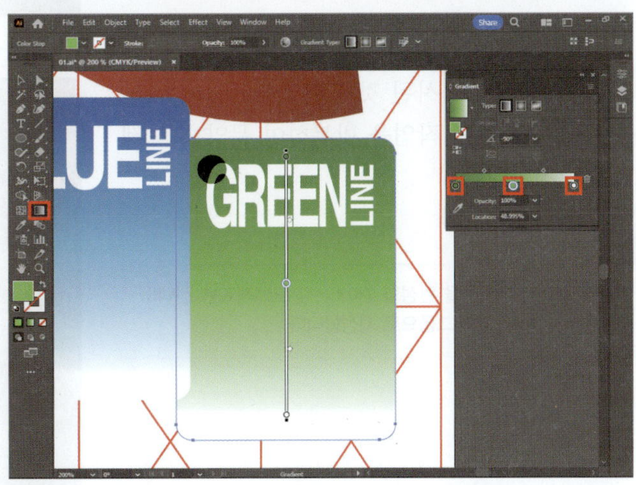

01 문양을 그리기 위해 'Ellipse Tool'로 정원을 그리고 'Line Segment Too'로 Shift 를 누른 채 수직선을 그립니다. 선색과 면색은 흰색으로 설정하고 'Selection Tool'을 선택한 뒤 상단 옵션 바에서 선의 두께를 조절하여 디자인 원고와 비슷하게 만듭니다. 기존의 원을 Alt 를 누른 채 드래그하여 복사하고 다음과 같이 반대편 끝에 배치합니다.

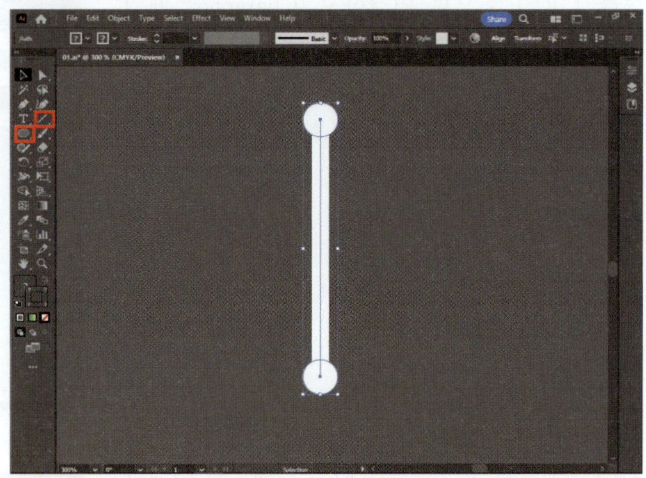

02 오브젝트를 모두 선택하고 'Rotate Tool'을 선택한 뒤 Alt 를 누른 채 회전의 기준점이 될 가운데 부분을 클릭하면 [Rotate] 대화상자가 나타납니다. 'Angle' 값을 45°로 입력하고 [Copy]를 눌러 복사합니다.

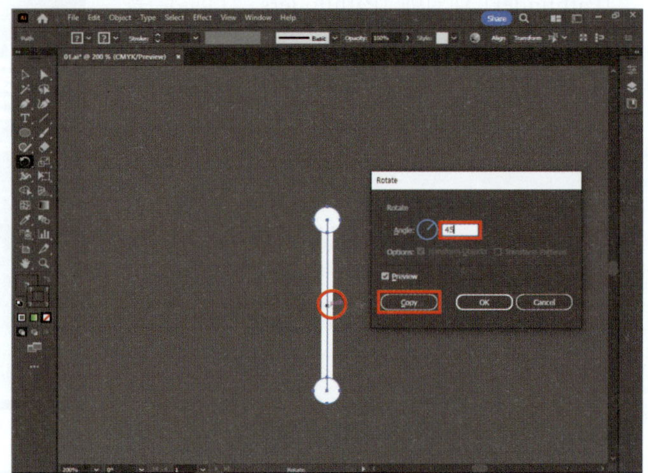

03 오브젝트가 복사된 것을 확인하고 Ctrl + D 를 두 번 더 눌러 작업을 반복하여 문양 오브젝트를 완성합니다.

> **기적의 TIP**
>
> 일러스트 지시 사항을 완성할 때마다 각 오브젝트를 선택하고 Ctrl + G 를 눌러 그룹으로 지정합니다.

01 로고를 만들기 위해 'Ellipse Tool'을 선택하고 Shift 를 누른 채 정원을 그립니다. 그리고 'Line Segment Tool'로 정원 왼쪽 끝에 있는 고정점에서 Shift 를 누른 채 위로 드래그하여 선을 그립니다. 선 색은 C90M60Y20K5로 설정하고 상단 옵션 바에서 'Stroke'의 값을 디자인 원고와 비슷하게 설정합니다.

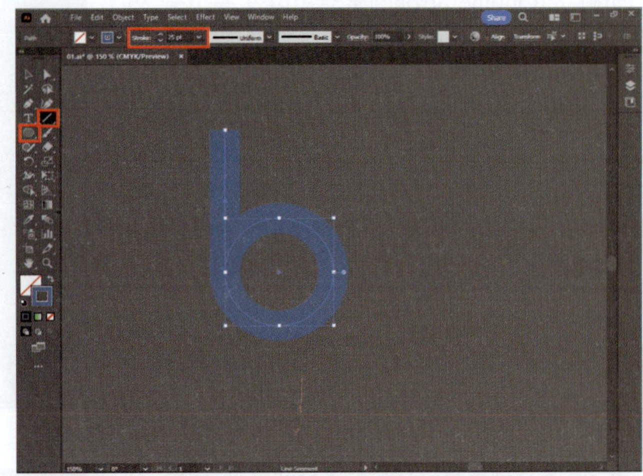

02 'Selection Tool'로 오브젝트를 모두 선택하고 Alt 를 누른 채 드래그하여 't'가 될 자리에 배치합니다. 그리고 원 오브젝트를 선택하고 Alt 를 누른 채 따로 드래그하여 다음과 같이 배치한 뒤 색상은 C30M95Y15K0으로 설정합니다.

> **기적의 TIP**
>
> 오브젝트 이동 중 Shift 를 눌러 정확하게 수직, 수평으로 이동시킬 수 있습니다.

03 제거 할 부분을 자르기 위해 'Rectangle Tool'을 클릭하고 다음과 같은 위치에 사각형을 그립니다.

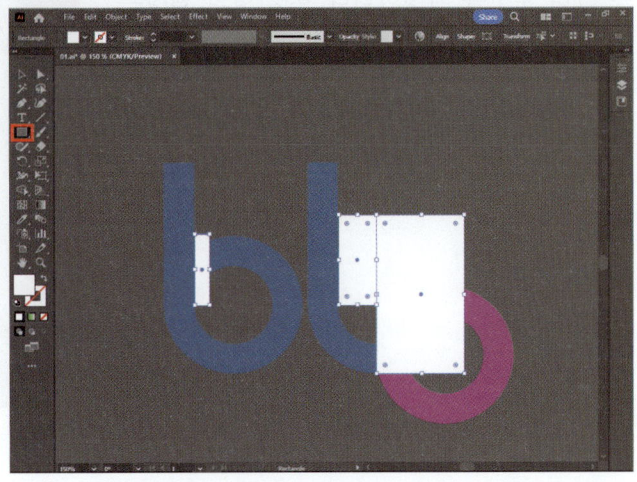

04 로고 오브젝트만 모두 선택한 뒤 [Object] 〉
[Path] 〉 [Outline Stroke]를 클릭하여 로고를 면
오브젝트로 바꿉니다.

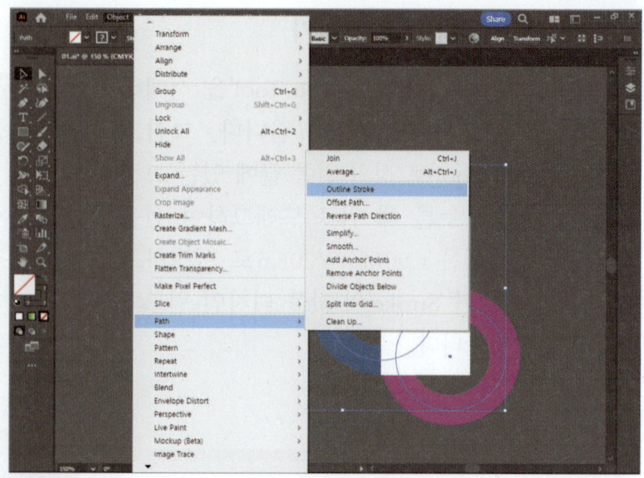

05 원 오브젝트와 사각형 오브젝트만 모두 선
택한 뒤 [Pathfinder] 패널에서 [Pathfinders : Di-
vide]를 클릭하여 나눈 뒤 'Direct Selection Tool'
을 클릭하고 불필요한 부분을 선택 후 삭제합니
다.

06 마지막으로 'Rectangle Tool'로 사각형
을 그려 로고를 완성합니다. 사각형의 색상은
C90M60Y20K5로 설정합니다.

07 'Type Tool'로 '백호관광공사'를 입력합니다.
[Character] 패널을 열고 텍스트의 폰트, 크기,
자간 등을 디자인 원고와 최대한 비슷하게 설정
한 뒤 텍스트의 색상을 C70M65Y10K0으로 설정
합니다.

> 텍스트의 두께가 기존의 폰트로는 애매할 경우 선 색을 추가
> 하고 'Stroke' 값을 조절하여 원하는 두께로 설정할 수 있습
> 니다.

06 도로 만들기

01 도로를 만들기 위해 'Pen Tool'로 그리드 위
에 도로가 들어갈 자리에 곡선을 그립니다. 선
색은 검정색으로 설정하고 화면 상단 옵션 바에
서 'Stroke' 값을 올려 매우 두껍게 설정합니다.

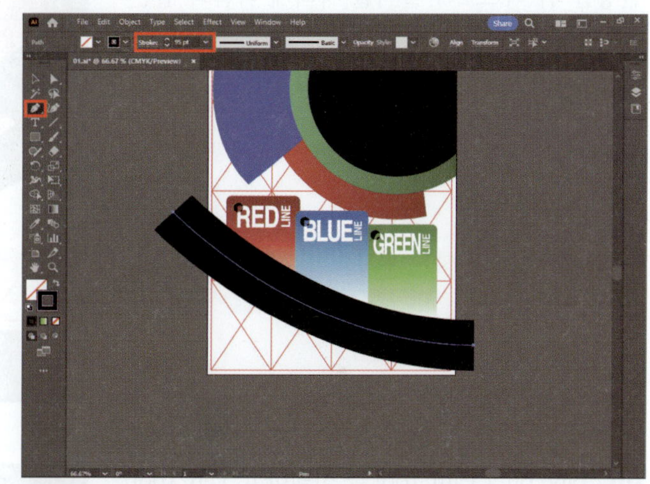

02 오브젝트를 선택하고 Ctrl+C 를 누르고
Ctrl+F 를 눌러 제자리에 오브젝트를 복사합니
다. 복사된 오브젝트의 'Stroke' 값을 중앙선 두께
만큼 줄이고 색상을 C5M15Y60K0으로 설정합
니다.

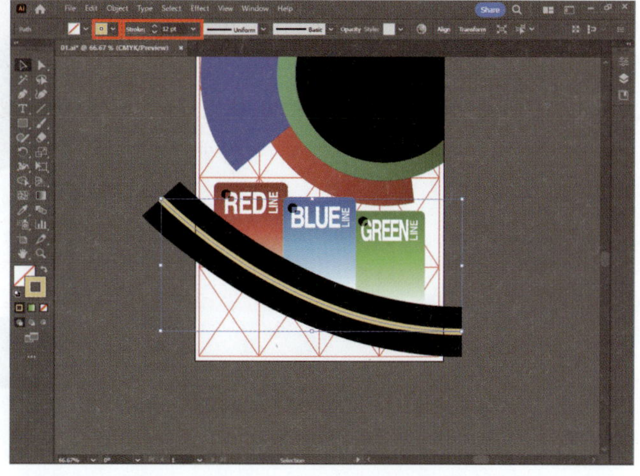

03 [Window] 〉 [Stroke] 패널을 열고 'Dashed Line'을 체크한 뒤 'dash'와 'gap'의 값을 조절하여 디자인 원고와 비슷한 점선을 표현합니다.

기적의 TIP

'dash'와 'gap'의 값 위에 마우스를 올리고 휠을 굴려 직관적으로 수치를 조절할 수 있습니다.

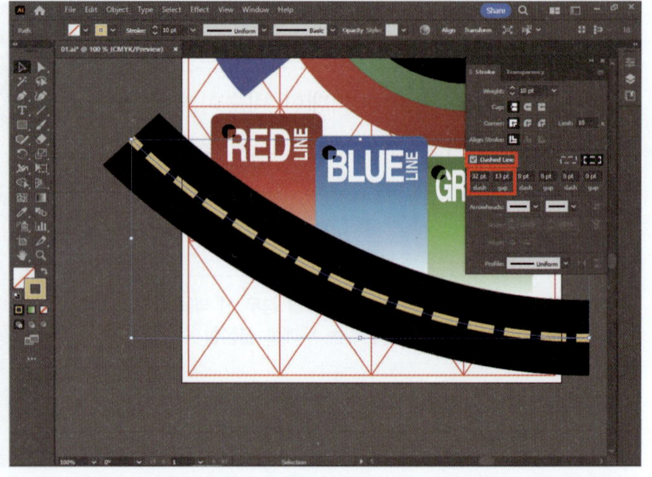

04 'Pen Tool'로 면색은 None, 선색은 흰색으로 설정한 뒤 텍스트가 들어갈 자리에 다음과 같은 곡선을 그립니다.

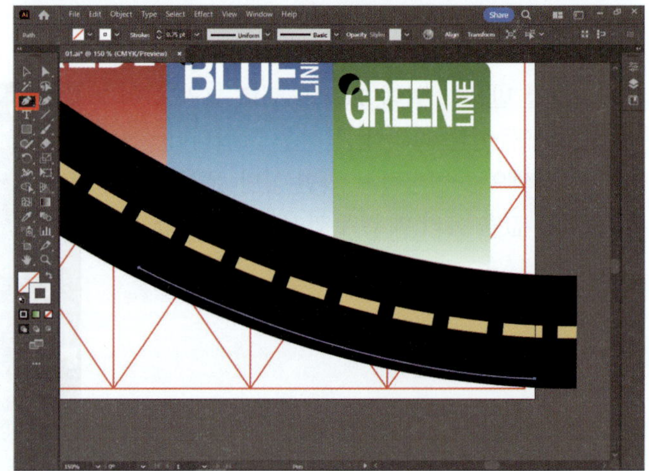

05 'Type on a Path Tool'을 선택하고 'Pen Tool'로 그린 선을 클릭하여 '티켓한장으로 YSTI와 함께 떠나는 여수여행'을 입력합니다. [Character] 패널을 열고 폰트와 크기, 자간 등을 디자인 원고와 비슷하게 설정합니다. 'YSTI' 텍스트는 따로 선택한 다음 볼드체로 바꿔 더 두껍게 표현합니다.

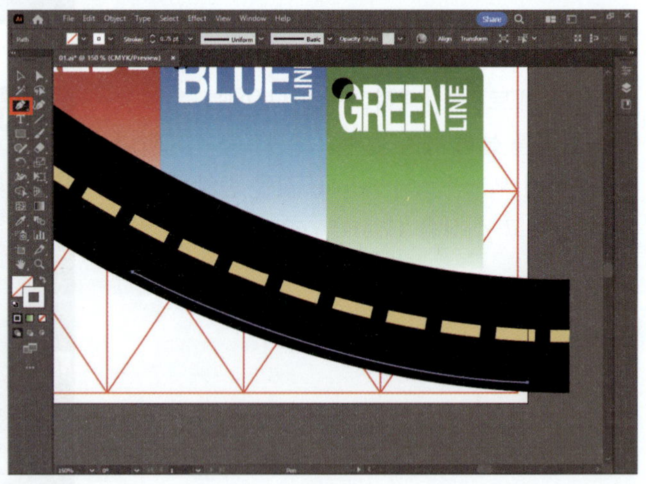

06 색상을 바꾸도록 하겠습니다. 'Y' : C90M65
Y10K0, 'S' : C5M45Y90K0, 'T' : C5M95Y90K0,
'I' : C95M90Y5K0으로 설정하고 나머지 텍스트
는 C0M0Y0K30으로 설정합니다.

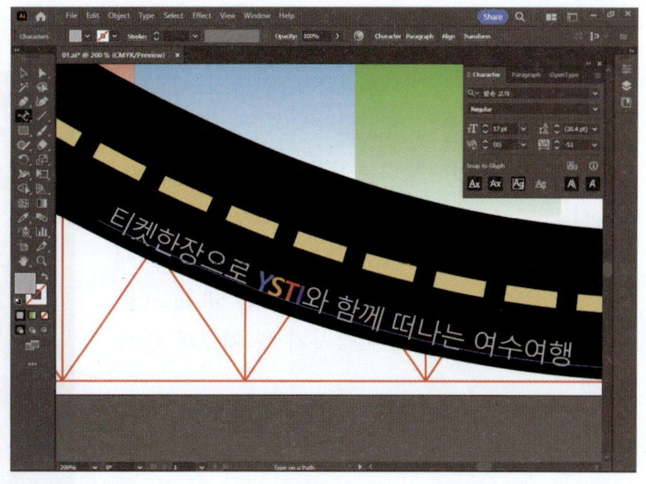

01 'Type Tool'을 선택하고 화면을 드래그하여 텍스트가 들어갈 박스를 만듭니다. 'YEOSU CITY TOUR 여수시티투어'를 입력하고 [Character] 패널을 연 뒤 폰트와 크기, 자간 등을 각 텍스트에 맞춰 따로 설정합니다. [Character] 패널 옆에 [Paragraph] 패널에서 'Justify all lines'를 클릭해 텍스트 박스 안에 글자가 꽉 차도록 만듭니다.

> **기적의 TIP**
>
> 텍스트를 드래그해 박스를 씌우고 [Character] 패널에서 옵션을 조정하면 박스를 씌운 텍스트만 따로 수정됩니다.

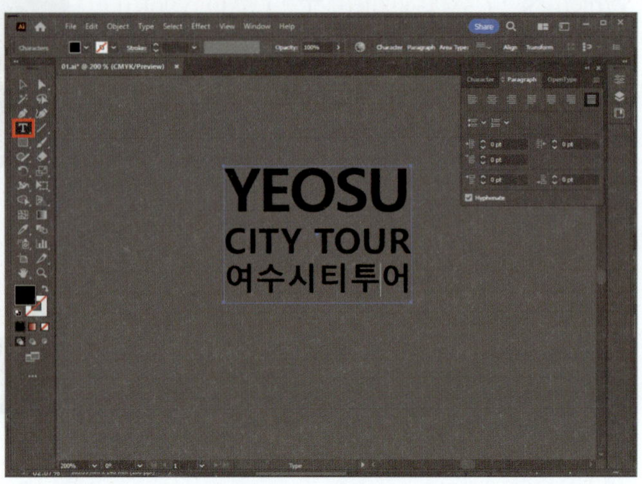

02 'YEOSU CITY TOUR' 오브젝트를 선택하고 우클릭한 뒤 'Create Outlines'를 선택하여 면 오브젝트로 변환합니다. 'Selection Tool'로 오브젝트를 모두 선택하고 'Gradient Tool'을 더블클릭하여 패널을 연 다음 'Linear Gradient'를 선택하고 왼쪽 마커부터 C30M35Y55K5, 흰색, C55M5Y0K0으로 설정합니다.

01 작업 준비하기

01 포토샵을 실행하고, [File] 〉 [New]를 선택하여 [New] 대화상자에서 'Width : 166mm, Height : 246mm, Resolution : 300 pixels/inch, Color Mode : RGB Color'로 설정한 후, [Create] 버튼을 클릭합니다.

🚩 **기적**의 TIP

Color Mode : 인쇄물에 적합한 CMYK 모드를 설정해 주어야 하지만, 시험장의 프린터가 인쇄소의 출력이 아니기 때문에 회색기, 탁함, 채도저하 발생이 빈번합니다. 또한 시험 문항에 여러 가지 패턴 적용 문제들이 출제되기 때문에 RGB 모드로 설정합니다.

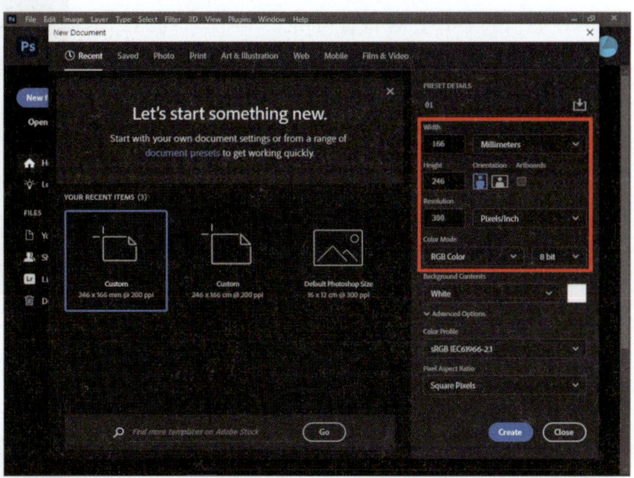

02 '일러스트작업' 창에서 그리드를 선택하고, Ctrl + C 를 눌러 복사합니다. '포토샵작업' 창에 Ctrl + V 를 눌러 붙여넣기 한 후, [Paste] 대화상자에서 'Pixels'를 선택하고, [OK] 버튼을 클릭합니다.

🚩 **기적**의 TIP

일러스트에서 오브젝트가 잠겨서 선택되지 않는 경우, [Object] 〉 [Unlock All]을 클릭하거나, 단축키 Alt + Ctrl + 2 를 눌러 오브젝트 잠금을 해제합니다.

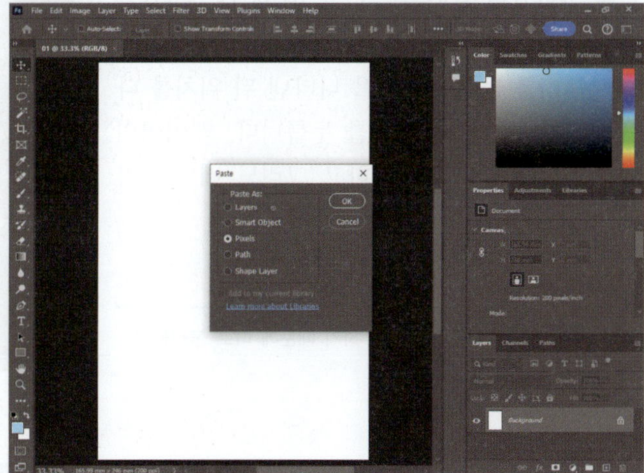

03 [Layers] 패널에서 이름을 '그리드'로 변경합니다. 'Move Tool'을 선택하고, Ctrl 을 누른 채 'Background' 레이어와 함께 선택한 후, 옵션 바에서 'Align vertical centers', 'Align horizontal centers'를 클릭하여 정렬합니다. '그리드' 레이어만 선택하고, 'Lock all' 아이콘을 클릭하여 잠급니다.

> **기적의 TIP**
>
> 항상 작업 시작과 도중에는 예기치 못한 상황을 대비하여 수시로 하는 저장하는 습관을 길러야합니다.

⑫ 일러스트 오브젝트 가져오기

01 일러스트 작업 창에서 검정원 오브젝트부터 Ctrl + C 를 눌러 복사합니다. 포토샵 작업 창으로 돌아와 Ctrl + V 를 누르고 'Paste' 대화상자가 뜨면 'Pixels'를 선택한 뒤 [OK]를 누릅니다. Ctrl + T 를 눌러 조절점을 나타낸 뒤 위치를 다음과 같이 옮기고 Enter 를 누릅니다. 레이어의 이름은 '검정원'으로 변경하고 '그리드' 레이어 아래에 위치시킵니다.

> **기적의 TIP**
>
> 각 원에 다른 효과를 적용해야 하기 때문에 따로 불러옵니다.

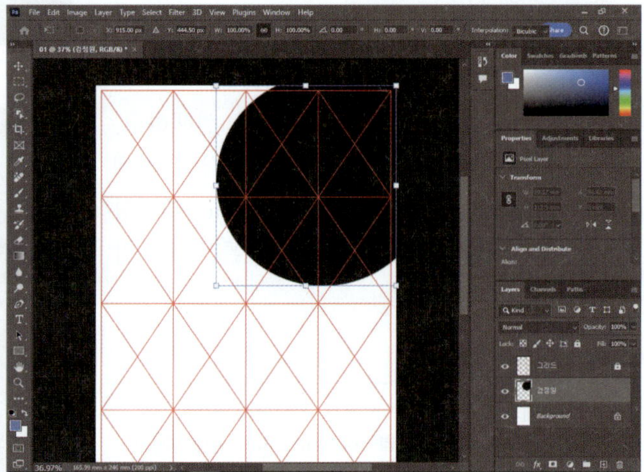

02 같은 방식으로 나머지 원들도 포토샵 작업 창으로 가져옵니다. 레이어의 이름은 차례대로 '녹색원', '푸른원', '붉은원'으로 수정하고 레이어 순서를 다음과 같이 배치하여 정렬합니다.

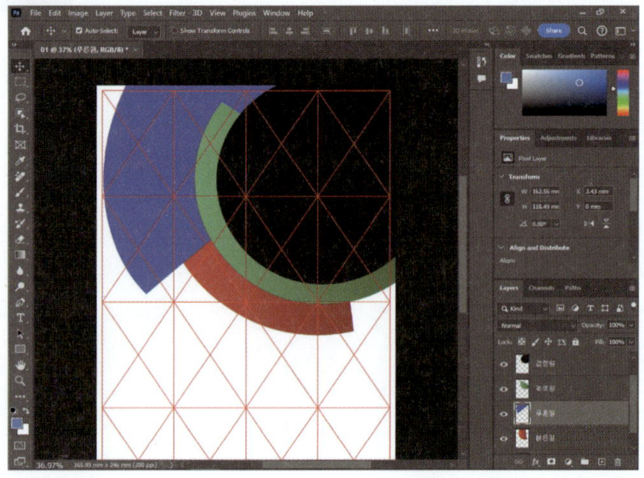

03 일러스트 작업 창에서 'YSTI' 타이포그래피 오브젝트를 모두 선택하고 Ctrl+C를 눌러 복사합니다. 포토샵 작업 창으로 돌아와 Ctrl+V 를 누르고 'Paste' 대화상자가 뜨면 'Pixels'를 선택한 뒤 [OK]를 누릅니다. 'Move Tool'을 선택하고 다음과 같이 배치한 뒤 레이어의 이름을 'YSTI'로 변경하고 레이어의 위치는 '검정원' 위로 옮깁니다.

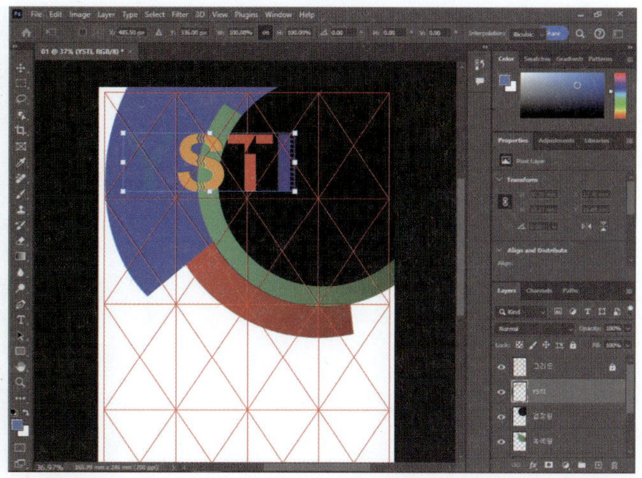

04 일러스트 작업 창에서 '문양' 오브젝트를 선택하고 포토샵 작업 창으로 가져옵니다. 디자인 원고에 따라 다음과 같이 배치하고 'Move Too'을 선택한 뒤 Alt를 누른 채로 오브젝트를 드래그하여 복사합니다. Ctrl+T를 눌러 조절점을 띄우고 크기와 위치를 조절하여 배치합니다. 총 4개의 문양을 배치하고 레이어 이름을 오른쪽부터 '문양1', '문양2', '문양3', '문양4'로 설정합니다. 레이어 위치는 '검정원' 레이어 위로 옮깁니다.

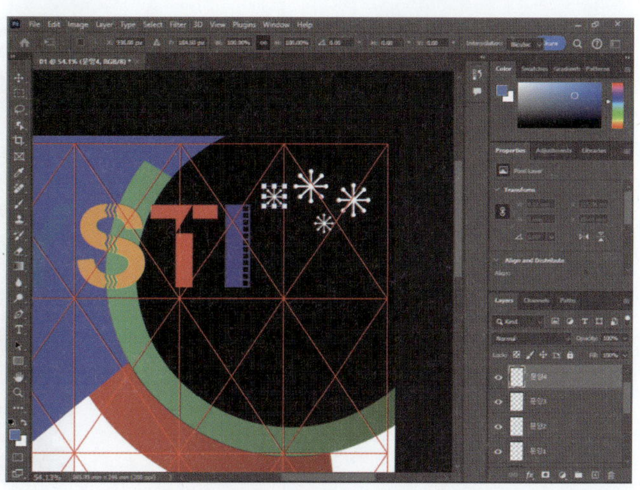

05 추후에 효과를 적용할 것을 생각해 '도로' 오브젝트를 따로 불러오겠습니다. 일러스트 작업 창에서 '도로' 오브젝트만 따로 포토샵 작업 창으로 불러옵니다. 레이어 이름은 '도로'로 변경하고 위치는 '붉은원' 아래로 옮깁니다.

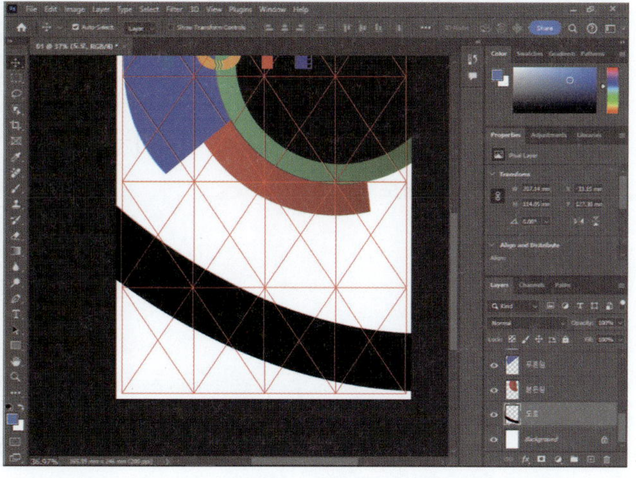

06 일러스트 작업 창에서 나머지 '중앙선' 오브젝트와 '텍스트' 오브젝트를 함께 선택하고 포토샵 작업 창으로 불러옵니다. 레이어 이름은 '중앙선과 텍스트'로 변경하고 위치는 '도로' 위로 옮깁니다.

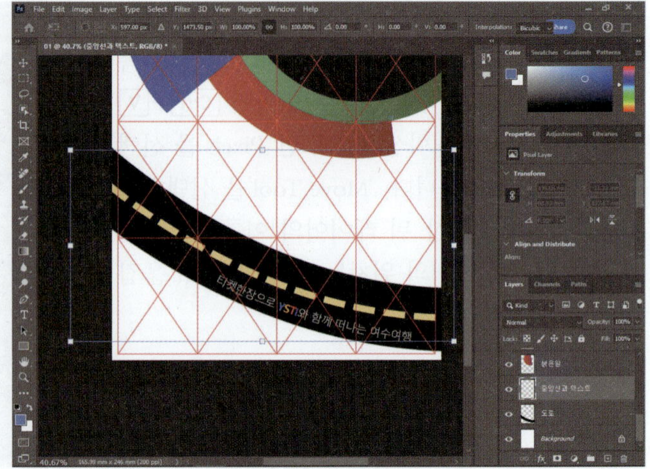

07 일러스트 작업 창에서 각각의 '카드' 오브젝트를 따로 포토샵 작업 창으로 불러옵니다. 세 개의 카드를 다음과 같이 배치하고 레이어 이름은 각각 '레드', '블루', '그린'으로 변경하고 위치는 '검정원' 위로 옮깁니다.

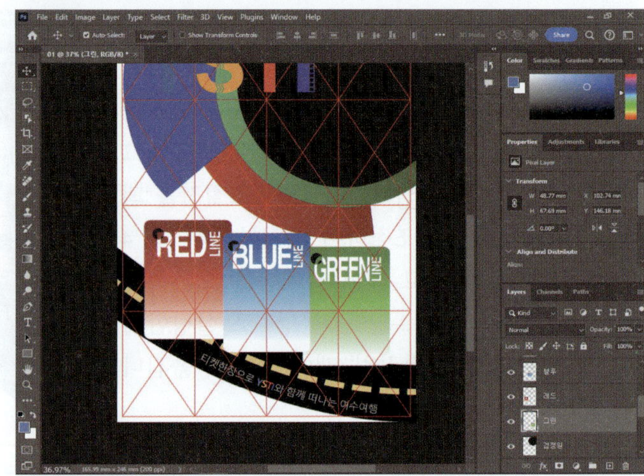

08 마지막으로 일러스트 작업 창에서 '백호관광공사' 로고 오브젝트를 포토샵 작업 창으로 가져옵니다. 크기와 위치를 조절하여 왼쪽 하단에 배치하고 레이어 이름을 '로고'로 변경한 뒤, 위치는 '도로' 레이어 아래로 옮깁니다.

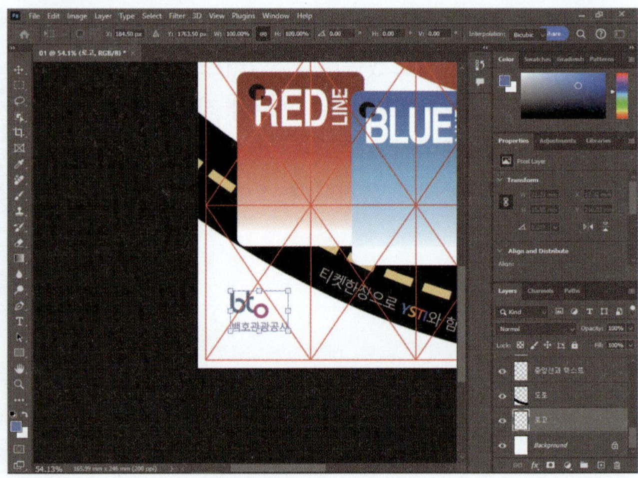

03 이미지에 필터 적용하기

01 [File] 〉 [Open]을 클릭하고 자료 폴더에서 '03.jpg' 파일을 불러옵니다. 'Object Selection Tool'을 선택하고 버스를 드래그하여 선택 영역으로 지정한 뒤 Ctrl+C를 눌러 복사합니다.

02 포토샵 작업 창으로 돌아와 Ctrl+V를 눌러 이미지를 붙여 넣습니다. Ctrl+T를 눌러 조절점을 나타내고 크기와 위치를 조절하여 다음과 같이 배치합니다. 레이어의 이름은 '03'으로 설정하고 '검정원' 레이어 위로 옮깁니다.

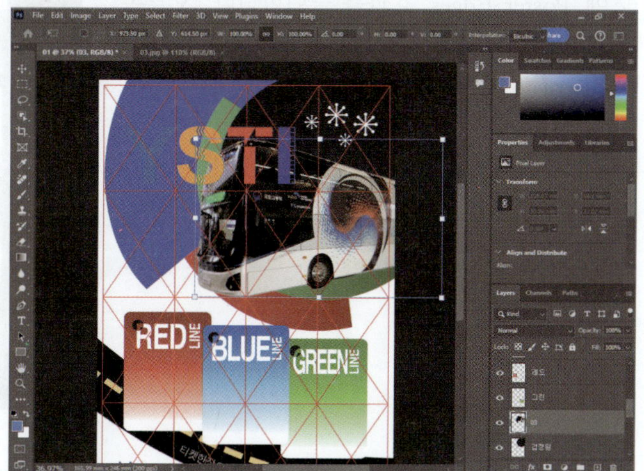

03 [Layers] 패널에서 '03' 레이어의 오른쪽 빈 공간을 더블클릭하여 [Layer Style] 대화상자를 엽니다. 'Drop Shadow'를 클릭하고 세부 옵션을 수정해 보며 디자인 원고에 따라 최대한 비슷하게 그림자 효과를 적용하고 [OK] 버튼을 누릅니다.

기적의 TIP

이미지가 보이지 않는다면 효과 옵션을 수정한 뒤 [Layer Style] 대화상자를 옮겨 이미지를 확인하며 작업합니다.

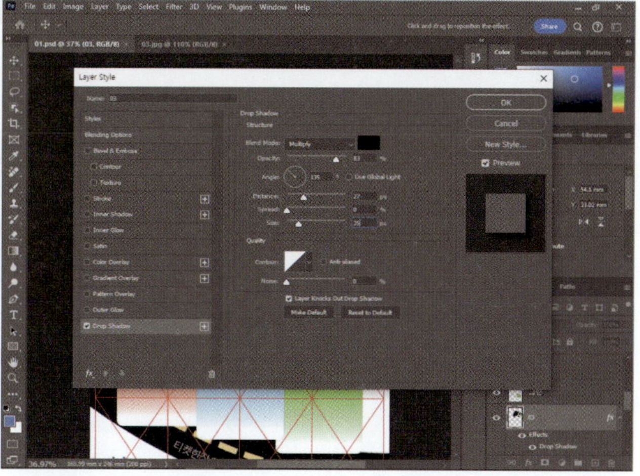

04 연필 스케치 효과를 적용하기 위해 이전에 불러왔던 '03.jpg' 작업 창으로 와서 [Image] 〉 [Adjustments] 〉 [Hue/Saturation]을 클릭하여 대화상자를 열고 'Saturation' 값을 '−100'으로 수정하고 [OK] 버튼을 누릅니다.

'Saturation' 값을 내려 이미지를 무채색으로 만듭니다.

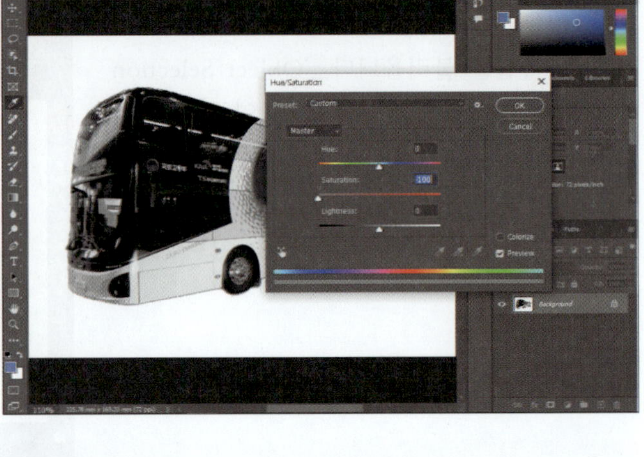

05 [Filter] 〉 [Filter Gallery] 패널을 열고 'Artistic'에 'Poster Edges' 효과를 클릭합니다. 오른쪽에 슬라이더를 조절하여 디자인 원고와 최대한 비슷하게 만들고 [OK]를 누릅니다.

연필 스케치와 비슷한 다른 효과가 있다면 자유롭게 적용합니다.

06 'Object Selection Tool'로 버스를 드래그하여 선택 영역으로 지정한 뒤 Ctrl + C 를 눌러 복사합니다.

07 포토샵 작업 창으로 돌아와 Ctrl+V 를 눌러 이미지를 붙여 넣습니다. Ctrl+T 를 눌러 조절점을 나타내고 크기와 위치를 조절하여 다음과 같이 기존 '03' 이미지와 동일한 크기와 위치로 배치합니다. 레이어의 이름은 '03 스케치'로 설정하고 '03' 레이어 위로 옮깁니다.

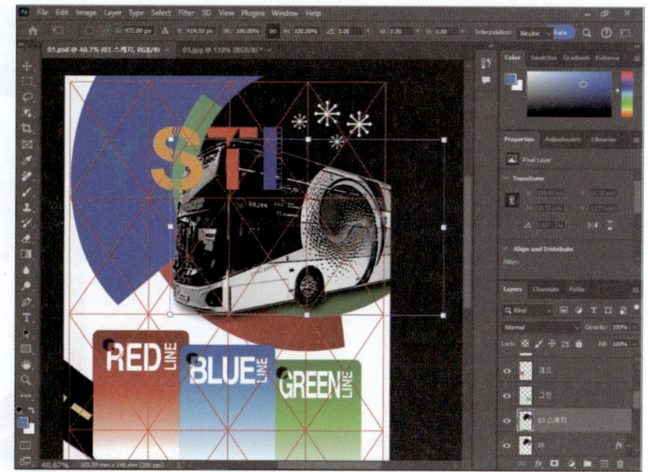

08 '03 스케치' 레이어를 선택하고 [Layers] 패널 하단에 'Layer Masks' 아이콘을 클릭합니다. 'Brush Tool'을 선택하고 전경색을 검정색으로 설정한 뒤 [와] 키를 눌러 브러쉬 사이즈를 크게 설정하고 '03' 이미지를 드래그하여 전면 부분의 필터 효과를 반쯤 지웁니다.

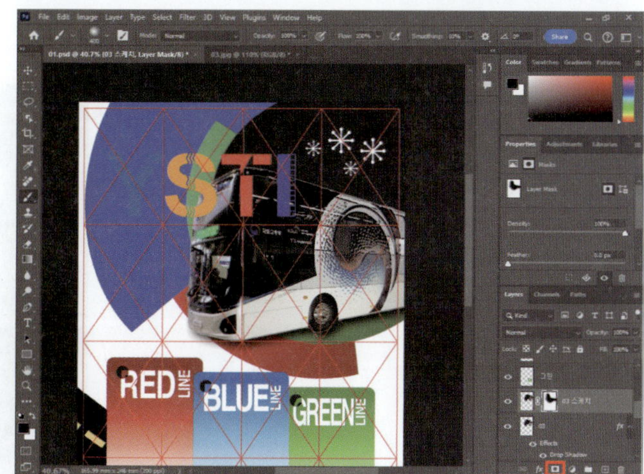

04 흰색 스트로크 적용하기

01 'YSTI' 레이어의 오른쪽 빈 공간을 더블클릭하여 [Layer Style] 대화상자를 엽니다. 'Stroke'를 클릭하고 색상은 흰색, 'Size' 값을 조절하여 디자인 원고와 비슷한 두께의 스트로크를 만듭니다.

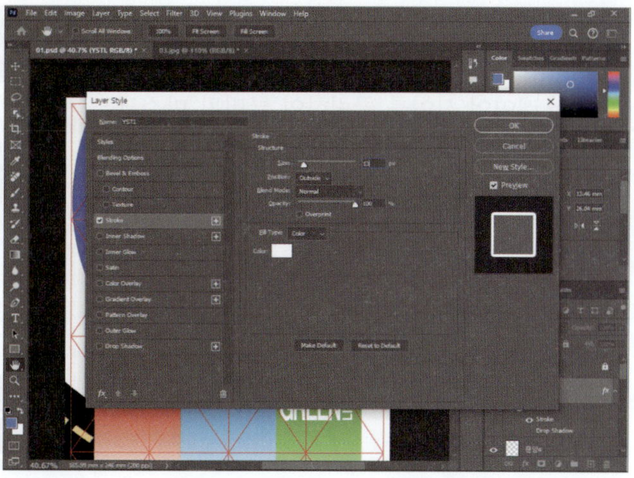

02 다음으로 'Outer Glow'를 클릭하고 [Layer Style] 대화상자를 옮겨 디자인 원고와 비슷한지 직접 확인한 후 [OK] 버튼을 눌러 확정합니다.

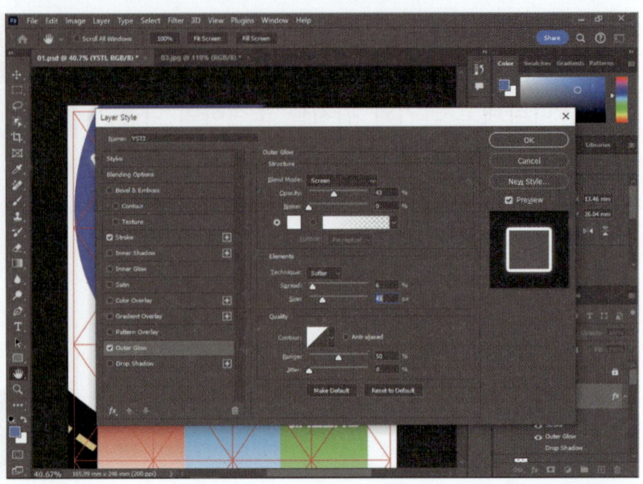

05 클리핑 마스크 적용하기

01 [File] 〉 [Open]을 클릭하고 '01.jpg' 이미지를 불러옵니다. '01.jpg' 작업 창을 드래그하여 떼어내고 'Move Tool'로 이미지를 드래그하여 포토샵 작업 창으로 가져옵니다.

02 레이어의 이름은 '01'로 설정하고 '검정원' 레이어 위로 옮기고 Alt 를 누른 채 '01' 레이어와 '검정원' 레이어 사이를 클릭하여 클리핑 마스크를 적용합니다. 'Move Tool'을 선택하고 '01' 이미지를 움직여 디자인 원고와 비슷하게 배치합니다.

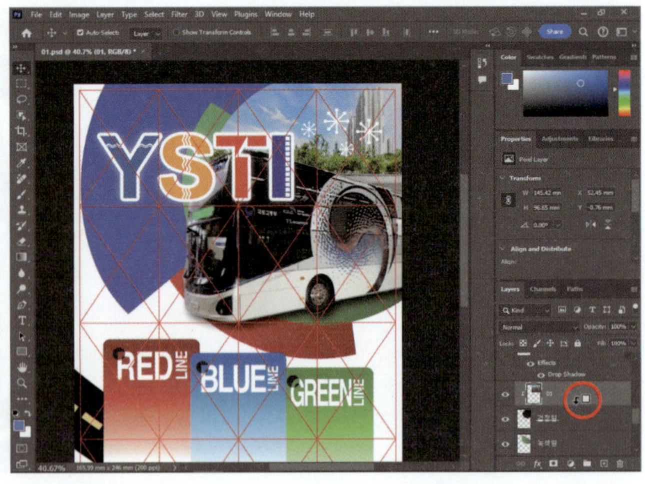

03 '01' 레이어를 선택하고 Ctrl+J 를 눌러 레이어를 복사합니다. 복사된 레이어의 이름은 '푸른01'로 변경하고 '푸른원' 레이어 위로 옮깁니다.

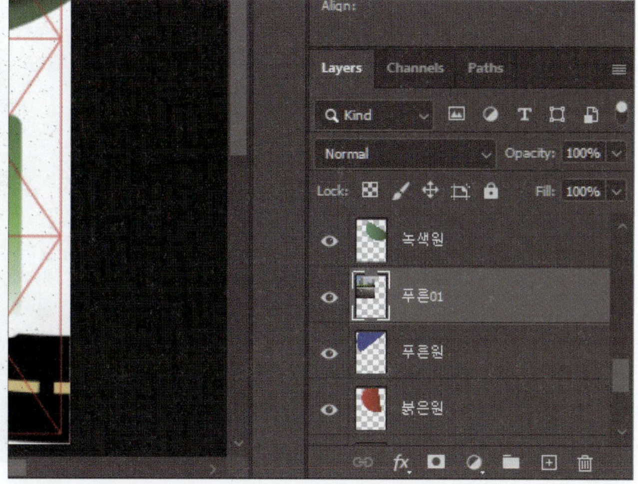

04 '푸른01' 레이어와 '푸른원' 레이어 사이를 Alt 를 누른 채 클릭하여 클리핑 마스크를 적용합니다. '푸른01' 레이어를 선택하고 [Image] > [Adjustments] > [Hue/Saturation]을 클릭하여 대화상자를 엽니다. 'Colorize'와 'Preview'를 체크하고 세 개의 슬라이더를 조절하여 디자인 원고와 최대한 비슷하게 만든 뒤 [OK] 버튼을 누릅니다.

05 [File] > [Open]을 클릭하고 '04.jpg' 파일을 가져옵니다. 포토샵 작업 창에 다음과 같이 배치하고 레이어의 이름은 '04'로 변경하고 '레드' 레이어 위로 옮깁니다.

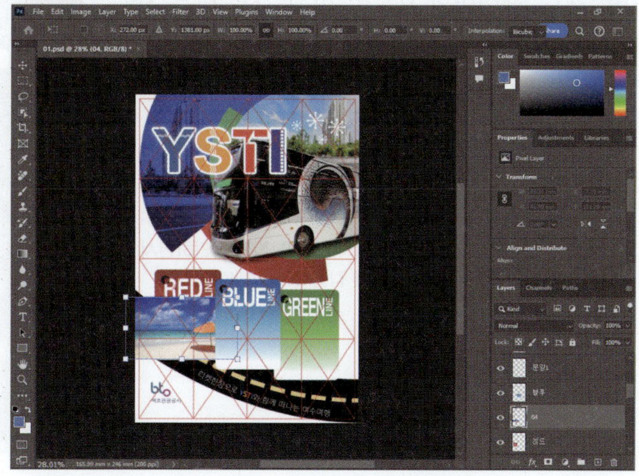

06 '04' 레이어와 '레드' 레이어 사이를 [Alt]를 누른 채 클릭하여 클리핑 마스크를 적용합니다. '04' 레이어를 선택하고 [Layers] 패널 하단에 'Layer masks' 아이콘을 클릭합니다. 'Gradient Tool'을 선택하고 이미지를 수직으로 드래그하여 자연스럽게 합성합니다.

'Layer masks' 효과를 적용할 때 'Gradient Tool'을 선택하고 전경색과 배경색이 검정색과 흰색인지 확인합니다.

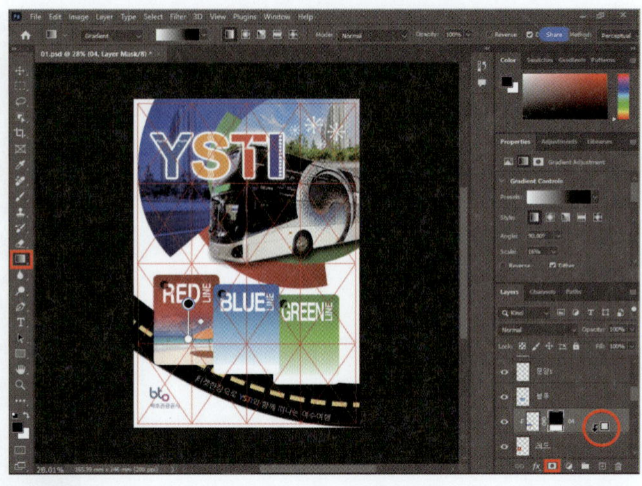

07 자료 폴더에서 '05.jpg'와 '06.jpg'를 가져옵니다. 레이어 이름은 '05'와 '06'으로 바꾼 뒤 각각 '블루' 레이어와 '그린' 레이어 위로 옮깁니다. [Alt]를 누른 채 '05'와 '블루' 레이어 사이를 클릭하여 클리핑 마스크를 적용합니다. '06' 레이어에 'Layer masks'를 적용하고 'Gradient Tool'로 수직으로 드래그하여 자연스럽게 합성합니다. '06' 레이어에도 똑같이 적용합니다.

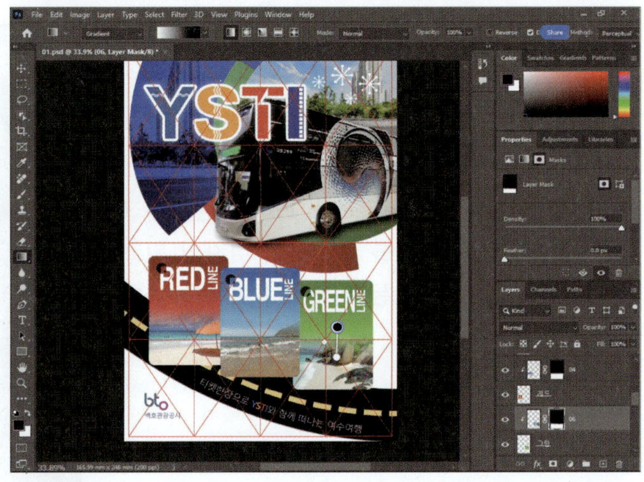

08 '레드' 레이어의 오른쪽 빈 공간을 더블클릭해 [Layer Style] 대화상자를 열고 'Stroke'를 클릭합니다. 색상은 흰색으로 설정하고 디자인 원고와 비슷하게 'Size' 값을 조절합니다.

'Preview' 기능을 이용해 선 두께의 변화를 직접 확인하면서 디자인 원고와 최대한 비슷하도록 값을 조절합니다.

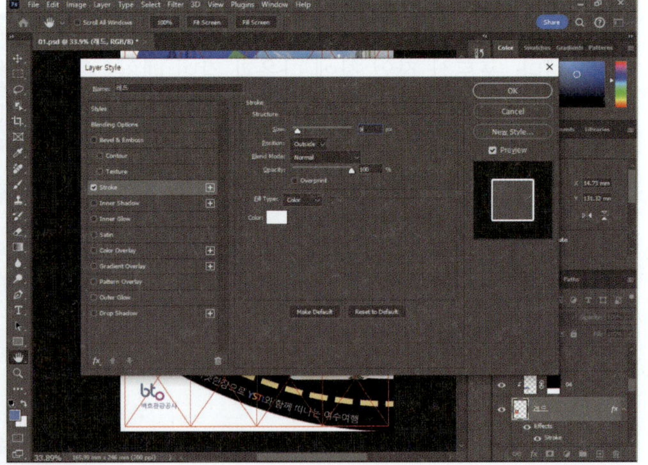

09 'Drop Shadow'를 클릭하고 여러 슬라이더를 조절하여 디자인 원고와 비슷한 그림자 효과를 적용하고 [OK] 버튼을 클릭합니다.

'Use Global Light'는 모든 그림자 효과의 그림자 방향을 일치시키는 옵션으로 가급적 끄는 것이 좋습니다.

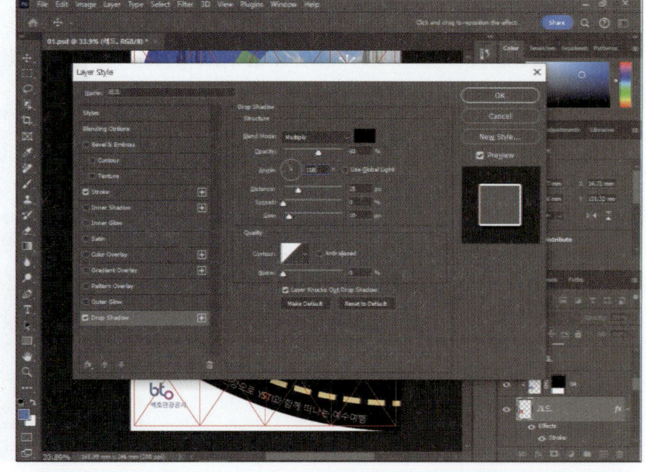

10 [Layers] 패널에서 '레드' 레이어의 'Effects'를 Alt 를 누른 채 '블루'로 드래그하여 같은 효과를 복사합니다. 같은 방식으로 '그린' 레이어에도 효과를 복사합니다.

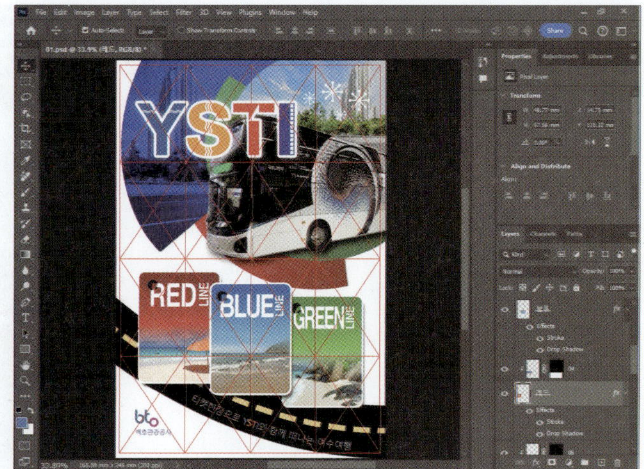

11 [File] > [Open]을 클릭하고 '02.jpg' 파일을 불러옵니다. 포토샵 작업 창으로 가져오고 작업 화면 하단에 다음과 같이 배치합니다. 레이어 이름은 '02'로 변경하고 'Background' 레이어 위로 옮깁니다.

12 '02' 레이어를 선택하고 'Layer masks' 아이콘을 클릭합니다. 'Gradient Tool'을 선택하고 Shift 를 누른 채 이미지를 수직으로 드래그하여 다음과 같이 자연스럽게 합성합니다.

'Layer masks' 효과를 적용할 때 'Gradient Tool'을 선택하고 전경색과 배경색이 검정색과 흰색인지 확인합니다.

13 [FIle] 〉 [Open]을 클릭하고 '07.jpg' 파일을 불러옵니다. 'Object Selection Tool'로 갈매기를 드래그하여 선택 영역으로 지정한 후 Ctrl + C 를 눌러 복사합니다.

14 포토샵 작업 창에 Ctrl + V 를 눌러 이미지를 붙여 넣고 Ctrl + T 를 눌러 조절점을 띄운 다음 크기와 위치를 다음과 같이 조정합니다. 이미지를 마우스 우클릭한 다음 'Flip Horizontal'을 클릭해 수평으로 반전합니다. 레이어 이름은 '07'로 수정하고 '중앙선과 텍스트' 레이어 위로 옮깁니다.

'Flip Vertical'을 클릭해 수직으로 반전할 수 있습니다.

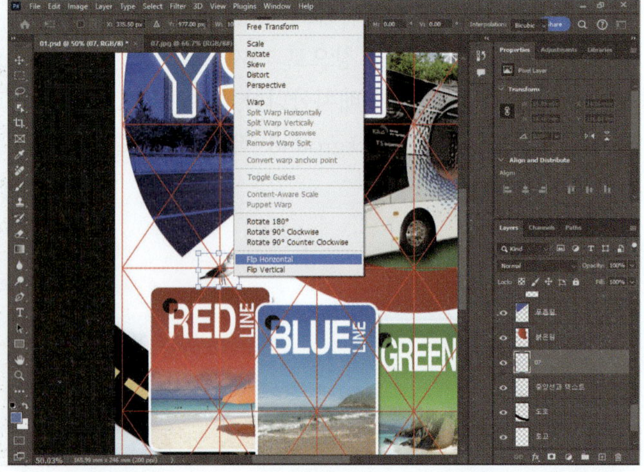

15 '07' 레이어를 선택하고 [Layer Style] 대화상
자를 엽니다. 'Color Overlay'을 클릭하고 색상을
C45M30Y20K0으로 설정한 뒤 [OK]를 클릭합
니다.

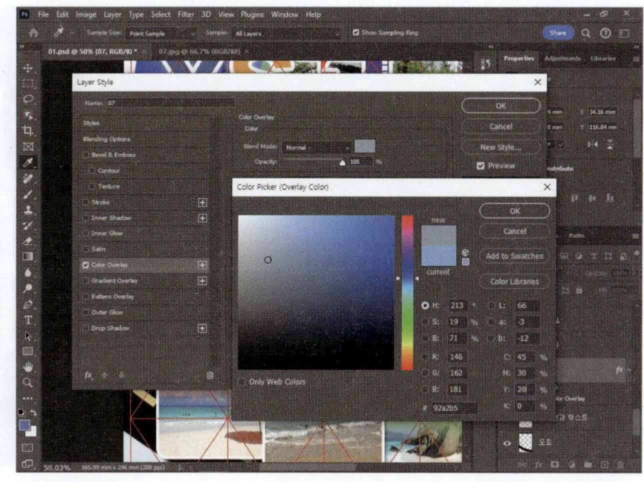

06 아스팔트 질감 만들기

01 [Layers] 패널에서 '도로' 레이어를 우클릭
하고 'Convert to Smart Object'를 클릭한 뒤 '도
로' 레이어의 썸네일을 더블클릭하여 새로운 '도
로.psb' 작업 창을 엽니다.

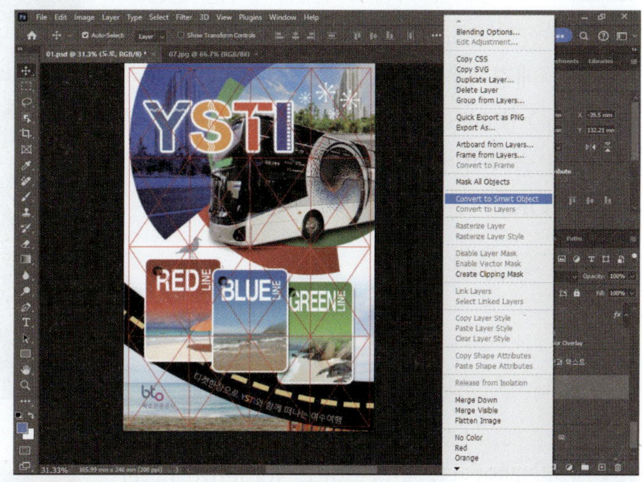

02 고급 개체 안으로 들어왔다면 '도로' 레이어
를 선택하고 [Layer Style] 대화상자를 엽니다.
'Gradient Overlay'를 클릭하고 그라디언트 색상
을 더블클릭해 왼쪽 마커의 색상은 임의의 밝은
회색, 오른쪽 마커는 어두운 회색으로 변경합니
다.

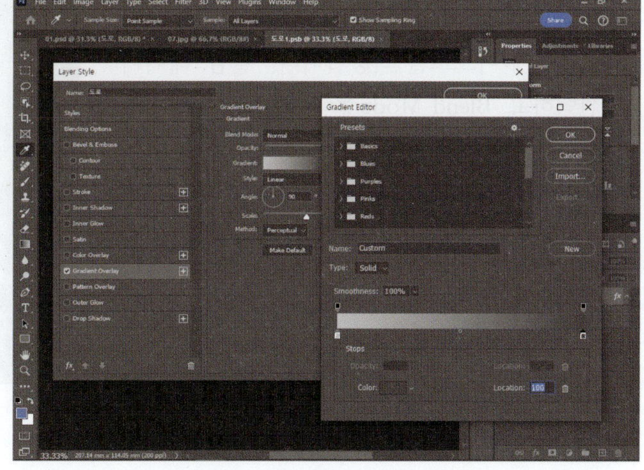

03 'Gradient Overlay' 옵션의 'Angle' 값을 조절하여 도로의 왼쪽 부분에서 오른쪽으로 갈수록 어두워지는 방향으로 설정한 뒤 [OK] 버튼을 클릭합니다.

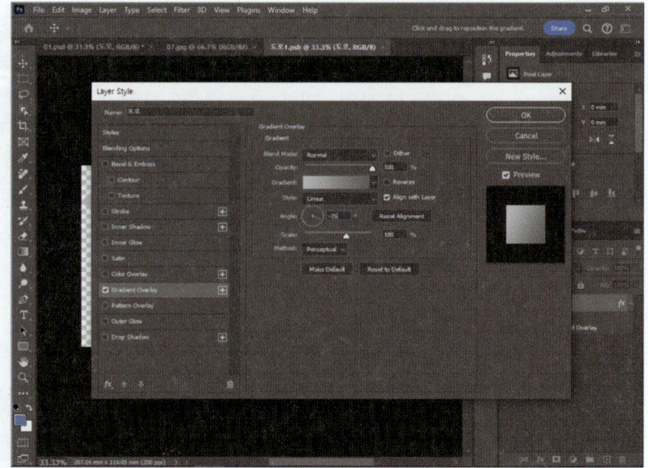

04 [Layers] 패널에 새 레이어를 만들기 위해 'Layers' 아이콘을 클릭하여 빈 레이어를 만들고 이름을 '질감'으로 변경합니다. 전경색을 임의의 회색, 배경색을 흰색으로 설정한 뒤 [Filter] 〉 [Render] 〉 [Fibers]를 클릭하여 대화상자를 엽니다. 아래 슬라이더를 조절하여 아스팔트 효과를 만들고 [OK] 버튼을 클릭합니다.

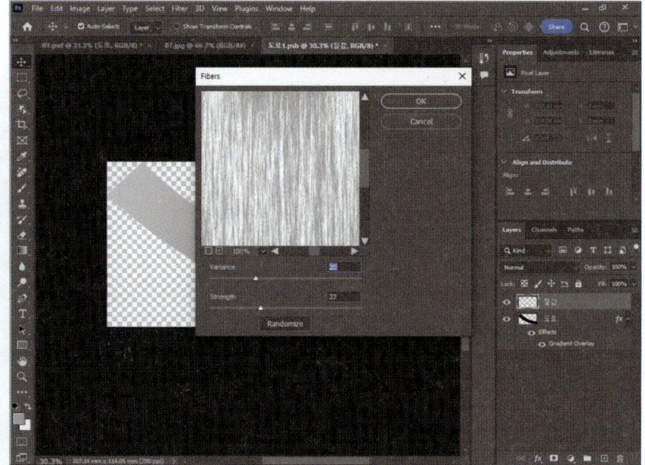

05 '도로' 레이어를 우클릭하고 'Rasterize Layer Style'을 클릭하여 일반 레이어로 만든 다음 '질감'과 '도로' 레이어 사이를 Alt 를 누른 채 클릭하여 클리핑 마스크를 적용합니다. '질감' 레이어를 선택하고 'Blend Mode'를 'Soft Light'로 변경합니다.

F 기적의 TIP

레이어에 'Layer Style' 효과가 붙어있을 경우 클리핑 마스크가 적용되지 않습니다.

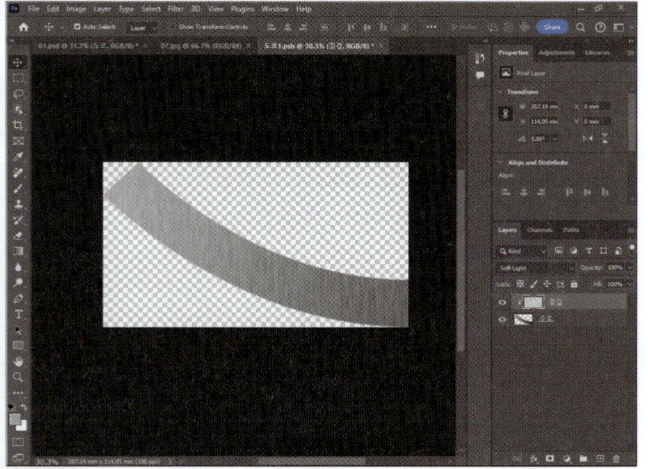

06 '질감' 레이어를 선택하고 [Ctrl]+[T]를 눌러 조절점을 띄운 뒤, 다음과 같이 질감을 도로 방향과 맞춥니다. [Shift]를 누른 채 조절점을 드래그하여 오브젝트를 늘립니다.

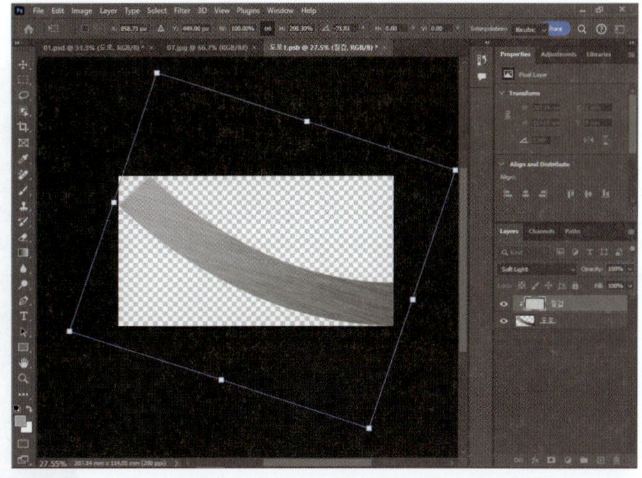

07 '질감' 레이어를 선택한 상태로 [Filter] 〉 [Noise] 〉 [Add Noise]를 클릭하여 대화상자를 엽니다. 'Amount' 값을 슬라이더를 통해 조절하고 [OK]를 클릭합니다.

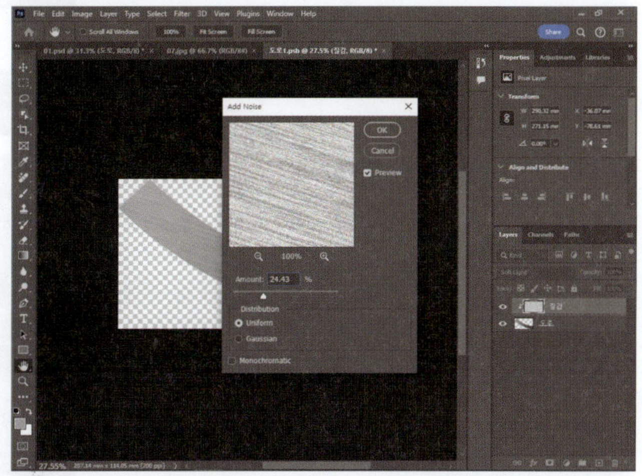

08 [Filter] 〉 [Blur] 〉 [Motion Blur]를 선택하고 대화상자가 열리면 'Angle'과 'Distance' 값을 조절한 뒤 [OK]를 클릭합니다. [Ctrl]+[S]를 눌러 아스팔트 질감을 저장합니다.

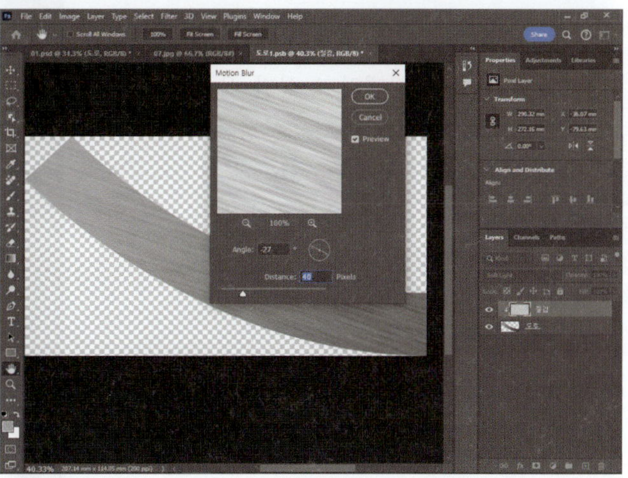

07 텍스트 입력하기

01 'Horizontal Type Tool'을 선택하고 화면 상단에 '여수로 떠나는 설레는 여행!'을 입력합니다. [Window] 〉 [Character] 패널을 열고 디자인 원고와 비슷한 폰트와 크기를 설정합니다. '여수'의 색상은 C5M45Y90K0으로 설정하고 나머지 텍스트는 흰색으로 설정합니다.

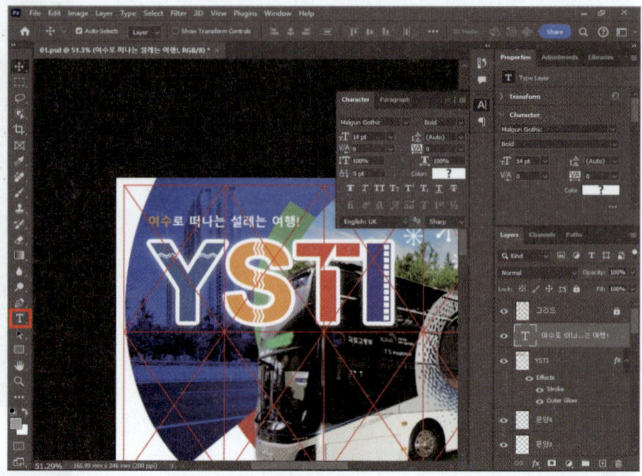

02 일러스트 작업 창에서 'YEOSU CITY TOUR' 오브젝트를 가져옵니다. 크기와 위치를 조절하여 배치하고 레이어 이름을 '여수시티투어'로 변경합니다. 그림자 효과를 넣기 위해 [Layer Style] 대화상자를 열고 'Drop Shadow'를 클릭한 뒤 디자인 원고와 최대한 비슷하게 수치를 설정하고 [OK]를 누릅니다.

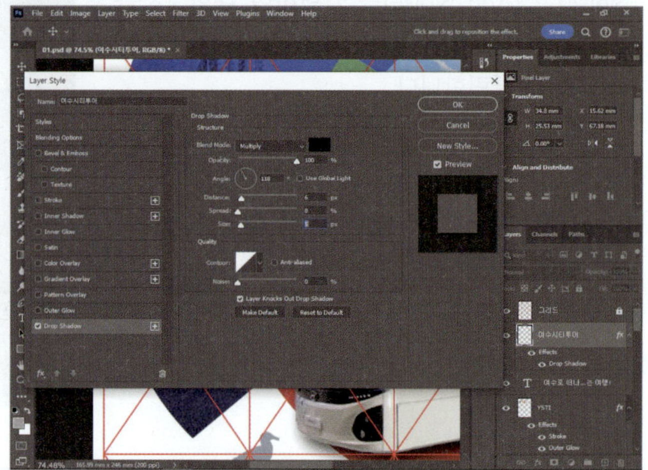

03 'Line Tool'을 선택하고 상단 옵션 바에서 'Fill'과 'Stroke'를 검정색으로 설정하고 톱니바퀴 옵션 아이콘을 눌러 'Arrowheads'의 'Start'와 'End'를 체크한 뒤 아래 옵션들의 값을 다음과 같이 조정하여 화살표 옵션을 설정합니다.

- 'Width' : 10px
- 'Length' : 10px
- 'Concavity' : 30%

04 '레드' 오브젝트 위에 'Line Tool'로 Shift 를 누른 채 수직으로 드래그하여 화살표를 만듭니다. 'Horizontal Type Tool'을 선택하고 화살표 위, 아래에 '여수역'과 '돌산동'을 입력하고 디자인 원고에 맞게 수정합니다. 레이어 이름은 '화살표'로 설정하고 텍스트를 포함한 세 개의 레이어를 '05' 레이어 위로 옮깁니다.

옵션바의 'Stroke' 값을 조절하여 화살표의 두께를 수정할 수 있습니다.

05 '여수역', '돌산동', '화살표' 레이어를 모두 선택하고 Ctrl + G 를 눌러 그룹으로 지정합니다. 그룹의 이름은 '텍스트1'로 설정하고 Ctrl + J 를 눌러 그룹을 복사합니다. 'Move Tool'을 선택하고 옵션 바에서 'Auto-Select'를 체크해제한 뒤 '블루' 오브젝트 위로 다음과 같이 배치합니다. 'Type Tool'로 기존 텍스트를 '오동도', '금오도'로 바꾼 뒤 그룹 이름을 '텍스트2'로 변경합니다.

06 같은 방식으로 '텍스트2' 그룹을 Ctrl + J 로 복사해 'Move Tool'로 '그린' 오브젝트 위에 배치합니다. 기존 텍스트를 '거문도'와 '향일암'으로 바꾼 뒤 그룹 이름을 '텍스트3'으로 변경합니다.

07 작업물을 전체적으로 확인한 뒤 '그리드' 레이어의 눈 모양 아이콘을 끄고 [File] 〉 [Export] 〉 [Export As]에 들어가서 [Format : JPG], 'Quality'를 가장 높게 설정한 뒤 [Export]를 클릭하여 저장합니다.

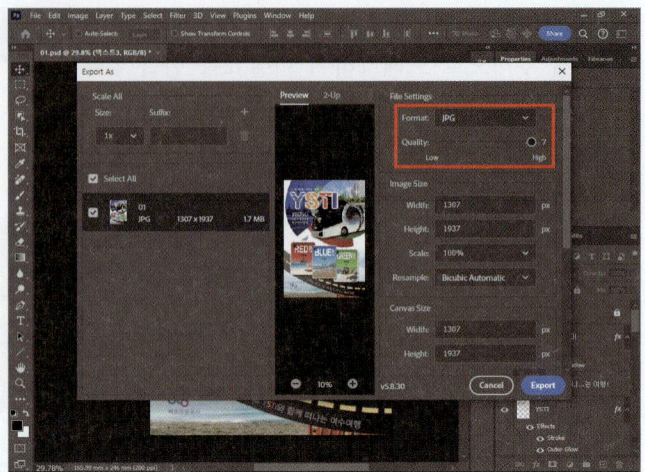

01 작업 준비하기

[File] > [New] > [Document]를 선택하여 'Number of Pages : 1, Facing Pages 체크해제', 'Page Size : A4 (Width : 210mm, Height : 297mm)', Margins 'Make all settings the same : 해제, 'Top : 25.5mm, Bottom : 25.5mm, Left : 22mm, Right : 22mm'로 입력한 후, [Create] 버튼을 클릭합니다.

기적의 TIP

A4의 가로 길이 210mm에서 166mm를 뺀 값은 44mm이고, A4의 세로 길이 297mm에서 246mm를 뺀 값은 51mm이므로 이 여백을 2등분하여 각각의 여백으로 지정합니다.

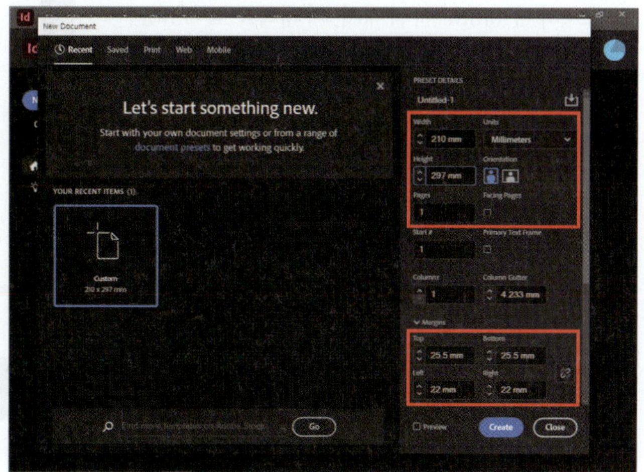

02 안내선 만들기

01 실제 크기의 안내선이 만들어졌으면 안내선의 위쪽, 아래쪽, 왼쪽, 오른쪽의 안쪽으로 3mm를 뺀 작품 규격 크기의 안내선도 만들어야 합니다. 눈금자의 기준점을 드래그하여 왼쪽 위의 안내선 교차 지점에 이동시켜 기준점이 0이 되도록 합니다.

02 'Zoom Tool'로 실제 크기 안내선 왼쪽 위를 드래그하여 확대하고, 왼쪽 눈금자에서 마우스를 드래그하여 0mm 지점에서 오른쪽으로 3mm만큼 이동한 지점과 위쪽 눈금자에서 마우스를 드래그하여 0mm 지점에서 아래쪽으로 3mm만큼 이동한 지점에 안내선을 가져다 놓습니다.

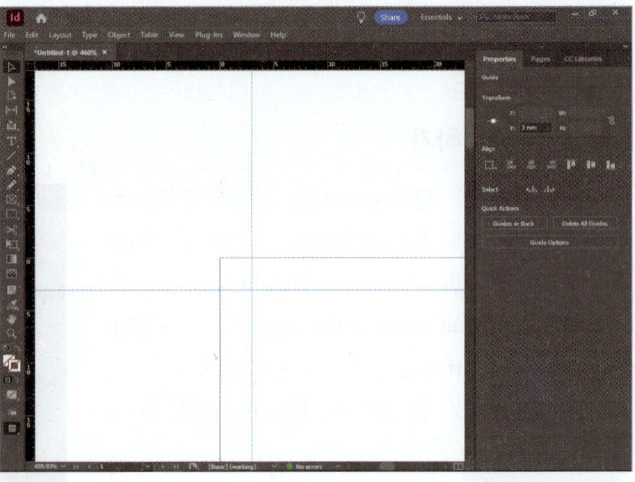

03 'Hand Tool'을 더블클릭하여 윈도우 화면으로 맞춘 후, 실제 크기의 안내선 오른쪽 아래를 'Zoom Tool'로 확대합니다. 왼쪽 눈금자에서 마우스를 드래그하여 166mm 지점에서 왼쪽으로 3mm만큼 이동한 지점(163mm)과 위쪽 눈금자에서 마우스를 드래그하여 오른쪽 아래의 246mm 지점에서 위쪽으로 3mm만큼 이동한 지점(243mm)에 안내선을 가져다 놓습니다.

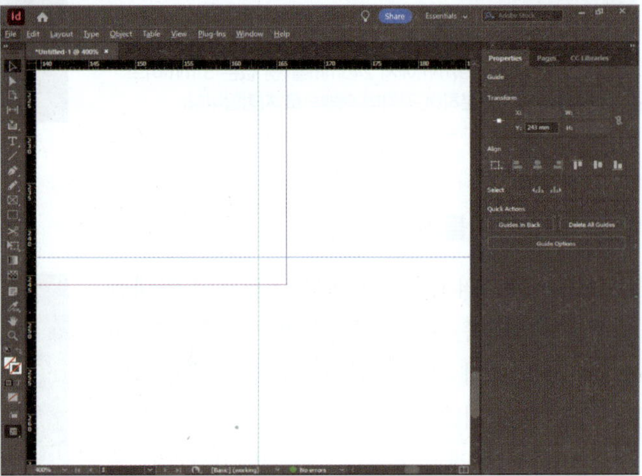

01 왼쪽 위를 'Zoom Tool'로 확대한 후, 'Line Tool'을 클릭하고, [Shift]를 누른 상태에서 왼쪽 위의 세로 안내선과 실제 크기 안내선 경계 부분에 수직으로 드래그하여 5mm 길이의 재단선을 그립니다. 가로 안내선과 실제 크기 안내선 경계 부분도 수평으로 드래그하여 5mm 길이의 재단선을 그립니다. 두 재단선을 'Selection Tool'로 [Shift]를 누른 상태에서 각각 클릭하고, [Ctrl]+[G]를 눌러 그룹으로 지정 후 [Ctrl]+[C]를 눌러 복사합니다.

⏻ 기적의 TIP

컨트롤 패널에서 'L' 값을 참고하여 수치를 확인하거나 입력할 수 있습니다.

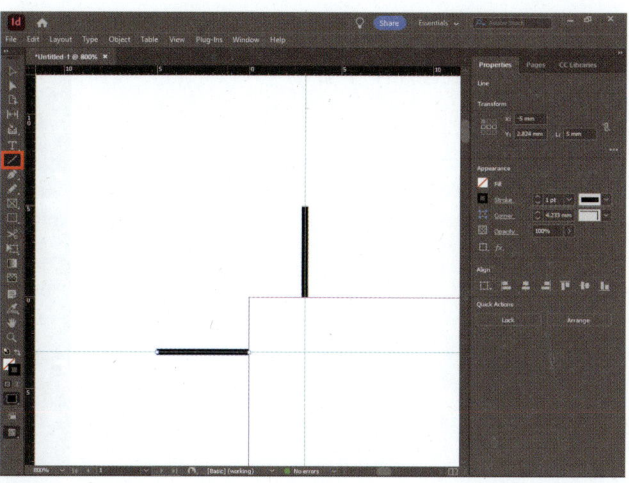

02 오른쪽 위를 'Zoom Tool'로 확대한 후 [Ctrl]+[V]를 눌러 붙여넣기 합니다. [Shift]를 누른 채 조절점을 돌려 방향을 맞춘 후, 안내선에 맞춰 배치합니다. 동일한 방법으로 아래쪽의 재단선도 만듭니다.

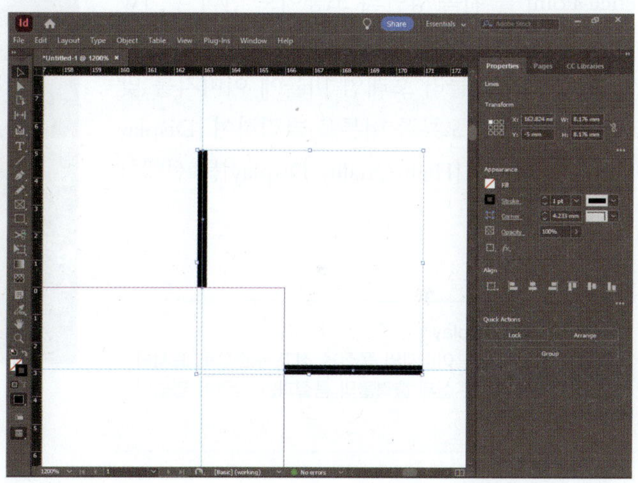

04 이미지 배치하기

01 [File] 〉 [Place]를 선택하여 01.jpg를 선택하고 [열기] 버튼을 클릭합니다.

🏁 **기적의** TIP

Ctrl + D : Place

02 실제 크기 안내선의 왼쪽 위를 클릭하여 이미지를 삽입합니다. [Properties] 패널의 'Reference Point'를 왼쪽 상단의 모퉁이로 선택 후, [W : 166mm], [H : 246mm]로 입력하고 Ctrl + Alt + Shift + E 를 눌러 프레임 비율에 이미지를 맞춥니다. 마우스 오른쪽 버튼을 클릭하여 [Display Performance] 〉 [High Quality Display]를 선택합니다.

🏁 **기적의** TIP

High Quality Display
화면에서 보여지는 이미지의 품질을 최고 수준으로 표시하는 보기 옵션일 뿐 실제 출력물의 품질과는 관련이 없습니다.

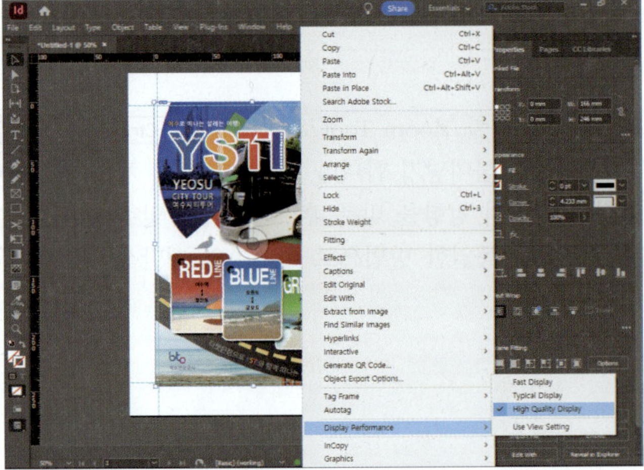

05 비번호 입력하고 제출하기

01 작업화면의 좌측 하단을 확대하고 'Type Tool'로 자신의 비번호(01)을 입력합니다. 폰트는 고딕, 크기는 10pt로 설정합니다. 위치는 작품에서 3mm 떨어진 지점으로 이동합니다.

> **기적의 TIP**
>
> • 요구사항에 의하면 비번호를 입력할 때 폰트는 고딕체, 폰트 크기는 10pt로 입력해야 합니다.
> • 시험장에서 배정된 자신의 비번호를 입력하면 됩니다. 예제에서의 01은 예시입니다.

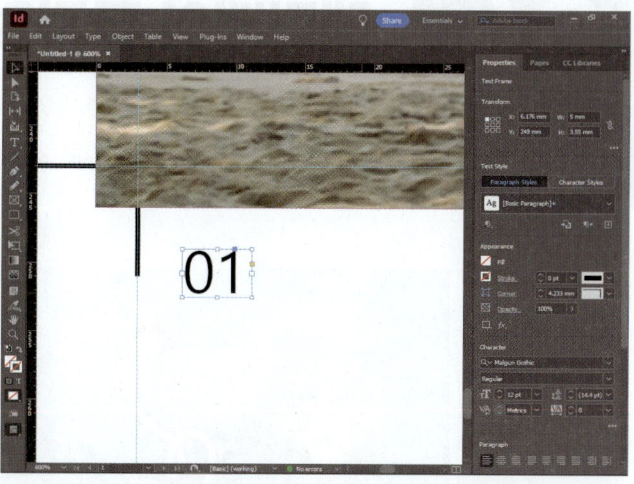

02 'Hand Tool'를 더블클릭하여 결과물 전체를 확인합니다. [File] 〉 [Save]를 선택하여 파일이름을 자신의 비번호 01로 입력한 후 [저장] 버튼을 클릭합니다. 바탕화면에 있는 전송용 폴더에 확장자 jpg와 indd 파일만 저장합니다. 결과물을 프린트하고 프린트된 A4 용지는 시험장에서 제공하는 A3 용지 한 가운데에 붙여 제출합니다.

> **기적의 TIP**
>
> 제출해야 할 폴더의 용량은 총 15MB 이하입니다.

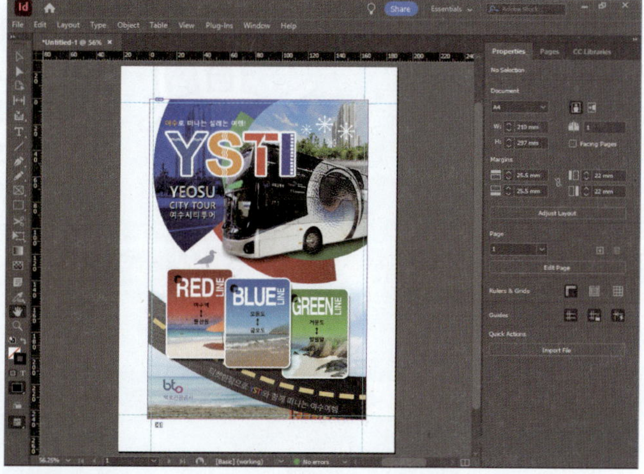

작업 프로그램　포토샵, 일러스트레이터, 인디자인

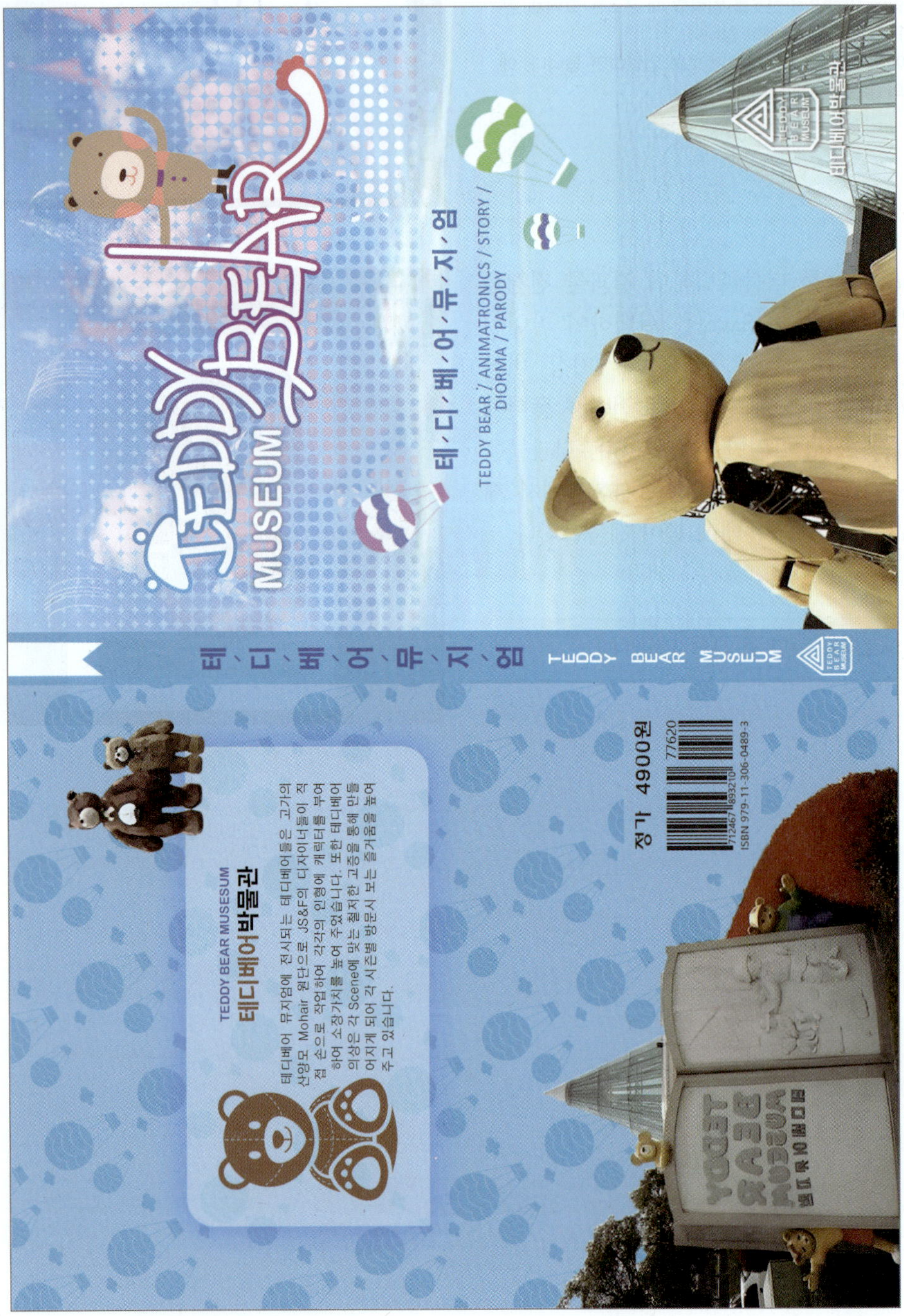

자격종목	컴퓨터그래픽기능사	**과제명**	테디베어 뮤지엄 책자

※ 시험시간 : 3시간 30분

1. 요구사항

※ 다음의 요구사항에 맞도록 주어진 자료(컴퓨터에 수록)를 활용하여 디자인 원고를 시험시간 내에 컴퓨터 작업으로 완성하여 A4 용지로 출력 후 A3 용지에 마운팅(부착)하여 제출하시오.

※ 모든 작업은 수험자가 컴퓨터 바탕화면에 폴더를 만들어 저장하시오.

가. 작품규격(재단되었을 때의 규격) : 240mm X 160mm ※A4 용지 중앙에 작품이 배치되도록 하시오.

나. 구성요소(문자, 그림) : ※(디자인 원고 참조)

① 문자요소

- TEDDY BEAR MUSEUM
- 테디베어박물관
- 77620
- 정가 4900원
- 712467
- 893210
- ISBN 979–11–306–0489–3
- 테디베어뮤지엄
- TEDDY BEAR / ANIMATRONICS / STORY / DIORMA / PARODY
- TEDDY BEAR MUSEUM
- 테디베어박물관

② 그림요소 : 디자인 원고 참조

01.jpg

02.jpg

03.jpg

04.jpg

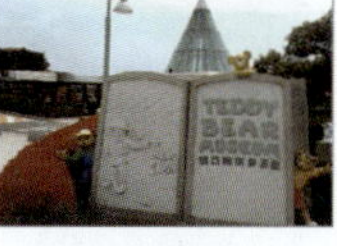

06.jpg

다. 작업내용

01) 주어진 디자인 원고(그림, 사진, 문자, 색채, 레이아웃, 규격 등)와 동일하게 작업하시오.

02) 디자인 원고 내용 중 불명확한 형상, 색상코드 불일치, 색 지정이 없는 부분, 원고에 없는 형상 등이 있을 때는 수험자가 완성도면 내용과 같이 작업하시오.

03) 디자인 원고의 서체(요구서체)가 사용 컴퓨터 및 소프트웨어와 맞지 않을 경우는 가장 근접한 서체를 사용하시오.

04) 상하, 좌우에 3mm 재단여유를 갖도록 작품을 배치하고, 재단선은 작품규격에 맞추어 용도에 맞게 표시하시오. (단, 디자인 원고 중 작품의 규격을 표시한 외곽선이 있을 때는 원고의 지시에 따라 표시여부를 결정한다.)

05) 디자인 원고 좌측 하단으로부터 3mm를 띄워 비번호를 고딕 10pt로 반드시 기록하시오.

06) 출력물(A4)은 어떠한 경우에도 절취할 수 없으며, 반드시 A3 용지 중앙에 마운팅하시오.

라. 컴퓨터 작업범위

01) 15MB 용량의 폴더에 수록될 수 있도록 작업범위(해상도 및 포맷형식)를 계획하시오.

02) 규격 : A4(210x297mm) 중앙에 디자인 원고 내용과 같은 작품(원고규격)을 배치하시오.

03) 해상도 및 포맷형식 : 제한용량 범위 내에서 선택하시오.

04) 기타 : ① 제공된 자료범위 내에서 활용하시오.

② 3개의 2D 응용프로그램을 고루 활용하되, 최종작업 및 출력은 편집 프로그램(쿽 익스프레스, 인디자인)에서 하시오. (최종작업 파일이 다른 프로그램에서 생성된 경우는 출력할 수 없음)

작품명 : 테디베어 뮤지엄 책자

※ 작품규격(재단되었을 때의 규격) : 가로 240mm X 세로 160mm, 작품 외곽선은 생략하고, 재단선은 3mm 재단 여유를 두고 용도에 맞게 표시할 것.
※ 지정되지 않은 색상 및 모든 작업은 "최종결과물" 오른쪽 디자인 원고를 참고하여 작업하시오.

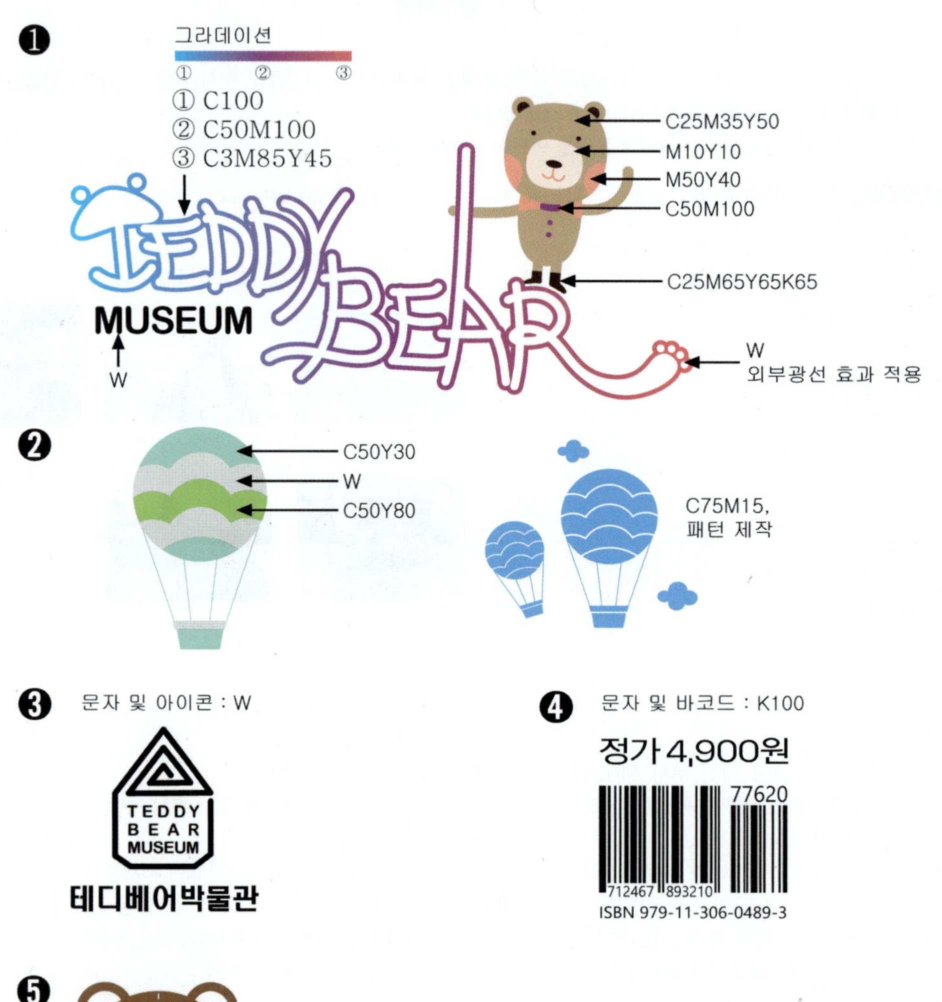

❻

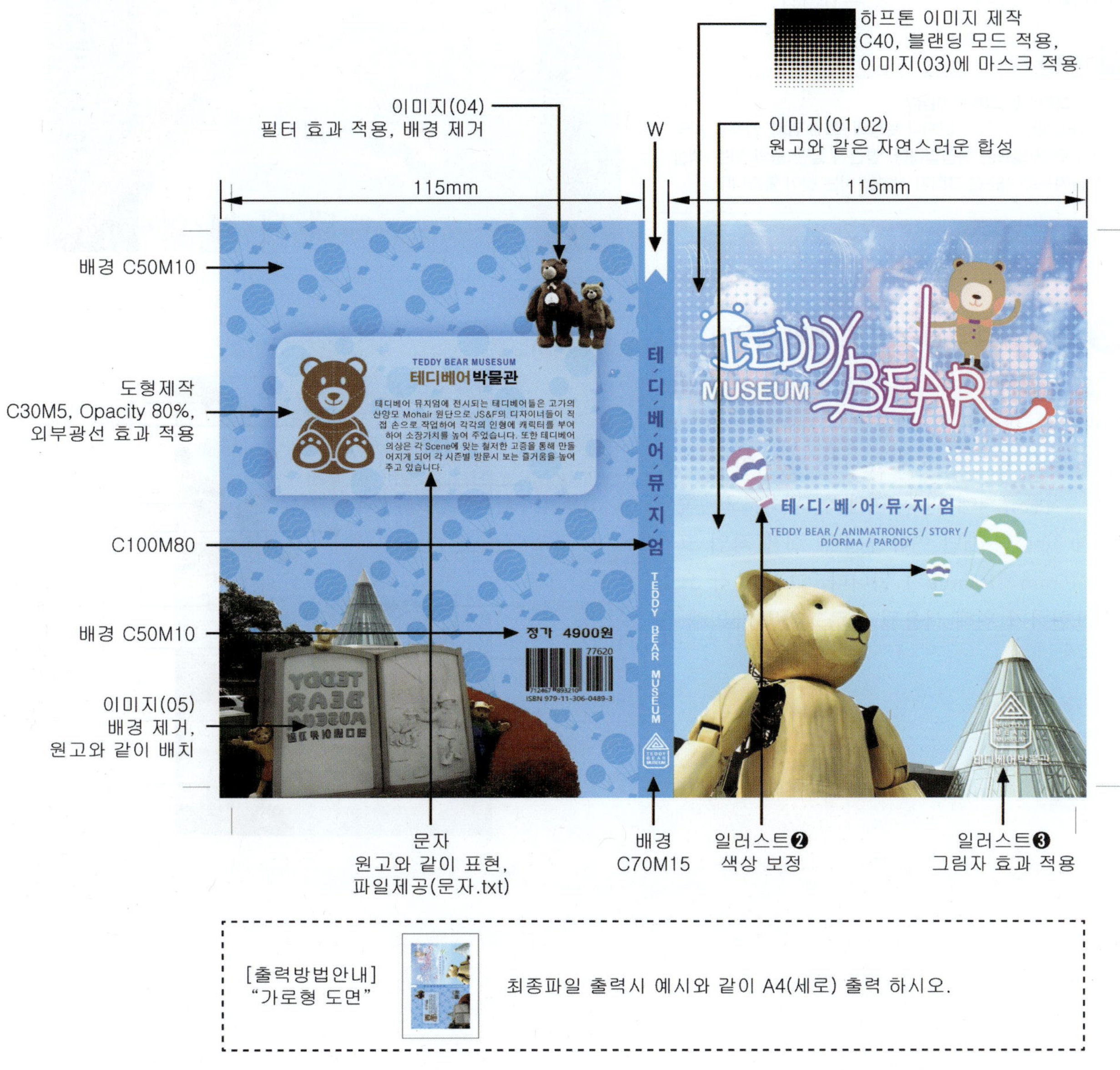

[출력방법안내]
"가로형 도면"

최종파일 출력시 예시와 같이 A4(세로) 출력 하시오.

01 작업 그리드 그리기

배부받은 디자인 원고의 완성 이미지 위에 필기구와 자를 이용하여 가로, 세로의 크기를 측정한 후 각 4등분으로 선을 그어 줍니다. 16등분의 직사각형이 그려지면 가로와 세로선이 교차되는 지점을 기준으로 대각선을 그립니다.

⚑ 기적의 TIP

작업 그리드를 그리는 이유?
컴퓨터 작업 시 각 이미지나 도형의 크기, 위치, 간격을 파악하기 위해 필요한 작업입니다. 빨간색 볼펜 등의 튀는 색상의 필기구로 기준선 그리기 작업을 하는 것이 좋습니다.

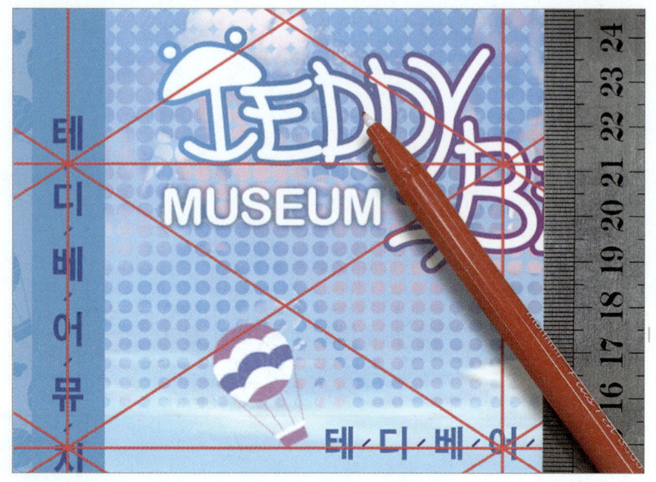

02 실제 작업 크기 분석 및 계획 세우기

작품 규격 240mm×160mm를 확인합니다. 작품 외곽선을 생략하고, 재단선은 3mm의 재단 여유를 두고 용도에 맞게 표시할 것을 염두에 둡니다. 작품규격에 위쪽, 아래쪽, 왼쪽, 오른쪽으로 각 3mm씩 재단 여유를 주면 실제 작업 크기는 246mm×166mm가 됩니다. 그리고 각 요소를 표현하기 위해 사용될 프로그램을 계획해 줍니다.

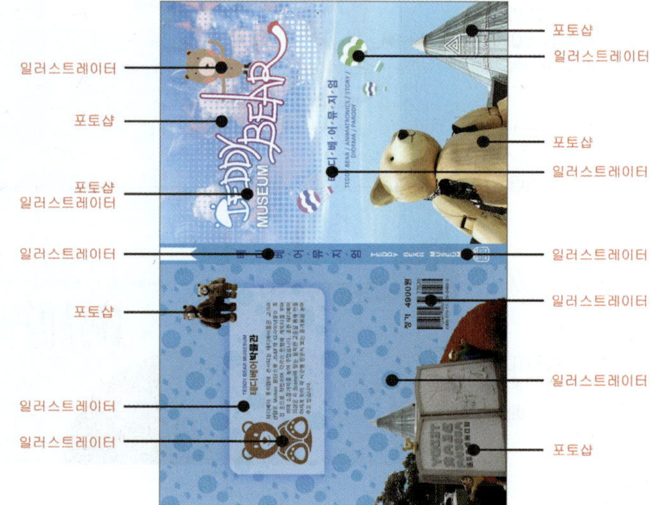

01 일러스트레이터를 실행하고, [New File]을 선택하여 [Units] : Millimeters, [Width] : 246mm, [Height] : 166mm, [Color Mode] : CMYK'로 설정한 후, [Create] 버튼을 클릭합니다.

🅿 **기적**의 TIP

- Ctrl + N : New Document(새 문서 만들기)
- 작품 규격은 240mm × 160mm이므로 재단선 3mm씩을 더하면 작업 창의 크기는 246mm × 166mm가 됩니다.

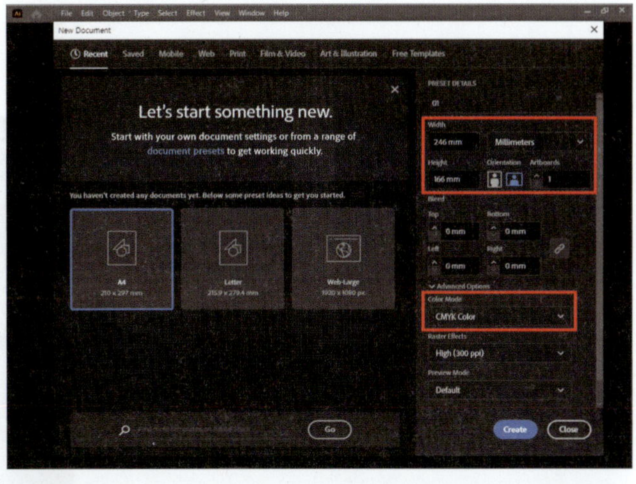

02 'Rectangular Grid Tool'을 선택하고, 작업 창을 클릭하여 대화상자를 엽니다. 작품 규격대로 Default Size 'Width : 240mm, Height : 160mm'로 설정하고, 16등분으로 나누기 위해 Horizontal Dividers, Vertical Dividers 'Number : 3'으로 입력한 후, [OK] 버튼을 클릭합니다.

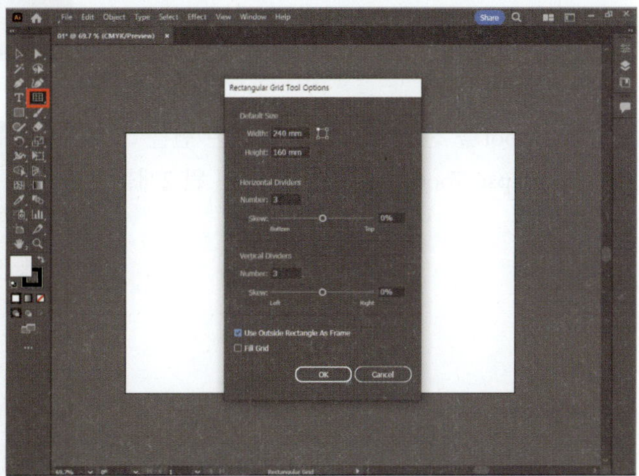

03 [Window] 〉 [Align] 패널에서 'Align To : Align to Artboard'를 선택하고 'Align Objects : Horizontal Align Center, Vertical Align Center'를 클릭합니다. Ctrl + 2 로 격자 도형을 잠그고, 'Line Segment Tool'로 좌상단에서 우하단 대각선 7개를 그린 후, Reflect Tool로 반대 방향 대각선을 복사합니다. Alt + Ctrl + 2 로 잠금 해제 후, Ctrl + A 로 모두 선택, Stroke를 빨간색으로 바꾼 뒤, Ctrl + G 로 그룹 지정합니다.

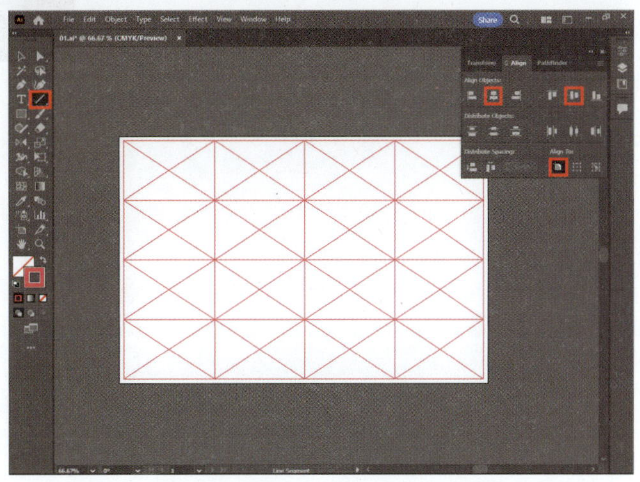

🅿 **기적**의 TIP

- Shift + F7 : Show Align
- 'Line Segment Tool'로 7개의 대각선을 그린 후, Ctrl + A 로 모두 선택하고, 'Reflect Tool' 〉 'Vertical' 선택 후 [Copy]하면 반대편으로 대각선이 복사됩니다.

01 Teddy Bear 타이포그래피 만들기

01 Space Bar 를 누른 상태로 작업 화면을 드래그하여 빈 공간으로 옮기고 면색을 C0M0Y0K0, 선색을 None으로 설정합니다.

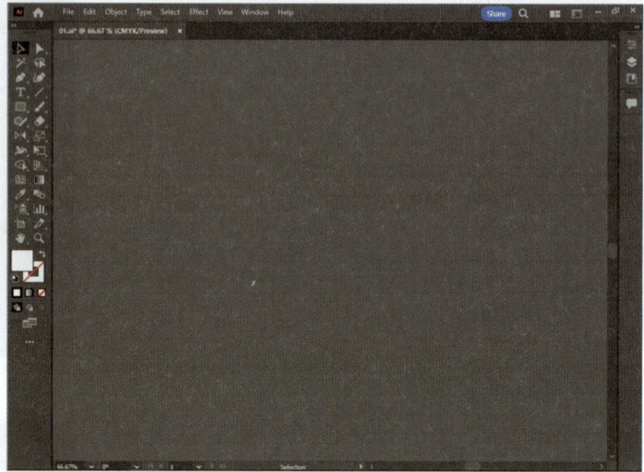

02 'Pen Tool'을 선택하고 다음과 같은 면을 그려주고 'Ellipse Tool'을 선택한 뒤 작은 원 2개를 추가합니다.

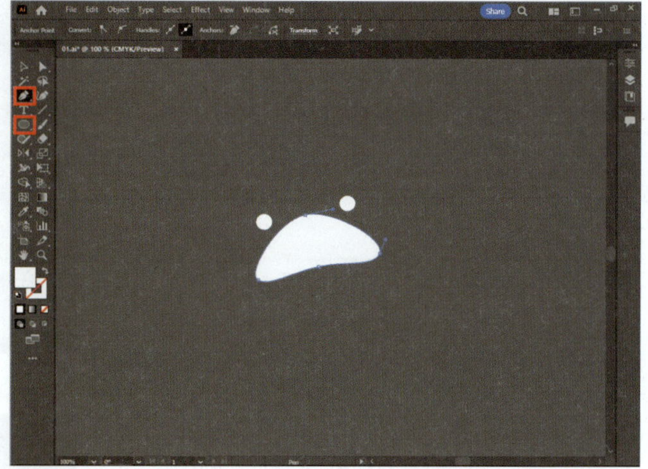

03 'Paint Brush Tool'을 선택하고 다음과 같이
테디베어 타이틀을 마우스로 그립니다. 선 두께
는 상단 옵션 바의 'Stroke' 값으로 조절할 수 있
습니다.

심하게 틀린 것이 아니라면 정교하게 똑같이 그릴 필요는 없
습니다. 시간 내에 최대한 빨리 그리는 것이 중요합니다.

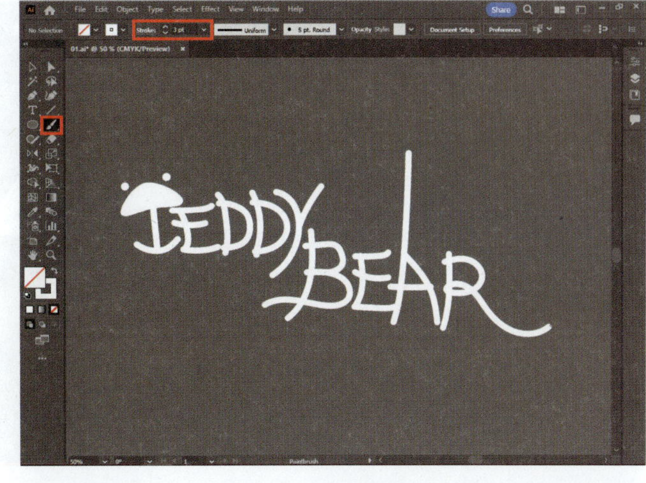

04 'Selection Tool'로 오브젝트 전체를 드래그하
여 선택하고 [Object] 〉 [Expand Appearance]를
클릭하여 선을 면으로 변환합니다.

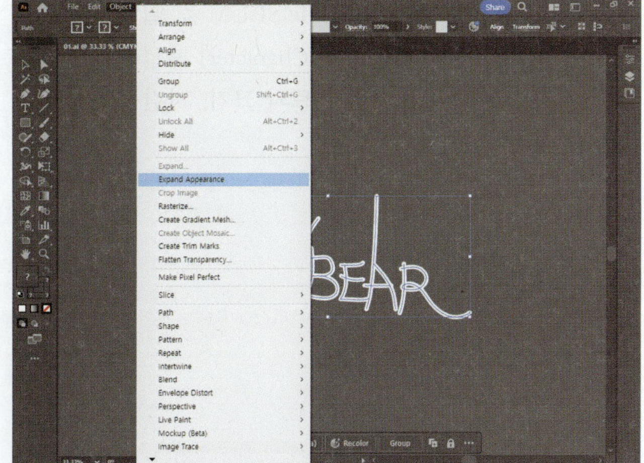

05 'Direct Selection Tool'을 선택하고 오브젝트
의 조절점을 움직여 다음과 같이 수정합니다. 필
요한 경우 'Pen Tool'을 사용하여 조절점을 추가
하거나 제거합니다.

'Pen Tool'을 선택하고 Ctrl 을 눌러 빠르게 'Direct Selection
Tool'로 바꿔가며 효율적으로 작업할 수 있습니다.

06 'Ellipse Tool'을 선택하고 Shift 를 누른 채 다음과 같이 작은 원을 그린 뒤 'Selection Tool' 로 Alt 를 누른 채 원을 드래그하여 복사합니다. 4번 반복하여 곰 발바닥을 완성합니다.

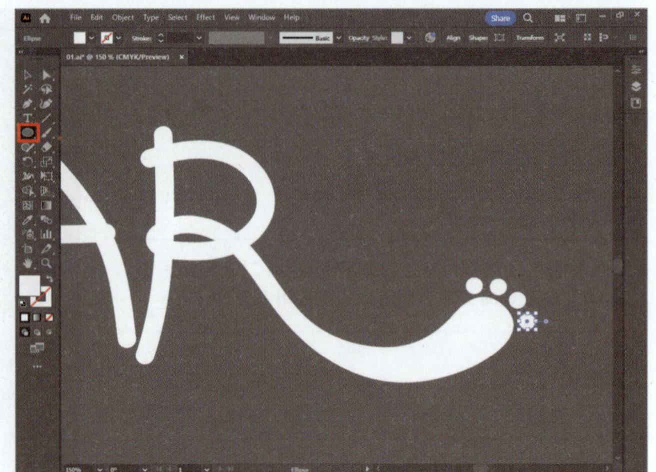

07 'Type Tool'을 선택하고 'MUSEUM'을 입력합니다. [Window] 〉 [Type] 〉 [Character] 패널을 열고 디자인 원고와 비슷한 폰트와 크기, 자간을 설정합니다.

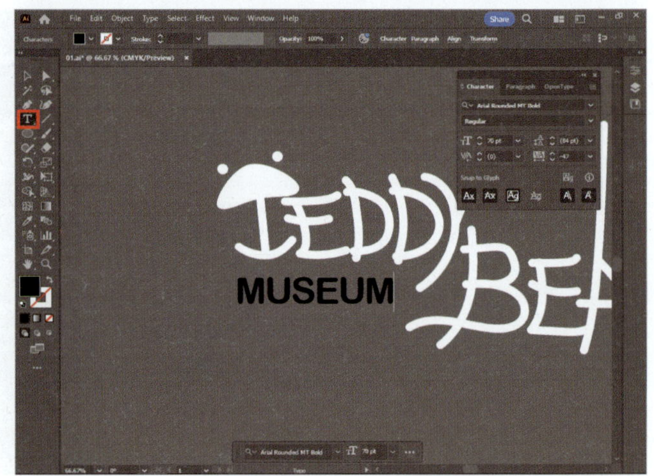

08 다음으로 곰인형을 그리겠습니다. 'Ellipse Tool'을 선택하고 다음과 같은 정원을 그린 뒤 색상을 C25M35Y50K0으로 설정합니다.

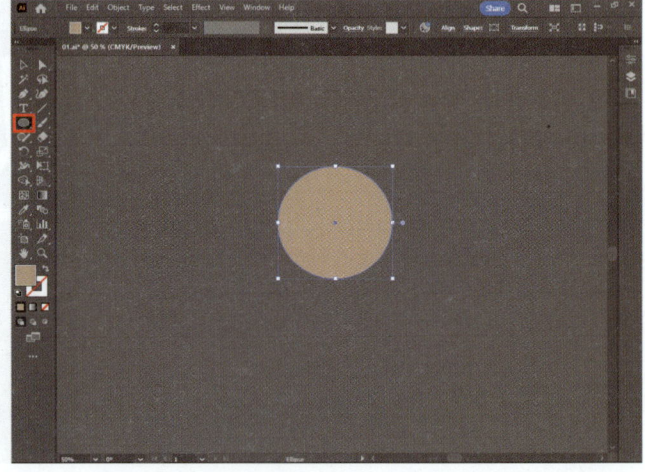

09 'Pen Tool'을 선택하고 Alt 를 누른 채 원의 위, 아래 고정점을 드래그하여 다음과 같이 변형합니다.

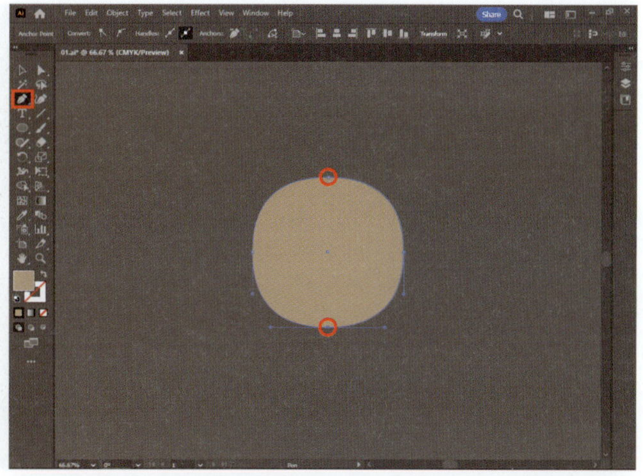

10 'Ellipse Tool'을 선택하고 다음과 같이 정원 2개를 추가해 곰인형의 귀를 만듭니다.

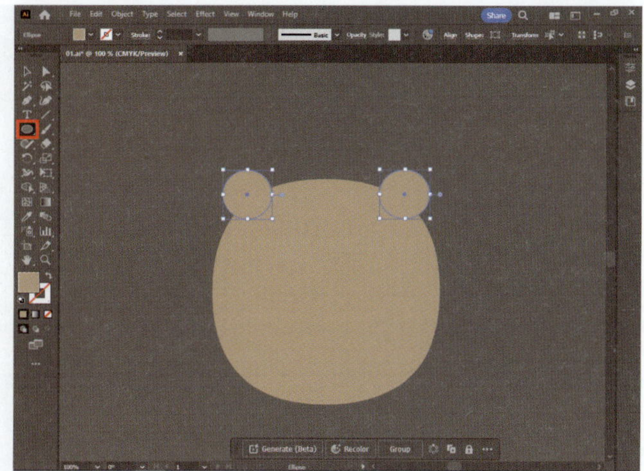

11 귀 안에 작은 원 2개를 더 그리고 면색을 C25M65Y65K65로 설정합니다.

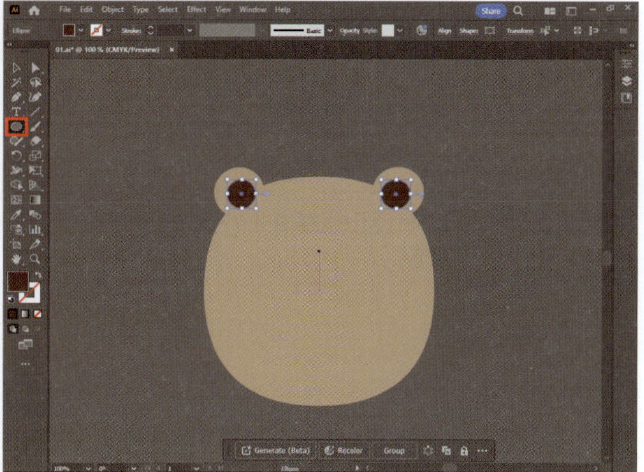

12 곰인형의 얼굴 오브젝트를 앞으로 가져오기 위해 얼굴 오브젝트를 선택한 뒤 우클릭하고 [Arrange] 〉 [Bring to Front]를 클릭합니다.

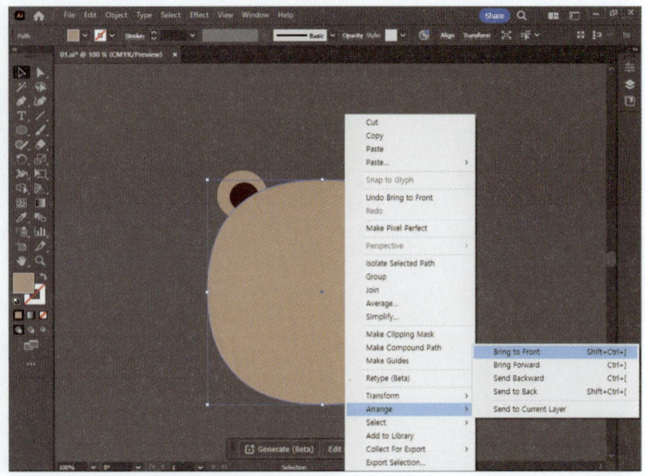

13 곰인형의 입 부분을 그리겠습니다. 얼굴을 그릴 때와 같이 'Ellipse Tool'로 원을 그리고 'Pen Tool'을 통해 형태를 다음과 같이 수정합니다. 색상은 C0M10Y10K0으로 설정합니다.

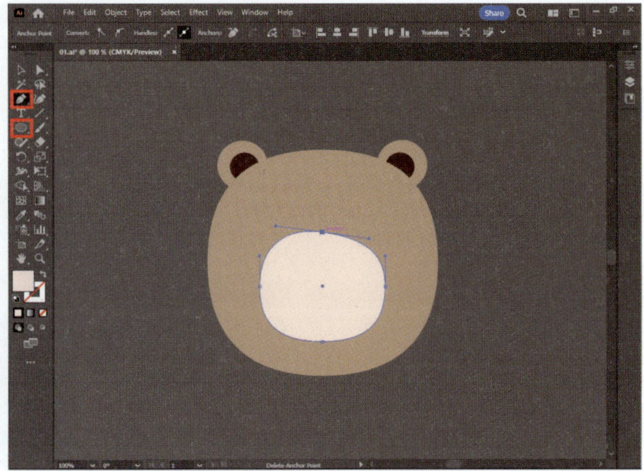

14 'Ellipse Tool'로 곰인형의 눈과 입을 그립니다. 색상은 귀와 같은 C25M65Y65K65로 설정합니다.

> **기적의 TIP**
>
> 항상 작업 시작과 도중에는 Ctrl+S를 눌러 수시로 저장하는 습관을 기르도록 합니다.

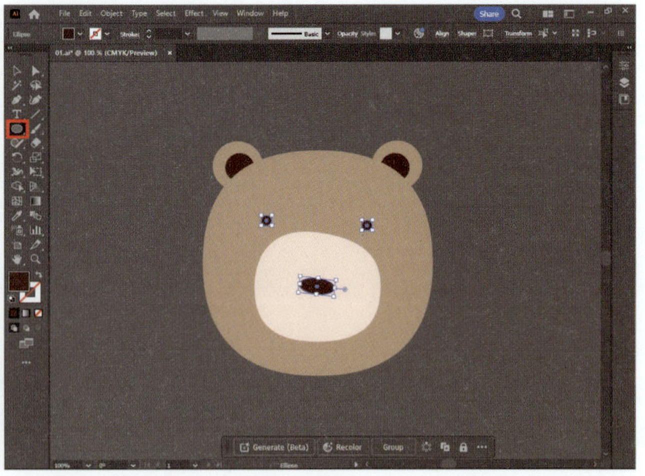

15 'Paintbrush Tool'을 선택하고 면색을 None, 선색을 C0M50Y40K0으로 설정하고 입을 그립니다. 'Selection Tool'로 입을 선택하고 [Object] 〉 [Expand Appearance]를 클릭하여 면 오브젝트로 변환합니다.

16 곰인형의 코를 우클릭하고 [Arrange] 〉 [Bring to Front]를 클릭하여 맨 앞으로 가져옵니다. 다음으로 곰인형의 볼을 그리기 위해 'Ellipse Tool'로 다음과 같이 정원 2개를 그립니다.

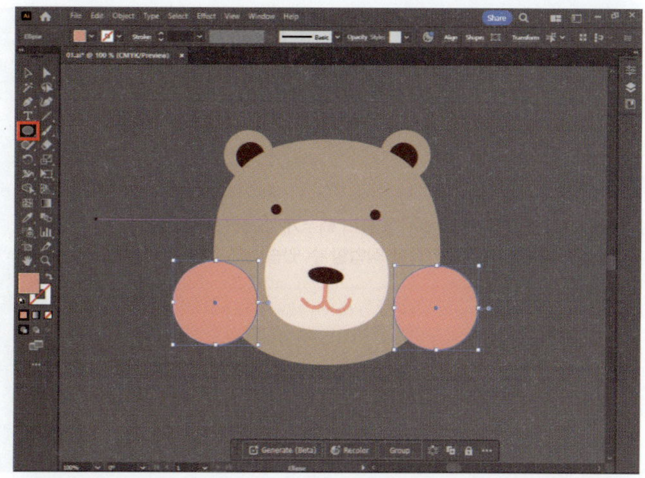

17 'Selection Tool'로 얼굴과 정원 2개를 선택하고 [Window] 〉 [Pathfinder] 패널의 [Pathfinders : Divide]를 클릭합니다.

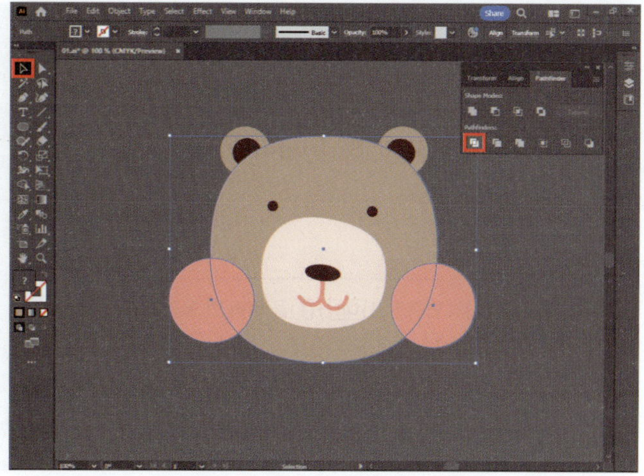

18 'Direct Selection Tool'로 얼굴 밖에 있는 원을 제거합니다. 'Selection Tool'로 얼굴을 선택하고 [Ctrl]+[]]를 여러 번 눌러 눈, 코, 입이 보이도록 만듭니다.

19 곰인형의 몸통을 그리기 위해 'Ellipse Tool'로 타원을 그리고 'Pen Tool'로 모양을 수정합니다.

⚑ **기적**의 TIP

'Pen Tool'을 선택하고 [Ctrl]을 눌러 빠르게 'Direct Selection Tool'로 바꿔가며 효율적으로 작업할 수 있습니다.

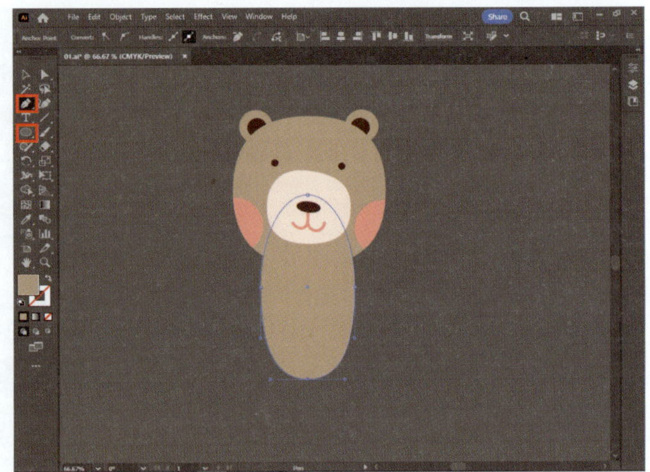

20 'Pen Tool'을 선택하고 몸통 위에 다음과 같이 리본을 그립니다. 색상은 C0M50Y40K0으로 설정합니다. 리본 오브젝트를 선택하고 우클릭하여 [Arrange] > [Send Backward]를 클릭하여 뒤로 보냅니다.

⚑ **기적**의 TIP

[Send Backward]의 단축키인 [Ctrl]+[[]을 여러 번 눌러 빠르게 작업할 수 있습니다.

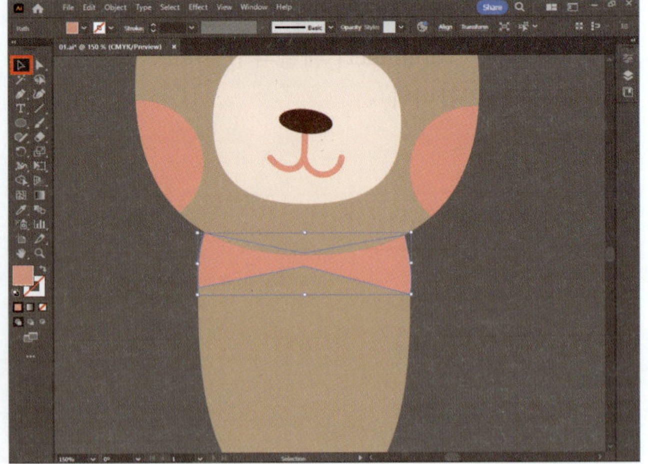

21 'Pen Tool'과 'Ellipse Tool'을 사용하여 다음
과 같이 리본 끈과 원형의 단추를 그립니다. 면
색은 C50M100Y0K0으로 설정하고 리본 끈은
[Arrange] 〉 [Send Backward]를 적용하여 인형
머리 아래에 위치하도록 만듭니다.

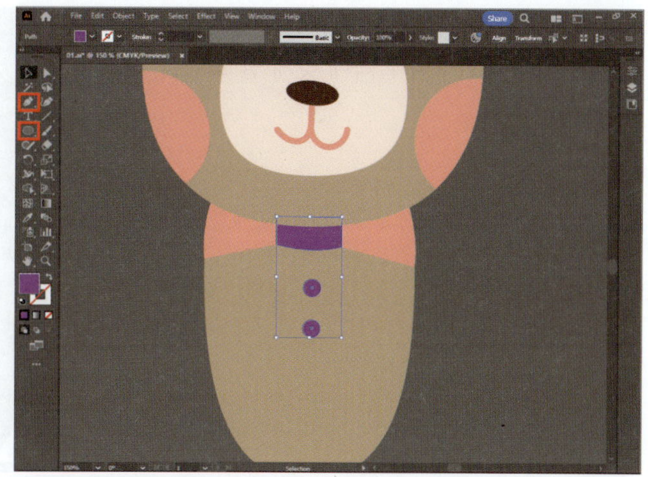

22 'Paintbrush Tool'을 선택하고 양 팔을 그립
니다. 'Selection Tool'로 양 팔을 선택하고 상단
옵션바에서 Stroke 값을 조절하여 팔 두께를 적
절하게 설정합니다. 양 팔 오브젝트는 모두 [Ar-
range] 〉 [Send to Back]을 적용하여 맨 뒤로 보
내고 [Object] 〉 [Expand Appearance]를 클릭하
여 면 오브젝트로 변환합니다.

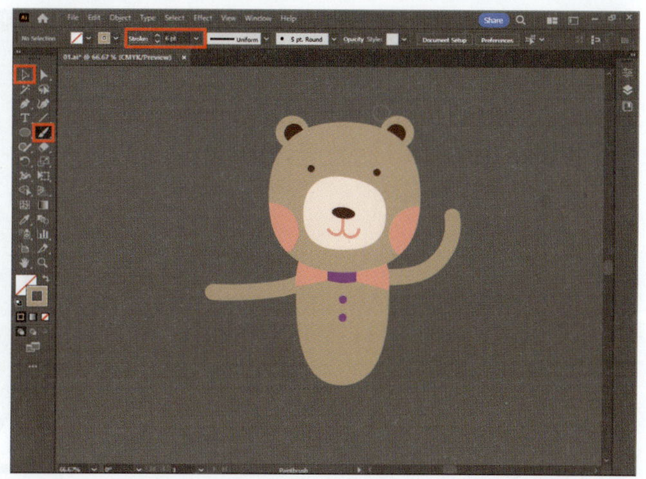

23 'Selection Tool'로 지금까지 그린 모든 곰인
형 오브젝트를 선택하고 다음과 같이 테디베어
타이포그래피 위로 옮깁니다.

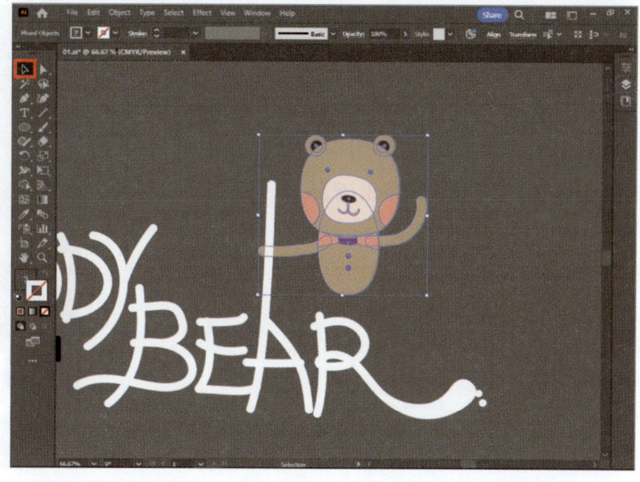

24 'Pen Tool'을 이용해서 곰인형의 발을 그립니다. 타이포그래피 R의 굴곡에 맞게 발 모양을 맞춰줍니다.

25 'Line Segment Tool'로 다음과 같이 양 발의 중간 부분을 나눕니다. 'Selection Tool'로 양 발과 선을 선택한 다음 [Window] 〉 [Pathfinder] 패널에 [Pathfinders : Divide]를 클릭합니다.

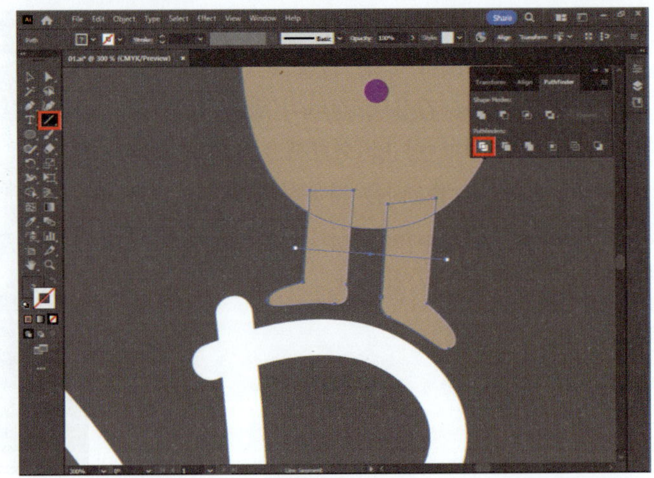

26 'Direct Selection Tool'을 선택하고 발 아래 부분을 면색 C35M65Y65K65로 설정합니다. 곰인형의 전체 오브젝트를 선택하고 Ctrl + G 를 눌러 그룹으로 설정한 뒤 곰인형 오브젝트를 [Arrange] 〉 [Send to Back]으로 타이포그래피 뒤로 보냅니다.

27 'Selection Tool'로 테디베어 타이포그래피를 선택하고 [Window] 〉 [Pathfinder] 패널에 [Shape Modes : Unite]를 클릭하여 오브젝트를 합칩니다.

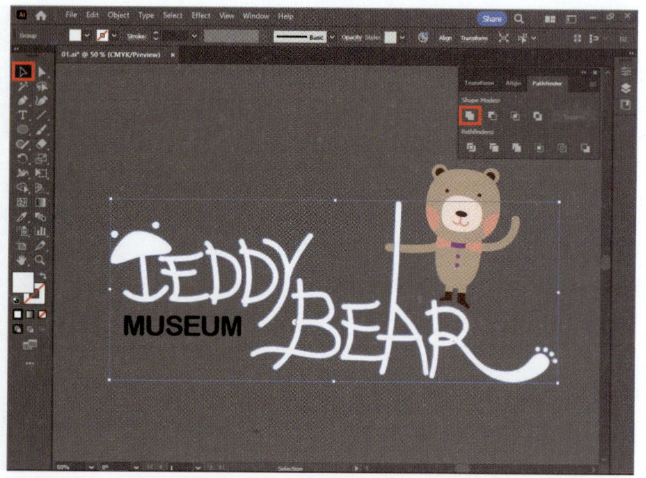

28 테디베어 타이포그래피를 선택하고 [Object] 〉 [Path] 〉 [Offset Path]를 클릭합니다. 대화상자가 열리면 Offset 수치를 디자인 원고와 비슷하게 수정하고 [OK] 버튼을 누릅니다.

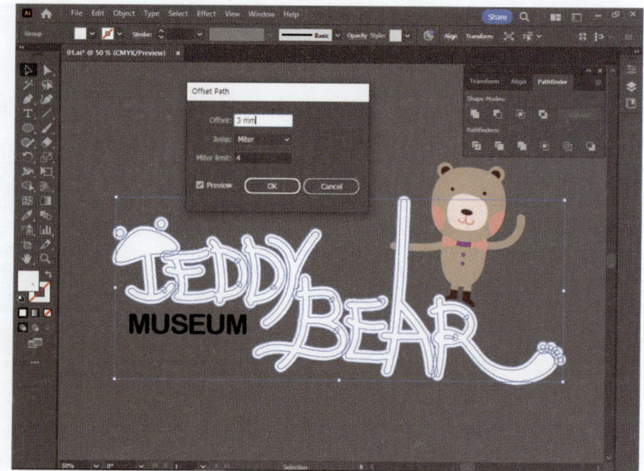

29 타이포그래피를 선택하고 우클릭한 뒤 [Ungroup]을 클릭합니다. 'Selection Tool'로 새로 생성된 바깥쪽 타이포그래피만 선택한 뒤 [Pathfinder] 패널에서 [Pathfinders : Unite]를 클릭하여 합칩니다.

30 타이포그래피가 선택된 상태에서 'Gradient Tool'을 더블클릭합니다. 대화상자가 나타나면 [Linear Gradient]를 클릭하고 색상 슬라이더에 중간색 마커를 추가합니다. 색상은 왼쪽부터 C100M0Y0K0, C50M100Y0K0, C3M85Y45K0으로 설정합니다.

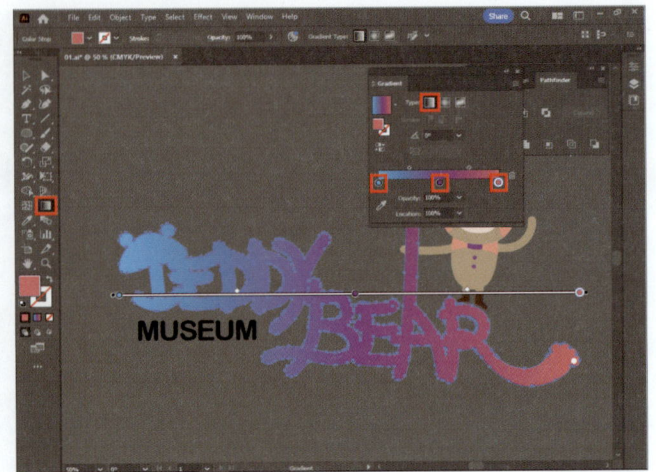

31 그라디언트가 적용된 오브젝트를 선택하고 Ctrl + [를 여러번 눌러 흰색 타이포그래피가 보이도록 만듭니다.

02 열기구 만들기

01 열기구를 그려보도록 하겠습니다. 빈 작업 공간으로 화면을 이동하고 'Ellipse Tool'로 정원을 그립니다. 면색은 C50M0Y30K0으로 설정합니다.

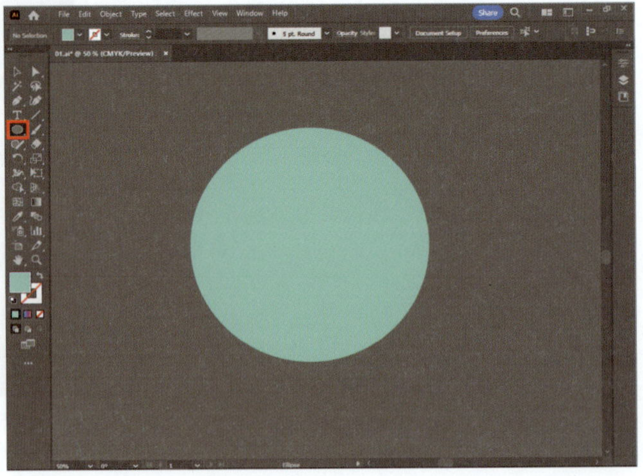

02 'Ellipse Tool'로 다음과 같이 원 3개를 그립니다. 디자인 원고와 비슷하게 모양을 수정하고 면색은 흰색으로 변경합니다.

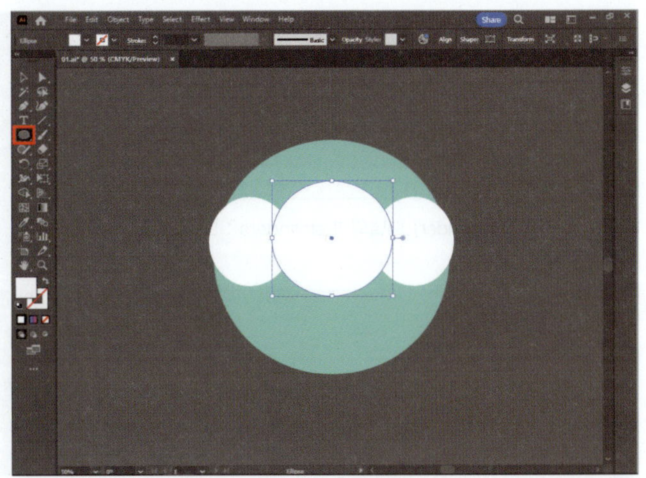

03 'Selection Tool'로 흰색 원 3개를 선택하고 Alt를 누른 채 수직 방향 아래로 내려 오브젝트를 복사합니다. 그리고 한번 더 복사한 뒤 두 번째 구름 면색은 C50M0Y80K0으로 설정하고 세 번째 구름 면색은 흰색으로 둡니다.

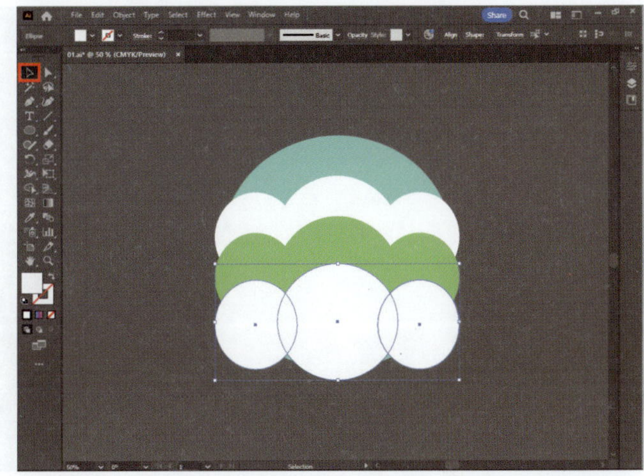

04 가장 큰 원을 선택하고 Alt를 누른 채 수직으로 내려 다음과 같이 복사합니다. 기존 원과 조금 겹치도록 배치합니다. 맨 아래에 있는 원을 선택하고 우클릭, [Arrange] > [Bring to Front]를 클릭합니다.

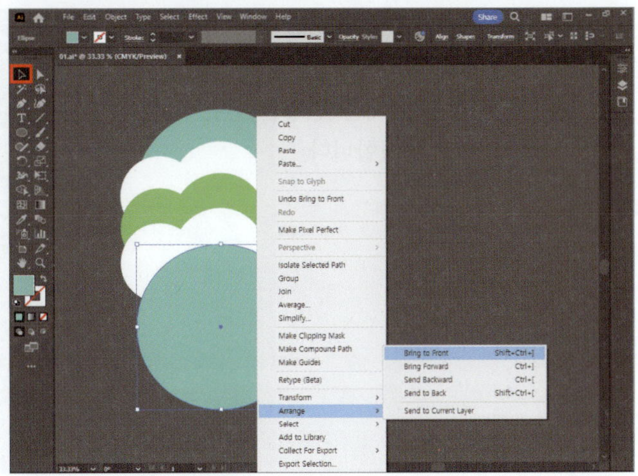

05 모두 선택한 후 'Shape Builder Tool'을 클릭하고 Alt 키를 누른 채 삭제할 부분을 드래그하거나 클릭합니다.

CS6 버전은 [Pathfinder] 패널의 [Pathfinders : Divide]를 활용합니다.

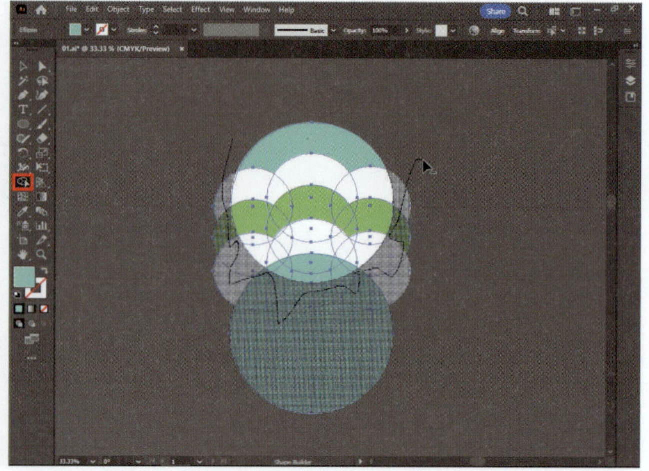

06 불필요한 조각들이 남아 있다면 'Direct Se-lection Tool'로 삭제합니다.

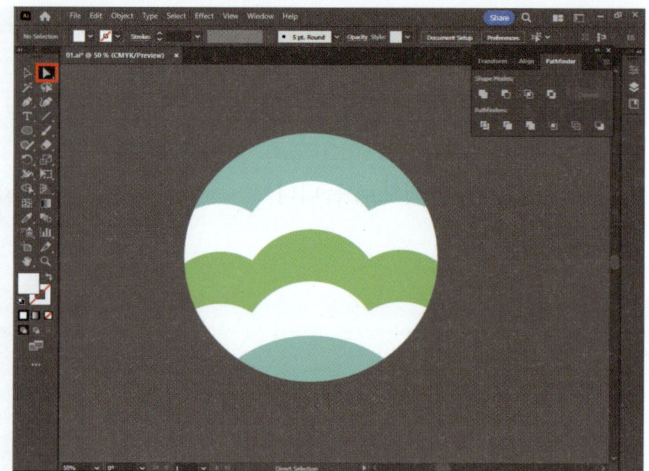

07 열기구의 바구니를 만들겠습니다. 'Rectangle Tool'을 선택하고 직사각형을 그린 뒤 'Selec-tion Tool'로 사각형 아래를 변형합니다. 색상은 C50M0Y30K0으로 설정합니다.

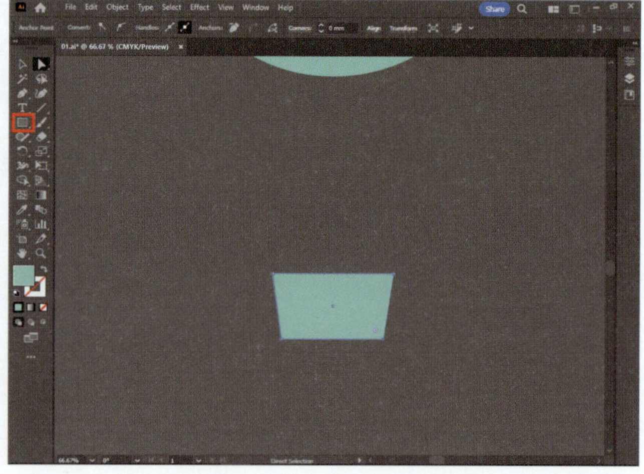

08 사각형을 선택하고 복사한 뒤 'Direct Selection Tool'로 다음과 같이 모양을 수정합니다. 면 색은 흰색으로 설정합니다.

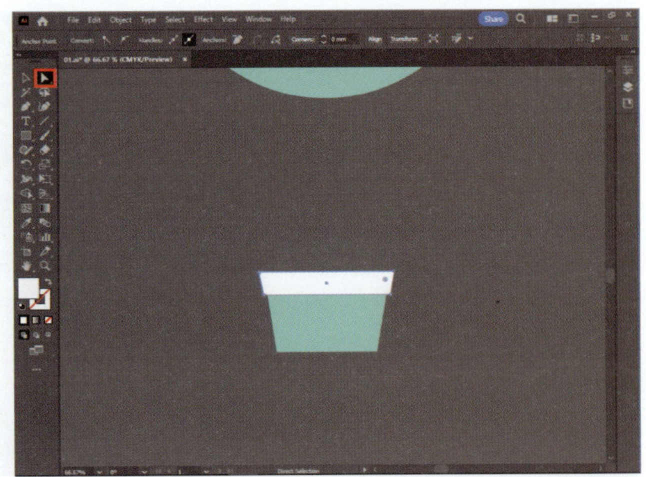

09 'Line Segment Tool'을 선택하고 열기구와 바구니를 이어줍니다. 열기구 오브젝트 전체를 선택한 뒤 Ctrl + G 를 눌러 그룹으로 지정합니다.

항상 작업 시작과 도중에는 Ctrl + S 를 눌러 수시로 저장하는 습관을 기르도록 합니다.

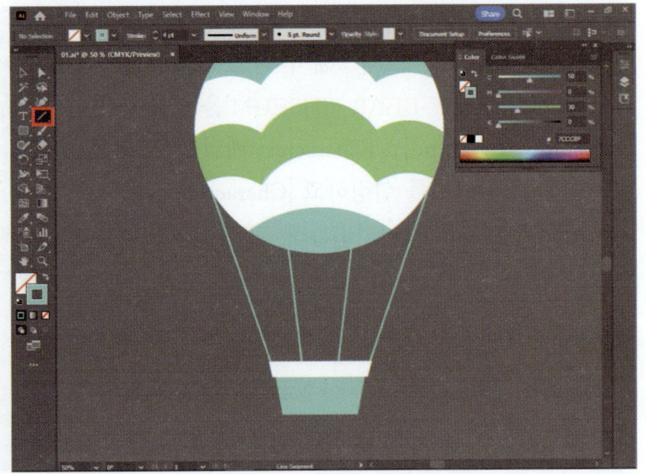

03 테디베어 박물관 로고 만들기

01 작업 창의 빈 공간으로 화면을 옮긴 뒤 'Pen Tool'을 선택하고 다음과 같은 모양을 그립니다.

처음에는 대략적인 형태를 빠르게 그린 뒤 'Direct Selection Tool'을 활용하여 세부 형태를 다듬는 것으로 시간을 절약할 수 있습니다.

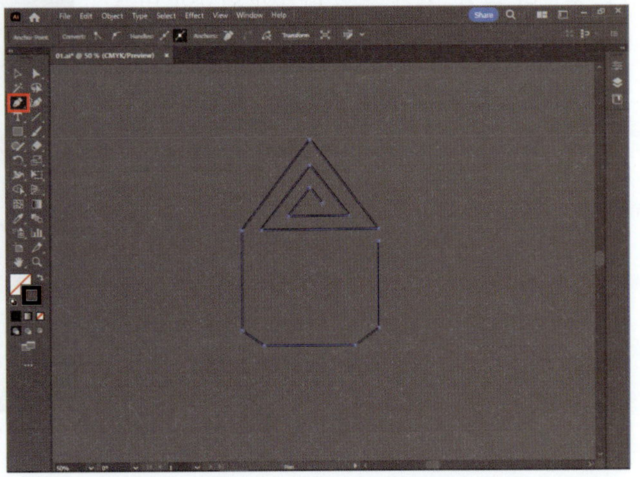

02 오브젝트를 선택하고 [Window] 〉 [Stroke]를 선택하여 대화상자를 엽니다. [Weight] 값으로 선의 두께를 조절하고 [Cap : Round Cap]과 [Corner : Round Join]을 클릭하여 선을 둥글게 만듭니다.

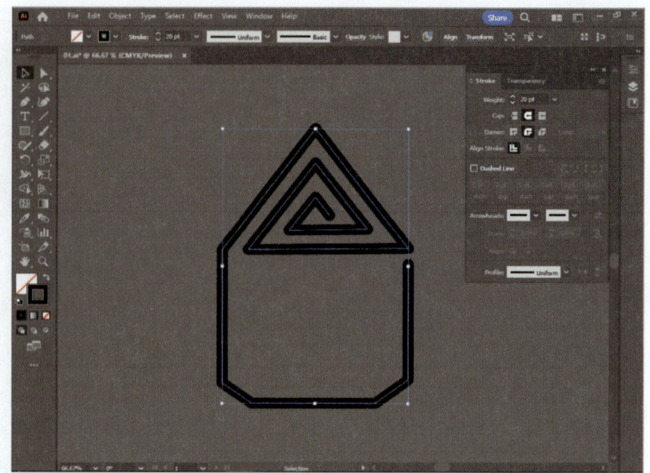

03 'Type Tool'을 선택하고 텍스트가 들어가야 할 자리에 마우스를 드래그해서 텍스트 박스를 만듭니다. 'TEDDY BEAR MUSEUM'을 입력하고 [Window] 〉 [Type] 〉 [Character] 패널을 열고 비슷한 폰트와 크기를 설정하고 [Character] 옆에 [Paragraph] 패널을 열어서 [Justify all lines]를 클릭합니다.

> **기적의 TIP**
>
> • 자간과 행 간격을 조절하여 디자인 원고와 최대한 비슷하게 만들어줍니다.
> • 자막 박스 밖으로 텍스트가 나가지 않도록 주의합니다.

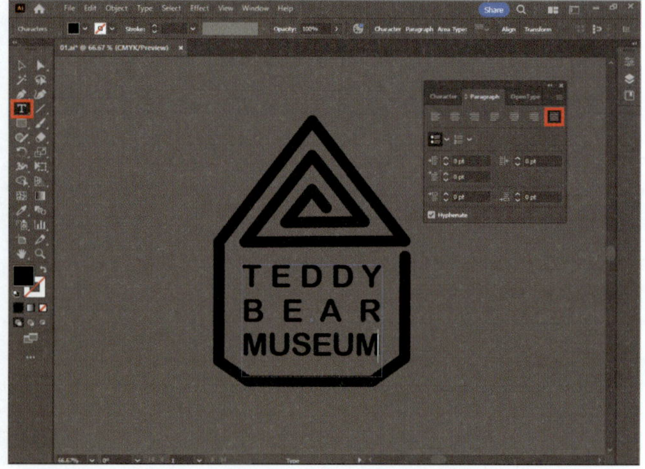

04 'Type Tool'로 '테디베어박물관'을 입력합니다. 폰트와 크기, 자간 등을 디자인 원고와 비슷하게 설정합니다.

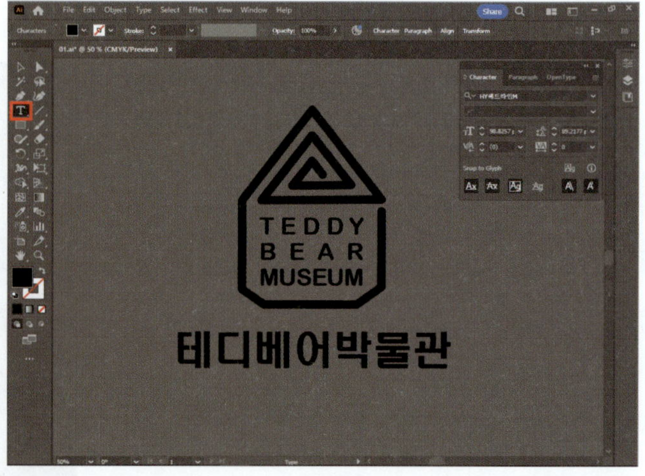

05 로고의 선 오브젝트를 선택하고 [Object] 〉
[Path] 〉 [Outline Stroke]를 선택하여 선을 면으
로 바꿉니다. 모든 오브젝트를 선택하고 면색을
흰색으로 바꾼 뒤 Ctrl + G 를 눌러 그룹으로 지
정합니다.

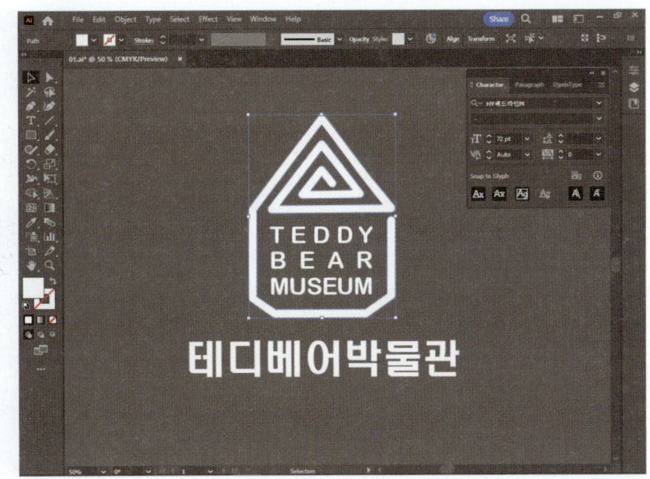

04 바코드 만들기

01 작업 공간을 빈 곳으로 옮깁니다. 바코드를
그리기 위해서 'Rectangle Tool'을 선택하고 다음
과 같이 여러 개의 사각형을 그립니다. 면색은
C0M0Y0K100으로 설정합니다.

기적의 TIP

세세한 모양이 반복되는 경우 티가 안 나는 선에서 사각형
몇 개를 생략하거나 두께가 틀려도 괜찮습니다.

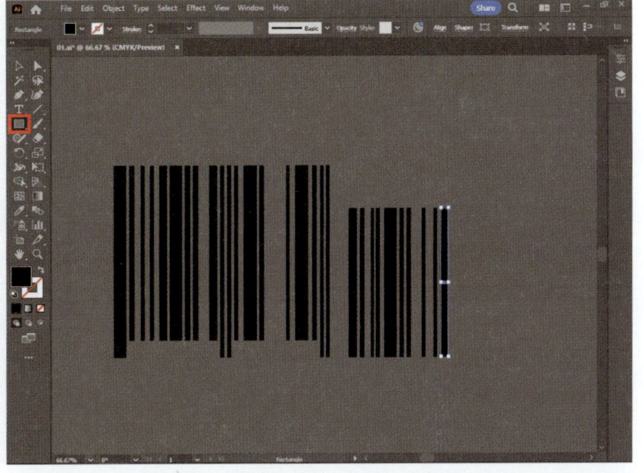

02 'Type Tool'로 '77620'을 입력하고 [Window]
〉 [Type] 〉 [Character] 패널을 열어서 디자인 원
고와 비슷한 폰트, 크기를 설정합니다.

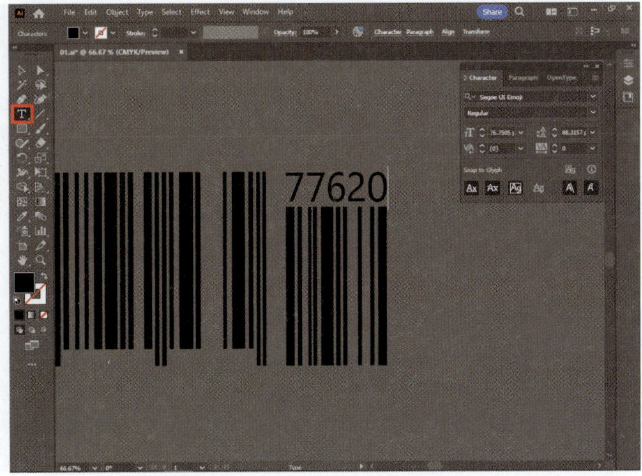

03 같은 방식으로 디자인 원고에 맞춰 '정가 4900원', '712467', '893210', 'ISBN 979−11−306−0489−3'을 입력하고 폰트와 크기 등을 수정합니다.

05 테디베어 인형 만들기

01 인형을 그리기 위해 'Ellipse Tool'을 클릭하고 머리가 될 원을 그립니다. 면색은 C60M80Y100K0으로 설정합니다.

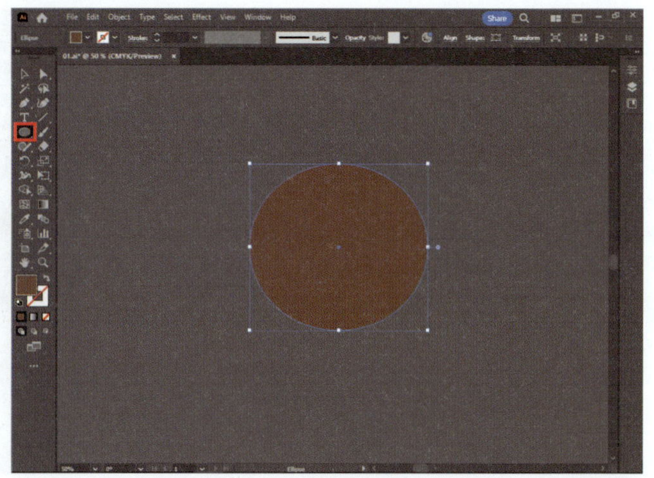

02 'Ellipse Tool'로 정원을 그리고 귀가 될 부분에 배치합니다.

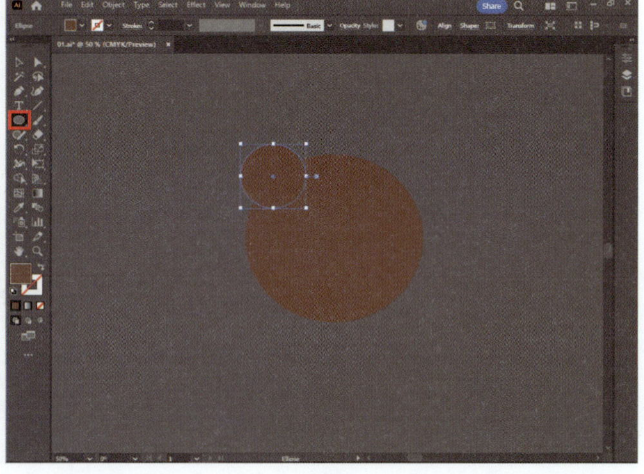

03 'Selection Tool'로 귀를 선택하고 Ctrl + C 를 눌러서 복사한 뒤 Ctrl + F 로 제자리에 복사합니다. Alt 를 누른 채 조절점을 드래그하여 크기를 축소합니다.

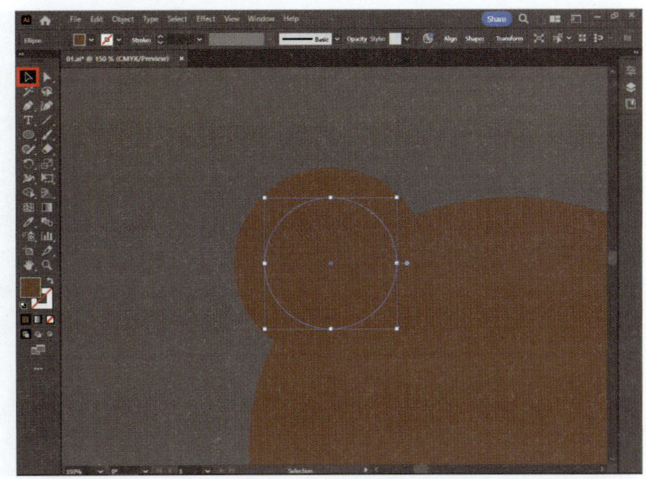

04 'Selection Tool'로 귀의 원 두 개를 선택한 뒤, 'Shape Builder Tool'에서 Alt 키를 누른 채 가운데 원을 클릭해 삭제합니다.

⚙ **버전** TIP

CS6 버전은 [Pathfinder] 패널의 [Pathfinders : Minus Front]를 활용합니다.

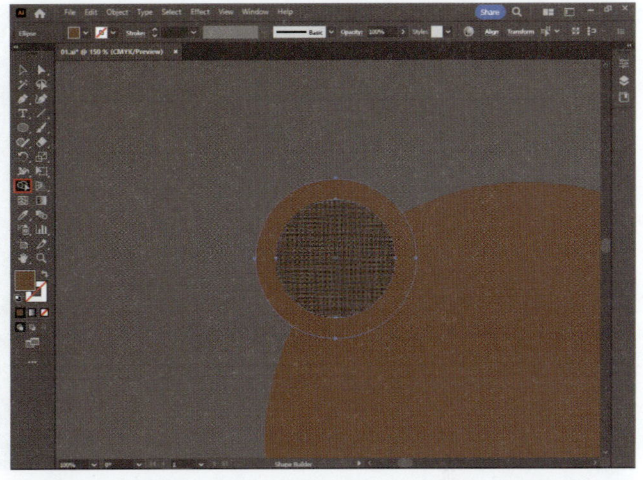

05 귀 오브젝트를 선택하고 'Reflect Tool'을 클릭한 뒤 Alt 를 누른 채 기준이 될 중앙점을 클릭합니다.

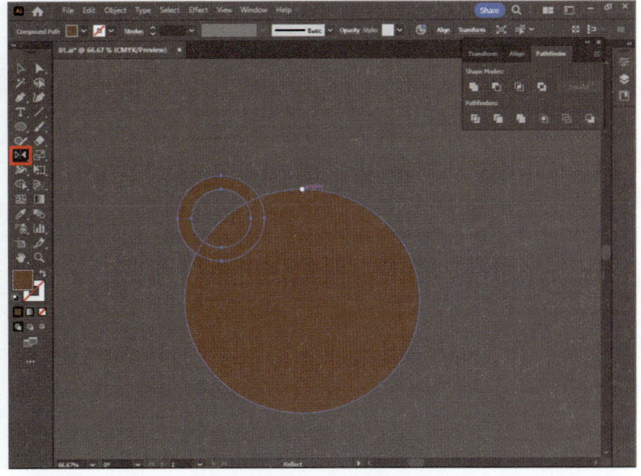

06 대화상자가 나타나면 [Axis : Vertical]로 설정한 뒤 [Copy]를 클릭합니다.

[Horizontal]은 수직으로 복사되고 [Vertical]은 수평 방향으로 복사됩니다.

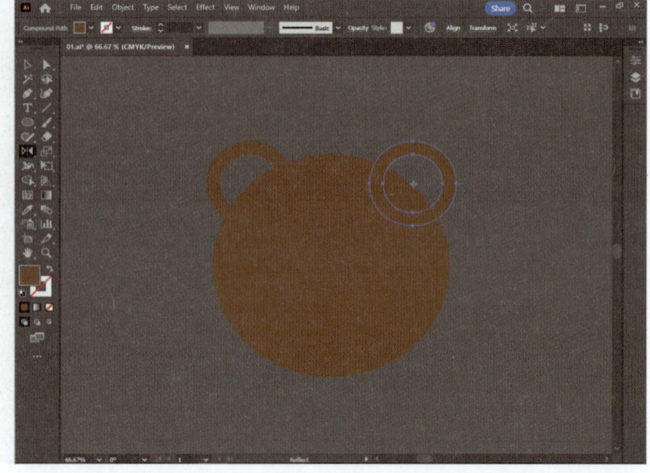

07 'Ellipse Tool'로 눈이 될 타원을 그리고 Alt 를 누른 채 드래그하여 반대편에도 복사합니다. 면색은 흰색으로 설정합니다.

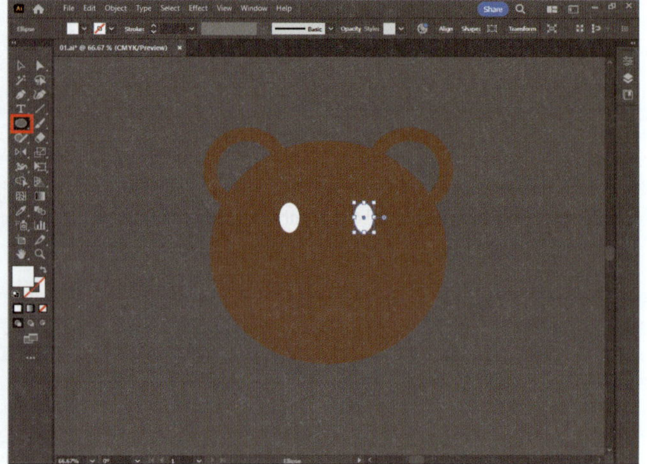

08 입 부분을 그리기 위해 'Pen Tool'을 선택하고 다음과 같이 입의 반쪽을 그립니다.

Direct Selection Tool을 이용해 오브젝트를 수정할 때 anchor point의 핸들점이 양쪽에 대칭상태로 함께 움직이고 있을 때는 Alt 를 누른 상태에서 핸들점을 움직여 보세요. + 부호가 보이면서 한쪽 핸들점만 따로 움직일 수 있습니다.

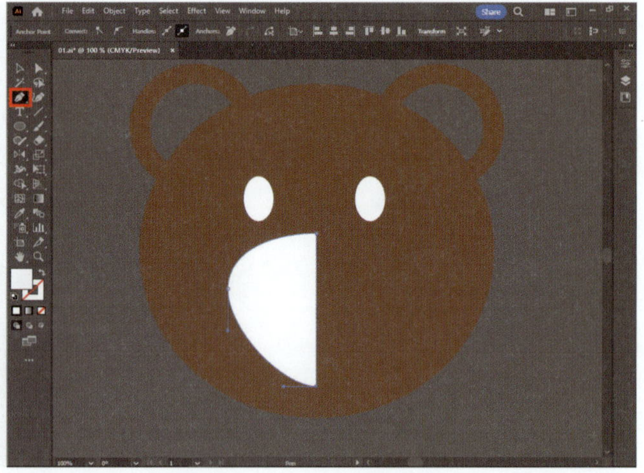

09 입 오브젝트가 선택된 상태에서 'Reflect Tool'을 선택하고 [Alt]를 누른 채 기준이 되는 중심부를 클릭하여 대화상자를 엽니다. [Copy] 버튼을 눌러 반대편에 복사합니다.

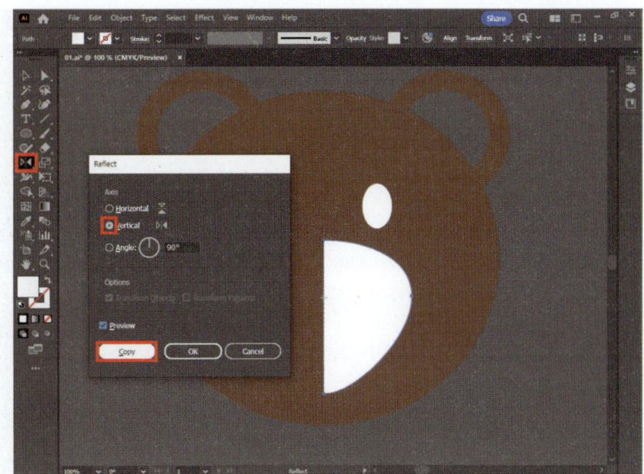

10 'Selection Tool'로 입 오브젝트를 모두 선택하고 'Shape Builder Tool'로 드래그해서 하나로 합쳐줍니다.

🚩 **기적의** TIP

오브젝트를 합치기 위해 오브젝트가 서로 맞닿아 있도록 합니다.

⚙️ **버전** TIP

CS6 버전은 [Pathfinder] 패널의 [Pathfinders : Unite]를 활용합니다.

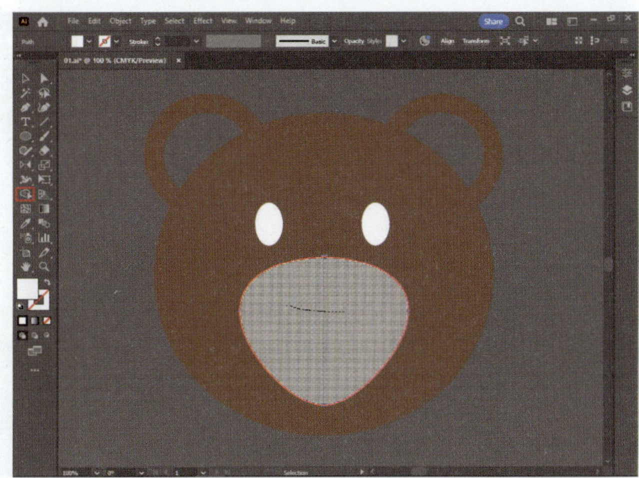

11 입 오브젝트를 선택하고 [Ctrl]+[C]를 눌러 복사한 뒤 [Ctrl]+[F]로 제자리에 붙여넣고 크기를 줄여줍니다. 면색은 C60M80Y100K0으로 설정합니다.

12 'Paintbrush Tool'로 입 모양을 그립니다. 상단 옵션 바에서 [Stroke] 수치를 조절하여 디자인 원고와 비슷하게 만듭니다.

13 몸통을 그리기에 앞서 흰색의 입 오브젝트를 Ctrl + C 로 복사, Ctrl + V 로 붙여 넣은 뒤 다음과 같이 모양을 뒤집어 테디베어의 발이 될 위치에 배치합니다.

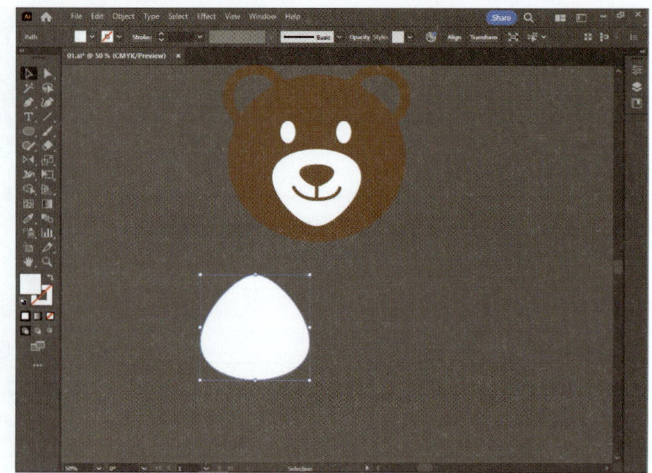

14 발을 기준으로 'Pen Tool'을 통해 절반의 몸통과 팔을 다음과 같이 그립니다.

'Pen Tool'로 곡선을 그릴 때 때 고정점을 Alt 를 누른 채 클릭하여 빠르게 한쪽 핸들점을 제거할 수 있습니다.

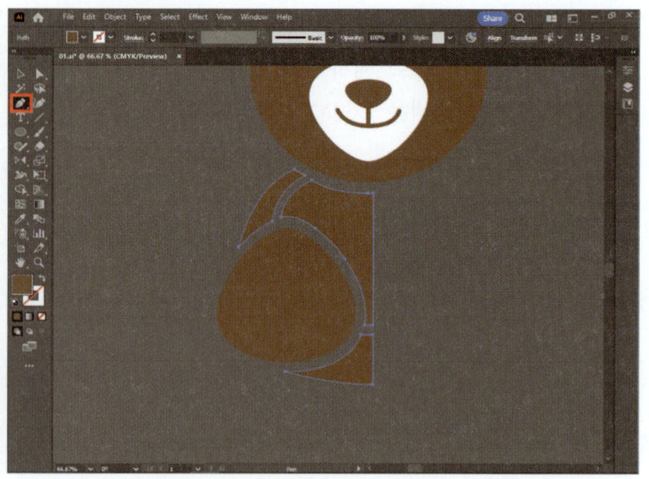

15 'Selection Tool'로 [Alt]를 누른 채 발 오브젝트를 복사하여 다음과 같이 발바닥과 발가락으로 변형 및 배치합니다. 색상은 잘 보이도록 흰색으로 변경합니다.

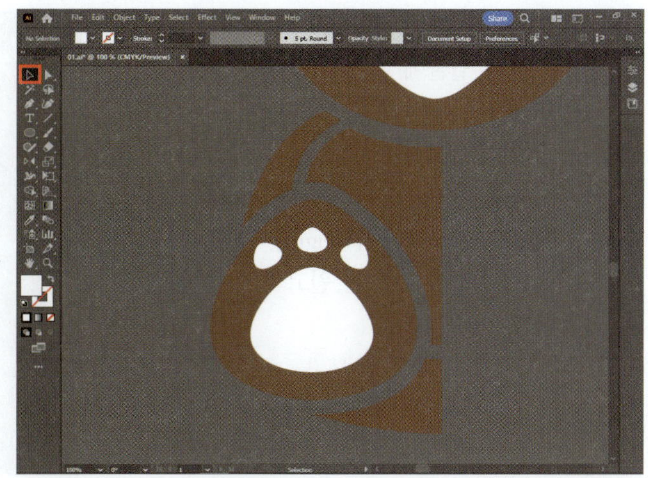

16 몸통과 발 오브젝트를 모두 선택하고 'Reflect Tool'을 클릭한 뒤 [Alt]를 누른 채 기준점이 될 중앙 부분을 클릭하고 [Copy]를 눌러 복사합니다.

> **F** **기적**의 TIP
>
> 'Reflect Tool'을 선택하고 [Alt]를 누른 채 얼굴 오브젝트의 중앙인 고정점을 클릭하여 정확하게 반전시킵니다.

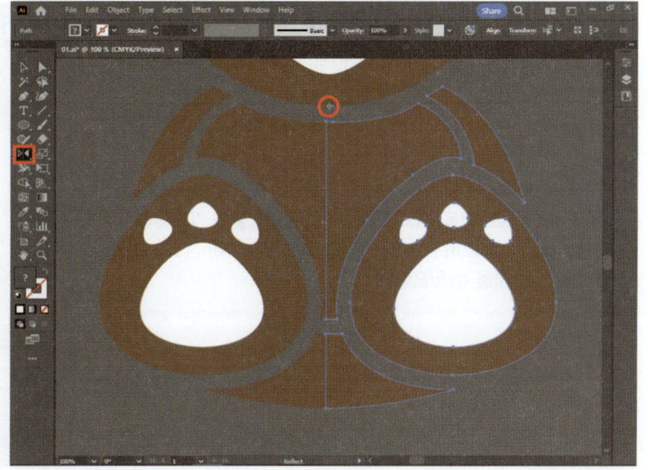

17 몸통 오브젝트를 모두 선택하고 [Pathfinder] 패널에서 [Shape Modes : Unite]를 클릭하여 하나의 오브젝트로 합칩니다.

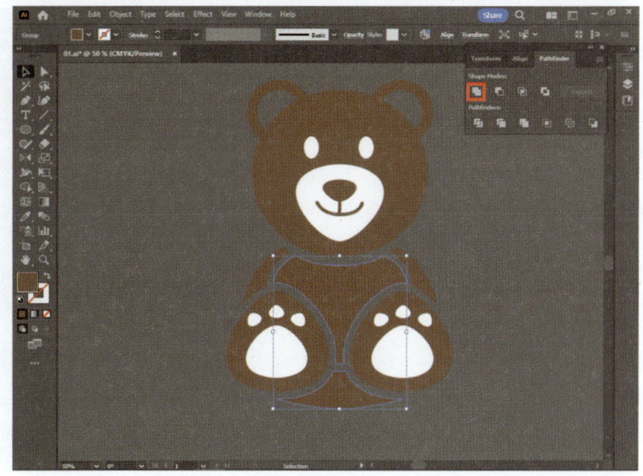

18 봉제선을 그리기 위해 'Line Segment Tool'을 선택하고 인형 얼굴에 수직으로 선을 그립니다. 선색은 흰색으로 설정하고 [Window] 〉 [Stroke] 패널을 열어 [Cap : Round Cap], [Corner : Round Join]을 선택하고 [Dashed Line]을 체크하여 점선으로 만듭니다. [Weight], [dash], [gap]의 수치를 조절하여 디자인 원고와 비슷한 점선을 만듭니다.

19 'Pen Tool'과 'Line Segment Tool'을 이용해서 다음과 같이 디자인 원고에 맞게 점선을 그립니다.

> **기적의 TIP**
>
> 'Pen Tool'로 선을 그리고 나서 Ctrl 을 눌러 'Direct Selection Tool'로 바꾸고 빈 공간을 클릭하여 'Pen Tool'의 연결을 쉽게 끊을 수 있습니다.

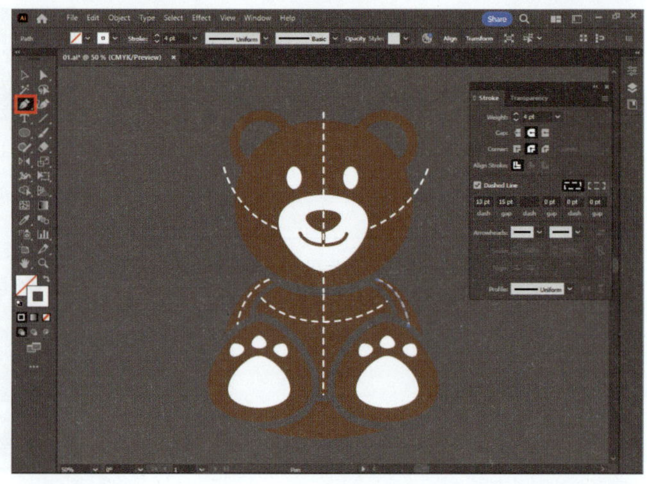

20 모든 점선을 선택하고 [Object] 〉 [Path] 〉 [Outline Stroke]를 클릭하여 선을 면 오브젝트로 변환합니다.

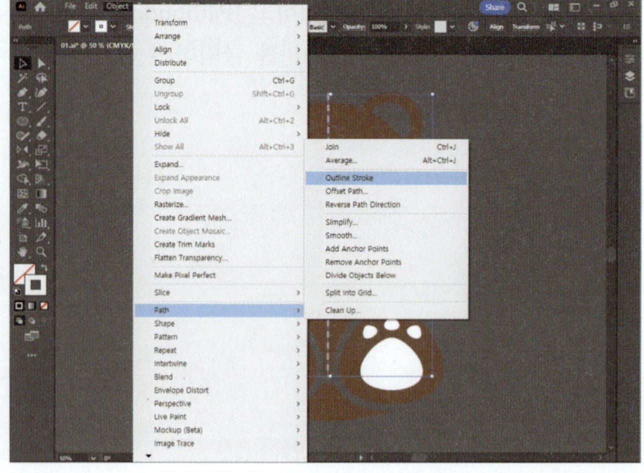

21 귀와 코, 입 모양을 제외한 모든 점선과 흰 오브젝트를 선택하고 [Pathfinder] 패널에 [Shape Modes : Minus Front]를 클릭하여 구멍을 뚫습니다.

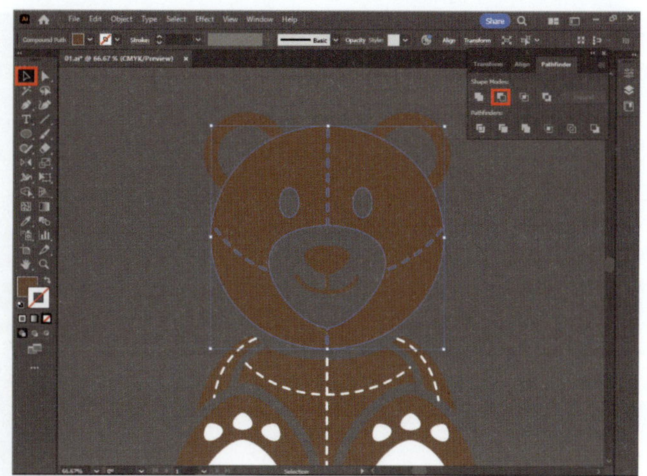

22 팔과 발, 몸통에 있는 흰 오브젝트를 [Shape Modes : Minus Front]를 통해 구멍을 뚫습니다. 이때 한꺼번에 선택하지 않고 부분적으로 각각 효과를 적용합니다. 몸통 오브젝트는 우클릭하여 [Ungroup]을 클릭하여 상체만 따로 효과를 적용합니다.

> **기적의 TIP**
>
> 항상 작업 시작과 도중에는 Ctrl + S 를 눌러 수시로 저장하는 습관을 기르도록 합니다.

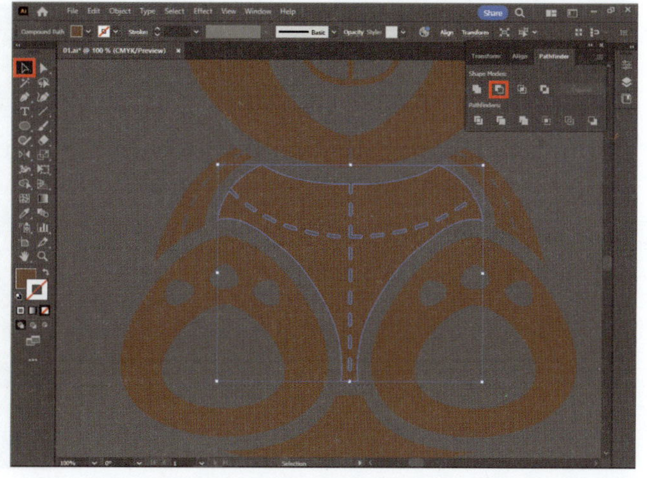

06 테디베어뮤지엄 텍스트 만들기

01 작업 공간을 빈 곳으로 화면을 이동합니다. 'Type Tool'로 '테디베어뮤지엄'을 입력하고 [Window] > [Type] > [Character] 패널을 열어서 디자인 원고와 비슷한 폰트와 크기로 수정합니다. 색상은 C100M50Y0K0으로 설정합니다.

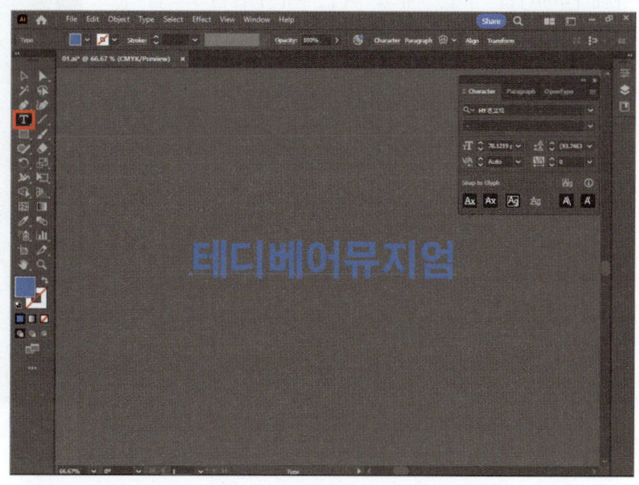

02 '테디베어뮤지엄' 텍스트를 선택하고 우클릭한 뒤 [Create Outlines]를 클릭하여 면 오브젝트로 바꿉니다. 다시 우클릭하여 [Ungroup]을 선택합니다.

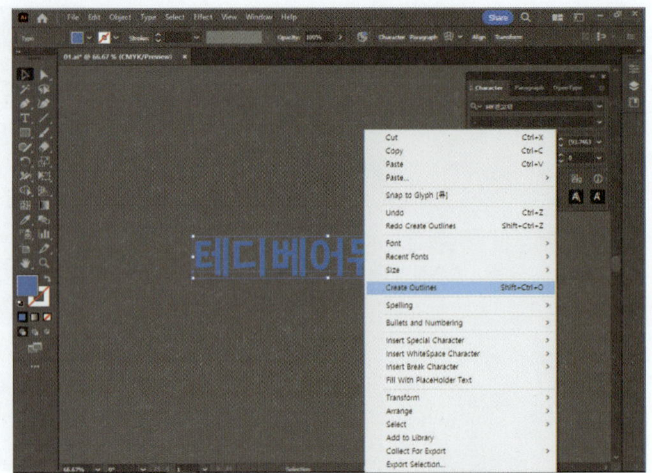

03 글자의 간격을 넓히기 위해 '테'와 '엄' 글자를 시작과 끝부분에 위치시켜 놓고, 'Selection Tool'로 모두 선택한 후 [Window] 〉 [Align] 〉 [Distribute Spacing : Horizontal Distribute Space]를 클릭하면 일정한 간격으로 정렬됩니다. [Align to : Align to Selection]을 클릭해 정렬 기준을 선택 영역으로 지정합니다.

04 'Line Segment Tool'을 선택하고 텍스트 사이에 Shift 를 누른 채로 작은 대각선을 그립니다. 색상은 C100M100Y0K0으로 설정합니다.

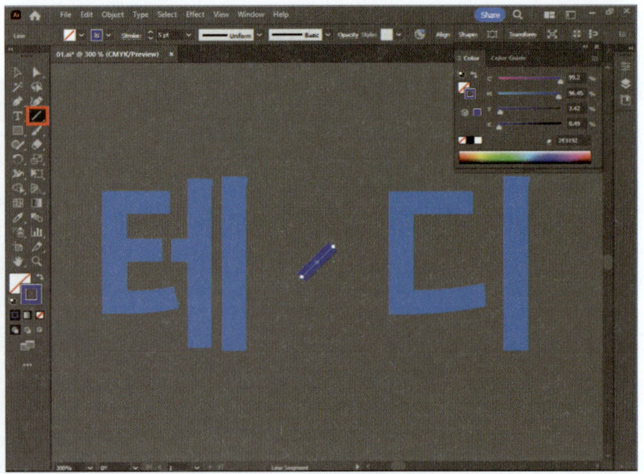

05 [Window] 〉 [Stroke] 패널을 열고 [Cap : Round Cap]으로 설정한 뒤 [Weight]의 값을 디자인 원고와 비슷하게 입력합니다.

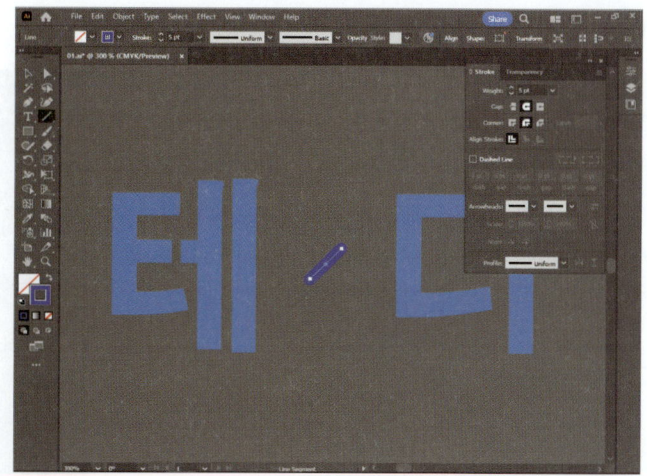

06 'Selection Tool'로 Alt 와 Shift 를 누른 채 대각선을 복사해서 각 텍스트의 사이마다 붙여 넣습니다.

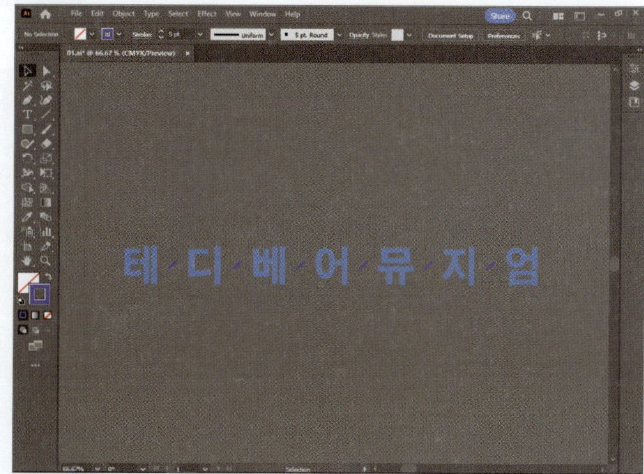

07 'Type Tool'을 선택하고 'TEDDY BEAR / ANIMATRONICS / STORY / DIORMA / PARODY'를 입력합니다. [Character] 패널을 열어서 적절한 폰트와 크기를 설정해주고 [Character] 패널 오른쪽 [Paragraph] 패널을 열어서 [Align Center]를 클릭합니다.

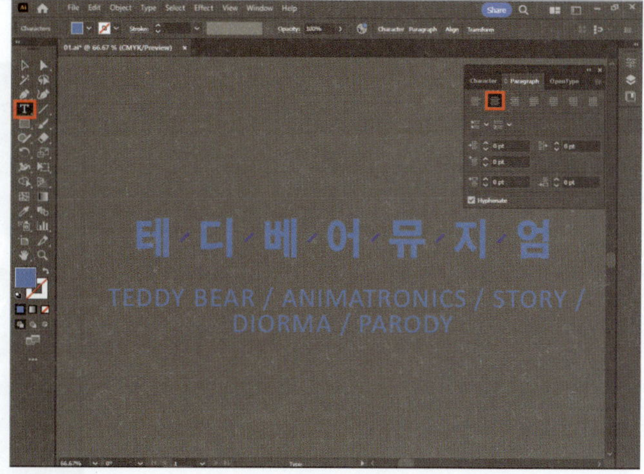

01 기존에 있던 열기구 오브젝트 전체를 선택하고 빈 작업 공간에 복사합니다. 열기구 색 한 줄에 여러 개의 조각들이 있는데, 조각을 합쳐주기 위해서 [Pathfinder] 패널을 열고 같은 색상의 문양만 'Direct Selection Tool'로 선택하고 [Shape Modes : Unite]를 클릭하여 하나로 합칩니다.

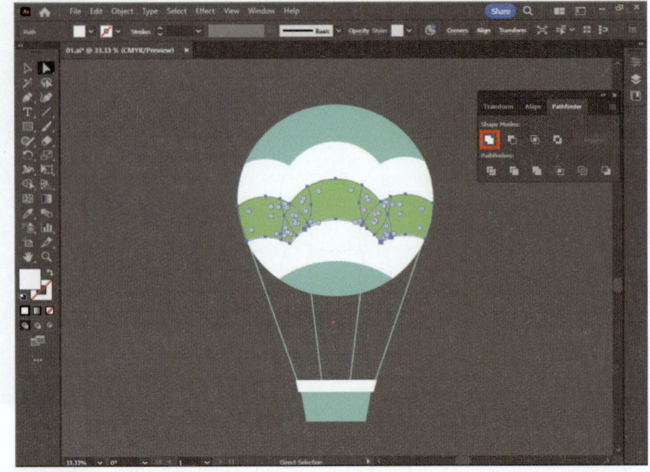

02 나머지 다른 문양들도 같은 색의 같은 줄 끼리 합쳐줍니다. 열기구의 원 부분이 총 5개의 오브젝트로 정리가 되었습니다.

▣ 기적의 TIP

작은 오브젝트가 빠지지 않도록 주의합니다.

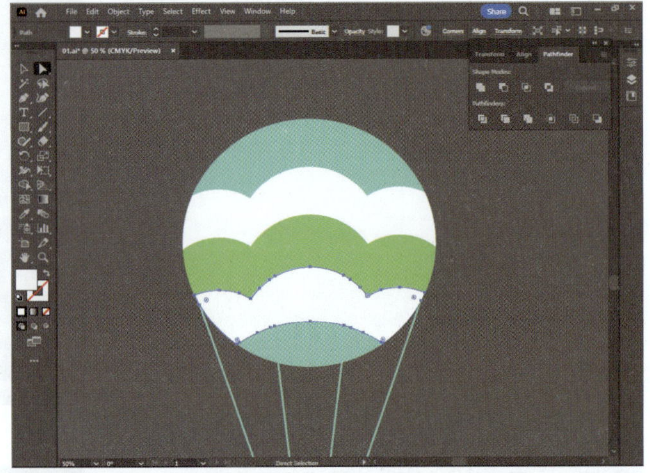

03 'Ellipse Tool'을 이용해서 열기구의 원과 같은 크기의 원을 하나 그립니다. 면색은 C75M15Y0K0으로 설정합니다.

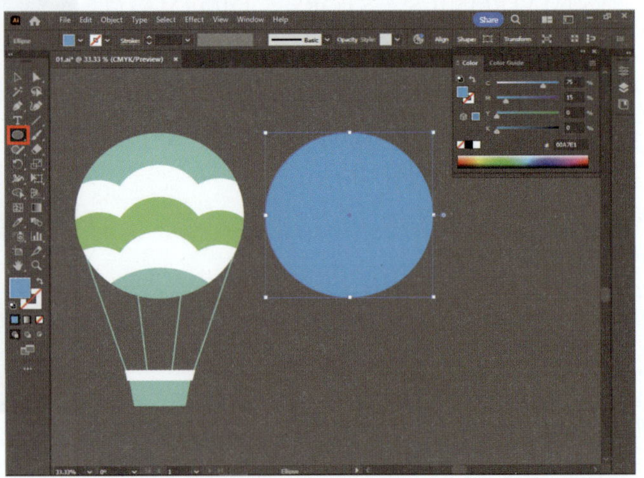

04 'Direct Selection Tool'로 문양 3개를 모두
선택하고 새로 그린 원에 복사합니다. 면색을
None, 선색을 흰색으로 설정하고 크기를 조절하
여 원보다 문양이 살짝 더 크도록 수정합니다.

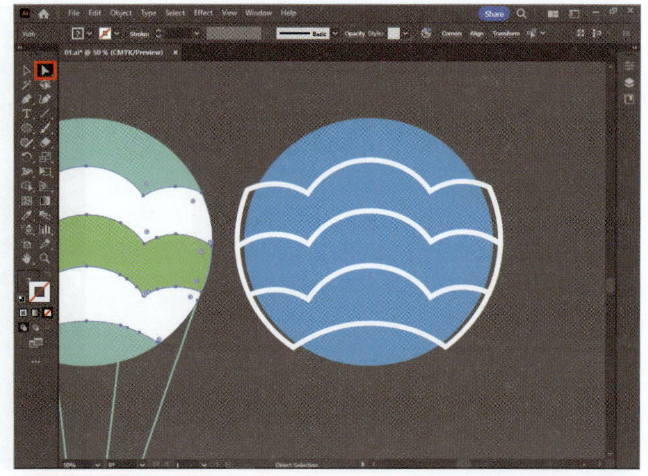

05 선을 모두 선택하고 [Object] 〉 [Expand]를
클릭해서 면 오브젝트로 변환합니다. 문양 오브
젝트를 우클릭하고 [Ungroup]을 클릭합니다.

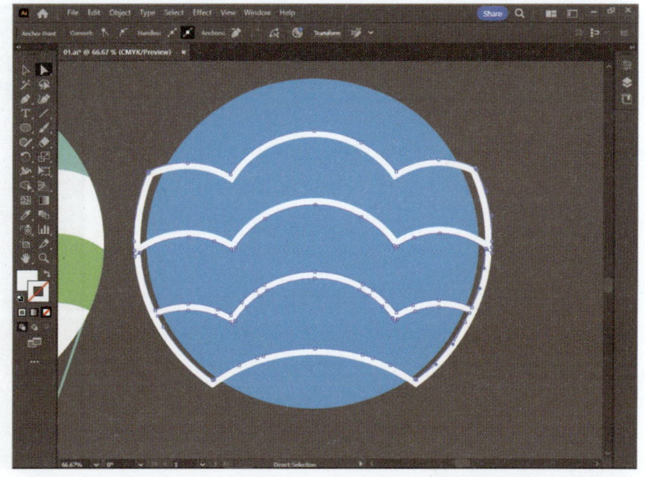

06 문양과 원 오브젝트를 선택하고 [Pathfinder]
패널에 [Shape Modes : Minus Front]를 클릭하
여 구멍을 뚫습니다.

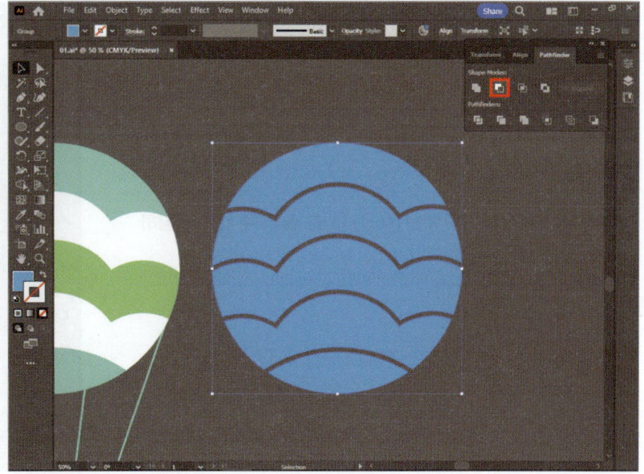

07 기존 열기구의 원 오브젝트를 다음과 같이 교체합니다. 열기구 끈 오브젝트의 선색과 바구니의 면색을 모두 C75M15Y0K0으로 설정합니다. 디자인 원고에 따라 바구니 오브젝트 모양을 조금 수정합니다.

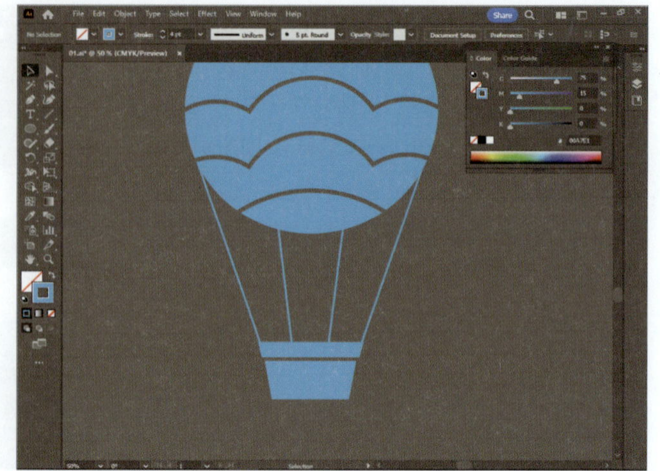

08 구름 오브젝트를 만들기 위해 'Ellipse Tool'을 선택하고 타원을 여러 개 그립니다.

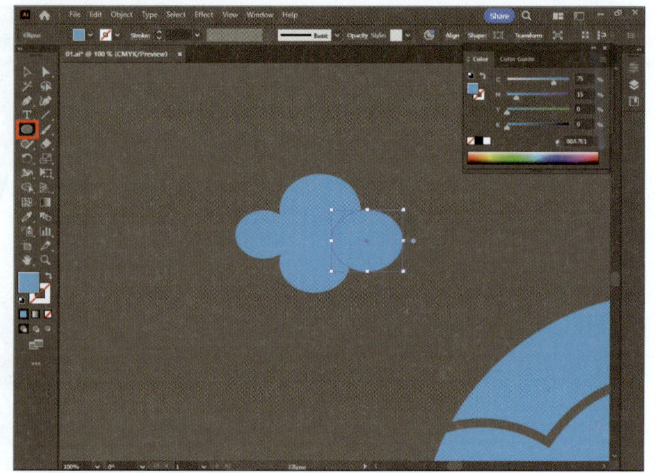

09 디자인 원고에 따라 열기구와 구름 오브젝트를 복사하고 'Selection Tool'로 다음과 같이 배치합니다.

항상 작업 시작과 도중에는 Ctrl + S 를 눌러 수시로 저장하는 습관을 기르도록 합니다.

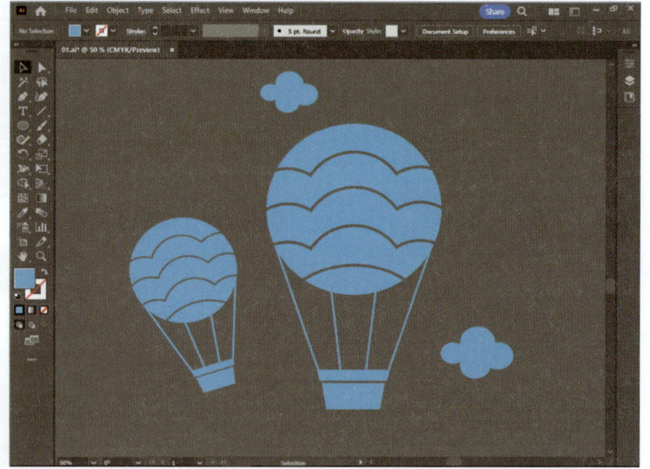

10 [Window] 〉 [Swatches] 패널을 열고 'Selection Tool'로 모든 패턴 오브젝트를 선택한 뒤 [Swatches] 패널로 드래그하여 패턴을 생성합니다. [Swatches] 패널 색상 목록에 열기구 패턴이 들어간 것을 확인합니다.

11 그리드가 있는 작업 공간으로 이동하고 'Rectangle Tool'을 선택한 뒤 실제 패턴이 들어갈 화면의 절반만큼 사각형을 그립니다. [Swatches] 패널에 있는 패턴을 클릭하면 다음과 같이 패턴이 적용됩니다.

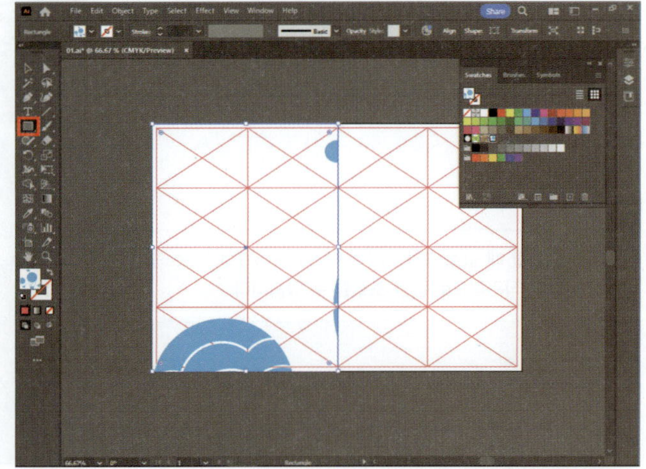

12 [Swatches] 패널에 패턴을 더블클릭합니다. [Pattern Options] 대화상자가 나타나면 [Width] 와 [Height] 값을 적절하게 조절하고 상단에 [Done]을 클릭합니다.

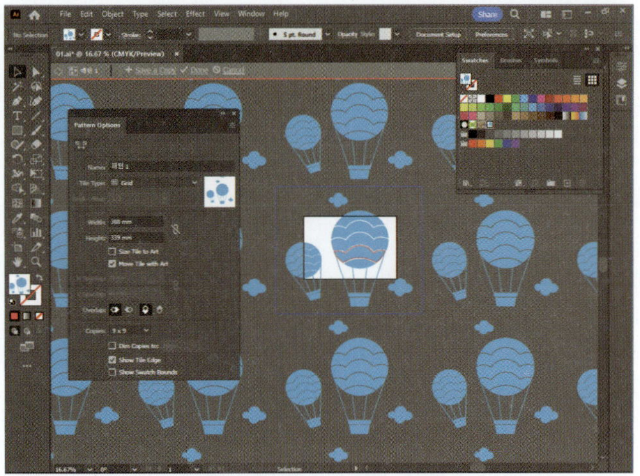

> 🏳 **기적의** TIP
>
> 수치를 조절할 때 값을 드래그하여 박스를 씌우고 마우스 휠을 조작하여 직관적으로 값을 조절할 수 있습니다.

13 'Selection Tool'로 절반의 사각형을 선택하고 'Scale Tool'을 더블클릭하여 대화상자를 엽니다. [Uniform]의 값을 조절하여 5개 정도의 열기구가 보이도록 크기를 조절하고 [Scale Strokes & Effects]와 [Transform Patterns]에 체크가 되어 있는지 확인한 뒤 [OK] 버튼을 누릅니다.

사각형 오브젝트의 크기는 변하지 않고 패턴의 크기만 변경됩니다.

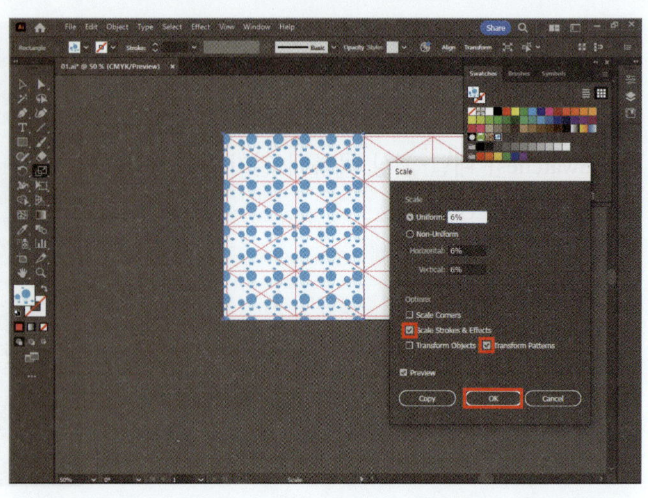

14 사각형이 선택된 상태에서 'Rotate Tool'을 더블클릭하고 대화상자가 나타나면 각도를 입력하고, [Transfor Patterns]에 체크한 뒤 [OK] 버튼을 누릅니다.

수치를 조절할 때 값을 드래그하여 박스를 씌우고 마우스 휠을 조작하여 직관적으로 값을 조절할 수 있습니다.

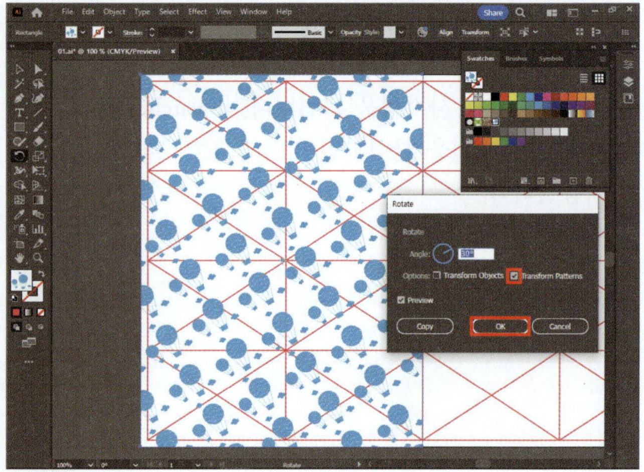

01 작업 준비하기

01 포토샵을 실행하고, [File] 〉 [New]를 선택하여 [New] 대화상자에서 'Width : 246mm, Height : 166mm, Resolution : 300 pixels/inch, Color Mode : RGB Color'로 설정한 후, [OK] 버튼을 클릭합니다.

기적의 TIP

Color Mode : 인쇄물에 적합한 CMYK 모드를 설정해 주어야 하지만, 시험장의 프린터가 인쇄소의 출력이 아니기 때문에 회색기, 탁함, 채도저하 발생이 빈번합니다. 또한 시험 문항에 여러 가지 패턴 적용 문제들이 출제되기 때문에 RGB 모드로 설정합니다.

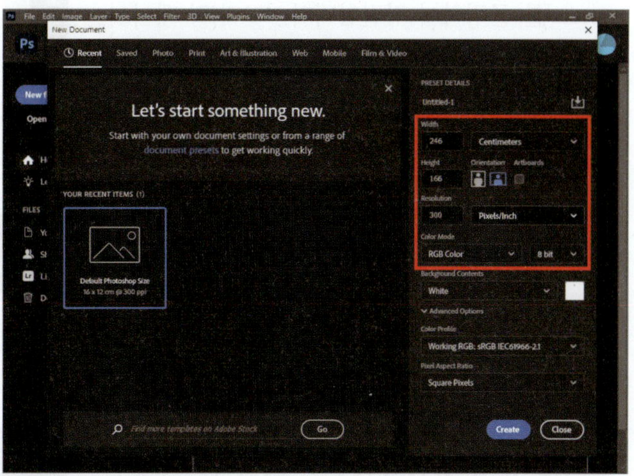

02 '일러스트작업' 창에서 그리드를 선택하고, Ctrl + C 를 눌러 복사합니다.
'포토샵작업' 창에 Ctrl + V 를 눌러 붙여넣기한 후, [Paste] 대화상자에서 'Pixels'를 선택하고, [OK] 버튼을 클릭합니다.
사이즈는 일러스트에서 이미 설정했기 때문에 그대로 Enter 를 누릅니다.

기적의 TIP

일러스트에서 오브젝트가 잠겨서 선택되지 않는 경우, [Object] 〉 [Unlock All]을 클릭하거나, 단축키 Alt + Ctrl + 2 를 눌러 오브젝트 잠금을 해제합니다.

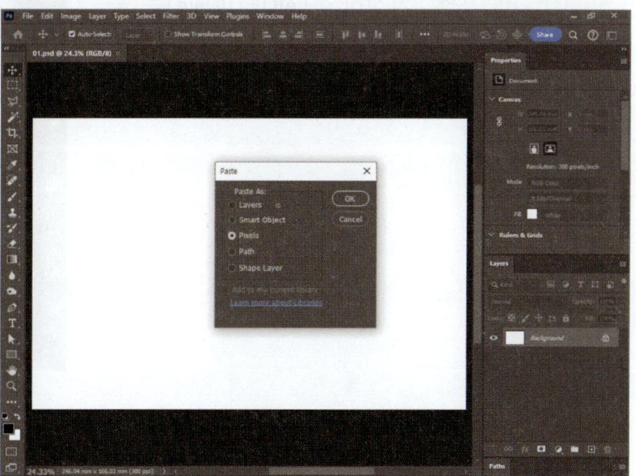

03 [Layers] 패널에서 이름을 '그리드'로 변경합니다. 'Move Tool'을 선택하고, [Ctrl]을 누른 채 'Background' 레이어와 함께 선택한 후, 옵션 바에서 'Align vertical centers', 'Align horizontal centers'를 클릭하여 정렬합니다. '그리드' 레이어만 선택하고, 'Lock all' 아이콘을 클릭하여 잠급니다.

항상 작업 시작과 도중에는 예기치 못한 상황을 대비하여 수시로 하는 저장하는 습관을 길러야 합니다.

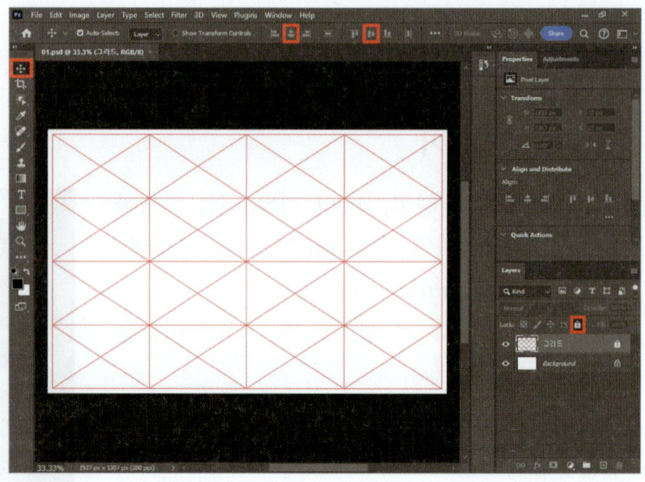

02 왼쪽 배경 만들기

01 'Rectangle Tool'을 클릭하고 작업 화면 왼쪽에 다음과 같이 사각형을 그립니다. 면색은 C50M10Y0K0으로 설정하고 [Alt]+[Delete]를 눌러 해당 색으로 면을 채웁니다.

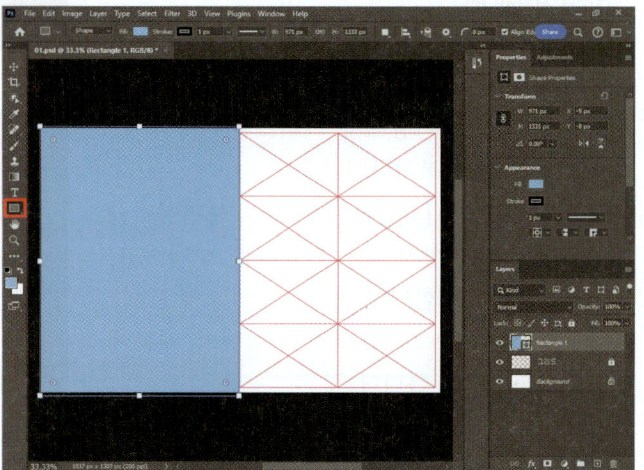

02 사각형의 레이어 이름을 '왼쪽 배경'으로 변경하고 '그리드' 레이어 아래로 옮깁니다.

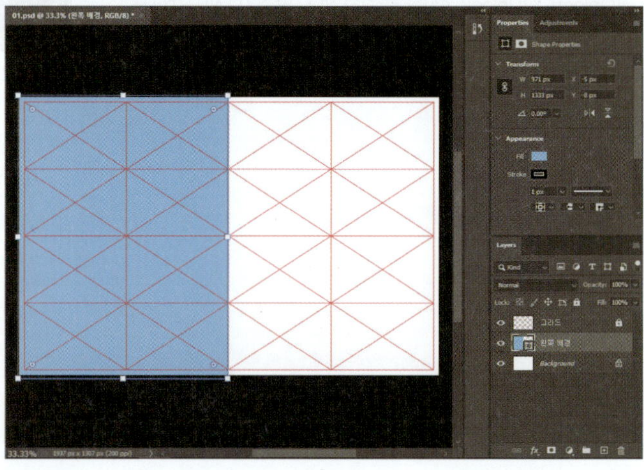

03 일러스트 작업창에서 패턴을 선택하고 [Ctrl] +[C]를 눌러 복사합니다.

'포토샵작업' 창에 [Ctrl]+[V]를 눌러 붙여넣기한 후, [Paste] 대화상자에서 'Pixels'를 선택하고, [OK] 버튼을 클릭합니다. 위치를 조절하고 레이어의 이름을 '패턴'으로 변경한 뒤 그리드 레이어 아래로 옮깁니다.

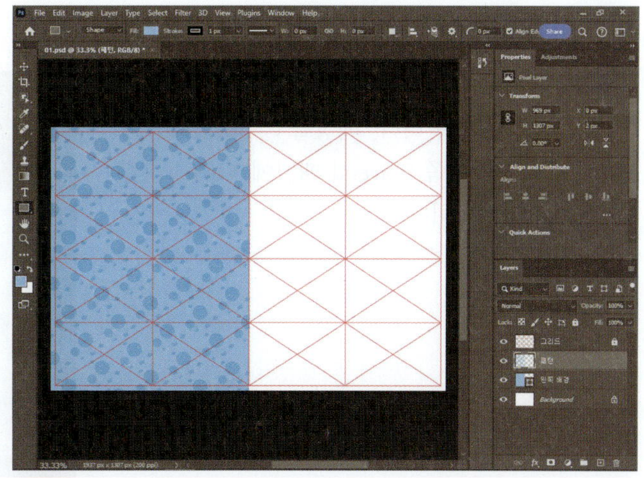

04 'Rectangle Tool'로 중앙에 사각형을 그립니다. 오른쪽에 [Properties] 패널에서 'W'의 값을 10mm로 입력합니다.

▶ **기적**의 TIP

길이의 단위가 mm가 아니라면 [Edit] 〉 [Preferences] 〉 [Units & Rulers]에 [Rulers : Millimeters]로 바꾸면 됩니다.

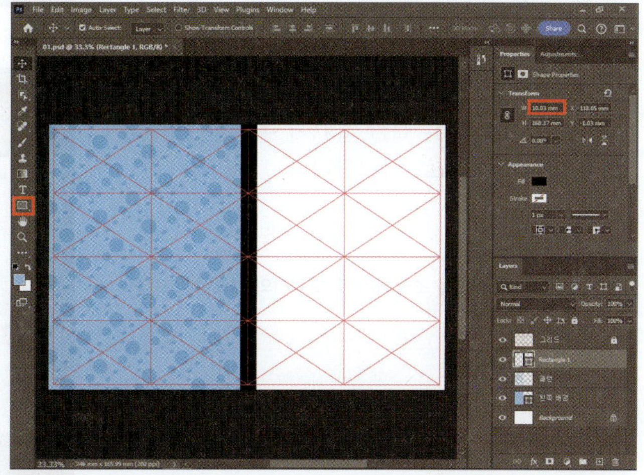

05 오른쪽 [Properties] 패널에서 'Fill'을 클릭하고 색상을 C70M15Y0K0으로 설정한 뒤 'Stroke'는 None으로 설정합니다.

▶ **기적**의 TIP

Properties 패널 : 현재 선택한 대상(레이어, 마스크, 도형, 텍스트 등)의 핵심 설정을 한 곳에 모아 놓은 컨트롤 패널입니다. 어떤 대상을 선택했느냐에 따라 내용이 자동으로 바뀝니다.

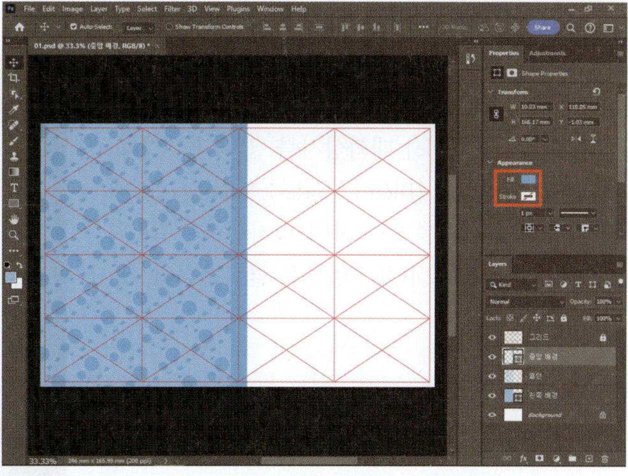

01 'Rectangle Tool'을 선택하고 다음과 같은 위치에 사각형을 그립니다. 색상을 C30M5Y0K0으로 설정하고 오른쪽 [Layers] 패널에 'Opacity' 값을 80%로 입력합니다.

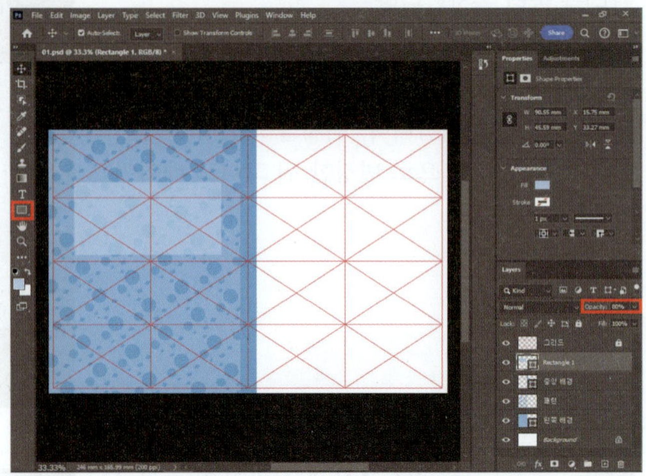

02 [Properties] 〉 [Appearance]에 쇠사슬 아이콘을 선택 해제하고 왼쪽 상단과 오른쪽 하단 코너 값을 각각 40px로 입력합니다.

기적의 TIP

'Corner Radius' 값을 조절하여 각 모서리의 뾰족한 정도를 조절할 수 있습니다.

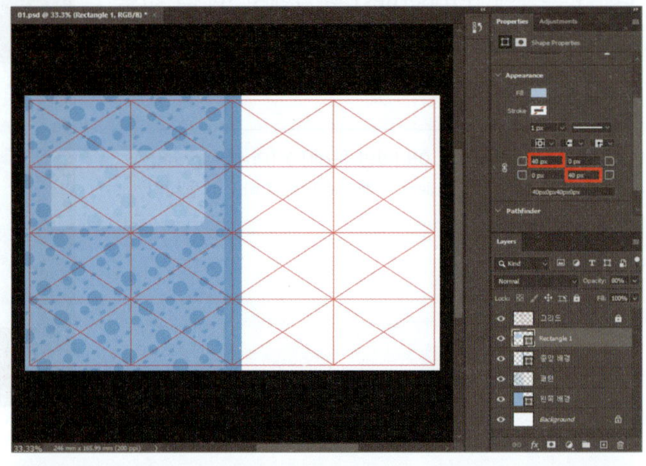

03 사각형 레이어의 이름을 '사각형'으로 바꾸고 '사각형' 레이어의 오른쪽 빈 공간을 더블클릭하여 [Layer Style] 대화상자를 엽니다. 'Outer Glow'를 클릭하고 [Blend Mode : Multiply]로 바꾼 뒤, 효과 크기를 조절하여 디자인 원고와 비슷하게 만들어주고 [OK] 버튼을 클릭합니다.

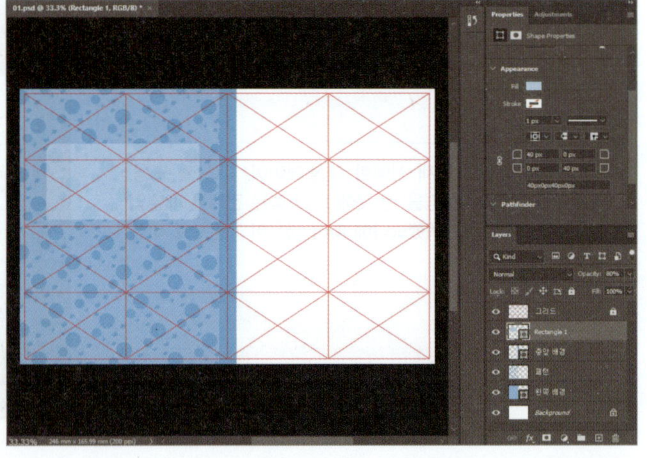

04 일러스트 작업 창에서 테디베어 오브젝트를 포토샵으로 불러옵니다. 'Move Tool'로 다음과 같은 위치로 옮기고 레이어의 이름을 '테디베어'로 변경합니다.

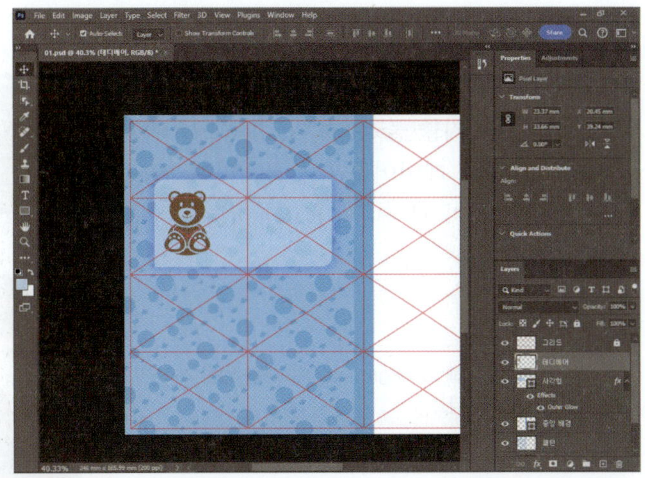

05 'Rectangle Tool'을 선택하고 바코드가 들어갈 자리에 다음과 같이 사각형을 그립니다. 색상은 C50M10Y0K0로 설정하고 레이어 이름을 '바코드 사각형'으로 변경합니다.

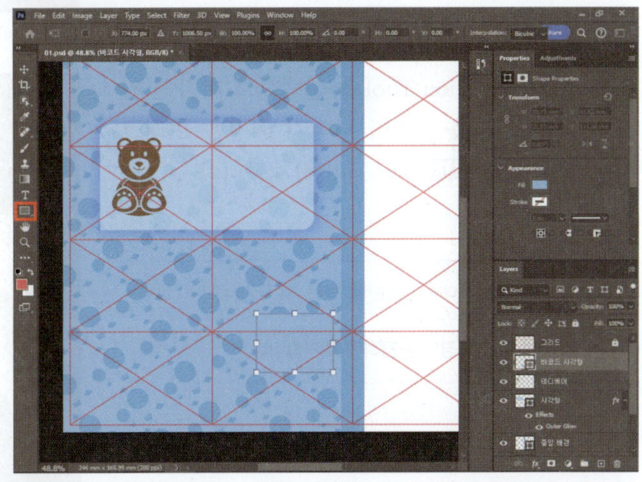

06 일러스트 작업 창에서 바코드 오브젝트를 포토샵 작업 창으로 가져옵니다. 크기와 위치를 조절하여 다음과 같이 배치하고 레이어 이름을 '바코드'로 변경합니다.

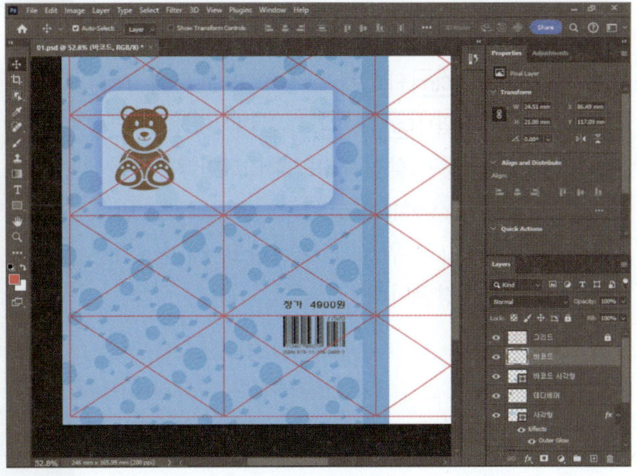

01 [File] 〉 [Open]을 통해 예제 자료 파일에서 '05.jpg' 이미지를 불러옵니다. [Layers] 패널에 'Background' 레이어를 더블클릭하여 'New Layer' 대화상자가 나타나면 [OK] 버튼을 누릅니다.

기적의 TIP

효과를 적용하기 위해 'Background' 레이어를 일반 레이어로 바꾸는 과정입니다.

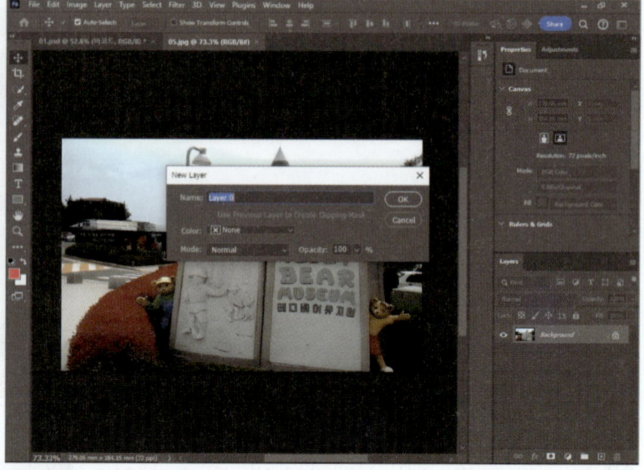

02 'Quick Selection Tool'을 선택하고 디자인 원고에 나온 부분을 제외한 나머지 배경을 드래그하여 선택하고 Delete 를 눌러 삭제합니다.

기적의 TIP

'Quick Selection Tool'로 Alt 를 누른 채 드래그하여 선택 영역에서 제외할 수 있습니다.
나무 사이에 하늘 배경도 꼼꼼하게 제거합니다.

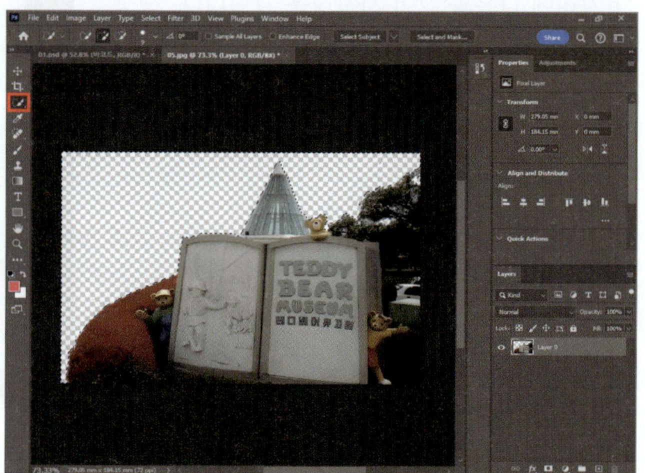

03 'Layer 0'을 Ctrl + C 로 복사하고 포토샵 작업 창으로 가져와 Ctrl + V 로 붙여 넣습니다. Ctrl + T 를 눌러 조절점을 표시하고 마우스 우클릭, [Flip Horizontal]을 클릭하여 수평으로 반전시킵니다. 크기와 위치를 조절하고 레이어의 이름을 '05'로 변경합니다.

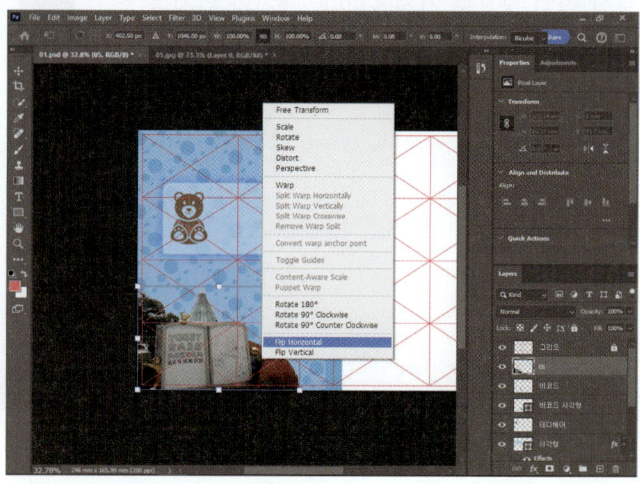

04 [File] 〉 [Open]을 통해 예제 자료 파일에서 '04.jpg' 이미지를 불러옵니다. [Object Selection Tool]로 Shift 를 누른 채 두 곰인형을 선택 영역으로 만들고 Ctrl + C 를 눌러 복사합니다.

'Object Selection Tool'로 곰인형 선택이 안 된다면 화면을 드래그해 경고 문구를 띄운 후 확인 버튼을 눌러 다시 진행합니다.

05 포토샵 작업 창으로 돌아와 Ctrl + V 를 눌러 붙여 넣습니다. 다음과 같이 크기와 위치를 조절하고 레이어 이름을 '테디베어 2'로 변경합니다.

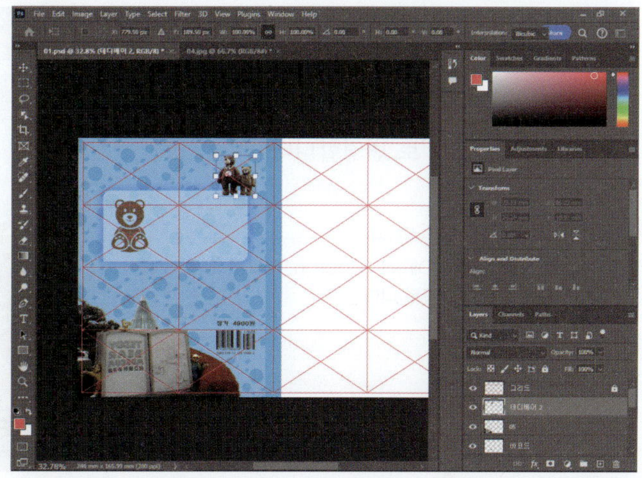

06 [Layers] 패널에서 '테디베어 2' 레이어가 선택된 상태로 [Filter] 〉 [Filter Gallery] 〉 [Artistic] 〉 [Dry Brush]를 선택합니다. 디자인 원고와 비슷하게 필터의 값을 조절하고 [OK]를 누릅니다.

07 [Layers] 패널에 모든 선택을 취소하고 'Pen Tool'을 선택한 뒤 상단 옵션 바에 'Shape'가 선택되어 있는지 확인합니다. 작업 화면 중앙 상단에 다음과 같은 리본을 그립니다. 'Fill'은 흰색으로 설정합니다.

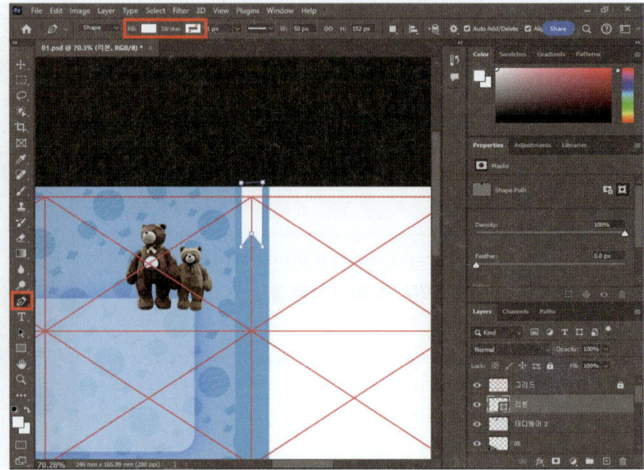

08 일러스트 작업 창에서 '테디베어박물관 로고' 오브젝트를 복사해서 포토샵 작업 창에 붙여 넣습니다. 크기와 위치를 다음과 같이 조절하고 레이어 이름을 '로고'로 변경합니다.

> **기적의 TIP**
>
> 일러스트 작업 창에서 'Direct Selection Tool'로 로고 오브젝트만 따로 선택할 수 있습니다.

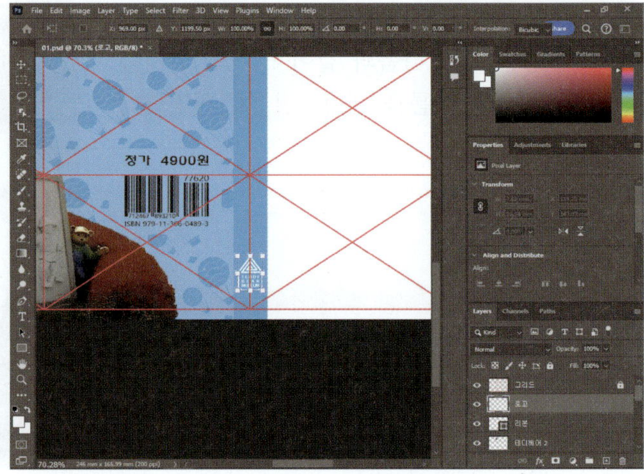

05 우측 이미지 편집하기

01 '일러스트작업' 창에서 'MUSEUM' 텍스트를 제외한 나머지 타이포그래피 오브젝트를 Ctrl + C로 복사해서 '포토샵작업' 창에 Ctrl + V로 붙여 넣습니다. 크기와 위치를 조절하고 레이어 이름을 '타이포그래피'로 변경합니다.

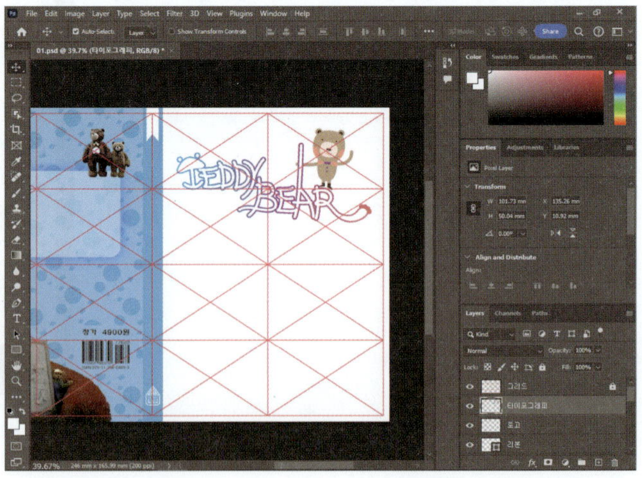

02 일러스트 작업 창에서 타이포그래피 옆에 'MUSEUM' 텍스트를 선택한 후 포토샵 작업 창으로 가져옵니다. 크기와 위치를 조절하고 레이어 이름을 'MUSEUM'으로 입력합니다. 'MUSE-UM' 레이어의 오른쪽 빈 공간을 더블클릭하여 'Layer Style' 대화상자가 열리면 'Color Overlay'를 선택하고 색상을 흰색으로 설정합니다.

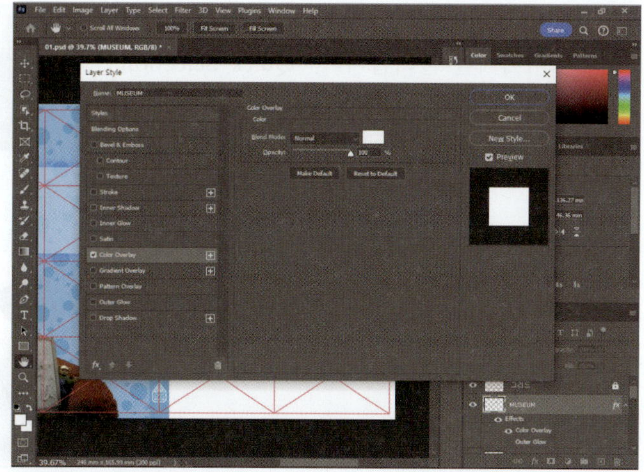

03 'Outer Glow'를 클릭하고 외부 광선 색상과 투명도, 크기 등을 디자인 원고와 최대한 비슷하게 설정한 뒤 [OK] 버튼을 클릭합니다.

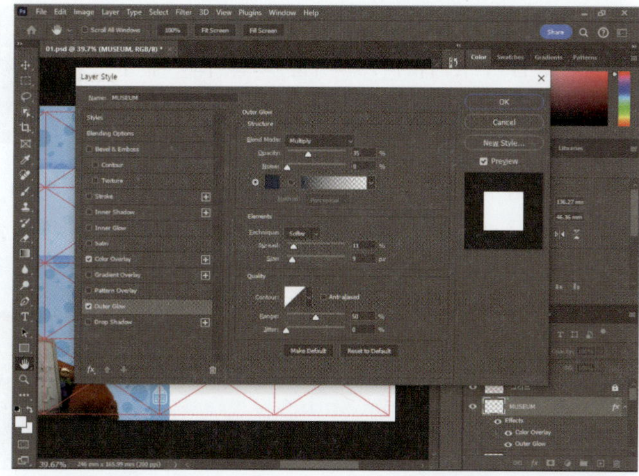

04 일러스트 작업 창에서 '테디베어뮤지엄' 오브젝트를 포토샵 작업 창으로 가져옵니다. 위치와 크기를 조절하고 레이어 이름을 '테디베어뮤지엄'으로 설정합니다.

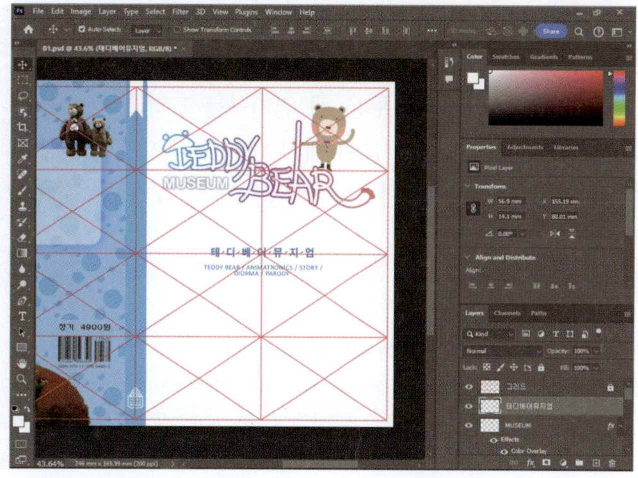

05 [File] 〉 [Open]을 통해 예제 자료 파일에서 '02.jpg' 이미지를 불러옵니다. 'Quick Selection Tool'로 하늘 배경을 제외한 나머지 부분을 선택 영역으로 지정한 뒤 Ctrl+C를 눌러 복사합니다.

06 포토샵 작업 창으로 돌아와 Ctrl+V를 눌러 붙여넣습니다. 위치와 크기를 조절하고 레이어의 이름을 '02'로 설정합니다.

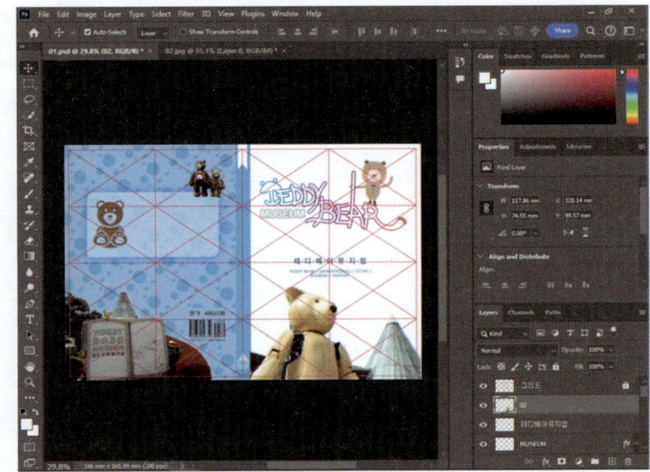

07 다시 일러스트 작업 창에서 '열기구' 오브젝트를 포토샵 작업 창으로 가져옵니다. 크기와 위치를 조절하고 Alt를 누른 채 열기구를 드래그하여 복사한 뒤 다음과 같이 배치합니다. 레이어 이름을 작은 열기구부터 '열기구1', '열기구2', '열기구3'으로 설정합니다.

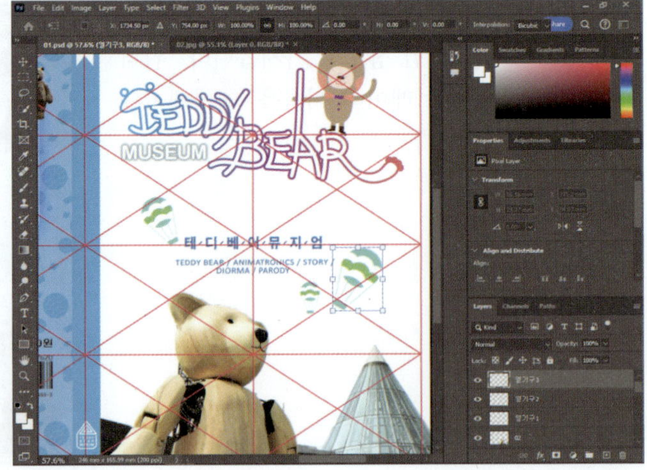

> **F 기적의 TIP**
>
> 그리드 레이어는 항상 맨 위에 위치하도록 합니다.

08 '열기구2' 레이어를 선택하고 [Image] 〉 [Ad-justments] 〉 [Hue/Saturation]을 클릭해 대화상자를 열고 'Hue' 슬라이더를 조절하여 왼쪽 열기구의 색상을 보라색으로 바꾼 뒤 [OK] 버튼을 누릅니다.

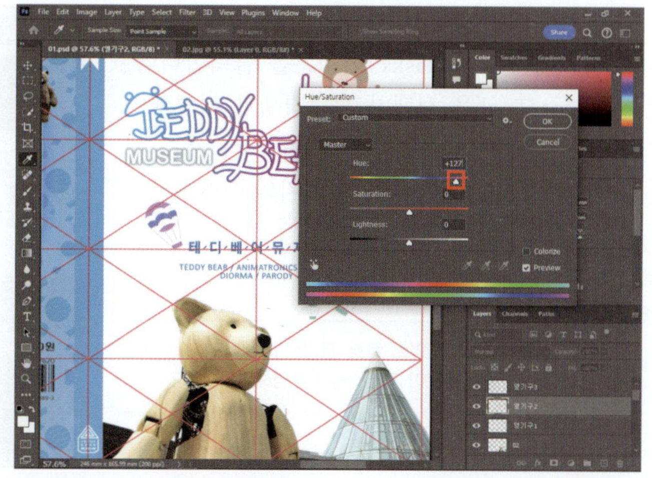

09 '열기구1' 레이어를 선택한 뒤 'Quick Selection Tool'로 중간에 있는 녹색 무늬만 따로 선택 영역으로 지정합니다. [Image] 〉 [Adjustments] 〉 [Hue/Saturation] 대화상자를 열고 해당 선택 영역만 파란색으로 바꾼 뒤 [OK] 버튼을 누릅니다.

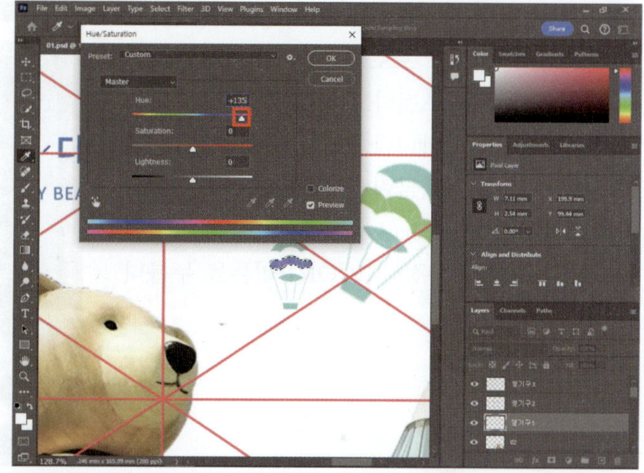

10 [File] 〉 [Open]을 선택하고 '01.jpg' 이미지를 불러옵니다. 'Background' 레이어를 더블클릭해서 일반 레이어로 만든 뒤 포토샵 작업 창으로 가져옵니다. 크기와 위치를 조절하고 레이어의 이름을 '하늘'로 설정한 뒤 'Background' 레이어 바로 위에 레이어를 배치합니다.

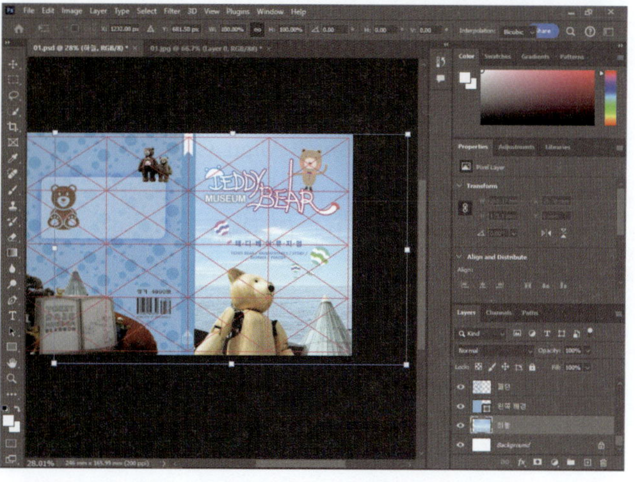

11 '하늘' 레이어가 선택된 상태에서 [Layers] 패널 하단에 'Layer Masks' 아이콘을 클릭합니다. 'Gradient Tool'을 선택하고 전경색과 배경색이 검정색, 하얀색인지 확인한 뒤 Shift 를 누른 채 수직으로 드래그하여 하늘 이미지의 아랫부분을 자연스럽게 지웁니다.

> **기적의 TIP**
>
> 레이어 마스크에 그라디언트 툴로 검정색을 칠하면 마스크에 검정색으로 물든 부분이 자연스럽게 투명해집니다.

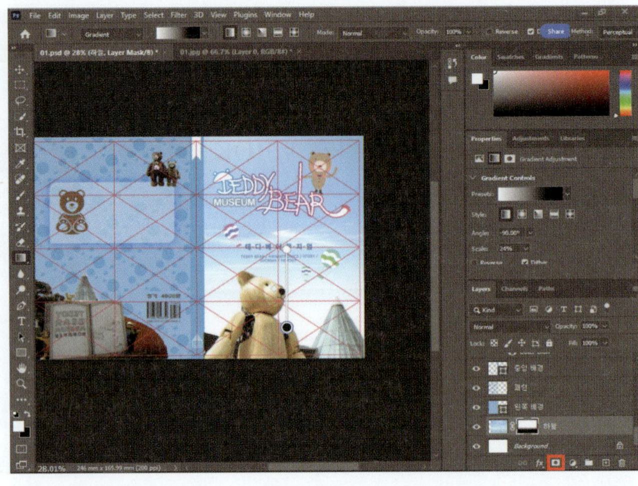

12 일러스트 작업 창에서 '테디베어박물관 로고'를 모두 선택하고 포토샵 작업 창으로 가져온 뒤 크기와 위치를 조절하고 레이어 이름을 '테디베어 로고'로 변경합니다. '테디베어 로고' 레이어의 빈 공간을 더블클릭해서 [Layer Style] 대화상자를 열고 'Drop Shadow'를 선택한 뒤 디자인 원고와 비슷하게 수정하고 [OK] 버튼을 누릅니다.

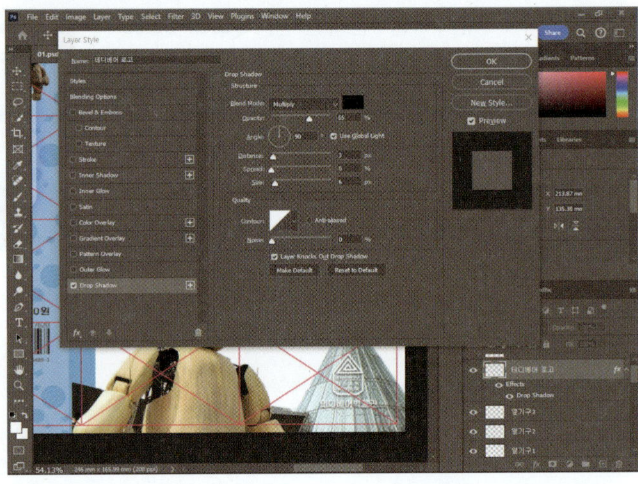

13 일러스트 작업 창에서 'Direct Selection Tool'로 '테디베어뮤지엄' 오브젝트를 다음과 같이 재배열합니다. 대략적으로 재배열한 뒤 오브젝트를 모두 선택하고 'Horizontal Align Center'와 'Vertical Distribute Center'를 차례로 클릭하여 각 간격을 정확히 정렬합니다. Ctrl + C 를 눌러 복사합니다.

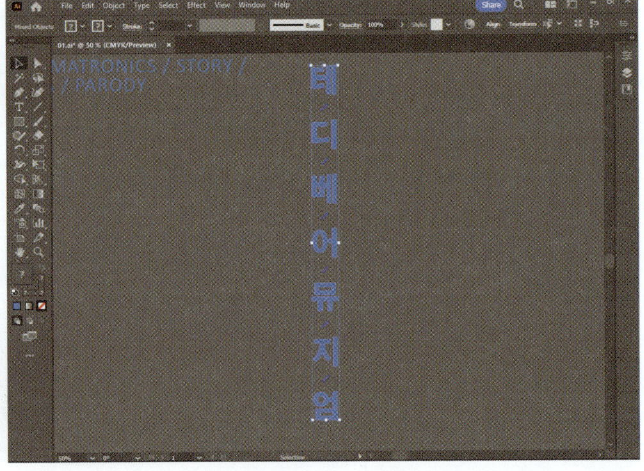

14 포토샵 작업 창으로 돌아와 Ctrl+V 를 눌러 붙여넣고 위치와 크기를 조절한 뒤 레이어의 이름을 '중앙 테디베어'로 변경합니다. 해당 레이어를 더블클릭해서 [Layer Style] 〉 [Color Overlay]에 색상을 C100M80Y0K0으로 설정한 뒤 [OK] 버튼을 누릅니다.

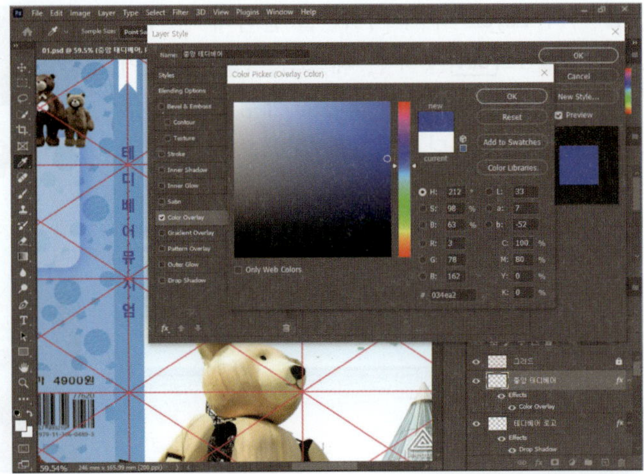

15 'Horizontal Type Tool'을 선택하고 'T'를 입력합니다. Shift+Enter 를 누르고 'E'를 입력한 뒤 다시 Shift+Enter 를 누릅니다. 같은 방식으로 'TEDDY BEAR MUSEUM'을 세로로 입력하고 [Properties] 패널에서 디자인 원고와 비슷한 폰트, 크기, 행간을 조절합니다. 색상은 흰색으로 설정합니다.

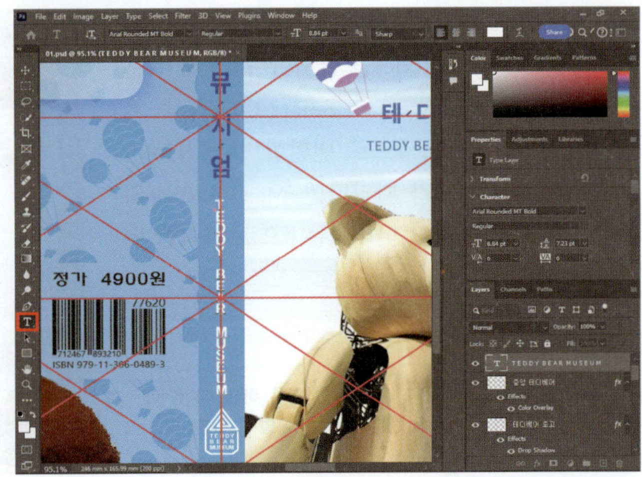

06 하프톤 이미지 만들기

01 [Layers] 패널 하단에 'Layers' 추가 아이콘을 클릭합니다. 'Rectangular Marquee Tool'로 오른쪽 배경 전체를 선택 영역으로 지정하고 전경색을 C40M0Y0K0으로 설정한 뒤 Alt+Delete 로 색을 채웁니다. 레이어 이름은 '오른쪽 배경' 설정하고 '하늘' 레이어 아래로 옮깁니다.

> **⚑ 기적의 TIP**
>
> • 전경색으로 색 채우기 : Alt + Delete
> • 배경색으로 색 채우기 : Ctrl + Delete

02 다시 'Layers' 추가 아이콘을 클릭해 새 레이어를 만들고 Ctrl을 누른 채 '오른쪽 배경' 레이어의 썸네일을 클릭하여 오른쪽 배경을 선택 영역으로 지정합니다. 검정과 흰색으로 설정된 'Gradient Tool'을 수직으로 드래그하여 다음과 같이 그라디언트를 적용합니다. 새 레이어의 이름을 '하프톤'으로 수정합니다.

03 '하프톤' 레이어를 선택하고 [Filter] > [Pixelate] > [Color Halftone]을 클릭합니다. 경고 문구가 나타나면 'Convert to Smart Object'를 클릭하여 스마트 오브젝트로 변환합니다. [Color Halftone] 대화상자가 나타나면 'Max. Radius'의 값을 20으로 설정하고 나머지는 0으로 입력한 뒤 [OK]를 누릅니다.

⑮ 기적의 TIP

하프톤 효과 크기가 너무 크거나 작을 경우, 해당 레이어에 'Color Halftone' 효과를 더블클릭해서 수정할 수 있습니다.

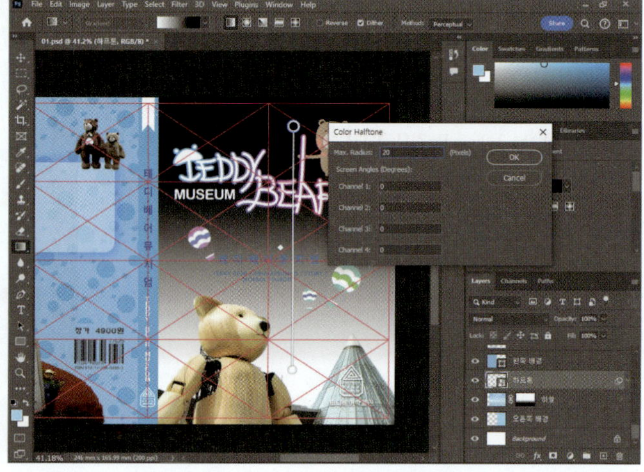

04 [File] > [Open]으로 '03.jpg' 이미지를 불러옵니다. 검은색 점 안에 03 이미지를 넣어야 하기 때문에 하프톤 효과가 잘 보일만한 위치에 03 이미지를 배치합니다. 레이어 이름도 '03'으로 변경합니다.

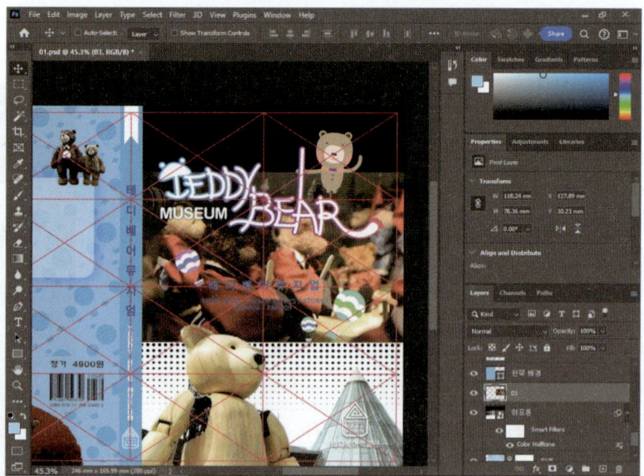

05 [레이어] 패널에서 '03' 레이어의 눈 모양 아이콘을 클릭해 보이지 않도록 만듭니다. 'Magic Wand Tool'을 선택하고 상단 옵션 바에서 'Contiguous'를 체크 해제한 뒤 '하프톤' 레이어를 선택한 상태에서 화면에 검은색 부분을 클릭하여 선택 영역으로 지정합니다.

'Magic Wand Tool'의 'Contiguous'를 끄면 해당 색상이 연결되지 않더라도 같은 색상이면 한꺼번에 선택됩니다.

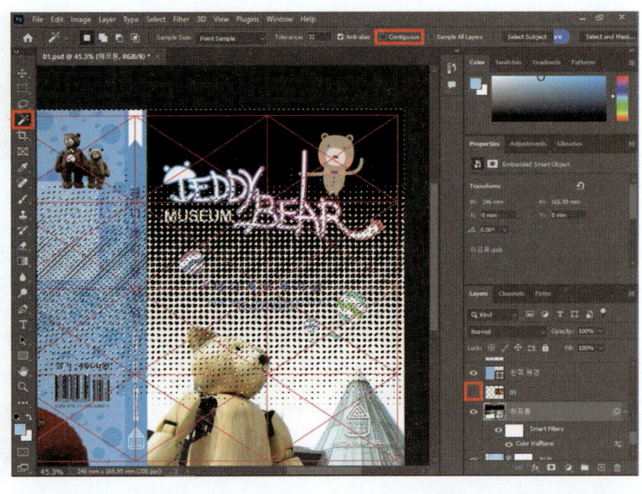

06 [레이어] 패널에 '03' 레이어의 눈 모양 아이콘을 키고 '03' 레이어가 선택된 상태에서 [레이어] 패널 하단에 'Layer Masks' 아이콘을 클릭합니다. 검정색 원 안에 03 이미지가 들어간 것을 확인합니다.

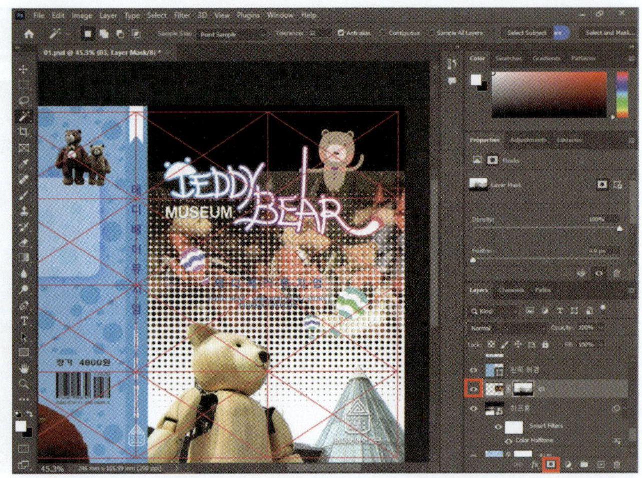

07 [레이어] 패널에서 '하프톤' 레이어의 눈 모양 아이콘을 끄고 '03' 레이어를 선택한 뒤 이미지의 위치를 조절해 줍니다. '03' 레이어의 블렌드 모드를 'Overlay'로 설정합니다.

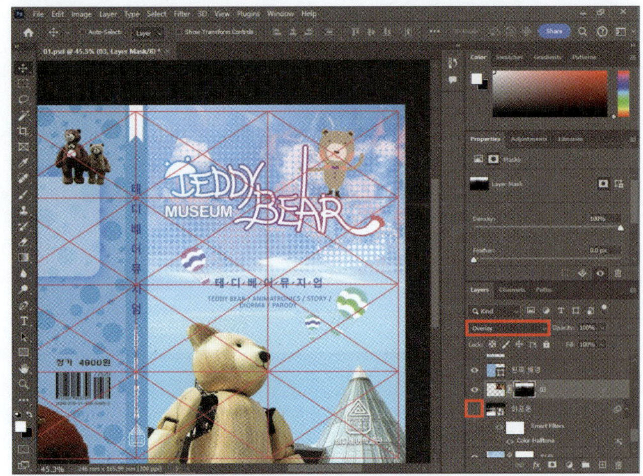

08 '그리드' 레이어의 눈 모양 아이콘을 끄고 전체적으로 점검합니다. 나머지 텍스트는 인디자인에서 작업하겠습니다.

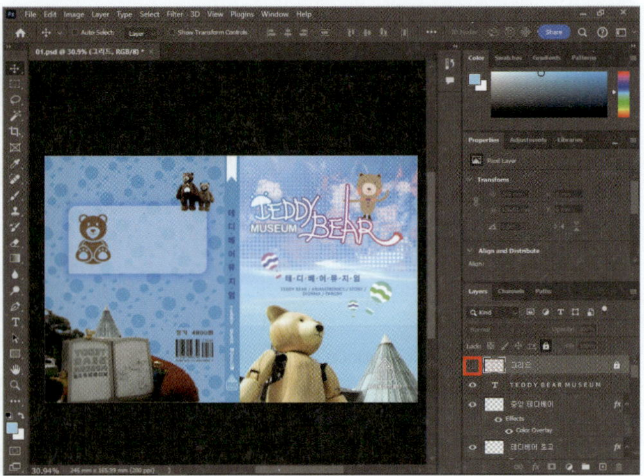

09 [File] 〉 [Export] 〉 [Export As]를 클릭합니다. 대화상자가 나타나면 [Format : JPG]로 변경하고 'Quality'는 가장 높게 설정한 뒤 [Export]를 클릭하여 저장 및 출력합니다.

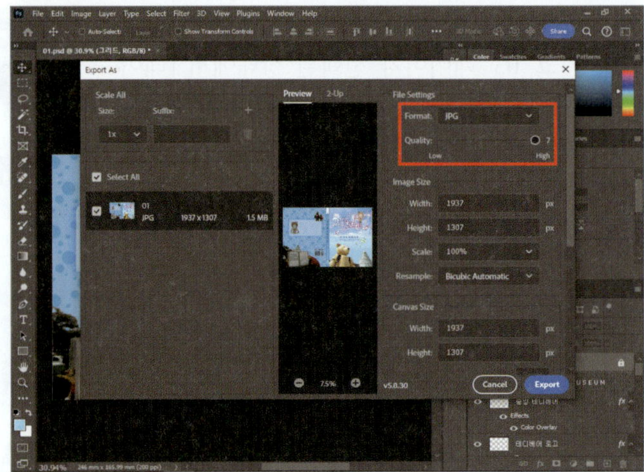

01 작업 준비하기

[File] 〉 [New] 〉 [Document]를 선택하여 'Number of Pages : 1, Facing Pages : 체크해제', 'Page Size : A4 (Width : 210mm, Height : 297mm)', Margins 'Make all settings the same : 해제, 'Top : 25.5mm, Bottom : 25.5mm, Left : 22mm, Right : 22mm'로 입력한 후, [Create] 버튼을 클릭합니다.

> **기적의 TIP**
>
> A4의 가로 길이 210mm에서 166mm를 뺀 값은 44mm이고, A4의 세로 길이 297mm에서 246mm를 뺀 값은 51mm이므로 이 여백을 2등분하여 각각의 여백으로 지정합니다.

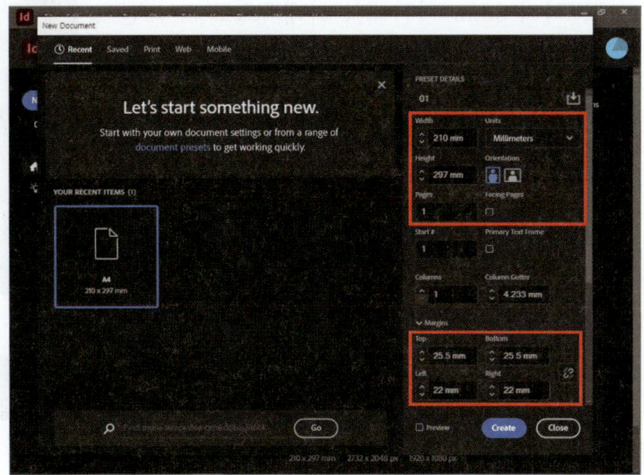

02 안내선 만들기

01 실제 크기의 안내선이 만들어졌으면 안내선의 위쪽, 아래쪽, 왼쪽, 오른쪽의 안쪽으로 3mm를 뺀 작품 규격 크기의 안내선도 만들어야 합니다. 눈금자의 기준점을 드래그하여 왼쪽 위의 안내선 교차 지점에 이동시켜 기준점이 0이 되도록 합니다.

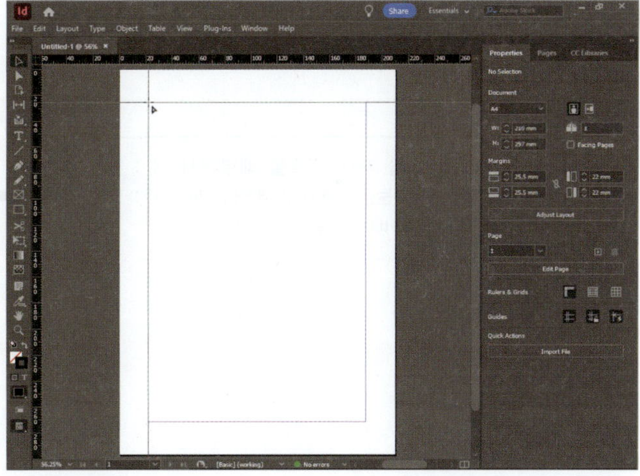

02 'Zoom Tool'로 실제크기 안내선 왼쪽 위를 드래그하여 확대하고, 왼쪽 눈금자에서 마우스를 드래그하여 0mm 지점에서 오른쪽으로 3mm 만큼 이동한 지점과 위쪽 눈금자에서 마우스를 드래그하여 0mm 지점에서 아래쪽으로 3mm만큼 이동한 지점에 안내선을 가져다 놓습니다.

> **기적의 TIP**
>
> 왼쪽 눈금자에서 안내선을 꺼내 [Properties] 패널에서 'X : 3mm'로 입력하고, 위쪽 눈금자에서 안내선을 꺼내 'Y : 3mm'로 입력하여 정확히 배치할 수 있습니다.

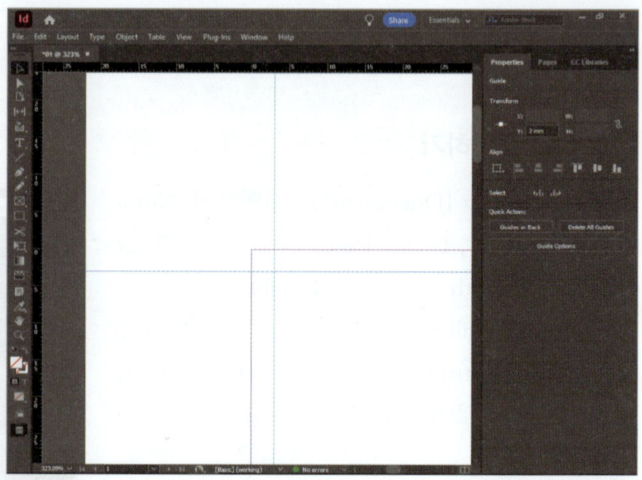

03 'Hand Tool'을 더블클릭하여 윈도우 화면으로 맞춘 후, 실제 크기의 안내선 오른쪽 아래를 'Zoom Tool'로 확대합니다. 왼쪽 눈금자에서 마우스를 드래그하여 166mm 지점에서 왼쪽으로 3mm만큼 이동한 지점(163mm)과 위쪽 눈금자에서 마우스를 드래그하여 오른쪽 아래의 246mm 지점에서 위쪽으로 3mm만큼 이동한 지점(243mm)에 안내선을 가져다 놓습니다.

> **기적의 TIP**
>
> 왼쪽 눈금자에서 안내선을 꺼내 컨트롤 패널에서 'X : 163mm'로 입력하고, 위쪽 눈금자에서 안내선을 꺼내 'Y : 243mm'로 입력하여 정확히 배치할 수 있습니다.

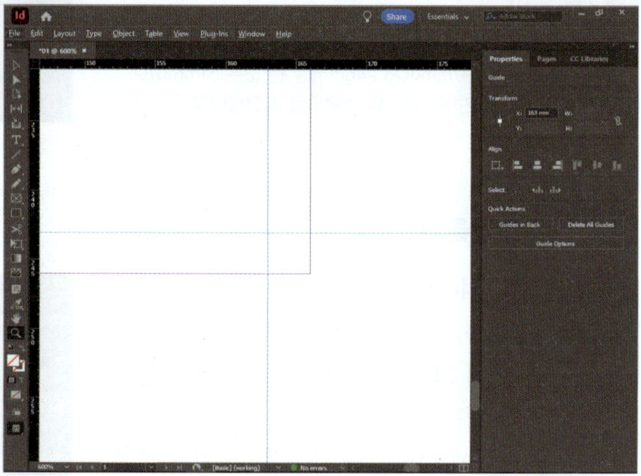

01 왼쪽 위를 'Zoom Tool'로 확대한 후, 'Line Tool'을 클릭하고, Shift 를 누른 상태에서 왼쪽 위의 세로 안내선과 실제 크기 안내선 경계 부분에 수직으로 드래그하여 5mm 길이의 재단선을 그립니다. 가로 안내선과 실제 크기 안내선 경계 부분도 수평으로 드래그하여 5mm 길이의 재단선을 그립니다. 두 재단선을 'Selection Tool'로 Shift 를 누른 상태에서 각각 클릭하고, Ctrl + G 를 눌러 그룹으로 지정 후 Ctrl + C 를 눌러 복사합니다.

기적의 TIP

컨트롤 패널에서 'L' 값을 참고하여 수치를 확인하거나 입력할 수 있습니다.

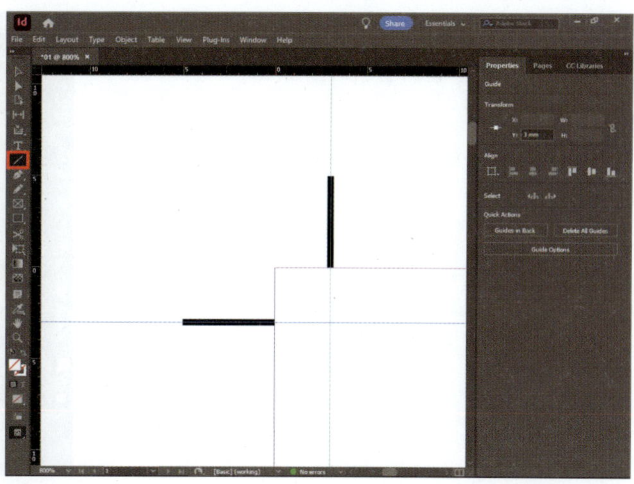

02 '오른쪽 위를 'Zoom Tool'로 확대한 후 Ctrl + V 를 눌러 붙여넣기 합니다. Shift 를 누른 채 조절점을 돌려 방향을 맞춘 후, 안내선에 맞춰 배치합니다. 동일한 방법으로 아래쪽의 재단선도 만듭니다.

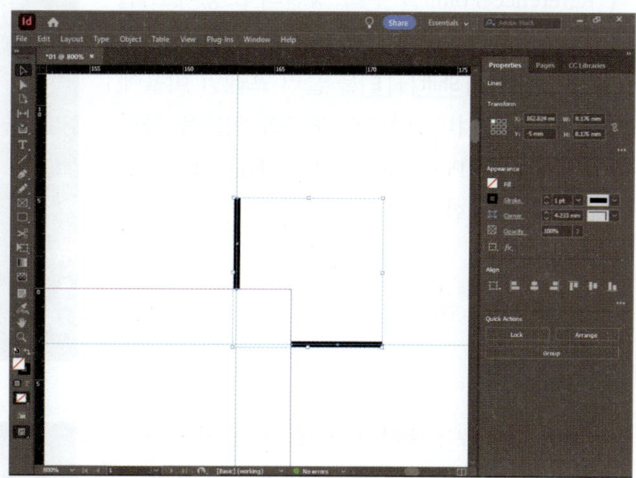

01 [File] > [Place]를 선택하여 01.jpg를 선택하고 [열기] 버튼을 클릭합니다.

Ctrl + D : Place

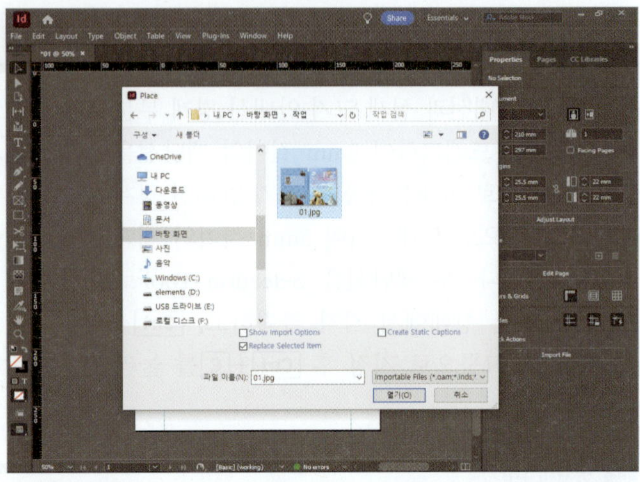

02 실제 크기 안내선의 왼쪽 위에 마우스를 클릭하여 이미지를 삽입합니다. [Properties] 패널의 'Reference Point'를 왼쪽 상단의 모퉁이로 선택하고, [W : 246mm], [H : 166mm]로 입력하고 Ctrl + Alt + Shift + E 를 눌러 프레임 비율에 이미지를 맞춥니다. 마우스 오른쪽 버튼을 클릭하여 [Display Performance] > [High Quality Display]를 선택합니다.

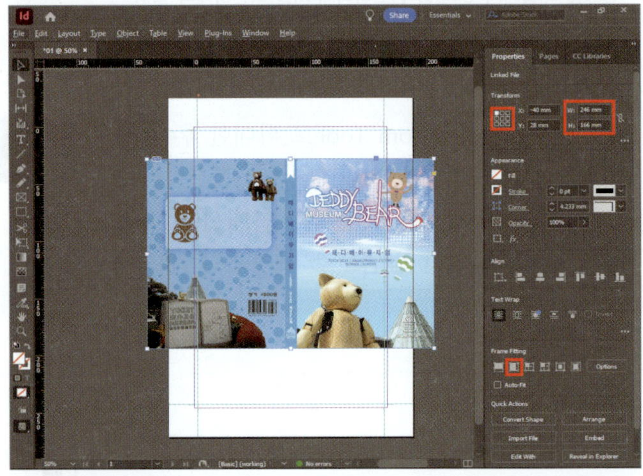

03 'Pen Tool'을 선택하고 텍스트가 들어갈 텍스트 프레임을 그립니다. 제공된 소스 파일을 열고 '문자.txt' 파일을 열어서 텍스트를 복사한 후 인디자인의 텍스트 프레임 안에 붙여넣기 합니다. [Properties] 패널에서 적절한 폰트와 크기, 자간, 행간 등을 설정합니다.

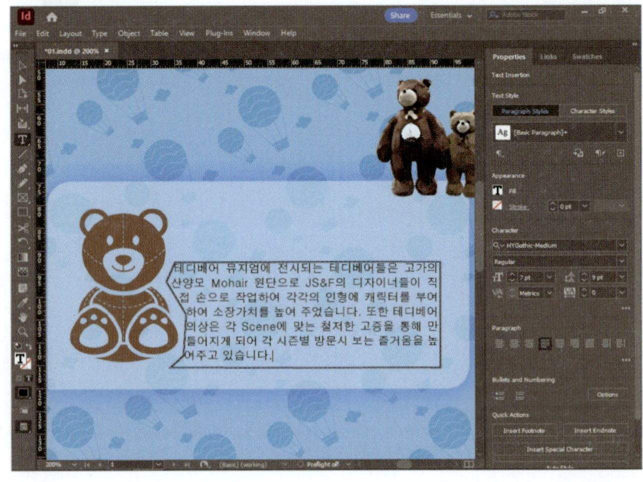

04 'Selection Tool'로 펜툴 선을 선택하고 [Properties] 패널에 'Stroke' 값을 0으로 설정해서 선이 보이지 않게 합니다.

05 'Type Tool'로 TEDDY BEAR MUSEUM'을 입력하고 [Properties] 〉 [Fill]을 클릭하면 여러 가지 색상 견본이 있습니다. 아무 견본을 더블클릭해서 해당 C100M80Y0K0 색상을 입력합니다.

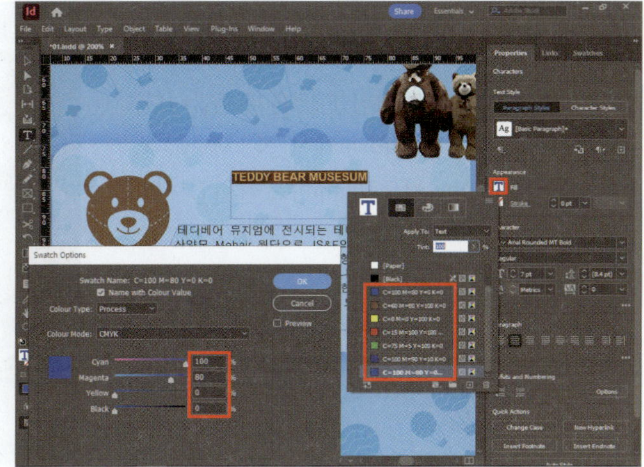

06 계속해서 아래에 '테디베어박물관'을 입력하고 적절한 폰트와 크기를 선택한 다음 [Properties] 〉 [Fill]을 통해 '테디베어'는 C60M80Y100K0으로, '박물관'은 검정색으로 설정합니다.

07 이미지와 텍스트를 모두 선택하고 Ctrl+G를 눌러 그룹으로 묶은 후, 모서리의 조절점을 잡고 회전시킨 다음 안내선에 맞게 배치합니다. [Properties] 탭의 Transform에서 'X : 0mm, Y : 0mm, W : 246mm, H : 166mm'를 확인합니다.

> **기적의 TIP**
>
> - 모두 선택 단축키 : Ctrl+A, 또는 마우스로 전체를 드래그합니다.
> - 앞서 설명한 눈금자 원점(모서리)을 안내선에 맞추지 않고 종이에 맞게 그대로 두었다면 X : 22mm, Y : 25,5mm로 표시되는 것이 맞습니다.

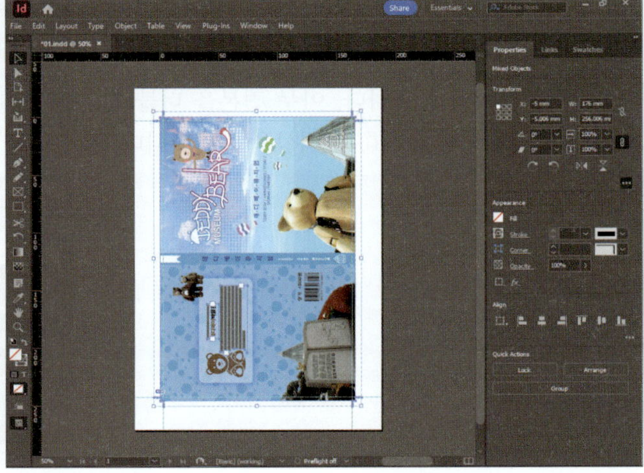

05 비번호 입력하고 제출하기

01 작업 화면의 좌측 하단을 확대하고 'Type Tool'로 자신의 비번호(01)를 입력합니다. 폰트는 고딕, 크기는 10pt로 설정합니다. 위치는 작품에서 3mm 떨어진 지점으로 이동합니다.

기적의 TIP

- 요구사항에 의하면 비번호를 입력할 때 폰트는 고딕체, 폰트 크기는 10pt로 입력해야 합니다.
- 시험장에서 배정된 자신의 비번호를 입력하면 됩니다. 예제에서의 01은 예시입니다.

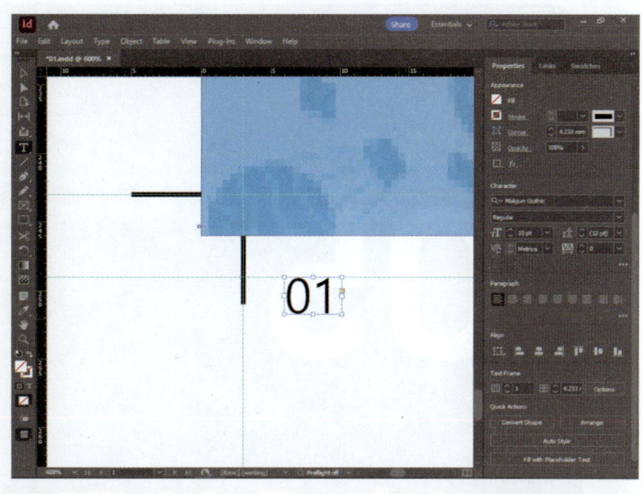

02 'Hand Tool'를 더블클릭하여 결과물 전체를 확인합니다. [File] 〉 [Save]를 선택하여 파일 이름을 자신의 비번호 01로 입력한 후 [저장] 버튼을 클릭합니다. 바탕화면에 있는 전송용 폴더에 확장자 jpg와 indd 파일만 저장합니다. 결과물을 프린트하고 프린트된 A4 용지는 시험장에서 제공하는 켄트지의 한 가운데에 붙여 제출합니다.

기적의 TIP

제출해야 할 폴더의 용량은 총 15MB 이하입니다.

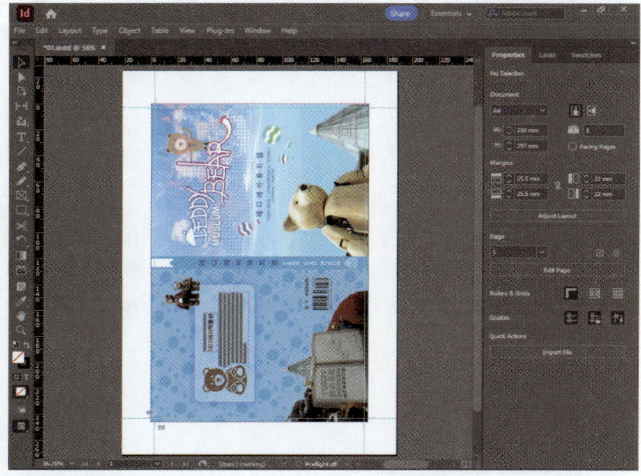

05

기출 유형 문제 2

파트 소개

실기 기출 유형을 실제 시험과 동일한 흐름으로 풀어보며 실전 감각을 기를 수 있는 파트입니다. 이해가 어려운 부분은 QR 코드를 통해 제공되는 동영상 강의를 함께 시청하실 수 있습니다.

※ 기출 유형 문제 2는 CS 버전 프로그램 화면과 풀이 과정을 기준으로 구성되었습니다.

시험지시서와 디자인 원고를 꼼꼼히 분석한 뒤, 그리드 제작, 프로그램별 작업 과정을 거쳐 최종 도면을 완성하는 전 과정을 따라가며 학습합니다. 실제 시험처럼 순서를 생각하며 연습해 보세요.

차례

호흡 명상 클리닉 포스터

작업 프로그램 포토샵, 일러스트레이터, 인디자인

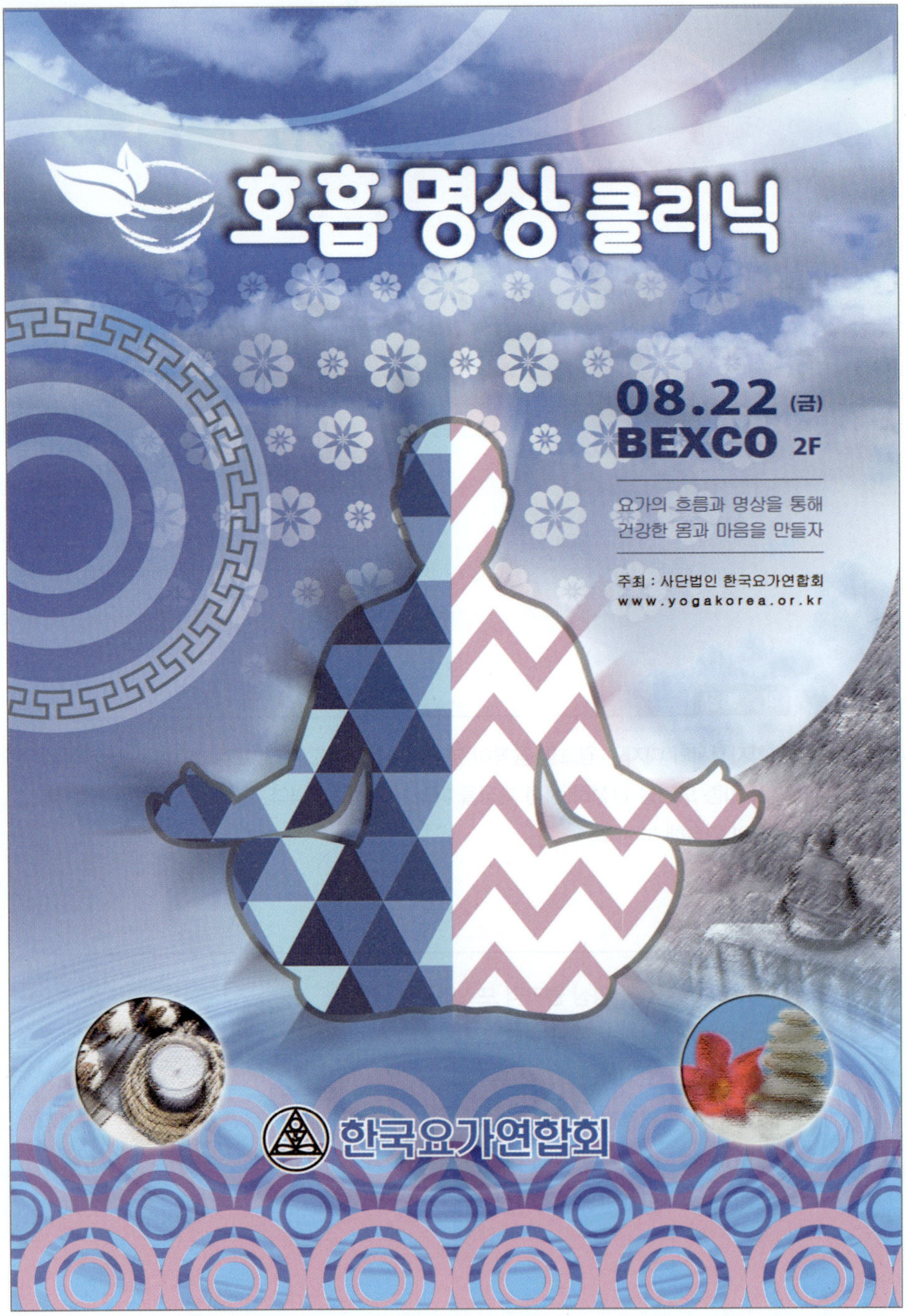

국가기술자격 실기시험 문제

자격종목	컴퓨터그래픽기능사	과제명	호흡 명상 클리닉 포스터

※ 시험시간 : 3시간 30분

1. 요구사항

※ 다음의 요구사항에 맞도록 주어진 자료(컴퓨터에 수록)를 활용하여 디자인 원고를 시험시간 내에 컴퓨터 작업으로 완성하여 A4 용지로 출력 후 A3 용지에 마운팅(부착)하여 제출하시오.

※ 모든 작업은 수험자가 컴퓨터 바탕화면에 폴더를 만들어 저장하시오.

가. 작품규격(재단되었을 때의 규격) : 160mm×240mm ※A4 용지 중앙에 작품이 배치되도록 하시오.

나. 구성요소(문자, 그림) : ※(디자인 원고 참조)

① 문자요소

- 호흡 명상 클리닉
- 08.22 (금)
- BEXCO 2F
- 요가의 흐름과 명상을 통해 건강한 몸과
  마음을 만들자
- 주최 : 사단법인 한국요가연합회
- www.yogakorea.or.kr
- 한국요가연합회

② 그림요소 : 디자인 원고 참조

명상 용품1.jpg

명상 용품2.jpg

명상.jpg

원형 물결.jpg

구름.jpg

다. 작업내용

01) 주어진 디자인 원고(그림, 사진, 문자, 색채, 레이아웃, 규격 등)와 동일하게 작업하시오.

02) 디자인 원고 내용 중 불명확한 형상, 색상코드 불일치, 색 지정이 없는 부분, 원고에 없는 형상 등이 있을 때는 수험자가 완성도면 내용과 같이 작업하시오.

03) 디자인 원고의 서체(요구서체)가 사용 컴퓨터 및 소프트웨어와 맞지 않을 경우는 가장 근접한 서체를 사용하시오.

04) 상하, 좌우에 3mm 재단여유를 갖도록 작품을 배치하고, 재단선은 작품규격에 맞추어 용도에 맞게 표시하시오.
   (단, 디자인 원고 중 작품의 규격을 표시한 외곽선이 있을 때는 원고의 지시에 따라 표시여부를 결정한다.)

05) 디자인 원고 좌측 하단으로부터 3mm를 띄워 비번호를 고딕 10pt로 반드시 기록하시오.

06) 출력물(A4)는 어떠한 경우에도 절취할 수 없으며, 반드시 A3 용지 중앙에 마운팅하시오.

라. 컴퓨터 작업범위

01) 15MB 용량의 폴더에 수록될 수 있도록 작업범위(해상도 및 포맷형식)를 계획하시오.

02) 규격 : A4(210×297mm) 중앙에 디자인 원고 내용과 같은 작품(원고규격)을 배치하시오.

03) 해상도 및 포맷형식 : 제한용량 범위 내에서 선택하시오.

04) 기타 : ① 제공된 자료범위 내에서 활용하시오.
   ② 3개의 2D 응용프로그램을 고루 활용하되, 최종작업 및 출력은 편집프로그램(퀵 익스프레스, 인디자인)에서 하시오.
   (최종작업 파일이 다른 프로그램에서 생성된 경우는 출력할 수 없음)

작품명 : 호흡 명상 클리닉 포스터

※ 작품규격(재단되었을 때의 규격) : 가로 160mm×세로 240mm, 작품 외곽선은 표시하고, 재단선은 3mm 재단 여유를 두고 용도에 맞게 표시할 것.
※ 지정되지 않은 색상 및 모든 작업은 "최종결과물" 오른쪽 디자인 원고를 참고하여 작업하시오.

❶ 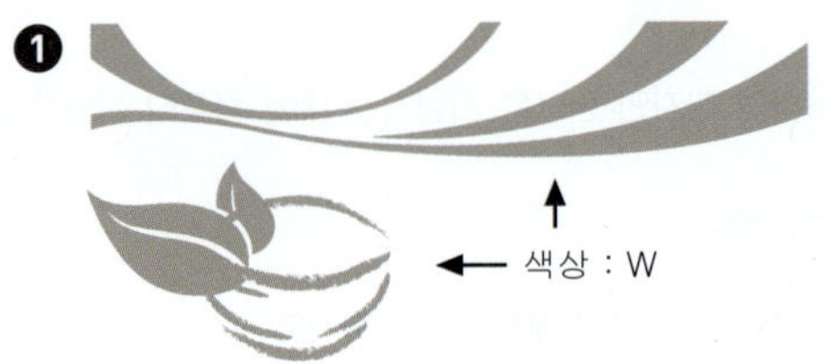
← 색상 : W

❷ 
흰부분 : 투명
도형 : W
크기를 조절해 여러개를
패턴으로 만들어서 바탕과
자연스럽게 합성

❸ C100M70, 테두리 W
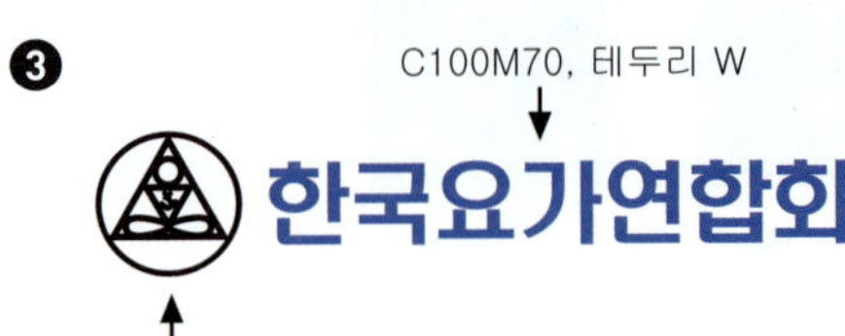 한국요가연합회
K100, 내부는 투명

❹ 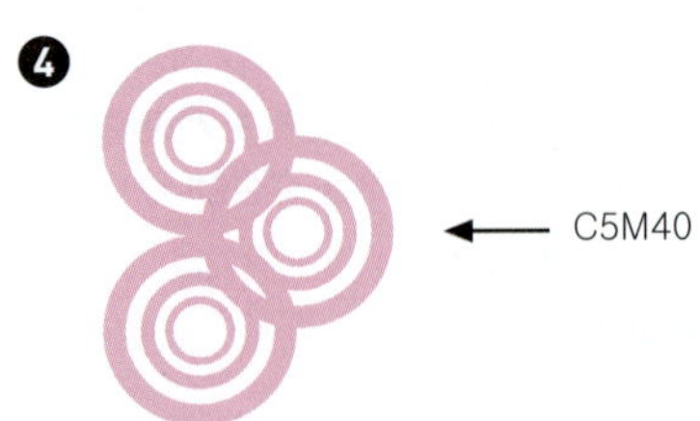
← C5M40

❺ 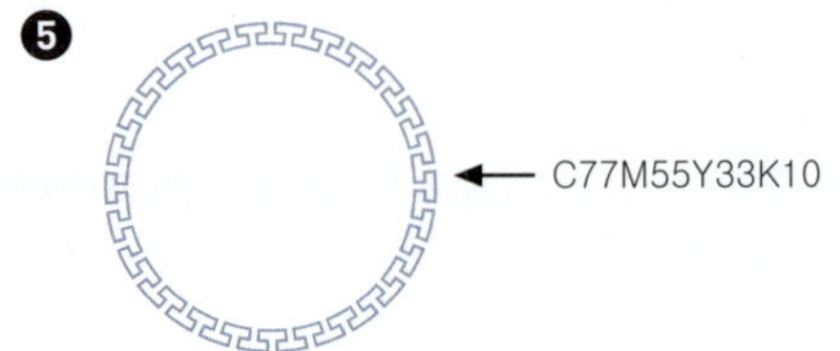
← C77M55Y33K10

❻  호흡 명상 클리닉
문자 : W
외곽선 : C100M76Y17K3
그림자 : C92M86Y40K40

❼ 좌,우 패턴효과, 테두리 적용

C100
M90
Y40
C80 C60 K10
M50 M30

C5
M40

C100 C30
M80 Y5
Y20

❽ **08.22** (금)
BEXCO 2F

요가의 흐름과 명상을 통해
건강한 몸과 마음을 만들자

문자, 선 색상 : C100M89Y26K10

주최 : 사단법인 한국요가연합회
w w w . y o g a k o r e a . o r . k r

문자 색상 : K100

이미지(구름),
원고와 같이
자연스럽게 합성

원고와 같은
광원 효과 적용

배경 전체:
그라데이션
W~C89M70,
구름 필터 효과 적용

색상 : W,
블랜딩 모드를
적용해서 배경과 합성

패턴 브러시 적용

그림자에 불투명도와
외곽에 흐림효과를
적용해서 배경과
어우러지게 합성

이미지(명상용품1)
원고와 같은 필터,
입체감, 외부광선
효과 적용

블랜딩 모드 적용으로
배경과 어우러지게
합성

외곽선, 그림자
효과 적용

이미지(명상),
모노톤으로 색상 변경,
원고와 같은 필터,
마스크 요과 적용

이미지(명상용품2),
원고와 같은 필터,
입체감, 외부광선
효과 적용

불투명도를 조절해서
배경과 어우러지게
합성

블랜딩 모드 적용으로
배경과 어우러지게
합성

01 작업 그리드 그리기

배부받은 디자인 원고의 완성 이미지 위에 필기구와 자를 이용하여 가로, 세로의 크기를 측정한 후 각 4등분으로 선을 그어 줍니다. 16등분의 직사각형이 그려지면 가로와 세로선이 교차되는 지점을 기준으로 대각선을 그립니다.

▶ 기적의 TIP

작업 그리드를 그리는 이유?
컴퓨터 작업 시 각 이미지나 도형의 크기, 위치, 간격을 파악하기 위해 필요한 작업입니다. 빨간색 볼펜 등의 튀는 색상의 필기구로 기준선 그리기 작업을 하는 것이 좋습니다.

02 실제 작업 크기 분석 및 계획 세우기

작품규격 160mm×240mm를 확인합니다. 작품 외곽선을 생략하고, 재단선은 3mm의 재단 여유를 두고 용도에 맞게 표시할 것을 염두에 둡니다. 작품규격에 위쪽, 아래쪽, 왼쪽, 오른쪽으로 각 3mm씩 재단여유를 주면 실제작업 크기는 166mm×246mm가 됩니다. 그리고 각 요소를 표현하기 위해 사용될 프로그램을 계획해 줍니다.

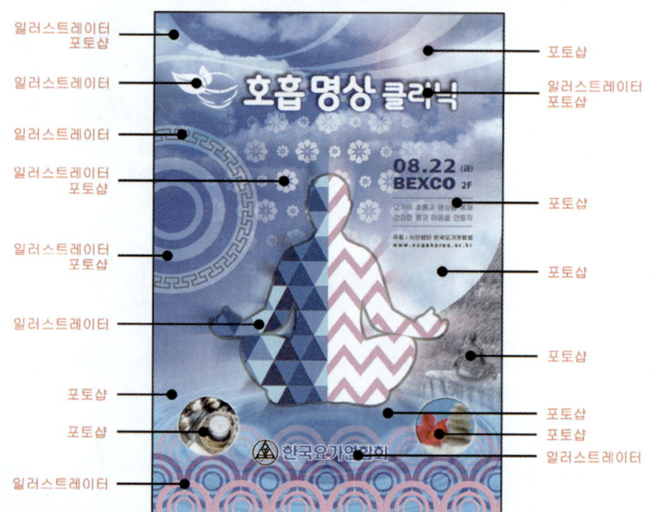

03 그리드 제작하기

01 일러스트레이터를 실행하고, [File] 〉 [New]
를 선택하여 'Units : Millimeters, Width :
166mm, Height : 246mm, Color Mode :
CMYK'로 설정한 후, [OK] 버튼을 클릭합니다.

🏳 기적의 TIP

- Ctrl + N : New Document(새 문서 만들기)
- 작품규격은 160mmX240mm이므로 재단선 3mm씩을
  더하면 작업창의 크기는 166mmX246mm가 됩니다.

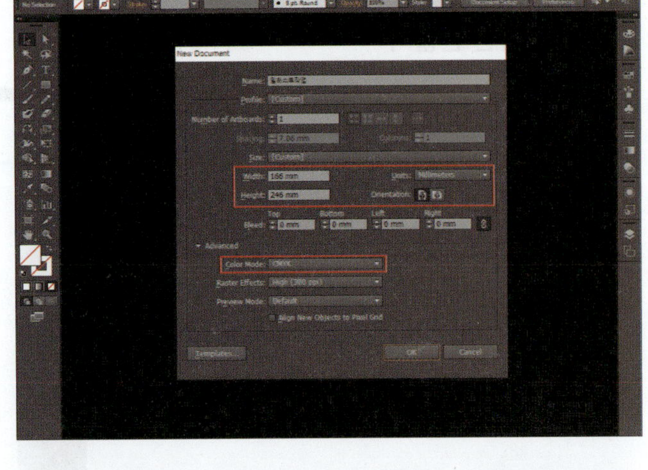

02 'Rectangular Gr Tool'을 선택하고, 작업창을
클릭하여 대화상자를 엽니다. 작품규격대로
Default Size 'Width : 160mm, Height :
240mm'로 설정하고, 16등분으로 나누기 위해
Horizontal Dividers, Vertical Dividers 'Number :
3'으로 입력한 후, [OK] 버튼을 클릭합니다.

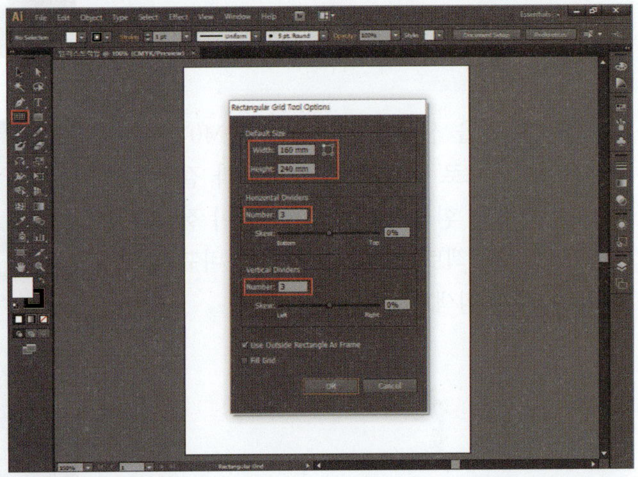

03 Align 패널에서 'Align To : Align to Art-
board'를 선택하고 'Align Objects : Horizontal
Align Center, Vertical Align Center'를 클릭합니
다. Ctrl + 2 로 격자 도형을 잠그고, 'Line Seg-
ment Tool'로 좌상단에서 우하단 대각선 7개를
그린 후, Reflect Tool로 반대 방향 대각선을 복
사합니다. Alt + Ctrl + 2 로 잠금 해제 후,
Ctrl + A 로 모두 선택, Stroke를 빨간색으로 바
꾼 뒤, Ctrl + G 로 그룹 지정합니다.

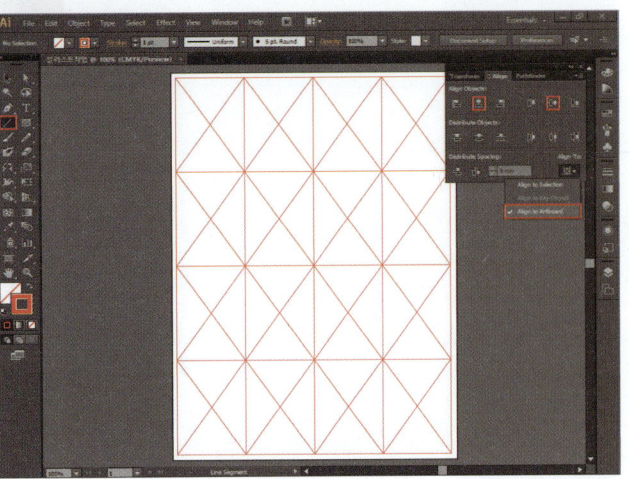

🏳 기적의 TIP

- Shift + F7 : Show Align
- 'Line Segment Tool'로 7개의 대각선을 그린 후, Ctrl + A
  로 모두 선택하고, 'Reflect Tool' 〉 'Vertical' 선택 후
  [Copy]하면 반대편으로 대각선이 복사됩니다.

01 흰색 곡선 만들기

01 'Selection Tool'로 그리드를 선택한 후 [Object] > [Lock] > [Selection]을 클릭해서 그리드가 선택되지 않도록 해둡니다.

> **기적의 TIP**
>
> • Lock : Ctrl + 2
> • Unlock All : Alt + Ctrl + 2

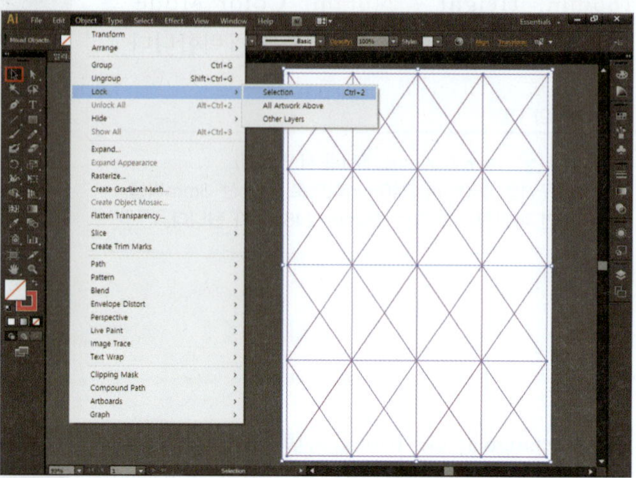

02 'Pen Tool'을 선택하고 면색은 C0M0Y0K0, 선색은 None으로 설정해 주고 다음과 같은 면을 그려줍니다. 흰색 배경에 흰색 면이 잘 보이지 않으면 오브젝트를 임의의 색으로 바꿔서 작업 한 후 다시 흰색으로 바꿔줍니다.

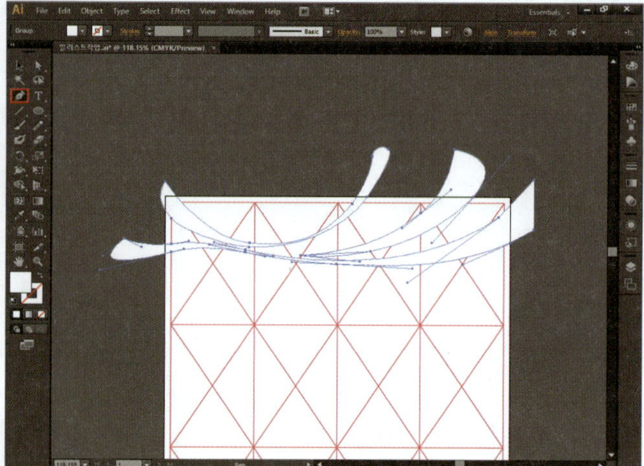

03 튀어나온 테두리를 잘라주기 위해서 'Rect-angle Tool'을 이용해서 잘라낼 부분만 가려줍니다. 'Selection Tool'로 오브젝트를 모두 선택한 후, [Window] > [Pathfinder] > [Shap Mode : Exclude]를 클릭합니다.

기적의 TIP

• Pathfinder : Shift + Ctrl + F9

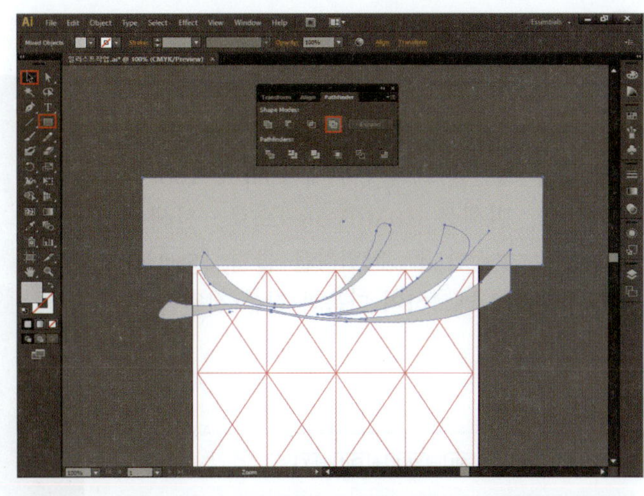

04 마우스 오른쪽 버튼을 클릭하고 'Ungroup'을 클릭합니다. 'Selection Tool'로 나머지 불필요한 부분을 선택해서 삭제합니다.

기적의 TIP

Pathfinder 대화상자의 옵션들을 사용하면 자동으로 'Group'으로 묶여있게 됩니다. 수정하기 위해서는 'Ungroup' 해주거나 'Direct Selection Tool'을 사용해야 합니다.

• Group : Ctrl + G
• Ungroup : Shift + Ctrl + G

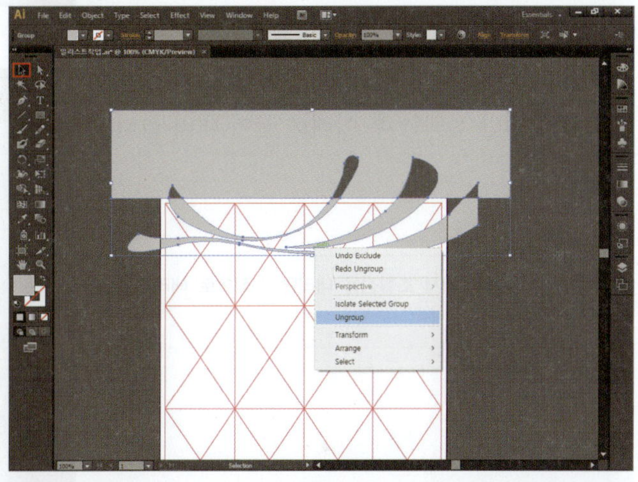

05 같은 방법으로 좌, 우측의 튀어나와 있는 부분을 삭제합니다.

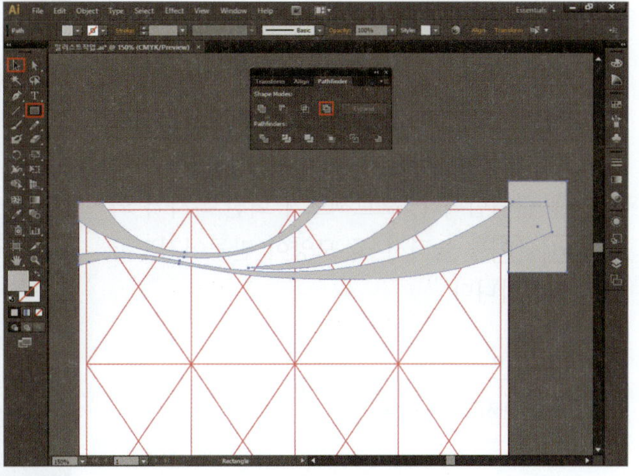

01 '일러스트작업.ai' 파일이 열린 상태에서 도큐먼트의 빈 곳으로 작업공간을 이동합니다. 배경의 꽃잎 패턴을 그리기 위해 'Ellipse Tool'을 선택하고, 면색을 C0M0Y0K0으로, 선색은 None으로 설정한 후, 작업창을 클릭, Shift 를 누른 상태로 드래그하여 다음과 같은 정원을 그립니다.

📌 **기적**의 TIP

배경색 변경하기 : Alt + Shift + Ctrl + Y

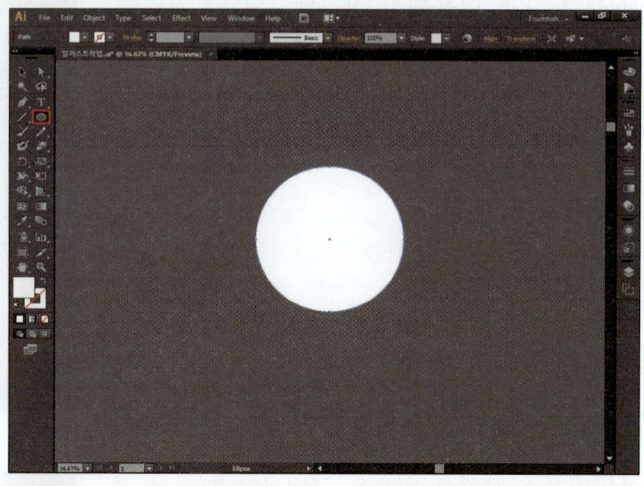

02 'Direct Selection Tool'로 원의 가장 아래에 있는 조절점만 선택한 후 아래로 끌어 내려 늘려줍니다.

📌 **기적**의 TIP

Shift 를 누른 상태에서 조절점을 내리면 수직으로 내려집니다.

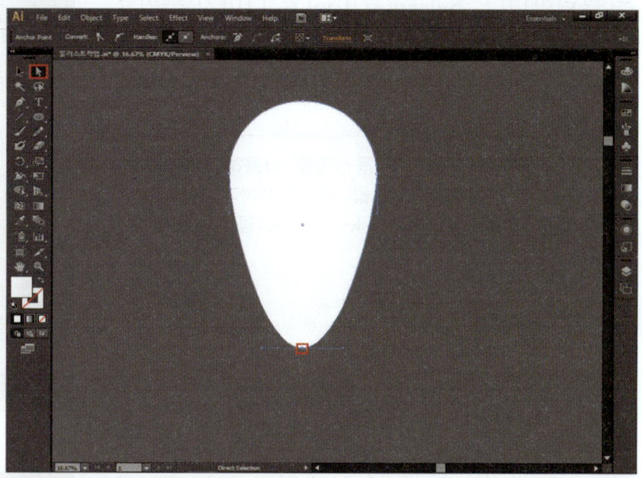

03 'Rotate Tool'을 선택한 후 오브젝트의 맨 아랫부분보다 살짝 더 아래를 클릭해서 기준점을 찍고, 대화상자가 나오면 Ange : 45°를 입력하고 Copy를 클릭합니다. 오브젝트가 회전 복사가 되면 Ctrl + D 를 눌러서 꽃 모양이 만들어지도록 반복 적용합니다.

📌 **기적**의 TIP

Ctrl + D : 마지막 행위 반복

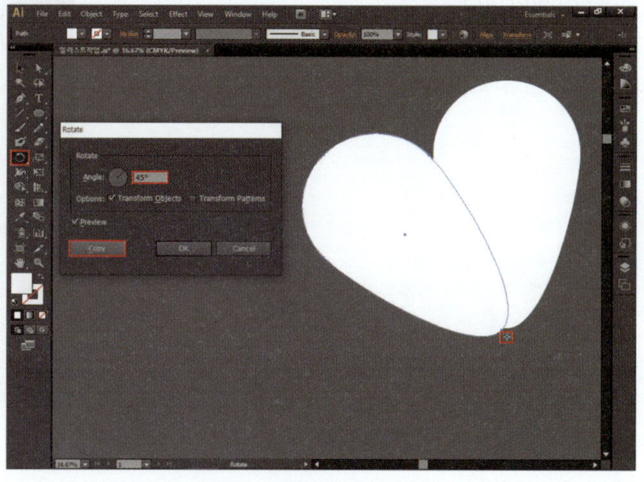

04 'Selection Tool'로 꽃 모양의 오브젝트를 모두 선택한 후 [Window] 〉 [Pathfinder] 패널의 [Shape Modes : Eclude]를 클릭합니다.

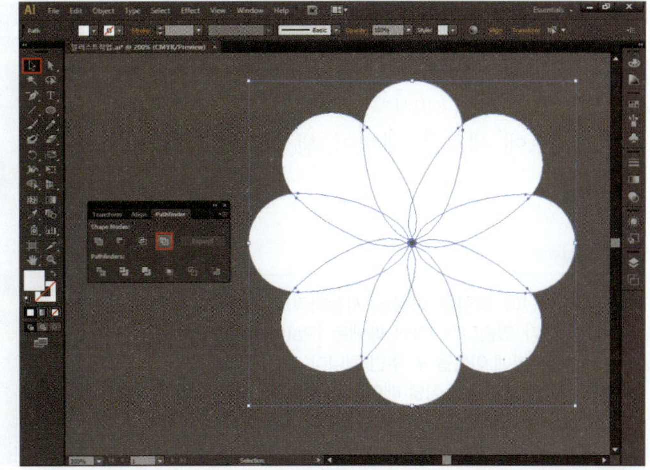

05 'Selection Tool'로 오브젝트를 선택하고 옆으로 이동하며 Alt 를 눌러서 복사합니다. 작은 꽃의 크기를 큰 꽃의 1/4만큼 줄여줍니다.

06 그리드를 기준 삼아 두 개의 꽃모양 오브젝트의 크기와 간격을 적절히 조절한 후, 패턴으로 만들어주기 위해 두 개의 오브젝트를 모두 선택하고 [Object] 〉 [Pattern] 〉 [Make]를 클릭합니다.

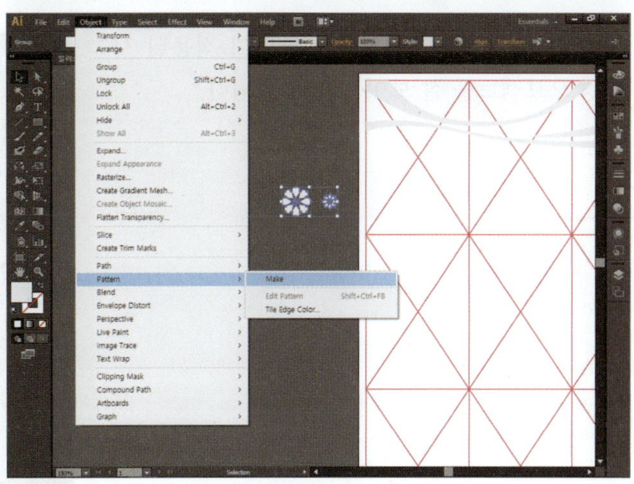

07 [Pattern Options]의 대화상자가 나오면 적용된 패턴의 모양을 확인하며 값을 입력하고 상단에 위치한 [Done]을 클릭합니다. [Swatches] 팔레트에 새로운 패턴이 생성된 것을 확인합니다.

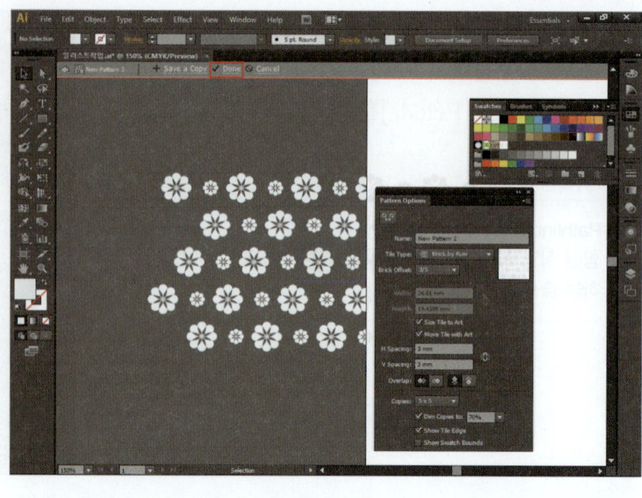

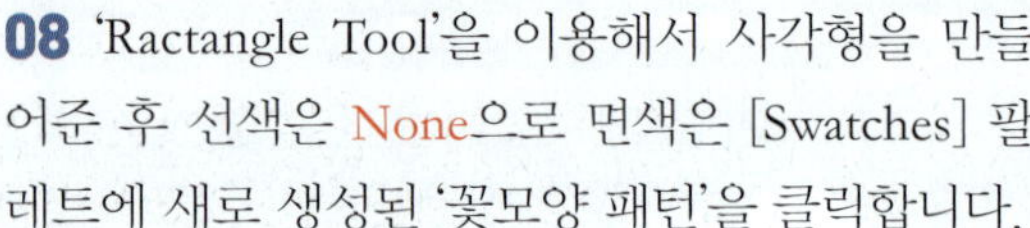
기적의 TIP

- 간혹 패턴에 특정한 이름을 지정하라고 시험 지시서에 나올 때가 있습니다. 그럴 때에는 [Pattern Options]의 Name 부분에 이름을 써 주면 됩니다.
- 만들어 둔 패턴을 수정할 때에는 [Window] 〉 [Swatches] 패널을 열고 패턴을 찾아 더블클릭하면 대화상자가 열립니다.

08 'Ractangle Tool'을 이용해서 사각형을 만들어준 후 선색은 None으로 면색은 [Swatches] 팔레트에 새로 생성된 '꽃모양 패턴'을 클릭합니다.

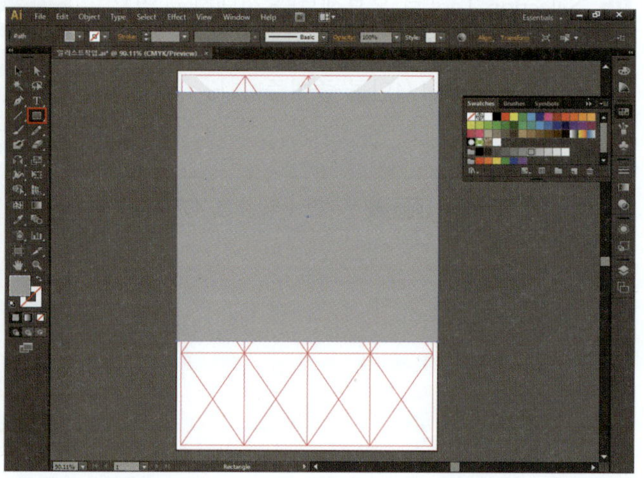

09 필요할 때 찾기 편하도록 패턴이 적용된 사각형 오브젝트를 잘 보이는 곳에 둡니다.

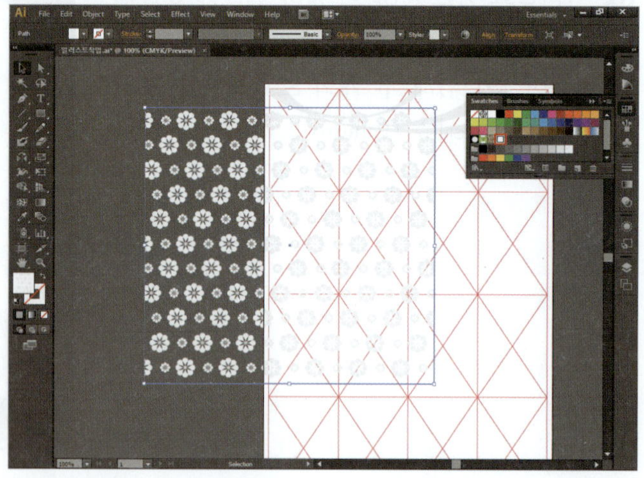

01 'Pen Tool'로 면색은 None, 선색은 C0M0 Y0K0인 곡선을 하나 그려줍니다. 거친 붓 자국 느낌의 선을 만들기 위해서 [Window] 〉 [Brushes]를 선택해서 [Brushes] 패널을 열고 왼쪽 하단에 위치한 [Brush Libraries Menu] 아이콘을 클릭한 후 [Artistic] 〉 [Artistic ChalkCharcoalPencil]을 선택합니다.

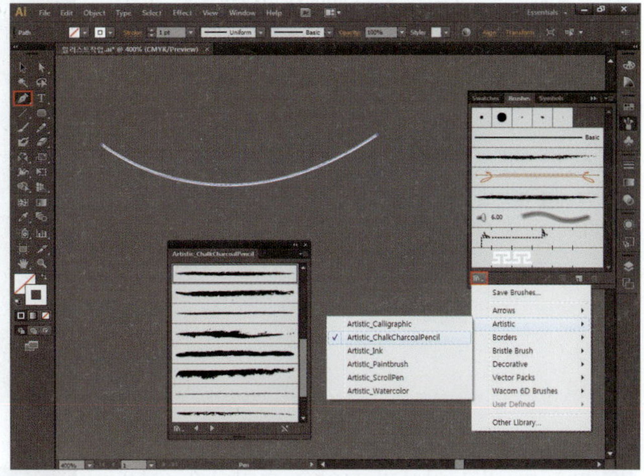

02 [Artistic ChalkCharcoalPencil] 패널이 열리면 'Charcoal'계열의 브러시를 클릭합니다. 브러시가 적용된 모양을 확인하고 상단 옵션 바에서 'Stroke'를 적절히 입력하여 선 두께를 조절합니다.

03 같은 방법으로 위쪽에 선을 그리고 Charcoal 브러시를 적용합니다.

04 찻잔을 만드는 데 필요한 나머지 아랫부분도 같은 방법으로 그려준 후 'Selection Tool'로 모두 선택하고 [Object] 〉 [Path] 〉 [Outline Stroke]를 적용하여 모두 면 오브젝트로 변환해 줍니다.

선 두께를 조금씩 다르게 설정하여 자연스럽게 만들어야 합니다.

05 'Pen Tool'로 잎사귀 모양을 그립니다. 선색은 None 면색은 C0M0Y0K0으로 그려줍니다.

Direct Selection Tool을 클릭한 후 Pen Tool을 클릭해서 사용하면
- Ctrl 을 누르고 있는 동안에는 'Direct Selection Tool'로 변환되어 있습니다.
- Alt 를 누르고 있는 동안에는 'Convert Anchor Point Tool'로 변환되어 있습니다.

06 같은 방법으로 작은 잎사귀 하나를 더 만들고 잎사귀와 찻잔의 크기와 위치를 디자인 원고를 보며 적절히 배치합니다.

07 'Type Tool'을 선택하고 면색 C0M0Y0K0, 선색 None으로 설정한 후 문자를 입력합니다. 글자의 폰트, 크기, 자간 옵션은 [Window] 〉 [Type] 〉 [Character] 패널을 열어서 설정합니다.

기적의 TIP

폰트에 관련된 지시가 따로 없을 때는 디자인 원고와 가장 비슷한 폰트를 사용합니다.

08 문자들을 모두 선택하고 [Window] 〉 [Type] 〉 [Create Outlines]를 클릭해서 문자를 이미지로 변환시켜줍니다.

기적의 TIP

Ctrl + Shift + O : Create Outlines

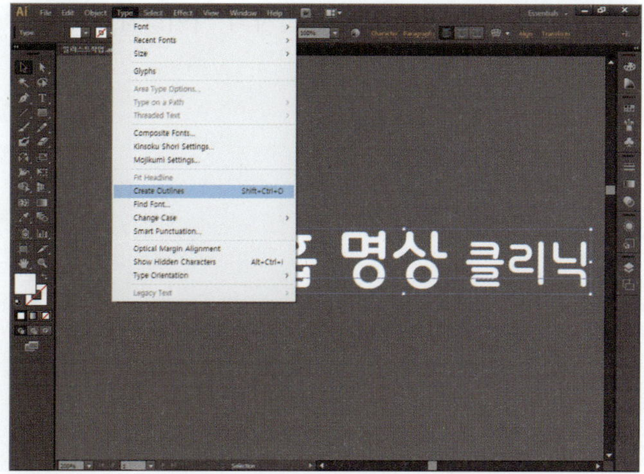

09 오브젝트에 두께감을 더해주기 위해 [Object] 〉 [Path] 〉 [Offset Path]를 클릭합니다.

기적의 TIP

• 시험 지시서에 명확한 폰트명을 지정하지 않았을 때에는 디자인 원고와 가장 비슷한 폰트로 설정해 줍니다.
• 두께가 적당한 폰트를 선택했다면 [Offset Path] 과정은 건너뛰면 됩니다.

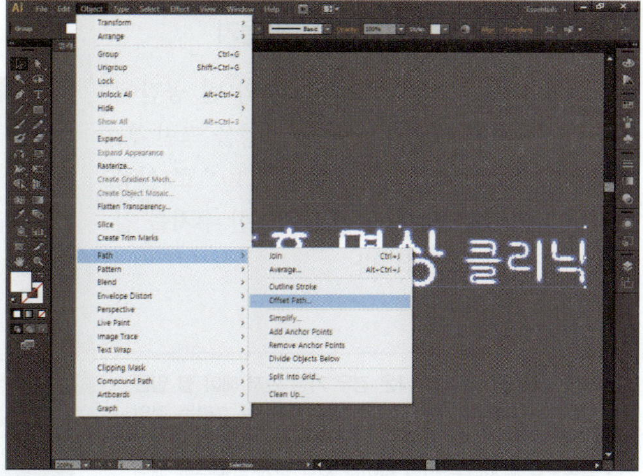

10 [Offset Path]의 대화상자가 열리면 'Preview'
에 체크를 해서 오브젝트 두께의 변화를 보며
'Offset'의 수치를 조절합니다.

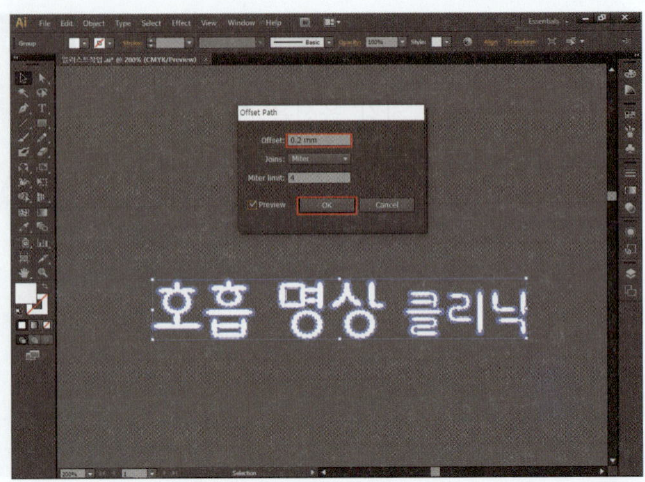

11 'Selection Tool'로 찻잔과 글자의 사이즈와
비율을 조절합니다.

04 전통 문양의 패턴 브러시 만들기

01 'Pen Tool'을 선택하고 작업창의 빈 공간에
Shift 를 누른 채 다음과 같은 선 모양을 그린 후,
면색은 None, 선색은 C77M55Y33K10으로 설정
합니다. 옵션 바에서 'Stroke'에 적절한 수치를 입
력하여 두께를 설정합니다.

> 🚩 **기적의 TIP**
>
> • 복잡한 패턴이 문제로 나온 경우 가장 먼저 해야 할 일은
>   반복되는 패턴의 기본 오브젝트를 파악하여 그리는 것입
>   니다.
> • 양쪽으로 빠져나온 선의 길이를 서로 같게 맞출수록 패턴
>   의 모양이 정렬되어 나옵니다.

02 선이 선택된 상태에서 'Reflect Tool'을 선택하고 [Alt]를 누른 채 선의 가장 오른쪽 점을 클릭합니다. [Reflect] 대화상자에서 Vertical로 설정하고 [Copy] 버튼을 클릭합니다.

Reflect Tool로 [Alt]를 누른 채 점을 클릭하는 이유는 복사의 기준점을 설정하는 것입니다. 이때 Smart Guides가 설정되어 있으면 점을 쉽게 선택할 수 있습니다.

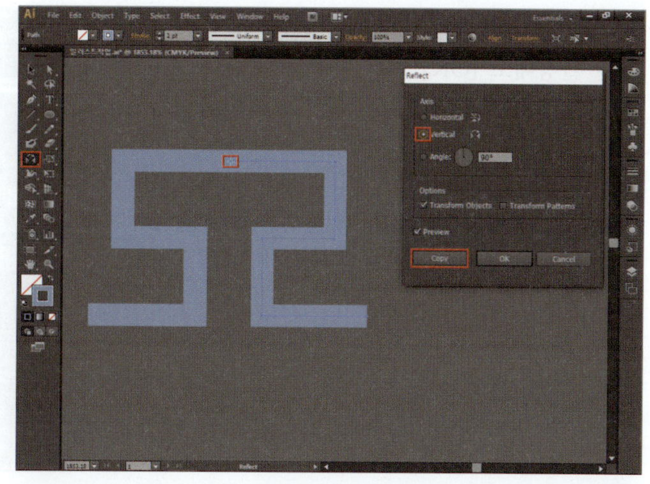

03 'Selection Tool'로 오브젝트를 모두 선택하고 [Object] 〉 [Path] 〉 [Outline Stroke]를 클릭해서 선을 면으로 바꿔줍니다.

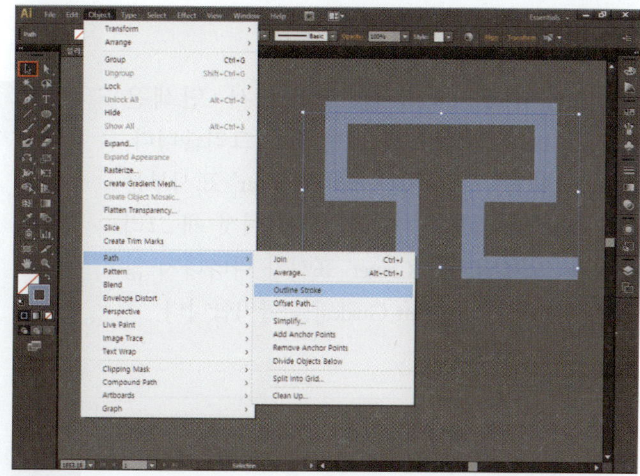

04 [Window] 〉 [Brushes]를 클릭해서 [Brushes] 패널을 열어두고 문양을 모두 선택해서 [Brushes] 패널로 드래그 합니다. 브러시의 유형을 선택하라는 메시지 창이 나오면 Pattern Brush를 선택하고 [OK] 버튼을 클릭합니다.

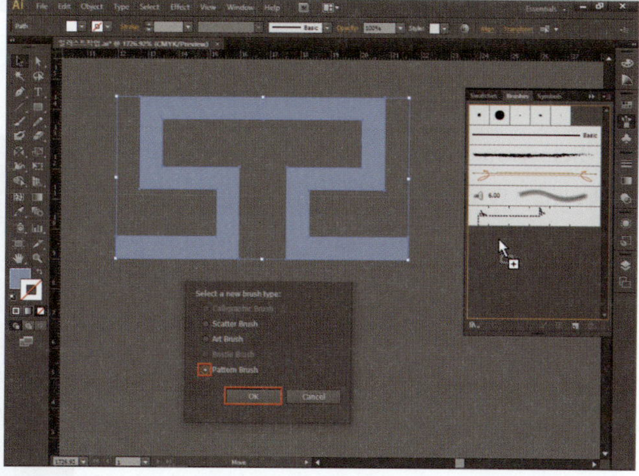

05 [Pattern Brush Options] 대화상자가 열리면 기본 설정대로 [OK] 버튼을 클릭하고, Brushes 패널에 새 패턴이 등록되어 있는지 확인합니다.

만들어 둔 패턴을 수정할 때에는 [Window] 〉 [Brushes] 패널을 열고 패턴을 찾아 더블클릭하면 대화상자가 열립니다.

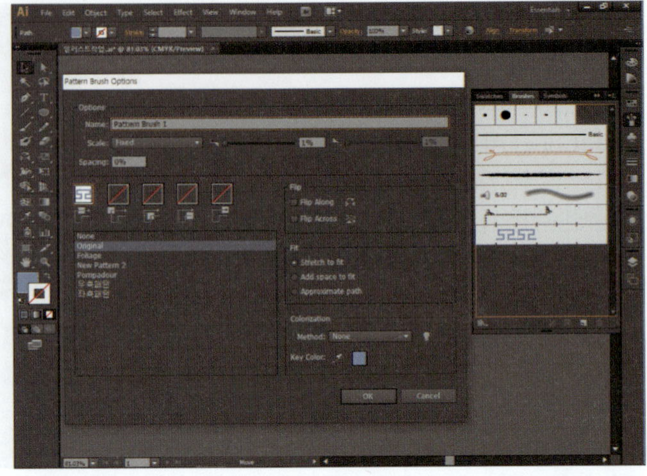

05 커지는 원 만들기

01 'Ellipse Tool'을 이용해서 면색은 C0M0Y0K0, 선색은 None인 원을 그려줍니다. Shift + Alt 를 누른 상태에서 'Center' 표시부분을 시작으로 점점 더 커지는 원을 여섯 개 그려줍니다. 오브젝트에 'Center' 표시가 나타나지 않을 때는 [View] 〉 [Smart Guides]를 클릭합니다.

🏁 **기적**의 TIP

원을 그리는 여러 가지 방법
- Shift : 정원을 만들 때 사용합니다. 시작점이 원의 테두리입니다.
- Alt : 시작점이 원의 가운데입니다.
- Shift + Alt : 정원을 만들면서 시작점을 중심으로 원을 만듭니다.

02 'Selection Tool'로 여섯 개의 원을 모두 선택하고 [Window] 〉 [Align] 패널을 열고, [Align Objects : Horizontal Align Center]과 [Align Objects : Vertical Align Center]를 클릭합니다.

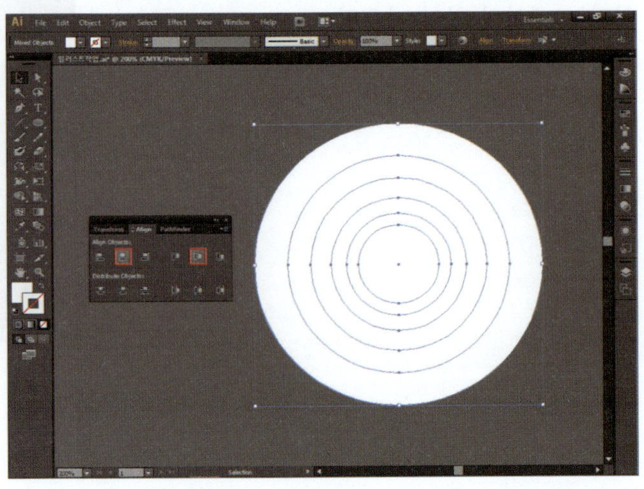

03 원이 모두 선택된 상태에서 [Window] 〉 [Pathfinder] 패널을 열어 [Shape Modes : Exclude]를 클릭합니다.

Shape Modes
- Unite : 겹쳐진 오브젝트를 합친다.
- Minus Front : 겹쳐진 오브젝트 중에 위에 위치한 오브젝트 모양으로 아래의 오브젝트를 삭제한다.
- Intersect : 겹쳐진 부분만 남기고 모두 삭제한다.
- Exclude : 오브젝트의 겹쳐진 부분만 삭제한다.

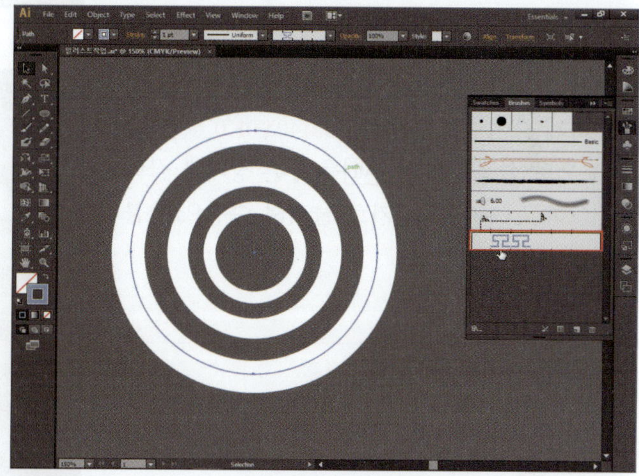

04 'Ellipse Tool'을 이용해서 가장 큰 흰색 원과 크기를 맞춰서 원을 그려주고 면색은 None, 선색은 브러시 패널에 만들어 놓은 '전통문양 패턴 브러시'를 클릭해서 적용합니다.

05 빈 공간으로 브러시 오브젝트를 옮긴 후 이미지로 변환해주기 위해 [Object] 〉 [Path] 〉 [Outline Stroke]를 클릭합니다.

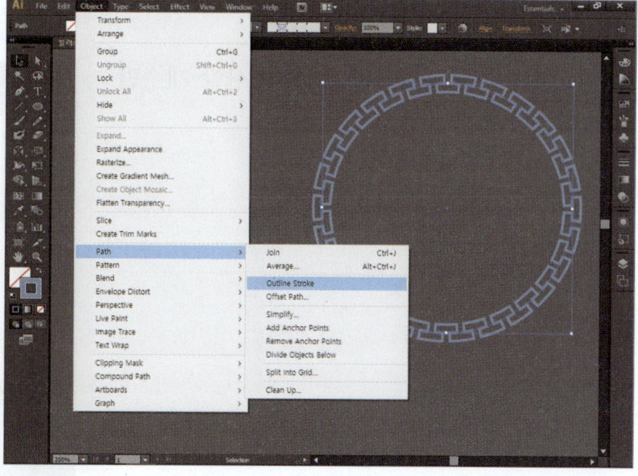

06 하단의 작은 원 만들기

01 'Selection Tool'을 클릭하고 만들어두었던 여러 개의 원 오브젝트를 [Alt]를 누른 상태로 클릭 드래그해서 아래로 복사합니다.

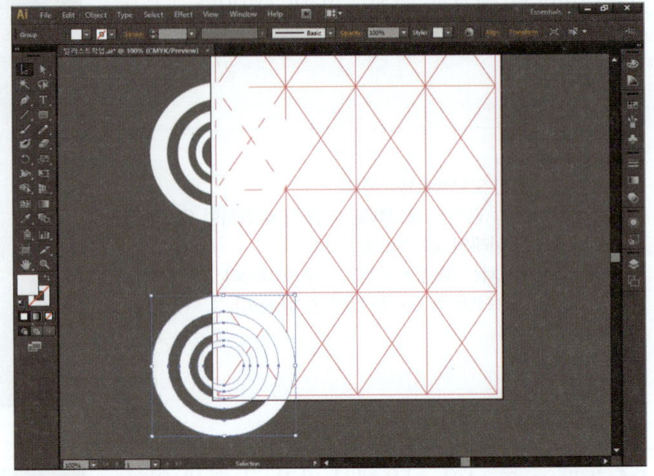

02 복사한 원 오브젝트의 크기를 이미지 원고와 비슷하게 줄여주고 면색은 C5M40Y0K0, 선색은 None으로 설정합니다. [Alt]를 누른 상태로 클릭 드래그하고 [Shift]를 추가로 눌러서 수평으로 붙여서 복사합니다.

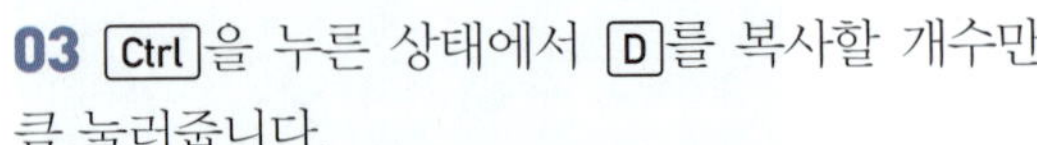

> **기적**의 TIP
>
> **복사와 이동의 기본 단축키**
> - [Alt]+드래그 : 이동복사 (이동 도중 [Shift]를 누르면 수직,
>   수평, 45°로 이동합니다)
> - [Ctrl]+[C] : 복사
> - [Ctrl]+[V] : 붙이기

03 [Ctrl]을 누른 상태에서 [D]를 복사할 개수만큼 눌러줍니다.

> **기적**의 TIP
>
> [Ctrl]+[D] : 마지막 행위 반복

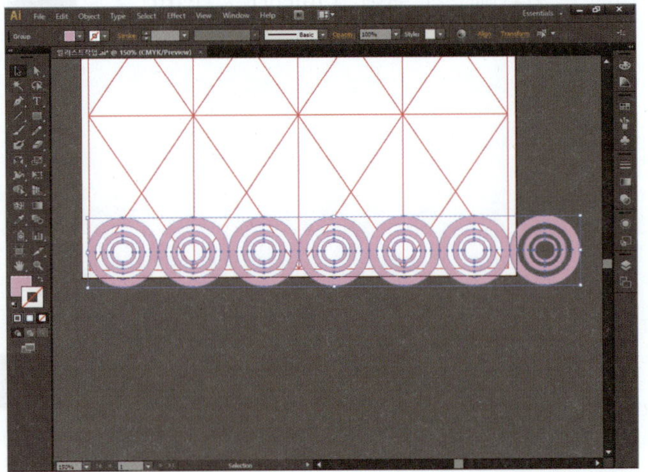

01 'Ellipse Tool'과 'Polygon Tool'을 이용해서 다음과 같이 원안의 삼각형을 그려줍니다. 면색은 None, 선색은 Black으로 지정합니다.

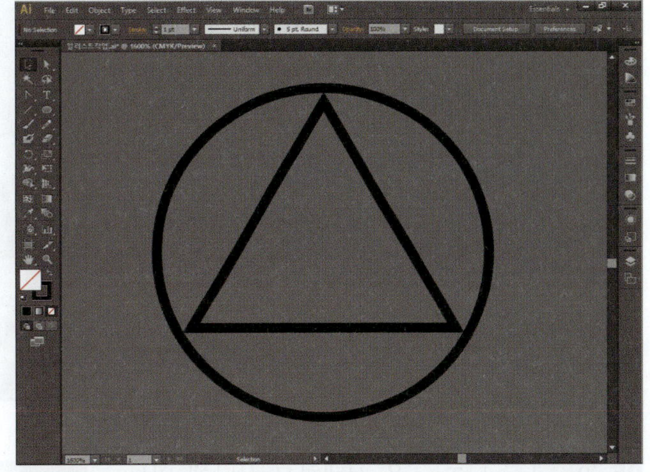

02 그림과 같이 삼각형 안에 원과 삼각형을 그려주고 'Ellipse Tool'을 이용해 납작한 타원을 그려줍니다.

03 'Convert Anchor Point Tool'로 타원의 오른쪽 끝점을 클릭해서 곡선을 꺾은 선으로 만들어 주고, 'Direct Selection Tool'로 타원의 가운데 위, 아랫점을 동시에 선택해서 방향키를 이용해 왼쪽으로 살짝 수평 이동시켜줍니다.

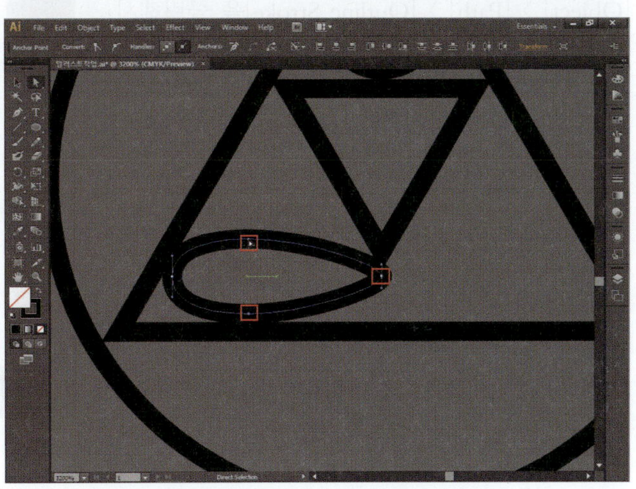

04 'Reflect Tool'을 선택하고 [Alt]를 누른 채 선의 가장 오른쪽 끝점을 클릭합니다. [Reflect] 대화상자에서 'Vertical'로 설정하고 [Copy] 버튼을 클릭합니다.

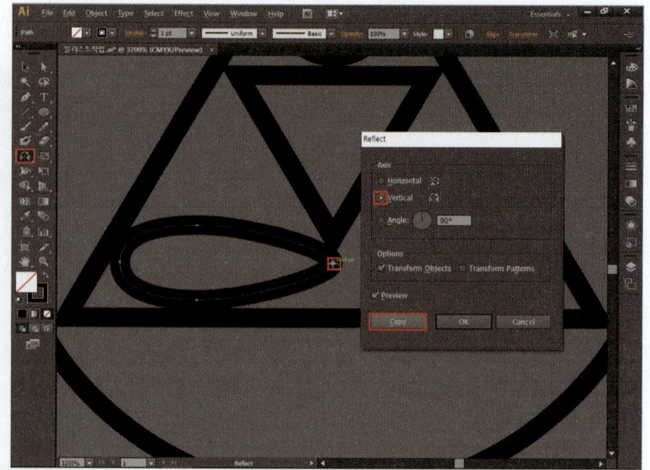

05 'Paintbrush Tool'을 선택하고 상단에 있는 옵션 바의 'Stroke' 수치를 조절한 다음 로고의 중앙에 들어갈 그림을 그려줍니다. 수정해야 하는 부분이 생기면 'Direct Selection Tool'을 사용합니다.

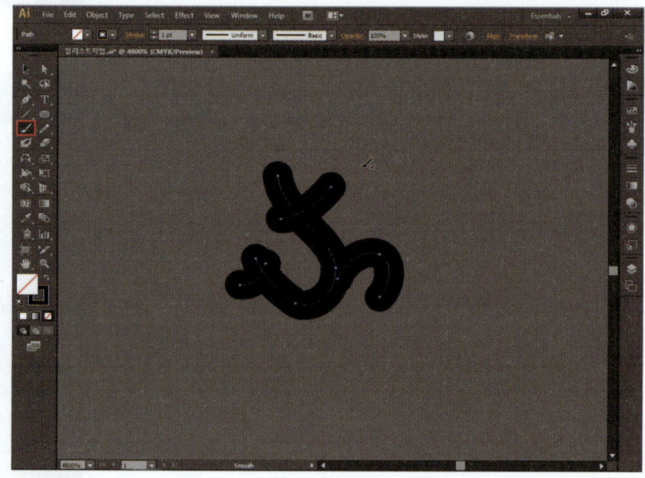

> Direct Selection Tool을 이용해 오브젝트를 수정할 때 anchor point의 핸들점이 양쪽에 대칭 상태로 함께 움직이고 있을 때는 [Alt]를 누른 상태에서 핸들점을 움직여 보세요. +부호가 보이면서 한쪽 핸들점만 따로 움직일 수가 있습니다.

06 가운데에 들어갈 그림을 적절히 배치하고 [Object] > [Path] > [Outline Stroke]을 클릭해서 선 속성의 오브젝트를 면으로 바꿔줍니다.

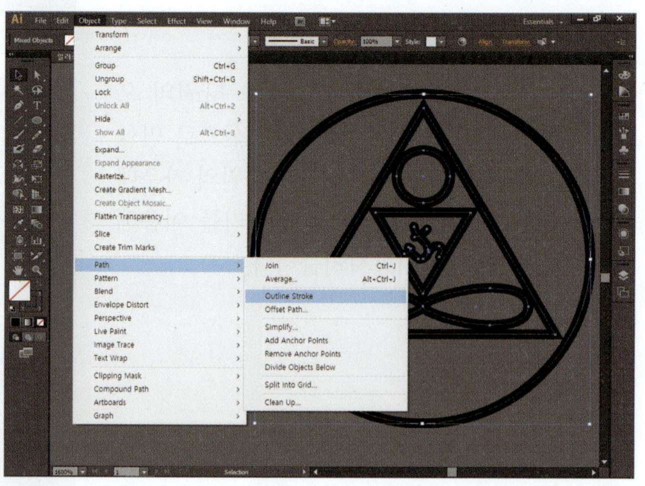

07 한 개의 오브젝트로 연결해 주기 위해 'Selection Tool'로 오브젝트를 모두 선택한 후 [Window] 〉 [Pathfinder] 패널의 [Shape Modes : Unite]를 클릭합니다.

기적의 TIP

오브젝트들이 맞닿은 부분이 없고 모두 제각기 떨어져 있어서 연결되지 않는다면 Ctrl+G를 눌러서 그룹으로 묶어줍니다.

08 'Type Tool'을 선택하고 면색 C100M70 Y0K0, 선색 None으로 설정한 후 문자를 입력합니다. 글자의 폰트, 크기, 자간 옵션은 [Window] 〉 [Type] 〉 [Character] 패널을 열어서 설정합니다.

기적의 TIP

Ctrl+T : Character

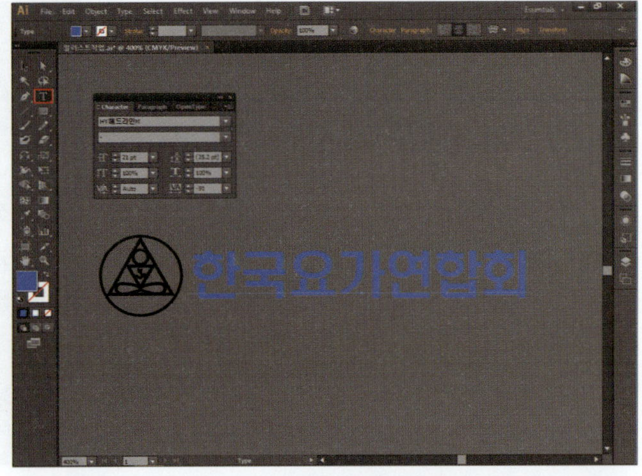

09 문자들을 모두 선택하고 [Window] 〉 [Type] 〉 [Create Outlines]를 클릭해서 문자를 이미지로 변환시켜줍니다.

기적의 TIP

Shift+Ctrl+O : Create Outlines

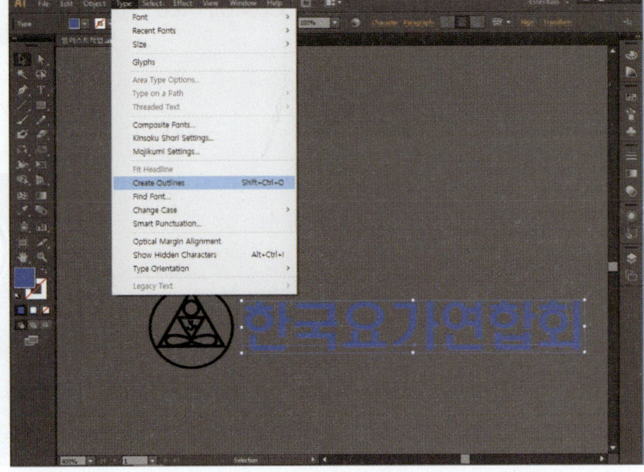

10 테두리의 흰색 외곽선을 만들어주기 위해 오
브젝트를 선택하고 [Object] 〉 [Path] 〉 [Offset
Path]를 클릭합니다.

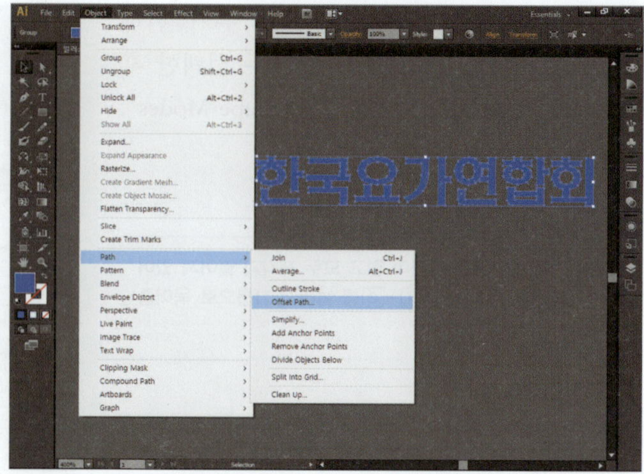

11 [Offset Path]의 대화상자가 나타나면 Offset
: 적절한 비율의 수치로 설정해 주고, Joins :
Round 로 바꿔준 후 Preview에 체크를 해서 테
두리의 두께를 확인한 후 [OK] 버튼을 클릭합
니다.

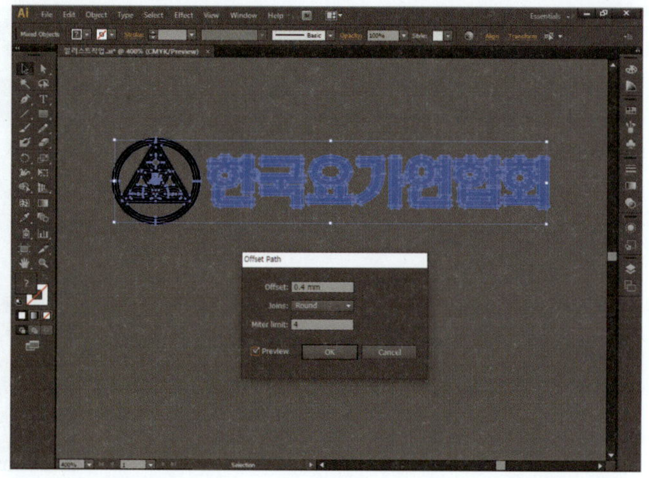

12 선택된 상태 그대로 면색을 C0M0Y0K0 선
색은 None으로 바꿔줍니다.

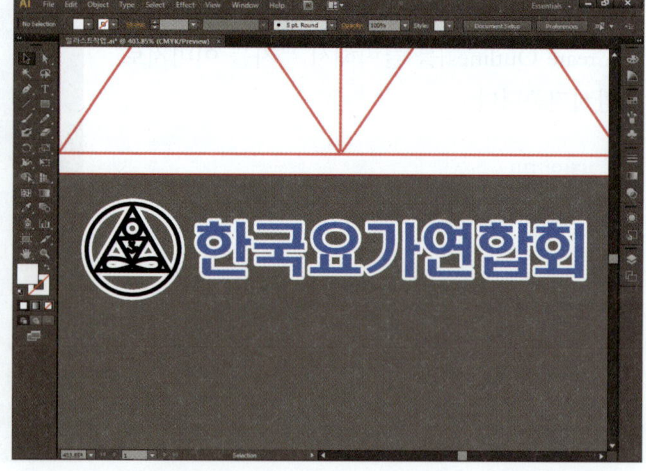

01 'Pen Tool'을 클릭하고 면색은 C0M0Y0K0, 선색은 None으로 설정한 후 이미지의 한쪽 테두리를 그려줍니다. 면은 흰색으로 채워져 있지만 선은 끊겨 있는 상태입니다.

기적의 TIP

Direct Selection Tool을 클릭한 후 Pen Tool을 클릭해서 사용하면
- Ctrl 을 누르고 있는 동안에는 'Direct Selection Tool'로 변환되어 있습니다.
- Alt 를 누르고 있는 동안에는 'Convert Anchor Point Tool'로 변환되어 있습니다.

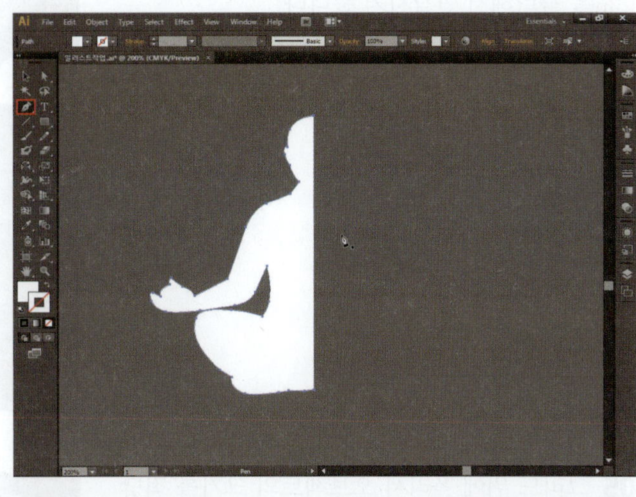

02 'Reflect Tool'을 클릭하고 오브젝트를 선택한 다음 오른쪽 기준점이 될 선에 Alt 를 누른 채 클릭합니다. [Reflect] 대화상자가 나타나면 Vertical을 선택하고 [Copy]를 클릭합니다.

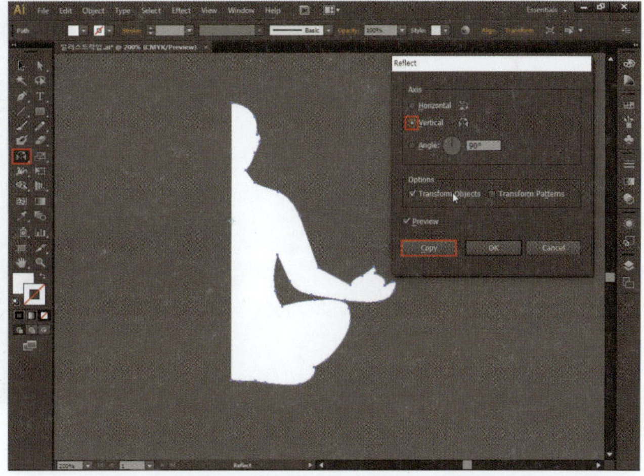

03 'Direct Selection Tool'을 이용해서 끊긴 두 패스 끝의 Anchor Point 두 개를 선택하고, 마우스 오른쪽 버튼을 클릭한 후 Join을 클릭해서 두 개의 패스를 연결합니다.

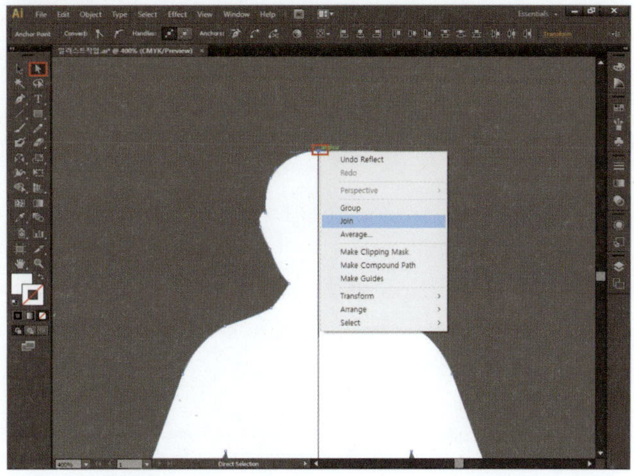

04 아래쪽도 끊겨 있는 점 두 개를 선택하고 Join을 클릭해서 연결시켜 줍니다.

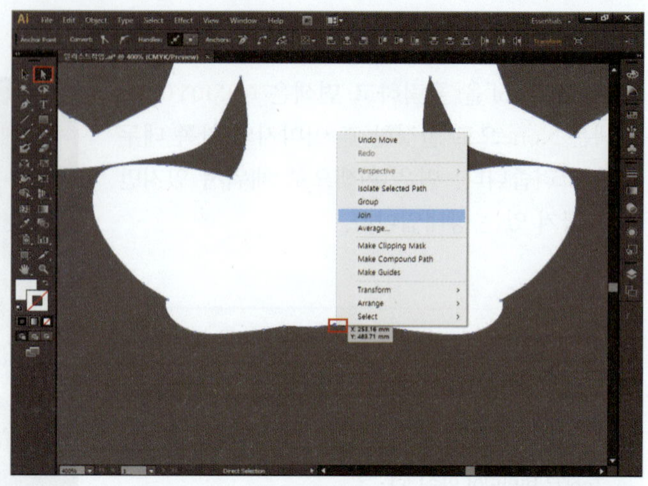

05 그리드 위에 올려서 오브젝트의 크기를 적당한 사이즈로 조절합니다.

01 'Polygon Tool'을 선택하고 빈 화면을 클릭해서 [Polygon] 대화상자를 열고 'Sides : 3'으로 설정환 후 면색은 임의의 색상을, 선색은 None의 삼각형을 만듭니다.

기적의 TIP

하나의 삼각형을 만들고 Alt 를 누른 상태로 클릭 드래그 해서 복사합니다. 이동 도중에 Shift 를 누르면 수직, 수평, 45°로만 이동할 수 있습니다.

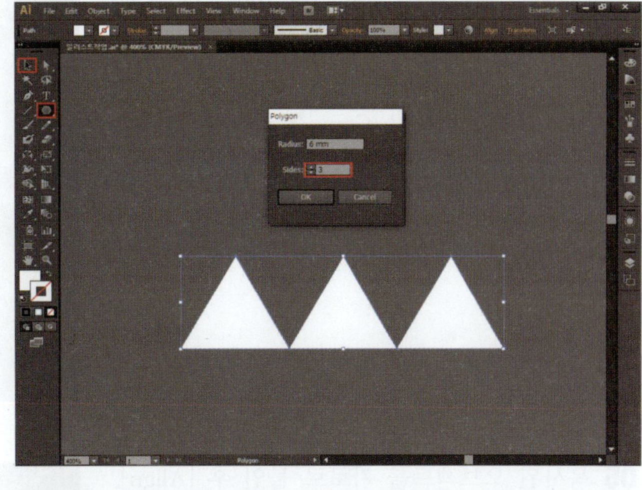

02 'Reflect Tool'을 클릭하고 세 개의 삼각형을 선택한 다음 위나 아래의 기준점이 될 지점에 Alt 를 누른 채 클릭합니다. [Reflect] 대화상자가 나타나면 'Horizontal'을 선택하고 [Copy]를 클릭합니다.

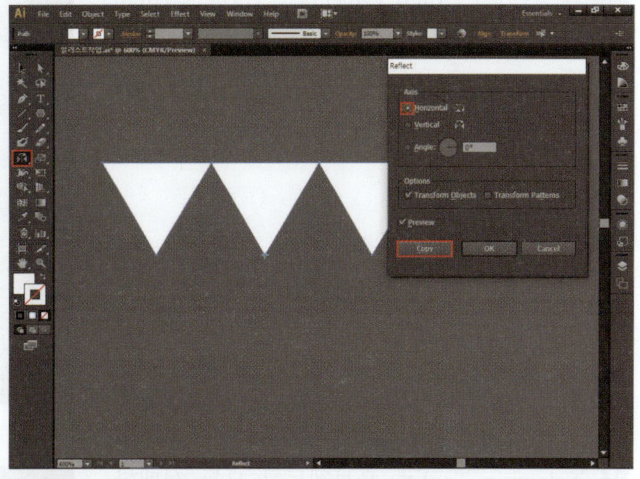

03 복사된 오브젝트를 맞물려 붙여주고 불필요삼각형은 삭제합니다. 위쪽 세 개의 삼각형에 면색 C80M50Y0K0, C60M30Y0K0, C100M90Y40K10, 아래쪽 두 개의 삼각형에는 C100M80Y20K0, C30M0Y5K0으로 설정해 주고 선색은 모두 None으로 지정합니다. 오브젝트를 정렬하기 위해 [Window] > [Align] 패널을 열어서 [Align Objects : Vertical Align Center]를 클릭합니다.

기적의 TIP

[View] > [Snap to Point] : 고정점에 근접하면 달라붙게 하는 기능입니다.

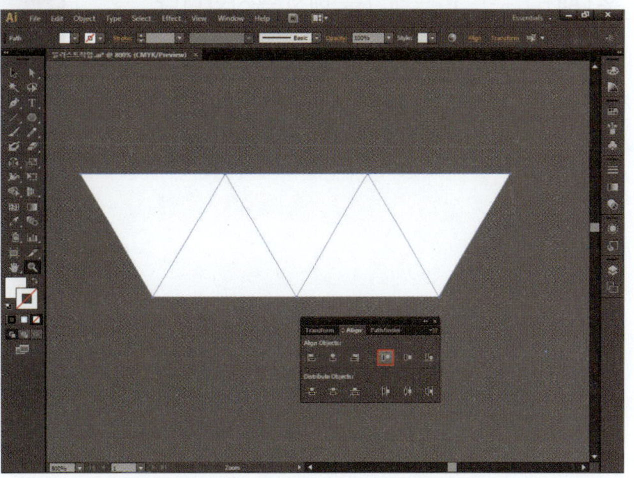

04 'Selection Tool'을 이용해 다섯 개의 삼각형
들을 한꺼번에 선택하고, 'Reflect Tool'을 이용해
서 위나 아래의 기준점이 될 지점에 Alt 를 누른
채 클릭 합니다. [Reflect] 대화상자가 나타나면
'Horizontal'을 선택하고 [Copy]를 클릭합니다.

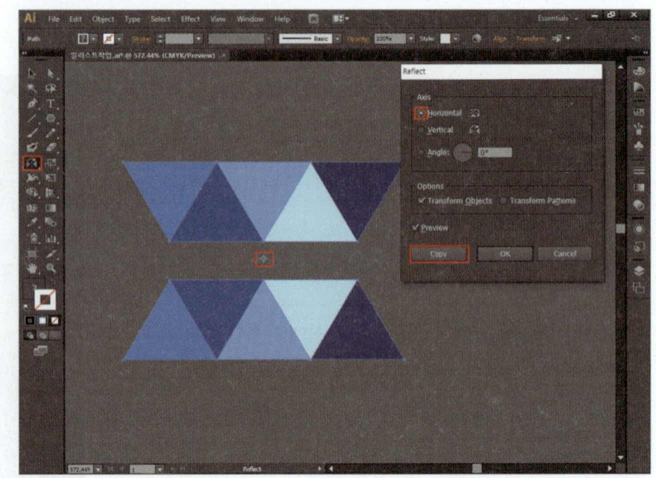

05 복사된 오브젝트를 가로로 붙인 후 [Align]
패널을 열어서 [Align Objects : Vertical Align
Top]를 클릭합니다.

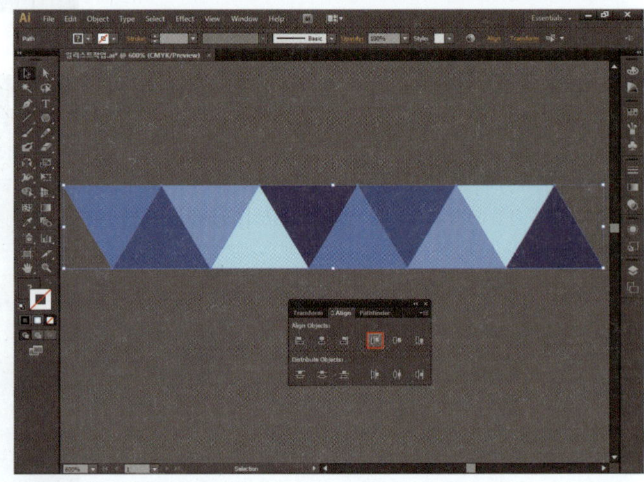

06 'Selection Tool'로 오브젝트를 모두 선택한
후 Alt 를 누르고 드래그를 해서 복사합니다.

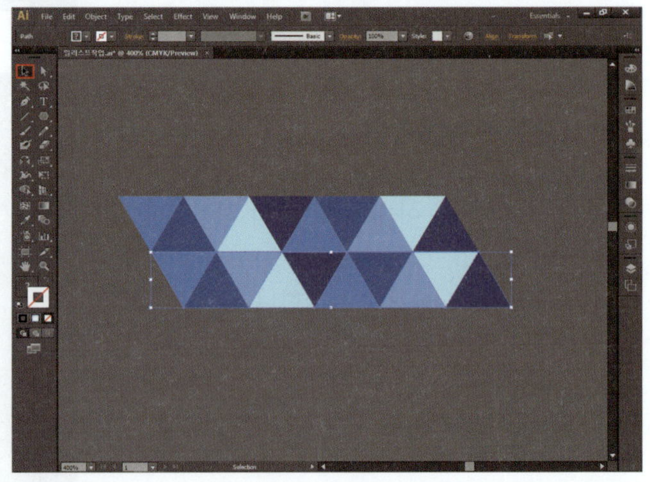

07 오브젝트를 모두 선택한 후 [Object] 〉
[Pattern] 〉 [Make]를 클릭합니다.

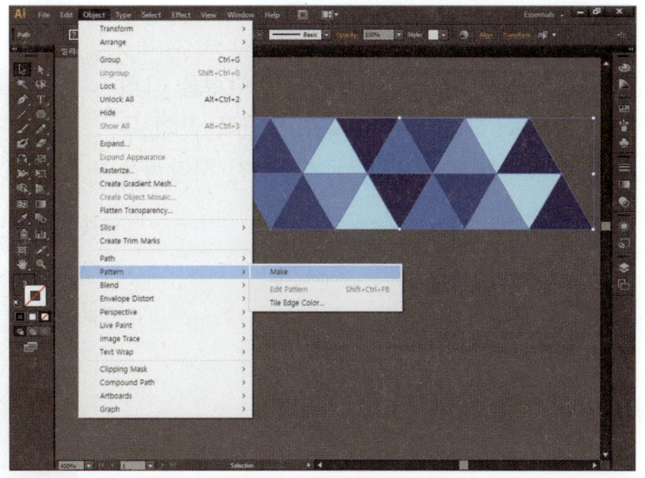

08 패턴을 볼 수 있는 창으로 바뀌고 [Pattern
Options] 대화상자가 열리면 패턴 사이의 빈 공
간을 메워주기 위해 'Size Tile to Art'에 체크
를 하고 'H Spacing : 마이너스 값', V Spacing
: 0mm'를 입력하고 결과물을 확인 후 상단의
Done을 클릭합니다. [Swatches] 패널에 등록한
패턴이 생성되어 있는지 확인합니다.

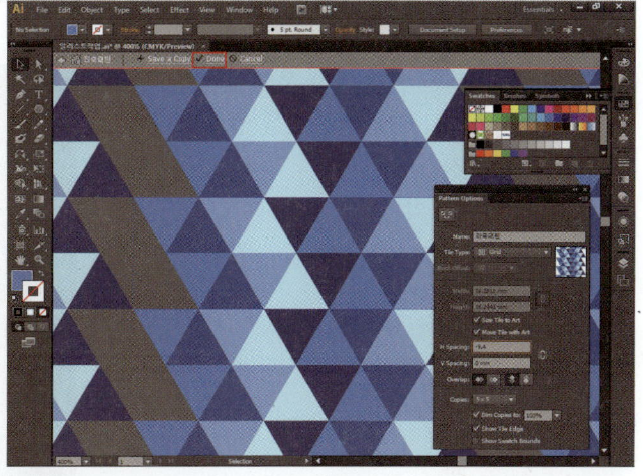

기적의 TIP

패턴을 수정할 때에는 [Swatches] 패널의 패턴을 더블클릭
하면 'Pattern Options'이 다시 열립니다.

09 'Rectangle Tool'을 선택하고 만들어둔 '명상
하는 사람'의 절반을 가릴 만큼의 사각형을 만듭
니다. 면색은 [Swatches] 패널에 등록한 패턴을
클릭해서 적용해주고 선 색은 None으로 설정합
니다.

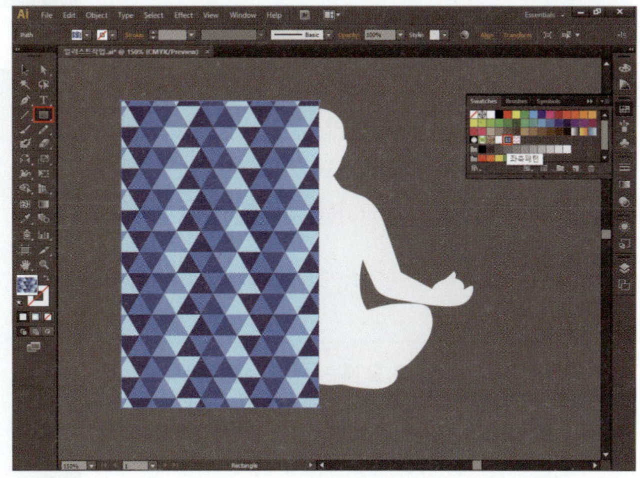

01 'Rectangle Tool'을 이용하여 사각형을 그려 넣고, 'Direct Selection Tool'로 오른쪽 끝의 두 점을 선택해서 위로 올려서 기울어진 사각형을 만들어줍니다.

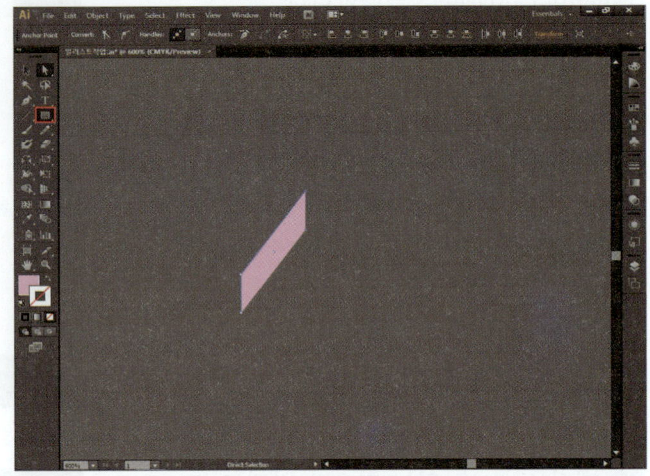

02 'Reflect Tool'을 이용해서 오브젝트의 오른쪽 끝에 Alt 를 누른 채 기준점을 클릭합니다. [Reflect] 대화상자가 나타나면 'Vertical'을 선택하고 [Copy]를 클릭합니다.

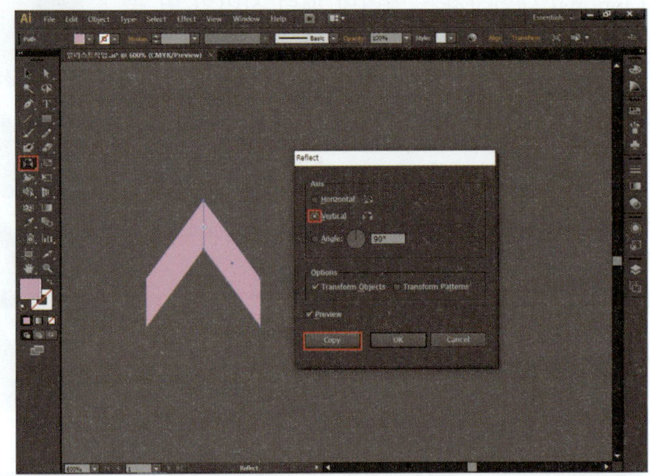

03 'Selection Tool'로 오브젝트를 모두 선택한 후 바로 옆으로 복사해서 붙입니다. 다시 오브젝트를 모두 선택하고 [Window] 〉 [Pathfinder] 패널의 [Shape Modes : Unite]를 클릭해서 한 개의 개체로 만들어 줍니다.

⚑ 기적의 TIP

오브젝트를 이동시켜 복사를 할 때는 Alt 를 누른 상태로 클릭 드래그해서 복사합니다. 이동 도중에 Shift 를 누르면 45°, 수직, 수평으로만 이동할 수 있습니다.

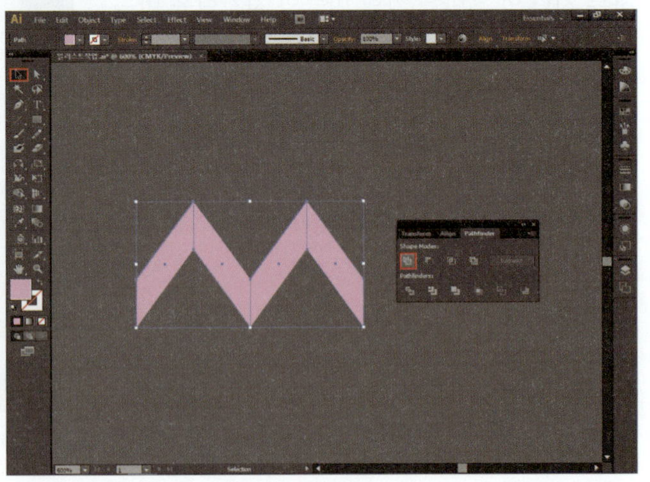

04 오브젝트를 선택해서 아래에 수직선상에 한 개 더 복사해 줍니다. 'Rectangle Tool'을 이용하여 면색 C0M0Y0K0, 선색은 None인 사각형을 만듭니다. 사각형에 마우스 오른쪽 버튼을 클릭해서 [Arrange] 〉 [Send to Back]을 눌러서 맨 아래로 위치 시킵니다. 사각형을 사선 무늬의 끝선에 딱 맞도록 크기를 조절해 줍니다.

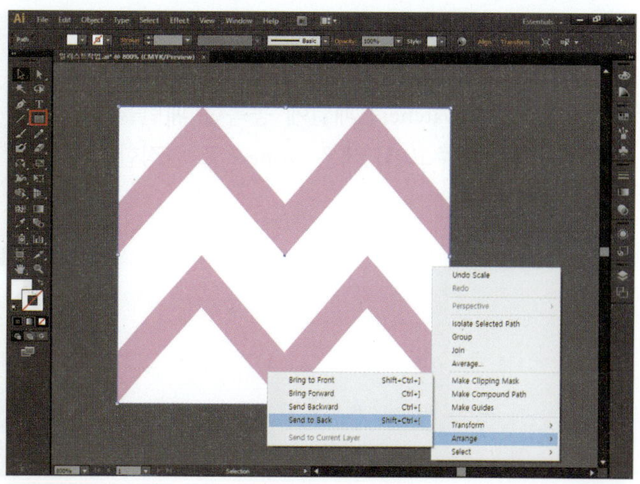

05 오브젝트를 모두 선택한 후 [Object] 〉 [Pattern] 〉 [Make]를 클릭합니다.

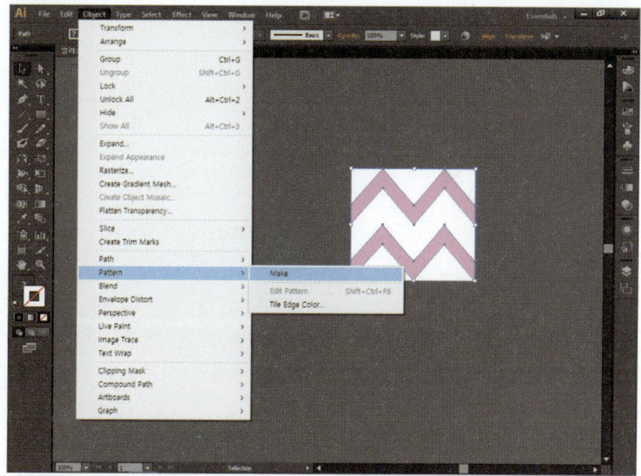

06 [Pattern Options] 대화상자가 열리면 패턴 사이의 빈 공간을 메워주기 위해 'Size Tile to Art'에 체크를 하고 'H Spacing : 0mm', V Spacing : 0mm'를 입력하고 결과물을 확인 후 상단의 Done을 클릭합니다. [Swatches] 패널에 등록한 패턴이 생성되어 있는지 확인합니다.

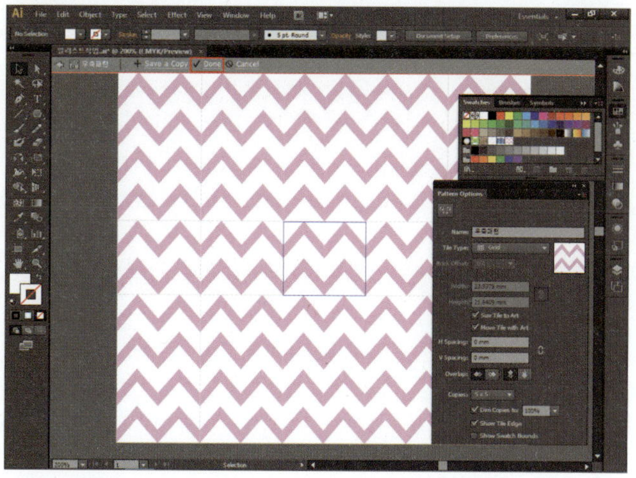

07 'Rectangle Tool'을 선택하고 만들어 둔 '명상
하는 사람'의 절반을 가릴 만큼의 사각형을 만듭
니다. 면색은 [Swatches] 패널에 등록한 패턴을
클릭해서 적용해주고 선 색은 None으로 설정합
니다.

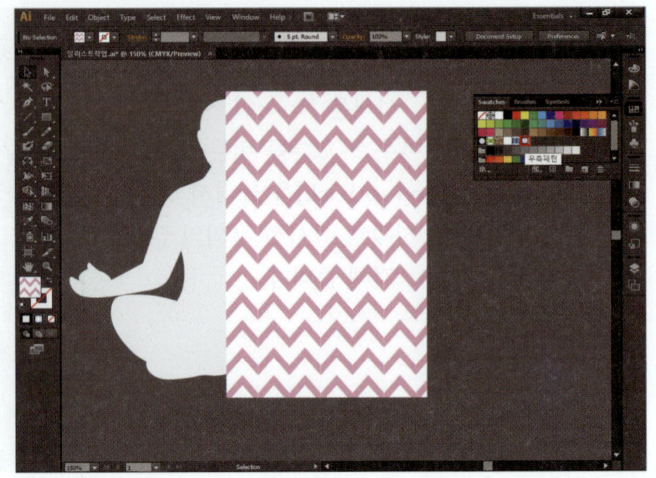

01　작업 준비하기

01 포토샵을 실행하고, [File] 〉 [New]를 선택하여 [New] 대화상자에서 'Width : 166mm, Height : 246mm, Resolution : 300 Pixels/Inch, Color Mode : RGB Color'로 설정한 후, [OK] 버튼을 클릭합니다.

> **기적의 TIP**
>
> Color Mode : 인쇄물에 적합한 CMYK 모드를 설정해 주어야 하지만, 시험장의 프린터가 인쇄소의 출력이 아니기 때문에 회색기, 탁함, 채도저하 발생이 빈번합니다. 또한 시험 문항에 여러 가지 패턴 적용 문제들이 출제되기 때문에 RGB 모드로 설정합니다.

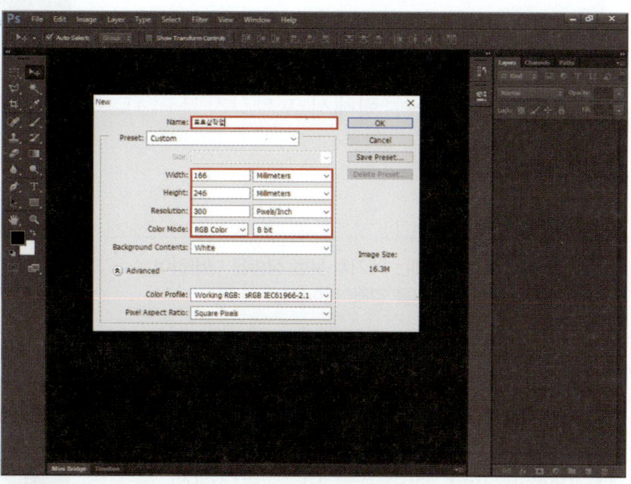

02 '일러스트작업' 창에서 그리드를 선택하고, Ctrl + C 를 눌러 복사합니다. '포토샵작업' 창에 Ctrl + V 를 눌러 붙여넣기 한 후, [Paste] 대화상자에서 'Pixels'를 선택하고, [OK] 버튼을 클릭합니다. 사이즈는 일러스트에서 이미 설정했기 때문에 그대로 Enter 를 누릅니다.

> **기적의 TIP**
>
> 일러스트에서 오브젝트가 잠겨서 선택되지 않는 경우, [Object] 〉 [Unlock All]을 클릭하거나, 단축키 Alt + Ctrl + 2 를 눌러 오브젝트 잠금을 해제합니다.

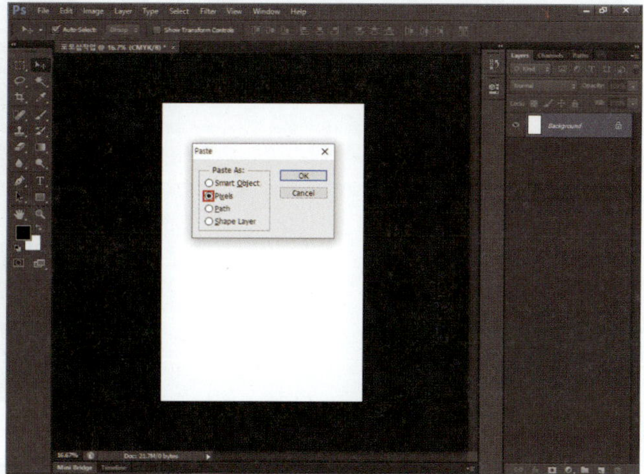

03 [Layers] 패널에서 이름을 그리드로 변경합
니다. 'Move Tool'을 선택하고, Ctrl 을 누른 채
'Background' 레이어와 함께 선택한 후, 옵션 바
에서 'Align vertical centers', 'Align horizontal
centers'를 클릭하여 정렬합니다. '그리드' 레이어
만 선택하고, 'Lock all' 아이콘을 클릭하여 잠근
후, [File] 〉 [Save]를 클릭해서 포토샵작업.psd로
저장합니다.

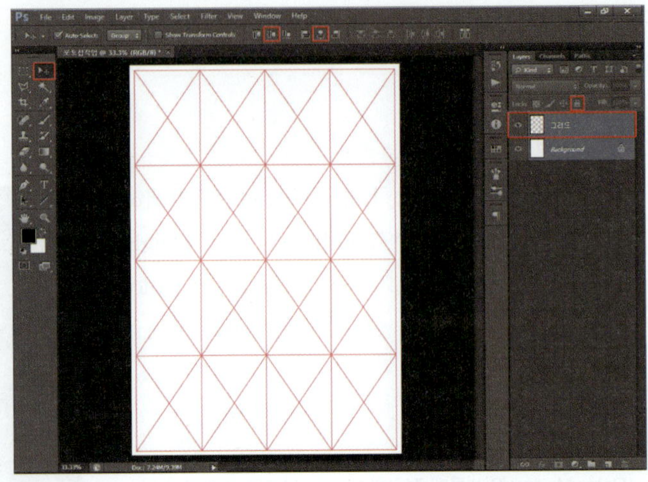

> **기적의 TIP**
>
> 항상 작업 시작과 도중에는 예기치 못한 상황을 대비하여 수
> 시로 하는 저장하는 습관을 길러야합니다.

02 배경 만들기

01 'Background' 레이어를 더블 클릭해서 하늘
배경으로 이름을 지정하고 [OK] 버튼을 클릭합
니다.

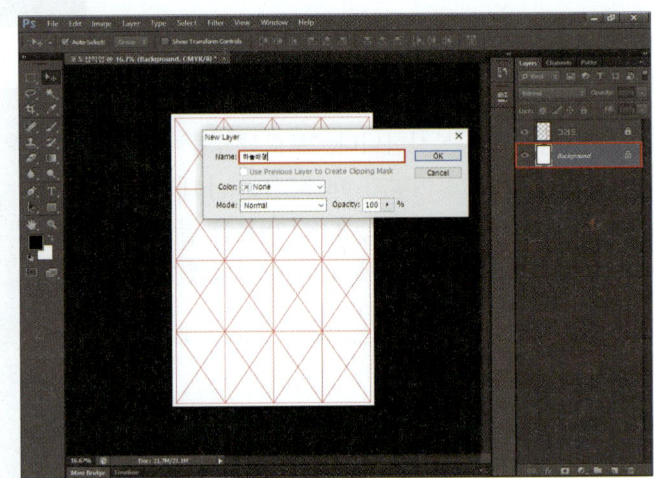

02 '하늘배경' 레이어에 필터 효과를 주기 위해
전경색을 C30M10Y0K0으로 설정하고 배경색은
C0M0Y0K0으로 설정해 줍니다.

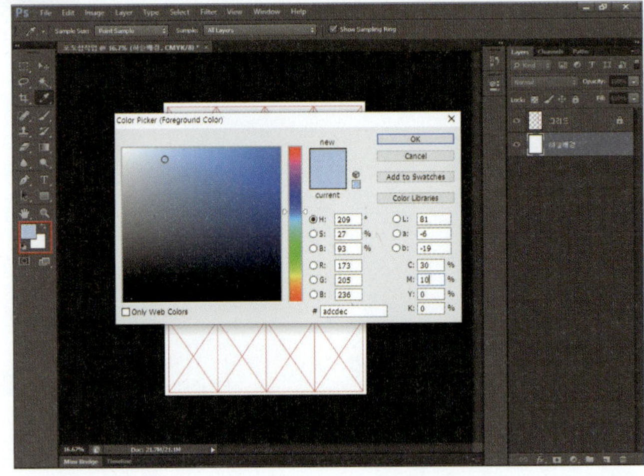

03 [Filter] 〉 [Render] 〉 [Clouds]를 클릭해서 필터를 적용합니다.

'Clouds' 필터는 전경색과 배경색 두 가지만 섞어 구름 모양으로 만들어줍니다.

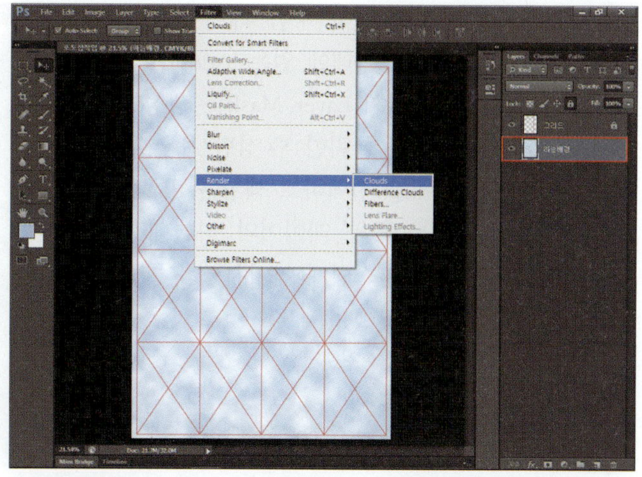

04 상단의 구름 이미지를 넣기 위해서 [File] 〉 [Open]을 선택하고, [Open] 대화상자가 열리면 구름.jpg를 찾아 선택한 후, 이미지를 불러옵니다.

05 이미지가 열리면 필요한 부분만 'Rectangular Marquee Tool'로 선택한 후 Ctrl+C를 눌러 복사합니다. '포토샵작업' 창에서 Ctrl+V를 눌러 이미지를 붙여넣습니다. Ctrl+T를 눌러 크기와 위치를 조절하여 다음과 같이 상단 영역을 다 채우게 배치한 후, Enter를 눌러 확정합니다. [Layers] 패널에서 레이어의 이름을 구름으로 변경하고 'Opacity : 80%'로 설정합니다.

- Ctrl+T : Free Transform
- Free Transform을 이용하여 크기 조절을 할 때, 이미지의 가로, 세로 비율을 유지하기 위해서는 Shift를 누른 채 모서리 점을 드래그해야 합니다.

06 자연스러운 합성을 위해 '구름' 레이어를 선택하고 [Layers] 패널의 아래에 있는 'Add Layer Mask' 아이콘을 클릭해서 Layer Mask를 생성합니다. 'Gradient Tool'을 클릭한 후 상단 옵션 바에서 Linear Gradient를 선택하고 색상을 Black, White로 설정합니다. '구름' 레이어와 '하늘배경' 레이어의 경계선이 자연스럽게 이어지도록 클릭 드래그합니다.

Gradient 색상 설정은 'Gradient Tool'을 선택하고 상단 옵션 바의 'Click to edit the gradient'를 클릭해서 설정합니다.

07 강렬한 빛의 느낌이 나는 필터를 적용하기 위해서 '구름' 레이어가 선택된 상태로 [Filter] 〉 [Render] 〉 [Lens Flare]를 클릭한 후 [Lens Flare] 대화상자가 나타나면 필터를 적용시킬 위치를 클릭해주고, 'Brightness : 100%', 'Lens Type : 50−300mm Zoom'으로 설정하고 [OK] 버튼을 누릅니다.

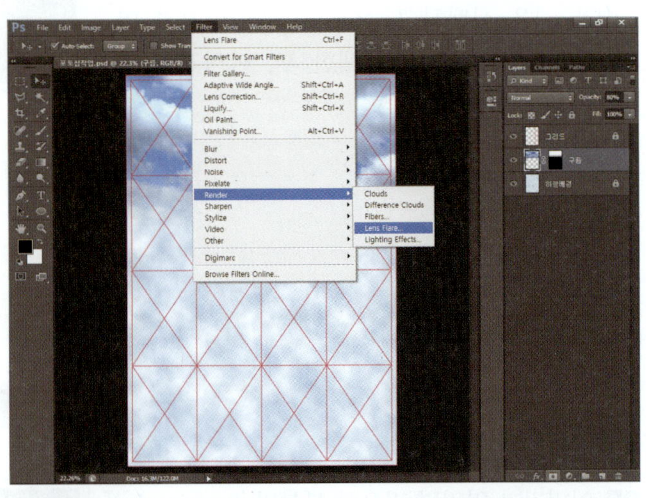

08 [File] 〉 [Open]을 선택하고, [Open] 대화상자가 열리면 명상.jpg을 찾아 선택한 후, 이미지를 불러옵니다. 이미지가 열리면 필요한 부분만 'Rectangular Marquee Tool'로 선택한 후 Ctrl+C를 눌러 복사합니다. '포토샵작업' 창에서 Ctrl+V를 눌러 이미지를 붙여넣습니다. Ctrl+T를 눌러 크기와 위치를 조절하여 다음과 같이 명상하는 사람이 오른쪽 하단에 위치하도록 배치한 후, Enter를 눌러 확정합니다. [Layers] 패널에서 레이어의 이름을 명상가로 변경합니다.

09 이미지를 단일 톤으로 바꾸기 위해 [Image] 〉 [Adjustments] 〉 [Hue/Saturation]을 열어서 하단의 'Colorize'와 'Preview'를 체크 해주고 슬라이더를 좌우로 움직여서 적당한 색감으로 설정합니다.

기적의 TIP

Hue/Saturation : Ctrl + U

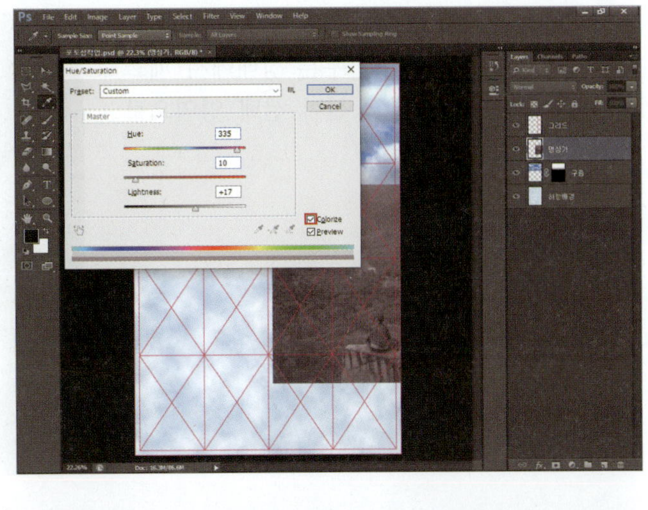

10 이미지의 밝기를 보정하기 위해 [Image] 〉 [Adjustments] 〉 [Level]을 열고 삼각 슬라이더를 좌우로 움직여서 조절해 줍니다.

기적의 TIP

Level : Ctrl + L

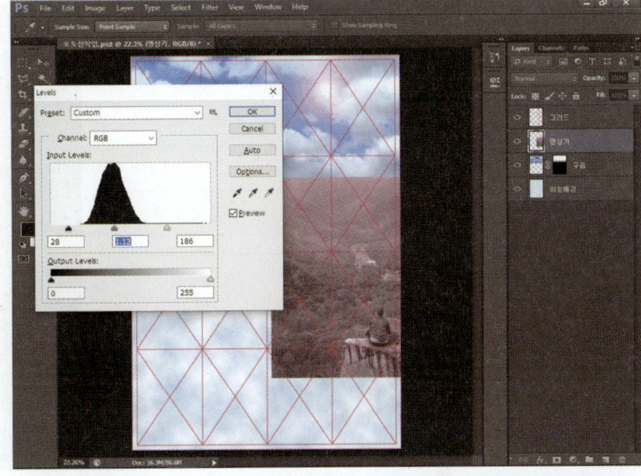

11 'Pen Tool'을 이용해서 '명상가' 레이어의 이미지를 필요한 부분만 곡선으로 잘라내기 위해 패스를 생성해 줍니다.

12 [Window] 〉 [Paths]를 열어서 만들어진 패스를 확인합니다. Ctrl 을 누른 상태에서 패스 레이어를 클릭하면 패스 선이 선택 영역으로 바뀝니다.

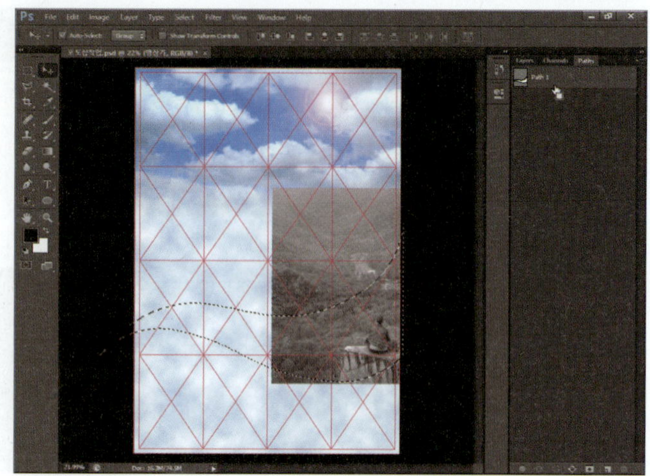

13 영역이 선택된 상태에서 다시 [Layers] 패널을 열고 하단의 'Add layer mask'를 클릭해서 마스크를 적용시킵니다.

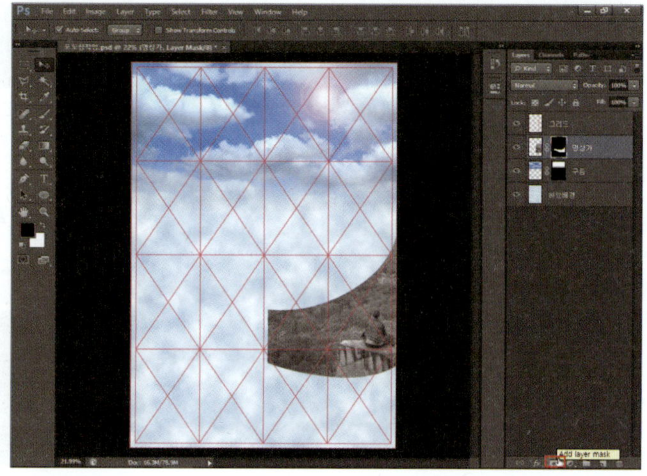

14 '명상가' 레이어가 선택된 상태에서 [Filter] 〉 [Filter Gallery] 〉 [Artistic] 〉 [Rough Pastels]를 클릭한 후 오른쪽의 슬라이더들을 좌우로 움직여 옵션을 적용합니다.

15 [File] 〉 [Open]을 선택하고, [Open] 대화상
자가 열리면 원형 물결.jpg를 선택해서 이미지
를 불러옵니다. 필요한 부분만큼 이미지를 선택
해서 복사한 후 '포토샵작업' 창에 붙여넣기하고
레이어의 이름을 물결로 바꿔줍니다. '물결' 레이
어가 선택된 상태로 [Layers] 패널의 아래에 있
는 'Add Layer Mask' 아이콘을 클릭해서 Layer
Mask를 생성합니다.

16 'Gradient Tool'을 클릭한 후 상단 옵션 바
에서 Linear Gradient를 선택하고 색상을 Black,
White로 설정합니다. '물결' 레이어의 경계선이
자연스럽게 그라데이션되도록 드래그합니다.

> **기적의 TIP**
>
> Gradient 색상 설정은 'Gradient Tool'을 선택하고 상단 옵
> 션 바의 'Click to edit the gradient'를 클릭해서 설정합니다.

17 [Layers] 패널의 하단에 있는 'Create a new
layer'를 클릭해서 새로운 레이어를 생성하고, 이
름을 배경그라데이션으로 바꿔준 후 '하늘배경'
레이어의 바로 위로 위치시킵니다.

> **기적의 TIP**
>
> 레이어 앞쪽에 있는 눈 아이콘을 클릭해서 끄면 해당 레이
> 어의 작업물은 보이지 않게 됩니다. 다시 클릭해서 눈 아이
> 콘이 활성화되면 해당 레이어도 나타납니다.

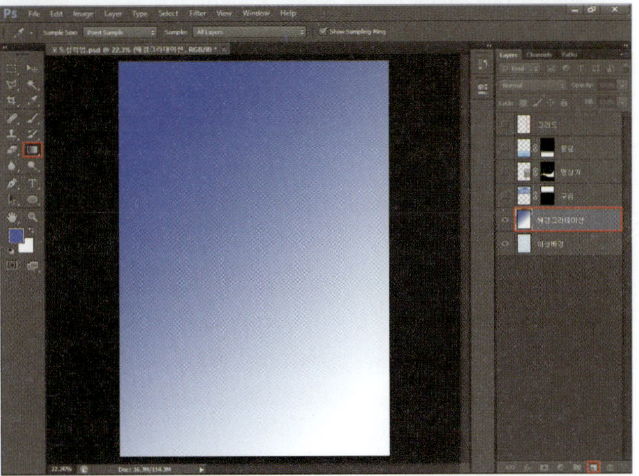

18 'Gradient Tool'을 클릭한 후 왼쪽 상단 옵션 바에서 Linear Gradient를 선택하고, 색상을 지정하기 위해 'Click to edit the gradient'를 클릭합니다. [Gradient editor] 대화상자가 열리면 색상 바 아래에 위치한 '색 정지점'을 클릭하고 아래에 Color를 클릭해서 C95M78Y0K0, 반대쪽 끝은 C0M0Y0K0으로 지정하고 [OK]를 눌러줍니다. 작업 화면의 왼쪽 상단 끝에서 오른쪽 하단으로 드래그해서 그라디언트를 넣어줍니다. [Layers] 패널의 상단에 있는 블랜딩 모드의 드롭다운 버튼을 클릭해서 'Darker Color'을 적용시켜서 아래의 '하늘배경' 레이어와 자연스럽게 블랜딩 시켜줍니다.

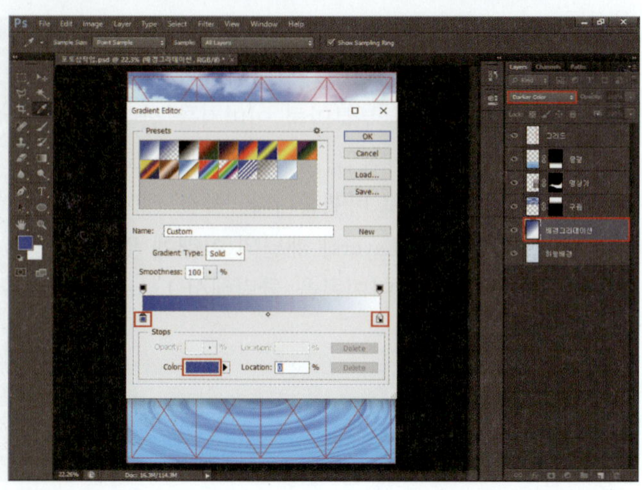

19 [Layers] 패널의 하단에 있는 'Create a new group' 아이콘을 클릭해서 새 그룹을 만듭니다. 그룹 이름을 배경으로 바꿔주고, '물결, 명상가, 구름, 배경그라데이션, 하늘배경' 레이어를 모두 선택해서 '배경' 그룹으로 드래그합니다.

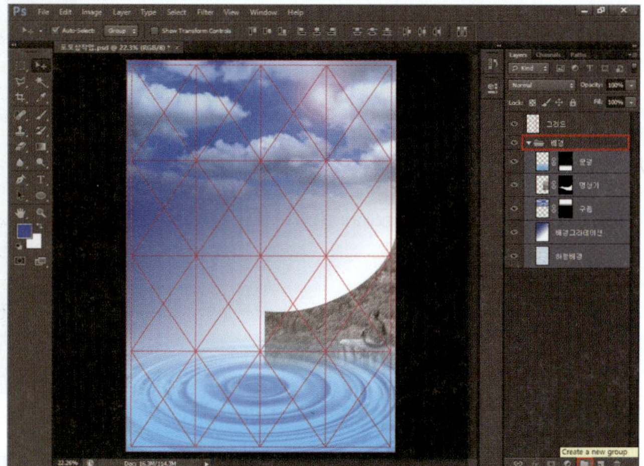

▶ 기적의 TIP

- Shift 를 누른 상태로 맨 위 레이어와 맨 아래 레이어를 클릭하면 그 사이에 있는 레이어들까지 한꺼번에 선택됩니다.
- Ctrl 버튼을 누른 상태로 레이어를 한 개씩 클릭하면 원하는 레이어만 여러 개 선택할 수 있습니다.
- 레이어가 너무 많으면 Layers 패널에 스크롤이 길게 생기고 찾기가 불편합니다. 수정이 필요 없는 레이어들은 같은 선상의 레이어끼리 그룹화합니다.

03 일러스트 작업물 배치하기

01 '일러스트작업' 창에서 만든 상단의 흰 곡선을 Ctrl+C 로 복사해서 '포토샵작업' 창에 Ctrl+V 로 붙여넣기를 합니다. [Paste] 대화상자에서 'Pixels'를 선택하고, [OK] 버튼을 클릭한 후, 크기와 위치를 조절합니다. 레이어 이름을 하늘 곡선으로 변경합니다.

02 '하늘 곡선' 레이어가 선택된 상태에서 [Layers] 패널의 상단에 있는 블랜딩 모드의 드롭다운 버튼을 클릭해서 'Soft Light'를 선택합니다.

기적의 TIP

시험 지시서에 블랜딩 모드의 정확한 명칭이 지정되지 않았다면 자신의 작업물과 잘 어우러지는 블랜딩을 선택합니다.

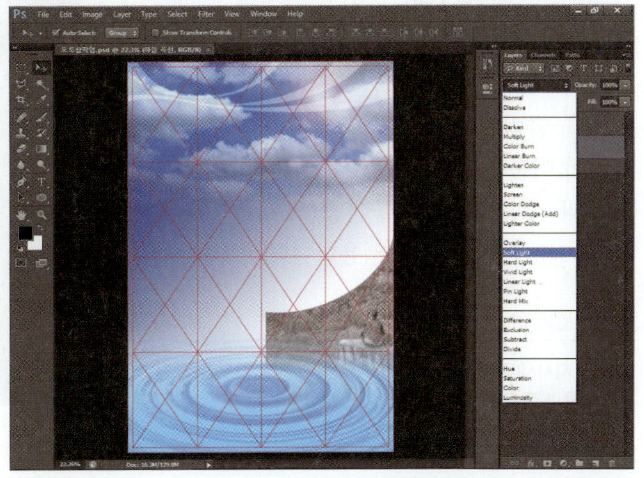

03 '일러스트작업' 창에서 만든 꽃무늬 패턴을 Ctrl+C 로 복사해서 '포토샵작업' 창에 Ctrl+V 로 붙여넣기를 합니다. [Paste] 대화상자에서 'Pixels'를 선택하고, [OK] 버튼을 클릭한 후, 크기와 위치를 조절합니다. 레이어 이름을 꽃무늬 배경으로 변경합니다.

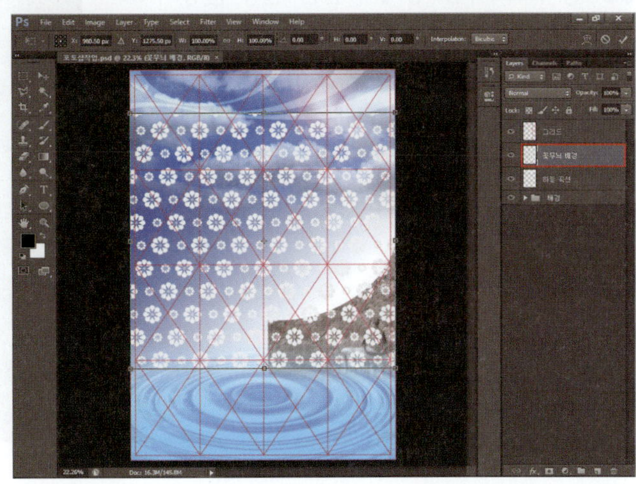

04 '꽃무늬 배경' 레이어가 선택된 상태로 하단의 'Add layer mask'를 클릭해서 마스크를 적용시킵니다. 'Gradient Tool'을 클릭한 후 왼쪽 상단 옵션 바에서 Radial Gradient를 선택하고 색상 선택은 Black, White를 선택합니다.

Gradient 색상 설정은 'Gradient Tool'을 선택하고 상단 옵션 바의 'Click to edit the gradient'를 클릭해서 설정합니다.

05 '일러스트작업' 창에서 만든 여러 개의 원 모양의 오브젝트를 Ctrl+C로 복사해서 '포토샵작업' 창에 Ctrl+V로 붙여넣기를 합니다. [Paste] 대화상자에서 'Pixels'를 선택하고, [OK] 버튼을 클릭한 후, 크기와 위치를 조절합니다. 레이어 이름을 왼쪽 원으로 변경합니다. [Layers] 패널의 상단에 있는 블랜딩 모드를 클릭해서 'Soft Light'를 선택해서 적용합니다.

시험 지시서에 블랜딩 모드의 정확한 명칭이 없으면 자신의 작업물과 잘 어울리는 블랜딩을 선택합니다.

06 '일러스트작업' 창에서 만든 전통 문양의 오브젝트를 Ctrl+C로 복사해서 '포토샵작업' 창에 Ctrl+V로 붙여넣기를 합니다. [Paste] 대화상자에서 'Pixels'를 선택하고, [OK] 버튼을 클릭한 후, 크기와 위치를 조절합니다. 레이어 이름을 원 문양으로 변경합니다.

07 [Layers] 패널 하단에 있는 폴더 모양의 아이콘 'Create a new group'을 클릭하고 그룹 폴더가 생성되면 일러스트배경으로 이름을 변경합니다. '원 문양, 왼쪽 원, 꽃무늬 배경, 하늘 곡선' 레이어를 모두 선택해서 '일러스트배경'그룹으로 이동시킵니다.

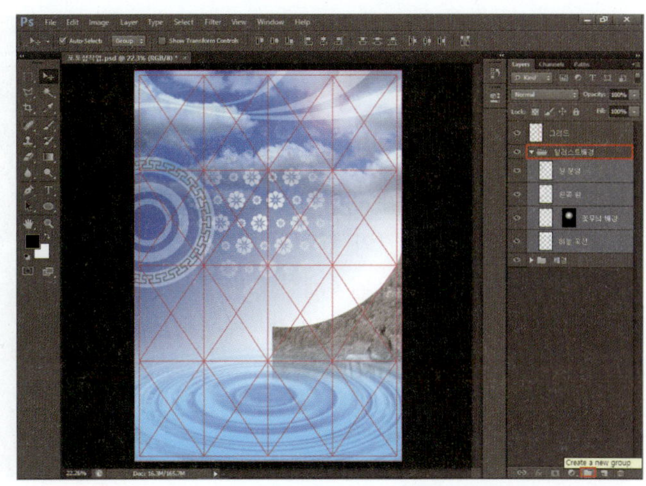

04 중앙의 명상가 만들기

01 '일러스트작업' 창에서 만든 명상하는 사람 오브젝트를 Ctrl+C로 복사해서 '포토샵작업' 창에 Ctrl+V로 붙여넣기를 합니다. [Paste] 대화상자에서 'Pixels'를 선택하고, [OK] 버튼을 클릭한 후, 크기와 위치를 조절합니다. 레이어 이름을 중앙 명상가로 변경합니다.

02 '일러스트작업' 창에서 만든 지그재그 무늬의 패턴 오브젝트를 Ctrl+C로 복사해서 '포토샵작업' 창에 Ctrl+V로 붙여넣기 합니다. [Paste] 대화상자에서 'Pixels'를 선택하고, [OK] 버튼을 클릭한 후, '중앙 명상가' 오브젝트의 오른쪽이 덮일 정도로 크기와 위치를 조절합니다. 레이어의 이름은 임의로 오른쪽패턴이라고 정해주고, 레이어의 위치는 '중앙 명상가' 레이어보다 위쪽에 위치해야 합니다.

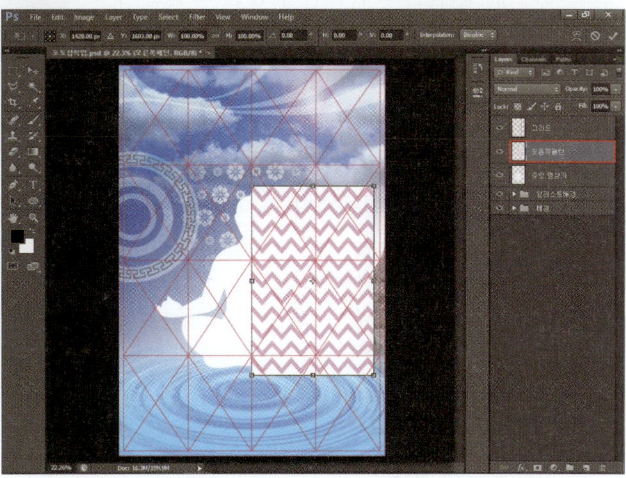

03 '일러스트작업' 창에서 만든 삼각형 무늬의 패턴 오브젝트를 Ctrl + C로 복사해서 '포토샵 작업' 창에 Ctrl + V로 붙여넣기를 합니다. [Paste] 대화상자에서 'Pixels'를 선택하고, [OK] 버튼을 클릭한 후, '중앙 명상가' 오브젝트의 왼 쪽 이 덮일 정도로 크기와 위치를 조절합니다. 레이어의 이름은 임의로 왼쪽패턴이라고 정해주 고, 레이어의 위치는 '중앙 명상가' 레이어보다 위쪽에 위치해야 합니다.

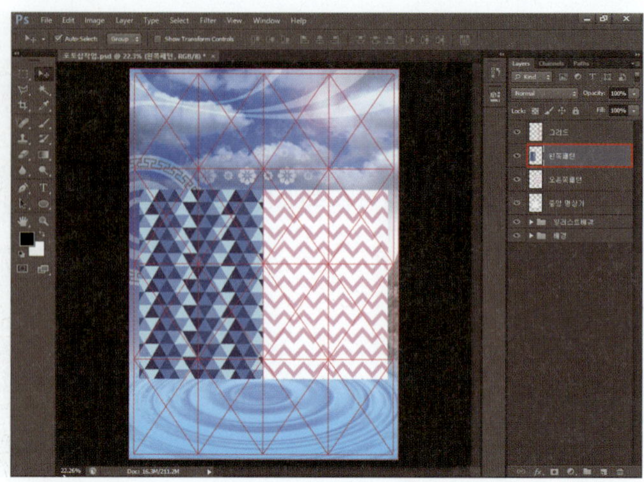

04 '왼쪽패턴' 레이어와 '오른쪽패턴' 레이어 두 개를 한꺼번에 선택한 후 Ctrl + Alt + G를 눌러 서 클리핑 마스크를 적용시킵니다. 마스크가 적 용된 이미지를 확인해보고 패턴의 크기나 위치 등을 조절해 줍니다.

클리핑 마스크를 적용하기
• 레이어와 레이어 사이를 Alt를 누른 상태로 클릭해주면 마스크가 적용됩니다.
• [Layer] 〉 [Create Clipping Mask]를 클릭합니다.

05 클리핑 마스크는 이미지의 원본을 훼손하지 않기 때문에 패턴의 크기나 위치 등을 조절할 수 있습니다. 조절을 마쳤으면 '왼쪽패턴' 레이어와 '오른쪽패턴' 레이어를 한꺼번에 선택한 후 마우 스 오른쪽 버튼을 클릭하고 'Merge Layers'를 눌 러 레이어를 합쳐줍니다. 하나로 합쳐진 레이어 의 이름을 패턴으로 바꿔줍니다.

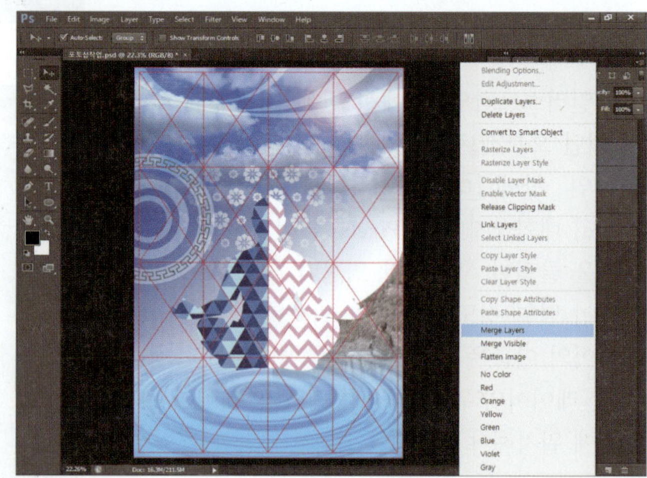

06 '중앙 명상가'의 오브젝트에 테두리를 만들기 위해서 레이어 이름의 바로 옆 빈 공간을 더블클릭합니다. [Layer Style] 대화상자가 타나나면 'Strocke'에 체크를 해주고 옵션을 'Size : 16, Position : Outside, Blend Mode : Nomal, Opacity : 40'으로 설정을 해주고 컬러는 Black으로 지정합니다.

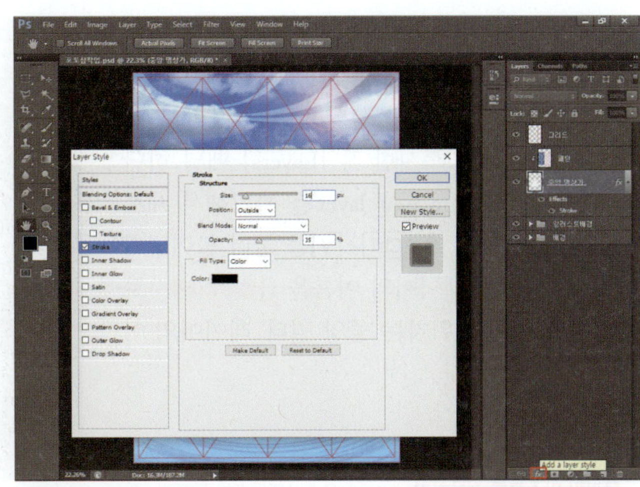

07 '중앙 명상가'의 뒤에 보이는 후광 같은 필터를 만들기 위해 '패턴' 레이어가 선택된 상태로 '중앙 명상가' 레이어의 썸네일을 Ctrl을 누른 채 클릭해서 선택 영역으로 지정합니다. Ctrl + C 를 눌러 복사한 후 [Layers] 패널 하단에 위치한 'Create a new layer'을 클릭해서 새로운 레이어를 만든 후 Ctrl + V 를 눌러 붙여넣기 합니다. 새로운 레이어의 이름을 중앙 필터로 설정하고 레이어 위치는 '중앙 명상가' 레이어의 아래에 위치시킵니다.

08 '중앙 필터' 레이어가 선택된 상태에서 [Filter] 〉 [Blur] 〉 [Radial Blur]를 클릭 후 Amount : 86, Blur Method : Zoom, Quality : Good 으로 설정한 후 오른쪽 Blur Center를 아래로 살짝 내려줍니다.

기적의 TIP

'중앙 명상가' 레이어에 가려져서 필터 효과가 잘 보이지 않는다면 '중앙 필터' 이미지의 크기를 Ctrl + T 를 눌러서 살짝만 키워보세요.

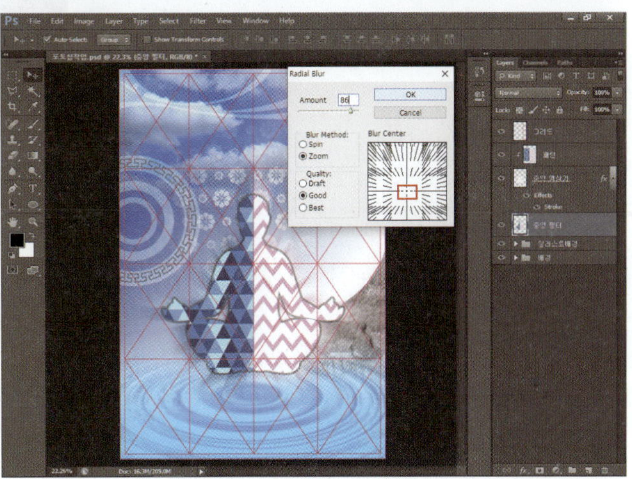

09 '중앙 명상가'의 물에 비치는 그림자를 만들기 위해 '중앙 명상가' 레이어의 썸네일에 Ctrl 을 누른채 클릭해서 선택 영역으로 지정합니다. Ctrl + C 를 눌러 복사한 후 [Layers] 패널 하단에 위치한 'Create a new layer'를 클릭해서 새로운 레이어를 만든 후 Ctrl + V 를 눌러 붙여넣기합니다. 새로운 레이어의 이름을 중앙 그림자로 설정하고 레이어 위치는 '중앙 필터' 레이어의 아래에 위치시킵니다.

클리핑 마스크를 적용하기
- 레이어가 선택된 상태에서 Ctrl + J 를 누르면 레이어가 복사됩니다.
- 복사된 레이어에는 원본 레이어의 이팩트 효과도 함께 복사됩니다.

10 '중앙 그림자' 레이어에 Ctrl + T 를 눌러서 맨 위 상단을 마우스로 클릭해서 아래로 쭉 내려 상하반전으로 만듭니다.

11 그림자에 색을 채워주기 위해 '중앙 그림자' 레이어를 선택하고 레이어의 썸네일을 Ctrl 을 누른 채 클릭합니다. 전경색을 C95M70Y2K0으로 설정해주고 '중앙 그림자' 레이어에 선택 영역이 지정된 것을 확인한 후 Alt + Delete 를 눌러줍니다. Ctrl + D 를 눌러서 선택 영역을 해제해줍니다. [Layers] 패널의 상단에 있는 불투명도를 'Opacity : 50'으로 설정합니다.

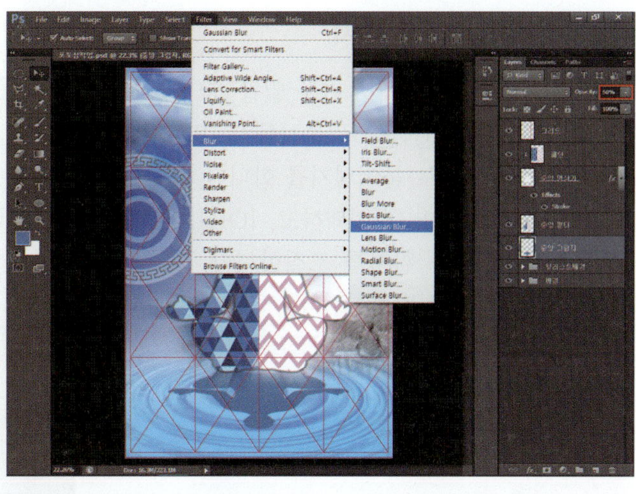

> **기적의 TIP**
>
> - 전경색으로 색 채우기 : Alt + Delete
> - 배경색으로 색 채우기 : Ctrl + Delete

12 [Filter] 〉 [Blur] 〉 [Gaussian Blur]를 클릭하고 미리보기를 보며 흐려짐 정도를 슬라이더로 조절하고 [OK]를 클릭합니다.

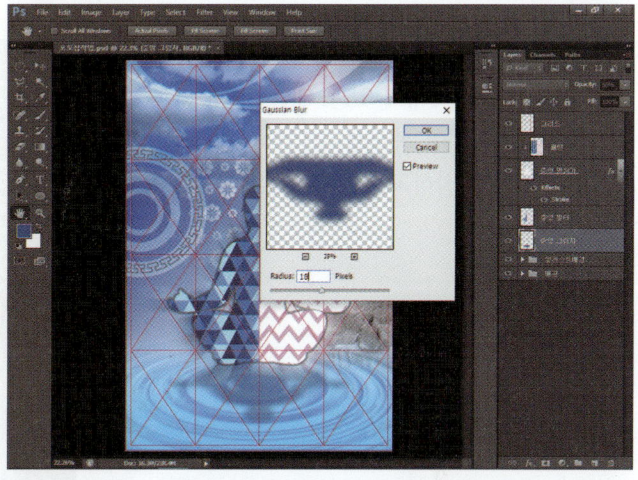

13 [Layers] 패널의 하단에 있는 폴더 모양의 아이콘 'Create a new group'을 클릭해서 새 그룹을 만들어 주고, 그룹 이름을 중앙 명상가로 바꿔줍니다. '패턴, 중앙 명상가, 중앙 필터, 중앙 그림자' 레이어를 모두 선택해서 '중앙 명상가' 그룹으로 이동시킵니다.

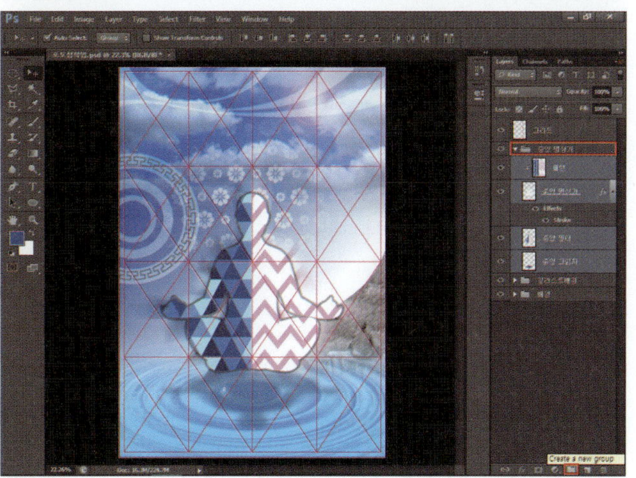

> **기적의 TIP**
>
> - 개수가 많아져서 스크롤이 길게 생긴 레이어들을 같은 선상의 레이어끼리 그룹으로 묶어두면 정리가 되어 찾기가 편합니다.
> - 그룹에 이팩트 효과를 주면 그룹에 묶인 레이어들 전체에 효과가 적용됩니다.

01 '일러스트작업' 창에서 만든 일곱 개의 원 모양 오브젝트를 Ctrl+C로 복사해서 '포토샵작업' 창에 Ctrl+V로 붙여넣기를 합니다. [Paste] 대화상자에서 'Pixels'를 선택하고, [OK] 버튼을 클릭한 후, 크기와 위치를 조절합니다. 레이어 이름을 하단 원으로 변경합니다.

02 '하단 원' 레이어를 마우스로 클릭 드래그해서 [Layers] 패널 아래에 있는 'Create a new layer'에 가져가서 레이어 복사를 합니다. 같은 방법으로 하나를 더 복사하고 레이어 이름을 윗줄부터 각각 하단 원 1, 하단 원 2, 하단 원 3으로 바꿔줍니다.

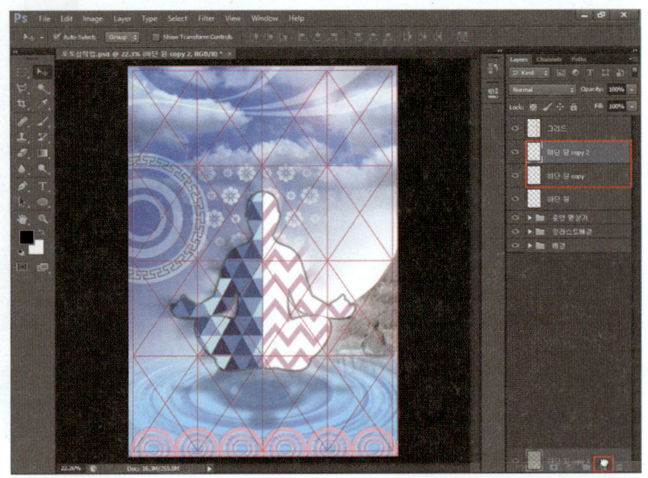

03 세 개의 레이어 중에 [Layers] 패널의 가장 아랫줄에 있는 '하단 원 3' 레이어를 클릭하고 'Move Tool'을 이용해서 원 이미지를 맨 위로 즉, '중앙 명상가'와 가장 가까운 위치로 올려줍니다. [Layers] 패널 상단에 있는 불투명도를 'Opacity : 50'으로 설정합니다.

> **기적의 TIP**
>
> 'Move Tool'을 선택하고 상단 옵션 바에 'Auto Select'의 체크를 해제하면 선택된 레이어의 이미지만 이동합니다. 겹쳐져서 잘 보이지 않거나 클릭하기 힘든 이미지를 이동시킬 때 유용합니다. 짧은 거리의 이동은 ←→↑↓(방향 키) 사용이 유용합니다.

04 [Layers] 패널의 가운뎃줄에 있는 '하단 원 2' 레이어를 클릭하고 'Move Tool'을 클릭합니다. 상,하 방향키를 눌러서 원 이미지를 가운데 원 위치로 올려줍니다. 좌,우 방향키를 눌러서 원의 양 끝쪽이 반원이 되도록 이동시킵니다. [Layers] 패널 위쪽에 블랜딩 모드의 드롭다운 버튼을 클릭해서 Linear Burn을 선택합니다.

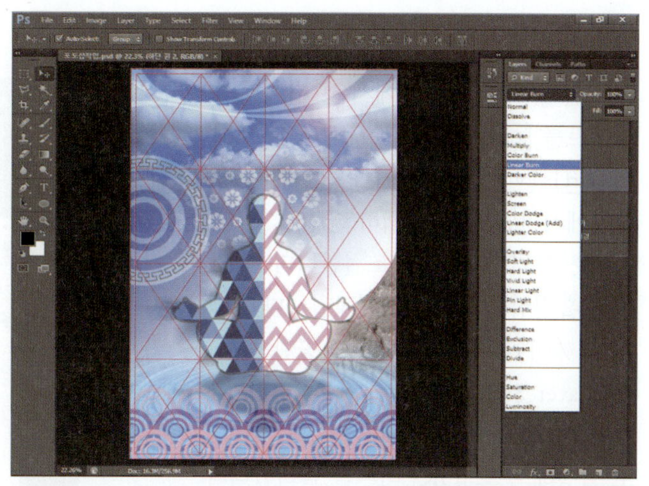

05 '일러스트작업' 창에서 '한국요가연합회' 로고 오브젝트를 Ctrl+C로 복사해서 '포토샵작업'창에 Ctrl+V로 붙여넣기를 합니다. [Paste] 대화상자에서 'Pixels'를 선택하고, [OK] 버튼을 클릭한 후, 크기와 위치를 조절합니다. 레이어 이름을 한국요가연합회로 변경합니다.

06 [Layers] 패널의 하단에 있는 폴더 모양의 아이콘 'Create a new group'을 클릭해서 새 그룹을 만들어 주고, 그룹 이름을 하단 일러스트로 바꿔줍니다. '한국요가연합회, 하단 원 1, 하단 원 2, 하단 원 3' 레이어를 모두 선택해서 '하단 일러스트' 그룹으로 이동시킵니다.

01 '일러스트작업' 창에서 '호흡명상클리닉' 오브젝트를 Ctrl+C로 복사해서 '포토샵작업' 창에 Ctrl+V로 붙여넣기를 합니다. [Paste] 대화상자에서 'Pixels'을 선택하고, [OK] 버튼을 클릭한 후, 크기와 위치를 조절합니다. 레이어 이름을 호흡명상클리닉으로 변경합니다. '호흡명상클리닉' 레이어 이름 바로 옆 빈 공간을 더블클릭해서 [Layer Style] 대화상자가 나타나면 'Stroke'에 체크하고 Size : 3을, 컬러는 C100M76Y17K3으로 설정해 주고 [OK] 버튼을 클릭합니다.

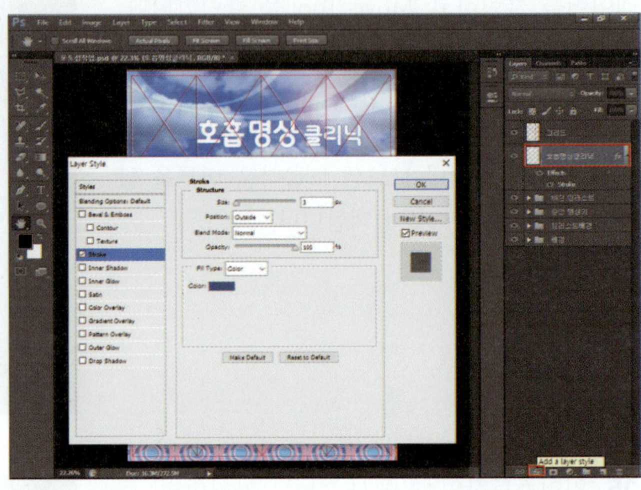

02 [Layer Style] 대화상자 맨 아래에 있는 'Drop Shadow'에 체크를 해주고 오른쪽 옵션은 Blend Mode : Multiply, 색상은 C92M86Y40K40, Opacity : 75, Angle : −45, Distance : 12, Spread : 36, Size : 29로 설정합니다.

⨆ 기적의 TIP

작업물의 결과가 조금씩 다르기 때문에 자신의 작업물에 맞는 옵션 수치로 조절해 보세요.

03 '일러스트작업' 창에서 '나뭇잎잔' 오브젝트를 Ctrl+C로 복사해서 '포토샵작업' 창에 Ctrl+V로 붙여넣기를 합니다. [Paste] 대화상자에서 'Pixels'을 선택하고, [OK] 버튼을 클릭한 후, 크기와 위치를 조절합니다. 레이어 이름을 나뭇잎잔으로 변경합니다.

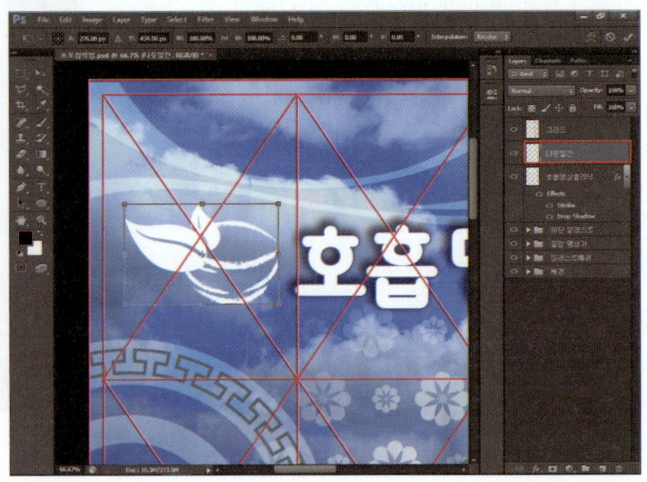

01 오른쪽 공간에 문자들을 줄 맞춰서 정돈되어 보이도록 만들기 위해서 [View] 〉 [Rulers]를 클릭합니다. 작업 창의 상단과 왼쪽에 생긴 눈금자에서 '가이드선'을 꺼내어 문자가 들어갈 부분에 표시를 해둡니다.

기적의 TIP

- [View] 〉 [Rulers] : Ctrl + R
- [View] 〉 [Show] 〉 [Guides] : Ctrl + ;
- [View] 〉 [Snap] : Shift + Ctrl + ;
- 눈금자끼리 만나는 모서리를 클릭해서 드래그하면 두 눈금자의 0점 위치를 조절할 수 있습니다.

02 'Horizontal Type Tool'을 선택하고 전경색을 C100M89Y26K10으로 설정하고 레이어 한 개에 문자를 한 줄씩 입력합니다.
[Type] 〉 [Panels] 〉 [Character Panel]을 클릭하고, 각 레이어의 T모양을 더블 클릭해서 적절한 폰트, 크기, 두께를 설정합니다.

기적의 TIP

특정 폰트에 관한 지시가 없다면 가장 비슷한 폰트로 선택해서 작업하면 됩니다.

03 문자 중간에 위치한 선을 그려주기 위해 [Layers] 패널 하단에 있는 'Create a new layer'를 클릭해서 새 레이어를 만들고 이름을 윗 선으로 바꿔줍니다. 'Line Tool'을 클릭하고 상단 옵션 바에서 드롭다운 버튼을 눌러 'Pixels'로 선택하고, Weight : 3px'로 설정하고 전경색을 C100M89Y26K10으로 설정합니다. Shift 를 누른 상태에서 마우스를 움직여 선을 그려줍니다.

04 '윗 선' 레이어를 선택하고 Ctrl + J 를 눌러서 레이어를 복사합니다. 복사된 레이어의 이름을 아랫 선으로 바꿔준 후 'Move Tool'을 선택하고 키보드의 ↓방향키를 눌러서 아래로 이동시킵니다.

'Move Tool'을 사용하여 이미지를 마우스로 드래그해서 이동시킬 때 상,하로 이동 도중 Shift 를 눌러주면 수직으로만 이동합니다. 좌,우로 이동 도중 Shift 를 눌러주면 수평으로만 이동합니다.

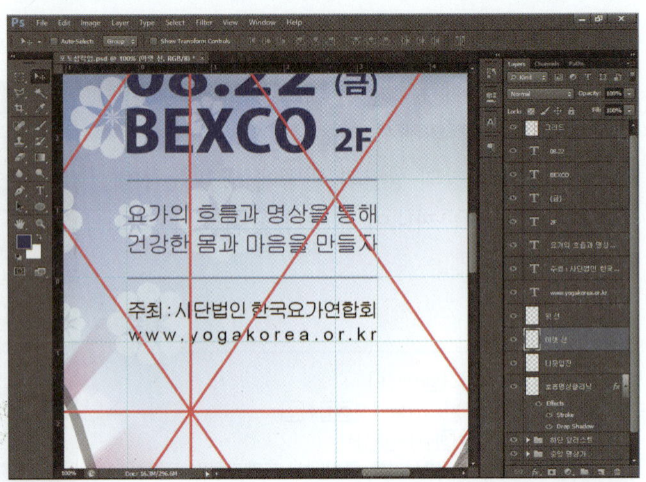

05 [Layers] 패널의 하단에 있는 폴더 모양의 아이콘 'Create a new group'을 클릭해서 새 그룹을 만들어 주고, 그룹 이름을 문자로 바꿔줍니다. 문자 레이어들과 윗 선, 아랫 선 레이어를 모두 선택해서 '문자' 그룹 폴더로 이동시킵니다.

08 명상 용품 효과 주기

01 [File] > [Open]을 선택하고, [Open] 대화상자가 열리면 명상 용품1.jpg를 선택해서 이미지를 불러옵니다. 필요한 부분을 'Rectangular Marquee Tool'로 선택해서 복사한 후 '포토샵작업' 창에 붙여넣기하고 레이어의 이름을 왼쪽 명상 용품으로 바꿔줍니다.

02 '왼쪽 명상용품' 레이어가 선택된 상태에서 'Elliptical Marquee Tool'을 클릭하고 Shift + Alt 를 누른 상태로 원형 선택영역을 지정합니다. [Layers] 패널의 하단에 있는 'Add layer mask'를 클릭해서 마스크를 적용합니다.

03 '왼쪽 명상용품' 레이어의 썸네일을 클릭하고 [Filter] > [Filter Gallery]를 클릭합니다.

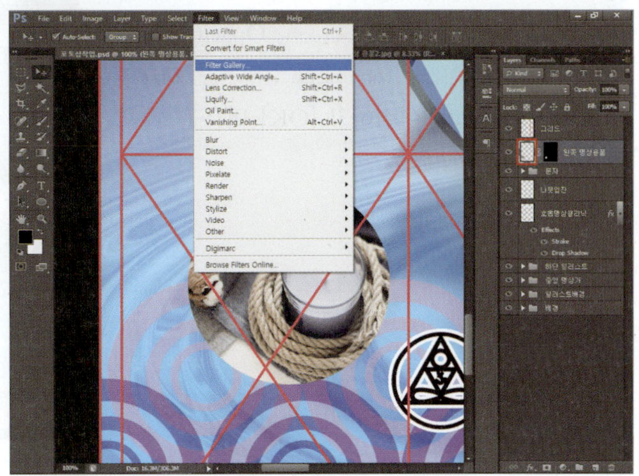

04 [Artistic] 〉 [Rough Pastels]를 선택하고 미리
보기를 보며 오른쪽에 위치한 옵션 슬라이더를
조절한 후 [OK] 버튼을 클릭합니다.

05 [Layers] 패널의 '왼쪽 명상용품' 레이어의 이
름 옆을 더블클릭해서 [Layer Style] 대화상자를
열고 Bevel & Emboss에 체크하고 Style : Inner
Bevel, Technique : Smooth, Direction : Up,
Size : 6, Angel : −45, Altitude : 30, Highlight
Mode : Screen, Opacity : 75, Shadow Mode :
Multiply, Opacity : 75를 설정하고 [OK] 버튼을
클릭합니다.

작업물의 결과가 조금씩 다르기 때문에 자신의 작업물의
결과를 확인하며 옵션을 조절하세요.

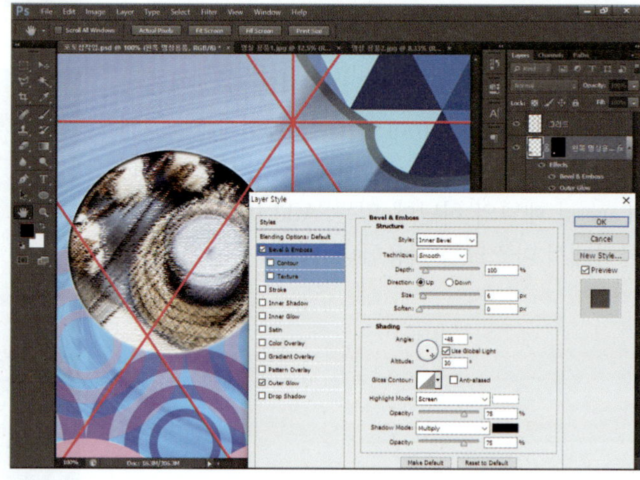

06 [Layer Style] 대화상자의 'Outer Glow'에 체
크를 하고 Blend Mode : Screen, Opacity : 75,
색상 : C2M0Y30K0, Technique : Softer, Size :
6, Range : 50으로 설정하고 [OK] 버튼을 클릭
합니다.

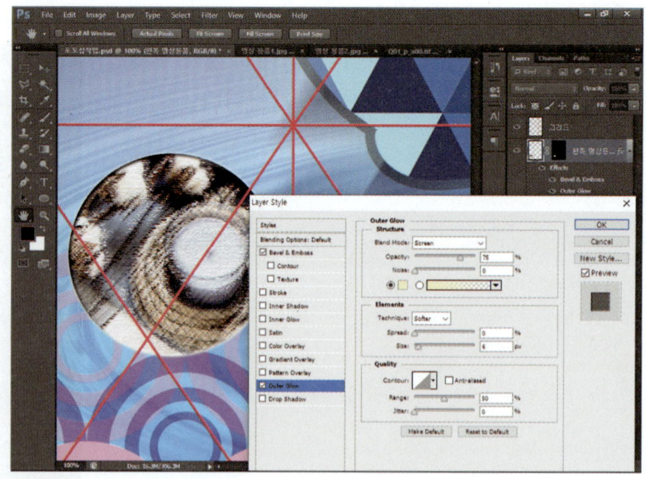

07 [File] 〉 [Open]을 선택하고, [Open] 대화상자가 열리면 명상 용품2.jpg를 선택해서 이미지를 불러옵니다. 필요한 부분만큼 이미지를 선택해서 복사한 후 '포토샵작업' 창에 붙여넣기하고 레이어의 이름을 오른쪽 명상용품으로 바꿔줍니다.

08 [Filter] 〈 [Filter Gallery] 〉 [Artistic] 〉 [Underpainting]을 선택하고 미리보기를 보며 오른쪽에 위치한 옵션 슬라이더들을 조절 후 [OK] 버튼을 클릭합니다.

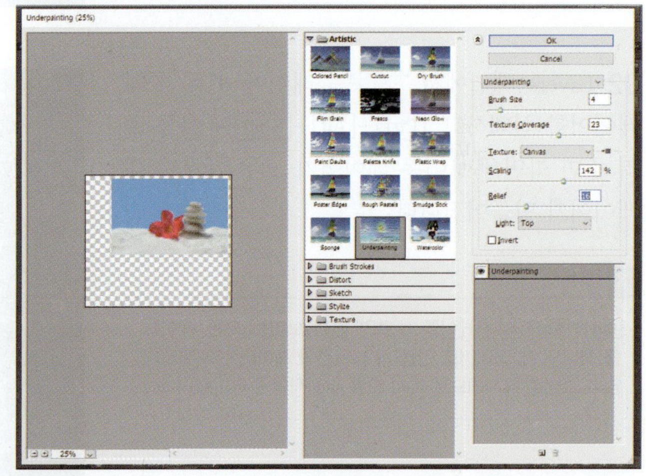

09 [Layers] 패널의 '오른쪽 명상용품' 레이어가 선택된 상태에서 'Elliptical Marquee Tool'을 클릭하고 Shift + Alt 를 누른 상태로 원 선택영역을 지정합니다. [Layers] 패널의 하단에 있는 'Add layer mask'를 클릭해서 마스크를 적용합니다. 'Layer Style'은 '왼쪽 명상용품'과 효과가 동일하기 때문에 '왼쪽 명상용품' 레이어에 있는 FX 마크를 Alt 를 누른 채로 마우스로 끌어서 '오른쪽 명상용품' 레이어로 이동시켜서 복사해 줍니다.

01 [Hand Tool]을 더블클릭해서 화면에 작업물 전체가 보이도록 해주고, 가이드선이 보이면 [View] 〉 [Show] 〉 [Guides]를 클릭해서 체크를 해제하고, [Layers] 패널에서 '그리드' 레이어의 눈을 켠 후, 디자인 원고와 전체적으로 비교하여 검토합니다. 검토가 끝나면 '그리드' 레이어의 눈을 끄고, Ctrl + S 를 눌러 저장합니다.

> **기적의 TIP**
>
> • Save(저장하기) : Ctrl + S
> • 가이드선 : Ctrl + ;

02 Layers 패널에서 '그리드' 레이어 바로 아래 레이어를 선택하고, Ctrl + Alt + Shift + E 를 눌러 주면 화면에 보이는 레이어가 모두 합쳐진 새 레이어가 만들어집니다.

> **기적의 TIP**
>
> Ctrl + Alt + Shift + E 를 누르면 현재 보이는 모든 레이어를 하나의 새 레이어로 만듭니다. 기존의 레이어는 지워지지 않고 그대로 유지되므로 혹시 모를 수정작업에 유리합니다.

03 [File] 〉 [Save As] 메뉴를 선택하여 '파일이름: 자신의 비번호(예를 들어 01번이면 01)'을 입력합니다. PC 응시자는 'Format : JPEG' 형식을 선택합니다. [JPEG Options] 대화상자가 열리면 'Quality : 12'로 설정하고, [OK] 버튼을 클릭합니다. 이때 저장된 JPEG 파일을 확인하고, 용량이 너무 큰 경우 'Quality'를 8~11 정도의 수치로 설정하여 저장합니다.

> **기적의 TIP**
>
> Quality는 JPEG의 압축 품질을 설정하는 옵션으로서 수치를 낮게 설정하면 용량이 매우 줄어들며 화질이 손상됩니다. 따라서 허용하는 용량 내에서 최대한 높은 수치로 설정하여 화질이 최대한 떨어지지 않도록 합니다.

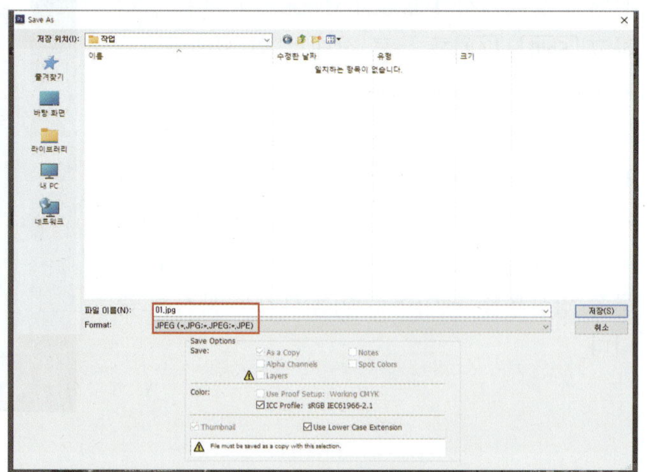

01 작업 준비하기

[File] 〉 [New] 〉 [Document]를 선택하여 'Number of Pages : 1, Facing Pages 체크해제', 'Page Size : A4', Margins 'Make all settings the same : 해제, 'Top : 25.5mm, Bottom : 25.5mm, Left : 22mm, Right : 22mm'로 입력한 후, [OK] 버튼을 클릭합니다.

기적의 TIP

- Ctrl + N : New Document(새 문서 만들기)
- A4의 가로 길이 210mm에서 166mm를 뺀 값은 44mm 이고, A4의 세로 길이 297mm에서 246mm를 뺀 값은 51mm이므로 이 여백을 2등분하여 각각의 여백으로 지정 합니다.

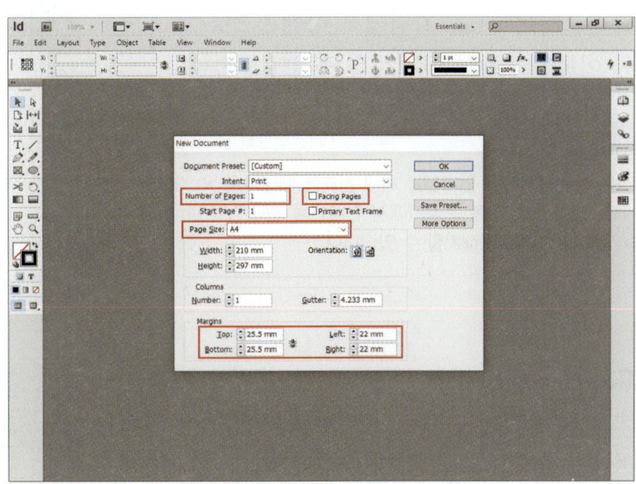

02 안내선 만들기

01 실제 크기의 안내선이 만들어졌으면 안내선 의 위쪽, 아래쪽, 왼쪽, 오른쪽의 안쪽으로 3mm 를 뺀 작품규격 크기의 안내선도 만들어야 합니 다. 눈금자의 기준점을 드래그하여 왼쪽 위의 안 내선 교차지점에 이동시켜 기준점이 0이 되도록 합니다.

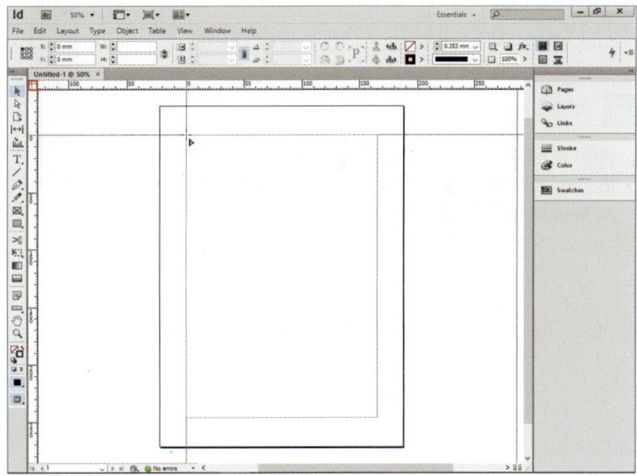

02 'Zoom Tool'로 실제크기 안내선 왼쪽 위를 드래그하여 확대하고, 왼쪽 눈금자에서 마우스를 드래그하여 0mm 지점에서 오른쪽으로 3mm만큼 이동한 지점과 위쪽 눈금자에서 마우스를 드래그하여 0mm 지점에서 아래쪽으로 3mm만큼 이동한 지점에 안내선을 가져다 놓습니다.

기적의 TIP

왼쪽 눈금자에서 안내선을 꺼내 컨트롤 패널에서 'X : 3mm'로 입력하고, 위쪽 눈금자에서 안내선을 꺼내 'Y : 3mm'로 입력하여 정확히 배치할 수 있습니다.

03 'Hand Tool'을 더블클릭하여 윈도우 화면으로 맞춘 후, 실제크기의 안내선 오른쪽 아래를 'Zoom Tool'로 확대합니다. 왼쪽 눈금자에서 마우스를 드래그하여 166mm 지점에서 왼쪽으로 3mm만큼 이동한 지점(163mm)과 위쪽 눈금자에서 마우스를 드래그하여 오른쪽 아래의 246mm 지점에서 위쪽으로 3mm만큼 이동한 지점(243mm)에 안내선을 가져다 놓습니다.

기적의 TIP

왼쪽 눈금자에서 안내선을 꺼내 컨트롤 패널에서 'X : 163mm'로 입력하고, 위쪽 눈금자에서 안내선을 꺼내 'Y : 243mm'로 입력하여 정확히 배치할 수 있습니다.

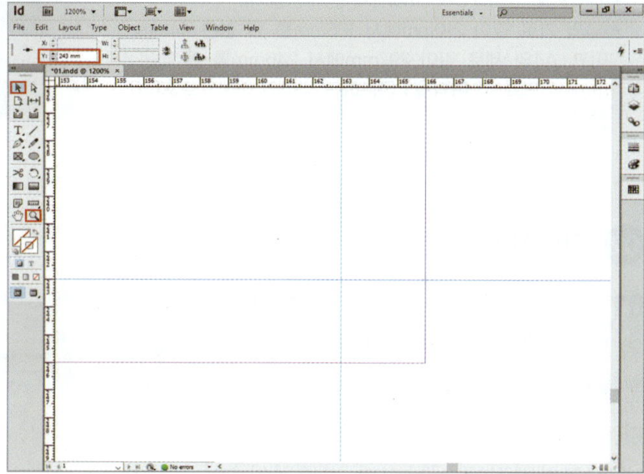

01 왼쪽 위를 'Zoom Tool'로 확대한 후, 'Line Tool'을 클릭하고, [Shift]를 누른 상태에서 왼쪽 위의 세로 안내선과 실제 크기 안내선 경계 부분에 수직으로 드래그하여 5mm 길이의 재단선을 그립니다. 가로 안내선과 실제크기 안내선 경계 부분도 수평으로 드래그하여 5mm 길이의 재단선을 그립니다. 두 재단선을 'Selection Tool'로 [Shift]를 누른 상태에서 각각 클릭하고, [Ctrl]+[G]를 눌러 그룹으로 지정 후 [Ctrl]+[C]를 눌러 복사합니다.

 **기적**의 TIP

컨트롤 패널에서 'L' 값을 참고하여 수치를 확인하거나 입력할 수 있습니다. 디자인 원고에서 재단선의 규격에 대한 언급이 없지만 5mm~10mm 정도가 적절합니다.

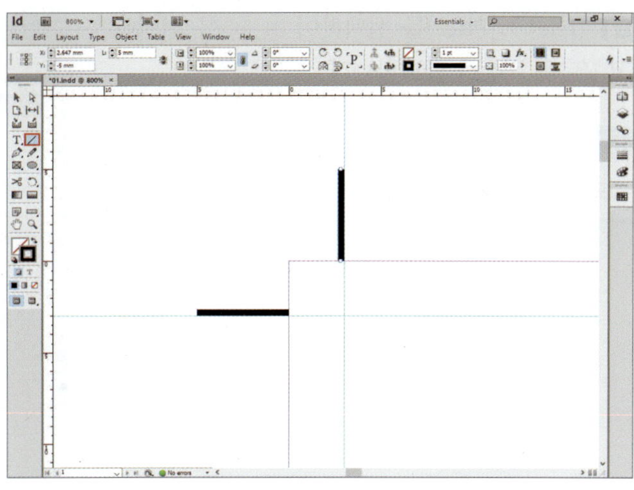

02 '오른쪽 위를 'Zoom Tool'로 확대한 후 [Ctrl]+[V]를 눌러 붙여넣기합니다. 컨트롤 패널에서 'Rotate 90° Clockwise'를 클릭하여 위치를 변경한 후, 안내선에 맞춰 배치합니다. 동일한 방법으로 아래쪽의 재단선도 만듭니다.

기적의 TIP

아래쪽의 재단선도 컨트롤 패널에서 'Rotate 90° Clockwise'를 클릭하고, 안내선에 맞춰 배치하면 됩니다.

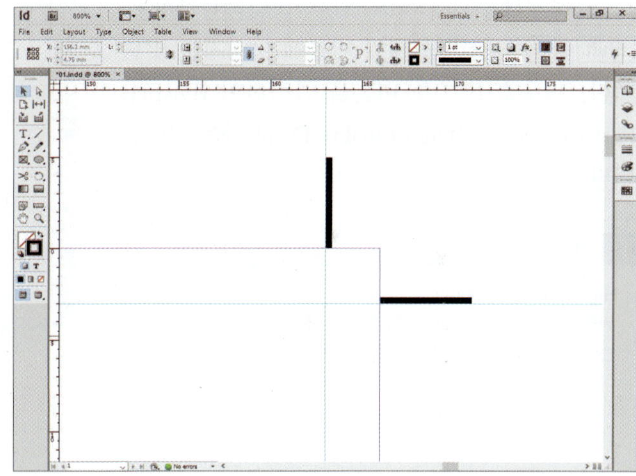

04 이미지 가져오기

01 [File] 〉 [Place]를 선택하여 01.jpg를 선택하고 [열기] 버튼을 클릭합니다.

F 기적의 TIP

Ctrl + D : Place

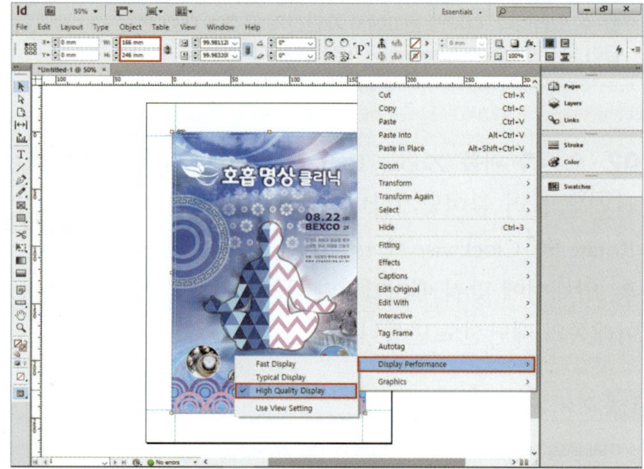

02 실제 크기 안내선의 왼쪽 위를 클릭하여 이미지를 삽입합니다. 상단 옵션바에서 'Reference Point'를 왼쪽 상단의 모퉁이로 선택 후, [W : 166mm], [H : 246mm]로 입력하고 Ctrl + Alt + Shift + E 를 눌러 프레임 비율에 이미지를 맞춥니다. 마우스 오른쪽 버튼을 클릭하여 [Display Performance] 〉 [High Quality Display]를 선택합니다.

F 기적의 TIP

High Quality Display
화면에서 보여지는 이미지의 품질을 최고 수준으로 표시하는 보기 옵션일 뿐 실제 출력물의 품질과는 관련이 없습니다.

05 비번호 입력하기

이미지 왼쪽 아래를 'Zoom Tool'로 확대하고 'Type Tool'로 비번호(등번호)를 입력한 후 글자를 블록 지정하여 컨트롤 패널에서 폰트는 고딕, 크기는 10pt로 설정합니다. 위치는 작품에서 3mm 떨어진 지점으로 이동합니다.

기적의 TIP

- 요구사항에 의하면 비번호를 입력할 때 폰트는 고딕체, 폰트 크기는 10pt로 입력해야 합니다.
- 시험장에서 배정된 자신의 비번호를 입력하면 됩니다. 예제에서의 01은 예시입니다.

06 저장하고 제출하기

[File] 〉 [Save]를 선택하여 파일이름을 자신의 비번호 01로 입력한 후 [저장] 버튼을 클릭합니다. 'Hand Tool'를 더블클릭하여 결과물 전체를 확인합니다. 바탕화면에 있는 전송용 폴더에 확장자 jpg와 indd 파일만 저장합니다. 결과물을 프린트하고 프린트된 A4 용지는 시험장에서 제공하는 켄트지의 한 가운데에 붙여 제출합니다.

기적의 TIP

제출해야 할 파일(JPG 파일+INDD 파일)의 용량은 총 15MB 이하입니다.

남산 할로윈 축제 포스터

작업 프로그램 포토샵, 일러스트레이터, 인디자인

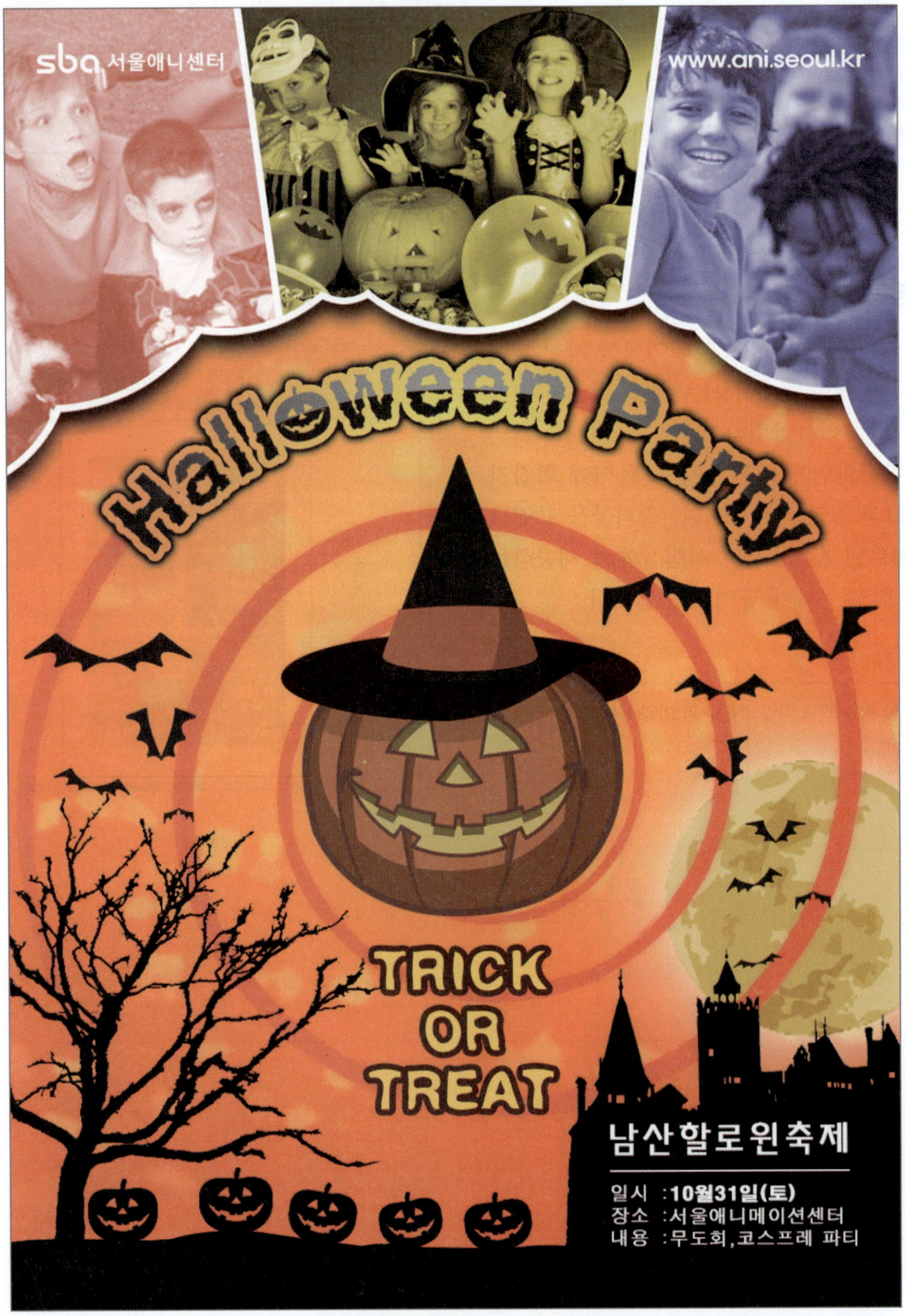

자격종목	컴퓨터그래픽기능사	과제명	남산 할로윈 축제 포스터

※ 시험시간 : 3시간 30분

1. 요구사항

※ 다음의 요구사항에 맞도록 주어진 자료(컴퓨터에 수록)를 활용하여 디자인 원고를 시험시간 내에 컴퓨터 작업으로 완성하여 A4 용지로 출력 후 A3 용지에 마운팅(부착)하여 제출하시오.

※ 모든 작업은 수험자가 컴퓨터 바탕화면에 폴더를 만들어 저장하시오.

가. 작품규격(재단되었을 때의 규격) : 160mm X 240mm ※A4 용지 중앙에 작품이 배치되도록 하시오.

나. 구성요소(문자, 그림) : ※(디자인 원고 참조)

① 문자요소

- sba 서울애니센터
- TRICK OR TREAT
- 장소 : 서울애니메이션센터
- www.ani.seoul.kr
- 남산할로윈축제
- 내용 : 무도회, 코스프레 파티
- Halloween Party
- 일시 : 10월31일(토)

② 그림요소 : 디자인 원고 참조

01.jpg

02.jpg

03.jpg

04.jpg

05.jpg

06.jpg

다. 작업내용

01) 주어진 디자인 원고(그림, 사진, 문자, 색채, 레이아웃, 규격 등)와 동일하게 작업하시오.

02) 디자인 원고 내용 중 불명확한 형상, 색상코드 불일치, 색 지정이 없는 부분, 원고에 없는 형상 등이 있을 때는 수험자가 완성도면 내용과 같이 작업하시오.

03) 디자인 원고의 서체(요구서체)가 사용 컴퓨터 및 소프트웨어와 맞지 않을 경우는 가장 근접한 서체를 사용하시오.

04) 상하, 좌우에 3mm 재단여유를 갖도록 작품을 배치하고, 재단선은 작품규격에 맞추어 용도에 맞게 표시하시오. (단, 디자인 원고 중 작품의 규격을 표시한 외곽선이 있을 때는 원고의 지시에 따라 표시여부를 결정한다.)

05) 디자인 원고 좌측 하단으로부터 3mm를 띄워 비번호를 고딕 10pt로 반드시 기록하시오.

06) 출력물(A4)은 어떠한 경우에도 절취할 수 없으며, 반드시 A3 용지 중앙에 마운팅하시오.

라. 컴퓨터 작업범위

01) 15MB 용량의 폴더에 수록될 수 있도록 작업범위(해상도 및 포맷형식)를 계획하시오.

02) 규격 : A4(210x297mm) 중앙에 디자인 원고 내용과 같은 작품(원고규격)을 배치하시오.

03) 해상도 및 포맷형식 : 제한용량 범위 내에서 선택하시오.

04) 기타 : ① 제공된 자료범위 내에서 활용하시오.

② 3개의 2D 응용프로그램을 고루 활용하되, 최종작업 및 출력은 편집 프로그램(쿽 익스프레스, 인디자인)에서 하시오. (최종작업 파일이 다른 프로그램에서 생성된 경우는 출력할 수 없음)

작품명 : 남산 할로윈 축제 포스터

※ 작품규격(재단되었을 때의 규격) : 가로 160mm X 세로 240mm, 작품 외곽선은 생략하고, 재단선은 3mm 재단 여유를 두고 용도에 맞게 표시할 것.
※ 지정되지 않은 색상 및 모든 작업은 "최종결과물" 오른쪽 디자인 원고를 참고하여 작업하시오.

❶ 일러스트의 왜곡툴로
원고와 같이 작업
글자색 그라데이션(Radial) K100~K50

K100

❸

흰 부분: 투명, K100

❷

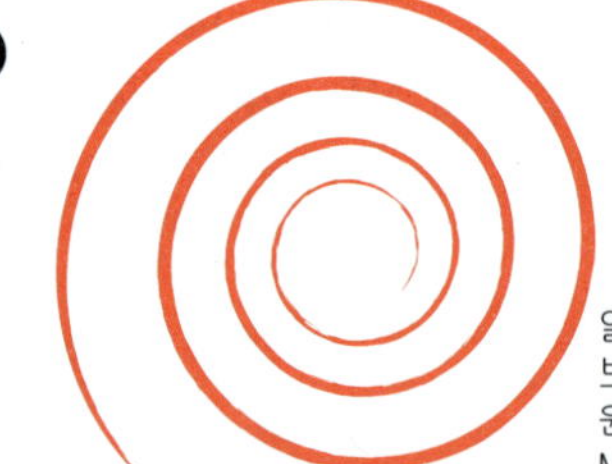

일러스트의
브러쉬툴로
원고와 같은 효과 표현
M100Y100

❹

K100

글자 및 선 : W

❻

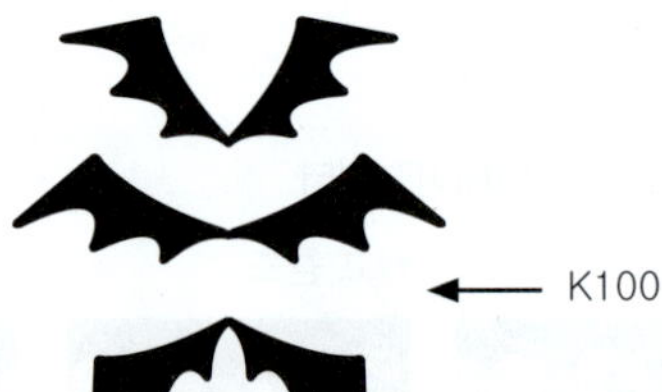

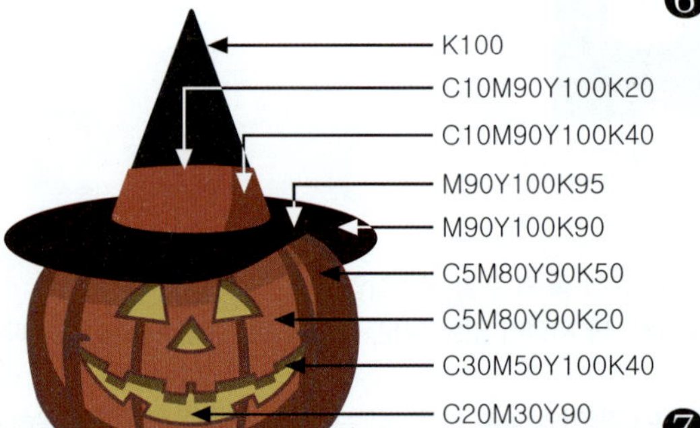

K100
C10M90Y100K20
C10M90Y100K40
M90Y100K95
M90Y100K90
C5M80Y90K50
C5M80Y90K20
C30M50Y100K40
C20M30Y90
C50M90Y90K30

남산할로윈축제

일시	:10월31일(토)
장소	:서울애니메이션센터
내용	:무도회, 코스프레 파티

색상 : W

❼ sba 서울애니센터

❺ TRICK OR TREAT

일러스트의 왜곡툴로
원고와 같이 표현
M20Y100

색상 : W

❽ www.ani.seoul.kr

이미지(01,02,03)
원고와 같은 색상 변형
및 마스크 적용

원고와 같이
구름모양 작업 후
그림자 효과 적용

그라데이션 테두리
(M70Y100~C6Y97),
외부광선 효과 적용
(K100)

표면흐림 효과 적용

그라데이션
(M45Y100~
C10M90Y100),
원고와 같은
블랜딩 모드 적용

테두리 적용
(C40M85Y80K60)

이미지(04)
배경 제거하고
단색 변환 후
그림과 같이
자연스럽게 합성

이미지(06)
배경 제거하고
그림과 같은
필터 효과,
W 외부광선 효과 적용

이미지(05)
배경 제거하고
단색 변환 후
자연스럽게 합성

01 작업 그리드 그리기

배부 받은 디자인 원고의 완성 이미지 위에 필기구와 자를 이용하여 가로, 세로의 크기를 측정한 후 각 4등분으로 선을 그어줍니다. 16등분의 직사각형이 그려지면 가로와 세로선이 교차되는 지점을 기준으로 대각선을 그립니다.

📭 기적의 TIP

작업 그리드를 그리는 이유?
컴퓨터 작업 시 각 이미지나 도형의 크기, 위치, 간격을 파악하기 위해 필요한 작업입니다. 빨간색 볼펜 등의 튀는 색상의 필기구로 기준선 그리기 작업을 하는 것이 좋습니다.

02 실제 작업 크기 분석 및 계획 세우기

작품규격 160mm×240mm를 확인합니다. 작품 외곽선을 생략하고, 재단선은 3mm의 재단 여유를 두고 용도에 맞게 표시할 것을 염두에 둡니다. 작품규격에 위쪽, 아래쪽, 왼쪽, 오른쪽으로 각 3mm씩 재단여유를 주면 실제작업 크기는 166mm×246mm가 됩니다. 그리고 각 요소를 표현하기 위해 사용될 프로그램을 계획해 줍니다.

01 일러스트레이터를 실행하고, [File] 〉 [New]를 선택하여 'Units : Millimeters, Width : 166mm, Height : 246mm, Color Mode : CMYK'로 설정한 후, [OK] 버튼을 클릭합니다.

기적의 TIP

- Ctrl + N : New Document(새 문서 만들기)
- 작품규격은 160mm×240mm이므로 재단선 3mm씩을 더하면 작업창의 크기는 166mm×246mm가 됩니다.

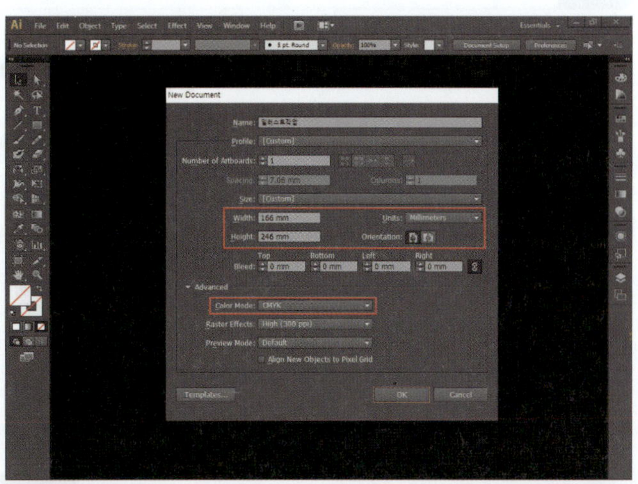

02 'Rectangular Grid Tool'을 선택하고, 작업창을 클릭하여 대화상자를 엽니다. 작품규격대로 Default Size 'Width : 160mm, Height : 240mm'로 설정하고, 16등분으로 나누기 위해 Horizontal Dividers, Vertical Dividers 'Number : 3'으로 입력한 후, [OK] 버튼을 클릭합니다.

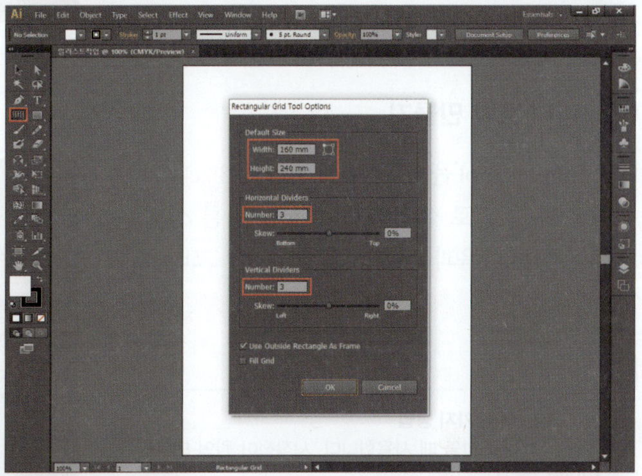

03 Align 패널에서 'Align To : Align to Artboard'를 선택하고 'Align Objects : Horizontal Align Center, Vertical Align Center'를 차례로 클릭합니다. Ctrl + 2로 격자 도형을 잠그고, 'Line Segment Tool'로 좌상단에서 우하단 대각선 7개를 그린 후, Reflect Tool로 반대 방향 대각선을 복사합니다. Alt + Ctrl + 2로 잠금 해제 후, Ctrl + A로 모두 선택, Stroke를 빨간색으로 바꾼 뒤, Ctrl + G로 그룹 지정합니다.

기적의 TIP

- Shift + F7 : Show Align
- 'Line Segment Tool'로 7개의 대각선을 그린 후, Ctrl + A로 모두 선택하고, 'Reflect Tool' 〉 'Vertical' 선택 후 [Copy]하면 반대편으로 대각선이 복사됩니다.

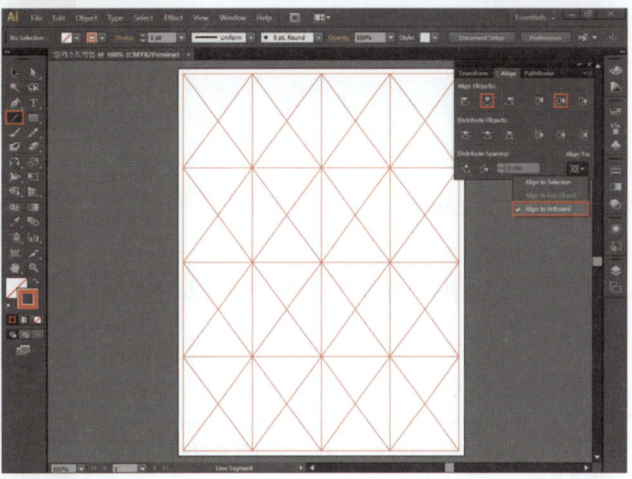

'Selection Tool'로 그리드를 선택한 후 [Object] 〉 [Lock] 〉 [Selection]을 클릭해서 그리드가 선택되지 않도록 해둡니다.

기적의 TIP

- Lock : Ctrl + 2
- Unlock All : Alt + Ctrl + 2
- 작업 공간의 배경색 변경 : Alt + Shift + Ctrl + Y

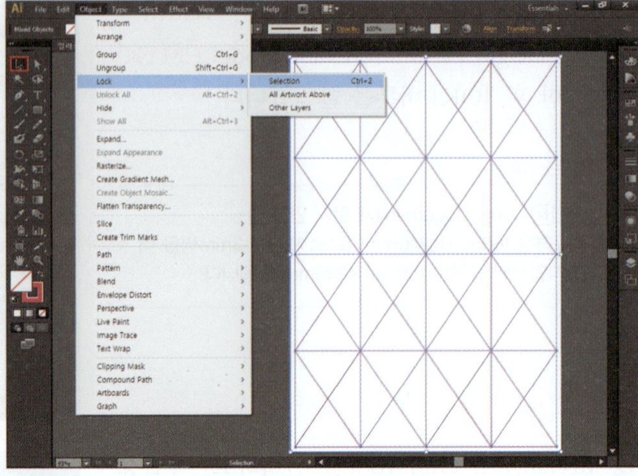

01 미니 호박 만들기

01 'Ellipse Tool'을 선택하고 면색을 Black으로, 선색은 None으로 설정하고 Shift 를 누른 상태로 드래그하여 다음과 같은 정원을 하나 그려줍니다.

기적의 TIP

원을 그리는 여러 가지 방법
- Shift : 정원을 만들 때 사용합니다. 시작점이 원의 테두리입니다.
- Alt : 시작점이 원의 가운데입니다.
- Shift + Alt : 정원을 만들면서 시작점을 중심으로 원을 만듭니다.

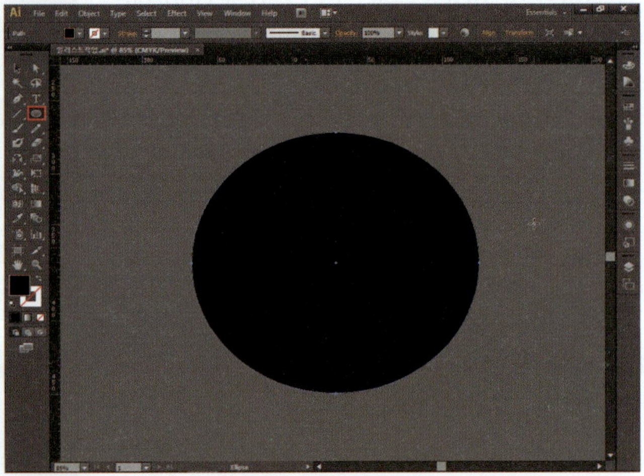

02 'Direct Selection Tool'을 클릭하고 상단의 anchor point를 클릭 드래그해서 아래로 내려준 후 각각의 조절점을 움직여 호박 모양으로 만들어 줍니다.

기적의 TIP

Shift 를 누른 상태에서 anchor point를 내리면 수직으로 내려집니다.

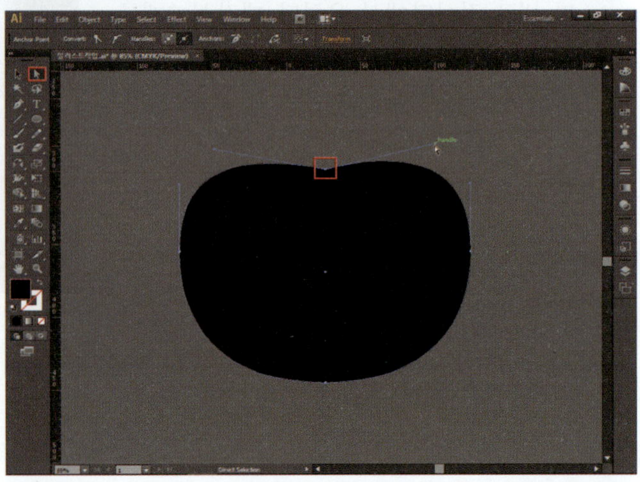

03 'Pen Tool'을 이용해서 삼각형 모양의 한쪽 눈을 만들어 줍니다.

면색은 White, 선색은 None으로 설정합니다.

Direct Selection Tool과 Pen Tool을 차례로 선택한 후, Ctrl을 누르면 Pen Tool이 선택된 상태에서 Direct Selection Tool의 기능을 이용할 수 있고, Alt를 누르면 Convert Anchor Point Tool의 기능을 이용할 수 있습니다.

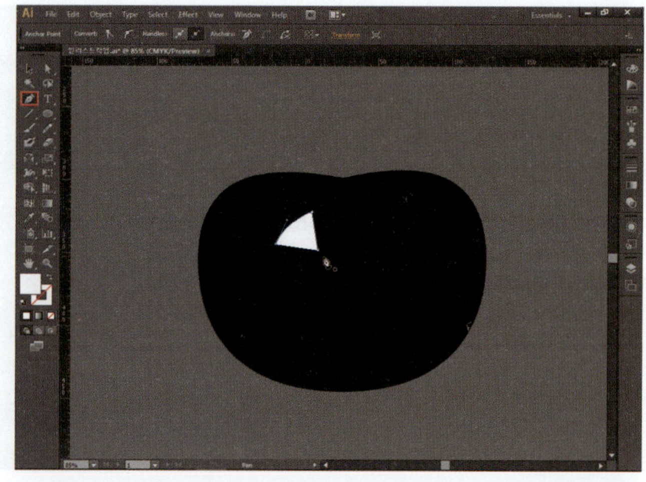

04 'Reflect Tool'을 클릭하고 오브젝트를 선택한 다음 오른쪽 기준점이 될 위치에 Alt를 누른 채 클릭합니다. [Reflect] 대화상자가 나타나면 'Vertical'을 선택하고 [Copy]를 클릭합니다.

Reflect Tool로 Alt를 누른 채 점을 클릭하는 이유는 복사의 기준점을 설정하기 위해서입니다.
클릭한 기준점으로부터 대칭으로 복사 또는 이동됩니다.

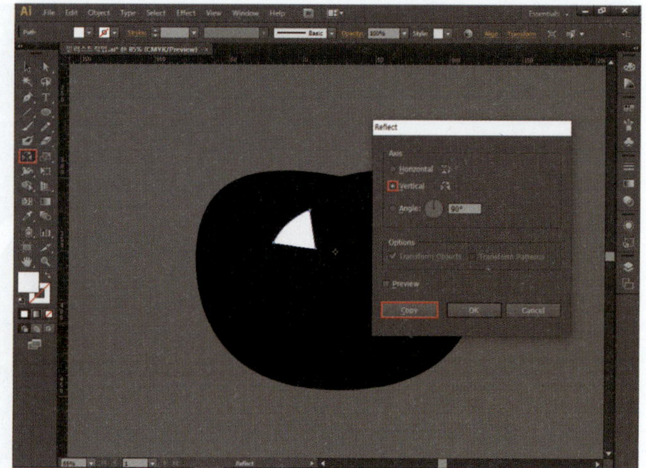

05 'Pen Tool'을 이용해서 코와 입을 그려줍니다.

면색은 White를, 선색은 None으로 설정합니다.

06 'Selection Tool'을 이용해 입을 아래로 이동
시킨 후에 'Pen Tool'로 이가 빠진듯한 부분의 네
모 모양을 여러 개 그려줍니다.

기적의 TIP

다른 방법으로 '격리 모드'로 들어가서 작업하는 방법이 있습
니다.
격리 모드(Isolation Mode) : 오브젝트를 더블 클릭하면 해당
개체만 따로 활성화되어 주위의 다른 패스의 간섭 없이 작업
가능하도록 격리됩니다.
입 모양을 이동시키지 않고도 그 위치에서 바로 작업을 할
수 있습니다.

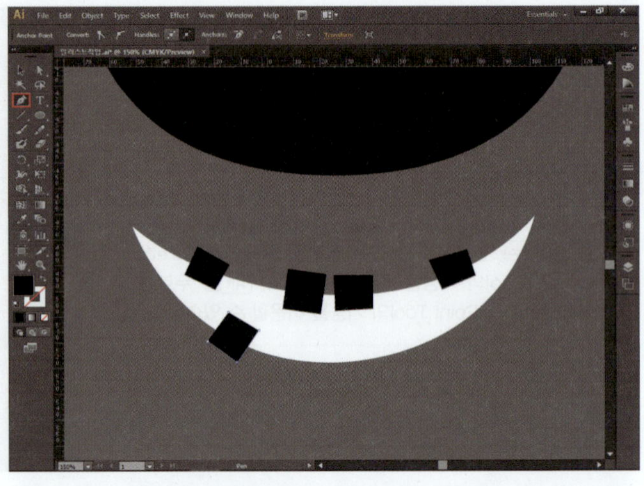

07 'Selection Tool'을 이용해서 입 모양과 작은
네모들을 모두 선택합니다.

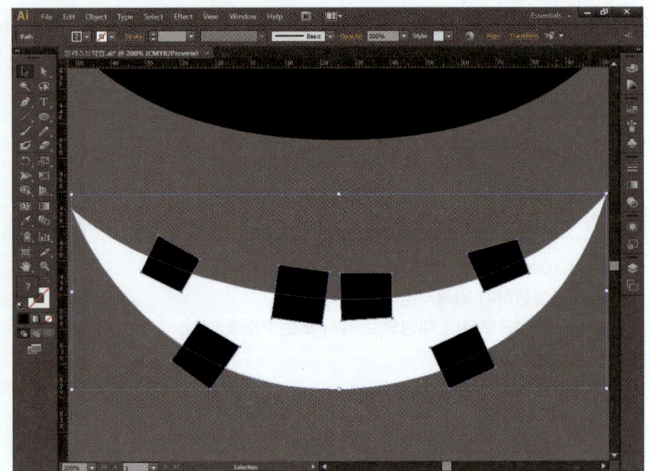

08 [Window] 〉 [Pathfinder] 패널의 [Shape
Modes : Minus Front]를 클릭해서 위쪽에 위치한
개체만큼 삭제합니다.

기적의 TIP

Pathfinder : Shift + Ctrl + F9

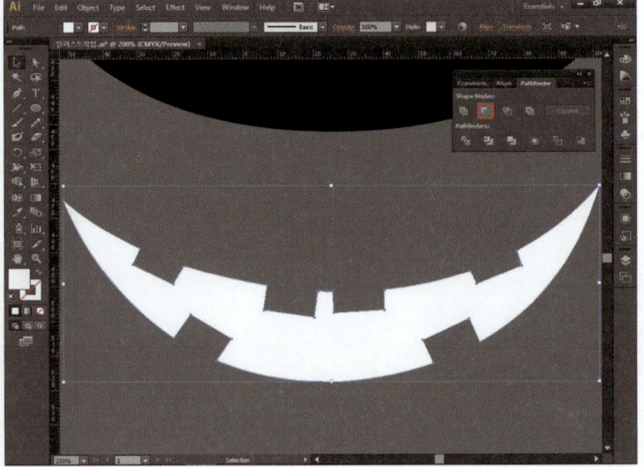

09 입꼬리의 보조개를 만들기 위해 'Ellipse Tool'을 이용해 원을 그려주고, 면색은 None, 선색은 White로 지정합니다.

원을 그리는 여러 가지 방법
- Shift : 정원을 만들 때 사용합니다. 시작점이 원의 테두리입니다.
- Alt : 시작점이 원의 가운데입니다.
- Shift + Alt : 정원을 만들면서 시작점을 중심으로 원을 만듭니다.

10 'Direct Selection Tool'을 클릭하고 오른쪽에 위치한 anchor point를 선택해서 삭제합니다.

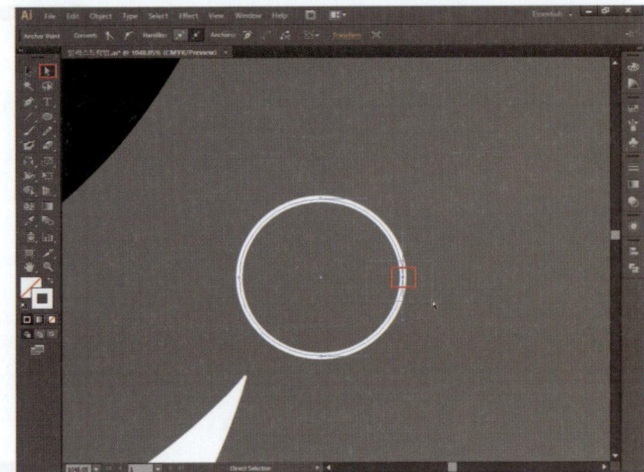

11 [Window] 〉 [Stroke] 패널을 열고 'Weight : 5pt, Cap : Round Cap, Corner : Round Join, Profile : Width Profile 1' 옵션 설정을 해줍니다.

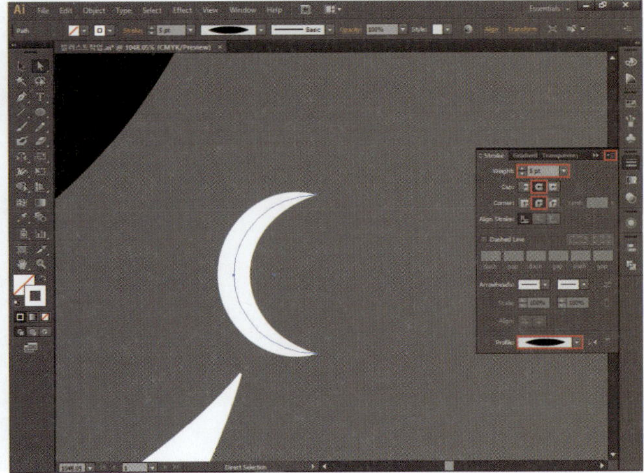

12 'Selection Tool'을 이용해서 오브젝트를 클릭
합니다. 선택 상자의 모서리에 회전 커서가 나타
나면 클릭하고 회전시켜서 입꼬리 부분에 위치
시킵니다.

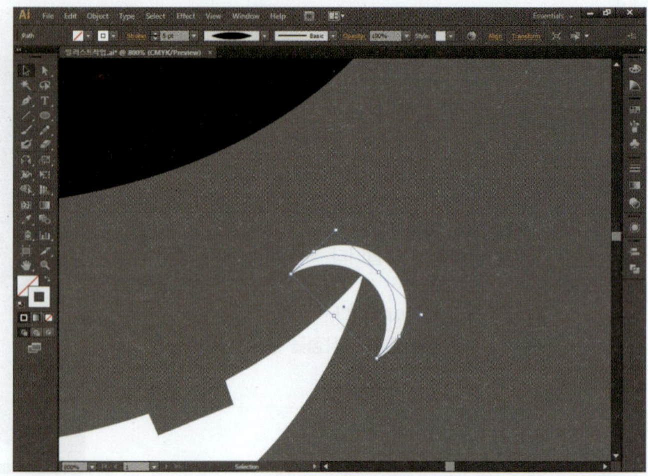

13 오브젝트가 선택된 상태에서 [Object] 〉
[Path] 〉 [Outline Stroke]를 클릭해서 선 속성의
오브젝트를 면으로 바꿔줍니다.

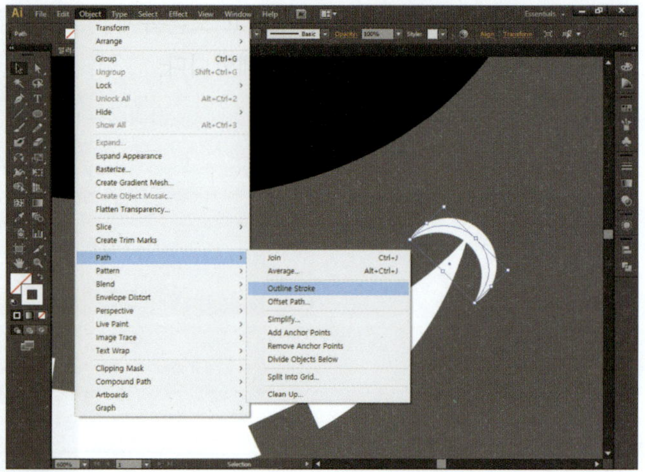

14 면으로 바뀐 오브젝트가 선택된 상태에서
'Reflect Tool'을 클릭하고 오브젝트의 왼쪽 기준
점이 될 위치에 Alt 를 누른 채 클릭합니다. [Re-
flect]대화상자가 나타나면 Vertical을 선택하고
[Copy]를 클릭합니다.

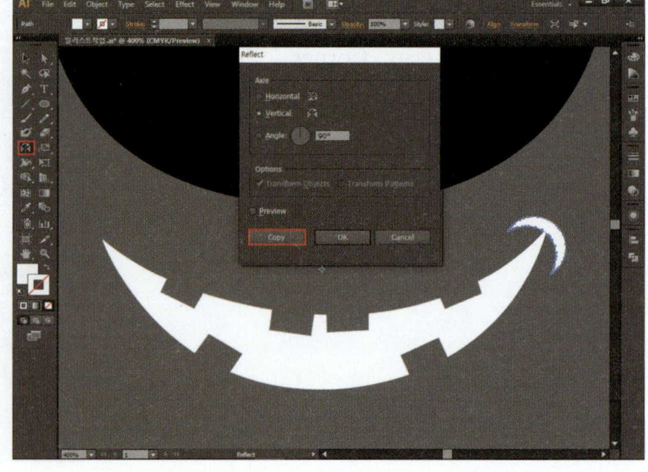

15 'Selection Tool'을 이용해 양쪽 끝에 오브젝트를 적절한 자리에 위치시키고 입 모양을 이루는 세 개의 오브젝트를 모두 선택한 후 마우스 오른쪽 버튼을 눌러 'Group'을 클릭합니다.

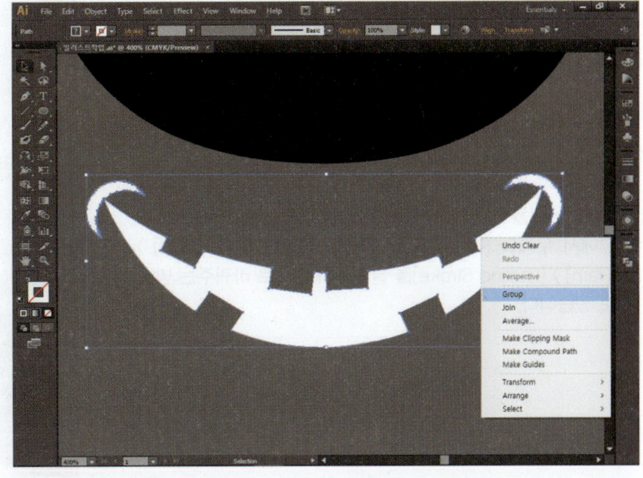

16 'Selection Tool'을 이용해서 입 모양을 호박의 얼굴로 이동시킵니다.

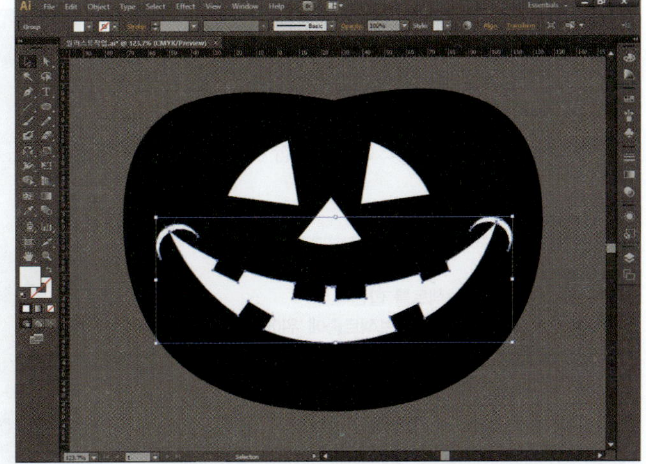

17 'Selection Tool'을 이용해서 호박 얼굴을 모두 선택한 후 [Window] 〉 [Pathfinder] 패널을 열고 'Shape Modes : Minus Front'를 클릭해서 겹쳐진 눈, 코, 입 부분을 삭제합니다.

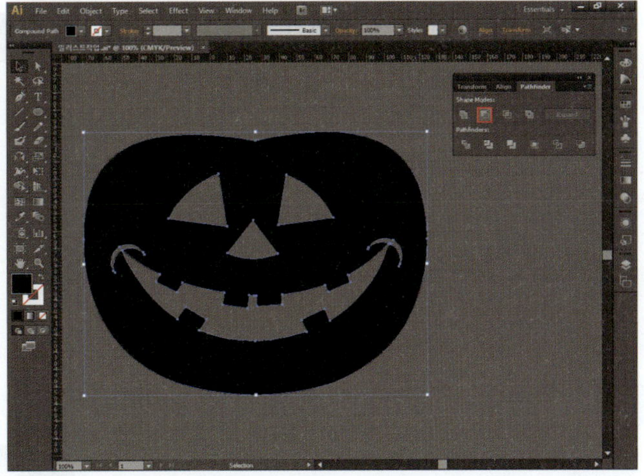

18 'Pen Tool'을 선택하고 면색을 Black으로, 선
색은 None으로 설정한 후에 호박의 꼭지 부분을
그려줍니다.

'Pen Tool'을 이용해 살짝 휘어진 선을 그어주고 Stroke 패
널에서 두께와 Round Cap 옵션을 설정한 후, [Object] 〉
[Path] 〉 [Outline Stroke]를 클릭해서 면으로 바꿔주는 방법
도 있습니다.

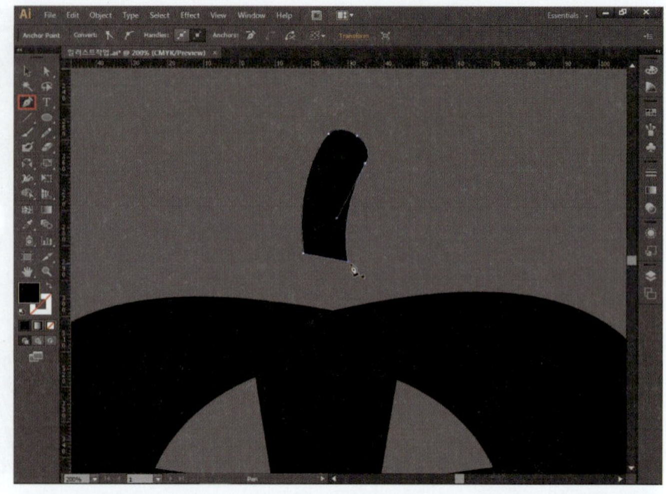

19 'Selection Tool'로 호박 꼭지를 호박과 겹쳐
지게 이동시킨 후 모두 선택을 해서 [Window] 〉
[Pathfinder] 패널을 열고 'Shape Modes : Unite'
를 클릭해서 하나의 면으로 합쳐줍니다.

Shape Modes
· Unite : 겹쳐진 오브젝트를 합친다.
· Minus Front : 겹쳐진 오브젝트중에 위에 위치한 오브젝
　트 모양대로 아래의 오브젝트에서 삭제한다.
· Intersect : 겹쳐진 부분만 남기고 모두 삭제한다.
· Exclude : 오브젝트의 겹쳐진 부분만 삭제한다.

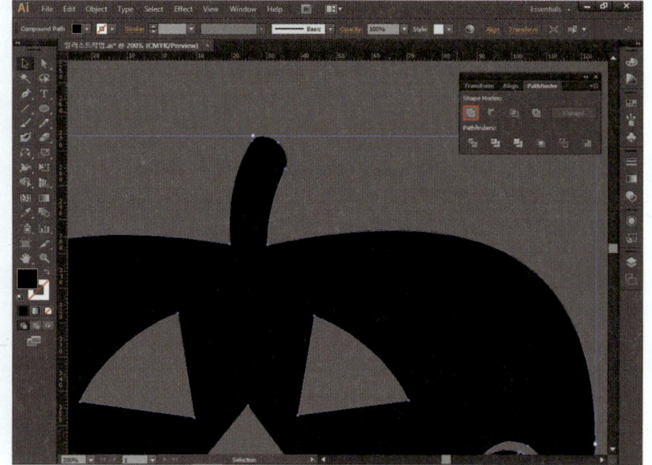

20 'Selection Tool'을 이용해서 호박을 선택한
후 그리드 위에 올려 크기를 조절해 줍니다.
Ctrl + S 를 눌러 저장합니다.

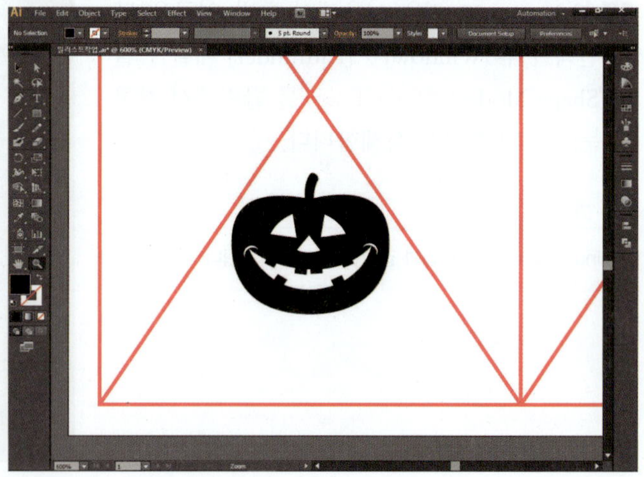

01 'Star Tool'을 클릭해서 대화상자가 나오면 'Radius 1 : 30mm, Radius2 : 15mm, Points : 3'을 입력하고 [OK]버튼을 클릭해서 삼각형을 만듭니다.
삼각형의 면색은 Black, 선색은 None으로 설정합니다.

> 🏳 **기적**의 TIP
>
> 'Star Tool'을 선택하고 마우스를 클릭, 드래그를 한 후 마우스를 떼지 않은 상태에서 키보드의 방향키 [↑]를 누르면 뾰족한 모서리의 개수가 많아지고, 방향키 [↓]를 눌러주면 모서리의 개수가 적어집니다.

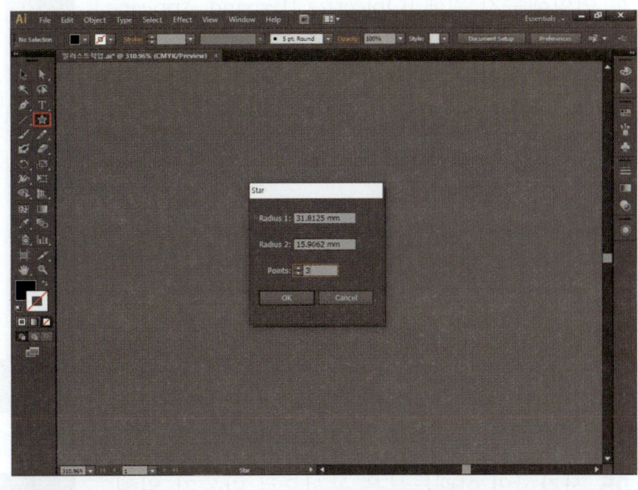

02 'Selection Tool'을 이용해서 삼각형을 세로로 길게 늘려 준 후 뾰족한 모서리를 둥글게 만들기 위해서 [Effect] 〉 [Stylize] 〉 [Round Corners]를 클릭합니다.

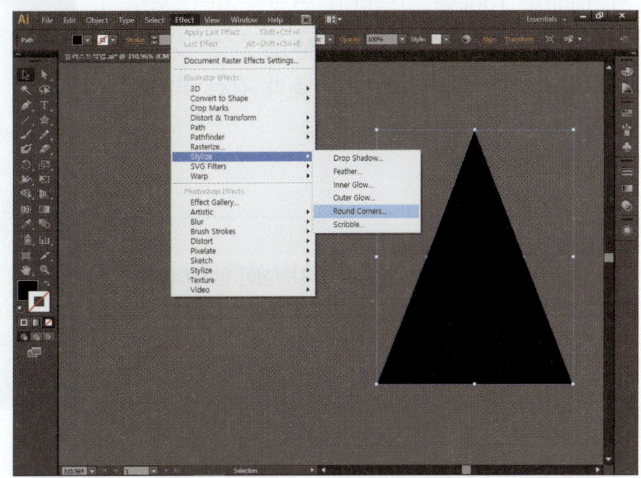

03 'Round Corners'의 대화상자가 나타나면 'Radius : 2mm'를 입력하고 Preview를 체크해서 결과물을 미리보기 한 후 [OK]버튼을 클릭합니다.

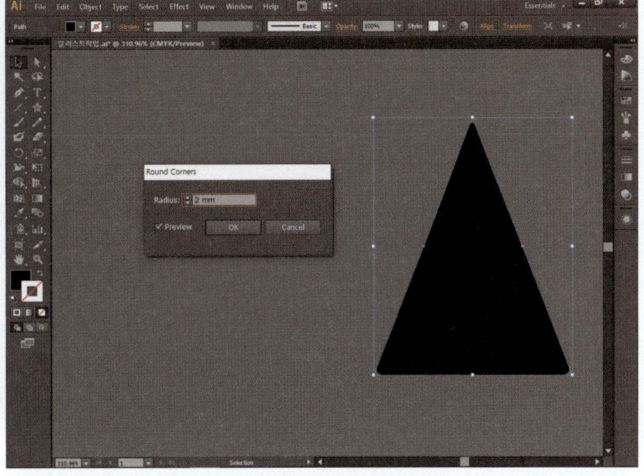

04 효과가 적용된 오브젝트를 일반 오브젝트로 변형해주기 위해 [Object] 〉 [Expand Appearance]를 클릭합니다.

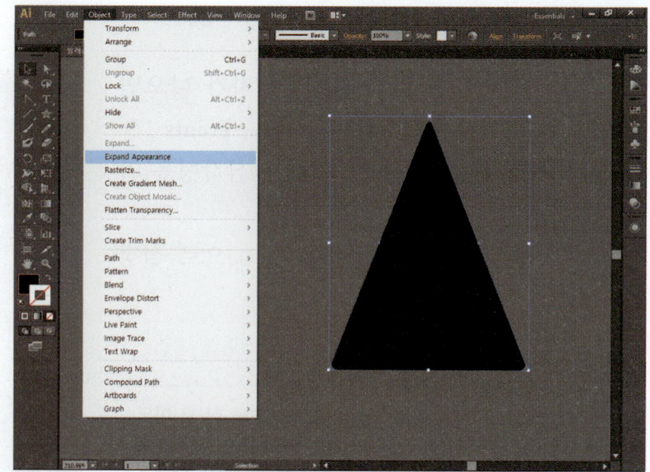

05 삼각형의 아랫부분을 곡선으로 만들기 위해서 'Ellipse Tool'을 선택하고 면색을 Black으로, 선색은 None으로 설정하고 Alt 를 누른 상태로 중심에서부터 드래그하여 다음과 같은 타원을 그려줍니다.

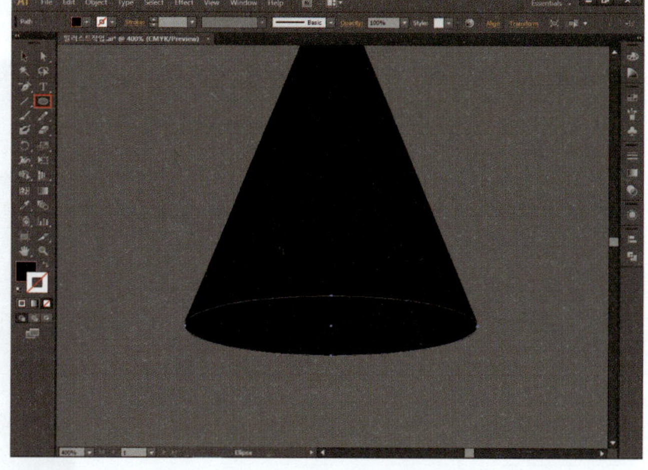

> **기적의 TIP**
>
> **원을 그리는 여러 가지 방법**
> - Shift : 정원을 만들 때 사용합니다. 시작점이 원의 테두리입니다.
> - Alt : 시작점이 원의 가운데입니다.
> - Shift + Alt : 정원을 만들면서 시작점을 중심으로 원을 만듭니다.

06 'Selection Tool'로 오브젝트를 모두 선택 해서 [Window] 〉 [Pathfinder] 패널을 열고 'Shape Modes: Unite'를 클릭해서 하나의 면으로 합쳐줍니다.

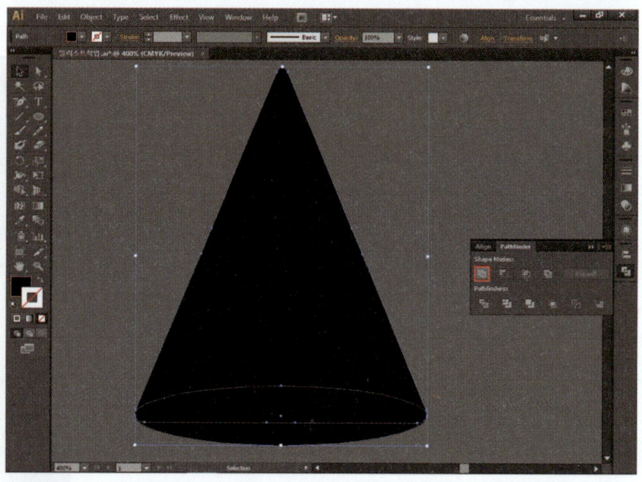

07 고깔에 두른 띠를 만들어 주기 위해서 'Se-
lection Tool'을 선택하고 Alt 를 누른 채 클릭 드
래그해서 복사합니다.

복제와 이동의 기본 단축키
- Alt +드래그 : 이동복사(이동할 때 Shift 를 누르면 수직,
  수평, 45°로 이동합니다.)
- Ctrl + C : 복제
- Ctrl + V : 화면 한가운데에 복제
- Ctrl + F : 오브젝트와 동일한 위치 앞쪽에 복제
- Ctrl + B : 오브젝트와 동일한 위치 뒷쪽에 복제

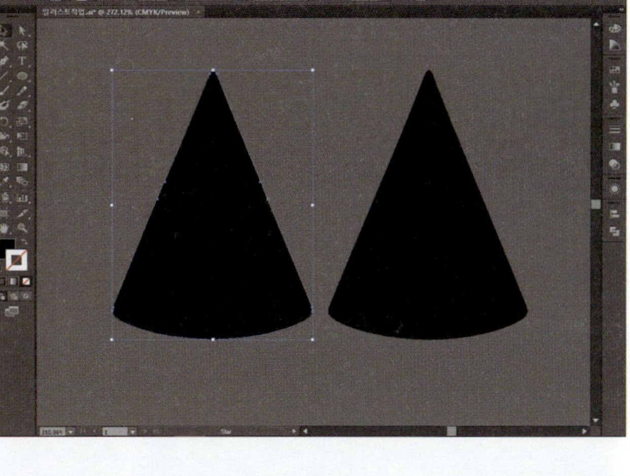

08 'Pen Tool'을 클릭하고 띠의 두께를 고려해
서 잘려질 부분에 면색 None, 선색 None의 패
스 선을 그려줍니다.

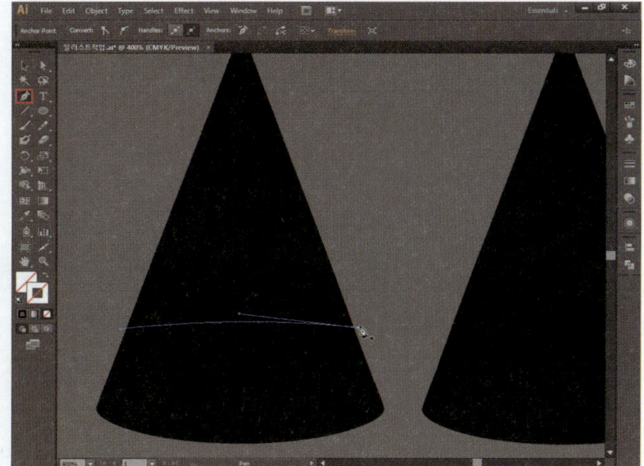

09 'Selection Tool'을 이용해서 고깔과 패스 선
을 모두 선택한 후 [Window] 〉 [Pathfinder] 패널
을 열고 'Pathfinders: Divide'를 클릭해서 오브젝
트를 잘라 줍니다.

- Pathfinder : Shift + Ctrl + F9
- 항상 작업 시작과 도중에는 Ctrl + S 를 눌러 수시로 저장
  하는 습관을 기르도록 합니다.

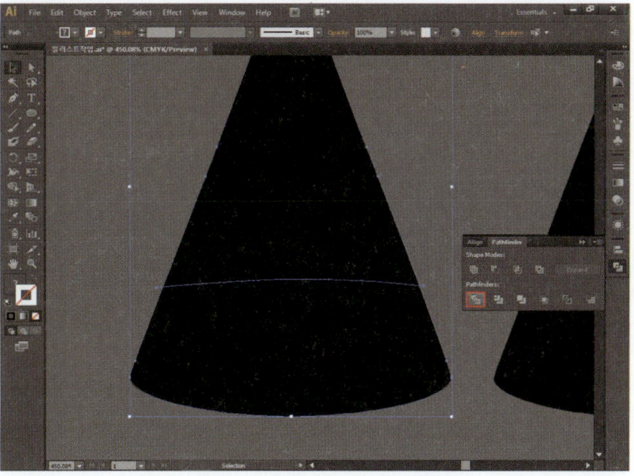

10 마우스 오른쪽 버튼을 눌러 'Ungroup'을 클릭해서 그룹을 해제합니다.

• Group : Ctrl + G
• Ungroup : Shift + Ctrl + G

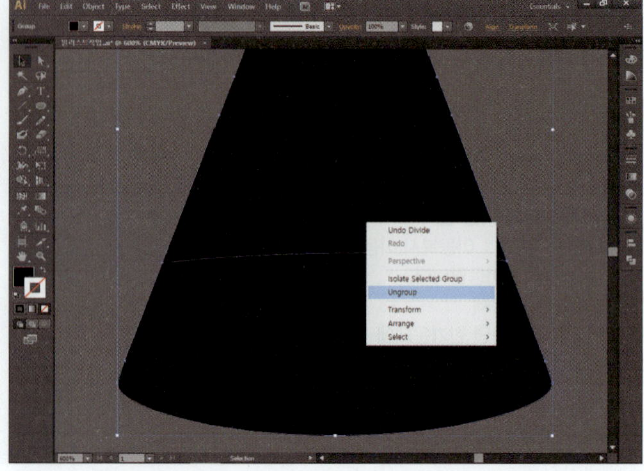

11 'Selection Tool'을 이용해서 잘린 면의 아랫부분을 이동시켜서 고깔의 띠를 만들어 주고, 남은 윗 부분은 삭제합니다.

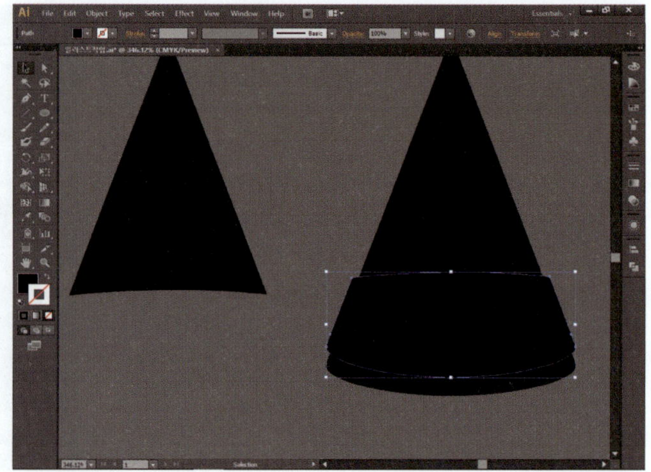

12 'Selection Tool'로 두 개의 오브젝트를 모두 선택한 후, [Window] 〉 [Align] 패널을 열고 [Align Objects : Horizontal Align Center]를 클릭해서 정렬합니다.
이동시킨 띠 모양 오브젝트의 면색을 C10M90 Y100K20, 선색은 None으로 바꿔줍니다.

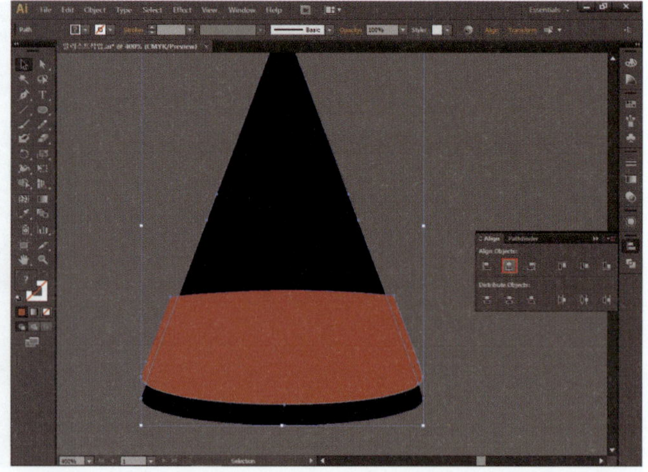

13 'Selection Tool'로 띠 오브젝트를 선택하고 툴바의 가장 하단에 위치한 'Draw Inside'를 클릭합니다. 선택된 오브젝트의 모서리에 점선으로 표시가 되면 빈 곳을 클릭해서 선택을 해제합니다.

'Blob Brush Tool'을 클릭하고, 면색은 None, 선색은 C10M90Y100K40으로 설정한 후 띠 오브젝트의 오른쪽 부분에 클릭 드래그해서 색을 칠해줍니다.

'Blob Brush Tool'을 더블클릭하면 여러 옵션 설정과 더불어 브러시의 크기를 설정할 수 있습니다.

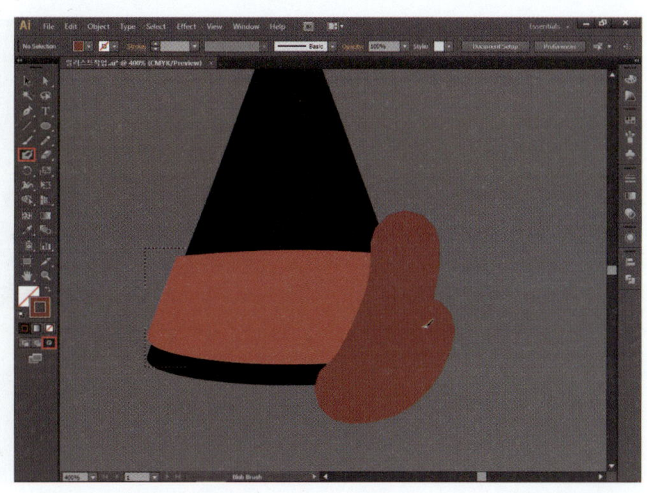

14 'Ellipse Tool'을 클릭한 후 Alt 를 누른 채 클릭 드래그 해서 타원을 그려주고, 면색은 C0M90Y100K95, 선색은 None로 지정합니다.

Alt 를 누른 채 타원을 그리면 타원의 시작점이 가운데입니다.

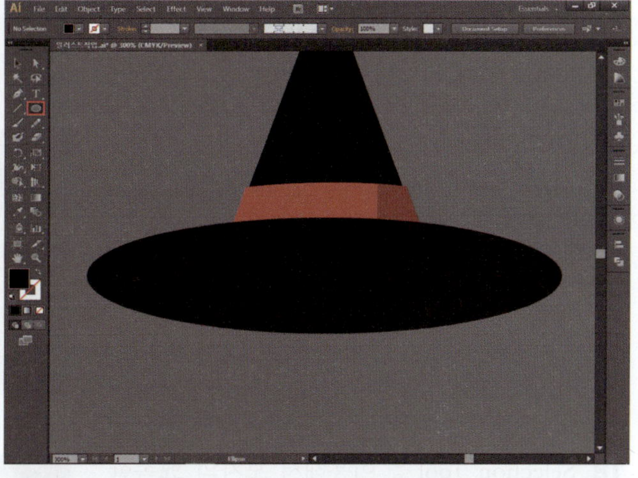

15 'Pen Tool'을 클릭하고 면색은 None, 선색은 None으로 설정해준 후 모자챙의 나누어질 경계선을 그려줍니다.

그려진 모양이 마음에 들지 않을 경우, Pen Tool의 수정기능을 이용하여 수정합니다.
- Direct Selection Tool 클릭 후, Pen Tool 클릭
- Pen Tool로 선을 수정
  - 점 추가/삭제 : 선을 클릭/점 클릭
  - 점 위치 수정 : Ctrl 을 누른 채, 점 드래그
  - 곡선 모양 수정 : Ctrl 을 누른 채, 곡선 핸들 드래그
  - 직선→곡선/곡선→직선 변환 : Alt 를 누른 채, 점을 클릭/점 드래그

16 'Selection Tool'로 타원과 패스 선을 모두 선택한 후 [Window] 〉 [Pathfinder] 패널을 열고 'Pathfinders : Divide'를 클릭합니다.

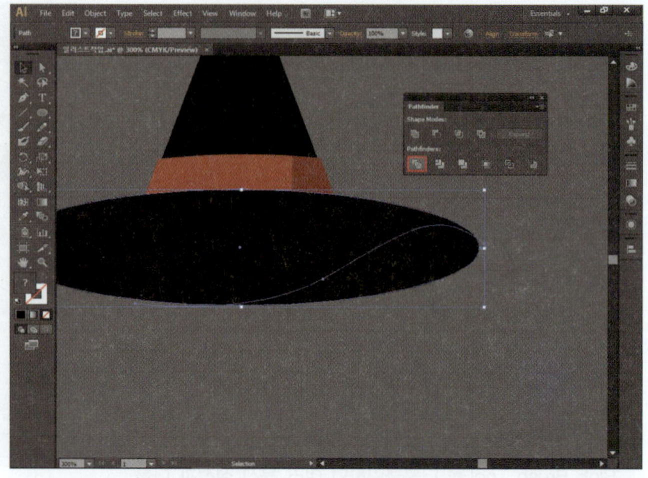

17 [Pathfinder] 패널의 옵션들을 사용하면 자동으로 그룹으로 묶여있게 됩니다. 모자챙의 색과 위치를 바꿔주기 위해 마우스 오른쪽 버튼을 눌러 Ungroup을 클릭합니다.

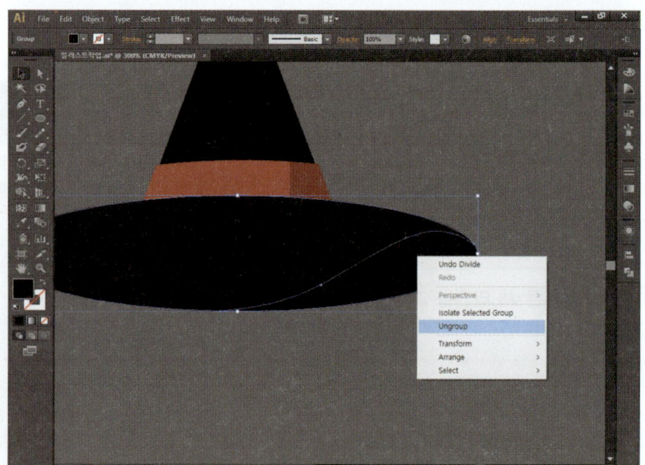

18 'Selection Tool'을 이용해서 모자의 뾰족한 부분과 띠를 선택하고 마우스 오른쪽 버튼을 눌러서 [Arrange] 〉 [Bring to Front]를 클릭해서 모자챙보다 앞쪽에 위치시킵니다.

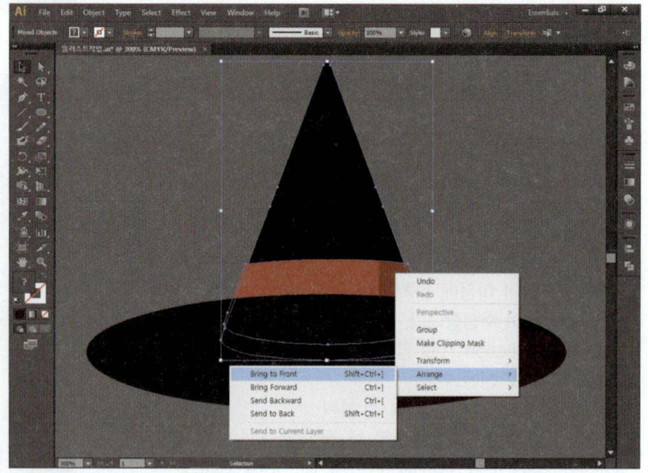

19 'Pen Tool'을 이용해서 케릭터의 얼굴 테두리를 그려주고 면색은 C5M80Y90K50, 선색은 C50M90Y90K30으로 설정합니다.
[Window]〉[Stroke]패널을 열고 'Weight : 4pt'로 입력합니다.

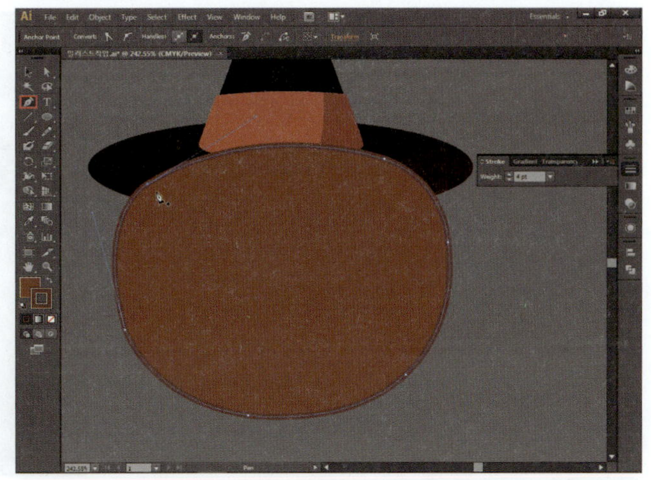

20 'Pen Tool'을 이용해서 얼굴의 밝은 부분을 그려주고 면색은 C5M80Y90K20, 선색은 None 으로 설정합니다.

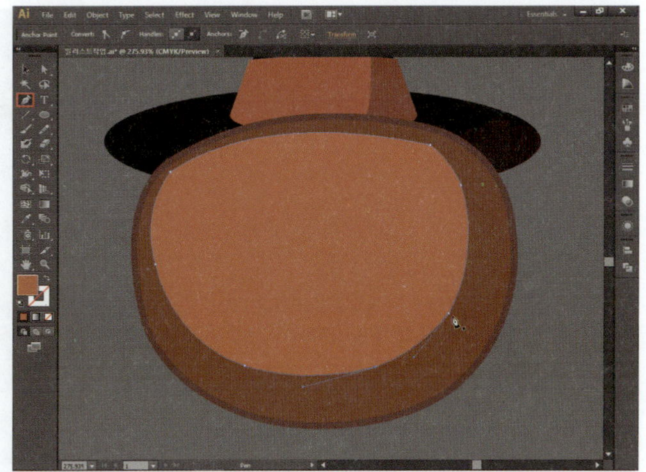

21 'Pen Tool'을 이용해서 호박의 갈라진 부분을 그려주고 면색은 C5M80Y90K50, 선색은 None 으로 설정합니다.

▶ **기적의 TIP**

Direct Selection Tool을 클릭한 후 Pen Tool을 클릭해서 사용하면,
- Ctrl 을 누르고 있는 동안에는 'Direct Selection Tool'로 변환되어 있습니다.
- Alt 를 누르고 있는 동안에는 'Convert Anchor Point Tool'로 변환되어 있습니다.

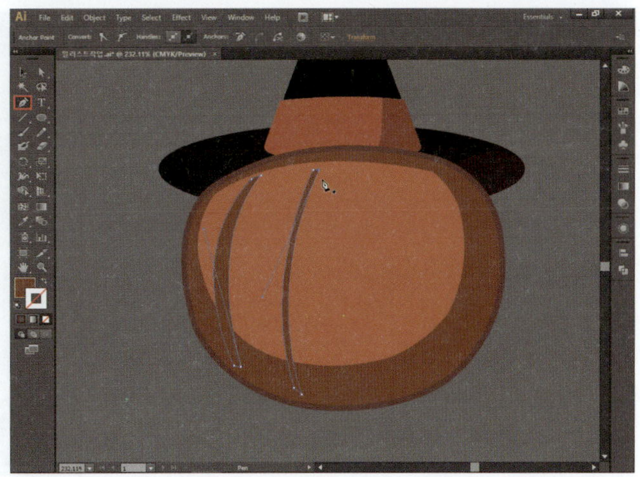

22 'Selection Tool'로 왼쪽 두 개의 갈라진 부분을 선택하고 'Reflect Tool'을 클릭해서 호박의 중앙에 [Alt]를 누른 채 기준점을 클릭합니다. [Reflect] 대화상자가 나타나면 'Vertical'을 선택하고 [Copy]를 클릭합니다.

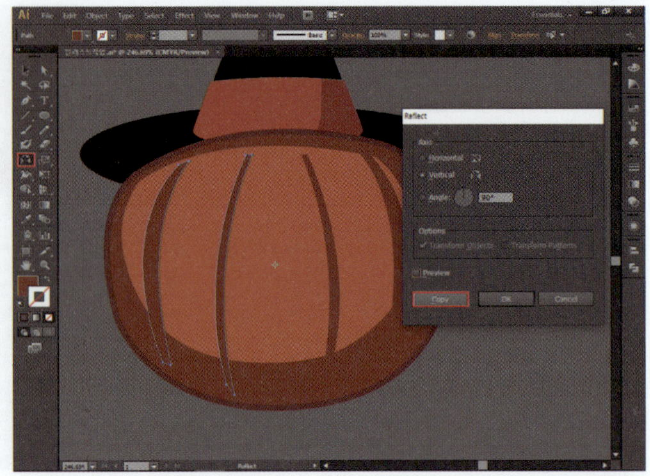

23 'Pen Tool'을 이용해서 호박의 갈라진 부분의 어두운 선을 그려주고 면색은 None, 선색은 C50M90Y90K30으로 설정합니다.

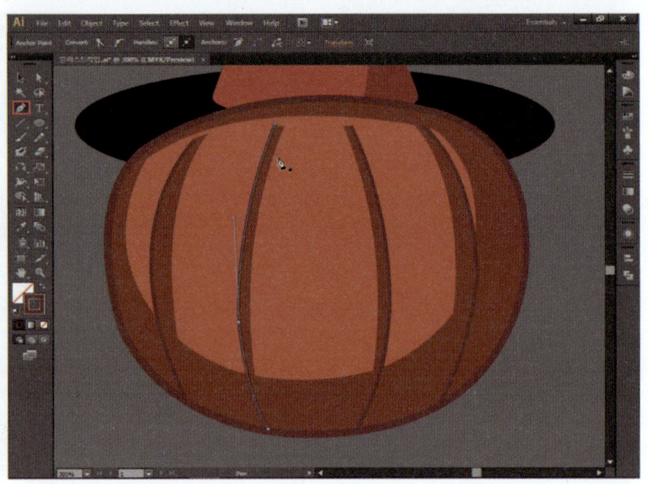

24 'Pen Tool'을 이용해서 얼굴의 그림자 부분을 그려주고 면색은 C5M80Y90K50, 선색은 None으로 설정합니다.

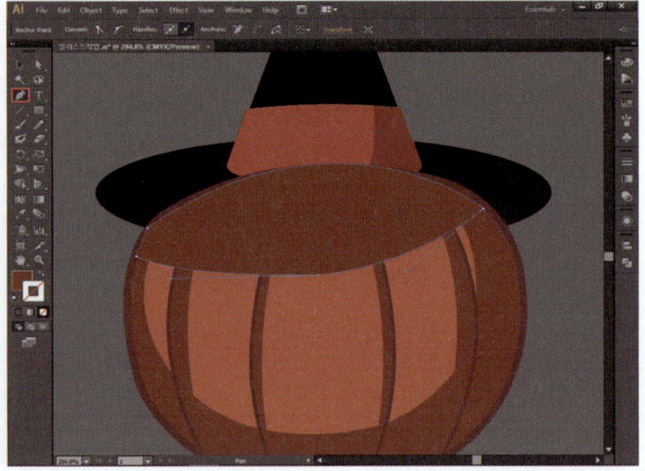

25 'Selection Tool'로 캐릭터 얼굴의 그림자 부분을 선택하고 상단에 있는 옵션 바의 'Opacity: 40%'를 입력해서 호박의 갈라진 부분이 보이도록 불투명도를 조절합니다.

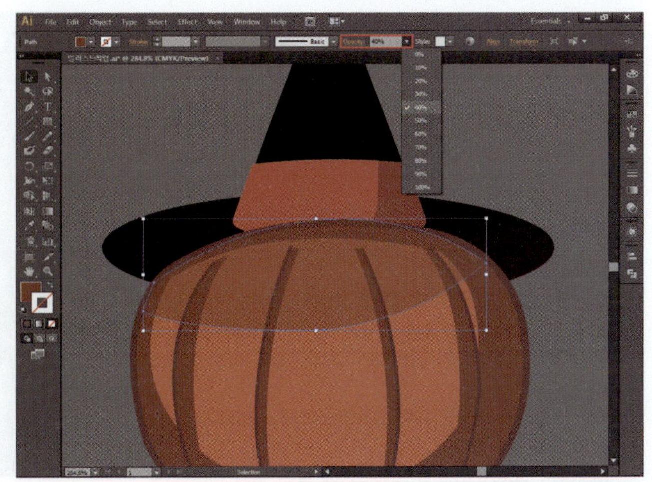

26 눈, 코, 입은 새로 그리기보다는 만들어 둔 검은색의 미니호박을 활용하여 빠르게 만들도록 하겠습니다.
'Selection Tool'을 클릭하고 검은색 미니호박을 Alt 를 누른 채 빈 공간으로 드래그해서 복사합니다.

27 'Rectangle Tool'을 이용하여 면색은 C20M30 Y90K0, 선색은 None인 호박보다 더 큰 크기의 사각형을 호박 위로 그려줍니다.

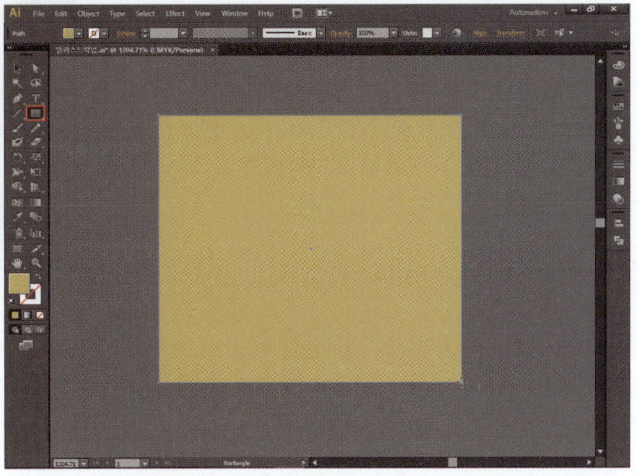

28 'Selection Tool'을 클릭하고 노란색 네모와
호박을 모두 드래그해서 선택합니다.
[Window] 〉 [Pathfinder] 패널을 열고 'Pathfind-
ers : Minus Back'을 클릭합니다.

Pathfinders

- Divide : 겹쳐져 있는 오브젝트 중에서 보이는 면은 선택
  된 모든 패스를 따라 나누어지고, 뒤쪽의 가려진 면은 삭
  제됩니다. 불투명도가 적용되면 겹쳐진 면도 따로 분리됩
  니다.
- Trim : 겹쳐진 면만큼 뒤쪽 오브젝트에서 삭제되며, 선 속
  성도 모두 사라집니다.
- Marge : 겹쳐져 있는 오브젝트중에 같은 색의 면은 합쳐
  지고 다른 색의 면은 나누어지며 이때, 선 속성도 사라집
  니다.
- Crop : 맨 앞쪽 면과 겹쳐진 아래 오브젝트의 면만 남고
  모두 삭제됩니다. 선 속성은 사라지고 겹쳐지지 않은 맨
  앞의 오브젝트는 패스선만 남게 됩니다.
- Outline : 선택된 모든 오브젝트의 면은 사라지고 패스선
  만 남게됩니다. 남은 패스선은 선 색이나 두께가 없어도
  각각의 면색과 동일한 색으로 윤곽선이 표시됩니다.
- Minus Back : 맨 앞의 오브젝트와 겹쳐지는 부분은 삭제
  되고, 겹쳐지지 않은 맨 앞 오브젝트 부분만 남습니다.

29 마우스 오른쪽 버튼을 눌러 Ungroup을 클릭
해서 그룹을 해제합니다.
'Selection Tool'을 이용해서 눈, 코, 입을 제외한
불필요한 부분을 삭제합니다.

30 'Selection Tool'로 눈, 코, 입을 모두 선택
해서 선 색을 C50M90Y90K30으로 설정하고,
[Window] 〉 [Stroke] 패널을 열고 'Weight : 2pt'
를 입력합니다.

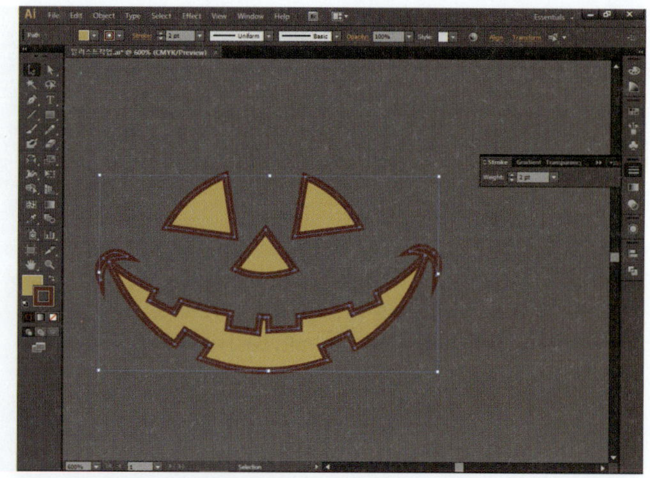

31 'Selection Tool'로 왼쪽 눈을 선택한 후 툴바
의 가장 하단에 위치한 'Draw Inside'를 클릭합니
다. 선택된 오브젝트의 모서리에 점선으로 표시
가 되면 빈 곳을 클릭해서 선택을 해제합니다.
'Blob Brush Tool'을 클릭하고, 면색은 C30M50
Y100K40, 선색은 None으로 설정한 후 오브젝
트의 눈 그림자를 칠해줍니다.

32 같은 방법으로 오른쪽 눈과 코의 그림자를
만들어 줍니다.

> **기적의 TIP**
>
> 작업 도중에 수시로 Ctrl + S 를 눌러 저장하는 습관을 기르
> 도록 합니다.

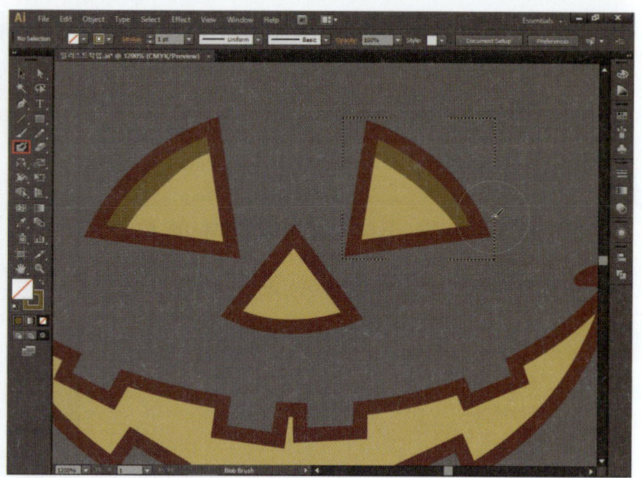

33 입안의 그림자를 그려주기 위해서 입 모양을 복사합니다.

'Selection Tool'을 클릭하고 입 모양을 선택해서 Alt 를 누른 채 빈 공간으로 드래그해서 복사합니다.

오브젝트 복사하기 : Alt 를 누른 채 오브젝트를 마우스로 드래그하거나 오브젝트를 선택하고, Ctrl + C , Ctrl + V 를 누릅니다.

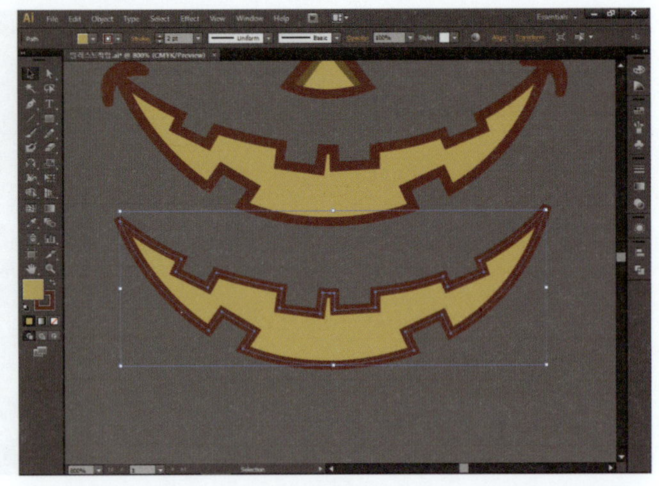

34 복사한 입 모양의 오브젝트를 선택하고 선색을 None으로 바꿔줍니다.

입안의 그림자를 그려주기 위해서 Pen Tool을 이용해도 되지만 복사와 패스파인더 기능을 이용해서 빠르게 만들어 보도록 하겠습니다.

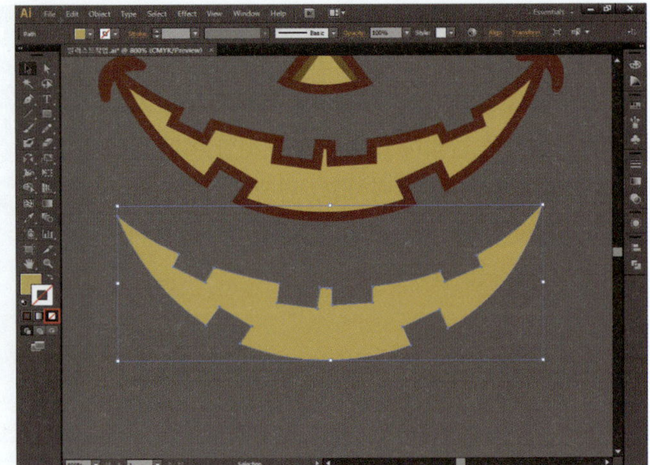

35 'Selection Tool'을 클릭하고 Alt + Shift 를 누른 상태에서 입모양을 그림자의 두께만큼 아래로 드래그해서 복사합니다.

• Alt + Shift 를 누른 채 이동하면 수직으로 이동복사를 할 수 있습니다.
• Shift 를 누른 채로 이동하면 수직, 수평, 45°로만 이동합니다.

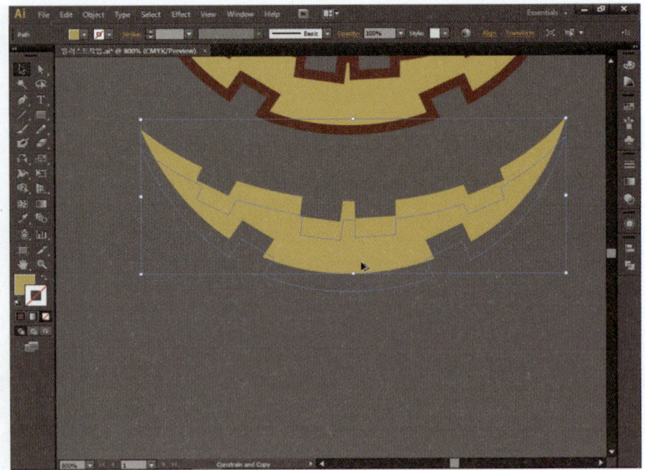

36 'Direct Selection Tool'을 이용해서 서로 겹쳐진 패스가 있다면 복사된 오브젝트의 anchor point를 클릭해서 겹치지 않도록 살짝만 이동시켜 줍니다.

아래쪽 패스선 역시 겹치거나 교차하지 않도록 anchor point를 잡고 이동시켜 줍니다.

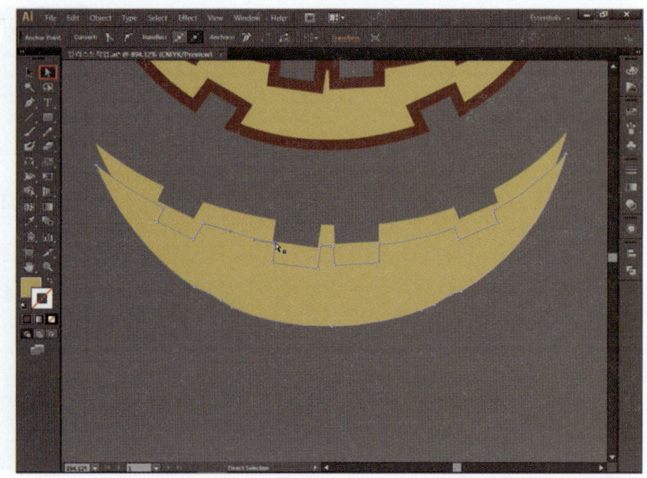

37 'Selection Tool'을 이용해서 두 개의 오브젝트를 모두 선택한 후 [Window] 〉 [Pathfinder] 패널을 열고 'Pathfinders: Divide'를 클릭합니다.

기적의 TIP

Pathfinder : Shift + Ctrl + F9

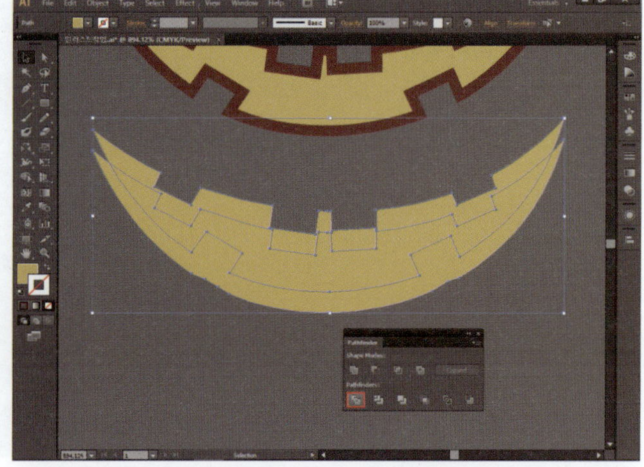

38 마우스 오른쪽 버튼을 눌러서 'Ungroup'을 클릭합니다.

기적의 TIP

'Pathfinder' 기능이 적용된 오브젝트는 자동으로 'Group'으로 묶이게 됩니다.
- Shift + Ctrl + G : Ungroup
- Ctrl + G : Group

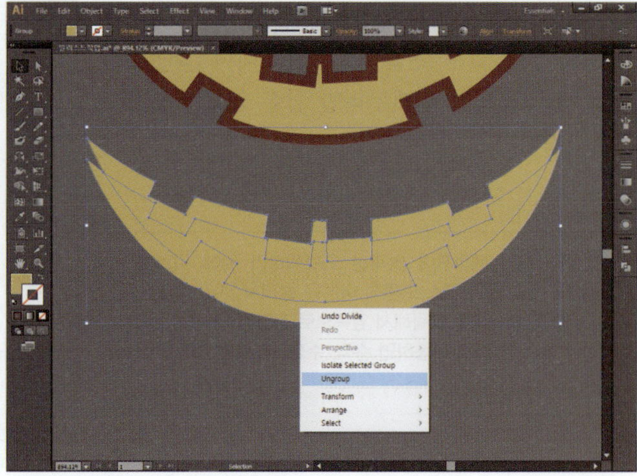

39 'Selection Tool'을 이용해서 그림자 부분을 선택하고 면색은 C30M50Y100K40 선색은 None으로 설정합니다.

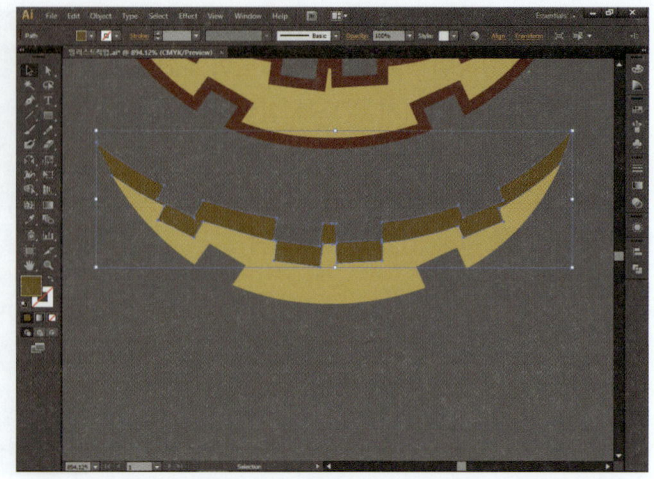

40 외곽선이 있는 입모양 오브젝트를 선택하고 면색을 None로 바꿔줍니다.

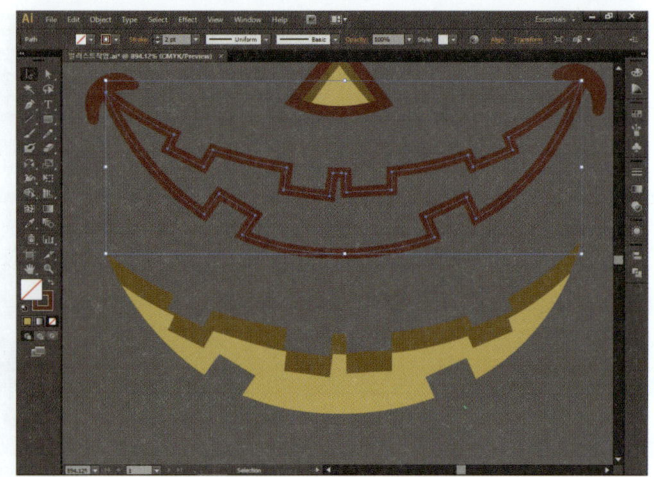

41 'Selection Tool'을 이용해서 만들어 둔 입 안쪽 그림자가 있는 면을 모두 선택해서 Shift 를 누른 채 이동시켜서 테두리만 남은 입모양 안에 위치시킵니다.

> **기적의 TIP**
>
> - 정렬 순서가 뒤바뀌어 외곽선 오브젝트가 뒤에 위치해서 가려진다면 마우스 오른쪽 버튼을 눌러서 [Arrange] 〉 [Bring to Front]를 클릭해서 앞쪽으로 정렬해 줍니다.
> - Shift 를 누른 채로 이동하면 수직, 수평, 45°로만 이동합니다.

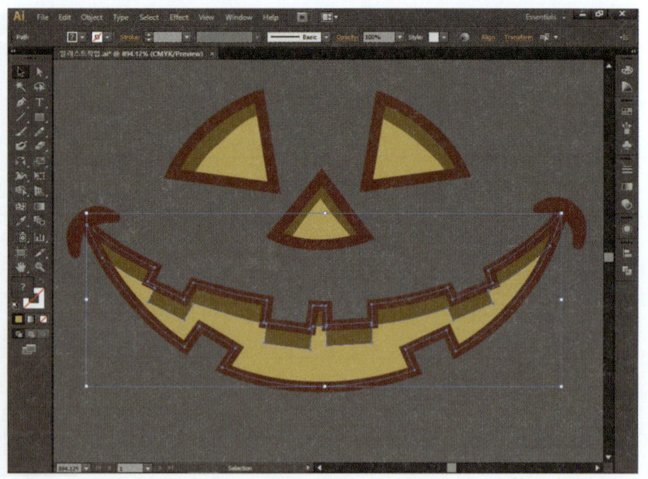

42 'Selection Tool'을 이용해서 눈, 코, 입 오브젝트를 모두 선택한 후 마우스 오른쪽 버튼을 눌러서 'Group'을 클릭합니다.

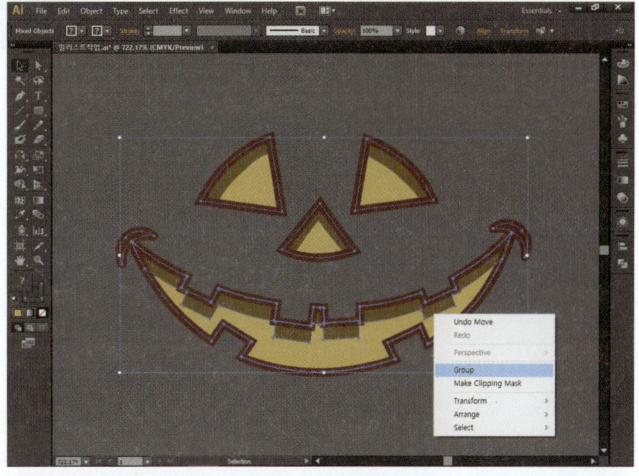

43 그룹으로 묶인 눈, 코, 입 오브젝트를 만들어 둔 호박의 얼굴 위로 이동시킵니다.

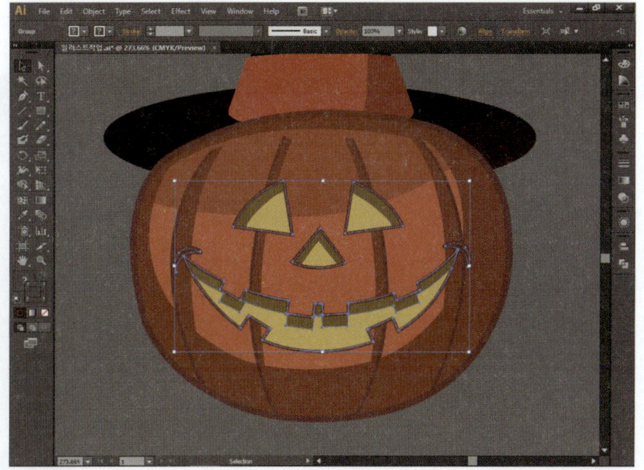

44 호박의 뒤에 위치한 고깔모자를 오른쪽 끝의 작은 조각을 제외하고 선택한 후 마우스 오른쪽 버튼을 눌러서 [Arrange] 〉 [Bring to Front]를 클릭해서 앞쪽으로 정렬합니다.

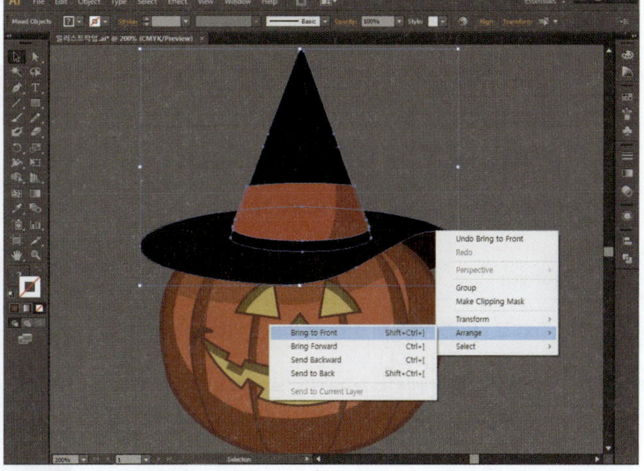

45 호박 캐릭터 전체를 선택하고 Ctrl + G 를
눌러서 그룹으로 묶어둡니다.
호박 캐릭터를 선택해서 그리드 위에 올려 크기
를 조절하고 Ctrl + S 를 눌러 저장합니다.

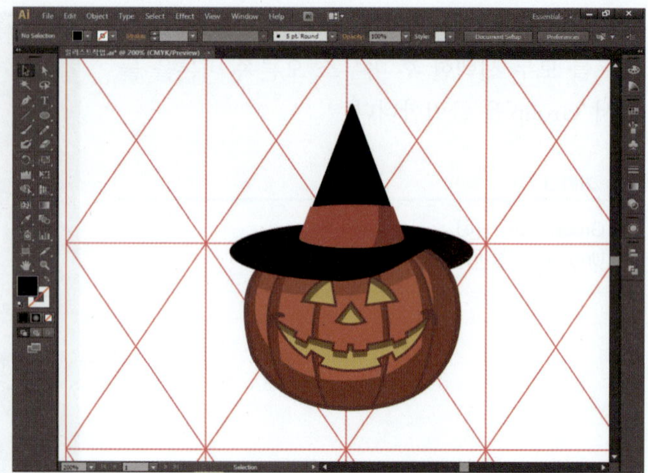

03 박쥐 만들기

01 'Pen Tool'을 클릭하고 면색은 Black, 선색은
None으로 설정한 후 박쥐의 왼쪽 날개를 그려줍
니다.

> **기적의 TIP**
>
> 너무 작은 이미지는 정밀하게 그리기보다는 시간을 절약하
> 기 위해 빠르고 간략하게 그려야 합니다.

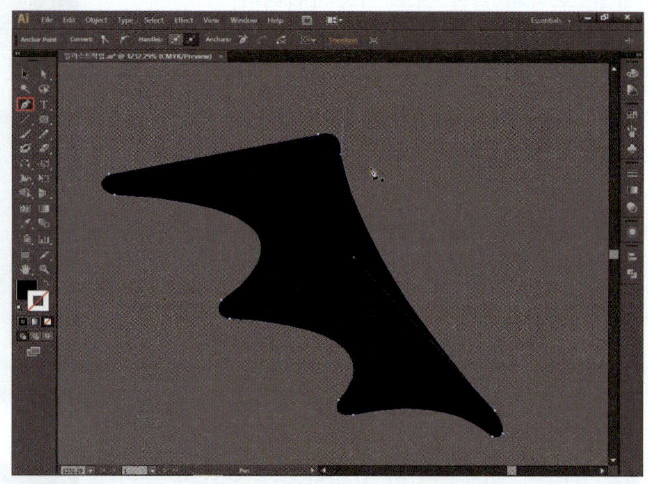

02 'Reflect Tool'을 클릭하고 날개를 선택한 다
음 오른쪽 기준점이 될 위치에 Alt 를 누른채 클
릭합니다. [Reflect] 대화상자가 나타나면 'Verti-
cal'을 선택하고 [Copy]를 클릭합니다.

> **기적의 TIP**
>
> Reflect Tool로 Alt 를 누른 채 점을 클릭하는 이유는 복사의
> 기준점을 설정하는 것입니다.
> 클릭한 기준점으로부터 대칭으로 복사 또는 이동됩니다.

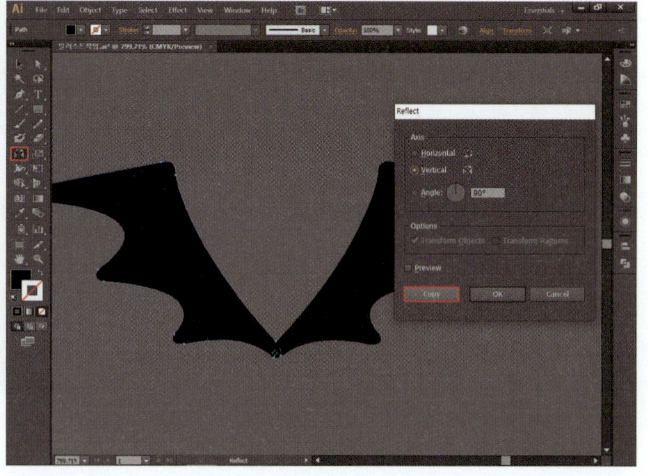

03 그려놓은 박쥐 날개를 복사하기 위해 [Alt]를 누른 채 아래의 빈 곳으로 이동시킵니다. 'Selection Tool'을 이용해서 박쥐 날개의 모서리를 잡고 살짝만 회전시킵니다. 'Reflect Tool'을 클릭하고 날개를 선택한 다음 오른쪽 기준점이 될 위치에 [Alt]를 누른 채 클릭합니다. [Reflect] 대화상자가 나타나면 'Vertical'을 선택하고 [Copy]를 클릭합니다.

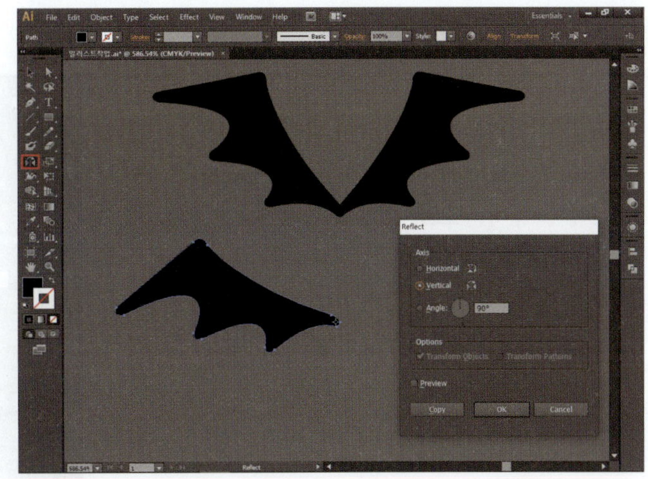

04 날개 한 쌍이 맞닿도록 좌우로 움직여 잘 배치한 후, 대칭이 된 두 날개를 선택해서 [Window] 〉 [Pathfinder] 패널을 열어서 'Shape Modes : Unite'를 클릭합니다.

기적의 TIP

Shape Modes
- Unite : 겹쳐진 오브젝트를 합친다
- Minus Front : 겹쳐진 오브젝트 중에 위에 위치한 오브젝트 모양으로 아래의 오브젝트를 삭제한다.
- Intersect : 겹쳐진 부분만 남기고 모두 삭제한다.
- Exclude : 오브젝트의 겹쳐진 부분만 삭제한다.

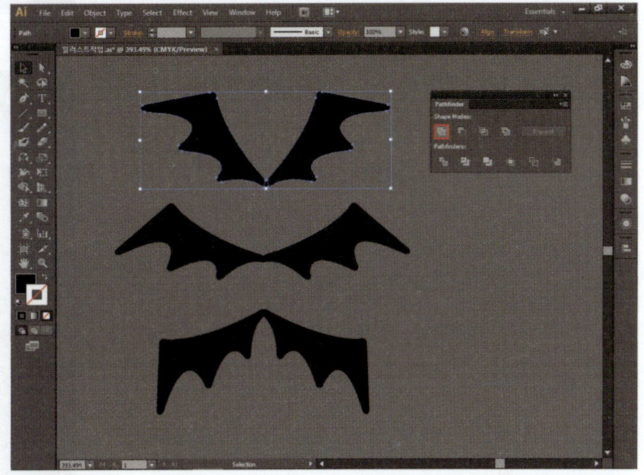

01 'Spiral Tool'을 클릭하고 빈 곳에 클릭하면 [Spiral] 대화상자가 나타납니다.

'Radius : 45mm, Decay : 90%, Segments : 15, Style : 왼쪽버튼'으로 설정하고 [OK] 버튼을 클릭합니다.

색상은 면색은 None, 선색은 C0M100Y100K0으로 설정합니다.

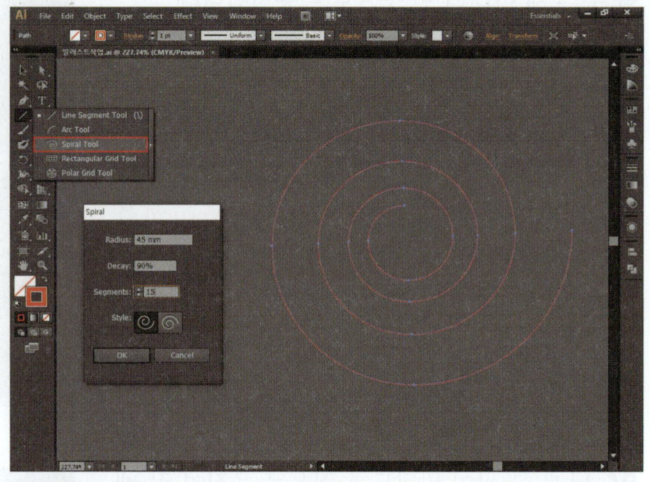

02 [Window] > [Brushes]를 클릭해서 [Brushes] 대화상자가 열리면 왼쪽 하단에 위치한 [Brush Libraries Menu]를 클릭합니다.

메뉴 중에 [Artistic] > [Artistic_ChalkCharcoal-Pencil]을 선택합니다.

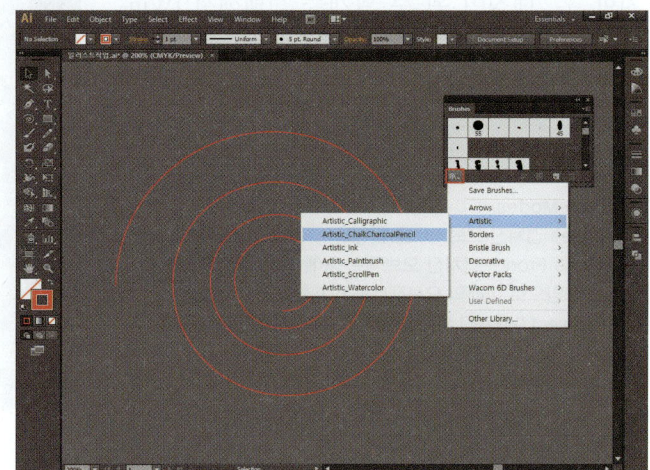

03 [Artistic_ChalkCharcoalPencil] 브러시의 종류 중에 여러 브러시들을 클릭해 보고, 오브젝트를 확인 후 적용합니다.

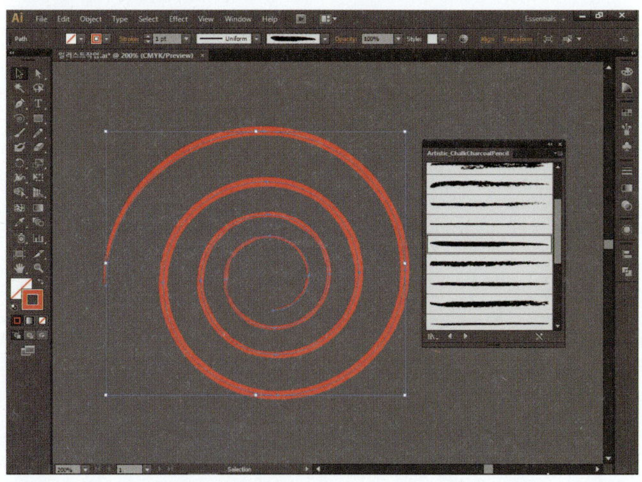

04 'Selection Tool'을 이용해서 오브젝트를 선택
하고 선택 상자의 모서리에 회전 커서가 나타나
면 회전시켜서 나선의 모양을 디자인 원고와 비
슷하게 만들어 주고, 그리드 위에 올려서 크기를
조절해 줍니다.

05 왜곡된 문자 만들기_A

01 'Selection Tool'로 나선형 오브젝트를 선택하
고 Alt 를 누른 채 빈 곳으로 이동 복제합니다.

기적의 TIP

복제와 이동의 기본 단축키
- Alt +드래그 : 이동해서 복제
- Ctrl + C : 복제
- Ctrl + V : 붙여넣기

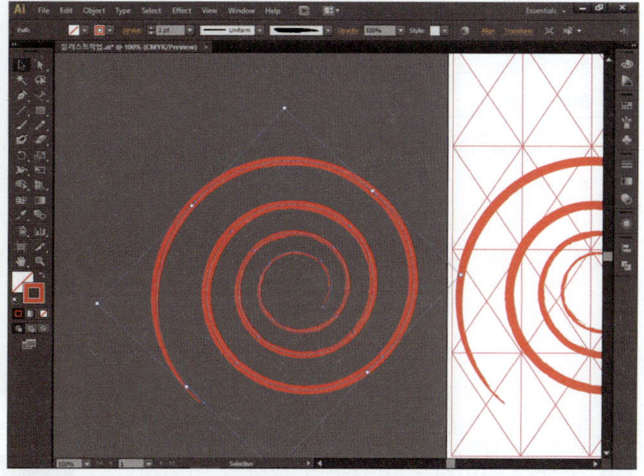

02 'Type on a Path Tool'을 선택해서 오브젝트
의 패스 위에 마우스를 가져다 대서 물결 모양에
커서가 있는 모양으로 바뀌면 클릭합니다.

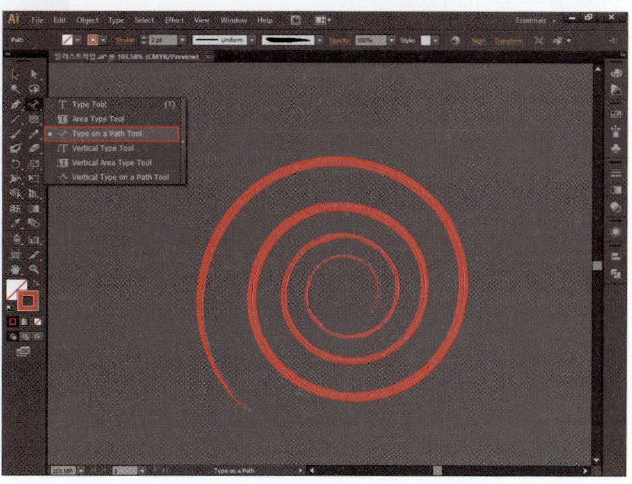

03 Halloween Party를 입력하고 [Window] 〉 [Type] 〉 [Character] 패널을 열어서 디자인 원고와 비슷한 폰트와, 크기, 자간의 옵션을 설정하고, 면색은 Black 선색은 None으로 바꿔줍니다.

기적의 TIP

- Ctrl + T : Character
- 패스를 따라가는 문자의 위치를 수정할 때는 문자의 앞과 뒤쪽에 있는 작은 흰색 네모 위에 마우스를 올리고, 작은 화살표가 표시되면 클릭해서 패스를 따라 이동시켜 줍니다.

04 문자가 선택된 상태에서 [Type] 〉 [Create Outlines]를 클릭해서 문자를 이미지로 바꿔줍니다.

기적의 TIP

Create Outline : Shift + Ctrl + O

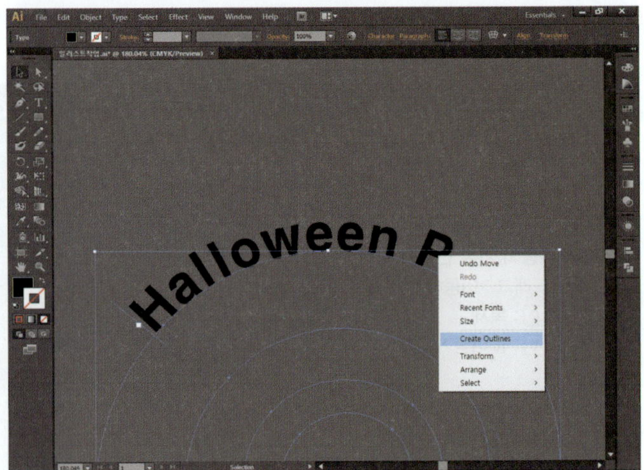

05 문자를 이미지로 바꿔주면 각각의 이미지들이 그룹으로 묶여있습니다.
수정을 위해서 마우스 오른쪽 버튼을 누르고 [Ungroup]을 클릭합니다.

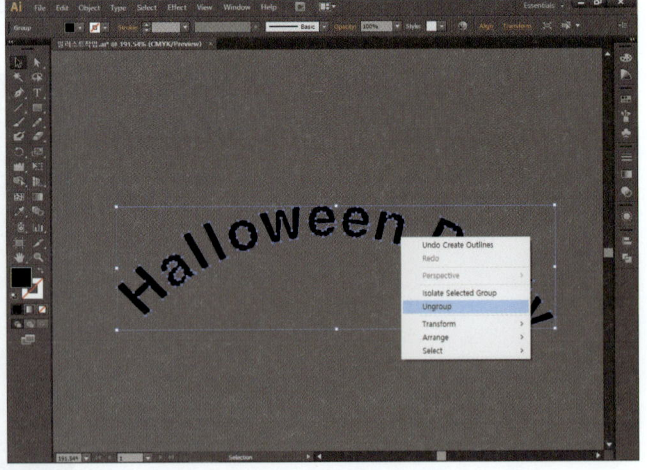

06 'Wrinkle Tool'을 선택하고 더블클릭을 하면 [Wrinkle Tool Options] 대화상자가 나타납니다. 브러시의 크기와 모양 옵션과, 주름 효과의 크기와 방향 및 디테일에 관련된 옵션들의 수치를 조절합니다.

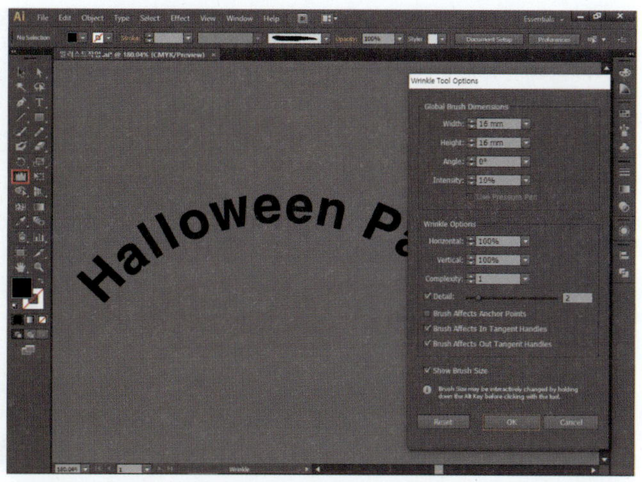

07 오브젝트 위로 효과 브러시를 클릭합니다. 브러시가 크기와 모양을 바꿀 때는 Alt 를 누르고 드래그하면 브러시의 크기와 모양을 바꿀 수 있습니다.
오브젝트에 적용되는 효과를 확인하면서 브러시를 클릭합니다.

> **기적의 TIP**
>
> - Alt 를 누른 상태에서 드래그하면 효과 브러시의 효과 방향과 크기를 조절할 수 있습니다.
> - Alt + Shift 를 누른 상태로 드래그를 하면 현재 효과 브러시의 비율을 유지한 상태로 브러시 크기를 조절할 수 있습니다.

08 검은색 미니 호박을 복사해서 가져옵니다. 호박의 크기를 알파벳 크기와 비슷하게 줄여준 후 동글동글한 호박으로 만들어 주기 위해 'Direct Selection Tool'을 이용해서 눌려 있는 호박의 꼭지 부분의 anchor point를 드래그한 후, 방향키 ↑ 를 눌러서 한꺼번에 위쪽으로 이동시킵니다.

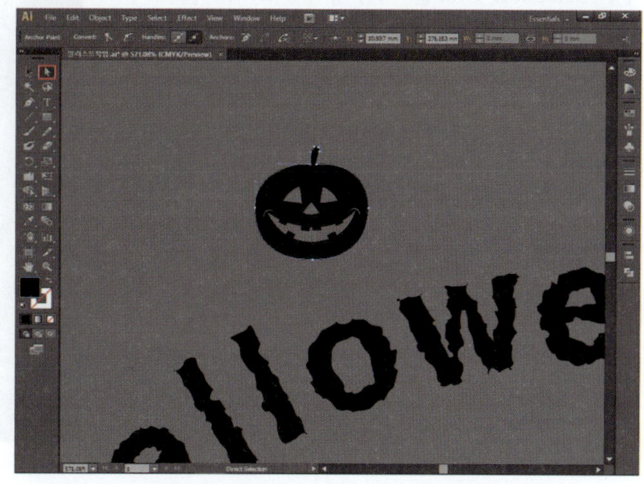

09 'Selection Tool'을 이용해서 알파벳 'O'를 삭제하고 그 자리에 호박을 위치시킨 후, 선택 상자의 모서리를 잡고 살짝 회전시켜서 자연스럽게 배열합니다.

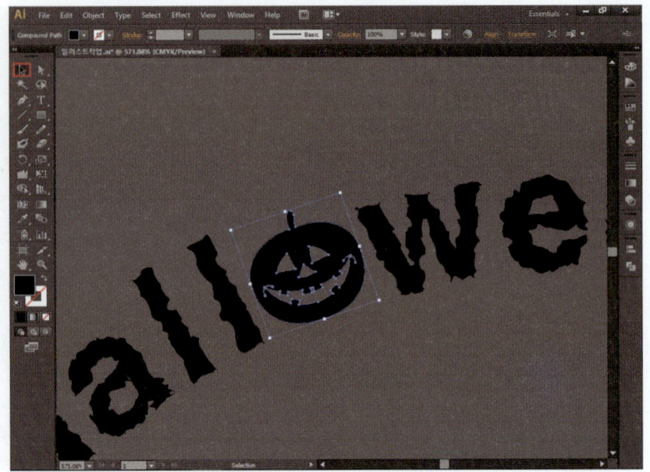

10 'Ellipse Tool'을 이용해서 면색과 선색이 None인 원을 그려준 후, 'Selection Tool'로 원의 테두리가 알파벳의 가운데를 지나도록 위치와 크기를 조절해 줍니다.

> **기적**의 TIP
>
> Pen Tool을 이용해서 알파벳의 가운데를 가르는 패스를 그려주어도 됩니다.

11 'Selection Tool'을 이용해서 오브젝트를 모두 선택한 후 [Window] 〉 [Pathfinder] 패널을 열고 'Pathfinders : Divide'를 클릭합니다.

> **기적**의 TIP
>
> • Pathfinder : Shift + Ctrl + F9
> • Pathfinders : Divide : 선택된 면을 선택된 패스를 따라 나눕니다.

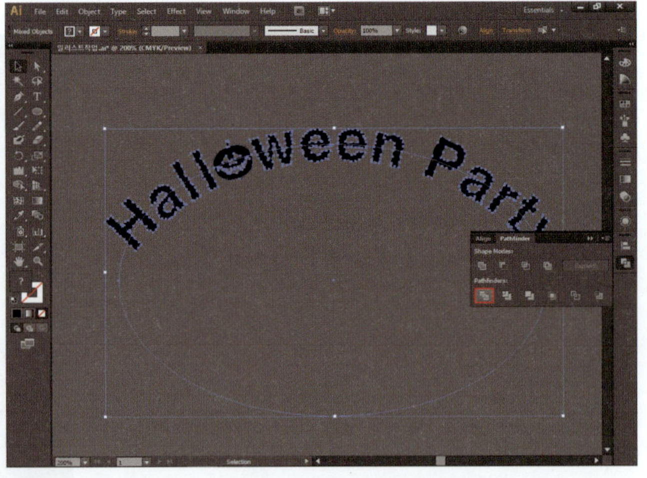

12 마우스 오른쪽 버튼을 눌러 [Ungroup]을 클릭해서 그룹을 해제합니다.

Ungroup : Shift + Ctrl + G

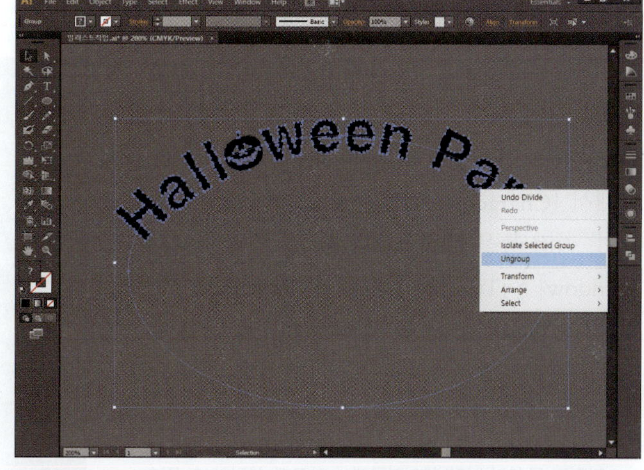

13 'Selection Tool'을 이용해서 위쪽에 있는 오브젝트들을 Shift 를 누른 상태로 선택한 후 'Gradient Tool'을 더블클릭해서 [Gradient] 패널을 열고, 'Type : Radial'을 선택합니다.

왼쪽과 오른쪽 끝에 위치한 'Gradient Slider'를 더블클릭해서 각각 K100, K50으로 색을 설정합니다.

오브젝트의 안쪽에서 바깥쪽으로, 또는 색상이 바뀌어 있다면 바깥쪽에서 안쪽으로 드래그 해서 그라데이션을 적용시킵니다.

Selection Tool을 사용할 때 Shift 를 누른 채 오브젝트를 클릭하면 선택이 추가되고, 이미 선택된 오브젝트를 클릭하면 선택이 해제됩니다.

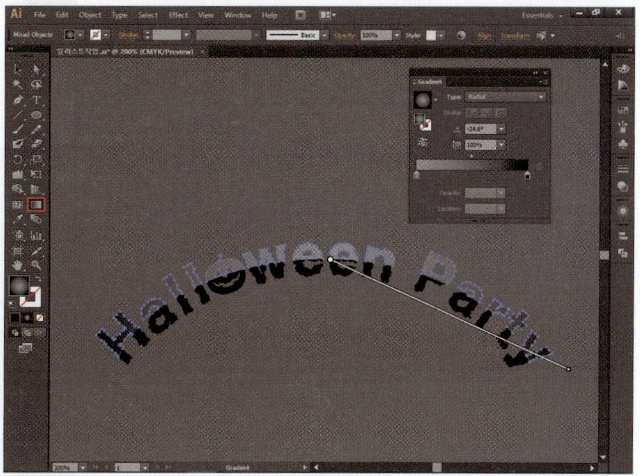

01 'Type Tool'을 클릭하고 면색은 C0M20 Y100K0, 선색은 None로 설정하고 'TRICK OR TREAT'을 입력합니다. [Window] 〉 [Type]을 클릭해서 [Character] 패널을 열고 폰트와 글자의 크기, 자간 등을 조절합니다.
[Window] 〉 [Type]을 클릭해서 [Paragraph]를 클릭해서 'Align Center'를 선택합니다.

> **기적의 TIP**
>
> • 사용중인 툴에 따라 상단의 옵션 바가 바뀝니다. 문자에 관련된 옵션이 나타나면 이곳에서 빠르게 설정할 수 있습니다.
> • 폰트에 관련된 지시가 따로 없을 때는 디자인 원고와 가장 비슷한 폰트를 사용합니다.

02 문자가 선택된 상태에서 [Type] 〉 [Create Outlines]를 클릭해서 문자를 이미지로 바꿔줍니다.

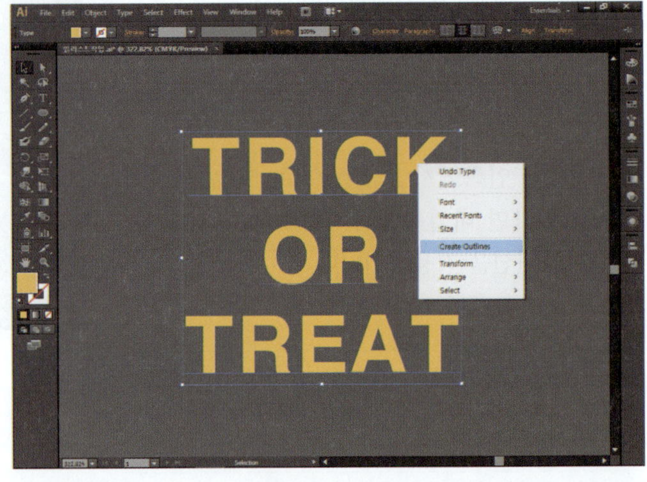

> **기적의 TIP**
>
> • Create Outline : Shift + Ctrl + O

03 'Warp Tool'을 더블클릭한 후 효과 브러시의 크기, 각도, 강도 등을 설정하고, 효과의 옵션도 설정한 후 [OK] 버튼을 눌러줍니다.

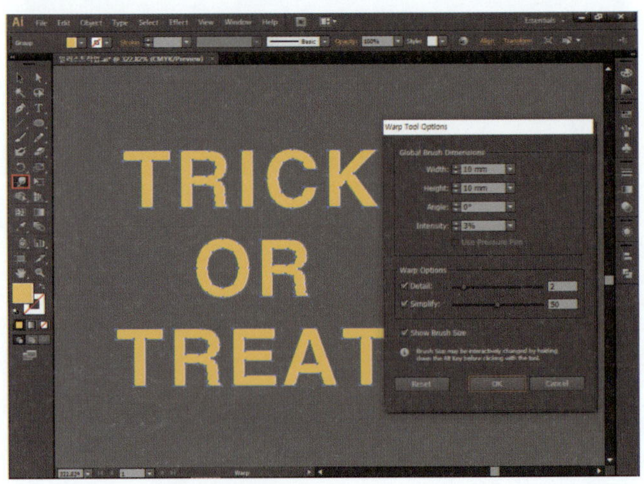

> **기적의 TIP**
>
> 너무 심한 왜곡이 되지 않도록 주의합니다.

04 오브젝트에 적용되는 효과를 확인하면서 브러시를 살짝만 드래그합니다.

- Alt 를 누른 상태에서 드래그하면 효과 브러시의 크기와 모양을 조절할 수 있습니다.
- Alt + Shift 를 누른 상태로 드래그를 하면 현재 효과 브러시의 비율을 유지한 상태로 브러시 크기를 조절할 수 있습니다.

05 ‘Selection Tool’을 이용해서 그리드 위로 올려놓고 크기를 조절합니다.

작업 도중에 수시로 Ctrl + S 를 눌러 저장하는 습관을 기르도록 합니다.

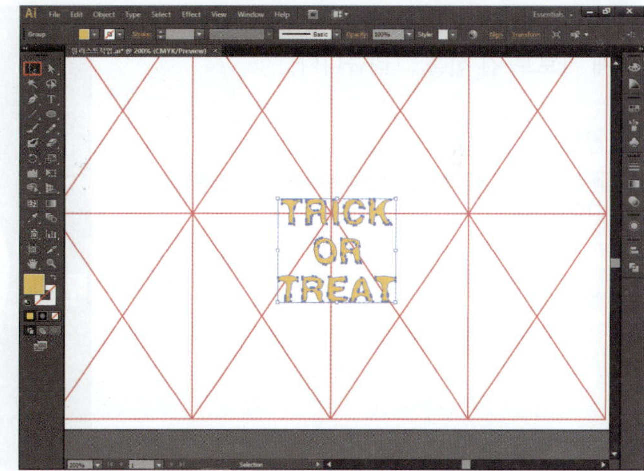

07 로고 만들기

01 ‘Ellipse Tool’을 선택하고 면색은 None, 선색은 White, 상단 옵션 바의 ‘Stroke: 5pt’로 설정하고 Shift 를 누른 채 드래그하여 다음과 같은 정원을 그립니다.

원을 그리는 여러 가지 방법
- Shift : 정원을 만들 때 사용합니다. 시작점이 원의 테두리입니다.
- Alt : 시작점이 원의 가운데입니다.
- Shift + Alt : 정원을 만들면서 시작점을 중심으로 원을 만듭니다.

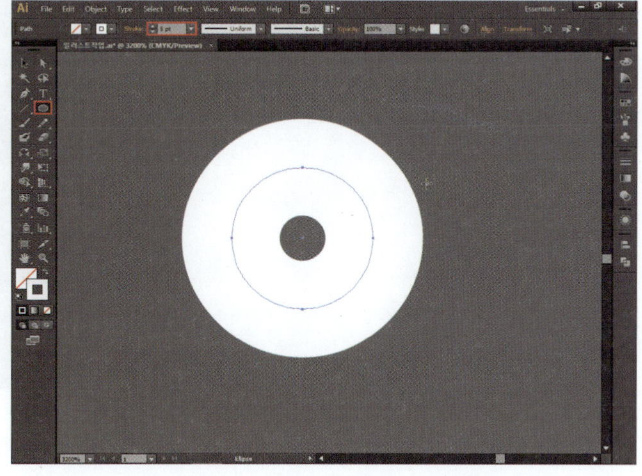

02 'Direct Selection Tool'을 클릭해서 오브젝트의 오른쪽에 위치한 Anchor Point를 선택한 후 삭제합니다.

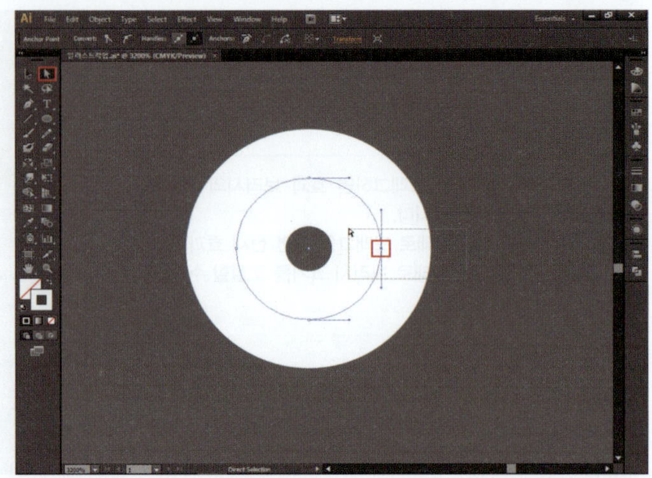

03 'Line Segment Tool'을 선택해서 Shift 를 누른 채 가로로 긴 선을 그려줍니다.

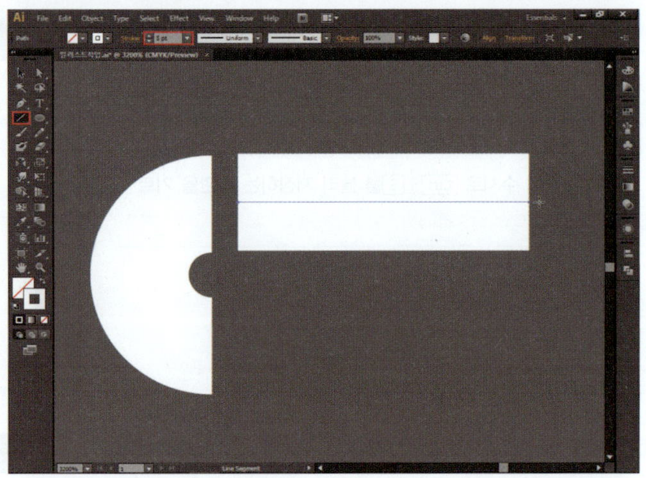

04 'Selection Tool'을 클릭하고 방향키 ←, →를 이용해서 두 오브젝트가 붙거나 겹치도록 수평으로 이동시킵니다.
[Window] > [Align] 패널을 열어서 'Align Objects: Vertical Align Top'을 클릭해서 정렬합니다.

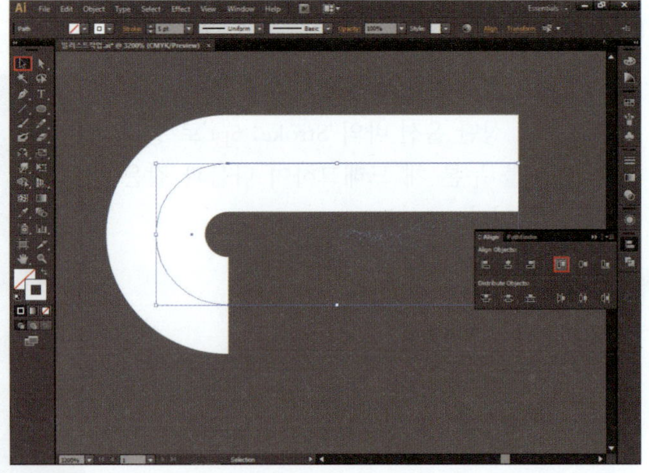

05 두 오브젝트를 선택한 상태에서 [Object] 〉
[Expand]를 클릭합니다. [Expand] 대화상자를
열고 'Fill, Stroke'에 체크한 후 [OK] 버튼을 클
릭해서 선을 면으로 만들어 줍니다.

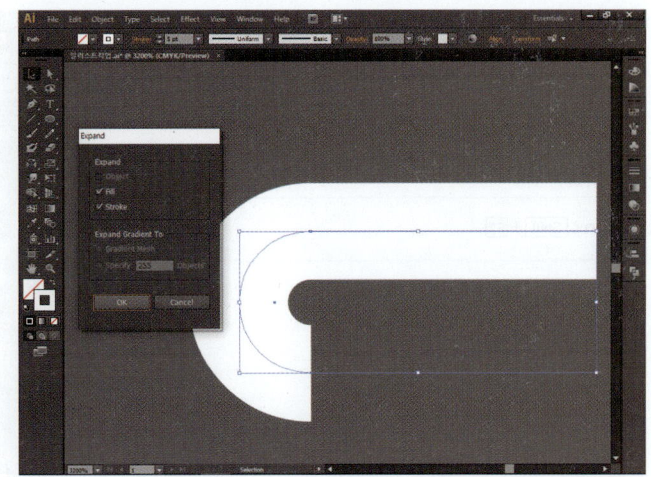

06 면으로 바뀐 두 오브젝트를 선택한 상태
로 [Window] 〉 [Pathfinder] 패널을 열고 'Shape
Modes: Unite'을 클릭해서 한 개의 오브젝트로
합쳐줍니다.

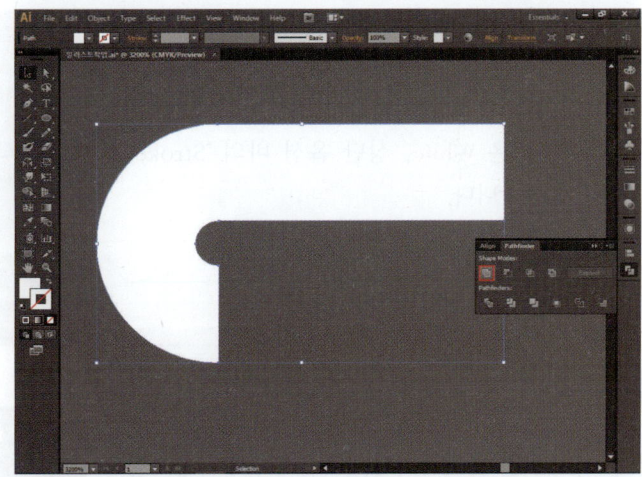

07 'Selection Tool'을 클릭하고 Alt 를 누른 채
아래로 복사합니다.
복사된 오브젝트만 선택하고, 선택 상자의 모서
리에 회전 커서가 나타나면 Shift 를 누른 채 회
전시킵니다.

> **기적의 TIP**
>
> Shift 를 누르고 오브젝트를 회전시키면 45° 각도로만 회전됩
> 니다.

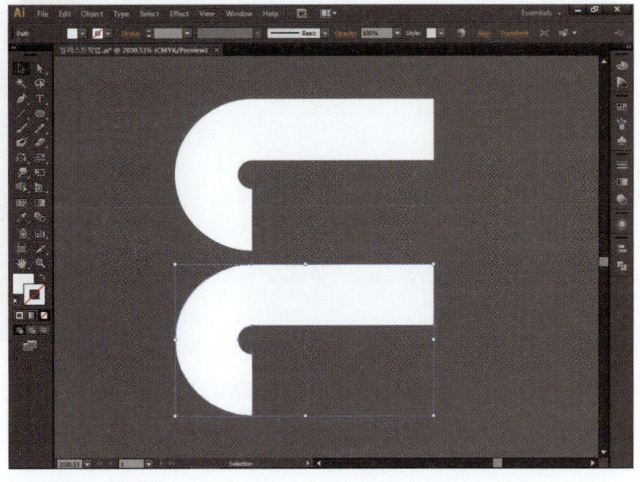

08 두 개의 오브젝트를 모두 선택하고 [Win-
dow] > [Align] 패널을 열어서 'Align Objects:
Horizontal Align Left'를 클릭해서 정렬합니다.

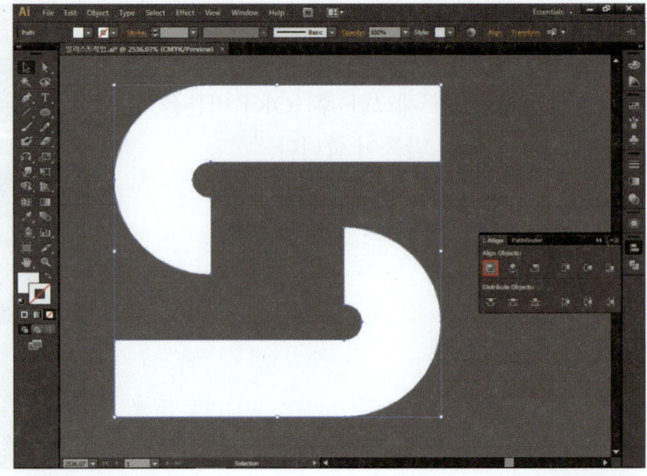

09 'Line Segment Tool'을 선택해서 두 오브젝
트를 연결하는 선을 그어줍니다.
선의 길이와 기울기를 적절히 조절하고, 면색은
None, 선색은 White, 상단 옵션 바의 'Stroke:
5pt'로 설정합니다.

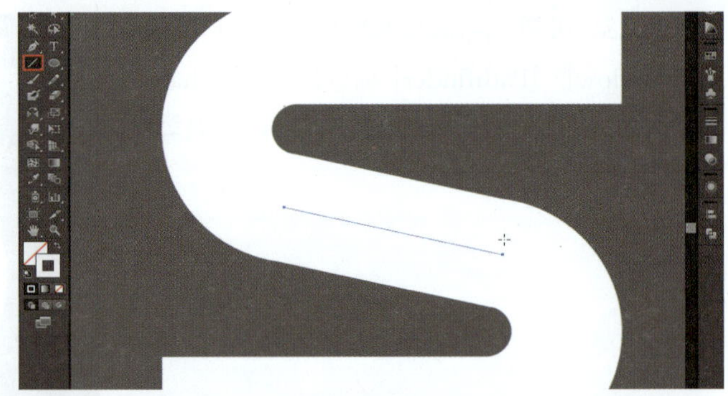

10 선택 된 선을 면으로 바꿔주기 위해 [Object]
> [Expand]를 클릭합니다. [Expand] 대화상자를
열고 Fill, Stroke에 체크한 후 [OK] 버튼을 클릭
해서 선을 면으로 만들어 줍니다.

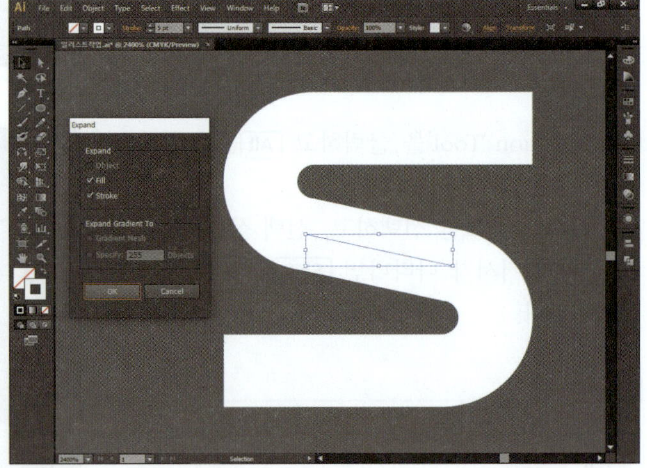

11 'Selection Tool'을 이용해서 오브젝트들을 모두 선택한 후 [Window] 〉 [Pathfinder] 패널을 열고 'Shape Modes: Unite'을 클릭해서 한 개의 오브젝트로 합쳐줍니다.

Psthfinder: Shift + Ctrl + F9

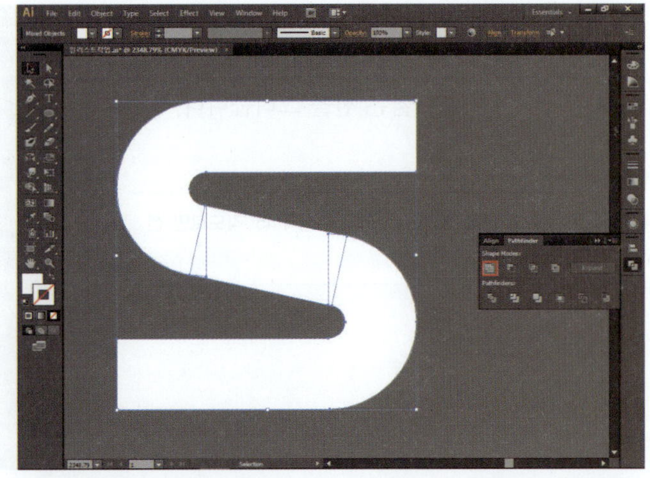

12 'Ellipse Tool'을 선택하고 면색은 None, 선색은 White, 상단 옵션 바의 'Stroke: 5pt'로 설정하고 Shift 를 누른 채 드래그하여 다음과 같은 정원을 그립니다.

Stroke : Ctrl + F9

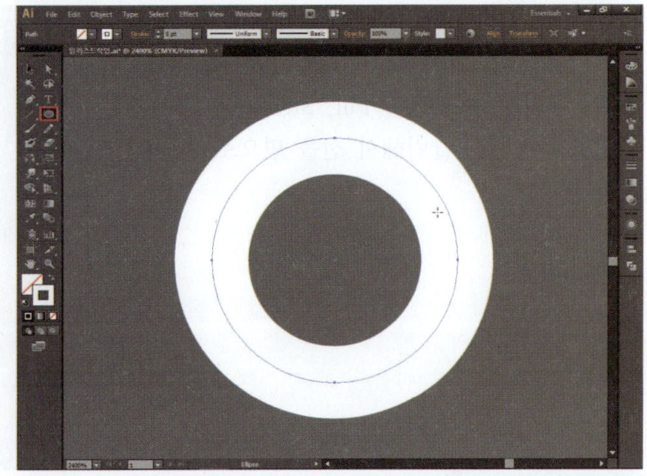

13 'Direct Selection Tool'을 클릭해서 오브젝트의 왼쪽 상단에 위치한 패스 선을 선택한 후 삭제합니다.

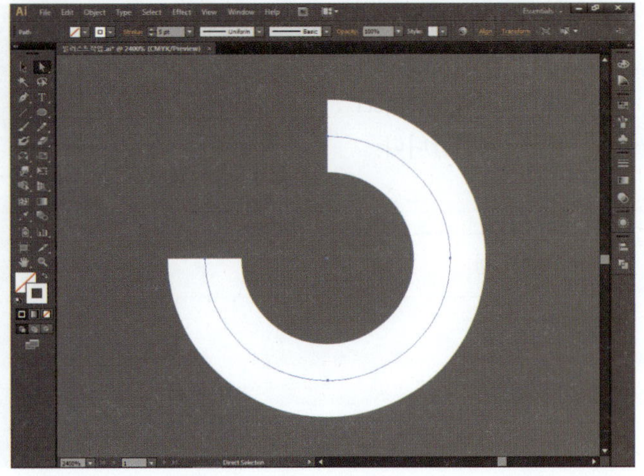

14 'Line Segment Tool'을 선택합니다. 원의 잘 린 부분과 연결이 될 선들을 [Shift]를 누른 채 세 로로 긴 선과, 가로로 짧은 선을 그려줍니다.

[Shift]를 누르고 선을 그리면, 수평과 수직과 45° 각도로만 선 이 그려집니다.

15 'Selection Tool'로 세 개의 오브젝트를 선택 하고 [Object] > [Expand]를 클릭합니다. [Ex- pand] 대화상자를 열고 'Fill, Stroke'에 체크한 후 [OK] 버튼을 클릭해서 선을 면으로 만들어 줍니다.

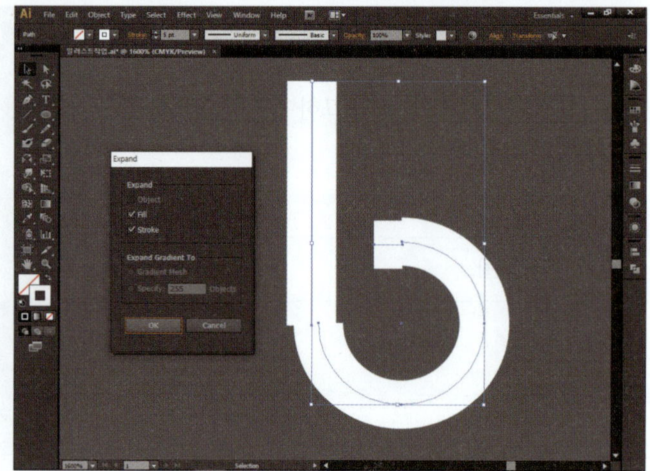

16 'Selection Tool'을 이용해서 원과 짧은 가로 선의 오브젝트만 선택한 후 [Window] > [Align] 을 클릭하고 'Align Object : Vertical Align Top' 을 클릭해서 정렬합니다.

Align : [Shift] + [F7]

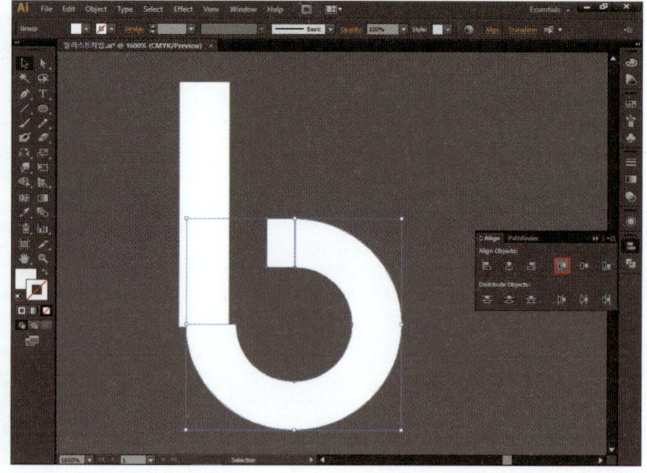

17 두 개의 오브젝트가 선택된 상태 그대로 [Window] 〉 [Pathfinder]를 클릭하고 'Shape Modes : Unite'를 클릭해서 한 개의 오브젝트로 합쳐줍니다.

Shape Modes
• Unite : 겹쳐진 오브젝트를 합친다.

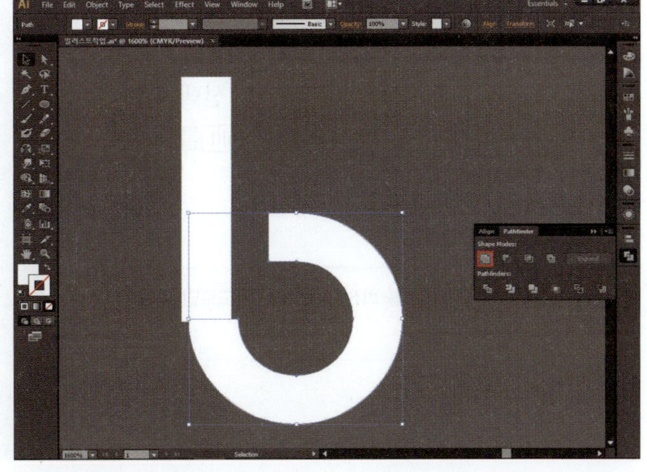

18 'Selection Tool'을 이용해서 두 개의 오브젝트를 모두 선택한 후 [Window] 〉 [Align] 패널을 열고 'Align Objects : Horizontal Align Left'를 클릭해서 정렬합니다.

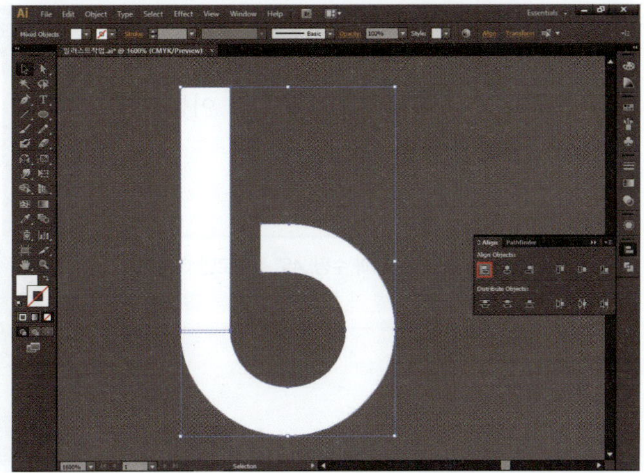

19 두 오브젝트를 선택한 상태 그대로 [Window] 〉 [Pathfinder]를 클릭하고 'Shape Modes : Unite'를 클릭해서 한 개의 오브젝트로 합쳐줍니다.

혹시 오브젝트가 합쳐지지 않는 경우에는 두 오브젝트가 서로 떨어져 있는지 'Zoom Tool'을 이용해 확대해서 확인해 보세요.

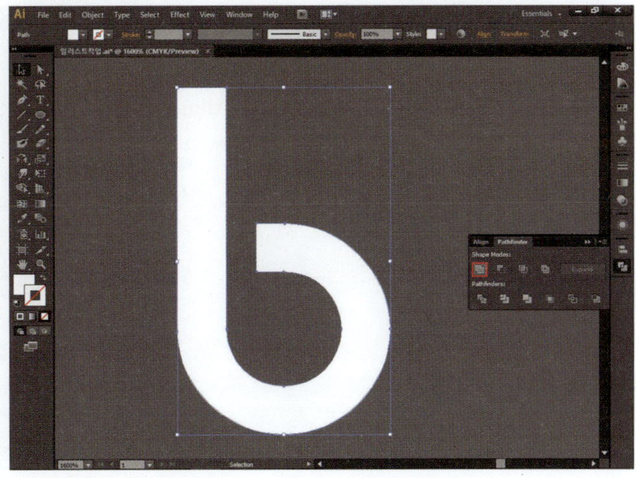

20 'Selection Tool'을 클릭하고 [Alt]를 누른 채 오른쪽의 빈 공간으로 복사합니다.
복사된 오른쪽 오브젝트만 선택하고, 선택 상자의 모서리에 회전 커서가 나타나면 [Shift]를 누른 채 회전시킵니다.

> **기적의 TIP**
>
> • [Shift]를 누르고 오브젝트를 회전시키면 45° 각도로만 회전됩니다.

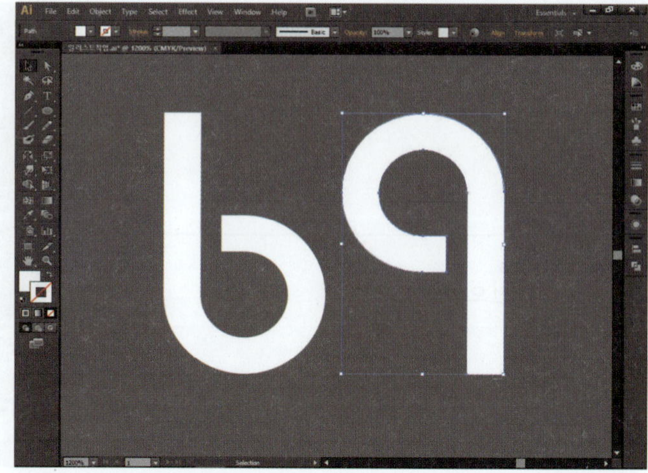

21 'Direct Selection Tool'을 이용해서 맨 아래 모서리에 위치한 두 개의 anchor point를 드래그해서 선택한 후 [Shift]를 누른 채 위로 이동시켜서 세로 길이를 줄여줍니다.

> **기적의 TIP**
>
> [Shift]를 누른 채 이동하면 수직과 수평, 45° 각도로만 이동이 됩니다.

22 'Selection Tool'을 이용해서 세 개의 오브젝트를 모두 선택한 후, [Window] 〉 [Align] 패널을 열어서 'Align Objects : Vertical Align Bottom'을 클릭해서 정렬합니다.

23 'Type Tool'을 이용해서 '서울애니센터'를 입력하고 상단에 있는 옵션 바에서 글자 크기, 폰트, 자간 등등을 설정합니다.

면색은 White, 선색은 None으로 설정합니다.

- Character : Ctrl + T
- Character 패널에서는 입력한 글자의 폰트, 크기, 자간, 행간 등 문자와 관련된 세밀한 부분을 설정할 수 있습니다.

24 마우스 오른쪽 버튼을 누르고 [Create Outlines]을 클릭합니다.

- Shift + Ctrl + O : Create Outlines
- 문자는 고유의 속성을 가지고 있기 때문에 선과 면 단위로 수정하기 위해서는 일반 오브젝트의 속성으로 변환을 해야 합니다.

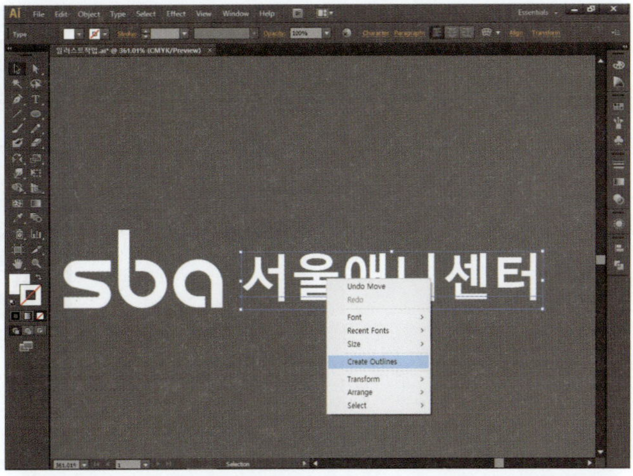

25 'sba'와 '서울애니센터'의 간격 등을 잘 배열하고 두 오브젝트를 선택해서 마우스 오른쪽 버튼을 눌러 [Group]을 클릭합니다.

Ctrl + G : Group

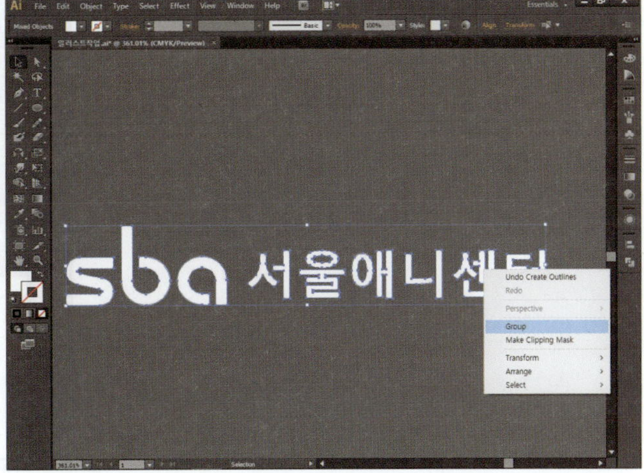

26 'Selection Tool'을 이용해서 그리드 위로 이동시킨 후 크기를 조절합니다.

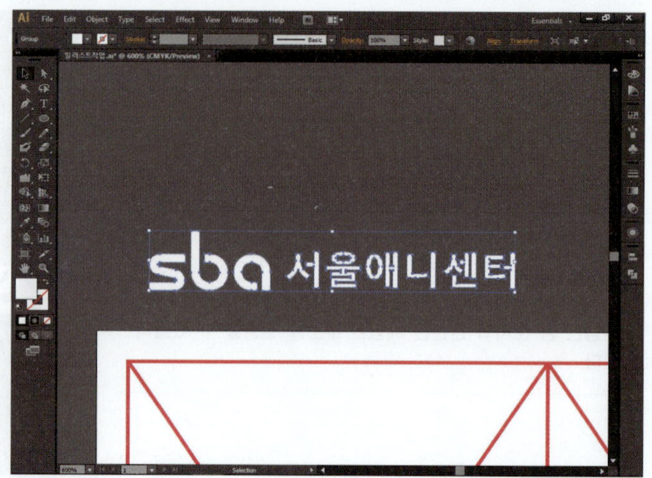

27 'Type Tool'을 이용해서 'www.ani.seoul.kr'을 입력하고 [Window] 〉 [Type] 〉 [Character]를 클릭해서 폰트, 글자의 크기, 간격 등을 조절합니다.
'서울애니센터'의 크기와 비슷하게 조절하고 그리드 위에 올려서 전체적인 크기와 길이를 확인합니다.

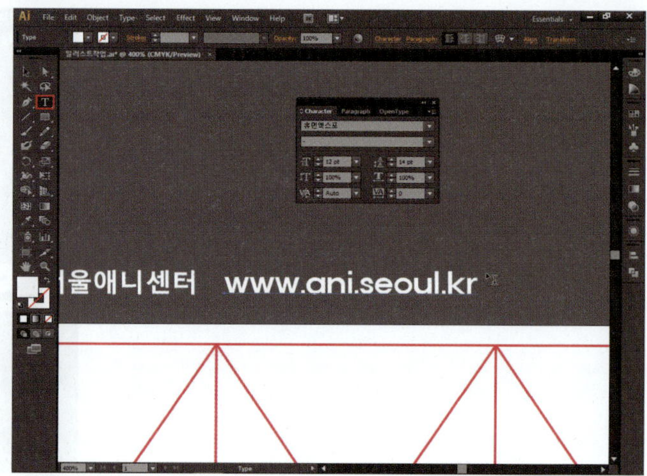

28 오브젝트를 선택한 후 마우스 오른쪽 버튼을 누르고 [Create Outlines]을 클릭합니다.
[File] 〉 [Save] 메뉴를 선택하여 일러스트 작업을 저장합니다.

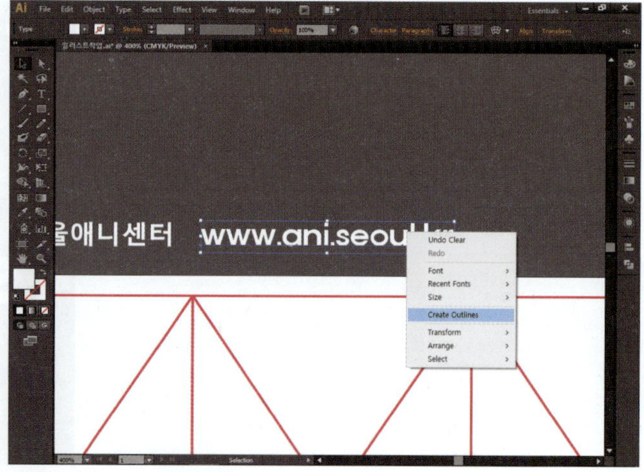

01 작업 준비하기

01 포토샵을 실행하고, [File] 〉 [New]를 선택하여 [New] 대화상자에서 'Width : 166mm, Height : 246mm, Resolution : 300 Pixels/Inch, Color Mode : RGB Color'로 설정한 후, [OK] 버튼을 클릭합니다.

🏁 기적의 TIP

- Ctrl + N : New(새로 만들기)
- Color Mode : 인쇄물에 적합한 CMYK 모드를 설정해 주어야 하지만, 시험장의 프린터가 인쇄소의 출력이 아니기 때문에 회색기, 탁함, 채도저하 발생이 빈번합니다. 또한 시험 문항에 여러 가지 패턴 적용 문제들이 출제되기 때문에 RGB모드로 설정합니다.

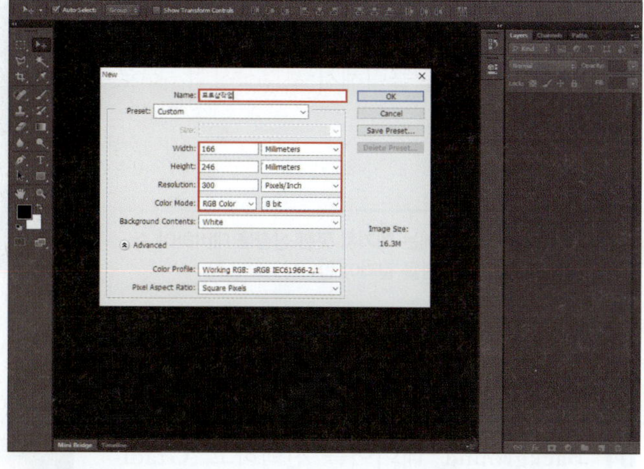

02 '일러스트작업' 창에서 그리드를 선택하고, Ctrl + C 를 눌러 복사합니다.
'포토샵작업' 창에 Ctrl + V 를 눌러 붙여넣기 한 후, [Paste] 대화상자에서 'Pixels'를 선택하고, [OK] 버튼을 클릭합니다.
크기는 일러스트에서 이미 설정했기 때문에 그대로 Enter 를 누릅니다.

🏁 기적의 TIP

일러스트에서 오브젝트가 잠겨서 선택되지 않는 경우, [Object] 〉 [Unlock All]을 클릭하거나, 단축키 Alt + Ctrl + 2 를 눌러 오브젝트 잠금을 해제합니다.

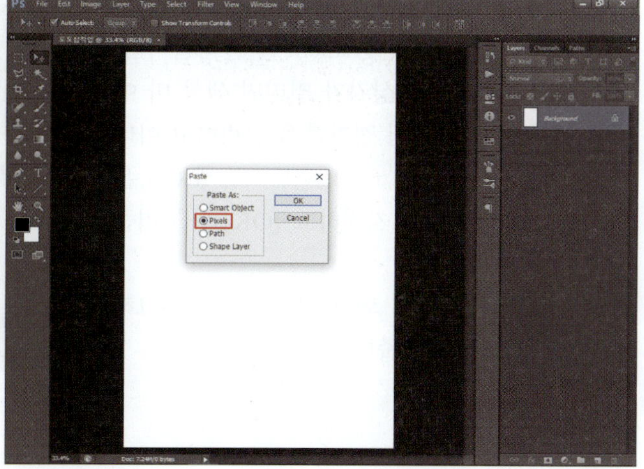

03 [Layers] 패널에서 이름을 그리드로 변경합니다. 'Move Tool'을 선택하고, Ctrl 을 누른 채 'Background' 레이어와 함께 선택한 후, 옵션 바에서 'Align vertical centers', 'Align horizontal centers'를 클릭하여 정렬합니다. '그리드' 레이어만 선택하고, 'Lock all' 아이콘을 클릭하여 잠근 후, [File] > [Save]를 클릭해서 포토샵작업.psd로 저장합니다.

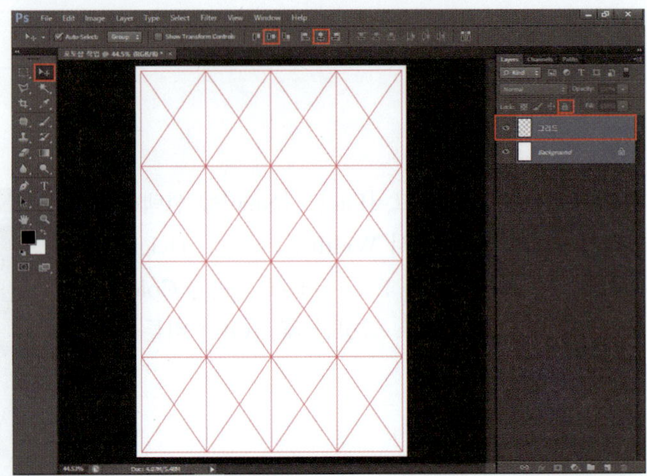

02 배경 만들기

01 'Background' 레이어를 선택하고 'Gradient Tool'을 클릭한 후 왼쪽 상단 옵션 바에서 Radial Gradient를 선택하고, 색상을 지정하기 위해 'Click to edit the gradient'를 클릭합니다. [Gradient editor] 대화상자가 열리면 색상 바 아래에 위치한 왼쪽의 '색 정지점'을 클릭하고 아래에 Color를 클릭해서 C0M45Y100K0, 오른쪽은 C10M90Y100K0으로 지정하고 [OK]를 눌러줍니다.

작업 화면의 중앙에서 외곽 방향으로 드래그해서 그라디언트를 넣어줍니다.

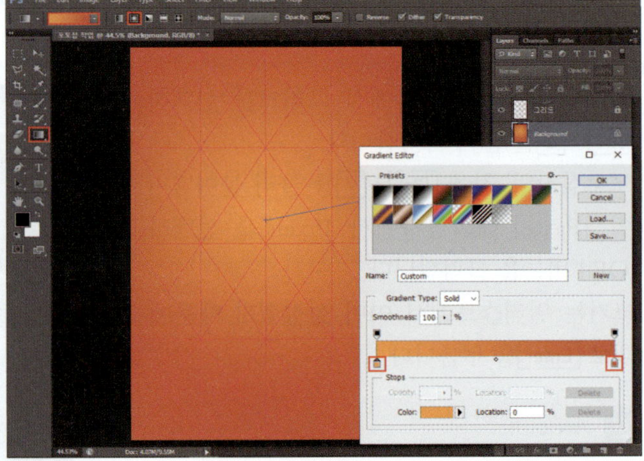

02 '일러스트작업' 창에서 만든 박쥐 오브젝트를 Ctrl+C로 복사해서 '포토샵작업' 창에 Ctrl+V로 붙여넣기를 합니다. [Paste] 대화상자에서 'Pixels'를 선택하고, [OK] 버튼을 클릭한 후, 크기와 위치를 조절합니다.

레이어를 복사해서 디자인 원고와 같이 배열합니다.

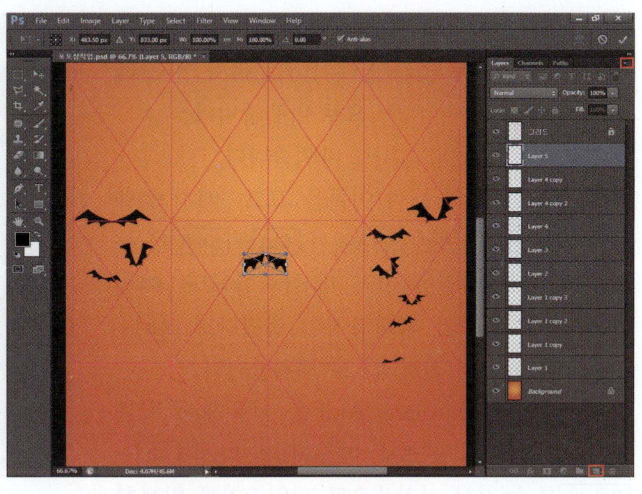

기적의 TIP

레이어의 복사
- [Layers] 패널에서 복사할 레이어를 Alt를 누른 채 이동시키면 해당 레이어가 복사됩니다.
- 복사할 레이어를 클릭해서 선택하고 Ctrl+J를 눌러줍니다.
- 복사할 레이어를 클릭 드래그해서 [layers] 패널의 하단에 있는 'Create a new layer' 아이콘 위에 올리면 복사된 레이어가 생성됩니다.
- 복사할 레이어를 선택한 후 레이어 패널의 오른쪽 가장 위에 있는 드롭다운 버튼을 눌러 'Duplicate Layer'를 클릭하면 됩니다.

03 [Layers] 패널 하단에 있는 폴더 모양의 아이콘 'Create a new group'을 클릭하고 그룹 폴더가 생성되면 박쥐로 이름을 변경합니다.

여러개의 박쥐 레이어들을 모두 선택해서 '박쥐' 그룹으로 이동시킵니다.

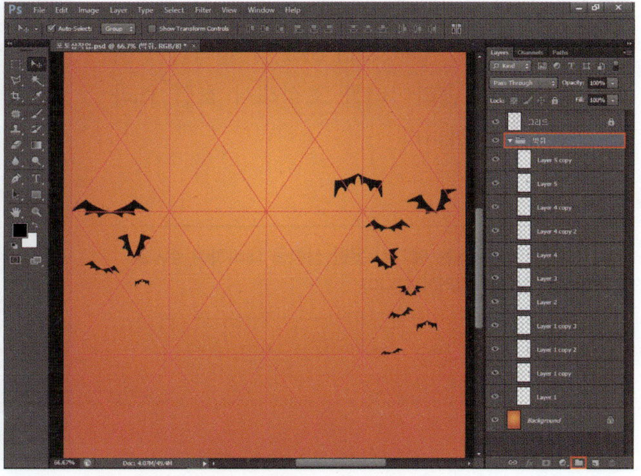

기적의 TIP

여러개의 레이어를 선택할 때 Shift를 누르고 위쪽 레이어와 아래쪽 레이어를 클릭하면 그 사이에 있는 레이어들까지 한꺼번에 선택됩니다.

04 [Layers] 패널의 'Background' 레이어를 선택하고 Ctrl+J를 눌러서 레이어를 복사한 후 레이어 이름을 배경 블랜딩으로 바꿔줍니다. 전경색을 C0M25Y55K0로 바꿔줍니다.
'박쥐' 그룹폴더의 눈 아이콘을 끄고, '배경 블랜딩' 레이어가 선택된 상태에서 Ctrl+Shift를 누르고 박쥐 섬네일을 여러 개 클릭합니다. 여러 개의 박쥐 모양의 선택영역이 생겼다면 Alt+Delete를 눌러서 전경색으로 채워줍니다.
'Rectangular Marquee Tool'을 이용해서 박쥐 선택 영역을 빈 곳으로 이동한 후 다시 Alt+Delete를 눌러서 전경색으로 채워주기를 반복합니다.

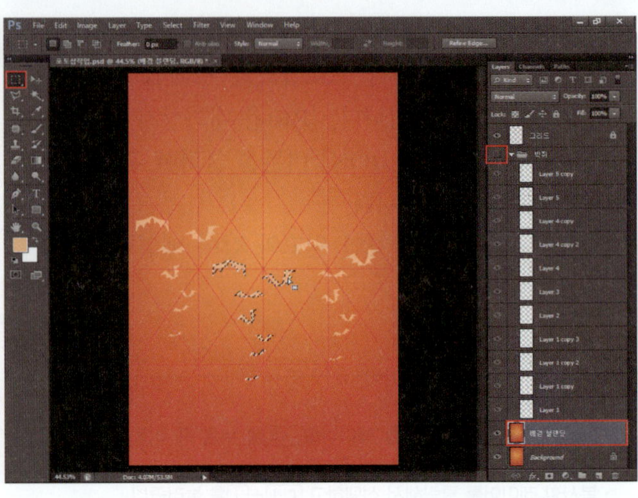

> **기적의 TIP**
>
> 디자인 원고의 배경을 보면 뚜렷하고 정확한 모양이 아니기 때문에 마구잡이로 빈 곳에 박쥐 모양의 색을 채워줍니다.

05 '배경 블랜딩' 레이어가 선택된 상태에서 [Filter] 〉 [Blur] 〉 [Gaussian Blur]를 클릭하고 미리보기를 보며 슬라이더를 조절해서 흐림 효과를 살짝만 적용합니다.

> **기적의 TIP**
>
> 작업 시작과 도중에는 예기치 못한 상황을 대비하여 수시로 저장하는 습관을 길러야 합니다.

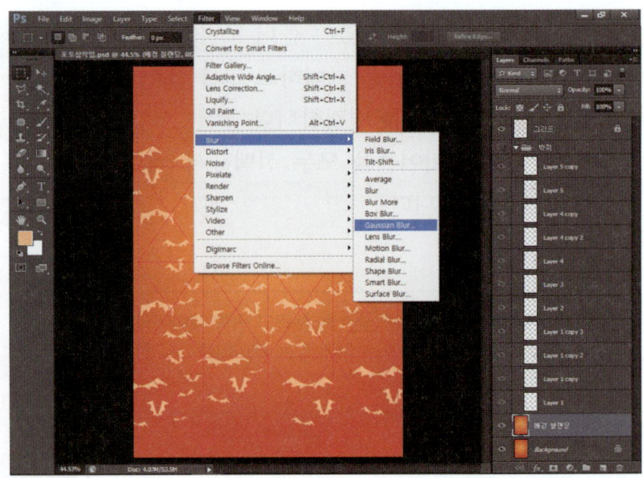

06 '배경 블랜딩' 레이어가 선택된 상태에서 [Filter] 〉 [Pixelate] 〉 [Crystallize]를 클릭하고 미리보기를 보며 슬라이더를 조절해 줍니다.

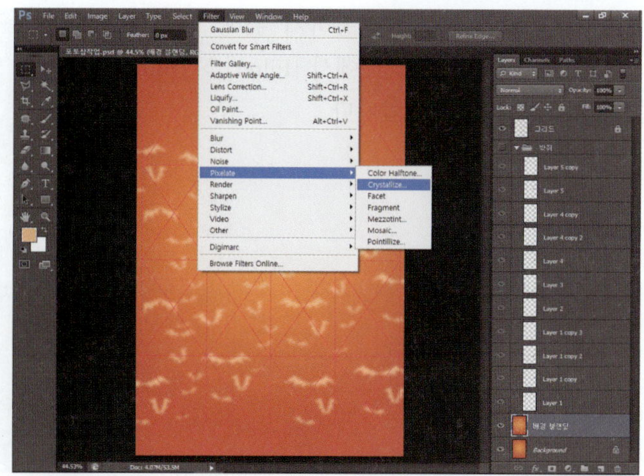

07 '배경 블랜딩' 레이어가 선택된 상태에서 [Layers] 패널의 상단에 있는 블랜딩모드의 드롭다운 버튼을 클릭해서 'Soft Light'을 적용해서 아래의 'Background' 레이어와 자연스럽게 합성되도록 합니다.

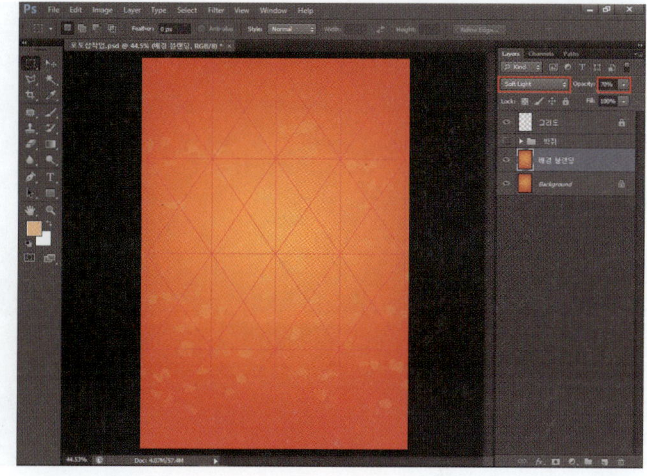

03 일러스트 작업물 배치와 효과주기

01 '일러스트작업' 창에서 만든 '나선형'을 Ctrl + C 로 복사해서 '포토샵작업' 창에 Ctrl + V 로 붙여넣기를 합니다. [Paste] 대화상자에서 'Pixels'를 선택하고, [OK] 버튼을 클릭한 후, 크기와 위치를 조절합니다. 레이어 이름을 빨강나선으로 변경합니다.

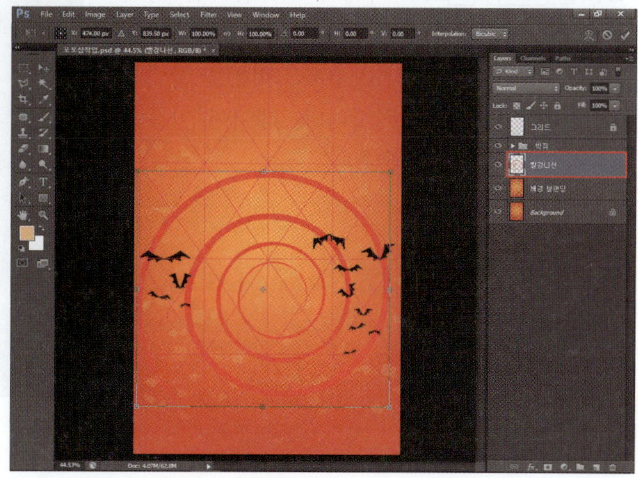

02 표면 흐림 효과를 적용하기 위해 '빨강나선' 레이어가 선택된 상태에서 [Filter] 〉 [Blur] 〉[Surface Blur]를 클릭합니다.

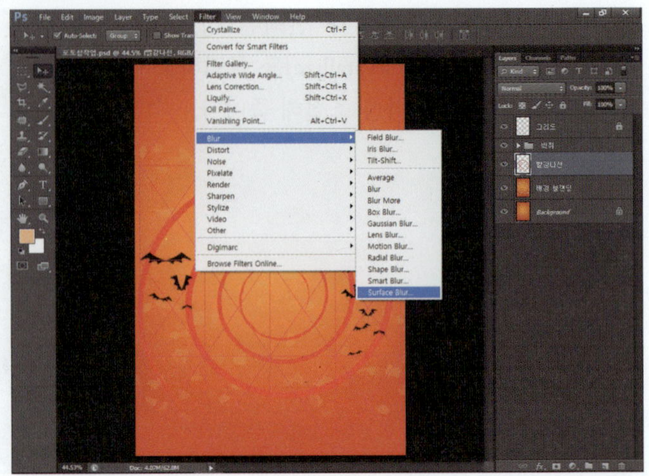

03 대화상자가 열리면 미리보기를 보며 슬라이더를 조절해서 적절한 수치를 찾아 적용합니다.

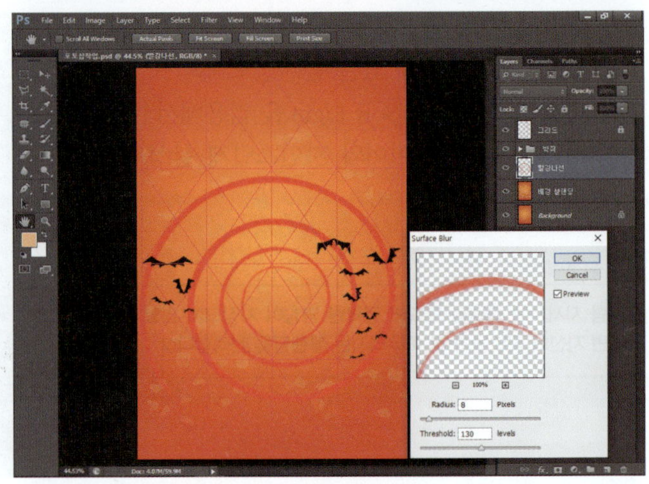

04 '일러스트작업' 창에서 만든 'Halloween Party'를 Ctrl + C로 복사해서 '포토샵작업' 창에 Ctrl + V로 붙여넣기를 합니다. [Paste] 대화상자에서 'Pixels'를 선택하고, [OK] 버튼을 클릭한 후, 크기와 위치를 조절합니다. 레이어 이름을 할로윈 파티로 변경합니다.

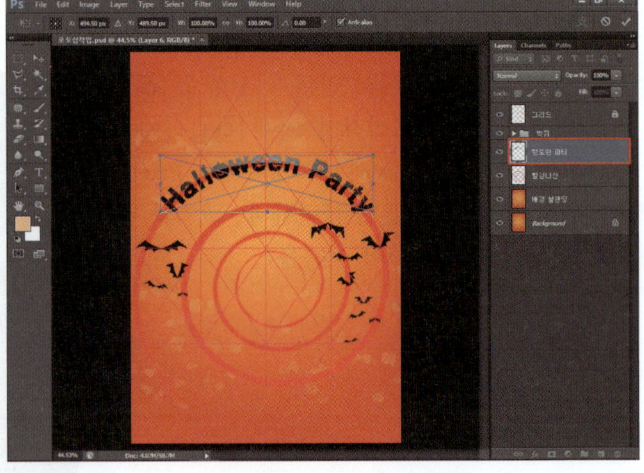

05 '할로윈 파티' 레이어를 선택하고 [Layers] 패널의 하단에 위치한 FX 아이콘을 클릭합니다. 메뉴들이 나타나면 'Stroke'를 클릭해서 [Layer Style]의 대화상자를 열어줍니다.

기적의 TIP

'Layer Style'은 레이어 이름 옆의 빈 공간을 더블클릭하면 빠르게 열립니다.

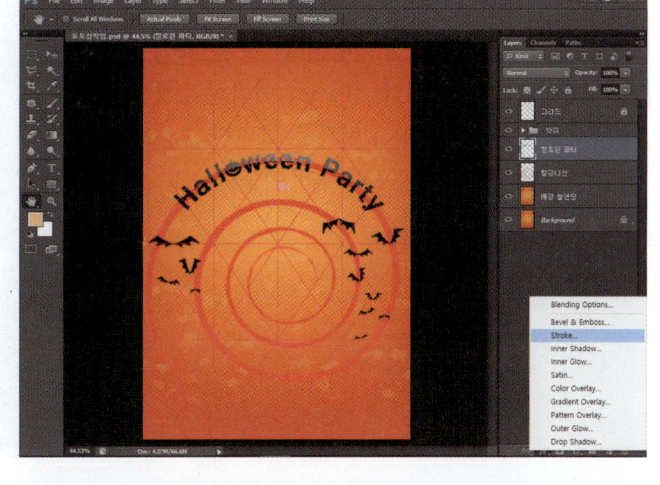

06 [Layer Style] 대화상자를 열고 왼쪽의 'Stroke'을 클릭합니다. 오른쪽의 옵션 설정은 'Structure Size : 10px, Position : Outside, Blend Mode : Normal, Opacity : 100%, Fill Type : Gradient, Gradient : C0M70Y100K0~C6M0Y97K0, Style : Radial'로 설정합니다.

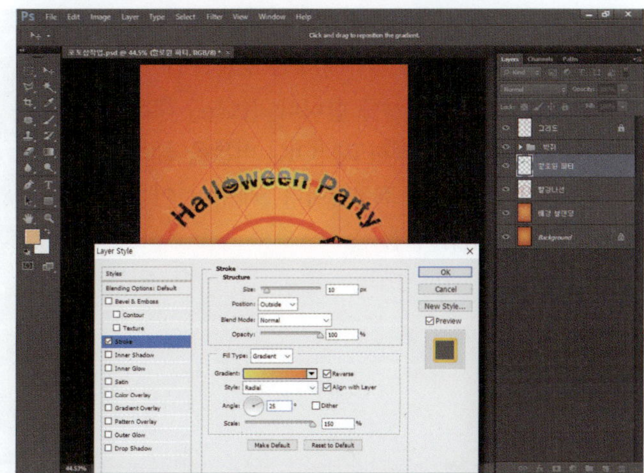

07 [Layer Style] 대화상자의 'Outer Glow'에 체크를 하고, 오른쪽 옵션 설정은 'Blend Mode : Normal, Opacity : 100%, Noise : 0%, 색상 : K100, Technique : Softer, Spread : 50%, Size : 13px, Range : 50%, Jitter : 0%'로 설정합니다.

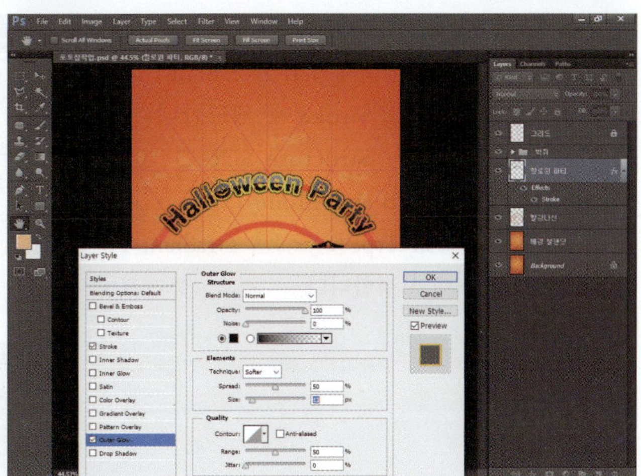

08 '일러스트작업' 창에서 만든 '호박 캐릭터'를 Ctrl+C 로 복사해서 '포토샵작업' 창에 Ctrl+V 로 붙여넣기를 합니다. [Paste] 대화상자에서 'Pixels'를 선택하고, [OK] 버튼을 클릭한 후, 크기와 위치를 조절합니다. 레이어 이름을 큰호박으로 변경합니다.

09 '일러스트작업' 창에서 만든 'TRICK OR TREAT'를 Ctrl+C 로 복사해서 '포토샵작업' 창에 Ctrl+V 로 붙여넣기를 합니다. [Paste] 대화상자에서 'Pixels'를 선택하고, [OK] 버튼을 클릭한 후, 크기와 위치를 조절합니다. 레이어 이름을 트릭으로 변경합니다.

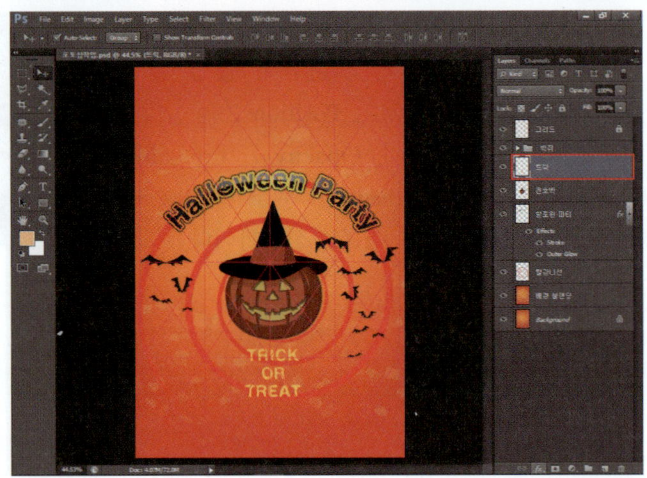

10 [Layers] 패널에서 '트릭' 레이어 이름의 오른쪽 빈 공간을 더블클릭해서 [Layer Style] 대화상자를 열고 왼쪽의 'Stroke'에 체크합니다. 오른쪽의 옵션 설정은 'Structure Size : 7px, Position : Outside, Blend Mode : Normal, Opacity : 100%, Fill Type : Color, Gradient : C40M85Y80K60'로 설정합니다.

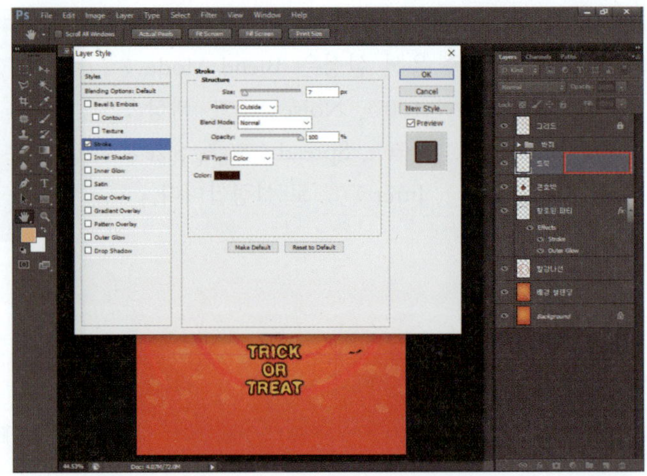

04 이미지 단색 변환과 배치

01 [File] 〉 [Open]을 선택하고, [Open] 대화상
자가 열리면 05.jpg을 찾아 선택한 후, 이미지를
불러옵니다.

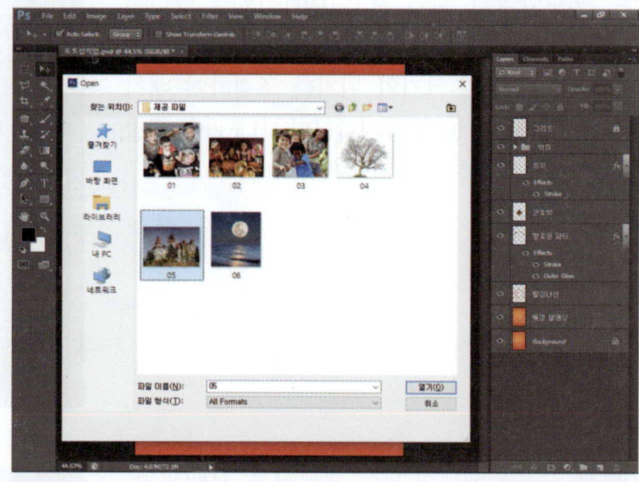

02 '05.jpg' 파일이 열리면 'Magic Wand Tool'
로 하늘을 클릭해서 선택 영역으로 지정한 후
Ctrl + Shift + I 를 눌러서 선택영역을 반전시켜
서 고성이 선택되게 합니다.

03 선택된 고성 중에 잘못 선택된 부분은 'Po-
lygonal Lasso Tool'을 이용합니다. Alt 를 누른
채 선택하면 그 영역을 빼게 되고, Shift 를 누른
채 선택하면 그 영역을 더하게 됩니다.

04 선택 된 고성을 [Ctrl]+[C]를 눌러서 복사한 후, '포토샵작업' 창을 열고 [Ctrl]+[V]를 눌러서 붙여넣습니다.
[Ctrl]+[T]를 눌러 크기와 위치를 조절하여 배치한 후, [Enter]를 눌러 확정합니다. [Layers] 패널에서 레이어 이름을 05로 바꿔줍니다.

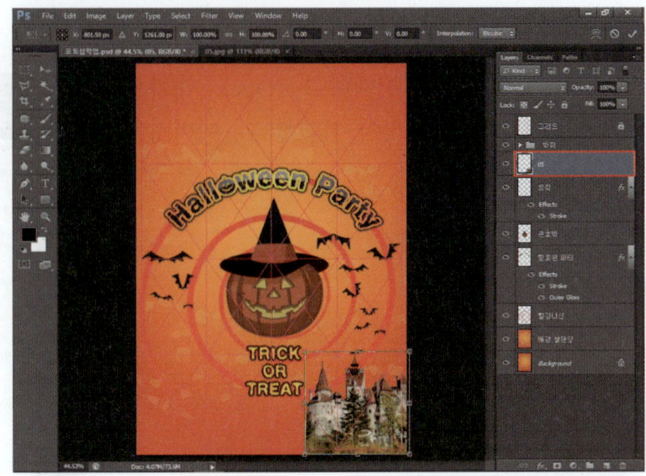

05 [Layers] 패널의 '05' 레이어를 선택하고, [Ctrl]를 누른채로 '05' 레이어의 썸네일을 클릭해서 선택영역으로 지정합니다.
전경색을 K100으로 바꿔준 후 [Alt]+[Delete]를 눌러서 '05' 레이어의 고성을 검정색으로 바꿔줍니다.

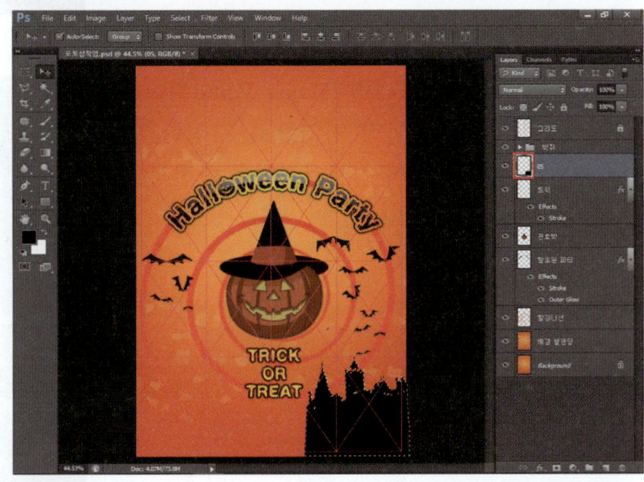

06 [File] 〉 [Open]을 클릭하고, [Open] 대화상자가 열리면 04.jpg를 선택해서 이미지를 불러옵니다.

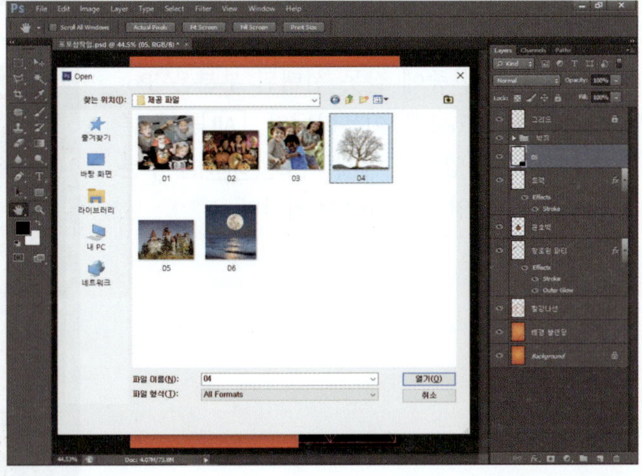

07 '04.jpg' 파일이 열리면 'Magic Wand Tool'을 클릭하고 위쪽 옵션 바에 있는 'Tolerance: 40'을 입력한 후, 하늘을 클릭해서 선택 영역으로 지정합니다.

Ctrl + Shift + I 를 눌러서 선택영역을 반전시켜서 나무가 선택되게 합니다.

선택된 나무를 Ctrl + C 를 눌러서 복사합니다.

08 Ctrl + C 를 눌러서 복사한 나무를 '포토샵 작업' 창을 열고 Ctrl + V 를 눌러서 붙여 넣습니다.

Ctrl + T 를 눌러 크기와 위치를 조절하여 배치한 후, Enter 를 눌러 확정합니다. [Layers] 패널에서 레이어 이름을 04로 바꿔줍니다.

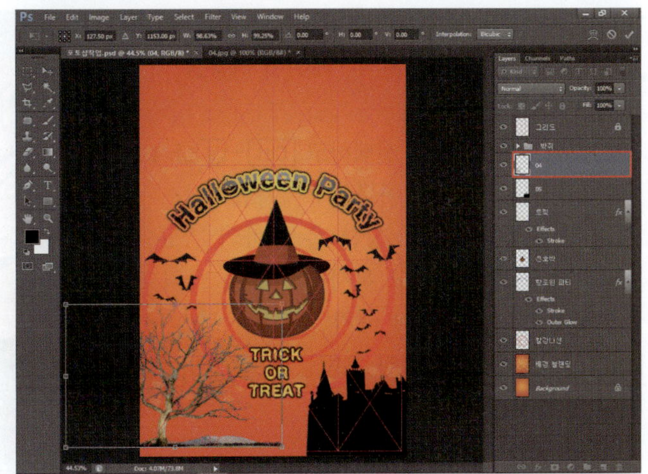

09 [Layers] 패널의 '04' 레이어를 선택하고, Ctrl 를 누른채로 '04' 레이어의 썸네일을 클릭해서 선택영역으로 지정합니다.

전경색을 K100으로 바꿔준 후 Alt + Delete 를 눌러서 '04' 레이어의 나무를 검정색으로 바꿔줍니다.

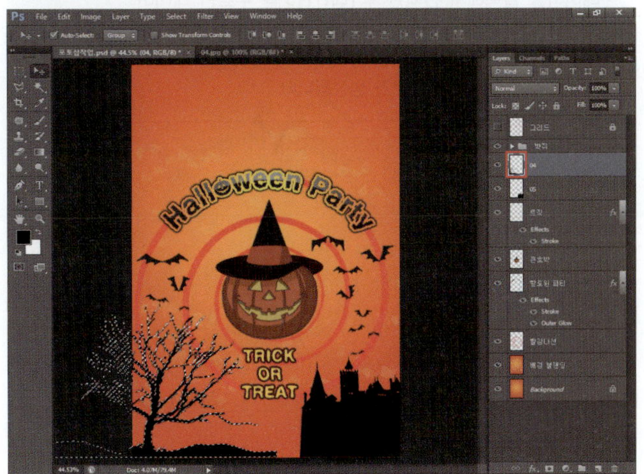

10 '04' 레이어가 선택된 상태로 'Polygonal Las-
so Tool'을 이용해서 하단의 검은색 부분의 영역
을 선택합니다.
디자인 원고를 참고해서 영역을 설정하고, Alt
+ Delete 를 눌러서 검은색으로 채워줍니다.

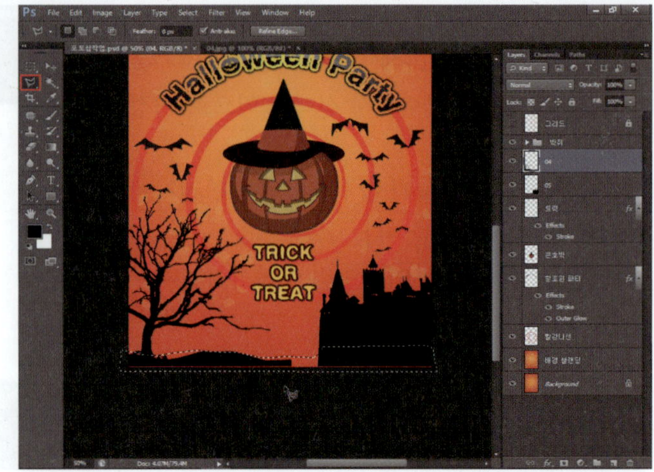

11 '일러스트작업' 창에서 만든 '미니 호박'을 '포
토샵작업' 창으로 가져온 후, 레이어 이름을 작은
호박으로 변경합니다.
'작은호박'의 레이어를 선택하고 Ctrl + J 를 4번
눌러서 '작은호박' 레이어를 4개 복사합니다.
'Move' 툴을 클릭하고 상단 옵션 바의 'Auto-
Select'에 체크를 해주고 복사된 호박을 클릭 드
래그해서 각각의 자리에 배치합니다.
Ctrl + T 를 눌러 배치된 호박들의 크기와 기울
기를 조절해 줍니다.

> **기적의 TIP**
>
> • 레이어를 클릭해서 선택한 후 Ctrl + J 를 누르면 레이어
>   가 복사되어 생성됩니다.
> • 레이어에 선택영역이 지정된 상태에서 Ctrl + J 를 누르면
>   선택영역만 복사된 레이어가 생성됩니다.

12 [Layers] 패널 하단에 있는 폴더 모양의 아이콘 'Create a new group'을 클릭하고 그룹 폴더가 생성되면 작은호박으로 이름을 변경합니다. 여러 개의 작은 호박들을 모두 선택해서 '작은호박' 그룹으로 이동시킵니다.

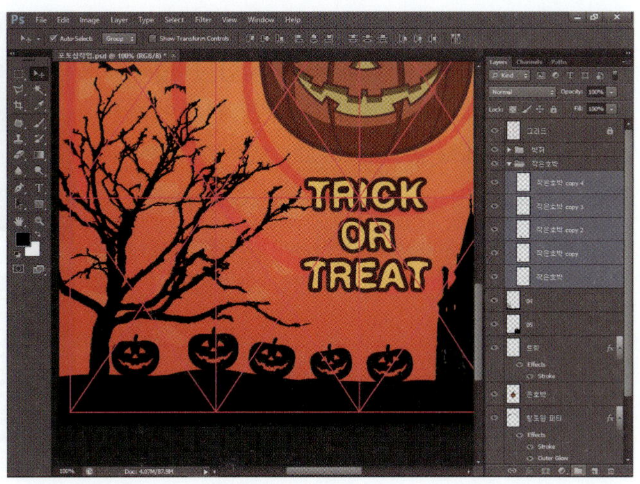

05 이미지 색상 변환과 마스크 적용하기

01 [Layers] 패널의 하단에 위치한 'Create a new layer' 아이콘을 클릭해서 새 레이어를 만들고 이름을 구름으로 바꿔줍니다.
'Rectangle Tool'을 클릭하고 사진이 들어갈 위치를 어림잡아 네모를 그립니다.
상단에 위치한 옵션 바에서 'Combine Shapes'를 클릭합니다.

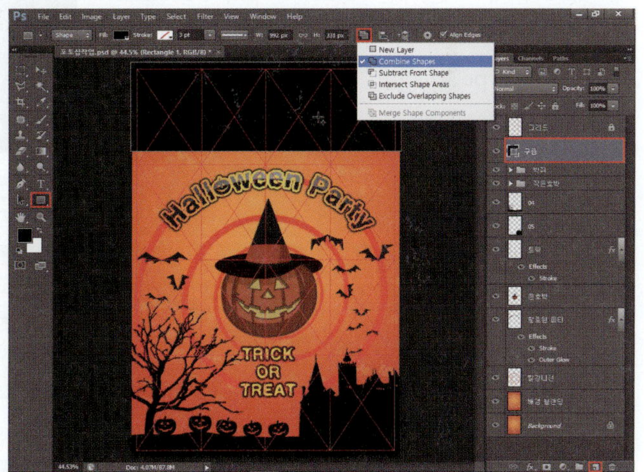

02 'Ellipse Tool'을 클릭해서 경계면이 구름 모양이 되도록 원을 여러 개 그려줍니다.

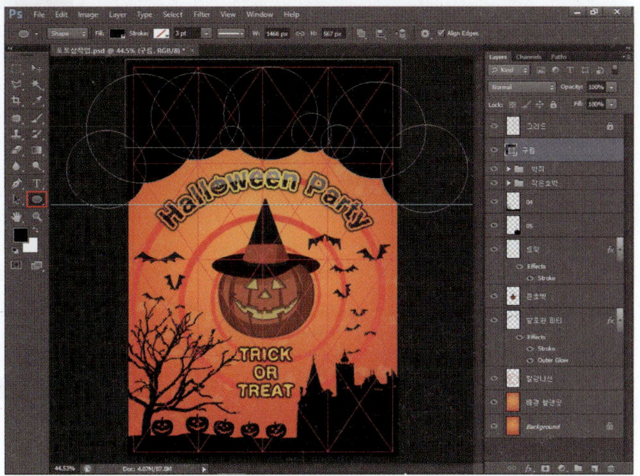

03 구름 모양에 그림자 효과를 주기 위해 '구름' 레이어의 오른쪽 빈 공간을 더블클릭합니다. [Layer Style] 대화상자가 열리면 왼쪽에 있는 'Drop Shadow'를 체크하고, 오른쪽 옵션은 'Blend Mode : Multiply, 색상은 K100, Opacity : 75%, Distance : 23px, Spreed : 0%, Size : 18px' 로 설정합니다.

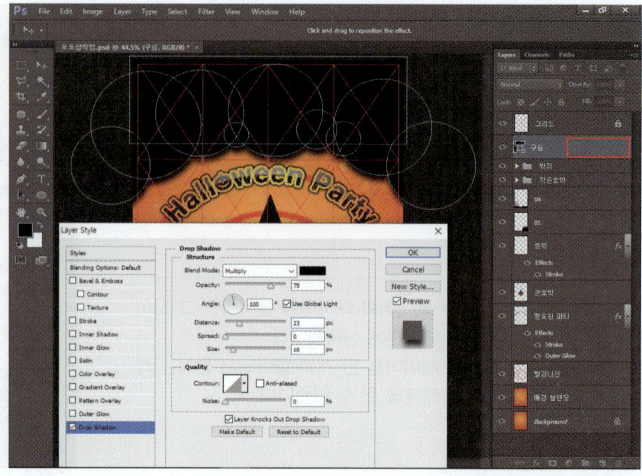

04 흰색 테두리를 만들기 위해서 왼쪽 'Stroke' 에 체크하고, 오른쪽은 'Size : 7px, Position : Outside, Blend Mode : Normal, Opacity : 100%, Fill Type : Color, Color : White'로 설정 합니다.

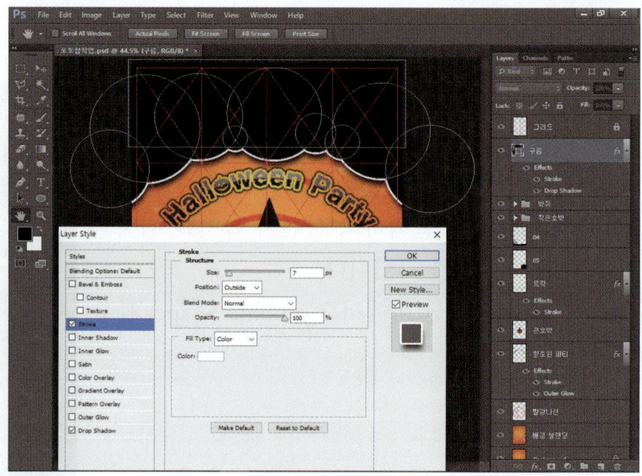

05 [File] 〉 [Open]을 선택하고, [Open] 대화상 자가 열리면 01.jpg, 02.jpg, 03.jpg를 찾아 선택 한 후 이미지를 불러옵니다.

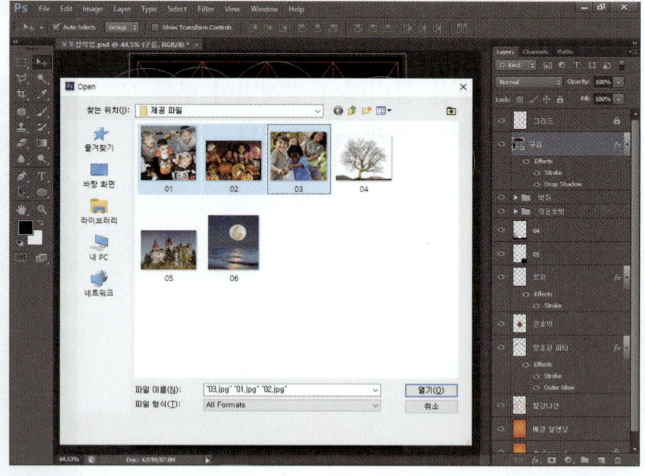

06 '01.jpg' 창을 열고 Ctrl+A를 눌러서 전체 영역을 선택합니다.
Ctrl+T를 눌러서 선택된 부분을 복사합니다.

기적의 TIP

- Ctrl+A : [Select] 〉 [All] 선택과 같은 기능이며 이미지의 전체영역을 선택합니다.
- Ctrl+C : 선택된 영역을 복사하여 메모리에 저장합니다. 나중에 Ctrl+V를 눌러 붙여넣기할 수 있습니다.
- 몇 가지 자주 사용하는 중요한 기능은 단축키를 외워서 사용해야 시간을 단축할 수 있습니다.

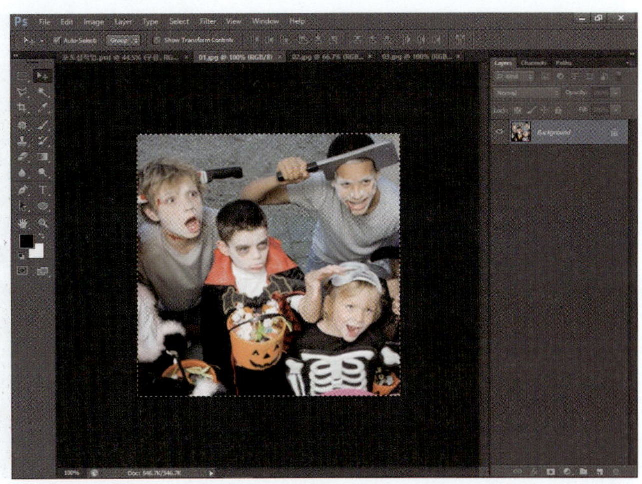

07 '포토샵작업' 창으로 돌아와 Ctrl+V를 눌러 '01'이미지를 붙여넣습니다. Ctrl+T를 눌러 크기와 위치를 조절합니다.
생성된 레이어 이름을 '01'로 바꿔줍니다.

기적의 TIP

- Ctrl+T : Free Transform
- Free Transform을 이용하여 크기 조절을 할 때, 이미지의 가로, 세로 비율을 유지하기 위해서 반드시 모서리의 점을 Shift를 누른 채 드래그해야 합니다.

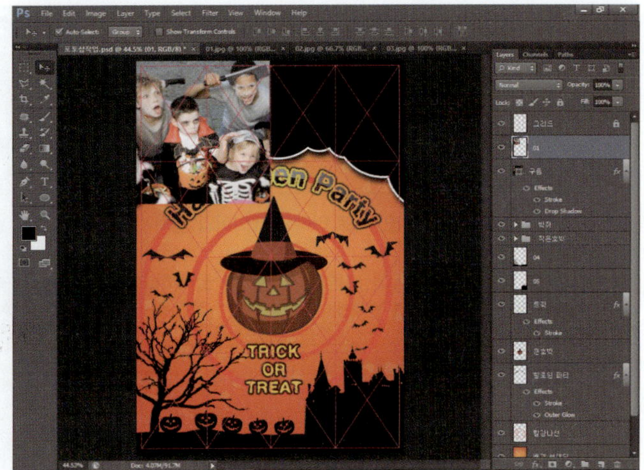

08 이미지의 색상을 수정하기 위해 '01' 레이어를 선택하고 [Image] 〉 [Adjustments] 〉 [Hue/Saturation]을 클릭합니다.

기적의 TIP

이미지의 색 수정을 위한 기본적인 단축키
- Ctrl+U : Hue/Saturation
- Ctrl+L : Levels

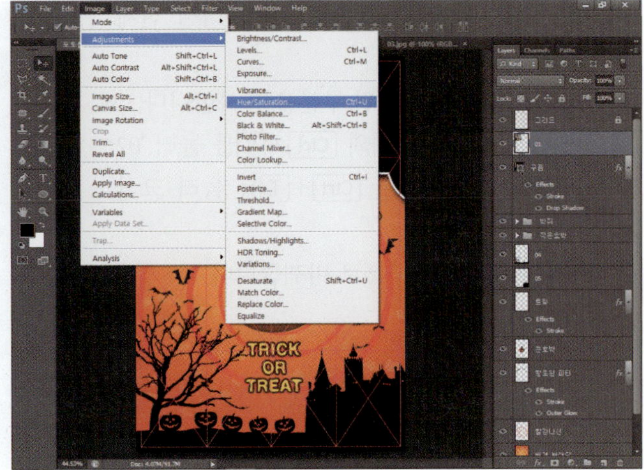

09 [Hue/Saturation] 패널을 열고 'Colorize'에
체크를 한 후 Hue, Saturation, Lightness의 슬라
이더를 조절해서 시험지의 이미지 원고와 비슷
한 빨간색 색상으로 보정합니다.

Hue/Saturation은 이미지의 색상, 채도, 밝기를 수정할 때
사용합니다.

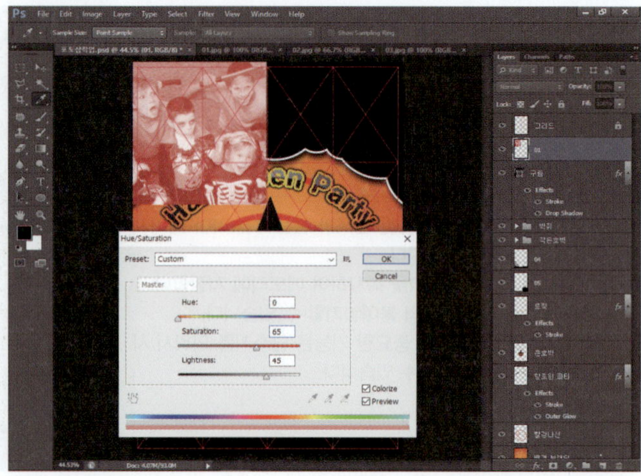

10 Clipping Mask를 적용해서 어린이 사진이
구름 모양만큼만 보이도록 Alt 를 누른 상태로
'01' 레이어와 '구름' 레이어 사이를 클릭합니다.

• Clipping Mask를 적용하면 바로 아래의 레이어와 겹쳐지
는 부분만 보여줍니다.
• 마스크를 적용할 레이어에 오른쪽 마우스를 클릭하고
Create Clipping Mask를 클릭해도 됩니다.

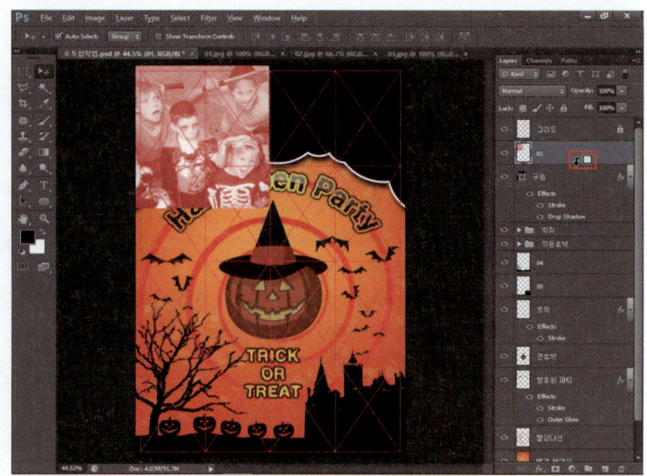

11 '02.jpg' 창을 열고 Ctrl + A 를 눌러서 전체
영역을 선택합니다.
Ctrl + C 를 눌러서 선택된 부분을 복사합니다.
'포토샵작업' 창으로 돌아와 Ctrl + V 를 눌러 '02
'이미지를 붙여넣습니다. Ctrl + T 를 눌러 크기
와 위치를 조절합니다.
생성된 레이어 이름을 '02'로 바꿔줍니다.

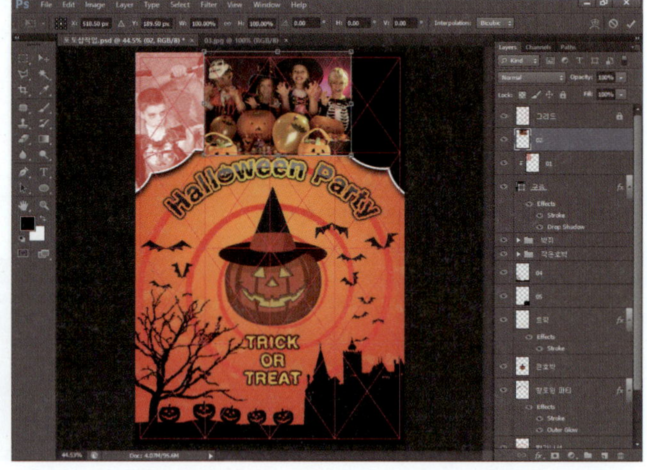

12 '02' 레이어를 선택하고 [Image] 〉 [Adjust-
ments] 〉 [Hue/Saturation]을 클릭해서 패널이
열리면, 'Colorize'에 체크를 한 후 Hue, Satura-
tion, Lightness의 슬라이더를 조절해서 노란색
계열의 색상으로 보정합니다.

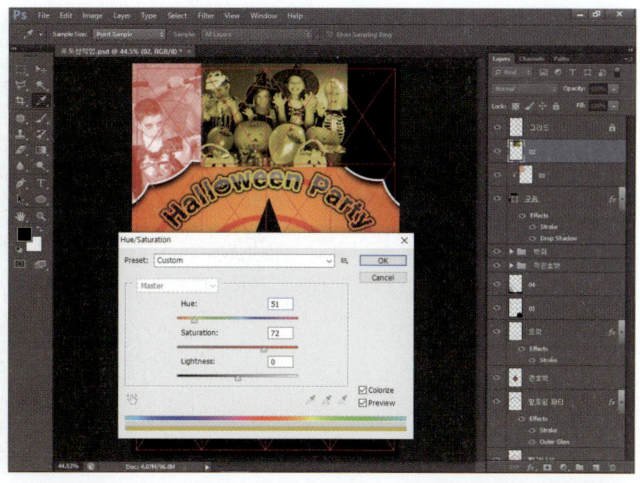

13 Clipping Mask를 적용해서 어린이 사진이
구름 모양만큼만 보이도록 Alt 를 누른 상태로
'02' 레이어와 '01' 레이어 사이를 클릭합니다.

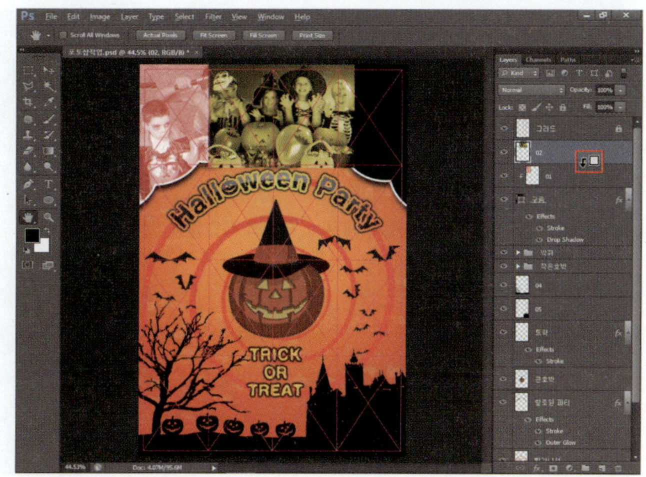

14 '03.jpg' 창을 열고 Ctrl + A 를 눌러서 전체
영역을 선택합니다.
Ctrl + C 를 눌러서 선택된 부분을 복사합니다.
'포토샵작업' 창으로 돌아와 Ctrl + V 를 눌러
'03' 이미지를 붙여넣습니다. Ctrl + T 를 눌러 크
기와 위치를 조절합니다.
생성된 레이어 이름을 '03'으로 바꿔줍니다.

15 '03' 레이어를 선택하고 [Image] 〉 [Adjust-
ments] 〉 [Hue/Saturation]을 클릭해서 패널이
열리면, 'Colorize'에 체크를 한 후 Hue, Satura-
tion, Lightness의 슬라이더를 조절해서 파란색
계열의 색상으로 보정합니다.

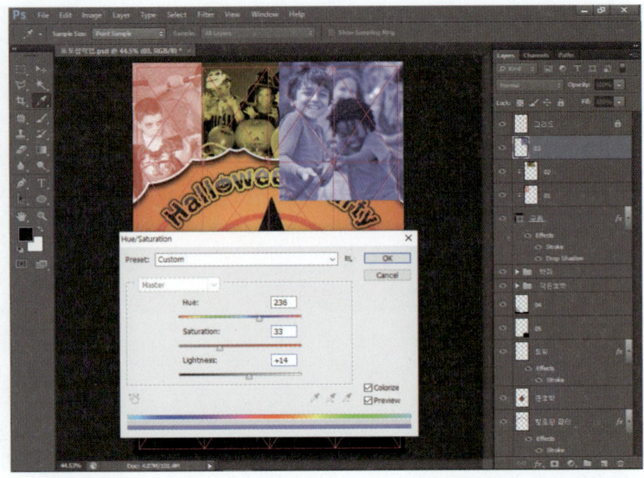

16 Clipping Mask를 적용해서 어린이 사진이
구름 모양만큼만 보이도록 Alt 를 누른 상태로
'03' 레이어와 '02' 레이어 사이를 클릭합니다.

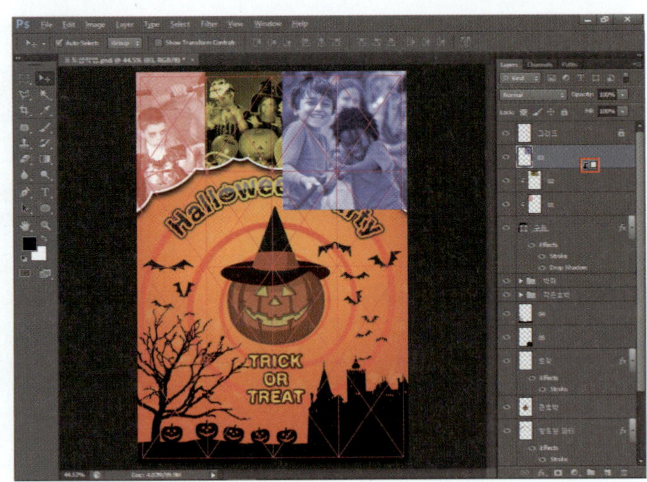

17 아이들 사진 사이에 흰색 선을 만들기 위해
서 '02' 레이어를 '01, 03' 레이어보다 위에 위치
하도록 이동시킵니다.

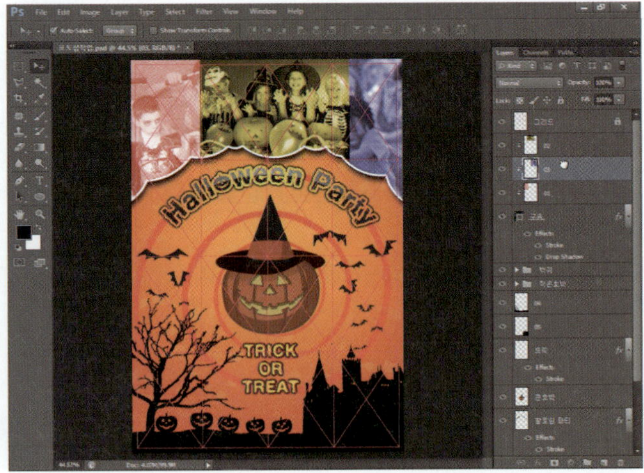

18 ‘Polygonal Lasso Tool’을 이용해서 ‘02’ 레이어의 양쪽 끝이 사선이 되도록 선택한 후, Delete 를 눌러 삭제합니다.

19 ‘02’ 레이어의 오른쪽 빈 공간을 클릭해서 [Layer Style]의 대화상자를 열고, 흰색 테두리를 만들기 위해서 왼쪽 ‘Stroke’에 체크하고, 오른쪽 은 ‘Size : 7px, Position : Outside, Blend Mode : Normal, Opacity : 100%, Fill Type : Color, Color : White’로 ‘구름’ 레이어에 적용된 ‘Stroke’ 옵션과 똑같이 설정합니다.

기적의 TIP

Layer 패널의 ‘구름’ 레이어에 있는 ‘Stroke’를 Alt 를 누른 채 ‘02’ 레이어에 드래그해서 가져다 놓으면 효과가 복사되어 똑같이 적용됩니다.

01 '03.jpg' 창을 열고 'Magic Wand Tool'을 클릭하고 위쪽 옵션 바에 있는 'Tolerance: 40'을 입력한 후 달을 클릭해서 달을 선택영역으로 지정해 줍니다.

불필요한 부분이 함께 선택되었다면 'Rectangular Marquee Tool' 또는 'Polygonal Lasso Tool'을 이용해서 Alt 를 누른 채 드래그해서 선택만큼 영역에서 제외합니다.

Ctrl + C 를 눌러서 선택된 '달'을 복사합니다.

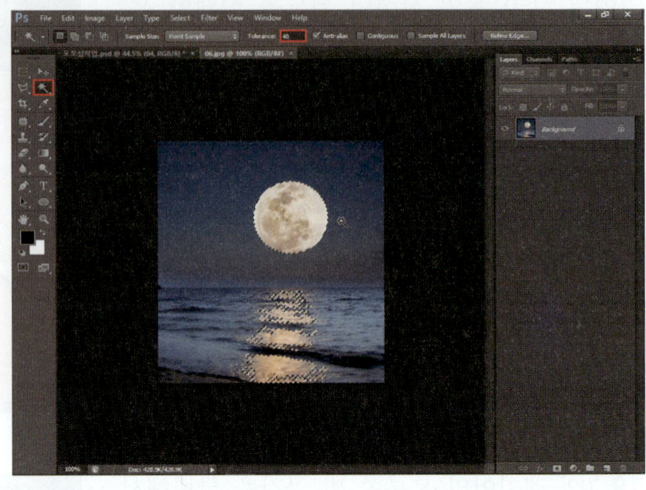

기적의 TIP

- Shift 를 누른 채 선택 영역이 지정되면 그만큼 영역이 추가 됩니다.
- Alt 를 누른 채 이미 선택된 영역을 지정하면 그만큼 영역이 제외됩니다.
- Tolerance : 선택 범위의 허용값. 수치가 클수록 색의 선택 범위가 넓어집니다.

02 '포토샵작업' 창으로 돌아와 Ctrl + V 를 눌러 '달'을 붙여넣습니다. Ctrl + T 를 눌러 크기와 위치를 조절합니다.

생성된 레이어 이름을 '06'으로 바꿔줍니다.

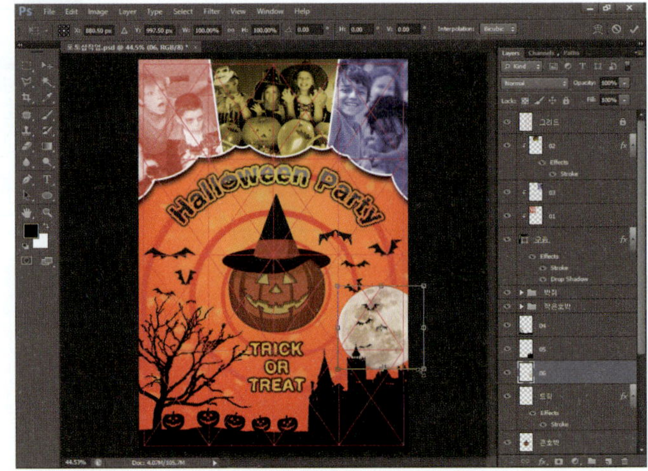

03 [Image] 〉 [Adjustments] 〉 [Hue/Saturation]
을 클릭해서 패널이 열리면, 'Colorize'에 체크를
한 후 Hue, Saturation, Lightness의 슬라이더를
조절해서 디자인 원고와 비슷한 색상으로 보정
합니다.

이미지의 색 수정을 위한 기본적인 단축키
- Ctrl + U : Hue/Saturation
- Ctrl + L : Levels

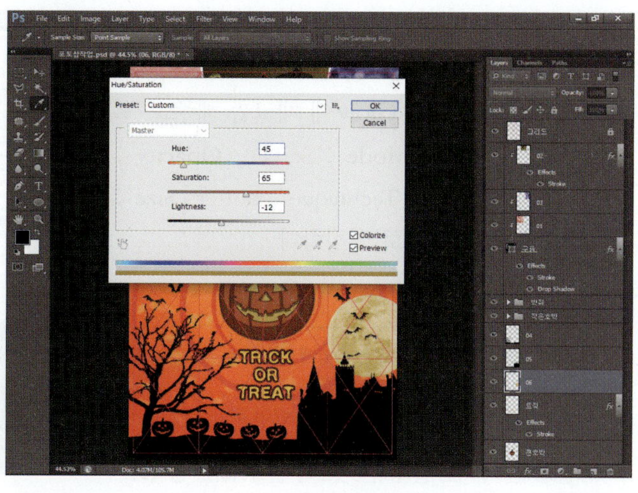

04 [Filter] 〉 [Filter Gallery]를 클릭합니다.
[Filter Gallery] 패널이 열리면 [Artistic] 〉 [Cut-
out]를 클릭하고, 미리보기를 보며 오른쪽 옵션
을 설정한 후 [OK] 버튼을 누릅니다.

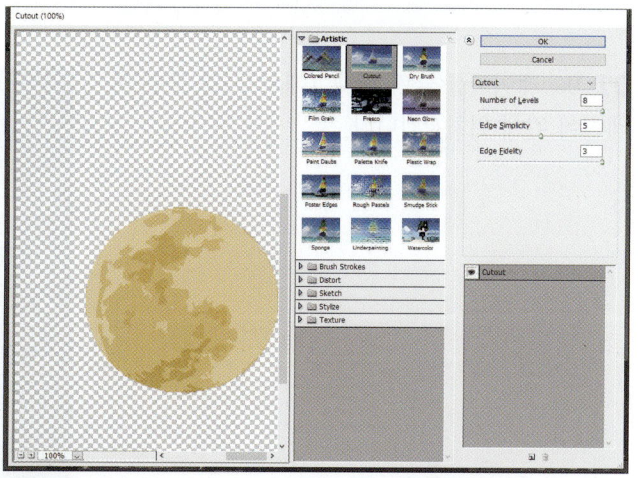

05 [Image] 〉 [Adjustments] 〉 [Levels]를 클릭
해서 [Levels] 대화상자가 열리면 슬라이더를 움
직여서 좀 더 선명하게 명도를 조절합니다.

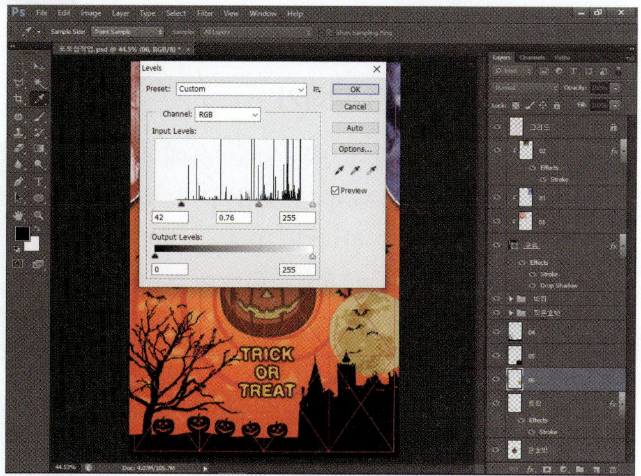

06 '06' 레이어의 오른쪽 빈 공간을 더블클릭해서 [Layer Style] 대화상자를 열어줍니다.
왼쪽에 위치한 'Outer Glow'에 체크를 해주고 오른쪽 옵션은 'Blend Mode : Screen, Opacity : 80%, Color : White, Technique : Softer, Size : 130px, Range : 50%'로 설정한다.

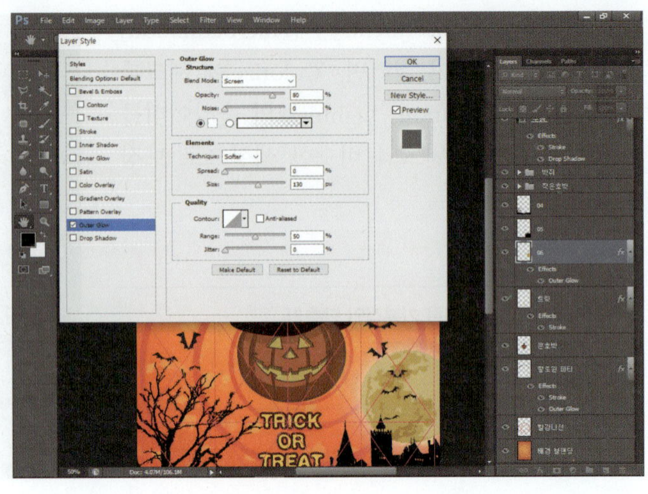

기적의 TIP

- Outer Glow : 이미지의 외곽에 밝게 퍼져가는 빛 효과를 줍니다.
- 해당 효과를 만들기 위해서 수치를 똑같이 따라하지 않아도 됩니다. 눈으로 확인하고 비슷한 결과가 나오면 되므로 시험에서는 수치로 입력하는 것보다 슬라이더를 움직여 설정하는 것이 시간 절약에 도움이 됩니다.

07 '06' 레이어를 클릭 드래그해서 '배경 블랜딩' 레이어 위에 위치시킵니다.

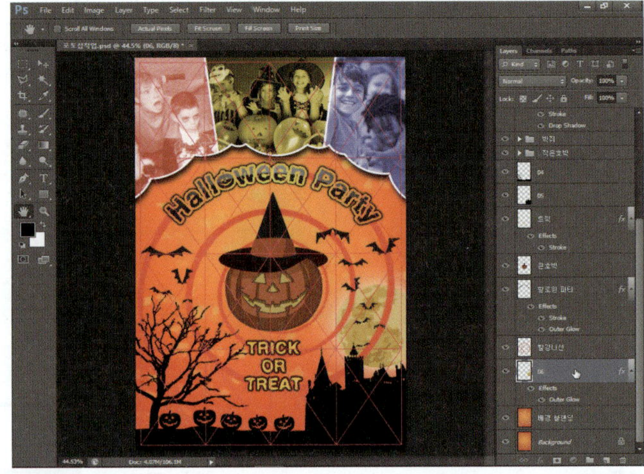

07 로고 배치와 문자 입력하기

01 '일러스트작업' 창에서 만든 'sba서울애니센터'를 Ctrl + C로 복사해서 '포토샵작업' 창에 Ctrl + V로 붙여넣기를 합니다. [Paste] 대화상자에서 'Pixels'를 선택하고, [OK] 버튼을 클릭한 후, 크기와 위치를 조절합니다.
레이어의 이름을 'sba'로 바꿔줍니다.

02 '일러스트작업' 창에서 만든 'www.ani.seoul.
kr'을 Ctrl + C 로 복사해서 '포토샵작업' 창에
Ctrl + V 로 붙여넣기를 합니다. [Paste] 대화상
자에서 'Pixels'를 선택하고, [OK] 버튼을 클릭한
후, 크기와 위치를 조절합니다.
레이어의 이름을 'www'로 바꿔줍니다.

03 'Horizontal Type Tool'을 클릭한 후 '남산할
로윈축제'를 입력합니다.
[Type] 〉 [Panels] 〉 [Character]를 열고 폰트, 글
자크기, 자간을 디자인 원고와 비슷하게 설정하
고, 글자 색상은 White로 설정합니다.

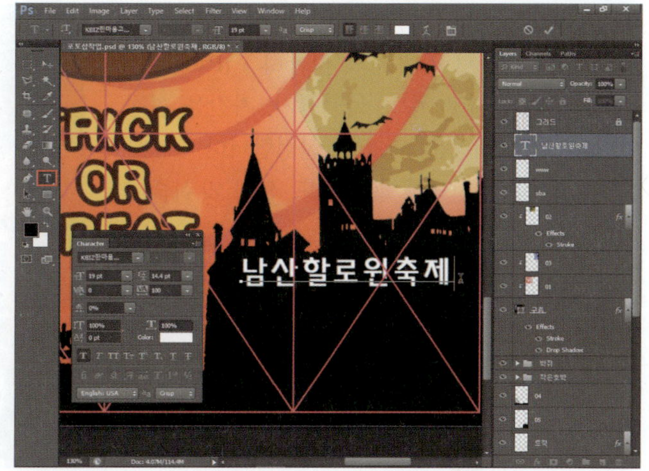

04 문자들을 정렬하기 위해서 [View] 〉 [New
Guide]를 클릭한 후 대화상자가 나타나면 'Ori-
entation : Vertical, Position : 10cm' 를 입력합니
다.
세로로 가이드선이 나타나면 'Move Tool'을 이용
해서 '남산할로윈축제' 문자의 맨 앞에 맞춰놓습
니다.

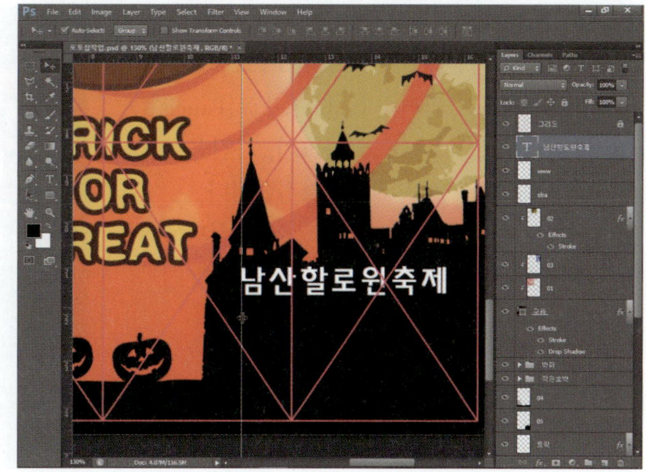

05 'Line Tool'을 클릭하고 상단 옵션 바에서 'Fill : White, Weight : 2px'을 설정하고, '남산할로원축제' 글자 아래에 Shift 를 누른 채 선을 그려줍니다.

> **기적의 TIP**
>
> Shift 를 누른 채 선을 그려주면 수직, 수평, 45°로 그려집니다.

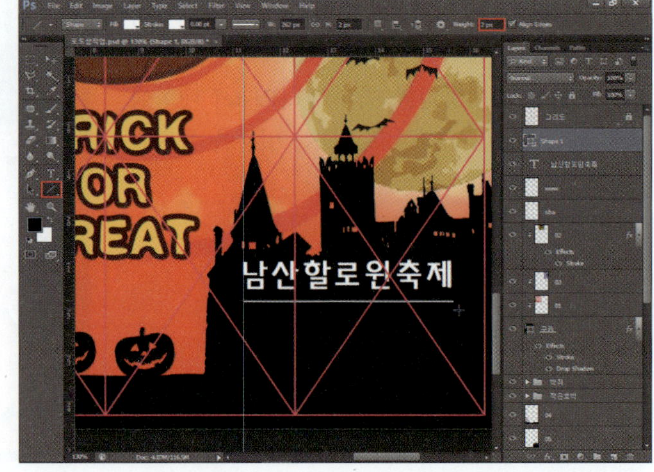

06 'Type Tool'을 클릭하고 '일시, 장소, 내용'을 세로로 줄 바꿔서 입력하고, [Type] 〉 [Panels] 〉 [Character]를 열고 폰트, 글자크기, 자간을 설정합니다. 글의 색상은 White로 설정합니다. 'Move Tool'을 선택해서 가이드 선에 맞춰줍니다.

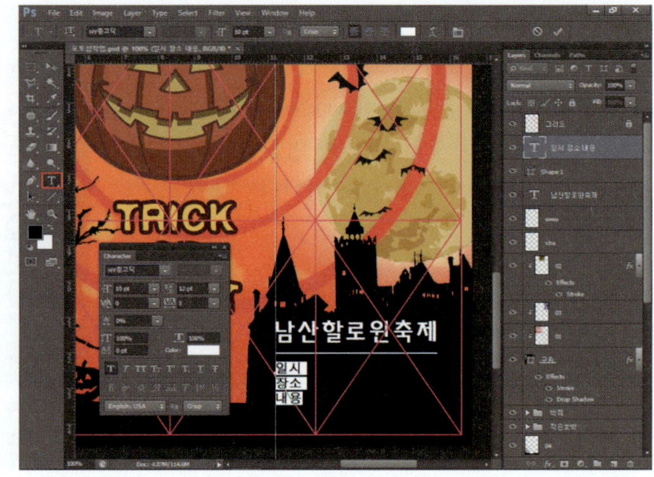

07 'Type Tool'을 클릭하고 ' : 10월31일(토), : 서울애니메이션센터, : 무도회, 코스프레 파티'를 각각 줄 바꿔서 입력하고, [Type] 〉 [Panels] 〉 [Character]를 열고 폰트, 글자크기, 자간을 설정합니다. 글의 색상은 White로 설정합니다. 'Move Tool'을 선택해서 '일시, 장소, 내용'과 줄이 맞도록 이동시킵니다.

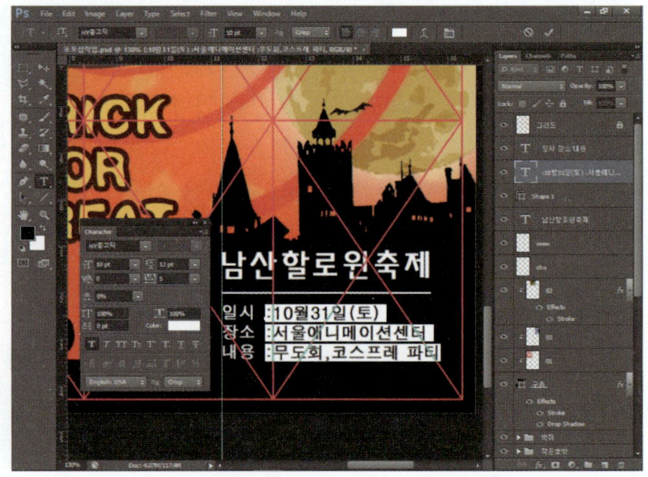

08 'Type Tool'을 이용해서 ': 10월31일(토)' 문자를 살짝 더 두꺼운 폰트로 바꿔줍니다. [View] 〉 [Clear Guides]를 클릭해서 가이드선을 삭제합니다.

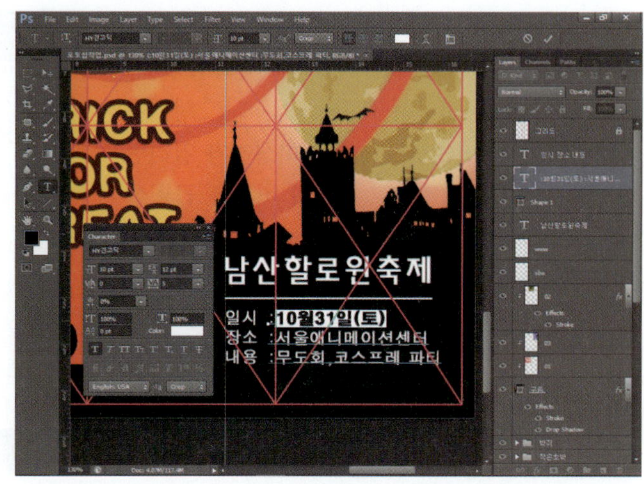

08 검토 및 저장하기

01 [Hand Tool]을 더블클릭해서 화면에 작업물 전체가 보이도록 해주고, 가이드선이 보이면 [View] 〉 [Show] 〉 [Guides]를 클릭해서 체크를 해제하고, [Layers] 패널에서 '그리드' 레이어의 눈을 켠 후, 디자인 원고와 전체적으로 비교하여 검토합니다. 검토가 끝나면 '그리드' 레이어의 눈을 끄고, [Ctrl]+[S]를 눌러 저장합니다.

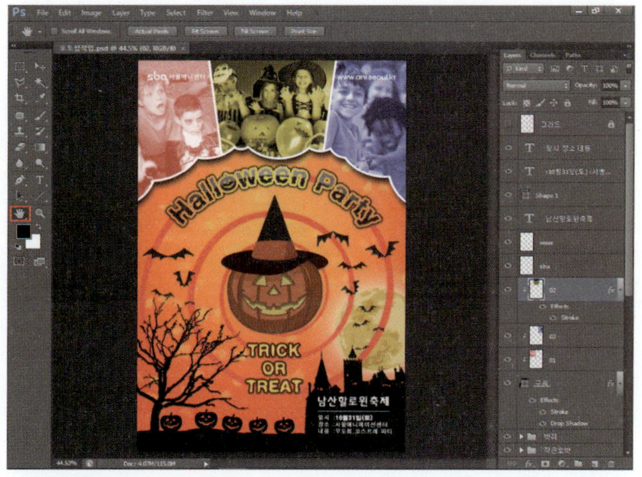

02 [Layers] 패널에서 '그리드' 레이어 바로 아래 레이어를 선택하고, [Ctrl]+[Alt]+[Shift]+[E]를 눌러 주면 화면에 보이는 레이어가 모두 합쳐진 새 레이어가 만들어집니다.

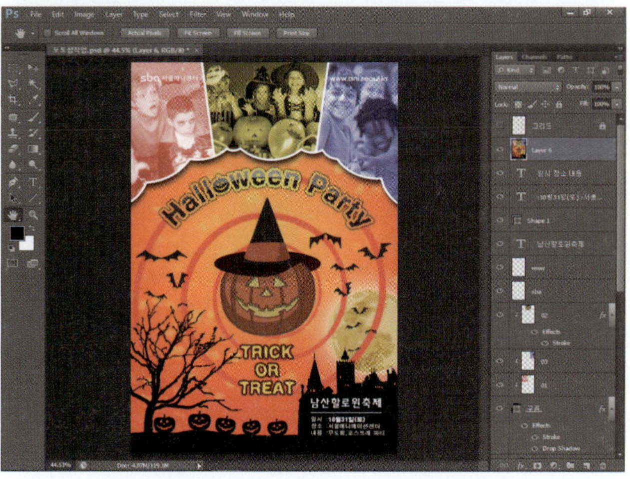

03 [File] 〉 [Save As] 메뉴를 선택하여 '파일이
름: 자신의 비번호(예를 들어 01번이면) '01'을 입
력합니다. PC 응시자는 'Format : JPEG' 형식을
선택합니다. [JPEG Options] 대화상자가 열리면
'Quality : 12'로 설정하고, [OK] 버튼을 클릭합
니다. 이때 저장된 JPEG파일을 확인하고, 용량
이 너무 큰 경우 'Quality'를 8~11 정도의 수치로
설정하여 저장합니다.

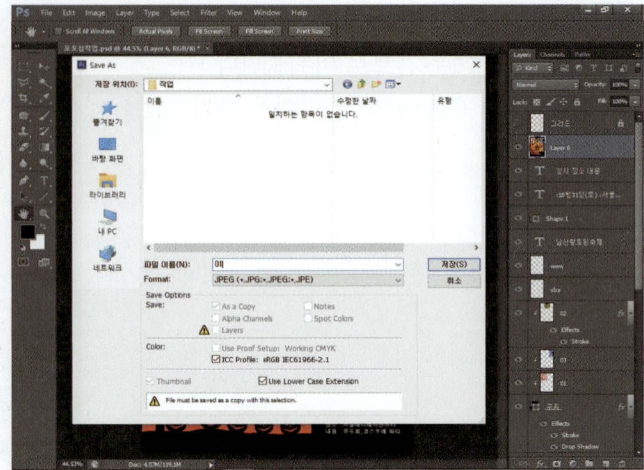

기적의 TIP

- 제출해야 할 파일(포토샵에서 만든 JPEG 파일+인디자인
  파일)의 용량은 총 15MB 이하입니다.
- Quality는 JPEG의 압축 품질을 설정하는 옵션으로서 수
  치를 낮게 설정하면 용량이 매우 줄어들며 화질이 손상됩
  니다. 따라서 허용하는 용량 내에서 최대한 높은 수치로
  설정하여 화질이 최대한 떨어지지 않도록 합니다.

01　작업 준비하기

[File] 〉 [New] 〉 [Document]를 선택하여 'Number of Pages : 1, Facing Pages 체크해제', 'Page Size : A4', Margins 'Make all settings the same : 해제, 'Top : 25.5mm, Bottom : 25.5mm, Left : 22mm, Right : 22mm'로 입력한 후, [OK] 버튼을 클릭합니다.

> **기적의 TIP**
>
> • Ctrl + N : New Document(새로 만들기)
> • A4의 가로 길이 210mm에서 166mm를 뺀 값은 44mm 이고, A4의 세로 길이 297mm에서 246mm를 뺀 값은 51mm이므로 이 여백을 2등분하여 각각의 여백으로 지정 합니다.

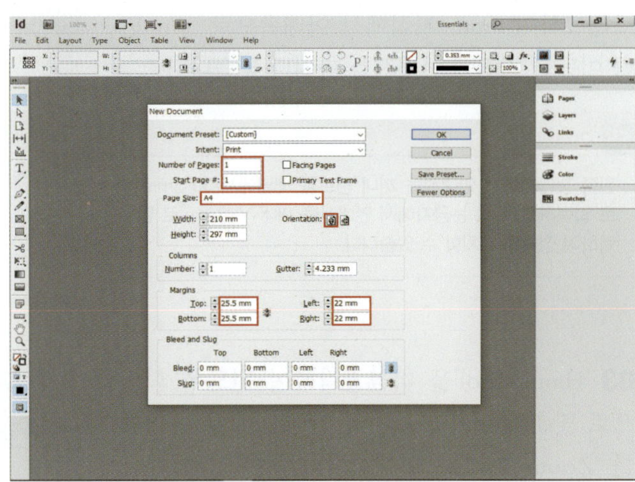

02　안내선 만들기

01 실제 크기의 안내선이 만들어졌으면 안내선의 위쪽, 아래쪽, 왼쪽, 오른쪽의 안쪽으로 3mm를 뺀 작품규격 크기의 안내선도 만들어야 합니다. 눈금자의 기준점을 드래그하여 왼쪽 위의 안내선 교차지점에 이동시켜 기준점이 0이 되도록 합니다.

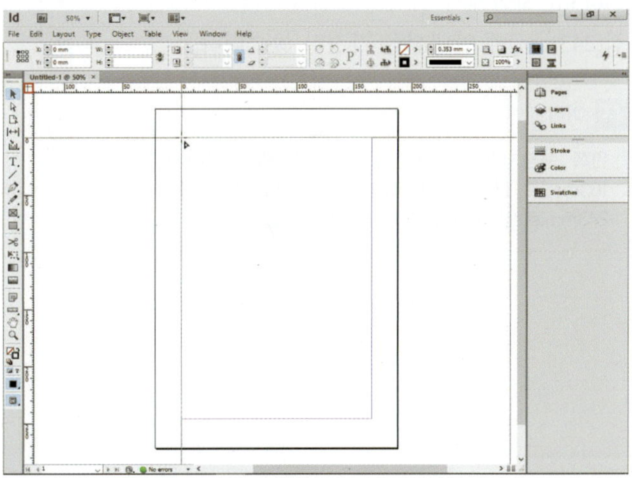

02 'Zoom Tool'로 실제크기 안내선 왼쪽 위를 드래그하여 확대하고, 왼쪽 눈금자에서 마우스를 드래그하여 0mm 지점에서 오른쪽으로 3mm만큼 이동한 지점과 위쪽 눈금자에서 마우스를 드래그하여 0mm 지점에서 아래쪽으로 3mm만큼 이동한 지점에 안내선을 가져다 놓습니다.

왼쪽 눈금자에서 안내선을 꺼내 컨트롤 패널에서 'X: 3mm'로 입력하고, 위쪽 눈금자에서 안내선을 꺼내 'Y: 3mm'로 입력하여 정확히 배치할 수 있습니다.

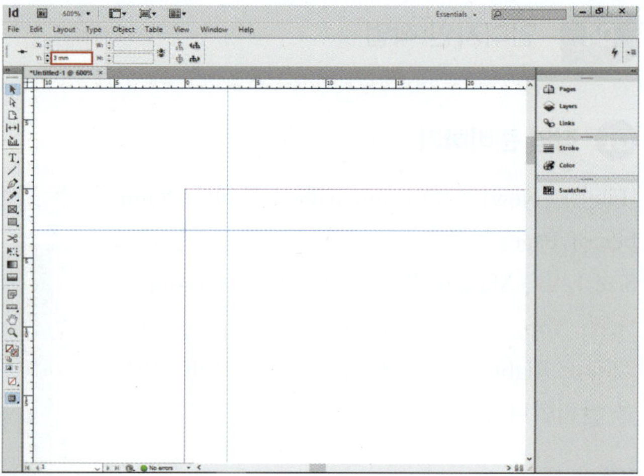

03 'Hand Tool'을 더블클릭하여 윈도우 화면으로 맞춘 후, 실제 크기의 안내선 오른쪽 아래를 'Zoom Tool'로 확대합니다. 왼쪽 눈금자에서 마우스를 드래그하여 166mm 지점에서 왼쪽으로 3mm만큼 이동한 지점(163mm)과 위쪽 눈금자에서 마우스를 드래그하여 오른쪽 아래의 246mm 지점에서 위쪽으로 3mm만큼 이동한 지점(243mm)에 안내선을 가져다 놓습니다.

왼쪽 눈금자에서 안내선을 꺼내 컨트롤 패널에서 'X: 163mm'로 입력하고, 위쪽 눈금자에서 안내선을 꺼내 'Y: 243mm'로 입력하여 정확히 배치할 수 있습니다.

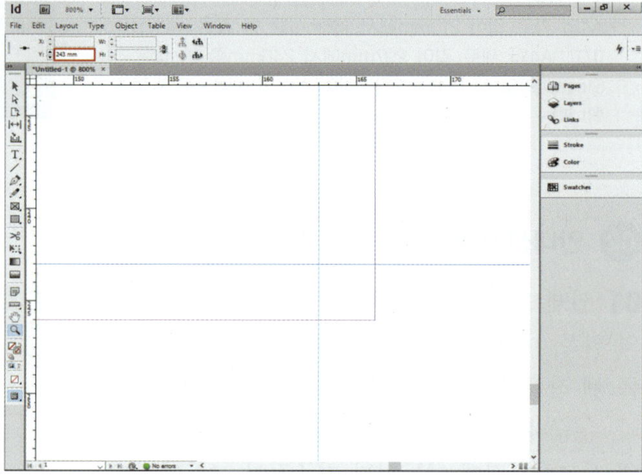

01 왼쪽 위를 'Zoom Tool'로 확대한 후, 'Line Tool'을 클릭하고, Shift를 누른 상태에서 왼쪽 위의 세로 안내선과 실제 크기 안내선 경계 부분에 수직으로 드래그하여 5mm 길이의 재단선을 그립니다. 가로 안내선과 실제 크기 안내선 경계부분도 수평으로 드래그하여 5mm 길이의 재단선을 그립니다. 두 재단선을 'Selection Tool'로 Shift를 누른 상태에서 각각 클릭하고, Ctrl+G를 눌러 그룹으로 지정한 후에 Ctrl+C를 눌러 복사합니다.

 **기적**의 TIP

컨트롤 패널에서 'L' 값을 참고하여 수치를 확인하거나 입력할 수 있습니다. 디자인 원고에서 재단선의 규격에 대한 언급이 없지만 5mm~10mm 정도가 적절합니다.

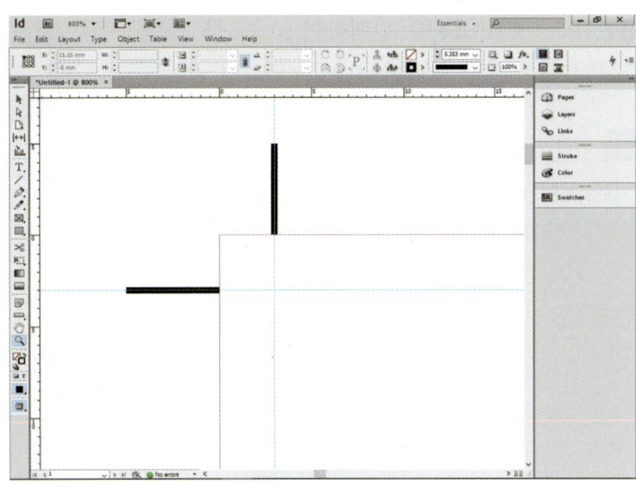

02 '오른쪽 위를 'Zoom Tool'로 확대한 후 Ctrl+V를 눌러 붙여넣기합니다. 컨트롤 패널에서 'Rotate 90°Clockwise'를 클릭하여 위치를 변경한 후, 안내선에 맞춰 배치합니다. 동일한 방법으로 아래쪽의 재단선도 만듭니다.

기적의 TIP

아래쪽의 재단선도 컨트롤 패널에서 'Rotate 90°Clockwise'를 클릭하고, 안내선에 맞춰 배치하면 됩니다.

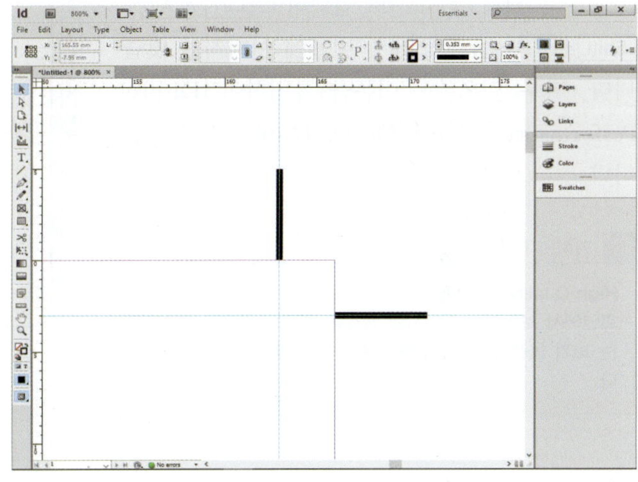

04 이미지 가져오기

01 [File] 〉 [Place]를 선택하여 01.jpg를 선택하
고 [열기] 버튼을 클릭합니다.

기적의 TIP

Ctrl + D : Place

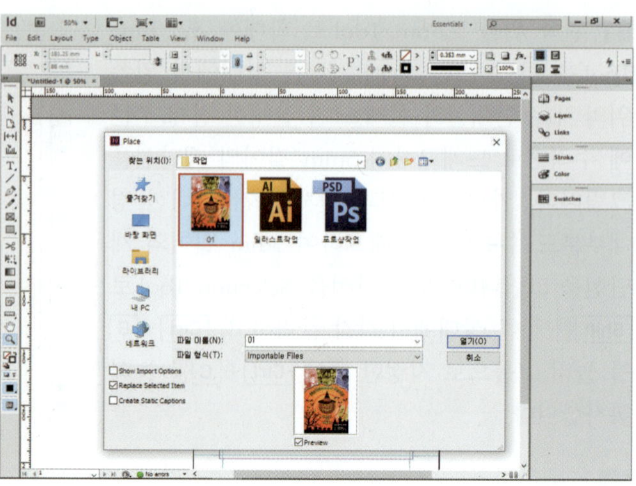

02 실제 크기 안내선의 왼쪽 위를 클릭하여 이
미지를 삽입합니다. 상단 옵션바에서 'Reference
Point'를 왼쪽 상단의 모퉁이로 선택 후, [W :
166mm], [H : 246mm]로 입력하고 Ctrl + Alt +
Shift + E 를 눌러 프레임 비율에 이미지를 맞춥
니다. 마우스 오른쪽 버튼을 클릭하여 [Display
Performance] 〉 [High Quality Display]를 선택합
니다.

기적의 TIP

High Quality Display
화면에서 보여지는 이미지의 품질을 최고 수준으로 표시하
는 보기 옵션일 뿐 실제 출력물의 품질과는 관련이 없습니
다.

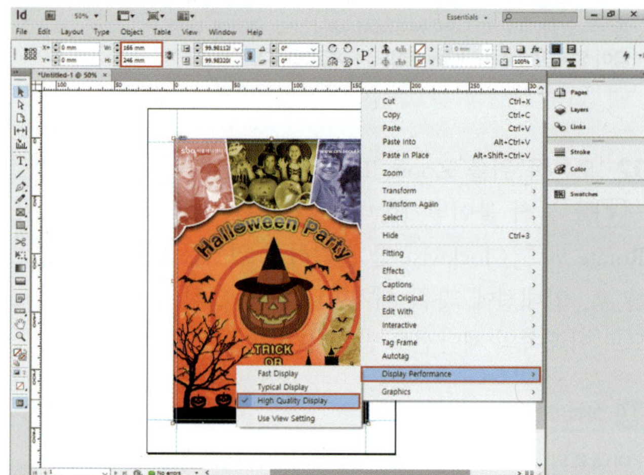

05 비번호 입력하기

이미지 왼쪽 아래를 'Zoom Tool'로 확대하고 'Type Tool'로 비번호(등번호)를 입력한 후 글자를 블록 지정하여 컨트롤 패널에서 '글꼴 : 고딕, Font Size : 10pt'로 지정합니다. 위치는 작품에서 3mm 떨어진 지점으로 이동합니다.

> **기적**의 TIP
>
> - 요구사항에 의하면 비번호를 입력할 때 폰트는 고딕체, 폰트 크기는 10pt로 입력해야 합니다.
> - 시험장에서 배정된 자신의 비번호를 입력하면 됩니다. 예제에서의 01은 예시입니다.

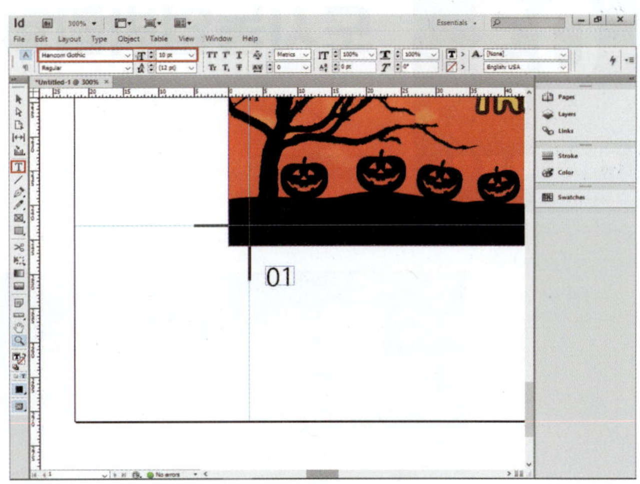

06 저장하고 제출하기

[File] 〉 [Save]를 선택하여 파일 이름을 자신의 비번호 01로 입력한 후 [저장] 버튼을 클릭합니다. 'Hand Tool'를 더블클릭하여 결과물 전체를 확인합니다. 작업 폴더를 열고, '01.indd'와 '01.jpg'만 제출합니다. 출력은 출력지정 자리에서 '01.indd'를 열고 프린트합니다. 프린트된 A4 용지는 시험장에서 제공하는 켄트지의 한 가운데에 붙여 제출합니다.

> **기적**의 TIP
>
> 제출해야 할 파일(포토샵에서 만든 JPG 파일+인디자인 파일)의 용량은 총 15MB 이하입니다.

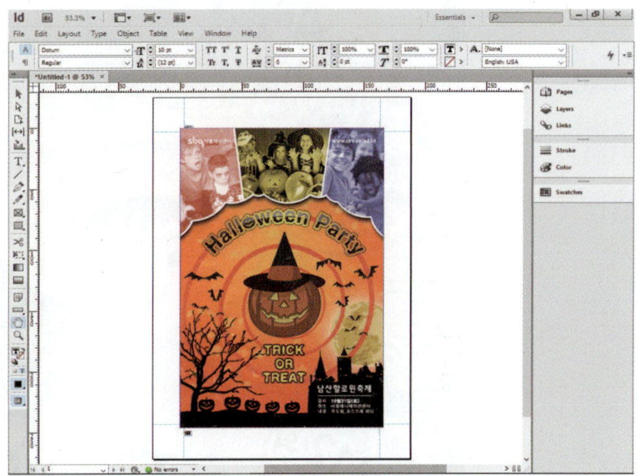

합격 강의

도시의 텃밭정원! 팍팍한 도시에 치유와 예술을 더하다.
제12회
서울도시농업박람회
박람회기간
2023.9.24(화) ~ 9.27(일)
박람회장소
중랑구 용마폭포공원 특설무대
중랑구
Jungnang

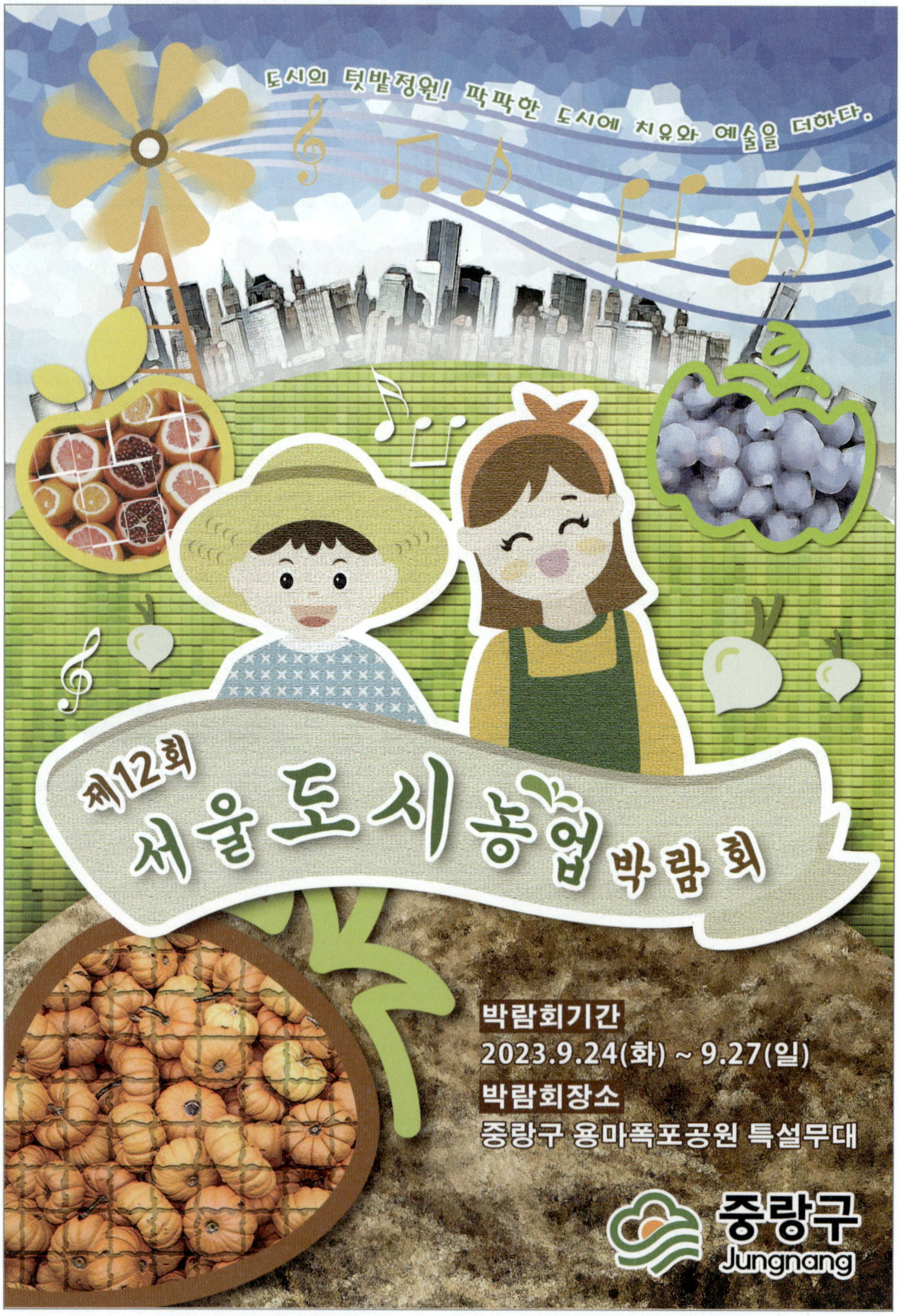

자격종목	컴퓨터그래픽기능사	과제명	도시농업박람회 포스터

※ 시험시간 : 3시간 30분

1. 요구사항

※ 다음의 요구사항에 맞도록 주어진 자료(컴퓨터에 수록)를 활용하여 디자인 원고를 시험시간 내에 컴퓨터 작업으로 완성하여 A4 용지로 출력 후 A3 용지에 마운팅(부착)하여 제출하시오.

※ 모든 작업은 수험자가 컴퓨터 바탕화면에 폴더를 만들어 저장하시오.

가. 작품규격(재단되었을 때의 규격) : 160mm×240mm ※A4 용지 중앙에 작품이 배치되도록 하시오.

나. 구성요소(문자, 그림) : ※(디자인 원고 참조)

① 문자요소
- 도시의 텃밭정원! 팍팍한 도시에 치유와 예술을 더하다.
- 제12회 서울 도시농업 박람회
- 박람회기간
- 2023.9.24(화) ~ 9.27(일)
- 박람회장소
- 중랑구 용마폭포공원 특설무대

② 그림요소 : 디자인 원고 참조

01.jpg

02.jpg

03.jpg

04.jpg

05.jpg

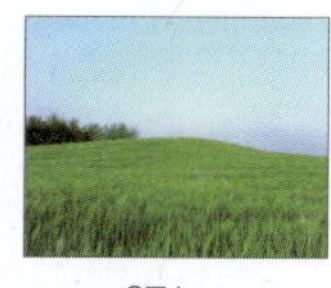

06.jpg

07.jpg

다. 작업내용

01) 주어진 디자인 원고(그림, 사진, 문자, 색채, 레이아웃, 규격 등)와 동일하게 작업하시오.

02) 디자인 원고 내용 중 불명확한 형상, 색상코드 불일치, 색 지정이 없는 부분, 원고에 없는 형상 등이 있을 때는 수험자가 완성도면 내용과 같이 작업하시오.

03) 디자인 원고의 서체(요구서체)가 사용 컴퓨터 및 소프트웨어와 맞지 않을 경우는 가장 근접한 서체를 사용하시오.

04) 상하, 좌우에 3mm 재단여유를 갖도록 작품을 배치하고, 재단선은 작품규격에 맞추어 용도에 맞게 표시하시오.
   (단, 디자인 원고 중 작품의 규격을 표시한 외곽선이 있을 때는 원고의 지시에 따라 표시여부를 결정한다.)

05) 디자인 원고 좌측 하단으로부터 3mm를 띄워 비번호를 고딕 10pt로 반드시 기록하시오.

06) 출력물(A4)은 어떠한 경우에도 절취할 수 없으며, 반드시 A3 용지 중앙에 마운팅하시오.

라. 컴퓨터 작업범위

01) 15MB 용량의 폴더에 수록될 수 있도록 작업범위(해상도 및 포맷형식)를 계획하시오.

02) 규격 : A4(210×297mm) 중앙에 디자인 원고 내용과 같은 작품(원고규격)을 배치하시오.

03) 해상도 및 포맷형식 : 제한용량 범위 내에서 선택하시오.

04) 기타 : ① 제공된 자료범위 내에서 활용하시오.
   ② 3개의 2D 응용프로그램을 고루 활용하되, 최종작업 및 출력은 편집 프로그램(쿽 익스프레스, 인디자인)에서 하시오.
   (최종작업 파일이 다른 프로그램에서 생성된 경우는 출력할 수 없음)

작품명 : 도시농업박람회 포스터

※ 작품규격(재단되었을 때의 규격) : 가로 160mm×세로 240mm, 작품 외곽선은 표시하고, 재단선은 3mm 재단 여유를 두고 용도에 맞게 표시할 것.

※ 지정되지 않은 색상 및 모든 작업은 "최종결과물" 오른쪽 디자인 원고를 참고하여 작업하시오.

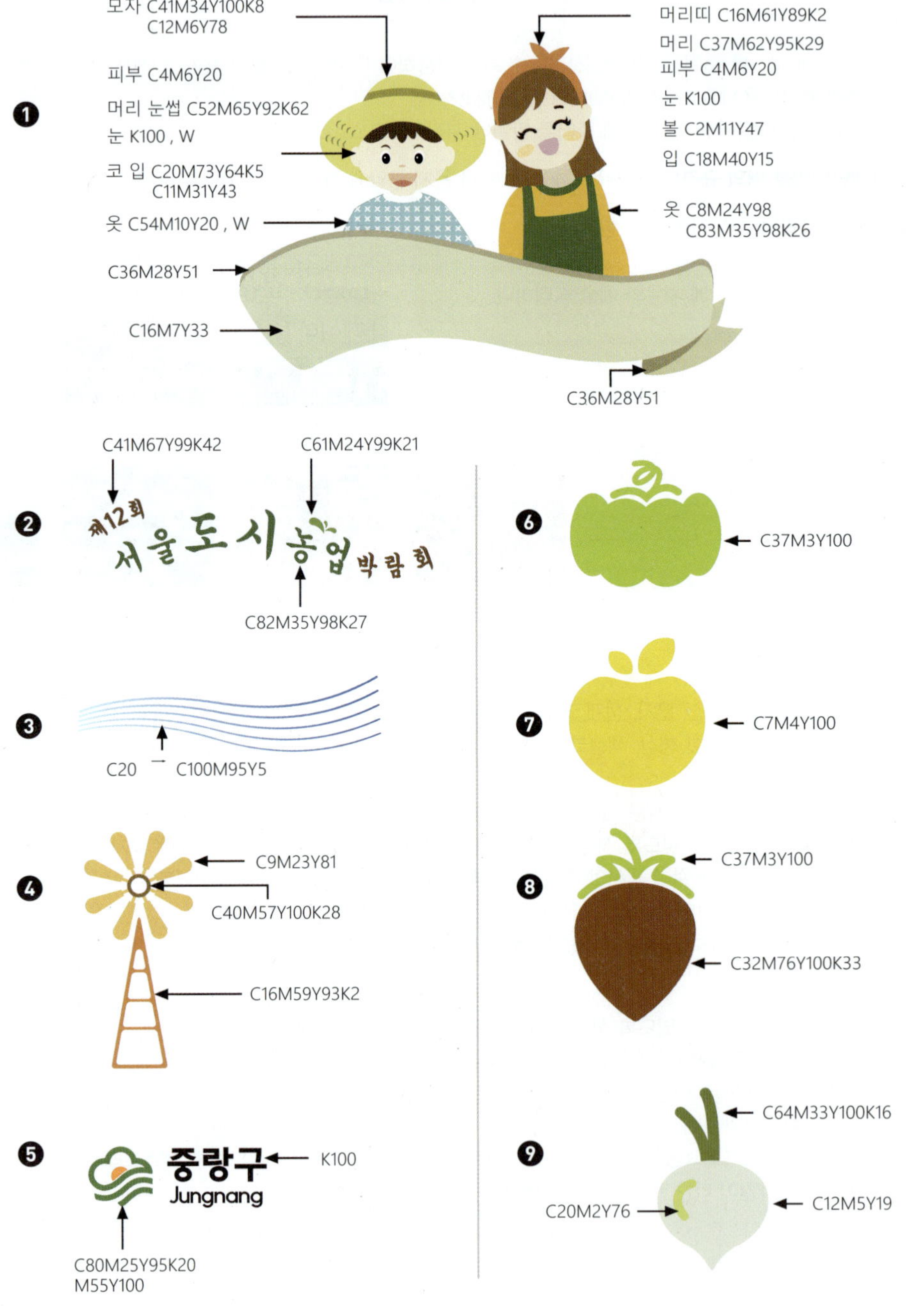

배경 03.jpg
픽셀화 필터 적용

흐림효과 필터 적용

건물 01.jpg
왜곡효과 필터 적용

05.jpg
마스크 적용
스타일화 필터 적용
그림자 효과

무, 흰색음표
그림자 효과

글자 흰색 테두리
그림자 효과

04.jpg
텍스쳐 필터 적용
그림자 효과

06.jpg
마스크 적용
아티스틱 필터 적용
그림자 효과

배경 07.jpg
텍스쳐 필터 적용
외부광선 효과

텍스쳐 필터 적용
그림자 효과

배경 02.jpg
왜곡효과 필터 적용

흰색 테두리

01 작업 그리드 그리기

배부 받은 디자인 원고의 완성 이미지 위에 필기구와 자를 이용하여 가로, 세로의 크기를 측정한 후 각 4등분으로 선을 그어 줍니다. 16등분의 직사각형이 그려지면 가로와 세로선이 교차되는 지점을 기준으로 대각선을 그립니다.

> **기적의 TIP**
>
> **작업 그리드를 그리는 이유?**
> 컴퓨터 작업 시 각 이미지나 도형의 크기, 위치, 간격을 파악하기 위해 필요한 작업입니다. 빨간색 볼펜 등의 튀는 색상의 필기구로 기준선 그리기 작업을 하는 것이 좋습니다.

02 실제 작업 크기 분석 및 계획 세우기

작품규격 160mm×240mm를 확인합니다. 작품 외곽선을 생략하고, 재단선은 3mm의 재단 여유를 두고 용도에 맞게 표시할 것을 염두에 둡니다. 작품규격에 위쪽, 아래쪽, 왼쪽, 오른쪽으로 각 3mm씩 재단여유를 주면 실제 작업 크기는 166mm×246mm가 됩니다. 그리고 각 요소를 표현하기 위해 사용될 프로그램을 계획해 줍니다.

01 일러스트레이터를 실행하고, [File] 〉 [New]를 선택하여 'Units : Millimeters, Width : 166mm, Height : 246mm, Color Mode : CMYK'로 설정한 후, [OK] 버튼을 클릭합니다.

> **기적의 TIP**
>
> • Ctrl + N : New Document(새 문서 만들기)
> • 작품규격은 160mm X 240mm이므로 재단선 3mm씩을 더하면 작업창의 크기는 166mm X 246mm가 됩니다.

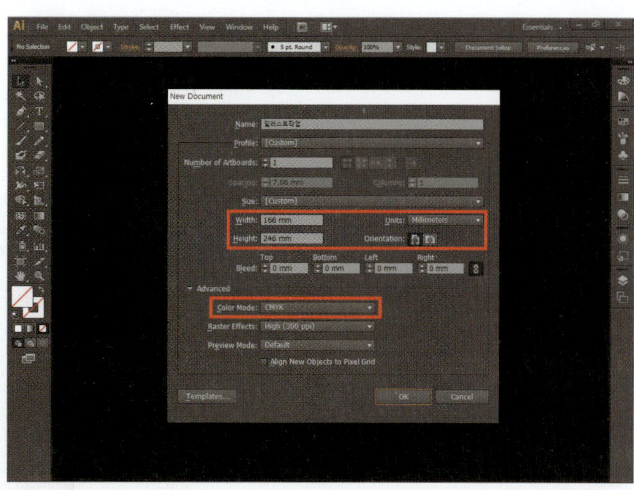

02 'Rectangular Grid Tool'을 선택하고, 작업창을 클릭하여 대화상자를 엽니다. 작품규격대로 Default Size 'Width : 160mm, Height : 240mm'로 설정하고, 16등분으로 나누기 위해 Horizontal Dividers, Vertical Dividers 'Number : 3'으로 입력한 후, [OK] 버튼을 클릭합니다.

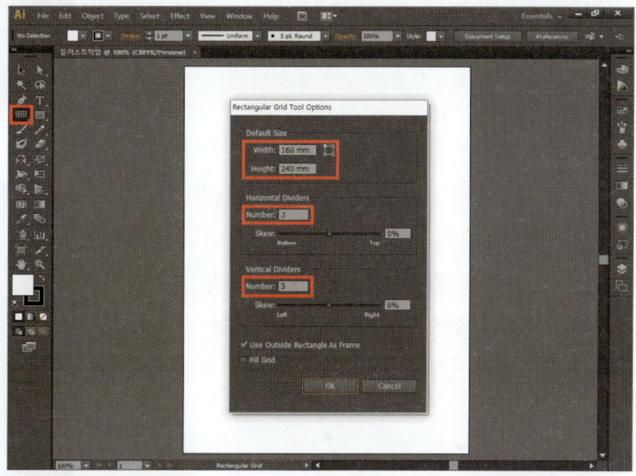

03 [Window]〉[Align] 패널에서 'Align To : Align to Artboard'를 선택하고 'Align Objects : Horizontal Align Center, Vertical Align Center'를 클릭합니다. Ctrl + 2 를 눌러 격자도형을 잠그고, 'Line Segment Tool'로 좌측 상단에서 우측 하단으로 대각선 7개를 그린 후, Reflect Tool을 이용하여 반대방향으로 대각선을 복사합니다. Alt + Ctrl + 2 를 눌러 격자도형의 잠금을 해제하고, Ctrl + A 를 눌러 오브젝트를 모두 선택합니다. Stroke 색상을 빨간색으로 변경하고 Ctrl + G 를 눌러 그룹으로 지정한 후, 일러스트작업.ai로 저장합니다.

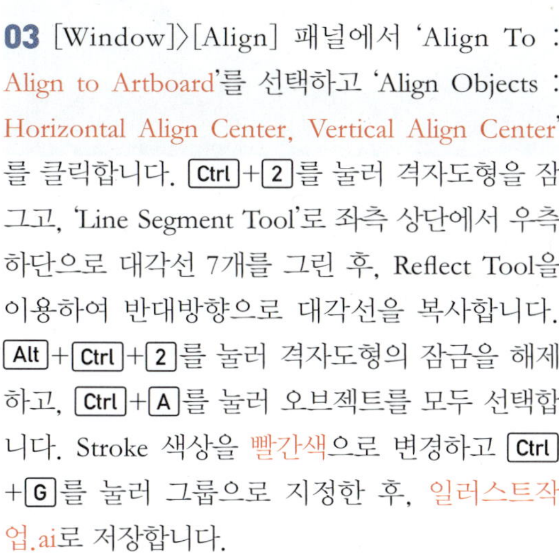
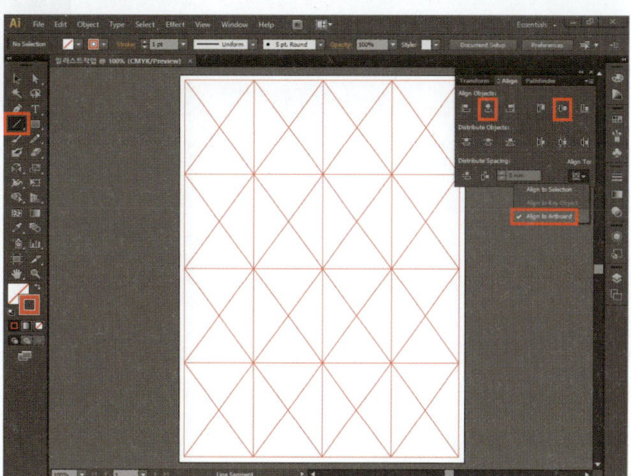

01 남자 캐릭터 만들기

01 '일러스트작업.ai' 파일이 열린 상태에서 도큐먼트의 빈 곳으로 작업공간을 이동합니다. 캐릭터의 얼굴 부분을 그리기 위해 'Ellipse Tool'을 선택하고, 면색을 C4M6Y20K0, 선색은 None으로 설정한 후, 작업창을 클릭, 드래그하여 다음과 같은 모양의 타원을 그립니다.

기적의 TIP

Alt + Shift + Ctrl + Y : 배경색 변경하기

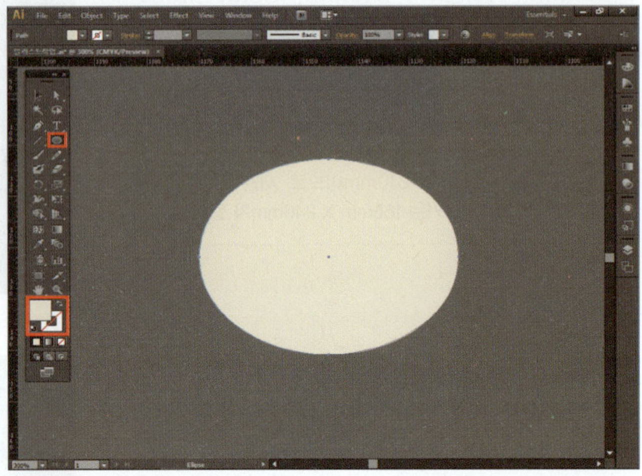

02 이어서 면색 C12M6Y78K0, 선색은 None의 모자를 그리기 위한 원을 두 개 더 그립니다. 세로 정렬을 위해 세 개의 원을 모두 선택한 후 Align 패널에서 'Align Objects : Horizontal Align Center'를 클릭합니다.

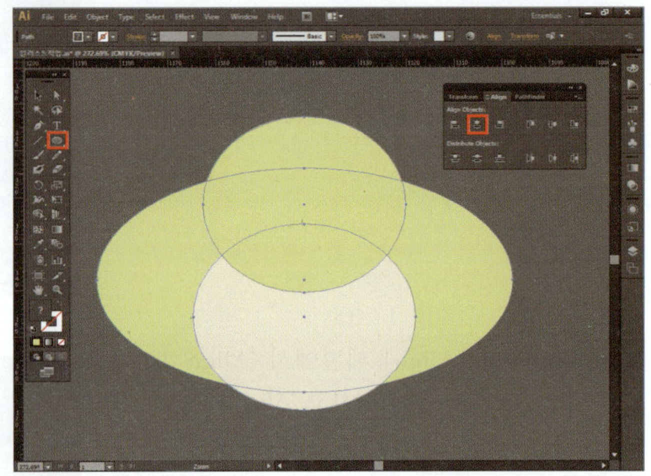

03 'Selection Tool'로 얼굴 오브젝트를 선택하고, 마우스 오른쪽 버튼을 클릭한 후 [Arrange] > [Bring to Front]를 선택하여 맨 앞쪽으로 배치합니다.

- Shift + Ctrl +] : Bring to Front
- Shift + Ctrl + [: Send to Back

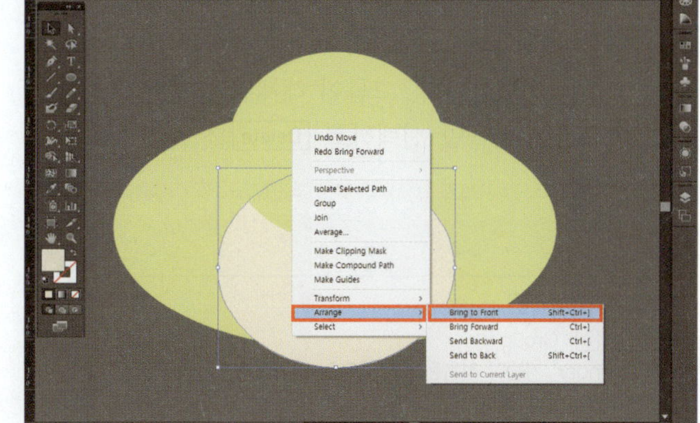

04 모자의 띠를 만들기 위해 'Pen Tool'로 윗 라인을 그려주고 면색은 C41M34Y100K8, 선색은 None으로 설정합니다.

보이지 않은 아래쪽 라인은 빠르게 대충 그려, 시험 시간을 절약하도록 합니다.

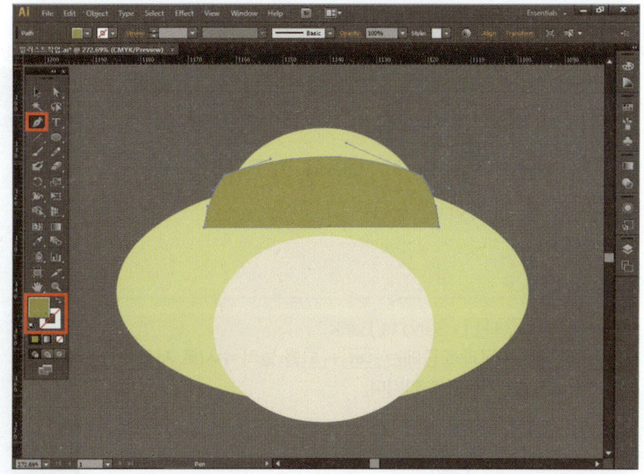

05 'Selection Tool'로 모자의 작은 원과 방금 그린 모자띠 오브젝트를 함께 선택한 후 [Window] > [Pathfinder] 패널의 'Pathfinders : Divide'를 클릭합니다.

Shift + Ctrl + F9 : Pathfinder

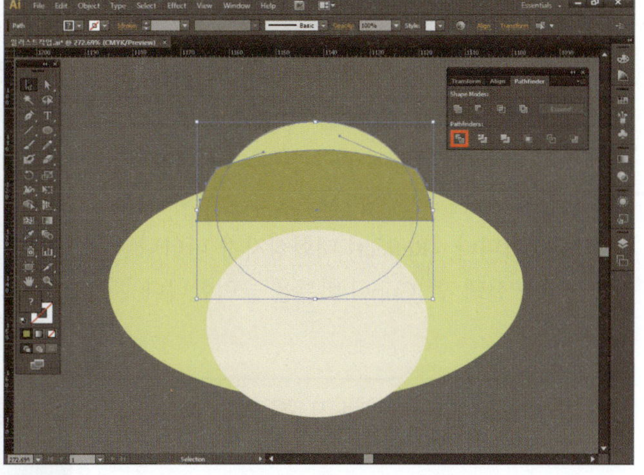

06 양 끝의 불필요한 부분을 삭제하기 위해 'Se-lection Tool'로 선택해서 자동으로 그룹이 된 부분은 선택하고, 마우스 오른쪽 버튼을 클릭하여 'Ungroup'을 선택합니다. 그룹이 해제된 도형에서 불필요한 부분들만 선택하고 Delete 를 눌러 삭제합니다.

기적의 TIP

- Shift + Ctrl + G : Ungroup
- Ctrl + G : Group
- 'Pathfinder' 기능이 적용된 오브젝트는 자동으로 'Group'으로 묶이게 됩니다.
- 'Direct Selection Tool'은 그룹상태에서도 개별선택이 가능합니다.

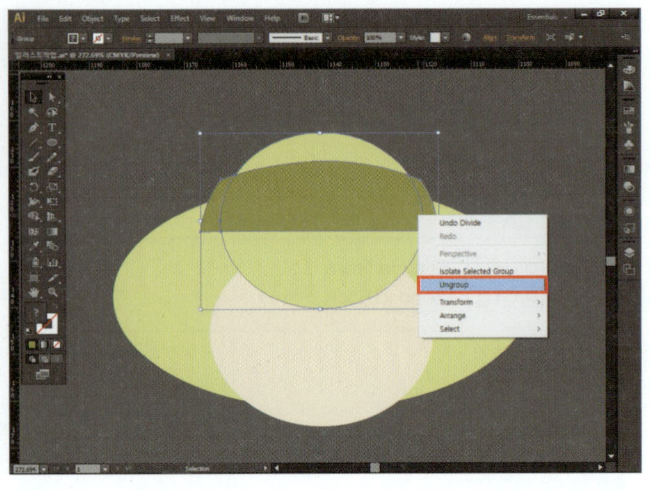

07 'Selection Tool'로 양 끝의 불필요한 부분을 삭제하고 남은 오브젝트는 마우스 오른쪽 버튼을 클릭해서 [Arrange] 〉 [Send to Back]을 클릭해 맨 뒤에 배치합니다.

기적의 TIP

- Shift + Ctrl + [: Send to Back
- 항상 작업 시작과 도중에는 Ctrl + S 를 눌러 수시로 저장하는 습관을 기르도록 합니다.

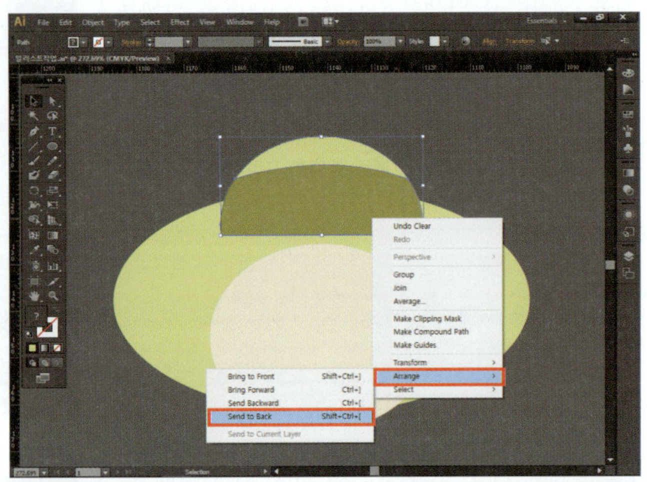

08 'Ellipse Tool'을 이용해서 타원형의 귀를 만들어 줍니다. 'Reflect Tool'을 선택하고 얼굴 오브젝트의 가운데 부분에 마우스를 가져다 대면 표시되는 'Center' 위치에 Alt 를 누르면서 마우스를 클릭합니다. [Reflect] 대화상자가 나타나면 'Vertical'을 선택 후 [Copy] 버튼을 클릭합니다.

기적의 TIP

오브젝트에 'Center' 표시가 나타나지 않을 때에는 [View] 〉 [Smart Guides]를 클릭합니다.

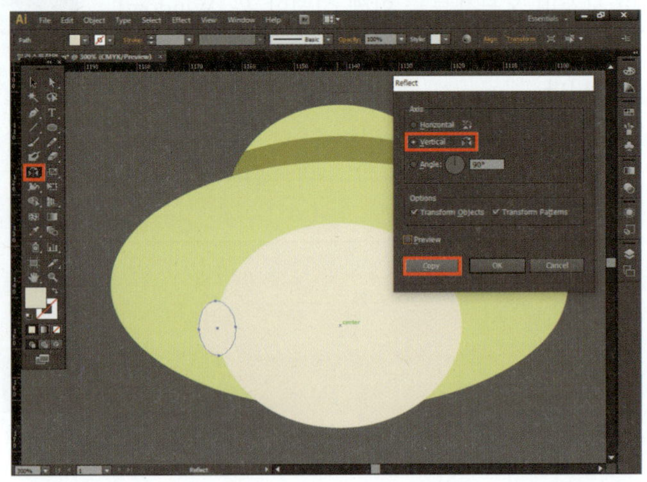

09 'Ellipse Tool'을 이용해서 앞머리의 타원 세 개를 만들어준 후 면색 C52M65Y92K62, 선색은 None으로 설정합니다. 그리고 Shift 를 누르면서 왼쪽 두 개만 선택합니다. 'Reflect Tool'을 클릭한 다음 앞머리 타원의 가운데 중앙에 마우스를 올리면 'Center'가 보입니다. 그곳을 Alt 를 누르면서 마우스를 클릭하여 [Reflect] 대화상자가 열리면 'Vertical'을 선택하고 [Copy] 버튼을 클릭합니다.

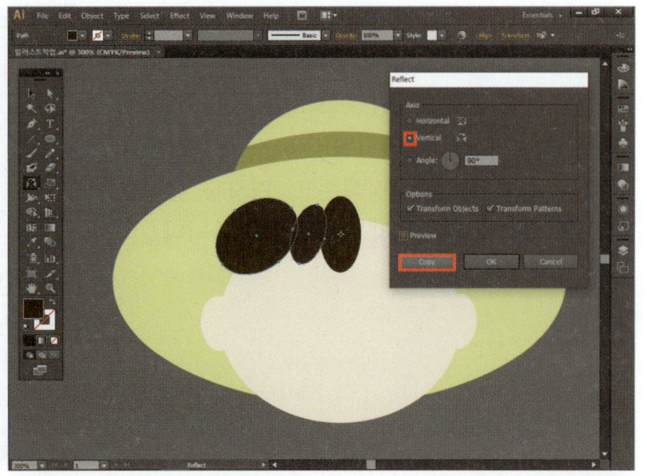

10 'Selection Tool'로 타원 다섯 개를 모두 선택한 후 [Window] 〉 [Pathfinder] 패널의 'Shape Modes : Unite'를 클릭해서 하나의 오브젝트로 합쳐줍니다.

11 하나로 합쳐진 머리카락과 얼굴을 선택해서 'Pathfinder' 패널의 'Pathfinders : Divide'를 클릭합니다. 'Direct Selection Tool' 클릭한 후 머리카락 윗 부분의 불필요한 부분들만 선택하고 Delete 를 눌러 삭제합니다.

12 'Pen Tool'로 모자에 면색은 None, 선색은 C41M34Y100K8인 그림과 같은 곡선을 하나 그려 줍니다. [Window] 〉 [Stroke]를 클릭해서 [Stroke] 대화상자가 열리면 'Weight' 수치를 조절해서 선의 두께를 설정해주고, 'Profile' 옵션은 양 끝이 뾰족한 타원모양으로 선택을 합니다.

13 [Object] 〉 [Path] 〉 [Outline Stroke]를 클릭해서 선을 면으로 바꿔 줍니다.

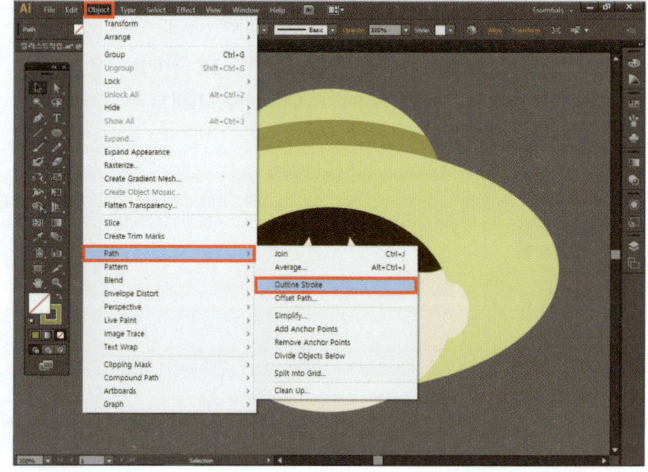

14 면으로 바뀐 오브젝트를 'Selection Tool'로 선택한 후 Alt 를 누르면서 드래그하여 복사 이동해 줍니다. Ctrl + D 를 두 번 반복해 눌러서 두 개를 더 복사 이동합니다.

기적의 TIP

Ctrl + D : 마지막 행위 반복

15 만들어진 4개의 오브젝트를 한꺼번에 선택해서 Alt 를 누르면서 드래그하여 이동 복사합니다.

16 'Ellipse Tool'을 이용해서 눈의 타원 세 개를 그려 줍니다. 면색은 각각 C0M0Y0K0과 C0M0Y0K100, 선색은 None으로 설정해 줍니다.

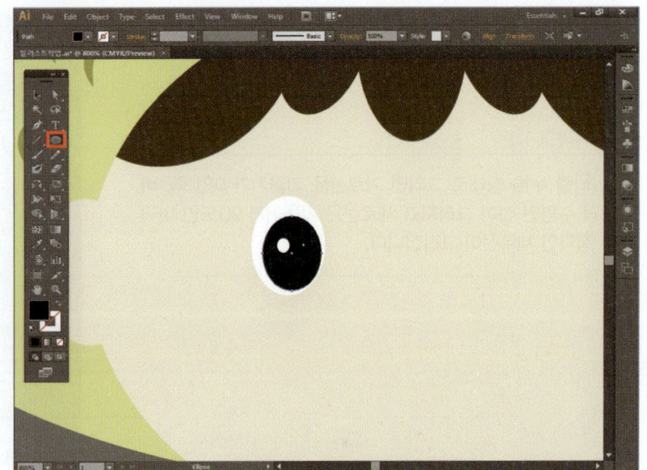

17 'Pen Tool'을 이용하여 눈썹을 그리고 면색 C52M65Y92K62, 선색 None으로 설정합니다. 눈썹과 눈을 함께 선택한 후 'Reflect Tool'을 클릭하고 Alt 를 누른 상태에서 얼굴의 가운데 부분을 클릭합니다. [Reflect] 대화상자가 나타나면 'Vertical'을 선택 후 [Copy] 버튼을 클릭합니다.

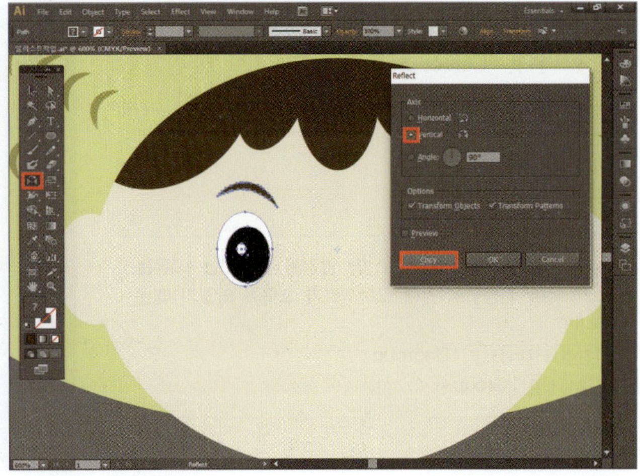

18 도큐먼트의 빈 공간으로 이동한 후, 캐릭터의 입을 만들기 위해 'Ellipse Tool'을 이용해서 면색 C11M31Y43K0, 선색은 None인 원을 만들어 줍니다.

기적의 TIP

원을 그리는 여러 가지 방법
- [Shift]+드래그 : 정 원을 만들 때 사용합니다. 시작점이 원의 테두리입니다.
- [Alt]+드래그 : 시작점이 원의 가운데입니다.
- [Shift]+[Alt]+드래그 : 정원을 만들면서 시작점을 중심으로 원을 만듭니다.

19 'Line Segment Tool'을 선택하고, 원을 가로지르는 선을 그립니다.

기적의 TIP

[Shift]를 누른 상태로 그리면 가로선은 기울기가 0인 즉, 바닥과 수평인 선이 그려지고 세로선은 기울기가 90도인 바닥과 직각인 세로선이 그려집니다.

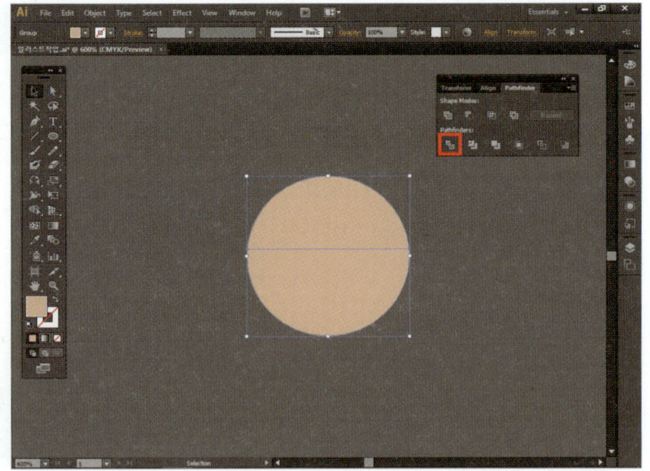

20 [Pathfinder] 패널의 'Pathfinders : Divide'를 클릭합니다. 'Direct Selection Tool'로 불필요한 위쪽 반원 부분을 클릭하여 [Delete]를 눌러 삭제합니다.

기적의 TIP

'Direct Selection Tool'로 각 영역을 선택하는 이유는 Pathfinder 기능으로 인해 오브젝트가 그룹화 되었기 때문입니다.
- [Shift]+[Ctrl]+[G] : Ungroup
- [Ctrl]+[G] : Group

21 'Ellipse Tool'을 이용해서 면색 C20M73 Y64K5, 선색 None인 원을 만들어 반원의 아래쪽에 위치시킵니다.

'Ellipes Tool'은 Shift 를 누르며 드래그하면 정원이 그려집니다.

22 'Selection Tool'로 반원과 정원 2개를 모두 선택하고, [Pathfinder] 패널에서 'Pathfinder : Divide'를 클릭합니다. 'Selection Tool'로 마우스 오른쪽 버튼을 클릭한 다음, Ungroup을 선택해 그룹을 해제시키고 불필요한 아래쪽 부분을 삭제합니다.

여러 개의 오브젝트 선택하기 : Selection Tool을 선택하고, 오브젝트를 드래그하거나 Shift 를 누른 채, 오브젝트를 하나씩 차례로 선택합니다.

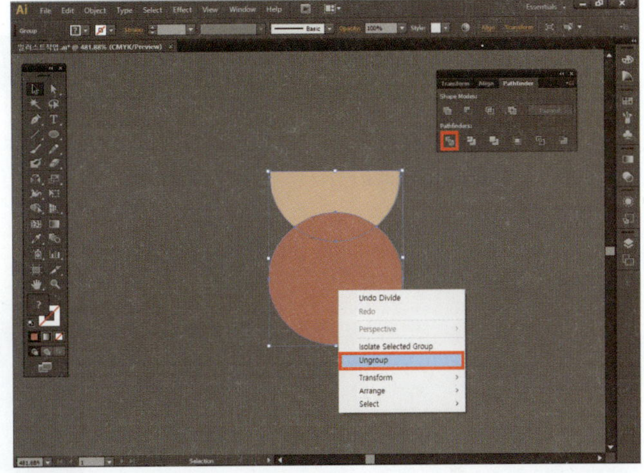

23 캐릭터의 입을 얼굴에 배치하고, 'Ellipse Tool'을 사용해 면색 C11M31Y43K0, 선색은 None인 코를 그려 줍니다.

24 'Rounded Rectangle Tool'로 면색을 C4M6Y20K0, 선색은 None의 둥근 사각형을 그립니다. 오브젝트를 선택하고 마우스 오른쪽 버튼을 클릭한 후 [Arrange] 〉 [Send to Back]을 클릭해 맨 뒤에 배치합니다.

25 'Ellipse Tool'을 이용해서 면색 C0M0Y0K0, 선색 None의 타원형을 그립니다. 타원 오브젝트를 선택하고 마우스 오른쪽 버튼을 클릭한 후 [Arrange] 〉 [Send to Back]을 클릭해 맨 뒤에 배치합니다.

26 'Pen Tool'로 캐릭터의 윗옷을 그려 줍니다.

⑬ 기적의 TIP

Direct Selection Tool과 Pen Tool을 차례로 선택한 후, [Ctrl]을 누르면 Pen Tool이 선택된 상태에서 Direct Selection Tool의 기능을 이용할 수 있고, [Alt]를 누르면 Convert Anchor Point Tool의 기능을 이용할 수 있습니다.

27 'Rectangle Tool'을 이용해서 면색 C54M10 Y20K0, 선색 None의 사각형을 그려 줍니다. 사각형 안쪽에는 'Ellipse Tool'을 이용해서 면색 C0M0Y0K0, 선색은 None의 길쭉한 타원을 그려 줍니다. 흰 타원을 선택한 후 'Rotate Tool'을 더블클릭해서 [Rotate] 대화상자를 열고 Angle 옵션을 90°로 적고 [Copy] 버튼을 클릭합니다. 'Selection Tool'을 사용해 오브젝트를 모두 선택해서 [Window] 〉 [Swatches] 패널의 빈 곳에 가져다 놓습니다.

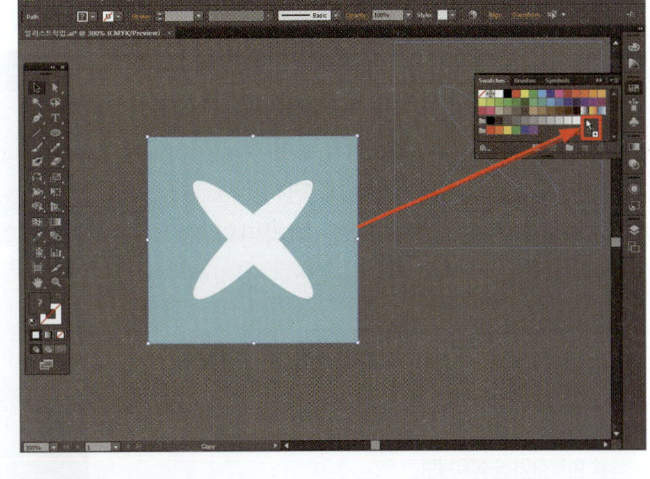

28 'Pen Tool'로 그려 놓은 캐릭터의 옷을 선택하고 면색을 [Swatches] 패널의 만들어 놓은 패턴을 클릭하면 옷의 면색에 패턴이 적용됩니다. 선색은 None으로 설정합니다.

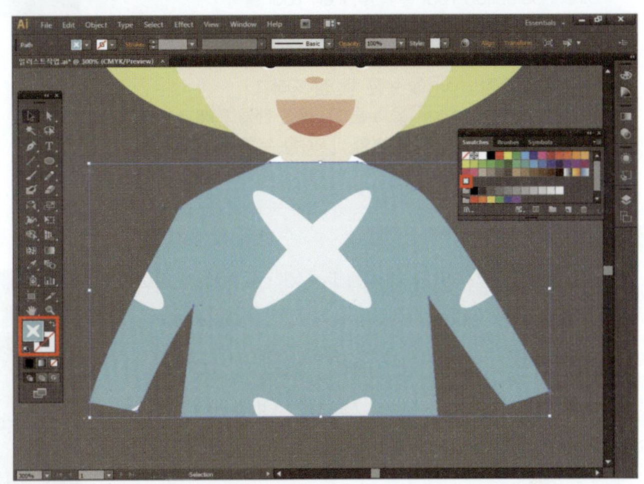

29 패턴의 사이즈 조절을 위해 'Scale Tool'을 더블클릭해서 [Scale] 대화상자를 열어 줍니다. Scale은 'Uniform'을 선택해서 수치를 입력해주고, 아래쪽 Options 설정은 'Scale Strokes&Effect, Transform Patterns' 이 두 가지 옵션은 체크해주고 'Transform Object' 옵션은 체크하지 않은 채 [OK] 버튼을 클릭하여 적용합니다. 마우스 오른쪽 버튼을 클릭한 후 [Arrange] 〉 [Send to Back]을 적용해서 맨 뒤에 배치합니다.

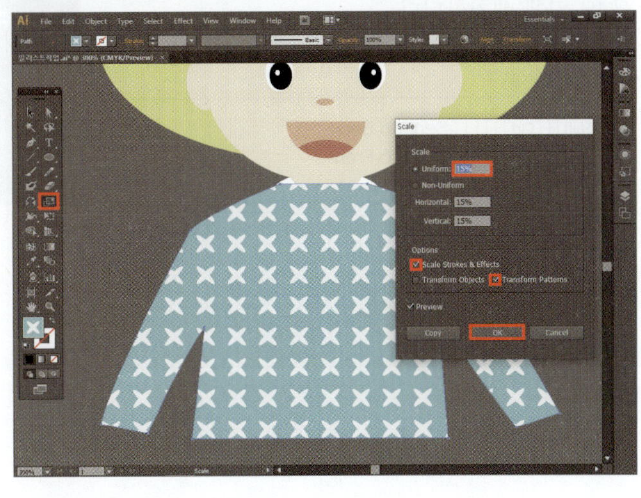

기적의 TIP

Transform Object 옵션을 선택하면 옷의 사이즈도 함께 커지게 됩니다.

01 'Ellipse Tool'을 이용해서 얼굴의 면색은 C4M6Y20K0, 선색은 None의 타원을 만들어 줍니다. 'Pen Tool'을 이용해서 머리와 머리띠를 만들어 줍니다. 머리의 면색은 C37M62Y95K29, 선색은 None이고, 머리띠의 면색은 C16M61Y89K2, 선색은 None으로 설정해 그려 줍니다.

기적의 TIP

그려진 모양이 마음에 들지 않을 경우, Pen Tool의 수정 기능을 이용하여 수정합니다.
- Direct Selection Tool 클릭 후, Pen Tool 클릭
- Pen Tool로 선을 수정
  - 점 추가/삭제 : 선을 클릭/점 클릭
  - 점 위치 수정 : Ctrl 을 누른 채, 점 드래그
  - 곡선 모양 수정 : Ctrl 을 누른 채, 곡선 핸들 드래그
  - 직선→곡선/곡선→직선 변환 : Alt 를 누른 채, 점을 클릭/점 드래그

02 'Pen Tool'을 이용해서 나머지 머리카락 부분을 더 만들고, 면색 C37M62Y95K29, 선색 None으로 설정합니다. 얼굴, 머리, 머리띠, 머리카락을 만들 때 보이지 않는 부분은 대충 만들어서 시간을 단축 시켜줍니다. 마우스 오른쪽 버튼을 클릭한 후 [Arrange] > [Send to Back]을 적용해서 맨 뒤에 배치합니다.

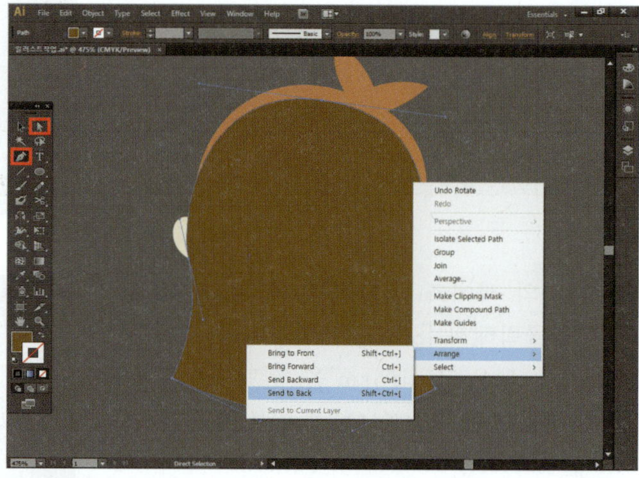

기적의 TIP

- Shift + Ctrl + [: Send to Back
- Shift + Ctrl +] : Bring to Front

03 'Pen Tool'을 이용해서 빈 곳에 곡선을 그려 줍니다. [Window] 〉 [Stroke] 패널을 열어 'Weight : 4pt, 'Cap : Round Cap'을 선택합니다. 면색은 None, 선색은 C0M0Y0K100으로 설정합니다.

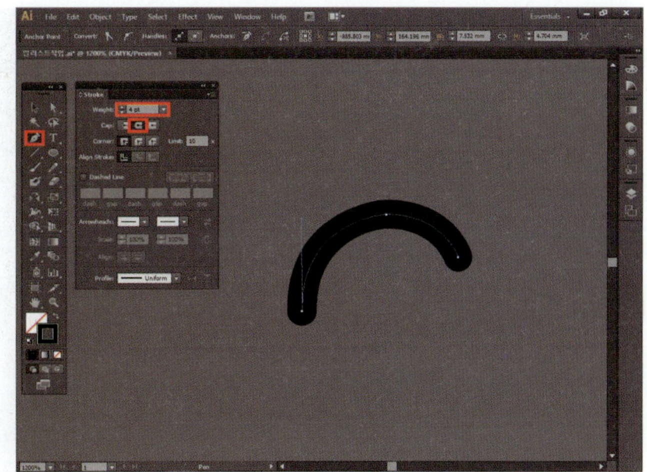

04 'Pen Tool'로 면색 None, 선색 C0M0Y0K100의 짧은 속눈썹을 그려주고 [Stroke] 패널의 'Weight : 5pt, Cap : Projecting Cap'을 선택합니다. 옵션창의 맨 아래 Profile에서 삼각형 모양을 선택합니다. 눈썹 모양이 완성되면 모두 선택한 후 [Object] 〉 [Path] 〉 [Outline Stroke]를 클릭해서 선을 면으로 바꿔 줍니다.

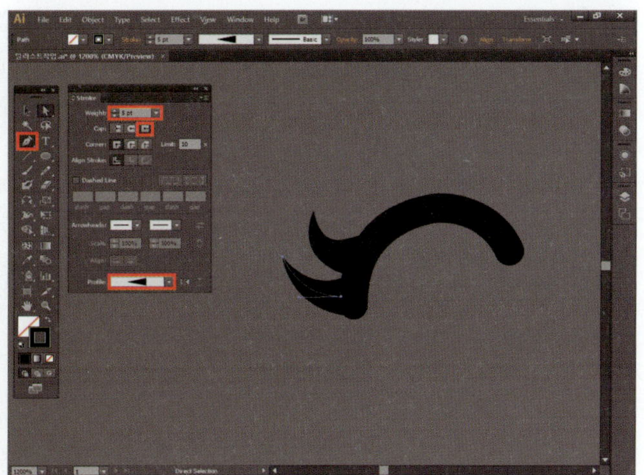

05 'Selection Tool'로 면으로 바뀐 눈썹을 모두 선택해서 [Window] 〉 [Pathfinder] 패널에서 'Shape Modes : Unite'를 적용해서 하나로 합쳐 줍니다. 반대쪽 눈썹을 만들기 위해 'Reflect Tool'을 더블클릭하여 [Reflect] 대화상자가 열리면 [Copy]를 선택해 복사한 후, 눈썹을 얼굴에 각각 이동하여 배치합니다.

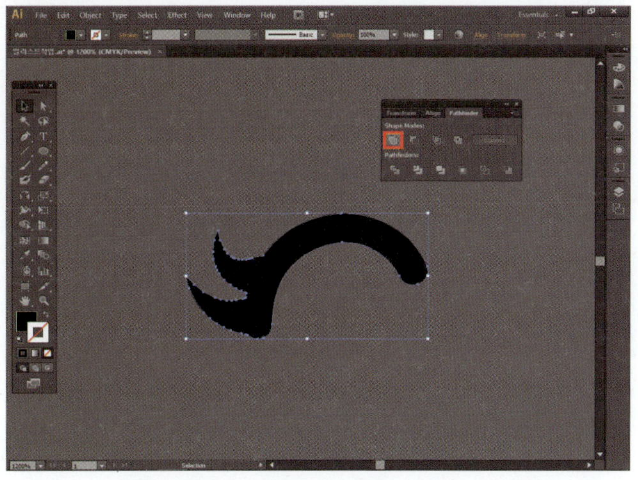

06 'Ellipse Tool'을 이용하여 타원을 그리고 면색 C2M11Y47K0, 선색 None의 볼터치를 그려 줍니다. 'Pen Tool'을 이용하여 면색 C18M40Y15K0, 선색 None의 입을 그려 줍니다. 캐릭터의 목을 제외한 부분을 모두 선택하고 모서리를 눌러 왼쪽으로 살짝 기울여 줍니다.

오브젝트를 선택하고 마우스 커서를 모서리의 바깥쪽에 가져가 놓고 드래그하면 회전 기능이 작동합니다.

07 'Pen Tool'을 이용해서 면색 C8M24Y98K0, 선색 None의 옷을 그려주고, 그 위에 'Pen Tool'로 C83M35Y98K26, 선색 None의 옷을 그려 줍니다.

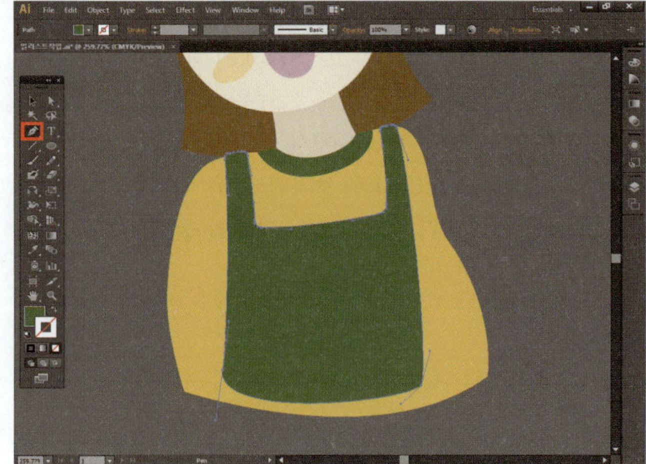

03 로고타이틀 만들기

01 'Pen Tool'로 리본을 그려주고 'Selection Tool'로 선택한 후 **Alt** 를 누른 채 살짝만 앞으로 이동시켜 복사합니다. 앞쪽 리본의 면색 C16M7 Y33, 선색 None이고, 뒤쪽 리본의 면색 C36M28 Y51, 선색 None으로 설정해 줍니다.

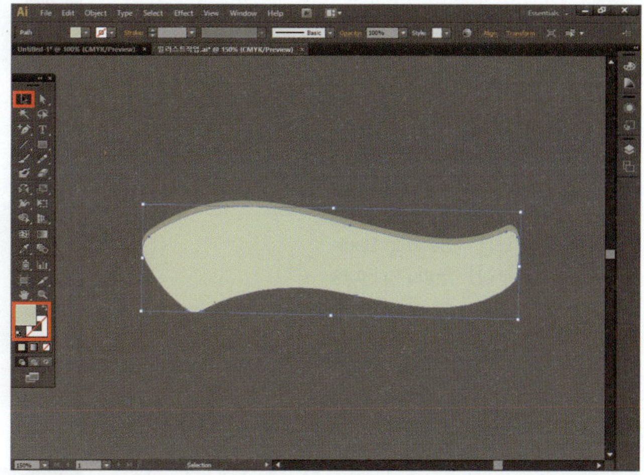

02 'Pen Tool'로 모서리의 접히는 부분을 그려 주고 면색은 C36M28Y51K0, 선색은 None으로 설정합니다. 모서리 오브젝트를 선택하고 마우스 오른쪽 버튼을 클릭하여 [Arrange] 〉 [Send to Back]을 클릭해 맨 뒤에 배치합니다.

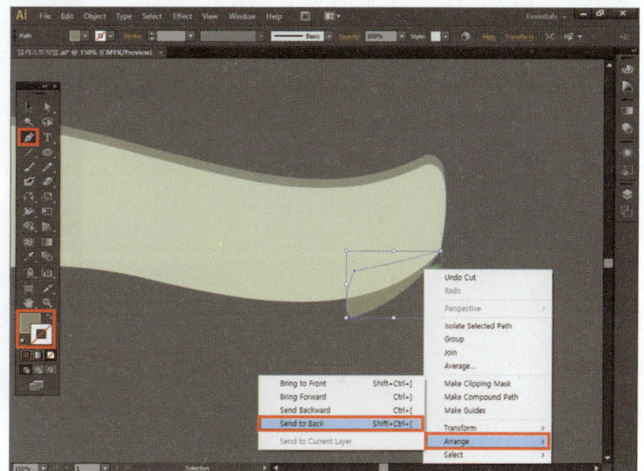

03 'Pen Tool'로 리본의 끝 부분을 그려주고 면색은 C16M7Y33K0, 선색은 None으로 설정합니다. 오브젝트를 선택하고 마우스 오른쪽 버튼을 눌러서 [Arrange] 〉 [Send to Back]을 클릭해 맨 뒤에 배치합니다.

- Shift + Ctrl + [ ] : Send to Back
- Shift + Ctrl + [ ] : Bring to Front

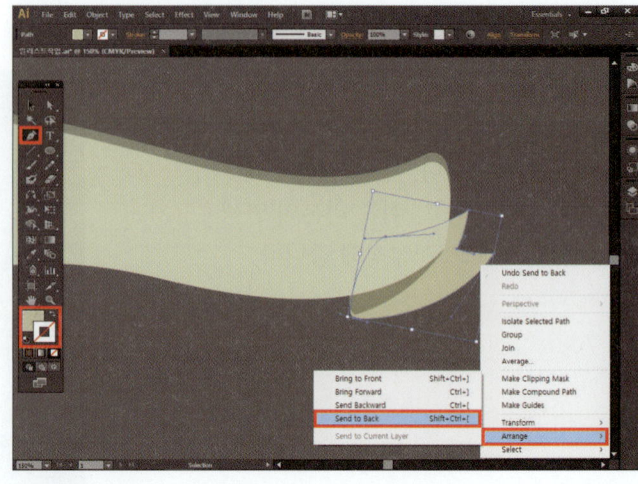

04 'Pen Tool'로 문자가 위치할 자리에 두 개의 곡선을 그려 줍니다. 이때 면색은 None, 선색은 None으로 설정합니다.

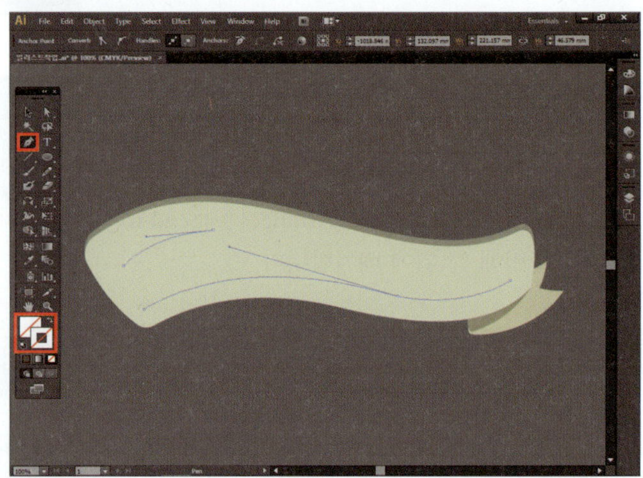

05 [Type Tool] 〉 [Type on a Path Tool]을 선택하고 'Pen Tool'로 그려놓은 Path 위를 클릭해서 제12회, 서울도시농업박람회를 써 넣습니다. '제12회'와 '박람회'의 면색은 C41M67Y99K42, 선색은 None, '서울도시농업'의 면색은 C82M35Y98K27, 선색은 None으로 설정해 줍니다. 폰트, 크기, 자간의 옵션은 [Window] 〉 [Type] 〉 [Character] 패널을 열어 설정합니다.

폰트에 관련된 지시가 따로 없을 때에는 디자인 원고와 가장 비슷한 폰트를 사용합니다.

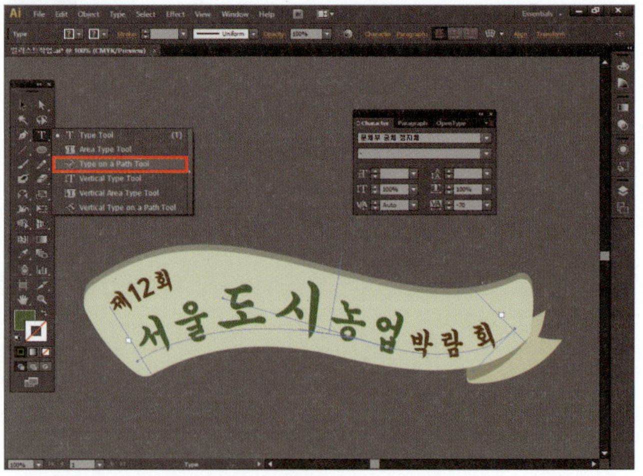

06 문자들을 모두 선택하고 [Type] 〉 [Create Outlines]를 클릭해서 문자를 이미지로 변환시켜 줍니다.

Shift + Ctrl + O : Create Outlines

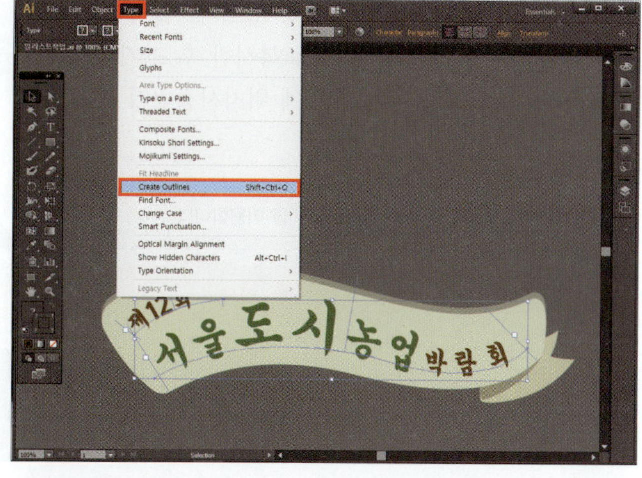

07 'Ellipse Tool'을 이용해 면색 C61M24Y99K21, 선색 None의 원을 그립니다.

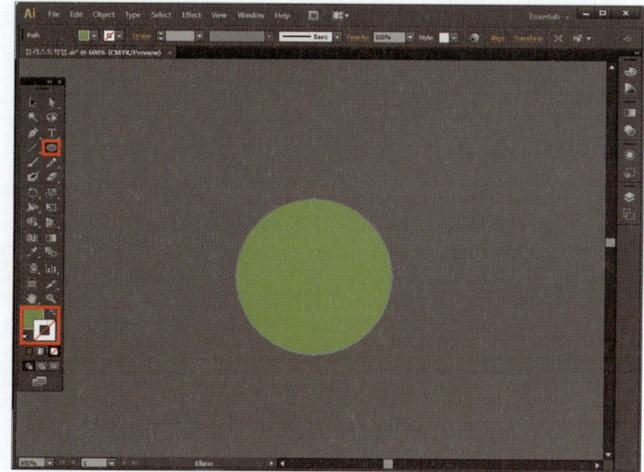

08 'Direct Selection Tool'을 이용해 한쪽 anchor point를 선택해서 옆으로 길게 빼줍니다. handle 점을 Alt 를 누른 상태에서 드래그해 물방울 모양처럼 뾰족하게 만들어 줍니다.

Direct Selection Tool을 이용해 오브젝트를 수정할 때 anchor point의 핸들점이 양쪽에 대칭상태로 함께 움직이고 있을 때에는 Alt 를 누른 상태에서 핸들점을 움직여 보세요. + 부호가 보이면서 한쪽 핸들점만 따로 움직일 수가 있습니다.

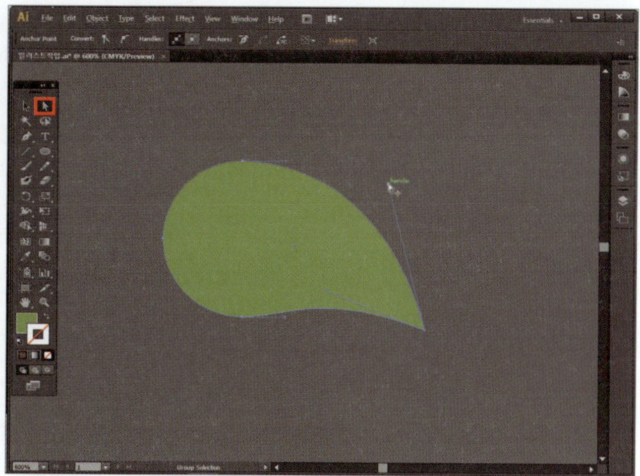

09 'Selection Tool'로 물방울 모양 오브젝트를 선택하고 [Alt]를 누른 상태로 이동 복사한 후 크기 조절을 해주고 '농업' 글자 사이에 위치시킵니다.

🄑 기적의 TIP

반대 방향으로 복사하려면 [Reflect Tool]을 이용합니다.

10 전체적인 사이즈와 조화를 보기 위해 디자인 원고를 보고 캐릭터와 로고타이틀을 디자인 원고를 참고하여 배치합니다.

11 캐릭터와 리본을 선택해서 [Ctrl]+[G]를 눌러 그룹으로 만들어 줍니다. 문자 이미지는 따로 선택해서 [Ctrl]+[G]를 눌러 그룹으로 만들어 줍니다.

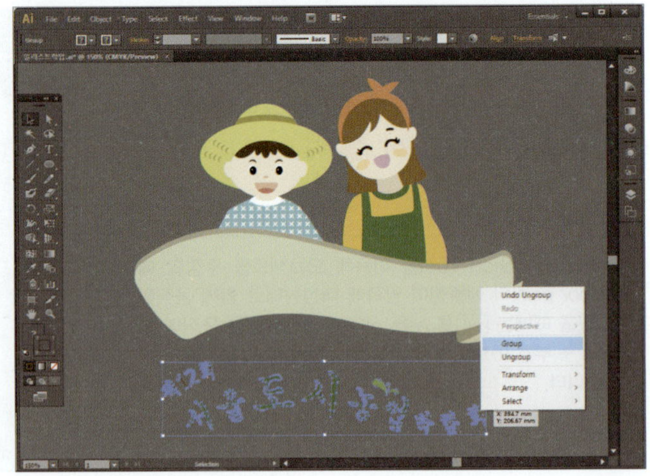

04 오선 만들기

01 'Pen Tool'로 면색 None, 선색은 임의의 색으로 물결 모양을 그려 줍니다. [Window] 〉 [Stroke] 패널을 열어 'Weight : 4pt'로 설정해 줍니다.

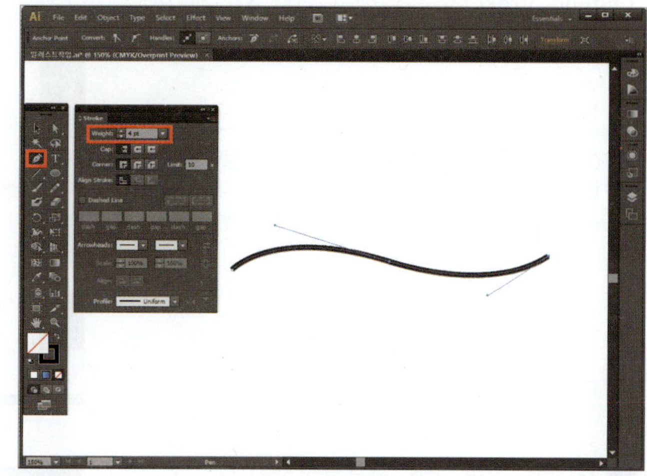

02 'Selection Tool'로 선을 선택하고 Alt + Shift 를 누른 상태에서 아래로 이동해 복사합니다. 이동한 오브젝트에 나타나있는 사각박스의 모서리를 움직여 살짝 기울여 줍니다. 'Blend Tool'을 더블클릭해서 [Blend Option] 대화상자가 나타나면 'Spacing : Specified Step, 3'으로 설정합니다.

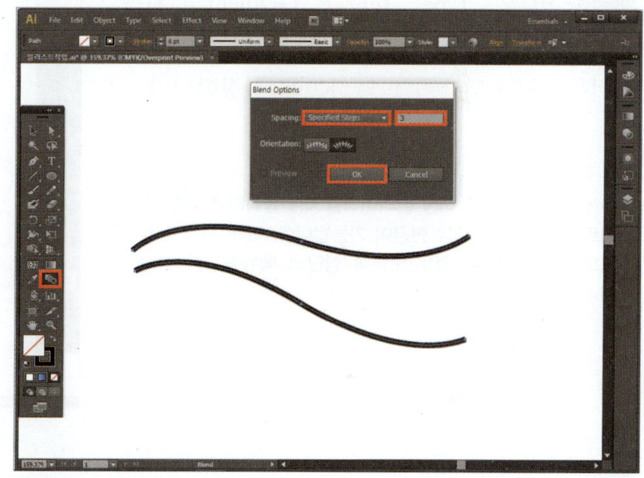

03 선 끝에 마우스를 올려서 Blend Tool 모양의 커서에 +가 생기면 두 선 끝을 차례로 클릭해 줍니다.

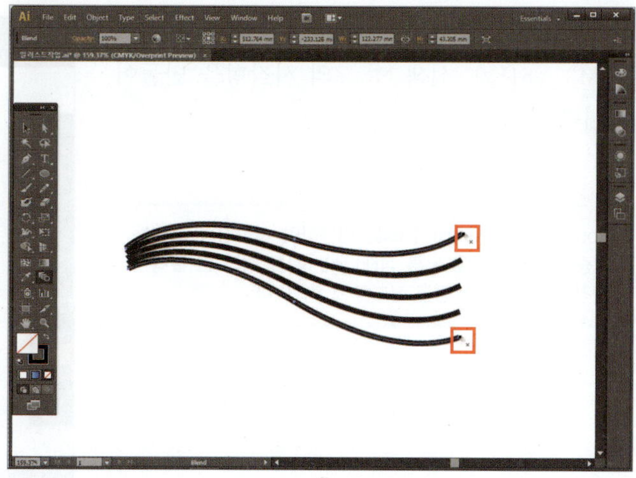

04 오브젝트를 선택하고 [Object] 〉 [Path] 〉 [Outline Stroke]를 클릭해서 선을 면으로 바꿔 줍니다.

🏁 **기적**의 TIP

전경색(Set foreground color)이 '없음'으로 지정되어 있어 야 [Path] 〉 [Outline Stroke]를 클릭할 수 있습니다.

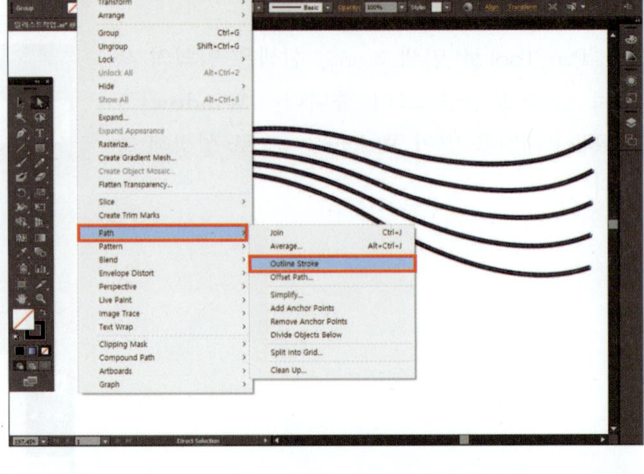

05 'Gradient Tool'을 더블클릭하여 [Gradient] 패널을 연 후, 'Type : Linear', Gradient의 왼쪽 슬라이더는 'Color : C20M0Y0K0', 오른쪽 슬라 이더는 'Color : C100M95Y5K0'로 설정합니다.

🏁 **기적**의 TIP

Gradient 패널에서 색상 슬라이더를 더블클릭하면 색상 팔 레트가 나타나고, 색상 변경이 가능합니다. 이때 색상이 흑 백으로만 표시되는 경우 오른쪽 상단의 메뉴를 클릭하여 CMYK로 변경합니다.

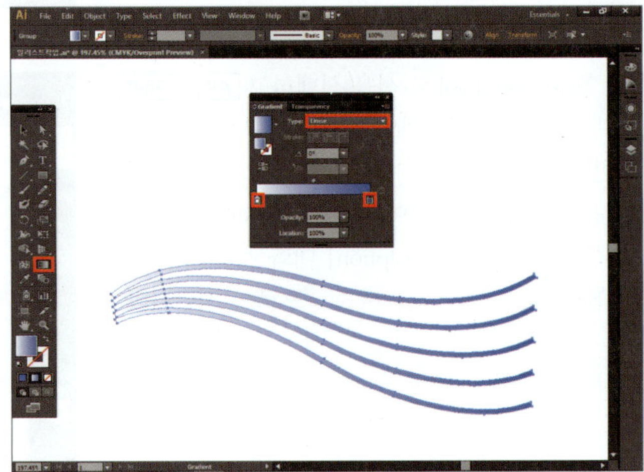

05 풍차 만들기

01 'Rounded Rectangle Tool'을 선택하고 면색 C9M23Y81K0, 선색 None의 사각형을 만들어 줍니다.

🏁 **기적**의 TIP

Rounded Rectangle Tool을 이용하여 사각형을 그리는 도중(마우스 버튼을 누른 상태) ↑, ↓를 여러 번 눌러서 사각형의 모서리의 둥근 정도를 조절합니다.

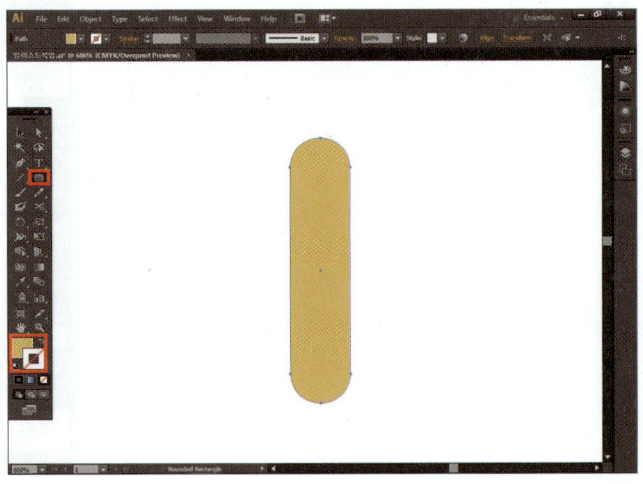

02 'Line Segment Tool'을 선택하고 [Shift]를 누른 상태로 오브젝트를 가로질러 선을 그어 줍니다.

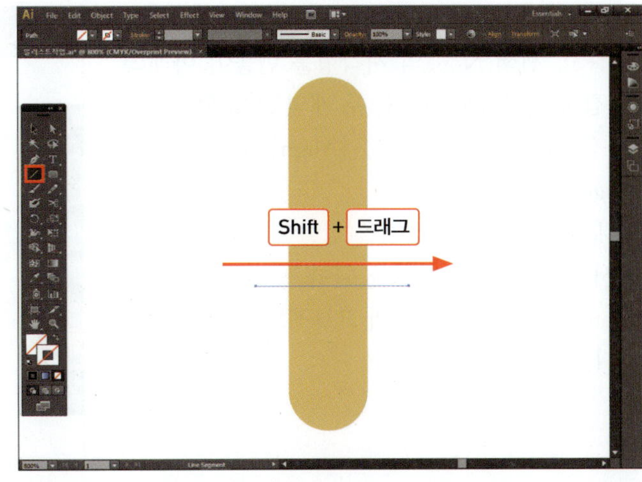

03 선과 오브젝트를 함께 선택하고 [Pathfinder] 패널에서 'Pathfinder : Divide'를 클릭합니다. 'Direct Selection Tool'로 불필요한 아래쪽 부분을 삭제합니다.

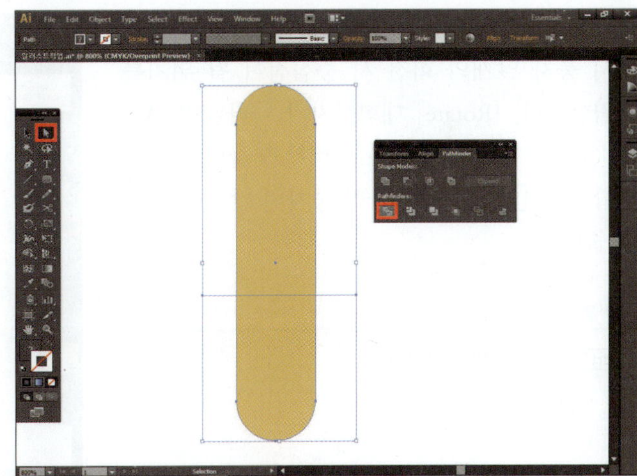

04 'Direct Selection Tool'로 맨 아래쪽 모서리 점 두 개를 [Shift]를 누르면서 동시에 선택한 뒤 'Scale Tool'을 클릭하고 가운데 쪽으로 드래그해 줍니다.

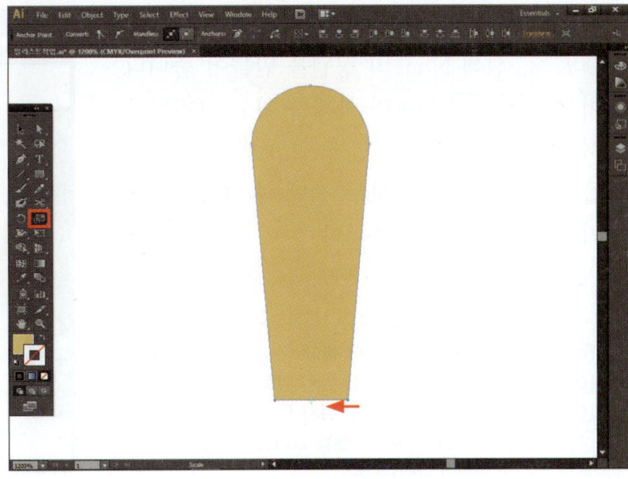

05 'Rectangle Tool'을 선택하고 면색 C9M23 Y81K0, 선색 None의 사각형을 만들어 아래쪽에 겹쳐서 위치시킵니다. 두 개의 오브젝트를 모두 선택하고 [Window] 〉 [Align] 패널을 열고 'Align Objects : Horizontal Align Center'를 클릭해서 세로선의 중심점을 정렬시켜 줍니다. 이어서 [Pathfinder] 패널을 열어 'Shape Modes : Unite'을 클릭해서 하나의 오브젝트로 만들어 줍니다.

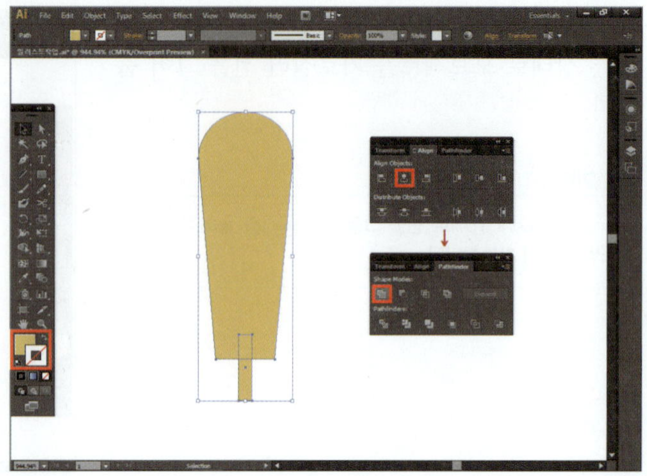

06 'Rotate Tool'을 선택하고 Alt 를 누른 상태에서 풍차 날개의 회전 시 중심점이 될 위치를 클릭합니다. [Rotate] 대화상자가 나타나면 'Angle : 45°'로 설정하고 [Copy] 버튼을 클릭해서 복사합니다. Ctrl + D 를 눌러 풍차의 날개를 완성해 줍니다.

🏁 **기적**의 TIP

Ctrl + D : 마지막 작업 반복

07 'Ellipse Tool'을 선택하고 면색 C40M57 Y100K28, 선색 None의 정원을 만들어 줍니다. 이어서 Ctrl + F 를 눌러 복제를 하고 크기를 줄여서 면색 C0M0Y0K0, 선색 None의 더 작은 정원을 만들어 줍니다. 모두 선택 후 Ctrl + G 를 눌러 그룹으로 만들어 줍니다.

🏁 **기적**의 TIP

- Ctrl + V : 화면의 한가운데에 복제
- Ctrl + F : 오브젝트와 동일한 위치 앞쪽에 복제
- Ctrl + B : 오브젝트와 동일한 위치 뒷쪽에 복제
- Alt + Shift 를 누른 상태에서 원을 그리면 시작점을 중심으로 커지는 정원이 그려집니다.

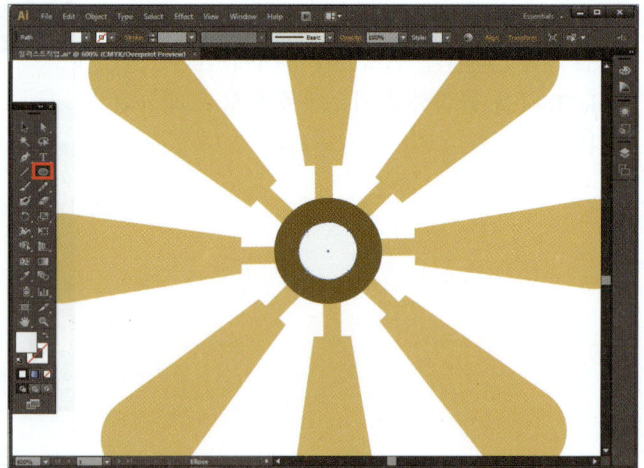

08 'Polygon Tool'을 선택하고 빈 화면을 클릭해서 [Polygon] 대화상자를 열고 'Sides : 3'으로 설정한 후 면색은 C16M59Y93K2, 선색 None의 삼각형을 만듭니다.

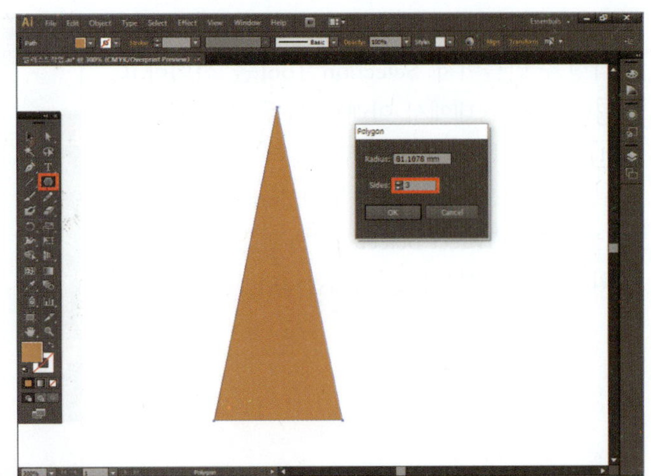

09 [Object] 〉 [Path] 〉 [Offset path]를 클릭해서 대화상자를 열고 'Offset'에 마이너스의 수치를 입력해서 작은 사이즈의 삼각형을 하나 더 만듭니다.

기적의 TIP

Offset의 수치는 각자의 이미지 사이즈에 따라 적절히 조절해야 합니다.

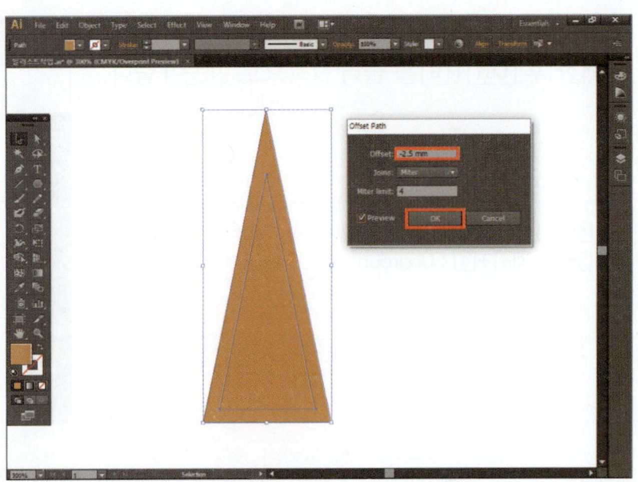

10 두 개의 삼각형을 한꺼번에 선택하고 [Window] 〉 [Pathfinder]를 클릭하여 패널을 열고 'Pathfinders : Divide'를 클릭합니다. 'Direct Selection Tool'로 가운데 부분을 삭제합니다.

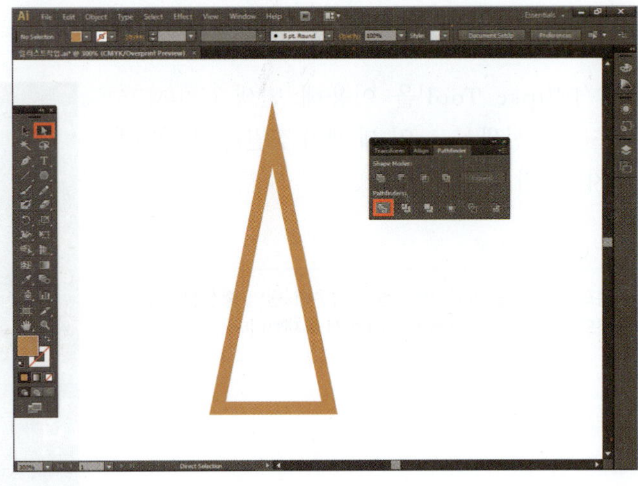

11 'Rectangle Tool'을 선택하고 가로로 얇고 긴 사각형을 만들어서 'Selection Tool'을 선택하고 Alt 를 누른 상태에서 아래로 이동 복제합니다. Ctrl + D 를 눌러 복제를 두 번 더 반복합니다. 오브젝트를 모두 선택한 후 'Pathfinders : Divide' 를 클릭하고 'Direct Selection Tool'을 이용해 좌우의 튀어나온 부분들을 삭제합니다.

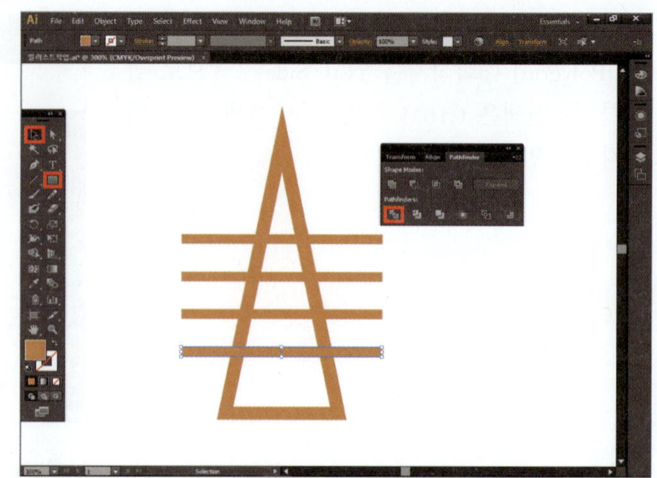

12 풍차의 날개와 함께 적절히 배치하고 모두 선택한 후 Ctrl + G 를 눌러 그룹으로 만들어 줍니다.

> **기적의 TIP**
>
> • Ctrl + G : Group
> • Shift + Ctrl + G : Ungroup

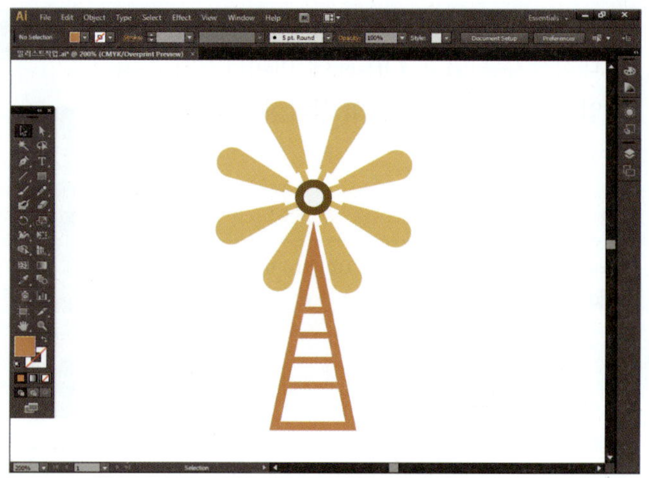

06 중랑구 로고 만들기

01 'Ellipse Tool'을 이용해 면색 C80M25 Y95K20, 선색 None인 세 개의 정원을 만들어서 배치합니다.

> **기적의 TIP**
>
> 정확한 대칭을 위해 양쪽 원은 가운데 원의 중심점을 중심으로 'Reflect Tool'을 이용해 반전 복제합니다.

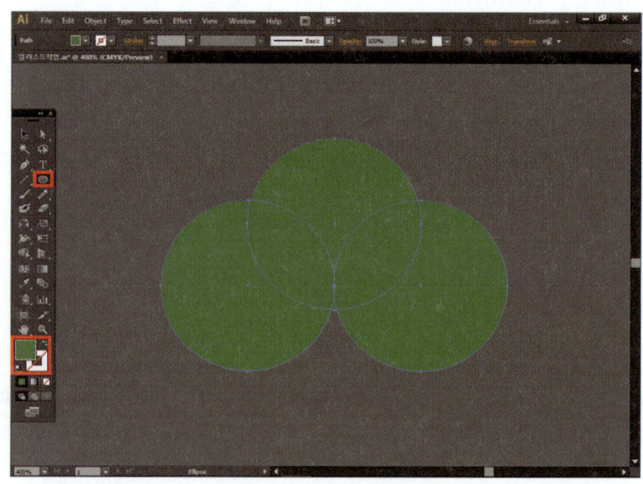

02 'Rectangle Tool'을 이용하여 사각형을 그려 넣어 아래쪽의 빈 공간을 메워 줍니다. [Window] > [Pathfinder] 패널을 열어 'Shape Modes : Unite'을 클릭해서 네 개의 오브젝트를 하나로 합쳐 줍니다.

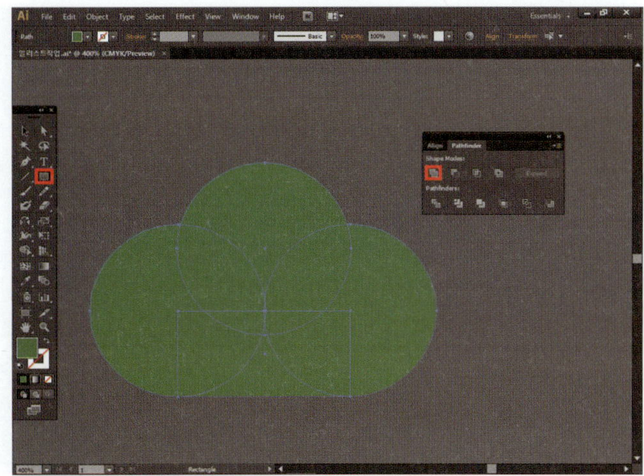

03 'Pen Tool'로 잘라낼 부분에 곡선으로 그려 줍니다. 오브젝트와 선을 모두 선택하고 [Pathfinder] 패널에서 'Pathfinder : Divide'를 클릭합니다. 'Direct Selection Tool'로 불필요한 아래쪽 부분을 Delete 를 눌러 삭제합니다.

기적의 TIP

Pathfinder 대화상자의 옵션들을 사용하면 자동으로 'Group'으로 묶여있게 됩니다. 수정을 하기 위해서는 'Ungroup'해주거나 'Direct Selection Tool'을 사용해야 합니다.

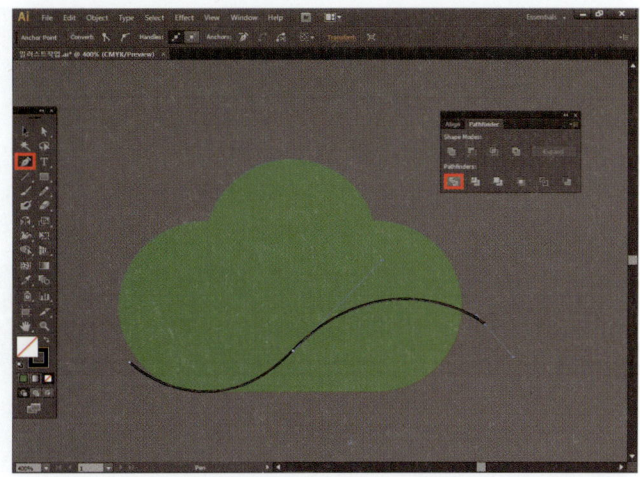

04 [Object] > [Path] > [Offset path]를 클릭해서 대화상자를 열고 'Offset' 수치를 설정해 줍니다.

기적의 TIP

Offset 수치는 오브젝트의 사이즈에 따라 비율이 달라지므로 아래쪽에 있는 Preview에 체크해서 확인해가며 수치를 조절해 줍니다.

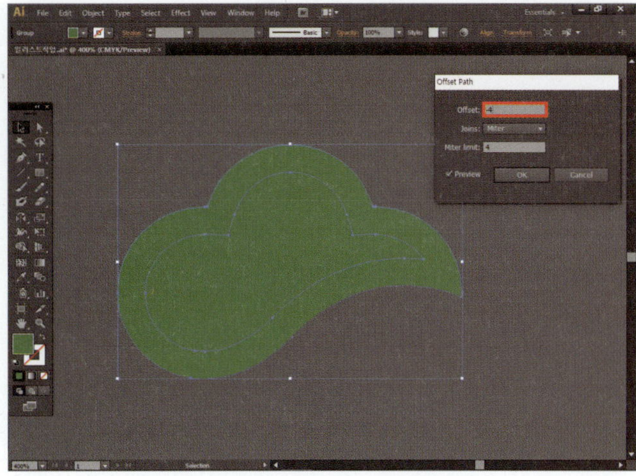

05 [Pathfinder] 패널에서 ‘Pathfinder : Divide’
를 클릭합니다. ‘Direct Selection Tool’로 불필요
한 안쪽 부분을 삭제합니다.

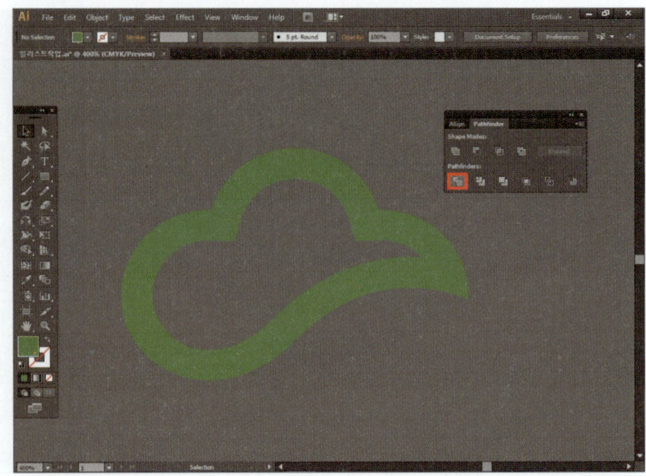

06 ‘Ellipse Tool’을 이용해 면색 C0M55
Y100K0, 선색 None의 정원을 그려주고 마우
스 오른쪽 버튼을 클릭해서 [Arrange] 〉 [Send to
Back]을 눌러 오브젝트를 뒤쪽으로 배치합니다.
오브젝트를 모두 선택하고 [Pathfinder] 대화상자
에서 ‘Pathfinder : Divide’를 클릭합니다. ‘Direct
Selection Tool’로 불필요한 바깥쪽 주황색 원을
삭제합니다. Divide 적용으로 잘려진 초록색 부
분을 ‘Shape Modes : Unite’을 클릭해서 붙여 줍
니다.

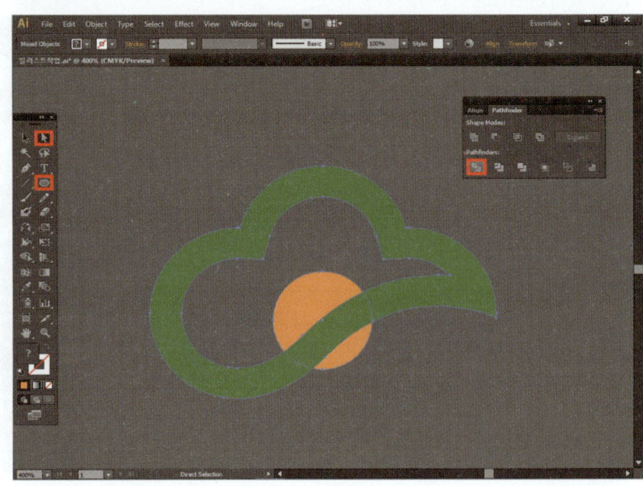

07 안쪽에 남은 원을 선택하고 키보드의 방향
키를 움직여 녹색선에서 살짝 떨어지도록 배치
합니다. ‘Pen Tool’을 이용해 면색 None, 선색
C80M25Y95K20으로 설정하고 두 개의 곡선을
그려 줍니다. [Window] 〉 [Stroke] 패널을 열어
‘Weight’ 옵션의 수치를 위쪽 오브젝트의 두께만
큼 적용해 줍니다.

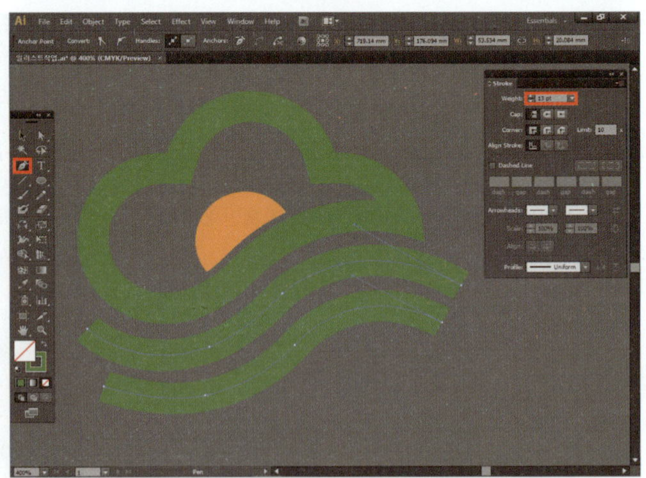

08 두 개의 라인을 선택하고 [Object] 〉 [Expand]를 클릭해서 선을 면으로 바꿔 줍니다.

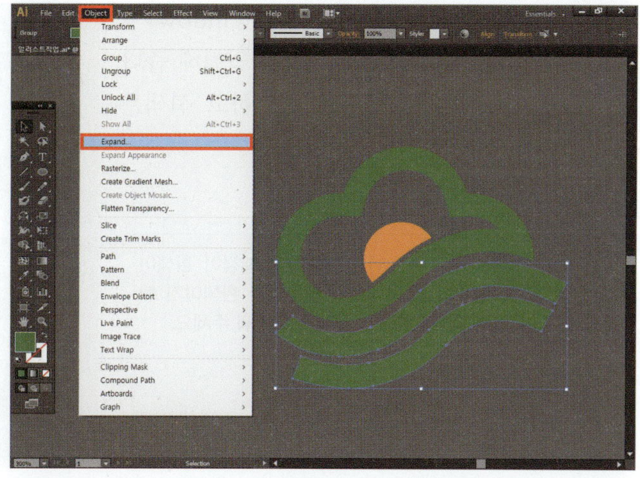

09 잘라내야 할 끝 부분이 포함되도록 면으로 된 사각형을 그려주고 'Pathfinder : Trim'을 클릭합니다. 'Direct Selection Tool'을 이용해서 사각형을 삭제해 줍니다.

> **기적의 TIP**
>
> Trim : 겹쳐져서 보이지 않는 부분은 삭제되고 보이는 부분만 남아있게 됩니다. 여러 조각을 잘라낼 때 하나하나 삭제할 필요가 없어 작업 속도가 빨라집니다.

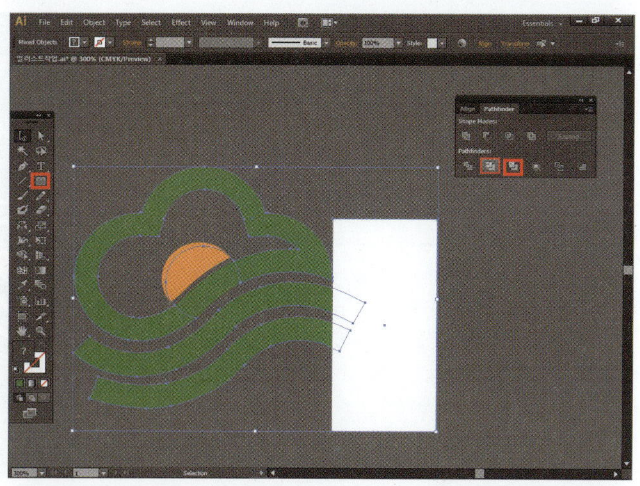

10 삭제할 부분 위로 면을 겹치게 그려주고 Trim을 클릭한 후 'Direct Selection Tool'을 이용해서 면을 삭제합니다.

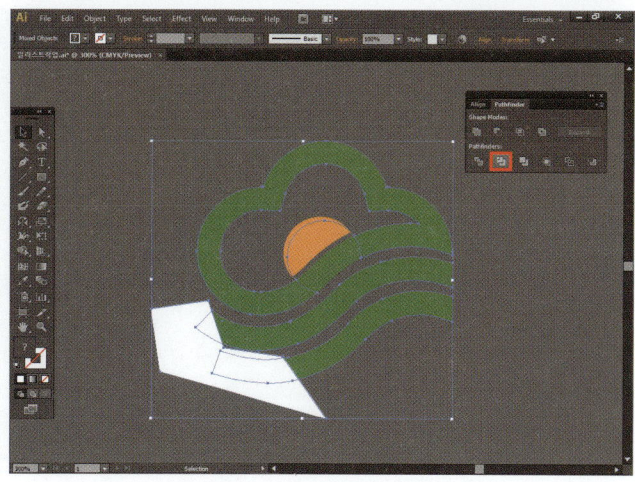

11 오브젝트를 모두 선택한 후 [Window] 〉 [Stroke] 패널을 열어 Weight 수치를 입력해 줍니다. Align Stroke는 Outside로 선택하고 선색은 C0M0Y0K0으로 설정해 줍니다.

📌 **기적의 TIP**

[View] 〉 [Overprint Preview]를 클릭하면 배경이 흰색이나 회색으로 바뀝니다. 오브젝트의 테두리가 흰색이기 때문에 배경이 흰색이면 클릭해서 회색으로 바꿔 주세요.

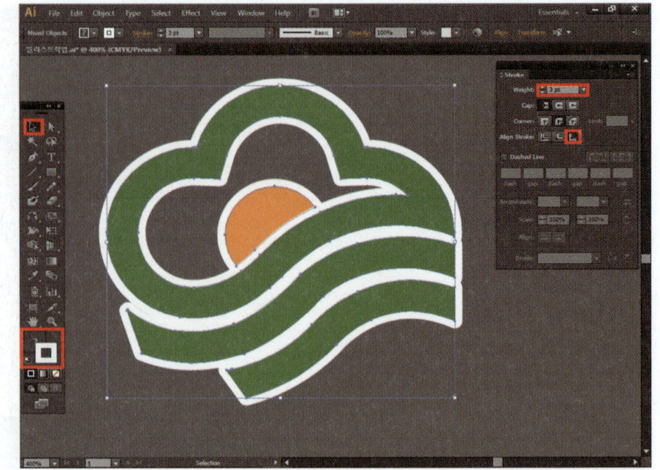

12 'Type Tool'을 이용해서 한글과 영문을 입력합니다. 글자의 옵션은 [Window] 〉 [Type] 〉 [Character]를 클릭해서 폰트와 글자크기, 자간을 설정해 줍니다.

📌 **기적의 TIP**

Ctrl + T : Character

13 문자를 이미지로 변환하기 위해 [Type] 〉 [Create Outlines]을 클릭합니다.

📌 **기적의 TIP**

Shift + Ctrl + O : Create Outlines

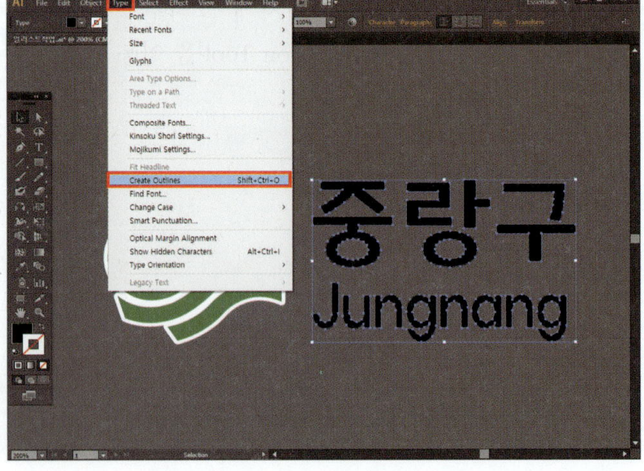

14 이미지로 변환된 오브젝트를 모두 선택한 후 [Window] 〉 [Stroke] 패널을 열어 Weight 수치를 입력해 줍니다. Align Stroke는 Outside로 선택하고 선색은 C0M0Y0K0으로 설정해 줍니다.

15 로고와 문자 이미지를 모두 선택한 후 [Object] 〉 [Path] 〉 [Outline Stroke]를 클릭해서 테두리의 흰색 선을 면으로 변환시킵니다. 모두 선택된 상태에서 마우스 오른쪽 버튼을 눌러서 [Group]을 클릭합니다.

07 초록호박 만들기

01 'Ellipse Tool'을 이용해서 면색 C37M0Y100K0, 선색 None의 타원 네 개를 만듭니다. 타원을 모두 선택하고 [Window] 〉 [Pathfinder] 패널을 열어 'Shape : Unite'를 선택해 하나의 오브젝트로 만듭니다.

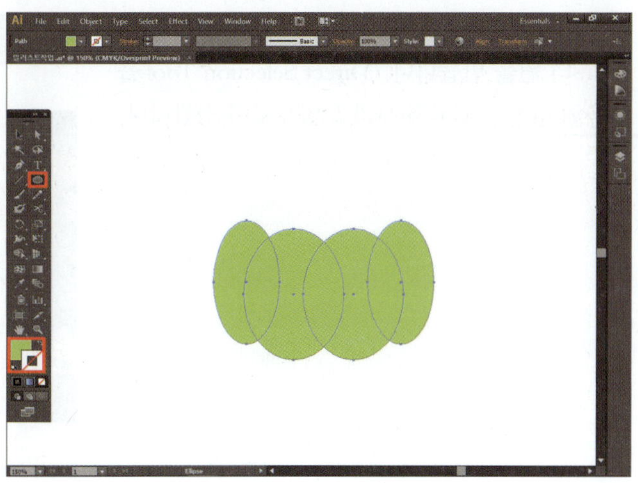

02 'Pen Tool'을 이용해서 면색 None, 선색 C37M0Y100K0으로 설정하여 호박의 줄기 부분을 그려 줍니다. [Window] > [Stroke] 패널을 열어 Weight 수치를 입력해서 줄기의 두께를 설정하고, Cap을 'Round Cap'으로 바꿔 끝이 둥근 모양으로 만듭니다.

03 펜툴로 그린 두 개의 줄기 부분만 선택을 하고 [Object] > [Expand]를 클릭해서 선을 면으로 변환시킵니다. [Pathfinder] 패널을 열어 'Shape : Unite'를 선택해 줄기를 한 개의 오브젝트로 합쳐 줍니다. 모두 선택 후 [Ctrl]+[G]를 눌러 그룹으로 만들어 줍니다.

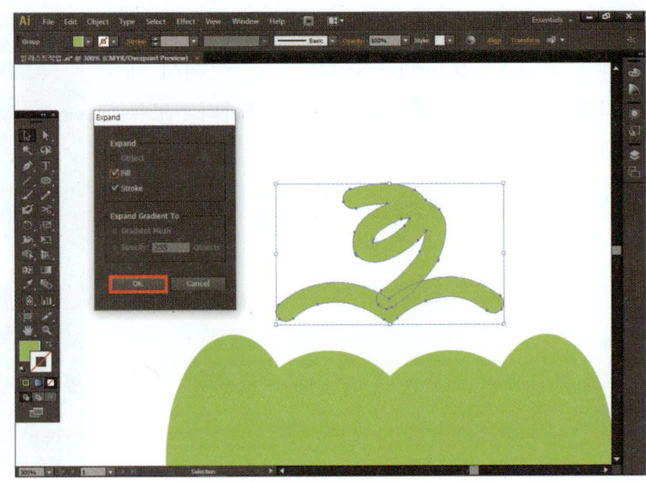

08 노란사과 만들기

01 'Ellipse Tool'로 면색 C7M4Y100K0, 선색 None의 원을 만듭니다. 'Direct Selection Tool'을 이용해 디자인 원고의 사과 모양으로 수정합니다.

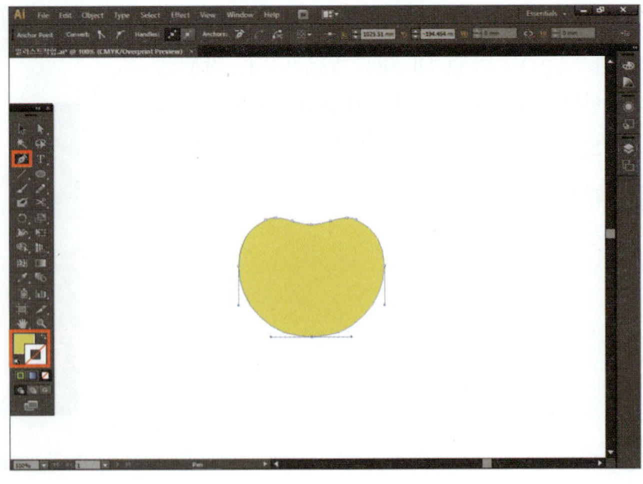

02 'Pen Tool'을 이용해 잎사귀 모양을 만들고 'Reflect Tool'을 이용해서 반전 복사합니다. 복사된 잎사귀는 모서리의 조절점을 드래그해서 사이즈를 줄여 줍니다. 모두 선택 후 Ctrl+G를 눌러 그룹으로 만들어 줍니다.

09 갈색딸기 만들기

01 'Ellipse Tool'로 면색 C32M76Y100K33, 면색 None의 원을 만듭니다. 'Convert Anchor Point Tool'을 선택하여 원의 아래쪽 꼭짓점을 클릭합니다. 'Direct Selection Tool'을 이용해 딸기 모양으로 수정합니다.

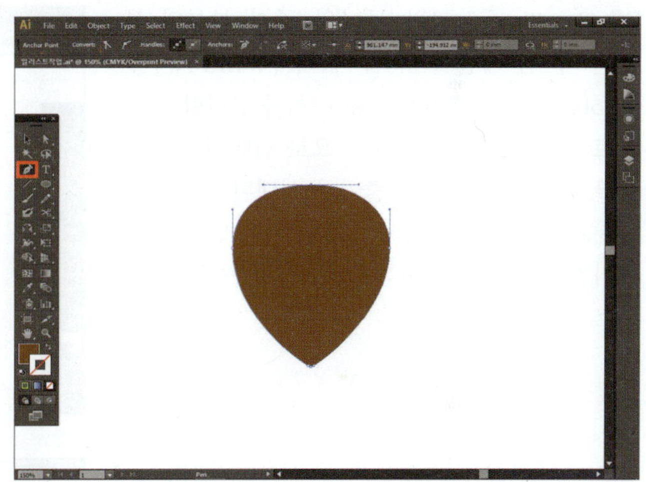

02 'Pen Tool'을 이용해서 면색 None, 선색 C37M3Y100K0로 설정 후 줄기 부분을 그려 줍니다. [Window] 〉 [Stroke] 패널을 열어 Weight 수치를 입력해서 줄기의 두께를 설정하고, Cap을 'Round Cap'으로 바꿔 끝이 둥근 모양으로 만듭니다. 줄기 부분을 선택하고 [Object] 〉 [Expand]를 클릭해서 선을 면으로 변환시킵니다. 모두 선택 후 Ctrl+G를 눌러 그룹으로 만들어 줍니다.

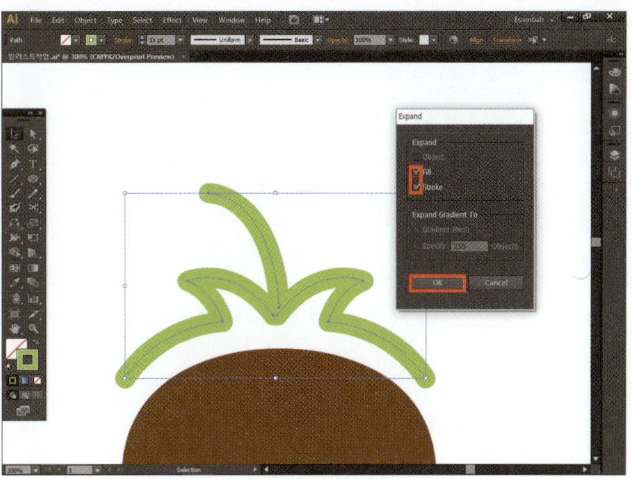

01 'Ellipse Tool'로 면색 C12M5Y19K0, 선색 None의 원을 만들고 'Direct Selection Tool'을 이용해 무우 모양으로 수정합니다. 'Pen Tool'을 이용해 무의 무늬는 면색 None, 선색 C20M2Y76K0으로 설정하고, 줄기 부분은 면색 None, 선색 C64M33Y100K16으로 설정합니다.

02 'Pen Tool'로 그린 '무늬'와 '줄기' 부분만 선택한 후 두께감을 주기 위해 [Window] 〉 [Stroke] 패널을 열어 Weight 수치를 입력합니다. 바로 아래 'Cap : Round Cap'으로 선택해서 끝을 둥글게 합니다. 무늬와 줄기가 선택된 상태에서 [Object] 〉 [Expand]를 클릭해서 선을 면으로 변환시킵니다. 모두 선택 후 Ctrl+G를 눌러 그룹으로 만들어 줍니다.

① 작업 준비하기

01 포토샵을 실행하고, [File] > [New]를 선택하여 [New] 대화상자에서 'Width : 166mm, Height : 246mm, Resolution : 300 Pixels/Inch, Color Mode : RGB Color'로 설정한 후, [OK] 버튼을 클릭합니다.

⚑ 기적의 TIP

- Ctrl + N : New(새로 만들기)
- Color Mode : 인쇄물에 적합한 CMYK 모드를 설정해 주어야 하지만, 시험장의 프린터가 인쇄소의 출력이 아니기 때문에 회색기, 탁함, 채도저하 발생이 빈번합니다. 또한 시험 문항에 여러 가지 패턴 적용 문제들이 출제되기 때문에 RGB모드로 설정합니다.

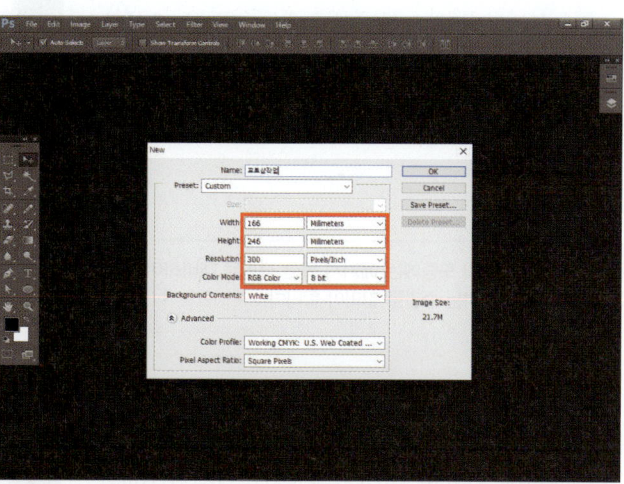

02 '일러스트작업' 창에서 그리드를 선택하고, Ctrl + C 를 눌러 복사합니다. '포토샵작업' 창에 Ctrl + V 를 눌러 붙여넣기한 후, [Paste] 대화상자에서 'Pixels'를 선택하고, [OK] 버튼을 클릭합니다. Enter 를 눌러 그리드를 확정합니다.

⚑ 기적의 TIP

그리드가 잠겨 선택되지 않는 경우, [Window] > [Layers]를 선택하고, Layers 패널에서 해당 레이어의 Toggles Lock 아이콘을 클릭하여 레이어 잠금을 해제하거나, Alt + Ctrl + 2 를 눌러 오브젝트 잠금을 해제합니다.

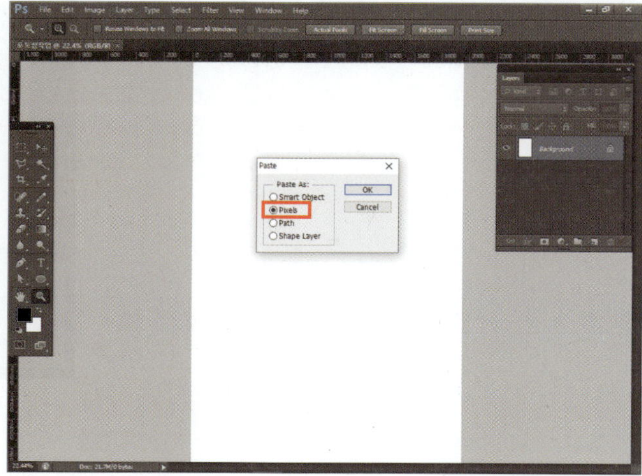

03 Layers 패널에서 이름을 그리드로 변경합니다. 'Move Tool'을 선택하고, **Ctrl**을 누른 채 'Background' 레이어와 함께 선택한 후, 옵션 바에서 'Align vertical centers', 'Align horizontal centers'를 클릭하여 정렬합니다. '그리드' 레이어만 선택하고, 'Lock all' 아이콘을 클릭하여 잠근 후, [File] 〉 [Save]를 선택하여 포토샵작업.psd로 저장합니다.

> **기적**의 TIP
>
> 항상 작업 시작과 도중에는 예기치 못한 상황을 대비하여 수시로 하는 저장하는 습관을 길러야 합니다.

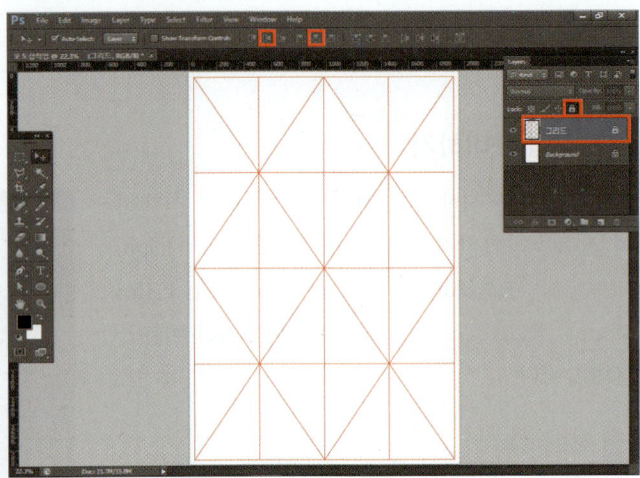

02 배경 만들기

01 배경에 사용할 이미지를 넣기 위해서 [File] 〉 [Open]을 선택하고, [Open] 대화상자가 열리면 02.jpg, 03.jpg, 07.jpg을 찾아 선택하여, 이미지를 불러옵니다.

02 이미지가 열리면 필요한 부분만 'Rectangular Marquee Tool'로 선택한 후 Ctrl+C를 눌러 복사합니다. 이미지의 전체가 필요할 경우에는 Ctrl+A를 눌러 전체영역을 선택하고, Ctrl+C를 눌러 복사합니다.

- Ctrl+A : [Select] 〉 [All] 선택과 같은 기능이며 이미지의 전체영역을 선택합니다.
- Ctrl+C : 선택된 영역을 복사하여 메모리에 저장합니다. 나중에 Ctrl+V를 눌러 붙여넣기를 할 수 있습니다.
- 몇 가지 자주 사용하는 중요한 기능은 단축키를 외워서 사용해야 시간을 단축할 수 있습니다.

03 '포토샵작업' 창으로 돌아와 Ctrl+V를 눌러 이미지를 붙여 넣습니다. Ctrl+T를 눌러 크기 조절점을 나타내고, 크기와 위치를 조절하여 다음과 같이 전체 영역을 다 채우게 배치한 후, Enter를 눌러 확정합니다. Layers 패널에서 레이어의 이름을 각각의 파일명으로 변경한 후, 레이어 위치를 '그리드' 레이어 아래로 02, 07, 03, Background 순으로 배열합니다.

- Ctrl+T : Free Transform
- Free Transform을 이용하여 크기 조절을 할 때, 이미지의 가로, 세로 비율을 유지하기 위해서 반드시 모서리의 점을 Shift를 누른 채 드래그해야 합니다.

04 이미지의 색상을 수정해야 할 경우에는 수정할 레이어를 클릭하고 [Image] 〉[Adjustments] 〉 [Hue/Saturation]을 이용해 색상을 디자인 원고의 이미지와 비슷하게 수정해 줍니다.

이미지의 색 수정을 위한 기본적인 단축키
- Ctrl+U : Hue/Saturation
- Ctrl+L : Levels

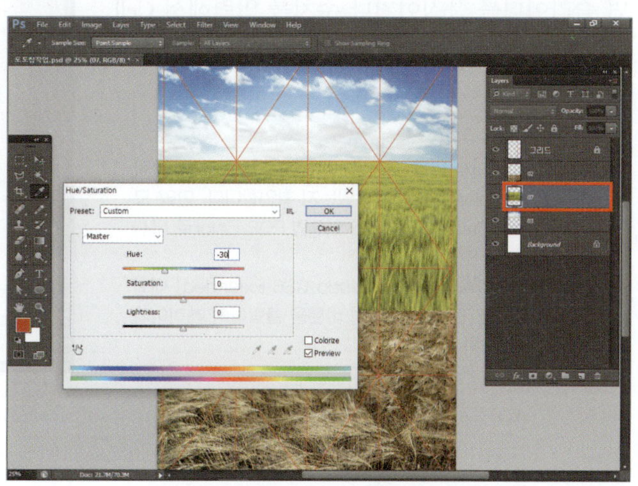

05 'Ellipse Tool'을 클릭해서 배경 이미지 사이의 라인만큼 큰 원을 그려주고 새로 생긴 'Ellipse 1' 레이어를 07 레이어와 03 레이어 사이에 위치시킵니다. 'Ellipse 1' 레이어를 복사해서 생긴 'Ellipse 1 Copy' 레이어를 '02' 레이어와 '07' 레이어 사이에 위치시키고 레이어가 선택된 상태에서 'Move Tool'을 클릭하고 ⬆를 눌러서 02 이미지와 07 이미지 사이로 이동시킵니다.

06 Clipping Mask를 적용시키기 위해 Alt 를 누른 상태로 '07' 레이어와 'Ellipse 1' 레이어 사이를 클릭합니다. Alt 를 누른 상태로 '02' 레이어와 'Ellipse 1 Copy' 레이어의 사이를 클릭합니다.

> **기적의 TIP**
>
> • 배경 이미지 레이어에 오른쪽 마우스를 클릭하고 Create Clipping Mask를 클릭해도 됩니다.
> • Clipping Mask를 적용하면 아래쪽 이미지와 겹쳐지는 부분만 보여 줍니다.

07 '03' 레이어를 선택하고 [Filter] 〉 [Pixelate] 〉 [Crystallize]를 클릭합니다. 대화상자가 나타나면 슬라이더를 움직이거나 수치를 입력해서 Cell Size를 설정하고 필터를 적용합니다.

> **기적의 TIP**
>
> • Filter가 적용되지 않을 때에는 [Image] 〉 [Mode]를 클릭해서 RGB Color로 선택되어 있는지 확인합니다. 만약 모드가 CMYK Color로 선택되어 있으면 RGB Color로 바꿔 줘야 필터가 적용됩니다.
> • 모드 전환 시 [Adobe Photoshop CS6 Extended] 대화상자가 열리면 [Don't Flatten] 버튼을 클릭하여 레이어가 합쳐지지 않도록 합니다.

08 '07' 레이어를 선택하고 [Filter] > [Filter Gallery] > [Texture] > [Patchwork]를 클릭하고 오른쪽의 옵션값을 디자인 원고와 비슷하게 조절합니다.

- 포토샵 버전에 따라 필터 메뉴의 이름 또는 위치가 조금씩 다를 수 있습니다.
- 실제 시험에서는 정확한 숫자로 입력하기 보다는 아래에 위치한 슬라이더를 좌우로 움직이고, 이미지에 적용되는 효과를 확인하면서 적당한 값을 찾는 것이 시간을 줄일 수 있습니다.

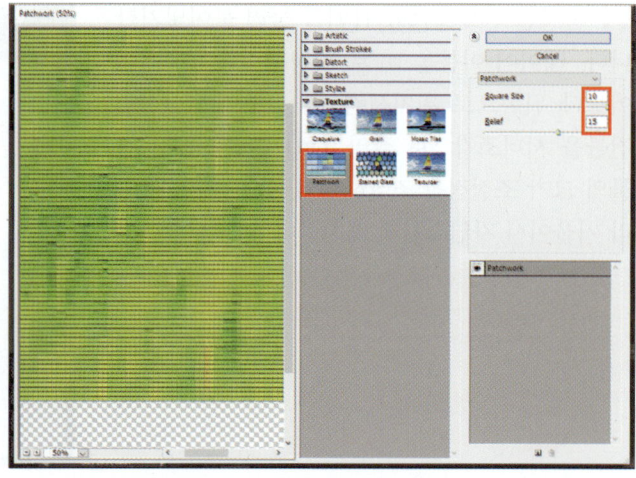

09 '02' 레이어를 선택하고 [Filter] > [Filter Gallery] > [Distort] > [Ocean Ripple]을 클릭해서 오른쪽의 옵션값을 디자인 원고와 비슷하게 조절해 줍니다.

10 다음 배경 이미지를 불러오기 위해 [File] > [Open]을 선택합니다. 대화상자가 열리면 01.jpg를 선택하고, [Open] 버튼을 클릭합니다. 'Magnetic Lasso Tool'을 선택하고 건물의 외곽선을 따라 커서를 이동하고, 중간 중간 배경과의 대비값이 작은 곳에서는 Alt 를 누른 상태로 클릭해서 일시적으로 'Polygonal Lasso Tool'로 변경해서 사용합니다. 건물 외곽선을 배경과 분리하고 처음 클릭점으로 돌아와서 건물을 선택영역으로 만든 후 Ctrl + C 를 눌러 복사합니다.

11 복사된 건물을 `Ctrl`+`V`를 눌러 붙여넣기합
니다. 레이어 이름을 '01'로 지정해주고 '07' 레이
어보다 뒤쪽으로 위치시킵니다. 바닥이 직선인
건물을 서너조각으로 잘라 `Ctrl`+`T`를 눌러 건
물의 크기 조절점을 조절해주고, 둥근 라인을 따
라 기울여서 자연스럽게 배치합니다.

12 '01' 레이어를 선택하고 [Filter] 〉 [Filter
Gallery] 〉 [Artistic] 〉 [Paint Daubs]를 클릭해서
오른쪽의 옵션값을 디자인 원고와 비슷하게 조
절해 줍니다.

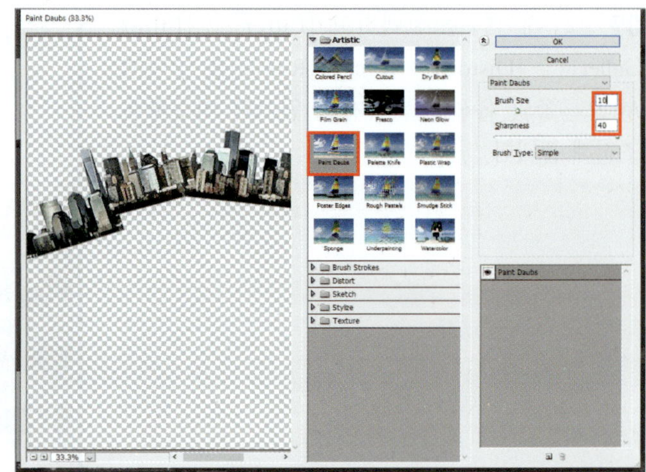

13 'Ellipse 1' 레이어의 오른쪽 빈 공간을 더블
클릭하거나 Layers 패널 아래에 있는 'Add a layer
style'을 클릭하고, 'Outer Glow'를 클릭합니다.
옵션창이 열리면 'Blend Mode : Screen', 'Opacity
: 80%' 'Technique : Softer'로 설정하고 Spread와
Size는 적용되는 효과를 확인해가며 슬라이더를
조절해 줍니다.

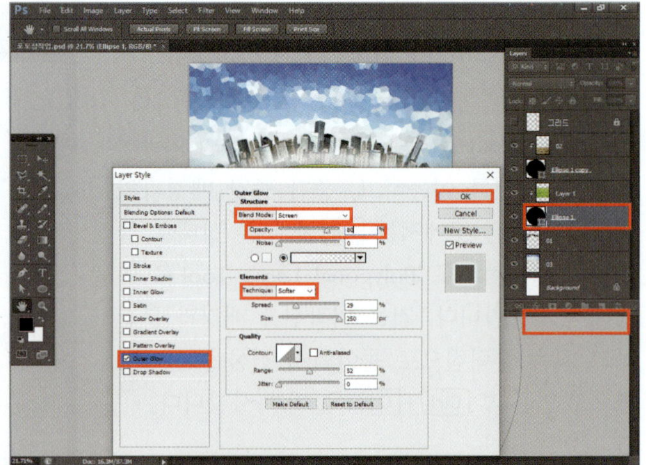

> **기적의 TIP**
>
> Preview를 체크해주고 슬라이더를 움직여서 적용되는 이미
> 지를 확인합니다.

14 'Ellipse 1 Copy' 레이어의 오른쪽 빈 공간을 더블클릭하거나 Layers 패널 아래에 있는 'Add a layer style'을 클릭하고, 'Drop Shadow'를 클릭합니다. 대화상자가 열리면 'Blend Mode : Multiply', 'Opacity : 75%'로 설정해주고 Distance, Spread, Size는 슬라이더를 조절해서 적용되는 효과를 확인해가며 적절한 값을 적용합니다.

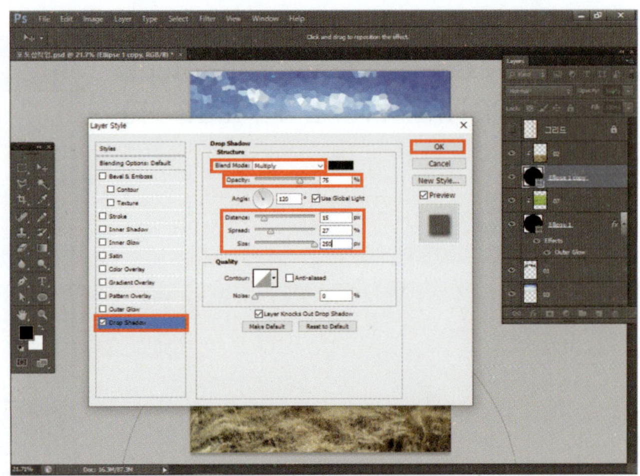

15 Layers 패널에서 폴더 모양의 'Create a new group'을 클릭해 새 그룹을 만들고, 이름을 '배경'으로 변경합니다. '가이드선' 레이어와, 'Background' 레이어를 제외한 모든 레이어를 Shift 를 누른 상태로 선택합니다. 선택한 레이어들을 '배경' 그룹으로 넣어 줍니다. '배경' 그룹을 선택해서 'Lock all'을 클릭해 줍니다.

03 메인캐릭터와 로고 배치하기

01 일러스트에서 작업한 메인캐릭터를 Ctrl +C 로 복사해서 포토샵작업 파일에 Ctrl +V 로 붙여넣기를 합니다. [Paste] 대화상자에서 'Pixels'를 선택하고, [OK] 버튼을 클릭한 후, 크기와 위치를 조절합니다. 레이어 이름은 '메인캐릭터'로 변경합니다.

02 '메인캐릭터' 레이어가 선택된 상태에서 [Filter] 〉 [Filter Gallery] 〉 [Texture] 〉 [Texturizer]를 클릭해서 슬라이더를 좌우로 움직여 옵션을 적용합니다.

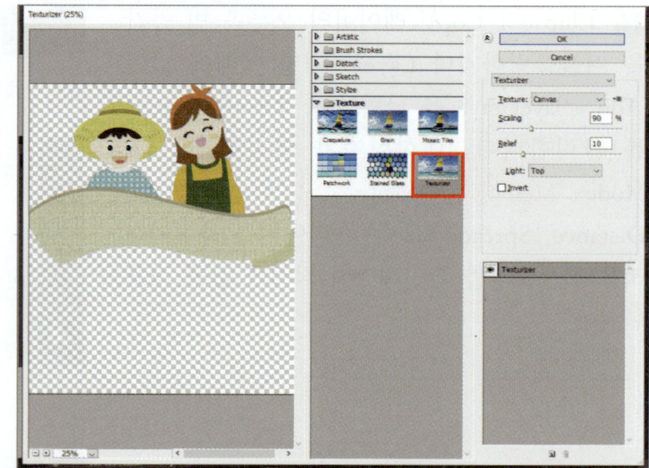

03 '메인캐릭터' 레이어의 오른쪽 빈 공간을 더블클릭하거나 Layers 패널의 아래쪽 'Add a layer style'를 클릭해서 'Stroke'을 선택합니다. Stroke 옵션은 'Size : 20', 'Position : Outside', 'Color : C0M0Y0K0'로 설정해 줍니다. 곧바로 Drop Shadow를 클릭해서 'Blend Mode : Multiply, Opacity : 75%'로 설정해 주고 Distance, Spread, Size는 슬라이더를 조절해서 적용되는 효과를 확인해가며 적절한 값을 적용합니다.

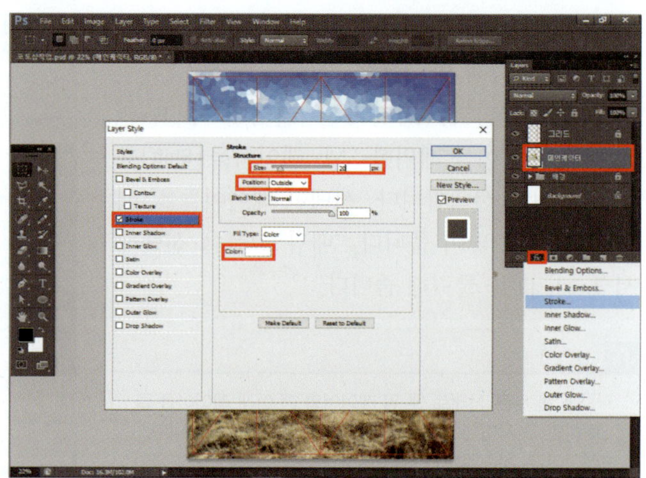

04 일러스트에서 작업한 도시농업 글자를 Ctrl +C로 복사해서 포토샵작업 파일에 Ctrl+V로 붙여넣기를 합니다. [Paste] 대화상자에서 'Pixels'를 선택하고, [OK] 버튼을 클릭한 후, 크기와 위치를 조절합니다. 레이어 이름을 도시농업으로 변경합니다. '메인캐릭터' 레이어의 바로 밑에 있는 'Effects'를 Alt를 누른 상태로 드래그해서 '도시농업' 레이어에 이동 복사합니다. 이펙트 옵션을 조절해야 하면 해당 옵션을 클릭해서 조절해 줍니다.

레이어에 적용된 이펙트를 이미지 이동 복사하듯이 Alt 키를 누른 상태로 가져와 필요한 레이어에 적용하면 작업시간이 단축됩니다.

01 일러스트에서 작업한 '풍차'를 Ctrl + C 로
복사해서 포토샵작업 파일에 Ctrl + V 로 붙여넣
기를 합니다. [Paste] 대화상자에서 'Pixels'를 선
택하고, [OK] 버튼을 클릭한 후, 크기와 위치를
조절합니다. 레이어 이름은 풍차로 변경합니다.
날개가 돌아가는 필터를 적용하기 위해 풍차 레
이어를 선택한 다음 Ctrl + J 를 눌러 복사해서
풍차 Copy 레이어를 만듭니다.

02 '풍차 Copy' 레이어를 선택하고 [Filter] 〉
[Blur] 〉 [Radial Blur]를 선택하고 옵션창의
'Amount : 10'으로 설정해 주고 'Spin'을 체크합
니다. 한쪽 방향으로 돌아가는 느낌을 주기 위해
Ctrl + T 를 눌러서 모서리를 잡고 살짝 회전시
킵니다.

03 일러스트에서 작업한 '풍차받침'을 Ctrl + C
로 복사해서 포토샵작업 파일에 Ctrl + V 로 붙
여넣기를 합니다. [Paste] 대화상자에서 'Pixels'를
선택하고, [OK] 버튼을 클릭한 후, 크기와 위치
를 조절합니다. 레이어 이름은 풍차받침으로 변
경합니다.

04 일러스트에서 작업한 '오선'을 Ctrl+C 로 복사해서 포토샵작업 파일에 Ctrl+V 로 붙여넣기를 합니다. [Paste] 대화상자에서 'Pixels'를 선택하고, [OK] 버튼을 클릭한 후, 크기와 위치를 조절합니다. 레이어 이름을 오선으로 변경하고 풍차 뒤에 배치합니다.

05 'Pen Tool'을 이용해 오선의 맨 윗선을 따라 곡선의 패스를 만듭니다.

06 'Type Tool'을 선택하고 오선위에 그린 패스에 가져다 대보면 마우스 커서 모양이 곡선 위에 커서가 있는 모양으로 바뀝니다. 이때 클릭을 해서 도시의 텃밭정원! 팍팍한 도시에 치유와 예술을 더하다.를 패스 모양에 따라 작성해 줍니다. [Window] 〉 [Character] 패널을 열어 폰트, 글자크기, 색 등을 설정해 줍니다.

☞ 기적의 TIP

Path Selection Tool을 클릭하고 Shift 를 누른 상태로 문자 레이어를 클릭하면 글이 보이는 시작점과 중간, 끝을 조절할 수 있는 마커가 나타납니다.

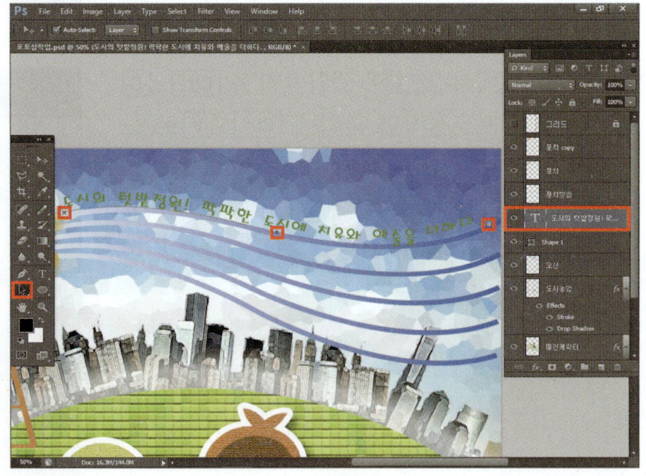

07 글을 입력한 후 레이어의 빈 공간을 더블 클릭해서 레이어 스타일의 대화상자를 열고 'Stroke'를 체크합니다. Stroke 옵션은 'Size : 5, Position : Outside, Color : C0M0Y0K0'로 설정합니다.

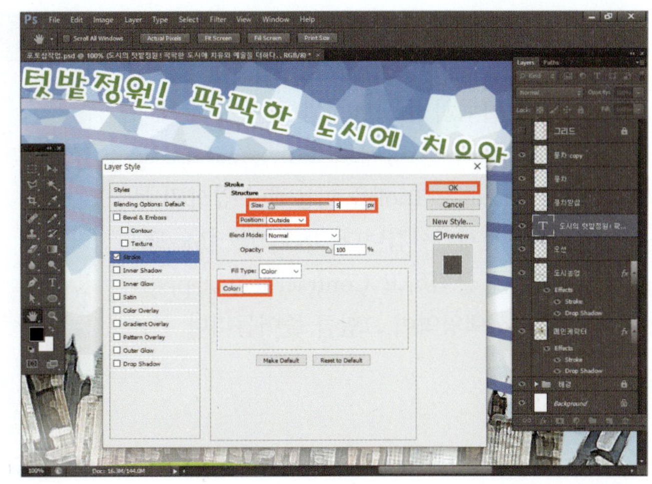

05 일러스트에 이미지 합성하기

01 일러스트에서 작업한 '노란사과'를 Ctrl + C 로 복사해서 포토샵작업 파일에 Ctrl + V 로 붙여넣기를 합니다. [Paste] 대화상자에서 'Pixels'를 선택하고, [OK] 버튼을 클릭한 후, 크기와 위치를 조절합니다. 레이어 이름을 노란사과로 변경하고 '메인캐릭터' 레이어 뒤에 배치합니다.

02 [File] 〉 [Open]을 클릭해서 05.jpg를 찾아 불러옵니다. 불러온 이미지를 선택해서 복사를 하고, 작업 중인 페이지에 붙여넣기를 합니다. 레이어가 생기면 05 오렌지로 이름을 변경합니다.

기적의 TIP

원활한 작업을 위해 '05 오렌지' 레이어의 눈 모양 아이콘을 클릭해 안보이게 합니다.

03 레이어의 선택은 '05 오렌지' 레이어를 선택해주고 '노란사과' 레이어의 썸네일을 Ctrl 을 누른 상태에서 클릭하면 노란사과 전체가 선택이 됩니다. Alt 를 누른 상태로 'Polygonal Lasso Tool' 또는 'Marquee Tool'을 이용해서 잎사귀 부분을 선택에서 제외시킵니다. [Select] 〉 [Modify] 〉 [Contract]를 클릭하고 Contract값을 25pixels 로 설정하면 선택영역이 그만큼 줄어듭니다.

04 선택영역을 유지하고, 레이어 선택은 '05 오렌지' 레이어를 선택한 상태에서 'Add layer mask'를 클릭합니다.

> 레이어 마스크는 적용된 레이어에 까만 부분은 가려지고 하얀색 부분만 드러나게 합니다. 적용된 '05 오렌지' 레이어가 사과 모양으로 보여지게 하기 위해 노란사과를 축소 선택했을 뿐 '노란사과' 레이어와는 상관이 없습니다.

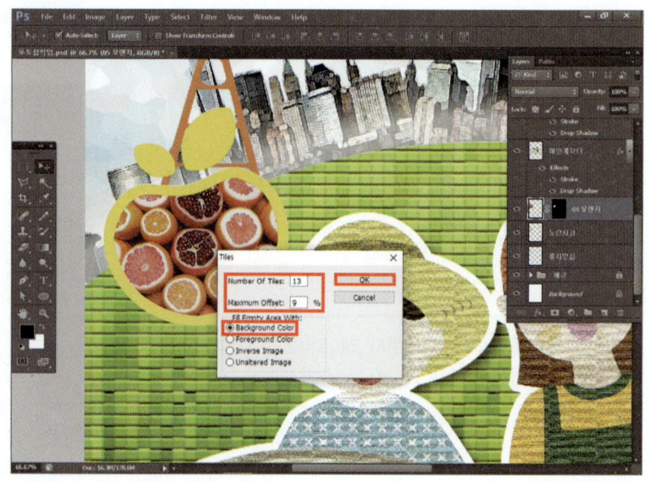

05 '05 오렌지' 레이어의 오렌지 이미지를 선택하고 [Filter] 〉 [Stylize] 〉 [Tiles]를 클릭합니다. [Tiles] 대화상자에서 'Number of Tiles : 13', 'Maximum Offset : 9%'로 설정합니다. 'Fill Empty Area With'는 흰색을 배경색에 두고 'Background Color'를 선택합니다.

06 '노란사과' 레이어를 선택하고 레이어 오른쪽의 빈 공간을 더블클릭합니다. Layer style 옵션창이 나타나면 'Drop Shadow'를 체크합니다. 'Blend Mode : Multiply, Opacity : 75%'로 설정해주고 Distance : 5, Spread : 0, Size : 6으로 설정합니다.

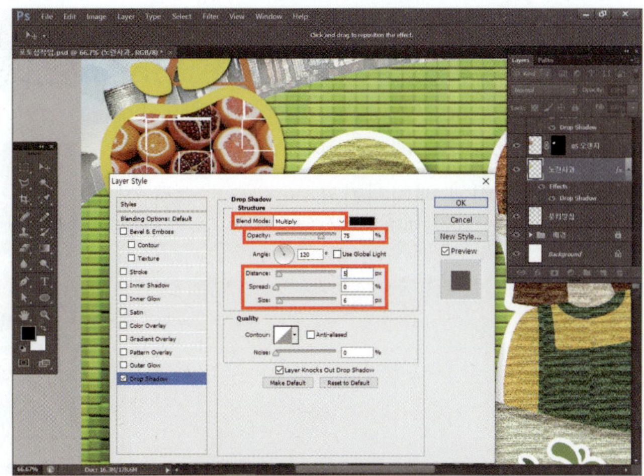

07 Layers 패널에서 폴더 모양의 'Create a new group'을 클릭해 새 그룹을 만들고, 이름을 노란사과로 변경합니다.

예기치 못한 상황에 대비하여 주기적으로 Ctrl+S를 눌러 저장을 하는 것이 좋습니다.

08 일러스트에서 작업한 '초록호박'을 Ctrl+C로 복사해서 포토샵작업 파일에 Ctrl+V로 붙여넣기를 합니다. [Paste] 대화상자에서 'Pixels'를 선택하고, [OK] 버튼을 클릭한 후, 크기와 위치를 조절합니다. 레이어 이름을 초록호박으로 변경하고 '메인캐릭터' 레이어 뒤에 배치합니다.

09 [File] 〉 [Open]을 클릭해서 06.jpg를 찾아 불러옵니다. 불러온 이미지를 선택해서 복사를 하고 사이즈를 조절한 다음 작업 중인 페이지에 붙여넣기를 합니다. 레이어가 생기면 '초록호박' 레이어 바로 위에 배치시키고 06 블루베리로 이름을 변경합니다.

10 '06 블루베리' 레이어를 선택해놓고 '초록호박' 레이어의 썸네일을 Ctrl을 누른 상태에서 클릭합니다. 호박모양의 선택영역이 생기면 [Select] 〉 [Modify] 〉 [Contract]를 클릭하고 'Contract By : 25pixels'로 설정해서 호박 모양 선택영역을 축소합니다. '06 블루베리' 레이어가 선택된 상태로 레이어 창의 'Add layer mask'를 클릭합니다.

11 '06 블루베리' 레이어의 블루베리 이미지를 선택하고 [Filter] 〉 [Filter Gallery] 〉 [Artistic] 〉 [Paint Daubs]를 클릭한 후 'Brush Size : 0', 'Sharpness : 40'으로 설정해서 필터를 적용시킵니다.

> **기적의 TIP**
>
> 책에 제시된 수치는 각자 설정한 도큐먼트의 크기에 따라 달라질 수 있으니 그대로 따라하기 보다는 수치를 직접 입력해 보면서 이미지의 변화를 확인하고 적당한 값을 찾는 것이 좋습니다.

12 '노란사과' 레이어에 적용되어 있는 'Effect'를 Alt 를 누른 상태에서 클릭한 후 '초록호박' 레이어로 드래그해서 복사합니다. 'Create a new group'를 클릭해서 새 그룹을 만들고 이름을 초록호박으로 변경합니다. 관련 레이어를 그룹폴더로 이동시킵니다.

> **기적의 TIP**
>
> • 레이어 스타일을 적용하기 위해 [Layer] 〉 [Layer Style] 아래에서 적용하고자 하는 효과 항목을 바로 선택해도 됩니다.
> • 효과 옵션 수치를 조절하면 작업창에 결과가 바로 보이기 때문에 눈으로 확인하면서 각자 적절한 값으로 설정합니다.

13 일러스트에서 작업한 '갈색딸기'를 Ctrl + C 로 복사해서 포토샵작업 파일에 Ctrl + V 로 붙여넣기를 합니다. [Paste] 대화상자에서 'Pixels'를 선택하고, [OK] 버튼을 클릭한 후, 크기와 위치를 조절합니다. 레이어 이름을 '갈색딸기'로 변경하고 '메인캐릭터' 뒤에 배치합니다.

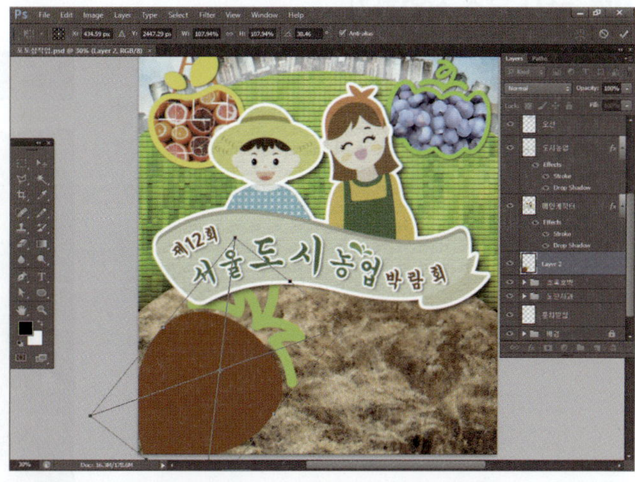

14 [File] 〉 [Open]을 클릭해서 04.jpg를 찾아 불러옵니다. 이름을 04 호박으로 변경하고 '갈색딸기' 레이어 위에 배치합니다. '04 호박' 레이어를 선택하고 '갈색딸기' 레이어의 썸네일을 Ctrl 을 누른 상태에서 클릭하면 딸기 모양의 선택영역이 생깁니다. [Select] 〉 [Modify] 〉 [Contract]를 클릭하고 'Contract By : 25pixels'로 설정해서 호박 모양 선택영역을 축소합니다. '04 호박' 레이어가 선택된 상태로 레이어창의 'Add layer mask'를 클릭합니다.

15 '04 호박' 레이어의 이미지를 선택하고 [Filter] 〉 [Filter Gallery] 〉 [Texture] 〉 [Mosaic Tiles]를 적용합니다. '노란사과' 레이어에 적용되어 있는 'Effect'를 Alt 를 누른 상태에서 클릭한 후 '갈색딸기' 레이어로 드래그해서 복사합니다. 'Create a new group'를 클릭해서 새 그룹을 만들고 이름을 갈색딸기로 변경합니다. '갈색딸기' 레이어와 '04 호박' 레이어를 그룹폴더로 이동시킵니다.

06 글자 요소 작업하기

01 'Horizontal Type Tool' 선택하고 박람회기간을 적은 후에 [Window] 〉 [Character]를 열어서 비슷한 폰트와 글자크기를 선택하고 색상은 C0M0Y0K0으로 설정합니다. '박람회기간' 레이어를 3개 복사해서 각각 2023.9.24 ~, 박람회장소, 중랑구 용마폭포 ~로 수정하고 배치합니다.

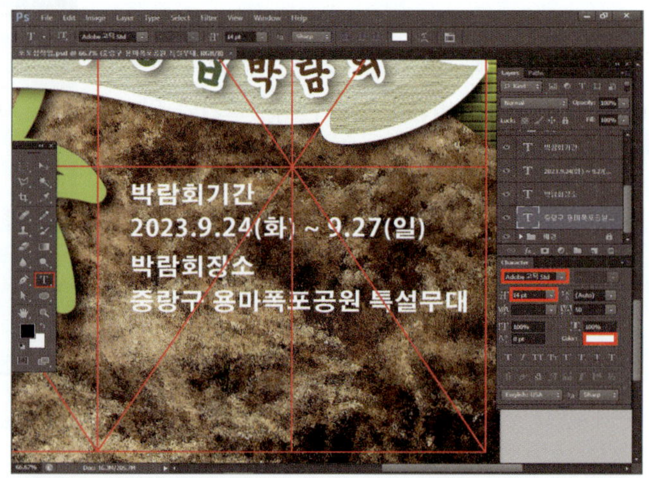

02 Layers 패널의 'Create a new layer'를 클릭하고 문자박스로 이름을 변경합니다. '문자박스' 레이어를 선택한 후 'Rectangular Marquee Tool'로 글상자 범위를 선택하고 C41M78Y90K60로 전경색을 설정한 후 Alt + Delete 를 눌러서 색을 채워 줍니다. '문자박스' 레이어 복사한 후 'Move Tool'을 이용해서 '박람회장소' 밑으로 이동시킵니다.

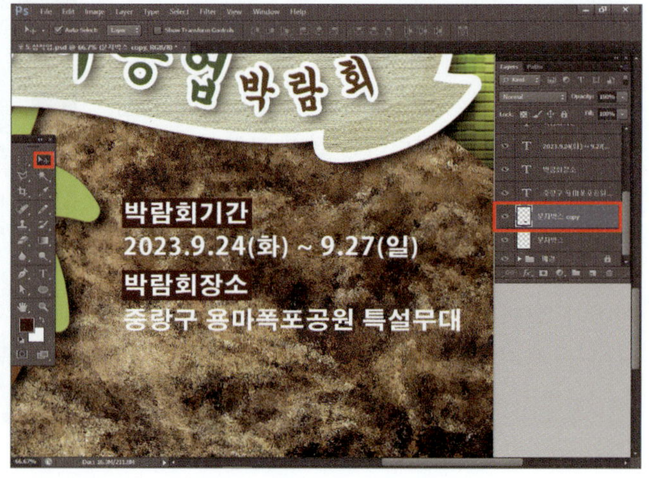

03 '2023.9.24~' 레이어의 빈 공간을 더블클릭
해서 레이어 스타일의 'Stroke'을 클릭합니다.
'Size : 4, Position : Outside, Color : C41M78
Y90K60'으로 적용합니다. 레이어의 'Effect'를
[Alt]를 누른 상태에서 클릭한 후 '중랑구 용마폭
포' 레이어로 드래그해서 복사합니다.

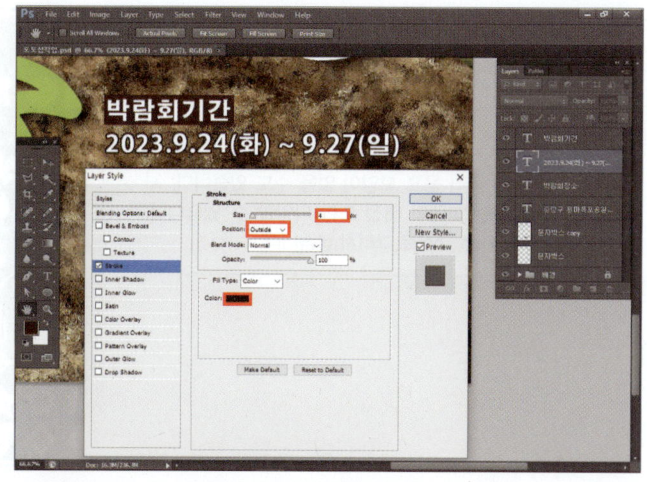

04 일러스트에서 작업한 '중랑구로고'를 [Ctrl]
+[C]로 복사해서 포토샵작업 파일에 [Ctrl]+[V]
로 붙여넣기를 합니다. [Paste] 대화상자에서
'Pixels'를 선택하고, [OK] 버튼을 클릭한 후, 크
기와 위치를 조절합니다. 레이어 이름을 중랑구
로고로 변경합니다. Layers 패널 아래에 'Add a
layer style'을 클릭하고 'Stroke'을 클릭합니다.
'Size : 8', 'Position : Outside', 'Color : C0M0
Y0K0'로 설정합니다.

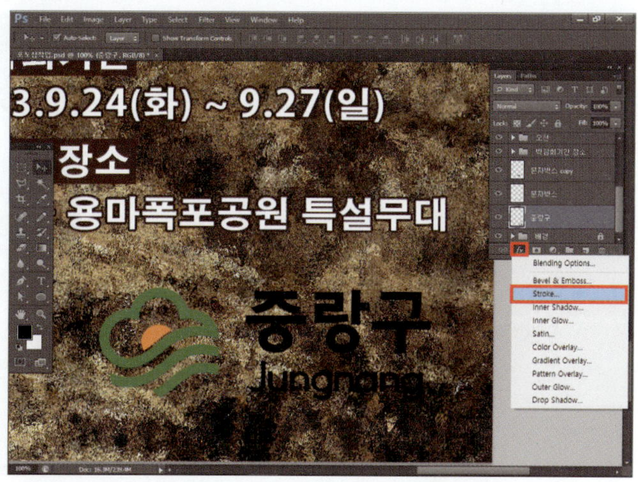

07 Shape Tool 사용하기

01 'Custom Shape Tool'을 선택하면 화면 상단
옵션 바에 Shape 관련 옵션들이 나타납니다. 화
면 왼쪽 상단의 Shape 옵션 바에 있는 Fill의 색
상자를 클릭하고 C9M23Y81K0의 색을 설정합
니다.

02 'Shape'를 클릭한 후 필요한 음표를 더블클릭해서 선택합니다.

포토샵의 버전에 따라 음표 모양이 없을 수도 있습니다. 시험장에 설치된 프로그램의 버전 또한 다양할 수 있습니다. 이때 없을 경우, Pen Tool로 그려서 넣습니다.

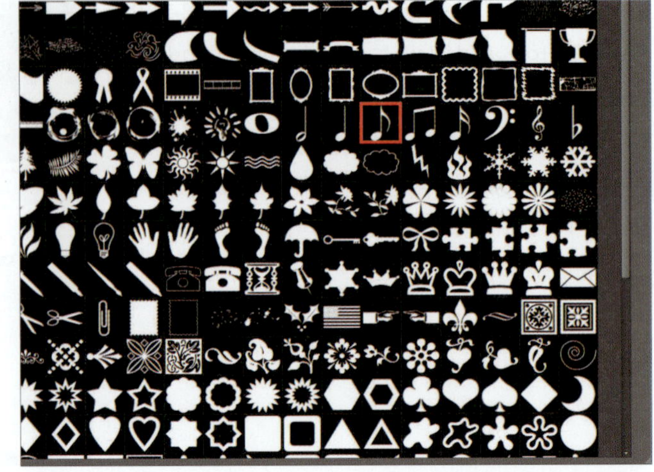

03 화면의 '오선' 이미지 위에 클릭 후 드래그해서 크기를 조절하고 다시 다른 모양의 음표 가져오기를 반복합니다.

04 'Create a new group'를 클릭해서 새 그룹을 만들고 이름을 노란음표로 변경합니다. 노란음표 레이어를 모두 선택해서 그룹폴더로 옮겨 줍니다.

05 일러스트에서 작업한 '무우'를 Ctrl+C 로 복사해서 포토샵작업 파일에 Ctrl+V 로 붙여넣기를 합니다. [Paste] 대화상자에서 'Pixels'를 선택하고, [OK] 버튼을 클릭한 후, 크기와 위치를 조절합니다. 레이어 이름을 무우로 변경하고, 변경한 '무우' 레이어를 두 개 더 복사하고 'Move Tool'로 이동 배치한 후 크기 조절을 해줍니다.

> **기적의 TIP**
>
> 레이어가 선택된 상태에서 Ctrl+J 를 눌러 레이어를 복사한 후, 복사된 레이어의 이름을 변경합니다.

06 'Custom Shape Tool'을 선택하면 화면 상단 옵션 바에 Shape 관련 옵션들이 나타납니다. Fill의 색상자를 클릭해서 C0M0Y0K0를 선택해주고 Shape를 클릭해서 하얀색 음표를 그려 줍니다. 'Create a new group'를 클릭해서 새 그룹을 만들고 이름을 무우와 흰음표로 변경합니다. '무우' 레이어 세 개와, '흰음표' 레이어 세 개를 그룹 안으로 이동시킵니다.

07 '무우와 흰음표' 그룹을 선택하고 Layers 패널의 아래에 있는 'Add a Layer Style'을 클릭한 후에 Drop Shadow를 선택합니다. 옵션창의 'Blend Mode : Multiply', 'Opacity : 75%', 'Distance : 7', 'Spread : 0', 'Size : 7'로 설정합니다.

> **기적의 TIP**
>
> 그룹폴더에 레이어 스타일을 적용하면 그룹 안에 있는 모든 레이어에 한꺼번에 적용이 됩니다.

01 Layers 패널에서 '그리드' 레이어를 켠 후, 디자인 원고와 전체적으로 비교하여 검토합니다. 검토가 끝나면 '그리드' 레이어의 눈을 끄고, Ctrl + S 를 눌러 저장합니다.

> **기적의 TIP**
>
> Ctrl + S : Save(저장하기)

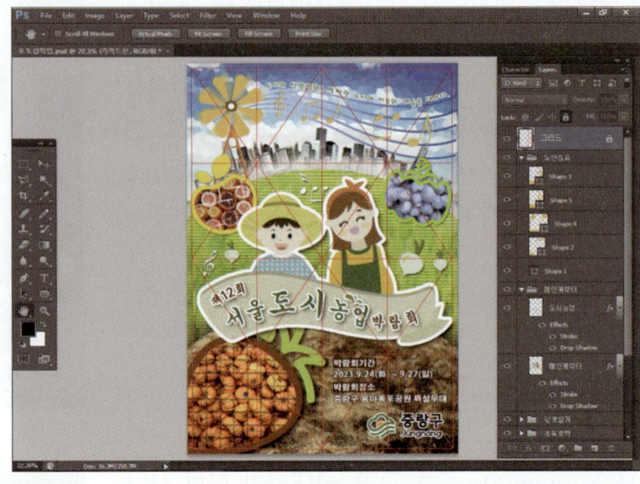

02 Layers 패널에서 '그리드' 레이어 바로 아래 레이어를 선택하고, Ctrl + Alt + Shift + E 를 눌러 모든 레이어가 합쳐진 새 레이어를 만듭니다.

> **기적의 TIP**
>
> Ctrl + Alt + Shift + E 를 누르면 현재 보이는 모든 레이어를 하나의 새 레이어로 만듭니다. 기존의 레이어는 지워지지 않고 그대로 유지되므로 혹시 모를 수정 작업에 유리합니다.

03 [File] 〉 [Save As] 메뉴를 선택하여 '파일이름 : 자신의 비번호(예를 들어 01번이면 01)'을 입력합니다. PC 응시자는 'Format : JPEG' 형식을 선택합니다. [JPEG Options] 대화상자가 열리면 'Quality : 12'로 설정하고, [OK] 버튼을 클릭합니다. 이때 저장된 JPG 파일을 확인하고, 용량이 너무 큰 경우 'Quality'를 8~11 정도의 수치로 설정하여 저장합니다.

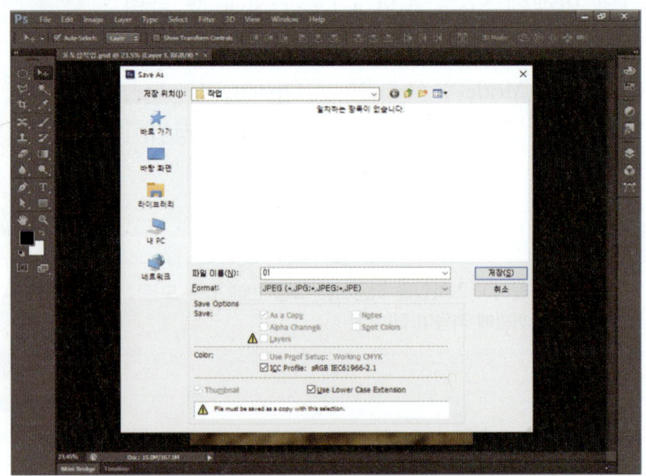

01 작업 준비하기

[File] 〉 [New] 〉 [Document]를 선택하여 'Number of Pages : 1, Facing Pages : 체크 해제', 'Page Size : A4', Margins 'Make all settings the same : 해제, 'Top : 25.5mm, Bottom : 25.5mm, Left : 22mm, Right : 22mm'로 입력한 후, [OK] 버튼을 클릭합니다.

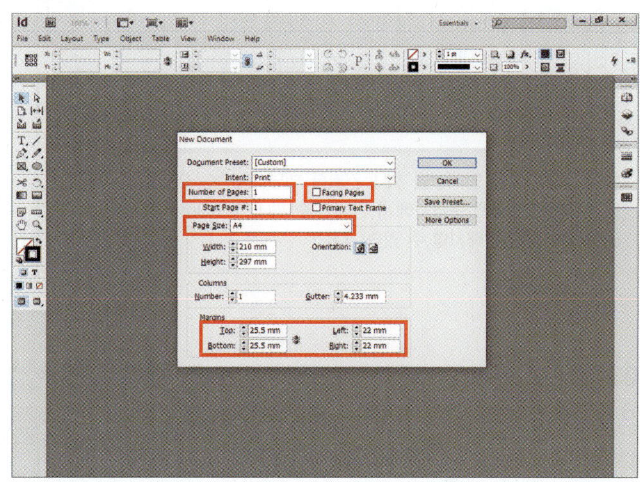

> **기적의 TIP**
>
> - Ctrl + N : New Document(새로 만들기)
> - A4의 가로 길이 210mm에서 166mm를 뺀 값은 44mm 이고, A4의 세로 길이 297mm에서 246mm를 뺀 값은 51mm이므로 이 여백을 2등분하여 각각의 여백으로 지정 합니다.

02 안내선 만들기

01 실제 크기의 안내선이 만들어졌으면 안내선 의 위쪽, 아래쪽, 왼쪽, 오른쪽의 안쪽으로 3mm 를 뺀 작품규격 크기의 안내선도 만들어야 합니 다. 눈금자의 기준점을 드래그하여 왼쪽 위의 안 내선 교차지점에 이동시켜 기준점이 0이 되도록 합니다.

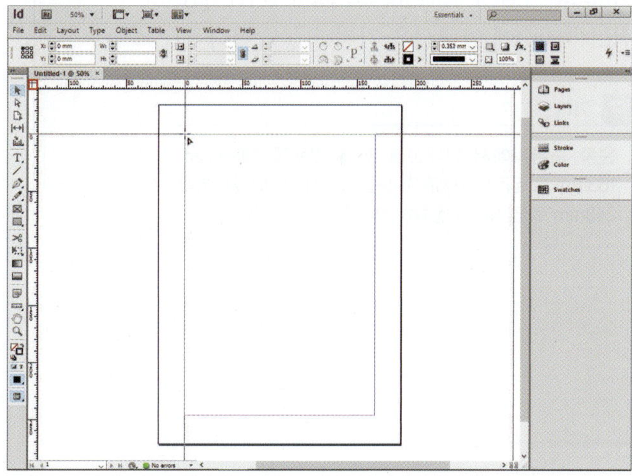

02 'Zoom Tool'로 실제크기 안내선 왼쪽 위를 드래그하여 확대하고, 왼쪽 눈금자에서 마우스를 드래그하여 0mm 지점에서 오른쪽으로 3mm만큼 이동한 지점과 위쪽 눈금자에서 마우스를 드래그하여 0mm 지점에서 아래쪽으로 3mm만큼 이동한 지점에 안내선을 가져다 놓습니다.

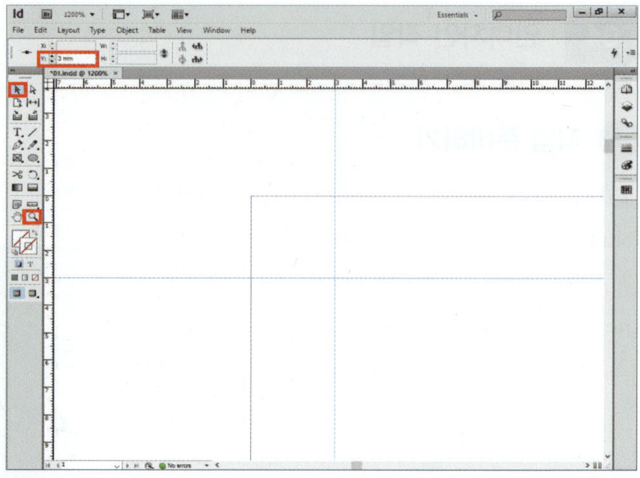

03 'Hand Tool'을 더블클릭하여 윈도우 화면으로 맞춘 후, 실제크기의 안내선 오른쪽 아래를 'Zoom Tool'로 확대합니다. 왼쪽 눈금자에서 마우스를 드래그하여 166mm 지점에서 왼쪽으로 3mm만큼 이동한 지점(163mm)과 위쪽 눈금자에서 마우스를 드래그하여 오른쪽 아래의 246mm 지점에서 위쪽으로 3mm만큼 이동한 지점(243mm)에 안내선을 가져다 놓습니다.

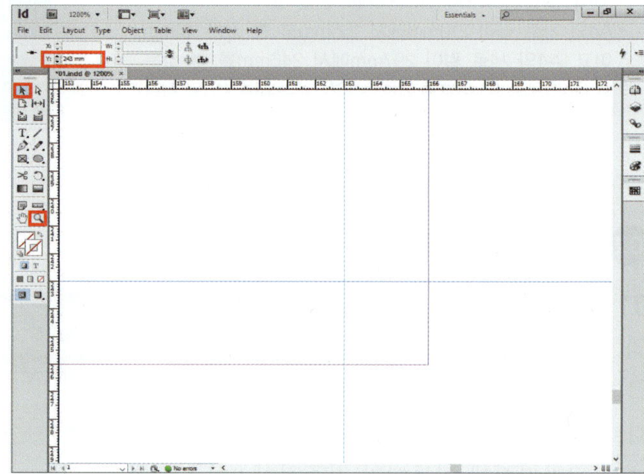

01 왼쪽 위를 'Zoom Tool'로 확대한 후, 'Line Tool'을 클릭하고, Shift 를 누른 상태에서 왼쪽 위의 세로 안내선과 실제크기 안내선 경계 부분에 수직으로 드래그하여 5mm 길이의 재단선을 그립니다. 가로 안내선과 실제크기 안내선 경계 부분도 수평으로 드래그하여 5mm 길이의 재단선을 그립니다. 두 재단선을 'Selection Tool'로 Shift 를 누른 상태에서 각각 클릭하고, Ctrl +C 를 눌러 복사합니다.

> **기적의 TIP**
>
> 컨트롤 패널에서 'L' 값을 참고하여 수치를 확인하거나 입력할 수 있습니다. 디자인 원고에서 재단선의 규격에 대한 언급이 없지만 5mm~10mm 정도가 적절합니다.

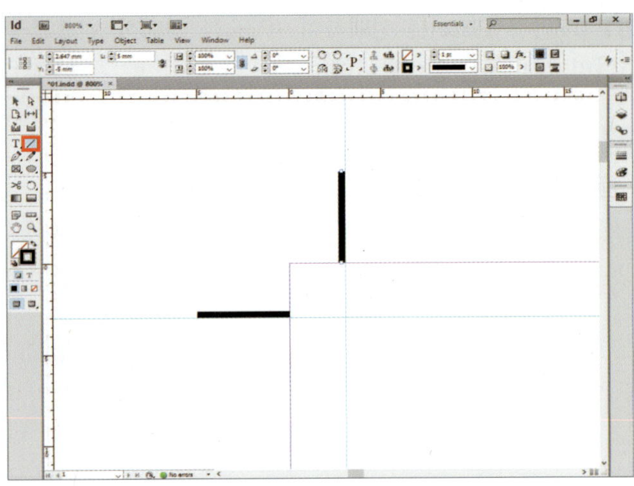

02 오른쪽 위를 'Zoom Tool'로 확대한 후 Ctrl +V 를 눌러 붙여넣기합니다. 컨트롤 패널에서 'Rotate 90° Clockwise'를 클릭하여 위치를 변경한 후, 안내선에 맞춰 배치합니다. 동일한 방법으로 아래쪽의 재단선도 만듭니다.

> **기적의 TIP**
>
> 아래쪽의 재단선도 컨트롤 패널에서 'Rotate 90° Clockwise'를 클릭하고, 안내선에 맞춰 배치하면 됩니다.

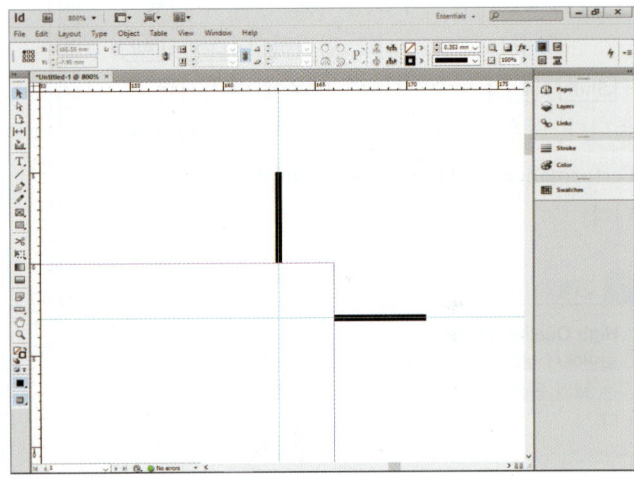

 이미지 가져오기

01 [File] 〉 [Place]를 선택하여 01.jpg를 선택하고 [열기] 버튼을 클릭합니다.

▶ **기적**의 TIP

Ctrl + D : Place

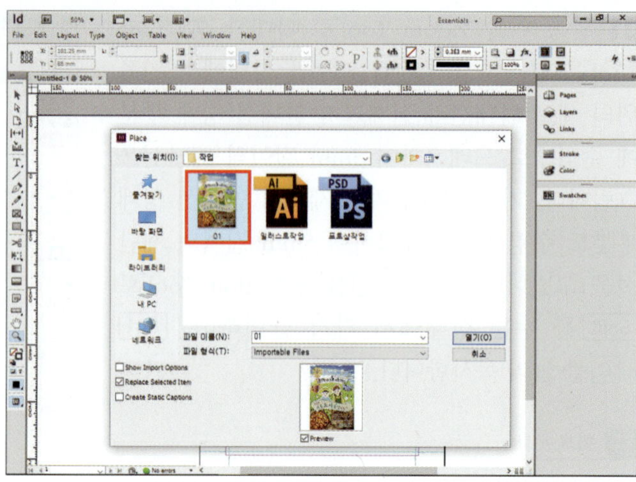

02 실제 크기 안내선의 왼쪽 위를 클릭하여 이미지를 삽입합니다. 상단 옵션바에서 'Reference Point'를 왼쪽 상단의 모퉁이로 선택 후, [W : 166mm], [H : 246mm]로 입력하고 Ctrl + Alt + Shift + E 를 눌러 프레임 비율에 이미지를 맞춥니다. 마우스 오른쪽 버튼을 클릭하여 [Display Performance] 〉 [High Quality Display]를 선택합니다.

▶ **기적**의 TIP

High Quality Display
화면에서 보여지는 이미지의 품질을 최고 수준으로 표시하는 보기 옵션일 뿐 실제 출력물의 품질과는 관련이 없습니다.

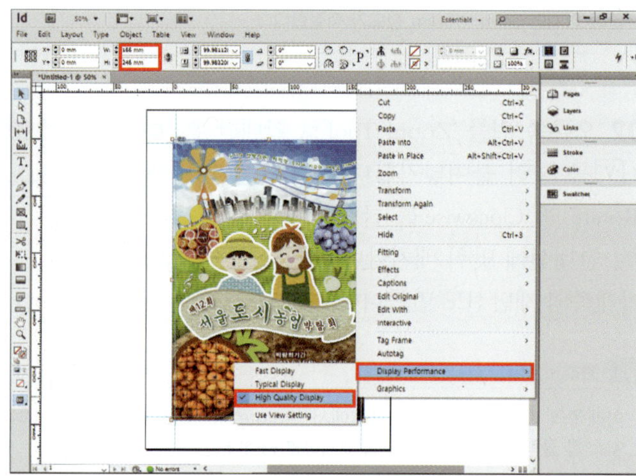

05 비번호 입력하기

이미지 왼쪽 아래를 'Zoom Tool'로 확대하고 'Type Tool'로 비번호(등번호)를 입력한 후 글자를 블록 지정하여 컨트롤 패널에서 '글꼴 : 고딕, Font Size : 10pt'로 지정합니다. 위치는 작품에서 3mm 떨어진 지점으로 이동합니다.

> **P 기적의 TIP**
>
> - 요구사항에 의하면 비번호를 입력할 때 폰트는 고딕체, 폰트 크기는 10pt로 입력해야 합니다.
> - 시험장에서 배정된 자신의 비번호를 입력하면 됩니다. 예제에서의 01은 예시입니다.

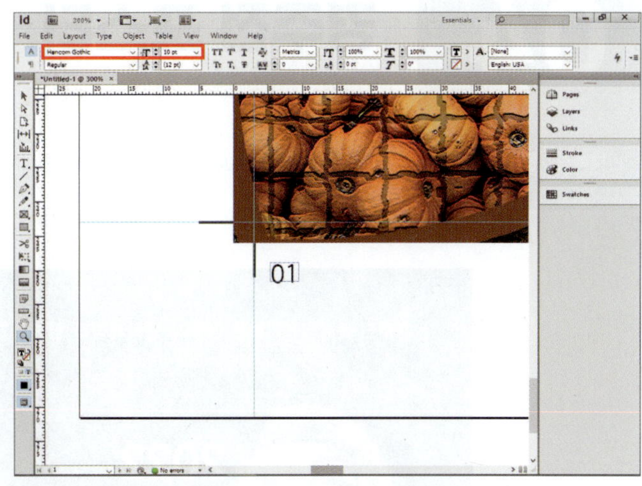

06 저장하고 제출하기

[File] 〉 [Save]를 선택하여 파일이름을 자신의 비번호 01로 입력한 후 [저장] 버튼을 클릭합니다. 'Hand Tool'를 더블클릭하여 결과물 전체를 확인합니다. 작업 폴더를 열고, '01.indd'와 '01.jpg'만 제출합니다. 출력은 출력지정 자리에서 '01.indd'를 열고 프린트합니다. 프린트된 A4 용지는 시험장에서 제공하는 켄트지의 한 가운데에 붙여 제출합니다.

> **P 기적의 TIP**
>
> 제출해야 할 파일(포토샵에서 만든 JPG 파일+인디자인 파일)의 용량은 총 15MB 이하입니다.

합격 강의

경주전 문화페스티벌은 경주시 문화재청과 함께하고 있습니다. | 경주문화원 www.gjnighttrip.or.kr
2022
경주전
경주전
신라천년의 문화를 만끽하다!
문화의 밤 2022. 9.10(토) - 9.11(일) 17:00 ~ 21:00
음악회 2022. 9.17(토) - 9.18(일) 경주 예술의전당
※ 세부 일정과 프로그램은 경주문화원 홈페이지와 안내책자를 참조하시기 바랍니다.
GYEONGJU WORLD CULTURE EXPO
경주세계문화엑스포

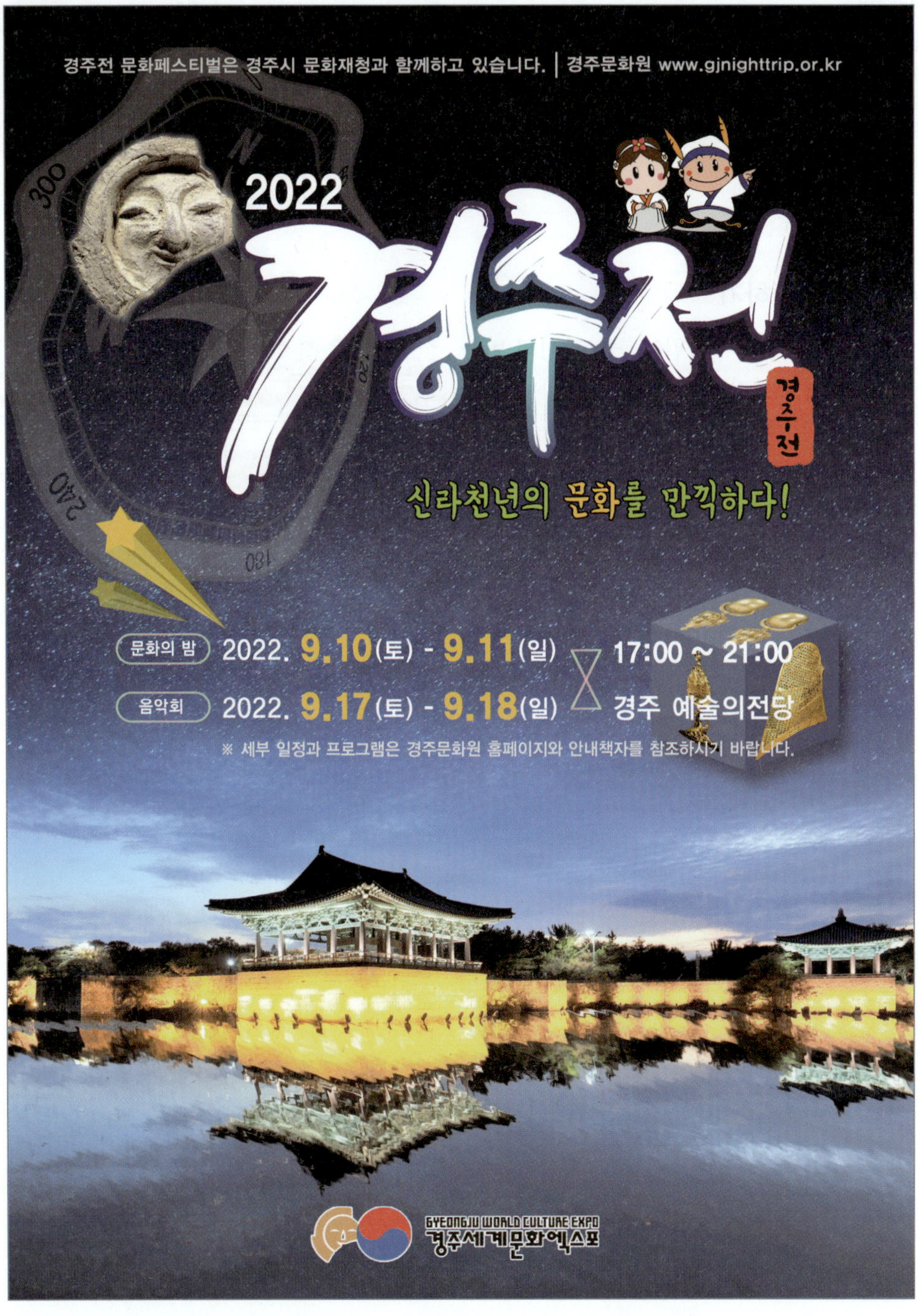

국가기술자격 실기시험 문제

자격종목	컴퓨터그래픽기능사	과제명	경주전 포스터

※ 시험시간 : 3시간 30분

1. 요구사항

※ 다음의 요구사항에 맞도록 주어진 자료(컴퓨터에 수록)를 활용하여 디자인 원고를 시험시간 내에 컴퓨터 작업으로 완성하여 A4 용지로 출력 후 A3 용지에 마운팅(부착)하여 제출하시오.

※ 모든 작업은 수험자가 컴퓨터 바탕화면에 폴더를 만들어 저장하시오.

가. 작품규격(재단되었을 때의 규격) : 160mm×240mm ※A4 용지 중앙에 작품이 배치되도록 하시오.

나. 구성요소(문자, 그림) : ※(디자인 원고 참조)

① 문자요소

- 2022 경주전
- 신라천년의 문화를 만끽하다!
- 문화의 밤
- 2022. 9.10(토) – 9.11(일)
- 17:00 ~ 21:00
- 음악회
- 2022. 9.17(토) – 9.18(일)
- 경주 예술의전당
- ※ 세부 일정과 프로그램은 경주문화원 홈페이지와 안내 책자를 참조하시기 바랍니다.
- 경주전 문화페스티벌은 경주시 문화재청과 함께하고 있습니다.
- 경주문화원 www.gjnighttrip.or.kr
- GYEONGJU WORLD CULTURE EXPO
- 경주세계문화엑스포

② 그림요소 : 디자인 원고 참조

우주배경.jpg

동궁과월지.jpg

유물 A.jpg

캐릭터.jpg

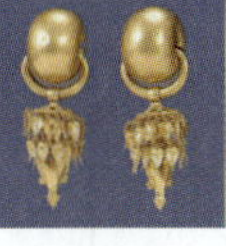
유물 B.jpg

유물 C.jpg

유물 D.jpg

다. 작업내용

01) 주어진 디자인 원고(그림, 사진, 문자, 색채, 레이아웃, 규격 등)와 동일하게 작업하시오.

02) 디자인 원고 내용 중 불명확한 형상, 색상코드 불일치, 색 지정이 없는 부분, 원고에 없는 형상 등이 있을 때는 수험자가 완성도면 내용과 같이 작업하시오.

03) 디자인 원고의 서체(요구서체)가 사용 컴퓨터 및 소프트웨어와 맞지 않을 경우는 가장 근접한 서체를 사용하시오.

04) 상하, 좌우에 3mm 재단여유를 갖도록 작품을 배치하고, 재단선은 작품규격에 맞추어 용도에 맞게 표시하시오. (단, 디자인 원고 중 작품의 규격을 표시한 외곽선이 있을 때는 원고의 지시에 따라 표시여부를 결정한다.)

05) 디자인 원고 좌측 하단으로부터 3mm를 띄워 비번호를 고딕 10pt로 반드시 기록하시오.

06) 출력물(A4)은 어떠한 경우에도 절취할 수 없으며, 반드시 A3 용지 중앙에 마운팅하시오.

라. 컴퓨터 작업범위

01) 15MB 용량의 폴더에 수록될 수 있도록 작업범위(해상도 및 포맷형식)를 계획하시오.

02) 규격 : A4(210×297mm) 중앙에 디자인 원고 내용과 같은 작품(원고규격)을 배치하시오.

03) 해상도 및 포맷형식 : 제한용량 범위 내에서 선택하시오.

04) 기타 : ① 제공된 자료범위 내에서 활용하시오.

  ② 3개의 2D 응용프로그램을 고루 활용하되, 최종작업 및 출력은 편집 프로그램(퀵 익스프레스, 인디자인)에서 하시오. (최종작업 파일이 다른 프로그램에서 생성된 경우는 출력할 수 없음)

컴퓨터그래픽기능사 **디자인 원고**

작품명 : 경주전 포스터

※ 작품규격(재단되었을 때의 규격) : 가로 160mm×세로 240mm, 작품 외곽선은 생략하고, 재단선은 3mm 재단 여유를 두고 용도에 맞게 표시할 것.
※ 지정되지 않은 색상 및 모든 작업은 "최종결과물" 오른쪽 디자인 원고를 참고하여 작업하시오.

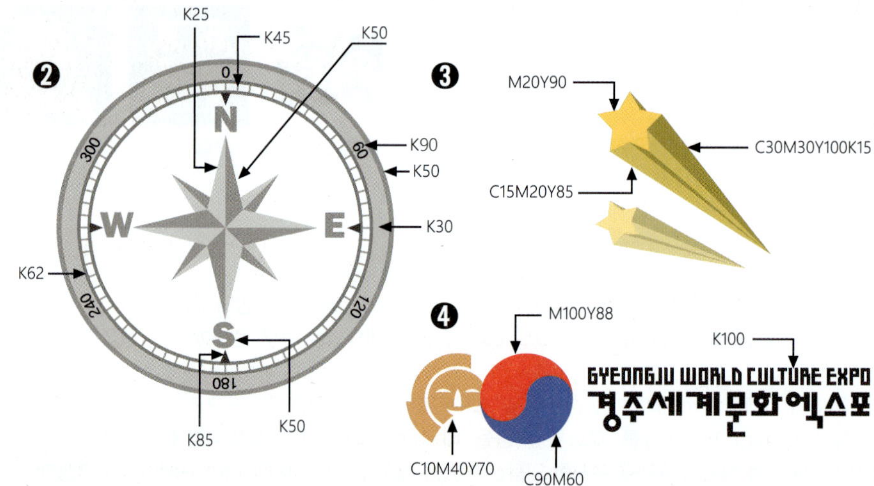

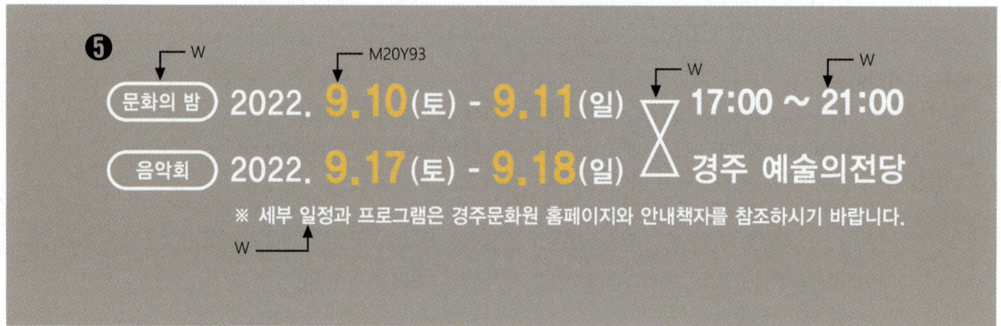

원근 변형
파도 왜곡 효과
투명도 25%

밝기 대비 조절
외부광선 효과

그라디언트
테두리 적용

투명도 65%

이미지
밝기 대비 조절

바다 물결 필터 효과

테두리 W

배경 그라디언트
C100M85Y55K80~
자연스럽게 합성

테두리 K100

이미지 변형
정육면체 제작
그림자 효과

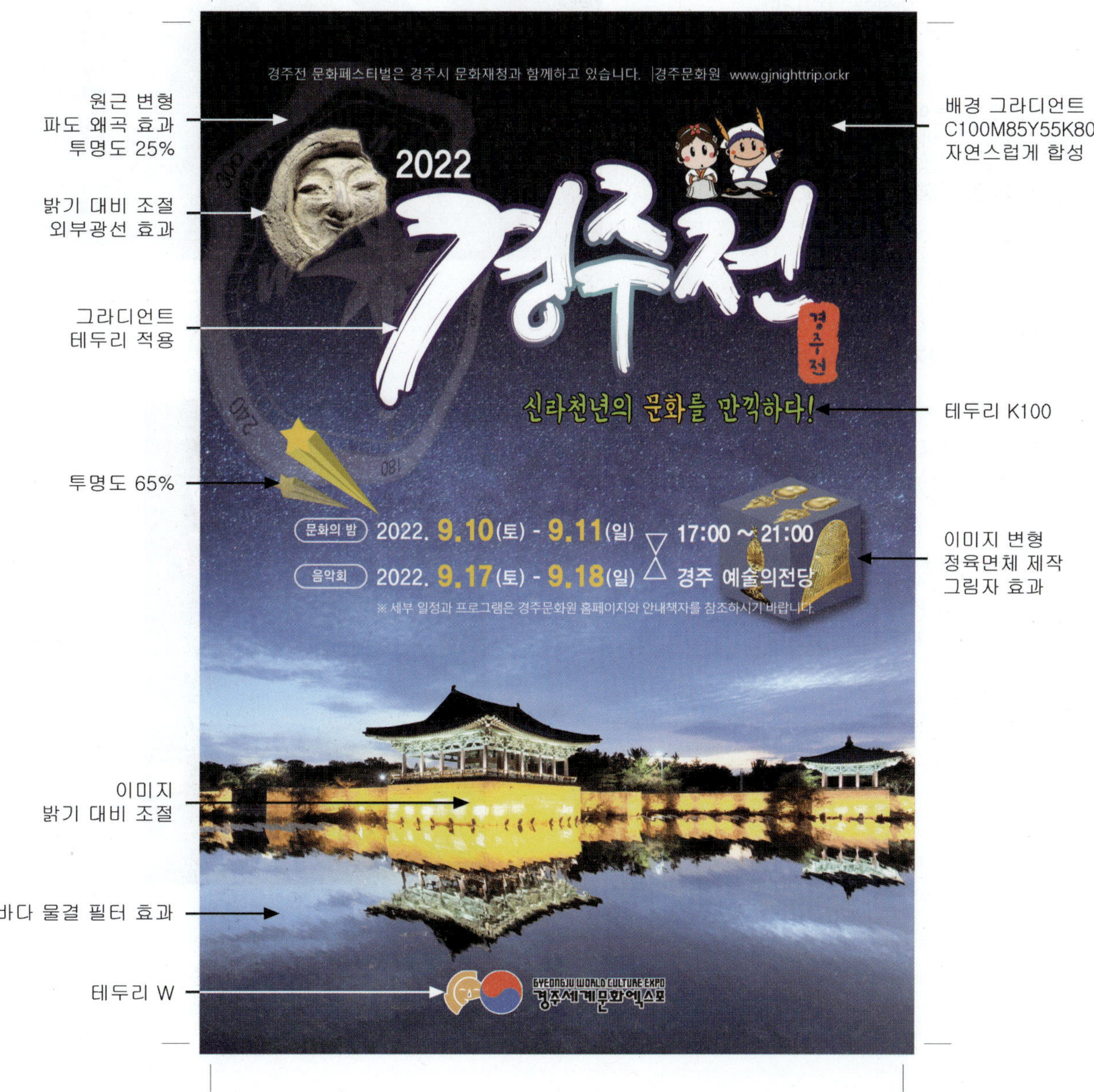

01　작업 그리드 그리기

배부받은 디자인 원고의 완성 이미지 위에 필기구와 자를 이용하여 가로, 세로의 크기를 측정한 후 각 4등분으로 선을 그어 줍니다. 16등분의 직사각형이 그려지면 가로와 세로선이 교차되는 지점을 기준으로 대각선을 그립니다.

> **[P] 기적의 TIP**
>
> **작업 그리드를 그리는 이유?**
> 컴퓨터 작업 시 각 이미지나 도형의 크기, 위치, 간격을 파악하기 위해 필요한 작업입니다. 빨간색 볼펜 등의 튀는 색상의 필기구로 기준선 그리기 작업을 하는 것이 좋습니다.

02　실제 작업 크기 분석 및 계획 세우기

작품규격 160mm × 240mm를 확인합니다. 작품 외곽선을 생략하고, 재단선은 3mm의 재단 여유를 두고 용도에 맞게 표시할 것을 염두에 둡니다. 작품규격에 위쪽, 아래쪽, 왼쪽, 오른쪽으로 각 3mm씩 재단 여유를 주면 실제 작업 크기는 166mm × 246mm가 됩니다. 그리고 각 요소를 표현하기 위해 사용될 프로그램을 계획해 줍니다.

01 일러스트레이터를 실행하고, [File] 〉 [New]를 선택하여 'Units : Millimeters, Width : 166mm, Height : 246mm, Color Mode : CMYK'로 설정한 후, [OK] 버튼을 클릭합니다.

기적의 TIP

- Ctrl + N : New Document(새 문서 만들기)
- 작품규격은 160mm×240mm이므로 재단선 3mm씩을 더하면 작업창의 크기는 166mm×246mm가 됩니다.

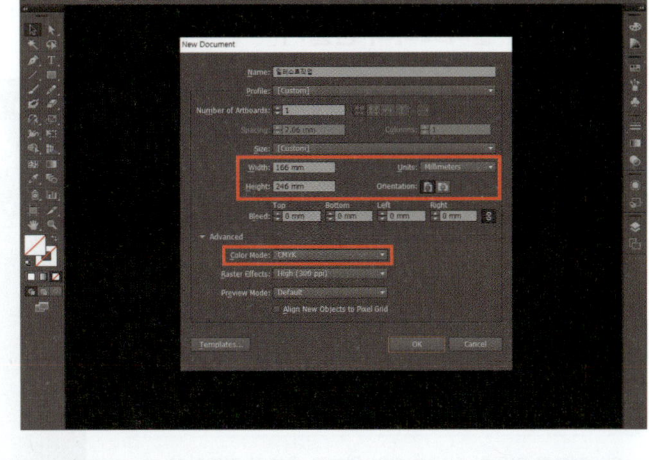

02 'Rectangular Grid Tool'을 선택하고, 작업창을 클릭하여 대화상자를 엽니다. 작품규격대로 Default Size 'Width : 160mm, Height : 240mm'로 설정하고, 16등분으로 나누기 위해 Horizontal Dividers, Vertical Dividers 'Number : 3'으로 입력한 후, [OK] 버튼을 클릭합니다.

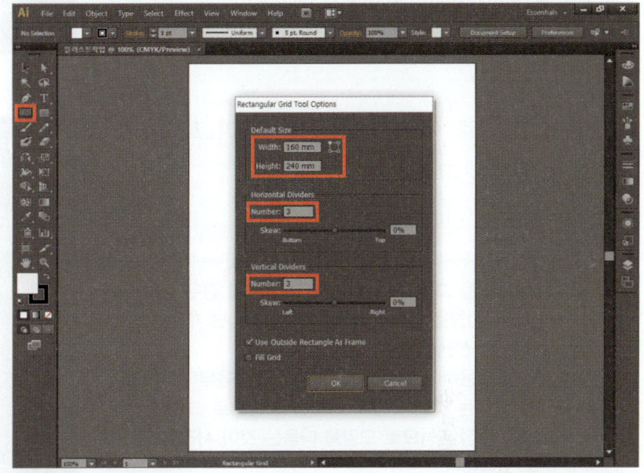

03 [Window]〉[Align] 패널에서 'Align To : Align to Artboard'를 선택하고 'Align Objects : Horizontal Align Center, Vertical Align Center'를 클릭합니다. Ctrl + 2 를 눌러 격자도형을 잠그고, 'Line Segment Tool'로 좌측 상단에서 우측 하단으로 대각선 7개를 그린 후, Reflect Tool을 이용하여 반대 방향으로 대각선을 복사합니다. Alt + Ctrl + 2 를 눌러 격자도형의 잠금을 해제하고, Ctrl + A 를 눌러 오브젝트를 모두 선택합니다. Stroke 색상을 빨간색으로 변경하고 Ctrl + G 를 눌러 그룹으로 지정한 후, 일러스트작업.ai로 저장합니다.

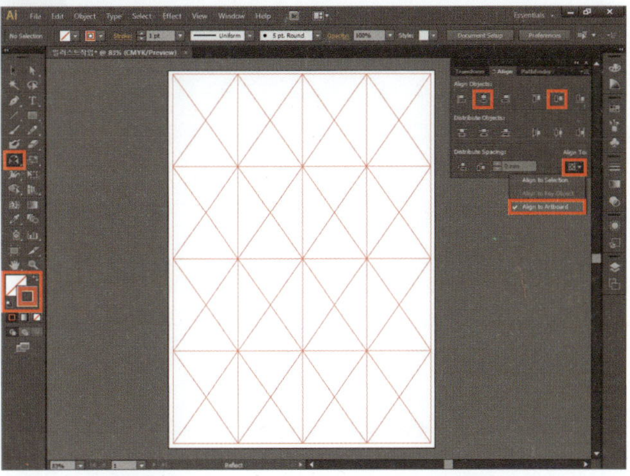

① 경주전 캘리그라피 만들기

01 '일러스트작업.ai' 파일이 열린 상태에서 Space Bar 를 누른 채 마우스를 드래그하여 도큐먼트의 빈 곳으로 작업공간을 이동합니다. '경주전' 캘리그라피를 그리기 위해서 'Pen Tool'을 선택하고, 면색을 None, 선색은 임의로 설정합니다. 디자인 원고를 참고로 'ㄱ' 모양의 곡선을 다음과 같이 그립니다.

> **기적의 TIP**
>
> 오브젝트를 만들기 전에 디자인 원고를 충분히 검토하여 미리 계획 후, 작업에 임하는 것이 좋습니다.

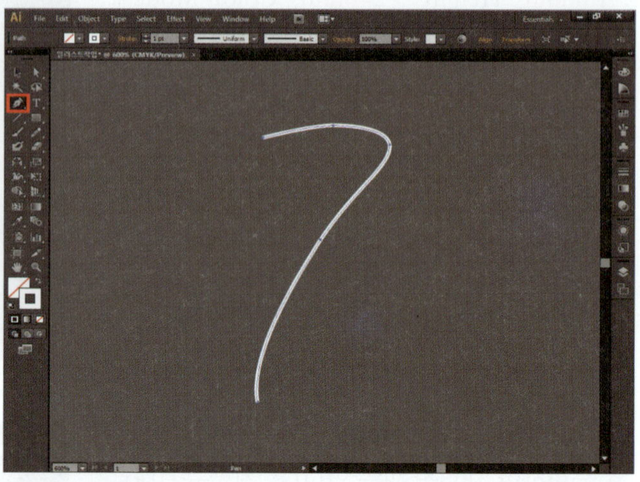

02 'Pen Tool'로 이어서 '경주전' 캘리그라피의 '경' 모양 곡선을 그립니다.

> **기적의 TIP**
>
> • Pen Tool로 선을 그리고 다음 선을 그려야 할 경우, Ctrl 을 누른 채, 작업창을 클릭하여 선 그리기를 끝낸 후, 다시 Pen Tool로 새 선을 그릴 수 있습니다.
> • Pen Tool을 이용하여 오브젝트를 그릴 때 처음부터 원하는 모양을 그리는 것보다 먼저 단순한 모양으로 그린 후, Pen Tool의 수정 기능으로 모양을 다듬는 것이 시간을 단축할 수도 있습니다.

03 'Pen Tool'로 '경주전'을 다음과 같이 모두 그렸습니다. 디자인 원고와 비교하여 비슷한 모양의 글꼴이 나올 수 있도록 수정하여 캘리그라피의 기본 뼈대를 완성합니다.

Pen Tool의 수정 기능
- Direct Selection Tool 클릭 후, Pen Tool 클릭
- Pen Tool을 선택하고, 선을 수정
  - 점 추가/삭제 : 선을 클릭/점 클릭
  - 점 위치 수정 : Ctrl 을 누른 채, 점 옮기기
  - 곡선 모양 수정 : Ctrl 을 누른 채, 곡선 핸들 드래그
  - 직선→곡선/곡선→직선 변환 : Alt 를 누른 채, 점을 클릭/점 드래그

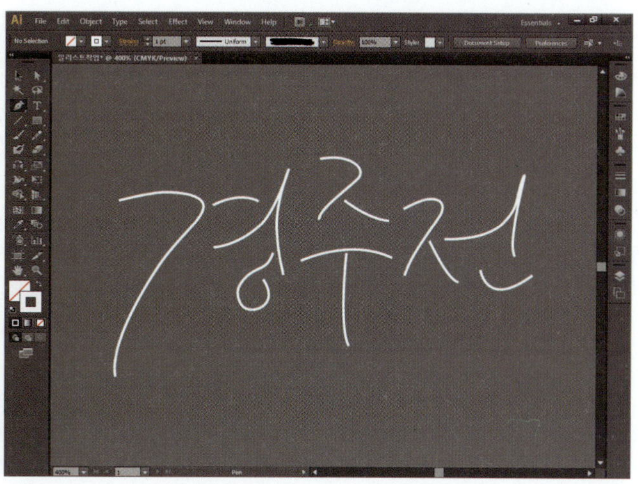

04 완성된 기본 뼈대에 붓글씨 느낌의 캘리그라피를 적용하기 위해서 Brushes 패널을 엽니다. 패널 왼쪽 하단의 Brush Libraries Menu를 클릭한 후, [Artistic] 〉 [Artistic_Paintbrush]를 선택합니다.

Brushes 패널 열기/닫기 : [Window] 〉 [Brushes] 선택 또는 F5

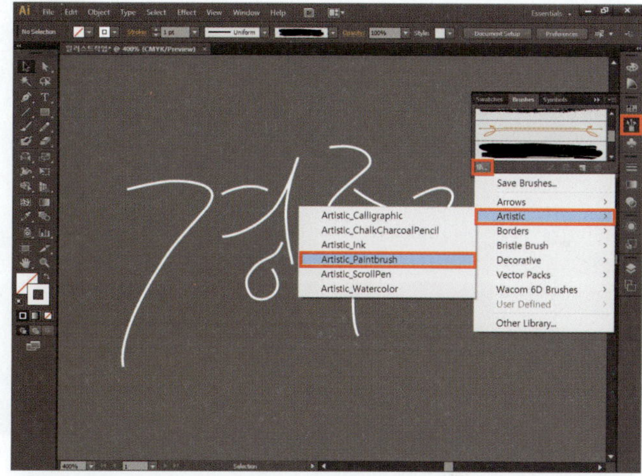

05 'Selection Tool'로 '경'의 'ㄱ' 모양을 선택하고 [Artistic_Paintbrush] 패널에서 적당한 브러쉬를 클릭하여 적용합니다. 상단 옵션 바에서 'Stroke'를 조절하여 적당한 두께의 캘리그라피가 나오도록 합니다.

- Stroke의 수치는 각자 그린 곡선의 절대 크기에 따라 달라질 수 있으니 수치를 조금씩 내리거나 올리면서, 두께를 눈으로 확인하여 디자인 원고의 모양과 비슷하게 나오도록 합니다.
- Stroke는 옵션 바뿐만 아니라 Stroke 패널(Ctrl + F10)을 열어서 조절할 수도 있습니다.

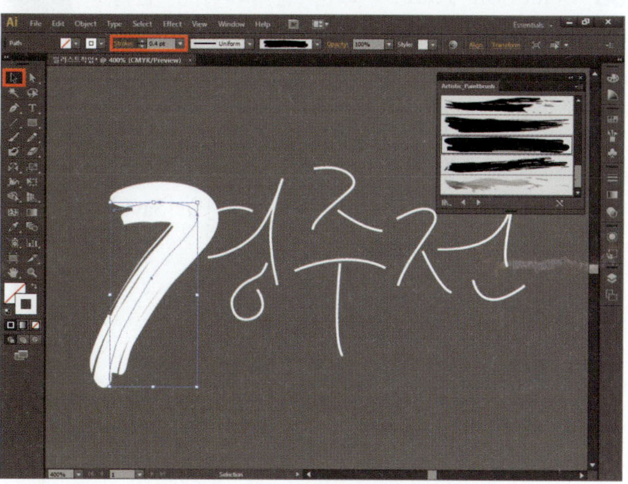

06 'Selection Tool'로 'ㄱ'의 바로 옆 곡선을 선택하고 [Artistic_Paintbrush] 패널에서 같은 브러쉬를 적용합니다. 상단 옵션 바에서 'Stroke'를 조절하여 적당한 두께의 캘리그라피가 나오도록 합니다.

디자인 원고를 참고로 각 곡선의 두께를 다르게 하여 자연스러운 손글씨 느낌의 캘리그라피를 만들 수 있습니다.

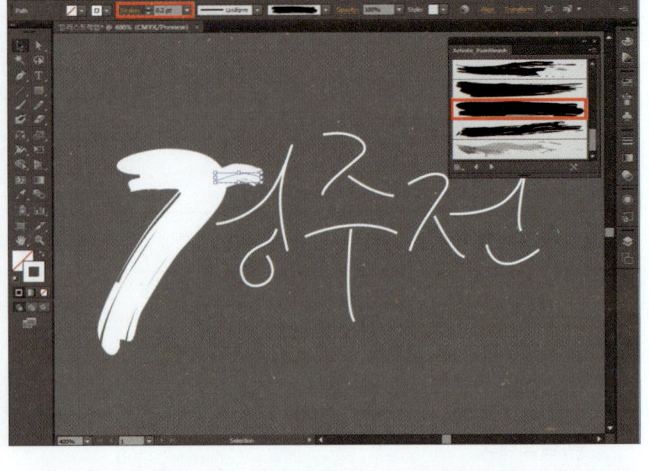

07 위와 같은 방법으로 '경주전' 캘리그라피를 다음과 같이 완성합니다.

08 'Selection Tool'로 모든 캘리그라피 선들을 함께 선택하고, [Object] 〉 [Path] 〉 [Outline Stroke]를 선택하여 선을 면 오브젝트로 변환합니다. 캘리그라피의 면색은 C0M0Y0K0, 선색은 None으로 설정한 후, [Object] 〉 [Group]을 선택하여 그룹 오브젝트로 만든 후, [File] 〉 [Save]를 선택하여 저장합니다.

- Ctrl + G : Group
- 항상 작업 시작과 도중에는 Ctrl + S 를 눌러 수시로 저장하는 습관을 기르도록 합니다.

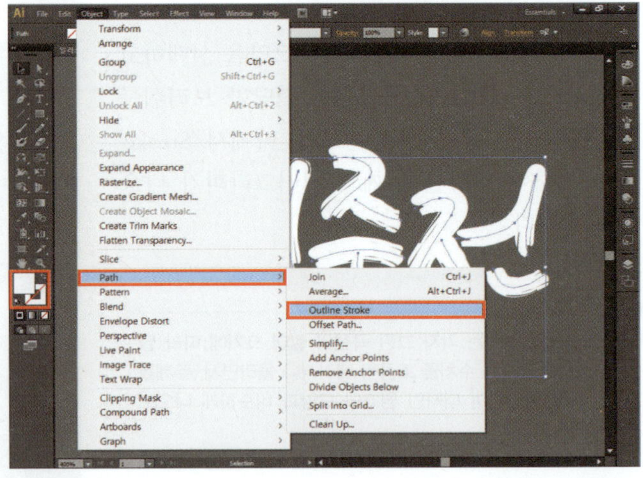

⑫ 경주전 도장 문양 만들기

01 다음으로 경주전 도장 문양을 만들어 보겠습니다. 먼저 도장으로 사용할 오브젝트를 만들기 위해서 'Rounded Rectangle Tool'을 선택하고, 작업창의 빈 곳을 드래그하여 세로가 긴 둥근 모서리 사각형을 만듭니다. 면색과 선색을 모두 C0M90Y75K0으로 설정합니다.

> **기적의 TIP**
>
> - Rounded Rectangle Tool을 이용하여 사각형을 그리는 도중(마우스 버튼을 누른 상태) ↑, ↓를 여러 번 눌러서 모서리의 둥근 정도를 조절할 수 있습니다.
> - 일러스트레이터 CS6 버전의 배경색은 회색이지만 [View] 〉 [Overprint Preview]를 선택하여 필요에 따라 흰색으로 변경한 후, 작업할 수 있습니다.

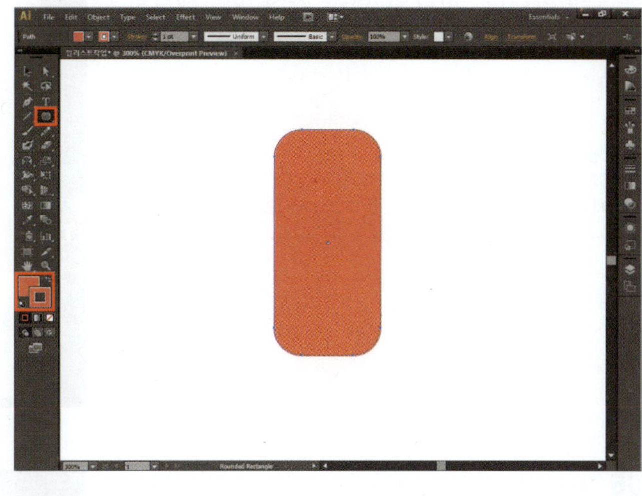

02 도장 외곽선에 불규칙한 문양을 적용하기 위해서 Brushes 패널에서 [Artistic] 〉 [Artistic_ChalkCharcoalPencil]를 엽니다. 도장 오브젝트가 선택된 상태에서 적당한 브러쉬를 선택하여 다음과 같이 불규칙한 외곽선을 만듭니다.

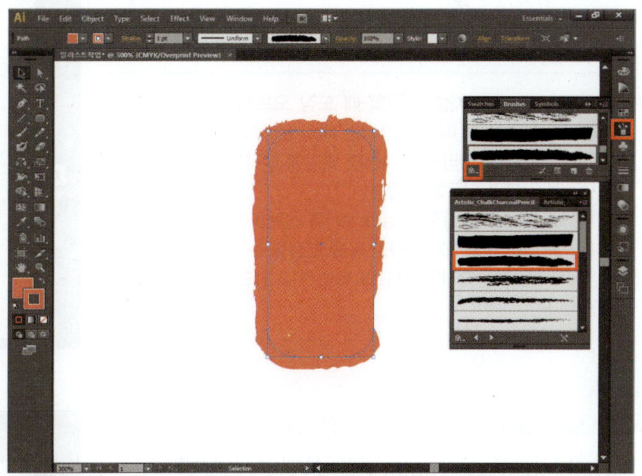

03 [Object] 〉 [Path] 〉 [Outline Stroke]를 선택하여 선을 면 오브젝트로 변환합니다.

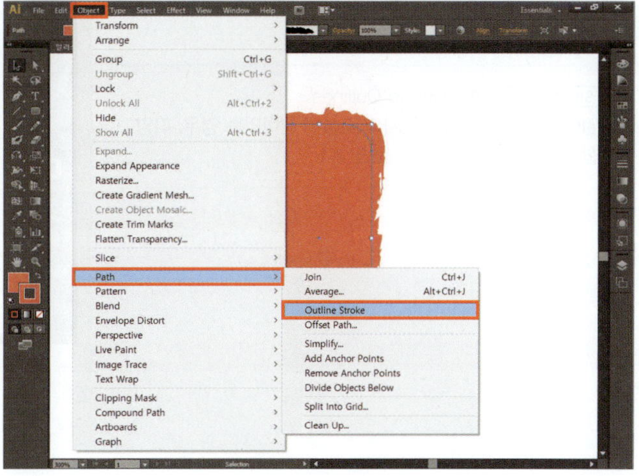

04 Pathfinder 패널에서 'Shape Modes : Unite'를 클릭합니다. 하나의 면을 가진 오브젝트로 변환되며 선색이 None으로 바뀌었음을 확인합니다.

Pathfinder 패널 : [Window] 〉 [Pathfinder]를 선택합니다.

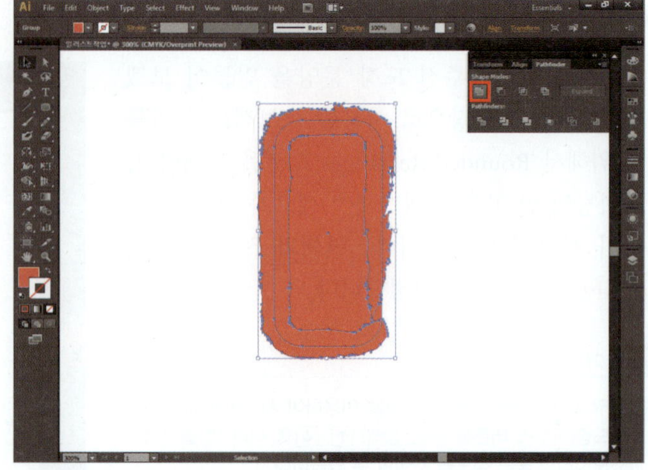

05 'Type Tool'을 선택하고, 경주전을 입력합니다. 글자의 폰트, 크기, 행간 등을 디자인 원고와 비슷하게 설정합니다.

- Type Tool로 글자를 입력할 때 도장 오브젝트의 외곽선을 클릭하면 선을 따라 입력되는 패스 문자가 입력되니 주의해야 합니다. 따라서 사각형의 외각에 글자를 입력한 후, 사각형 안으로 이동하면 좋습니다.
- [Window] 〉 [Type] 〉 [Character]를 선택하여 Character 패널을 열어 폰트, 크기, 자간 등을 설정할 수 있습니다.
- 폰트의 종류는 디자인 원고와 비슷한 모양으로 선택하면 됩니다.

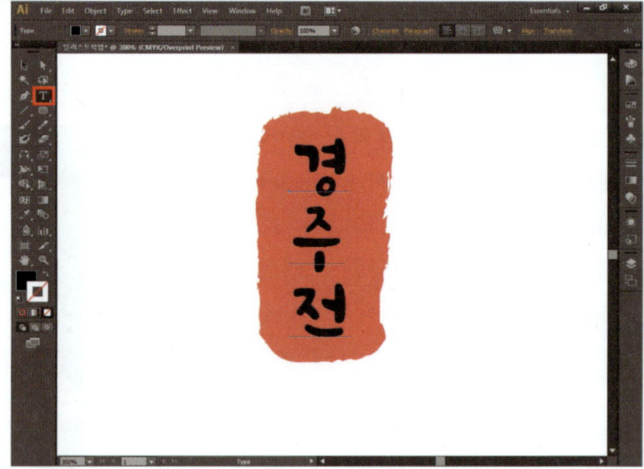

06 'Selection Tool'로 '경주전' 글자를 선택하고, [Type] 〉 [Create Outlines]를 선택하여 일반 오브젝트로 변환합니다.

- Shift + Ctrl + O : Create Outlines
- 일반 오브젝트가 아닌 글자의 속성이 살아있는 경우, 다양한 수정 기능을 적용할 수 없습니다.

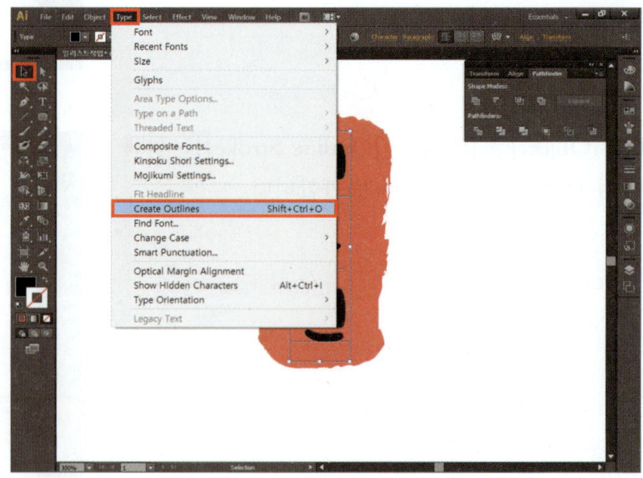

07 'Selection Tool'로 도장 오브젝트와 글자를 드래그하여 모두 선택한 후, Pathfinder 패널에서 'Pathfinders : Divide'를 클릭하여 선택된 오브젝트를 분리합니다.

- Pathfinders : Divide는 선들을 기준을 면을 분리하는 기능입니다.
- Shape Modes : Minus Front로 글자 부분만 삭제할 수 있지만, 이 기능은 오브젝트의 외곽선이 복잡할 경우 오류가 날 가능성이 큽니다.

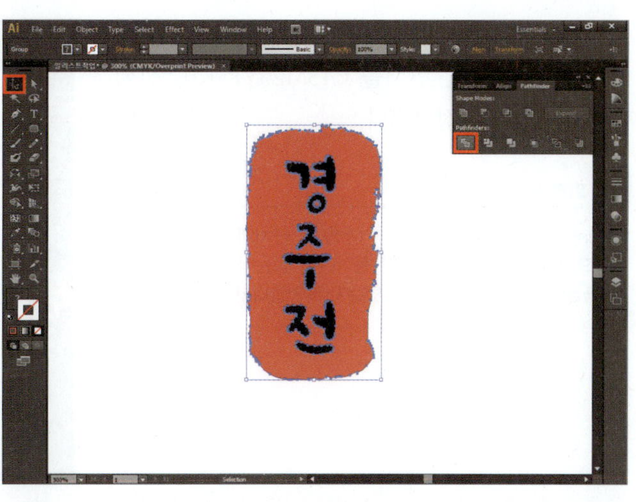

08 도장 오브젝트가 선택된 상태에서 Shift + Ctrl + G 를 눌러 그룹을 해제합니다. 'Selection Tool'로 글자 부분을 선택하고, Delete 를 눌러 삭제합니다.

- 그룹 : Ctrl + G
- 그룹 해제 : Shift + Ctrl + G

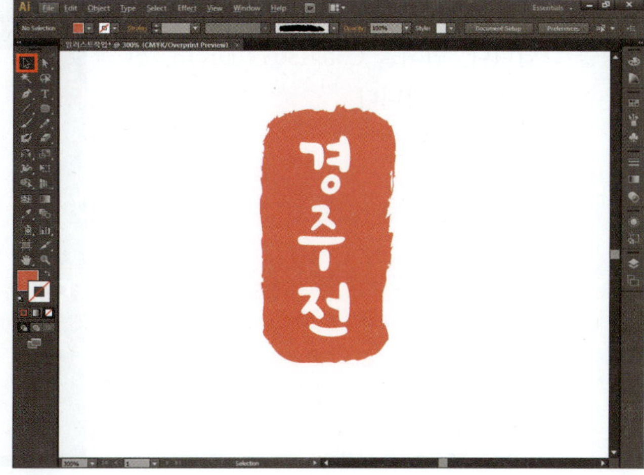

03 별 문양 만들기

01 다음으로 별 문양을 그려보겠습니다. 먼저 디자인 원고를 참고하여 그려야 할 문양을 확인합니다. 'Star Tool'을 선택하고 Shift 를 누른 채 작업창을 드래그하여 다음과 같은 별 모양을 그립니다. 면색을 C0M20Y90K0, 선색은 None으로 설정합니다.

Star Tool을 이용하여 별을 그리는 도중(마우스 버튼을 누른 상태) ↑, ↓를 눌러 별의 꼭짓점 개수를 조절할 수 있습니다.

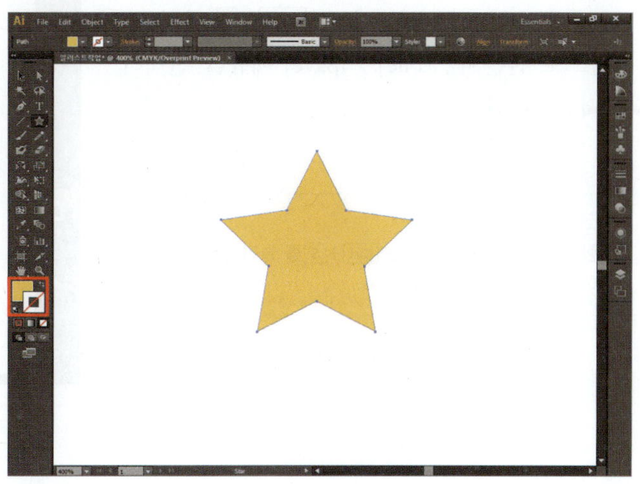

02 'Pen Tool'로 별의 외곽선과 연결되는 긴 삼각형을 그립니다. 면색을 C15M20Y85K0, 선색은 None으로 설정합니다.

Snap 기능으로 인해 마우스 커서를 점 근처에 가져가면 자동으로 붙습니다. 이 기능이 동작하지 않는다면 [View] 〉 [Smart Guides]가 체크되어 있는지 확인합니다.

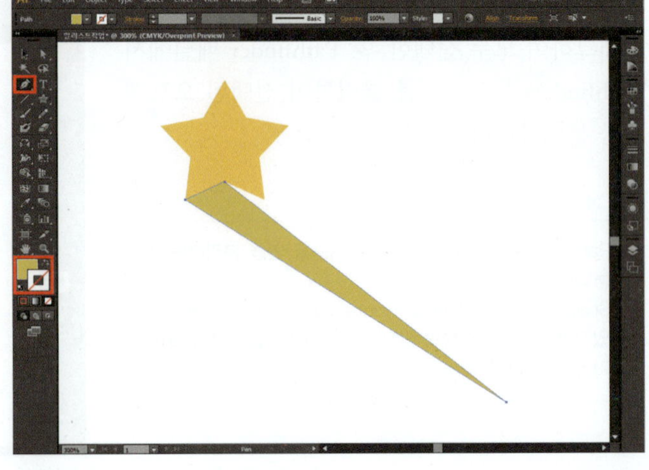

03 'Pen Tool'로 별의 외곽선과 연결되는 긴 삼각형을 그립니다. 면색을 C30M30Y100K15, 선색은 None으로 설정합니다.

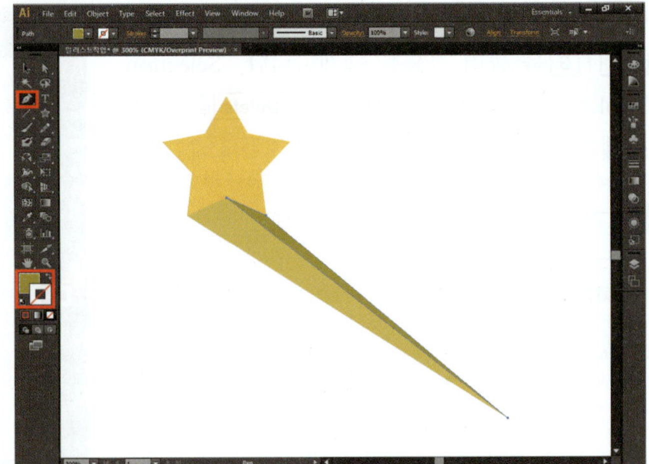

04 같은 방법으로 별 문양의 나머지 부분들을 그린 후, 색을 채워 완성합니다. 'Selection Tool'로 별 문양을 모두 선택하고, Ctrl + G 를 눌러 그룹으로 만든 후, [File] 〉 [Save] 메뉴를 선택하여 저장합니다.

- Ctrl + G : Group
- 항상 작업 시작과 도중에는 Ctrl + S 를 눌러 수시로 저장하는 습관을 기르도록 합니다.

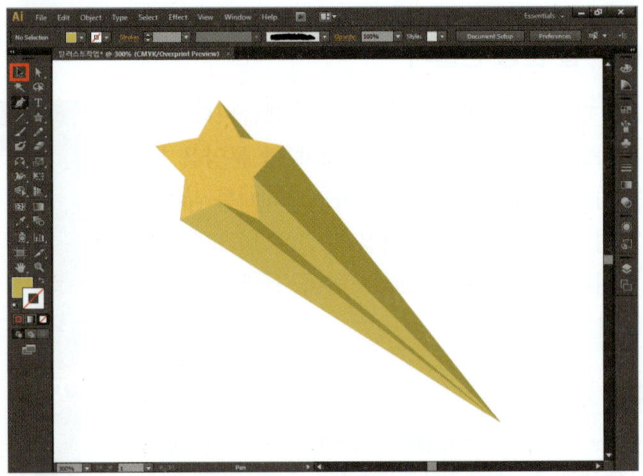

01 다음으로 나침반을 만들어 보겠습니다. 'Star Tool'을 선택하고 작업창을 클릭하여 [Star] 대화상자가 열리면 Radius 1 : 30mm, Radius 2 : 8mm, Point : 4로 설정한 후, [OK] 버튼을 클릭합니다.

기적의 TIP

- 오브젝트를 그리기 전 디자인 원고를 충분히 검토하여 머릿속으로 간단하게 작업 계획을 세운 후 작업을 시작합니다.
- 별의 크기는 위와 같이 똑같은 수치를 입력하지 않아도 됩니다. Radius 1과 2의 비율만 비슷하게 맞춰 입력해도 됩니다.

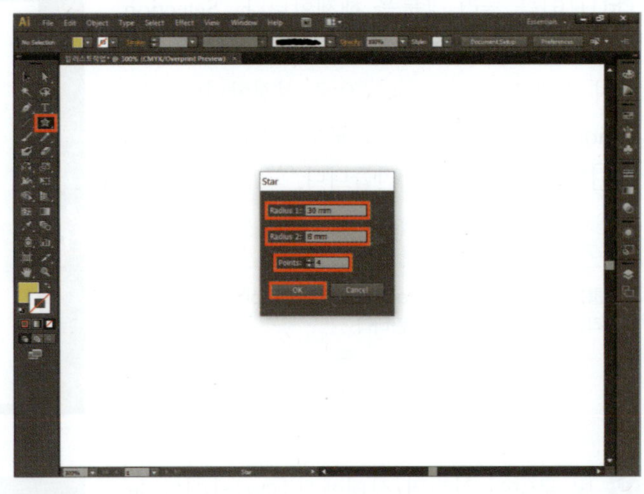

02 다음과 같은 별 모양을 확인하고, 면색을 C0M0Y0K25, 선색은 None으로 설정합니다. 별을 분리하기 위해서 'Line Segment Tool'을 선택하고, 별의 안쪽 대각선을 이어주는 직선을 그립니다.

기적의 TIP

Snap 기능을 이용하여 점과 점 사이를 정확히 이어주는 직선을 그립니다.

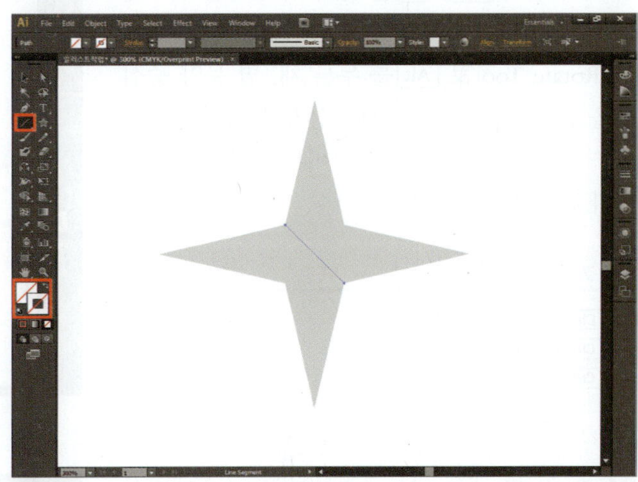

03 'Line Segment Tool'로 별의 각 점을 연결하는 직선을 모두 그린 후, 'Selection Tool'로 별 오브젝트와 선들을 드래그하여 함께 선택합니다. Pathfinder 패널에서 'Pathfinders : Divide'를 클릭하여 별 오브젝트를 분리합니다.

기적의 TIP

직선이 별의 점들과 연결되지 않았을 경우, 오브젝트의 분리가 제대로 진행되지 않을 수도 있습니다. 따라서 직선을 정확히 그리거나 더 길게 그려서 분리 기능이 적용되도록 합니다.

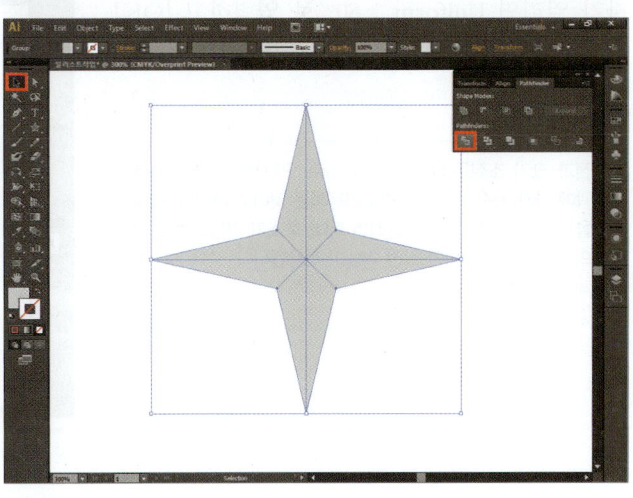

04 별 오브젝트가 선택된 상태에서 [Shift]+[Ctrl]+[G]를 눌러 그룹을 해제합니다. 'Selection Tool'로 각 꼭짓점의 오른쪽 삼각형 부분만 선택하여 면색을 C0M0Y0K50으로 설정합니다. 'Selection Tool'로 별 문양을 모두 선택하고, [Ctrl]+[G]를 눌러 그룹으로 만듭니다.

> **기적의 TIP**
>
> 그룹을 해제하지 않고 'Direct Selection Tool'을 이용하여 삼각형의 색상을 변경해도 됩니다.

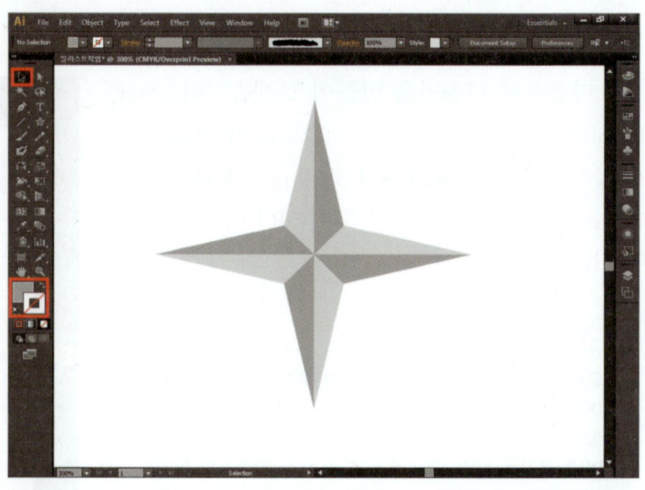

05 별 문양이 선택된 상태에서 [Ctrl]+[C]를 눌러 복사하고, [Ctrl]+[B]를 눌러 뒤쪽 같은 위치에 붙여 넣습니다. 복사된 별 문양이 선택된 상태에서 'Rotate Tool'로 [Alt]를 누른 채, 별 문양 중심점을 클릭하여 [Rotate] 대화상자가 열리면 'Angle : 45°'로 입력한 후, [OK] 버튼을 클릭하여 다음과 같이 회전합니다.

> **기적의 TIP**
>
> • [Ctrl]+[C] : Copy
> • [Ctrl]+[B] : Paste in Back
> • [Ctrl]+[F] : Paste in Front

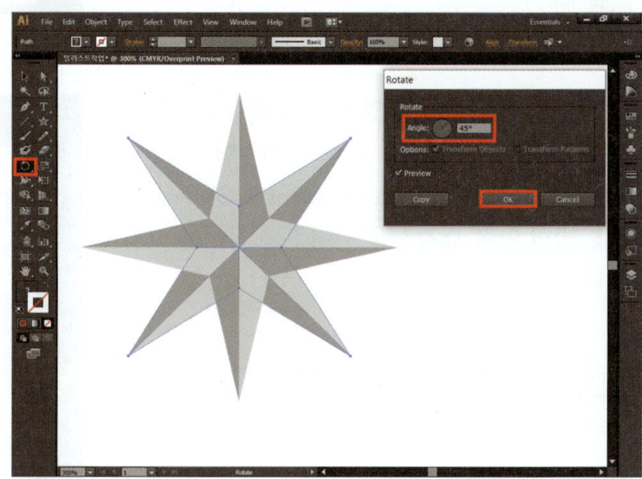

06 'Scale Tool'을 더블클릭하여 [Scale] 대화상자가 열리면 Uniform : 80%로 입력하고 [OK] 버튼을 클릭하여 크기를 다음과 같이 줄입니다.

> **기적의 TIP**
>
> 회전과 크기 조절은 Selection Tool로 오브젝트를 선택하면 외곽에 나타나는 크기 조절점을 이용하는 것이 빠릅니다. 조절점을 [Shift]을 누른 채 드래그하면 확대, 축소가 가능하며 조절점의 외곽을 드래그하면 회전 기능이 적용됩니다.

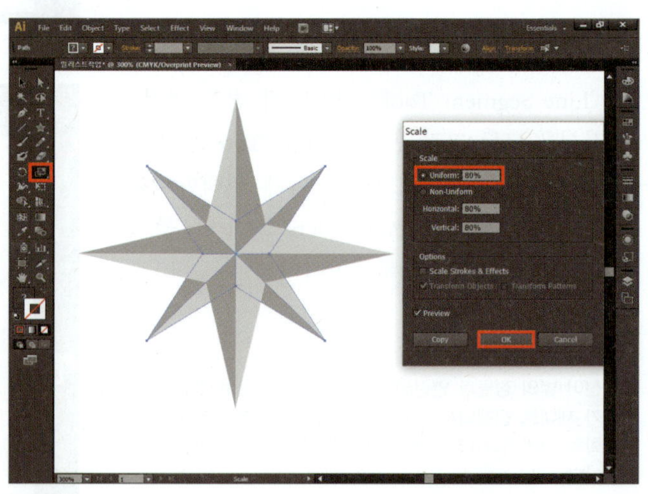

07 'Type Tool'을 선택하고, N, E, S, W를 각
각 꼭짓점 부분에 입력합니다. 글자의 색상을
C0M0Y0K50, 폰트, 크기 등을 디자인 원고와 비
슷하게 설정한 후, [Type] 〉 [Create Outlines]를
선택하여 일반 오브젝트로 변환합니다.

> **기적**의 TIP
>
> • Ctrl + T : Character 패널
> • Character 패널에서는 입력한 글자의 폰트, 크기, 자간, 행
>   간 등 문자와 관련된 세밀한 부분을 설정할 수 있습니다.
> • Shift + Ctrl + O : Create Outlines

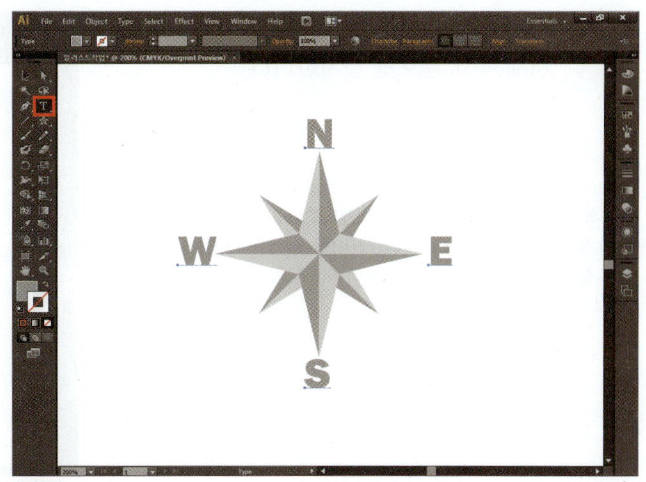

08 'Ellipse Tool'로 별 문양의 중앙을 클릭하고,
Alt + Shift 를 누른 채, 드래그하여 정원을 그립
니다. 총 3개의 원을 그린 후, 안쪽 2개 원의 면
색은 None, 선색 C0M0Y0K62로, 바깥쪽 원은
면색 None, 선색 C0M0Y0K50으로 설정합니다.
옵션 바에서 각 원의 'Stroke' 수치를 조절하여 선
두께를 적당히 두껍게 설정합니다.

> **기적**의 TIP
>
> 도형을 그릴 때 Alt 를 누르면 클릭한 곳을 기준으로 오브
> 젝트가 만들어지며, Shift 를 누르면 상하좌우 크기가 같은
> 비율의 오브젝트를 만들 수 있습니다.

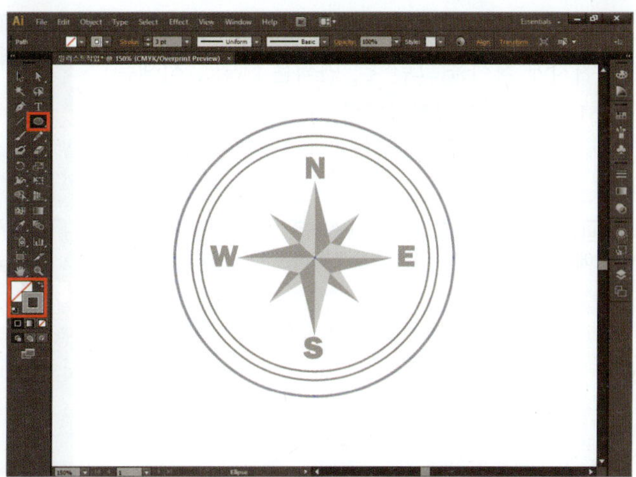

09 외곽에 면을 만들기 위해서 'Selection Tool'
로 가장 바깥쪽 2개의 원을 함께 선택합니다.
Ctrl + C 를 눌러 복사하고, Ctrl + B 를 눌러 오
브젝트의 같은 위치에 붙여 넣은 후, Pathfinder
패널에서 'Shape Modes : Exclude'를 클릭합니다.

> **기적**의 TIP
>
> • Ctrl + B 를 눌러 복사한 후, 선택이 해제되지 않도록 주
>   의합니다. 선택이 유지된 채, 다음 작업을 이어나가야 합
>   니다. 복사된 2개의 원이 뒤쪽에 위치하므로 선택이 해제
>   되면 다시 선택하기가 매우 까다롭습니다.
> • Ctrl + C : Copy
> • Ctrl + B : Paste in Back

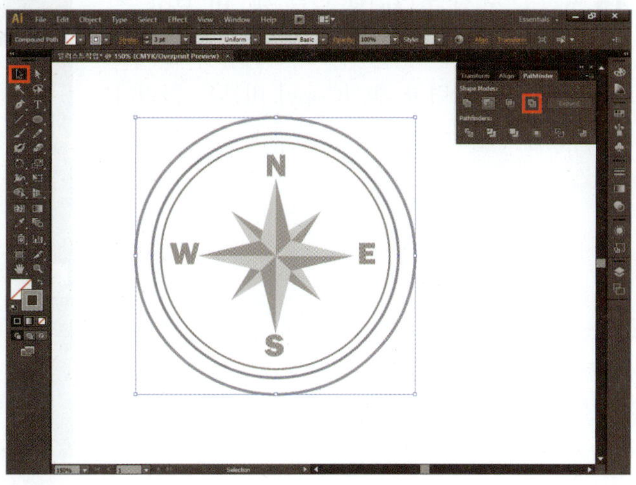

10 Exclude가 적용된 오브젝트의 면색은 C0M0 Y0K30, 선색은 None으로 설정합니다.

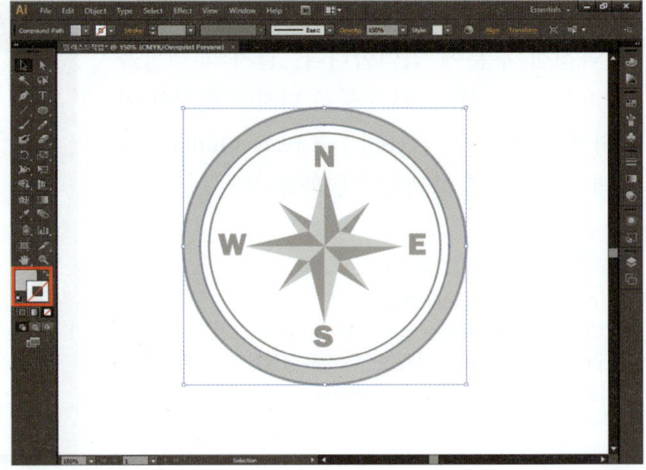

11 'Line Segment Tool'을 선택하고, 다음과 같은 위치에 직선을 그린 후, 면색은 None, 선색은 C0M0Y0K45로 설정합니다.

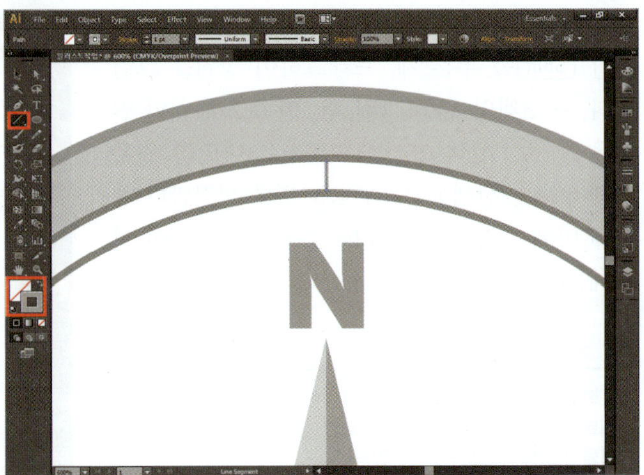

12 'Rotate Tool'로 Alt 를 누른 채, 별 문양 중심점을 클릭하여 [Rotate] 대화상자가 열리면 'Angle : 5°'로 입력한 후, [Copy] 버튼을 클릭하여 회전합니다.

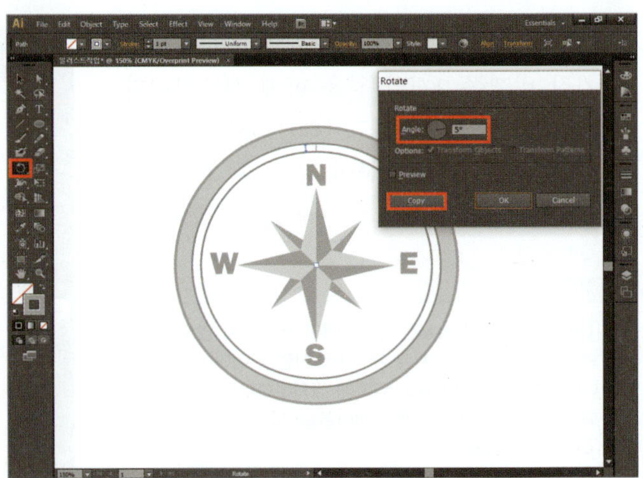

13 이어서 Ctrl+D를 여러 번 눌러 직선을 다음과 같이 복사합니다.

> **기적의 TIP**
>
> • Ctrl+D : Transform Again
> • Transform Again 기능을 이용하여 복사하면 이전에 복사된 변형 설정도 함께 복사됩니다. 즉, 원본으로부터 복사본이 가진 이동, 회전, 크기의 변형까지 기억하여 복사해 줍니다. 자주 사용되는 기능이므로 반드시 단축키를 외워서 사용하는 것이 좋습니다.

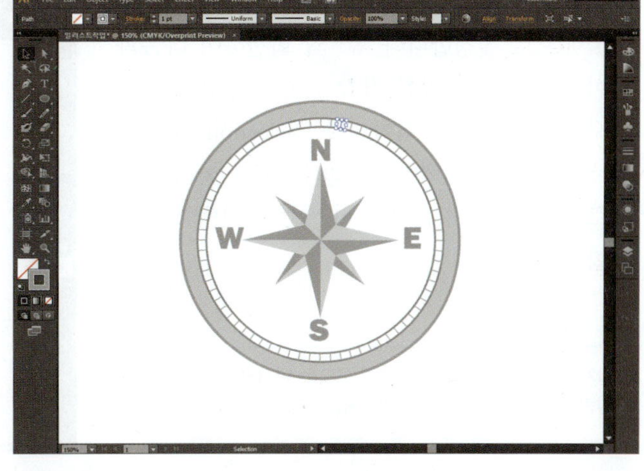

14 'Pen Tool'로 'N' 글자의 위쪽 부분에 다음과 같이 삼각형을 그린 후, 면색은 C0M0Y0K85, 선색은 None으로 설정합니다

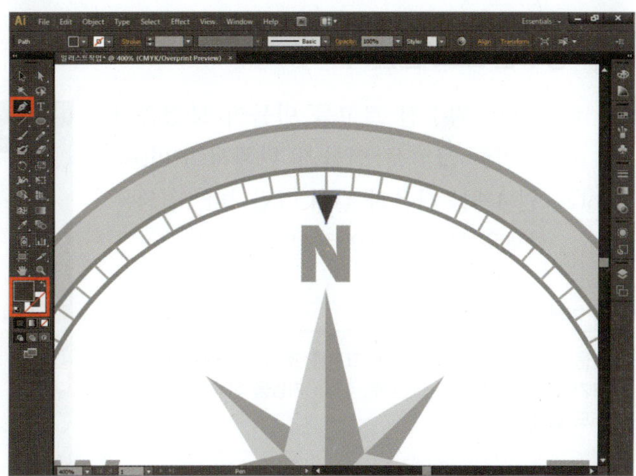

15 삼각형이 선택된 상태에서 'Rotate Tool'로 Alt를 누른 채, 별 문양 중심점을 클릭하여 [Rotate] 대화상자가 열리면 'Angle : 90°'로 입력한 후, [Copy] 버튼을 클릭하여 회전합니다. Ctrl+D를 2번 눌러 삼각형을 다음과 같이 복사합니다.

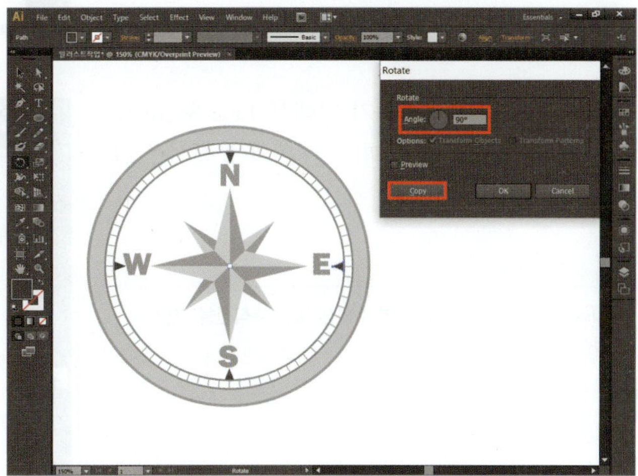

16 바깥쪽 면에 0을 입력하고, 글자색은 C0M0 Y0K90으로 설정합니다. 60°씩 회전하여 다음과 같이 복사하고, 글자를 각각 300, 240, 180, 120, 60으로 수정하여 입력합니다. 'Selection Tool'로 별 문양을 모두 선택하고, Ctrl+G를 눌러 그룹 으로 만든 후, [File] 〉 [Save] 메뉴를 선택하여 저 장합니다.

기적의 TIP

글자는 고유의 속성을 가지고 있으므로 마지막 저장 전에는 일반 오브젝트로 변환하는 것이 좋습니다.

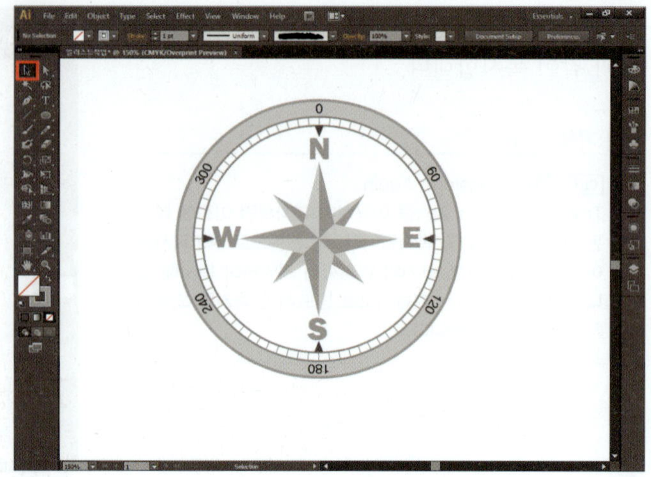

05 경주전 로고 만들기

01 다음으로 경주전 로고를 만들어 보겠습니 다. 먼저 얼굴 모양을 만들기 위해서 'Ellipse Tool'로 원 4개를 다음과 같이 그립니다. 면색은 None, 선색은 임의의 색으로 설정합니다.

기적의 TIP

원을 하나 그린 후, 복사하여 크기를 조절하고 배치하거나 크기가 다른 원을 5개 그린 후, Align 기능을 이용하여 정렬 해도 됩니다.

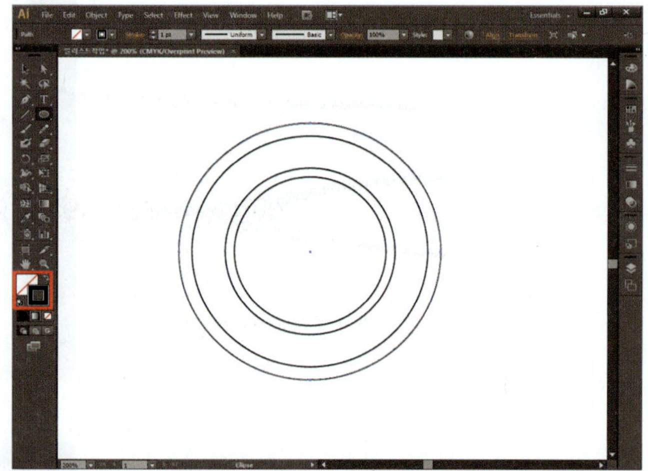

02 그려진 원을 분리하기 위해서 'Line Segment Tool'을 선택하고, 다음과 같은 위치에 직선을 그 립니다.

기적의 TIP

Shift 를 누른 채 선을 그리면 수평선 또는 수직선을 그릴 수 있습니다.

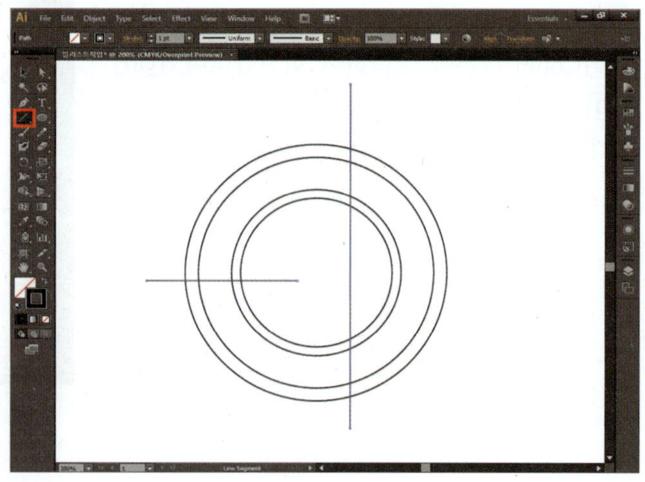

03 'Selection Tool'로 가장 안쪽 원을 제외한 바깥쪽 원 3개와 직선 2개를 함께 선택하고, Pathfinder 패널에서 'Pathfinder : Divide'를 클릭하여 곡선을 기준으로 오브젝트를 분리합니다.

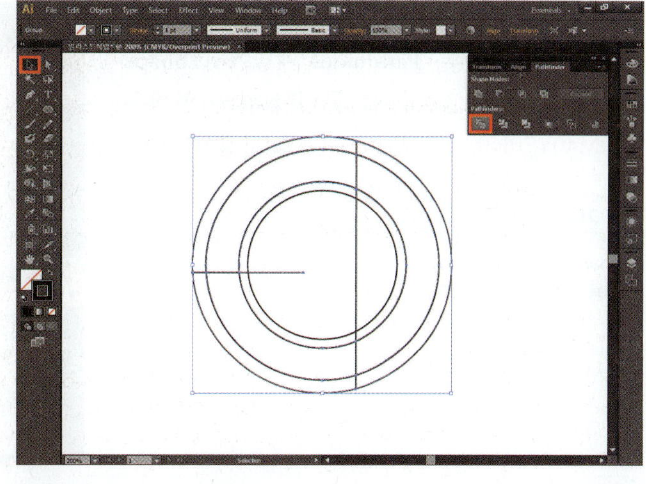

04 Shift + Ctrl + G 를 눌러 그룹을 해제합니다. 디자인 원고의 로고 모양을 참고로 'Selection Tool'을 이용하여 불필요한 부분을 선택하고, Delete 를 눌러 삭제합니다. 다음과 같은 모양만 남기도록 한 후, 면색은 C10M40Y70K0, 선색은 None으로 설정합니다.

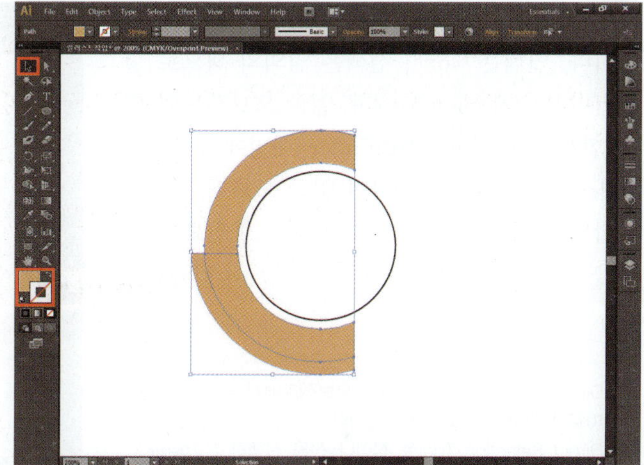

05 'Pen Tool'을 선택하고, 면색을 None, 선색은 임의로 설정합니다. 중앙 원에 다음과 같이 눈과 코, 입을 그립니다.

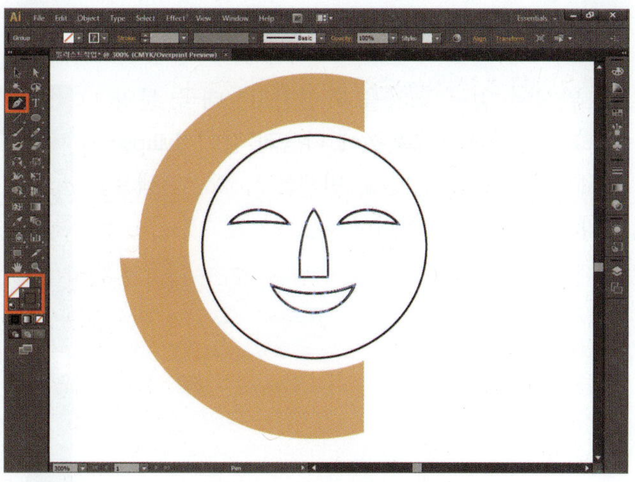

06 'Selection Tool'로 얼굴 오브젝트를 드래그하여 함께 선택한 후, Pathfinder 패널에서 'Shape Modes : Minus Front'를 클릭합니다. 면색은 C10M40Y70K0, 선색은 None으로 설정합니다.

Shape Modes : Minus Front가 안될 경우, Excludes를 이용하여 얼굴을 만들어도 됩니다.

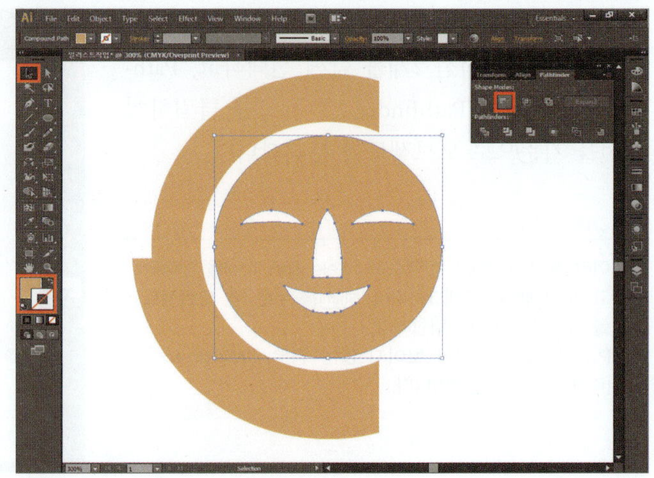

07 'Ellipse Tool'로 원을 다음과 같은 위치에 그립니다. 면색은 None, 선색은 임의의 색으로 설정합니다. 'Selection Tool'로 얼굴 오브젝트와 원을 함께 선택하고, Pathfinder 패널에서 'Pathfinder : Divide'를 클릭하여 얼굴 오브젝트를 분리합니다. 'Direct Selection Tool'로 불필요한 부분을 선택하여 삭제합니다.

• Direct Selection Tool은 그룹 오브젝트에서 점, 선, 면을 따로 선택하여 수정할 수 있습니다.
• Direct Selection Tool로 점이나 선을 선택하고, [Delete]를 한 번 누르면 직접 연결된 선만 지워지고, 두 번 누르면 연결된 모든 선이 삭제됩니다.

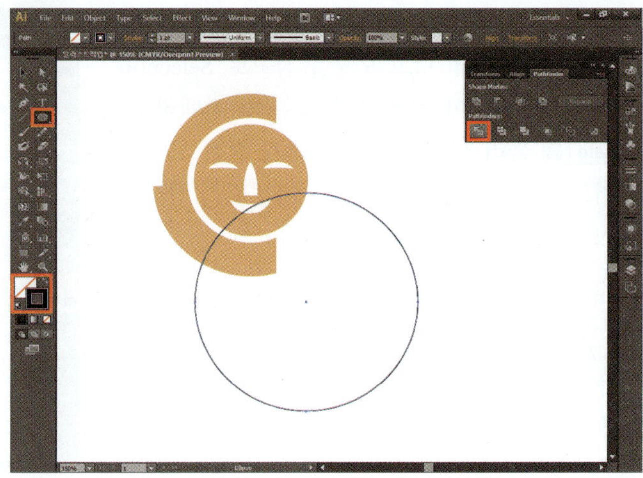

08 완성된 얼굴 모양을 확인하고, 태극 문양을 그리기 위해서 오른쪽에 다음과 같이 'Ellipse Tool'로 정원을 그립니다. 면색은 None, 선색은 임의의 색으로 설정합니다.

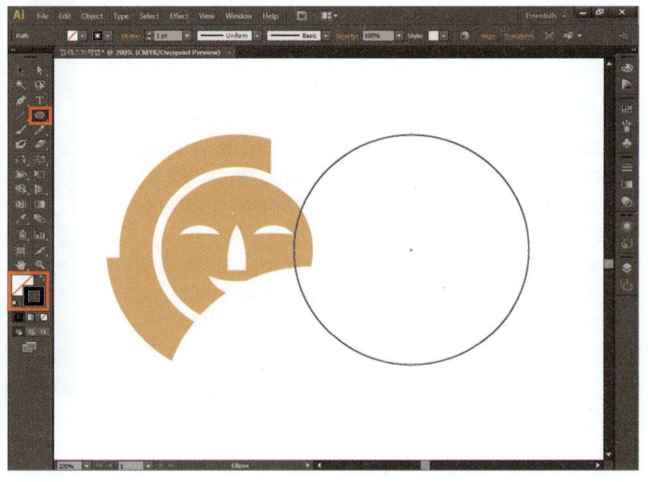

09 ‘Scale Tool’을 더블클릭하여 [Scale] 대화상자가 열리면 ‘Uniform : 50%’로 입력하고 [Copy] 버튼을 클릭하여 크기를 다음과 같이 줄입니다.

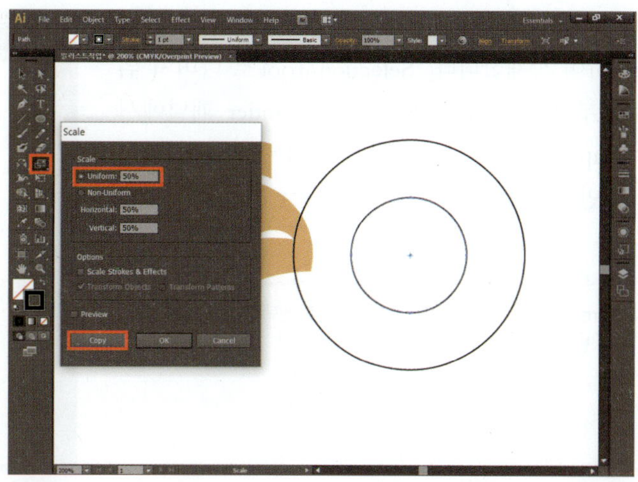

10 ‘Selection Tool’로 원 2개를 함께 선택하고, Align 패널에서 ‘Align To : Align to Selection’으로 설정한 후, ‘Align Objects : Horizontal Align Right’를 클릭하여 오른쪽 정렬합니다.

- Align 패널은 상단 옵션 바에서 바로 찾을 수 있습니다. Align 패널이 보이지 않는 경우, [Window] > [Align]을 클릭하면 됩니다.
- Align 기능이 보이지 않는 경우, 패널 상단 오른쪽의 메뉴 버튼을 클릭한 후, [Show Options]를 선택합니다.

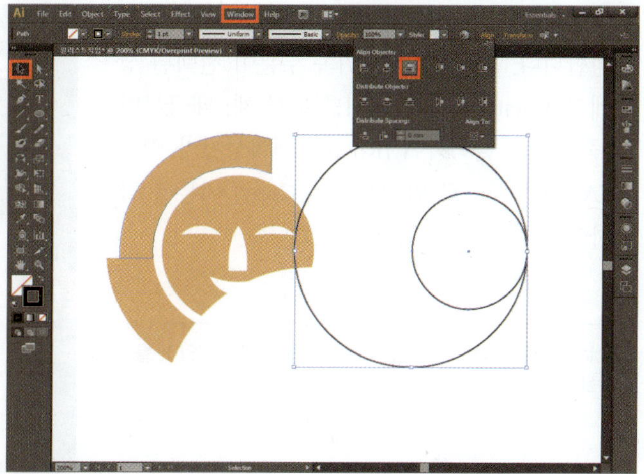

11 ‘Selection Tool’로 작은 원을 선택하고, Alt 를 누른 채, 왼쪽으로 드래그하여 복사합니다. 다음과 같이 정확한 위치에 정렬되도록 합니다. ‘Selection Tool’로 큰 원과 작은 원 2개를 함께 선택하고, Pathfinder 패널에서 ‘Pathfinder : Divide’를 클릭하여 오브젝트를 분리합니다.

오브젝트 복사하기 : Alt 를 누른 채 오브젝트를 마우스로 드래그하거나 오브젝트를 선택하고, Ctrl + C , Ctrl + V 를 누릅니다.

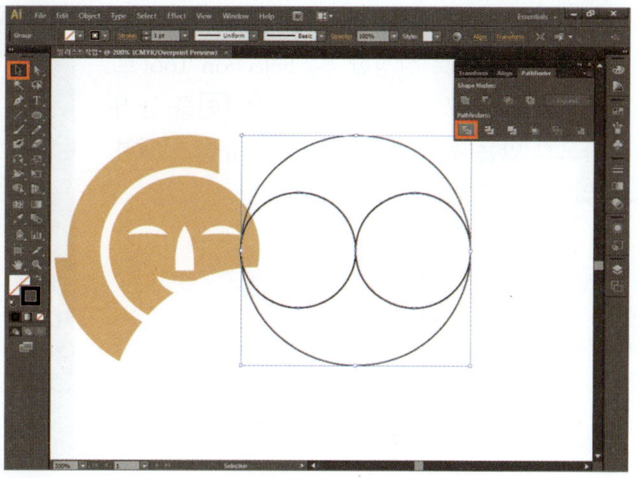

12 'Direct Selection Tool'로 아래쪽 부분을 선택하여 삭제합니다. 'Selection Tool'로 나머지 위쪽 부분을 모두 선택하고, Pathfinder 패널에서 'Shape Modes : Unite'를 클릭하여 하나의 면으로 만듭니다.

Direct Selection Tool로 점이나 선을 선택하고, Delete 를 두 번 누르면 연결된 모든 선이 삭제됩니다.

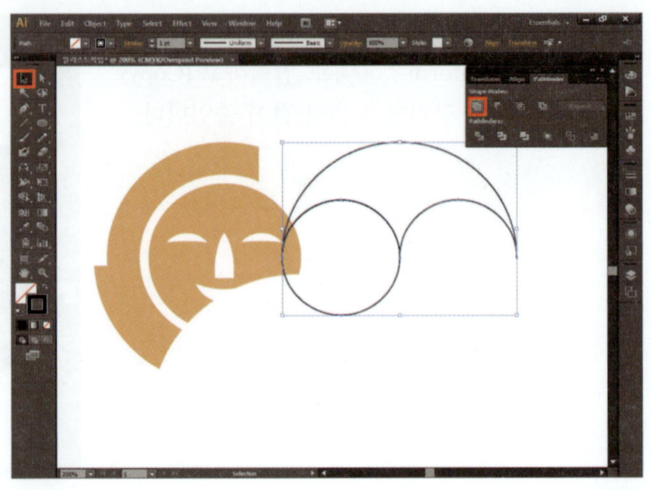

13 면색을 C0M100Y88K0, 선색은 None으로 설정합니다. 태극 문양의 위쪽 부분이 선택된 상태에서 'Rotate Tool'로 Alt 를 누른 채, 태극문양의 중심점을 클릭하여 [Rotate] 대화상자가 열리면 'Angle : 180°'로 입력한 후, [Copy] 버튼을 클릭하여 다음과 같이 회전 복사합니다.

Rotate의 중심점을 정확히 클릭하지 않으면 태극 문양이 틀어질 수 있습니다.

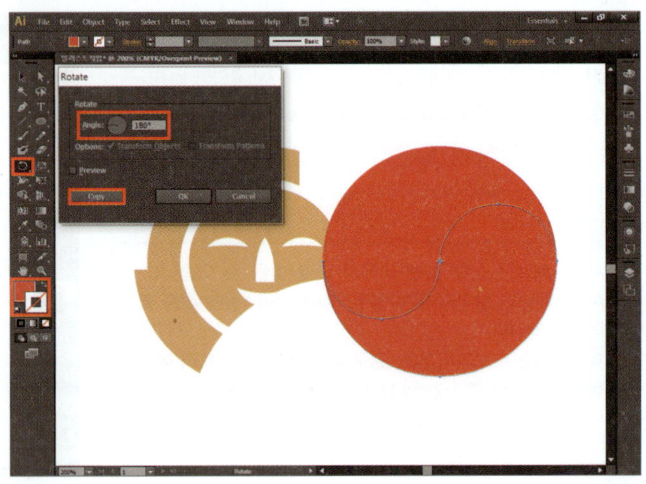

14 복사된 태극 문양 아래쪽 부분의 면색을 C90M60Y0K0으로 설정한 후, 'Selection Tool'로 경주전 로고를 모두 선택하고, Ctrl + G 를 눌러 그룹으로 만든 후, [File] > [Save] 메뉴를 선택하여 일러스트 작업을 저장합니다.

01 작업 준비하기

01 포토샵을 실행하고, [File] 〉 [New]를 선택하여 [New] 대화상자에서 'Width : 166mm, Height : 246mm, Resolution : 300 Pixels/Inch, Color Mode : RGB Color'로 설정한 후, [OK] 버튼을 클릭합니다.

기적의 TIP

- Ctrl + N : New(새로 만들기)
- Color Mode : 인쇄물에 적합한 CMYK 모드를 설정해 주어야 하지만, 시험장의 프린터가 인쇄소의 출력이 아니기 때문에 회색기, 탁함, 채도저하 발생이 빈번합니다. 또한 시험 문항에 여러 가지 패턴 적용 문제들이 출제되기 때문에 RGB모드로 설정합니다.

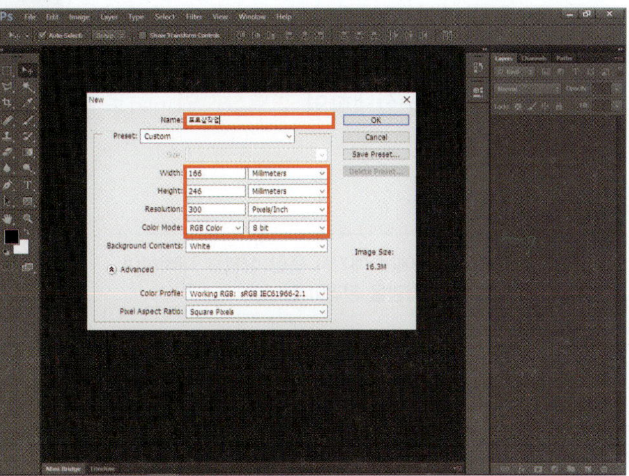

02 '일러스트작업' 창에서 그리드를 선택하고, Ctrl + C 를 눌러 복사합니다. '포토샵작업' 창에 Ctrl + V 를 눌러 붙여넣기한 후, [Paste] 대화상자에서 'Pixels'를 선택하고, [OK] 버튼을 클릭합니다. Enter 를 눌러 그리드를 확정합니다.

기적의 TIP

그리드가 잠겨 선택되지 않는 경우, [Window] 〉 [Layers]를 선택하고, Layers 패널에서 해당 레이어의 Toggles Lock 아이콘을 클릭하여 레이어 잠금을 해제하거나, Alt + Ctrl + 2 를 눌러 오브젝트 잠금을 해제합니다.

03 Layers 패널에서 이름을 그리드로 변경합니다. 'Move Tool'을 선택하고, Ctrl을 누른 채 'Background' 레이어와 함께 선택한 후, 옵션 바에서 'Align vertical centers', 'Align horizontal centers'를 클릭하여 정렬합니다. '그리드' 레이어만 선택하고, 'Lock all' 아이콘을 클릭하여 잠근 후, [File] > [Save]를 선택하여 포토샵작업.psd로 저장합니다.

기적의 TIP

항상 작업 시작과 도중에는 예기치 못한 상황을 대비하여 수시로 하는 저장하는 습관을 길러야 합니다.

02 배경 합성하기

01 이미지 배경을 불러와 합성하기 위해서 [File] > [Open]을 선택하고, [Open] 대화상자가 열리면 우주배경.jpg를 찾아 선택한 후, [Open] 버튼을 클릭하여 이미지를 불러옵니다. 이미지를 확인한 후, Ctrl+A를 눌러 전체영역을 선택하고, Ctrl+C를 눌러 복사합니다.

기적의 TIP

Ctrl+A : [Select] > [All] 선택과 같은 기능이며 이미지의 전체영역을 선택합니다.

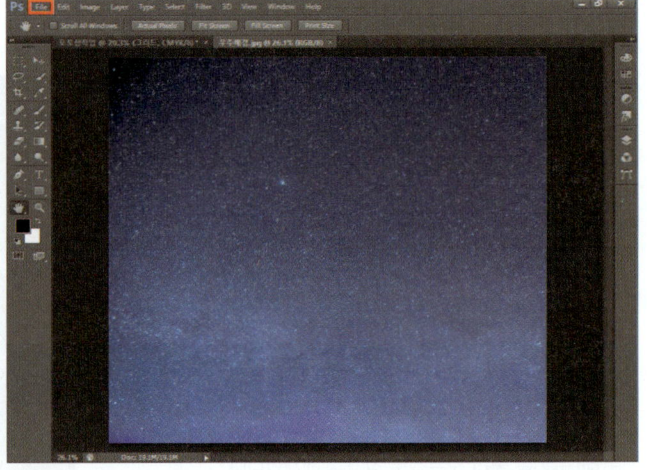

02 '포토샵작업' 창으로 돌아와 Ctrl+V를 눌러 우주 배경 이미지를 붙여 넣습니다. Ctrl+T를 눌러 크기 조절점을 나타내고, 크기와 위치를 조절하여 다음과 같이 배치한 후, Enter를 눌러 확정합니다. Layers 패널에서 레이어의 이름을 우주배경으로 변경한 후, 레이어 위치를 '그리드' 레이어 아래로 이동합니다.

- Ctrl+T : Free Transform
- Free Transform을 이용하여 크기 조절을 할 때, 이미지의 가로, 세로 비율을 유지하기 위해서 반드시 모서리의 점을 Shift를 누른 채 드래그해야 합니다.

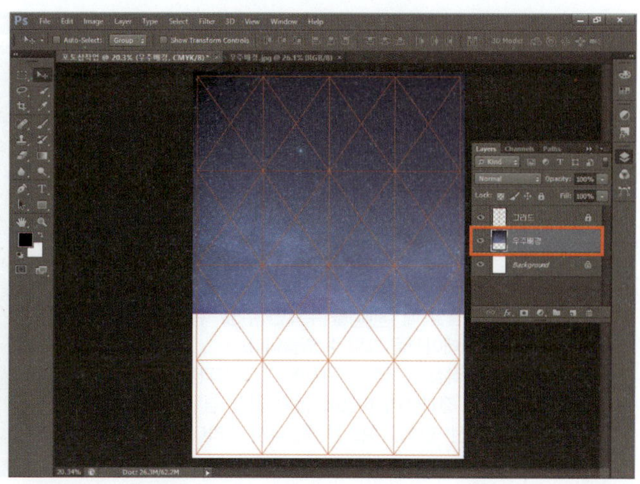

03 그라데이션 배경을 만들기 위해서 Layers 패널에서 새 레이어를 만들고, 이름을 그라데이션 배경으로 변경합니다. 전경색을 C100M85Y55K80으로 설정한 후, Alt+Delete를 눌러 색을 채웁니다.

- 새 레이어 만들기 : Layer 패널 [Create a new layer] 아이콘 클릭 or [Layer] 〉 [New] 〉 [Layer] 메뉴 선택
- Alt+Delete : 전경색으로 채우기

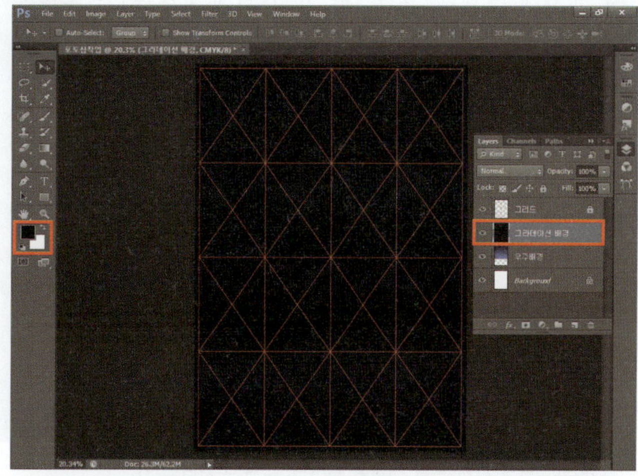

04 Layers 패널의 'Add Layer mask' 아이콘을 클릭하여 '그라데이션 배경' 레이어에 마스크를 적용합니다. 전경색을 C0M0Y0K0, 배경색을 C0M0Y0K100으로 설정한 후, 'Gradient Tool'을 선택하고, 옵션 바에서 'Foreground to Background'를 선택합니다.

- 레이어 마스크를 적용함과 동시에 전경색과 배경색이 흰색과 검정색으로 자동 설정되기 때문에 따로 바꿀 필요는 없습니다. 혹시 바뀌지 않는 경우 수동으로 설정해야 합니다.
- Foreground to Background는 전경색에서 배경색으로 변하는 그라디언트를 적용합니다.

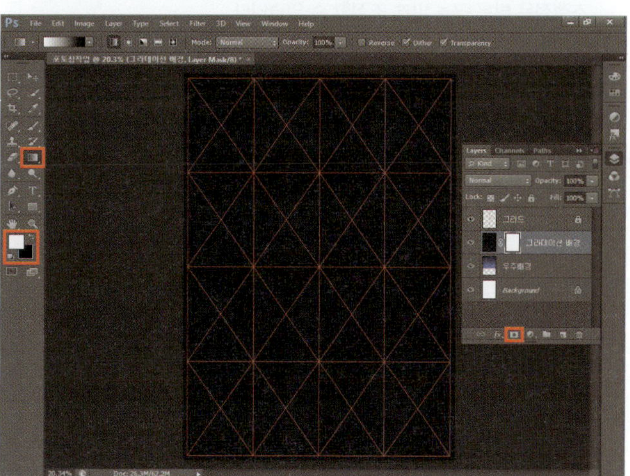

05 'Gradient Tool'로 이미지의 상단에서 중앙까지 드래그하여 다음과 같이 이미지 아랫 부분이 자연스럽게 사라지게 한 후, 레이어의 'Opacity'를 80%로 설정하여 '우주배경'과 자연스럽게 어울리도록 합니다.

- 그라디언트를 적용할 때 Shift 를 누르면 수평, 수직, 45° 정 방향으로 그라데이션을 그릴 수 있습니다.
- 그라디언트는 시작점과 끝점의 위치에 따라 결과가 달라질 수 있습니다. 결과물이 마음에 들지 않을 경우, Ctrl +Z를 눌러 이전 명령을 취소한 후, 다시 그라디언트를 적용합니다.

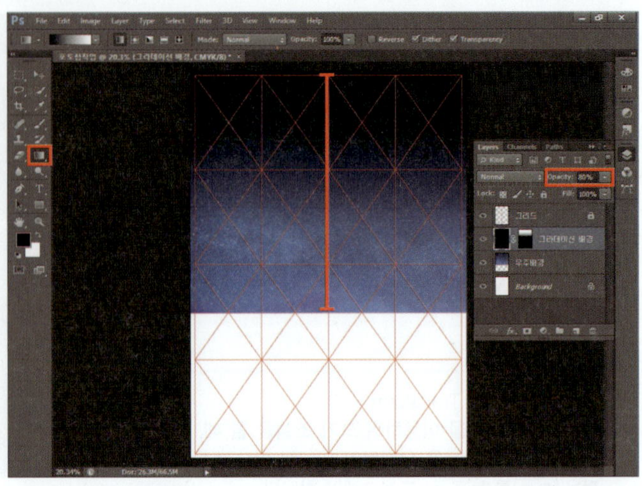

06 배경에 사용할 이미지를 넣기 위해서 [File] > [Open]을 선택하고, [Open] 대화상자가 열리면 동궁과월지.jpg를 찾아 선택한 후, [Open] 버튼을 클릭하여 이미지를 불러옵니다. 이미지의 밝기와 대비를 수정하기 위해서 [Image] > [Adjustment] > [Levels]를 선택하고, [Levels] 대화상자에서 각 슬라이더를 다음과 같이 조절한 후, [OK] 버튼을 클릭합니다.

- Ctrl +L : Levels
- [Levels] 대화상자에서 중앙에 위치한 3개의 슬라이더 조절점은 각각 밝기 조절 역할을 합니다. 왼쪽 조절점은 어두운 부분을 어둡게, 중앙 조절점은 전체 밝기를, 오른쪽 조절점은 밝은 곳을 밝게 조절할 수 있습니다.

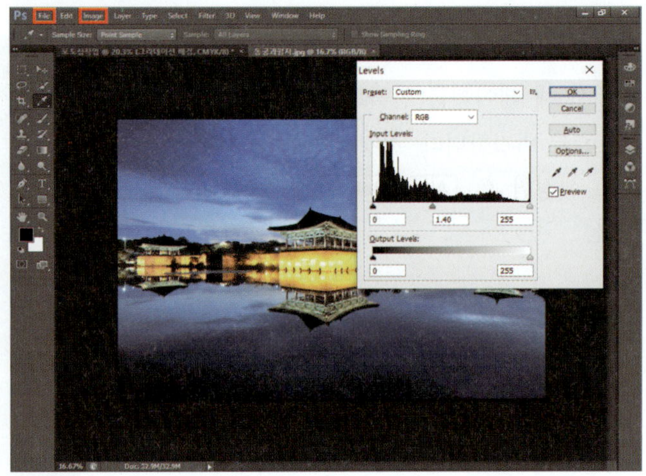

07 이미지의 밝기를 확인한 후, 물결 필터 효과를 적용하기 위해서 'Polygonal Lasso Tool'로 물 부분만 선택합니다.

Polygonal Lasso Tool은 직선을 이용하여 빠르게 선택영역을 지정할 수 있습니다.

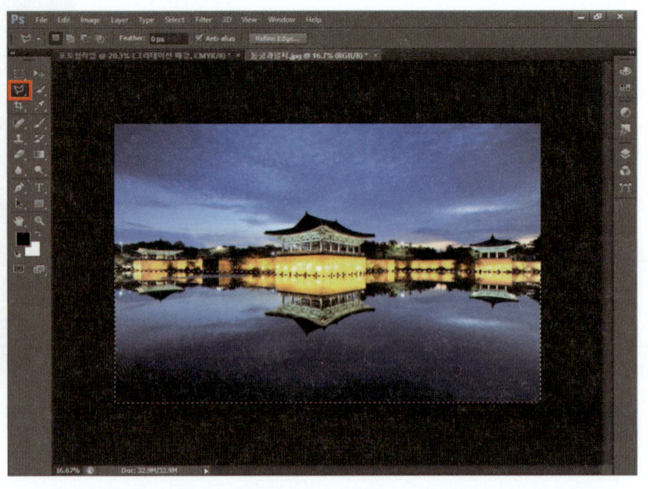

08 [Filter] 〉 [Distort] 〉 [Ripple]을 선택하여 [Ripple] 대화상자가 열리면 'Size : Large', 'Amount : 150%' 정도로 설정한 후, [OK] 버튼을 클릭하여 효과를 적용합니다. 이미지를 확인한 후 Ctrl + A 를 눌러 전체영역을 선택하고, Ctrl + C 를 눌러 복사합니다.

- Ripple(바다 물결) : 물결 효과 필터
- 실제 시험에는 정확한 수치로 입력하는 것보다는 슬라이더를 마우스로 조절하거나 마우스 휠로 수치를 변화시키면서 눈으로 확인하고, 적당한 수치를 찾는 것이 좋습니다.
- 몇 가지 자주 사용하는 중요한 기능은 단축키를 외워서 사용해야 시간을 단축할 수 있습니다.

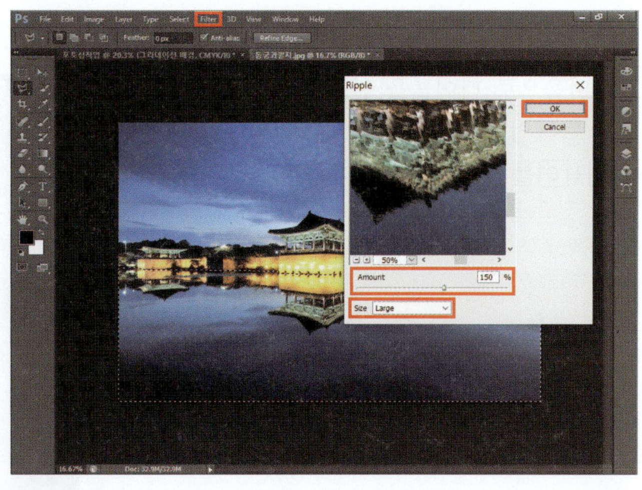

09 '포토샵작업' 창으로 돌아와 Ctrl + V 를 눌러 이미지를 붙여 넣습니다. Ctrl + T 를 눌러 크기와 위치를 조절하여 다음과 같이 배치합니다. Layers 패널에서 레이어의 이름을 동궁과월지로 변경한 후, 레이어 위치를 '그리드' 레이어 아래로 이동합니다.

디자인 원고에 그려놓은 그리드와 작업창의 그리드를 비교하며 이미지가 들어갈 위치를 확인할 수 있습니다.

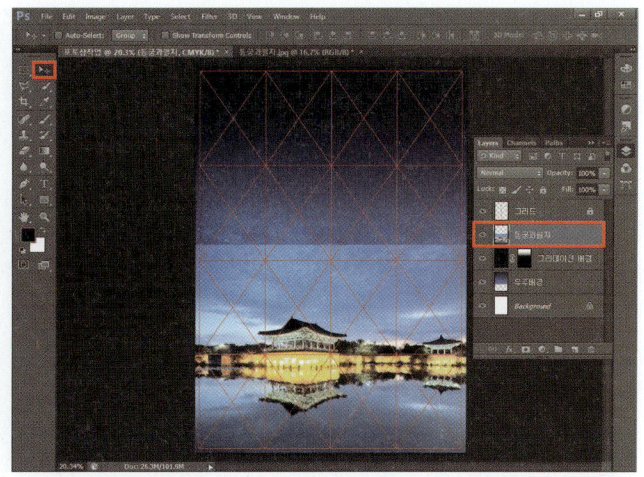

10 Layers 패널의 'Add Layer mask' 아이콘을 클릭하여 '동궁과월지' 레이어에 마스크를 적용합니다. 'Gradient Tool'로 지붕의 상단 부분에서 하늘이 끝나는 부분까지 드래그하여 다음과 같이 위쪽 부분이 '우주배경'과 자연스럽게 어울리도록 합니다.

그라디언트는 Shift 를 누른 채 정확하게 수직방향으로 적용해야 합니다.

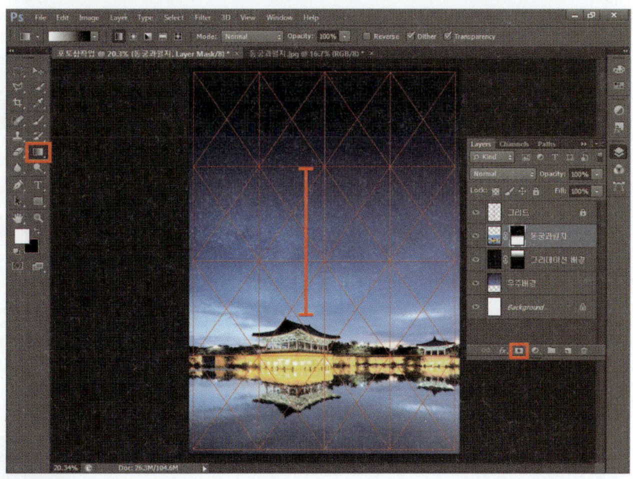

01 다음으로 타이틀을 만들어 보겠습니다. '일러스트작업' 창에서 캘리그라피를 선택하고, Ctrl+C를 눌러 복사합니다.

02 '포토샵작업' 창에 Ctrl+V를 눌러 붙여넣기합니다. [Paste] 대화상자에서 'Pixels'를 선택하고, [OK] 버튼을 클릭한 후, 디자인 원고를 참고로 크기를 조절하여 다음과 같은 위치에 배치합니다. Layers 패널에서 레이어의 이름을 캘리그라피로 변경하고, 위치를 '그리드' 레이어 아래로 이동합니다.

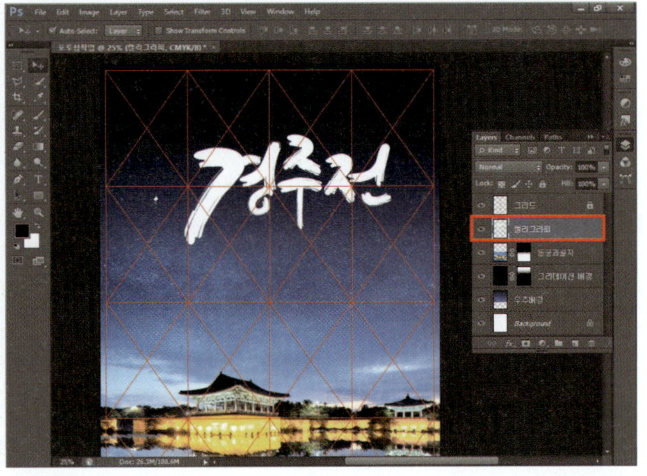

🏳 **기적의 TIP**

[Paste] 대화상자에서는 일러스트에서 가져온 오브젝트의 속성을 설정합니다. 대부분 Pixels로 선택하여 일반 비트맵 이미지로 가져오면 됩니다. 비트맵 이미지는 수정 및 효과 적용이 편리합니다.

03 '캘리그라피' 레이어가 선택된 상태에서 Ctrl+J를 눌러 복사하고, 복사된 레이어의 이름을 캘리그라피 테두리로 변경한 후, '캘리그라피' 레이어 아래로 이동합니다. 외곽선 효과를 적용하기 위해서 Layers 패널에서 '캘리그라피 테두리' 레이어를 더블클릭하여 [Layer Style] 대화상자를 엽니다. 'Styles : Stroke'를 클릭하고, 'Size : 15px', 'Position : Outside'로 설정한 후, [OK] 버튼을 클릭합니다.

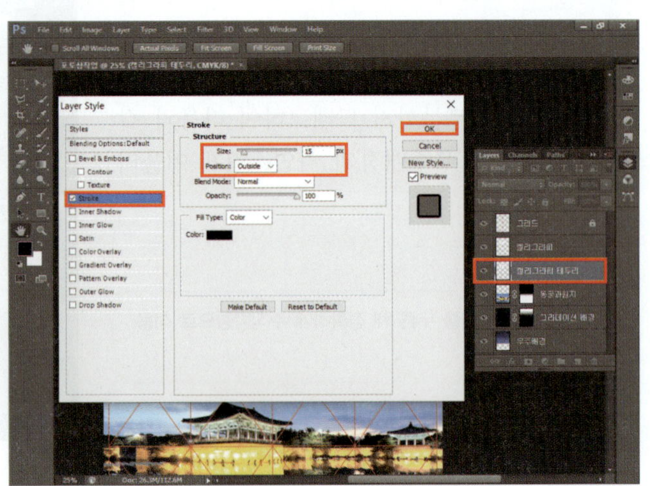

🏳 **기적의 TIP**

Ctrl+J : Layer via Copy

04 '캘리그라피 테두리' 레이어에 마우스 오른쪽 버튼을 클릭하고 [Rasterize Layer Style]를 선택하여 일반 레이어로 변경합니다.

> **기적의 TIP**
>
> • Rasterize Layer Style : 레이어에 적용된 스타일 효과를 합쳐 일반 레이어로 만듭니다. 기능 적용 후에는 효과의 수정이 불가능합니다.
> • 다른 레이어 효과를 적용하기 전 일반 레이어로 변경하는 이유는 간혹 새로운 효과가 적용 안 되거나 겹치는 문제가 생기기 때문입니다.

05 Layers 패널에서 '캘리그라피 테두리' 레이어를 더블클릭하여 [Layer Style] 대화상자를 엽니다. 'Styles : Gradient Overlay'를 클릭하고, 'Gradient' 색상 바를 클릭합니다. [Gradient Editor] 대화상자가 열리면 슬라이더의 왼쪽 색상은 C100M100Y25K15, 오른쪽 색상은 C65M0Y25K0으로 설정한 후, [OK] 버튼을 클릭합니다. Gradient 옵션에서 'Style : Radial'로 설정한 후, [OK] 버튼을 클릭하여 효과를 적용하고, 확인합니다.

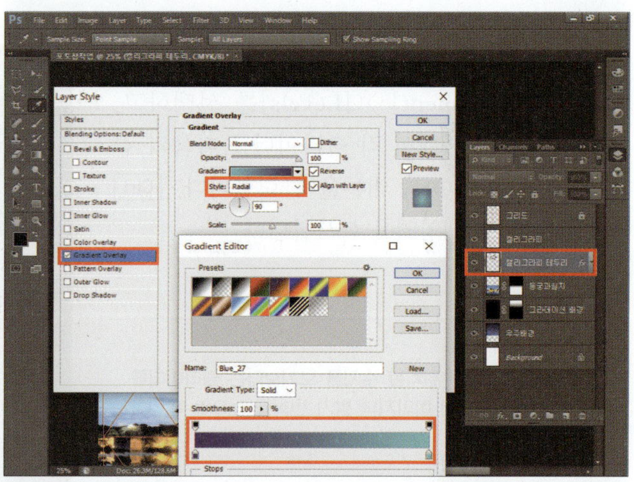

06 문자를 입력하기 위해서 'Type Tool'을 선택하고, 작업창을 클릭하여 2022를 다음과 같은 위치에 입력합니다. 디자인 원고를 참고하여 글꼴과 크기, 자간 등을 적절히 설정한 후, 문자의 색을 C0M0Y0K0으로 설정합니다.

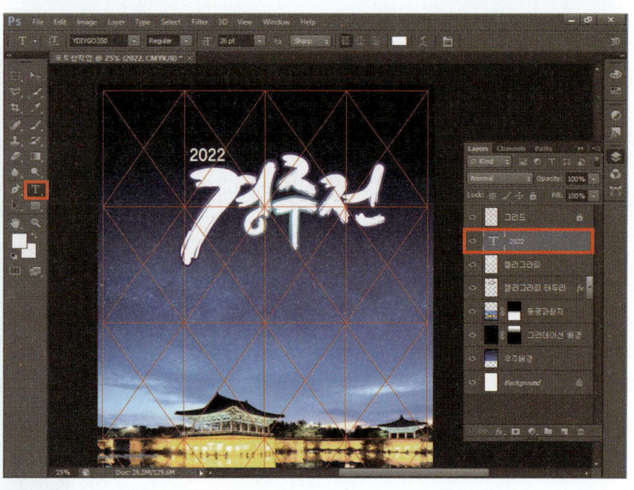

> **기적의 TIP**
>
> • Type Tool로 글자를 입력 후, 색상, 글꼴 등을 수정하기 위해서는 Move Tool을 선택한 후 진행하면 편리합니다.
> • [Window] 〉 [Character]를 선택하고, Character 패널에서 문자의 글꼴, 크기, 자간, 색상 등의 세부적인 부분을 변경할 수 있습니다.

07 타이틀에 사용할 이미지를 넣기 위해서 [File] > [Open]을 선택하고, 유물 A.jpg을 찾아 불러옵니다. 'Magic Wand Tool'을 선택하고, 옵션 바에서 'Tolerance : 20'으로 설정한 후, 이미지의 배경을 클릭합니다. Ctrl + Shift + I 를 눌러 선택영역을 반전합니다.

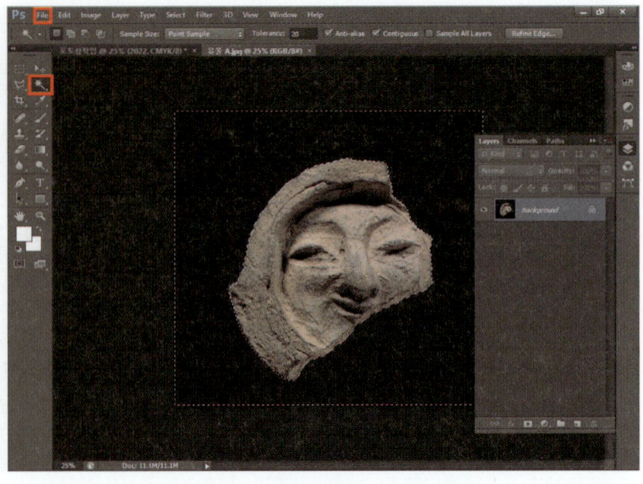

08 이미지의 밝기와 대비를 수정하기 위해 [Image] > [Adjustment] > [Levels]를 선택하고, [Levels] 대화상자에서 각 슬라이더를 다음과 같이 조절한 후, [OK] 버튼을 클릭합니다. Ctrl + C 를 눌러 선택영역을 복사합니다.

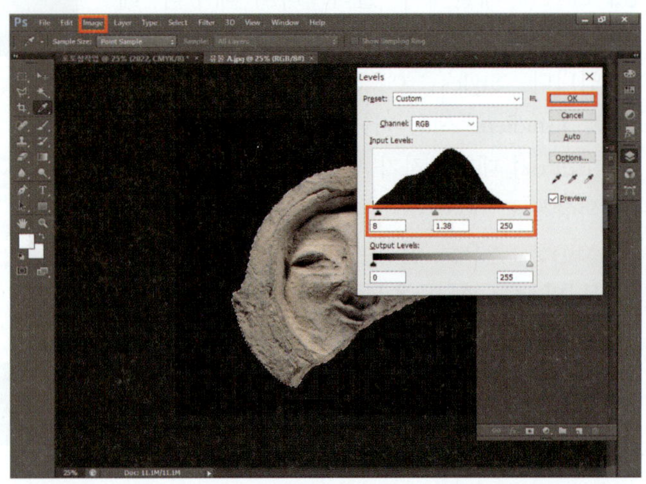

09 '포토샵작업' 창에 Ctrl + V 를 눌러 붙여넣기합니다. [Paste] 대화상자에서 'Pixels'를 선택하고, [OK] 버튼을 클릭한 후, 디자인 원고를 참고로 크기를 조절하여 '경' 글자 옆에 배치합니다. Layers 패널에서 레이어의 이름을 유물 A로 변경합니다.

10 외부광선 효과를 적용하기 위해서 Layers 패널에서 '유물 A' 레이어를 더블클릭하여 [Layer Style] 대화상자를 엽니다. 'Styles : Outer Glow'를 클릭하고, 'Opacity : 32%, Color : C0M0Y0K0, Spread : 4%, Size : 18px'로 설정한 후, [OK] 버튼을 클릭합니다.

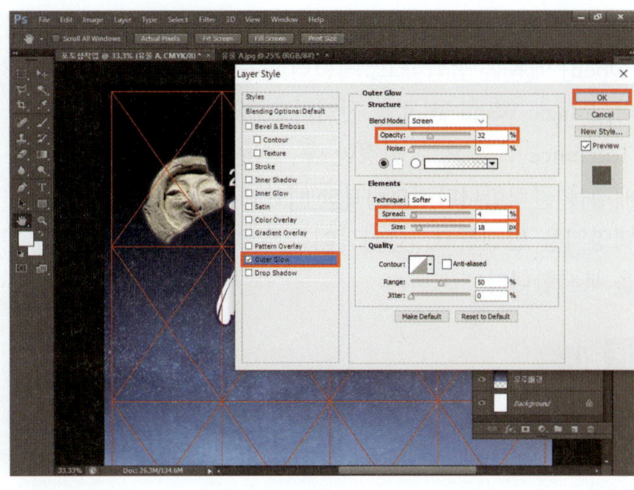

11 다음으로 타이틀 아래에 도장을 배치하기 위해서 '일러스트작업' 창에서 도장 오브젝트를 선택하고, Ctrl + C 를 눌러 복사합니다.

12 '포토샵작업' 창에 Ctrl + V 를 눌러 붙여넣기합니다. [Paste] 대화상자에서 'Pixels'를 선택하고, [OK] 버튼을 클릭한 후, 디자인 원고를 참고로 크기를 조절하여 '전' 글자 옆에 배치합니다. Layers 패널에서 레이어의 이름을 도장으로 변경합니다.

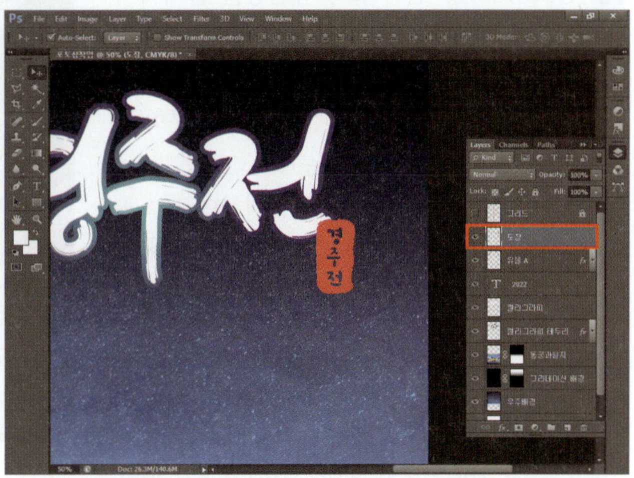

13 캐릭터 이미지를 넣기 위해서 [File] 〉 [Open] 메뉴를 선택하고, 캐릭터.jpg를 불러옵니다. 'Magic Wand Tool'을 선택하고, 옵션 바에서 'Tolerance : 50'으로 설정한 후, 이미지의 흰색 배경을 클릭합니다. Ctrl + Shift + I 를 눌러 선택영역을 반전하고, Ctrl + C 를 눌러 선택영역을 복사합니다.

Tolerance의 기능을 이해하고 설정 방법을 익혀 이미지의 빠른 선택영역 지정이 숙달되도록 합니다.

14 '포토샵작업' 창에 Ctrl + V 를 눌러 붙여넣기 합니다. [Paste] 대화상자에서 'Pixels'를 선택하고, [OK] 버튼을 클릭한 후, 디자인 원고를 참고로 크기를 조절하여 '전' 글자 위에 배치합니다. Layers 패널에서 레이어의 이름을 캐릭터로 변경합니다.

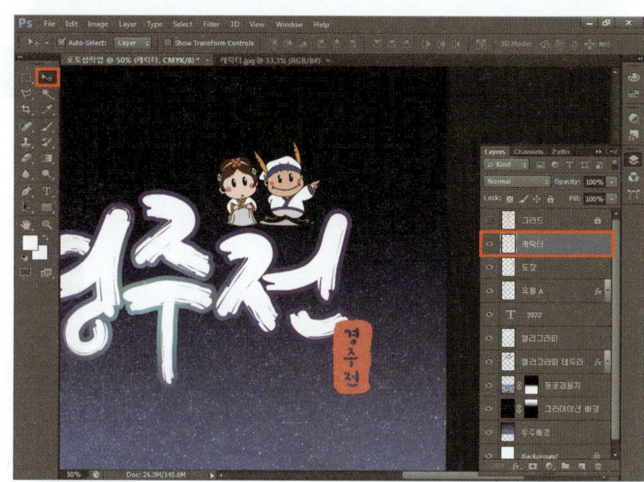

15 'Type Tool'을 선택하고, 작업창을 클릭하여 신라천년의 문화를 만끽하다!를 다음과 같은 위치에 입력합니다. 디자인 원고를 참고하여 글꼴과 크기, 자간 등을 적절히 설정한 후, '문화'는 C0M25Y93K0으로, 나머지는 C50M0Y93K0으로 설정합니다. 레이어를 더블클릭하여 [Layer Style] 대화상자에서 'Styles : Stroke'를 클릭하고, 'Size : 4px, Color : C0M0Y0K100'으로 설정한 후, [OK] 버튼을 클릭합니다.

하나의 레이어에서 글자의 내용을 일부분 수정해야 할 경우, Type Tool로 글자를 드래그하여 블록 지정한 후, 수정 기능을 적용합니다.

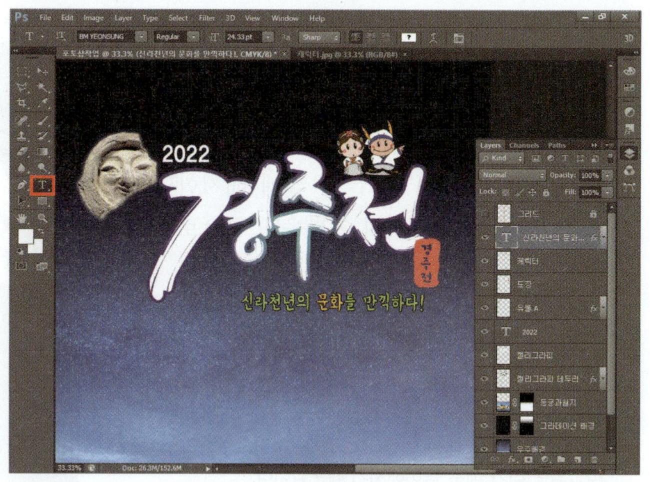

04 나침반 합성하기

01 다음으로 나침반을 배치해 보겠습니다. '일러
스트작업' 창에서 나침반을 선택하고, Ctrl + C
를 눌러 복사합니다.

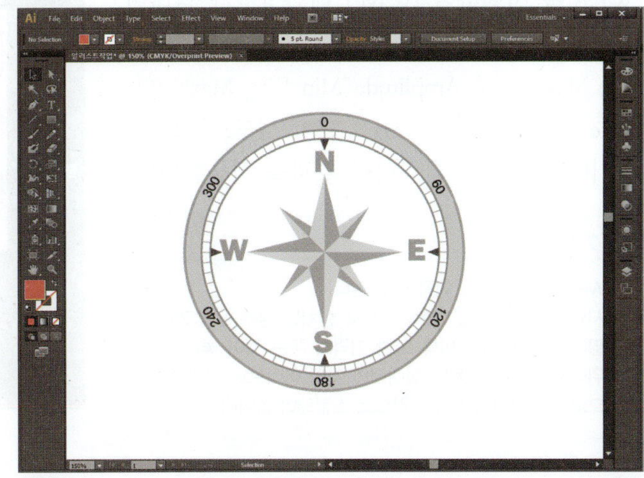

02 '포토샵작업' 창에 Ctrl + V 를 눌러 붙여넣
기 합니다. [Paste] 대화상자에서 'Pixels'를 선택
하고, [OK] 버튼을 클릭한 후, 위치를 조절하여
디자인 원고의 제시된 위치에 맞게 배치합니다.
Layers 패널에서 레이어의 이름을 나침반으로 변
경한 후, 위치를 '캘리그라피 테두리' 레이어 아
래로 이동합니다.

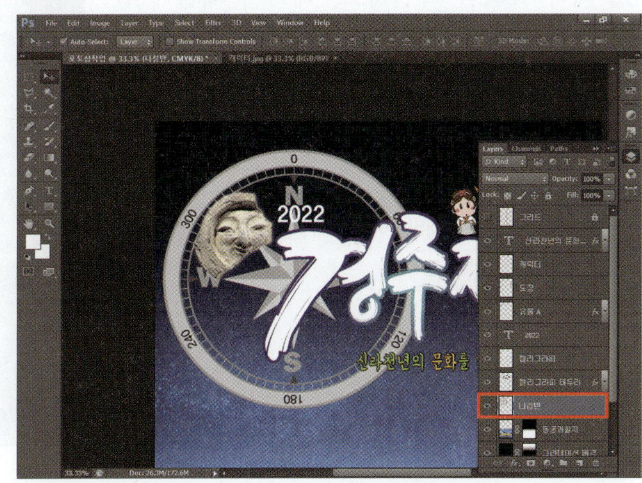

03 Ctrl + T 를 눌러 크기 조절점을 나타내고,
마우스 오른쪽 버튼을 눌러 메뉴가 열리면 [Per-
spective]를 선택합니다. 조절점을 조절하여 원근
을 다음과 같이 만든 후, Enter 를 눌러 확정합
니다.

> **기적의 TIP**
>
> - Ctrl + T : Free Transform
> - Perspective : 원근 조절
> - Free Transform 상태에서 Ctrl 을 누르면 Distort(왜곡)와
>   Skew(기울이기) 기능을 사용할 수 있습니다.

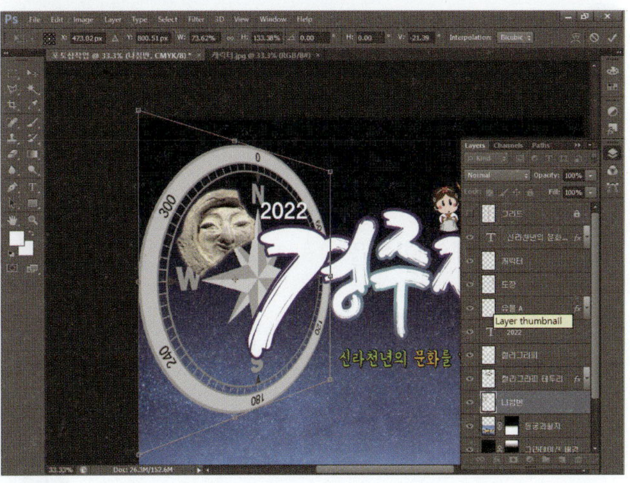

04 왜곡을 주기 위해서 [Filter] 〉 [Distort] 〉
[Wave]를 선택하여 [Wave] 대화상자가 열리면
'Number of Generators : 5', Wavelength 'Min :
194, Max : 240', Amplitude 'Min : 20, Max : 90',
Scale 'Horiz : 30%, Vert : 35%' 정도로 설정한
후, [OK] 버튼을 클릭하여 효과를 적용합니다.

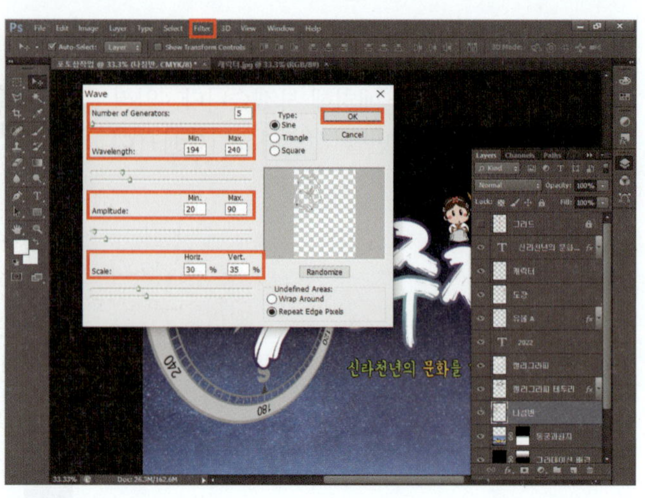

기적의 TIP

- Wave(파도) : 파도 왜곡 효과 필터
- 시험장의 프로그램이 한글판으로 설치된 경우가 많으므로
  필터 효과는 한글 이름 또한 기억해 두는 것이 좋습니다.
- 위에서 제시된 수치는 절대적인 것이 아니므로 효과를 눈
  으로 확인하면서 적당한 값으로 조절해야 합니다.

05 왜곡 효과를 확인하고, 레이어 패널에서
'Opacity : 25%'로 설정한 후, [Ctrl]+[S]를 눌러
저장합니다.

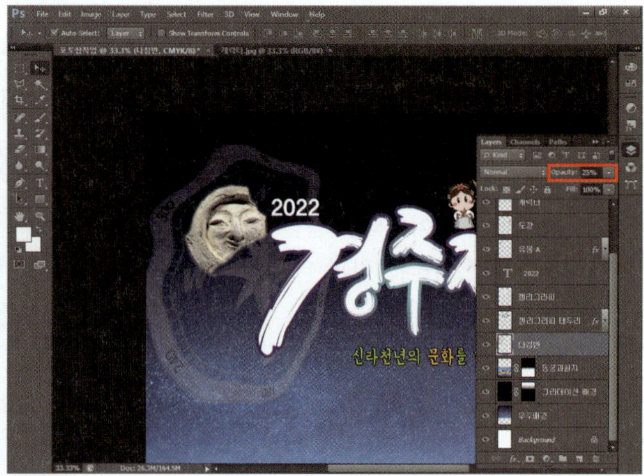

기적의 TIP

- [Ctrl]+[S] : Save
- 예기치 못한 상황에 대비하여 가끔씩 [Ctrl]+[S]를 눌러 저
  장을 하는 것이 좋습니다.

05 입체 박스 만들기

01 입체 박스에 사용할 이미지를 넣기 위해서
[File] 〉 [Open]을 선택하고, [Open] 대화상자가
열리면 유물 B.jpg를 찾아 불러옵니다. '포토샵작
업' 창의 다음과 같은 위치에 붙여 넣은 후 Layers
패널에서 레이어의 이름을 유물 B로 변경합니다.

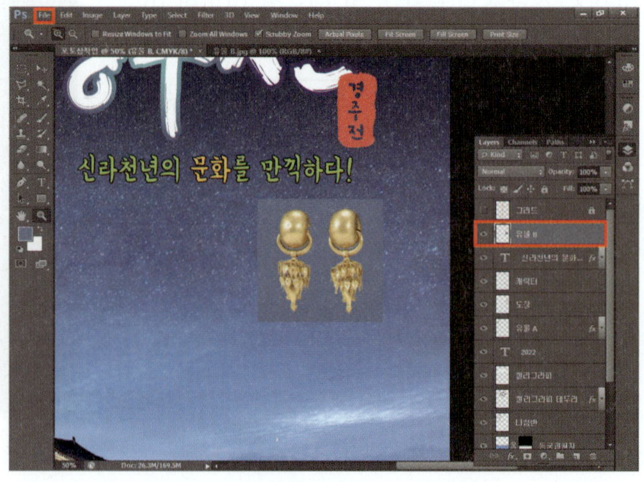

02 `Ctrl`+`T`를 눌러 크기 조절점을 나타내고, 모서리 조절점의 외곽을 `Shift`를 누른 채 드래그 하여 45°만큼 회전합니다. `Alt`를 누른 채, 상하 조절점을 드래그하여 비율을 다음과 같이 조절 한 후, `Enter`를 눌러 확정합니다.

> **기적의 TIP**
> • `Ctrl`+`T` : Free Transform
> • Free Transform 상태에서 `Alt`을 누르면 상하좌우 대칭 으로 변형할 수 있습니다.

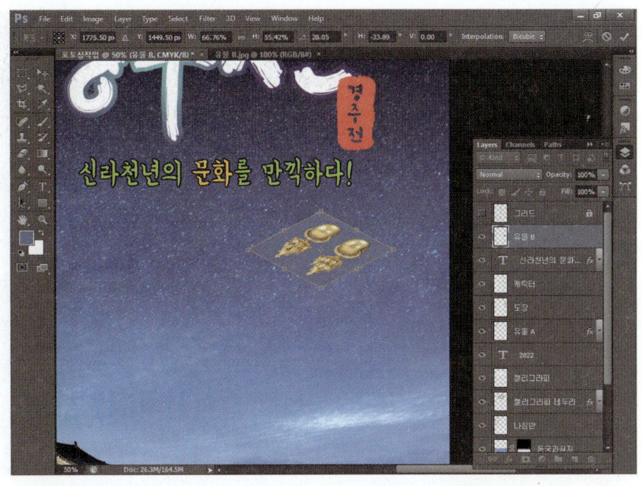

03 다음으로 유물 C.jpg를 찾아 불러옵니다. '포 토샵작업' 창에 붙여 넣은 후, 레이어의 이름을 유물 C로 변경합니다. `Ctrl`+`T`를 눌러 다음과 같이 모양과 위치, 크기를 변형한 후, `Enter`를 눌러 확정합니다.

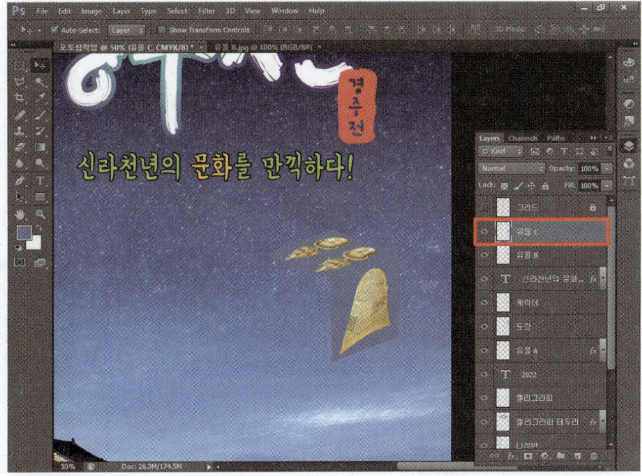

04 다음으로 유물 D.jpg를 찾아 불러옵니다. '포토샵작업' 창에 붙여 넣은 후, 레이어의 이름 을 유물 D로 변경합니다. `Ctrl`+`T`를 눌러 다음 과 같이 모양과 위치, 크기를 변형한 후, `Enter` 를 눌러 확정합니다. 다음과 같이 입체 박스가 만들어졌음을 확인합니다.

05 입체감을 주기 위해서 박스 각 면의 밝기 조절을 해보겠습니다. Levels 기능으로 '유물 B' 레이어는 밝게, '유물 C' 레이어는 어둡게 조절합니다.

Ctrl + L : Levels

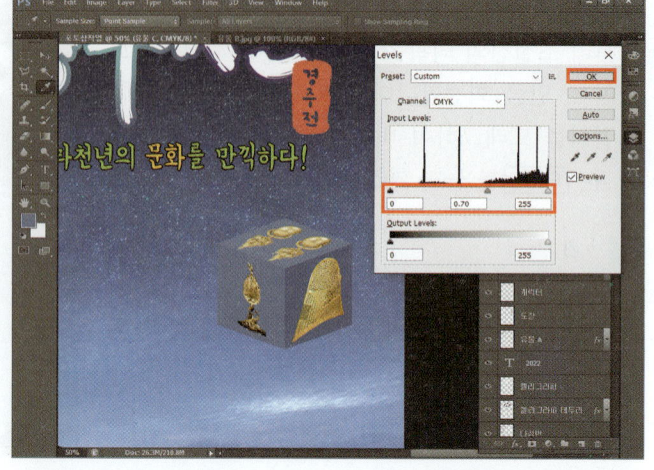

06 완성된 박스에 그림자 효과를 주기 위해서 Layers 패널에서 'Create a new group'을 클릭하여 새 폴더 그룹을 만들고, 유물 B, C, D를 폴더에 모두 드래그합니다. 새 폴더 그룹의 이름을 박스로 변경합니다.

- 폴더 그룹에 넣을 레이어를 함께 선택하고 Ctrl + G 를 눌러 바로 그룹을 만들 수 있습니다.
- 폴더 그룹을 이용하면 많은 수의 레이어를 쉽게 관리할 수 있습니다.
- 폴더 아이콘 왼쪽의 화살표를 클릭하여 폴더 그룹에 포함된 레이어 표시를 변경할 수 있습니다.

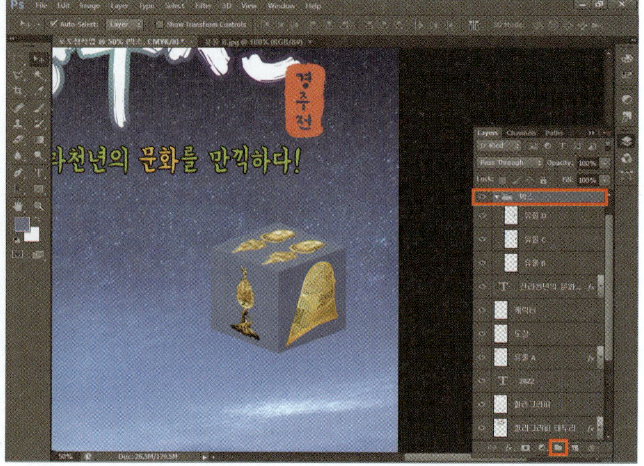

07 Layers 패널에서 '박스' 폴더 그룹 레이어의 빈 곳을 더블클릭합니다. [Layer Style] 대화상자에서 'Styles : Drop Shadow'를 클릭하고, 'Distance : 30px, Spread : 0%, Size : 31px'로 설정한 후, [OK] 버튼을 클릭한 후, 그림자 효과를 확인합니다.

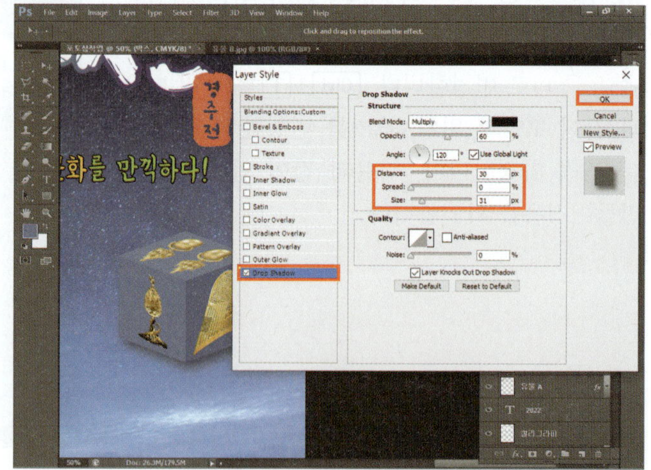

01 글자 박스를 만들기 위해서 'Rounded Rect-angle Tool'을 선택하고, 옵션 바에서 'Fill : None, Stroke : C0M0Y0K0, 3pt, Radius : 50px' 정도로 설정한 후, 다음과 같은 위치에 둥근 사각형을 만든 후, 레이어의 이름을 글자박스1로 변경합니다.

기적의 TIP

Shape 오브젝트의 경우, 만들고 난 후에 면색과 선색, 선 두께, 선의 종류를 수정할 수 있습니다.

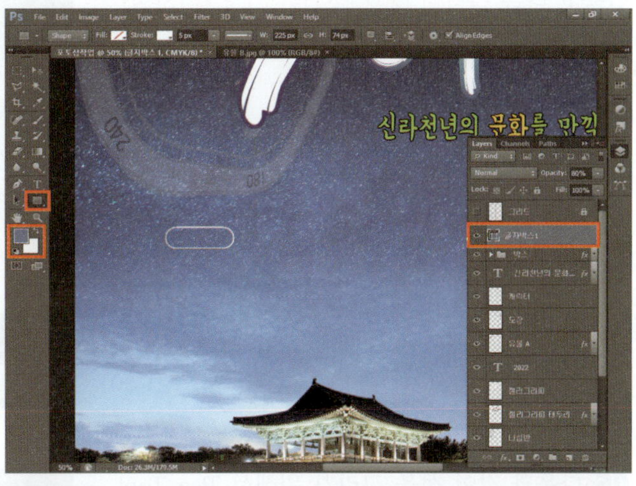

02 'Type Tool'을 선택하고, 작업창을 클릭하여 문화의 밤을 박스 안에 입력합니다. 디자인 원고를 참고하여 글꼴과 크기, 자간 등을 적절히 설정한 후, 문자의 색을 C0M0Y0K0으로 설정합니다.

기적의 TIP

글자는 일러스트, 포토샵, 인디자인 중 어디서 입력하는 것이 좋을까요?
정답은 없습니다. 가장 자신 있는 프로그램을 선택하여 글자를 입력하면 됩니다. 다만 특수한 모양의 글자는 일러스트, 효과가 필요한 글자는 포토샵, 작은 크기의 글자는 인디자인을 이용하는 것이 좋습니다. 작은 크기의 글자는 포토샵에서 입력할 경우 비트맵 변환을 거치기 때문에 출력 시 흐릿하게 나올 수 있습니다.

03 Type Tool'로 2022. 9.10(토) − 9.11(일)을 다음과 같은 위치에 입력하고, 글꼴과 크기, 자간 등을 적절히 설정한 후, 노란색 글자는 C0M20Y93K0, 나머지는 C0M0Y0K0으로 설정합니다. 이어서 17:00 ~ 21:00을 오른쪽에 흰색으로 입력하고, 글꼴과 크기, 자간 등을 설정합니다.

04 위와 같은 방법으로 둥근 사각형을 하나 더 만들고 다음 음악회, 2022. 9.17(토) – 9.18(일), 경주 예술의 전당을 입력합니다.

05 다음과 같이 선을 그리기 위해서 'Pen Tool'을 선택하고, 옵션 바에서 'Fill : None, Stroke : C0M0Y0K0, 3pt'로 설정한 후, 다음과 같은 위치에 선을 그린 후, 레이어의 이름을 연결선으로 변경합니다.

- Shift를 누른 채 선을 그리면 수직, 수평선을 그릴 수 있습니다.
- Pen Tool로 그린 선은 일러스트레이터와 같은 방법으로 수정할 수 있습니다.

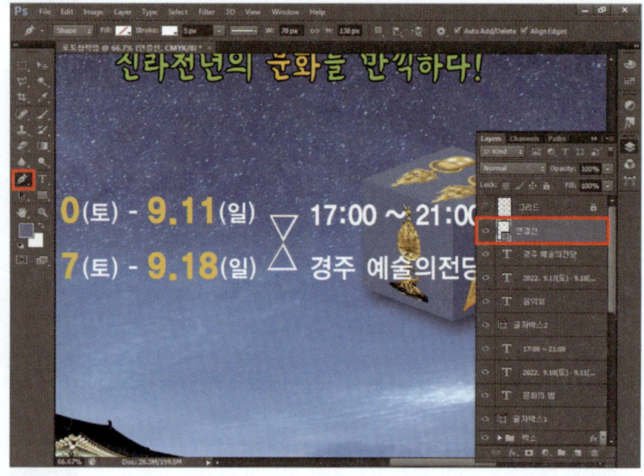

06 '일러스트작업' 창에서 별을 선택하고, Ctrl + C를 눌러 복사합니다.

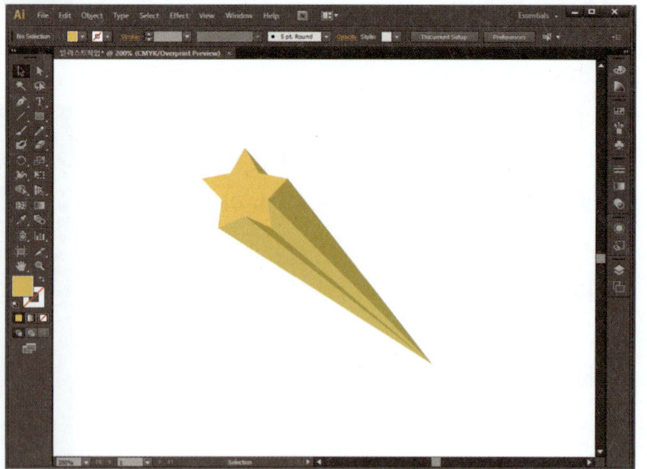

07 '포토샵작업' 창에 Ctrl+V를 눌러 붙여넣기합니다. 크기와 위치를 조절하여 디자인 원고의 제시된 위치에 맞게 2개를 배치합니다. Layers 패널에서 레이어의 이름을 별 문양1, 별 문양2로 각각 변경한 후, '별 문양2' 레이어의 'Opacity'를 65%로 변경합니다. 입력된 글자들을 디자인 원고와 비교하여 전체적으로 확인합니다.

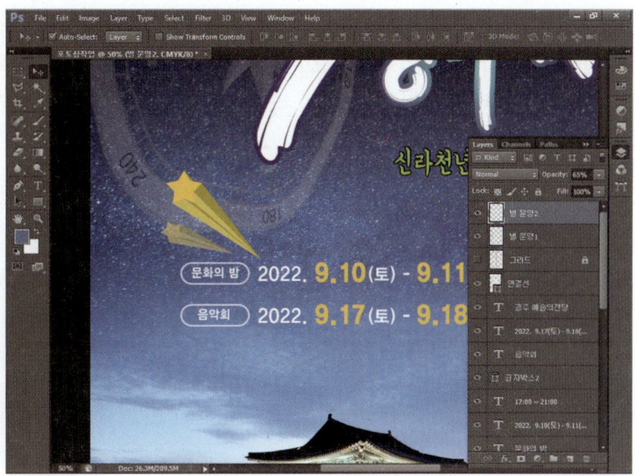

07 로고 배치하기

01 '일러스트작업' 창에서 로고를 선택하고, Ctrl+C를 눌러 복사합니다.

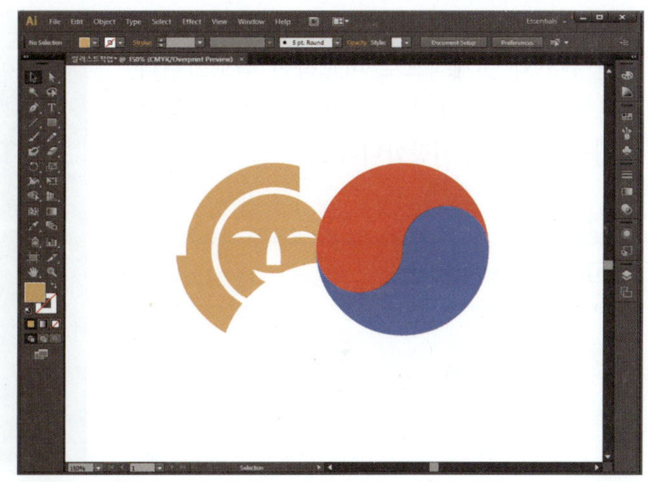

02 '포토샵작업' 창에 Ctrl+V를 눌러 디자인 원고의 제시된 위치에 맞게 배치한 후, Layers 패널에서 레이어의 이름을 심볼로 변경합니다. 레이어를 더블클릭하여 [Layer Style] 대화상자에서 'Styles : Stroke'를 클릭하고, 'Size : 3px, Color : C0M0Y0K0'으로 설정한 후, [OK] 버튼을 클릭합니다.

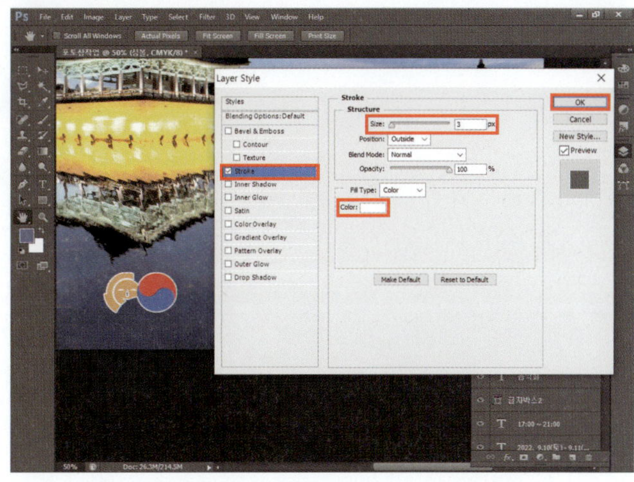

03 로고 오른쪽에 'Type Tool'로 GYEONGJU WORLD CULTURE EXPO와 경주세계문화엑스포를 각각 입력하고, 글꼴과 크기, 자간 등을 적절히 설정한 후, 색을 C0M0Y0K100으로 설정합니다. 레이어를 더블클릭하여 [Layer Style] 대화상자에서 'Styles : Stroke'를 클릭하고, 'Size : 3px, Color : C0M0Y0K0'으로 설정한 후, [OK] 버튼을 클릭합니다.

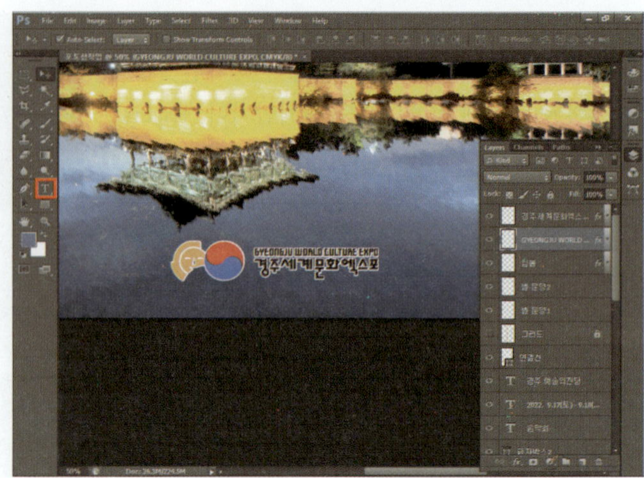

08 검토 및 저장하기

01 Layers 패널에서 '그리드' 레이어를 켠 후, 디자인 원고와 전체적으로 비교하여 검토합니다. 검토가 끝나면 '그리드' 레이어의 눈을 끄고, Ctrl + S 를 눌러 저장합니다.

기적의 TIP

Ctrl + S : Save(저장하기)

02 Layers 패널에서 '그리드' 레이어 바로 아래 레이어를 선택하고, Ctrl+Alt+Shift+E를 눌러 모든 레이어가 합쳐진 새 레이어를 만듭니다. 기존의 레이어가 지워지지 않고 그대로 유지되므로 혹시 모를 수정 작업에 유리합니다.

03 [File] 〉 [Save As] 메뉴를 선택하여 '파일이름 : 자신의 비번호(예를 들어 01번이면 01)'을 입력합니다. PC 응시자는 'Format : JPEG' 형식을 선택합니다. [JPEG Options] 대화상자가 열리면 'Quality : 12'로 설정하고, [OK] 버튼을 클릭합니다. 이때 저장된 JPG 파일을 확인하고, 용량이 너무 큰 경우 'Quality'를 8~11 정도의 수치로 설정하여 저장합니다.

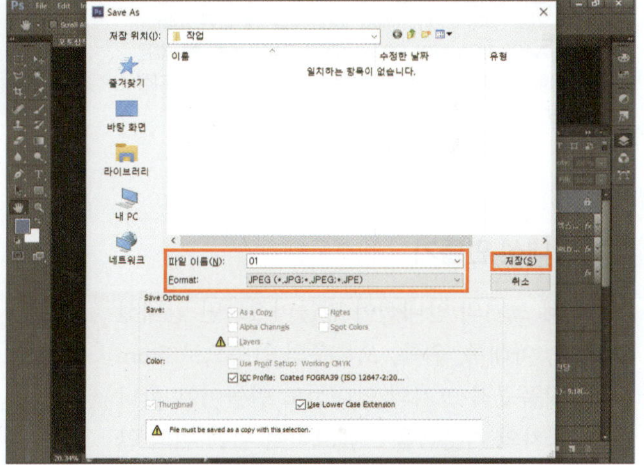

기적의 TIP

- 제출해야 할 파일(포토샵에서 만든 JPG 파일+인디자인 파일)의 용량은 총 15MB 이하입니다.
- Quality는 JPEG의 압축 품질을 설정하는 옵션으로서 수치를 낮게 설정하면 용량이 매우 줄어들며 화질이 손상됩니다. 따라서 허용하는 용량 내에서 최대한 높은 수치로 설정하여 화질이 최대한 떨어지지 않도록 합니다.

01 작업 준비하기

[File] 〉 [New] 〉 [Document]를 선택하여 'Number of Pages : 1, Facing Pages : 체크 해제', 'Page Size : A4', Margins 'Make all settings the same : 해제', 'Top : 25.5mm, Bottom : 25.5mm, Left : 22mm, Right : 22mm'로 입력한 후, [OK] 버튼을 클릭합니다.

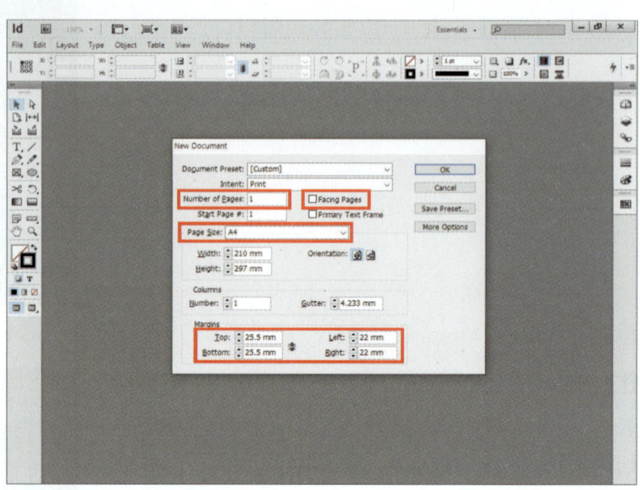

> **기적의 TIP**
>
> • Ctrl + N : New Document(새로 만들기)
> • A4의 가로 길이 210mm에서 166mm를 뺀 값은 44mm
>   이고, A4의 세로 길이 297mm에서 246mm를 뺀 값은
>   51mm이므로 이 여백을 2등분하여 각각의 여백으로 지정
>   합니다.

02 안내선 만들기

01 실제 크기의 안내선이 만들어졌으면 안내선의 위쪽, 아래쪽, 왼쪽, 오른쪽의 안쪽으로 3mm를 뺀 작품규격 크기의 안내선도 만들어야 합니다. 눈금자의 기준점을 드래그하여 왼쪽 위의 안내선 교차지점에 이동시켜 기준점이 0이 되도록 합니다.

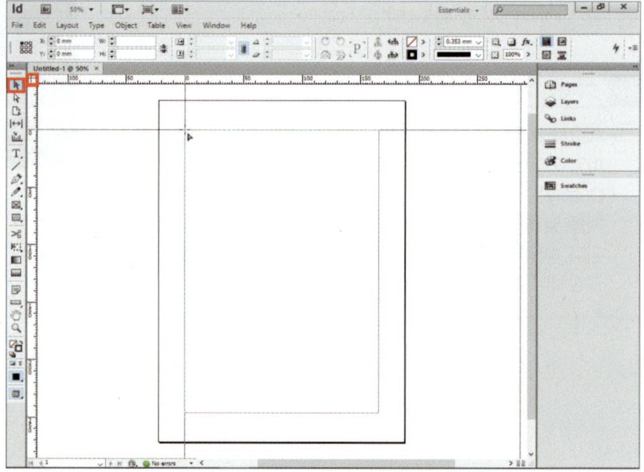

02 'Zoom Tool'로 실제크기 안내선 왼쪽 위를 드래그하여 확대하고, 왼쪽 눈금자에서 마우스를 드래그하여 0mm 지점에서 오른쪽으로 3mm 만큼 이동한 지점과 위쪽 눈금자에서 마우스를 드래그하여 0mm 지점에서 아래쪽으로 3mm만큼 이동한 지점에 안내선을 가져다 놓습니다.

왼쪽 눈금자에서 안내선을 꺼내 컨트롤 패널에서 'X : 3mm'로 입력하고, 위쪽 눈금자에서 안내선을 꺼내 'Y : 3mm'로 입력하여 정확히 배치할 수 있습니다.

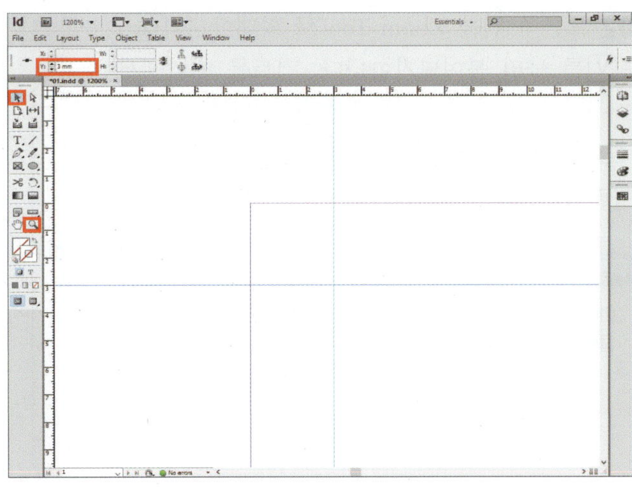

03 'Hand Tool'을 더블클릭하여 윈도우 화면으로 맞춘 후, 실제 크기의 안내선 오른쪽 아래를 'Zoom Tool'로 확대합니다. 왼쪽 눈금자에서 마우스를 드래그하여 166mm 지점에서 왼쪽으로 3mm만큼 이동한 지점(163mm)과 위쪽 눈금자에서 마우스를 드래그하여 오른쪽 아래의 246mm 지점에서 위쪽으로 3mm만큼 이동한 지점(243mm)에 안내선을 가져다 놓습니다.

왼쪽 눈금자에서 안내선을 꺼내 컨트롤 패널에서 'X : 163mm'로 입력하고, 위쪽 눈금자에서 안내선을 꺼내 'Y : 243mm'로 입력하여 정확히 배치할 수 있습니다.

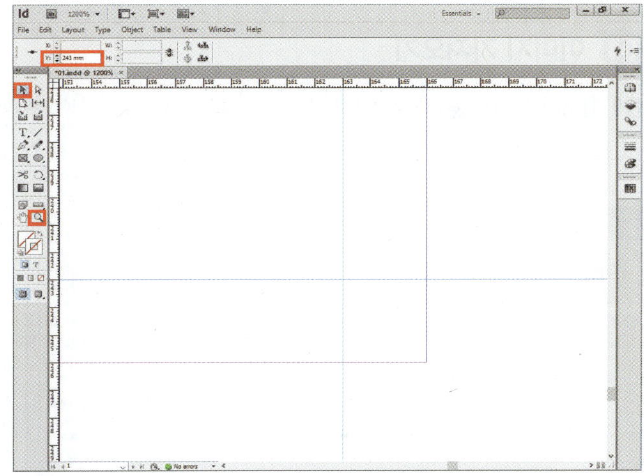

03 재단선 표시하기

01 왼쪽 위를 'Zoom Tool'로 확대한 후, 'Line Tool'을 클릭하고, Shift를 누른 상태에서 왼쪽 위의 세로 안내선과 실제크기 안내선 경계 부분에 수직으로 드래그하여 5mm 길이의 재단선을 그립니다. 가로 안내선과 실제크기 안내선 경계 부분도 수평으로 드래그하여 5mm 길이의 재단선을 그립니다. 두 재단선을 'Selection Tool'로 Shift를 누른 상태에서 각각 클릭하고, Ctrl + C 를 눌러 복사합니다.

컨트롤 패널에서 'L' 값을 참고하여 수치를 확인하거나 입력할 수 있습니다. 디자인 원고에서 재단선의 규격에 대한 언급이 없지만 5mm~10mm 정도가 적절합니다.

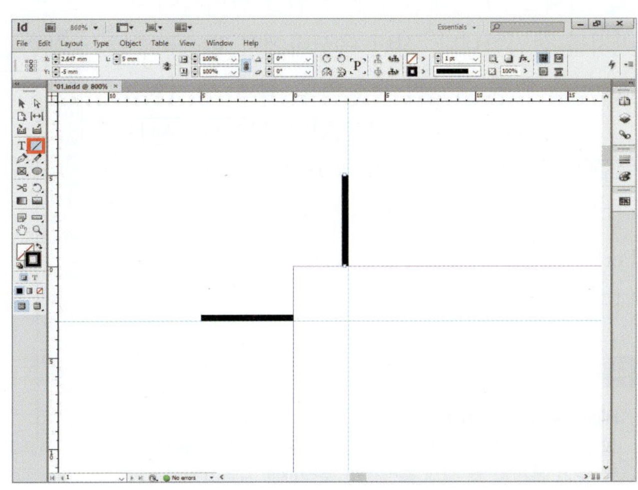

02 오른쪽 위를 'Zoom Tool'로 확대한 후 Ctrl +V를 눌러 붙여넣기합니다. 컨트롤 패널에서 'Rotate 90° Clockwise'를 클릭하여 위치를 변경한 후, 안내선에 맞춰 배치합니다. 동일한 방법으로 아래쪽의 재단선도 만듭니다.

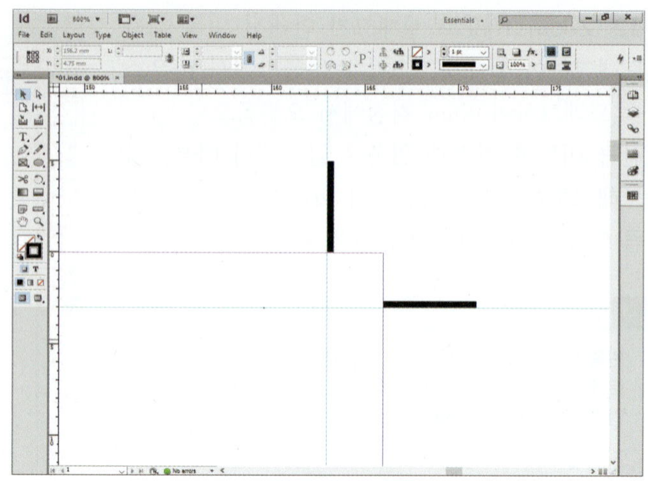

04 이미지 가져오기

01 [File] 〉 [Place]를 선택하여 01.jpg를 선택하고 [열기] 버튼을 클릭합니다.

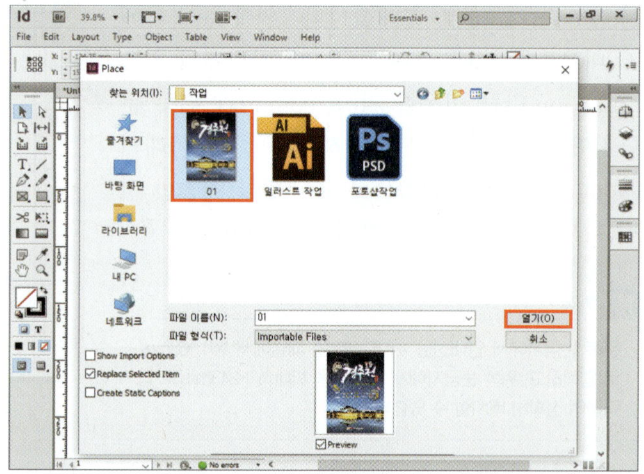

02 실제 크기 안내선의 왼쪽 위를 클릭하여 이미지를 삽입합니다. 상단 옵션바에서 'Reference Point'를 왼쪽 상단의 모퉁이로 선택 후, [W : 166mm], [H : 246mm]로 입력하고 Ctrl + Alt + Shift + E를 눌러 프레임 비율에 이미지를 맞춥니다. 마우스 오른쪽 버튼을 클릭하여 [Display Performance] 〉 [High Quality Display]를 선택합니다.

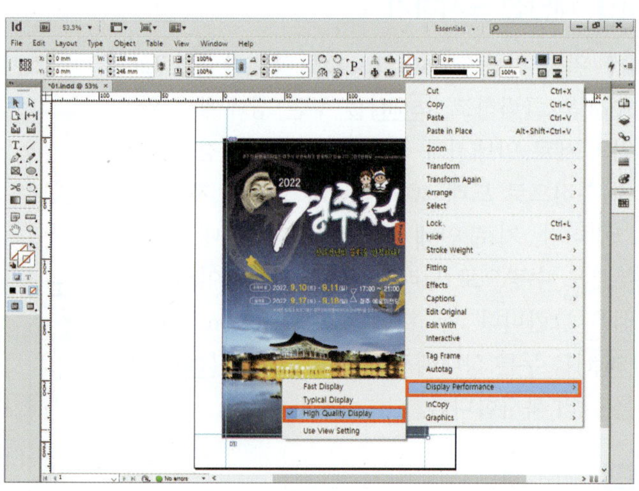

01 다음으로 글자를 입력해 보겠습니다. 'Type Tool'을 선택하고, 상단 부분에 드래그하여 글상자를 만듭니다. 글상자에 경주전 문화페스티벌은 경주시 문화재청과 함께하고 있습니다.를 입력하고, 'Type Tool'로 글자를 블록 지정하여 컨트롤 패널에서 디자인 원고를 참고로 글꼴과 크기를 적절히 설정한 후, 툴 박스에서 글자 색상을 C0M0Y0K0으로 설정합니다.

기적의 TIP

글자를 입력할 때는 먼저 글상자를 만들어야 합니다.

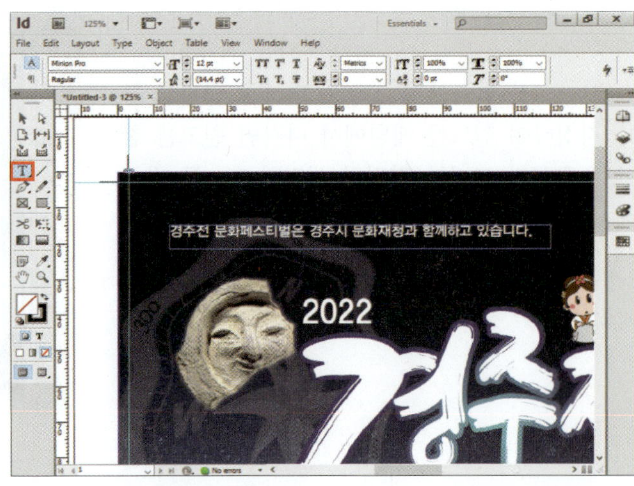

02 칸막이 선을 만들기 위해서 'Line Tool'을 선택하고, [Shift]를 누른 채 수직선을 다음과 같은 위치에 그립니다. 툴 박스에서 선 색상을 C0M0Y0K0으로 설정합니다.

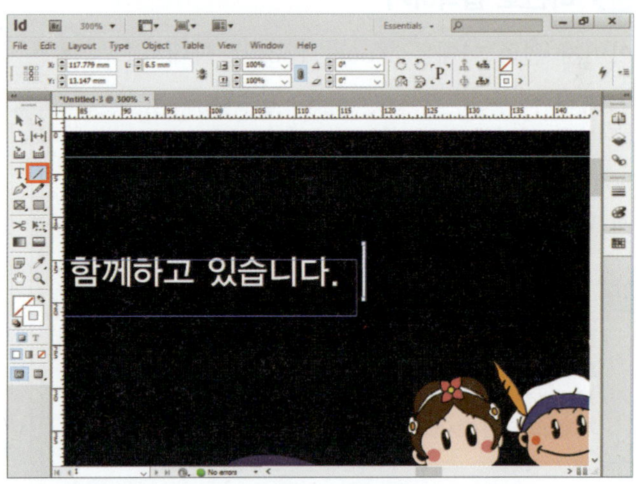

03 'Type Tool'을 선택하고, 선 오른쪽에 글상자를 만듭니다. 경주문화원 www.gjnighttrip.or.kr을 입력한 후, 'Type Tool'로 글자를 블록 지정하여 컨트롤 패널에서 디자인 원고를 참고로 글꼴과 크기를 적절히 설정한 후, 툴 박스에서 글자 색상을 C0M0Y0K0으로 설정합니다.

기적의 TIP

상단의 컨트롤 패널에서 수정해야 할 문자속성 옵션이 없는 경우, [Type] > [Character]를 선택하여 [Character] 패널에서 세부옵션을 조절할 수 있습니다.

04 'Type Tool'을 선택하고, 다음과 같은 위치에 글상자를 만듭니다. ※ 세부 일정과 프로그램은 경주문화원 홈페이지와 안내책자를 참조하시기 바랍니다.를 입력한 후, 'Type Tool'로 글자를 블록 지정하여 컨트롤 패널에서 디자인 원고를 참고로 글꼴과 크기를 적절히 설정한 후, 툴 박스에서 글자 색상을 C0M0Y0K0으로 설정합니다.

06 비번호 입력하기

이미지 왼쪽 아래를 'Zoom Tool'로 확대하고 'Type Tool'로 비번호(등번호)를 입력한 후 글자를 블록 지정하여 컨트롤 패널에서 '글꼴 : 고딕, Font Size : 10pt'로 지정합니다. 위치는 작품에서 3mm 떨어진 지점으로 이동합니다.

🏁 기적의 TIP

- 요구사항에 의하면 비번호를 입력할 때 폰트는 고딕체, 폰트 크기는 10pt로 입력해야 합니다.
- 시험장에서 배정된 자신의 비번호를 입력하면 됩니다. 예제에서의 01은 예시입니다.

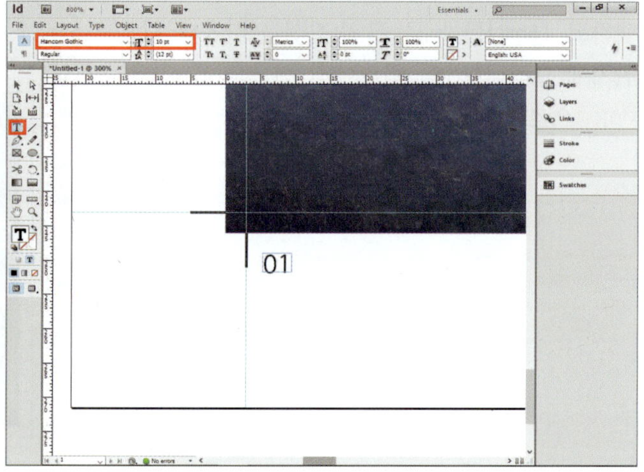

01 [File] 〉 [Save]를 선택하여 파일이름을 자신의 비번호 01로 입력한 후 [저장] 버튼을 클릭합니다.

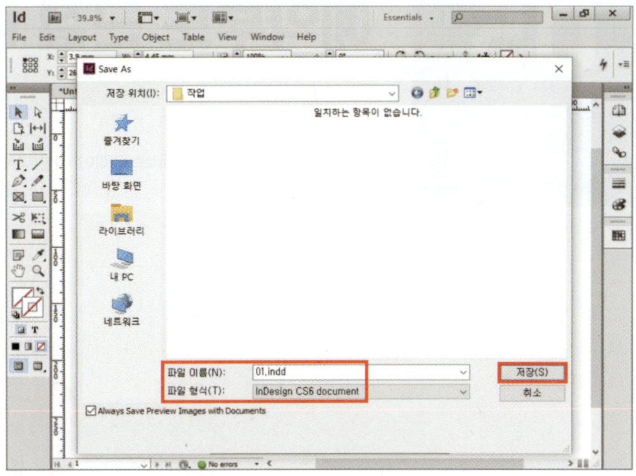

02 'Hand Tool'를 더블클릭하여 결과물 전체를 확인합니다. 작업 폴더를 열고, '01.indd'와 '01.jpg'만 제출합니다. 출력은 출력지정 자리에서 '01.indd'를 열고 프린트합니다. 프린트된 A4 용지는 시험장에서 제공하는 켄트지의 한 가운데에 붙여 제출합니다.

🏴 **기적**의 TIP

제출해야 할 파일(포토샵에서 만든 JPG 파일+인디자인 파일)의 용량은 총 15MB 이하입니다.

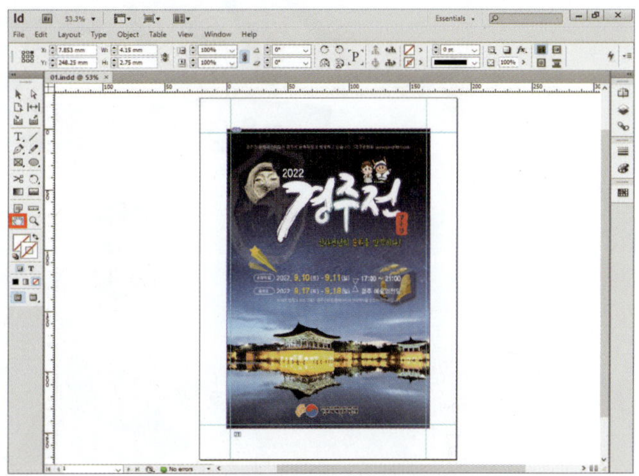

예약부도 근절 캠페인 포스터

작업 프로그램 포토샵, 일러스트레이터, 인디자인

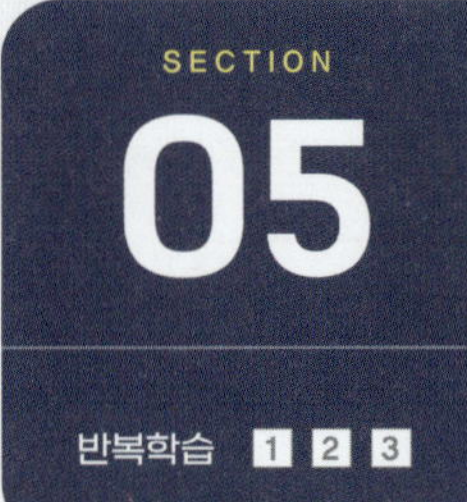

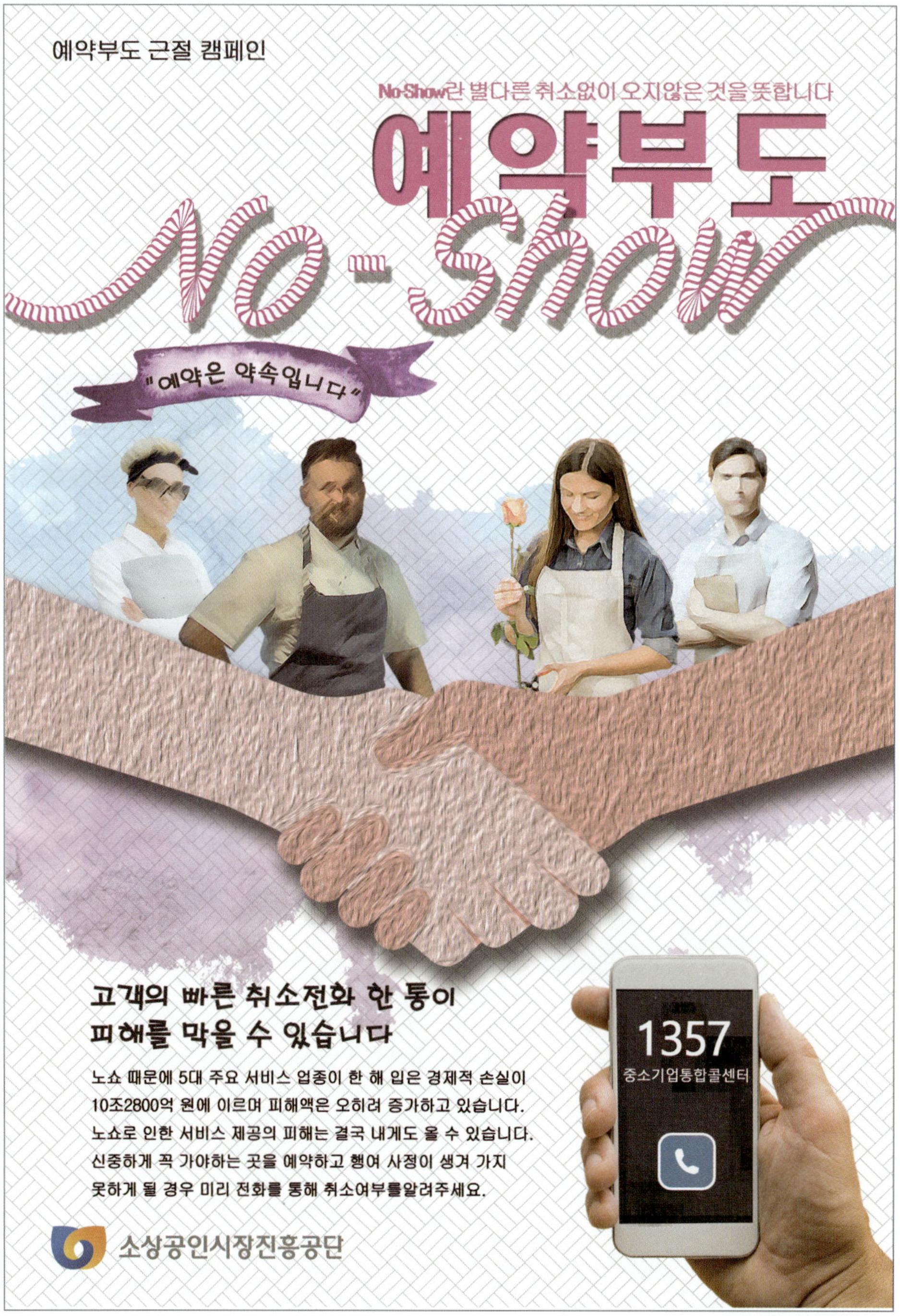

국가기술자격 실기시험 문제

자격종목	컴퓨터그래픽기능사	과제명	예약부도 근절 캠페인 포스터

※ 시험시간 : 3시간 30분

1. 요구사항

※ 다음의 요구사항에 맞도록 주어진 자료(컴퓨터에 수록)를 활용하여 디자인 원고를 시험시간 내에 컴퓨터 작업으로 완성하여 A4 용지로 출력 후 A3 용지에 마운팅(부착)하여 제출하시오.

※ 모든 작업은 수험자가 컴퓨터 바탕화면에 폴더를 만들어 저장하시오.

가. 작품규격(재단되었을 때의 규격) : 160mmX240mm ※A4 용지 중앙에 작품이 배치되도록 하시오.

나. 구성요소(문자, 그림) : ※(디자인 원고 참조)

① 문자요소

- 예약부도 근절 캠페인
- No–Show란 별다른 취소 없이 오지 않은 것을 뜻합니다
- "예약은 약속입니다"
- 예약부도 No–Show
- 고객의 빠른 취소전화 한 통이 피해를 막을 수 있습니다
- 노쇼 때문에 5대 주요 서비스 업종이 한 해 입은 경제적 손실이 10조2800억 원에 이르며 피해액은 오히려 증가하고 있습니다. 노쇼로 인한 서비스 제공의 피해는 결국 내게도 올 수 있습니다. 신중하게 꼭 가야하는 곳을 예약하고 행여 사정이 생겨 가지 못하게 될 경우 미리 전화를 통해 취소여부를 알려주세요.
- 1357
- 중소기업통합콜센터
- 소상공인시장진흥공단

② 그림요소 : 디자인 원고 참조

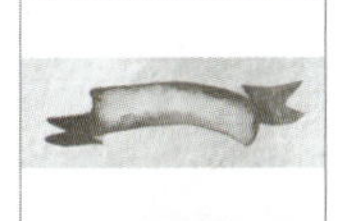

리본.jpg

붓터치.jpg

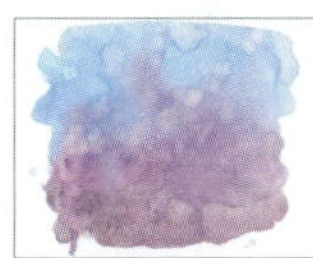

수채화.jpg

인물01.jpg

인물02.jpg

인물03.jpg

인물04.jpg

핸드폰 원본.jpg

핸드폰 화면.jpg

다. 작업내용

01) 주어진 디자인 원고(그림, 사진, 문자, 색채, 레이아웃, 규격 등)와 동일하게 작업하시오.

02) 디자인 원고 내용 중 불명확한 형상, 색상코드 불일치, 색 지정이 없는 부분, 원고에 없는 형상 등이 있을 때는 수험자가 완성도면 내용과 같이 작업하시오.

03) 디자인 원고의 서체(요구서체)가 사용 컴퓨터 및 소프트웨어와 맞지 않을 경우는 가장 근접한 서체를 사용하시오.

04) 상하, 좌우에 3mm 재단여유를 갖도록 작품을 배치하고, 재단선은 작품규격에 맞추어 용도에 맞게 표시하시오.
 (단, 디자인 원고 중 작품의 규격을 표시한 외곽선이 있을 때는 원고의 지시에 따라 표시여부를 결정한다.)

05) 디자인 원고 좌측 하단으로부터 3mm를 띄워 비번호를 고딕 10pt로 반드시 기록하시오.

06) 출력물(A4)은 어떠한 경우에도 절취할 수 없으며, 반드시 A3 용지 중앙에 마운팅하시오.

라. 컴퓨터 작업범위 :

01) 15MB 용량의 폴더에 수록될 수 있도록 작업범위(해상도 및 포맷형식)를 계획하시오.

02) 규격 : A4(210x297mm) 중앙에 디자인 원고 내용과 같은 작품(원고규격)을 배치하시오.

03) 해상도 및 포맷형식 : 제한용량 범위 내에서 선택하시오.

04) 기타 : ① 제공된 자료범위 내에서 활용하시오.
 ② 3개의 2D 응용프로그램을 고루 활용하되, 최종작업 및 출력은 편집 프로그램(퀵 익스프레스, 인디자인)에서 하시오.
 (최종작업 파일이 다른 프로그램에서 생성된 경우는 출력할 수 없음)

작품명 : 예약부도 근절 캠페인 포스터

※ 작품규격(재단되었을 때의 규격) : 가로 160mm×세로 240mm, 작품 외곽선은 생략하고, 재단선은 3mm 재단 여유를 두고 용도에 맞게 표시할 것.
※ 지정되지 않은 색상 및 모든 작업은 "최종결과물" 오른쪽 디자인 원고를 참고하여 작업하시오.

배경 패턴 만들기

패턴 적용
그림자 효과

색 보정

브러시 선 필터 적용

브러시 선 필터 적용

오일 페인트 필터 적용

마스크 적용
불투명도 적용

그라디언트 적용

내부 그림자 효과

예술 효과 필터 적용

예술 효과 필터 적용

모자이크 필터 적용
불투명도 적용

01 작업 그리드 그리기

배부 받은 디자인 원고의 완성 이미지 위에 필기구와 자를 이용하여 가로, 세로의 크기를 측정한 후 각 4등분으로 선을 그어 줍니다. 16등분의 직사각형이 그려지면 가로와 세로선이 교차되는 지점을 기준으로 대각선을 그립니다.

> **기적**의 TIP
>
> **작업 그리드를 그리는 이유?**
> 컴퓨터 작업 시 각 이미지나 도형의 크기, 위치, 간격을 파악하기 위해 필요한 작업입니다. 빨간색 볼펜 등의 튀는 색상의 필기구로 기준선 그리기 작업을 하는 것이 좋습니다.

02 실제 작업 크기 분석 및 계획 세우기

작품규격 160mm × 240mm를 확인합니다. 작품 외곽선을 생략하고, 재단선은 3mm의 재단 여유를 두고 용도에 맞게 표시할 것을 염두에 둡니다. 작품규격에 위쪽, 아래쪽, 왼쪽, 오른쪽으로 각 3mm씩 재단여유를 주면 실제 작업 크기는 166mm × 246mm가 됩니다. 그리고 각 요소를 표현하기 위해 사용될 프로그램을 계획해 줍니다.

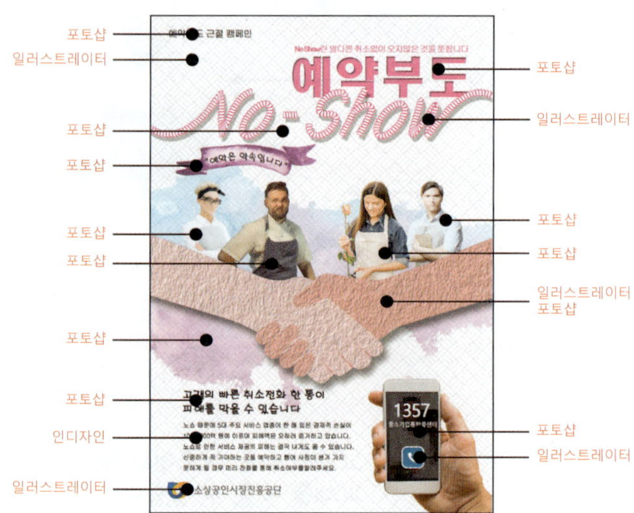

ⓞ③ 그리드 제작하기

01 일러스트레이터를 실행하고, [File] 〉 [New]를 선택하여 'Units : Millimeters, Width : 166mm, Height : 246mm, Color Mode : CMYK'로 설정한 후, [OK] 버튼을 클릭합니다.

> **🏳 기적의 TIP**
>
> - Ctrl + N : New Document(새 문서 만들기)
> - 작품규격은 160mm×240mm이므로 재단선 3mm씩을 더 하면 작업창의 크기는 166mm×246mm가 됩니다.

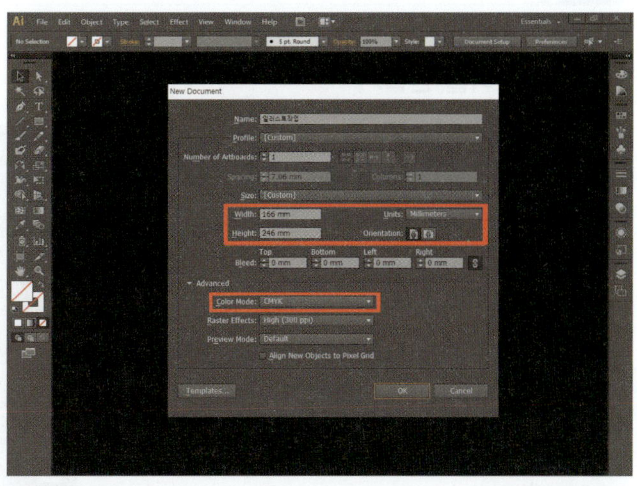

02 'Rectangular Grid Tool'을 선택하고, 작업창을 클릭하여 대화상자를 엽니다. 작품규격대로 Default Size 'Width : 160mm, Height : 240mm'로 설정하고, 16등분으로 나누기 위해 Horizontal Dividers, Vertical Dividers 'Number : 3'으로 입력한 후, [OK] 버튼을 클릭합니다.

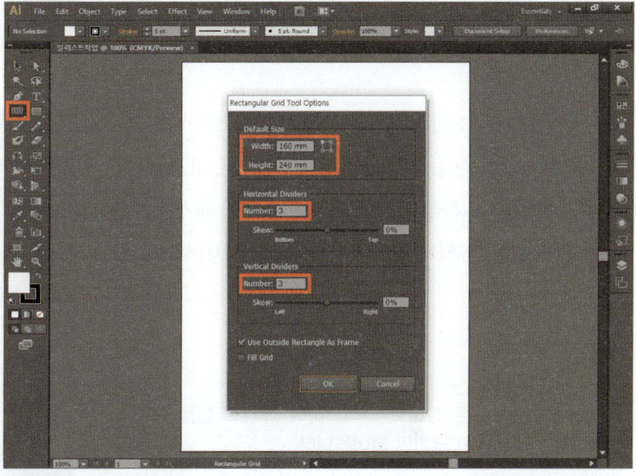

03 [Window]〉[Align] 패널에서 'Align To : Align to Artboard'를 선택하고 'Align Objects : Horizontal Align Center, Vertical Align Center'를 클릭합니다. Ctrl + 2 를 눌러 격자도형을 잠그고, 'Line Segment Tool'로 좌측 상단에서 우측 하단으로 대각선 7개를 그린 후, Reflect Tool을 이용하여 반대방향으로 대각선을 복사합니다. Alt + Ctrl + 2 를 눌러 격자도형의 잠금을 해제하고, Ctrl + A 를 눌러 오브젝트를 모두 선택합니다. Stroke 색상을 빨간색으로 변경하고 Ctrl + G 를 눌러 그룹으로 지정한 후, 일러스트작업.ai로 저장합니다.

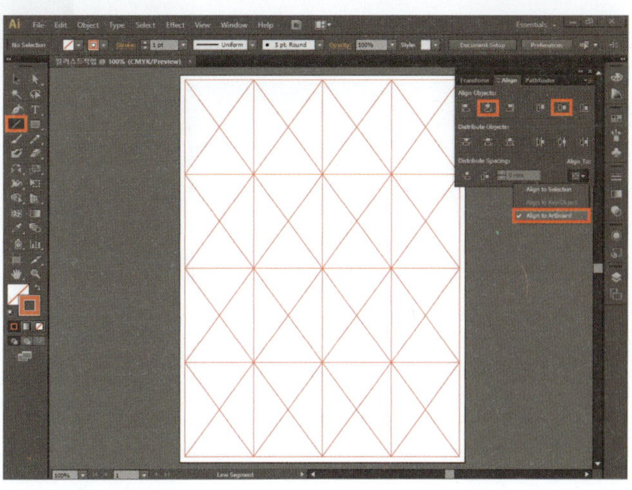

01 로고타이틀 만들기

01 '일러스트작업.ai' 파일이 열린 상태에서 Space Bar 를 누른 채 마우스를 드래그하여 도큐먼트의 빈 곳으로 작업공간을 이동합니다. 'Rounded Rectangle Tool'을 선택하고 면색 C8M91Y2K0, 선색 None로 설정합니다. 드래그하여 세로로 긴 둥근 모서리 사각형을 만듭니다.

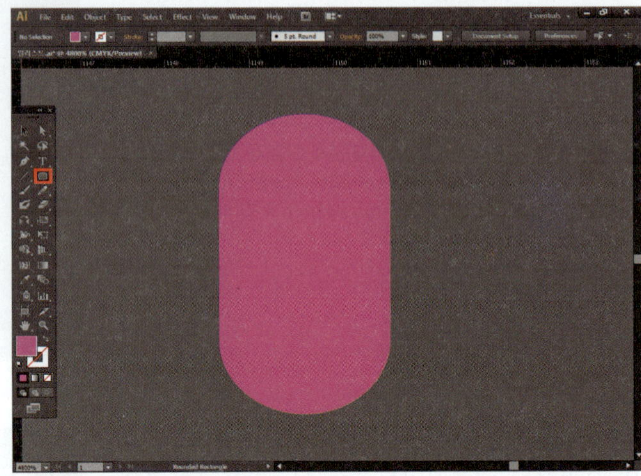

02 'Selection Tool'로 둥근 사각형을 선택한 후, Alt + Shift 를 누른 상태로 옆으로 드래그해서 복사합니다. 복사된 오브젝트를 선택해서 Alt + Shift 를 누른 상태로 모서리를 움직여서 작게 만듭니다.

> **기적의 TIP**
>
> Alt + Shift 를 누른 상태로 그래그하여 크기 조절을 하면 위치는 변하지 않고 크기만 줄어듭니다.

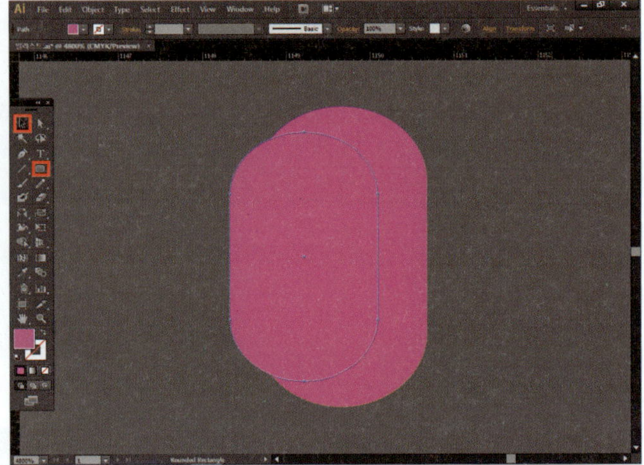

03 'Line Segment Tool'을 선택하고 오브젝트의 가운데 부분을 Shift 를 누른 상태로 가로질러 선을 그립니다.

Line Segment Tool을 사용할 때 Shift 를 누른 상태로 드래그하면 45도씩 각도 조절이 됩니다.

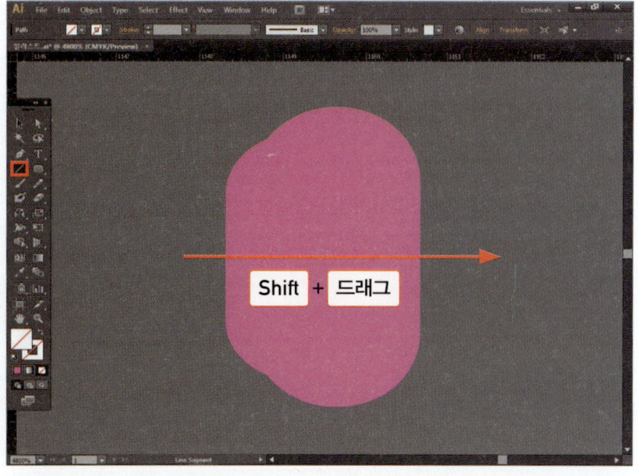

04 'Selection Tool'로 오브젝트와 선을 모두 선택한 후, [Window] 〉 [Pathfinder]를 선택하여 [Pathfinder] 패널을 열어 'Pathfinders : Divide'를 클릭합니다. 마우스 오른쪽 버튼을 클릭해서 [Ungroup]을 눌러 그룹을 해제하고, 불필요한 부분들을 선택해 Delete 를 눌러 삭제합니다.

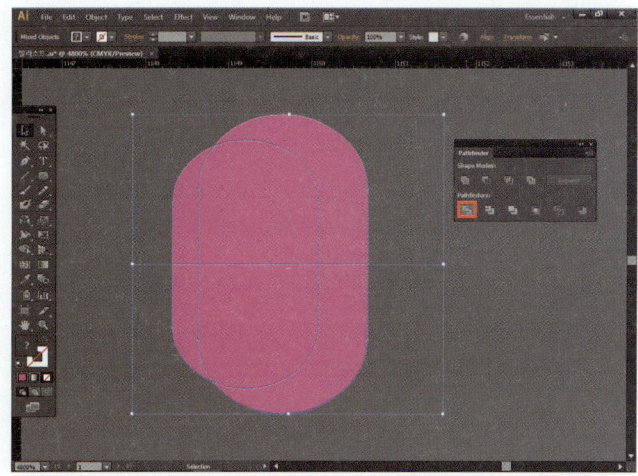

05 'Reflect Tool'을 선택하고 아래쪽 오브젝트를 선택한 후 Alt 를 누른 상태로 중심이 될 세로선을 클릭합니다. 대화상자가 열리면 'Vertical'을 선택하고 [OK] 버튼을 누릅니다.

• Pathfinder 적용 후 수정을 위해서는 Ungroup 기능을 적용해야 합니다.
• Shift + Ctrl + G : Ungroup

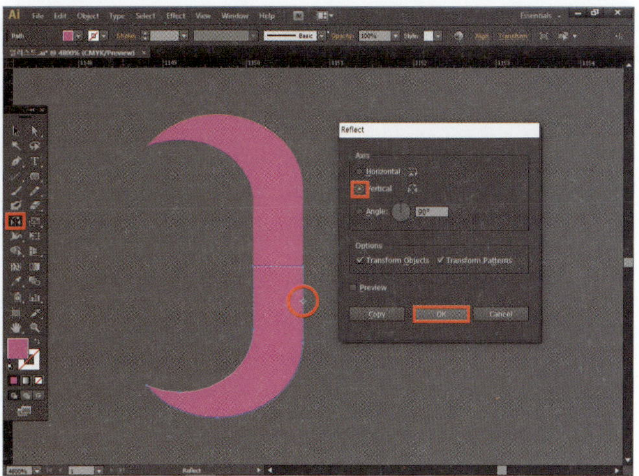

06 아래쪽 오브젝트를 이동시켜서 위아래의 단면이 일치하면 모두 선택한 후 [Pathfinder] 패널의 'Shape Modes : Unite'를 클릭해서 하나의 오브젝트로 만듭니다.

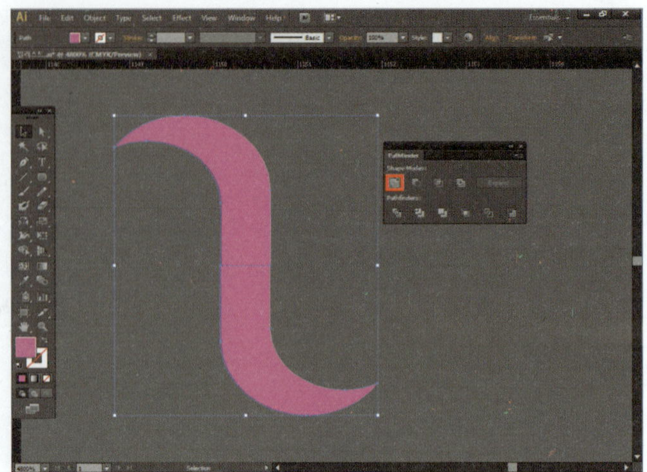

07 'Selection Tool'로 오브젝트를 선택하고 Alt + Shift 를 누른 상태로 이동 복사합니다. 오브젝트의 끝 부분은 서로 닿아 있어야 합니다.

> **기적의 TIP**
>
> Pathfinders : Divide를 적용하기 위해서는 오브젝트 사이가 잘 닫혀져 있는지 확대해서 확인합니다.

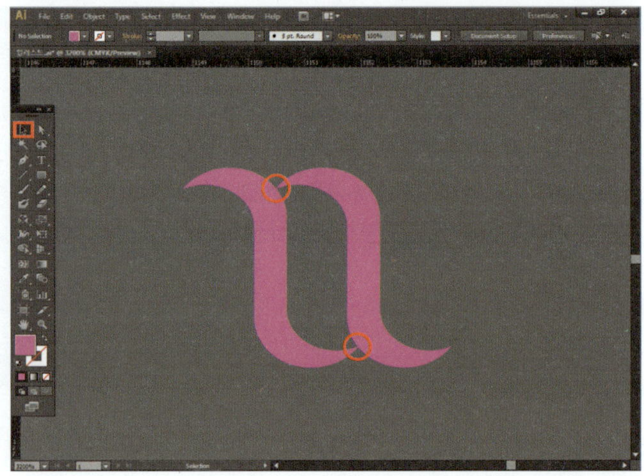

08 'Rectangle Tool'을 이용해 면색 C0M0Y0K0, 선색 None의 사각형을 그립니다. 사각형 오브젝트가 선택된 상태에서 마우스 오른쪽 버튼을 클릭해서 [Arrange] > [Send to Back]을 적용해서 오브젝트가 맨 뒤에 위치하도록 한 후, 사각형 양쪽 세로 선이 핑크색의 기둥 부분의 절반에 위치하도록 조절합니다. 오브젝트를 모두 선택하고 'Pathfinders : Divide'를 적용한 후, [Direct Selection Tool]로 불필요한 부분을 선택하고 Delete 를 눌러 삭제합니다.

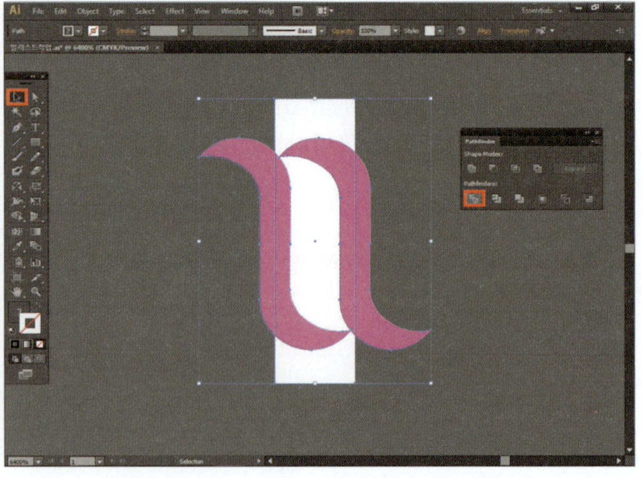

09 [Window] 〉 [Brushes]를 클릭해서 [Brushes] 패널을 열고 만들어둔 오브젝트를 선택한 후 [Brushes] 패널로 드래그하여 가져다 놓습니다. [New Brush] 대화상자가 나타나면 'Pattern Brush'를 선택합니다.

▶ **기적**의 TIP

Pathfinders : Divide를 적용하기 위해서는 오브젝트 사이가 잘 닫혀져 있는지 확대해서 확인합니다.

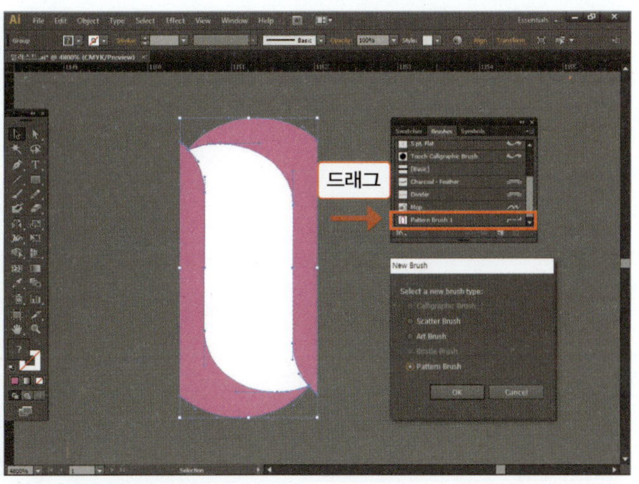

10 [Pattern Brush Options] 대화상자가 나타나면 'Spacing : 0%'를 확인하고 [Outer Corner Tile]과 [Slide Tile], [Inner Corner Tile]의 모양을 각각 적당한 모양으로 설정합니다. 설정된 모양에 따라 패턴의 모양이 결정됩니다. 모든 설정이 끝나면 [OK] 버튼을 클릭합니다.

▶ **기적**의 TIP

[Outer Corner Tile]과 [Slide Tile], [Inner Corner Tile]의 설정된 모양에 따라 선의 굴곡과 꺾이는 부분에 패턴을 채우게 됩니다.

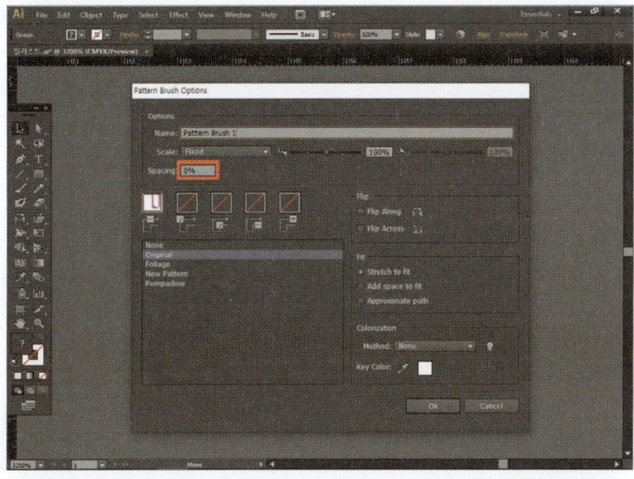

11 브러쉬를 적용할 글자 이미지를 만들기 위해 'Type Tool'로 No-Show를 입력합니다. [Window] 〉 [Type] 〉 [Character]를 클릭해서 [Character] 패널을 열고 디자인 원고와 비슷한 폰트와 사이즈, 자간 등을 설정합니다.

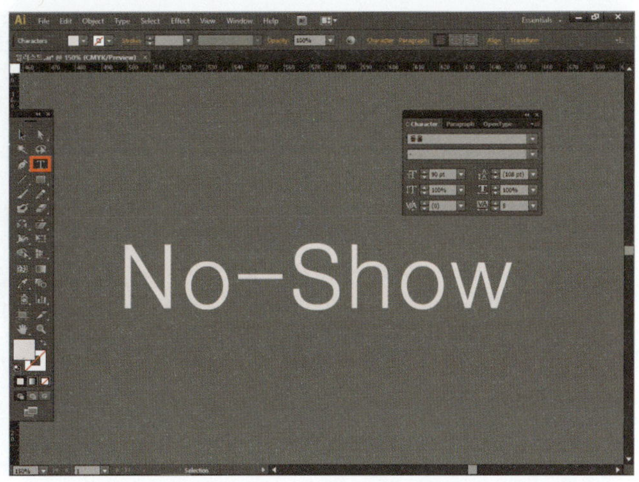

12 'Shear Tool'을 클릭하고 선택된 글자 위에 Shift 를 누른 상태에서 마우스를 오른쪽으로 드래그해서 글자를 기울입니다.

13 상단 메뉴의 [Object] > [Lock] > [Selection] 을 클릭해서 기울어진 글자에 잠금을 걸어둡니다.

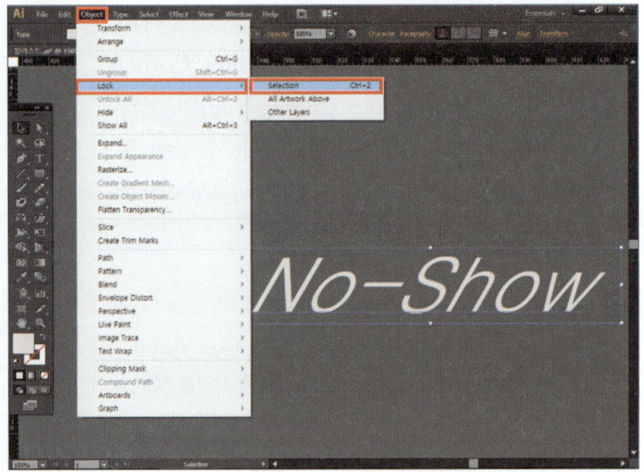

14 'Pen Tool'로 기울어진 글자 위로 따라쓰기를 하듯 No-Show 텍스트를 그립니다. 뾰족한 모서리는 확대해서 곡선으로 그려주고 잘못 그린 부분은 'Direct Selection Tool'로 수정합니다.

> **기적의 TIP**
>
> Pen Tool을 선택하고, 커서를 선에 가져다 놓으면 커서 모양에 +가 표시됩니다. 이때 선을 클릭하면 점을 추가할 수 있습니다. 이미 있는 점 위에 커서를 가져다 놓으면 -가 표시되고 클릭하면 점을 삭제할 수 있습니다.

15 'Pen Tool'로 그린 글자 모양의 선을 모두 선택하고, [Brushes] 패널에서 만들어둔 브러시를 클릭해서 패턴을 적용합니다. 'Document' 위로 이동해서 디자인 원고와 비교하며 사이즈를 조절합니다.

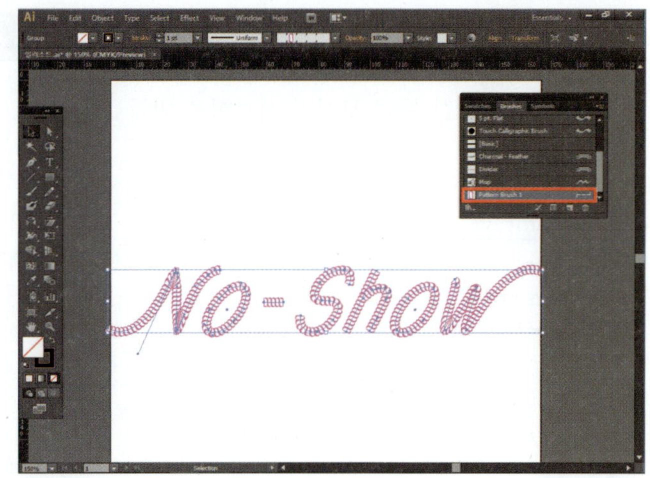

02 악수 일러스트 만들기

01 디자인 원고를 참고해 'Pen Tool'을 이용해 면색 C0M27Y13K0, 선색 None의 손 모양을 만듭니다.

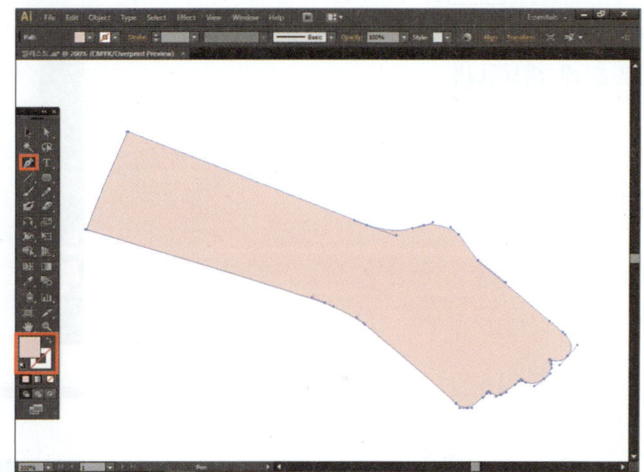

02 'Pen Tool'을 이용해 면색 C4M44Y27K0, 선색 None의 반대쪽 손 모양을 만듭니다.

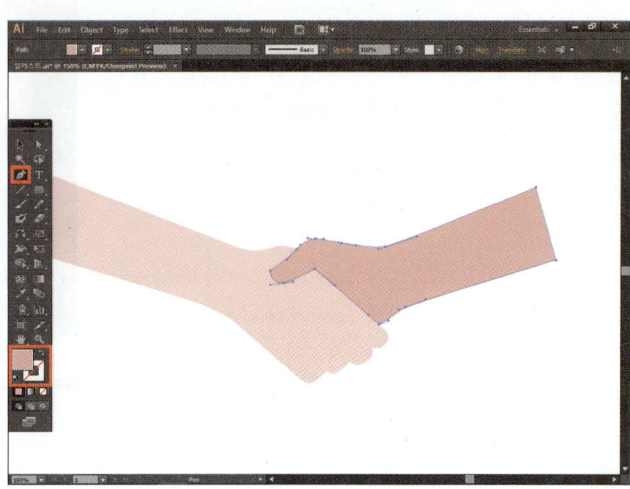

03 'Rounded Rectangle Tool'을 선택하고 면색 C4M44Y27K0, 선색 None으로 설정합니다. 드 래그하여 세로로 긴 둥근 모서리 사각형을 만듭 니다.

Rounded Rectangle Tool을 이용하여 사각형을 그리는 도중(마우스 버튼을 누른 상태) ↑, ↓를 여러 번 눌러서 사각형의 모서리의 둥근 정도를 조절할 수 있습니다.

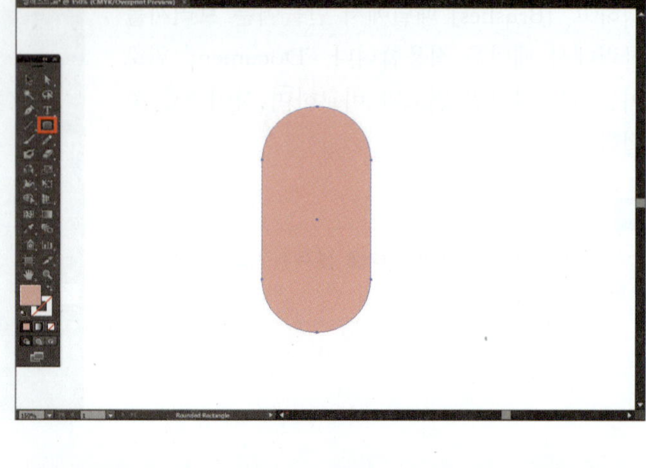

04 'Direct Selection Tool'로 폭이 좁아질 부분 의 두 점을 Shift 를 누르면서 같이 선택한 후 'Scale Tool'을 선택하고 바깥쪽에서 가운데 쪽으 로 드래그합니다.

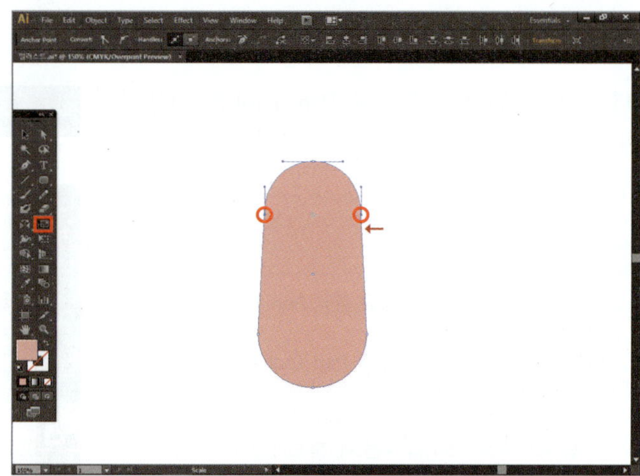

05 손가락 모양대로 네 개의 둥근 사각형을 크 기 조절을 하여 배치를 해줍니다. 밝은 손의 손 가락 사이를 면색 C4M44Y27K0, 선색 None으 로 설정하여 'Pen Tool'로 그려 줍니다. 손 이미 지를 모두 선택한 후 Ctrl + Shift + G 를 눌러 그 룹으로 묶어둡니다.

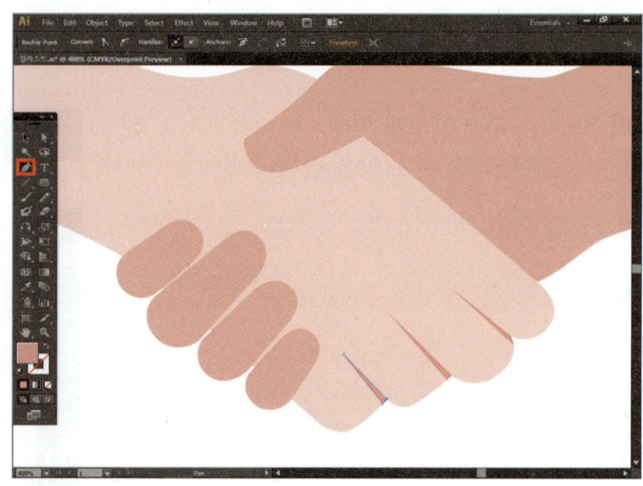

01 'Ellipse Tool'을 선택하고 면색은 임의의 색, 선색 None의 타원을 그립니다.

02 'Pen Tool'을 길게 클릭하면 나오는 'Convert Anchor Point Tool'을 선택하고 타원의 맨 위쪽의 anchor point를 클릭해서 뾰족한 모양으로 만듭니다.

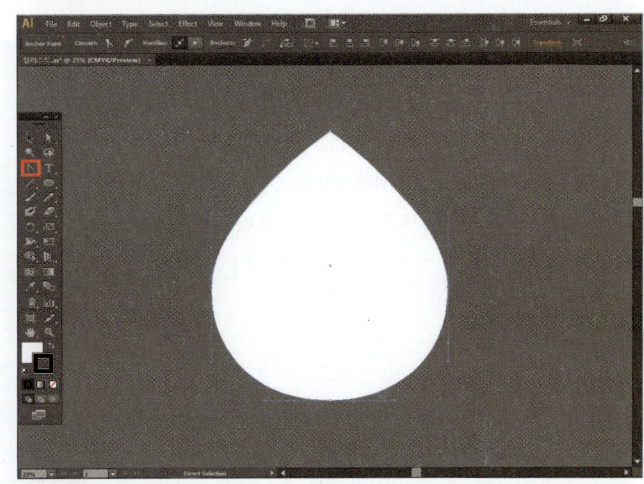

03 'Ellipse Tool'을 선택하고 오브젝트 중심에 정원을 그립니다. 오브젝트와 원을 'Selection Tool'로 선택하고 Shift +F7을 눌러서 [Align] 패널을 열어 'Align Objects : Horizontal Align Center'를 클릭합니다. Ctrl + Shift +F9를 눌러서 [Pathfinder] 패널을 열고 'Pathfinders : Divide'를 클릭합니다. 'Direct Selection Tool'을 클릭하고 가운데 정원을 선택한 후 Delete 를 눌러 삭제합니다.

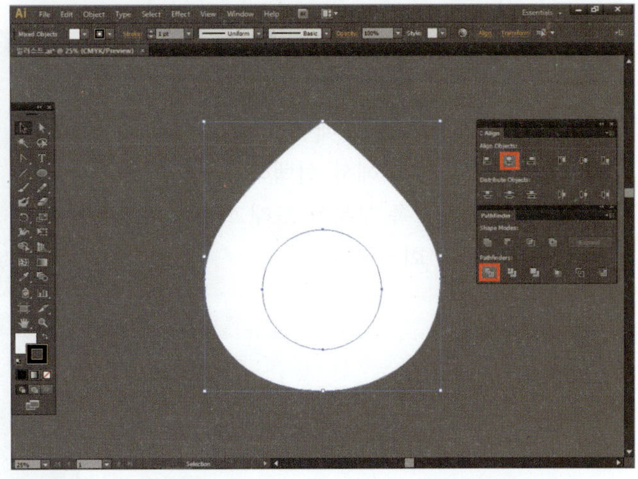

04 가운데가 뚫린 오브젝트를 선택하고, Shift 를 누른 채 모서리 바깥쪽 부분을 드래그하여 시계방향으로 45도만큼 회전합니다. Ctrl + C 눌러서 복사하고 Ctrl + F 를 눌러서 오브젝트 위에 붙여넣기를 합니다. 'Reflect Tool'을 클릭한 후, Alt 를 누르며 오브젝트를 클릭합니다. 'Vertical'을 선택하고 [Copy] 버튼을 클릭하고 ← 를 눌러 이동시킵니다.

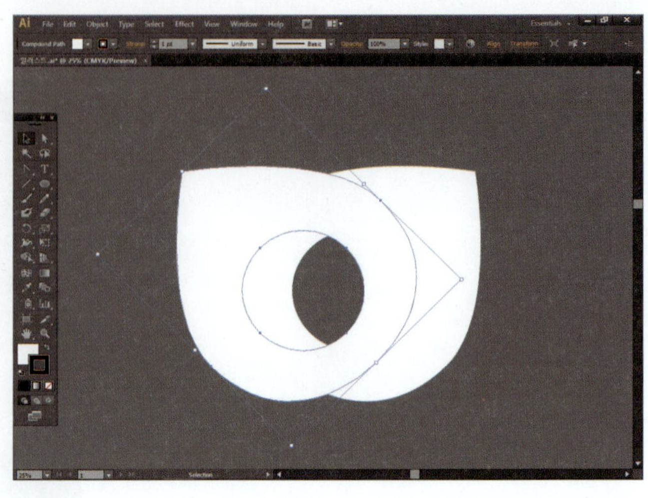

기적의 TIP

- Ctrl + C : 복사하기
- Ctrl + V : 화면의 가운데에 붙여넣기
- Ctrl + F : 복제한 오브젝트 위에 붙여넣기
- Ctrl + B : 복제한 오브젝트 밑에 붙여넣기

05 두 오브젝트를 모두 선택을 하면 아래의 보이지 않는 오브젝트의 테두리 선까지 확인이 가능합니다. 선이 붙어있는 것을 확인한 후 [Pathfinder] 패널을 열고 'Pathfinders : Divide'를 클릭합니다. 마우스 오른쪽 버튼을 클릭해서 [Ungroup]을 클릭해서 그룹 해제를 합니다.

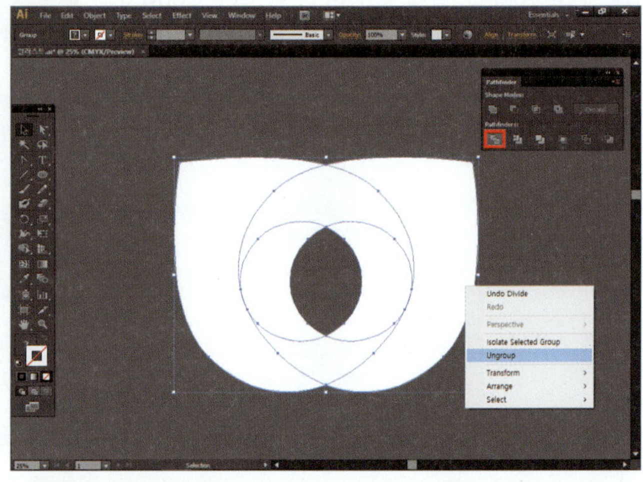

기적의 TIP

Pathfinder : Ctrl + Shift + F9

06 'Direct Selection Tool'을 선택하고 Shift 를 누른 상태에서 고리 모양이 될 수 있는 조각들을 선택합니다. [Pathfinder] 패널을 열고 'Shape Modes : Unite'를 클릭해서 선택하고, Shift 를 누른 채 모서리 바깥쪽 부분을 드래그하여 시계방향으로 45도만큼 회전합니다.

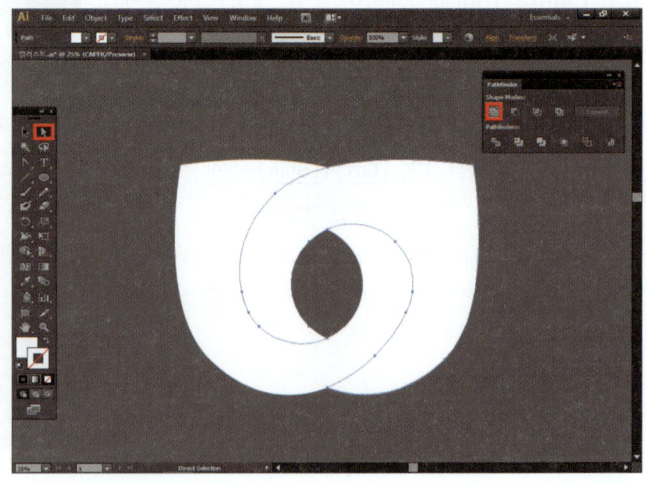

07 왼쪽 고리 오브젝트를 선택하고 'Gradient Tool'을 더블클릭해서 대화상자가 나타나면 양 끝의 컬러 조절점 시작 C96M78Y24K2, 끝 C84M50Y3K0으로 설정합니다. 'Gradient Tool'을 클릭한 후 오브젝트의 아랫 부분에서 뾰족한 끝 부분으로 드래그합니다.

원하는 효과가 나올 때까지 길고 짧게 여러 번 드래그하여 설정합니다.

08 오른쪽 고리 오브젝트를 선택하고 Gradient의 대화상자의 컬러 조절점 시작 C5M23Y88K0, 끝 C7M60Y94K2로 설정하고 'Gradient Tool'을 클릭한 후 오브젝트의 아랫 부분에서 뾰족한 끝 부분으로 드래그합니다.

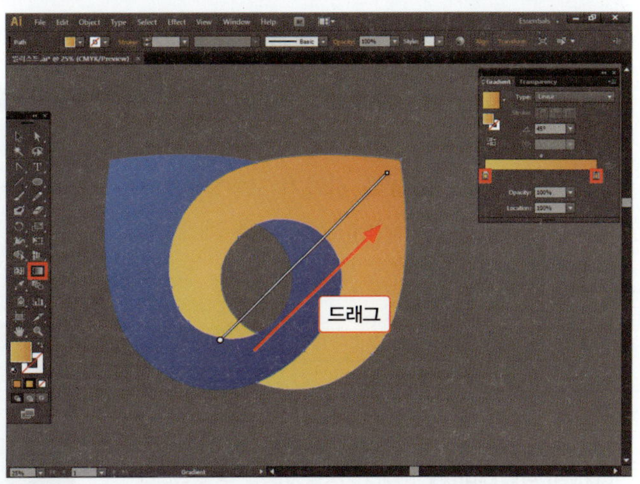

09 'Type Tool'을 클릭한 후 면색 C75M68 Y67K2, 선색 None으로 설정하고 소상공인시장진흥공단을 입력합니다. [Window] 〉 [Type] 〉 [Character]를 클릭해서 [Character] 패널을 열고 디자인 원고와 비슷한 폰트와 사이즈, 자간 등을 설정합니다. 상단 메뉴의 [Type] 〉 [Create Outlines]을 클릭해서 폰트를 면 오브젝트로 바꿔 줍니다.

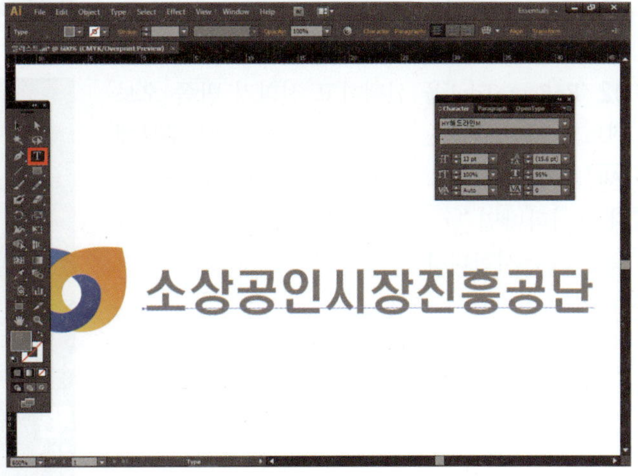

10 'Selection Tool'을 클릭하고 로고와 글자 이미지를 함께 선택을 해서 그룹으로 묶어 줍니다.

• 그룹 : Ctrl + G
• 그룹 해제 : Shift + Ctrl + G

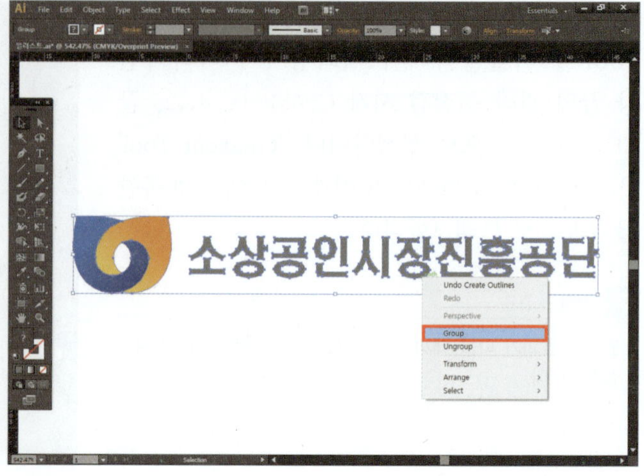

04 통화버튼 일러스트 만들기

01 'Direct Selection Tool'과 'Pen Tool'을 차례로 선택합니다. 면색 C0M0Y0K0, 선색 None으로 설정하고 'Pen Tool'로 전화기 모양의 반쪽을 그립니다. 이 때 손잡이의 잘린 부분 패스는 열린 패스입니다.

기적의 TIP

Direct Selection Tool과 Pen Tool을 차례로 선택한 후, Ctrl 을 누르면 Pen Tool이 선택된 상태에서 Direct Selection Tool의 기능을 이용할 수 있고, Alt 를 누르면 Convert Anchor Point Tool의 기능을 이용할 수 있습니다.

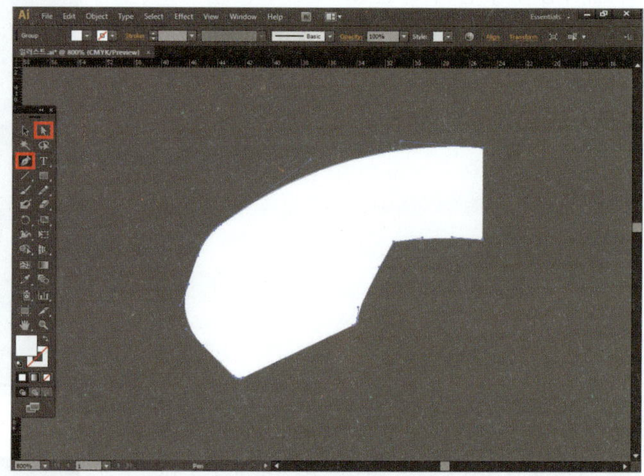

02 'Reflect Tool'을 선택하고 전화기 반쪽 오브젝트의 끝 부분 즉, 전화기의 중심이 될 부분에 Alt 를 누른 상태로 클릭합니다. [Reflect] 대화상자가 나타나면 'Vertical'을 선택하고 [Copy] 버튼을 눌러 복사합니다.

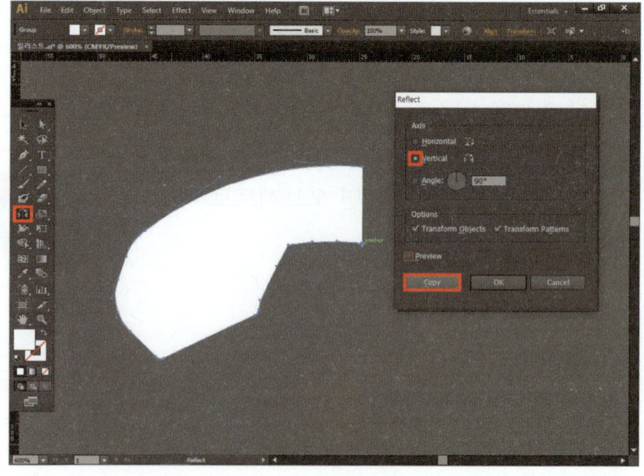

03 'Direct Selection Tool'을 클릭하고 복사되어 열려있는 패스의 두 점을 Shift 를 누른 상태로 선택하고 마우스 오른쪽 버튼의 Join을 클릭합니다. 아래쪽의 열려 있는 패스도 두 점을 선택해서 [Join]을 눌러서 연결시킵니다.

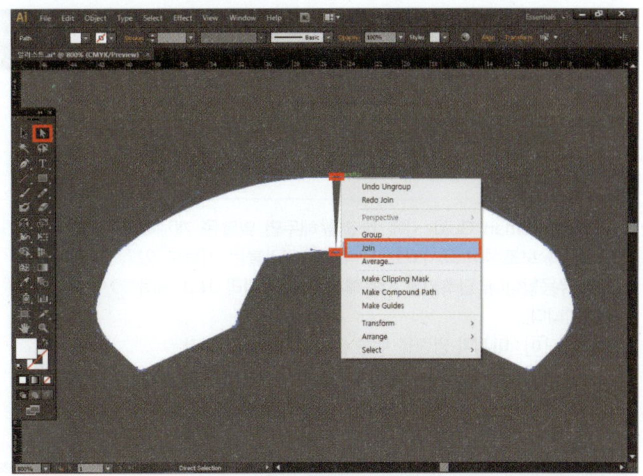

04 'Rounded Rectangle Tool'을 선택하고 면색 C80M45Y20K2, 선색 None로 설정합니다. 작업 창의 빈 곳을 Shift 를 누른 채 드래그하여 정사이즈의 둥근 모서리 사각형을 만들고, 마우스 오른쪽 버튼을 클릭하여 [Arrange] 〉 [Send to Back]을 클릭합니다. 두 오브젝트를 모두 선택한 후 Shift + F7 을 눌러서 [Align] 패널을 열고 'Horizontal Align Center'와 'Vertical Align Center'를 클릭해서 가운데 정렬을 합니다. Ctrl + G 를 눌러 그룹으로 묶어둡니다.

05 배경무늬 패턴 만들기

01 면색 None, 선색 C26M20Y20K2으로 설정한 후 'Rectangle Tool'을 선택하고 작업창을 클릭합니다. [Rectangle] 대화상자가 열리면 'Width : 6mm', 'Height : 18mm'를 입력합니다.

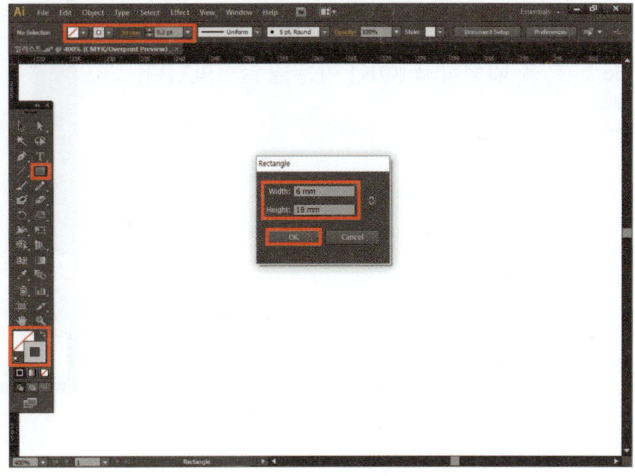

02 'Selection Tool'을 선택하고 [Alt]+[Shift]를 누른 상태로 옆으로 이동해서 복사합니다. [Ctrl]+[D]를 한번만 더 눌러서 복사를 반복합니다.

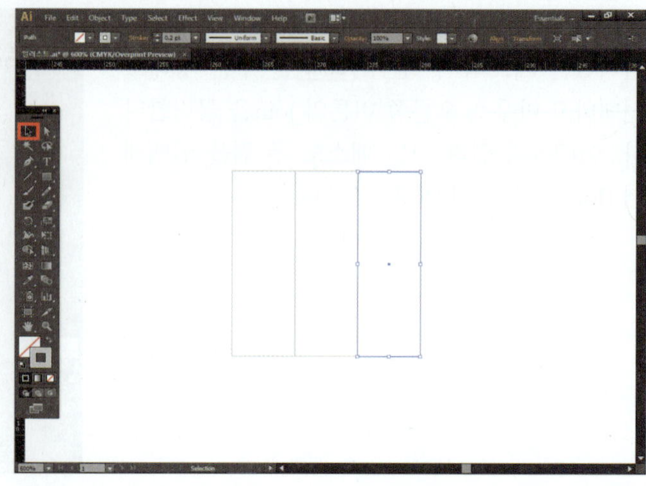

03 세 개의 오브젝트를 모두 선택하고 'Rotate Tool'을 클릭한 후 모서리의 꼭지점에 [Alt]를 누른 상태에서 클릭합니다. [Rotate] 대화상자가 나타나면 'Angle : 90°'을 입력하고 [Copy] 버튼을 클릭합니다. [Ctrl]+[D]를 두번 더 눌러서 반복합니다.

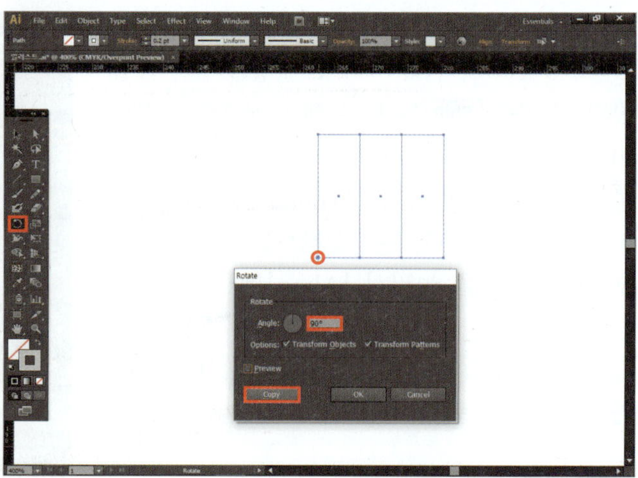

04 'Rotate Tool'이 실행 중일 때 모든 오브젝트들이 선택된 상태의 한가운데를 [Alt]를 누르면서 클릭합니다. [Rotate] 대화상자가 나타나면 'Angle : 45°'를 입력하고 [OK] 버튼을 클릭합니다.

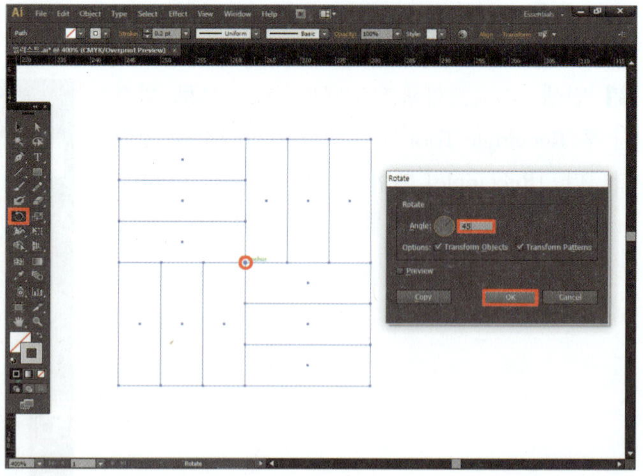

05 'Rectangle Tool'을 선택하고 [Alt]+[Shift]를 누른 상태로 오브젝트의 센터를 클릭하고 드래 그해서 모서리가 아래쪽 오브젝트의 선에 닿는 정사각형을 그려줍니다.

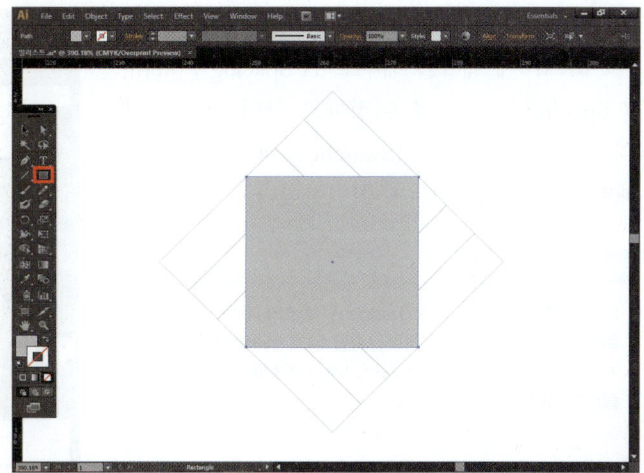

06 오브젝트를 모두 선택하고 마우스 오른쪽 버 튼을 누른 후 [Make Clipping Mask]를 클릭합니다.

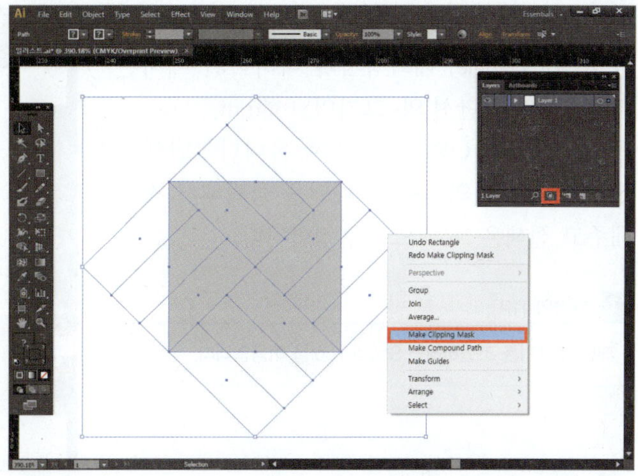

07 [Object] 〉 [Pattern] 〉 [Make]를 클릭합니다.

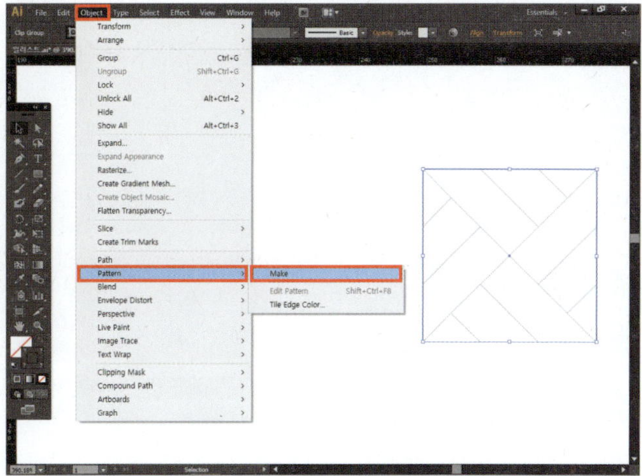

08 [Pattern Options] 대화상자가 나타나면 'Size Tile to Art'에 체크를 해주고 'H Spacing : 0mm, V Spacing : 0mm'로 설정하고 창의 윗 부분에 Done을 클릭합니다. [Swatches] 패널에 등록한 패턴이 생성되어 있는지 확인합니다.

패턴 수정과 크기조절은 Swatches 패널의 패턴을 더블클릭해서 'Pattern Option' 대화상자를 열고 등록한 패턴의 모서리의 조절점을 클릭하고 드래그해서 조절해주고 Done을 클릭합니다.

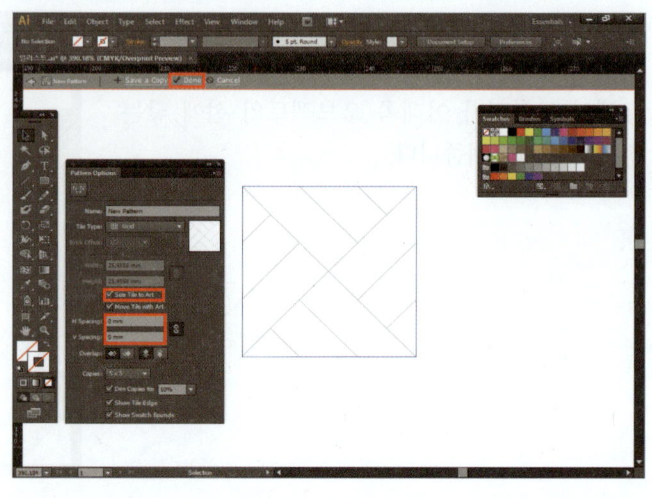

09 'Rectangle Tool'을 선택하고 작업창을 클릭한 후 [Rectangle] 대화상자가 나타나면 제시된 '작품규격+재단선'의 크기인 166mm, 246mm를 입력하고 [OK] 버튼을 누릅니다. 면색은 [Swatches] 패널의 등록한 패턴을 클릭해서 적용해주고 선색은 None으로 설정합니다.

패턴의 크기를 조절하려면 Scale Tool을 이용합니다.

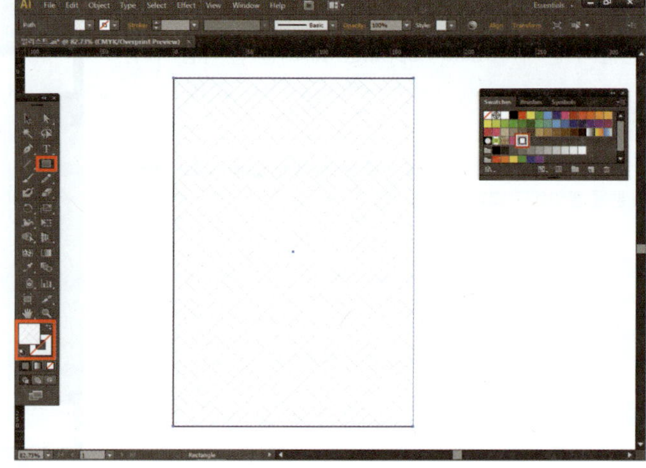

01 작업 준비하기

01 포토샵을 실행하고, [File] 〉 [New]를 선택하여 [New] 대화상자에서 'Width : 166mm, Height : 246mm, Resolution : 300 Pixels/Inch, Color Mode : RGB Color'로 설정한 후, [OK] 버튼을 클릭합니다.

기적의 TIP

• Ctrl + N : New(새로 만들기)
• Color Mode : 인쇄물에 적합한 CMYK 모드를 설정해 주어야 하지만, 시험장의 프린터가 인쇄소의 출력이 아니기 때문에 회색기, 탁함, 채도저하 발생이 빈번합니다. 또한 시험 문항에 여러 가지 패턴 적용 문제들이 출제되기 때문에 RGB모드로 설정합니다.

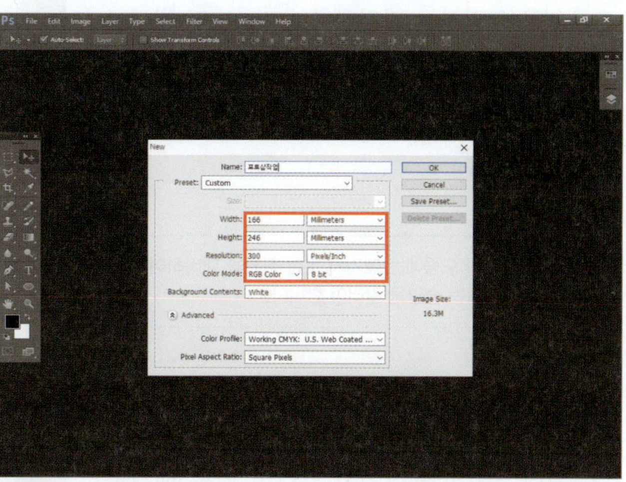

02 '일러스트작업' 창에서 그리드를 선택하고, Ctrl + C 를 눌러 복사합니다. '포토샵작업' 창에 Ctrl + V 를 눌러 붙여넣기한 후, [Paste] 대화상자에서 'Pixels'를 선택하고, [OK] 버튼을 클릭합니다. Enter 를 눌러 그리드를 확정합니다.

기적의 TIP

그리드가 잠겨 선택되지 않는 경우, [Window] 〉 [Layers]를 선택하고, Layers 패널에서 해당 레이어의 Toggles Lock 아이콘을 클릭하여 레이어 잠금을 해제하거나, Alt + Ctrl + 2 를 눌러 오브젝트 잠금을 해제합니다.

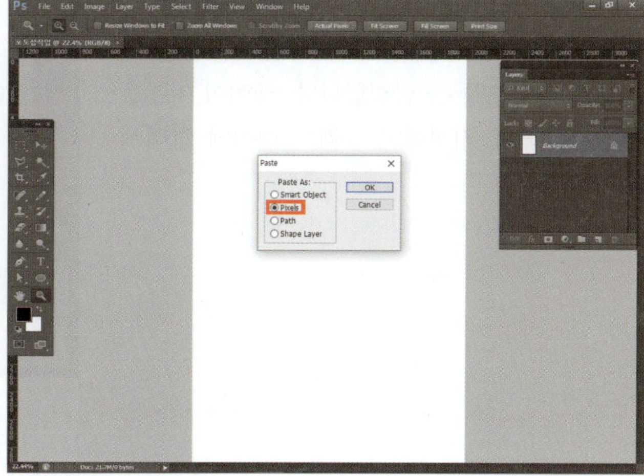

03 Layers 패널에서 이름을 그리드로 변경합니다. 'Move Tool'을 선택하고, Ctrl 을 누른 채 'Background' 레이어와 함께 선택한 후, 옵션 바에서 'Align vertical centers', 'Align horizontal centers'를 클릭하여 정렬합니다. '그리드' 레이어만 선택하고, 'Lock all' 아이콘을 클릭하여 잠근 후, [File] 〉 [Save]를 선택하여 포토샵작업.psd로 저장합니다.

> **기적의 TIP**
>
> 항상 작업 시작과 도중에는 예기치 못한 상황을 대비하여 수시로 하는 저장하는 습관을 길러야 합니다.

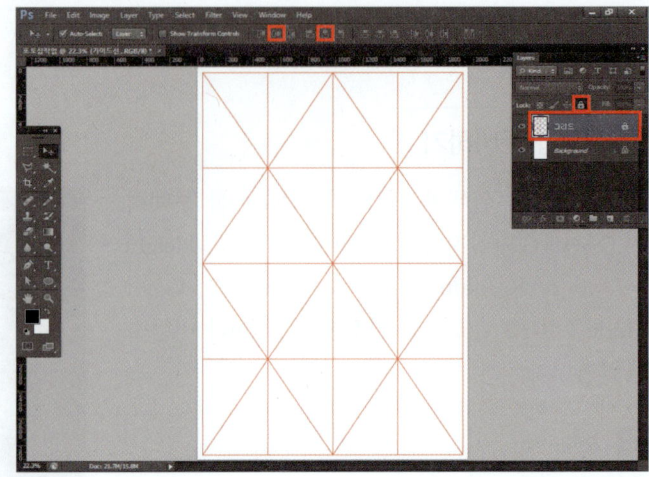

02 배경 만들기

01 '일러스트작업' 창에서 만들어 놓은 배경무늬 패턴을 선택하고 Ctrl + C 를 눌러 복사한 후 포토샵 화면에 Ctrl + V 를 눌러 붙여넣기를 합니다. [Paste] 대화상자가 나타나면 'Pixels'를 선택하고 [OK] 버튼을 클릭합니다. 레이어 이름을 '배경패턴'으로 지정하고 그리드 레이어 아래에 위치시킵니다.

02 배경에 사용할 이미지를 넣기 위해서 [File] 〉 [Open]을 선택하고, [Open] 대화상자가 열리면 붓터치.jpg, 수채화.jpg를 찾아 선택한 후, [Open] 버튼을 클릭하여 이미지를 불러옵니다.

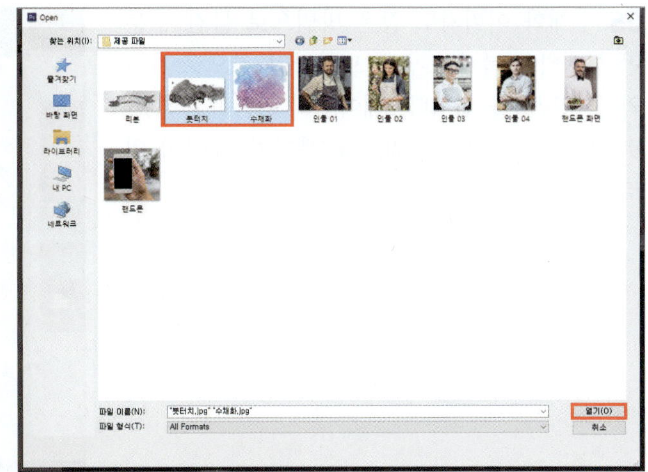

03 이미지가 열리면 'Magic Wand Tool'을 이용해 하얀색 배경을 클릭해서 선택합니다. [Ctrl]+[Shift]+[I]를 눌러 선택영역을 반전시켜 검은 잉크 모양으로 바뀌어져 선택되도록 합니다. 선택영역을 [Ctrl]+[C]를 눌러 복사합니다.

- Magic Wand Tool은 색상을 기준으로 선택을 쉽게 할 수 있는 툴입니다. 이미지의 배경이 하나의 색상으로 이루어진 경우, Magic Wand Tool을 이용하면 매우 쉽게 선택이 가능합니다.
- [Ctrl]+[Shift]+[I] : Inverse(선택영역 반전)

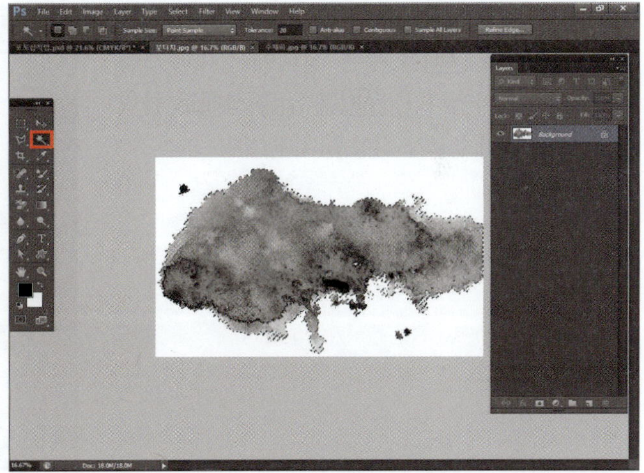

04 '포토샵작업' 창으로 돌아와 [Ctrl]+[V]를 눌러 붓터치 이미지를 붙여 넣습니다. [Ctrl]+[T]를 눌러 크기 조절점을 나타내고, 크기와 위치를 조절하여 다음과 같이 중간 부분에 배치한 후, [Enter]를 눌러 확정합니다. Layers 패널에서 레이어의 이름을 붓터치로 변경한 후, 레이어 위치를 '그리드' 레이어 아래로 이동합니다.

- [Ctrl]+[T] : Free Transform
- Free Transform을 이용하여 크기 조절을 할 때, 이미지의 가로, 세로 비율을 유지하기 위해서 반드시 모서리의 점을 [Shift]를 누른 채 드래그해야 합니다.

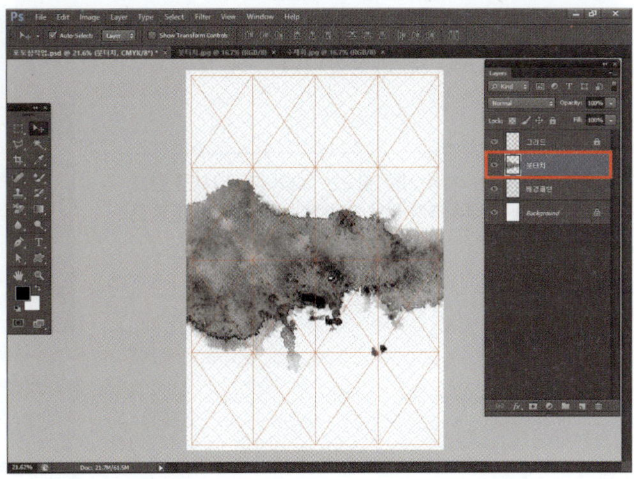

05 수채화 이미지도 같은 방법으로 물감 부분만 선택하고 복사한 후 '포토샵작업' 창으로 가져와 붙여넣기를 합니다. 레이어의 이름을 수채화로 변경하고, 레이어 위치를 '붓터치' 레이어 위로 이동합니다.

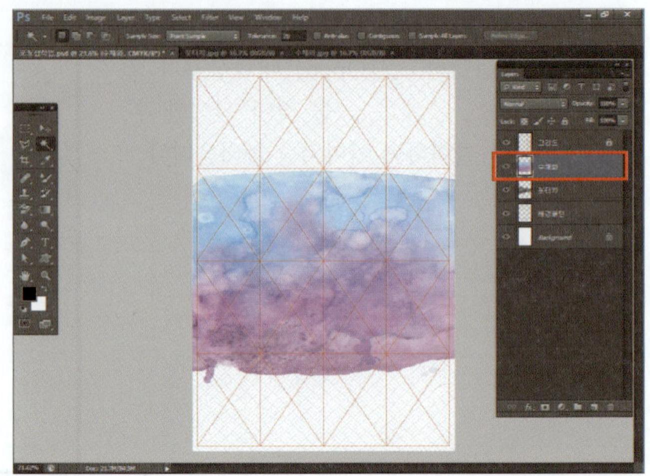

06 [Layers] 패널의 '수채화' 레이어와 '붓터치' 레이어 사이에 Alt 를 누른 상태에서 마우스를 대면 커서가 바뀝니다. Alt 를 누른 상태로 클릭하면 클리핑 마스크가 적용됩니다.

07 [Layers] 패널에서 '붓터치' 레이어를 클릭하고 'Opacity : 50%'로 설정합니다.

> **기적의 TIP**
>
> '그리드' 레이어는 계속 켜둘 필요는 없습니다. 디자인 원고와 비교하여 위치나 크기 등을 확인해야 할 경우 중간 중간 활용하면 됩니다.

08 [Layers] 패널에서 'Create a new group'을 클릭해서 그룹폴더를 생성하고 폴더이름을 배경으로 바꿔 줍니다. Shift 를 누르고 '수채화', '붓터치', '배경패턴' 레이어를 선택해서 '배경' 폴더로 이동시킵니다.

03 악수 일러스트 배치

01 '일러스트작업' 창에서 악수 일러스트를 선택하고, Ctrl + C 를 눌러 복사한 후 '포토샵작업' 창에서 Ctrl + V 를 눌러 붙여 넣은 후 레이어의 이름을 악수손으로 변경합니다.

02 [Filter] 〉 [Oil paint]를 클릭해서 대화상자가 열리면 미리보기 화면을 보며 디자인 원고와 비슷하게 옵션을 설정해준 후 [OK] 버튼을 클릭합니다.

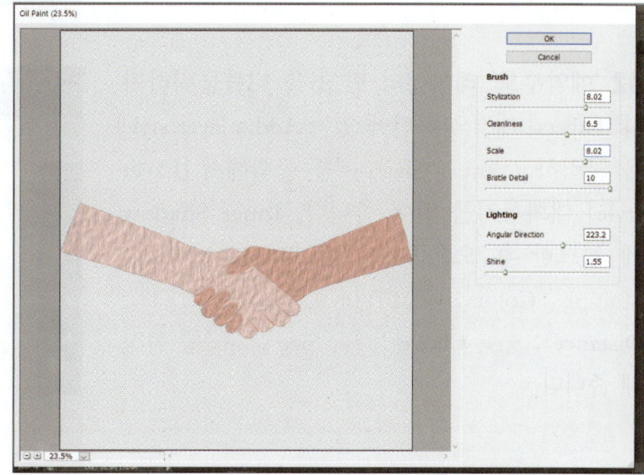

03 '악수손' 레이어의 빈 곳을 더블클릭하거
나 [Layers] 패널 하단의 'Add a layer style'를 클
릭하여 'Drop Shadow'를 클릭합니다. [Layer
style] 대화상자가 열리면 Drop Shadow를 체크
한 후 오른쪽 옵션 Blend Mode : Multiply, Color
: C0M0Y0K100, Opacity : 47%, Distance : 40px,
Spread : 16%, Size : 45px'로 설정한 후 [OK] 버
튼을 클릭합니다.

'OK' 버튼 아래쪽에 있는 'Preview'에 체크를 해두고 옵션
에 따라 변하는 이미지를 보며 적절히 설정합니다.

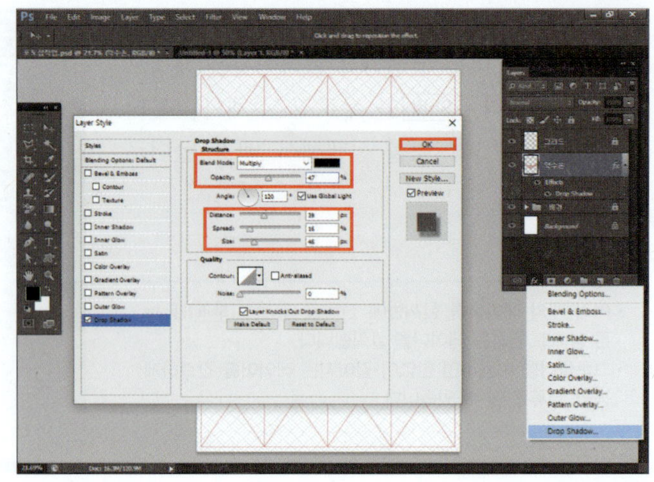

④ 상단 문자와 이미지 배치하기

01 'Type Tool'을 클릭해서 '예약부도'를 입력하
고 선택한 후 [Window] 〉 [Character] 패널을 열
고 폰트와 크기 자간을 디자인 원고와 비슷하게
설정합니다. 색상은 C8M91Y2K0로 지정합니다.

시험지시서에 특정 폰트에 대한 내용이 없으면 가장 비슷한
모양의 폰트를 이용합니다.

02 '예약부도' 레이어의 빈 곳을 더블클릭하거
나 [Layers] 패널의 하단에 있는 Add a layer style
을 클릭하고 'Inner Shadow'를 클릭해서 [Layer
style] 대화상자를 열어 줍니다. Inner Shadow
에 체크한 후 오른쪽 옵션에 'Blend Mode :
Multiply, Color : C0M0Y0K0, Opacity : 75%,
Distance : 5px, Choke : 0%, Size : 5px'를 설정
해 줍니다.

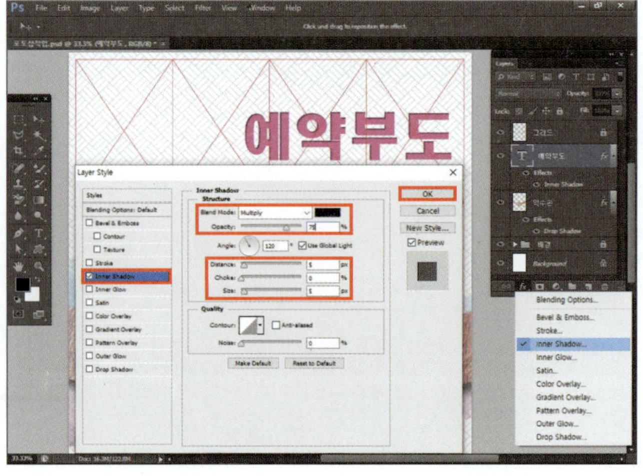

03 'Type Tool'을 클릭하고 예약부도 위에 No-Show란 별다른 취소없이 오지않은 것을 뜻합니다를 입력합니다. [Window] 〉 [Character]를 클릭해서 [Character] 패널을 열고 디자인 원고와 비슷한 폰트와 사이즈, 자간을 설정합니다. 색상은 C8M91Y2K0으로 지정합니다.

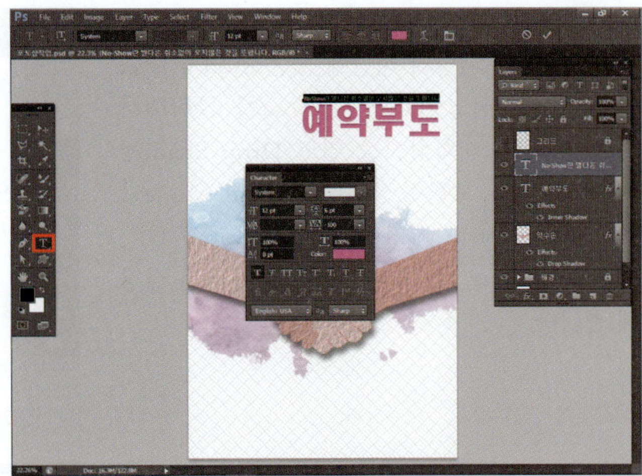

04 'Type Tool'을 클릭하고 왼쪽 상단에 예약부도 근절 캠페인을 입력합니다. [Window] 〉 [Character]를 클릭해서 [Character] 패널을 열고 디자인 원고와 비슷한 폰트와 사이즈, 자간을 설정합니다. 색상은 C0M0Y0K100으로 지정합니다.

05 '일러스트작업' 창에서 브러시 패턴으로 만든 No-Show 오브젝트를 선택하고 Ctrl+C를 눌러 복사한 후 '포토샵작업' 창에 Ctrl+V를 눌러 붙여넣기를 합니다. [Paste] 대화상자가 나타나면 'Pixels'를 선택하고 [OK] 버튼을 클릭합니다. 레이어 이름을 No-Show로 지정하고 그리드 레이어 아래에 위치시킵니다.

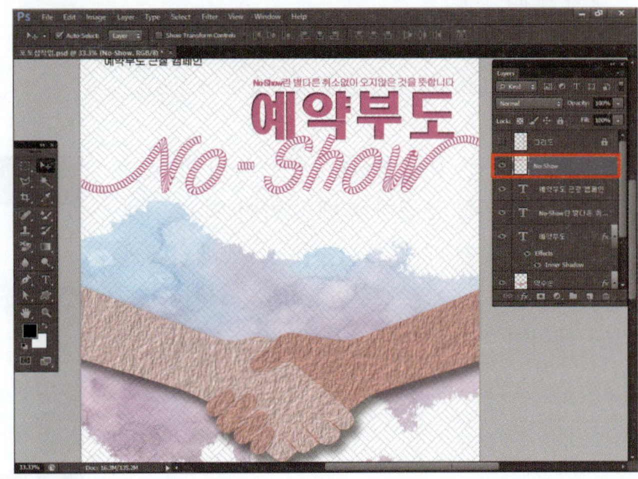

06 'No-Show' 레이어의 빈 곳을 더블클릭하거나 [Layers] 패널의 하단에 있는 'Add a layer style'을 클릭하고 'Drop Shadow'를 클릭해서 [Layer style] 대화상자를 열고 Drop Shadow에 체크한 후 오른쪽 옵션에 'Blend Mode : Multiply, Color : C0M0Y0K100, Opacity : 35%, Distance : 28px, Spread : 0%, Size : 4pt'를 설정해 줍니다.

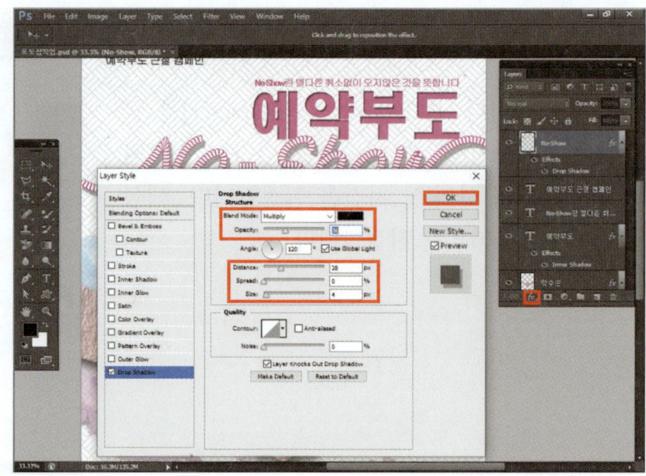

07 [File] 〉 [Open]을 선택하고, [Open] 대화상자가 열리면 리본.jpg를 찾아 선택한 후, [Open] 버튼을 클릭하여 이미지를 불러옵니다. 리본 이미지가 열리면 'Quick Selection Tool'을 이용해 배경을 드래그해서 선택합니다. Ctrl + Shift + I 를 눌러 선택영역을 반전시켜 리본으로 바뀌어져 선택되도록 합니다. 선택영역을 Ctrl + C 를 눌러 복사합니다.

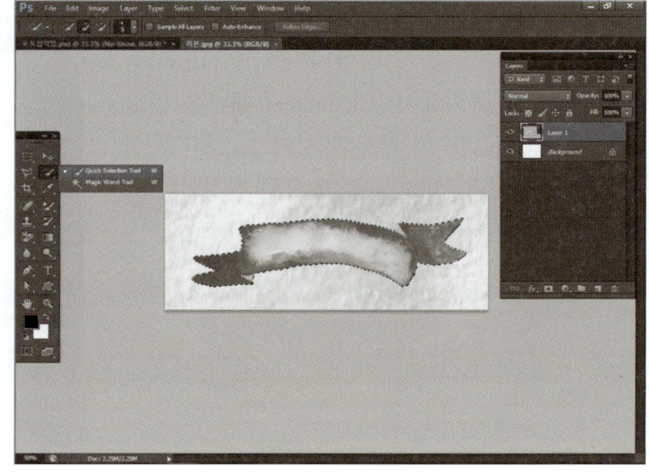

다양한 Selection Tool로 선택을 한 후에 추가 선택을 하거나 선택영역을 뺄 때
· Shift 를 누른 상태에서 클릭하거나 드래그하면 영역이 추가가 됩니다.
· Alt 를 누른 상태에서 클릭하거나 드래그하면 영역이 제외가 됩니다.

08 '포토샵작업' 창에 Ctrl + V 를 눌러 붙여넣기를 하고 크기를 조절한 후에 디자인 원고의 제시된 위치에 맞게 배치합니다. [Layers] 패널에서 레이어의 이름을 리본으로 변경한 후, 위치를 '그리드' 레이어 아래로 이동합니다.

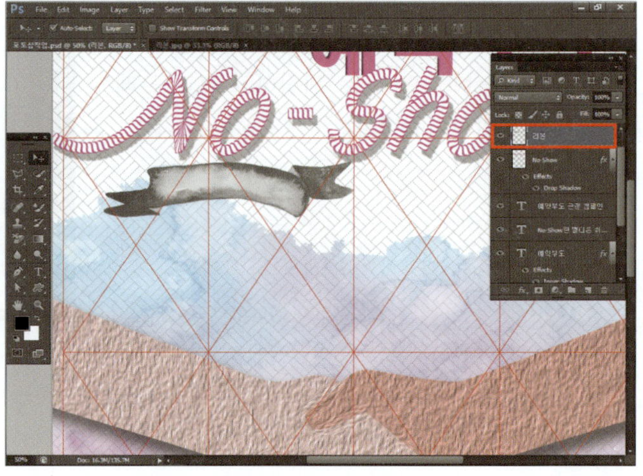

09 레이어 패널에서 '리본' 레이어를 선택한 후에 [Image] 〉 [Adjustments] 〉 [Hue/Saturation]을 클릭합니다.

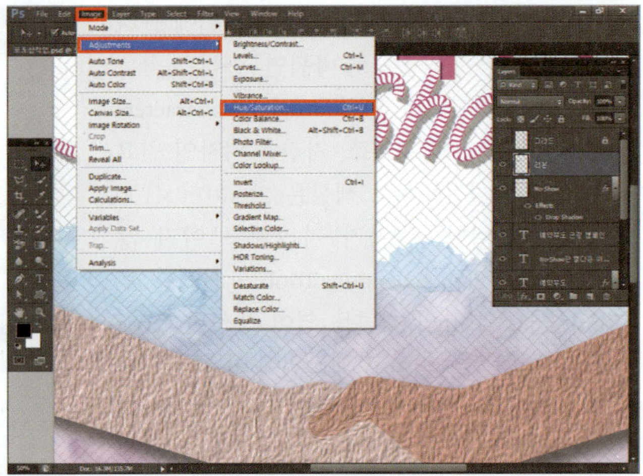

10 'Hue/Saturation'의 'Colorize'에 체크를 하고 'Hue : 304, Saturation : 29, Lightness : 0'으로 설정합니다.

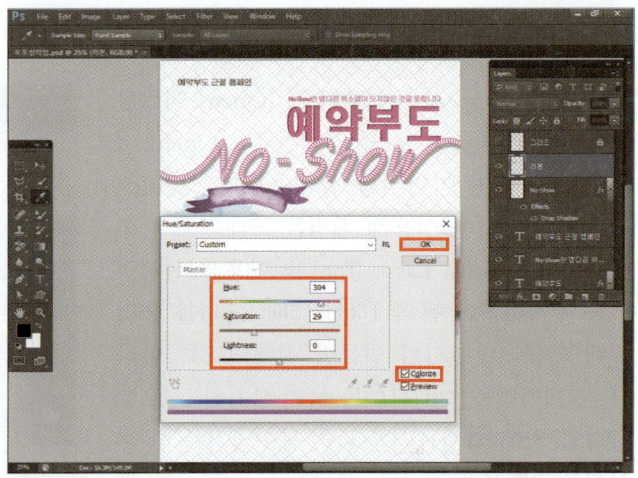

11 'Pen Tool'을 클릭하고 면색 None, 선색 None으로 설정한 후 리본의 하단 곡선을 따라 그립니다.

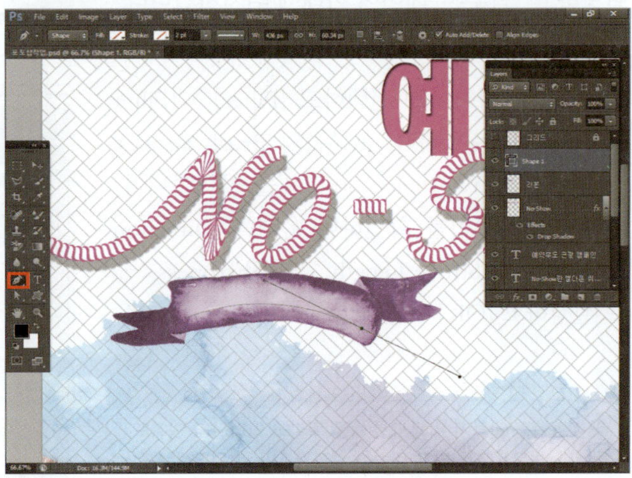

12 'Type Tool'을 선택하고 곡선 패스 위에 올려서 커서의 모양이 곡선으로 바뀌면 "예약은 약속입니다"를 입력합니다. [Window] 〉 [Character] 패널을 열어 폰트와 사이즈, 자간을 디자인 원고와 비슷하게 설정해주고 색상은 C0M0Y0K100으로 지정합니다. 글자가 가려져 보이지 않을 경우에는 'Path Selection Tool'을 선택한 후 [Window] 〉 [Paths] 패널을 열어 생성된 'Type Paths' 레이어를 클릭하고 패스위에 마우스를 올리면 보이는 마커를 드래그해서 문자의 시작과 끝 부분을 지정합니다.

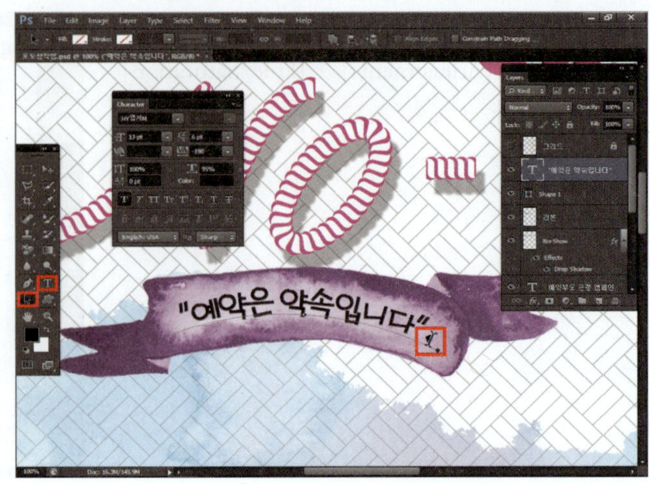

05 인물 배치와 필터 적용

01 [File] 〉 [Open]을 선택하고, [Open] 대화상자가 열리면 인물01.jpg를 선택한 후, [Open] 버튼을 클릭하여 이미지를 불러옵니다. 'Quick Selection Tool'을 이용해 배경을 드래그해서 선택하고 'Polygonal Lasso Tool'을 이용해 선택영역을 추가하거나 뺀 후 Ctrl+Shift+I 를 눌러 선택영역을 반전시켜 인물만 선택되도록 합니다. 선택영역을 Ctrl+C 를 눌러 복사하고 '포토샵작업' 창에 Ctrl+V 를 눌러 붙여넣기를 한 후 사이즈 조절을 해줍니다. 레이어 이름을 인물1로 변경하고, '악수손' 레이어 아래에 위치시킵니다.

02 '인물1' 레이어를 선택하고 [Filter] 〉 [Filter Gallery]를 클릭합니다. 오른쪽의 'Brush Strokes'의 폴더를 열고 Angled Strokes'를 클릭합니다. 왼쪽의 미리보기를 확인하며 옵션을 'Direction Balance : 61, Stroke Length : 26, Sharpness : 5'로 설정하고 [OK] 버튼을 누릅니다.

> **▷ 기적의 TIP**
>
> 해당 효과를 만들기 위해서 수치를 똑같이 따라하지 않아도 됩니다. 눈으로 확인하고 비슷한 결과가 나오면 되므로 시험에서는 수치로 입력하는 것보다 슬라이더를 움직여 설정하는 것이 시간절약에 도움이 됩니다.

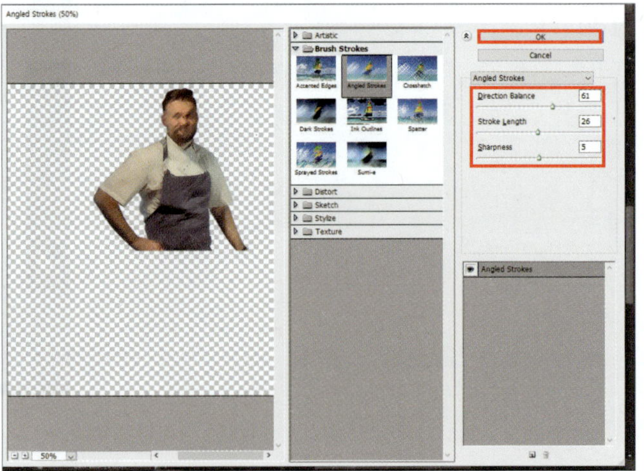

03 인물02.jpg의 이미지를 불러와서 꽃을 든 여자만 'Quick Selection Tool'을 이용해 선택한 후 '포토샵작업' 창에 붙여넣기를 합니다. 사이즈를 조절한 다음 레이어 이름을 인물2로 변경해주고 '악수손' 레이어 아래에 위치시킵니다.

04 '인물2' 레이어를 선택하고 [Filter] > [Filter Gallery]를 클릭해서 대화상자가 열리면 오른쪽의 'Artistic'의 폴더를 열고 'Paint Daubs'를 클릭합니다. 왼쪽의 미리보기를 확인하며 옵션을 'Brush Size : 11, Sharpness : 31'로 설정하고 [OK] 버튼을 누릅니다.

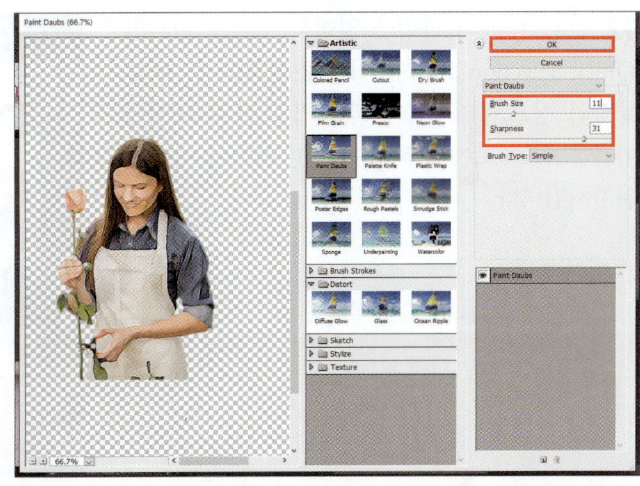

05 인물03.jpg의 파일을 열어서 사람 이미지만 'Quick Selection Tool'을 이용해 선택한 후 '포토샵작업' 창으로 가져옵니다. 크기를 조절한 후 레이어 이름을 인물3으로 변경하고 '인물1' 레이어 아래에 위치시킵니다.

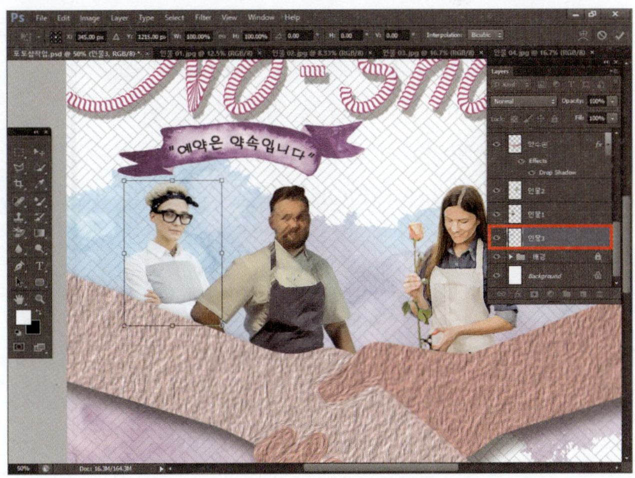

06 '인물3' 레이어를 선택하고 [Filter] 〉 [Filter Gallery]를 클릭합니다. 오른쪽의 'Brush Strokes'의 폴더를 열고 'Angled Strokes'를 클릭합니다. 왼쪽의 미리보기를 확인하며 옵션을 'Direction Balance : 61, Stroke Length : 26, Sharpness : 5'로 설정하고 [OK] 버튼을 누릅니다.

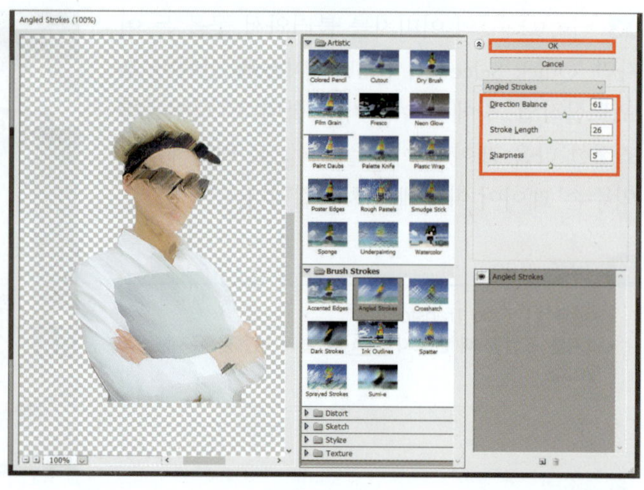

07 인물04.jpg의 파일을 열어서 사람 이미지만 'Quick Selection Tool'을 이용해 선택한 후 '포토샵작업' 창으로 가져옵니다. 크기 조절 후 레이어 이름을 인물4로 변경하고 '인물1' 레이어 아래에 위치시킵니다.

08 '인물4' 레이어를 선택하고 [Filter] 〉 [Filter Gallery]를 클릭합니다. 오른쪽의 'Artistic'의 폴더을 열고 'Paint Daubs'를 클릭합니다. 왼쪽의 미리보기를 확인하며 옵션을 'Brush Size : 11, Sharpness : 31'로 설정하고 [OK] 버튼을 누릅니다.

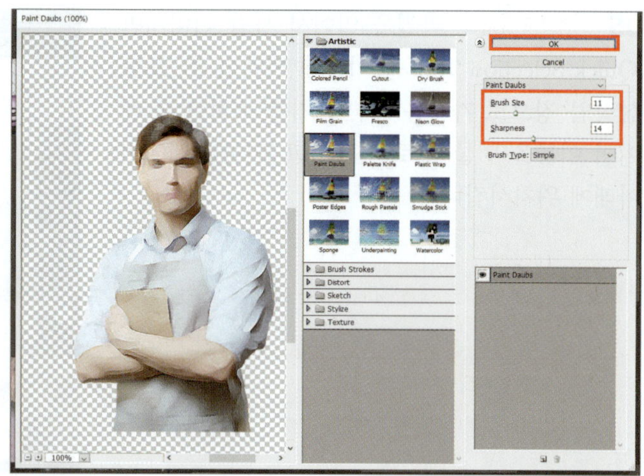

06 휴대폰 이미지 만들기

01 '핸드폰 원본.jpg'의 파일을 열어서 핸드폰을 들고 있는 손 이미지만 'Quick Selection Tool'을 이용해 선택한 후 '포토샵작업' 창으로 가져와 붙여넣기합니다. 크기를 조절한 후 레이어 이름을 핸드폰으로 변경하고 '배경' 그룹폴더의 위에 위치시킵니다.

🏁 **기적**의 TIP

크기를 조절할 때 반드시 Shift 를 눌러 비율을 유지해야 합니다.

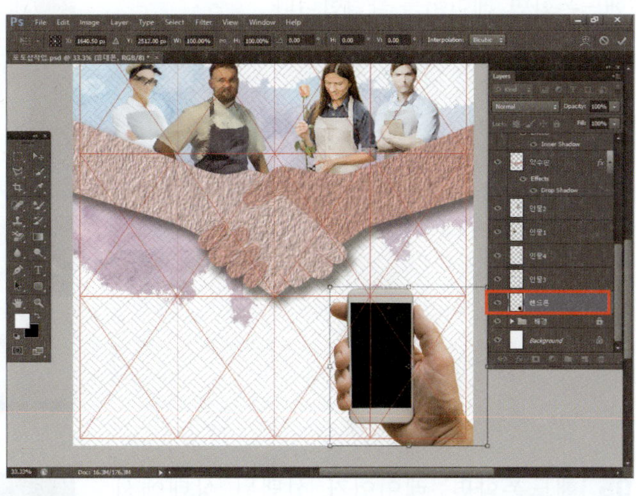

02 '핸드폰 화면.jpg'의 파일을 열어서 Ctrl + A 를 눌러 전체 선택한 후 Ctrl + C 로 복사해서 '포토샵작업' 창으로 가져와 Ctrl + V 를 눌러 붙여넣기를 합니다. 휴대폰 화면과 비슷하게 크기를 조절한 후 레이어 이름을 핸드폰화면으로 변경하고 '핸드폰' 레이어의 위에 위치시킵니다.

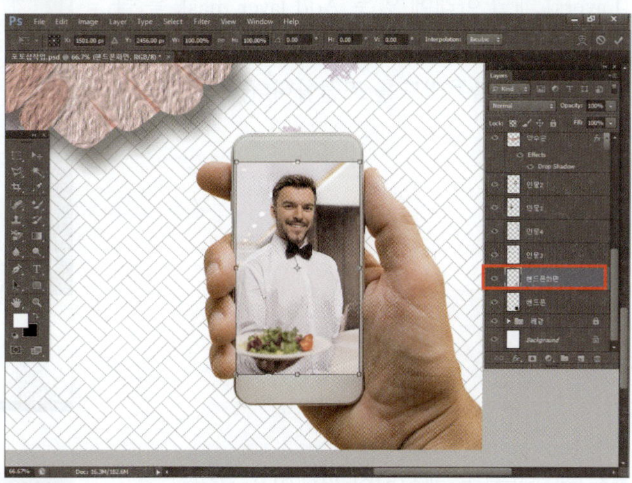

03 'Magic Wand Tool'을 선택해서 '핸드폰' 레이어의 검은색 화면을 클릭합니다. 검은색 화면만큼 선택영역이 지정이 되어있는지 확인합니다.

🏁 **기적**의 TIP

레이어에 가려져서 검은 화면이 보이지 않을 때에는 '핸드폰화면' 레이어의 눈 모양을 클릭해서 꺼준 후에 검은색 화면을 선택하고 다시 '핸드폰화면' 레이어의 눈 모양을 켜줍니다.

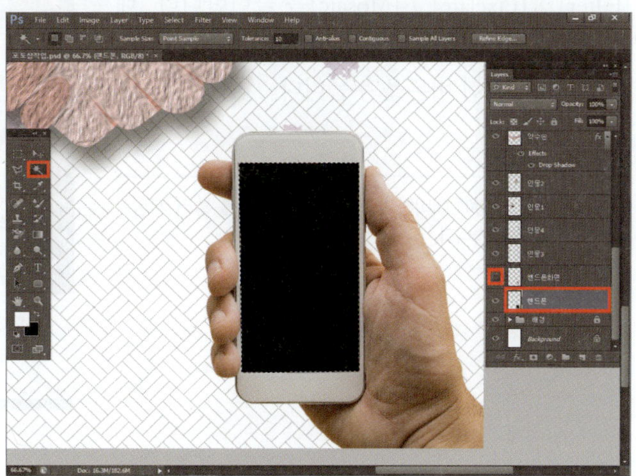

04 검은색 화면만큼 선택영역이 지정된 상태로 '핸드폰화면' 레이어를 클릭합니다.

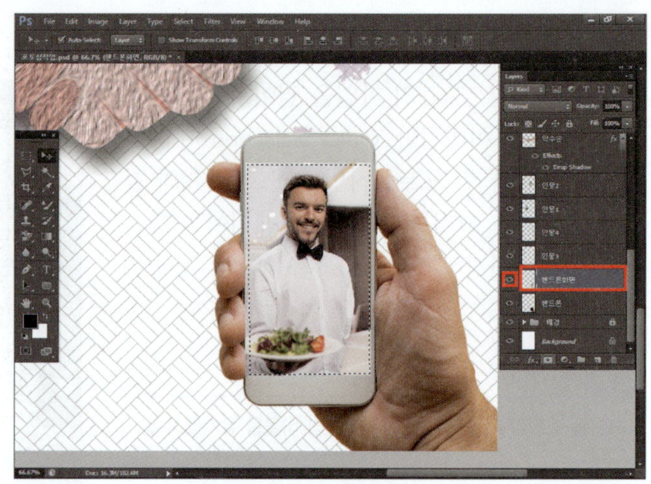

05 '핸드폰화면' 레이어가 선택된 상태에서 [Layers] 패널 아래에 있는 'Add layer mask'를 클릭합니다. [Layers] 패널 상단의 'Opacity : 35%'를 입력해서 불투명도를 조절합니다.

06 '핸드폰화면' 레이어의 썸네일을 클릭한 후 [Filter] 〉 [Pixelate] 〉 [Mosaic]을 클릭합니다. 대화상자가 나타나면 슬라이드 바를 드래그해서 조절한 후 [OK] 버튼을 누릅니다.

🏁 기적의 TIP

예기치 못한 상황에 대비하여 가끔씩 Ctrl+S를 눌러 저장을 하는 것이 좋습니다.

07 'Type Tool'을 클릭하고 1357과 중소기업통합콜센터를 입력하고 [Window] 〉 [Character] 패널을 열어서 디자인 원고와 비슷하게 각각 블록 지정을 하여 폰트와 사이즈, 자간 등을 설정하고, 색상은 C0M0Y0K0로 설정합니다. '핸드폰화면' 레이어 위에 위치시킵니다.

08 '일러스트작업' 창에서 만들어놓은 통화버튼 아이콘을 선택하고 Ctrl+C를 눌러 복사한 후 '포토샵작업' 창에 Ctrl+V를 눌러 붙여넣기를 합니다. [Paste] 대화상자가 나타나면 'Pixels'를 선택하고 [OK] 버튼을 클릭합니다. 레이어 이름을 통화버튼으로 지정하고 '핸드폰화면' 레이어 위에 위치시킵니다.

09 '통화버튼' 레이어의 빈 곳을 더블클릭하거나 레이어 패널 하단의 'Add a Layer Style'을 클릭해서 'Layer Style'의 대화상자가 열리면 'Stroke'를 체크하고 'Size : 6px, Position : Outside, Color : C0M0Y0K0'으로 설정하고 [OK] 버튼을 클릭합니다.

01 'Type Tool'을 선택하고 고객의 빠른 ~ 수 있습니다를 입력하고 [Window] 〉 [Character] 패널을 열어서 디자인 원고와 비슷하게 폰트와 사이즈, 자간 등을 설정하고, 색상은 C0M0Y0K100으로 설정해 줍니다.

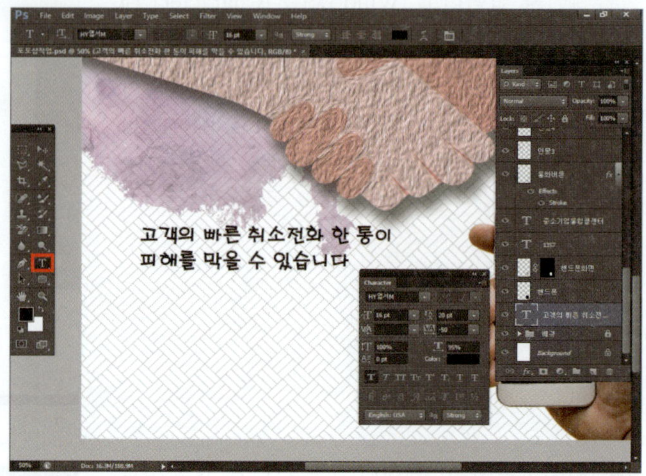

02 '일러스트작업' 창에서 만든 소상공인시장진흥공단 로고를 선택하고 Ctrl+C를 눌러 복사한 후 '포토샵작업' 창에 Ctrl+V를 눌러 붙여넣기를 합니다. [Paste] 대화상자가 나타나면 'Pixels'를 선택하고 [OK] 버튼을 클릭합니다. 레이어 이름을 소상공인으로 지정하고 배경그룹 폴더 위에 위치시킵니다.

기적의 TIP

오브젝트의 위치를 정해줄 때에는 그리드 레이어의 눈을 켜서 디자인 원고와 비교해봅니다.

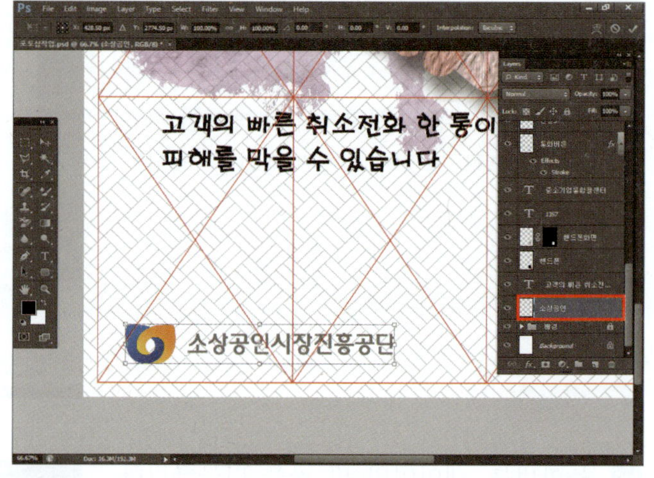

08 검토 및 저장하기

01 Layers 패널에서 '그리드' 레이어를 켠 후, 디자인 원고와 전체적으로 비교하여 검토합니다. 검토가 끝나면 '그리드' 레이어의 눈을 끄고, Ctrl+S를 눌러 저장합니다.

기적의 TIP

Ctrl+S : Save(저장하기)한 후, 복사된 레이어의 이름을 변경합니다.

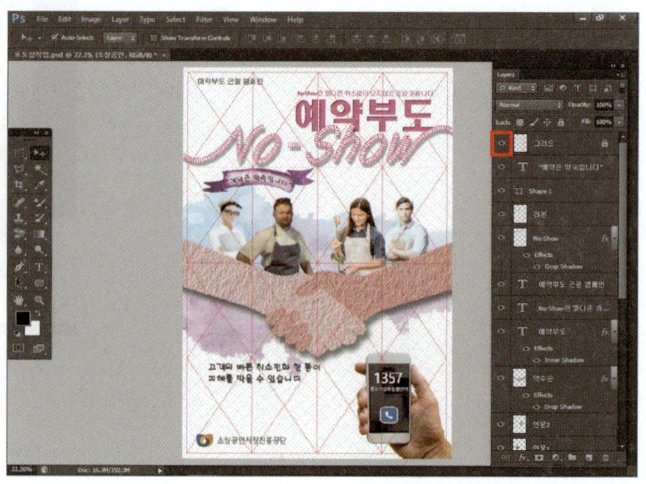

02 [Layers] 패널에서 '그리드' 레이어 바로 아래 레이어를 선택한 후, Ctrl + Alt + Shift + E 를 눌러 모든 레이어가 합쳐진 새 레이어를 만듭니다.

Ctrl + Alt + Shift + E 를 누르면 현재 보이는 모든 레이어를 하나의 새 레이어로 만듭니다. 기존의 레이어는 지워지지 않고 그대로 유지되므로 혹시 모를 수정 작업에 유리합니다.

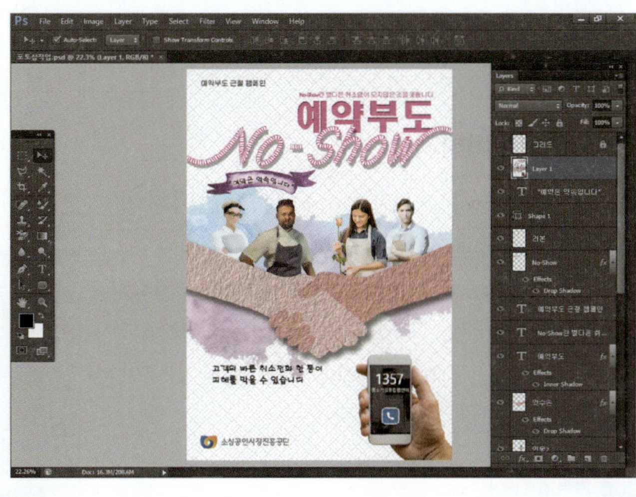

03 [File] 〉 [Save As] 메뉴를 선택하여 '파일이름 : 자신의 비번호(예를 들어 01번이면 01)'를 입력합니다. PC 응시자는 'Format : JPEG' 형식을 선택합니다.

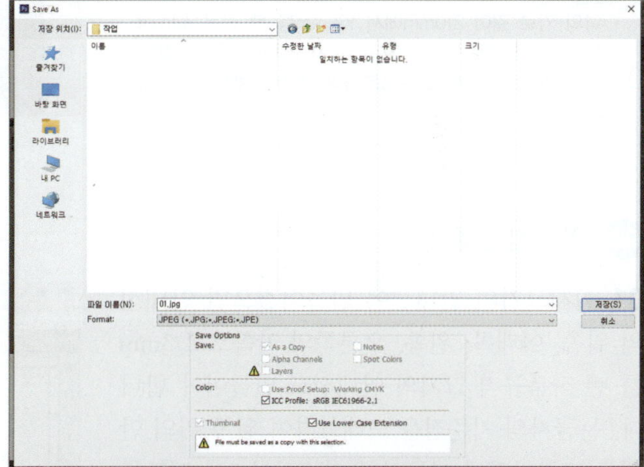

04 [JPEG Options] 대화상자가 열리면 'Quality : 12'로 설정하고, [OK] 버튼을 클릭합니다. 이때 저장된 파일을 확인하고, 용량이 너무 큰 경우 'Quality'를 8~11 정도의 수치로 설정하여 저장합니다.

• 제출해야 할 파일(포토샵에서 만든 JPG 파일+인디자인 파일)의 용량은 총 15MB 이하입니다.
• Quality는 JPEG의 압축 품질을 설정하는 옵션으로서 수치를 낮게 설정하면 용량이 매우 줄어들며 화질이 손상됩니다. 따라서 허용하는 용량 내에서 최대한 높은 수치로 설정하여 화질이 최대한 떨어지지 않도록 합니다.

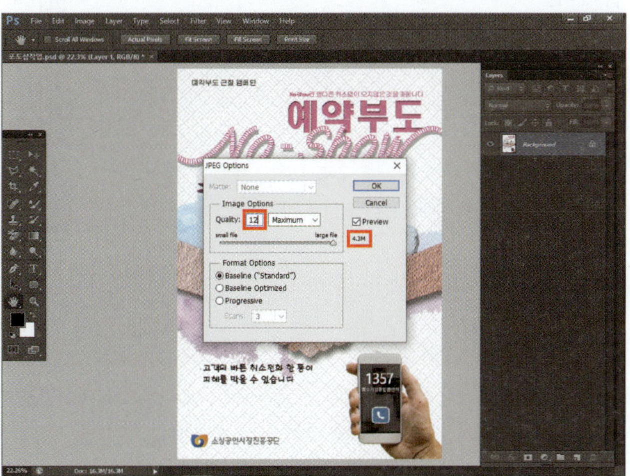

01 작업 준비하기

[File] 〉 [New] 〉 [Document]를 선택하여 'Number of Pages : 1, Facing Pages : 체크 해제', 'Page Size : A4', Margins 'Make all settings the same : 해제, 'Top : 25.5mm, Bottom : 25.5mm, Left : 22mm, Right : 22mm'로 입력한 후, [OK] 버튼을 클릭합니다.

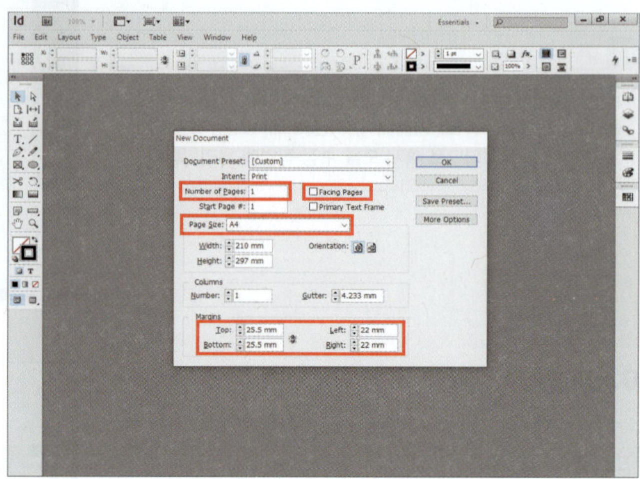

> **⚑ 기적의 TIP**
>
> • Ctrl + N : New Document(새로 만들기)
> • A4의 가로 길이 210mm에서 166mm를 뺀 값은 44mm 이고, A4의 세로 길이 297mm에서 246mm를 뺀 값은 51mm이므로 이 여백을 2등분하여 각각의 여백으로 지정 합니다.

02 안내선 만들기

01 실제크기의 안내선이 만들어졌으면 안내선 의 위쪽, 아래쪽, 왼쪽, 오른쪽의 안쪽으로 3mm 를 뺀 작품규격 크기의 안내선도 만들어야 합니 다. 눈금자의 기준점을 드래그하여 왼쪽 위의 안 내선 교차지점에 이동시켜 기준점이 0이 되도록 합니다.

02 'Zoom Tool'로 실제크기 안내선 왼쪽 위를 드래그하여 확대하고, 왼쪽 눈금자에서 마우스를 드래그하여 0mm 지점에서 오른쪽으로 3mm만큼 이동한 지점과 위쪽 눈금자에서 마우스를 드래그하여 0mm 지점에서 아래쪽으로 3mm만큼 이동한 지점에 안내선을 가져다 놓습니다.

기적의 TIP

왼쪽 눈금자에서 안내선을 꺼내 컨트롤 패널에서 'X : 3mm'로 입력하고, 위쪽 눈금자에서 안내선을 꺼내 'Y : 3mm'로 입력하여 정확히 배치할 수 있습니다.

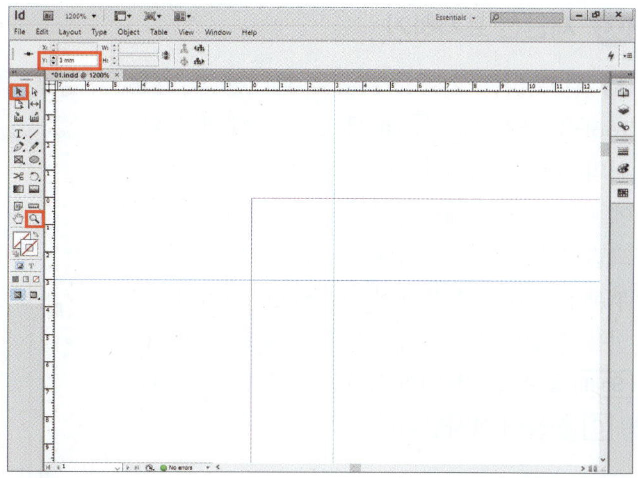

03 'Hand Tool'을 더블클릭하여 윈도우 화면으로 맞춘 후, 실제크기의 안내선 오른쪽 아래를 'Zoom Tool'로 확대합니다. 왼쪽 눈금자에서 마우스를 드래그하여 166mm 지점에서 왼쪽으로 3mm만큼 이동한 지점(163mm)과 위쪽 눈금자에서 마우스를 드래그하여 오른쪽 아래의 246mm 지점에서 위쪽으로 3mm만큼 이동한 지점(243mm)에 안내선을 가져다 놓습니다.

기적의 TIP

왼쪽 눈금자에서 안내선을 꺼내 컨트롤 패널에서 'X : 163mm'로 입력하고, 위쪽 눈금자에서 안내선을 꺼내 'Y : 243mm'로 입력하여 정확히 배치할 수 있습니다.

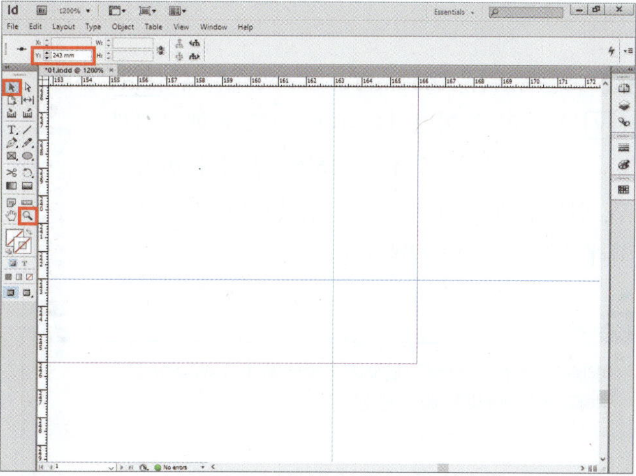

03 재단선 표시하기

01 왼쪽 위를 'Zoom Tool'로 확대한 후, 'Line Tool'을 클릭하고, [Shift]를 누른 상태에서 왼쪽 위의 세로 안내선과 실제크기 안내선 경계 부분에 수직으로 드래그하여 5mm 길이의 재단선을 그립니다. 가로 안내선과 실제크기 안내선 경계 부분도 수평으로 드래그하여 5mm 길이의 재단선을 그립니다. 두 재단선을 'Selection Tool'로 [Shift]를 누른 상태에서 각각 클릭하고, [Ctrl] +[C]를 눌러 복사합니다.

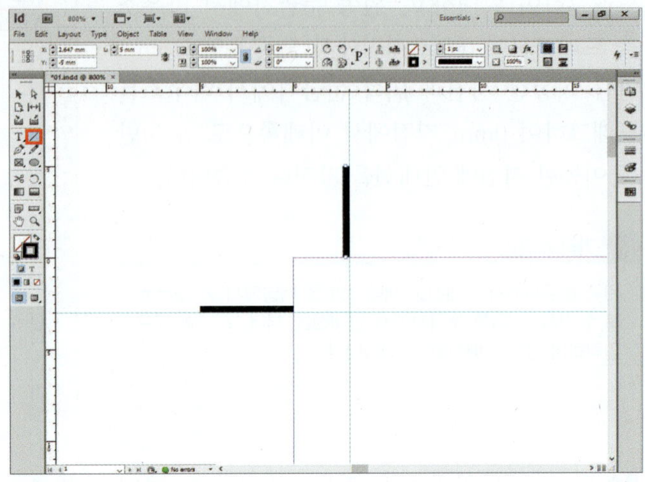

02 오른쪽 위를 'Zoom Tool'로 확대한 후 [Ctrl] +[V]를 눌러 붙여넣기합니다. 컨트롤 패널에서 'Rotate 90° Clockwise'를 클릭하여 위치를 변경한 후, 안내선에 맞춰 배치합니다. 동일한 방법으로 아래쪽의 재단선도 만듭니다.

> **📙 기적의 TIP**
>
> 아래쪽의 재단선도 컨트롤 패널에서 'Rotate 90° Clockwise'를 클릭하고, 안내선에 맞춰 배치하면 됩니다.

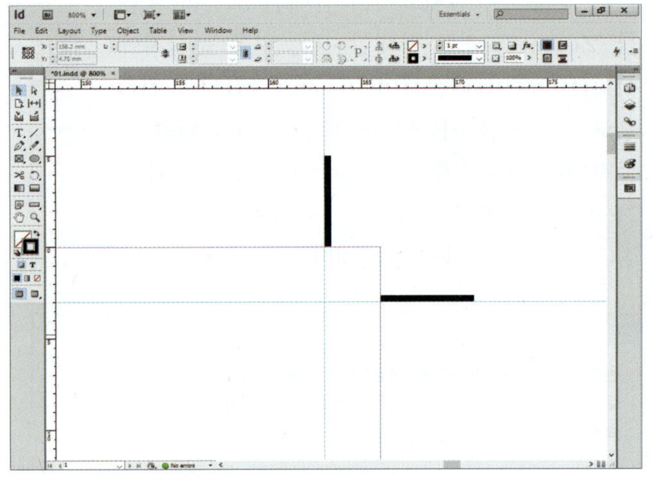

04 이미지 가져오기

01 [File] 〉 [Place]를 선택하여 01.jpg를 선택하고 [열기] 버튼을 클릭합니다.

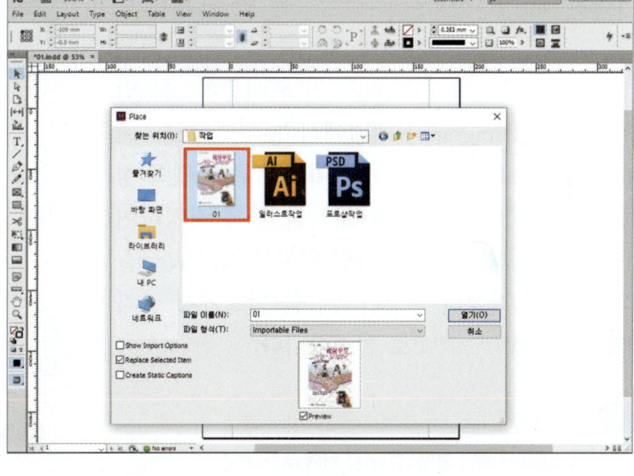

02 실제 크기 안내선의 왼쪽 위를 클릭하여 이미지를 삽입합니다. 상단 옵션바에서 'Reference Point'를 왼쪽 상단의 모퉁이로 선택 후, [W : 166mm], [H : 246mm]로 입력하고 Ctrl + Alt + Shift + E 를 눌러 프레임 비율에 이미지를 맞춥니다. 마우스 오른쪽 버튼을 클릭하여 [Display Performance] 〉 [High Quality Display]를 선택합니다.

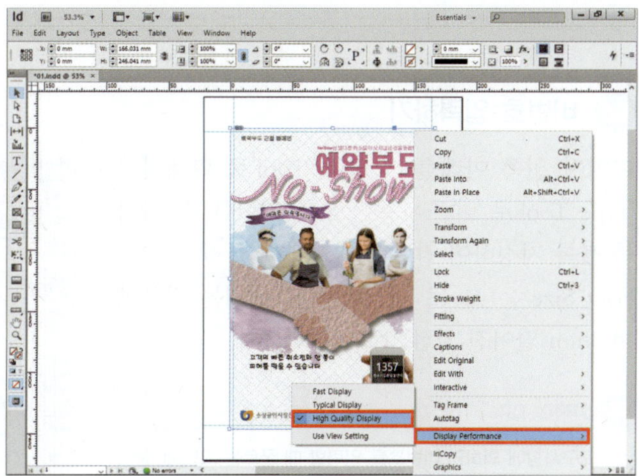

05 글자 입력하기

'Type Tool'을 선택하고 글상자를 만듭니다. 노쇼 때문에 5대 주요 서비스 업종이 한 해 입은 경제적 손실이 10조2800억 원에 이르며~를 입력한 후, [Paragraph] 패널에서 'Justify with last line aligned left'를 클릭하여 마지막 줄만 왼쪽 정렬합니다. 'Type Tool'로 글자를 블록 지정하여 [Character] 패널에서 디자인 원고를 참고로 글꼴과 크기를 적절히 설정한 후, 툴 박스에서 글자 색상을 C0M0Y0K92로 설정합니다.

> **기적의 TIP**
>
> • Paragraph 패널 열기 : [Type] 〉 [Paragraph]
> • Character 패널 열기 : [Type] 〉 [Character]

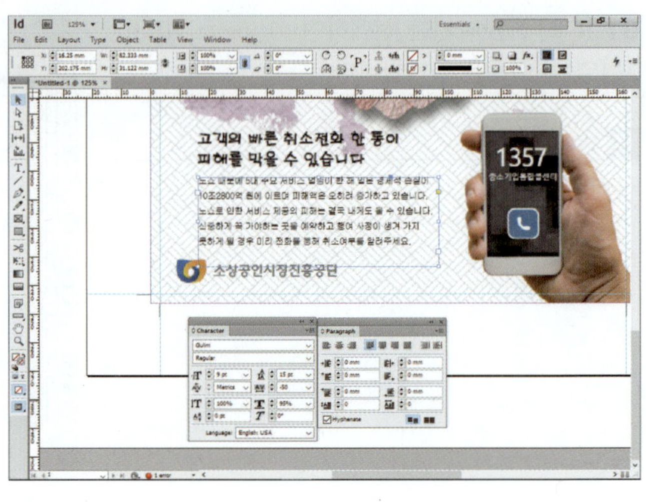

06 비번호 입력하기

이미지 왼쪽 아래를 'Zoom Tool'로 확대하고 'Type Tool'로 비번호(등번호)를 입력한 후 글자를 블록 지정하여 컨트롤 패널에서 '글꼴 : 고딕, Font Size : 10pt'로 지정합니다. 위치는 작품에서 3mm 떨어진 지점으로 이동합니다.

> **기적의 TIP**
>
> • 요구사항에 의하면 비번호를 입력할 때 폰트는 고딕체, 폰트 크기는 10pt로 입력해야 합니다.
> • 시험장에서 배정된 자신의 비번호를 입력하면 됩니다. 예제에서의 01은 예시입니다.

01 [File] 〉 [Save]를 선택하여 파일이름을 자신의 비번호 01로 입력한 후 [저장] 버튼을 클릭합니다.

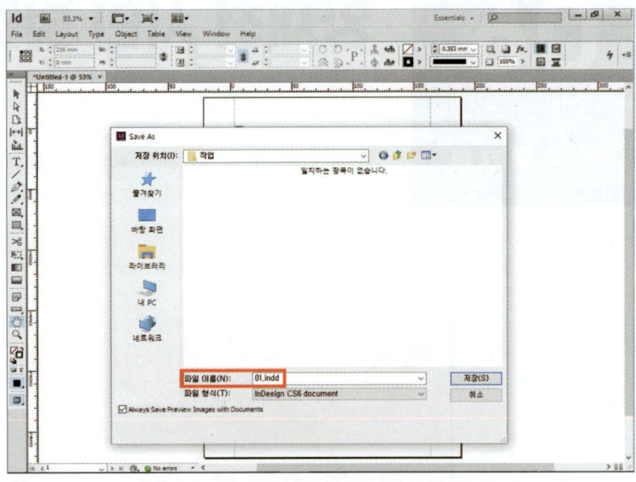

02 'Hand Tool'를 더블클릭하여 결과물 전체를 확인합니다. 작업 폴더를 열고, '01.indd'와 '01.jpg'만 제출합니다. 출력은 출력지정 자리에서 '01.indd'를 열고 프린트합니다. 프린트된 A4 용지는 시험장에서 제공하는 켄트지의 한 가운데에 붙여 제출합니다.

P 기적의 TIP

제출해야할 파일(포토샵에서 만든 JPG 파일+인디자인 파일)의 용량은 총 15MB 이하입니다.

▶ 합격 강의

작업 프로그램 포토샵, 일러스트레이터, 인디자인

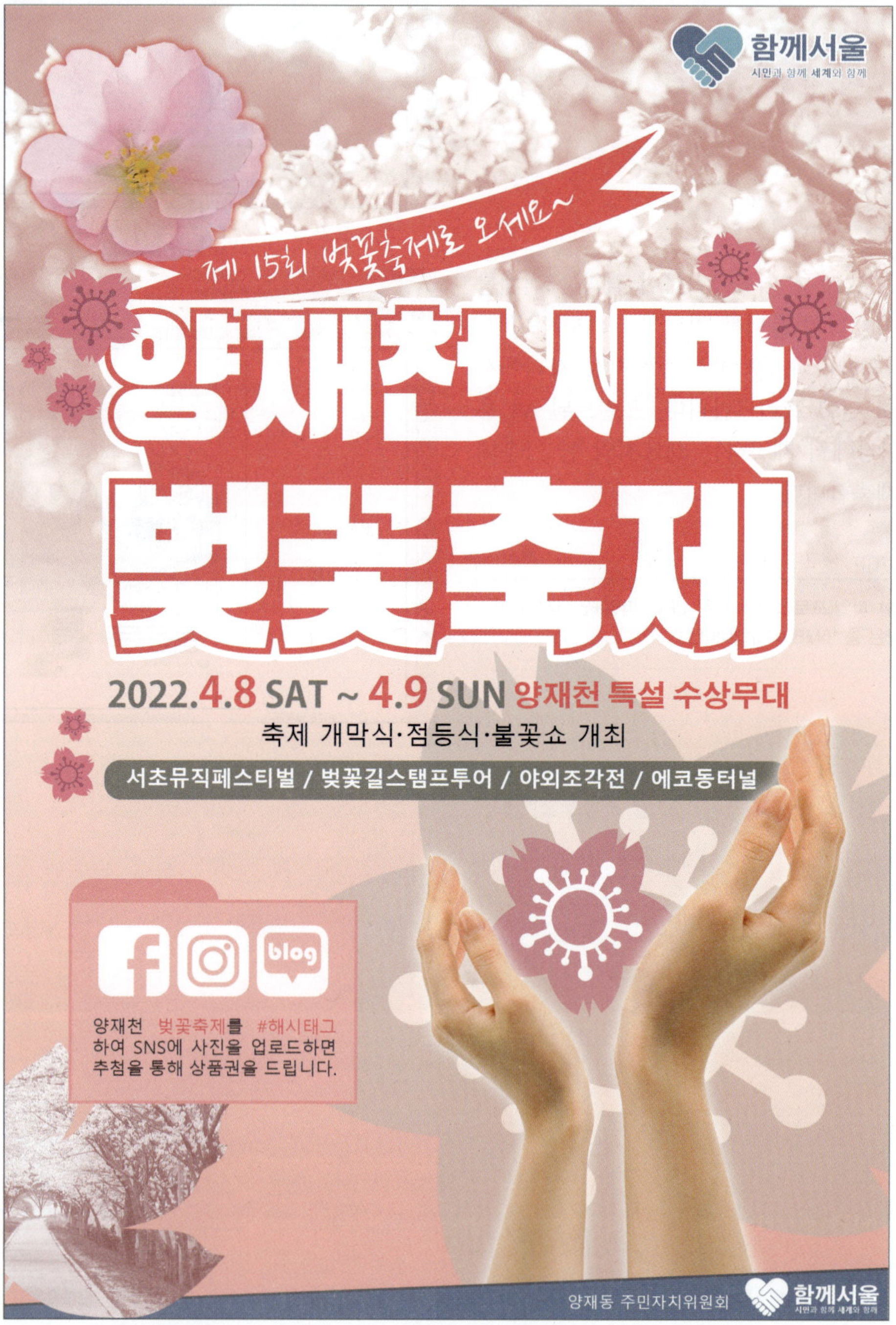

자격종목	컴퓨터그래픽기능사	과제명	양재천 시민 벚꽃축제 포스터

※ 시험시간 : 3시간 30분

1. 요구사항

※ 다음의 요구사항에 맞도록 주어진 자료(컴퓨터에 수록)를 활용하여 디자인 원고를 시험시간 내에 컴퓨터 작업으로 완성하여 A4 용지로 출력 후 A3 용지에 마운팅(부착)하여 제출하시오.

※ 모든 작업은 수험자가 컴퓨터 바탕화면에 폴더를 만들어 저장하시오.

가. 작품규격(재단되었을 때의 규격) : 160mm X 240mm ※A4 용지 중앙에 작품이 배치되도록 하시오.

나. 구성요소(문자, 그림) : ※(디자인 원고 참조)

① 문자요소

- 함께서울
- 시민과 함께 세계와 함께
- 제 15회 벚꽃축제로 오세요~
- 양재천 시민 벚꽃축제
- 2022.4.8 SAT ~ 4.9 SUN 양재천 특설 수상무대
- 축제 개막식 · 점등식 · 불꽃쇼 개최
- 서초뮤직페스티벌 / 벚꽃길스탬프투어 / 야외조각전 / 에코동터널
- 양재천 벚꽃축제를 #해시태그 하여 SNS에 사진을 업로드하면 추첨을 통해 상품권을 드립니다.
- 양재동 주민자치위원회

② 그림요소 : 디자인 원고 참조

벚꽃풍경.jpg

벚꽃.jpg

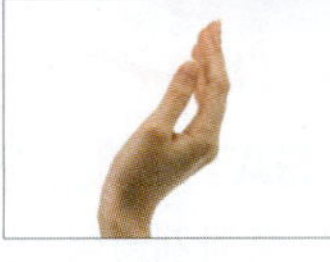

손.jpg

벚꽃길.jpg

다. 작업내용

01) 주어진 디자인 원고(그림, 사진, 문자, 색채, 레이아웃, 규격 등)와 동일하게 작업하시오.

02) 디자인 원고 내용 중 불명확한 형상, 색상코드 불일치, 색 지정이 없는 부분, 원고에 없는 형상 등이 있을 때는 수험자가 완성도면 내용과 같이 작업하시오.

03) 디자인 원고의 서체(요구서체)가 사용 컴퓨터 및 소프트웨어와 맞지 않을 경우는 가장 근접한 서체를 사용하시오.

04) 상하, 좌우에 3mm 재단여유를 갖도록 작품을 배치하고, 재단선은 작품규격에 맞추어 용도에 맞게 표시하시오. (단, 디자인 원고 중 작품의 규격을 표시한 외곽선이 있을 때는 원고의 지시에 따라 표시여부를 결정한다.)

05) 디자인 원고 좌측 하단으로부터 3mm를 띄워 비번호를 고딕 10pt로 반드시 기록하시오.

06) 출력물(A4)은 어떠한 경우에도 절취할 수 없으며, 반드시 A3 용지 중앙에 마운팅하시오.

라. 컴퓨터 작업범위

01) 15MB 용량의 폴더에 수록될 수 있도록 작업범위(해상도 및 포맷형식)를 계획하시오.

02) 규격 : A4(210x297mm) 중앙에 디자인 원고 내용과 같은 작품(원고규격)을 배치하시오.

03) 해상도 및 포맷형식 : 제한용량 범위 내에서 선택하시오.

04) 기타 : ① 제공된 자료범위 내에서 활용하시오.

　　　　② 3개의 2D 응용프로그램을 고루 활용하되, 최종작업 및 출력은 편집 프로그램(쿽 익스프레스, 인디자인)에서 하시오. (최종작업 파일이 다른 프로그램에서 생성된 경우는 출력할 수 없음)

작품명 : 양재천 시민 벚꽃축제 포스터

※ 작품규격(재단되었을 때의 규격) : 가로 160mm X 세로 240mm, 작품 외곽선은 생략하고, 재단선은 3mm 재단 여유를 두고 용도에 맞게 표시할 것.
※ 지정되지 않은 색상 및 모든 작업은 "최종결과물" 오른쪽 디자인 원고를 참고하여 작업하시오.

❶

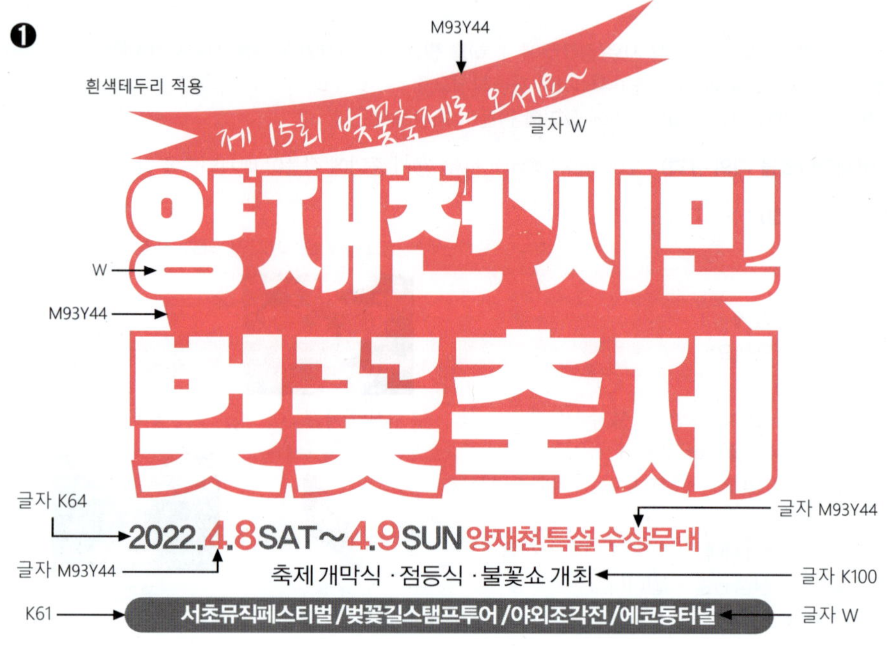

❷

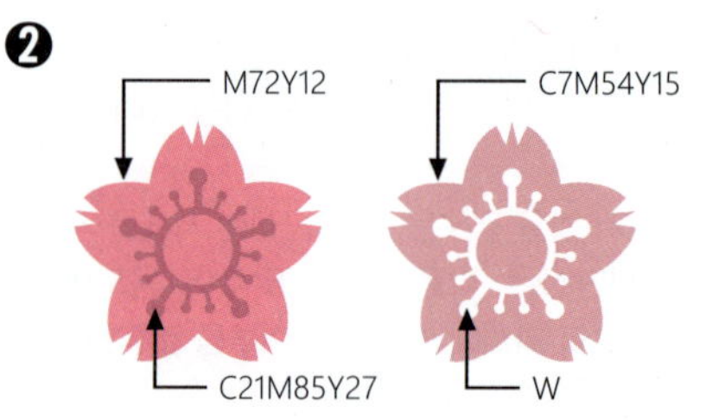

❸

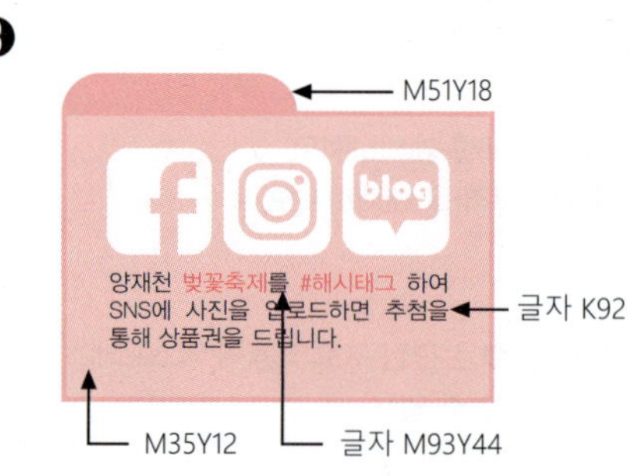

❹

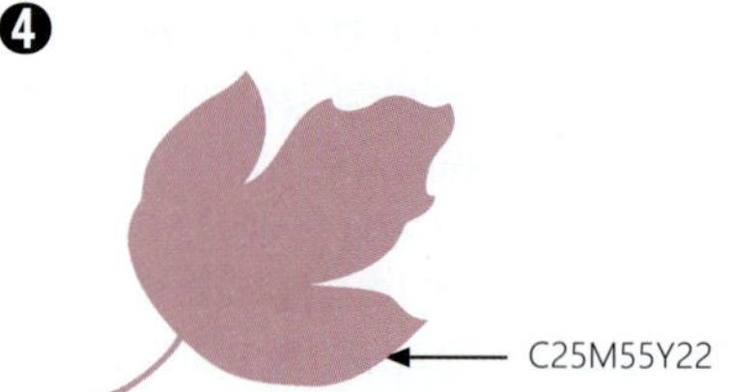

❺

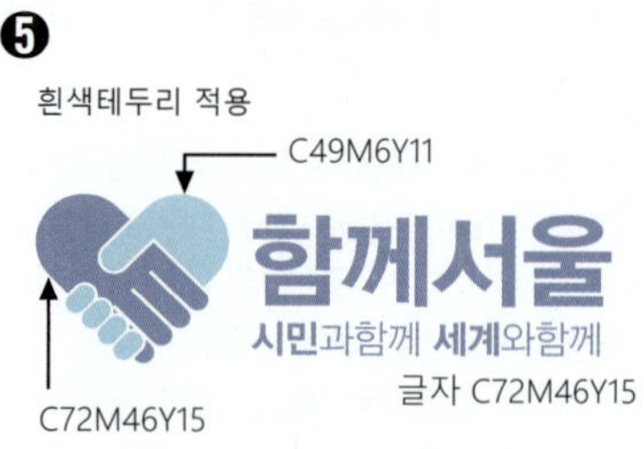

이미지 배경 제거하고
외부광선 효과
M93Y44

이미지 색상화

패스글자 적용

꽃잎문양 복사
크기조절 배치

이미지 색상화

배경그라디언트
W ~ M37Y17

이미지 색상화
클리핑 마스크 적용

하단 바 C72M45Y16
하단바 띠 C82M65Y45

이미지 배경 제거하고
외부광선 효과 W
반전복사 배치

01 작업 그리드 그리기

배부 받은 디자인 원고의 완성 이미지 위에 필기구와 자를 이용하여 가로, 세로의 크기를 측정한 후 각 4등분으로 선을 그어줍니다. 16등분의 직사각형이 그려지면 가로와 세로선이 교차되는 지점을 기준으로 대각선을 그립니다.

⚑ 기적의 TIP

작업 그리드를 그리는 이유?
컴퓨터 작업 시 각 이미지나 도형의 크기, 위치, 간격을 파악하기 위해 필요한 작업입니다. 빨간색 볼펜 등의 튀는 색상의 필기구로 기준선 그리기 작업을 하는 것이 좋습니다.

02 실제 작업 크기 분석 및 계획 세우기

작품규격 160mm×240mm를 확인합니다. 작품 외곽선을 생략하고, 재단선은 3mm의 재단 여유를 두고 용도에 맞게 표시할 것을 염두에 둡니다. 작품규격에 위쪽, 아래쪽, 왼쪽, 오른쪽으로 각 3mm씩 재단여유를 주면 실제작업 크기는 166mm×246mm가 됩니다. 그리고 각 요소를 표현하기 위해 사용될 프로그램을 계획해 줍니다.

01 일러스트레이터를 실행하고, [File] 〉 [New] 메뉴를 선택하여 'Units : Millimeters, Width : 166mm, Height : 246mm, Color Mode : CMYK'로 설정한 후, [OK] 버튼을 클릭합니다.

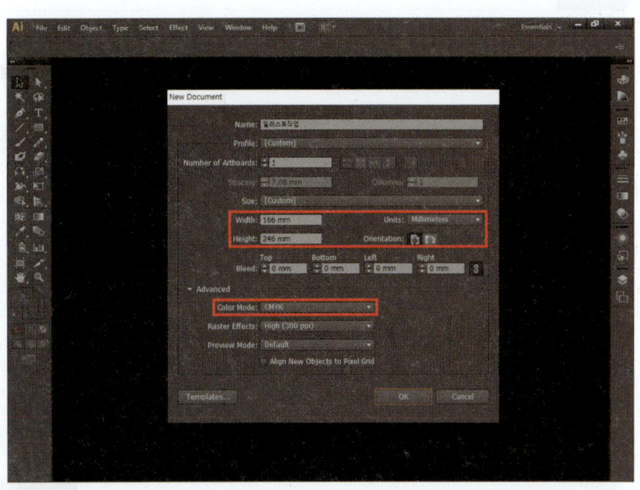

기적의 TIP

- Ctrl + N : New Document(새 문서 만들기)
- 작품규격은 160mm×240mm이므로 재단선 3mm씩을 더 하면 작업창의 크기는 166mm×246mm가 됩니다.

02 'Rectangular Gr Tool'을 선택하고, 작업창을 클릭하여 대화상자를 엽니다. 작품규격대로 Default Size 'Width : 160mm, Height : 240mm'로 설정하고, 16등분으로 나누기 위해 Horizontal Dividers, Vertical Dividers 'Number : 3'으로 입력한 후, [OK] 버튼을 클릭합니다.

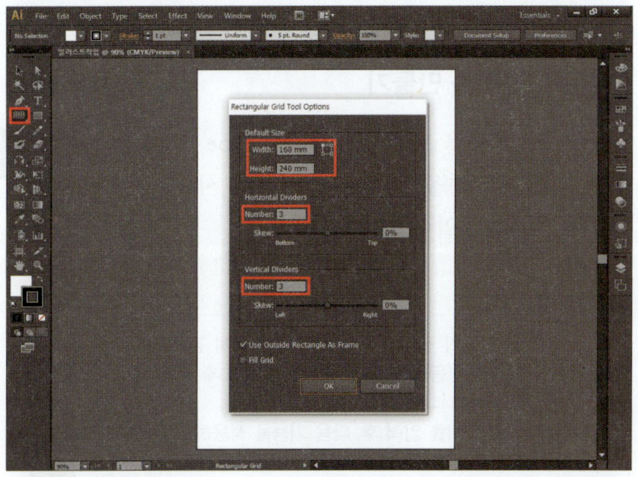

03 Align 패널에서 'Align To : Align to Artboard'를 선택하고 'Align Objects : Horizontal Align Center, Vertical Align Center'를 클릭합니다. Ctrl + 2 로 격자 도형을 잠그고, 'Line Segment Tool'로 좌상단에서 우하단 대각선 7개를 그린 후, Reflect Tool로 반대 방향 대각선을 복사합니다. Alt + Ctrl + 2 로 잠금 해제 후, Ctrl + A 로 모두 선택, Stroke를 빨간색으로 바꾼 뒤, Ctrl + G 로 그룹 지정합니다.

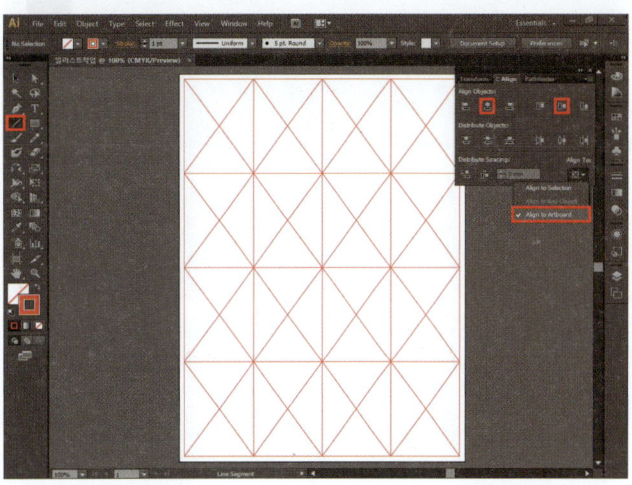

기적의 TIP

- Shift + F7 : Show Align
- 'Line Segment Tool'로 7개의 대각선을 그린 후, Ctrl + A 로 모두 선택하고, 'Reflect Tool' 〉 'Vertical' 선택 후 [Copy]하면 반대편으로 대각선이 복사됩니다.

'Selection Tool'로 그리드를 선택한 후 [Object] 〉 [Lock] 〉 [Selection]을 클릭해서 그리드가 선택되지 않도록 해둡니다.

기적의 TIP

- Lock : Ctrl + 2
- Unlock All : Alt + Ctrl + 2
- 작업 공간의 배경색 변경 : Alt + Shift + Ctrl + Y

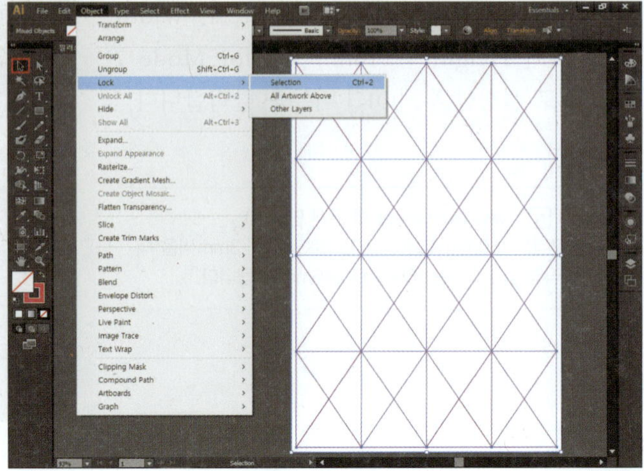

01 로고타이틀 만들기

01 로고타이틀을 만들기 위해서 'Type Tool'을 선택하고, 작업창을 클릭하여 '양재천 시민 벚꽃축제'를 두 줄로 입력합니다.

기적의 TIP

- 오브젝트를 만들기 전에 디자인 원고를 충분히 검토하여 모양과 적용 기능 등을 머릿속으로 미리 계획 후, 작업에 임하는 것이 좋습니다.
- Type Tool로 글자를 입력 후, 다음 기능을 적용하기 위해서 Selection Tool을 클릭하여 입력을 마무리합니다.

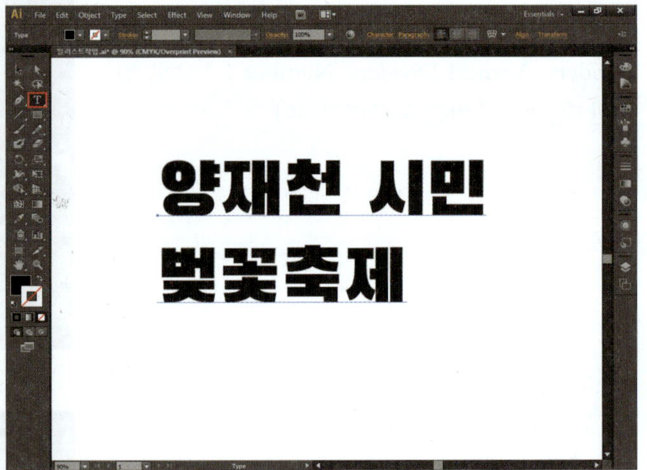

02 [Window] 〉 [Type] 〉 [Character]를 선택하여 [Character] 패널을 엽니다. 디자인 원고의 모양대로 두꺼운 폰트로 설정합니다. 'Type Tool'로 '벚꽃축제' 부분만 드래그하여 블록지정하고, 글자의 크기를 위쪽 라인과 비슷하게 설정합니다. 디자인 원고를 참고하여 자간과 행간 등을 설정합니다.

- Ctrl + T : Character 패널
- Character 패널에서는 입력한 글자의 폰트, 크기, 자간, 행간 등 문자와 관련된 세밀한 부분을 설정할 수 있습니다.

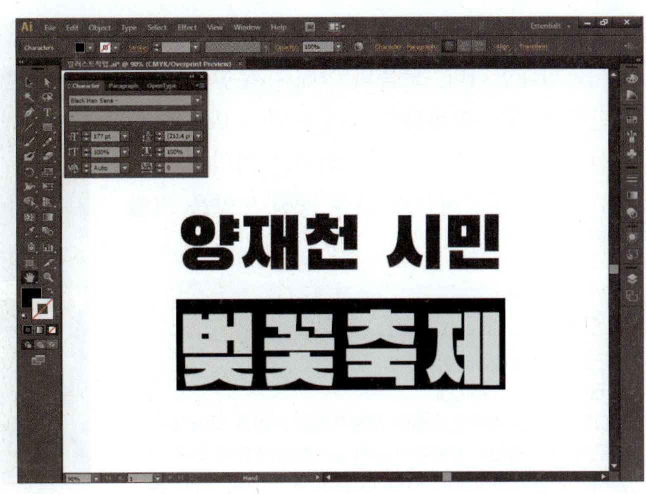

03 오브젝트를 수정하기 위해서 'Selection Tool'로 글자를 선택하고, [Type] 〉 [Create Outlines]를 선택하여 일반오브젝트로 변환합니다.

- Shift + Ctrl + O : Create Outlines
- 문자는 고유의 속성을 가지고 있기 때문에 선과 면 단위로 수정하기 위해서는 일반 오브젝트의 속성으로 변환을 해야 합니다.

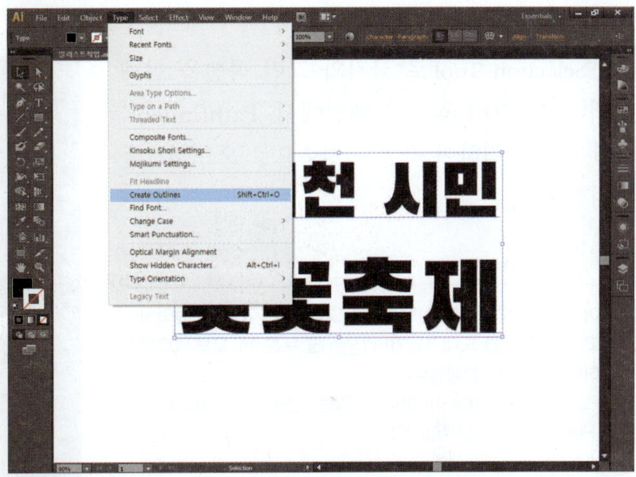

04 'Direct Selection Tool'로 한 글자씩 드래그하여 선택하고, 자간과 위치를 ←, →, ↑, ↓를 여러 번 눌러 세밀하게 조정합니다. 디자인 원고를 참고하여 각 글자 사이의 공간을 비슷하게 조정합니다.

- Direct Selection Tool은 점, 선 단위로 선택이 되기 때문에 잘못 선택하여 이동하면 엉뚱한 부분이 움직일 수 있습니다. 이때는 Ctrl + Z 를 원하는 만큼 눌러 이전 상태로 돌아간 후, 다시 선택하고, 위치를 수정합니다.
- 정확한 선택을 위해서 Ctrl + ⊞, Ctrl + ⊟를 눌러 줌인/줌아웃을 이용하는 것이 좋습니다.
- 특정한 부분만 크기를 조정하기 위해서는 Direct Selection Tool로 선택한 후, 바로 이어서 Selection Tool을 클릭하면 선택된 오브젝트에만 크기 조절점이 나타납니다.

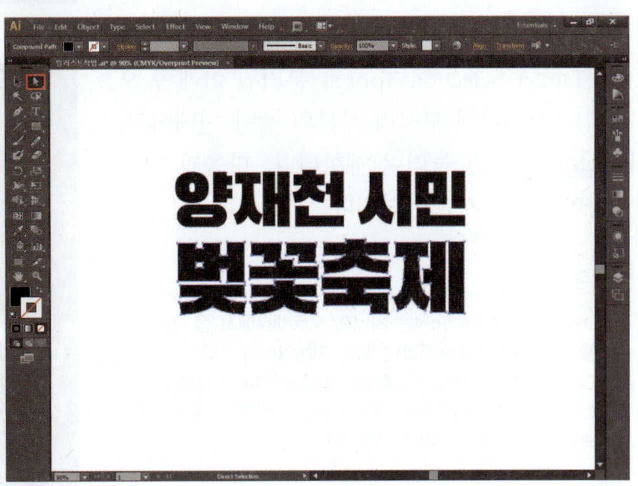

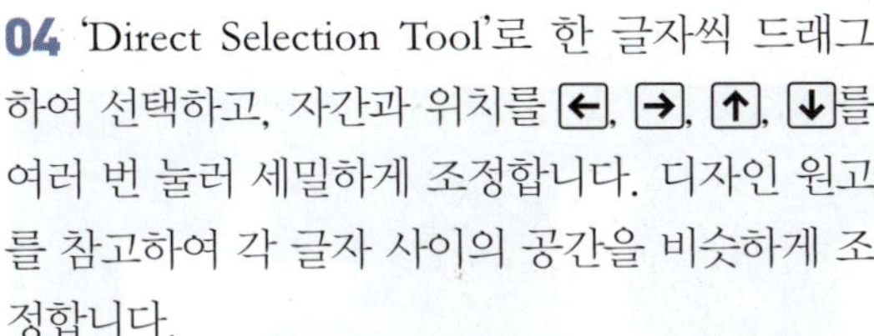

05 [Ctrl]+[+]를 여러 번 눌러 '양' 글자의 모음 부분을 확대합니다. 모음의 아래 부분을 곡선으로 만들기 위한 경계선을 그리기 위해 'Pen Tool'을 선택하고, 면색은 None, 선색은 임의의 색상으로 설정한 후, 다음과 같은 곡선 모양을 그립니다.

기적의 TIP

- [Ctrl]+[+] : Zoom In
- [Ctrl]+[-] : Zoom Out
- 그린 곡선을 기준으로 하여 오브젝트를 분리할 것이기 때문에 그린 곡선의 양끝점이 글자 오브젝트의 안쪽 면에 위치하지 않고 바깥쪽에 위치하도록 하여 곡선을 중심으로 오브젝트의 경계가 확실히 나누어지도록 그리는 것이 좋습니다.

06 'Selection Tool'로 글자와 그린 곡선을 함께 선택하고, [Pathfinder] 패널에서 'Pathfinder : Divide'를 클릭하여 곡선을 기준으로 오브젝트를 분리합니다.

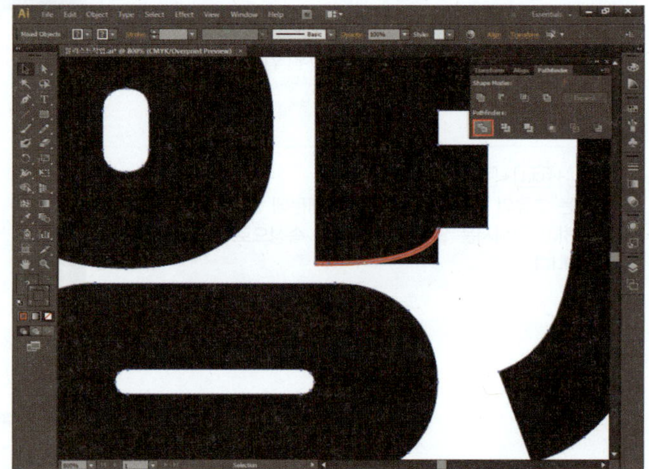

기적의 TIP

- 여러 개의 오브젝트 선택하기 : Selection Tool을 선택하고, 오브젝트를 드래그하거나 [Shift]를 누른 채, 오브젝트를 하나씩 차례로 선택합니다.
- Pathfinder 패널이 보이지 않는 경우, [Window] 〉 [Pathfinder]를 선택합니다.

07 'Direct Selection Tool'로 분리된 아래쪽 오브젝트의 대각선 모서리 부분의 점만 선택하고, [Delete]를 두 번 눌러 삭제합니다. 다음과 같은 모양만 남았는지 확인합니다.

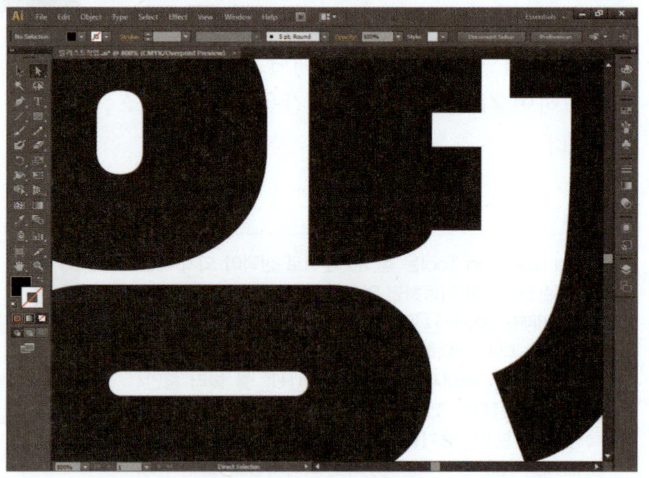

기적의 TIP

- Direct Selection Tool은 하나의 오브젝트에서 점, 선 등을 따로 선택하여 수정할 수 있는 기능입니다.
- Direct Selection Tool로 점이나 선을 선택하고, [Delete]를 한 번 누르면 직접적으로 연결된 선만 지워지고, 두 번 누르면 연결된 모든 선이 삭제됩니다.

08 위와 같은 방법을 이용하여 모든 글자에서 각진 모서리 부분을 부드러운 곡선으로 만들기 위해 'Pen Tool'로 모든 글자의 각진 부분의 크기에 맞춰 경계선을 다음과 같이 그립니다.

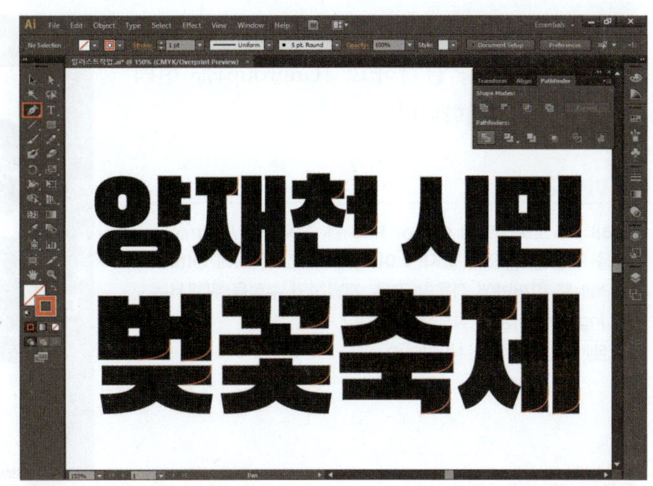

09 'Selection Tool'로 글자와 경계선을 모두 선택하고, [Pathfinder] 패널에서 'Pathfinder: Divide'를 클릭하여 글자 오브젝트를 분리합니다. 'Direct Selection Tool'로 분리된 아래쪽 모서리 부분의 점만 선택하고, Delete 를 두 번 눌러 삭제합니다.

10 'Selection Tool'을 선택하고, 빈 공간을 클릭하여 모든 선택을 해제한 후, 다시 모든 글자 오브젝트를 선택합니다. 글자의 외곽선을 만들기 위해서 [Object] 〉 [Path] 〉 [Offset Path]를 선택하고, [Offset Path] 대화상자가 열리면 'Preview'에 체크하고, 'Offset'에 적당한 수치를 입력한 후, [OK] 버튼을 클릭하여 다음과 같은 두께로 외곽선이 만들어지는지 확인합니다.

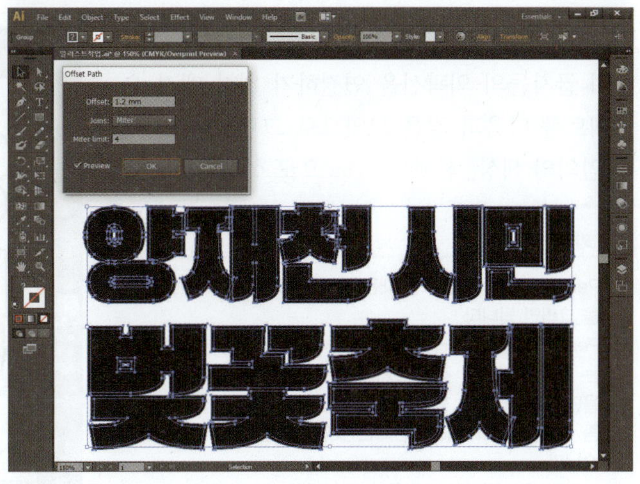

11 모든 글자 오브젝트가 선택된 상태에서 마우스 오른쪽 버튼을 클릭하고, [Ungroup]을 선택하여 그룹을 해제합니다.

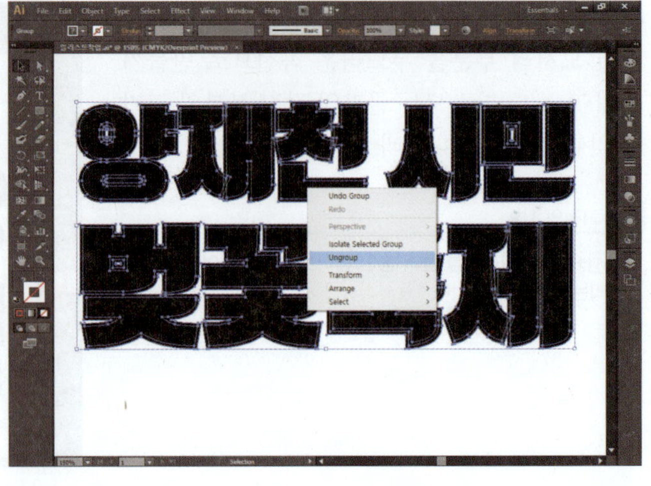

12 'Selection Tool'로 글자의 안쪽 오브젝트만 선택하여 면색은 C0M0Y0K0, 선색은 None으로 설정합니다. 글자의 안쪽 오브젝트만 모두 선택한 후, [Object] > [Lock] > [Selection]을 선택하여 오브젝트를 잠급니다.

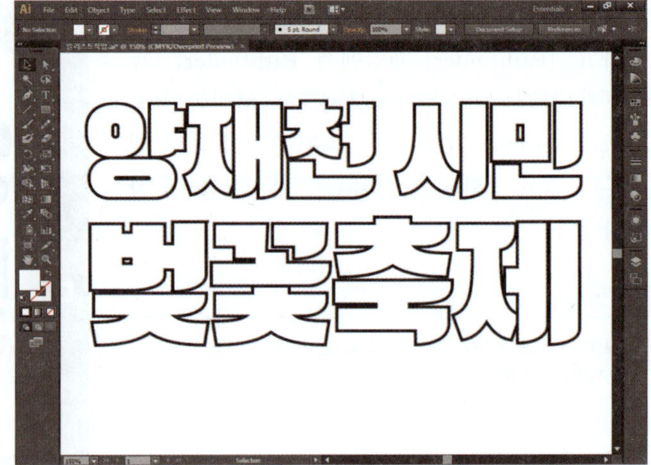

13 'Pen Tool'을 선택하고, 디자인 원고를 참고하여 글자들의 외곽선을 연결하기 위한 배경 오브젝트를 다음과 같은 모양으로 그립니다. 면색은 임의의 색상, 선색은 None으로 설정합니다.

14 'Selection Tool'로 모든 오브젝트를 드래그
하여 선택하고, [Pathfinder] 패널에서 'Shape
Modes : Unite'를 클릭하여 선택된 오브젝
트를 하나로 합칩니다. 오브젝트의 면색은
C0M93Y44K0, 선색은 None으로 설정합니다.

글자의 안쪽 오브젝트는 잠가놨기 때문에 선택이 되지 않습
니다.

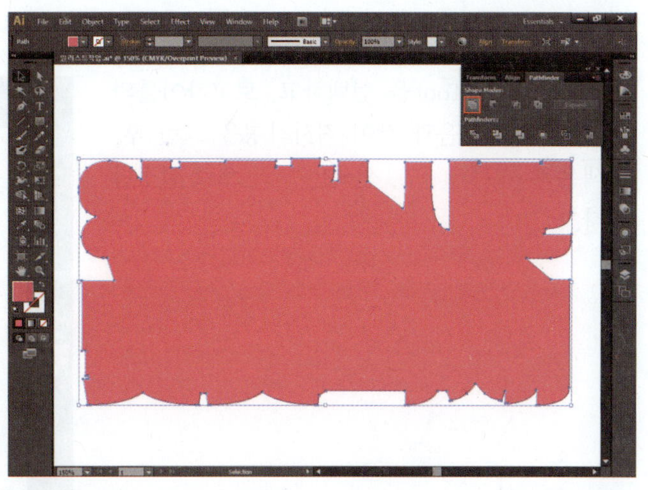

15 오브젝트가 선택된 상태에서 마우스 오른쪽
버튼을 눌러 [Arrange] 〉 [Send to Back]을 선택
합니다. 흰색 글자의 뒤쪽으로 배경이 위치함을
확인합니다. [Object] 〉 [Unlock All]을 선택하여
잠가둔 글자 오브젝트를 잠금 해제하고, 'Selec-
tion Tool'로 그려진 로고타이틀 오브젝트를 모두
선택한 후, [Object] 〉 [Group]을 선택하여 그룹
으로 만듭니다.

- Shift + Ctrl + [: Send to Back
- Alt + Ctrl + 2 : Unlock All
- Ctrl + G : Group
- 여러 개의 오브젝트를 그룹으로 만들면 나중에 포토샵으
  로 옮길 때 매우 편리합니다.

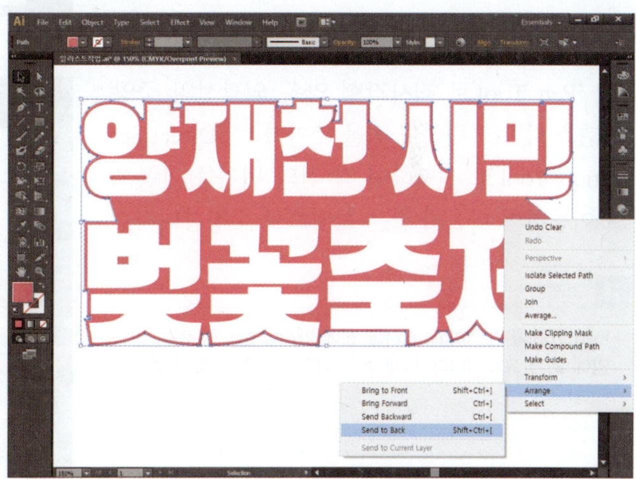

01 'Rectangle Tool'을 선택하고, 로고타이틀의 위쪽 부분에 다음과 같이 직사각형을 그린 후, 면색은 C0M93Y44K0, 선색은 None으로 설정합니다.

02 'Pen Tool'로 직사각형 양쪽 외곽선의 중앙 부분을 각각 클릭하여 점을 추가하고, 'Direct Selection Tool'로 선택하여 각 점의 위치를 안쪽으로 이동하여 다음과 같은 모양으로 수정합니다.

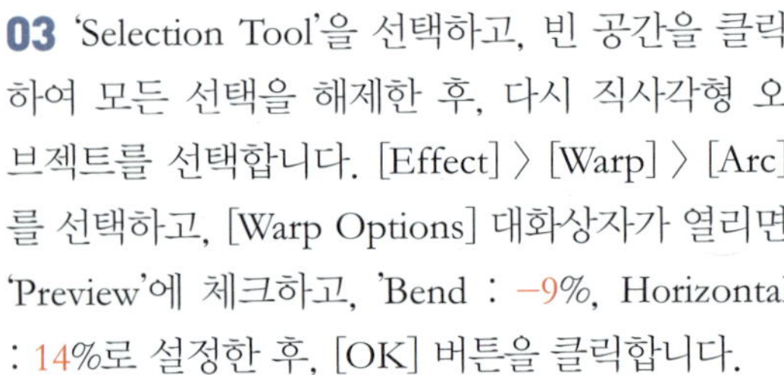

기적의 TIP

Pen Tool을 선택하고, 커서를 선에 가져다 놓으면 커서 모양에 +가 표시됩니다. 이때 선을 클릭하면 점을 추가할 수 있습니다.

03 'Selection Tool'을 선택하고, 빈 공간을 클릭하여 모든 선택을 해제한 후, 다시 직사각형 오브젝트를 선택합니다. [Effect] 〉 [Warp] 〉 [Arc]를 선택하고, [Warp Options] 대화상자가 열리면 'Preview'에 체크하고, 'Bend : −9%, Horizontal : 14%로 설정한 후, [OK] 버튼을 클릭합니다.

기적의 TIP

• Warp Effect는 오브젝트를 다양한 모양으로 변형시키는 기능입니다. 특정한 오브젝트의 형태는 Pen Tool로 그리는 것보다 변형하는 것이 빠를 수 있으므로 반드시 Warp 기능을 익혀 두는 것이 좋습니다.

• 입력한 수치는 중요하지 않습니다. 눈으로 직접 확인하면서 디자인 원고와 비슷한 형태가 나오도록 하는 것이 중요합니다.

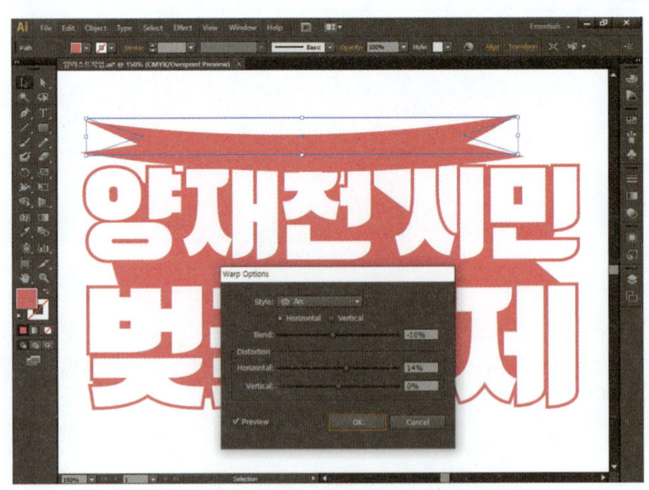

04 'Rotate Tool'로 Alt 를 누른 채, 직사각형 오 브젝트의 왼쪽 가장자리 부분을 클릭하여 [Rotate] 대화상자가 열리면 'Angle : 10°' 정도로 설 정한 후, [OK] 버튼을 클릭하여 회전합니다.

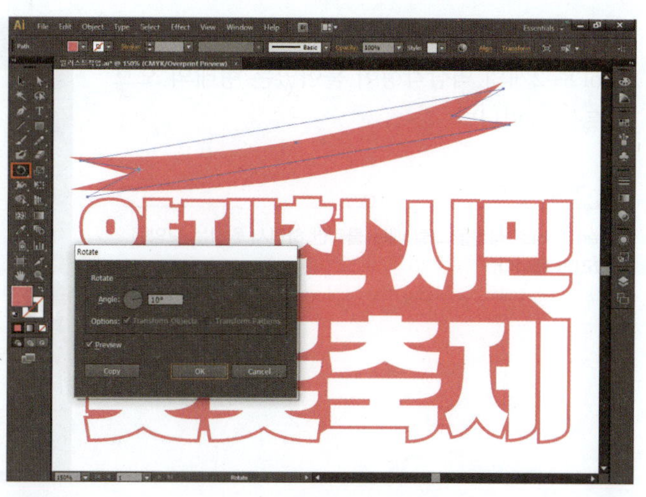

기적의 TIP

Rotate Tool은 Alt 를 누른 점 중심으로 회전 기능이 적용됩니다.

05 'Selection Tool'을 선택하고, ↓, ↑, →, ← 를 눌러 위치를 세밀하게 조정합니다. 완성된 리 본 배너와 로고타이틀을 디자인 원고와 비교하 여 확인하고, [File] 〉 [Save] 메뉴를 선택하여 저 장합니다.

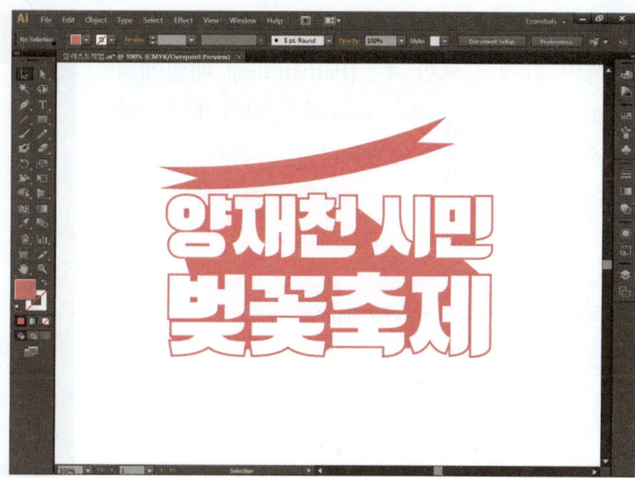

기적의 TIP

항상 작업 시작과 도중에는 Ctrl + S 를 눌러 수시로 저장하 는 습관을 기르도록 합니다.

03 벚꽃문양 만들기

01 벚꽃문양을 만들기 위해서 먼저 기본 꽃잎 모양 하나를 그려 보겠습니다. 'Ellipse Tool'을 선택하고, 작업창의 빈 공간을 드래그하여 상하 가 긴 타원을 그립니다. 면색은 임의의 색상, 면 색은 None으로 설정합니다.

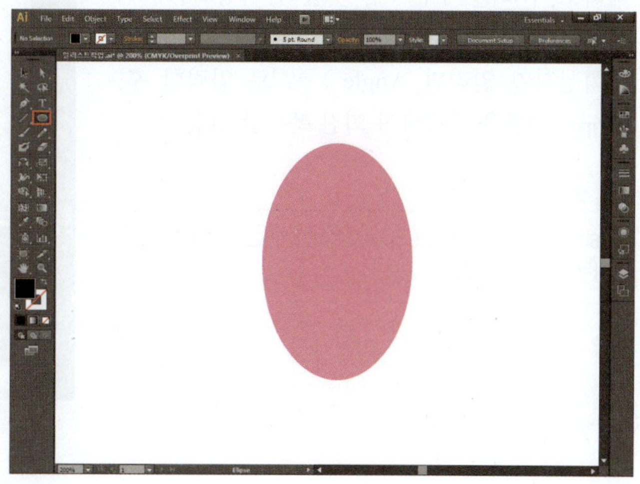

기적의 TIP

오브젝트를 만들기 전에 디자인 원고를 충분히 검토하여 전 체적인 모양과 적용 기능 등을 머릿속으로 미리 계획 후, 작 업에 임하는 것이 좋습니다.

02 꽃잎 끝부분 모양을 만들기 위해서 'Pen Tool'로 2개의 역삼각형이 붙어있는 형태의 오브젝트를 그립니다.

Pen Tool로 직선을 그릴 때는 클릭만 하면서 원하는 모양을 그리면 됩니다.

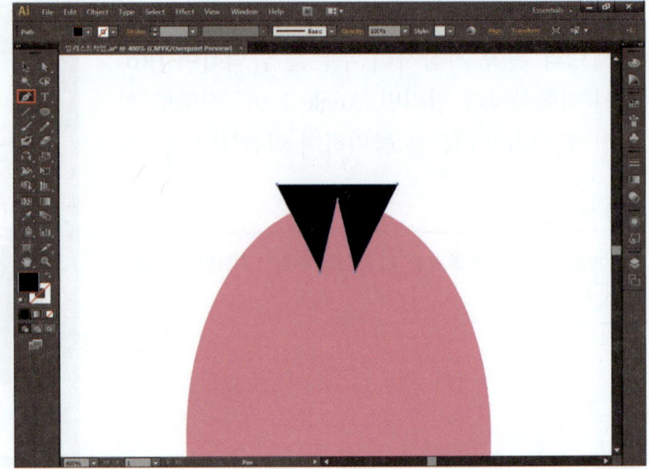

03 'Selection Tool'로 2개의 오브젝트를 드래 그하여 함께 선택한 후, [Pathfinder] 패널에서 'Shape Modes : Minus Front'를 클릭하여 타원에 서 역삼각형 영역을 삭제합니다. 다음과 같이 꽃 잎의 끝부분 모양이 만들어졌음을 확인합니다.

Shift + Ctrl + F9 : Pathfinder 패널 열기/닫기

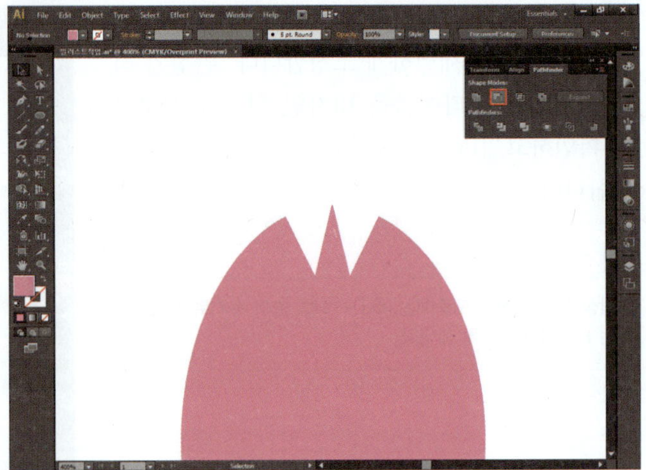

04 꽃잎이 선택된 상태에서 'Rotate Tool'을 선 택하고, Alt 를 누른 채, 꽃잎의 가장 아래 지 점에서 살짝 위쪽 부분을 클릭합니다. [Rotate] 대화상자가 열리면 'Angle : 72°'로 입력한 후, [Copy] 버튼을 클릭하여 회전 복사합니다.

360° 구간에 꽃잎이 총 5개 복사되어야 하므로 360°를 5로 나누면 72°가 됩니다.

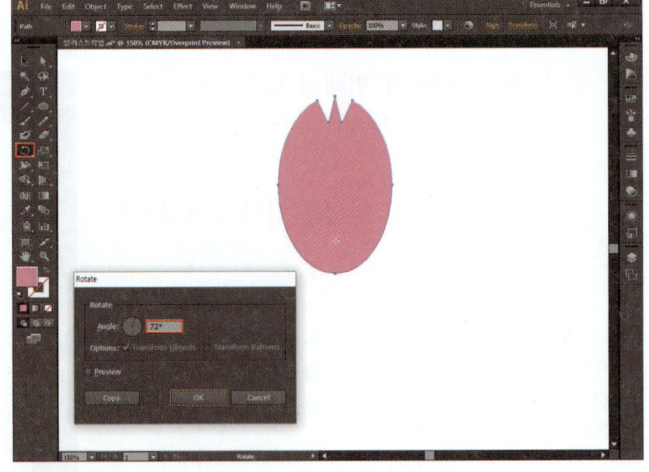

05 바로 이어서 Ctrl+D를 세 번 연속으로 눌러 꽃잎을 3개 더 복사한 후, 벚꽃문양을 디자인 원고와 비교하여 확인합니다.

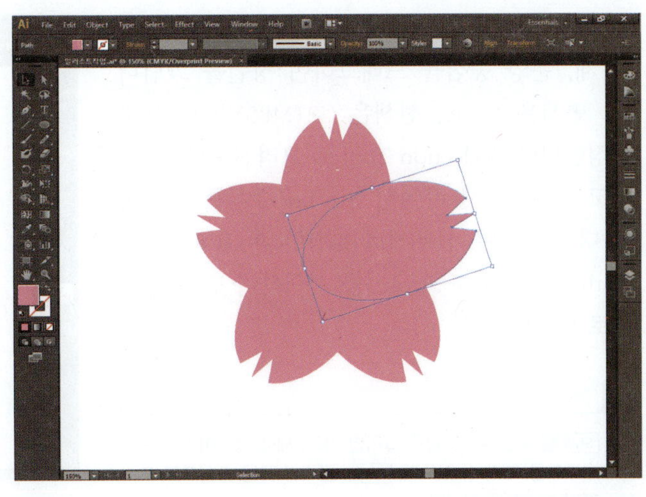

06 'Selection Tool'로 모든 꽃잎을 드래그하여 함께 선택하고, [Pathfinder] 패널에서 'Shape Modes : Unite'를 클릭하여 선택된 오브젝트를 하나로 합칩니다. 오브젝트의 면색은 C0M72Y12K0, 선색은 None으로 설정합니다.

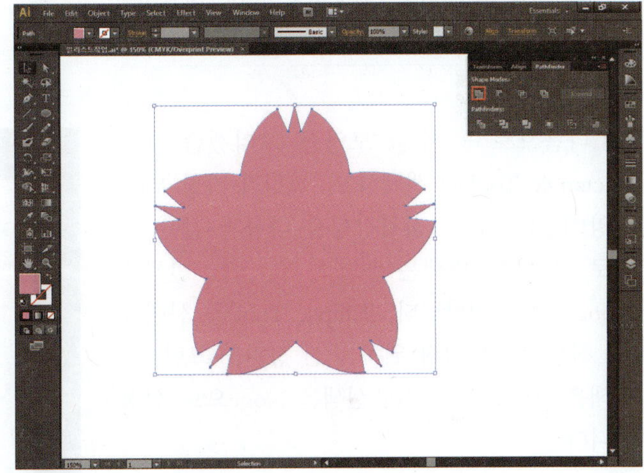

07 'Ellipse Tool'을 선택하고, Alt + Shift 를 누른 채, 문양 중심을 드래그하여 정원을 그립니다. 면색은 None, 선색은 C21M85Y27K0으로 설정합니다. 'Selection Tool'로 그려진 원을 선택하고, 상단 옵션 바에서 'Stroke' 수치를 조절하여 다음과 같은 선두께로 설정한 후, [Object] 〉 [Path] 〉 [Outline Stroke]를 선택하여 면 오브젝트로 변환합니다.

기적의 TIP

- Shift 를 누른 채, 도형을 그리면 가로, 세로 정사이즈의 오브젝트를 그릴 수 있으며, Alt 는 클릭한 곳을 중심으로 도형이 그려지게 됩니다.
- 면이 없는 선 오브젝트에 [Outline Stroke] 기능을 적용하면 면 오브젝트로 변환됩니다.
- 선을 면으로 바꾸는 이유는 확대, 축소 기능이 적용될 경우, 선 두께를 일정한 두께로 고정하기 위해서입니다.

08 다음으로 꽃 수술 모양을 그리겠습니다. 'Rectangle Tool'을 선택하고, 정원의 가장 위쪽 중앙에 가로가 긴 직사각형을 다음과 같은 크기로 그린 후, 면색은 C21M85Y27K0, 선색은 None으로 설정합니다. 'Ellipse Tool'을 선택하고, 직사각형의 가장 위쪽 중심 정원을 그린 후, 면색은 C21M85Y27K0, 선색은 None으로 설정합니다.

기적의 TIP

- Ellipse Tool을 선택하고, Alt + Shift 를 누른 채, 드래그하여 정원을 그릴 수 있습니다.
- 그려진 오브젝트의 위치는 방향키를 이용하여 빠르고 세밀하게 조정할 수 있습니다.

09 'Selection Tool'로 가로가 긴 직사각형과 작은 정원을 함께 선택하고, [Pathfinder] 패널에서 'Shape Modes : Unite'를 클릭하여 하나로 합칩니다. 다음과 같이 꽃 수술 모양의 오브젝트가 하나 만들어졌습니다.

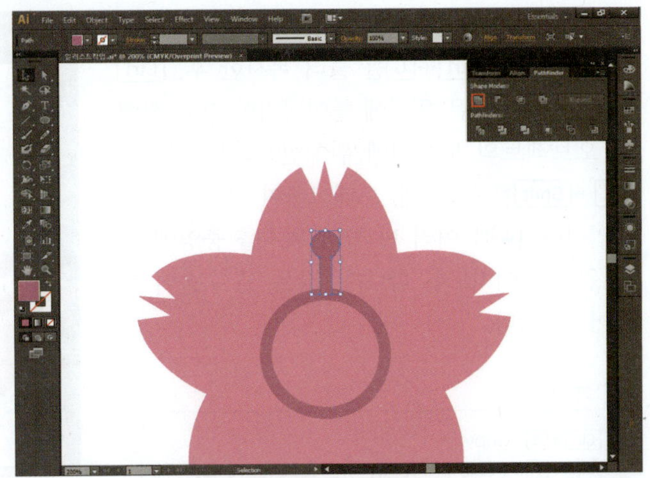

10 꽃 수술이 선택된 상태에서 'Rotate Tool'로 [Alt]를 누른 채, 벚꽃문양 중심 원의 중앙 점을 정확히 클릭합니다. [Rotate] 대화상자가 열리면 'Angle : 72°'로 입력한 후, [Copy] 버튼을 클릭하여 회전 복사합니다.

> **기적의 TIP**
>
> 중앙 점을 클릭하기 위해서 커서를 점 가까이 가져갔을 때 Smart Guide가 작동하여 쉽게 클릭할 수 있습니다. 이 기능이 작동하지 않을 경우. [View] > [Smart Guide]가 체크되어 있는지 확인합니다.

11 바로 이어서 [Ctrl]+[D]를 세 번 연속으로 눌러 꽃 수술을 3개 더 복사합니다.

12 가장 위쪽에 있는 꽃 수술을 'Selection Tool'
로 선택하고, Ctrl + C 를 눌러 복사한 후, Ctrl
+ F 를 눌러 같은 위치에 붙여넣기합니다. 선택
된 오브젝트의 모서리에 위치한 크기조절점을
Alt + Shift 를 누른 채, 드래그하여 크기를 작게
줄입니다. ↓ 를 여러 번 눌러 위치를 중앙에 있
는 원과 이어지도록 합니다. 작은 꽃 수술이 만
들어졌습니다.

기적의 TIP

- Ctrl + C : Copy
- Ctrl + F : Paste in Front(선택된 오브젝트의 같은 위치
  에 복사됩니다.)
- 크기 조절점 : Selection Tool로 오브젝트를 선택하면 외
  곽에 선택상자가 보입니다. 이때 상자의 안쪽을 드래그하
  면 오브젝트의 위치를 이동할 수 있고, 모서리를 드래그하
  면 확대, 축소가 가능하며, 선택상자의 외곽을 드래그하면
  회전 기능이 적용됩니다.

13 작은 꽃 수술이 선택된 상태에서 'Rotate
Tool'로 Alt 를 누른 채, 벗꽃문양 중심 원의 중
앙 점을 클릭하여 [Rotate] 대화상자가 열리면
'Angle : 24°'로 입력한 후, [OK] 버튼을 클릭하
여 회전합니다.

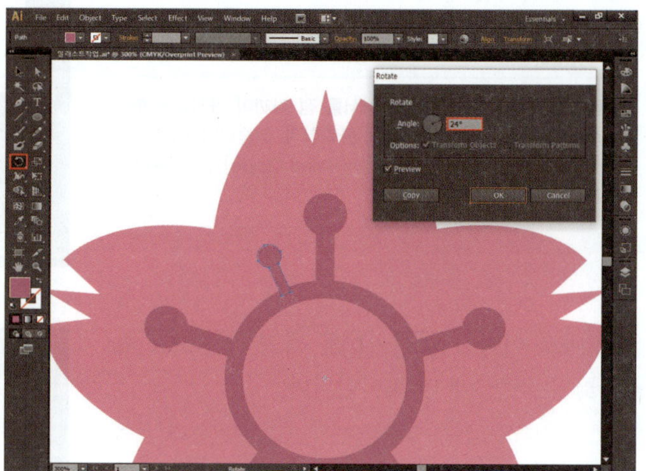

기적의 TIP

작은 꽃 수술이 72° 사이에 3등분하여 들어가기 때문에 72°
를 3으로 나누면 24°가 됩니다.

14 이어서 'Rotate Tool'로 Alt 를 누른 채, 벚꽃문양 중심 원의 중앙 점을 클릭하여 [Rotate] 대화상자가 열리면 'Angle : 24°'로 입력한 후, [Copy] 버튼을 클릭하여 회전 복사합니다.

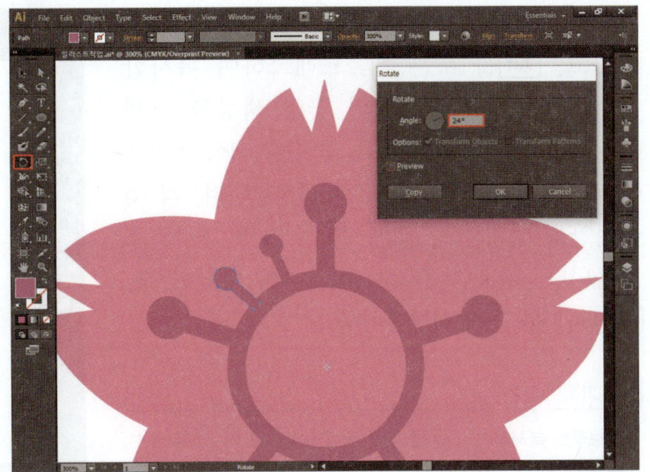

15 'Selection Tool'로 복사된 2개의 작은 꽃 수술을 함께 선택하고, 'Rotate Tool'로 Alt 를 누른 채, 벚꽃문양 중심 원의 중앙 점을 클릭하여 [Rotate] 대화상자가 열리면 'Angle : 72°'로 입력한 후, [Copy] 버튼을 클릭하여 회전 복사합니다.

16 Ctrl + D 를 세 번 연속으로 눌러 3개 더 복사합니다. 벚꽃문양이 완성되었습니다.

17 'Selection Tool'로 벚꽃문양을 모두 선택하고, Alt 를 누른 채, 드래그하여 복사합니다. 복사된 벚꽃문양의 꽃잎 색상을 면색 C7M54Y15K0, 선색 None, 꽃 수술 색상은 면색 C0M0Y0K0, 선색 None으로 설정합니다. 각 벚꽃문양을 선택하고, Ctrl + G 를 눌러 그룹으로 만듭니다. 디자인 원고와 비교하여 확인한 후, Ctrl + S 를 눌러 저장합니다.

> **기적의 TIP**
>
> 오브젝트 복사하기 : Alt 를 누른 채 오브젝트를 마우스로 드래그하거나 오브젝트를 선택하고, Ctrl + C , Ctrl + V 를 누릅니다.

04 SNS 아이콘 만들기

01 다음으로 SNS 아이콘 3개를 차례로 만들어 보겠습니다. 먼저 아이콘의 배경 오브젝트를 만들기 위해서 'Rounded Rectangle Tool'을 선택하고, 작업창의 빈 곳을 Shift 를 누른 채, 드래그하여 정사이즈의 둥근 모서리 사각형을 만듭니다. 면색을 임의의 색상, 선색은 None으로 설정합니다.

> **기적의 TIP**
>
> Rounded Rectangle Tool을 이용하여 둥근 모서리 사각형을 그리는 도중(마우스 버튼을 누른 상태) ↑ , ↓ 를 여러 번 눌러서 사각형의 모서리의 둥근 정도를 조절한 후, Shift 를 눌러 정사이즈의 오브젝트를 그립니다.

02 'Selection Tool'로 둥근 모서리 사각형을 선택하고, Alt 를 누른 채, 드래그하여 복사합니다. Ctrl + D 를 눌러 하나 더 복사하여 총 3개의 아이콘 배경을 수평으로 나란히 배치합니다.

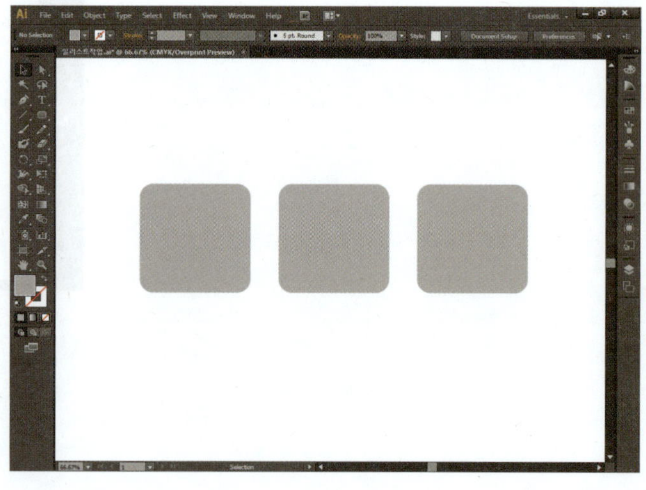

> **기적의 TIP**
>
> Alt 를 누른 채, 복사할 때, Shift 를 추가로 눌러 드래그하면 정확히 수평방향으로 오브젝트를 복사할 수 있습니다.

03 'Type Tool'을 선택하고, 작업창을 클릭하여 'f'를 입력한 후, 디자인 원고를 참고하여 글꼴, 크기 등을 설정합니다. 'Selection Tool'로 글자를 첫 번째 아이콘 배경의 다음과 같은 위치에 배치한 후, [Type] > [Create Outlines]를 선택하여 일반오브젝트로 변환합니다.

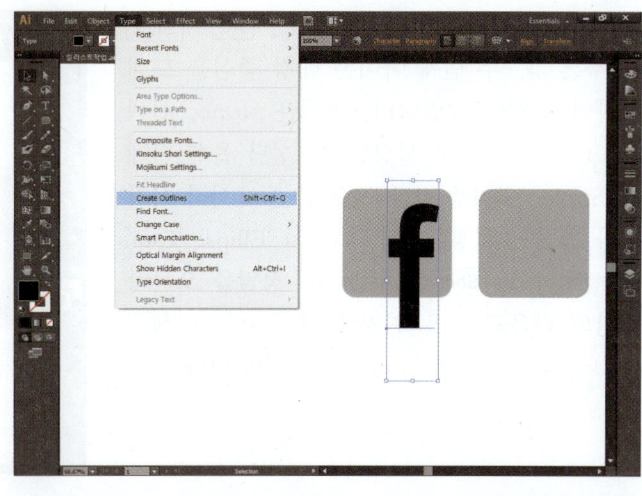

> **기적의 TIP**
>
> - Character 패널을 열어 입력한 글자의 폰트, 크기, 자간, 행간 등 문자와 관련된 세밀한 부분을 설정할 수 있습니다.
> - `Ctrl` + `T` : Character 패널
> - `Shift` + `Ctrl` + `O` : Create Outlines

04 'Selection Tool'로 글자와 첫 번째 아이콘 배경을 드래그하여 함께 선택한 후, Pathfinder 패널에서 'Shape Modes : Minus Front'를 클릭하여 배경 영역에서 글자 영역을 삭제합니다. 첫 번째 SNS 아이콘이 만들어졌습니다.

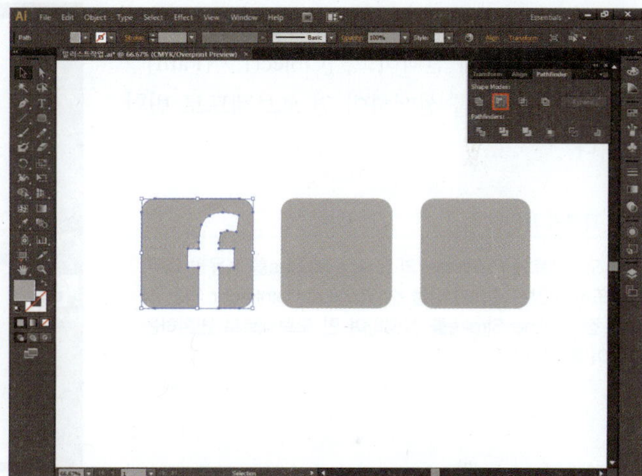

05 두 번째 SNS 아이콘을 만들기 위해서 'Rounded Rectangle Tool'로 두 번째 아이콘 배경 중앙에 둥근 모서리 사각형을 그립니다. 면색은 None, 선색은 C0M0Y0K0으로 설정한 후, 상단 옵션 바에서 'Stroke' 수치를 올려 다음과 같은 선 두께가 나오도록 합니다.

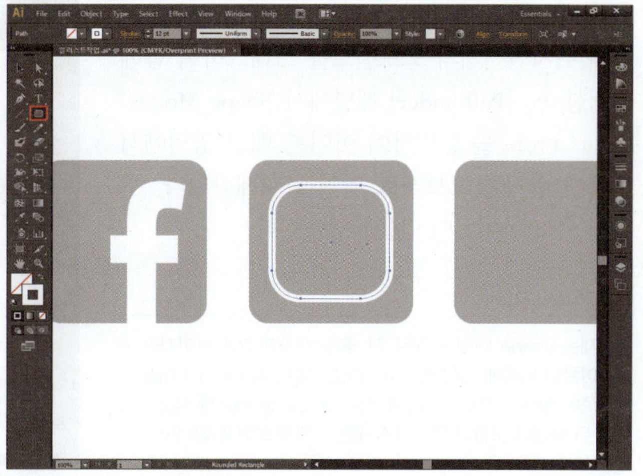

> **기적의 TIP**
>
> - 둥근 모서리 사각형의 중심을 클릭하고, `Alt` + `Shift` 를 누른 채, 그리면 정중앙에 오브젝트를 그릴 수 있습니다.
> - C0M0Y0K0 = W 흰색을 의미하는 코드입니다.

06 'Ellipse Tool'을 선택하고, Alt + Shift 를 누른 채, 두 번째 아이콘 배경 중심을 드래그하여 정원을 그립니다. 면색은 None, 선색은 C0M0Y0K0으로 설정한 후, 상단 옵션 바에서 'Stroke' 수치를 방금 그린 둥근 모서리 사각형과 똑같이 설정합니다. 이어서 'Ellipse Tool'을 선택하고, Shift 를 누른 채, 정원을 오른쪽 상단의 다음과 같은 위치에 그립니다. 면색은 C0M0Y0K0, 선색은 None으로 설정합니다.

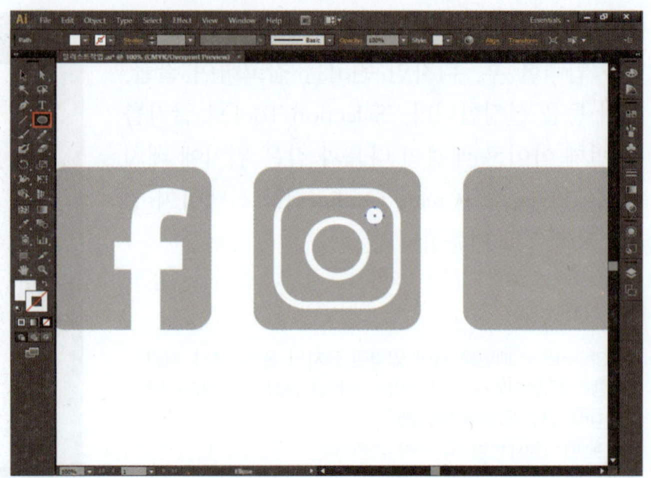

07 두 번째 아이콘 배경 오브젝트 안에 위치한 선 2개를 함께 선택하고, [Object] > [Path] > [Outline Stroke]를 선택하여 면 오브젝트로 변환합니다.

> ▶ **기적**의 TIP
>
> 선 오브젝트에 Pathfinder의 Shape Modes를 적용할 경우, 의도하지 않은 결과가 나올 수 있으므로 Pathfinder 기능 적용 전 Outline Stroke를 실행하여 면 오브젝트로 변환하는 것이 좋습니다.

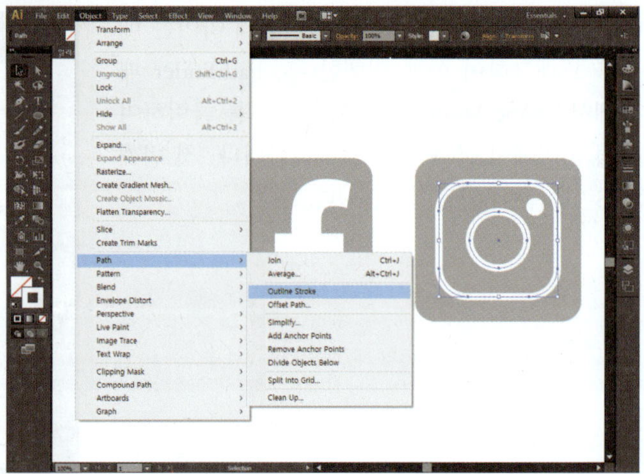

08 'Selection Tool'로 두 번째 아이콘 배경과 안쪽에 위치한 3개의 오브젝트를 드래그하여 함께 선택한 후, [Pathfinder] 패널에서 'Shape Modes: Minus Front'를 클릭하여 아이콘 배경 영역에서 안쪽에 위치한 오브젝트 영역을 삭제합니다. 두 번째 SNS 아이콘이 만들어졌습니다.

> ▶ **기적**의 TIP
>
> 현재는 Shape Modes 적용 전, 후의 결과가 같게 보이지만, 아이콘의 뒤쪽에 색상 배경이 들어올 경우, 적용하기 전에는 안쪽이 흰색 선으로 보이게 되지만 Shape Modes를 적용하면 뒤 배경의 모양과 색상이 삭제한 영역에 보이게 됩니다.

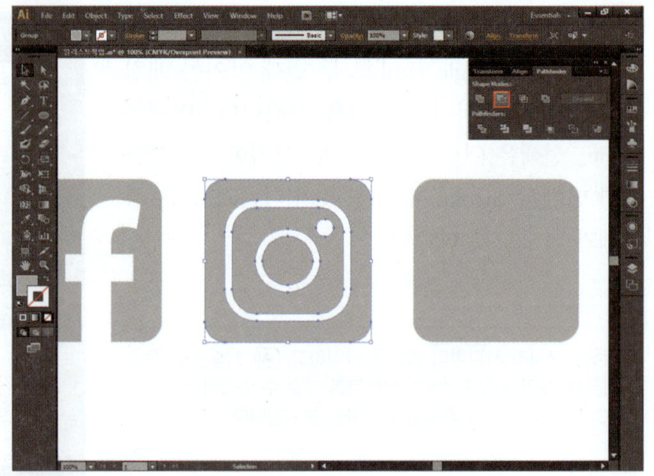

09 'Rounded Rectangle Tool'로 세 번째 아이콘 배경에 가로가 긴 둥근 모서리 직사각형을 그립니다. 면색은 C0M0Y0K0, 선색은 None으로 설정한 후, 다음과 같이 상단 위치에 배치합니다.

기적의 TIP

처음부터 정확한 위치에 그리는 것보다 그리고 난 후 Selection Tool로 정확한 위치에 배치하거나 방향키를 이용하여 세밀하게 조정하는 것이 좋습니다.

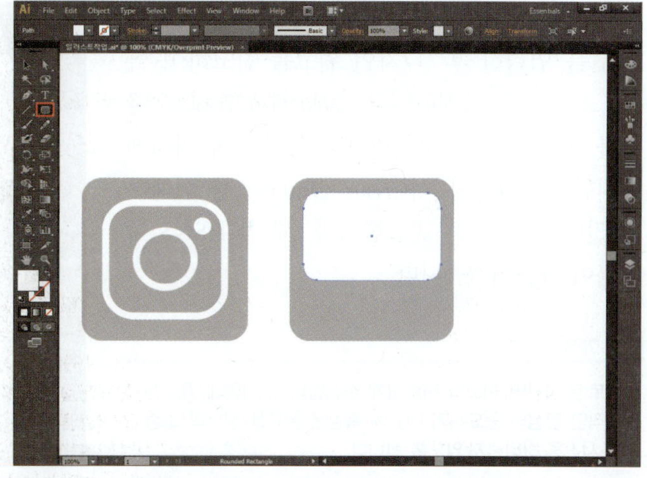

10 'Pen Tool'을 선택하고, 다음과 같은 위치에 역삼각형 모양의 오브젝트를 그린 후, 면색은 C0M0Y0K0, 선색은 None으로 설정합니다.

기적의 TIP

• Pen Tool로 직선을 그릴 때는 클릭만 하면서 원하는 모양을 그리면 됩니다.
• 대부분 직선으로 이루어진 오브젝트의 경우, 여러 개의 기본 오브젝트를 조합하여 그리는 것보다 Pen Tool을 이용하여 한 번에 그리는 것이 시험시간 절약에 도움이 됩니다.

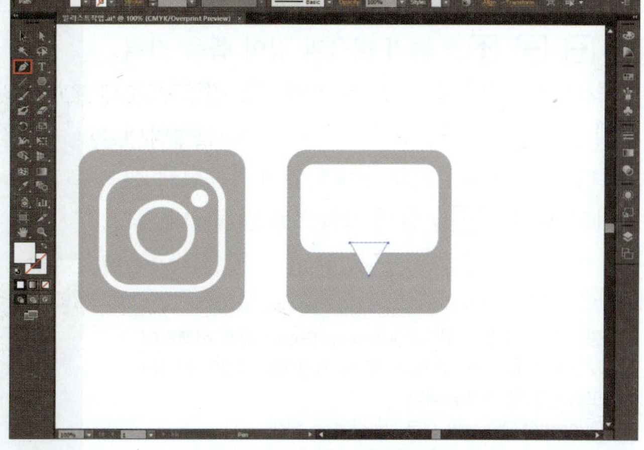

11 'Selection Tool'로 세 번째 아이콘 배경과 안쪽에 위치한 2개 오브젝트를 드래그하여 함께 선택한 후, [Pathfinder] 패널에서 'Shape Modes: Minus Front'를 클릭하여 아이콘 배경 영역에서 안쪽에 위치한 오브젝트 영역을 삭제합니다.

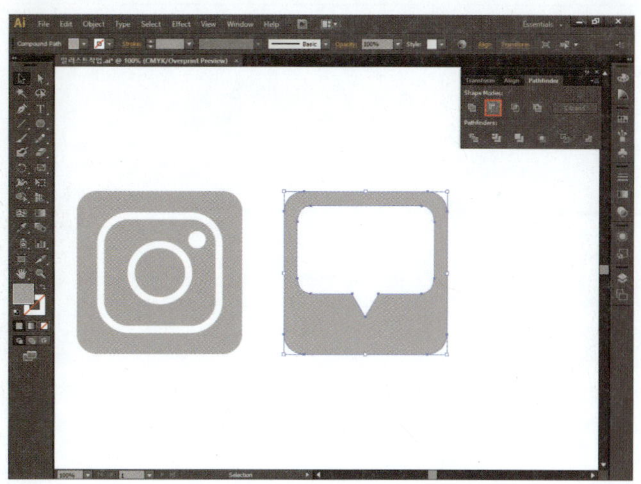

12 'Type Tool'을 선택하고, 작업창을 클릭하여 'blog'를 입력한 후, 디자인 원고를 참고하여 글 꼴, 크기 등을 설정합니다. 'Selection Tool'로 글 자를 세 번째 둥근 모서리 사각형의 안쪽 위치에 배치한 후, [Type] 〉 [Create Outlines]를 선택하 여 일반오브젝트로 변환합니다. 세 번째 SNS 아 이콘이 만들어졌습니다.

기적의 TIP

폰트는 디자인 원고와 비슷하게 설정합니다. 시험에서는 전 체적인 완성이 중요하기 때문에 똑같은 폰트를 찾느라 소중 한 시간을 허비하지 않도록 합니다.

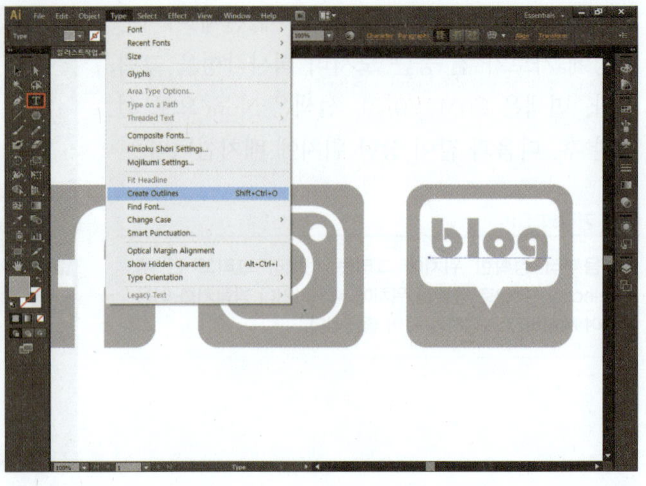

13 'Selection Tool'로 각 아이콘을 선택하고, ↓, ←, →, ↑를 눌러 다음과 같이 좁은 간격 으로 배치합니다. 모든 SNS 아이콘을 선택하고, 면색을 C0M0Y0K0, 선색은 None으로 설정합니 다. 디자인 원고와 비교하여 확인한 후, 전체 선 택하고, Ctrl+G를 눌러 그룹으로 만듭니다.

기적의 TIP

• 필요에 따라 [View] 〉 [Overprint Preview]를 선택하여 체크하거나 해제하여 도큐먼트의 배경색을 작업에 편리하 도록 설정할 수 있습니다.
• Overprint Preview 체크 : 배경색 → 흰색
• Overprint Preview 체크해제 : 배경색 → 회색

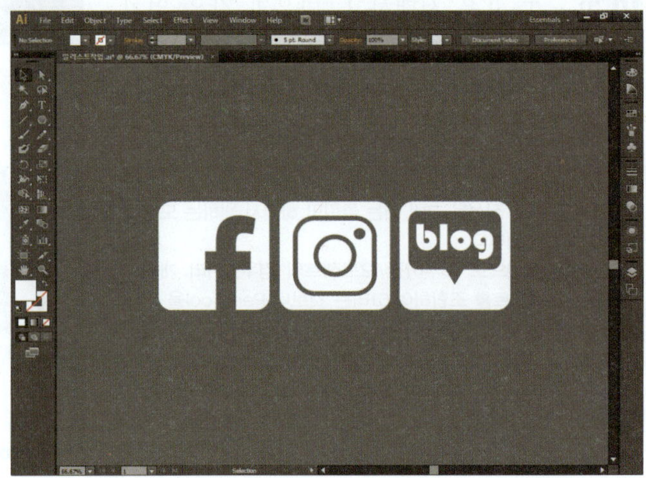

01 나뭇잎을 그리기 위해서 'Pen Tool'을 선택하고, 면색을 None, 선색은 임의로 설정합니다. 작업창의 빈 공간을 클릭하여 점을 하나 만든 후, 다음 점을 클릭하고, 드래그하여 다음과 같이 곡선을 그려나갑니다.

> **기적의 TIP**
>
> • Pen Tool로 부드러운 곡선을 그릴 때는 드래그하면서 선을 그립니다. 반대로 직선을 그릴 때는 클릭만 하면 됩니다.
> • 중간에 꺾어지는 뾰족한 점을 만들기 위해서는 Pen Tool로 꺾어질 점을 두 번 클릭하여 생성하고, 다음 점을 계속해서 드래그하여 곡선을 그립니다.

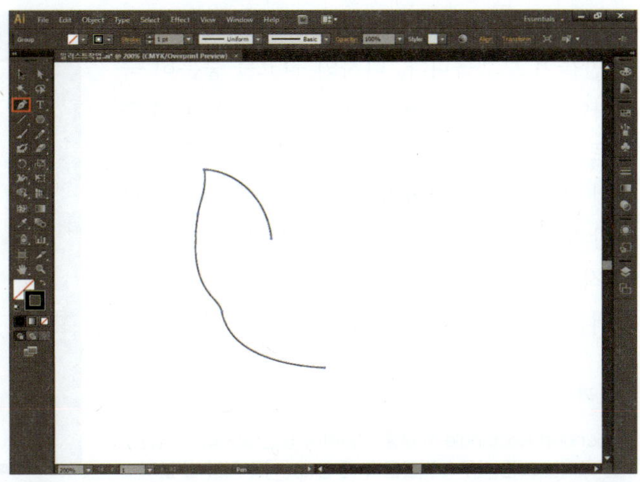

02 계속해서 'Pen Tool'로 나뭇잎의 나머지 모양을 그려서 디자인 원고와 비슷한 형태가 나오도록 합니다.

> **기적의 TIP**
>
> • Pen Tool을 이용하여 오브젝트를 그릴 때 처음부터 원하는 모양을 똑같이 그리는 것보다 처음에는 간단하게 전체적인 비율만 맞춰서 그린 후, Pen Tool의 수정 기능을 이용하여 만드는 것이 시간을 단축할 수 있습니다.
> • 최근 시험에서 일러스트의 난도가 점차 올라가고 있습니다. 특히 복잡한 드로잉 요소가 많이 출제되므로 100% 똑같이 그릴 수는 없더라도 짧은 시간에 어느 정도 비슷한 형태를 만들 수 있도록 Pen Tool을 이용한 드로잉을 충분히 연습하도록 합니다.

03 나뭇잎이 완성되면 면색을 C25M55Y22K0, 선색은 None으로 설정합니다.

> **기적의 TIP**
>
> 그려진 모양이 마음에 들지 않을 경우, Pen Tool의 수정 기능을 이용하여 수정합니다.
> • Direct Selection Tool 클릭하고, Pen Tool 클릭
> • Pen Tool로 선을 다음과 같이 수정
> – 점 추가 또는 삭제 : 선을 클릭하거나 점을 클릭
> – 점 위치 수정 : Ctrl을 누른 채, 점을 드래그
> – 곡선 모양 수정 : Ctrl을 누른 채, 곡선의 핸들을 드래그
> – 직선을 곡선/곡선을 직선으로 변환 : Ctrl을 누른 채 점을 클릭하여 직선으로 만들거나 드래그하여 곡선으로 변경

01 일러스트 작업의 마지막으로 함께서울 로고를 만들어 보겠습니다. 디자인 원고를 충분히 숙지하여 전체적인 모양과 적용 기능 등을 머릿속으로 그려본 후, 먼저 손바닥 부분을 만들기 위해서 'Rounded Rectangle Tool'을 선택합니다. 작업창의 빈곳을 드래그하여 가로가 긴 둥근 모서리 직사각형을 만든 후, 면색을 C72M46Y15K0, 선색은 None으로 설정합니다.

 **기적**의 TIP

Rounded Rectangle Tool을 이용하여 둥근 모서리 사각형을 그리는 도중(마우스 버튼을 누른 상태) ↑를 여러 번 눌러서 사각형의 좌우 모양이 반원 형태로 만든 후, 오브젝트를 그립니다.

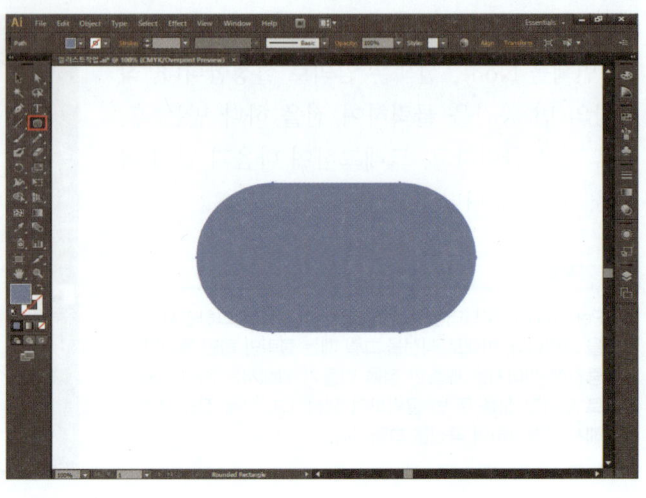

02 손가락이 들어갈 부분을 잘라내기 위해서 'Rectangle'을 선택하고, 사각형을 그립니다. 크기와 위치를 다음과 같이 손바닥 오브젝트의 오른쪽 부분을 충분히 가릴 수 있도록 만듭니다. 면색을 임의의 색상, 선색은 None으로 설정합니다.

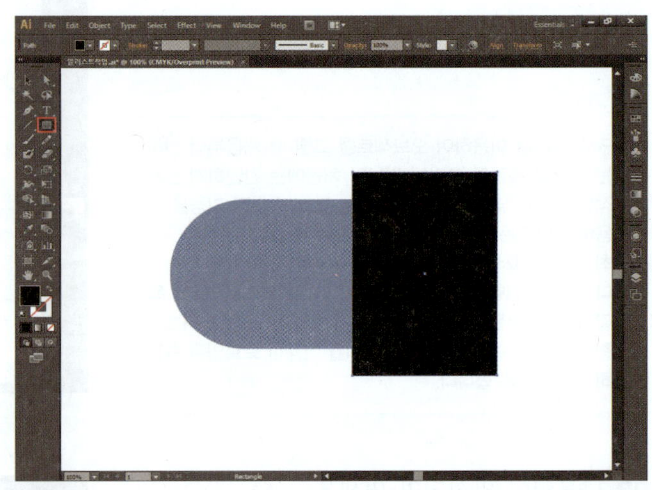

03 'Selection Tool'로 2개 오브젝트를 드래그하여 함께 선택한 후, [Pathfinder] 패널에서 'Shape Modes: Minus Front'를 클릭하여 손바닥의 영역에서 사각형 영역을 삭제합니다.

기적의 TIP

로고를 그리는 도중 시험시간을 체크하여 시간이 부족하다면 정확하게 로고 모양을 그리는 것보다 박스를 이용하여 기본적인 모양만 만들고, 나머지 시간에 포토샵과 인디자인 부분을 작업하는 것이 전체적인 완성도를 올릴 수 있는 방법입니다. 로고는 매우 작은 오브젝트이기 때문에 보다 큰 부분에 시간을 할애하는 것이 좋습니다.

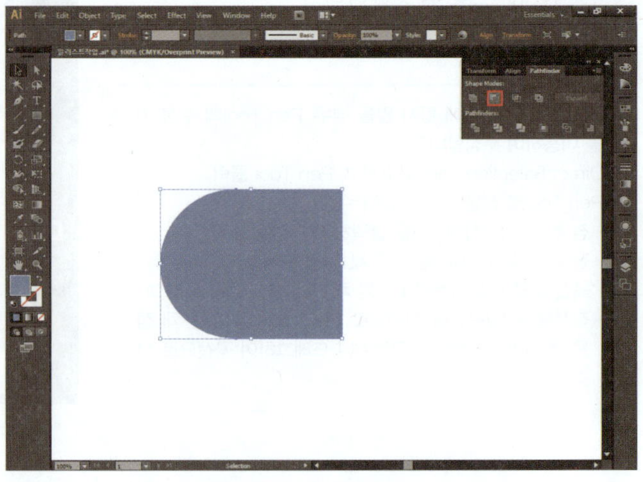

04 손바닥을 하나 더 만들기 위해서 'Rotate Tool'로 Alt를 누른 채, 손바닥 오브젝트의 오른쪽 외곽선 중앙 부분을 클릭하여 [Rotate] 대화상자가 열리면 'Angle : −90°'로 설정한 후, [Copy] 버튼을 클릭하여 회전합니다.

Rotate Tool을 선택하고, 커서를 손바닥 오브젝트의 오른쪽 외곽선 중심으로 가져갔을 때 Path 글자가 보이지 않는 경우, [View] 〉 [Smart Guide]가 체크되어 있는지 확인합니다.

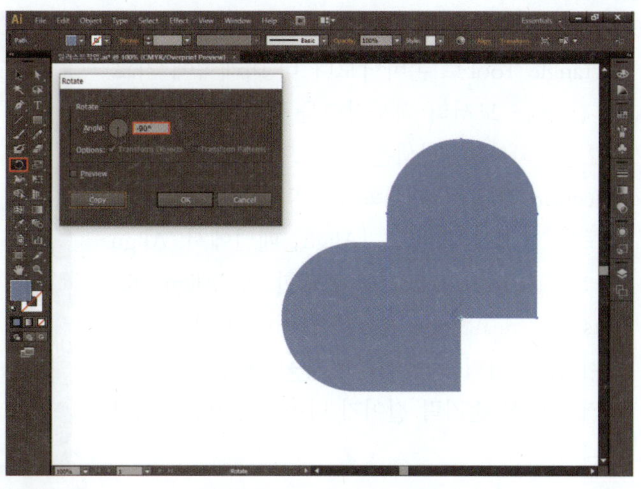

05 'Direct Selection Tool'로 복사된 손바닥 오브젝트의 가장 아래쪽에 위치한 양쪽 모서리 점을 Shift를 누른 채, 차례로 클릭하여 선택합니다. ↑를 길게 눌러 양 끝점을 위쪽으로 이동하여 첫 번째 손바닥과 사이 공간이 다음과 같이 벌어지도록 조절합니다. 복사된 손바닥의 면색을 C49M6Y11K0, 선색은 None으로 설정합니다.

06 손바닥에 손가락을 만들기 위해서 'Rounded Rectangle Tool'로 손바닥보다 더 아래쪽에 가로가 긴 둥근 모서리 직사각형을 만든 후, 면색을 C72M46Y15K0, 선색은 None으로 설정합니다. 'Selection Tool'로 아래쪽 손바닥과 손가락 오브젝트를 함께 선택하고, [Align] 패널에서 'Align To : Align to Selection'을 선택한 후, 'Align Objects : Vertical Align Top'를 클릭하여 위쪽 정렬합니다. 손가락만 선택하고, →, ←를 여러 번 눌러 적당한 손가락 길이가 나올 수 있도록 배치합니다.

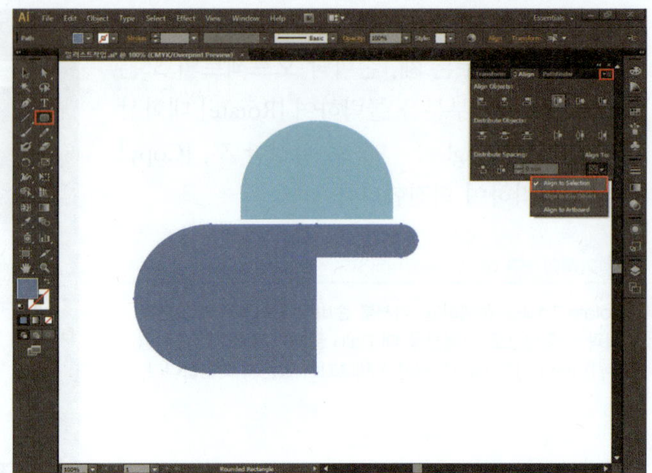

- Shift + F7 : Align 패널 열기/닫기
- Align to Artboard는 지정된 작업창을 기준으로 오브젝트를 정렬하고, Align to Selection은 선택된 오브젝트끼리 정렬합니다.

07 'Selection Tool'로 손가락을 선택하고, Alt + Shift 를 누른 채, 아래쪽으로 드래그하여 복사한 후, Ctrl + D 를 두 번 눌러 2개 더 복사합니다. 이때 정렬을 위해 가장 아래쪽에 위치한 손가락은 손바닥 오브젝트의 가장 아래쪽 외곽선보다 조금 더 위쪽에 위치하도록 이동합니다.

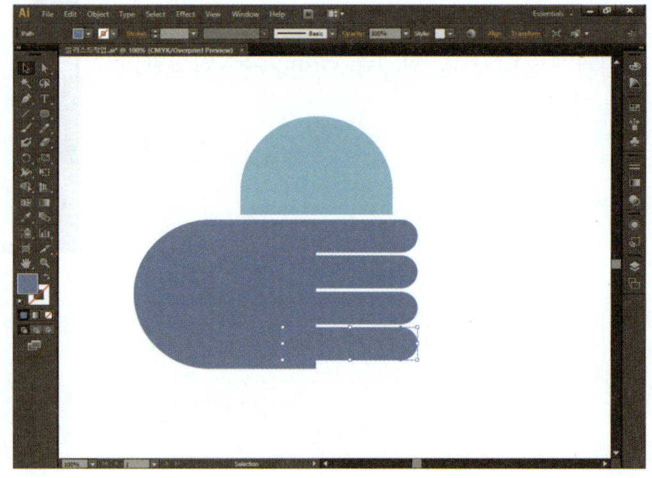

08 아래쪽 손바닥과 가장 아래쪽에 위치한 손가락을 함께 선택하고, [Align] 패널의 'Align Objects : Vertical Align Bottom'를 클릭하여 아래쪽 정렬합니다.

가장 아래쪽에 위치한 손가락이 손바닥 보다 더 아래쪽에 위치할 경우에 정렬을 하면 손가락을 기준으로 손바닥 오브젝트가 아래로 움직여 전체적인 정렬이 흐트러질 수 있으므로 주의합니다.

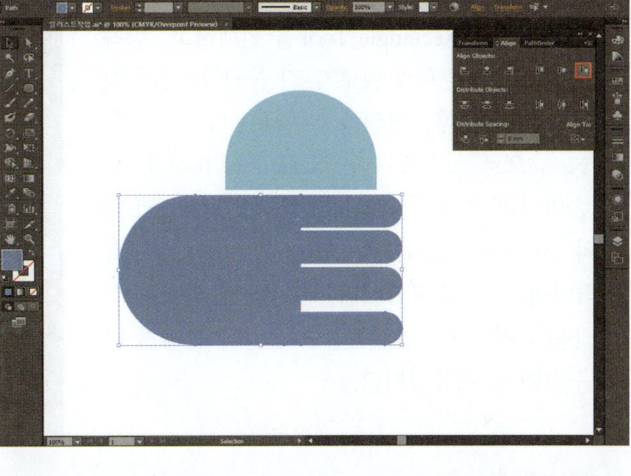

09 4개의 손가락을 함께 선택하고, [Align] 패널의 'Distribute Objects : Vertical Distribute Center'를 클릭하여 손가락의 간격을 동일하게 정렬합니다.

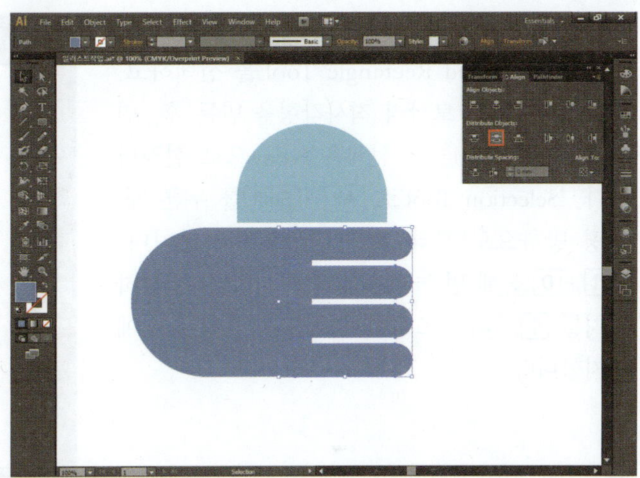

10 아래쪽 손바닥과 모든 손가락을 드래그하여 선택하고, [Pathfinder] 패널에서 'Shape Modes : Unite'를 클릭하여 하나로 합칩니다. 한쪽 손이 완성되었습니다.

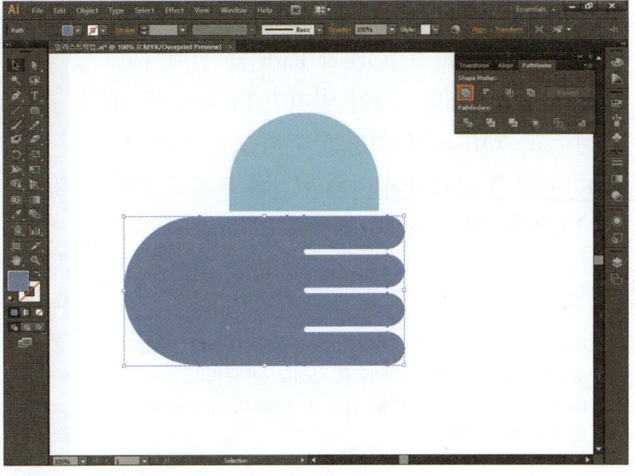

11 이번에는 위쪽 손바닥에 손가락을 만들기 위해서 'Rounded Rectangle Tool'을 선택하고, 위쪽 손바닥보다 오른쪽에 세로가 긴 둥근 모서리 직사각형을 만든 후, 면색을 C49M6Y11K0, 선색은 None으로 설정합니다. 'Selection Tool'로 위쪽 손바닥과 손가락을 함께 선택하고, [Align] 패널의 'Align Objects : Horizontal Align Left'를 클릭하여 왼쪽 정렬합니다. 손가락만 선택하고, ↑, ↓를 여러 번 눌러 적당한 손가락 길이가 나올 수 있도록 이동합니다.

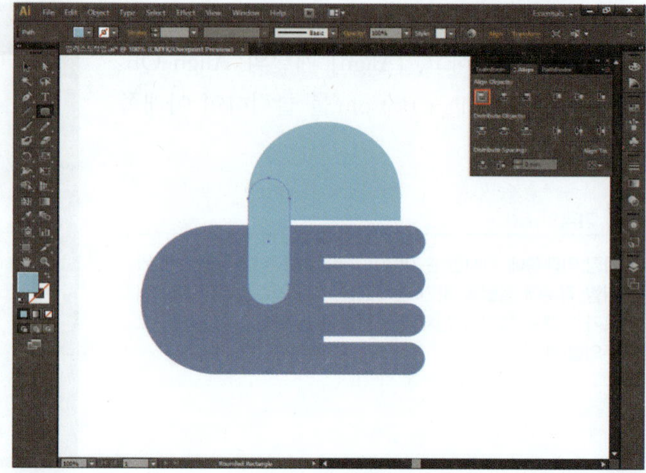

12 위쪽 손바닥의 아래쪽에 손가락을 만들기 위해서 'Rounded Rectangle Tool'을 선택하고, 세로가 긴 둥근 모서리 직사각형을 만든 후, 면색을 C49M6Y11K0, 선색은 None으로 설정합니다. 'Selection Tool'로 Alt + Shift 를 누른 채, 수평 방향으로 드래그하여 하나 복사합니다. Ctrl + D 를 세 번 눌러 3개 더 복사합니다. 상하 위치를 ↑, ↓로 조정하여 다음과 같은 위치에 배치합니다.

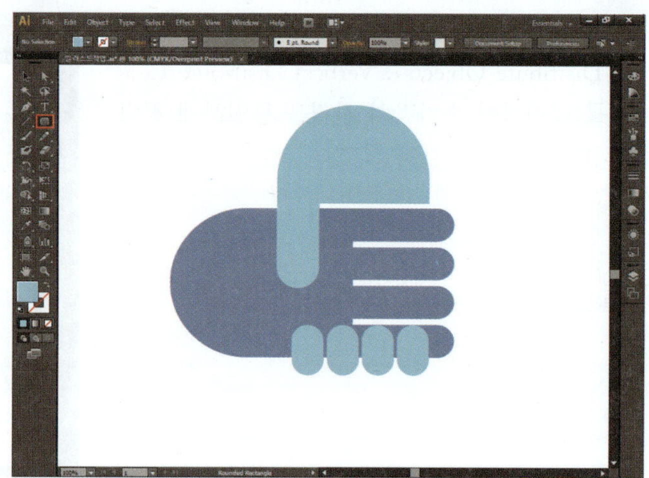

13 위쪽 손바닥의 손가락만 모두 선택합니다. [Object] > [Path] > [Offset Path]를 선택하고, [Offset Path] 대화상자가 열리면 Preview에 체크해주고, 'Offset'에 적당한 수치를 입력한 후, [OK] 버튼을 클릭하여 다음과 같은 두께로 외곽선이 만들어지는지 확인합니다.

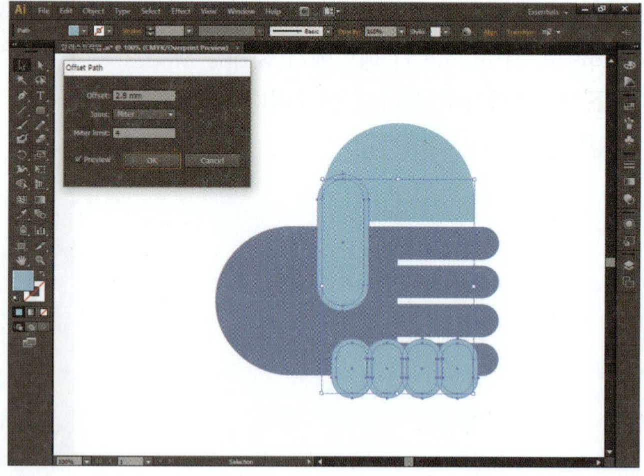

> **기적의 TIP**
>
> • 여러 개의 오브젝트 선택하기 : Selection Tool을 선택하고, Shift 를 누른 채, 오브젝트를 차례로 선택합니다.
> • Offset에 '−' 수치를 입력할 경우 오브젝트를 내부로 복사합니다(축소 복사).

14 마우스 오른쪽 버튼을 클릭하고, [Ungroup]을 선택하여 그룹을 해제합니다. 복사된 외곽선과 아래쪽 손을 함께 선택합니다. [Pathfinder] 패널에서 'Shape Modes: Minus Front'를 클릭하여 아래쪽 손의 영역에서 손가락 외곽선 영역을 삭제합니다. 두 번째 손이 완성되었습니다.

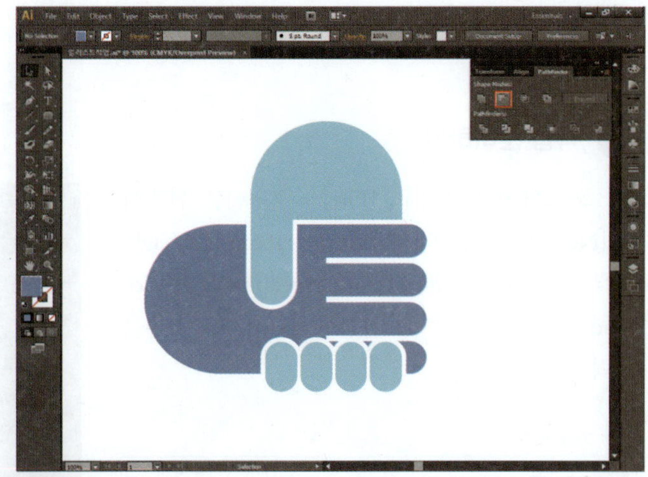

15 'Selection Tool'로 완성된 모든 로고를 함께 선택합니다. 'Rotate Tool'을 더블클릭하여 [Rotate] 대화상자가 열리면 'Angle: −45°'로 입력한 후, [OK] 버튼을 클릭하여 회전합니다.

Angle에서 '−'수치는 시계방향 회전, '+' 수치는 반시계방향으로 회전을 의미합니다.

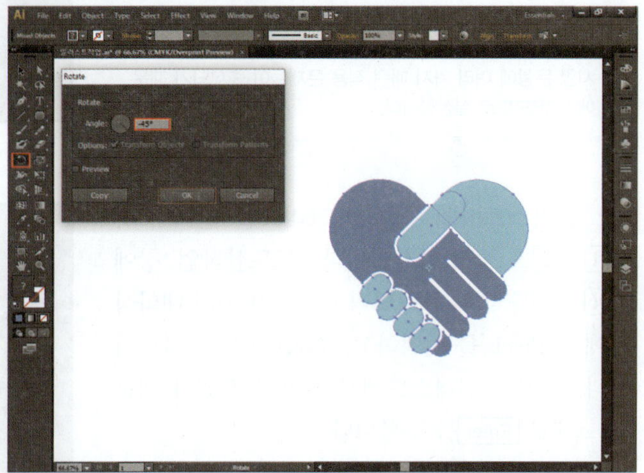

16 완성된 함께서울 로고를 디자인 원고와 비교하여 확인합니다. 함께서울 로고를 선택하고, Ctrl + G 를 눌러 그룹으로 만든 후, [File] ⟩ [Save] 메뉴를 선택하여 일러스트 작업을 저장합니다.

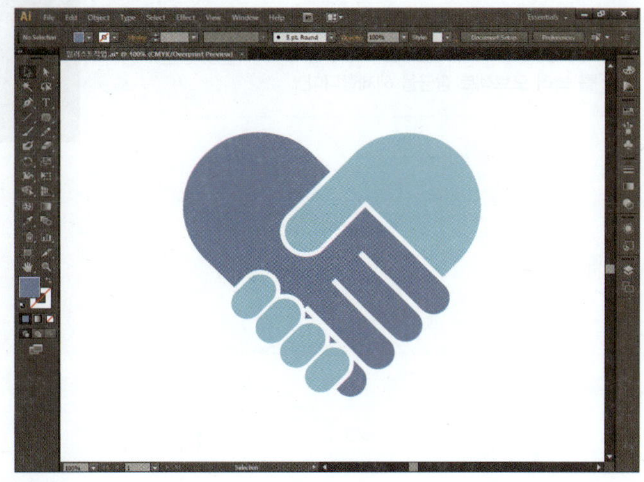

01 작업 준비하기

01 포토샵을 실행하고, [File] 〉 [New]를 선택하여 [New] 대화상자에서 'Width : 166mm, Height : 246mm, Resolution : 300Pixels/Inch, Color Mode : RGB Color'로 설정한 후, [OK] 버튼을 클릭합니다.

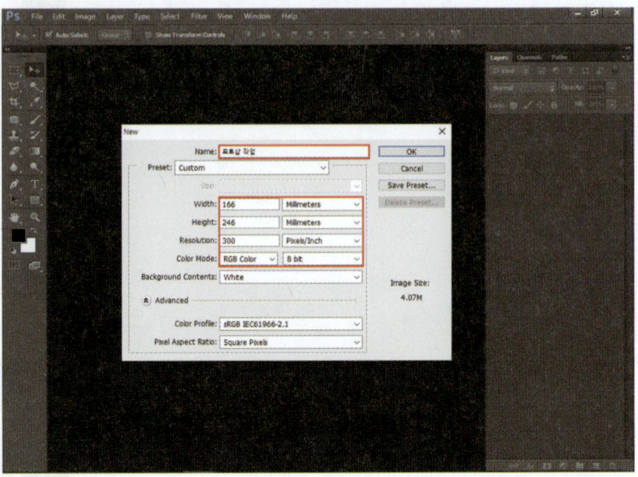

기적의 TIP

- Ctrl + N : New(새로 만들기)
- Color Mode : 인쇄물에 적합한 CMYK 모드를 설정해 주어야 하지만, 시험장의 프린터가 인쇄소의 출력이 아니기 때문에 회색기, 탁함, 채도저하 발생이 빈번합니다. 또한 시험 문항에 여러 가지 패턴 적용 문제들이 출제되기 때문에 RGB모드로 설정합니다.

02 '일러스트작업' 창에서 그리드를 선택하고, Ctrl + C 를 눌러 복사합니다. '포토샵작업' 창에 Ctrl + V 를 눌러 붙여넣기 한 후, [Paste] 대화상자에서 'Pixels'를 선택하고, [OK] 버튼을 클릭합니다. 크기는 일러스트에서 이미 설정했기 때문에 그대로 Enter 를 누릅니다.

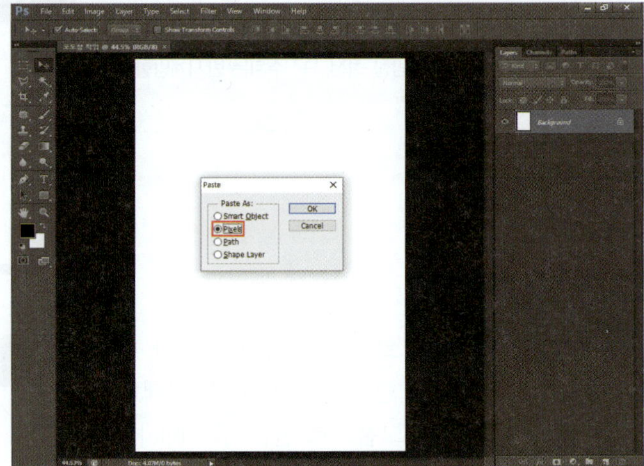

기적의 TIP

일러스트에서 오브젝트가 잠겨서 선택되지 않는 경우, [Object] 〉 [Unlock All]을 클릭하거나, 단축키 Alt + Ctrl + 2 를 눌러 오브젝트 잠금을 해제합니다.

03 [Layers] 패널에서 이름을 그리드로 변경합니다. 'Move Tool'을 선택하고, Ctrl 을 누른 채 'Background' 레이어와 함께 선택한 후, 옵션 바에서 'Align vertical centers', 'Align horizontal centers'를 클릭하여 정렬합니다. '그리드' 레이어만 선택하고, 'Lock all' 아이콘을 클릭하여 잠근 후, [File] 〉 [Save]를 클릭해서 포토샵작업.psd로 저장합니다.

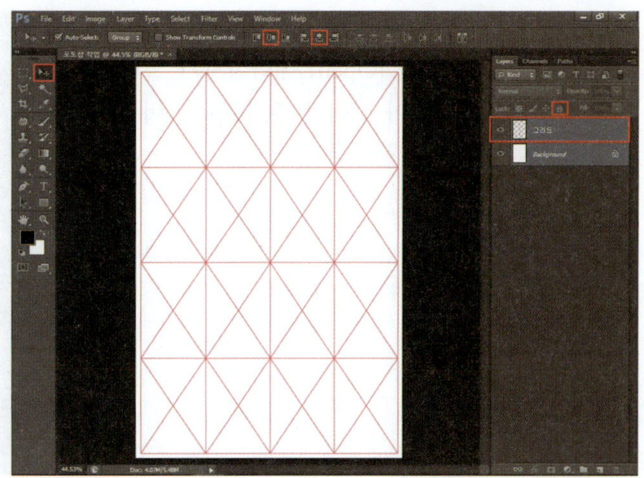

 **기적**의 TIP

항상 작업 시작과 도중에는 예기치 못한 상황을 대비하여 수시로 하는 저장하는 습관을 길러야 합니다

02 배경 만들기

01 배경 색을 채우기 위해서 Layers 패널에서 'Background' 레이어를 선택하고, 전경색을 C0M37Y17K0, 배경색을 C0M0Y0K0으로 설정합니다. 'Gradient Tool'을 선택하고, 옵션 바에서 'Foreground to Background'로 설정한 후, Shift 를 누른 채 아래에서 위로 드래그하여 그라데이션 배경을 만듭니다.

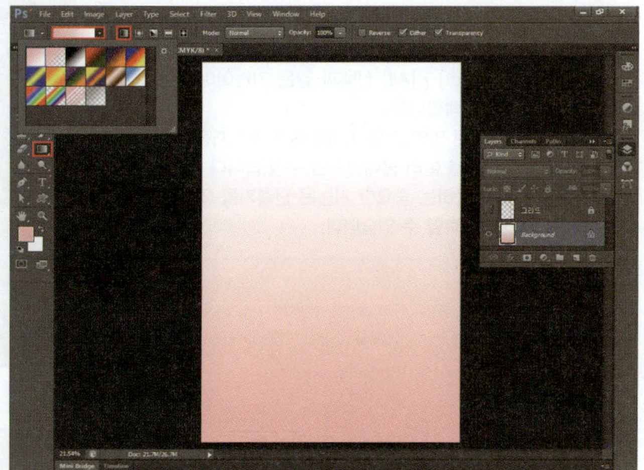

기적의 TIP

- Foreground to Background는 전경색에서 배경색으로 변하는 그라디언트를 적용합니다.
- 그라디언트를 적용할 때 Shift 를 누르면 수평, 수직, 45° 정방향으로 그라데이션을 그릴 수 있습니다.
- 그라디언트는 시작점과 끝점의 위치에 따라 결과가 달라질 수 있습니다. 결과물이 마음에 들지 않을 경우, Ctrl + Z 를 눌러 이전 명령을 취소한 후, 다시 그라디언트를 적용합니다.

02 배경에 사용할 이미지를 넣기 위해서 [File]
〉[Open]을 선택하고, [Open] 대화상자가 열리
면 벚꽃풍경.jpg을 찾아 선택한 후, [Open] 버튼
을 클릭하여 이미지를 불러옵니다.

03 이미지가 열리면 Ctrl+A를 눌러 전체영역
을 선택하고, Ctrl+C를 눌러 복사합니다.

- Ctrl+A : [Select] 〉 [All] 선택과 같은 기능이며 이미지
  의 전체영역을 선택합니다.
- Ctrl+C : 선택된 영역을 복사하여 메모리에 저장합니다.
  나중에 Ctrl+V를 눌러 붙여넣기할 수 있습니다.
- 몇 가지 자주 사용하는 중요한 기능은 단축키를 외워서 사
  용해야 시간을 단축할 수 있습니다.

04 '포토샵작업' 창으로 돌아와 Ctrl+V를 눌
러 벚꽃풍경 이미지를 붙여넣습니다. Ctrl+T
를 눌러 크기 조절점을 나타내고, 크기와 위치를
조절하여 다음과 같이 상단 부분에 배치한 후,
Enter를 눌러 확정합니다. Layers 패널에서 레이
어의 이름을 벚꽃풍경으로 변경한 후, 레이어 위
치를 '그리드' 레이어 아래로 이동합니다.

기적의 TIP

- Free Transform : Ctrl+T
- Free Transform을 이용하여 크기 조절을 할 때, 이미지의
  가로, 세로 비율을 유지하기 위해서 반드시 모서리의 점을
  Shift를 누른 채 드래그해야 합니다.

05 이미지의 색조를 수정하기 위해서 [Image] 〉
[Adjustments] 〉 [Hue/Saturation]을 선택합니다.
[Hue/Saturation] 대화상자가 열리면 'Colorize'에
체크를 한 후 Hue, Saturation, Lightness의 슬라
이더를 조절해서 시험지의 이미지 원고와 비슷
한 색상으로 보정합니다.

- Hue/Saturation은 이미지의 색상, 채도, 밝기를 수정할 때
  사용합니다.
- '그리드' 레이어는 계속 켜둘 필요는 없습니다. 디자인 원
  고와 비교하여 위치나 크기 등을 확인해야 할 경우 중간중
  간 활용하면 됩니다.

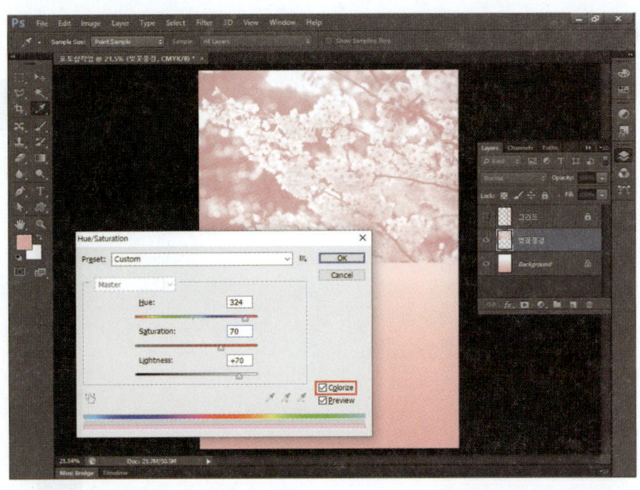

06 [Layers] 패널의 'Add Layer mask' 아이콘
을 클릭하여 '벚꽃풍경' 레이어에 마스크를 적
용합니다. 전경색을 C0M0Y0K0, 배경색을
C0M0Y0K100으로 설정한 후, 'Gradient Tool'
을 선택하고, 옵션 바에서 'Foreground to Back-
ground'를 선택합니다. 'Gradient Tool'로 벚꽃풍
경 이미지의 중앙 부분에서 하단 끝부분까지 드
래그하여 다음과 같이 이미지 하단이 자연스럽
게 사라지게 합니다.

- 레이어 마스크를 적용함과 동시에 전경색과 배경색이 흰
  색과 검정색으로 자동 설정되기 때문에 따로 바꿀 필요는
  없습니다. 하지만 설정을 다시 하는 이유는 책을 보는 모
  든 사용자마다 컴퓨터 환경이 다를 수 있으므로 설정을 다
  시 한 번 함으로서 작업 환경을 동일하게 설정할 수 있기
  때문입니다.
- 그라디언트의 끝나는 점이 벚꽃풍경 이미지의 하단 외곽
  선은 넘어가지 않도록 합니다.

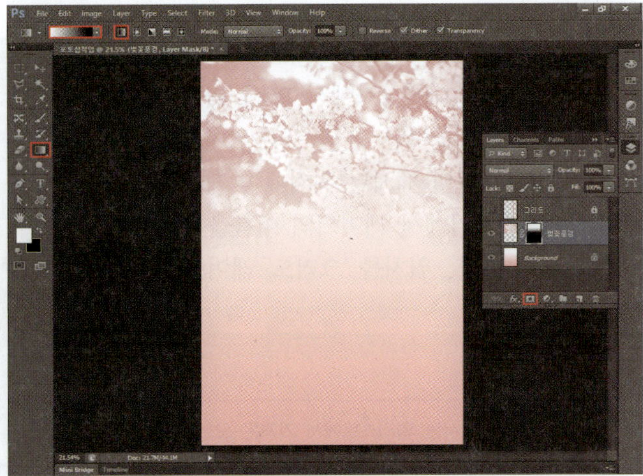

03 로고타이틀 배치하기

01 다음으로 중앙 부분에 로고타이틀을 배치해 보겠습니다. '일러스트작업' 창에서 로고타이틀을 선택하고, Ctrl + C 를 눌러 복사합니다.

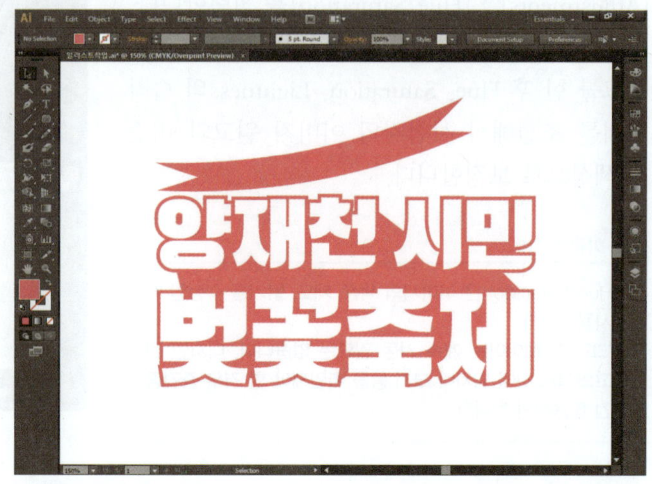

02 '포토샵작업' 창에 Ctrl + V 를 눌러 붙여넣기합니다. [Paste] 대화상자에서 'Pixels'를 선택하고, [OK] 버튼을 클릭한 후, 크기와 위치를 조절하여 디자인 원고의 제시된 위치에 맞게 배치합니다. Layers 패널에서 레이어의 이름을 로고타이틀로 변경한 후, 위치를 '그리드' 레이어 아래로 이동합니다.

🚩 **기적의** TIP

[Paste] 대화상자에서는 일러스트에서 가져온 오브젝트의 속성을 설정합니다. 대부분 Pixels로 선택하여 일반 비트맵 이미지로 가져오면 됩니다. 비트맵 이미지는 수정 및 효과적용이 자유롭습니다.

03 외곽선 효과를 적용하기 위해서 Layers 패널에서 '로고타이틀' 레이어를 더블클릭하여 [Layer Style] 대화상자를 엽니다. 'Styles : Stroke'를 클릭하고, 'Size : 15px', Color : C0M0Y0K0으로 설정한 후, [OK] 버튼을 클릭합니다.

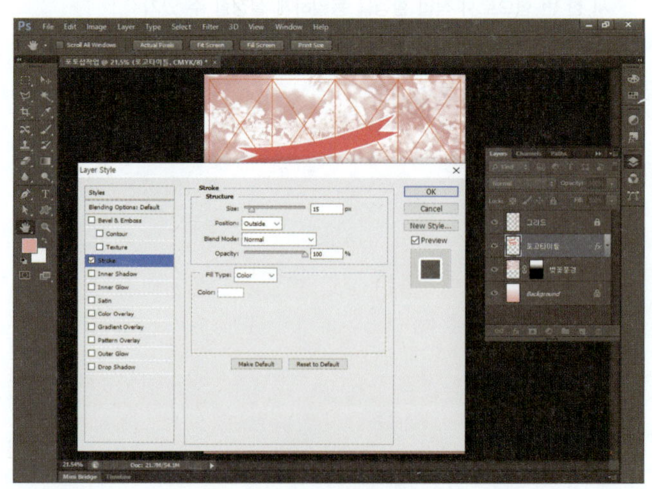

🚩 **기적의** TIP

• [Layer Style] 대화상자를 열기 위해 해당 레이어를 더블클릭할 때, 레이어의 섬네일 또는 이름 오른쪽 빈 공간을 더블클릭해야 합니다. 이름을 클릭할 경우, 레이어의 이름을 변경할 수 있습니다.
• Stroke 효과는 선택된 레이어에 외곽선을 만드는 기능으로서 먼저 색상을 바꾼 후, 나머지 두께, 투명도 등을 조절하는 것이 편리합니다.

01 'Type Tool'을 선택하고, 작업창을 클릭하여 2022.4.8 SAT ~ 4.9 SUN을 다음과 같은 위치에 입력합니다. 디자인 원고를 참고하여 글꼴과 크기, 자간 등을 적절히 설정한 후, 문자의 색을 C0M0Y0K64로 설정합니다.

> **기적의 TIP**
>
> • Type Tool로 글자를 입력 후, 색상, 글꼴 등을 수정하기 위해서는 Move Tool을 클릭한 후 진행하면 편리합니다. 글자의 내용을 수정해야 할 경우, Type Tool로 글자를 클릭하거나 드래그합니다.
> • [Window] > [Character]를 선택하고, [Character] 패널에서 문자의 글꼴, 크기, 자간, 색상 등의 세부적인 부분을 변경할 수 있습니다.

02 'Type Tool'을 선택하고, '4' 글자만 드래그하여 블록지정한 후, Character 패널에서 크기를 다른 글자를 보다 조금 더 키우고, 색상은 C0M93Y44K0으로 설정합니다. 같은 방법으로 '8', '4', '9' 글자를 순서대로 블록 지정하여 크기와 색상을 수정합니다.

03 'Type Tool'을 선택하고, 작업창을 클릭하여 양재천 특설 수상무대를 다음과 같은 위치에 입력합니다. 디자인 원고를 참고하여 글꼴과 크기, 자간 등을 적절히 설정한 후, 문자의 색을 C0M93Y44K0으로 설정합니다.

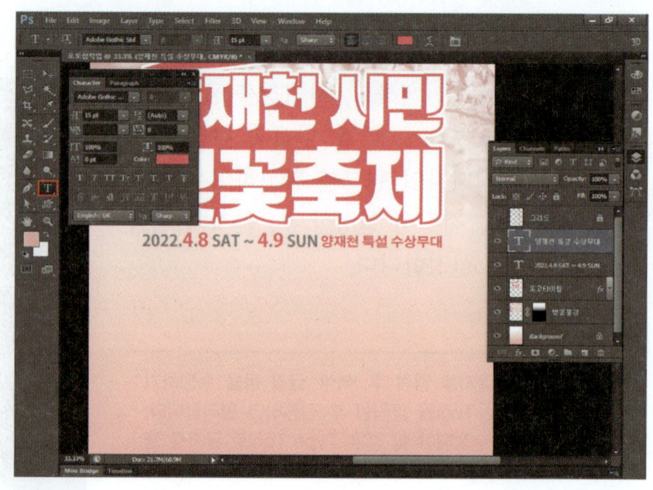

> ### ▶ 기적의 TIP
>
> **글자는 일러스트, 포토샵, 인디자인 중 어디서 입력하는 것이 좋을까요?**
> 정답은 없습니다. 가장 자신 있는 프로그램을 선택하여 글자를 입력하면 됩니다. 다만 특수한 모양의 글자는 일러스트, 효과가 필요한 글자는 포토샵, 작은 크기의 글자는 인디자인을 이용하는 것이 편리합니다. 작은 크기의 글자는 포토샵에서 입력할 경우 비트맵 변환을 거치기 때문에 출력 시 살짝 흐릿해질 수 있습니다. 다만 가독성이 조금 떨어진다고 해서 큰 감점이 있는 것은 아니니 크게 걱정할 필요는 없습니다.

04 다음으로 글자 배너를 만들기 위해서 'Rounded Rectangle Tool'을 선택하고, 상단 옵션바에서 'Pick Tool Mode : Shape, Fill : C0M0Y0K64, Stroke : None'으로 설정한 후, 'Radius'는 임의의 수치를 입력합니다. 'Rounded Rectangle Tool'로 작업창의 다음과 같은 위치에 가로가 긴 둥근 모서리 직사각형을 그립니다.

> ### ▶ 기적의 TIP
>
> - Fill과 Stroke의 색상은 옵션 바에서 각 색상을 클릭하고, 옵션 박스가 열리면 오른쪽 상단의 Color Picker를 클릭하여 변경할 수 있습니다.
> - Radius는 모서리의 둥근 정도를 설정하는 것으로서 입력한 수치가 높을수록 모서리가 원에 가까운 모양의 오브젝트를 그릴 수 있습니다.
> - Radius는 각자 수치가 다를 수 있으므로 임의의 수치를 입력하고 그려본 후, 원하는 모양이 나오지 않을 경우, Ctrl + Z로 명령을 취소한 후, 다시 Radius를 설정하고, 둥근 모서리 사각형을 그리면 됩니다.

01 벚꽃 이미지를 넣기 위해서[File] 〉 [Open] 메뉴를 선택하고, 벚꽃.jpg를 불러옵니다.

02 벚꽃 이미지가 열리면 'Pen Tool'을 선택하고, 중앙에 위치한 벚꽃의 외곽을 따라 선을 그립니다.

기적의 TIP

- Pen Tool의 사용법은 일러스트와 동일합니다.
- 곡선을 이용하여 세밀한 부분까지 선택하지 않아도 됩니다. 클릭만으로 직선을 그려서 비슷한 모양으로 선택합니다. 절대로 시험시간을 여기에 허비하지 않도록 빠르게 선택해야 합니다.

03 벚꽃 모양으로 선을 그린 후, [Ctrl]+[Enter]를 눌러 선택영역으로 전환하고, [Ctrl]+[C]를 눌러 복사합니다.

04 '포토샵작업' 창에 Ctrl + V 를 붙여넣고, Ctrl + T 를 눌러 크기와 위치를 조절하여 다음과 같이 배치합니다. Layers 패널에서 레이어의 이름을 벚꽃으로 변경하고, 위치를 '그리드' 레이어 아래로 이동합니다.

Ctrl + T : Free Transform

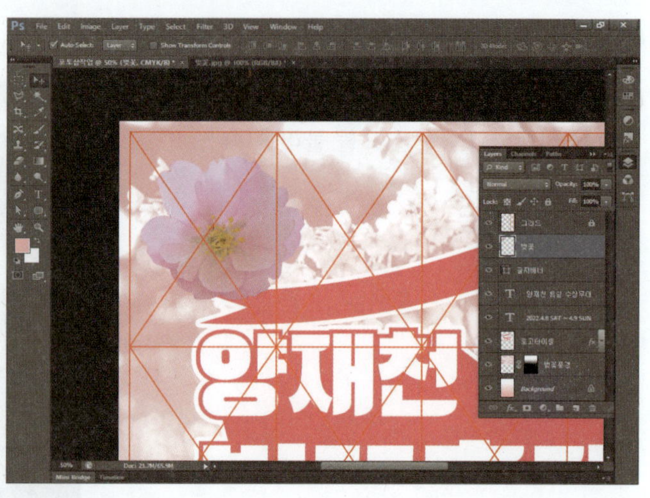

05 이미지의 밝기와 대비를 수정하기 위해 '벚꽃' 레이어가 선택된 상태에서 [Image] 〉 [Adjustment] 〉 [Levels]를 선택하고, [Levels] 대화상자에서 각 슬라이더를 다음과 같이 조절한 후, [OK] 버튼을 클릭합니다.

- Ctrl + L : Levels
- [Levels] 대화상자에서 중앙에 위치한 3개의 슬라이더 조절점은 각각 밝기 조절 역할을 합니다. 왼쪽 조절점은 어두운 부분을 어둡게, 중앙 조절점은 전체 밝기를, 오른쪽 조절점은 밝은 곳을 밝게 조절할 수 있습니다.
- 각 슬라이더 아래 위치한 수치는 중요하지 않습니다. 슬라이더를 좌우로 움직이면서 이미지의 변화를 눈으로 확인하면 됩니다.

06 외부광선 효과를 적용하기 위해서 [Layers] 패널에서 '벚꽃' 레이어의 빈 곳을 더블클릭하여 [Layer Style] 대화상자를 엽니다. 'Styles : Outer Glow'를 클릭하고, 'Blend Mode : Normal, Color : C0M93Y44K0, Spread : 0%, Size : 20px'로 설정한 후, [OK] 버튼을 클릭합니다.

- Outer Glow : 이미지의 외곽에 밝게 퍼져가는 빛 효과를 줍니다.
- 해당 효과를 만들기 위해서 수치를 똑같이 따라하지 않아도 됩니다. 눈으로 확인하고 비슷한 결과가 나오면 되므로 시험에서는 수치로 입력하는 것보다 슬라이더를 움직여 설정하는 것이 시간 절약에 도움이 됩니다.

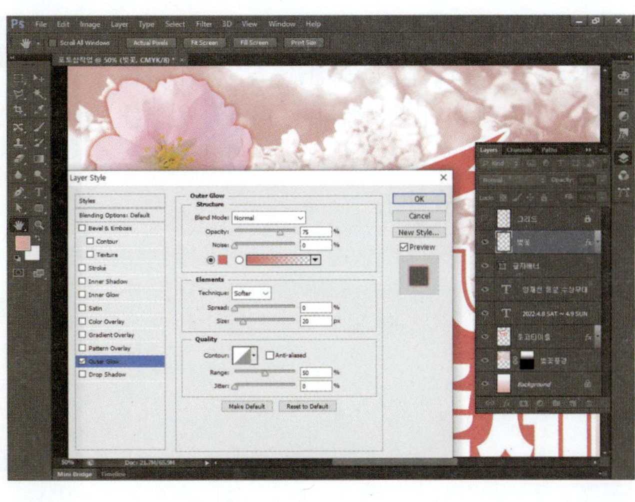

07 다음으로 꽃잎문양을 배치하기 위해서 '일러스트작업' 창에서 꽃잎문양을 선택하고, Ctrl + C를 눌러 복사합니다.

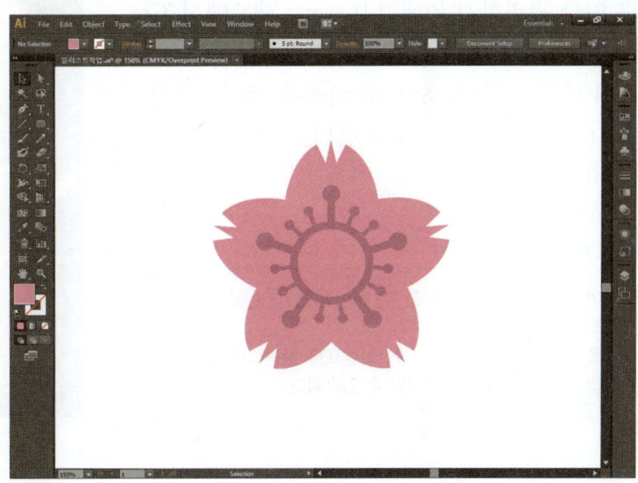

08 '포토샵작업' 창에 Ctrl + V를 눌러 붙여넣기합니다. [Paste] 대화상자에서 'Pixels'를 선택하고, [OK] 버튼을 클릭한 후, 디자인 원고를 참고로 크기, 회전을 조절하여 '양' 글자 옆에 배치합니다. Layers 패널에서 레이어의 이름을 꽃잎문양01로 변경합니다.

- 크기를 조절할 때 반드시 Shift를 눌러 비율을 유지해야 합니다.
- 레이어의 이름을 매번 변경해야 하는 이유는 수정과 관리가 매우 용이하기 때문에 시험시간 절약에 도움이 되기 때문입니다.

09 같은 방법으로 Ctrl + V 를 눌러 꽃잎문양을 'Pixels'로 붙여넣고, 크기, 회전을 조절하여 다음과 같은 위치에 각각 배치합니다. 디자인 원고를 참고로 총 7개의 꽃잎문양을 적당한 위치에 다음과 같이 배치하였습니다.

10 비슷한 항목의 레이어가 많이 생성되었으므로 이를 관리하기 위해서 [Layers] 패널에서 'Create a new group'을 클릭하여 새 폴더를 만들고 폴더 이름을 꽃잎문양으로 바꿔준 후, 꽃잎문양 01~07레이어를 선택해서 폴더로 모두 드래그해서 이동시킵니다.

> 🏁 **기적의 TIP**
>
> • 여러 개의 폴더를 선택할 때, Alt 또는 Shift 를 눌러 선택하면 됩니다.
> • 폴더 아이콘 왼쪽에 위치한 화살표를 클릭하여 폴더에 포함된 레이어 표시를 변경할 수 있습니다.

01 하단 부분에 바를 만들기 위해서 [Layers] 패널에서 새 레이어를 만들고, 이름을 하단바로 변경한 후, 위치를 '그리드' 레이어 아래로 이동합니다. 'Polygonal Lasso Tool'로 하단 부분을 디자인 원고의 모양처럼 선택하고, 전경색을 C72M45Y16K0으로 설정한 후, Alt+Delete를 눌러 색을 채웁니다. Ctrl+D를 눌러 선택영역을 해제합니다.

기적의 TIP

- 새 레이어 만들기 : [Layers] 패널 [Create a new layer] 아이콘 클릭 or [Layer] 〉 [New] 〉 [Layer] 메뉴 선택
- Alt+Delete : 전경색으로 채우기
- Ctrl+D : Deselect

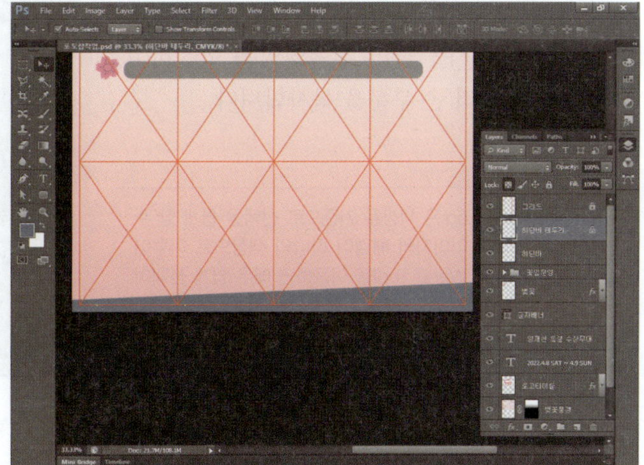

02 '하단바' 레이어가 선택된 상태에서 Ctrl+J를 눌러 레이어를 복사한 후, 복사된 레이어의 이름을 하단바 테두리로 변경합니다. 'Lock Transparent Pixels' 아이콘을 클릭하고, 전경색을 C82M65Y45K0으로 설정한 후, Alt+Delete를 눌러 색을 채웁니다.

기적의 TIP

- Ctrl+J : Layer via Copy
- Lock Transparent Pixels를 활성화시키면 이미지의 픽셀이 있는 곳에만 수정이 가능하게 됩니다. 따라서 선택 과정 없이 필요한 부분에만 색상을 쉽게 변경할 수 있습니다.

03 '하단바 테두리' 레이어의 위치를 '하단바' 레이어 아래로 이동한 후, ↑를 여러 번 눌러 숨은 레이어가 띠처럼 위쪽에 살짝 보이게 합니다. 하단바가 완성되었습니다. 디자인 원고와 비교하여 확인한 후, Ctrl+S를 눌러 저장합니다.

기적의 TIP

예기치 못한 상황에 대비하여 가끔씩 Ctrl+S를 눌러 저장을 하는 것이 좋습니다.

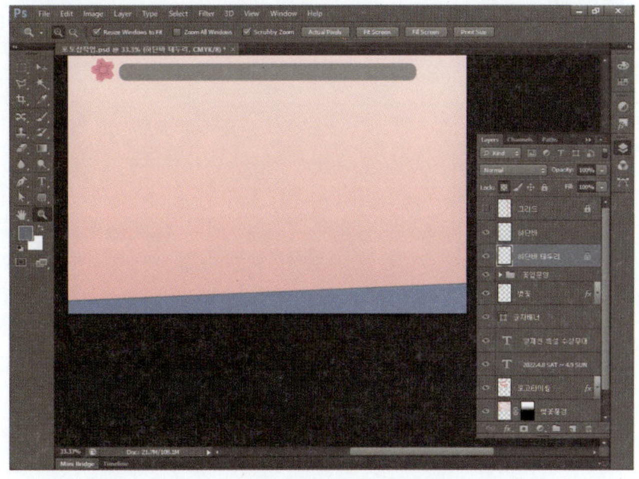

01 다음으로 하단 오른쪽에 위치한 손 모양의 상징을 편집해 보겠습니다. 손 이미지를 불러오기 위해서 [File] 〉 [Open]을 선택하여 손.jpg를 불러옵니다.

⚑ 기적의 TIP

Ctrl + O : Open(열기)

02 'Magic Wand Tool'을 선택하고, 옵션 바에서 'Tolerance : 30'으로 설정한 후, Shift 를 누른 채 이미지의 흰색 부분을 차례로 클릭합니다. Ctrl + Shift + I 를 눌러 선택영역을 반전하고, Ctrl + C 를 눌러 손 부분을 복사합니다.

⚑ 기적의 TIP

- Magic Wand Tool은 색상을 기준으로 선택을 쉽게 할 수 있는 툴입니다. 이미지의 배경이 하나의 색상으로 이루어진 경우, Magic Wand Tool을 이용하면 매우 쉽게 선택이 가능합니다.
- Tolerance는 선택의 범위를 설정하는 옵션으로서 낮은 수치일수록 색상의 기준 범위를 좁게 설정하고, 높은 수치일수록 색상 기준 범위를 넓게 설정하여 모든 비슷한 색상을 선택하게 됩니다.
- Shift 를 누른 채 클릭하는 이유는 클릭된 모든 곳을 더하여 선택하기 위함입니다.
- Ctrl + Shift + I : Inverse(선택영역 반전)

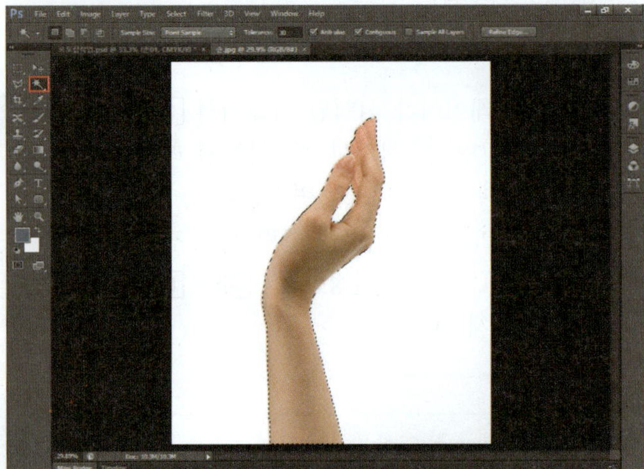

03 '포토샵작업' 창에 Ctrl+V를 붙여넣고, Ctrl+T를 눌러 크기와 위치를 조절하여 다음과 같이 배치한 후, Layers 패널에서 레이어의 이름을 손01로 변경하고, 위치를 '하단바 테두리' 레이어 아래로 이동합니다.

04 이미지의 밝기와 대비를 수정하기 위해 '손01' 레이어가 선택된 상태에서 [Image] > [Adjustment] > [Levels]를 선택하고, [Levels] 대화상자에서 각 슬라이더를 다음과 같이 조절한 후, [OK] 버튼을 클릭합니다.

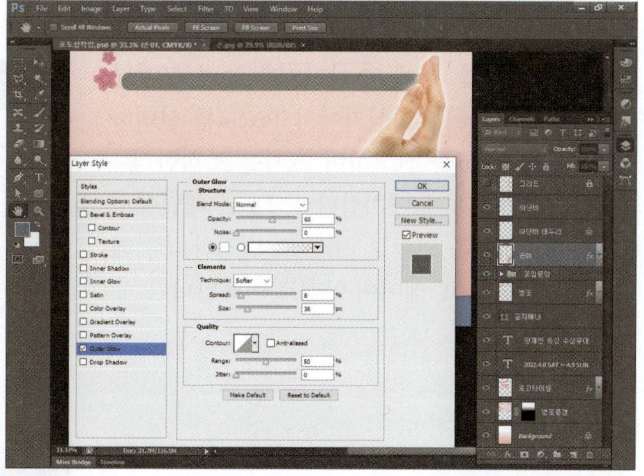

05 외부광선 효과를 적용하기 위해서 [Layers] 패널에서 '손01' 레이어를 더블클릭하여 [Layer Style] 대화상자를 엽니다. 'Styles : Outer Glow'를 클릭하고, 'Blend Mode : Normal, Opacity : 60%, Color : C0M0Y0K0, Spread : 8%, Size : 36px'로 설정한 후, [OK] 버튼을 클릭합니다.

06 '손01' 레이어가 선택된 상태에서 [Ctrl]+[J]
를 눌러 레이어를 복사한 후, [Ctrl]+[T]를 눌러
크기 조절점을 나타내고, 마우스 오른쪽 버튼을
클릭하여 [Flip Horizontal]로 이미지를 좌우 반
전합니다. 크기 조절점을 [Shift]를 누른 채 조절
하여 적당한 크기로 변경하고, 위치를 다음과 같
이 배치합니다. Layers 패널에서 레이어의 이름
을 손02로 변경합니다.

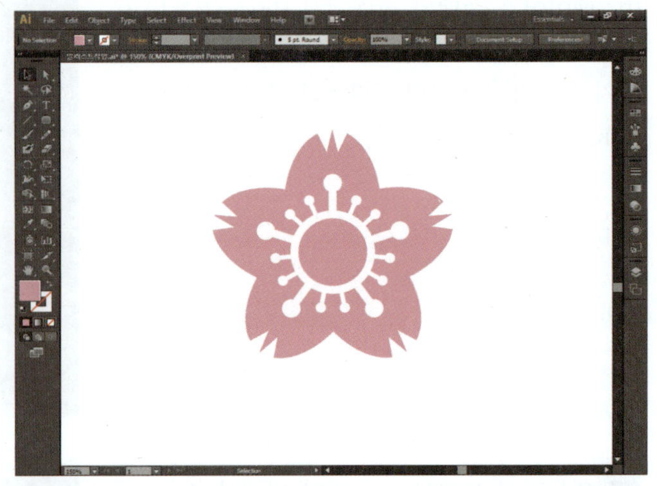

07 다음으로 꽃잎문양을 배치하기 위해서 '일러
스트작업' 창에서 꽃잎문양을 선택하고, [Ctrl]+
[C]를 눌러 복사합니다.

08 '포토샵작업' 창에 [Ctrl]+[V]를 눌러 붙여넣
기합니다. [Paste] 대화상자에서 'Pixels'를 선택하
고, 디자인 원고를 참고하여 크기를 조절한 후,
다음과 같은 위치에 배치합니다. Layer 패널에서
레이어의 이름을 벚꽃문양B01로 변경한 후, 레
이어 위치를 '손01' 레이어 아래로 이동합니다.

09 '포토샵작업' 창에 [Ctrl]+[V]를 눌러 'Pixels'로 붙여 넣고, 디자인 원고를 참고하여 크기를 조절한 후, 다음과 같은 위치에 배치합니다. 이미지의 색조를 수정하기 위해서 [Image] 〉 [Adjustments] 〉 [Hue/Saturation]을 선택하고, 'Colorize : 체크, Hue : 358, Saturation : 25, Lightness : 36'으로 입력한 후, [OK] 버튼을 클릭합니다. [Layers] 패널에서 레이어의 이름을 벚꽃문양B02로 변경한 후, 레이어 위치를 '벚꽃풍경' 레이어 위로 이동합니다.

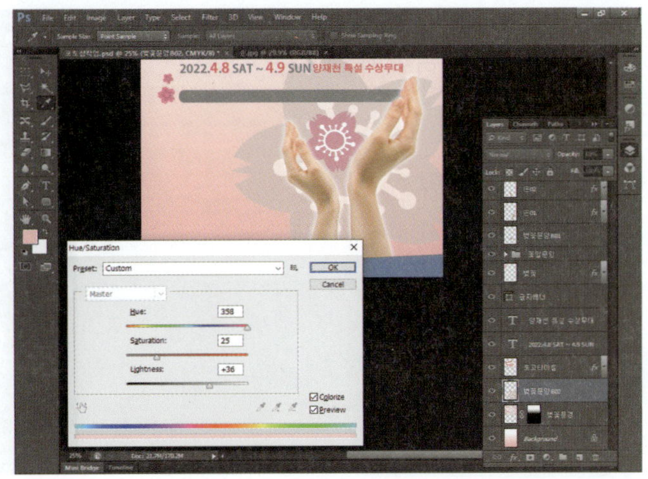

08 SNS 폴더박스 만들기

01 다음으로 SNS 아이콘이 들어갈 폴더박스를 만들기 위해서 'Rectangle Tool'을 선택하고, 옵션바에서 'Pick Tool Mode : Shape, Fill : C0M35Y12K0, Stroke : C0M51Y18K0, Set Shape Stroke with : 1.6pt'로 설정한 후, 다음과 같은 위치에 직사각형을 그립니다. [Layers] 패널에서 레이어의 이름을 폴더박스로 변경한 후, 위치를 '그리드' 레이어 아래로 이동합니다.

기적의 TIP

Fill과 Stroke의 색상은 옵션바에서 각 색상을 클릭하고, 옵션 박스가 열리면 오른쪽 상단의 Color Picker를 클릭하여 변경할 수 있습니다.

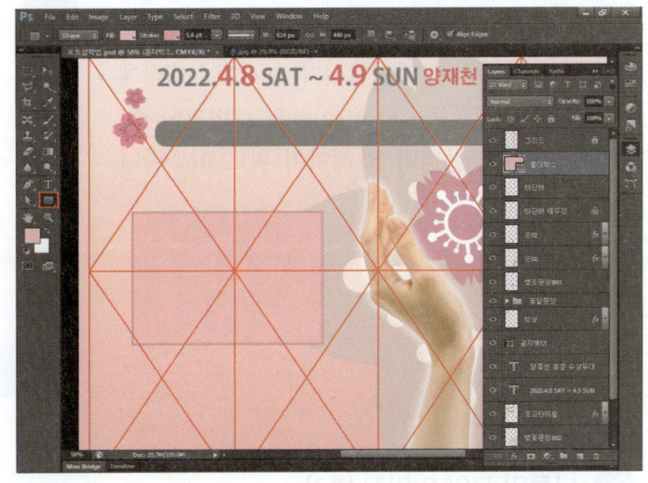

02 폴더박스의 인덱스를 만들기 위해서 'Rounded Rectangle Tool'을 선택하고, 옵션 바에서 'Pick Tool Mode : Shape, Fill : C0M51Y18K0, Stroke : None'로 설정한 후, 다음과 같은 위치에 둥근 모서리 직사각형을 그립니다. 'Selection Tool'을 선택하고, [↑], [↓], [←], [→]를 눌러 정확한 위치에 배치합니다. 레이어의 이름을 폴더인덱스로 변경한 후, 위치를 '폴더박스' 레이어 아래로 이동합니다.

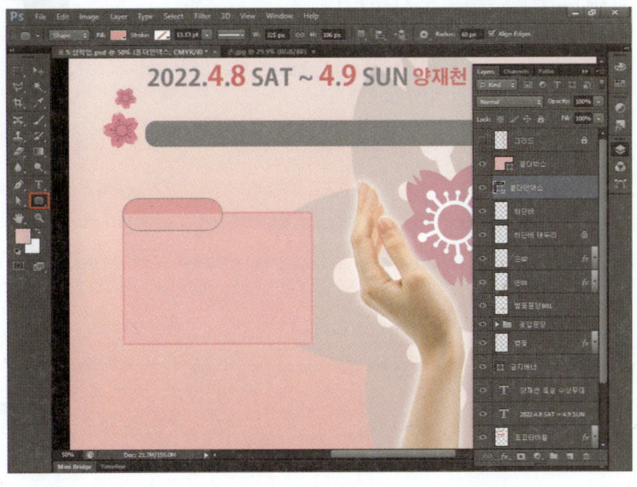

03 '일러스트작업' 창에서 SNS 아이콘을 선택하고, Ctrl + C 를 눌러 복사합니다.

04 '포토샵작업' 창에 Ctrl + V 를 눌러 붙여넣기합니다. [Paste] 대화상자에서 'Pixels'를 선택하고, 디자인 원고를 참고하여 크기를 조절한 후, 다음과 같은 위치에 배치합니다. [Layers] 패널에서 레이어의 이름을 SNS 아이콘으로 변경한 후, 레이어 위치를 '폴더박스' 레이어 위로 이동합니다.

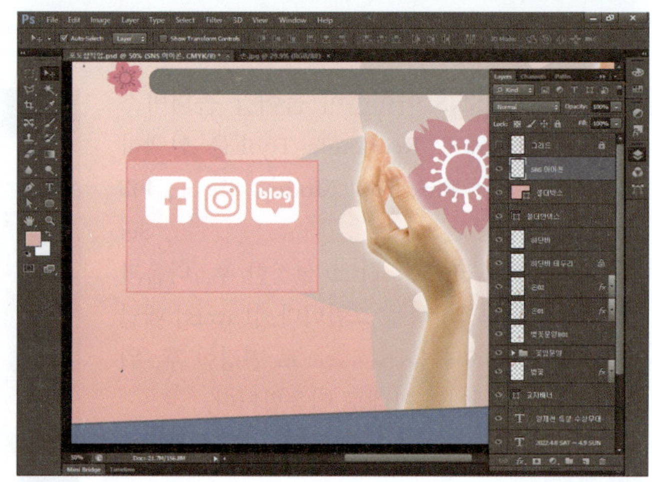

09 나뭇잎 모양 이미지 넣기

01 '일러스트작업' 창에서 나뭇잎을 선택하고, Ctrl + C 를 눌러 복사합니다.

02 '포토샵작업' 창에 Ctrl+V를 눌러 붙여넣기합니다. [Paste] 대화상자에서 'Pixels'를 선택하고, 디자인 원고를 참고하여 크기와 회전을 조절한 후, 다음과 같은 위치에 배치합니다. [Layers] 패널에서 레이어의 이름을 나뭇잎으로 변경한 후, 레이어 위치를 '폴더인덱스' 레이어 아래로 이동합니다.

03 나뭇잎에 들어갈 이미지를 불러오기 위해서 [File] 〉 [Open]을 선택하고, 벚꽃길.jpg를 불러옵니다.

04 이미지가 열리면 색조를 수정하기 위해서 [Image] 〉 [Adjustments] 〉 [Hue/Saturation]을 선택하고, 'Colorize : 체크', 'Hue : 350, Saturation : 33, Lightness : 52'로 입력한 후, [OK] 버튼을 클릭합니다. Ctrl+A를 눌러 전체영역을 선택하고, Ctrl+C를 눌러 복사합니다.

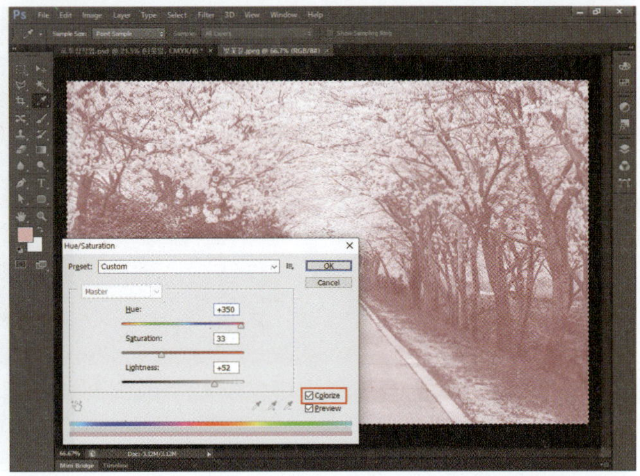

05 '포토샵작업' 창으로 돌아와 Ctrl+V를 눌러 벚꽃길 이미지를 붙여넣습니다. Ctrl+T를 눌러 크기 조절점을 나타내고, 크기와 위치를 조절하여 다음과 같이 하단 왼쪽에 배치한 후, Enter를 눌러 확정합니다. [Layers] 패널에서 레이어의 이름을 벚꽃길로 변경한 후, 레이어 위치를 '나뭇잎' 레이어 위로 이동합니다.

06 [Layers] 패널에서 '벚꽃길' 레이어에 마우스 오른쪽 버튼을 클릭하고, [Create Clipping Mask]를 선택합니다.

- Create Clipping Mask : 해당 레이어 이미지를 아래 위치한 레이어의 모양대로만 화면에 표시합니다.
- Create Clipping Mask를 적용하기 위해서 Layers 패널에서 '벚꽃길' 레이어의 위치가 '나뭇잎' 레이어 바로 위에 위치해야 합니다.

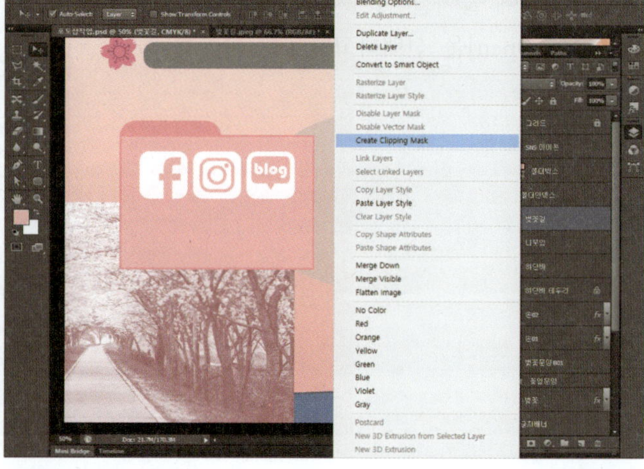

07 나뭇잎 모양에 맞춰 벚꽃길 이미지가 표시되는지 확인합니다.

01 '일러스트작업' 창에서 함께서울 로고를 선택하고, Ctrl + C 를 눌러 복사합니다.

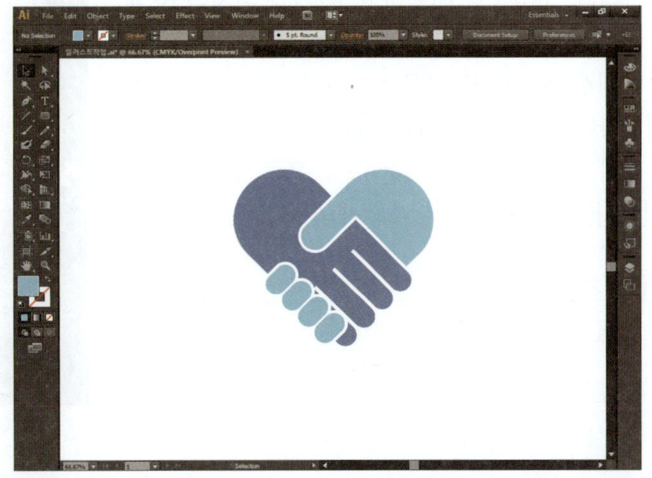

02 '포토샵작업' 창에 Ctrl + V 를 눌러 붙여넣기합니다. [Paste] 대화상자에서 'Pixels'를 선택하고, [OK] 버튼을 클릭한 후, 크기와 위치를 조절하여 다음과 같은 위치에 배치합니다. [Layers] 패널에서 레이어의 이름을 함께서울로고01로 변경한 후, 위치를 '그리드' 레이어 아래로 이동합니다.

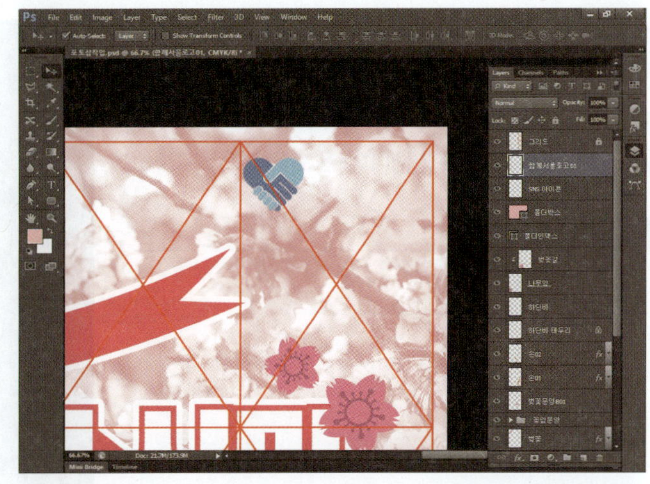

03 외곽선 효과를 적용하기 위해서 [Layers] 패널에서 '함께서울로고01' 레이어를 더블클릭하여 [Layer Style] 대화상자를 엽니다. 왼쪽의 'Stroke'에 체크하고, 오른쪽 옵션은 'Size : 5px', Color : C0M0Y0K0으로 설정한 후, [OK] 버튼을 클릭합니다.

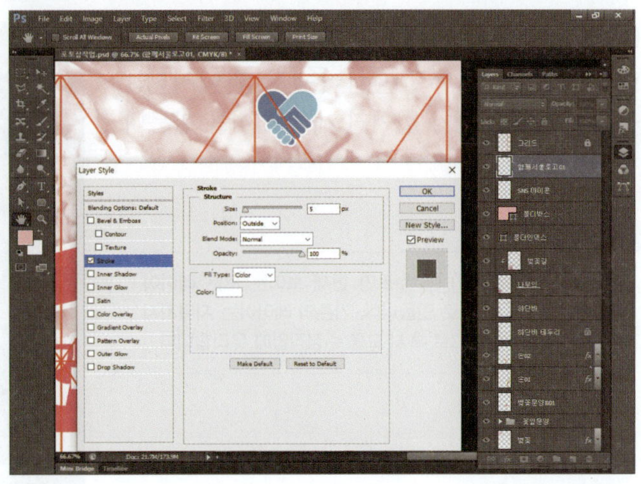

04 `Ctrl`+`V`를 눌러 로고를 하나 더 붙여넣기 합니다. 'Pixels'로 선택하고, 크기와 위치를 조절하여 다음과 같은 위치에 배치한 후, [Layers] 패널에서 레이어의 이름을 함께서울로고02로 변경합니다. 'Lock Transparent Pixels' 아이콘을 클릭하고, 전경색을 C0M0Y0K0으로 설정한 후, `Ctrl`+`Delete`를 눌러 색을 채웁니다.

> **기적의 TIP**
>
> `Ctrl`+`Delete` : 배경색으로 채우기

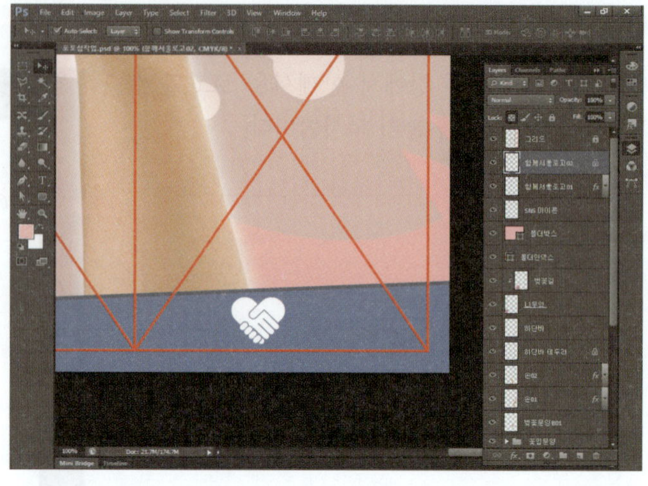

⑪ 검토 및 저장하기

01 [Layers] 패널에서 '그리드' 레이어를 켠 후, 디자인 원고와 전체적으로 비교하여 검토합니다. 검토가 끝나면 '그리드' 레이어의 눈을 끄고, `Ctrl`+`S`를 눌러 저장합니다.

> **기적의 TIP**
>
> Save : `Ctrl`+`S`

02 [Layers] 패널에서 '그리드' 레이어 바로 아래 레이어를 선택한 후, `Ctrl`+`Alt`+`Shift`+`E`를 눌러 모든 레이어가 합쳐진 새 레이어를 만듭니다.

> **기적의 TIP**
>
> `Ctrl`+`Alt`+`Shift`+`E`를 누르면 현재 보이는 모든 레이어를 하나의 새 레이어로 만듭니다. 기존의 레이어는 지워지지 않고 그대로 유지되므로 혹시 모를 수정작업에 유리합니다.

03 [File] 〉 [Save As] 메뉴를 선택하여 '파일이름 : 자신의 비번호(예를 들어 01번이면 01)'을 입력합니다. PC 응시자는 'Format : JPEG' 형식을 선택합니다.

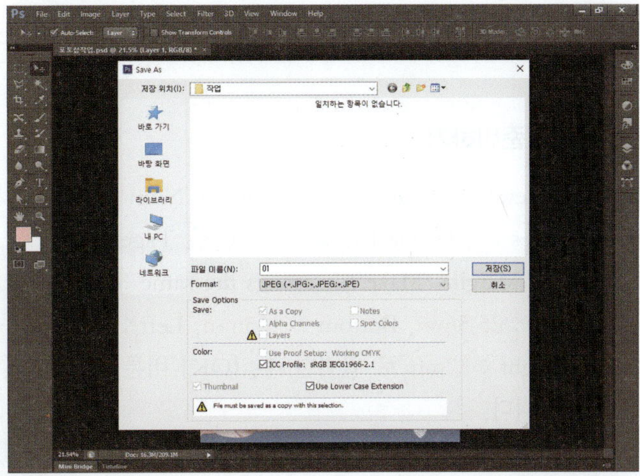

04 [JPEG Options] 대화상자가 열리면 'Quality : 12'로 설정하고, [OK] 버튼을 클릭합니다. 이때 저장된 JPG파일을 확인하고, 용량이 너무 큰 경우 'Quality'를 8~11 정도의 수치로 설정하여 저장합니다.

🚩 기적의 TIP

- 제출해야 할 파일(포토샵에서 만든 JPG 파일+인디자인 파일)의 용량은 총 15MB 이하입니다.
- Quality는 JPEG의 압축 품질을 설정하는 옵션으로서 수치를 낮게 설정하면 용량이 매우 줄어들며 화질이 손상됩니다. 따라서 허용하는 용량 내에서 최대한 높은 수치로 설정하여 화질이 최대한 떨어지지 않도록 합니다.
- 윈도우 탐색기는 [윈도우 키]+E를 눌러 열 수 있습니다.

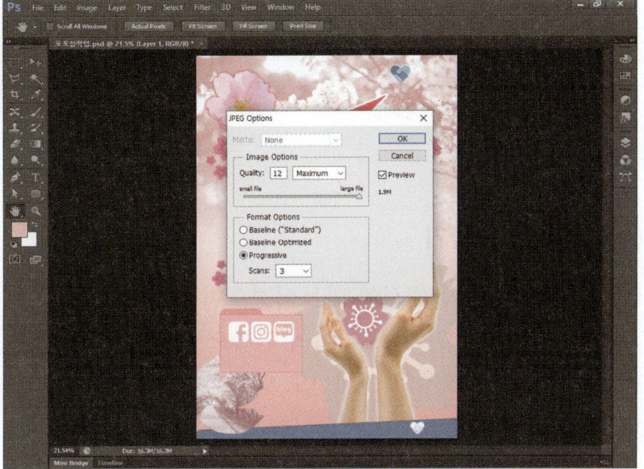

01 작업 준비하기

[File] > [New] > [Document]를 선택하여 'Number of Pages : 1, Facing Pages : 체크해제', 'Page Size : A4', Margins 'Make all settings the same : 해제', 'Top : 25.5mm, Bottom : 25.5mm, Left : 22mm, Right : 22mm'로 입력한 후, [OK] 버튼을 클릭합니다.

🄵 기적의 TIP

- Ctrl + N : New Document(새로 만들기)
- A4의 가로 길이 210mm에서 166mm를 뺀 값은 44mm 이고, A4의 세로 길이 297mm에서 246mm를 뺀 값은 51mm이므로 이 여백을 2등분하여 각각의 여백으로 지정 합니다.

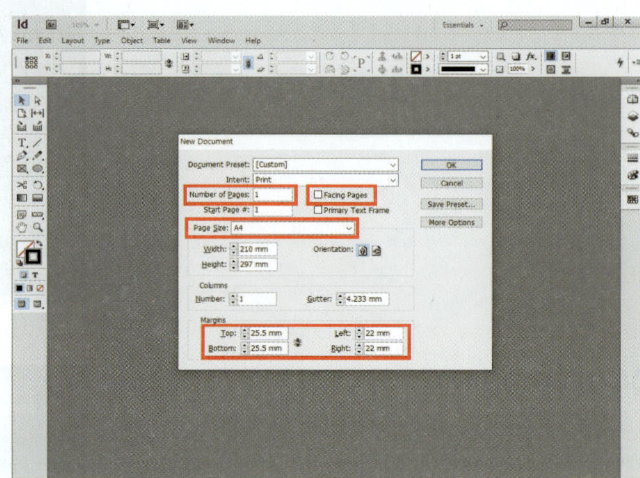

02 안내선 만들기

01 실제 크기의 안내선이 만들어졌으면 안내선 의 위쪽, 아래쪽, 왼쪽, 오른쪽의 안쪽으로 3mm 를 뺀 작품규격 크기의 안내선도 만들어야 합니 다. 눈금자의 기준점을 드래그하여 왼쪽 위의 안 내선 교차지점에 이동시켜 기준점이 0이 되도록 합니다.

02 'Zoom Tool'로 실제 크기 안내선 왼쪽 위를 드래그하여 확대하고, 왼쪽 눈금자에서 마우스를 드래그하여 0mm 지점에서 오른쪽으로 3mm만큼 이동한 지점과 위쪽 눈금자에서 마우스를 드래그하여 0mm 지점에서 아래쪽으로 3mm만큼 이동한 지점에 안내선을 가져다 놓습니다.

기적의 TIP

왼쪽 눈금자에서 안내선을 꺼내 컨트롤 패널에서 'X : 3mm'로 입력하고, 위쪽 눈금자에서 안내선을 꺼내 'Y : 3mm'로 입력하여 정확히 배치할 수 있습니다.

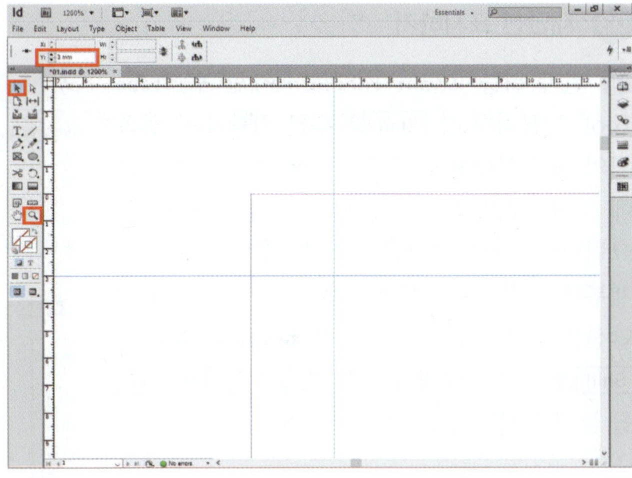

03 'Hand Tool'을 더블클릭하여 윈도우 화면으로 맞춘 후, 실제 크기의 안내선 오른쪽 아래를 'Zoom Tool'로 확대합니다. 왼쪽 눈금자에서 마우스를 드래그하여 166mm 지점에서 왼쪽으로 3mm만큼 이동한 지점(163mm)과 위쪽 눈금자에서 마우스를 드래그하여 오른쪽 아래의 246mm 지점에서 위쪽으로 3mm만큼 이동한 지점(243mm)에 안내선을 가져다 놓습니다.

기적의 TIP

왼쪽 눈금자에서 안내선을 꺼내 컨트롤 패널에서 'X : 163mm'로 입력하고, 위쪽 눈금자에서 안내선을 꺼내 'Y : 243mm'로 입력하여 정확히 배치할 수 있습니다.

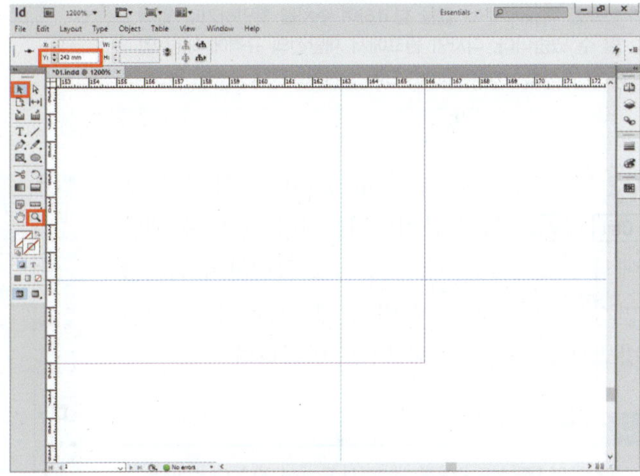

03 재단선 표시하기

01 왼쪽 위를 'Zoom Tool'로 확대한 후, 'Line Tool'을 클릭하고, [Shift]를 누른 상태에서 왼쪽 위의 세로 안내선과 실제 크기 안내선 경계 부분에 수직으로 드래그하여 5mm 길이의 재단선을 그립니다. 가로 안내선과 실제 크기 안내선 경계부분도 수평으로 드래그하여 5mm 길이의 재단선을 그립니다. 두 재단선을 'Selection Tool'로 [Shift]를 누른 상태에서 각각 클릭하고, [Ctrl]+[C]를 눌러 복사합니다.

> **기적의 TIP**
>
> 컨트롤 패널에서 'L' 값을 참고하여 수치를 확인하거나 입력할 수 있습니다. 디자인 원고에서 재단선의 규격에 대한 언급이 없지만 5mm~10mm 정도가 적절합니다.

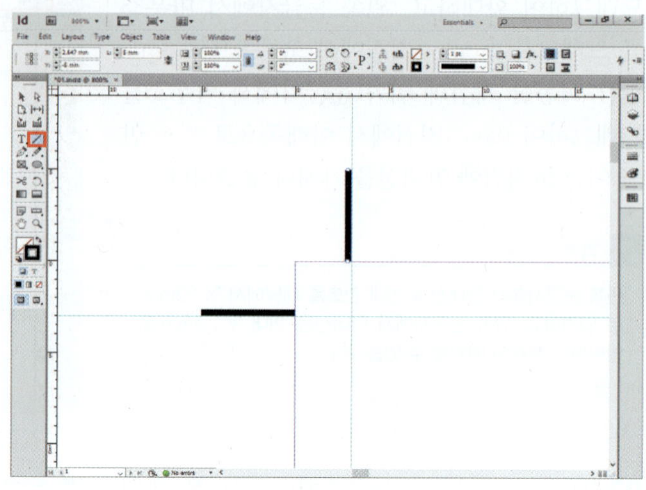

02 '오른쪽 위를 'Zoom Tool'로 확대한 후 [Ctrl]+[V]를 눌러 붙여넣기합니다. 컨트롤 패널에서 'Rotate 90 ˚ Clockwise'를 클릭하여 위치를 변경한 후, 안내선에 맞춰 배치합니다. 동일한 방법으로 아래쪽의 재단선도 만듭니다.

> **기적의 TIP**
>
> 아래쪽의 재단선도 컨트롤 패널에서 'Rotate 90 ˚ Clockwise'를 클릭하고, 안내선에 맞춰 배치하면 됩니다.

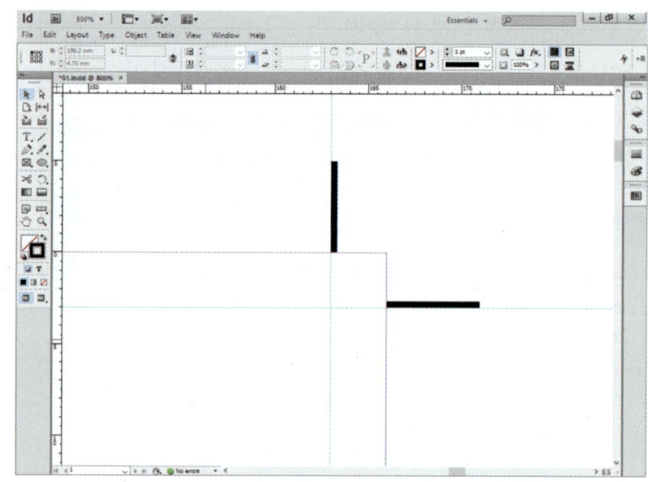

04 이미지 가져오기

01 [File] 〉 [Place]를 선택하여 01.jpg를 선택하고 [열기] 버튼을 클릭합니다.

02 실제 크기 안내선의 왼쪽 위를 클릭하여 이미지를 삽입합니다. 상단 옵션바에서 'Reference Point'를 왼쪽 상단의 모퉁이로 선택 후, [W : 166mm], [H : 246mm]로 입력하고 Ctrl + Alt + Shift + E 를 눌러 프레임 비율에 이미지를 맞춥니다. 마우스 오른쪽 버튼을 클릭하여 [Display Performance] 〉 [High Quality Display]를 선택합니다.

[F] **기적**의 TIP

High Quality Display
화면에서 보여지는 이미지의 품질을 최고 수준으로 표시하는 보기 옵션일 뿐 실제 출력물의 품질과는 관련이 없습니다.

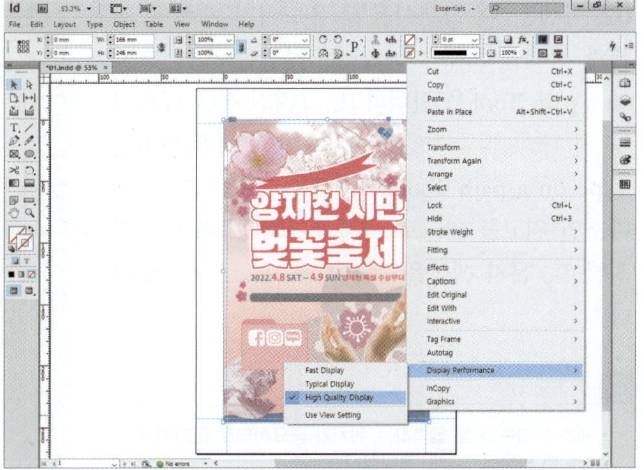

05 글자 입력하기

01 패스를 따라 곡선처럼 휘어지는 글자를 입력하기 위해서 'Pen Tool'을 선택하고, 리본 배너의 곡률에 맞춰 다음과 같이 선을 그립니다.

🏁 기적의 TIP

인디자인에서 Pen Tool의 사용법은 일러스트레이터와 100% 같습니다.

02 곡선은 패스로 사용할 용도이기 때문에 면색과 선색을 모두 None으로 설정합니다. 'Type on a path Tool'을 선택하고, 그려진 선을 클릭하여 제 15회 벚꽃축제로 오세요~를 입력합니다. 'Type on a path Tool'로 문자를 블록 지정하고, 디자인 원고를 참고로 글꼴과 크기를 적절히 설정한 후, 문자 색상을 C0M0Y0K0으로 지정합니다.

🏁 기적의 TIP

• 패스 문자는 처음 입력하는 위치가 중요하므로 글자가 시작되는 부분을 정확히 클릭합니다.
• 상단의 컨트롤 패널에서 수정해야 할 문자속성 옵션이 없는 경우, [Type] 〉 [Character]를 선택하여 [Character] 패널에서 세부옵션을 조절할 수 있습니다.

03 일반 글자를 입력하기 위해서 'Type Tool'을 선택하고, 로고타이틀 아래 부분을 드래그하여 글상자를 만듭니다. 글상자에 축제 개막식 점등식 불꽃쇼 개최를 입력하고, 'Type Tool'로 글자를 블록 지정하여 컨트롤 패널에서 디자인 원고를 참고로 글꼴과 크기를 적절히 설정한 후, 툴박스에서 글자 색상을 C0M0Y0K100으로 설정합니다.

> **기적의 TIP**
>
> 글자를 입력할 때는 먼저 글상자를 만들어야 합니다.

04 'Ellipse Tool'을 선택하고, Shift를 누른 채 드래그하여 글자 사이에 작은 정원을 2개 그립니다. 정원의 면색은 C0M0Y0K100, 선색은 None으로 설정합니다.

05 'Type Tool'을 선택하고, 로고타이틀 아래 회색 글자배너에 글상자를 만듭니다. 글상자에 서초뮤직페스티벌 / 벚꽃길스탬프투어 / 야외조각전 / 에코동터널을 입력하고, 'Type Tool'로 글자를 블록 지정하여 컨트롤 패널에서 디자인 원고를 참고로 글꼴과 크기를 적절히 설정한 후, 툴박스에서 글자 색상을 C0M0Y0K0으로 설정합니다.

06 'Type Tool'을 선택하고, 폴더박스에 글상자를 만듭니다. 양재천 벚꽃축제를 #해시태그 하여 SNS에 사진을 업로드하면 추첨을 통해 상품권을 드립니다.를 입력한 후, Paragraph 패널에서 'Justify with last line aligned left'를 클릭하여 양쪽 정렬합니다. 'Type Tool'로 글자를 블록 지정하여 컨트롤 패널에서 디자인 원고를 참고로 글꼴과 크기를 적절히 설정한 후, 툴 박스에서 글자 색상을 C0M0Y0K92로 설정합니다. '벚꽃축제'와 '#해시태그' 글자만 따로 블록 지정하여 C0M93Y44K0으로 설정합니다.

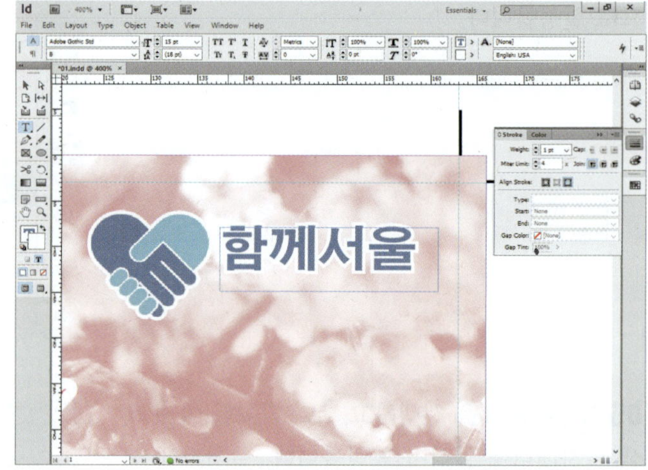

> **F 기적의 TIP**
>
> Paragraph 패널 열기 : [Type] 〉 [Paragraph]

07 'Type Tool'을 선택하고, 함께서울 로고 오른쪽에 글상자를 만듭니다. 글상자에 함께서울을 입력하고, 'Type Tool'로 글자를 블록 지정하여 컨트롤 패널에서 디자인 원고를 참고로 글꼴과 크기를 적절히 설정합니다. 툴 박스에서 글자 색상은 C72M46Y15K0, 선색은 C0M0Y0K0으로 설정한 후, Stroke 패널에서 'Weight : 1pt'로 설정합니다.

> **F 기적의 TIP**
>
> • Stroke 패널 열기 : [Window] 〉 [Stroke]
> • 문자의 선 두께를 [Stroke] 패널 'Weight' 수치로 조절할 수 있습니다.

08 같은 방법으로 '함께서울' 아래쪽에 시민과 함께 세계와 함께를 입력하고, 글자 색상은 C72M46Y15K0, 선색은 C0M0Y0K0으로 설정한 후, Stroke 패널에서 'Weight : 0.5pt'로 설정합니다.

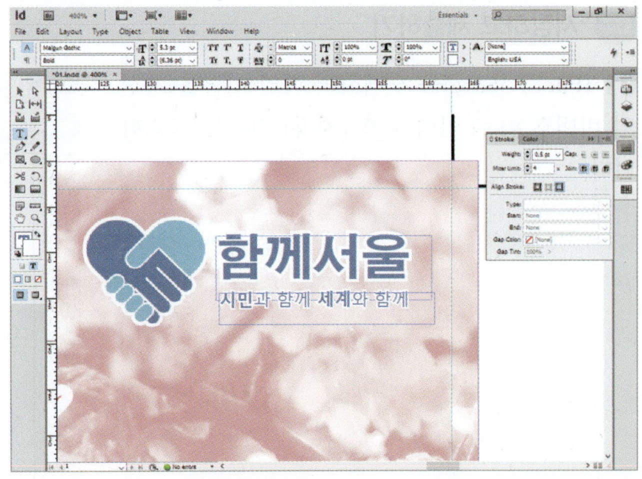

09 위와 같은 방법을 이용하여 아래쪽에 양재동 주민자치위원회, 함께서울, 시민과 함께 세계와 함께를 각각 입력한 후, 글자 색상을 C0M0Y0K0으로 설정합니다.

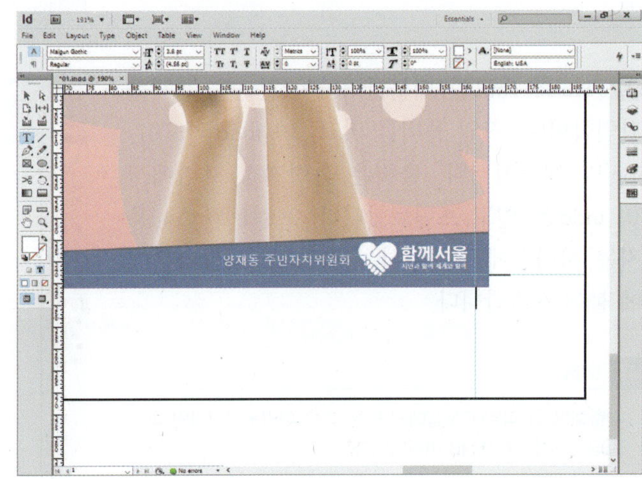

06 비번호 입력하기

이미지 왼쪽 아래를 'Zoom Tool'로 확대하고 'Type Tool'로 비번호(등번호)를 입력한 후 글자를 블록 지정하여 컨트롤 패널에서 '글꼴: 고딕, Font Size: 10pt'로 지정합니다. 위치는 작품에서 3mm 떨어진 지점으로 이동합니다.

> **기적의 TIP**
>
> • 요구사항에 의하면 비번호를 입력할 때 폰트는 고딕체, 폰트 크기는 10pt로 입력해야 합니다.
> • 시험장에서 배정된 자신의 비번호를 입력하면 됩니다. 예제에서의 01은 예시입니다.

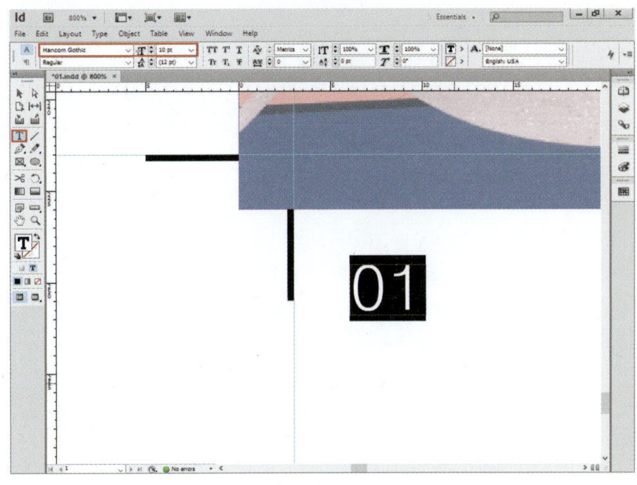

01 [File] 〉 [Save]를 선택하여 파일 이름을 자신의 비번호 01로 입력한 후 [저장] 버튼을 클릭합니다.

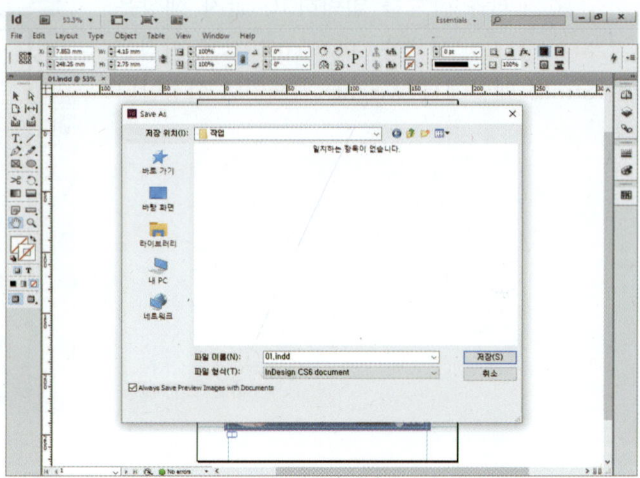

02 'Hand Tool'를 더블클릭하여 결과물 전체를 확인합니다. 작업 폴더를 열고, '01.indd'와 '01. jpg'만 제출합니다. 출력은 출력지정 자리에서 '01.indd'를 열고 프린트합니다. 프린트된 A4 용지는 시험장에서 제공하는 켄트지의 한 가운데에 붙여 제출합니다.

> **기적의 TIP**
>
> 제출해야 할 파일(포토샵에서 만든 JPG 파일+인디자인 파일)의 용량은 총 15MB 이하입니다.

모두에게 당신의 합격 스토리를 들려주세요
합격 후기 EVENT

합격하고 마음껏 자랑하세요.
후기를 남기면 네이버페이 포인트를 선물로 드려요.

블로그에 자랑 남기기
개인 블로그에
합격 후기 작성하고 20,000원 받기!

20,000원
네이버페이 포인트 지급

▲ 자세히 보기

카페에 자랑 남기기
이기적 스터디 카페에
합격 후기 작성하고 5,000원 받기!

5,000원
네이버페이 포인트 지급

▲ 자세히 보기

※ 자세한 참여 방법은 QR코드 또는 이기적 스터디 카페 '이기적 이벤트' 게시판을 확인해 주세요.
※ 이벤트에 참여한 후기는 추후 마케팅 용도로 활용될 수 있으며 혜택은 변동될 수 있습니다.

도서 인증하면 고퀄리티 강의가 따라온다!

100% 무료 강의

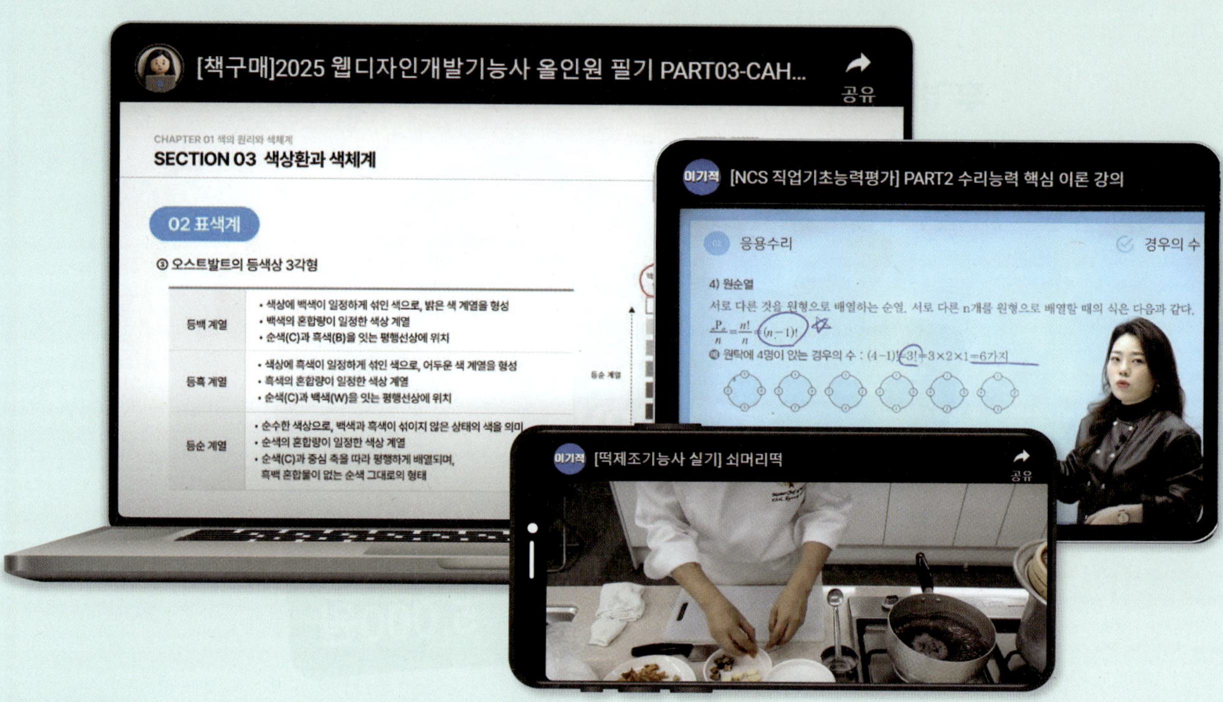

이용방법

STEP 1
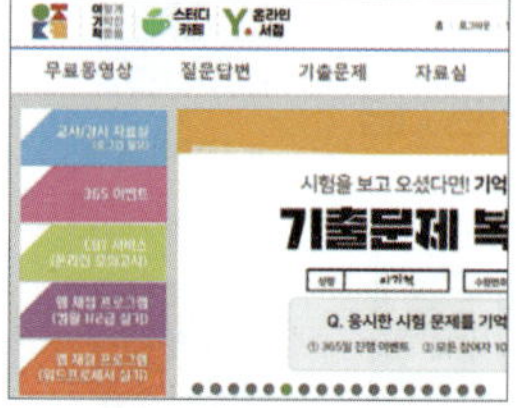

이기적 홈페이지
(https://license.
youngjin.com/) 접속

STEP 2
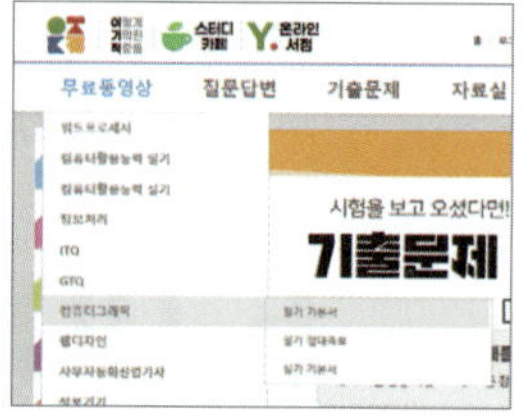

무료 동영상
게시판에서 도서와
동일한 메뉴 선택

STEP 3
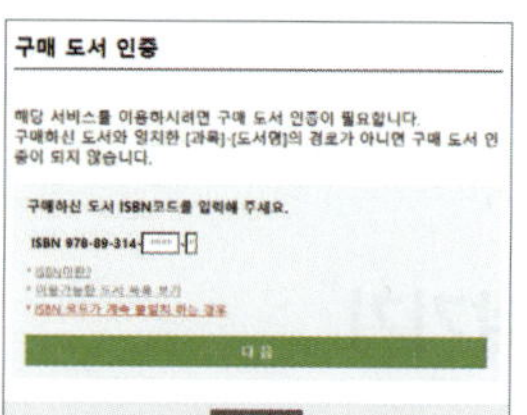

책 바코드 아래의
ISBN 코드와
도서 인증 정답 입력

STEP 4
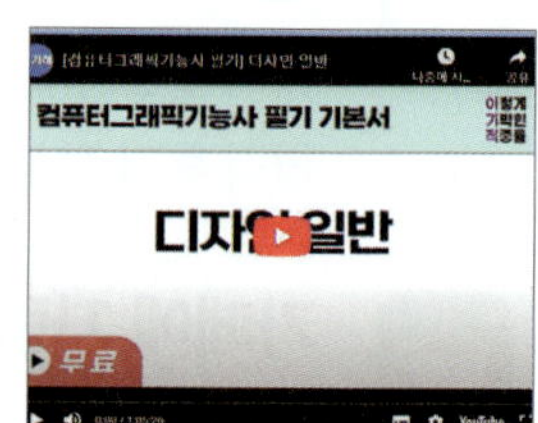

이기적 수험서와
동영상 강의로
학습 효율 UP!

※ 도서별 동영상 제공 범위는 상이하며, 도서 내 차례에서 확인할 수 있습니다.

◀ 이기적 홈페이지 바로가기

영진닷컴 이기적"""

합격을 위해 모두 드려요.
이기적 합격 솔루션!

이기적이 여러분을 위해 준비했어요

저자가 직접 알려주는, 무료 동영상 강의

새로운 공개 문제도 문제없이 독학으로 완벽하게!
이기적이 준비한 동영상 강의로 학습하세요.

원하는 자료도 바로바로, 소스 파일 제공

컴퓨터그래픽기능사 시험은 연습이 생명!
이기적 홈페이지에서 실습 자료를 쉽게 다운로드 하세요.

무엇이든 물어보세요, 1:1 질문답변

공부하다 궁금한 게 생기셨나요? 무엇이든 물어보세요.
이기적 스터디 카페에서 친절하게 그 해답을 알려줍니다.

문풀의 중요성 알고 있어요, 추가 기출 유형 문제

더 많은 문제를 풀고 싶으신가요?
이기적이 준비한 추가 기출 유형 문제로 연습하고 최종 합격까지!

※ 〈2026 이기적 컴퓨터그래픽기능사 실기 기본서〉를 구매하고 인증한 회원에게만 드리는 자료입니다.

◀ 소스 파일 다운로드 바로가기

정오표 바로가기 ▶

컴퓨터그래픽기능사

실기 기본서

1권 · 이론서

차례

PART 01 실기시험 준비하기   1권

SECTION 01 컴퓨터그래픽기능사의 이해	1-24
SECTION 02 시험 대비 유의사항	1-28
SECTION 03 출력과 마무리에 관한 Tip	1-43

PART 02 프로그램 기능 익히기

SECTION 01 Illustrator	1-50
• 기본 화면 구성	1-50
• 툴 패널	1-51
• 패널	1-68
• 시험에 자주 나오는 기능 따라하기	1-74
SECTION 02 Photoshop	1-97
• 기본 화면 구성	1-97
• 툴 패널	1-98
• 패널	1-111
• 시험에 자주 나오는 기능 따라하기	1-115
• 포토샵 필터 효과	1-130
SECTION 03 Indesign	1-138
• 기본 화면 구성	1-138
• 시험에 자주 나오는 기능 따라하기	1-139

※ **참여 방법 :** '이기적 스터디 카페' 검색 → 이기적 스터디카페(cafe.naver.com/yjbooks) 접속 → '구매 인증 PDF 증정' 게시판 → 구매 인증 → 메일로 자료 받기

STEP 1 핵심기능 완벽 정리

STEP 2 기출 유형 톺아보기

전문가가 정리한 핵심 개념으로
주요 기능 학습

다 풀어보지 못한 공개문제는
톺아보기로 유형 파악

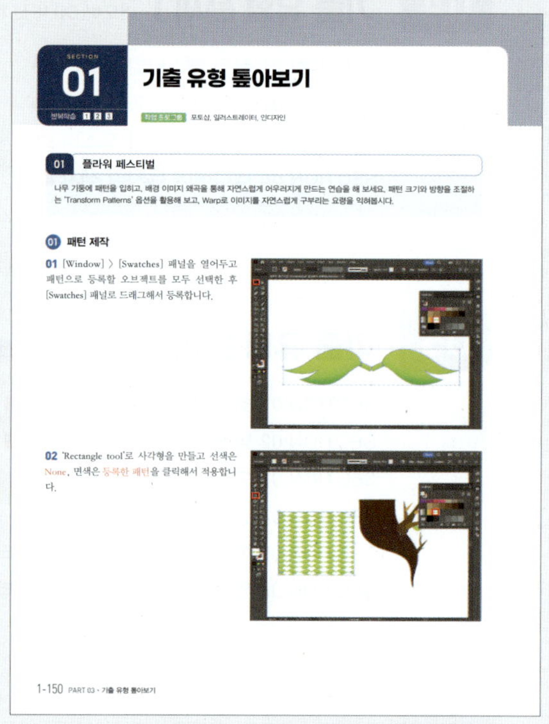

◎ CS6 버전과 CC 버전 모두 적용 가능!

◎ 각 프로그램별 기능 및 효과 학습

◎ 합격을 위한 다양한 팁 제시

◎ 15개 기출 유형 문제의 어려운 기능만 골라 연습

◎ 주요 기능 미리 확인하고 해결 방향 감 잡기

◎ 별색 표기로 기능별 적용 부분 한눈에 확인

기출 유형 문제 풀이

또기적 합격자료집

기출 유형 문제 10회분으로
실기 대비 무한 연습

도서 구매자 특별 제공
추가 기출 유형 문제 + 핵심 단축키

- ✅ QR 코드로 동영상 강의 바로 시청
- ✅ CC & CS 버전별 문제 설명
- ✅ 실행 화면과 기능별 자세한 설명 확인

- ✅ 추가 기출문제로 더 많은 연습 가능
- ✅ 한눈에 보는 프로그램별 핵심 단축키 증정
- ✅ 시험장 스케치와 스터디 플래너 제공

시험 알아보기

● 자격 및 직무 소개

컴퓨터그래픽기능사란 디자인에 관한 기초지식을 가지고 컴퓨터그래픽 2D 프로그램을 활용하여 광고, 편집, 포스터 디자인 등의 시각디자인 관련 그래픽디자인 작업을 하는 직무

● 응시 자격

남녀노소 누구나 응시 가능

● 검정 방법

- 실기 과목 : 컴퓨터그래픽 실무(작업형)
- 시험지시서와 디자인 원고를 보고 답안 작성
- 실기 시험 시간 : 약 3시간 30분
- 제출 용량 : 최대 15MB

● 사용 프로그램 및 버전별 차이

- 컴퓨터그래픽기능사는 각 시험장의 장비와 라이선스에 맞춰 설치된 버전으로 실기 시험 응시
- 프로그램 버전별 차이는 크지 않지만 메뉴의 위치와 이름이 일부 다를 수 있으므로 내가 보는 시험장의 프로그램 버전을 미리 확인 필요
- 시험장의 프로그램 버전은 큐넷 → 고객지원 → 공지사항에서 확인 가능

● 시험 응시 유의사항

신분증 및 수험표 지참

출제 기준

● 실기 출제 기준

- 적용 기간 : 2025.01.01.～ 2027.12.31.
- 실기 과목명 : 컴퓨터그래픽 운용 실무

출제 기준 상세 보기

주요항목	세부항목
1. 비주얼 아이데이션 구상	1. 아이디어 구상하기 2. 아이디어 스케치 구상하기 3. 비주얼 방향 구상하기
2. 비주얼 아이데이션 전개	1. 아이디어 전개하기 2. 아이디어 스케치 전개하기 3. 비주얼 방향 전개하기
3. 비주얼 아이데이션 적용	1. 아이디어 적용하기 2. 아이디어 스케치 적용하기 3. 비주얼 방향 적용하기
4. 시안 디자인 개발 기초	1. 시안 개발계획 수립하기 2. 아트워크하기 3. 베리에이션하기
5. 시안 디자인 개발 응용	1. 시안 개발 응용하기 2. 아트워크 응용하기 3. 베리에이션 좁히기

접수 기간

- 큐넷 홈페이지(q-net.or.kr)에서 접수
- 원서 접수 시간 : 원서 접수 첫날 10:00부터 마지막 날 18:00 까지

2026년 실기 시험 일정

기능사	원서접수 (휴일제외)	시험시행
제1회	2.2~2.5	3.14~4.1
제2회	4.27~4.30	5.30~6.14
제3회	7.27~7.30	8.29~9.16
제4회	10.12~10.15	11.14~12.2

※ 정확한 일정은 시행처 홈페이지 확인 필수

원서 접수

- 수수료 : 23,700원
- 원서 접수 마감일 18시까지 계좌이체 및 카드결제 가능

합격 기준

100점을 만점으로 하여 60점 이상 취득 시 합격

합격 발표

실기 시험 합격자 발표

한국산업인력공단 홈페이지에서 공지된 합격자 발표일에 발표

자격증 수령

- 상장형 자격증을 원칙으로 하며 수첩형 자격증도 발급
- 자격 취득 사실 확인이 필요한 경우 취득사항확인서 발급

형태	상장형 및 수첩형
신청 절차	공단이 본인 확인용 사진을 보유한 경우, 인터넷 배송 신청 가능(q-net.or.kr)
수수료	신규발급 기준 수수료 : 3,100원 / 배송비 : 3,290원 ※ 큐넷 홈페이지 자격증 · 확인서 〉 자격증 발급안내 확인
수령 방법	• 상장형 자격증은 인터넷을 통해 무료 발급 가능(1회 1종목) • 수첩형 자격증은 우편 배송만 가능 • 신분 미확인자는 공단에 직접 방문하여 수령
신청 접수 기간	합격자 발표 이후

고사장 및 시험 관련 문의

- 시행처 : 한국산업인력공단
- http://www.q-net.or.kr

📞**1644-8000**

01 실기시험 관련 기본정보

시험시간

2025년부터 적용되는 실기시험 시간은 총 3시간 30분입니다. **불합격 이유의 다수는 '시간 부족'**입니다. 따라서 여유 있게 실기시험을 완성(3시간 정도)할 수 있도록 미리 연습하는 것이 중요합니다. **시간을 줄일 수 있는 최선의 방법은 '실전과 같은 반복 연습'**입니다. 주어진 시간 안에 포토샵과 일러스트레이터를 활용하여 디자인 에셋과 도안을 만들고, 인디자인(Quark XPress 가능)에 옮겨 인쇄용 판본을 만들어야 합니다. 인쇄용이기 때문에 이론적으로는 CMYK로 작업하는 것이 맞습니다. 그러나 시험장의 프린터가 실제 인쇄소의 출력이 아니기 때문에 RGB 모드로 작업한 후 출력할 것을 추천합니다.

합격 기준

실기시험의 합격 기준은 100점 만점에 60점 이상입니다. 그러나 의외로 사소한 부분에서 감점이 크다는 사실을 염두에 두길 바랍니다. 3개 프로그램 중에서 '일러스트레이터(Ai)에서 당락이 결정'되는 경우가 가장 많습니다. 따라서 시험문제의 원안 요소를 빠트리면 실격이라고 생각해도 무방합니다. 다만, 매우 복잡한 부분에서 약간의 생략 기법(10% 이내)을 사용하는 것은 괜찮습니다. 그 다음은 '포토샵의 패턴이나 필터 등의 다양한 효과'가 중요합니다. 또한 인디자인의 마무리 작업에서 타이포 및 인쇄 편집, 그리고 글자의 선명도가 중요하기 때문에 이를 실전처럼 반복 훈련해야 합니다.

과제 제출

심사위원의 채점은 '최종 프린트된 완성물'로 보고 채점하는 것임을 알아두길 바랍니다. 때로는 어려운 문제가 나올 때도 있습니다. 이때 당황하지 말고 자신이 사용할 수 있는 모든 툴을 동원해서 비슷하게 완성하면 된다는 생각으로 마무리하길 바랍니다. 작은 부분에서 실수하는 것보다 전체적인 완성에 집중하는 것이 훨씬 유리합니다. **가장 좋은 방법은 이 책에 나오는 문제를 여러 번 반복하여 3시간 30분 안에 실전처럼 완성하는 것**입니다.

USB 안에 들어갈 파일 용량은 15MB 이하라는 사실을 잊어서는 안 됩니다. 만약 이미지 해상도가 잘못되어서 프린트된 출력물의 이미지가 깨지면 큰 감점을 받게 됩니다. 따라서 작업 시작 전에 반드시 해상도를 확인한 후에 작업하는 습관을 가지시기를 바랍니다.

시험 출제 경향 1-13

02 실기시험 단계별 꿀 Tip

작업 순서 : 일러스트 → 포토샵 → 인디자인 → 인쇄(출력) → 제출

① 일러스트에서 로고 등 필요 오브젝트 생성

Rectangular Grid Tool 선택 및 작품 사이즈와 동일하게 3등분하고 대각선을 그려 그리드를 만들고 그 비율에 맞춰 필요한 로고 및 도형을 제작합니다.

② 포토샵에서 전체적인 조합 및 필터 적용 후, JPG 파일로 저장

Ctrl+S(Save as)키를 눌러서 저장을 하는데, 이때 파일 이름은 자신의 비번호, JPEG 형식(Quality : 12, Format option : Standard)으로 저장합니다.(제출용)

③ 인디자인에서 최종 편집 및 텍스트 작업 후 저장

이미지 왼쪽 하단 재단선 끝선에 맞춰 비번호(등번호)를 입력하고(돋움, 10pt) '비번호(등번호).indd' 형식으로 저장합니다.

④ 시험장에 제공된 출력장치에서 출력하고 부착 후 제출

시험장에서 지정된 출력 자리에서 indd 파일을 프린트 후 A3의 중앙에 붙여서 제출합니다.

규격 및 재단선

① 일러스트/포토샵 : 가로, 세로에 6mm(=3mm×2) 더한 사이즈

② 인디자인 : A4 사이즈(210mm×297mm)에서 6mm가 포함된 크기를 빼고, 여기에 나누기 2한 만큼의 각 상하좌우 여백 설정

> **예** 실제 작품 사이즈 = 160mm×240mm → 작업 규격 166mm×246mm
>
> [Margin] Top&Bottom = (297−246)/2 = 25.5
>
> Left&right = (210−166)/2 = 22

기본 설정 : Ctrl+N(새 문서 만들기)

① 일러스트레이터

- Width : 실제 사이즈 + 6mm
- Height : 실제 사이즈 + 6mm
- Unit : Millimeters
- Color Mode : CMYK

② 포토샵

- Width : 작품 규격 + 6mm
- Height : 작품 규격 + 6mm
- Resolution : 250~300Pixels/inch
- Color Mode : RGB

③ 인디자인

- Number of Pages : 1, Facing Pages : 체크 해제
- Page Size : A4, Margin 'Make all settings the same' : 해제
  - A4 사이즈(210mm×297mm)에서 6mm가 포함된 크기를 빼고, 여기에 나누기 2한 만큼의 각 상하좌우 여백을 설정합니다.

서체

글자 입력 시 지정된 폰트가 없는 경우 세리프체, 산 세리프체 계열만 같도록 적용하면 됩니다. 정확한 글꼴을 적용했는가는 감점 대상이 아닙니다.

시험장별 프로그램 버전 확인하기

시험장소의 정보는 인터넷 원서 접수 시 장소 선택 후 '장소 안내' 버튼을 클릭하거나 전화로 문의하면 됩니다. 프로그램 버전이 예상과 다를 경우를 대비해야 하므로 반드시 개인별로 시험장소의 정보나 프로그램 버전을 미리 확인하시기 바랍니다. 버전별로 어떤 툴이 다른지를 인터넷이나 유튜브를 통해 미리 확인한 후 실기시험장에 들어가시면 좋습니다.

03 시험시간을 아껴주는 프로그램별 기본 단축키

불합격 이유의 대다수는 '시간 부족' 때문입니다. 시간을 줄일 수 있는 방법은 오직 실전과 같은 '반복 연습'이지만, 그 이외에 프로그램별 '단축키'를 사용하면 시간을 절약할 수 있습니다.

일러스트레이터 CC

기능	단축키	기능	단축키
Selection	V	Art board	Shift−O
Direct Selection	A	Hand	H
Pen	P	Zoom	Z
Add Anchor point	+	Swap Fill & Stroke	Shift−X
Delete Anchor point	−	Default Fill & Stroke	D
Convert Anchor point	Shift−C	To make copy	Alt
Type	T	To add to a Selection	Shift
Rectangle	M	Move Selection	Any arrow key
Ellipse	L	Move Selection 10 pts.	Shift−Any arrow key
Pencil	N	Lock selected artwork	Ctrl−2
Rotate	R	Unlock all artwork	Ctrl−Alt−2
Reflect	O	Hide selected artwork	Ctrl−3
Scale	S	Hide all deselected artwork	Ctrl−Alt−Shift−3
Warp	Shift−R	Show all artwork	Ctrl−Alt−3
Free Transform	E	Zoom in tool	Ctrl−Space Bar
Gradient	G	Zoom out tool	Ctrl−Alt−Space Bar
Eyedropper	I	Zoom In to exact size	Ctrl−Space Bar−drag

포토샵 CC

기능	단축키	기능	단축키
Free Transform	Ctrl+T	Eyedropper tool	I
Deselect selections	Ctrl+D	Brush tool	B
Decrease brush size	[	Clone Stamp tool	S
Increase brush size	]	History Brush tool	Y
Undo last command	Ctrl+Z	Eraser tool	E
New layer(s) via copy	Ctrl+J	Gradient tool	G
Move tool	V	Pen tool	P
Marquee tool	M	Horizontal Type tool	T
Lasso tool	L		

인디자인 CC

기능	단축키	기능	단축키
Tool	▦	Free Transform tool	E
Selection tool	V, Esc	Eyedropper tool	I
Direct Selection tool	A	Hand tool	H
Page tool	Shift+P	Zoom tool	Z
Gap tool	U	Toggle Fill and Stroke	X
Pen tool	P	Apply No Color	/
Type tool	T	Frame Grid tool (horizontal)	Y
Line tool	\	Frame Grid tool (vertical)	Q
Rectangle Frame tool	F	Gradient Feather tool	Shift+G
Rectangle tool	M		

01 미리미리 준비

수험표와 신분증, 시험에 필요한 도구(30cm 눈금자, 양면테이프, 칼 또는 가위, 빨간펜, 검정펜, 연필 등)을 미리 준비합니다.

02 배정받은 컴퓨터를 꼼꼼히 확인

시험장에 가면 비번호를 배정받고 그 자리에 앉게 되는데, 이때부터 자신이 사용할 컴퓨터를 점검할 수 있습니다. 수험자의 컴퓨터는 다수가 사용하는 공용 컴퓨터이기 때문에 변수가 많습니다. 크게 두 가지를 확인해야 합니다.

〈컴퓨터 하드웨어 확인〉

꼼꼼한 확인이 필요합니다. 컴퓨터에 따라서 속도가 매우 느린 경우, 문자(한글, 영문)가 정상적으로 입력되지 않는 경우, 키보드와 마우스 작동이 원활하지 않은 경우, 갑자기 재부팅되는 경우가 종종 있기 때문입니다. 만약 PC에 심각한 오류가 있다고 판단되면 감독관에게 문의하여 조치를 받아야 합니다. 컴퓨터에 특별한 이상이 없다면 [C:\WINDOWS\TEMP*.*]에 들어 있는 파일들을 삭제하거나, 드라이브 C:에서 '디스크 정리'로 불필요한 파일을 삭제하여 디스크 공간을 확보합니다. 일반적으로 하드디스크의 공간은 최소 300MB 이상 확보하는 게 좋습니다.

〈소프트웨어 확인〉

시험장에서 자신이 사용해야 할 3가지 소프트웨어, 즉 포토샵, 일러스트레이터, 인디자인(쿽 익스프레스)을 실행하고, 이미지와 텍스트 입력 등을 가볍게 테스트 해봅니다. 특히 소프트웨어의 한글 버전과 영문 버전은 시험을 보는 내내 혼동을 줄 수 있기 때문에 이에 대비해야 합니다.

03 소프트웨어를 하나씩 실행

디스크 정리를 통해 디스크 공간을 확보해도 시험장 컴퓨터의 속도는 장담할 수 없습니다. 따라서 여러 개의 프로그램을 동시에 실행하면서 시험을 치르면 위험합니다. 저장 속도가 급격히 저하되거나 컴퓨터가 갑자기 다운되는 경우도 종종 발생하기 때문입니다. 따라서 소프트웨어를 한꺼번에 켜지 말고, 하나씩만 실행하면서 시험을 치르는 게 안전합니다.

04 자신에게 맞는 컴퓨터 환경 설정

시험장 내의 PC는 평소 자신이 사용하는 컴퓨터 환경과 다를 수밖에 없습니다. 수험자의 습관에 따라서 시험을 보는 내내 불편을 초래할 수 있기 때문에 자신에게 맞는 환경 설정, 즉 모니터 해상도, 소프트웨어 아이콘 배열 등의 환경을 설정해 두는 게 좋습니다.

05 철저한 3시간 30분 계획 세우기

시험 시간이 부족하다고 3시간 30분 계획을 세우지 않고 작업을 시작하면, 더 늦거나 불합격할 가능성이 높아집니다. 예를 들어 A 시험 유형은 일러스트레이터에 많은 시간을 할애해야 하고, B 시험 유형은 포토샵에 많은 시간을 할애해야 하는데, 큰 계획을 세우지 않고 시험을 치르다보니 자신도 모르는 사이에 작은 것에 집중하게 되고, 시간이 흘러가서 더 큰 것을 잃게 된다는 뜻입니다. 즉, 소프트웨어별로 3시간 30분 계획을 철저하게 세우는 것이 합격의 지름길입니다.

06 그리드를 그리고, 디자인 원고를 꼼꼼히 분석

디자인 원고의 이미지, 사진, 글자, 규격 등이 결과물과 일치하기 위해서는 그리드를 그려 레이아웃을 체크하고, 원고 내의 지시내용을 꼼꼼히 확인하는 길밖에 없습니다.

07 손 들고 문의

컴퓨터 또는 프로그램에 문제가 발생했을 때, 시험지시서와 디자인 원고가 이해되지 않을 때 긴장해서 그냥 넘어가는 경우가 종종 있습니다. 그러나 문제가 있다고 판단될 때, 도움이 필요할 때는 과감하게 손을 들어 감독관에게 문의해야 합니다.

08 수시로 저장하는 습관

"세 살 버릇 여든까지 간다."라는 속담처럼 습관은 고치기 어렵습니다. 실기시험에서 가장 중요한 습관은 'save'입니다. 시험장의 PC가 갑자기 꺼져버려서 파일이 삭제되는 경우가 종종 발생하기 때문입니다. 시험을 치르는 동안 10분 간격으로 계속 저장하면서 작업하는 습관을 들여야 합니다.

〈일러스트레이터〉

작업물을 AI 또는 EPS 파일로 저장합니다. 포토샵에 *.AI 또는 *.EPS 파일 모두를 불러올 수 있습니다. 저장할 때는 파일의 에러 등을 고려하여 10 이하 버전으로 저장합니다.

〈포토샵〉

포토샵에서는 두 개의 파일로 저장합니다. 먼저 모든 작업을 수시로 저장할 수 있는 *.PSD 파일로 작업용 파일을 저장하고, 최종 작업이 완료되면 Save As를 실행하여 JPG(일반 PC), PICT(매킨토시) 파일로 저장합니다. 참고로 실무 작업에서는 EPS 또는 TIFF 파일로 저장합니다. 이 파일들은 무손실 압축방식이라서 많은 용량을 차지합니다.

〈인디자인〉

인디자인은 포토샵에서 작업한 JPG 파일을 불러와서 작업한 후, *.indd 파일로 저장합니다.

〈퀵 익스프레스〉

퀵 익스프레스는 PICT 파일을 불러와서 작업한 후, *.qxd 파일로 저장합니다.

09 지시문을 끝까지 확인하고, 20분 이전에 마무리

시험지시서에 명시되어 있는 수많은 지시 내용을 이행하다 보면 오타가 나거나 몇 개를 빠트리는 경우가 발생합니다. 이와 같은 실수는 불합격의 요인이 되므로, 수험자는 늦어도 3시간 10분 이전에 결과물을 완성해야 합니다. 남은 반시간 이상을 지시문의 내용과 결과물을 하나씩 확인하고 맞추는 작업이 필요합니다. 확인을 오래, 정확하게 할수록 실수를 줄여 합격률을 높일 수 있기 때문입니다.

10 마지막까지 방심은 금물

완성된 디자인은 반드시 편집 프로그램(인디자인 or 퀵 익스프레스)에서 출력해야 합니다. 간혹 시험시간이 부족해서 포토샵이나 JPG 파일로 출력하는 경우가 있는데, 이는 무조건 불합격 처리됩니다. 재단선과 비번호(등번호) 역시 표시하지 않으면 불합격 처리되므로 반드시 표시해야 합니다. 제출 파일 용량 역시 15MB 용량이 넘지 않도록 주의해야 합니다(15MB를 넘어가면 실격 처리됩니다). 마지막 파일 제출 시 감독관에게 넘겨준 폴더나 usb는 다시 수정이 불가하니 최종 파일 여부를 반드시 확인해야 하고, 최종 출력한 A4 용지에 땀이 묻거나 손상이 가지 않도록 각별한 주의를 기울여야 합니다.

컴퓨터그래픽기능사 실기 연습에 필요한 자료를 모두 담았습니다.

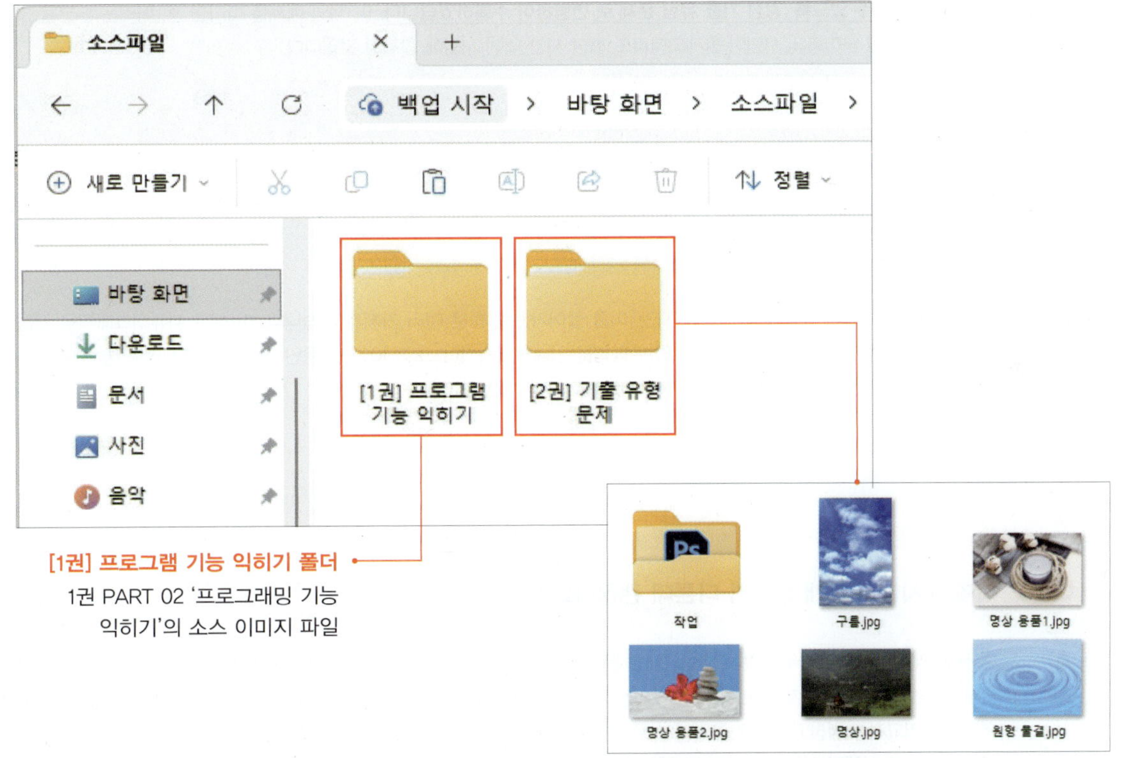

[1권] 프로그램 기능 익히기 폴더
1권 PART 02 '프로그래밍 기능 익히기'의 소스 이미지 파일

[2권] 기출 유형 문제 폴더
기출 유형 문제 1, 2의 소스 이미지 및 작업 파일

다운로드 방법

① 이기적 영진닷컴 홈페이지(license.youngjin.com)에 접속하세요.
② [자료실]—[컴퓨터그래픽] 게시판으로 들어가세요.
③ '[8048] 2026 이기적 컴퓨터그래픽기능사 실기 기본서 소스파일' 게시글을 클릭하여 파일을 다운로드하세요.

사용 방법

① 다운로드받은 '8048' 압축 파일에서 마우스 오른쪽 버튼을 눌러 압축 풀기를 진행하세요.
② 압축파일을 저장할 폴더를 지정한 후 [확인]을 클릭하세요.
③ 정상적으로 설치되었는지 확인하세요. 파일이 열리지 않는 경우, 압축 프로그램이 제대로 설치되어 있는지 확인해 주세요.

Q 무작정 따라해서 될까요?

A 이 책의 목표는 따라하면 100% 합격입니다. 해당 도서는 시행처 공개 문제를 그대로 싣는 대신 각 문제의 강점인 **중요한 ' 기능'을 학습할 수 있도록 '강점 기출 유형 문제'로 변형하여 수록하였습니다**. 이 책의 예제를 따라한 후, 어려운 부분을 복습한다면 어떠한 난이도의 시험이 출제되더라도 최단 시간 내에 시험에 합격할 것입니다.

Q 초보자도 할 수 있나요?

A 실기 시험장에서 실기 문제는 한 문제이지만, 이를 풀어가는 방법은 여러 가지가 있습니다. 이 책은 컴퓨터그래픽을 처음 접하는 초보자들이 가장 쉽게 따라할 수 있는 방법을 안내하였습니다. 또한 10여 년 동안 질문답변 게시판을 통해 모은 수험생의 다양한 질문을 책 구석구석에 '기적의 Tip'으로 제시하였습니다.

Q 예제와 시행처 공개 문제가 다른데 괜찮나요?

A 컴퓨터그래픽기능사의 경우 시행처에서 공개한 문제는 저작권의 보호를 받고 있어 그대로 도서에 싣는다면 문제가 될 수 있습니다. 또한 실제 시험문제의 반출이 100% 가능하지 않기 때문에 수험서에는 기출 유형 문제로 실제 시험에 가까운 문제로 제공해 드리고자 노력하였습니다. 공단에서 공개한 문제 중 일부는 유사한 형태로 수록하였습니다. 시행처에서 공지한 바에 따르면 **앞으로 시행될 시험에서 공개 문제를 바탕으로 일부 변경 또는 다른 문제로 출제된다고 안내되고 있습니다.** 따라서 ' 공개 문제와 똑같은가'보다는 툴 기능 부분을 위주로 완벽히 학습하는 것이 더 중요합니다. 또한 **이 도서에서 다루어진 툴 기능 '강점' 문제를 통해 공개 문제와 동일한 툴 기능을 다룰 수 있어 충분히 시험 대비가 가능합니다.**

Q 시행처 공개 문제는 어디서 확인할 수 있나요?

A 시행처 공개 문제는 큐넷 〉 고객지원 〉 자료실 〉 공개문제 게시판에서 컴퓨터그래픽기능사를 검색하면 확인 가능합니다. 수험서로 충분히 학습하신 뒤 문제를 풀어보며 실력을 점검하고 시험에 응시하시는 것을 권장드립니다.

Q 이 책의 프로그램 버전은 무엇인가요?

A 이 책은 독자의 편의를 위해 기출 문제 풀이를 CC 버전과 CS6 버전으로 나누어 수록했습니다. 현재 전국 대다수의 실기 고사장은 CC 버전과 CS 버전이 함께 사용되고 있기 때문입니다. 하지만 버전에 따른 차이는 크지 않으니 응시할 고사장 버전을 확인하고 본인이 편한 버전으로 공부하여 당황하지 말고 침착하게 대응하면 됩니다.
(고사장별 버전 문의 ☎1644 - 8000)

Q 이 책으로 공부하면 실무에도 도움이 될까요?

A 이 책의 차별화는 'Illustrator와 Photoshop의 실무 노하우'입니다. 기존의 시험문제들에서 아쉬움은 '시험을 위한 시험'이라는 의문입니다. 따라서 이 책의 예제에서는 실무형 디자인으로 수정하여 '컴퓨터그래픽기능사 시험'과 '디자인 실무'가 다르다는 모순을 보완하였습니다. 특히 Illustrator와 Photoshop은 전자출판 이외에도, 웹디자인, 영상, 3D, 미디어아트, 프레젠테이션 기획 등 사용 용도가 무궁무진하다는 사실에 주목해야 합니다. 독자 여러분이 이 책을 처음부터 끝까지 따라하고 복습한다면 합격은 물론 '컴퓨터그래픽기능사'로서의 기본적인 소양을 갖추리라 여깁니다. 수험생 여러분의 합격을 기원합니다.

실기시험 준비하기

파트 소개

PART 01에서는 컴퓨터그래픽기능사 실기시험을 치르기 전 꼭 알아야 할 시험의 구조와 진행 방식, 전략에 대해 학습합니다. 실전에서 당황하지 않도록 미리 준비하여 자신의 실력을 충분히 발휘할 수 있도록 합니다.

학습 방향

자격증의 개요, 실기시험 유형, 평가 기준에 대해 파악합니다. 시간 관리와 자주 발생하는 실수, 시험장 안내 사항과 제출 형식을 꼼꼼히 확인합니다. 출력 설정과 해상도 및 색상 체크, 최종 파일 저장과 점검 체크를 통해 마지막까지 실수를 줄이는 방법을 살펴봅니다.

차례

01 '컴퓨터그래픽기능사'는 어떤 자격증인가요?

컴퓨터그래픽기능사는 1997년 6월 한국산업인력공단에서 디자인 관련 컴퓨터 응용 프로그램을 운용하는 전문 기능인 양성을 목적으로 신설한 국가기술자격의 기능사입니다. 자격 개요와 주요 업무는 아래와 같습니다.

01 ㅣ 자격 개요

- 출판 및 편집, 패션, 방송, 영화 등 영상매체, 태블릿, 스마트폰 등 전자기기, 광고, 캐릭터 디자인 등 다양한 분야에서 이용되고 있는 컴퓨터그래픽(Computer Graphic)은 디자인과 색의 감각적 요소를 컴퓨터를 활용해 논리적인 디지털 정보로 표현하는 것으로, 동영상, 2D, 3D, 애니메이션 등의 기본, 기초가 되는 자격증입니다.
- 최근 통신기기, 전자제품, 건축물, 자동차 등 산업 전반의 디자인 분야에 컴퓨터그래픽이 광범위하게 활용되고 있습니다. 특히 교육업계에서도 컴퓨터그래픽을 활용한 교육과정들이 등장하고 있으며, 건설, 영화·방송, 애니메이션, 광고 및 각종 제조업 등 다양한 분야에 활용되고 있습니다.
- 컴퓨터그래픽 기술이 발전하고, 컴퓨터그래픽 관련 소프트웨어가 빠르고 다양하게 개발되고 있으며, 활용되는 특정 산업들이 세분화되면서 한층 더 경쟁력 있는 그래픽, 배경, 캐릭터, 아이템 등이 요구됨에 따라 숙련 기능인력을 양성하기 위해 컴퓨터그래픽기능사 자격제도가 제·개정되었습니다.

02 ㅣ 주요 업무

- 컴퓨터그래픽기능사는 사람이 표현할 수 없는 형상이나 그림을 컴퓨터라는 매체를 통해 다양한 기능과 기술적인 요소를 가미하여 시각적으로 형상화시키고, 채색하며, 조형을 제작하는 업무를 수행합니다.
- 구체적으로 고객이나 업무 관계자로부터 전체적인 디자인 콘셉트(Concept)를 파악한 후, 포토샵, 일러스트레이터, 페인터 등 디자인 관련 컴퓨터 프로그램을 활용하여 전체적인 구도(레이아웃)와 색채, 글씨의 서체와 크기를 선택하여 디자인하고 시안을 작성한 후, 고객 등과 협의하여 디자인을 수정하거나 보완합니다.

02 이 자격증의 전망과 우대사항은 어떻게 되나요?

01 | 취업

웹, 애니메이션, 게임 개발업체, 패션이나 출판업체, 방송이나 영화 등 영상 제작업체, 광고 제작업체, 방송사, 프로덕션, 프레젠테이션 제작업체 등 다양한 분야로 진출이 가능합니다.

02 | 우대

국가기술자격법에 의해 공공기관 및 일반기업 채용 시 그리고 보수, 승진, 전보, 신분보장 등에 있어서 우대받을 수 있습니다.

03 | 가산점

- 6급 이하 및 기술직공무원 채용시험 시 시설직렬의 디자인 직류에서 3% 가산점을 줍니다. 다만, 가산 특전은 매 과목 4할 이상 득점자에게만, 필기시험 시행 전일까지 취득한 자격증에 한합니다.
- 한국산업인력공단 일반직 5급 채용 시 컴퓨터그래픽기능사는 필기시험 만점의 3%를 가산합니다. 한국산업인력공단은 공단이 발행하는 모든 종목의 자격증에 대하여 혜택을 부여하고 있습니다.

04 | 자격부여

컴퓨터그래픽기능사 자격을 취득하면, 옥외광고물 등 관리법에 의한 옥외광고업 등록을 위한 기술인력으로 활동할 수 있습니다.

03 한국산업인력공단의 출제 기준이 어떻게 되나요?

한국산업인력공단이 발표한 자료에 따르면 디자인에 관한 기초지식을 가지고 컴퓨터그래픽 2D 프로그램을 활용하여 광고, 편집, 포스터디자인 등의 시각디자인 관련 원고 지시에 의해 그래픽디자인 작업을 하는 직무입니다. 시험의 출제 기준 항목은 비주얼 아이데이션과 시안 디자인 개발로 구분됩니다.

01 | 비주얼 아이데이션 및 시안 디자인 개발기초

- 디자인 소프트웨어를 활용한 이미지 구현을 목적으로 하는 시험이며 디자인 콘셉트와 비주얼을 기반으로 타이포그래피를 사용할 수 있어야 합니다. 또한 인쇄 제작을 고려하여 CMYK 4원색과 별색을 구분 및 사용할 수 있어야 하며, 매체와 재료의 특성에 따라 적합한 색상을 구현할 수 있어야 합니다.
- 확정된 최종 디자인을 제작용 데이터로 변환할 수 있고, 디자인 오류 발견 시 교정본을 확인하여 색, 오타, 이미지 등 데이터 수정 작업을 할 수 있어야 합니다.

02 | 4단계의 과제 범위

- **일러스트레이터** : 로고, 심볼, 캐릭터 등의 요소작업
- **이미지 프로세싱** : 페인팅, 합성, 리터칭, 보정 등의 요소작업
- **편집디자인** : 문자와 이미지의 편집, 재단선 등의 요소작업
- **저장과 출력** : 작업범위(용량), 파일의 관리 및 저장과 출력

04 실기 시험에서 실격 처리되는 주요 원인은 무엇인가요?

- 최종 결과물이 미완성이라고 판단되는 경우(채점위원이 판단)
- 제한 시간을 초과한 경우(시험시간 3시간 30분을 초과하면 자동 탈락)
- 결과물이 요구사항과 많이 다른 경우(채점위원이 판단)
- 수험자 미숙으로 USB에 저장 또는 출력을 잘못하였을 경우(파일제작을 완료했어도 출력을 못하면 실격)
- 15MB 용량이 초과되었을 경우
- 카피된 파일이 있을 경우(감독관 또는 채점위원이 판단)
- 기타 부정 행위 또는 감독관의 지시를 어길 경우(감독관이 판단)

05 실기시험의 채점 방식은 어떻게 되나요?

100점을 만점 기준으로 60점 이상 득점자를 합격자로 결정하며, 채점진행 절차는 [채점기술회의] 〉 [채점 (1단계)] 〉 [초검(2단계) : 오류채점 정정] 〉 [재검(3단계)] 〉 [득점 전산입력] 〉 [인적사항 전산입력] 〉 [전산채점표(판정표)를 발행]의 순서로 진행됩니다. 채점은 디자인 원고의 채점과 프로그램별 채점 기준이 있습니다.

01 | 디자인 원고의 채점 방식

- **전체적인 디자인 능력** : 심사위원이 결과물을 보았을 때 크게 잘못된 부분이 있는지, 전체적으로 무난하게 완성되었는지를 채점합니다.
- **세부적인 디자인 능력** : 레이아웃, 색채, 형태, 레터링, 문자 · 그림 요소, 폰트와 크기, 오타 등 부분적인 실수가 있었는지를 채점합니다.
- **마무리 완성도 능력** : 여백, 재단선, 마운트, 출력 상태 등의 깔끔한 마무리를 채점합니다.

02 | 프로그램별 채점 기준

- **일러스트레이터** : 심볼, 로고, 캐릭터, 도형, 패턴 등의 요소작업이 정확히 표현되었는지 채점합니다.
- **포토샵** : 이미지 처리와 합성, 페인팅, 리터칭, 보정 등의 요소작업이 정확히 표현되었는지 채점합니다.
- **인디자인 or 퀵 익스프레스** : 문자와 이미지의 오타 여부와 표, 재단선 등의 요소작업이 정확히 표현되었는지 채점합니다.

시험 대비 유의사항

01 실기시험장에 가져가야 할 준비물은 무엇인가요?

수험표, 신분증은 반드시 지참해야 하고, 수험자의 사전 연습에 따라서 수성 사인펜(빨간펜, 검정펜), 30cm 눈금자, 칼 또는 가위, 양면테이프 등을 준비합니다. 시험장마다 다르지만 양면테이프 등을 제공하는 곳도 있습니다.

- **수험표** : 수험표를 가져오지 않았거나 잃어버렸을 경우 고사장별 시험센터로 문의해서 임시수험표를 교부받아야 합니다.
- **신분증** : 신분증 분실자 및 미발급자는 본인임을 증명할 수 있는 증명서(학생증, 운전면허증, 공공기관에서 발행한 사진이 부착된 신분증)를 필히 지참해야 합니다.
- **필기 도구(빨간펜, 검정펜, 연필)** : 빨간펜은 그리드 그릴 때 유용하고, 검정펜은 수험번호나 개인 번호를 쓰는 데 사용합니다.
- **30cm 눈금자** : 디자인 원고의 치수를 정확히 컴퓨터상으로 옮기기 위해 필요한 도구입니다.
- **마운팅 도구(칼 또는 가위, 양면테이프)** : 출력된 A4 인쇄물을 배부되는 A3 용지에 마운팅(부착)하기 위해 필요한 도구입니다.

02 실기시험장에서 수험생들에게 제공되는 것에는 무엇이 있나요?

일반적으로 시험지시서, 디자인 원고, 참고자료(이미지), A4 출력용지, A3 복사 용지 이렇게 5가지가 제공됩니다.

- **시험지시서** : 실기시험 전반에 걸친 요구사항, 유의사항 등이 기재되어 있습니다.
- **디자인 원고** : 실제작업의 완성물이며 각 항목별 지시사항이 기입되어 있습니다.
- **참고자료(이미지)** : 컴퓨터 하드 내에 해당 시험의 참고 이미지가 수록되어 있습니다.
- **A4 출력용지** : 잉크젯 출력 시에 1인에 1~2매 제공됩니다.
- **A3 복사 용지** : 수험자의 결과물인 A4 출력물을 마운팅할 때 사용합니다.

03 시험장마다 소프트웨어 버전이 다르다고 들었습니다. 가장 많이 사용하는 버전은 뭐고, 어떻게 준비를 해야 하나요?

시험장마다, 컴퓨터마다 다릅니다. 시험장에 가장 많이 설치되어 있는 소프트웨어 버전은 아래와 같습니다.

구분	일반 PC
드로잉 S/W	Illustrator CC, CS6
이미지 S/W	Photoshop CC, CS6
편집 S/W	InDesign CC, CS6

실기시험장마다 S/W 버전과 영문판, 한글판 등이 다르기 때문에 시험 전에 시험장 컴퓨터의 버전을 문의하고 사전에 대비하는 게 좋습니다. 시험장 확인은 인터넷 원서접수 시 장소선택 후 '장소 안내' 버튼을 클릭하거나 전화로 문의하면 됩니다. 그러나 한 가지 버전만 제대로 알고 있다면, 다른 버전으로 시험을 봐도 합격하는 데에 큰 지장은 없습니다.

04 시험 시작 전에 컴퓨터는 무엇을 점검합니까?

시험장에 들어가면 자신이 3시간 30분 동안 사용해야 할 컴퓨터를 처음 접하게 됩니다. 점검할 수 있는 시간은 대략 30여분 정도 되는데 크게 두 가지 점검이 필요합니다.

01 | 컴퓨터 하드웨어와 주변기기 이상 여부 점검

자신이 사용할 컴퓨터가 잘 실행되는지 마우스와 키보드는 제대로 작동하는지 한글, 영문 문자 입력은 잘 되는지 특이한 문제점은 없는지 등을 살펴봐야 합니다. 만약 심각한 이상이 있다면 감독관에게 문의하여 조치를 받습니다.

큰 문제가 없다면 윈도우 탐색기를 열고 드라이브 C:에서 '디스크 정리' 클릭으로 불필요한 파일을 삭제하거나 [C:₩WINDOWS₩TEMP₩*.*]에 들어 있는 파일들을 삭제하여 디스크 공간을 확보해야 합니다. 이곳에 용량이 큰 임시 파일이 지워지지 않고 남아있으면 수시로 다운되거나 저장이 안 되거나 저장이 되더라도 오랜 시간이 걸릴 가능성이 높아지기 때문입니다. 특히 그래픽 소프트웨어는 한 번 로딩되면 사용하고 남은 찌꺼기(램의 기억 공간 및 임시파일)가 반환되지 않기 때문에 디스크 정리를 해주는 게 좋습니다.

02 | 소프트웨어 이상 여부 점검과 환경설정

컴퓨터그래픽기능사의 주요 소프트웨어인 일러스트레이터, 포토샵, 인디자인(또는 쿽 익스프레스)의 버전을 확인하고 간단한 테스트를 해봅니다. 두세 개의 소프트웨어를 동시에 켜 보고 이상이 없는지, 속도는 괜찮은지, 시간적인 여유가 있다면 간단한 이미지를 불러와서 그 위에 간단한 텍스트를 써 보면서 컴퓨터의 성능을 확인해 봅니다.

그리고 자신에 맞는 모니터 해상도 설정, 소프트웨어 아이콘 배열, 바탕화면에 비번호 폴더 배열 등 자신에게 편리한 환경설정을 합니다.

05 컴퓨터 점검을 했는데, 시험 도중에 문제가 발생하면 어떻게 대비하죠?

시험 도중에 컴퓨터가 자주 꺼지거나 속도가 지나치게 느려지면 수험자는 당황할 것입니다. 하지만 수험자는 이럴 때일수록 침착해야 합니다. 일단 저장(save)을 수시로 해야 합니다. 그리고 시간이 아깝더라도 재부팅을 해야 할 수도 있습니다. 이때 Warm Booting을 하지 말고 완전히 컴퓨터의 전원을 껐다가 약 5초 후에 다시 스위치를 켜는 Cold Booting을 시켜서 시스템의 레지스트리(램-주기억장치의 기억장소)를 완벽하게 초기화시켜주면 컴퓨터의 느린 속도를 어느 정도 해소할 수 있습니다. 그래도 심각한 문제가 있다면 감독관에게 문의하여 조치를 받아야 합니다.

06 부정방지 프로그램을 사용한다고 하는데 그게 뭐죠?

시험 시작 전 감독관의 지시에 따라 바탕화면에 부정방지 프로그램을 실행하면 시험 날짜와 시작 시각, 종료 시각을 차례로 기입합니다. 그리고 9시경에 확인 버튼을 누르면 실기시험이 자동으로 시작되고, 시험 종료 후에는 컴퓨터를 사용할 수 없도록 자동 차단됩니다. 때문에 3시간 30분 안에 USB 저장과 전송시간까지 고려해서 작업해야 합니다. 부정행위가 적발되면 그 자리에서 시험자격을 박탈당하는 것은 물론, 3년 동안 국가자격증시험 응시까지 못하게 됩니다.

07 시험장의 진행순서를 일목요연하게 요약할 수 있을까요?

01 | 시험장 입실

시험 시작 30분 전에 시험장에 입실하면 출석을 부릅니다. 이때 수험표와 신분증을 확인하고 감독관에게 비(등)번호와 자리를 배정받습니다.

02 | 자리 배정 및 컴퓨터, 소프트웨어 점검

- 배정받은 자리에 앉아 컴퓨터와 주변기기, 소프트웨어와 버전을 확인합니다.
- 시험 감독관이 안내사항(전송방법, 저장 폴더, 최대 용량 등)을 전달합니다.
- 바탕화면에 완성 파일을 저장해 제출하기 위한 전용 폴더가 사전에 생성되어 있습니다.
- 자신의 컴퓨터에 큰 이상이 없으면 C: 드라이브의 디스크 공간을 확보하고 모니터 해상도 등 적합한 환경을 설정합니다.

03 | 시험지시서와 디자인 원고 배부

- 9시가 되면 작품규격, 안내사항이 적힌 시험지시서 1장을 먼저 배부 받습니다.
- 위 설명이 끝나면 최종 완성해야 할 디자인 원고를 받습니다.

04 | 그리드 작업

디자인 원고 위에 필기구(빨간펜)와 30cm 눈금자를 이용하여 4×4 격자를 그려줍니다.

05 | 3시간 30분 계획 수립

- 디자인 원고를 보면서 어떤 작업을 먼저 할 것인가, 어떤 작업이 가장 고비인가를 생각해 봅니다. 즉, 시험의 난이도에 맞는 프로그램별 작업 시간 분배가 중요합니다.
- 세부적으로는 디자인 원고의 작품 규격, 재단선 형태, 색상, 서체, 효과 등의 요구사항을 체크, 분석하면서 일러스트레이터와 포토샵의 시간 계획을 수립합니다.

06 | 파일명 설정

파일과 이미지 이름이 중복되지 않도록 계획합니다. 작업 파일은 해당 폴더 안에 각각 저장합니다.

07 | 일러스트레이터 작업 및 저장

- 디자인 원고를 보면서 심볼 마크, 로고, 문양, 패턴 등을 작업합니다. 일러스트레이터 작업은 대부분 Pen Tool을 이용한 작업이며 패스를 이용한 문제도 자주 출제됩니다.
- 일러스트레이터 작업을 할 때는 300% 이상 확대, 또는 100% 축소를 반복하면서 작업하는 것이 효율적입니다. 일러스트를 완성한 후에는 디자인 원고 그리드의 위치와 크기를 보면서 1:1 사이즈로 배치합니다.
- 일러스트레이터 버전의 오류를 막기 위하여 10 이하 포맷으로 저장하는데 일반 PC 수험자는 포토샵으로 가져가기 위해 *.ai로 저장하고, 매킨토시 수험자는 퀵 익스프레스에서 바로 작업을 하기 위해서 *.eps 파일로 저장해야 합니다.

08 | 포토샵 작업 및 저장

- 포토샵을 실행하고, 새로운 작업창의 설정 값을 지정하고 작업창을 만듭니다.
- 시험 대부분이 재단선은 3mm 재단여유를 두고 용도에 맞게 표시하라고 나옵니다. 따라서 원고규격에 가로 세로 6mm를 추가해서 제작합니다. 간혹 재단선을 이미지에 맞게 표시하라고 나오는데 이때는 작품규격대로 제작하면 됩니다.
- 컬러모드는 RGB로 지정하고, 해상도는 300dpi 정도로 지정합니다.
- 일러스트레이터에서 작업한 파일을 불러와 디자인 원고의 지시사항과 일치하게 작업합니다.
- 디자인 원고에서 요구하는 합성, 효과, 입체 등의 표현은 정확하게 표현합니다.
- 작업 파일을 *.psd로 저장하며 작업 도중에도 수시로 저장합니다.

09 | 사본(jpg, pict) 저장

- **일반 PC** : [File(파일)] 〉 [Save As(다른 이름으로 저장)]를 선택하여 파일이름은 자신의 비(등)번호, JPEG 형식을 선택한 후 [저장] 버튼을 클릭합니다. 그 다음 Quality(품질)를 12, Format Option(형식 옵션)은 Baseline("Standard")(기본(표준))으로 저장합니다.
- **매킨토시** : [File(파일)] 〉 [Save As(다른 이름으로 저장)]를 선택하여 파일이름은 자신의 비(등)번호, PICT형식을 선택한 후 [저장] 버튼을 클릭합니다. 그 다음 Resolution(해상도)은 16bits/pixel로 저장합니다.
- 폴더의 용량을 확인합니다.

10 | 편집 S/W(인디자인 or 퀵 익스프레스) 작업

- 인디자인과 퀵 익스프레스에서 새로운 작업창을 만듭니다.
- 반드시 A4의 규격으로 설정하고, 디자인 원고의 가로/세로 형태를 일치시킵니다.
- 작업창을 설정할 때 A4의 크기에서 작품규격을 뺀 여백을 2등분하여 각각의 여백으로 지정합니다.

11 | 안내선과 재단선 표시

• 사본 파일을 불러와 배치하고, 재단선과 이미지의 위치를 정확하게 하기 위해 상하좌우로 3mm를 뺀 작품규격 크기의 안내선을 만듭니다.
• 재단선은 커팅을 할 때 사용하는데 안쪽 안내선으로 표시된 상하좌우 네 개의 모서리부분에 5mm의 재단선을 표시합니다.

12 | 이미지를 불러온 후 비(등)번호 입력

• 포토샵에서 작업한 이미지를 편집 프로그램으로 불러와서 규격에 맞게 배치합니다.
• 이미지는 A4 정중앙에 위치시켜야 하며, 확대/축소를 하지 않고 100%로 보아야 합니다.
• 인디자인에서는 이미지를 선명하게 보려면 마우스 오른쪽을 클릭한 후 [Display Performance(화면표시성능)] 〉 [High Quality Display(고품질표시)]를 선택합니다.
• 쿽 익스프레스에서는 그림상자를 만든 후, 편집 툴 상태에서 이미지를 불러와야 합니다. 쿽 익스프레스에서 일러스트레이터 파일을 직접 불러들일 경우에는 다시 그림상자를 만들어서 일러스트레이터 파일을 불러옵니다.
• 비번호는 고딕 10pt 크기로 반드시 입력하고, 디자인 원고 좌측 하단으로부터 3mm를 띄워 배치합니다.

13 | 편집 소프트웨어 저장

최종 작업이 완성되었으면 결과물의 전체와 부분을 여러 번 확인한 후에 저장합니다.
• 인디자인 : *.indd
• 쿽 익스프레스 : *.qxd

14 | 전송 (또는 USB 제출)

• 모든 작업이 마무리되면 파일을 꼼꼼히 확인합니다.
• 편집 프로그램에서 작업한 결과물과 완성 이미지(PC-*.jpg, 매킨토시-*.pct) 파일이 제대로 들어있는지 확인합니다.
• 폴더 용량이 15MB를 초과하지 않았는지 확인해 봅니다.
• 모든 확인이 끝났다면, 전송 버튼을 눌러 로컬 컴퓨터로 전송합니다(시험장에 따라서 USB에 저장하여 제출하는 경우도 있습니다). 일단 완성물을 제출하면 시험이 종료되고, 출력한 후에는 재수정을 할 수 없으니 여러 번 확인을 하시기 바랍니다.
• 전송이 완료되면 감독관이 호명을 해줍니다.

15 | 출력

- 출력은 출력지정 자리에서 출력 파일을 열고 프린트합니다.
- 프린트 항목에서 용지 방향이 가로인지 세로인지, 색상모드, 360dpi, A4 사이즈가 맞는지 확인한 후 출력합니다.
- 감독관의 지시에 따라 직접 출력합니다.
- 출력은 1인당 1회로 규정되어 있지만 프린터의 오류, 에러 등에 따라서 재지급이 가능하므로 이상이 있으면 감독관에게 문의하여 불이익을 당하지 않도록 합니다.

16 | 마운팅(부착) 작업

- 프린트된 A4 용지를 제대로 출력되었는지 확인하고 양면테이프를 이용해서 시험장에서 제공하는 A3 용지의 한 가운데에 붙입니다.
- 좌측 상단 표제 고무인에 인적사항[성명, 수험번호 또는 비(등)번호]을 기재합니다.
- 출력물은 잉크젯으로 금방 번질 수 있으므로 시험장에서 흘리는 땀이나 이물질에 손상되지 않도록 각별히 주의해야 합니다.

17 | 최종 제출

- 감독관에게 마운팅한 결과물을 제출합니다.
- 시험장에서 배부받은 모든 자료(시험지시서, 디자인 원고 등)를 제출하면 시험이 종료됩니다.

18 | 퇴실

자신의 컴퓨터에 남아있는 모든 작업 파일을 삭제한 후 퇴실합니다.

08 시험지시서와 디자인 원고 분석은?

시험지시서는 실기시험 전반에 걸친 요구사항, 유의사항 등이 기재되어 있습니다.
디자인 원고는 실제작업의 완성물이며 각 항목별 지시사항이 기입되어 있습니다. 시험지시서와 디자인 원고의 분석은 다음과 같습니다.

01 | 규격부분

작업물의 크기(사이즈)가 틀리면 시험을 아무리 잘 봐도 불합격되기 때문에 신중해야 합니다. 시험지시서에 제시된 크기를 정확히 확인한 후, 재단선까지 고려하여 실제 작업사이즈를 확인해야 합니다.

02 | 이미지부분

이미지가 잘 안보이거나 이해가 되지 않을 경우에는 감독관에게 문의하기 바랍니다. 감독관은 색상의 원본을 가지고 있기 때문입니다.

03 | 색상부분

색상부분도 중요한 요소입니다. 색상의 규정은 대부분 CMYK로 기재되어 있습니다. 예를 들어 "문양을 보기와 같이 그린 후 C100 Y50을 적용하시오." 등으로 나옵니다. 각 프로그램에서 CMYK로 바로 수치 대입을 하면 됩니다. 그러나 지시사항이 색상으로 나올 때도 있습니다. 색명에 따른 규정(C : Cyan, M : Magenta, Y : Yellow, K : Black)은 다음과 같습니다. 아래의 사항을 미리 연습해 두는 게 좋습니다.

- 적색 또는 빨강 : M100 Y100
- 청색 또는 파랑 : C100 M70
- 황색 또는 노랑 : Y100 M20
- 녹색 : C100 Y100
- 남색 : C100 M90
- 보라색 : M100 C50
- 회색 : K50

04 | 서체부분

서체의 형태는 하드웨어에 설치된 서체를 기준으로 합니다. 하지만 시험에 나온 서체가 하드웨어에 없을 경우는 비슷한 서체로 대체해서 사용해야 합니다. 즉, 고딕체일 경우는 비슷한 돋움체로 쓰면 됩니다. 디자인 원고에 기재된 서체가 없을 경우 다음과 같은 서체로 대체하기 바랍니다.

- 명조 : 일반 PC – 바탕체
        매킨토시 – 애플 명조, 트루타입인 #명조
- 고딕 : 일반 PC – 돋움체
        매킨토시 – 애플 고딕, 트루타입인 #고딕
- 둥근 고딕체 : 일반 PC – 굴림체
            매킨토시 – 디나루체
- 영문 서체 : 고딕계열 – Arial, Helvetica
            명조계열 – Times
- 한문 : 기본 폰트(명조, 고딕)
  ※ # : 한컴체, @체 : 산돌체, HY체 : 한양체

05 | 재단선 부분

디자인 원고에 "재단선을 그리시오."라고 나오면 반드시 재단선을 그려줘야 합니다. 신중하게 지시문을 읽고 그대로 따르는 것이 합격의 지름길입니다.

06 | 디자인 원고의 구성

- 작품번호 : 해당 시험의 작품번호
- 작품규격 : 작품의 실제 크기(단위 : mm)
- 재단선 표시 : 재단선의 표시사항
- 일러스트레이터 : 로고, 심볼, 문양과 패턴(보이지 않을 경우 별첨으로 나타냄)

• 이미지 처리 작업 : 필터, 합성, 효과
• 색상규정 : CMYK Color
• 서체규정 : 명조체, 고딕체로 구분(디자인 원고의 서체형식을 참고)

실기시험에서 시험지시서와 디자인 원고는 기본적으로 제공되는 프린트물로서 시험이 끝나면 모두 반납하고 퇴장해야 합니다.

09 시간도 촉박한데 그리드 안 그리고 시작하면 안되나요?

실기시험에서 주요 감점요인 중 하나가 레이아웃입니다. 합격은 결과물이 디자인 원고와 얼마나 비슷하냐인데 레이아웃이 틀어져 보이면 완성도가 크게 떨어져 보이게 됩니다. 그러나 주어진 시간 안에 완성해야 하므로 몇 개의 부분을 잘하는 것보다 전체적인 레이아웃을 비슷하게 하는 것이 더 중요합니다. 그러므로 그리드를 그리고 시작하는 것이 합격의 지름길입니다.

그리드는 디자인 원고에 잘 보이도록 빨간펜으로 가로 4×세로 4=16등분을 그리고, 대각선을 그려서 일러스트레이터와 포토샵에서 일치 여부를 자주 확인합니다.

▲ 일러스트레이터

⑩ 효과적인 시간 배분 방법이 있나요?

시험시간은 총 3시간 30분인데 일반적으로 시험시간이 부족하다는 견해가 많습니다. 초보자일수록 시간이 부족하기 때문에 효과적인 시간 배분이 매우 중요합니다.

시험 시작 30분 전에 입실하면 비(등)번호의 배정받은 자리에 앉게 되는데, 이때부터 배정받은 컴퓨터의 프로그램과 버전을 확인할 수 있습니다. 이 시간은 시험시간에 포함되지 않으므로 PC 점검과 환경설정에 시간을 할애하는 것이 좋습니다. 정식적인 시험 시작은 부정방지 프로그램이 작동한 후부터 계산됩니다. 시험시간의 배분은 시험 유형에 따라 다르지만, 평균적인 시간 배분은 다음과 같습니다.

01 | 시험지시서 및 디자인 원고 파악 : 10분(10분)

작품규격에 따른 실제 사이즈 파악, 원고비율계산, 위치파악, 확인 작업 등 각 지시사항과 항목을 세밀하게 파악합니다.

02 | 일러스트레이터 작업 : 10분~100분(1시간 30분)

일러스트레이터가 변수입니다. 심벌, 로고, 문양과 패턴 라인 등의 복잡한 그래픽 작업 때문에 시간이 초과하는 경우가 많기 때문입니다. 따라서 모양이 복잡할수록 경험에 의한 적절한 시간 안배가 중요합니다(*.ai로 저장).

03 | 포토샵 작업 : 100분~160분(1시간)

디자인 원고 지시사항의 이미지 처리 작업(합성 및 효과)량이 많기 때문에 여기에서 작업시간을 아껴야 합니다(**예** 단축키 사용). 일러스트레이터 파일을 불러와서(Open 또는 Place 두 가지 방법) 디자인을 완성하고 완성물을 IBM 호환용(일반 PC) 사용자는 *.jpg, 매킨토시 사용자는 *.pct 파일로 저장합니다.

04 | 인디자인 or 쿽 익스프레스 작업 : 160분~190분(30분)

완성 이미지(PC-*.jpg, 매킨토시-*.pct) 파일을 넣고, 재단선을 그리고 비(등)번호를 입력한 후 저장하는 마무리 작업입니다. 편집 프로그램의 확장자는 인디자인 *.indd, 쿽 익스프레스 *.qxd입니다. 텍스트 입력이나 표 등을 편집프로그램에서 작업할 경우에는 좀 더 여유롭게 시간을 안배합니다.

05 | 저장 및 출력 : 190분~210분(20분)

파일저장, 제출, 출력, 마운팅(부착) 등 마무리 과정입니다. 종료시간 30분 전까지 작업 모두 마치고 시험지시서와 디자인 원고의 지시사항을 다시 한 번 확인한 후 편집프로그램에서 작업한 결과물과 완성 이미지(PC-*.jpg, 매킨토시-*.pct) 파일을 감독관에게 제출(USB 제출하거나 로컬 컴퓨터로 전송)합니다.

⑪ 3개 소프트웨어(일러스트레이터, 포토샵, 편집 프로그램)에서 작업 비중이 큰 경우는?

시험 유형마다 다릅니다. 일러스트레이터에 많은 시간이 소요되는 시험문제가 있는가 하면, 포토샵의 비중이 높고 난도가 높은 시험이 출제될 때도 있기 때문입니다. 프로그램별 시험 유형은 다음과 같습니다.

01 | 일러스트레이터에서 작업 비중이 큰 경우

- 드로잉 위주의 실기 : 도형이나 캐릭터, 삽화를 그리는 문제가 많아지면서 일러스트레이터 작업 비중이 큰 경우이며 정확하고 깨끗하게 드로잉하는 것이 중요합니다.
- 다양한 도형제작 위주의 실기 : 일러스트레이터의 심볼이나 브러쉬에 비슷하게 생긴 도형이 있는지 잘 살펴야 합니다. 새로 도형을 그리는 것보다 소프트웨어에 있는 도형을 활용하면 시간을 절약할 수 있기 때문입니다. 때로는 포토샵의 Custom Shape Tool(사용자 정의 모양 툴)에도 비슷한 도형이 있을 수 있기 때문에 잘 살펴본 후 제작하는 것이 좋습니다.

02 | 포토샵에서 작업 비중이 큰 경우

- 이미지 합성 위주의 실기 : 합성 위주의 경우는 레이어 스타일, 블렌딩, 알파 채널 등의 기능을 모두 파악하고 알아 두어야 합니다.
- 복잡한 병행작업을 요하는 실기 : 합성, 입체, 그림자, 마스크 등을 작업하는 경우는 포토샵의 오브젝트 속성을 파악합니다.
- 특수 효과가 적용된 실기 : 이미지를 뒤집거나 색상반전, 흐리게 표시 등의 디자인이 나올 경우 포토샵의 기능을 파악해야 하는데 특히 필터 효과를 모두 연습해 보고 알아두어야 합니다.

- 입체 효과가 적용된 실기 : 입체, 그림자, 후광 등은 빠지지 않고 출제되는 항목이므로 레이어스타일을 알아두어야 합니다. 수동으로 그림자를 만들 때는 복제한 후 검정색을 주면 됩니다.
- 이미지 분리형 실기 : 이미지와 배경을 다른 용도로 사용하는 경우이며 참고자료 이미지의 일부분을 분리해서 다른 이미지에 작업합니다.
- 패턴 위주의 실기 : 실기시험의 기본은 패턴이므로 잘못 제작하게 되면 감점요인이 됩니다. 사전에 많은 연습이 필요합니다.

03 │ 편집 프로그램에서 작업 비중이 큰 경우

다양하고 많은 문자 입력, 한자, 특수문자 입력 등이 많은 경우의 실기

⑫ 일러스트레이터와 포토샵에서 눈금자의 단위를 어떻게 설정하죠?

일러스트레이터는 [Edit(편집)] 〉 [Preferences(환경설정)] 〉 [Units & Display Performance(단위와 성능보기)]에서 설정합니다.

포토샵은 [Edit(편집)] 〉 [Preferences(환경설정)] 〉 [Units & Rulers(단위와 눈금자)]에서 단위를 설정합니다. 또, Ctrl+R을 눌러 작업 이미지에 눈금자를 꺼낸 뒤 눈금자 위에서 마우스 오른쪽 버튼을 클릭하여 단위를 바꿀 수도 있습니다.

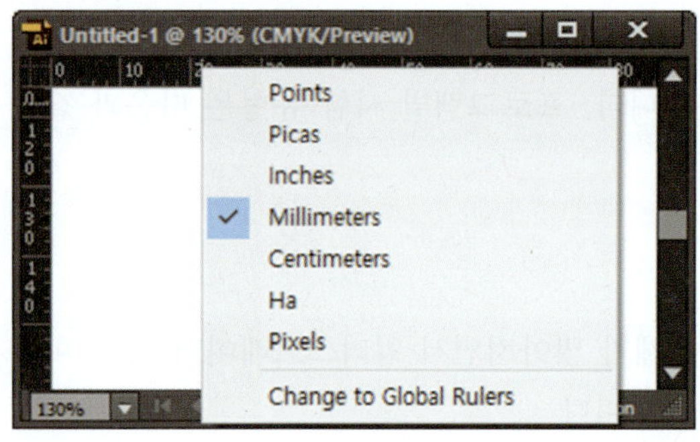

▲ 일러스트레이터

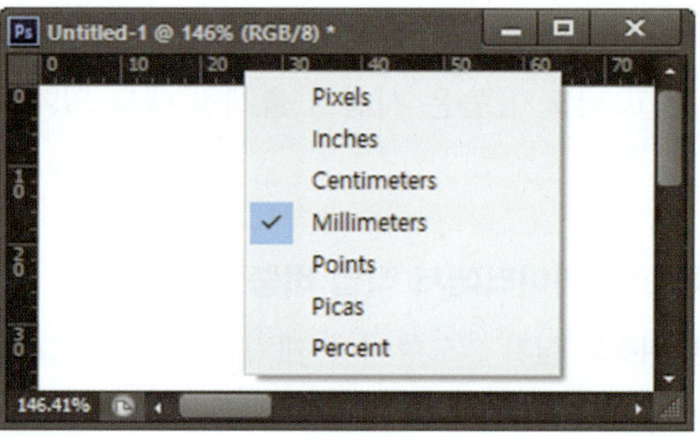

▲ 포토샵

⑬ 일러스트레이터에서 갑자기 검정선으로 보일 때가 있습니다. 원 상태로 바꾸려면 어떻게 하죠?

일러스트레이터에서 다른 단축키를 누르다가 실수하여 Ctrl+Y를 누르면 검정선만 보이게 됩니다. 작업 속도를 빠르게 하기 위해 채색된 상태를 선 형태로 표시하는 기능인데, 이럴 때엔 당황하지 말고 한 번 더 Ctrl+Y를 누르면 원 상태로 돌아옵니다.

▲ 채색된 상태　　　　　　　　▲ 선 형태(Ctrl+Y)

14 포토샵, 일러스트레이터 사용 중에 갑자기 한글 입력이 안 되고 영문만 나옵니다. 이럴 때는 어떻게 하나요?

작업 도중, 갑자기 한글 입력이 안 될 때가 있습니다. 이럴 때는 Alt+Shift를 누른 상태에서 커서가 깜박이는 지점에 마우스 왼쪽 버튼을 클릭을 해주고, 한/영을 누르면 됩니다. 안 되면 몇 번 반복합니다. 그래도 안 될 때는 '실행'에서 notepad(메모장)로 새창을 불러온 다음, 한글 문자를 입력해서 '붙여넣기' 하면 됩니다. 만약 그래도 안 될 때는 컴퓨터를 재부팅합니다.

15 한자 및 특수문자 입력은 어떻게 하죠?

01 | 한자 입력

• **PC 수험자** : 포토샵, 일러스트레이터, 인디자인 등 모든 프로그램에서 한자 입력이 가능합니다. 한 글자를 입력한 후 한자 키를 눌러 원하는 한자를 선택하면 작업창에 나타납니다. 한글 2007 같은 프로그램은 사용할 수 없기 때문에 한자 입력은 한 글자씩 하는 게 좋습니다.

• **매킨토시 수험자** : 한자는 문자 입력 환경이 '표준 입력'으로 설정되어 있어야 하며, 한 글자를 입력한 후 option+return을 누르거나 [입력 환경] 〉 [한자 입력]을 선택합니다.

02 | 특수문자 입력

• **PC 수험자** : 특수문자 역시 포토샵, 일러스트레이터 등의 프로그램에서 입력해야 하기 때문에 미리 숙지해 두어야 합니다. 특수문자는 키보드의 'ㅁ' 키를 누른 상태에서 한자를 누르면 특수문자 목록이 나옵니다. 해당 목록을 클릭하거나 번호를 누르면 특수문자가 입력됩니다. 대부분의 특수문자는 'ㅁ'에서 나옵니다. 그 외의 특수문자를 찾고자 할 경우에는 키보드에서 ㄴ, ㅇ, ㄹ, ㅎ, ㅂ, ㅈ, ㄷ, ㄱ, ㅅ를 누르면서 한자를 누르면 다양한 특수문자 목록이 차례로 나옵니다.

- **매킨토시 수험자** : 특수문자도 한자와 동일하게 문자 입력 환경이 '표준 입력'으로 설정되어 있어야 하며, 자음이나 모음 중 하나를 입력한 후 option+return을 누르거나 [입력 환경] 〉 [심볼 입력]을 선택합니다.

⑯ 문자 입력은 꼭 편집 프로그램만 사용해야 하나요?

문자에 특수한 효과가 들어가지 않은 작은 글자는 편집 프로그램(인디자인, 쿽 익스프레스)을 사용해서 문자를 입력하는 것이 좋습니다. 편집 프로그램을 이용하면 인쇄할 경우 작은 글자들이 깨지지 않고 선명하게 나오기 때문입니다. 하지만 포토샵이나 일러스트레이터에서 문자를 입력해도 고해상도로 저장하면 시각적으로 큰 차이가 나지 않을 뿐만 아니라 최종 작업물은 인쇄해서 제출하기 때문에 해상도가 깨지지 않는 이상 문제가 없습니다. 즉 포토샵 툴이 사용하기 편하다면 글자를 포토샵에서 쓰고 저장해도 된다는 뜻입니다. 포토샵에서 글자가 깨지는 것이 신경 쓰인다면 일러스트에서 문자를 쓴 후에 포토샵으로 가져오는 방법도 있습니다. 하지만 포토샵이나 일러스트레이터에서 작성한 글자는 문자를 변형하거나 효과를 주기 위해서 래스터화를 하는 것이 좋습니다. 문자를 래스터 이미지로 바꾸는 방법은 다음과 같습니다.

- **포토샵** : [Layer(레이어)] 〉 [Rasterize(래스터화)] 〉 [Type(문자)]을 클릭하거나 또는 Layers(레이어) 패널에서 해당 레이어를 선택하여 마우스 오른쪽을 클릭하여 나오는 바로가기 메뉴의 [Rasterize Type(문자 래스터화)]을 선택합니다.
- **일러스트레이터** : [Type(문자)] 〉 [Create Outlines(윤곽선 만들기)]를 클릭하거나 또는 해당 글자를 선택하고 마우스 오른쪽을 클릭하여 나오는 바로 가기 메뉴의 [Create Outlines(윤곽선 만들기)]를 선택합니다.

⑰ 편집 프로그램에서 여백 지정을 꼭 해야 하나요?

여백 지정은 필수사항이 아닙니다. 감점을 당하지도 않습니다. 다만, 수험자가 출력물의 재단선을 정확하고, 신속하게 그리기 위해 필요합니다. 여백 지정은 편집 프로그램(인디자인, 쿽 익스프레스)에서 완성 이미지(PC-*.jpg, 매킨토시-*.pct)를 불러와 여백 설정항목에서 상하좌우 안쪽으로 3mm를 뺀 작품규격 크기의 안내선을 만듭니다. A4의 크기에서 작품규격을 뺀 값을 2등분하여 각각의 여백을 지정합니다.

예 작품규격이 160mm×240mm일 경우,

좌측과 우측 : $(210-166) \div 2 = 22$

상단과 하단 : $(297-246) \div 2 = 25.5$

이 값을 여백 지정 항목에 입력하면 여백에 해당하는 안내선이 만들어집니다.

⑱ 편집 프로그램에서 정확한 재단선 표시 방법은?

컴퓨터그래픽기능사 / 디자인 원고 / 작품명 : 북커버디자인 / 작품번호 01

※ 작품규격(재단되었을때의 규격) : 가로160mm×세로240mm, 작품 외곽선은 생략하고, 재단선은 3mm 재단 여유를 두고 용도에 맞게 표시하시오.

재단선은 반드시 편집 프로그램에서 작성해야 합니다. 길이는 5mm, 두께는 0.3~0.5pt 정도로 표시합니다. 재단선의 길이와 두께가 일정하지 않거나 잘못 표시했을 경우는 감점이 되고, 표시하지 않았을 경우에는 탈락처리되기 때문에 재단선을 정확하게 표시해야 합니다.

• 3mm 재단 여유가 있을 때, 재단선은 3mm 재단 여유를 두고 용도에 맞게 표시

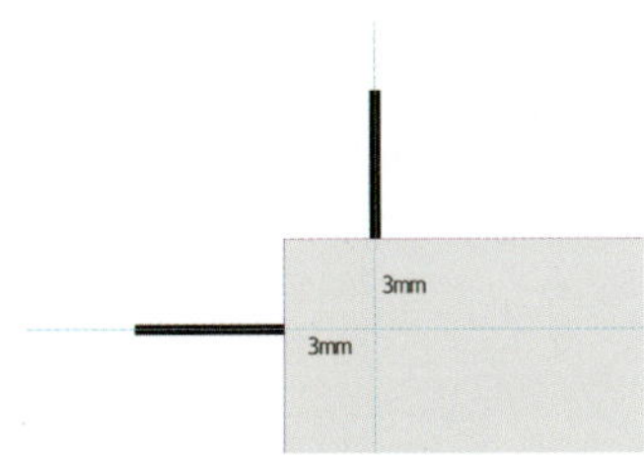

포토샵에서 작품크기를 설정할 때 실제 작품규격 160mm×240mm보다 사방으로 3mm 더한 166mm×246mm로 작업합니다. 그 다음 안내선을 이용하여 실제 작품규격과 동일하게 작업을 하고 사방으로 3mm씩 더 커진 부분에는 원본이미지가 자연스럽게 연결되도록 작업을 합니다. 그리고 편집 프로그램에서 3mm 안쪽으로 재단선을 표시합니다. 일반적으로 '안쪽 재단선'이라고 합니다.

⑲ 비(등)번호 입력은 어떻게 하죠?

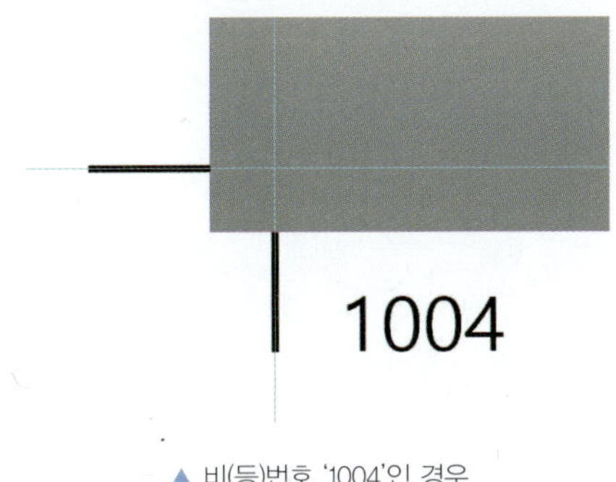

▲ 비(등)번호 '1004'인 경우

모든 작업을 마치고 나서 편집 프로그램에서 작품의 하단에 비(등)번호를 입력해야 합니다. 표시하지 않을 경우 불합격 처리되기 때문에 반드시 입력해야 하는데 일반적으로 재단선의 왼쪽 하단에서 3mm를 띄워서 글꼴은 '고딕', 사이즈는 '10pt'로 입력합니다.

⑳ 포토샵에서 일러스트 파일을 불러왔는데 선명하지 않을 때 어떻게 해야 하나요?

포토샵에서 해상도를 점검할 필요가 있습니다. 포토샵에서 처음 문서를 작성할 때 해상도를 적절하게 입력했는지 확인해보시기 바랍니다. 보통 웹 작업은 72dpi, 출력물은 300dpi로 지정합니다.

21 일러스트레이터에서 작업한 이미지를 복사해서 포토샵으로 붙여넣기 할 때 스마트오브젝트로 해야 할지 픽셀로 해야 할지 알려주세요. 스마트오브젝트와 픽셀 작업의 차이점이 무엇인가요?

포토샵에서는 픽셀 속성(비트맵)이 되어야 다양한 효과를 적용할 수 있습니다. 스마트오브젝트 상태로 불러왔을 때는 벡터 속성을 유지하기 때문에 일러스트레이터에서 동일 이미지를 재수정한 후 저장하게 되면 포토샵에서도 연동되어 자동으로 수정됩니다. 하지만 컴퓨터그래픽기능사 실기 시험에서는 용량을 줄이고 다양한 효과를 적용하기 위한 과정이므로 픽셀 이미지로 붙여넣기를 하는 것이 바람직합니다.

출력과 마무리에 관한 Tip

01 출력시간도 시험시간(3시간 30분)에 포함되나요?

출력은 시험시간과 무관합니다. 작업만 3시간 30분 안에 끝내면 됩니다.
- 감독관이 출력을 해주거나 수험자가 직접 출력합니다(해상도 : 360dpi).
- 직접 출력할 경우에는 프린트 용지 크기와 방향을 확인하여 출력합니다.
- 출력물을 제공된 A3 용지 중앙에 양면테이프를 이용하여 부착합니다.
- 수험번호와 이름을 기재하고 최종 제출합니다.

02 포토샵 해상도와 일러스트레이터의 해상도는 다른 건가요?

소프트웨어마다 다릅니다.
- 포토샵에서는 해상도가 낮으면 이미지가 깨지기 때문에 200~300dpi로 설정해야 합니다. 다만 제출 용량은 15MB를 넘지 않도록 주의해야 합니다.
- 일러스트레이터는 벡터 소프트웨어이므로 해상도와 관련이 없습니다.

03 이미지가 깨져서 출력되었어요. 어떤 이유 때문이죠?

출력물의 이미지가 선명하지 않은 이유는 다음과 같습니다.
- 포토샵 해상도를 너무 낮게 설정한 경우
- 일러스트레이터나 포토샵에서 작업한 이미지의 scale을 확대했을 경우
- 편집 프로그램에서 작업을 마치고 USB에 이미지와 출력 파일을 넣은 다음 이미지의 파일명을 변경했을 경우
- 출력 시 이미지가 깨져 보이는 경우는 불합격의 주요 원인이기도 하니 이미지의 scale 변형은 해서는 안 되며 파일명이 바뀐 이미지는 편집 프로그램에서 다시 불러와서 작업한 다음 출력해야 합니다.

04 출력물에 재단선이 조금 잘려서 나왔습니다. 왜 그런 거죠?

잉크젯 프린터의 특징은 상단, 좌측, 우측이 4~5mm, 하단 10~15mm가 출력되지 않습니다. 조금만 틀어져도 재단선이 잘려서 출력될 수 있으니 사전에 연습해보고 여러 번 검토한 후에 출력해야 합니다.

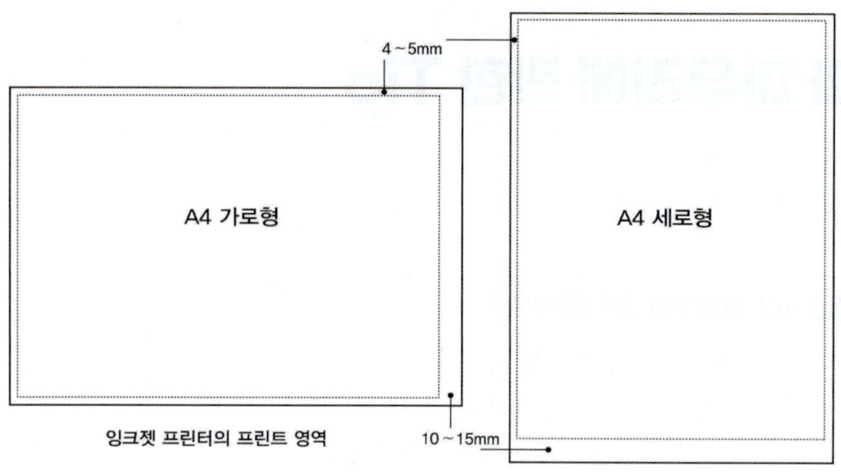

05 마운팅(부착)이 생각보다 어렵다던데 어떻게 해야 하죠?

아래의 그림처럼 양면테이프를 이용해서 출력물 뒷면의 네 모서리에 붙인 다음, 제공된 A3 용지의 중앙에 마운팅합니다.

그 다음 왼쪽 상단의 표제 고무인에 인적사항[성명, 수험번호 또는 비(등)번호]을 기재한 뒤 감독관의 확인 날인을 받고 제출하면 됩니다.

무엇보다 부착한 출력물이 손상되거나, 땀 등의 이물질이 묻지 않도록 주의해야 합니다.

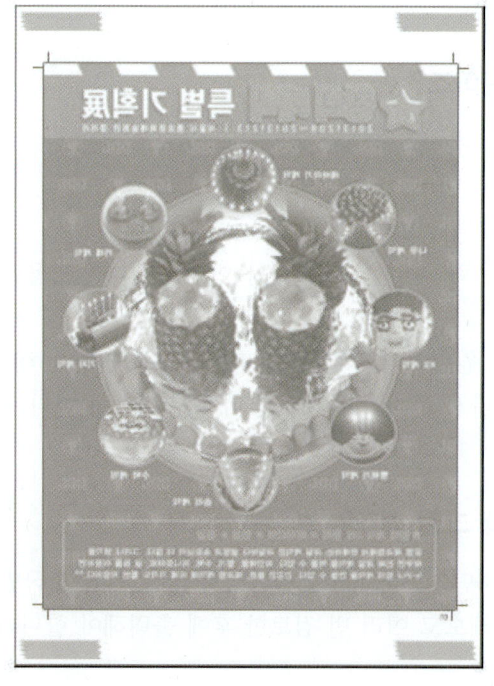

▲ 뒷면 양면테이프 위치

▲ A3 용지에 마운팅(부착)

06 **출력물에 이물질이 묻었습니다. 재출력이 가능합니까?**

출력 횟수는 1회가 원칙이지만 최대 2장까지 지급받을 수 있습니다. 그러나 감독관에 따라, 남은 시간에 따라, 현장 상황에 따라서 다를 수 있습니다. 따라서 수험자는 1회 출력이라고 생각하고 출력물을 조심히 다루어야 합니다.

07 **완성 이미지를 저장할 때 RGB와 CMYK 중 어떤 모드로 저장해야 하는지 헷갈립니다.**

실기시험장에서 출력은 잉크젯 프린터로 출력합니다. 잉크젯 프린터는 'RGB 모드'에서 출력해야 선명하게 나옵니다. 선명하지 못한 결과물은 감점 대상이 되기 때문에 RGB 모드에서 출력하는 게 좋습니다. 프로그램별 컬러 모드는 다음과 같습니다.
- 일러스트레이터는 CMYK, 포토샵은 RGB 모드에서 작업합니다. 만약 RGB 모드로 작업하고 나중에 CMYK 모드로 변경하면 색상이 전체적으로 바뀌게 되니 이점을 주의해야 합니다.
- 대부분의 필터 효과는 RGB 모드에서 적용되기 때문에 작업 속도와 선명도를 고려해서 RGB 모드로 작업을 합니다.

08 **RGB 모드와 CMYK 모드의 차이점은 무엇인가요?**

01 | RGB 모드

RGB는 Red, Green, Blue로 '빛의 3원색'이라고 합니다. 이 3원색을 결합하면 흰색이 되기 때문에 '가산혼합'이라고도 합니다. 가산혼합에 의해 구현할 수 있는 하나의 색상은 1byte = 8bit ⇒ 256가지의 색입니다. 이렇게 256단계의 색상정보를 가진 RGB를 각각 256*256*256으로 곱하면 1천6백7십7만 컬러의 색상 수가 됩니다. 이 수의 개념을 이해하기 위해서는 bit와 byte 등을 알아야 합니다.
- 1bit = 0과 1 ⇒ 흑백(2색)

  1byte = 2^3bit = 8bit ⇒ 256색(**예** RGB 8×3=24bit ⇒ 1,677만색)
- 1KB : 2^{10}bytes = 1,024bytes
- 1MB : 2^{20}bytes = 1,024KB
- 1GB : 2^{30}bytes = 1,024MB
- 1TB : 2^{40}bytes = 1,024GB

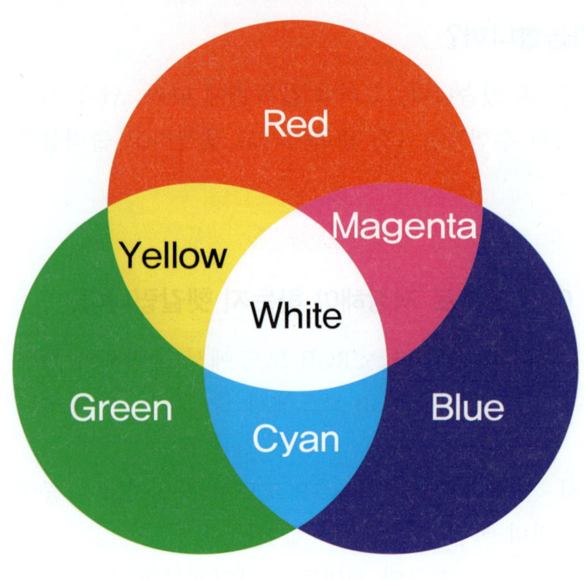

▲ RGB 모드

02 | CMYK 모드

CMY는 Cyan, Magenta, Yellow로 '잉크(안료)의 3원색'이라고 합니다. 이론 상 3원색을 합치면 검정색이 나오므로 '감산혼합'이라고도 합니다. 그러나 이론과 다르게 3원색을 합하면 깨끗한 검정색이 아니라 지저분한 회색이 나옵니다. 그래서 Black을 추가하여 CMYK로 통용되고 있는 것입니다. 컬러 프린터의 카트리지도 CMY통 외에 별도의 K(Black) 통으로 나누어져 있고, 인쇄 실무에서도 '4도 분판 출력'을 합니다. 결국, CMY의 출력물 색상은 RGB의 모니터 색상 영역보다 적기 때문에 색상의 질이 떨어져 보이는 것입니다.

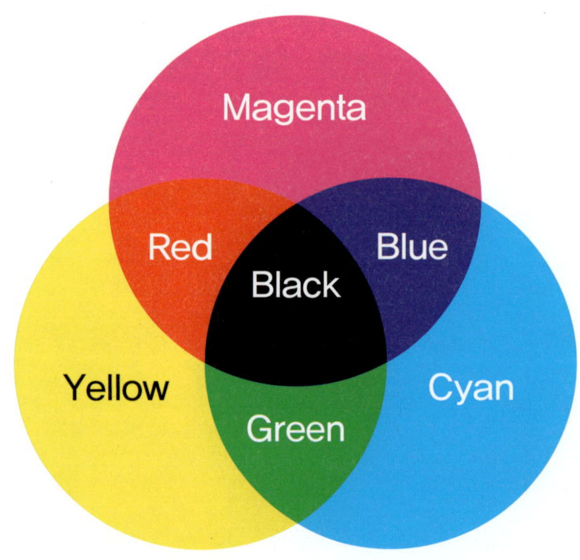

▲ CMYK 모드

09 감독관에게 제출할 최종 파일은 어떤 방식으로 전달하죠?

시험장마다 차이가 있는데 로컬 컴퓨터로 제출하는 방식과 USB로 제출하는 방식이 있습니다.

01 | 로컬 컴퓨터로 전송하기

• 처음에 시험장 컴퓨터에 착석하여 바탕화면에 '테이블 번호', '비번호', '성명'란을 입력합니다.

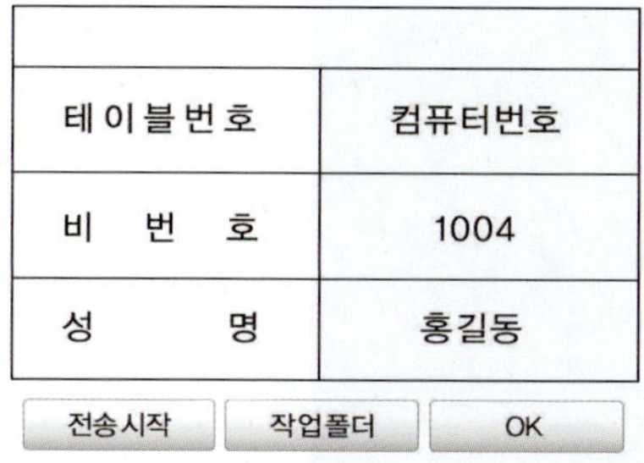

테 이 블 번 호	컴퓨터번호
비 번 호	1004
성 명	홍길동

• [OK] 버튼을 클릭하면 바탕화면에 비번호 이름의 폴더가 생성됩니다.
• 비번호 폴더 안에 'jpg' 파일만 저장한 후 [전송시작] 버튼을 클릭합니다(인디자인은 indd, 쿽 익스프레스는 qxd 파일). 용량 15MB를 초과하면 실격될 수 있으니 여러 번 확인해야 합니다.
• 용량이 충분하면 부정 방지 차원에서 시험장 관리자에 따라 포토샵이나 일러스트레이터 결과물을 같이 제출하라고 하는 경우도 있지만 제출 시 용량 문제로 인쇄 결과물 그리고 편집 프로그램(인디자인, 쿽 익스프레스)으로 작업한 결과물과 JPG 파일만 제출하고 있습니다.

02 | USB에 저장해서 제출하기

• 아래의 그림과 같이 USB 폴더에 비(등)번호의 폴더를 생성합니다.

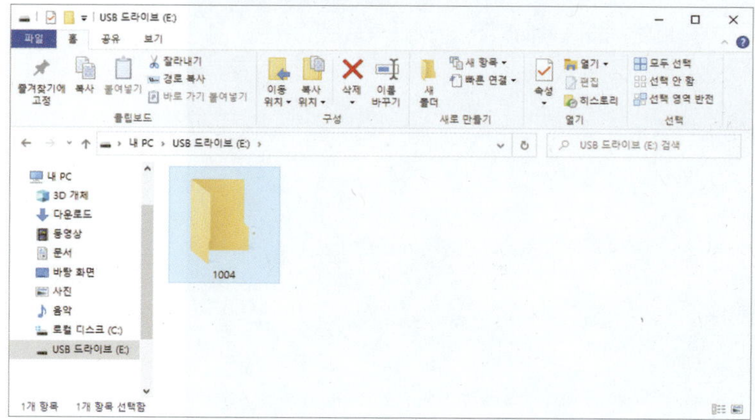

• USB의 비번호 [1004] 폴더 안에 'jpg' 파일을 저장합니다(인디자인 indd, 쿽 익스프레스 qxd).
• 이미지 위에서 마우스 오른쪽 버튼을 클릭하여 나오는 바로 가기 메뉴의 [연결 정보]를 클릭하고 USB에 저장된 JPG 파일을 선택한 후 [열기]를 클릭하여 이미지 연결 경로 USB로 변경해 줍니다.
• 제출 파일이 용량(15MB)이 초과되면 실격 처리되므로 여러 번 확인합니다.

02

프로그램 기능 익히기

파트 소개

PART 02에서는 실기 시험에서 사용하는 프로그램인 일러스트레이터와 포토샵, 인디자인의 핵심 기능과 도구 사용법을 학습하고 실제 시험 작업을 수행할 수 있는 기본 실무 능력을 기릅니다.

학습 방향

일러스트레이터에서는 펜도구와 도형 및 패스의 편집 등 벡터 작업의 기본기를 익히고, 포토샵에서는 이미지 보정 및 합성, 레이어 활용 등을 연습합니다. 인디자인에서는 페이지 설정과 마스터 페이지, 텍스트와 이미지 배치 등 레이아웃 구성 방법을 중심으로 살펴봅니다.

차례

Illustrator

01 기본 화면 구성

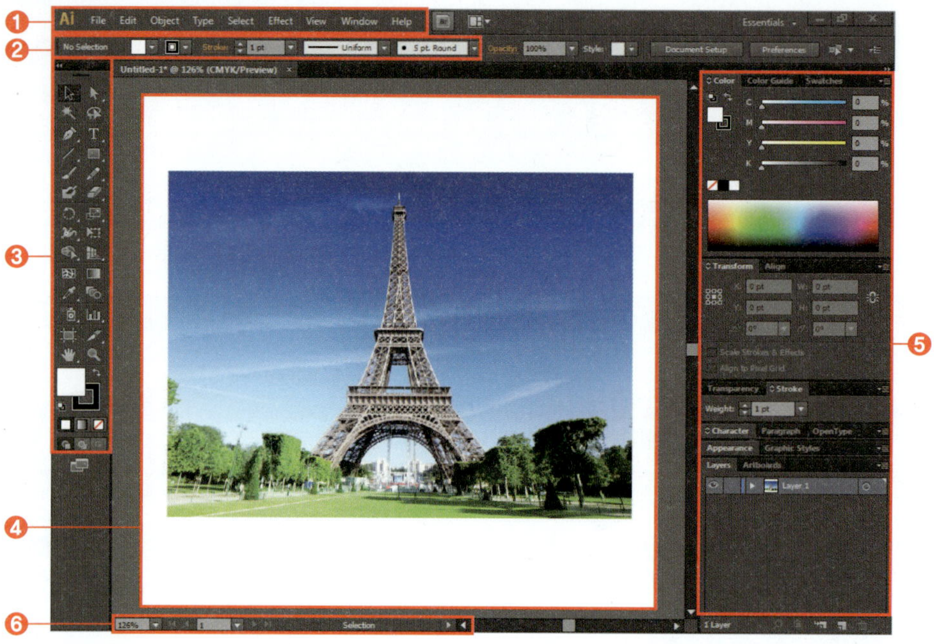

❶ **메뉴 바** : 일러스트레이터에서 제공하는 명령들을 풀다운 형식으로 표시해 줍니다.

❷ **옵션 바** : 선택된 개체에 대한 속성(면색, 선색, 두께 등)을 설정할 수 있습니다.

❸ **툴 패널** : 작업에서 가장 필수적인 도구를 모아 놓은 곳입니다.

❹ **아트보드(작업 영역)** : 스케치북이라 할 수 있는 일러스트레이터의 작업 영역이고 출력될 용지의 크기에 맞게 점선 형태로 영역을 표시하며, 실선으로 표시되는 부분은 작업창을 표시합니다.

❺ **패널** : 일러스트레이터에서 제공하는 각종 기능들을 패널 형식으로 모아 놓은 곳입니다.

❻ **상태 표시줄** : 현재 작업 중인 아트보드의 정보를 표시합니다.

01 툴 패널의 구조

일러스트레이터에서 가장 많이 사용되는 기본적인 도구들을 모아 놓은 상자입니다. 기본으로는 자주 사용하는 메인 툴만 보이고 나머지 툴은 가려져 보이지 않습니다. 삼각형 화살표가 있는 툴은 아래 숨겨진 툴이 있다는 의미로 마우스 왼쪽 버튼으로 툴을 길게 누르고 있으면 나머지 툴이 나타납니다.

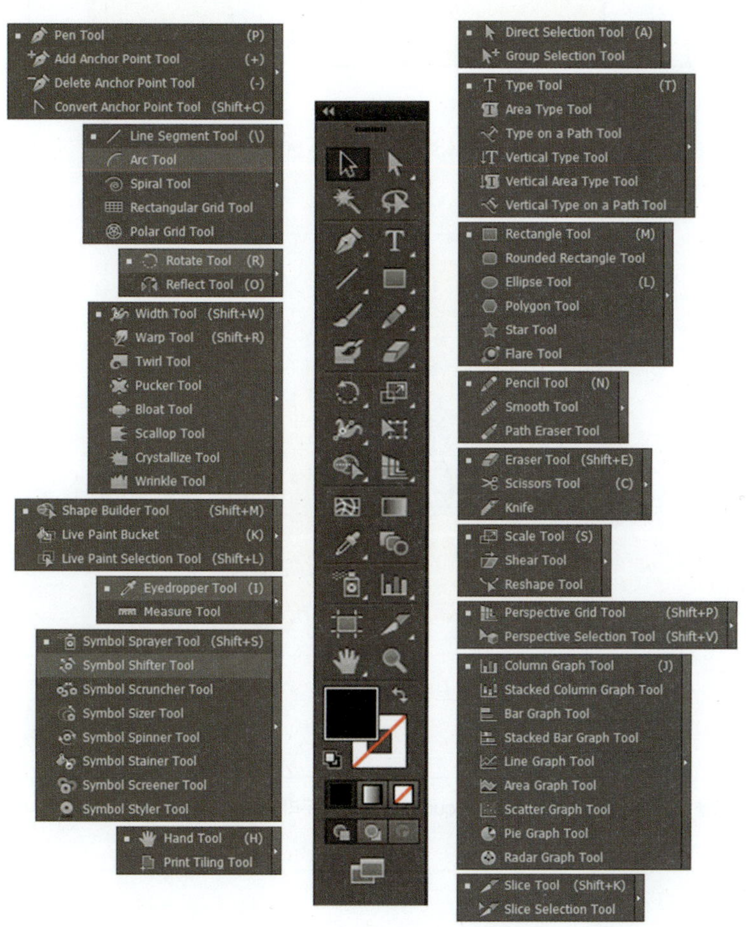

02 드로잉 툴의 사용법

01 | Selection Tool ★★

오브젝트를 선택하고, 이동, 복사, 변형 등을 할 수 있는 도구로서 매우 중요한 툴입니다. 오브젝트를 한번 클릭하면 오브젝트를 둘러싸는 크기 조절 박스가 생기며, 박스의 포인트를 조절하여 오브젝트를 다양하게 변형할 수 있습니다.

▲ 오브젝트 선택

▲ 오브젝트 복사 및 변형

▲ 오브젝트 회전

▲ 오브젝트 크기 조절

선택 툴 사용 시 생기는 바운딩 박스가 표시되지 않을 경우 [View(보기)]–[Show Bounding Box(테두리 상자 표시)] 메뉴로 해결하거나 Ctrl + Shift + B 를 누릅니다.

02 | Direct Selection Tool ★★

선택 툴과 동일한 기능을 가지고 있지만, 오브젝트의 특정 부분만을 선택하여 이동, 삭제, 수정 등을 할 때 사용하는 도구입니다. 오브젝트 내의 정점 하나 혹은 선분을 선택하거나 그룹화 된 오브젝트의 일부를 선택하여 수정하는 것이 가능하므로, 오브젝트의 세밀한 부분을 수정할 때 사용합니다.

◀ 오브젝트의 정점 선택

03 | Group Selection Tool ★☆

그룹 선택 툴은 그룹으로 묶어진 오브젝트 중에서 특정 오브젝트를 선택하여 이동하거나 관리할 때 사용하는 도구입니다.

04 | Magic Wand Tool

해당 오브젝트의 클릭한 부분과 동일 색상 정보를 가지고 있는 오브젝트를 한꺼번에 선택할 때 사용하는 도구입니다.

05 | Lasso Tool

원하는 오브젝트를 마우스로 자유롭게 드래그하여 선택하는 것으로, 자유로운 형태로 여러 개의 오브젝트를 선택할 때 사용하는 도구입니다. 선택 툴과 마찬가지로 오브젝트의 일부만 선택하여도 전체 오브젝트가 선택됩니다.

06 | Pen Tool ★★

일러스트레이터로 불특정 모양을 그릴 때 가장 많이 쓰이는 도구로서 직선과 곡선으로 된 패스를 그릴 수 있으며, 다양한 오브젝트를 만들 때 사용하는 도구입니다.

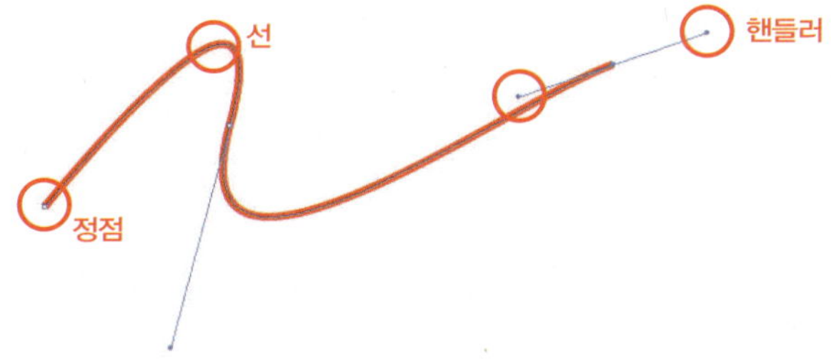

- 정점(Anchor Point) : 드로잉의 기본으로서 선과 선을 연결해주는 기본 요소입니다.
- 선(Segment) : 정점과 정점을 연결한 선을 의미합니다.
- 핸들러(Direction Point) : 정점에서 드래그하면 나타나는 양쪽 직선을 의미합니다. 즉, 핸들러가 생겼다는 것은 곡선을 의미합니다.

① 자유직선 그리기

펜 툴을 선택한 후 작업창에 계속 클릭만 하면 연결되는 직선이 그려집니다.

② 각이 있는 직선 그리기

Shift 를 누르면서 클릭하면 정확히 0°, 45°, 90°의 직선이 그려집니다.

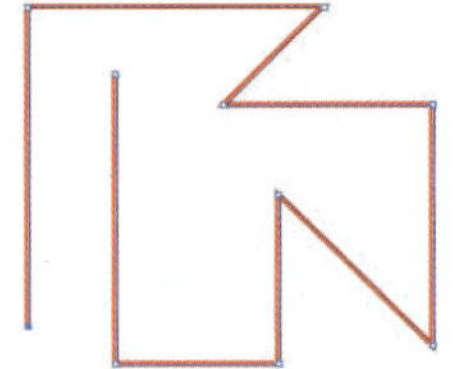

③ 곡선 그리기

정점 ⓐ를 클릭하고 정점 ⓑ를 클릭한 후 드래그합니다. 핸들러의 각도를 적당히 하고 ⓐ, ⓑ만큼의 거리에
정점 ⓒ를 클릭합니다.

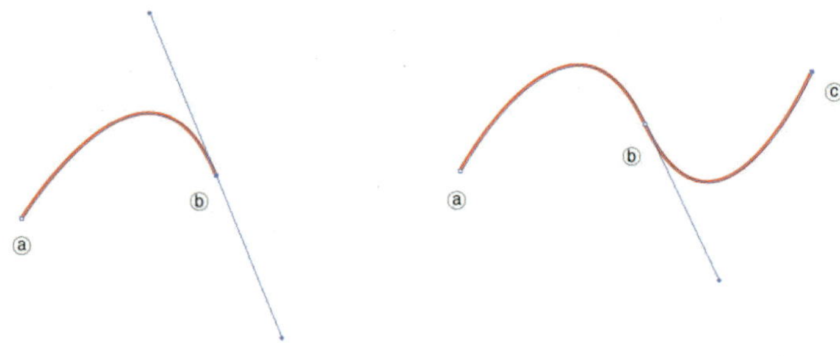

④ 곡선과 직선 함께 그리기

곡선을 그린 후 핸들이 있는 정점을 클릭하면 한쪽 방향의 핸들이 사라지므로 직선을 그릴 수 있습니다.

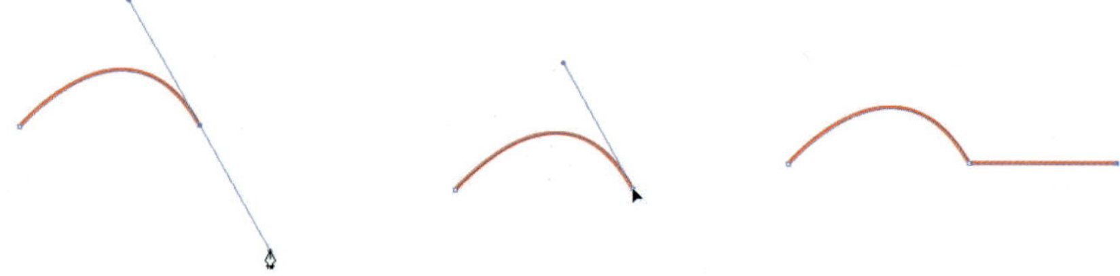

07 | Add Anchor Point Tool

오브젝트나 패스에 고정점을 추가하여 수정할 때 사용하는 도구입니다.

08 | Delete Anchor Point Tool

고정점 추가 툴의 반대로 오브젝트나 패스에 고정점을 삭제하여 수정할 때 사용하는 도구입니다.

09 | Convert Anchor Point Tool ★☆

곡선에서 직선을 만들거나, 직선을 곡선으로 만들 때 사용하는 도구입니다. 정점을 드래그하면 곡선으로
클릭하면 직선으로 만들어집니다.

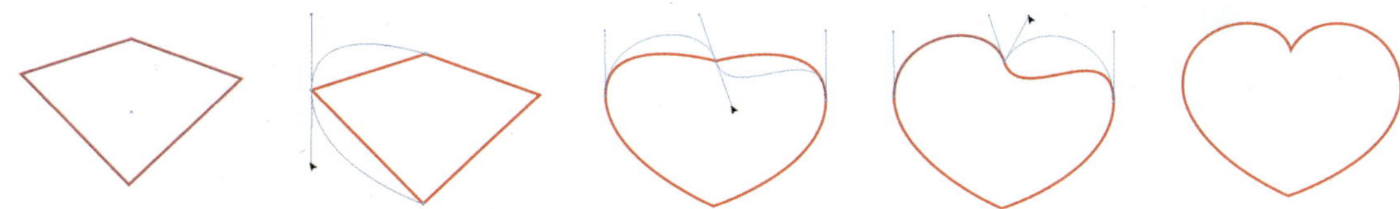

10 | Type Tool ★★

작업창에 가로방향의 글자를 입력할 때 사용하는 도구입니다. 글자의 속성은 Character(글자)패널에서 설정할 수 있습니다.

11 | Area Type Tool

일정 영역 안에 글자를 입력할 때 사용하는 도구입니다. 편집 디자인이나 타이포그래피 작품을 만들 때 문장의 형식이나 모양을 다양하게 표현할 수 있습니다.

12 | Type On a Path Tool ★★

패스의 라인을 따라서 흘러가는 글자를 입력할 때 사용하는 도구입니다. 모든 드로잉 툴로 만든 라인이나 오브젝트의 패스에 모두 적용할 수 있습니다.

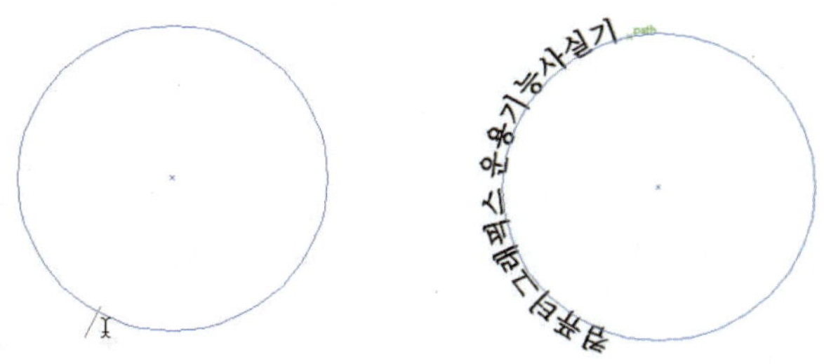

13 | Vertical Type Tool

작업창에 세로방향의 글자를 입력할 때 사용하는 도구입니다.

14 | Vertical Area Type Tool

영역 글자 툴과 동일하게 일정 영역 안에 세로 방향으로 글자를 입력할 때 사용하는 도구입니다.

15 | Vertical Type On a Path Tool

패스 글자 툴과 동일하게 패스의 라인을 따라서 흘러가는 글자를 세로로 입력할 때 사용하는 도구입니다.

16 | Line Segment Tool

직선, 수평선, 수직선, 사선 등을 그릴 때 사용하는 도구입니다. 마우스를 클릭하고 드래그하면 드래그한 길이만큼의 직선을 그릴 수 있습니다.

17 | Arc Tool

곡선을 그릴 때 사용하는 도구입니다. 마우스를 클릭하고 드래그하면 드래그한 길이만큼의 곡선을 그릴 수 있습니다.

18 | Spiral Tool ★★

소용돌이 모양의 오브젝트를 그릴 때 사용하는 도구입니다. 대화상자에서 나선형의 방향과 회전 정도 등을 설정할 수 있습니다.

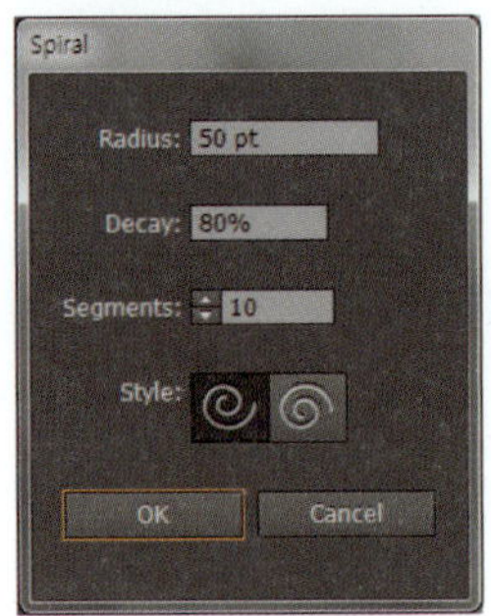

19 | Rectangular Grid Tool ★★

사각의 격자 모양을 마우스로 드래그하여 그리거나 대화상자에서 수치를 입력하여 원하는 격자를 정확하게 그릴 수 있습니다.

> **기적의 TIP**
>
> 캐릭터를 그릴 때 문제지에 격자를 연필과 자를 이용해 그린 후, 일러스트레이터에서도 같은 크기의 격자를 그리고 격자를 기반으로 캐릭터를 그려나가면 보다 비슷한 형태로 만들어 낼 수 있습니다.

20 | Polar Grid Tool

원형의 격자 모양을 마우스로 드래그하여 그리거나 대화상자에서 수치를 입력하여 원하는 격자를 정확하게 그릴 수 있습니다.

21 | Rectangle Tool ★☆

사각형 모양의 오브젝트를 그릴 때 사용하는 도구로서 마우스를 드래그하거나 작업창의 임의의 위치에 마우스를 클릭하여 나타나는 대화상자에 값을 설정하여 오브젝트를 그릴 수 있습니다.

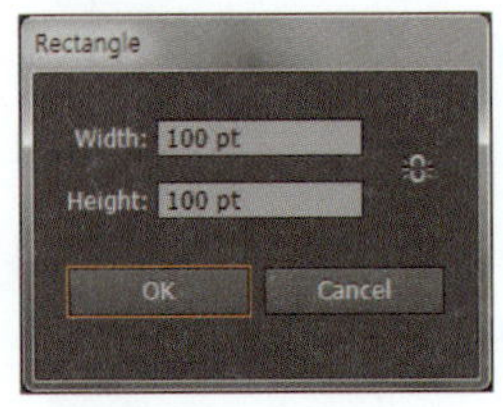

22 | Rounded Rectangle Tool  ★☆

모서리가 둥근 사각형 모양의 오브젝트를 그릴 때 사용하는 도구입니다. 마우스를 드래그하거나 작업창의 임의의 위치에 마우스를 클릭하여 나타나는 대화상자에 값을 설정하여 오브젝트를 그릴 수 있습니다.

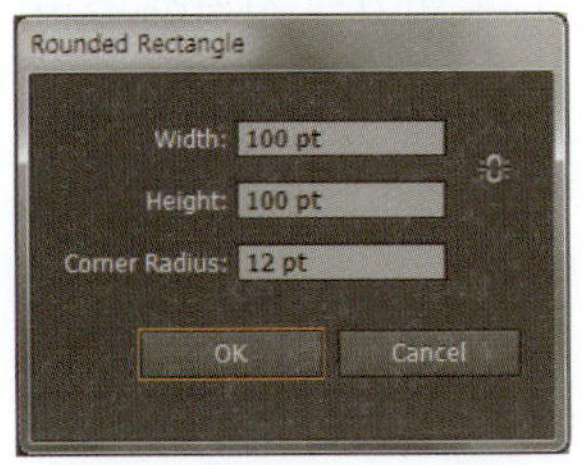

23 | Ellipse Tool 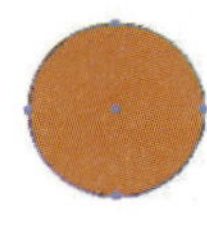 ★☆

정원이나 타원형의 오브젝트를 그릴 때 사용하는 도구입니다. 마우스를 드래그하거나 작업창의 임의의 위치에 마우스를 클릭하여 나타나는 대화상자에 값을 설정하여 오브젝트를 그릴 수 있습니다.

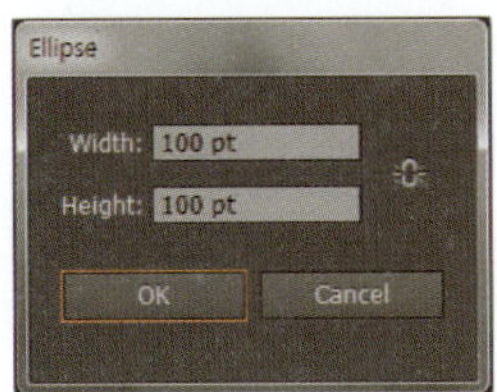

24 | Polygon Tool 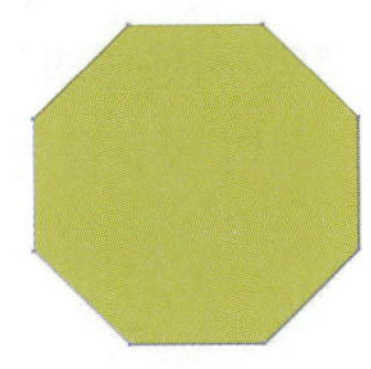 ★☆

사용자가 원하는 다각형 모양의 오브젝트를 그릴 때 사용하는 도구입니다. 마우스를 드래그하거나 작업창의 임의의 위치에 마우스를 클릭하여 나타나는 대화상자에 값을 설정하여 오브젝트를 그릴 수 있습니다.

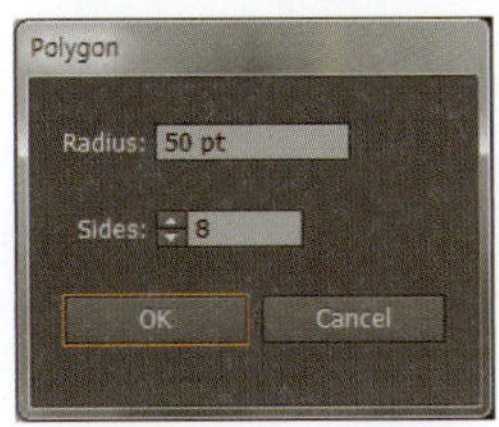

25 | Star Tool  ★☆

별모양의 오브젝트를 그릴 때 사용하는 도구입니다. 마우스를 드래그하거나 작업창의 임의의 위치에 마우스를 클릭하여 나타나는 대화상자에 값을 설정하여 오브젝트를 그릴 수 있습니다. 대화상자에 설정한 포인트 수와 반지름에 따라 다양한 모양을 만들 수 있습니다.

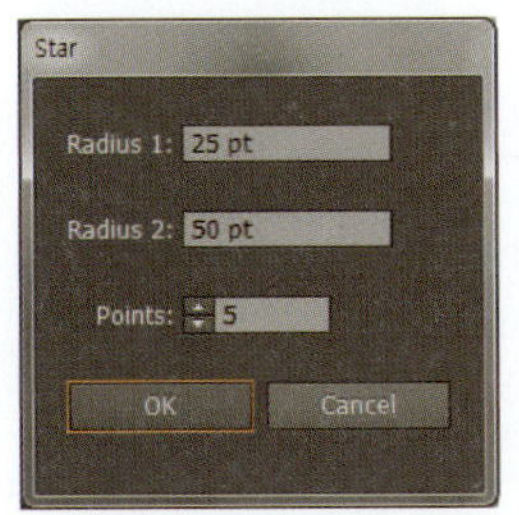

26 | Flare Tool 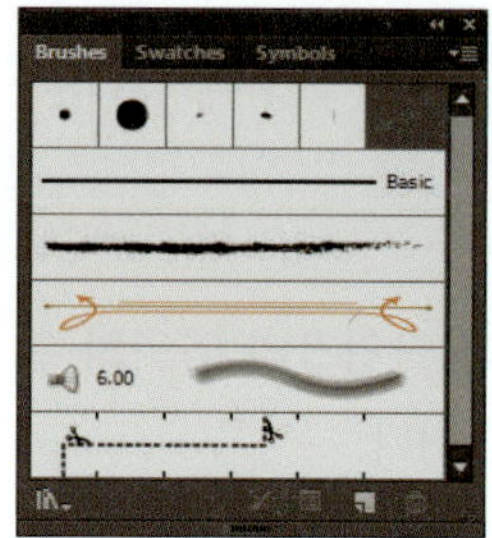

렌즈 플레어 효과를 줄 때 사용하는 도구입니다. 먼저 플레어 툴을 도구상자에서 선택한 다음 작업창의 임의 위치에 마우스를 클릭하면 첫 번째 플레어의 도형이 만들어집니다. 두 번째로 다시 한 번 클릭하면 다시 하나 더 플레어 도형이 나타납니다. 이 때 마우스로 드래그하여 반사되는 빛의 길이와 위치를 설정할 수 있습니다.

27 | Paintbrush Tool

붓으로 그림을 그리듯이 자유로운 선을 그릴 때 사용하는 도구입니다. Brushes 패널에서 다양한 종류의 선을 선택할 수 있습니다.

> **기적의 TIP**
>
> • 페인트브러쉬 툴이나 연필 툴을 연속적으로 선을 교차하면서 그릴 경우 서로 선이 연결되어 하나의 형태로 만들어집니다. 이때, 페인트브러쉬 툴을 더블클릭하여 대화상자에서 Edit Selected Paths(선택 패스 편집)의 체크를 해제하면 하나의 형태로 만들어지지 않습니다.
> • [Object] > [Expand Appearance]를 선택하면 적용된 브러쉬 효과를 일반 오브젝트로 변환할 수 있습니다.

28 | Pencil Tool

자유로운 형태의 패스를 그릴 때 사용하는 도구입니다. 기본적인 사용방법은 브러쉬 툴과 동일하며, Stroke(선) 패널에서 두께를 조절하거나 Brushes(브러쉬) 패널에서 선의 종류를 선택할 수 있습니다.

29 | Smooth Tool

브러쉬 툴이나 연필 툴 등으로 그려진 오브젝트의 패스를 좀 더 부드럽게 표현하고자 할 때 사용하는 도구입니다.

30 | Path Eraser Tool

브러쉬 툴이나 연필 툴 등으로 그려진 오브젝트의 패스를 부분적으로 삭제할 때 사용하는 도구입니다.

31 | Blob Brush Tool

물방울 브러쉬 툴을 활용하게 되면 곧바로 'Fill(칠)' 속성의 오브젝트를 만들어 낼 수 있습니다. 이러한 속성을 이용하여 손 글씨처럼 자연스러운 느낌의 오브젝트를 표현하고자 할 때 사용하면 아주 효율적인 도구가 될 것입니다. 물방울 브러쉬 툴을 이용하면 손 글씨를 간단히 복제할 수 있습니다.

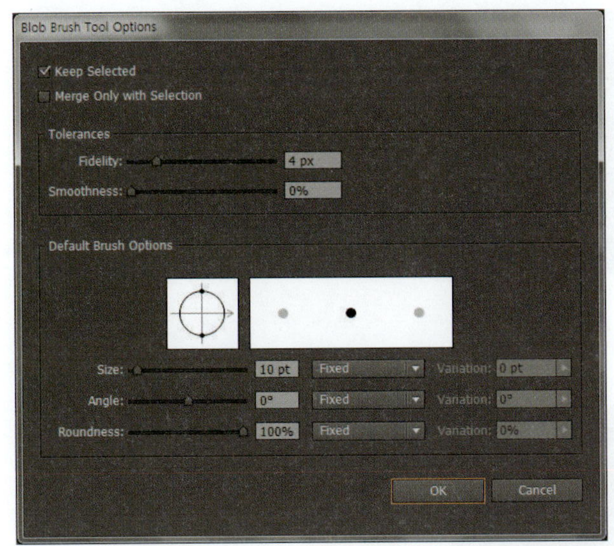

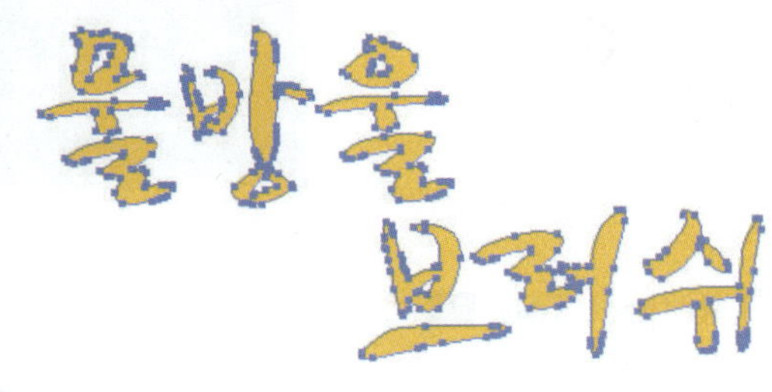

32 | Eraser Tool

포토샵에서 픽셀을 지우듯이 아트워크 영역을 신속하게 지울 수 있습니다. 지우개 툴을 더블클릭하면 모양과, 크기를 조절할 수 있는 대화상자가 열립니다.

33 | Scissors Tool ★☆

오브젝트나 패스를 자르는 도구로서 절단하고자 하는 패스의 임의의 두 곳을 클릭하는 것으로 오브젝트를 나눌 수 있으며, 나누어진 오브젝트는 열린 패스를 갖게 됩니다.

34 | Knife Tool ★☆

가위 툴보다 자유롭게 오브젝트를 나눌 수 있으며, 나누어진 오브젝트는 각각 닫힌 패스의 오브젝트로 나눠줄 수 있습니다.

35 | Rotate Tool ★★

선택한 오브젝트를 회전시킬 때 사용하는 도구입니다. 회전 중심점에 따라 각도가 달라지며, 회전 툴을 더블클릭하면 나타나는 대화상자에 수치를 입력하여 회전시킬 수 있습니다.

> **기적의 TIP**
> - [Alt]를 누른 상태로 중심축을 지정하면 대화상자가 열립니다.
> - [Ctrl]+[D]를 누르면 반복적으로 복사가 됩니다.

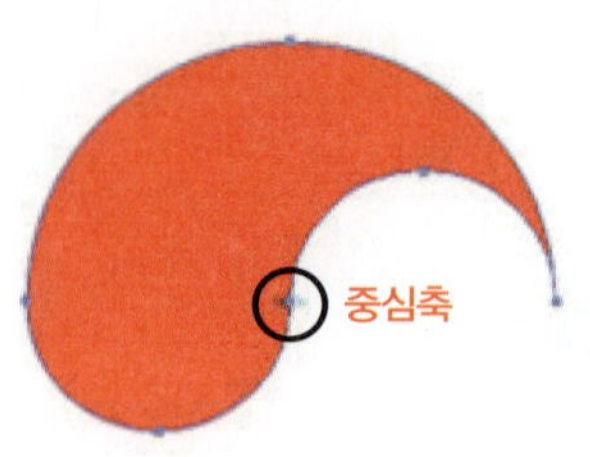 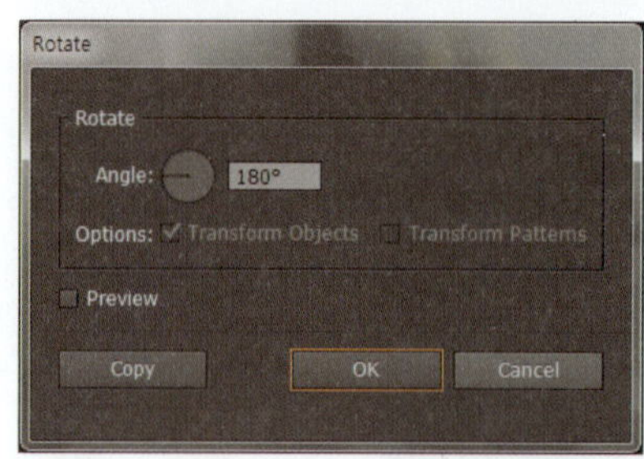 

36 | Reflect Tool ★★

 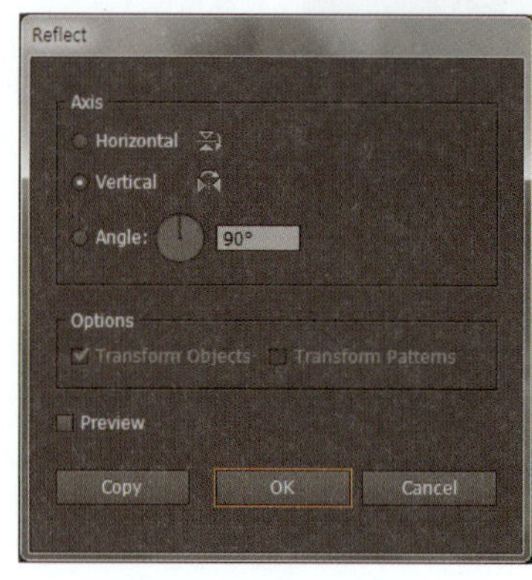 

거울처럼 왼쪽, 오른쪽이 뒤바뀌어 반사되는 오브젝트를 만들 때 사용하는 도구입니다. 중심점으로 좌우대칭과 상하 대칭이 가능합니다. 로고나 CI 작업을 할 때 시간을 단축시킬 수 있어 유용하게 쓰이는 도구입니다.

37 | Scale Tool ★★

오브젝트를 확대하거나 축소시키는 기능을 하는 도구로서 크기 조절 툴을 더블클릭하면 나타나는 대화상자에 수치를 입력하여 크기를 조절할 수 있습니다.

 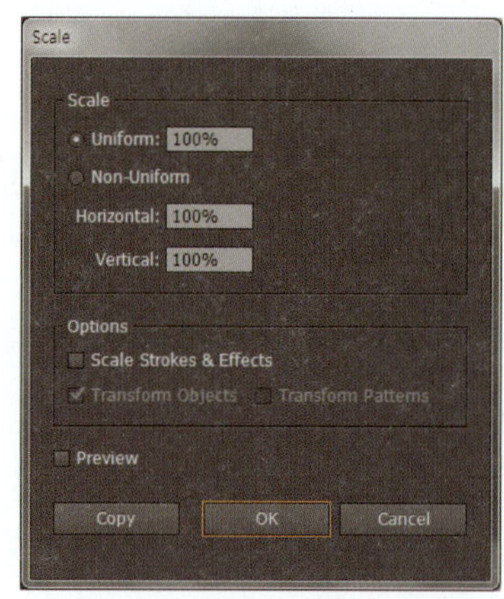  

38 | Shear Tool ⭐☆

선택한 오브젝트를 자유롭게 기울일 때 사용하는 도구로서 마우스를 드래그하거나 대화상자를 통하여 기울이기를 할 수 있습니다. 그림자나 도형의 입체 효과 등에 유용하게 사용됩니다.

39 | Reshape Tool

직접 선택 툴의 기능과 비슷하나 선택된 포인트 주변의 선택되지 않은 포인트와 패스도 상대적으로 움직여, 오브젝트를 부드럽게 변형할 때 사용하는 도구입니다.

40 | Width Tool

유동화 도구의 하나로 마우스를 드래그하는 방향으로 선의 폭을 자유롭게 변형하는 도구입니다.

41 | Warp Tool

유동화 도구의 하나로 오브젝트를 마우스가 드래그하는 방향으로 왜곡하여 변형하는 도구입니다.

42 | Twirl Tool ⭐☆

유동화 도구의 하나로 마우스를 드래그하는 방향과 위치에 따라 오브젝트를 비틀어서 변형하는 도구입니다.

43 | Pucker Tool

유동화 도구의 하나로 마우스를 드래그하는 방향으로 오브젝트의 모양을 구기듯이 당겨서 변형을 하는 도구입니다.

44 | Bloat Tool

유동화 도구의 하나로 마우스를 드래그하는 방향으로 오브젝트의 모양을 팽창시켜 부풀려지듯이 변형하는 도구입니다.

45 | Scallop Tool

유동화 도구의 하나로 마우스를 드래그하는 방향으로 오브젝트의 모양을 물결치듯이 찌그러트려 변형하는 도구입니다.

46 | Crystallize Tool

유동화 도구의 하나로 마우스를 드래그하는 방향으로 오브젝트의 모양을 수정의 결정 형태로 변형하는 도구입니다. 조개 툴과 반대 방향으로 변형되는 것을 확인할 수 있습니다.

47 | Wrinkle Tool

유동화 도구의 하나로 마우스를 드래그하는 방향으로 오브젝트의 모양을 주름지도록 변형하는 도구입니다.

48 | Free Transform Tool

선택한 오브젝트의 바운딩 박스를 이용하여 크기, 회전, 이동 등의 변형 작업을 자유롭게 조절할 수 있는
도구입니다.

49 | Shape Builder Tool

여러 오브젝트 중 하나를 선택하고 〈툴 박스안 모양구성〉을 클릭한 후 또 다른 오브젝트에 가져다놓으면
겹쳐진 영역부분을 패스파인더의 병합, 삭제, 나누기와 같은 기능을 간편하게 적용할 수 있습니다.

50 | Live Paint Bucket Tool

스포이트 툴에 의해 복제된 오브젝트의 각종 속성들을 다른 벡터 오브젝트나 비트맵 이미지에 손쉽게 적용
할 수 있습니다.

51 | Live Paint Selection Tool

오브젝트로 가져가면 라이브 페인트 통을 이용하여 색을 채운 오브젝트가 자동으로 선택되어져 손쉽게 선
택할 수 있습니다.

52 | Perspective Grid Tool

3D입체를 쉽게 그리는 CS5부터 생긴 신기능으로 화면 안에 원근감이 있는 안내선이 나타나고 도형 툴을
클릭하면 안내선에 맞추어 도형이 자동 투시됩니다.

53 | Perspective Selection Tool

'Perspective Grid Tool'에서 기본적으로 표시가 되는 위젯이 작업에 방해가 된다면, [Perspective Selection
Tool]을 더블클릭하여 나타나는 [Perspective Grid Options] 대화상자에서 'Show Active Plane Widget'의 체
크를 해제하면 된다. 또한 위젯의 위치 이동을 하고자 하면 'Widget Position'에서 목적하는 위치를 선택하
면 됩니다.

54 | Mesh Tool ★☆

오브젝트를 그물 형식으로 나누어, 각각의 포인트에 그라데이션을 적용하는 도구입니다. 벡터 이미지에서 구현하기 힘든 명암 효과와 물체의 불규칙한 굴곡 등의 색에 볼륨감을 표현할 수 있습니다. 망 툴은 선에 적용할 수 없으며 기준점이나 선이 많아지기 때문에 용량이 커진다는 단점이 있습니다.

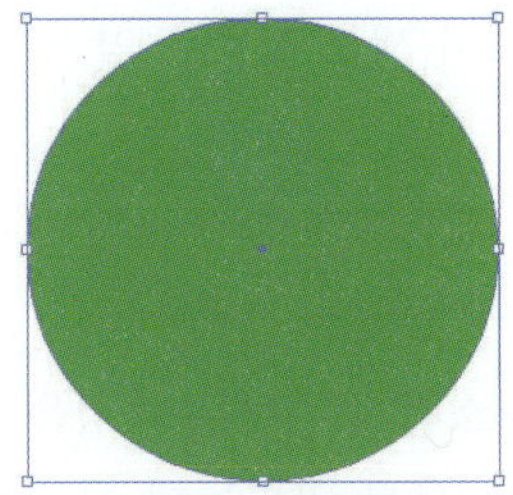
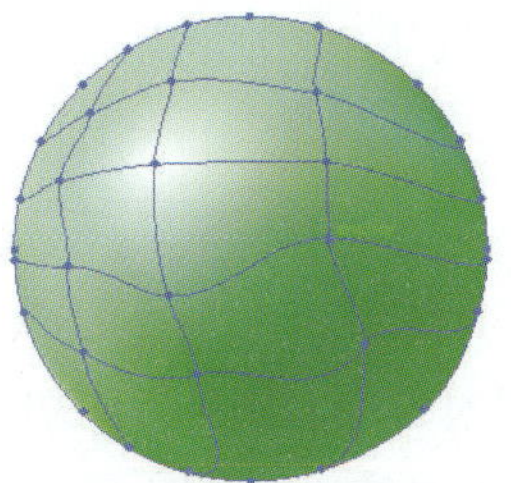

면에 그라데이션 색을 먼저 적용하고 망 툴로 도형을 클릭하면 검정색으로 변합니다. 그러므로 면색을 지정한 후에 망 툴을 사용하는 것이 효율적입니다. Direct Selection Tool(직접 선택 툴)로 기준점을 선택해서 색을 변경할 수 있습니다.

55 | Gradient Tool ★★

오브젝트의 색이 연속적으로 변화되도록 하는 그라데이션 효과를 주는 도구로서 그라데이션 툴을 선택하고 마우스로 드래그하는 방향과 길이에 따라 그라데이션 효과의 길이와 방향이 결정되며 직선형(Linear)과 방사형(Radial)으로 적용할 수 있습니다.

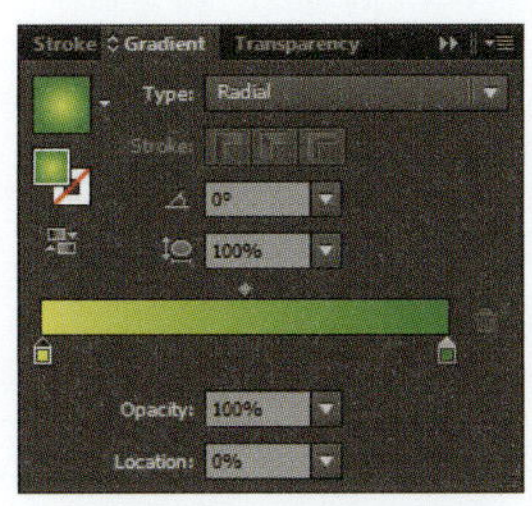
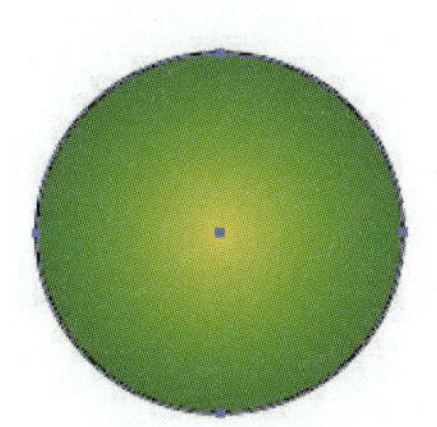

▲ 방사형

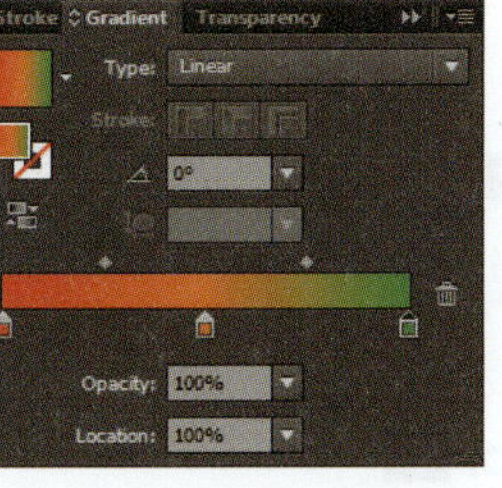

▲ 직선형

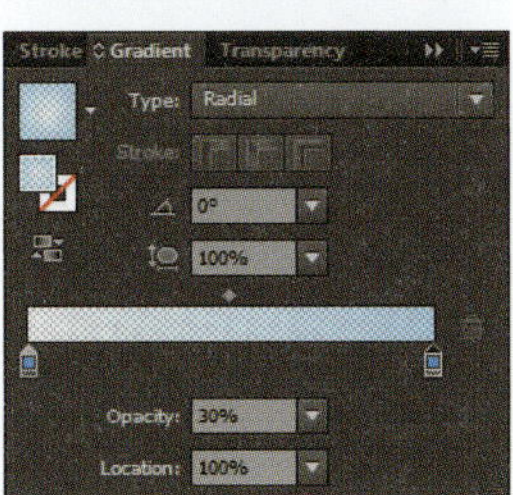

▲ 투명도 조절

56 | Eyedropper Tool 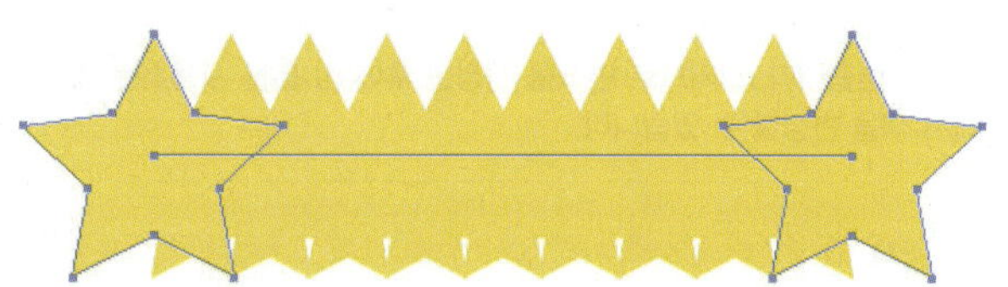

오브젝트에 적용된 색상, 패턴, 그라데이션, 텍스트 등의 속성을 추출하여 다른 오브젝트에 적용시킬 수 있는 도구입니다.

57 | Measure Tool

Info(정보) 패널을 통하여 오브젝트의 거리, 각도, 위치, 크기 등을 측정할 수 있으며 색상 정보도 알 수 있는 도구입니다.

58 | Blend Tool ★★

형태나 색이 다른 두 개의 오브젝트 사이에 중간과정의 오브젝트들을 만들어 자연스럽게 변하는 과정을 만들어 줍니다. 이러한 블렌드 툴의 기능을 활용하여 정확한 개수의 문양이나 오브젝트를 만드는데 아주 유용하게 사용할 수 있습니다.

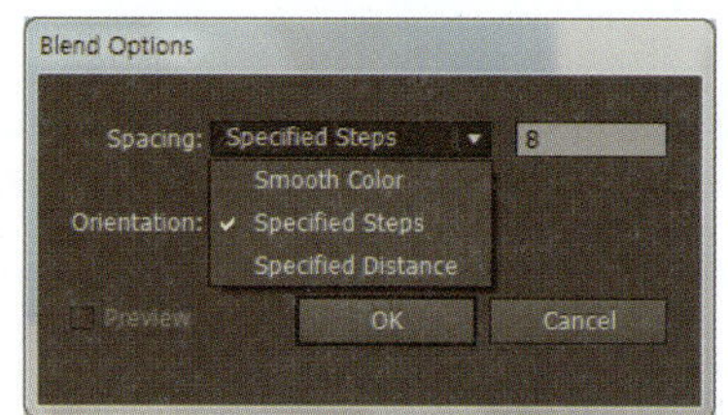

59 | Symbol Sprayer Tool

동일한 오브젝트를 반복해서 사용할 때 편리한 도구입니다. Symbol(심볼) 패널에서 심볼을 선택하고 작업창에 클릭하면, 심볼이 작업창에 뿌려지듯이 추가됩니다.

60 | Symbol Shifter Tool

심볼 스프레이어 툴을 사용하여 만들어진 심볼 오브젝트를 자연스럽게 이동시킬 때 사용하는 도구입니다.

61 | Symbol Scruncher Tool

작업창에 그려진 심볼들을 집중시키거나 분산시킬 수 있는 도구입니다. 마우스로 드래그하면 드래그하는 위치를 중심으로 심볼이 집중됩니다.

62 | Symbol Sizer Tool

작업창에 그려진 심볼들의 크기를 드래그하여 확대하거나 축소하는 도구입니다. 마우스로 드래그하면 드래그하는 위치를 중심으로 심볼이 확대됩니다.

63 | Symbol Spinner Tool

작업창에 그려진 심볼들을 회전시키는 도구입니다. 마우스로 드래그하면 드래그하는 방향에 따라 오브젝트들의 방향을 회전할 수 있습니다.

64 | Symbol Stainer Tool

작업창에 그려진 심볼들에 지정한 색을 적용시킬 수 있는 도구입니다. 마우스로 드래그하면 마우스가 지나간 자리에 자연스럽게 채색됩니다.

65 | Symbol Screener Tool

작업창에 그려진 심볼들에 투명도를 적용할 수 있는 도구입니다. 마우스로 드래그하면 마우스가 지나간 자리가 자연스럽게 투명하게 됩니다.

66 | Symbol Styler Tool

작업창에 그려진 심볼에 Graphic Styles(그래픽 스타일) 패널에서 선택한 스타일을 적용시킬 수 있는 도구입니다. 스타일을 선택하고 마우스로 드래그하면 마우스가 지나간 자리에 자연스럽게 스타일이 적용됩니다.

67 | Column Graph Tool ★☆

가장 기본적인 형태를 가진 그래프를 그릴 수 있는 도구입니다.

68 | Stacked Column Graph Tool

데이터의 값을 각 항목별 세로 막대에 분할시켜서 나타내는 도구입니다.

69 | Bar Graph Tool

가로 막대 그래프를 그릴 수 있는 도구입니다.

70 | Stacked Bar Graph Tool

데이터의 값을 각 항목별 가로 막대에 분할시켜서 나타내는 도구입니다.

71 | Line Graph Tool

데이터의 값을 포인터와 직선으로 나타내는 도구입니다.

72 | Area Graph Tool

입력된 데이터들의 변화량을 시각적으로 나타내는 도구입니다.

73 | Scatter Graph Tool

입력된 데이터의 값을 X, Y 좌표로 위치를 분산하여 나타내는 도구입니다.

74 | Pie Graph Tool

분포도나 성향 등을 나타낼 때 가장 많이 사용하는 그래프로 파이 모양으로 데이터를 나타내는 도구입니다.

75 | Radar Graph Tool

방사형의 원을 분할하여 그래프의 공간성을 시각적으로 나타내는 도구입니다.

76 | Artboard Tool

하나의 파일에 다양한 크기의 아트보드를 여러 개 만들 수 있습니다. 최대 100까지 생성이 가능하며 자유롭게 배치할 수 있습니다. 여러 개의 아트보드는 개별적 또는 모두 함께 저장하거나 인쇄할 수 있으며 PDF 파일로도 저장할 수 있습니다.

> **기적의 TIP**
>
> [File] 〉 [New]를 선택하여 처음 아트보드를 만들 때 [New Document] 대화상자의 [Number of Artboards]의 개수를 설정하여 처음부터 여러 개의 아트보드를 만들 수 있습니다.

77 | Slice Tool

이미지나 오브젝트를 나누어 분할하는 기능을 가지고 있으며 포토샵의 분할 영역 툴과 같은 기능을 하는 도구입니다. 웹에서 용량이 큰 이미지를 그대로 올리는 것은 로딩 시간을 지연시키므로 이미지를 분할 저장하여 로딩시간을 단축시킬 수 있습니다.

78 | Slice Selection Tool

분할된 이미지나 오브젝트 조각들을 선택하여 선택영역을 수정할 수 있는 도구입니다.

79 | Hand Tool ★★

손 툴은 작업 화면을 원하는 방향으로 이동시키는 도구입니다. 손 툴을 선택하고 마우스로 드래그하면 작업 화면이 이동됩니다. 이 툴을 더블클릭하면 작업창 중앙에 알맞은 크기로 볼 수 있습니다.

> **기적의 TIP**
>
> Space Bar 를 누르면 손쉽게 작업 화면을 원하는 방향으로 이동시킬 수 있습니다.

80 | Page Tiling Tool

작업창의 페이지 경계선을 이동하여 프린트 영역을 설정하는 도구입니다.

81 | Zoom Tool ★★

작업 화면을 축소하거나 확대할 수 있는 도구입니다. 일러스트레이터는 벡터방식이기 때문에 작업창을 확대/축소를 해도 오브젝트 이미지에 손상이 가지 않습니다. 그러므로 작은 오브젝트를 크게 작업하기보다는 툴 패널의 돋보기 툴을 사용하여 200~300% 정도로 작업창을 확대한 다음 작업을 하면 빠르고 정확한 작업을 할 수 있습니다.

- **Ctrl**+**+** : 작업화면 확대하기
- **Ctrl**+**−** : 작업화면 축소하기
- **Ctrl**+**0** : 작업화면 적정 비율로 보기
- **Ctrl**+**1** : 작업화면 100% 크기로 보기
- **Ctrl**+**Space Bar** : 확대 돋보기 툴
- **Ctrl**+**Alt**+**Space Bar** : 축소 돋보기 툴

03 색상 모드, 화면 조절

01 I Color Mode

색상 모드에서 오브젝트의 내부 면 색과 외곽선의 색을 지정할 수 있고, 서로의 색을 바꿀 수 있으며 기본 값으로 복원도 할 수 있는 기능을 담당하는 부분입니다.

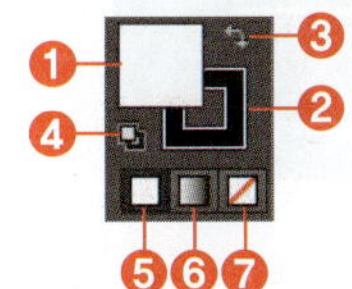

❶ Fill(칠) : 오브젝트 내부 면 색을 지정하는 곳입니다.

❷ Stroke(선) : 오브젝트 선 색을 지정하는 곳입니다.

❸ Swap Fill & Stroke(칠과 선 교체) : 클릭을 통해 면 색과 선 색이 서로 바뀝니다(**Shift**+**X**).

❹ Default Fill & Stroke(초기 값 칠과 선) : 클릭을 통해 색이 기본 값으로 복원됩니다(**D**).

❺ Color(색상) : 현재 면 색이 활성화 된 것인지 선 색이 활성화 된 것인지 확인할 수 있습니다(**.**).

❻ Gradient(그라데이션) : 면에 적용된 그라데이션을 확인할 수 있습니다(**.**).

❼ None(없음) : 면과 선에 적용된 색을 삭제하여 투명하게 만듭니다(**/**).

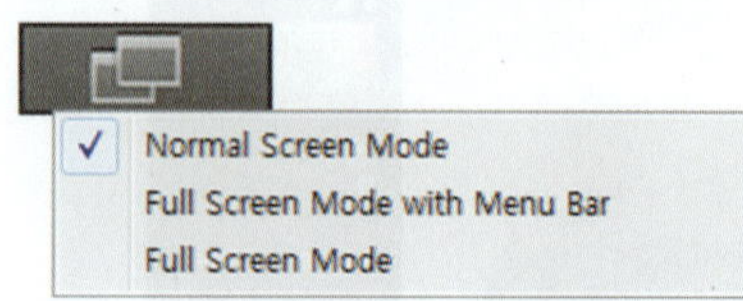

- Normal Screen Mode(표준화면 모드) : 일러스트레이터를 열었을 경우 일반적으로 사용되는 초기화면 입니다.
- Full Screen Mode with Menu Bar(메뉴 바와 전체화면 모드) : 일반적인 화면보다 조금 넓게 사용하기 위해 메뉴 바와 작업창만 볼 수 있습니다.
- Full Screen Mode(전체화면 모드) : 화면을 가장 넓게 사용하기 위한 풀 스크린 화면입니다.

03 패널

01 패널의 사용법

일러스트레이터에는 다양한 패널이 있고 툴 패널과 함께 작업을 도와줍니다. 용도에 따라 [Window] 메뉴를 클릭 하여 다른 그룹으로 바꿔 사용할 수 있고 패널을 각각 분리하거나 처음 상태로 되돌릴 수 있습니다.

01 | Color 패널 F6

오브젝트의 면색과 선색을 선택할 수 있고 색을 스포이트로 찍어서 바로 선택할 수 있고 마우스로 조절점을 드래그하여 색을 설정할 수 있으며 색의 값을 직접 입력할 수도 있습니다.

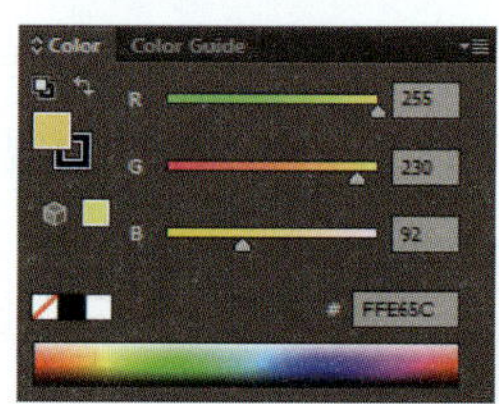

기적의 TIP

CMYK모드의 작업창을 만들었는데 RGB 모드의 색으로 작업을 하고 싶을 때 오른쪽의 내림 버튼을 클릭하여 색상 모드를 바꿔 줄 수 있습니다.

02 | Color Guide 패널 Shift + F3

컬러링 작업 시 색상 선택을 도와주는 패널입니다.

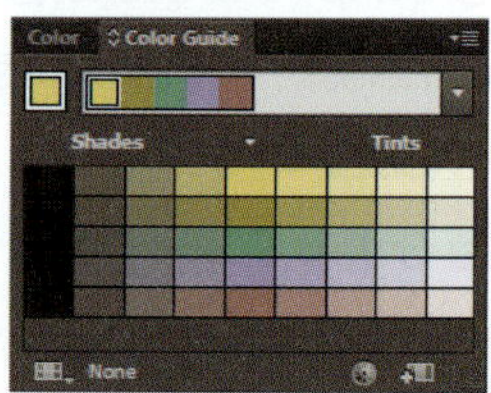

03 | Swatches 패널

자주 사용하는 색들을 등록하거나 색상 견본 모음을 불러와 빠르게 컬러링 작업을 도
와줍니다. 색을 선택, 추가, 저장, 삭제할 수 있습니다.

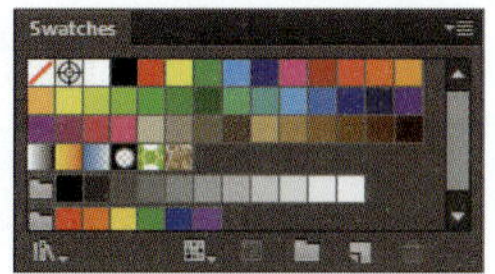

04 | Brushes 패널 `F5` ★★

선의 종류나 기타 효과를 변경할 수 있어 다양한 효과를 표현할 수 있습니다.
'Brush Libraries(브러쉬 라이브러리)'와 함께 이용하면 다양한 아트 느낌을 줄 수
있습니다.

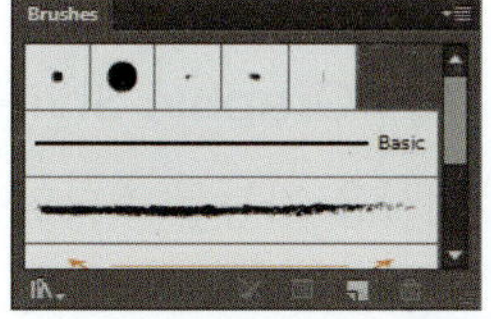

05 | Symbols 패널 `Shift` + `Ctrl` + `F11`

일러스트레이터에서 제공하는 벡터 아이콘 이미지를 'Symbol Libraries(심볼 라이
브러리)'에서 불러와 사용하거나 직접 만든 오브젝트를 심볼로 등록하여 사용할
수 있습니다. 심볼 툴 패널들을 함께 사용하면 효과적입니다.

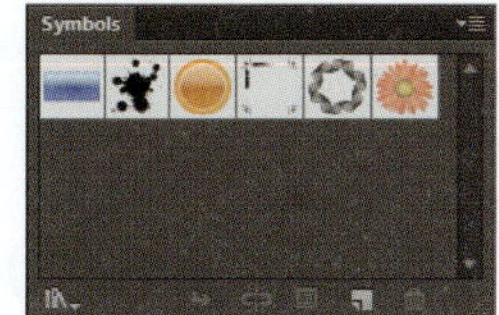

06 | Stroke 패널 `Ctrl` + `F10` ★★

오브젝트의 선 굵기와 모서리 모양, 점선 테두리 등의 스타일을 설정합니다.

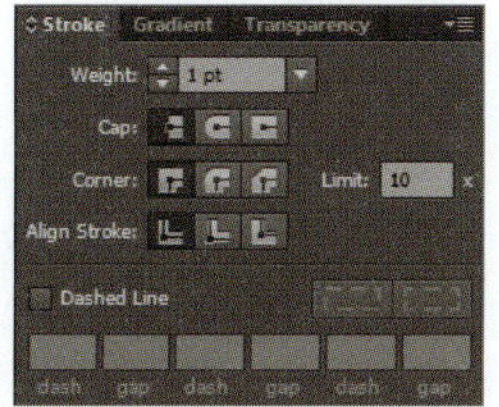

07 | Gradient 패널 `Ctrl` + `F9` ★★

오브젝트에 두 가지 이상의 색을 자연스럽게 섞어 연속적으로 변화하는 느낌을
주는 패널입니다. 색상 슬라이더를 선택하면 자유롭게 그라데이션의 크기를 조절
하고 위치를 변경할 수 있습니다.

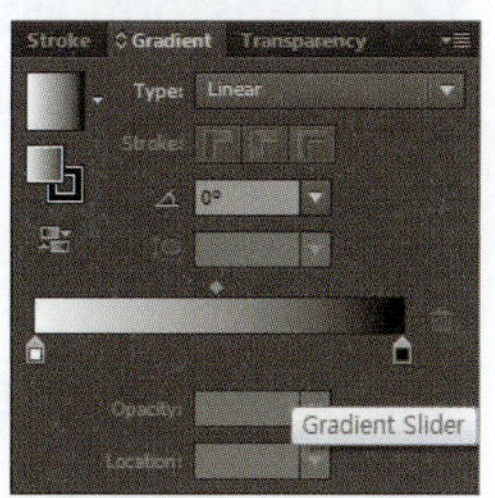

08 | Transparency 패널 `Shift` + `Ctrl` + `F10`

오브젝트가 서로 겹쳐 있을 때 투명도나 색상혼합 모드 등 다양한 효과를 줄 수
있는 패널로 클리핑 마스크를 만듭니다.

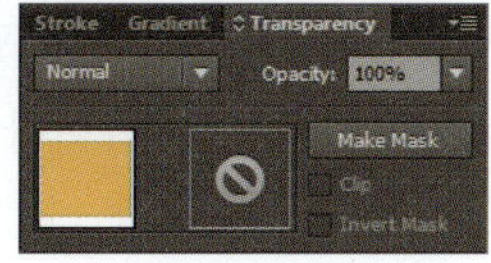

09 | Appearance 패널 Shift + F6

오브젝트에 적용되어 있는 효과를 한눈에 확인할 수 있는 패널로 면과 선을 추가하여 중복적으로 효과를 줄 수 있습니다.

10 | Graphic Styles 패널 Shift + F5

재사용 가능한 스타일을 저장하여 오브젝트에 적용하는 방법입니다.

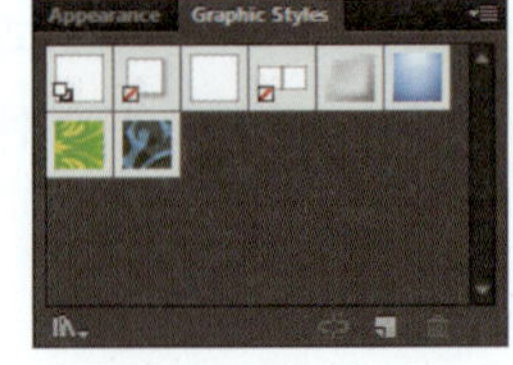

> **기적의 TIP**
>
> Option 또는 Alt 를 누른 채 원하는 그래픽 스타일을 클릭하면 실제로 덮어쓰지 않고도 기존 모양에 그래픽 스타일을 추가할 수 있습니다. 이러한 방식은 매우 복잡한 스타일을 만드는 데 효율적입니다.

11 | Layers(레이어) 패널 F7

레이어를 만들거나 삭제하고 순서를 변경하는 등 레이어에 관련된 작업을 할 수 있는 패널입니다.

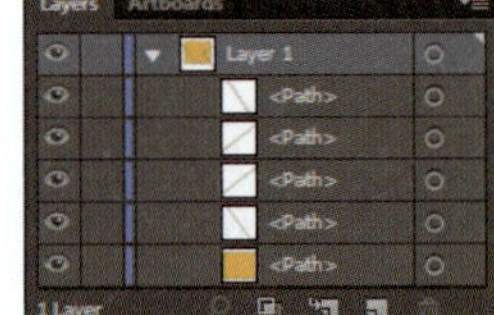

> **기적의 TIP**
>
> [File] > [Export]를 선택하여 나오는 대화상자에서 파일형식을 PSD로 저장하면 레이어를 그대로 포토샵으로 가져갈 수 있습니다.

12 | Transform 패널 Shift + F8

기준 위치에 다른 오브젝트의 크기와 각도, 위치 이동을 수치를 입력하여 변형할 수 있는 패널입니다.

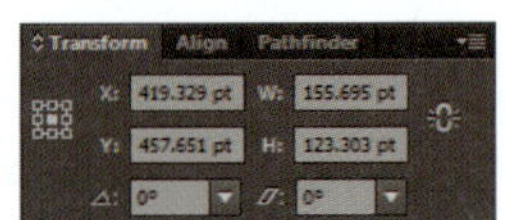

13 | Align 패널 Shift + F7 ★★

선택한 오브젝트들을 아트보드, 혹은 선택영역을 기준으로 정렬, 배열합니다. Align(정렬) 항목은 두 개 이상의 오브젝트가 선택되어 있어야 결과를 확인할 수 있으며, Distribute(분포) 항목은 세 개 이상의 오브젝트가 선택되어 있어야 결과를 확인할 수 있습니다.

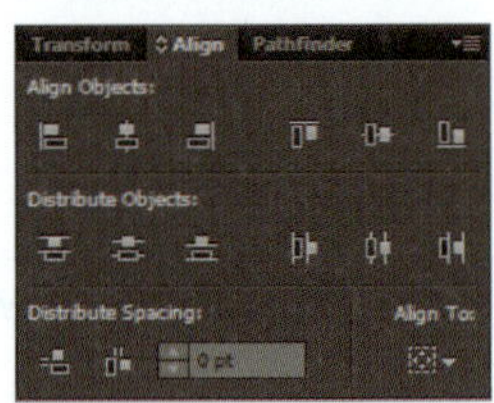

14 | Pathfinder 패널 `Shift` + `Ctrl` + `F9` ★★

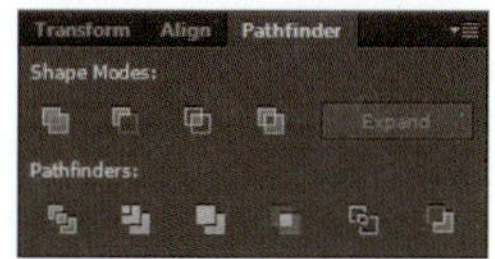

겹쳐있는 두 개 이상의 오브젝트들을 합치거나 나눠주어 새로운 형태의 오브젝트를 만들 수 있는 패널로 빠른 작업을 하는 데 큰 도움이 되는 패널입니다.

> **기적의 TIP**
>
> `Alt`를 누른 채 'Shape Modes(모양 모드)' 명령을 적용하면 패스 선은 그대로 남으면서 명령이 적용되며 명령을 적용하기 전으로 되돌려서 패스를 얼마든지 수정할 수 있습니다.

15 | Navigator 패널

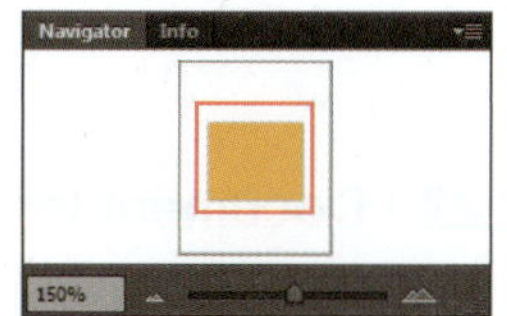

화면을 확대하거나 축소하여 볼 수 있고 화면보다 큰 이미지일 경우 이미지의 위치를 쉽게 알 수 있습니다.

16 | Info 패널 `Ctrl` + `F8`

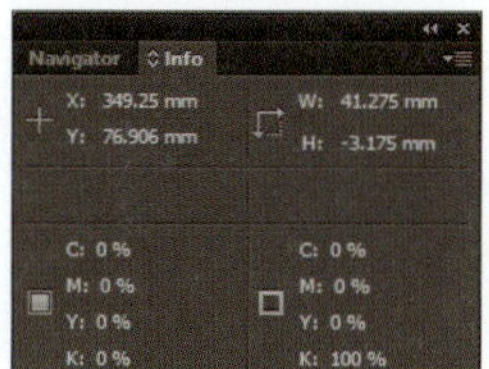

현재 마우스가 위치한 곳의 색상 정보와 거리, 각도, 좌표를 나타내고 선택한 오브젝트의 위치와 크기 정보를 보여줍니다.

17 | Character 패널 `Ctrl` + `T` ★★

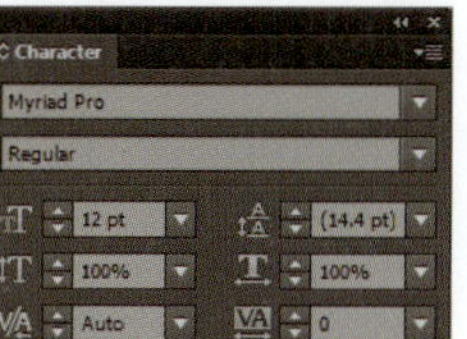

[Window] 〉 [Type]에 속해있으며 글자체와 글자 크기, 행간, 자간, 회전 각도를 변경하고 조절하며 밑줄 긋기 등 글자에 관련된 여러 옵션 등을 설정합니다.

18 | Paragraph 패널 `Alt` + `Ctrl` + `T` ★☆

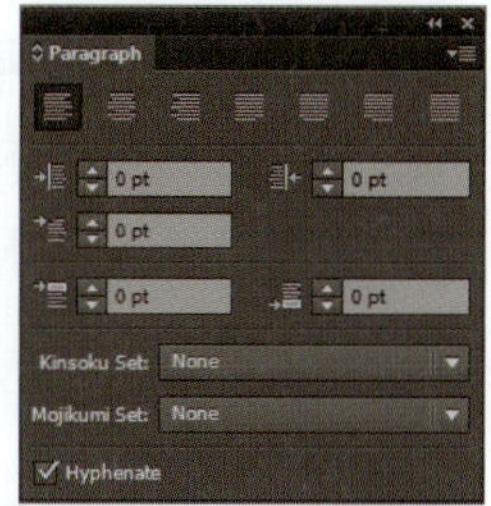

[Window] 〉 [Type]에 속해있으며 입력한 문장의 정렬 방식과 들여쓰기, 단락 간격 등을 지정할 수 있습니다.

19 | Opentype 패널 `Alt` + `Shift` + `Ctrl` + `T`

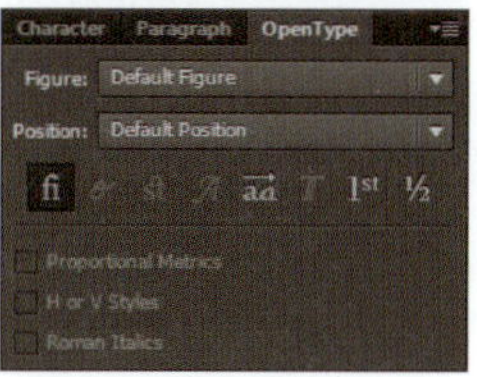

[Window] 〉 [Type]에 속해있으며 오픈타입 서체를 활용하여 입력한 글자에 특수 효과를 줄 수 있습니다.

20 | Actions 패널

이미지에 반복적인 작업을 해야 할 경우 작업 순서를 기록해 두고, 한 번의 클릭
으로 여러 이미지에 같은 명령을 적용하여 작업 시간을 단축할 수 있습니다.

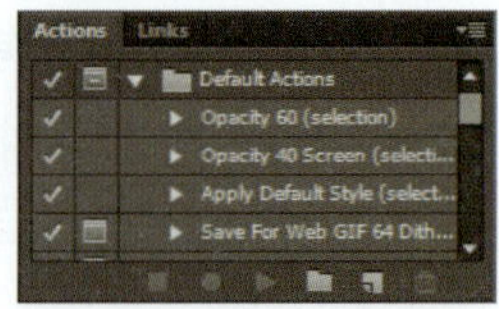

21 | Links 패널

[File] 〉 [Place]를 선택하여 작업창에 불러 온 비트맵 이미지를 관리할 수 있는 패
널입니다. 외부 프로그램에서 수정된 이미지를 갱신하거나 새로운 이미지로 대치
할 수 있습니다.

22 | Document Info 패널

현재 열려있는 파일의 아트보드의 정보를 표시하는 패널로 아트보드의 파일 이
름, 색상, 크기 등 정보를 보여줍니다.

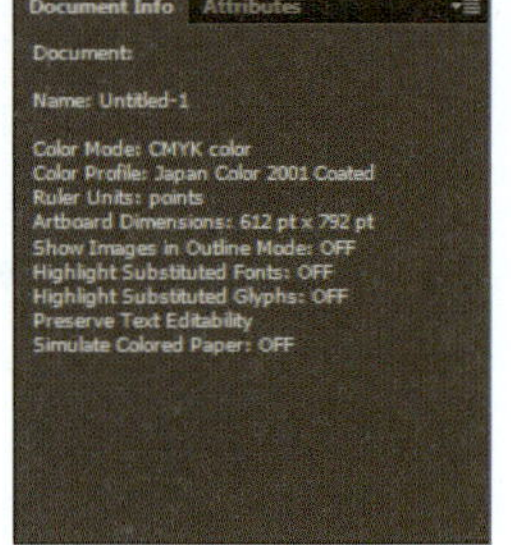

23 | Attributes 패널 Ctrl + F11

오버 프린트 옵션을 제어해 웹 디자인에 쓰일 URL을 설정하거나 출력물의 상태
를 최적화하는 기능을 담고 있습니다.

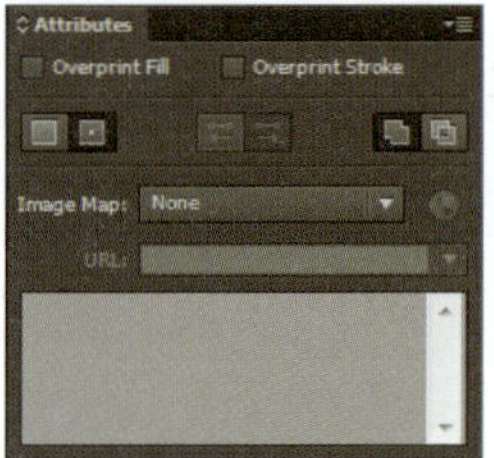

24 | Magic Wand 패널

자동 선택 툴 패널의 옵션 기능이 담겨 있습니다. 속성이 비슷한 오브젝트들을 쉽
게 선택할 수 있습니다.

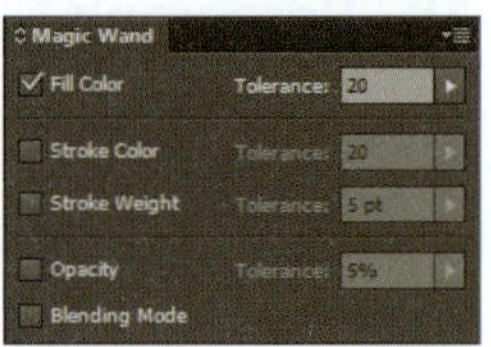

25 | Separations Preview 패널

출력물을 인쇄하기 전 미리 분판을 보고 어떻게 나타나는지 확인할 수 있습니다.

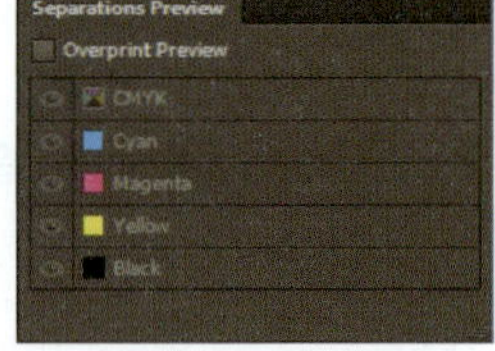

26 | Character Styles 패널

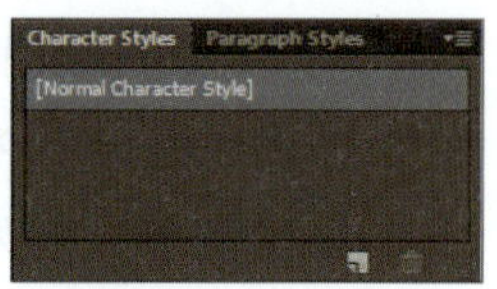

[Window] 〉 [Type]에 속해있으며 글자에 적용되어 있는 서체, 글자 크기, 글자 색
등의 글자 스타일을 저장해두고 다른 글자에 바로 적용시켜 작업 시간을 단축시
킬 수 있습니다. Character Style Options(글자 스타일 속성) 대화상자에서 글자 스
타일을 새로 만들거나 저장해두고 활용할 수 있습니다.

27 | Paragraph Styles 패널

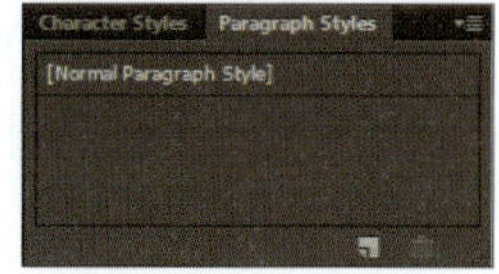

[Window] 〉 [Type]에 속해있으며 문장의 단락 속성을 설정합니다. 원하는 문장을
하나의 스타일로 저장하여 단락 속성을 적용하는 패널로 빠르고 쉽게 문장의 단
락 속성을 적용할 수 있어 작업 시간을 단축시킵니다.

28 | Glyphs 패널

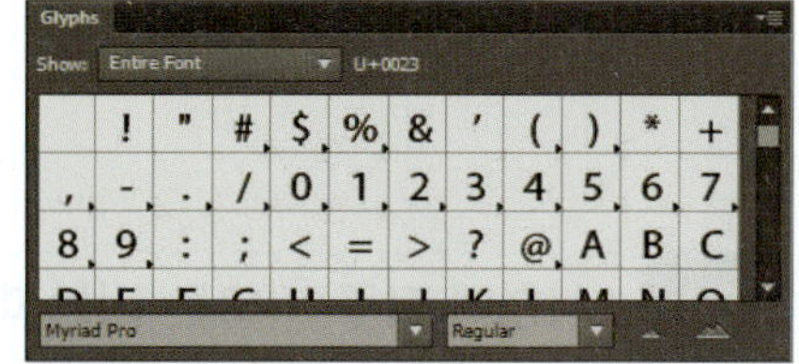

[Window] 〉 [Type]에 속해있으며 특정 글꼴(서체)에 대한 모든
글자 모양을 볼 수 있는 패널로 한글, 숫자, 영글자, 한자, 특수글
자 등을 찾아서 쉽게 입력할 수 있습니다.

29 | Tabs 패널 `Shift` + `Ctrl` + `T`

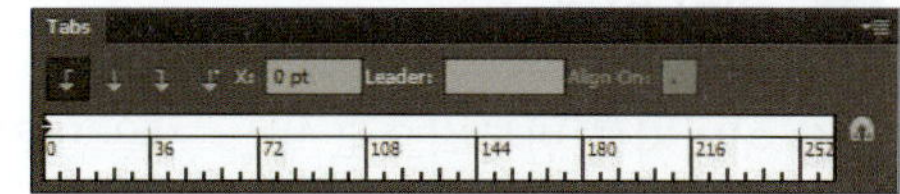

[Window] 〉 [Type]에 속해있으며 한글 워드프로세서에도 있는
기능으로 탭의 도표나 문단의 간격 조절, 배열 등 정밀한 작업
시 사용합니다. 이 기능을 이용하여 도표 제작을 편리하게 할
수 있습니다.

30 | Variables 패널

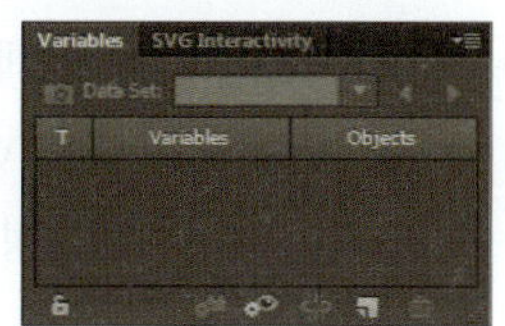

데이터 소스 파일(CSV 또는 XML 파일)을 가져와서 여러 가지 변형을 쉽게 생성
할 수 있습니다. 예를 들어 데이터 병합 기능을 사용하여 출력할 문서에 수백 개
의 템플릿 변형을 빠르고 정확하게 생성할 수 있습니다.

31 | SVG Interactivity 패널

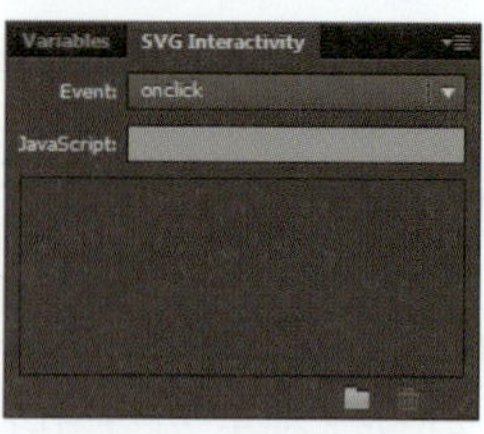

Adobe와 IBM, SUN이 합작 개발한 SVG 파일 포맷은 플래시 파일 포맷에 대항
해 새롭게 선보인 포맷 방식입니다. SVG 파일을 웹에서 연동할 때 다른 효과를
포함하기 위해 자바 스크립트를 사용한 명령어를 구성할 수 있어 일러스트레이터
와 자바 스크립트 간에 상호 명령 추가가 가능한 편리한 패널입니다.

32 | Flattener Preview 패널

색상, 중복, 인쇄, 혼합물에 대한 옵션을 설정합니다.

04 시험에 자주 나오는 기능 따라하기

01 패턴 만들기

특정 이미지를 반복적으로 넣는 것을 말하며, 시험마다 빠지지 않고 나오는 비중이 높은 부분입니다. 만들
어 둔 오브젝트를 패턴 이미지로 등록하여 상용할 수도 있고, 다양한 종류의 패턴 예제가 담겨 있는 패턴
라이브러리를 이용하여 화려하고 세련된 이미지를 연출할 수 있습니다.

01 | 새 작업창 설정하기

[File] 〉 [New]를 선택합니다. [New Docu-
ment] 대화상자에서 'Width, Height : 30pt,
Units : Points'로 설정하고 [OK] 버튼을 클
릭합니다.

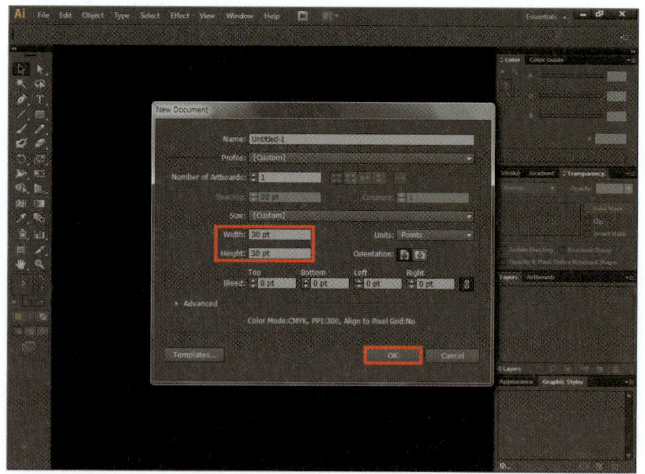

02 | Zoom Tool 사용

'Zoom Tool'로 아트보드를 클릭하여 작업창을 적당히 확대 시킵니다. [View] 〉 [Show Rulers]를 선택하고 눈금자를 보이게 한 후 드래그하여 안내선을 그려줍니다.

03 | 원 그리기

'Ellipse Tool'로 적당한 크기의 원을 그린 후 'Selection Tool'로 안내선을 선택하고 Delete 를 눌러 안내선을 삭제합니다.

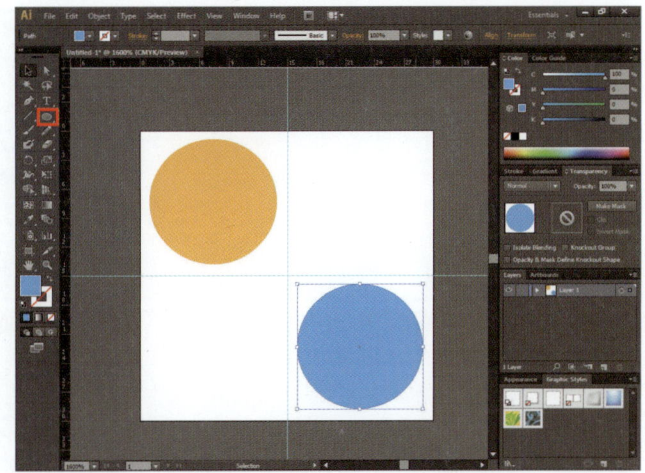

04 | 패턴 이미지 & 이름 등록하기

모든 원을 선택하여 [Window] 〉 [Swatches] 상자에 드래그하여 넣습니다.

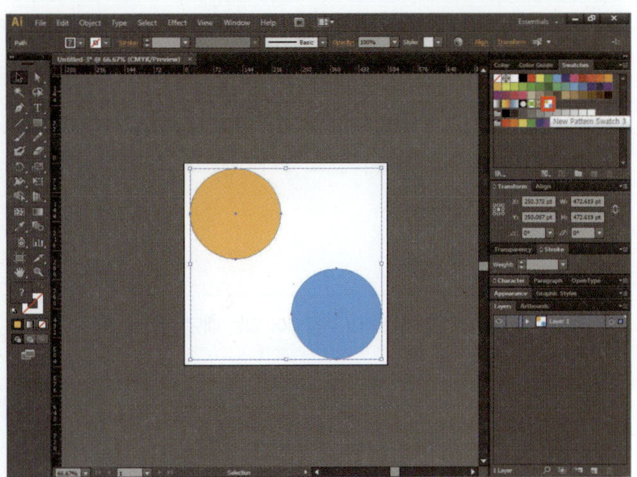

05 | 패턴 적용하기

새로운 작업창을 하나 만들고, 'Rectangle
Tool'을 클릭합니다.

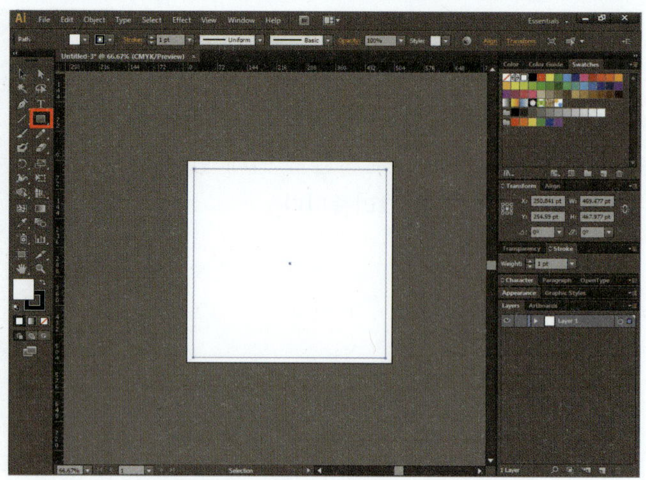

06 | 패턴 적용하기

면 색상에 Swatches에 추가한 패턴을 클릭하
여 입힙니다.

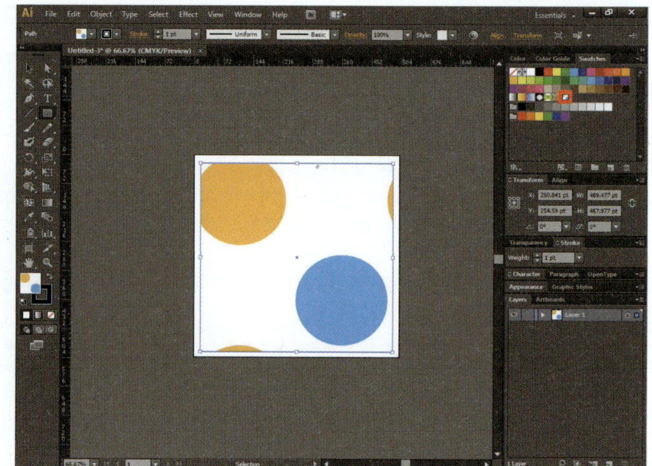

07 | 패턴 크기 변경하여 완성

'Scale Tool'을 더블클릭하고 'Scale : 30%,
Options : Patterns 체크'하여 [OK] 버튼을
클릭합니다. 패턴 이미지의 크기가 50%로 축
소되어 나타납니다.

🅵 기적의 TIP

Patterns에만 체크하면 사각형에 적용되어 있는 패턴 이
미지만 크기가 변경됩니다.

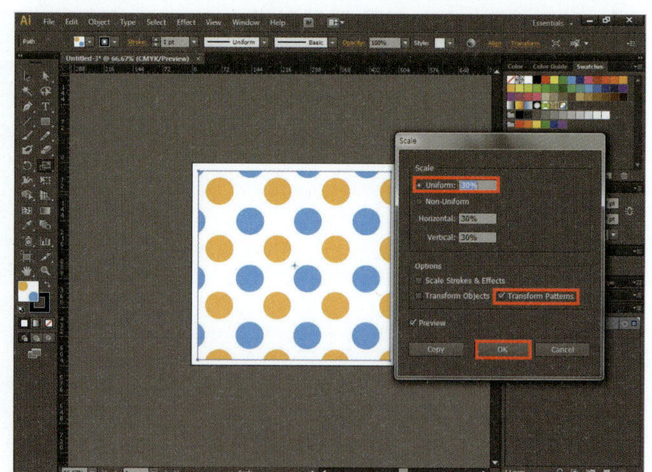

패스를 따라가는 글자는 심볼로고에 아주 많이 사용되는 기능입니다. Type On a Path Tool을 사용하여 패스를 따라 흘러가는 글자를 만들 수 있습니다.

01 | 패스 선 그리기

먼저 글자를 흐르게 할 패스를 만듭니다. 패스를 만드는 방법은 여러 가지가 있지만 'Spiral Tool'을 선택하여 패스를 만들겠습니다. 'Spiral Tool'을 클릭한 후 드래그하여 그려줍니다.

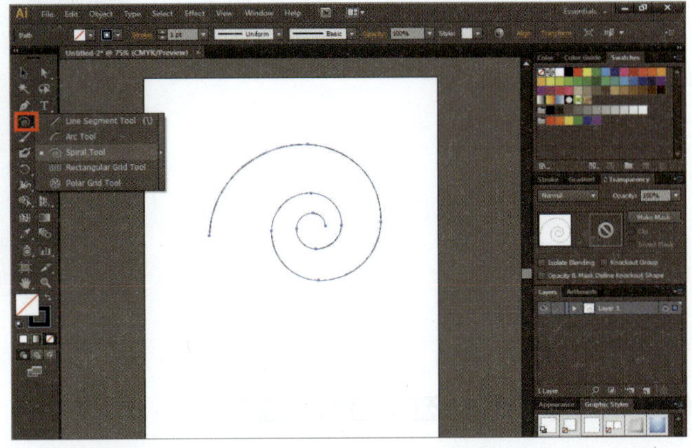

02 | 글자 입력을 위한 상태 변환 & 글자 입력

'Type On a Path Tool'을 클릭하고 나선형의 테두리 선에 마우스 포인터를 올려놓은 후 클릭하면 글자를 입력할 수 있는 상태가 됩니다. 패스를 따라서 글자를 입력하여 흐르는 글자를 만듭니다.

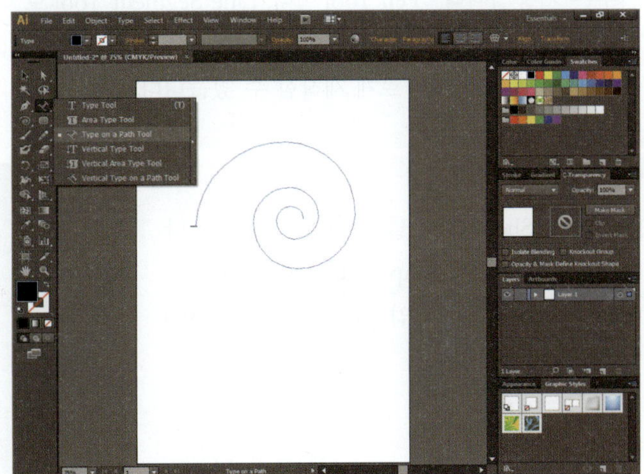

글자를 다 입력한 후에는 [Ctrl]을 누른 채 빈
작업창을 클릭하여 완료합니다. 패스의 시작
부분, 가운데, 끝부분에 세 개의 안내선이 나
타나는데, 이 선을 조절하여 글자를 이동시
킬 수 있습니다.

03　격자를 이용한 전통 문양 만들기

Outline Stroke 기능은 'Pen Tool'이나 'Line Segment Tool'로 만들어진 결과물을 일반적인 오브젝트로 만들
어주는 기능입니다. 'Pen Tool'이나 'Line Segment Tool'로 라인을 그린 다음 그려진 라인에 그라데이션, 변
형, 패스파인더 등의 기능을 사용합니다. 라인으로 다음과 같은 전통 문양을 만들 경우 격자에 기준하여 선
을 그리면 정확하고 빠르게 제작할 수 있습니다.

01 | 격자 나타내기

[View] > [Show Grid]를 선택하여 격자를 나
타내고, [View] > [Snap to Grid]와 [Snap to
Point]를 선택하여 작업 시 포인트가 격자에
달라붙도록 합니다.

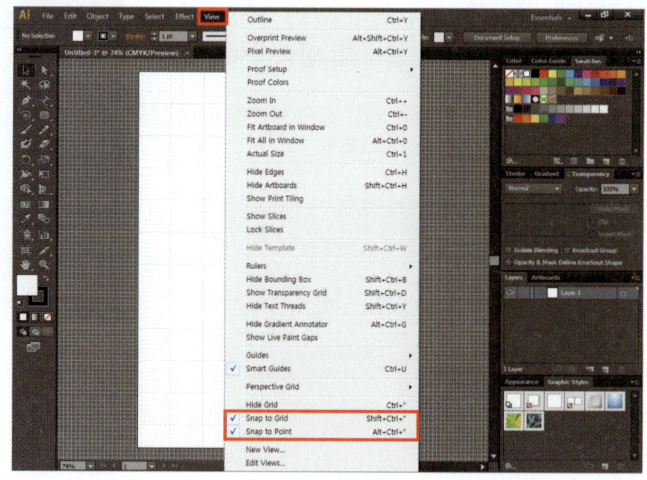

02 | 펜 툴로 라인그리기

'Pen Tool'을 클릭하여 격자에 맞게 포인터를
클릭하면서 라인을 그려 나갑니다.

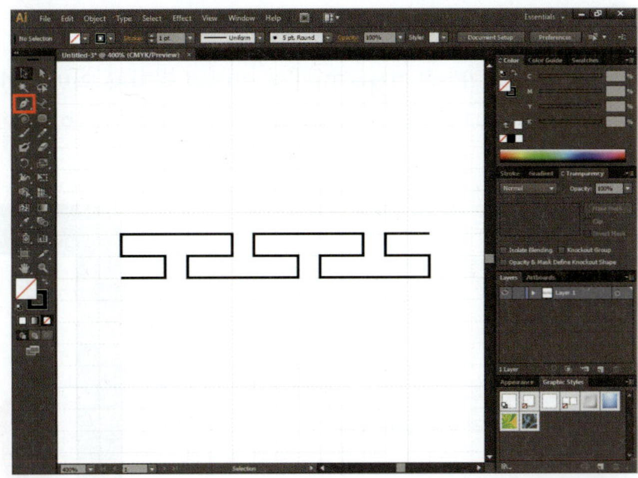

03 | 라인의 두께와 색 적용하기

그려진 라인을 선택하고 Stroke 패널에서
'Weight : 4pt'로 입력합니다. 일단 임의의 색
을 적용한 다음 [Object] 〉 [Path] 〉 [Outline
Stroke]를 선택하여 면으로 만들어줍니다.

⬚ 기적의 TIP

[Outline Stroke]는 선을 면으로 만듭니다.

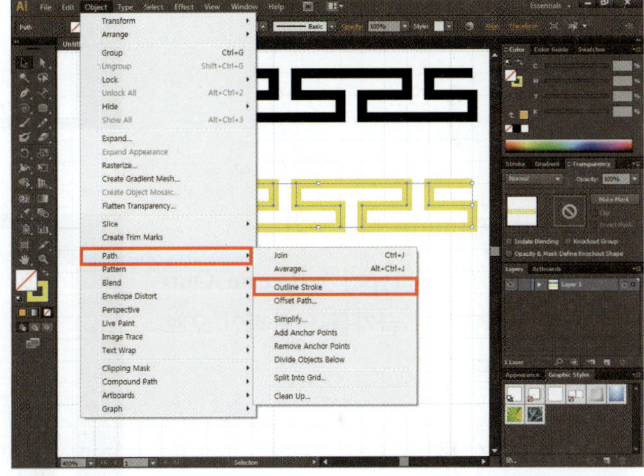

04 | 문양 수정하고 효과 적용하기

라인에 두께를 적용하면 라인을 중심으로 두
께가 설정되기 때문에 라인의 끝부분에는 두
께가 적용되지 않습니다. 그러므로 'Direct
Selection Tool'을 클릭하여 끝부분의 포인트
두 개를 해당부분의 문양을 맞춰 드래그합니
다. 이렇게 Outline Stroke로 만들어진 오브
젝트에는 그라데이션, 패턴 등의 다양한 효
과를 적용할 수 있습니다.

⬚ 기적의 TIP

이때 [View] 〉 [Snap to Grid]를 선택하여 해제 시킨 후, 끝
처리를 해줘야 문양이 맞춰집니다.

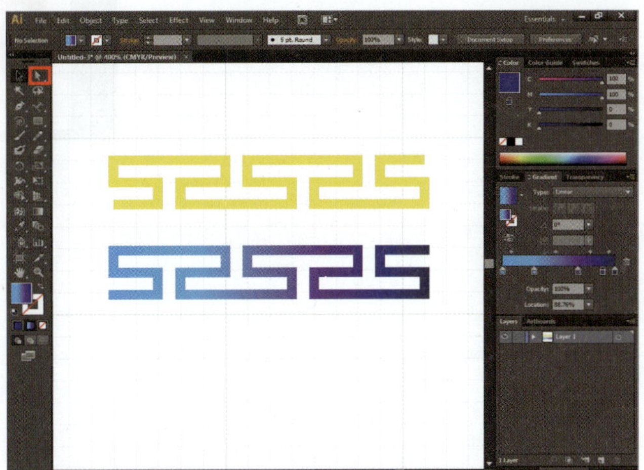

Create Outline기능은 'Type Tool'로 입력된 글자를 일반적인 면으로 만들어주는 기능이며, 심볼마크와 로고 타입은 시험에서 각 회마다 출제될 정도로 비중이 높은 항목입니다.

01 | 글자 툴로 글자 입력하기

'Type Tool'을 클릭하여 DESIGN을 입력합니다.

▷ 기적의 TIP

크기와 두께를 고려하여 입력합니다.

02 | Create Outline 적용하기

글자를 선택한 다음 [Type] 〉 [Create Out-line] 메뉴를 선택하여 글자를 일반적인 오브젝트로 변경합니다.

▷ 기적의 TIP

Ctrl + Shift + O : Create Outline

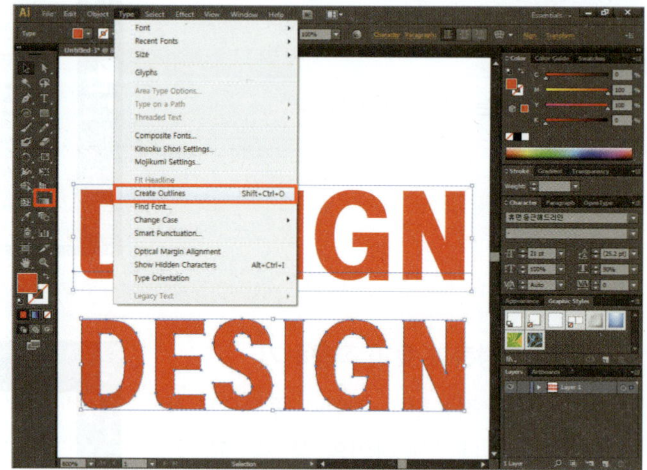

03 | Pathfinder 패널 사용하기

선색만으로 원을 그린 후 [Object] 〉 [Path] 〉
[Outline Stroke] 메뉴를 선택하여 선을 면으
로 만듭니다. 다음 모든 오브젝트를 선택하
고 Pathfinder 패널의 'Pathfinders : Divide'를
클릭하면 겹쳐있던 부분이 각각 분리가 됩니
다. 마우스 오른쪽 버튼을 눌러 'Ungroup' 한
후 'Selection Tool'을 클릭하여 가운데 가로지
르는 오브젝트들을 선택하고 삭제합니다.

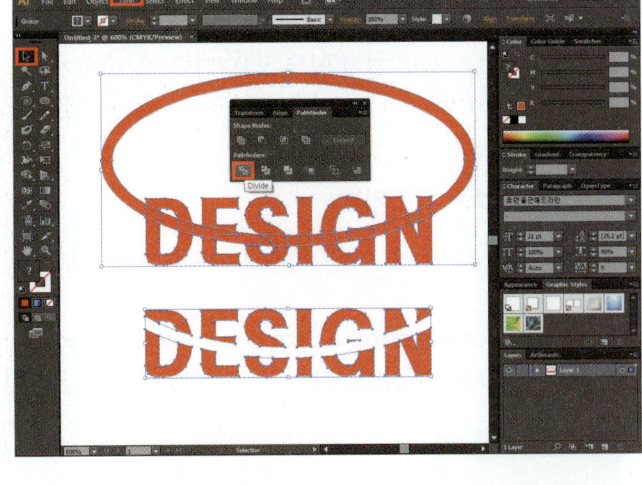

기적의 TIP

Pathfinder 패널이 보이지 않는다면 [Window] 〉
[Pathfinder]를 선택하면 됩니다.

04 | 색 적용하기

'Group Selection Tool'을 클릭하여 위쪽의 오
브젝트와 아래쪽의 오브젝트를 각각 선택해
서 색을 적용합니다. 이와 같이 Create Out-
line과 Pathfinder 패널을 적절히 사용하면 간
단히 로고를 제작할 수 있습니다.

Pathfinder 패널은 서로 겹쳐 있는 오브젝트들을 합치거나 나눠 새로운 형태의 오브젝트를 만드는 기능입니다.

01 | Pathfinder 기본기능

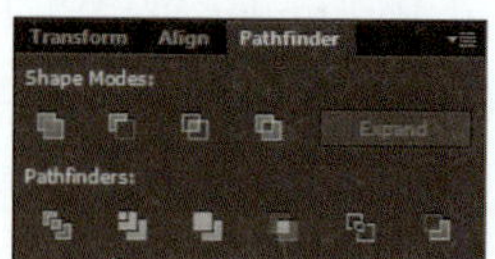

• Shape Modes : 적용 후 [Expand] 버튼을 클릭하여 완성된 오브젝트로 만듭니다.

① Unite(Alt-click to create a Compound Shape and add to shape area) : 겹쳐진 두 개 이상의 오브젝트들을 하나의 오브젝트로 합칩니다.

 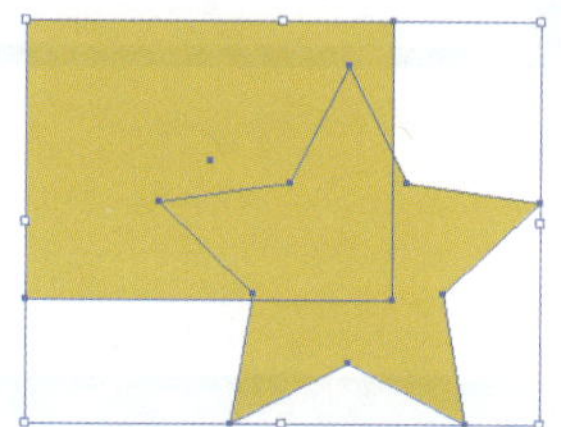 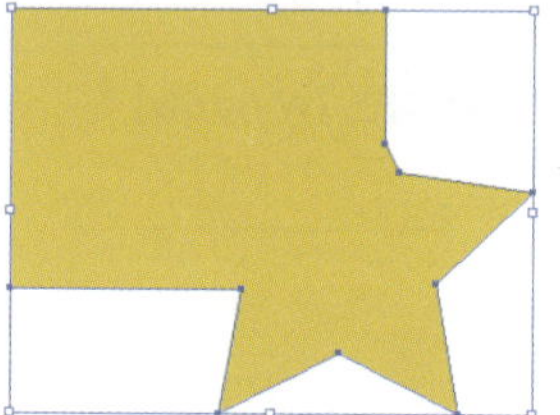

② Minus Front(Alt-click to create a Compound Shape and subtract from shape area) : 뒤에 위치한 오브젝트에서 앞에 위치한 오브젝트의 면을 삭제합니다.

 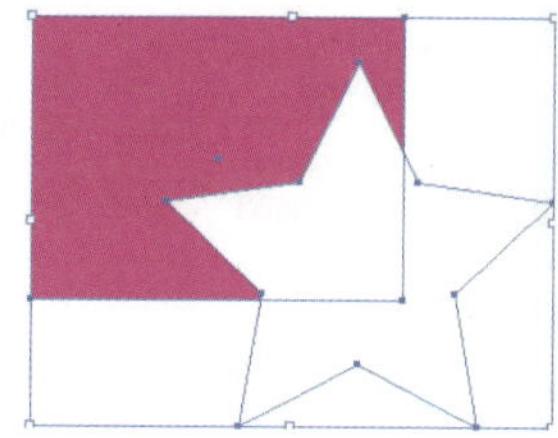 

③ Intersect(Alt-click to create a Compound Shape and intersect shape areas) : 선택된 오브젝트 중에서 겹쳐지는 면을 제외한 부분을 삭제합니다.

 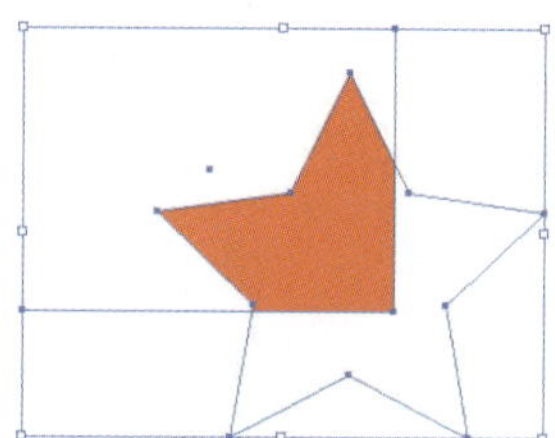 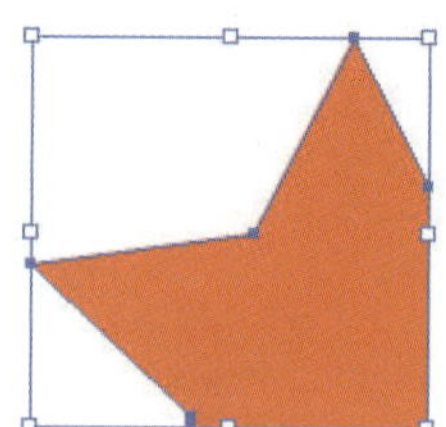

④ Exclude(Alt-click to create a Compound Shape and exclude overlapping shape areas) : 겹쳐 있는 오브젝트의 교차되는 부분만을 뺍니다.

 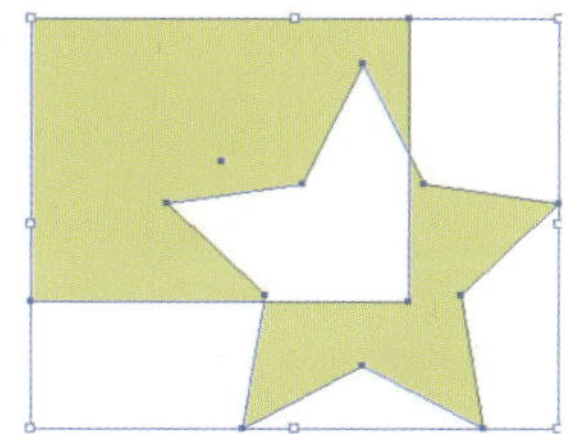 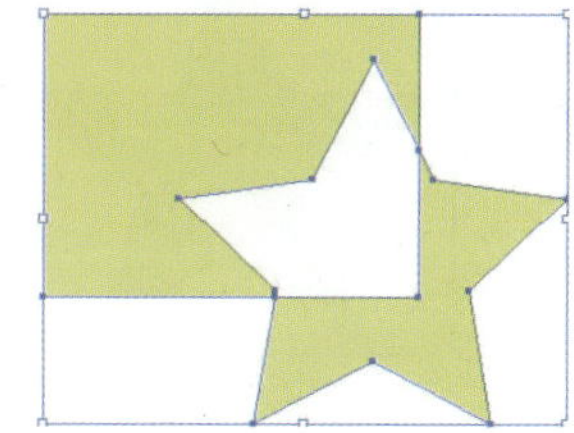

• Pathfinder : 적용하면 그룹화 되어 있어 개별 선택이 불가능하므로 반드시 [Object] 〉 [Ungroup]을 실행합니다.

① Divide : 서로 겹친 면을 분할하여 각각의 오브젝트로 만듭니다.

 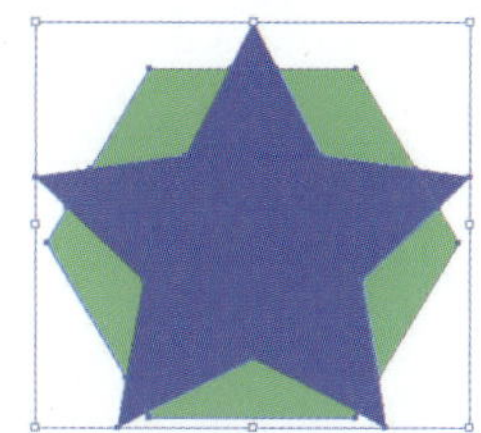 

② Trim : 서로 겹쳐져 있어 볼 수 없는 부분을 삭제합니다.

 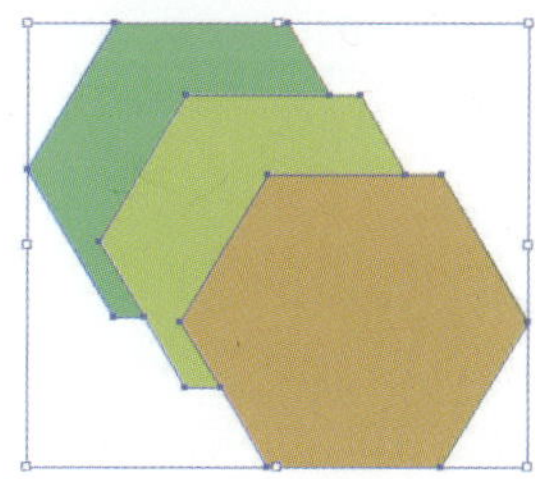 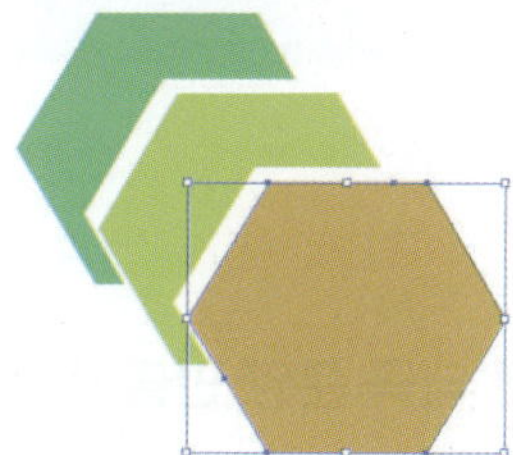

③ Merge : Trim과 같이 보이지 않는 부분은 삭제되나 면색이 같으면 하나로 합칩니다.

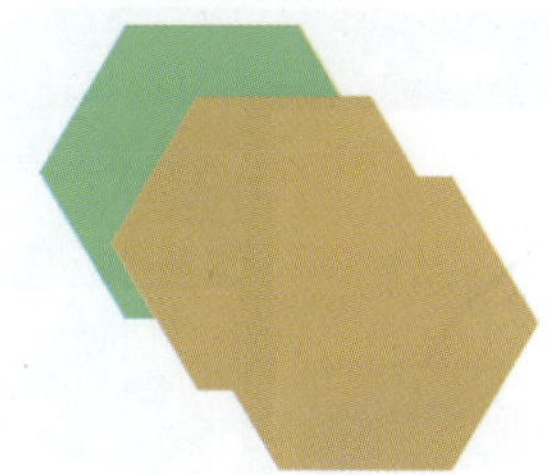 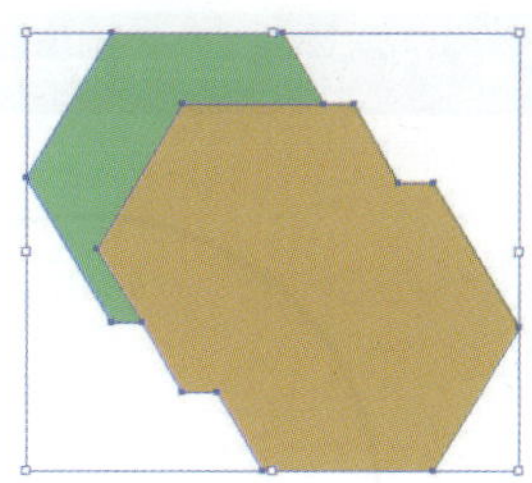 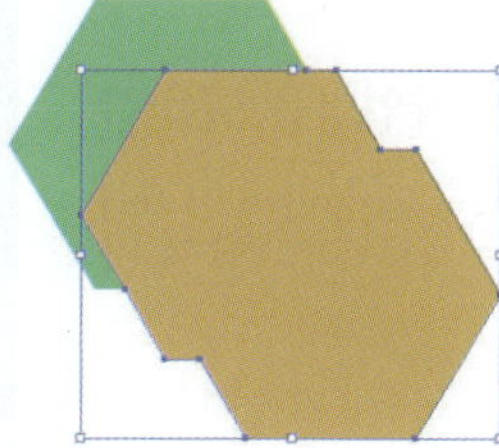

④ 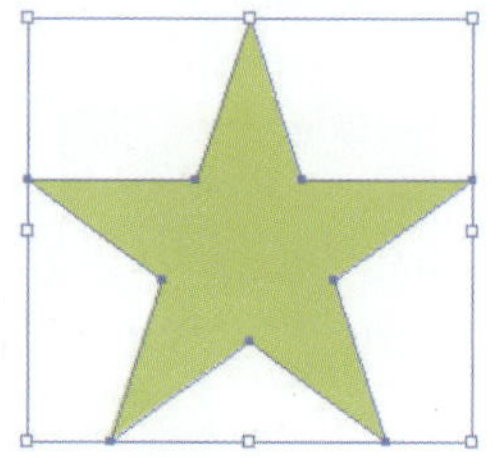 Crop : 가장 위에 위치한 오브젝트와 겹쳐지는 부분만 남깁니다.

⑤ Outline : Divide와 같은 기능을 하지만, 외곽선만 보여줍니다.

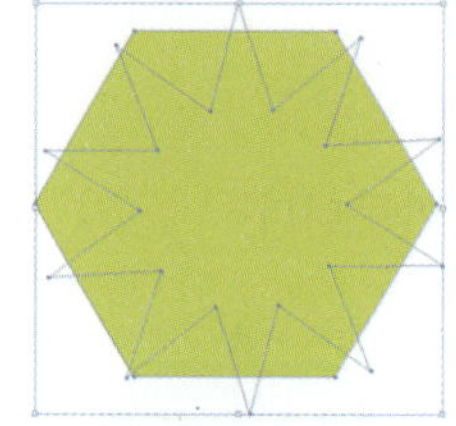

⑥ Minus Back : 가장 위에 위치한 오브젝트만 남기고 교차되는 모든 부분을 뺍니다.

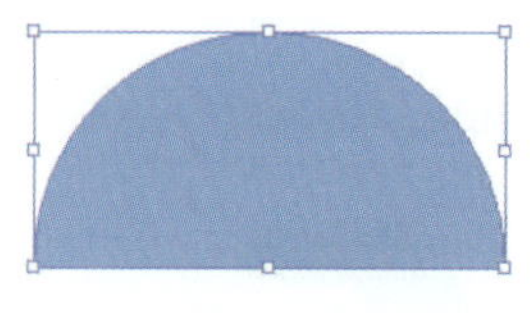

06 Align 패널을 이용한 태극 문양 만들기

정렬(Align) 패널은 선택한 오브젝트들을 특정 위치나 오브젝트를 기준으로 정렬하는 기능입니다.

01 | 원 그리기

'Ellipse Tool'을 클릭하고 빈 작업창을 클릭합니다. 'Width, Height : 80pt'로 설정하고 [OK] 버튼을 클릭합니다.

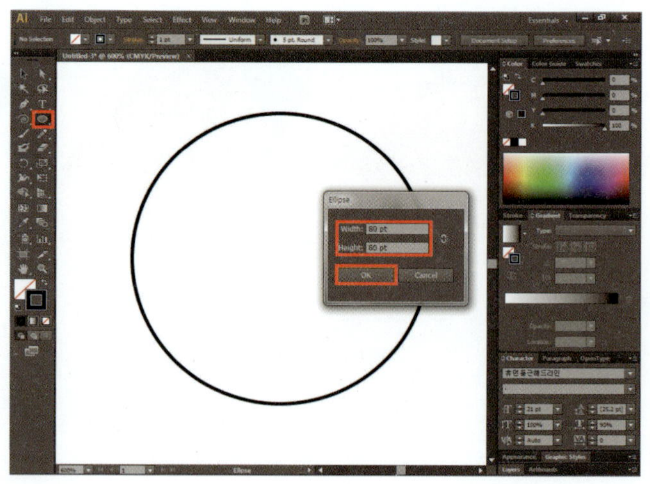

02 | Scale Tool 적용하기

원이 선택된 상태에서 'Scale Tool'을 더블클릭합니다. 'Scale : 50%'를 입력한 후, [Copy] 버튼을 클릭하면 작은 원이 새로 생깁니다.

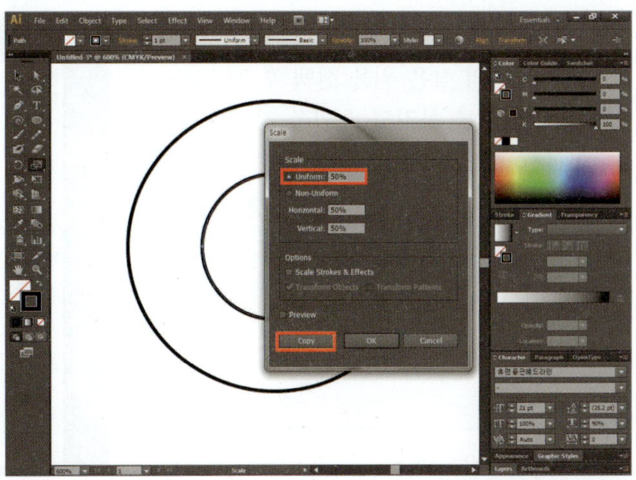

03 | Align 패널 사용하기

두 개의 원을 함께 선택한 후 Align 패널에서 'Vertical Align Center'를 선택하여 수평방향 가운데 정렬을 합니다.

기적의 TIP

Align 패널이 보이지 않는다면, [Window] > [Align]을 선택하면 됩니다.

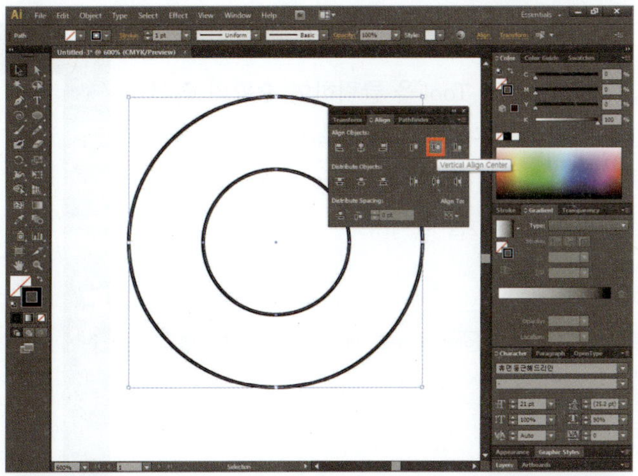

04 | 수평 정렬 복사하기

안쪽의 작은 원만 선택하여 Shift + Alt 를 누르고 오른쪽으로 드래그하여 복사합니다.

기적의 TIP

Shift 를 누르고 복사하는 이유는 수평 정렬 복사하기 위함입니다.

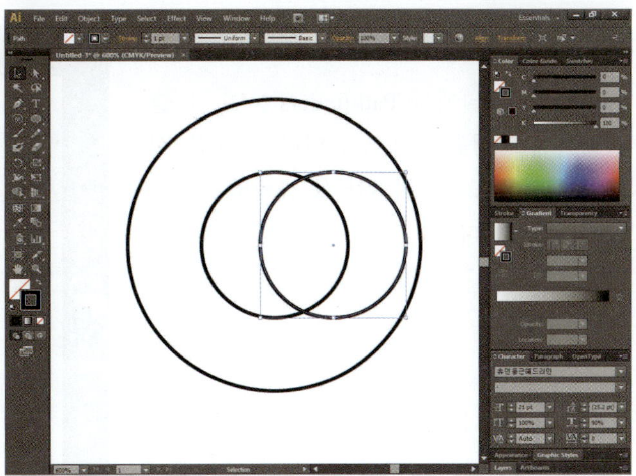

05 | 정렬하기

큰 원과 왼쪽의 작은 원을 선택 후 'Horizontal Align Left'를 클릭하여 왼쪽 정렬합니다. 큰 원과 오른쪽의 작은 원을 선택 후 'Horizontal Align Right'를 클릭하여 오른쪽 정렬합니다. 그 다음 모든 원을 선택하고 마우스 오른쪽 버튼을 클릭하여 [Group]을 선택하여 그룹 지정합니다.

 기적의 TIP

Ctrl + G : Group

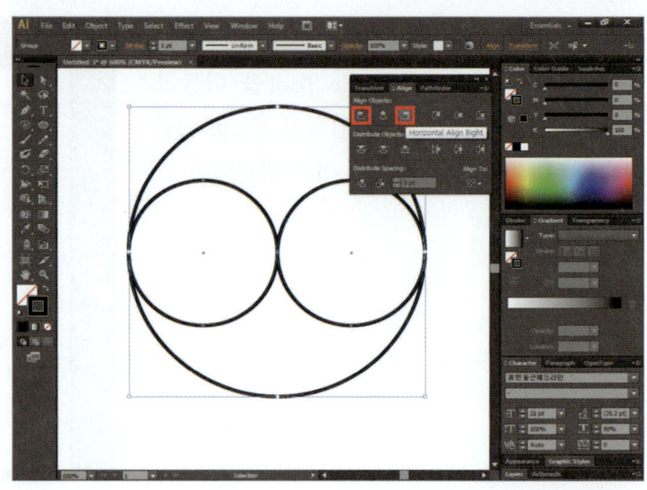

06 | 직선 그리기

'Line Segment Tool'을 클릭하여 수평의 직선을 하나 그립니다. 그룹으로 만들었던 원과 함께 선택하여 'Vertical Align Center'를 선택하여 수평 정렬을 합니다.

기적의 TIP

직선을 그릴 때 Shift 를 누른 채 드래그를 하면 수평으로 그려집니다.

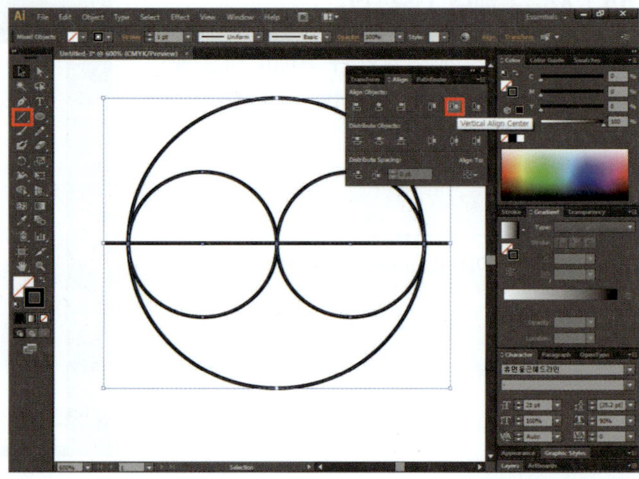

07 | Divide기능 사용하기

Pathfinder 패널에서 'Pathfinders : Divide'를 클릭하여 도형을 쪼개어 줍니다. 도형을 선택하여 마우스 오른쪽 버튼을 클릭하고 'Ungroup'을 합니다.

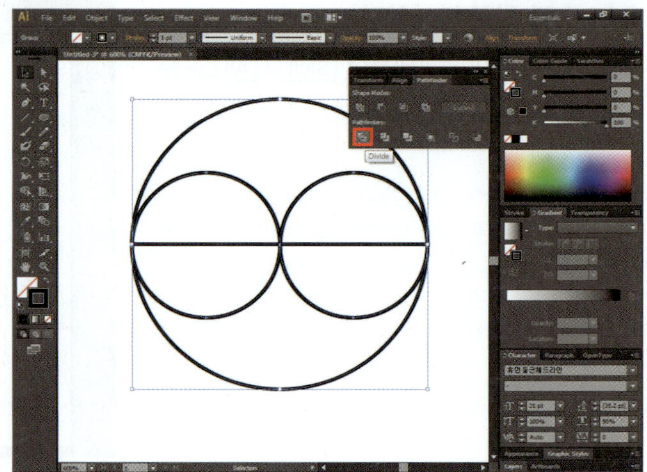

08 | 색 채우기

'Selection Tool'을 클릭하여 오른쪽 원과 반
으로 나눈 아래쪽 도형을 선택하여 'Shape
Modes : Unite'를 클릭하고 파랑색으로 채워
줍니다. 동일한 방법으로 위쪽도 적용하여
빨강색으로 채워줍니다.

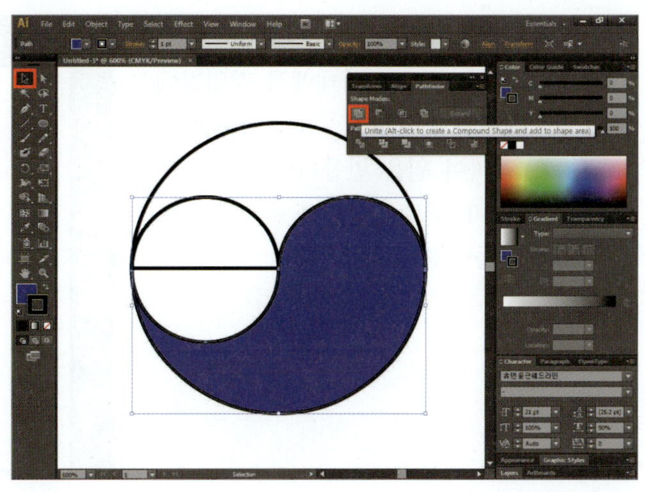

07 Ctrl + D 활용한 꽃 만들기

Ctrl + D 는 일러스트에서 아주 유용하게 쓰이는 기능으로서 바로 전에 실행한 명령을 반복 실행하는 단축
기능입니다. Round Corners는 패스와 패스가 만나는 부분을 둥글게 변형함으로써 오브젝트를 부드럽게 표
현하는 기능입니다.

01 | Gradient 색 지정하기

지시사항에서 정확한 색의 값이 제시되지 않
은 경우에는 스스로 판단하여 색의 값을 임
의로 결정하여야 합니다. 툴 패널의 Color
Mode에서 'Gradient' 아이콘을 클릭합니다.

> **기적의 TIP**
>
> Gradient 패널에서 왼쪽 색 'C : 0, M : 68, Y : 30, K : 0'
> 오른쪽 색 'C : 0, M : 100, Y : 100, K : 0', 'Type : Linear,
> Angle : 90'으로 설정하고 외곽선 색은 'None'으로 설정합
> 니다.

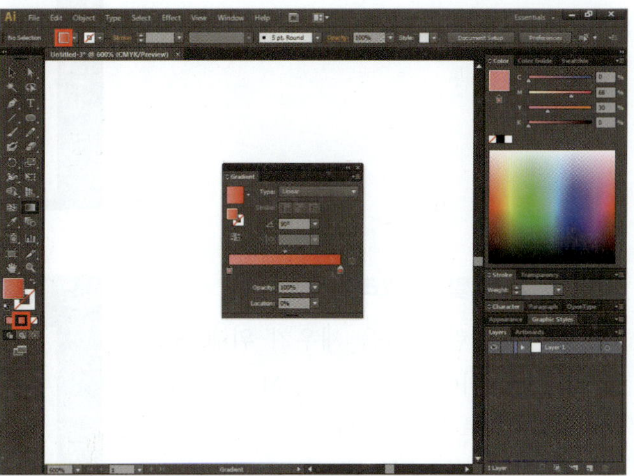

02 | 원 그리기

'Ellipse Tool'을 클릭한 상태에서 작업창에 마우스를 클릭하고 'Width : 10pt, Height : 30pt'를 입력하여 원을 만듭니다. 'Convert Anchor Point Tool'로 기준점을 클릭하여 꽃잎 모양을 만들어 줍니다.

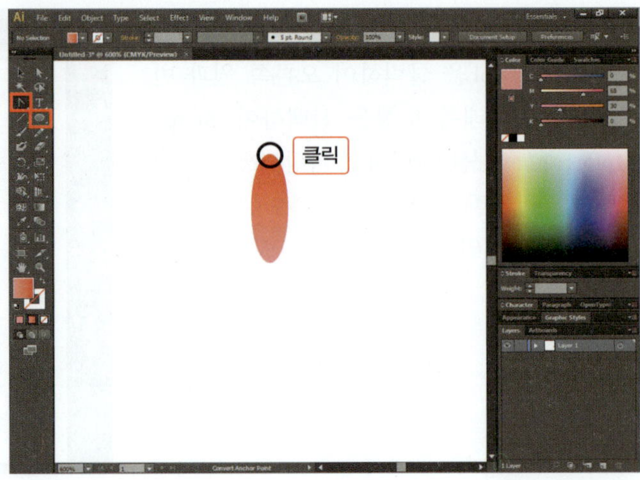

03 | 50° 회전하여 복사하기

'Rotate Tool'을 클릭합니다. Alt 를 누른 상태로 중심점에 클릭한 후 'Angle : 50°'를 입력하고 [Copy] 버튼을 클릭합니다. Ctrl + D 를 이용하여 꽃 모양이 만들어질 때까지 20번 정도 반복 복사합니다.

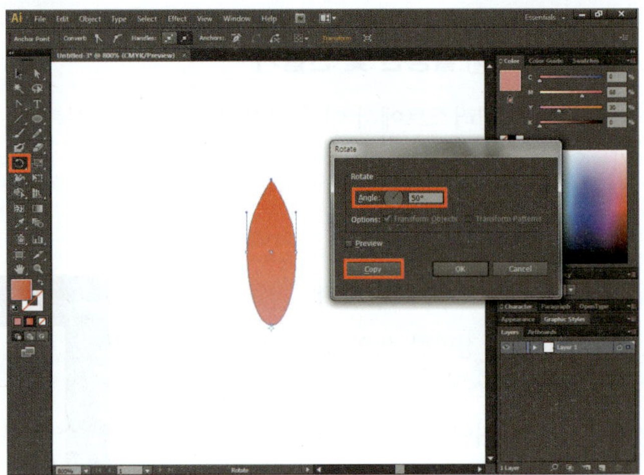

04 | 색 지정 및 별 그리기

꽃 안쪽의 뚫린 부분을 채우기 위해 'Star Tool'을 클릭하여 색을 C : 0, M : 25, Y : 100, K : 0으로 설정합니다.

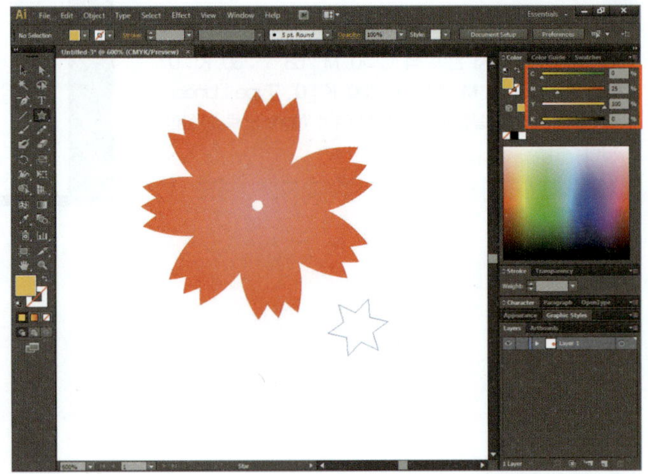

05 ㅣ 꼭짓점 늘리기

마우스로 적당한 크기만큼 드래그한 상태에서 ↑를 눌러주면 ↑를 누를 때마다 꼭짓점이 늘어납니다. 원하는 모양이 되면 누르고 있던 마우스에서 손을 뗍니다.

기적의 TIP

날씬한 별을 그릴 때는 [Ctrl]를 함께 누른 채 바깥쪽으로 드래그하고, 뚱뚱한 별을 그릴 때는 [Ctrl]를 함께 누른 채 안쪽으로 드래그합니다.

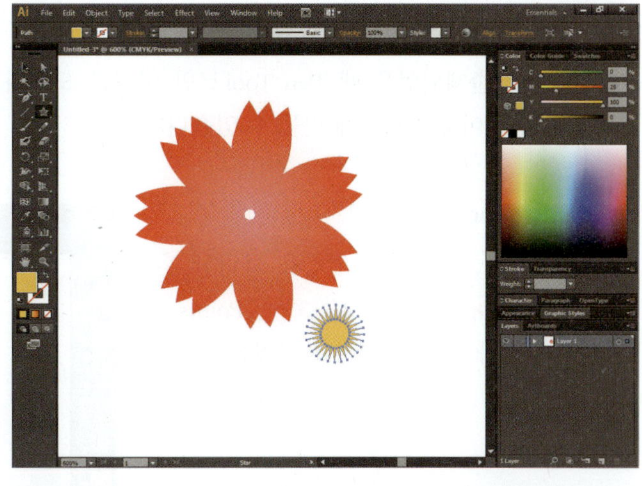

06 ㅣ Stylize 기능 이용하기

모서리를 둥글게 하기 위해 [Effect] 〉 [Stylize] 〉 [Round Corners]를 선택하고 'Radius : 10pt'로 설정합니다.

기적의 TIP

수치가 클수록 더 둥근 모양이 됩니다.

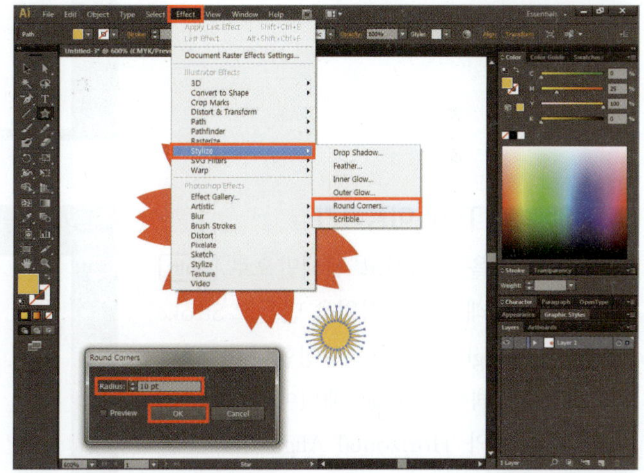

07 ㅣ 꽃 완성

방금 만든 도형을 꽃 가운데로 가져다 놓으면 꽃이 완성됩니다. 꽃잎과 줄기를 그려 넣으면 더 예쁜 꽃이 완성됩니다.

마크 도안이 출제되었을 때 'Pen Tool'로만 마크를 도안하기에는 매우 어렵습니다. 이때 도형 툴과 Path-finder 패널을 이용하여 쉽게 만들 수 있습니다.

01 | Star Tool 이용하기

'Star Tool'을 클릭하여 작업창을 클릭한 후 'Radius 1 : 50pt, Radius 2 : 35pt, Points : 16'으로 설정하고 [OK] 버튼을 클릭합니다.

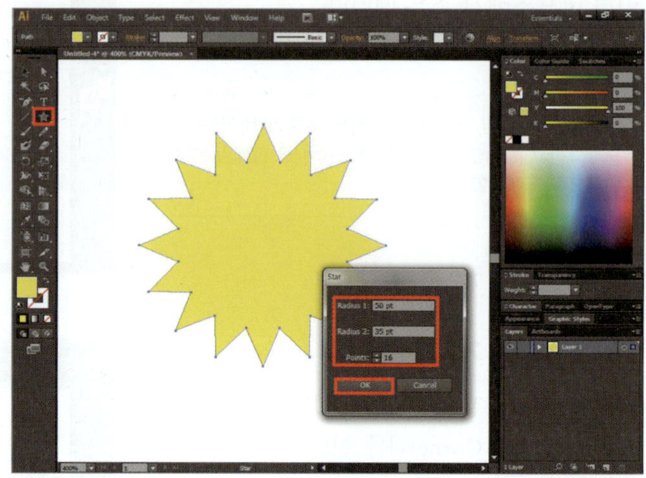

02 | Ellipse Tool 이용하기

'Ellipse Tool'을 클릭하고 선색만으로 Shift 를 누른 채 드래그하여 정원을 만들고 Stroke 패널에서 'Weight : 5pt'로 설정합니다. 별과 원을 모든 선택하고 Align 패널에서 'Vertical Align Center'와 'Horizontal Align Center'를 차례로 클릭하여 중앙으로 정렬시킵니다.

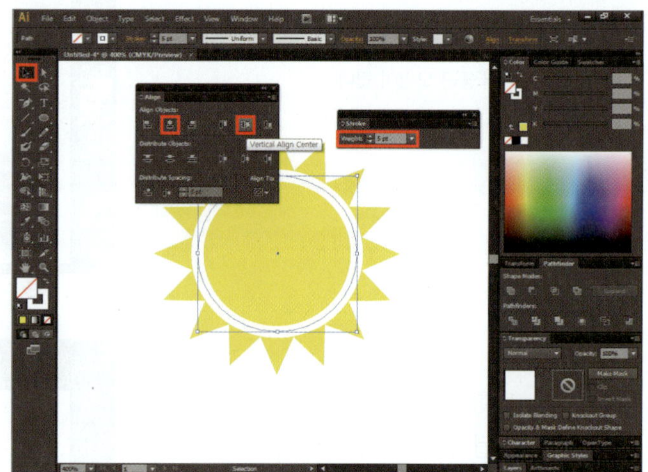

03 | Outline Stroke 적용하기

원을 선택하고 [Object] > [Path] > [Outline Stroke] 메뉴를 선택하여 오브젝트로 변경합니다.

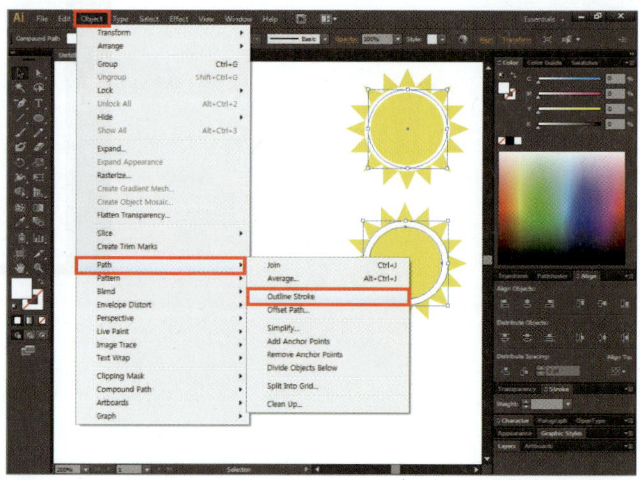

04 | Pathfinder 패널 적용하기

별과 원을 모두 선택한 후 Pathfinder 패널
에서 'Shape Modes : Minus Front'를 클릭하
여 원 부분을 삭제합니다. 'Direct Selection
Tool'을 클릭하여 색을 변경합니다.

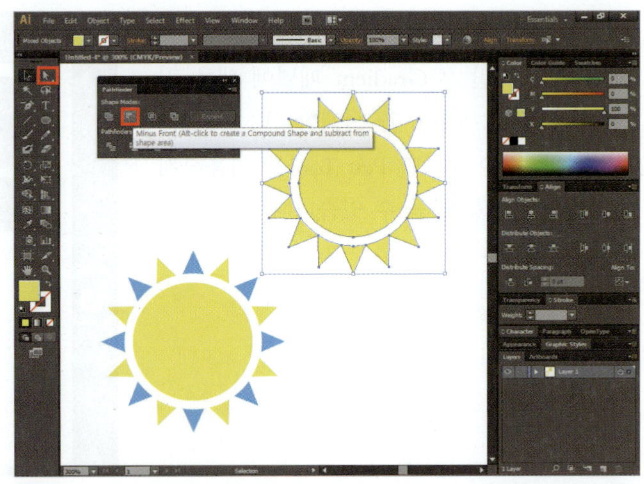

05 | Scale Tool 이용하기

모든 오브젝트를 선택하고 Ungroup을 시켜
줍니다. 원을 선택한 후 Scale Tool을 더블클
릭하여 대화 상자에서 'Scale : 80%'로 설정하
고 [Copy] 버튼을 클릭합니다. 반복해서 작
은 원을 하나 더 만듭니다.

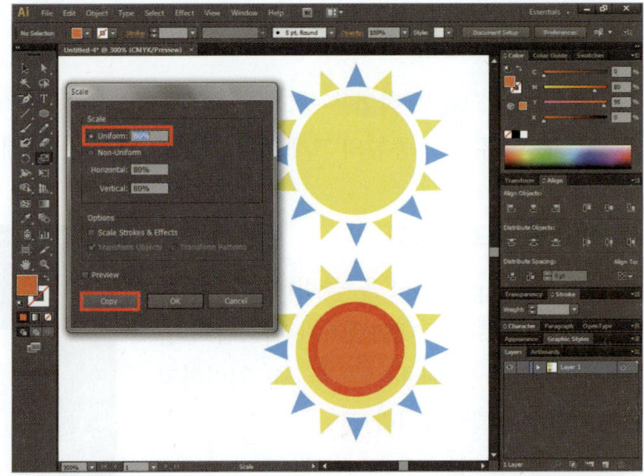

06 | Pathfinder 패널 적용하기

큰 원과 작은 원을 Pathfinder 패널에서
'Shape Modes : Minus Front'를 클릭하여 중
간 부분을 없애 줍니다.

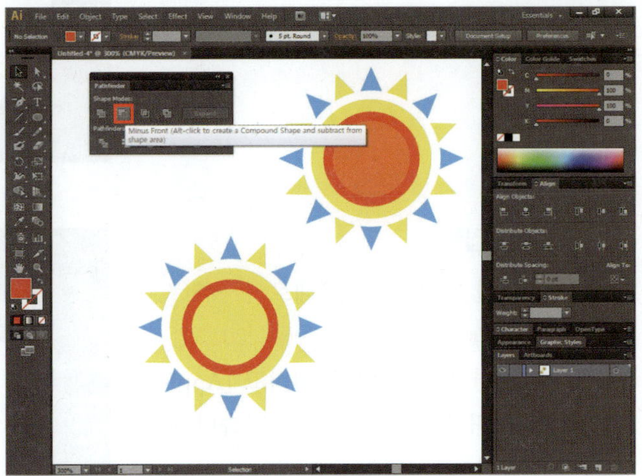

07 | Gradient 패널 적용하기

작은 원을 그린 후 Gradient 패널에 색을 지
정하고 'Type : Radial'을 선택합니다. 이렇게
도형 툴들을 이용하면 Pen Tool을 이용하지
않고서도 마크를 만들 수 있습니다.

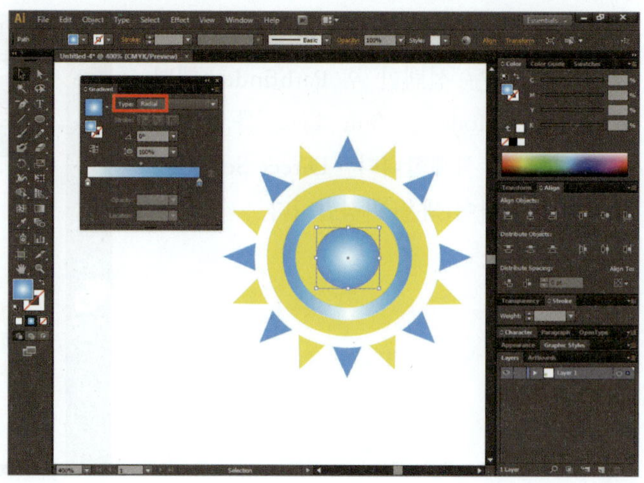

09 그래프 만들기

실기시험에서 그래프 작업은 광고, 사보, 구인기사 등의 작업에 주로 출제되고 있습니다. 일러스트레이터
에서는 총 아홉 가지 종류의 그래프를 만들 수 있으며, 그래프 기능을 이용하여 쉽게 만들 수 있습니다.

01 | 그래프 크기 설정

'Column Graph Tool'을 클릭하고 작업창
을 클릭하면 Graph 대화상자가 나타납니다.
'Width : 450pt, Height : 350pt'를 입력하고
[OK] 버튼을 클릭합니다.

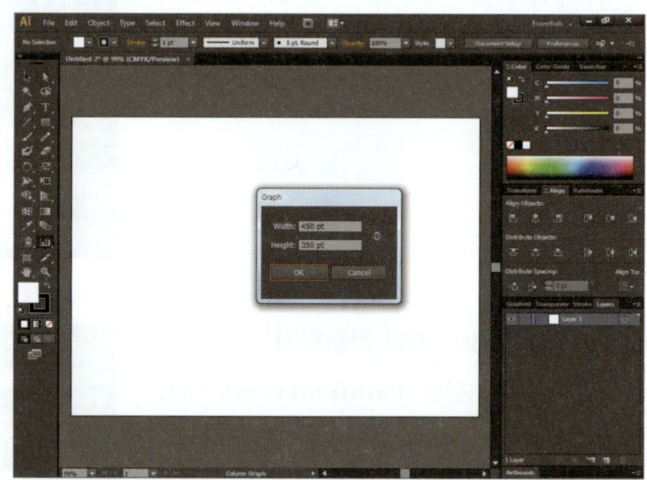

02 | 데이터 입력

대화상자에 한 칸 띄고 차례대로 응시인원,
2010년 : 50000, 2011년 : 65000, 2012년 :
12000, 2013년 : 20000을 입력하고 [Apply]
✓ 버튼을 클릭한 후 대화 상자를 닫습니다.

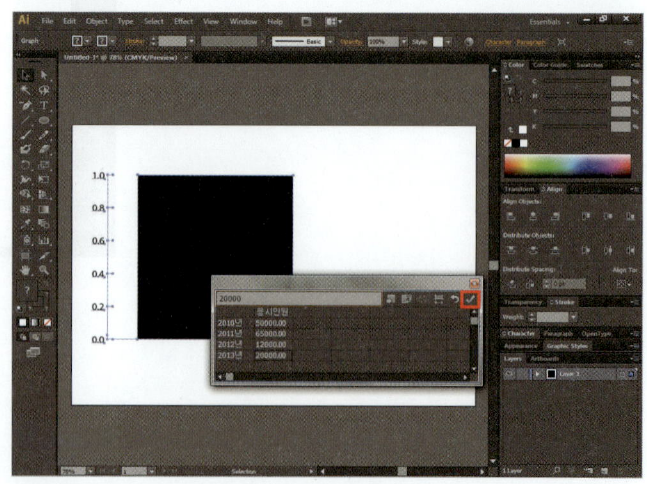

03 | 막대 그래프 색상 변경

'Direct Selection Tool'로 그래프를 선택하고
면색과 선색을 수정할 수 있습니다.

Color(색상) 패널 오른쪽의 내림 버튼을 클릭하여 색상모
드를 CMYK로 바꿔줘야 색을 수정할 수 있습니다.

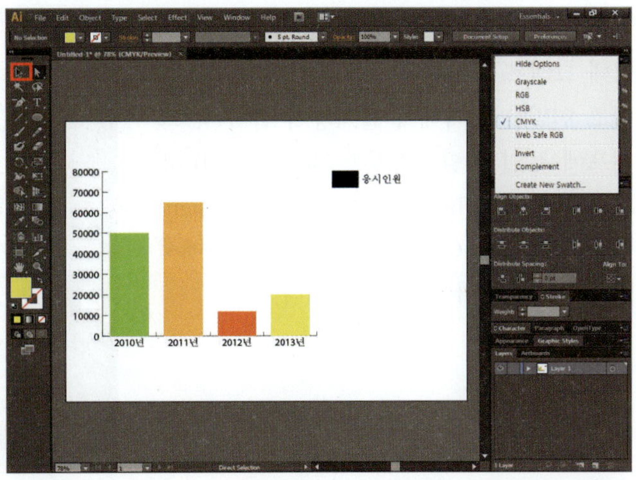

04 | 데이터 수정

'Selection Tool'을 클릭하여 그래프를 선택하
고 [Object] > [Graph] > [Data]를 선택합니
다. 대화 상자에 2011년 : 85000, 2012년 :
15000, 2013년 : 23000을 수정하고 [Apply]
✔ 버튼을 클릭한 후 대화 상자를 닫습니다.

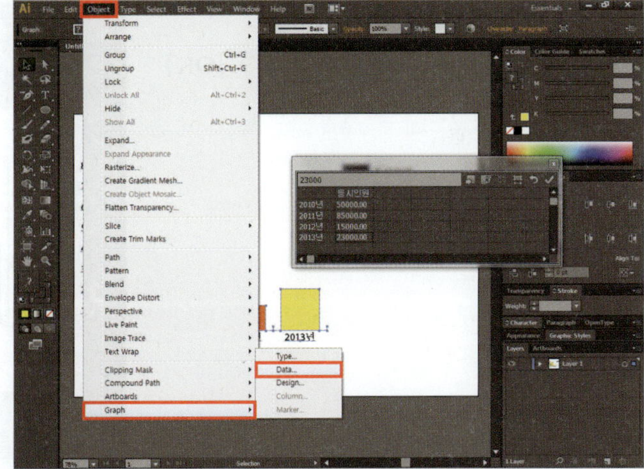

05 | 그래프의 종류 변경

[Object] > [Graph] > [Type]를 선택하여
[Graph Type] 대화상자에서 'Type : Stacked
Bar'를 하고 [OK] 버튼을 클릭합니다. 그래
프의 종류가 변경됩니다.

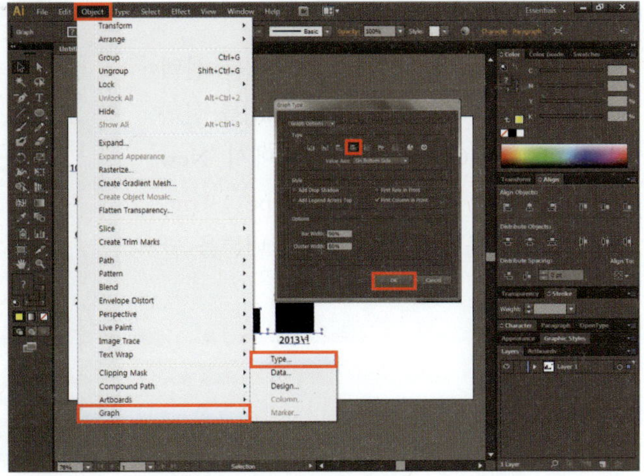

06 | 그래프 선택

막대 그래프(Column)로 변경한 후 연필.ai를
열고 연필을 복사해서 붙여넣기 합니다. 그
래프에 쓰일 연필이미지를 'Selection Tool'
로 선택하고 [Object] > [Graph] > [Design]
를 선택합니다. Graph Design 대화상자에서
[New Design] 버튼을 클릭합니다.

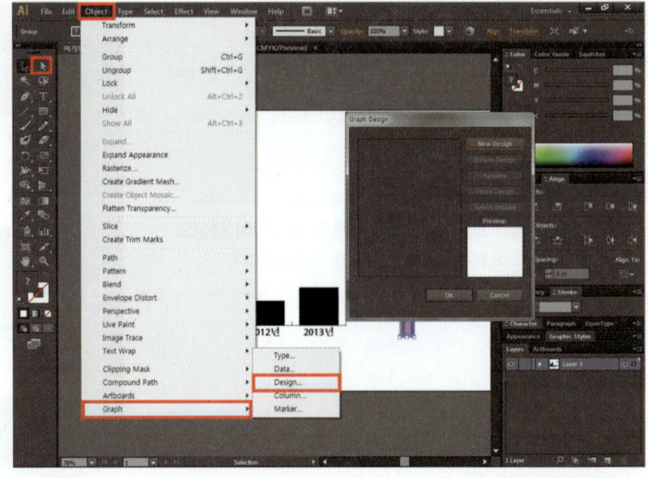

07 | 그래프 디자인 등록

연필 이미지가 등록된 것을 확인한 후 [OK]
버튼을 클릭합니다.

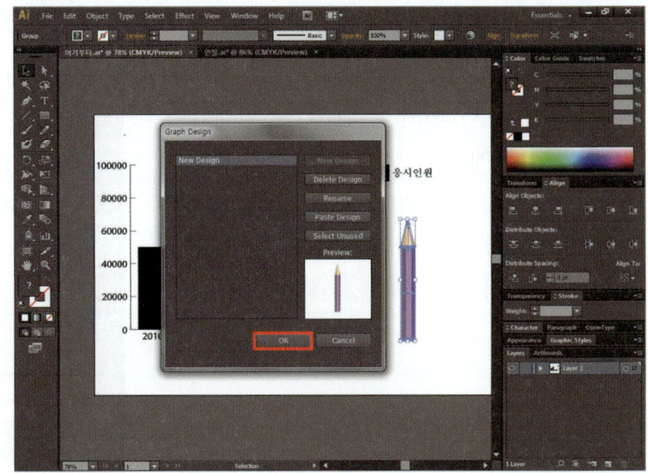

08 | 그래프 이미지 적용

'Selection Tool'을 클릭하여 그래프를 선택
하고 [Object] > [Graph] > [Column]를 선택
합니다. Graph Column 대화상자에서 'New
Design'을 선택하고 'Column Type : Uni-
formly Scaled'를 선택한 후 [OK] 버튼을 클
릭합니다.

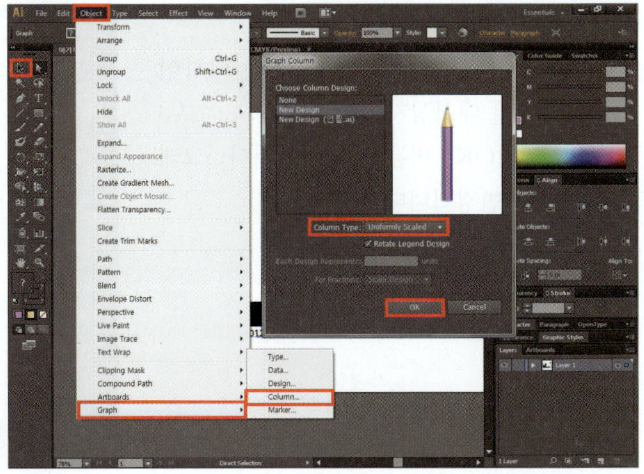

09 | 그래프 완성

그래프의 이미지가 등록했던 연필 이미지로
변경됩니다. 적용된 그래프 디자인에 색을
적용하기 위해서는 'Direct Selection Tool'을
클릭합니다.

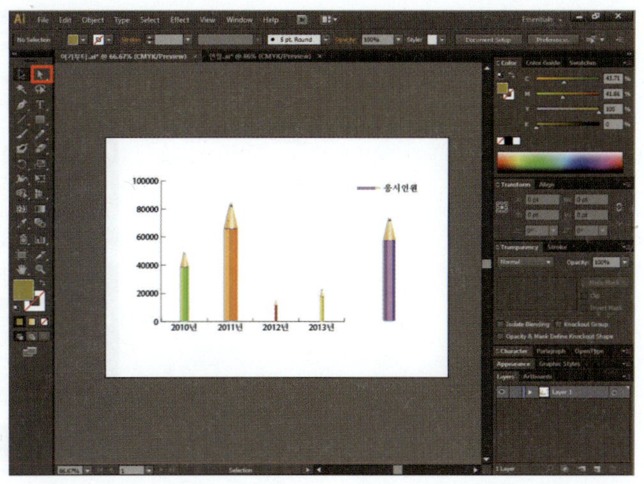

⑩ 고급스러운 느낌을 표현하는 라인 블렌드 만들기

Blend를 이용하면 두 개 이상의 오브젝트가 자연스럽게 변화하는 형태를 만들 수 있고 서로 모양과 색이 다
른 오브젝트도 만들 수 있습니다. Blend 기능은 정확한 개수의 문양이나 배경, 오브젝트를 만드는 데 아주
유용한 기능을 제공하기 때문에 작업의 능률을 높여 주는 역할을 합니다.

01 | 다양한 곡선 그리고 설정

'Pencil Tool'이나 'Pen Tool'로 자유 곡선을 그
립니다. Stroke 패널에서 'Weight : 4pt'로 설
정하고 색을 변경합니다.

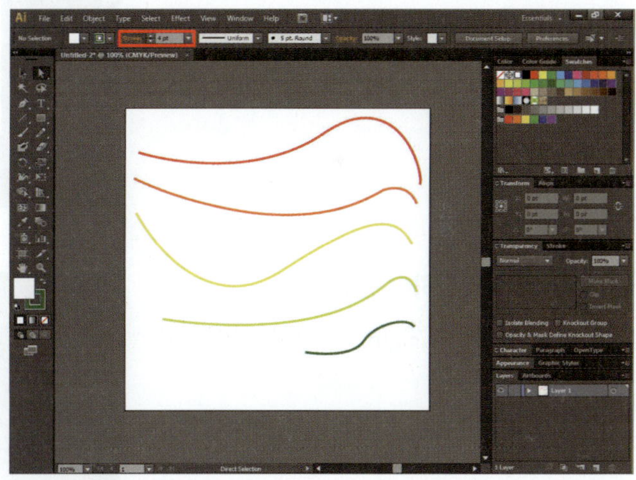

02 | Blend 만들기

모든 선을 선택하고 [Object] 〉 [Blend] 〉
[Make]를 선택하여 블렌드를 만듭니다.

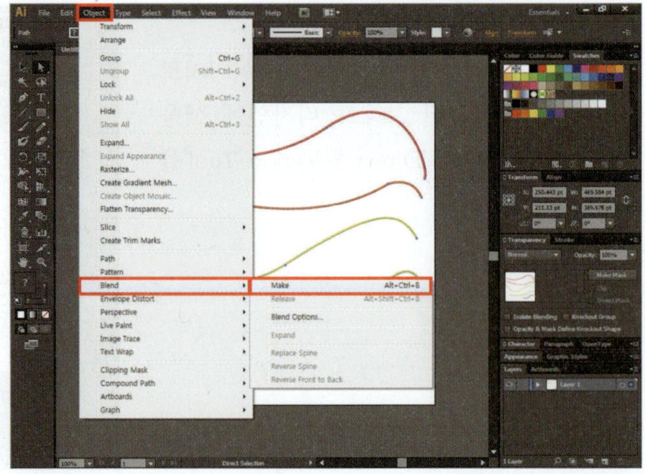

03 | Blend 재설정

Blend를 재설정하기 위해 [Object] 〉 [Blend]
〉 [Blend Options]를 선택합니다. 'Spacing
: Specified Steps, 20'으로 설정하고 [OK] 버
튼을 클릭합니다.

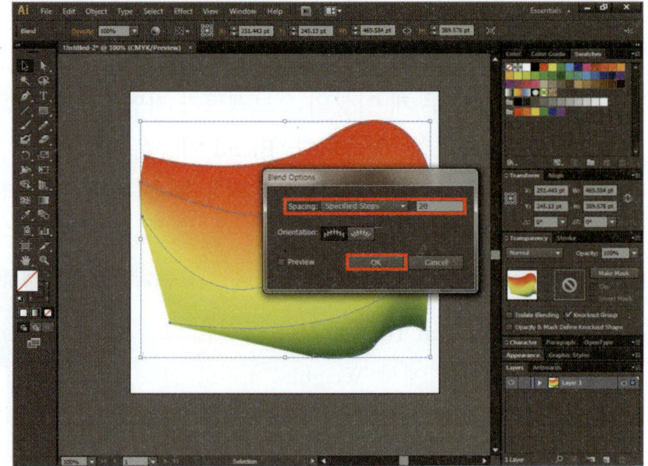

04 | 선 굵기 조절하여 완성

Stroke 패널에서 'Weight : 3pt'로 설정하고
마무리합니다.

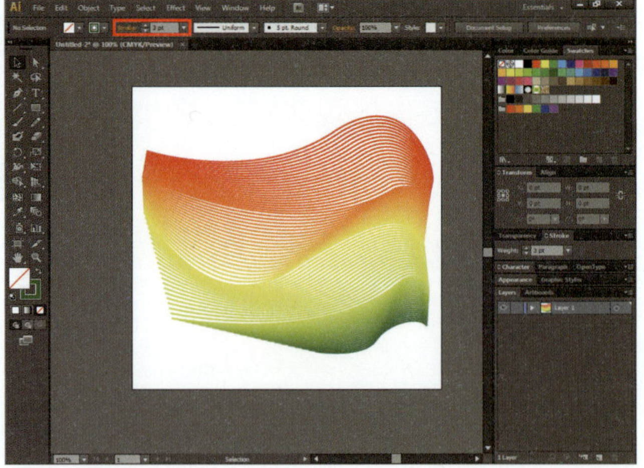

Photoshop

01 기본 화면 구성

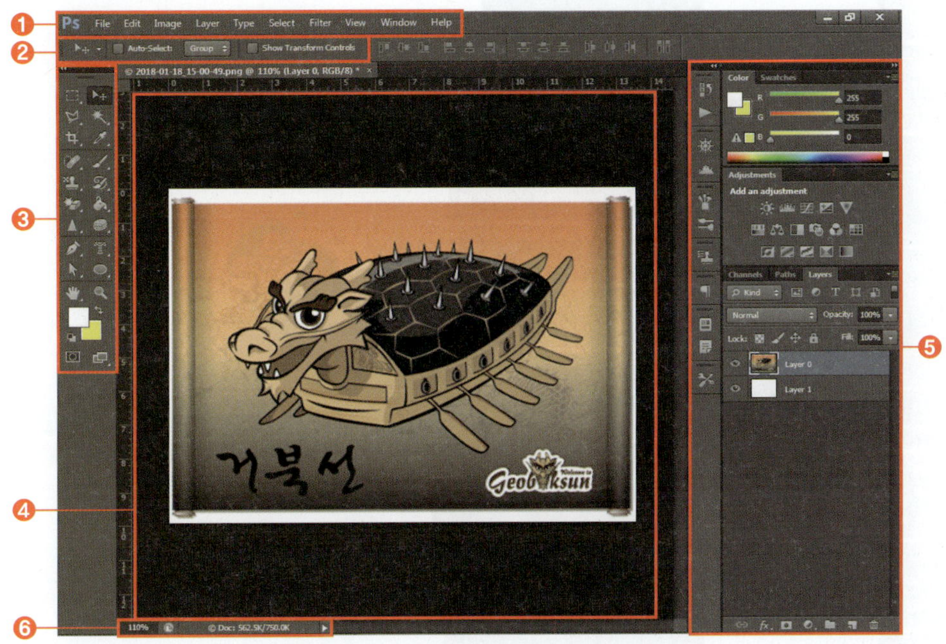

① **메뉴 바** : 포토샵의 명령들을 풀다운 형식으로 표시해 줍니다. 거의 모든 기능은 이 메뉴 바에 있는 파일 관리, 이미지 편집, 색상보정, 레이어, 필터 등을 선택해서 사용할 수 있습니다.

② **옵션 바** : 툴 패널에서 현재 사용하고 있는 툴을 클릭할 때마다 각각의 맞추어진 옵션으로 바뀝니다.

③ **툴 패널** : 포토샵에서 사용하는 각종 툴을 모아놓은 곳으로 모든 작업은 툴 패널에서부터 시작되므로, 각 툴의 역할과 사용법을 충분히 익혀야 됩니다.

④ **작업창** : 윈도우 형식의 작업 공간으로 실제 작업이 이루어지는 영역입니다.

⑤ **패널** : 툴 패널과 연계되어 기능을 쉽게 사용할 수 있도록 도와줍니다. 총 24개의 패널로 구성되어 있고 툴 패널의 기능에 다양한 효과를 주는 역할을 합니다.

⑥ **상태표시줄** : 현재 포토샵이 사용 중인 파일의 크기와 선택한 이미지의 파일 정보 등 작업창에 대한 전반적인 정보가 표시됩니다.

01 툴 패널의 구조

포토샵에서 사용하는 각종 툴을 하나의 박스 형태로 꼭 필요한 기능들을 모아놓은 공간입니다. 툴 패널은 항상 표시되는 기본 툴과 숨어 있는 하위 툴로 구성되어 있고, 단축키를 사용하면 훨씬 수월하게 작업할 수 있습니다.

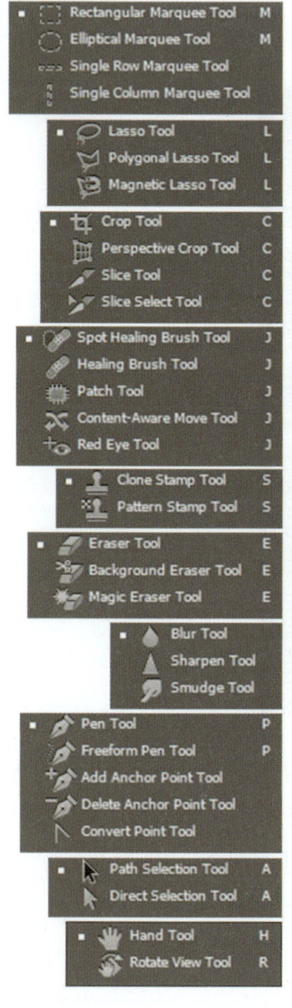
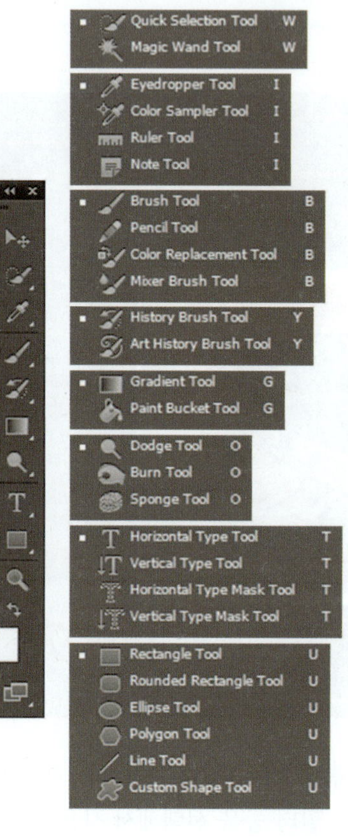

02 드로잉 툴의 사용법

01 | Rectangular Marquee Tool ★★

선택영역을 사각형 모양으로 지정할 때 사용합니다. [Shift]를 누른 채 드래그하면 정사각의 형태로 선택을
할 수 있습니다.

- [Ctrl]+[+] : 작업화면 확대하기
- [Ctrl]+[−] : 작업화면 축소하기
- [Ctrl]+[0] : 작업화면 적정 비율로 보기
- [Ctrl]+[1] : 작업화면 100% 크기로 보기
- [Ctrl]+[Space Bar] : 확대 돋보기 툴
- [Ctrl]+[Alt]+[Space Bar] : 축소 돋보기 툴

02 | Elliptical Marquee Tool ★★

선택영역을 원형으로 동그랗게 선택하거나 타원으로 선택할 때 사용합니다. [Shift]를 누른 채 드래그하면
정원 형태로 선택을 할 수 있습니다.

① Add to Selection

기존의 선택영역이 있는 상태에서 새로운 선택영역을 추가하기 위해서는 [Shift]를 누른 상태에서 선택하면
선택영역을 계속 추가할 수 있습니다.

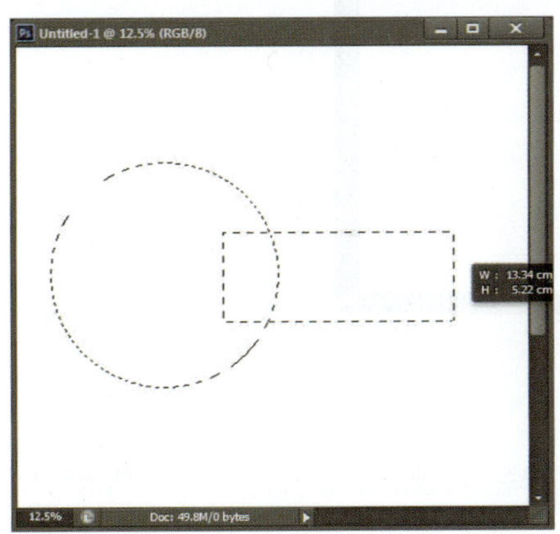
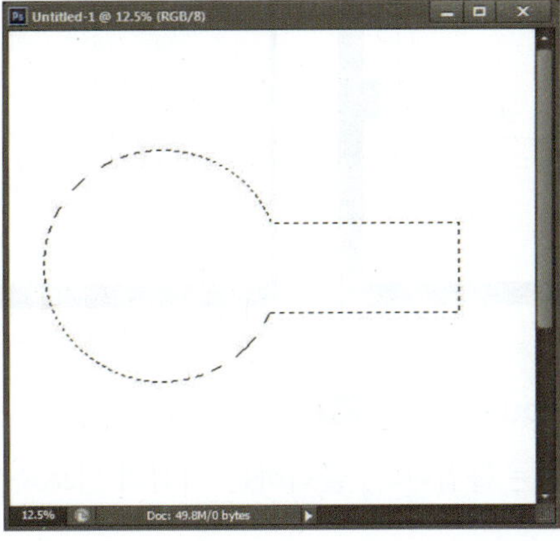

② Subtract from Selection

기존의 선택영역에서 새로 드래그한 영역을 선택영역에서 삭제할 경우 [Alt]를 누르고 드래그합니다.

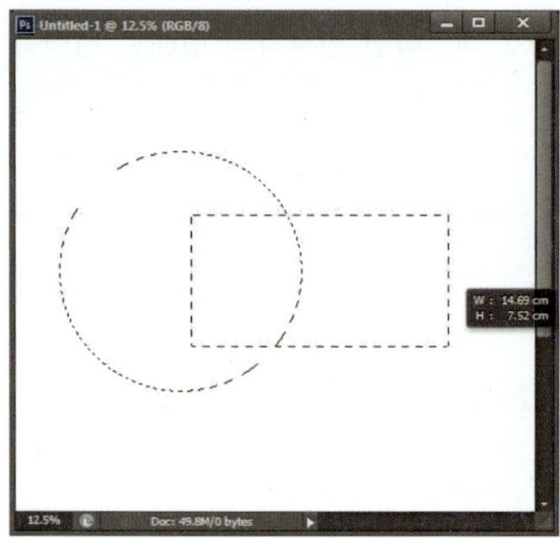 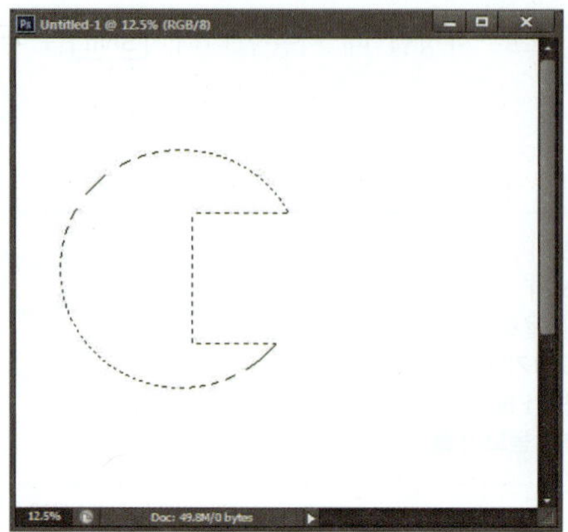

③ Intersect with Selection

기존의 선택영역과 새로운 선택영역에서 중복 부분만 선택하기 위해서는 [Shift]+[Alt]를 누르고 드래그합니다.

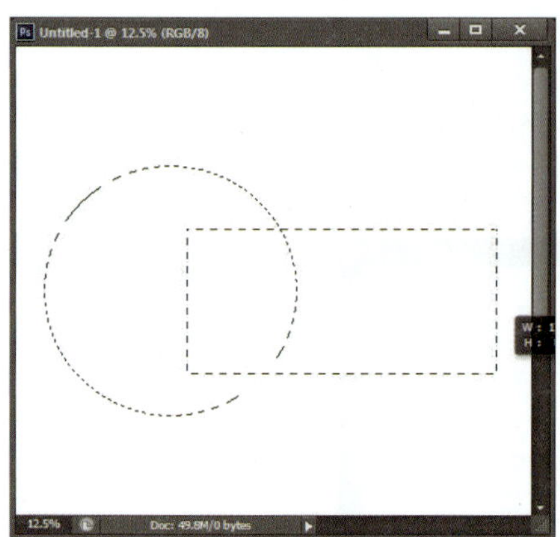 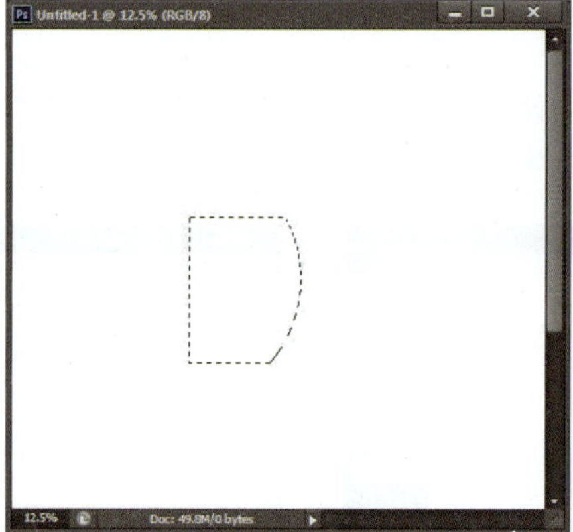

03 | Single Row Marquee Tool

가로줄의 1픽셀을 선택하는 툴입니다. 클릭하는 지점의 가로축상의 모든 픽셀들을 클릭만 하면 선택영역으로 지정할 수 있습니다.

04 | Single Column Marquee Tool

세로줄의 1픽셀을 선택하는 툴입니다. 클릭하는 지점의 세로축상의 모든 픽셀들을 클릭만 하면 선택영역으로 지정할 수 있습니다.

05 | Move Tool ★★

선택영역을 이동하거나 레이어 복사 또는 선택한 영역을 복사하는 툴입니다. 이동 툴로 이미지의 일부를 이동하면 나머지 부분은 배경색으로 채워집니다.

① 선택영역의 이미지 이동하기

② 선택영역의 이미지 복제하기

선택된 강아지 이미지를 이동 툴로 클릭한 후 Alt 를 누른 채 드래그하면 이미지가 복제됩니다.

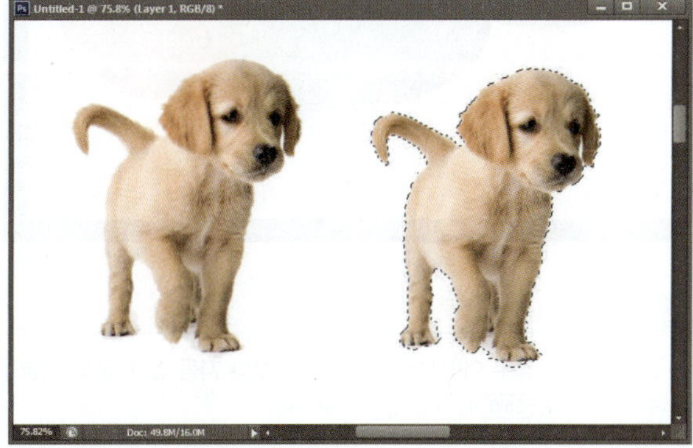

06 | Lasso Tool ★★

선택하기 어려운 자유 곡선을 선택하는 툴로, 드래그하는 모양대로 선택할 수 있습니다.

07 | Polygonal Lasso Tool ★★

다각형 형태의 이미지를 선택할 때 사용합니다. 원하는 이미지를 마우스로 클릭하여 선택영역을 다각형 모양으로 지정합니다.

08 | Magnetic Lasso Tool

이미지의 색과 명도차가 심한 부분의 경계를 따라서 선택영역을 자동으로 만들어 주는 툴입니다. Alt 를 누른 채 드래그하면 직선으로 선택할 수 있습니다.

09 | Quick Selection Tool

빠른 선택 툴을 이용하면 단지 마우스로 클릭하는 것만으로 원하는 이미지를 선택할 수 있습니다. 빠른 선택 툴은 바깥쪽 경계부분을 자동으로 추적 및 확장하여 선택영역으로 지정해주는 툴입니다.

10 | Magic Wand Tool ★★

이미지의 색이 같거나 유사한 범위 내에서 자동으로 선택영역을 만드는 툴입니다.

> **기적의 TIP**
>
> 단색 배경일 경우 이미지를 선택하는 것보다 자동 선택 툴로 배경을 선택하고 [Select] + [Inverse]를 선택하여 반전시켜 이미지를 선택할 수 있습니다. Shift + Ctrl + I : Inverse

11 | Crop Tool

이미지의 특정한 부분을 남기고 나머지 부분은 잘라내는 툴입니다. 선택영역으로 지정된 곳은 바운딩박스가 생기는데, 각 조절점을 드래그하면 영역을 확장하거나 축소, 회전할 수 있고 자르고자 하는 이미지를 자름과 동시에 해상도를 조절할 수 있어 편리합니다. 선택영역을 지정한 다음 더블클릭하거나 Enter 를 누르면 이미지가 절단됩니다.

① 이미지 잘라내기

자르기 툴로 드래그하면 모서리와 선의 중앙에 사각형의 바운딩박스가 생깁니다. 모서리에 마우스를 가져갔을 때 생기는 포인터는 확대와 회전을 할 수 있는 포인터로 설정된 만큼 이미지를 자를 수 있습니다. 키보드의 Enter 를 눌러 이미지를 잘라 줍니다.

② 회전한 뒤 이미지 자르기

마우스 포인터가 대각선으로 나타나면 크기를 조절하며 구부러졌을 경우는 회전할 수 있다는 표시입니다. 키보드의 Enter 를 눌러 이미지를 잘라 줍니다. 이미지는 사각형의 형태를 원칙으로 하기 때문에 회전을 했다고 해서 마름모꼴의 이미지가 되는 것은 아닙니다.

12 | Perspective crop Tool

원근감이 존재하는 이미지에서 원하는 부분을 투시 자르기 툴을 이용하여 각 모서리를 클릭 후 Enter 를 누릅니다. 그러면 원근 및 각도가 보정된 이미지를 얻을 수 있습니다.

13 | Slice Tool

하나의 이미지를 여러 개의 독립된 형태로 저장할 수 있는 기능입니다. 웹페이지 제작에 있어서 이미지를 작게 분할하여 인터넷 상에서 이미지 로딩 속도를 줄여 줍니다.

14 | Slice Select Tool

분할 툴에 의해 잘려진 이미지의 분할된 영역을 선택, 이동하거나 크기를 재조정합니다.

15 | Eyedropper Tool 🖋

작업 이미지에서 색의 정보를 전경색이나 배경색으로 추출할 때 사용합니다. [Alt]를 누른 채 클릭하면 추출한 색을 배경색으로 가져올 수 있습니다.

16 | Color Sampler Tool 🖋

이미지에서 클릭한 지점의 색상 정보를 코드 값으로 Info 패널에 표시합니다. 색을 비교 분석할 때 사용하면 편리하며 최대 4개의 색상 코드 값을 입수할 수 있습니다. 입수된 코드 값을 삭제 하려면 옵션 바의 [Clear] 버튼을 클릭합니다.

17 | Ruler Tool 📏

이미지 내에서 각도, 길이에 대한 측정 정보를 옵션 바와 Info 패널에 표시합니다. 클릭한 다음 드래그하면 마우스가 이동한 간격만큼 각도나 길이가 측정됩니다.

18 | Note Tool 📝

작업 중인 이미지에 글자를 입력할 수 있는 메모지를 만들어 다른 사용자에게 이미지에 관련된 참고 사항이나 정보를 제공합니다. 아이콘을 더블 클릭하면 메모를 확인할 수 있고 메모지의 색과 글쓴이의 이름은 옵션 바에서 설정할 수 있습니다.

19 | Spot Healing Brush Tool 🩹

사진의 반점과 같은 결함 등을 쉽게 제거할 수 있습니다. 제거할 영역 주변에서 자동으로 색, 질감, 명암 등을 분석하여 반점 등의 결함을 제거해 줍니다.

20 | Healing Brush Tool 🩹

이미지의 그림자, 빛, 질감 등의 속성을 손상시키지 않고 이미지를 보정할 수 있습니다.

21 | Patch Tool 🩹

선택영역이 있는 상태에서 복구 브러쉬 툴과 관련된 기능을 좀 더 섬세하게 작업을 할 때 쓰이는 툴입니다.

22 | Content-Aware Move Tool ✂

선택된 영역의 객체를 원본 그대로 내가 원하고자 하는 위치에 드래그하면 이동되고 그 빈자리는 배경 주변과 어우러지도록 자연스럽게 합성하는 툴입니다.

23 | Red Eye Tool 👁

사진을 찍을 때, 피사체의 망막에 플래시가 반사되는 현상 때문에 사진을 망치는 적목 현상을 쉽게 복구해 주는 기능을 합니다.

24 | Brush Tool ★★

이미지에 전경색으로 페인트 칠 하듯 그림을 그리는 기능을 하는 툴로 옵션 바의 Mode, Opacity, Flow의 설정에 따라 다양한 종류의 브러쉬를 적용할 수 있습니다.

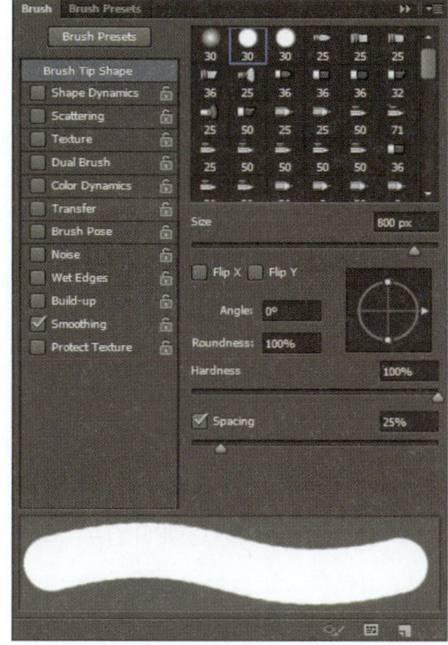

▲ 눈 내리는 효과를 표현

25 | Pencil Tool

선 자체가 부드럽지 않고 계단 현상이 생겨 딱딱한 선을 그릴 때 사용합니다. 마우스가 움직인 방향으로 선이 그려지고, 옵션 바의 설정에 따라 다양한 효과를 나타낼 수 있습니다.

26 | Color Replacement Tool

특정 색을 지정한 후, 드래그하면 해당 색으로 대체되는 효과가 나타납니다.

27 | Mixer Brush Tool

원하는 사진을 불러와 혼합 브러쉬 툴로 칠하면 유화풍의 그림 효과를 표현할 수 있습니다.

28 | Clone Stamp Tool ★☆

이미지의 특정 부분을 다른 곳에 복제하는 툴입니다. 복제하려는 영역에 Alt 를 누른 채 클릭하여 선택한 다음 원하는 위치에 드래그하면 이미지가 복제됩니다.

29 | Pattern Stamp Tool

원하는 이미지의 일부분을 미리 패턴으로 등록한 다음 적용합니다. 일단 등록된 패턴은 언제든지 다른 작업창에서 불러와 사용할 수 있습니다.

30 | History Brush Tool

작업 중인 이미지를 원본으로 되돌리는 기능으로 페인팅 작업 시 브러쉬로 칠한 부분만 원래 상태로 복구됩니다.

31 | Art History Brush Tool

이미지를 복구하면서 동시에 회화적인 브러쉬 효과를 표현합니다.

32 | Eraser Tool

페인팅 툴과 반대로 이미지의 일부를 지우는 툴입니다. Background 레이어에서 작업을 할 경우 지우개 툴로 삭제된 부분은 배경색이 채워지고, 레이어인 경우에는 투명으로 채워집니다.

33 | Background Eraser Tool

지우개 툴을 보완하여 작고 협소한 부분을 정교하게 이미지를 지울 때 사용합니다. 지워진 부분은 투명 상태가 되기 때문에 Background 레이어를 지울 때 배경 지우개 툴을 사용하면 자동으로 일반 레이어로 변형이 됩니다.

34 | Magic Eraser Tool

색이 같거나 유사한 범위 내의 색을 한 번에 지울 때 사용합니다. 지울 수 있는 영역의 크기는 옵션 바의 Tolerance에서 설정합니다.

35 | Gradient Tool ★★

두 가지 이상의 색을 자연스럽게 변해가는 효과를 적용할 때 사용합니다. 선택영역에 적용을 하면 선택영역에만 채워지지만 선택을 하지 않고 드래그하면 작업창 전체에 그라디언트가 적용 됩니다.

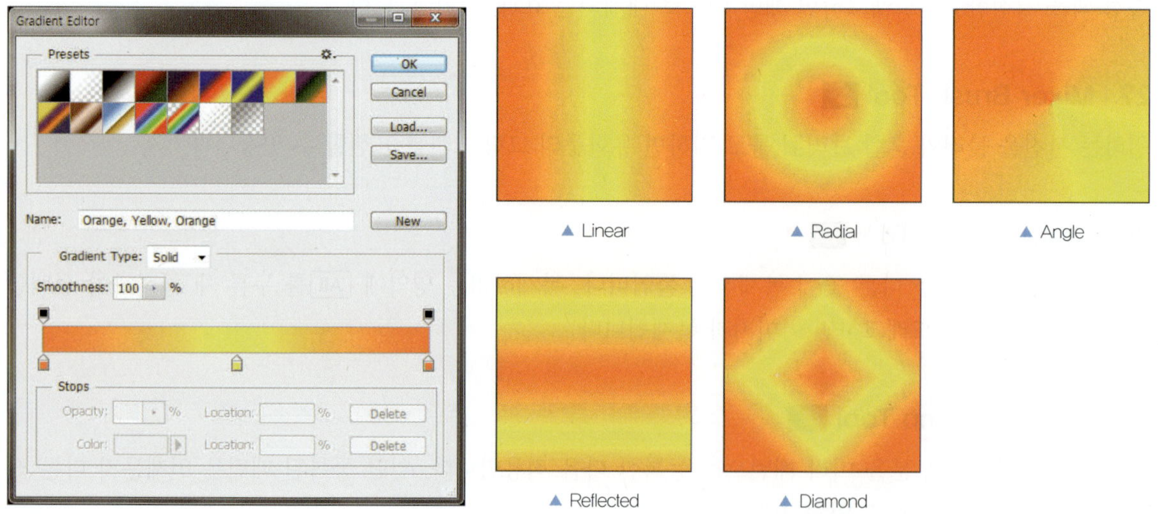

▲ Linear   ▲ Radial   ▲ Angle

▲ Reflected   ▲ Diamond

36 | Paint Bucket Tool

이미지에 색이 같거나 유사한 범위 내의 색을 전경색이나 패턴으로 채우는 기능입니다.

37 | Blur Tool

이미지를 문질러 흐리게 하거나 픽셀을 비슷한 색으로 만들어 더욱 이미지가 부드럽게 합니다.

38 | Sharpen Tool

흐림 효과 툴과 반대로 선명한 효과를 줍니다. 흐린 이미지를 문질러 이미지를 선명하게 만들 수 있습니다.

39 | Smudge Tool

이미지를 문지르면 이미지가 밀리면서 뭉개지는 효과를 낼 수 있습니다.

40 | Dodge Tool

특정 부분에 하이라이트를 만들어 주어 이미지를 밝고 하얗게 만들 때 사용합니다.

41 | Burn Tool

이미지의 특정 부분을 어둡게 하여 그림자를 만들 수 있습니다.

42 | Sponge Tool

채도를 조절하여 이미지를 진하게 하거나 색을 삭제하여 무채색으로 만듭니다.

43 | Pen Tool ★★

패스를 만드는 가장 기본적인 툴로써 이미지에 정밀한 선택영역을 지정할 때 사용합니다. 또한 옵션 바에서 Shape Layers를 선택하여 도형을 만들 수 있습니다.

44 | Freeform Pen Tool

시작점을 클릭한 후 마우스를 자유롭게 그림 그리듯 드래그하여 패스를 제작합니다.

45 | Add Anchor Point Tool

작성된 패스에 포인트 점을 추가시킵니다.

46 | Delete Anchor Point Tool

기준점 추가 툴과 반대로 포인트를 삭제합니다.

47 | Convert Point Tool ↖

곡선 형태 패스의 포인트를 클릭하여 직선으로 변환하거나 반대로 직선 형태의 패스를 곡선 형태로 변환할 때 사용합니다. 패스의 형태를 자유자재로 변환할 수 있습니다.

48 | Horizontal Type Tool T ★★

이미지에 글자를 가로로 입력하고 편집하는 툴입니다. 옵션 바에서 폰트, 크기, 색 등을 지정할 수 있으며 [Layer] 〉 [Layer Style] 메뉴를 선택하여 다양한 효과를 적용할 수 있습니다.

49 | Vertical Type Tool ↓T ★★

수평 글자 툴과 사용 방법은 동일하며 가로 방향이 아닌 세로 방향으로 글자를 입력할 수 있습니다.

50 | Horizontal Type Mask Tool T

해당 레이어 이미지 위에 바로 글자를 입력하지 않고 입력한 글자를 선택영역으로 표시합니다. 선택영역은 다양한 방법으로 편집할 수 있습니다.

51 | Vertical Type Mask Tool ↓T

수평 글자 마스크 툴과 기능은 동일하고 글자를 세로 방향으로 입력할 때 사용합니다.

52 | Path Selection Tool ↖

펜 툴을 이용해서 만들어진 패스를 선택하거나 세이프로 만들어진 패스 전체를 선택할 때 사용합니다.

53 | Direct Selection Tool ↖ ★☆

패스를 수정할 때 포인터의 위치를 이동시키거나 패스의 도형 모양을 수정할 때 사용합니다.

54 | Rectangle Tool ▢ ★☆

사각형 툴은 직사각형이나 정사각형을 만드는 세이프 툴로서 패스 이미지를 제작할 때 사용합니다. 옵션 바의 Shape Layers, Paths, Fill pixels 방식을 선택하여 패스 이미지를 제작합니다.

55 | Rounded Rectangle Tool ▢ ★☆

사각형 툴과 동일한 기능으로 모서리가 둥근 사각의 패스 이미지를 제작할 때 사용합니다. 웹에서 흔히 사용되는 버튼을 쉽게 제작할 때 유용합니다.

56 | Ellipse Tool ◯ ★☆

정원이나 타원을 만드는 세이프 툴로서 패스 이미지를 제작할 때 사용합니다.

57 | Polygon Tool  ★☆

다각형 모양의 패스 이미지를 제작할 때 사용합니다.

58 | Line Tool ★☆

직선이나, 화살표, 사선을 그릴 때 사용합니다.

59 | Custom Shape Tool ★★

미리 만들어 놓은 여러 가지 도형을 선택하여 사용할 수 있고, 사용자가 직접 패스를 만들어 등록할 수 있습니다. 옵션 바에서 를 클릭하여 기본으로 제공하는 도형을 추가할 수 있습니다.

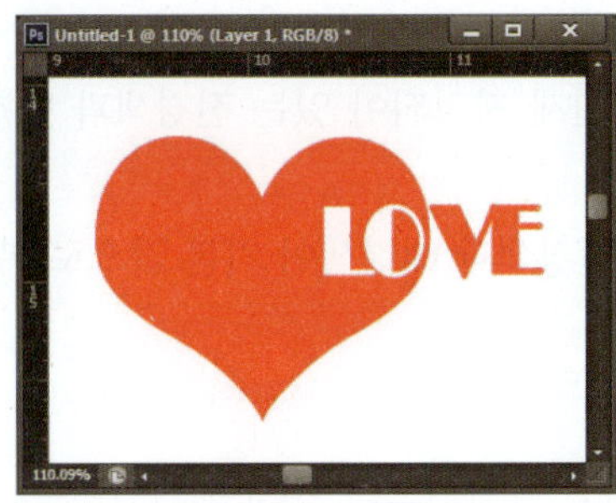

60 | Hand Tool ★★

정밀한 작업을 위해 화면을 확대하면 보이지 않는 부분이 발생합니다. 손 툴은 보이지 않는 영역을 위쪽, 아래쪽, 왼쪽, 오른쪽으로 이동하여 볼 수 있습니다. 다른 툴이 선택 되었을 경우에는 단축키 Space Bar를 눌러 손 툴로 아이콘이 바뀌면 드래그하여 사용할 수 있습니다.

61 | Rotate View Tool

화면을 회전하여 볼 수 있습니다. 회전 보기 툴을 사용하기 위해서는 그래픽 가속 기능이 활성화되어 있어야 하며, 활성화되지 않았다면 OpenGL을 지원하는 그래픽 카드로 교체해야 합니다. 옵션 바의 [Reset View] 버튼을 클릭하면 이미지를 원래의 상태로 되돌릴 수 있습니다.

> **기적의 TIP**
>
> [Edit] 〉 [Preferences] 〉 [Performance] 메뉴를 실행한 후 대화상자에서 'Enable OpenGL Drawing'에 체크하면 그래픽 가속 기능을 사용할 수 있습니다.

62 | Zoom Tool ★★

작업창을 확대하거나 축소해서 볼 때 사용하는 툴입니다. 클릭하면 화면이 확대되고 Alt 를 누른 채 클릭하면 화면이 축소됩니다.

03 색상 모드, 퀵 마스크 모드 전환

01 | Color Mode ★★

포토샵에서 이미지 작업을 할 때 전경색과 배경색을 미리 지정해야 합니다. 클릭하면 [Color Picker] 대화상자에서 색을 선택할 수 있습니다.

❶ Foreground : 색을 채우거나 칠하기 위해 미리 지정하며 현재 작업 중인 색입니다.

❷ Background : 지우개 툴로 지울 때 나타나는 색이며 그라데이션 툴을 사용할 때도 배경색으로 사용할 수 있습니다.

❸ Switch Foreground and Background Colors : 현재 지정되어 있는 전경색과 배경색을 서로 전환할 수 있습니다.

❹ Default Foreground and Background Colors : 전경색과 배경색이 기본 값으로 복원됩니다.

02 | Edit in Standard Mode ◙

포토샵이 실행되었을 때의 초기 상태로 기본적인 작업 모드는 표준모드입니다. 퀵 마스크 모드에서 채색도구로 색을 칠한 부분은 표준모드로 돌아오면 선택영역으로 표시됩니다.

03 | Edit in Quick Mask Mode ◙

화면을 퀵 마스크 모드로 전환하여 선택영역과 비 선택영역을 구분하여 마스크 영역을 지정하는 기능입니다. 선택영역은 원본 이미지의 색 그대로 표시되고, 비 선택영역은 붉은 색으로 표시됩니다. 붉은 색상은 드로잉 툴로 색을 더 칠하거나 지워서 선택영역을 확장하거나 축소할 수 있습니다. 퀵 마스크 모드는 이미지에 변화를 주지 않고 드로잉 작업으로 마스크를 지정하면 복잡한 경계선의 세밀한 선택영역도 손쉽게 만들 수 있다는 장점이 있습니다.

① 퀵 마스크 기능 사용하기

퀵 마스크 모드에서는 드로잉 도구로 원하는 영역을 칠하였을 때 마스크 영역이 반투명의 붉은색 영역으로 변하게 되는데, 붉은색은 선택되지 않은 부분을 의미합니다. 드로잉 작업이 끝나고 표준모드로 돌아오게 되면 붉은 색으로 칠하지 않은 부분이 선택영역으로 전환됩니다.

▲ 퀵 마스크 적용화면

▲ 표준모드 전환 화면

03 | 패널

01 패널의 사용법

포토샵에는 다양한 패널이 있고 툴 패널과 함께 작업을 도와주며, 총 23가지의 패널이 있습니다. 처음 포토샵을 실행하면 'Essentials' 작업 환경으로 패널이 구성되어 있는데 용도에 따라 [Window] 메뉴를 선택하여 다른 그룹으로 바꿔 사용할 수 있습니다.

01 | Color 패널★★

전경색과 배경색을 선택할 수 있고 색을 스포이트로 찍어서 바로 선택할 수 있고 색을 혼합하여 새로운 색을 만들 때 사용합니다.

02 | Swatches 패널

자주 사용하는 색들을 등록해 놓은 패널로 기본적으로 저장되어 있는 색을 선택, 추가, 저장, 삭제할 수 있습니다.

03 | Styles 패널

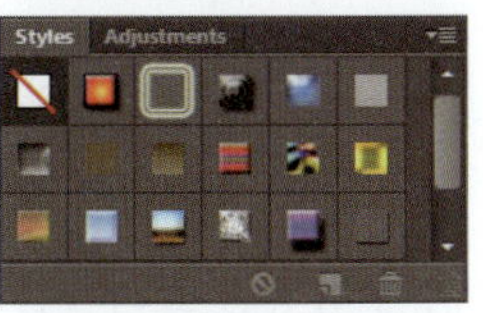

특정 스타일을 미리 등록하거나 스타일을 편집, 관리합니다. 텍스트나 벡터 도형 등을 설정할 때 유용합니다.

04 | Adjustments 패널★☆

[Image] > [Adjustments]를 선택하면 나타나는, 이미지 보정 명령들이 모여진 패널입니다. 보다 쉽고 빠르게 이미지 보정과, 수정, 편집을 할 수 있게 합니다.

05 | Masks 패널 ★☆

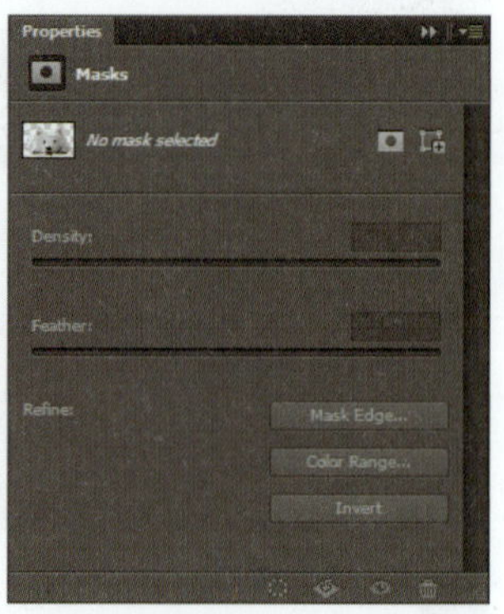

레이어 마스크의 옵션을 조절할 수 있습니다. 레이어 마스크에 불투명도 등
을 보다 쉽고 빠르게 설정하거나 수정을 할 수 있게 합니다.

06 | Brushes 패널 F5

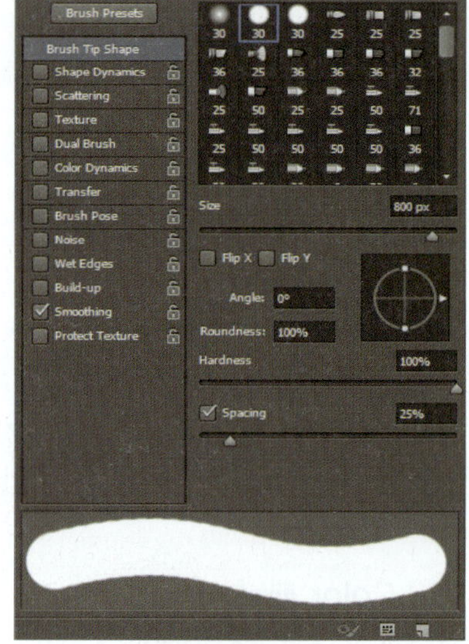

여러 종류의 브러쉬를 선택하거나 변경할 수 있고 만들어 사용할 수
있습니다. 브러쉬에 관련된 옵션을 조절하는 패널입니다.

07 | Clone Source 패널

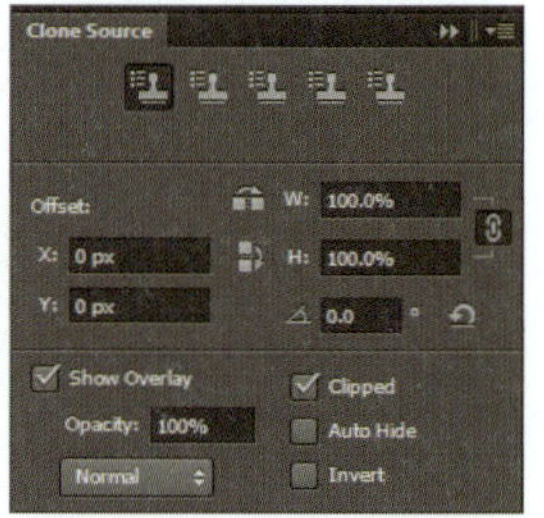

복구 브러쉬 툴과 복제 도장 툴의 기능을 보완한 것으로 여러 이미지에서 원하
는 부분을 복사해놓은 후 이미지의 위치나 크기 등을 조절하거나 다른 이미지에
붙여 합성할 수 있습니다.

08 | Layers 패널 F7 ★★

레이어를 만들거나 삭제하고 투명도나 마스크, 블렌딩 모드를 적용하는 등 레이
어에 다양한 효과를 설정할 수 있습니다.

09 | Channels 패널

파일에 설정되어 있는 컬러 모드의 각 색상 채널의 정보, 추가, 삭제 등을 편집하고 관리합니다.

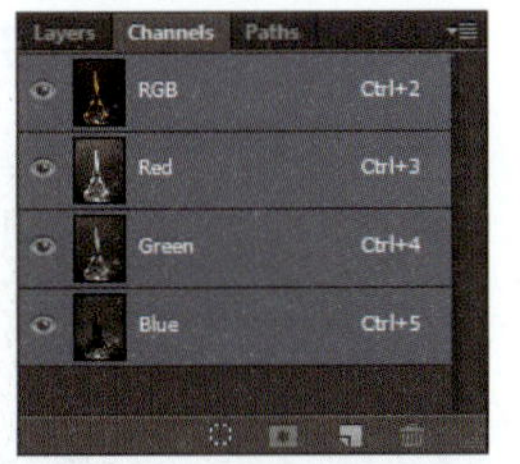

10 | Paths 패널

작업된 패스를 저장하거나 선택영역을 패스로 만들고 패스선을 선택영역으로 만드는 작업을 할 수 있습니다.

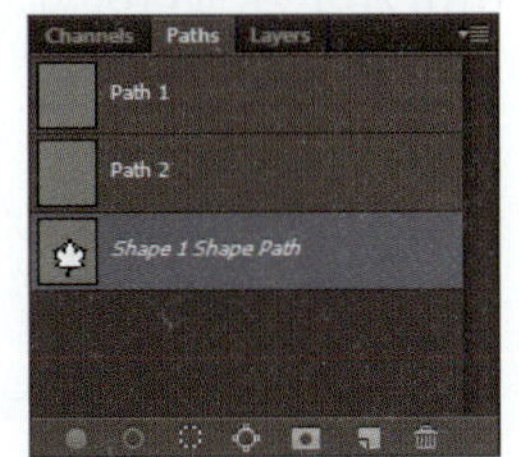

11 | History 패널

현재 작업하고 있는 상태를 기록해서 작업 내용을 확인할 수 있으며, 경우에 따라 작업과정을 단계별로 저장하여 작업을 취소할 때 사용합니다.

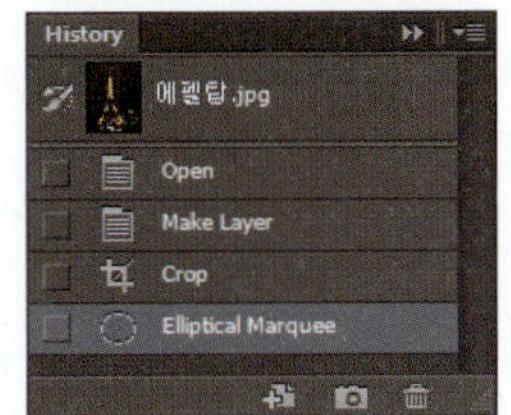

12 | Actions 패널 `Alt` + `F9`

이미지에 반복적인 작업을 자동화하여 액션을 제작하고 관리하며 한 번의 클릭으로 여러 이미지에 같은 명령을 적용할 수 있습니다.

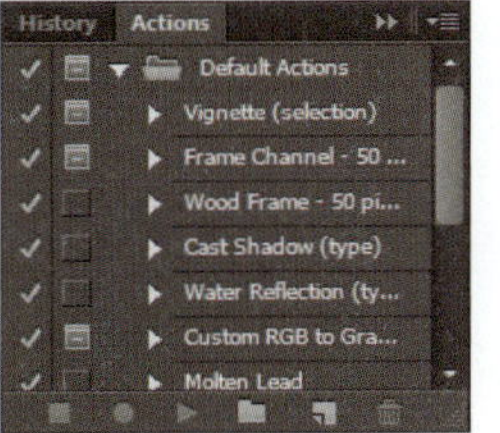

13 | Character 패널 ★★

글자의 서체, 크기, 색, 자간 등 글자에 관련된 여러 옵션을 조절할 수 있습니다.

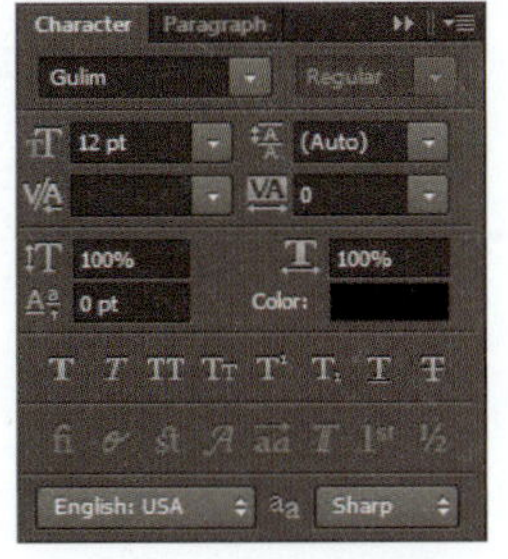

14 | Paragraph 패널 ★★

'Type Tool' 사용 시 문장의 정렬 방식과 들여쓰기 등을 지정할 수 있습니다.

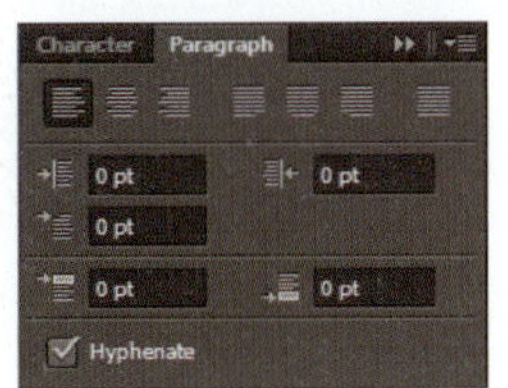

15 | Navigator 패널

화면보다 큰 이미지일 경우 화면에서 보이는 이미지의 위치를 쉽게 알 수 있고,
확대, 축소할 수 있습니다.

16 | Histogram 패널

이미지의 각 채널의 색상정보를 레벨화하여 한눈에 보여줍니다.

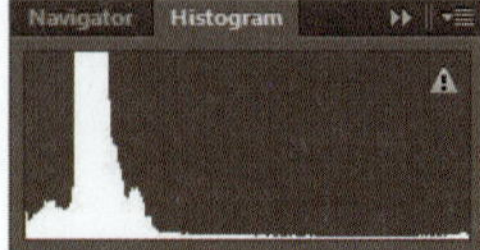

17 | Info 패널 F8

현재 마우스가 위치한 곳의 색상 정보와 거리, 각도, 좌표를 나타냅니다.

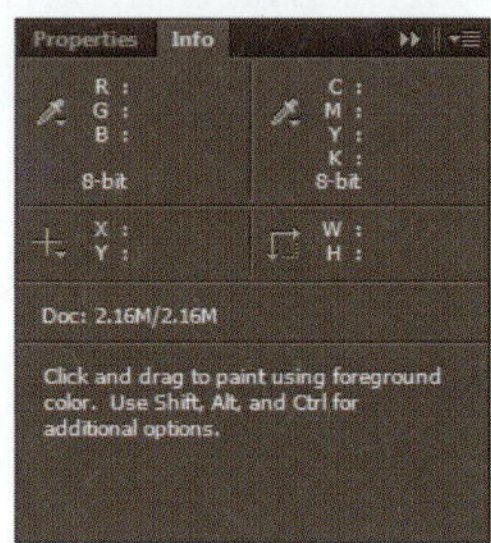

18 | Layer Comps 패널

레이어 패널의 위치나 보이기 옵션 등의 구성 상태를 저장하여 레이어 상태를 비
교하거나 레이어의 켜고 꺼짐을 나타냅니다.

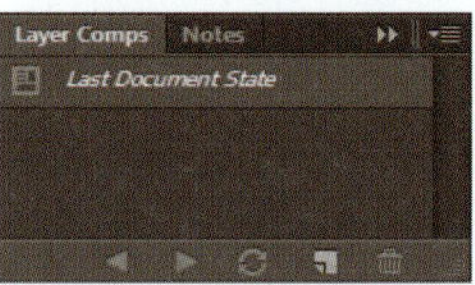

19 | Notes 패널

Note Tool로 이미지에 포스트잇처럼 텍스트로 간단한 설명이나 주석 등을 기록할
때 사용합니다.

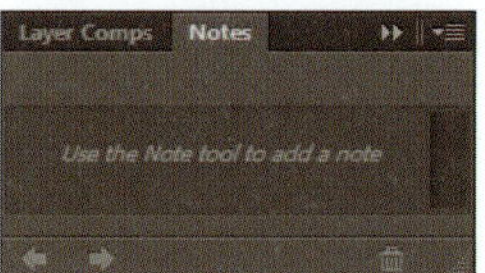

20 | Tool Presets 패널

자주 사용하는 각종 툴을 배열하여 툴을 선택하거나 등록할 수 있습니다. 브러쉬
툴 사용 시 유용합니다.

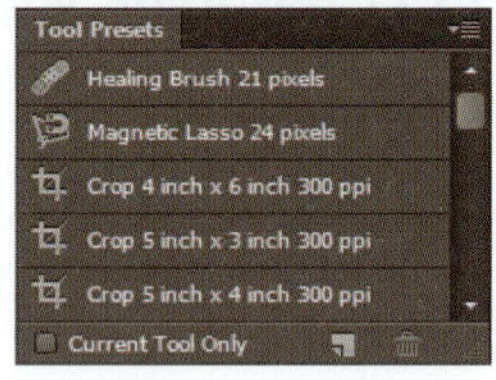

21 | Timeline 패널

이미지레디가 이 패널로 통합되어 움직이는 이미지(GIF)를 만들어 주는 기능입니다. 움직임의 속도, 반복 횟수 등을 조정해 줄 수 있습니다.

> **기적의 TIP**
>
> 포토샵 버전 또는 그래픽 사양에 따라 보이지 않는 패널이 있을 수 있습니다.

---

04 시험에 자주 나오는 기능 따라하기

01 투명한 이미지 만들기

투명한 이미지라고 하는 것은 PNG을 말하는 것입니다. PNG이란 GIF과 JPG의 두 단점을 보완한 통합 파일입니다. JPG는 이미지의 압축률이 좋아 적은 용량으로 질 좋은 이미지를 표현할 수 있기에 웹에서 많이 사용됩니다. PNG도 마찬가지로 적은 용량으로 좋은 이미지를 표현할 수 있습니다. 다만 JPG와 PNG가 다른 점이 있다면 배경을 투명하게 표현할 수 있느냐, 없느냐의 차이입니다.

01 | 이미지 불러오기

[File] 〉 [Open]을 선택하고 호순이.jpg를 불러옵니다.

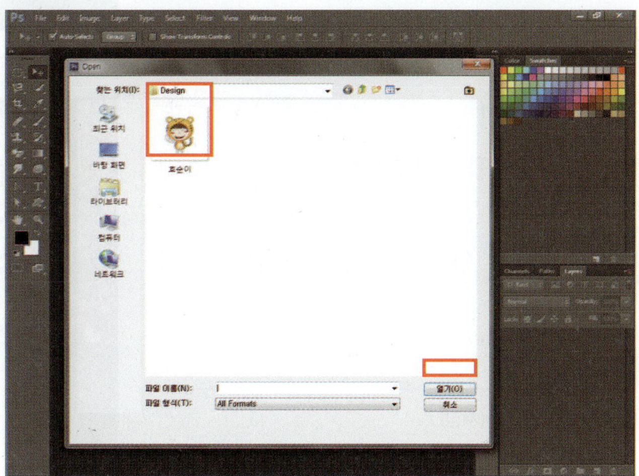

> **기적의 TIP**
>
> Ctrl + O : Open

02 | 레이어 속성 변경

Layer 패널에서 Background로 되어있는 호순이 레이어를 더블클릭하고 'Name : Layer 0'으로 그대로 두고 [OK] 버튼을 클릭해 일반 레이어로 바꿔줍니다.

03 | Magic Wand Tool 사용

'Magic Wand Tool'로 호순이 그림의 배경인 흰색을 클릭해 줍니다. 그 다음 Delete 를 눌러 흰색 배경을 투명하게 만들어 줍니다.

04 | 저장하기

[File] 〉 [Save]를 선택합니다. '파일 이름 : 배경투명_호순이'로 입력하고 'Format(형식) : png(*.png)'로 선택하여 [저장] 버튼을 클릭합니다.

기적의 TIP

Ctrl + S : Save(저장)

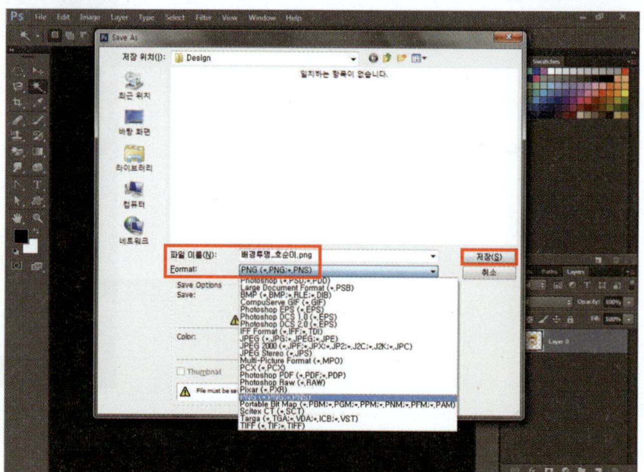

05 ｜ PNG Options 설정과 이미지 비교

PNG Options 대화상자에서 'None'으로 체
크해주고 [OK] 버튼을 클릭합니다. 새 창을
열고 핑크색 배경에 호순이.jpg와 방금 만들
어본 배경투명_호순이.png를 불러와 차이점
을 비교합니다.

기적의 TIP

PNG를 플래시에서 불러오려면 플래시를 실행하고
[File] 〉 [Import)] 〉 [Import to Stage] 또는 [File] 〉
[Import] 〉 [Import to Library]를 선택하여 자유자재로
애니메이션 효과를 주면 됩니다.

02 이미지를 패턴으로 등록해서 사용하기

마크 또는 문양으로 된 패턴일 경우에는 일러스트레이터에서 작업이 가능하지만 이미지로 된 패턴일 경우
에는 반드시 포토샵에서 작업이 이루어져야 합니다. 이미지로 만들어진 패턴은 대부분 참고자료에 있는 이
미지를 이용하게 됩니다.

01 ｜ 패턴 이미지 선택

나뭇잎.png를 불러옵니다. 'Rectangular Mar-
quee Tool'을 클릭하고 첫 번째 나뭇잎을 드
래그하여 선택영역으로 지정합니다.

02 | 패턴 등록하기

[Edit] 〉 [Define Pattern]을 선택합니다. Pat-
tern Name 대화상자에서 'Name(이름) : 나
뭇잎'을 입력한 후 [OK] 버튼을 클릭합니다.

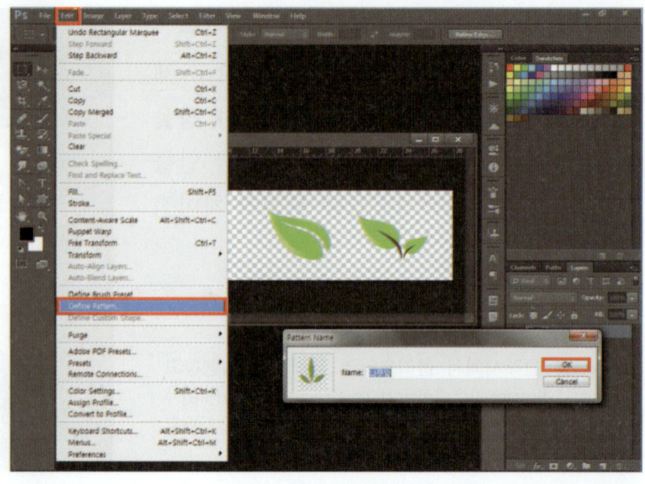

03 | 호순이.psd 열기

[File] 〉 [Open]을 선택하고 호순이.psd를 불
러옵니다.

04 | 패턴 적용하기

Layers패널에서 'Background' 레이어를 선택
하고 [Edit] 〉 [Fill]를 선택합니다. Fill 대화상
자에서 'Use : Pattern, Custom Pattern : 나
뭇잎, Opacity : 50%'로 설정한 후 [OK] 버튼
을 클릭합니다.

05 | 패턴 이미지 완성

배경에 패턴이 적용된 것을 확인할 수 있습
니다.

03 Pen Tool로 선택영역 만들기

패스를 만드는 가장 기본적인 툴입니다. 배경이 복잡한 경우에는 'Pen Tool'을 이용해야 깨끗한 선택영역을
얻을 수 있습니다. 펜 툴 작업은 Paths 패널에서 진행됩니다.

01 | 패스 작업하기

'Pen Tool'을 클릭하고 옵션 바에서 'Rubber
Band'에 체크합니다. 곡선을 만들기 위해
IMG114.jpg를 불러와 레몬 이미지에 원하는
지점을 클릭한 후 외곽 라인을 땁니다.

> **기적의 TIP**
>
> 옵션 바에서 'Paths'를 선택하고 외곽 라인을 따라 그려
> 야 합니다.

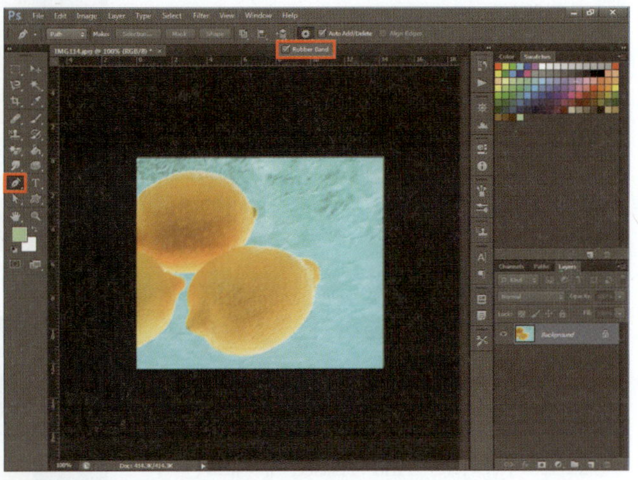

02 | 패스 그리기

핸들의 진행방향을 알려주는 'Rubber Band'
의 기능은 초보자에게 편리한 기능이고 보다
쉽게 패스 작업을 할 수 있습니다. 앞쪽의 진
행 핸들러를 적절하게 움직이거나 삭제하여
레몬의 외곽 라인을 그리면 됩니다.

기적의 TIP

[Alt]를 누른 채 마우스로 앞쪽의 진행 핸들러를 움직일
수 있습니다.

03 | 패스 저장하기

'Work Path' 레이어를 더블클릭하여 해당 이
름에 레몬을 입력하고 [OK] 버튼을 클릭합
니다.

기적의 TIP

Work Path는 임시 패스입니다. 다른 작업을 위해 펜 툴
을 다시 사용하게 되면 다른 내용으로 대체됩니다. 즉,
기존에 그린 패스가 사라지게 됩니다. 그러므로 현재 작
업한 패스 즉, Work Path를 저장하는 것입니다.

04 | 선택영역으로 전환하기

Path 패널 아래쪽의 [Alt]를 누른 상태로 'Load
path as a selection'을 클릭합니다. 'Feather Radius
: 0'으로 지정하고, 'Anti-Aliased'에 체크한 후
[OK] 버튼을 클릭하여 선택영역으로 전환합
니다.

기적의 TIP

[Ctrl]을 누른 상태에서 '레몬' 레이어를 클릭하면 선택영
역을 바로 전환할 수 있습니다.

05 | 선택영역 사용하기

[Select] > [Inverse] 메뉴를 선택하여 반전시
키고, Delete 를 눌러 배경을 삭제합니다.

기적의 TIP

Shift + Ctrl + I : Inverse

04 이미지 색상 반전시키기

[Invert]는 해당하는 컬러 모드에서 보색으로 반전시켜주는 역할을 하며, 이때 중요한 것이 RGB 모드에서
의 반전은 밝게 나타나고, CMYK 모드에서의 반전은 어둡게 나타난다는 점입니다. 그러므로 디자인 원고
에서 이미지가 밝게 보이면 RGB 모드에서 반전시키고 어둡게 보인다면 CMYK 모드에서 반전해야 합니다.

IMG104.jpg를 불러옵니다. 이미지를 반전할
때는 디자인 원고에서 제시하는 반전상태를
살펴보고, 색상 모드를 설정한 다음 Ctrl
+ I 를 누르거나 [Image] > [Adjustment] >
[Invert]를 선택합니다.

기적의 TIP

색상 모드는 [Image] > [Mode] 메뉴에서 변경할 수 있습
니다.

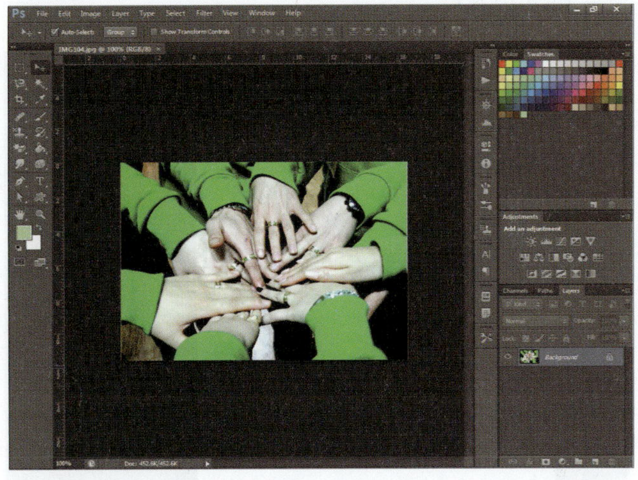

▲ 원본 이미지

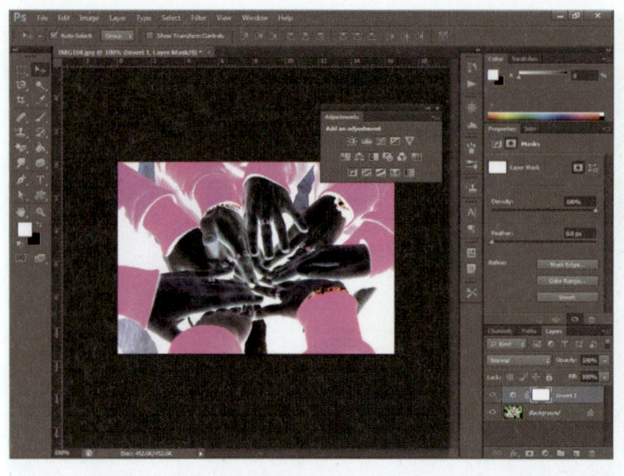

▲ RGB 모드

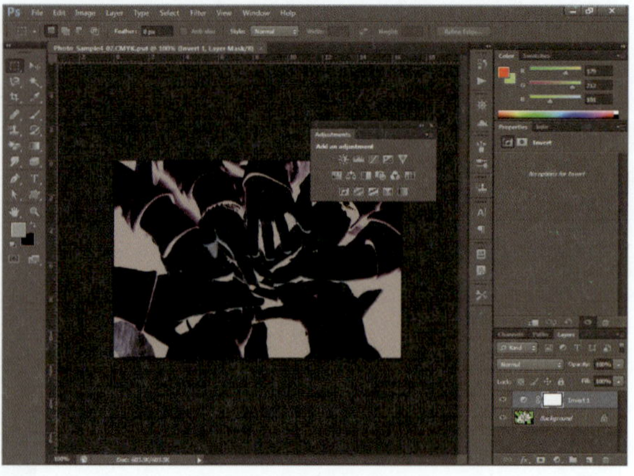

▲ CMYK 모드

05 그라데이션 활용하기

01 | 그라데이션 사용하기

2가지 이상의 색을 이용하여 색상간의 연속적인 변화를 만듭니다. 단일 색보다 화려한 색을 구성할 수 있고, 원근감이나 입체감을 표현하기 위해 쓰기도 합니다. 가장 손쉽게 사용하는 방법은 그라데이션에 사용할 색을 전경색과 배경색으로 지정한 후 그라데이션 형식을 'Foreground to Background'로 지정하여 사용하는 방법입니다.

▲ Foreground to Background

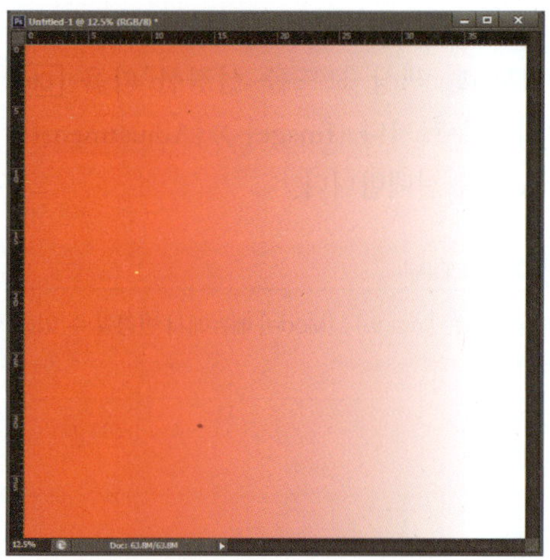

▲ Foreground to Background의 적용

02 | 새로운 그라데이션 만들기 1

Gradient Edit(그라데이션 편집기) 대화상자에서 그라데이션을 클릭하면 현재의 선택한 그라데이션을 편집하거나 새로운 그라데이션을 만들 수 있습니다. 'Presets(사전 설정)'를 제외한 부분이 그라데이션을 만들기 위한 옵션입니다. 색을 바꾸기 위해서는 먼저 해당 슬라이더를 클릭합니다. Select stop Color(정지 색상 선택) 대화상자에서 색을 변경할 수 있습니다.

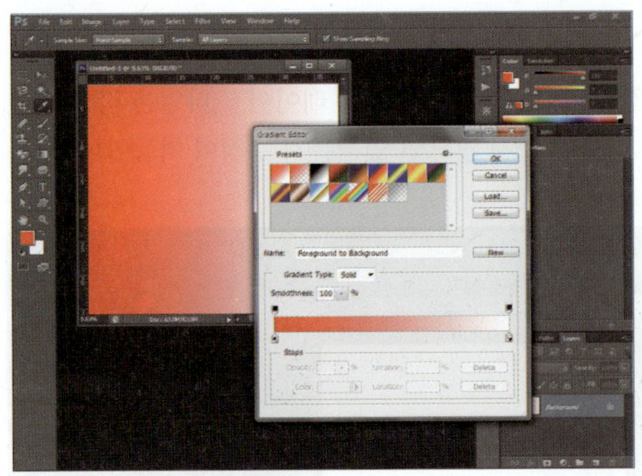
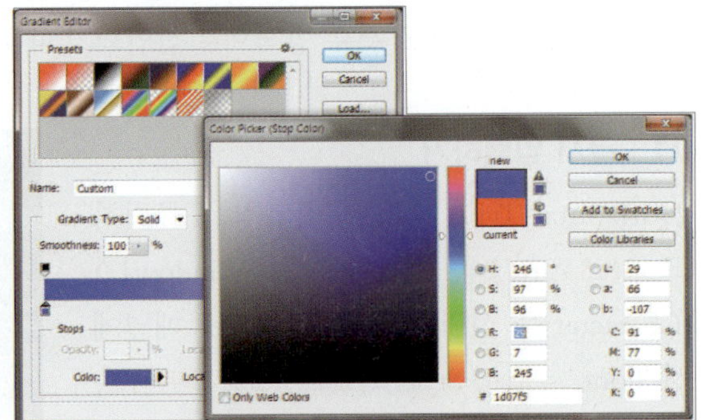

03 | 새로운 그라데이션 만들기 2

그라데이션에 색을 추가할 경우에는 슬라이더 바 아래에서 원하는 부분을 클릭하면 슬라이더 바가 하나 더 생성되며 색을 부여할 수 있습니다.

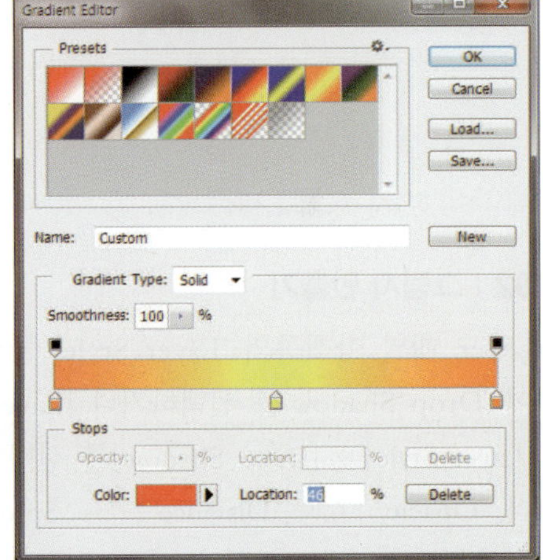

04 | 투명한 그라데이션 사용하기

부분적으로 그라데이션을 투명하게 만들어야 할 때가 있습니다. 이때는 그라데이션 항목에서 Foreground to Transparent 형식을 지정하고 그라데이션을 적용하면 됩니다.

▲ Foreground to Transparent

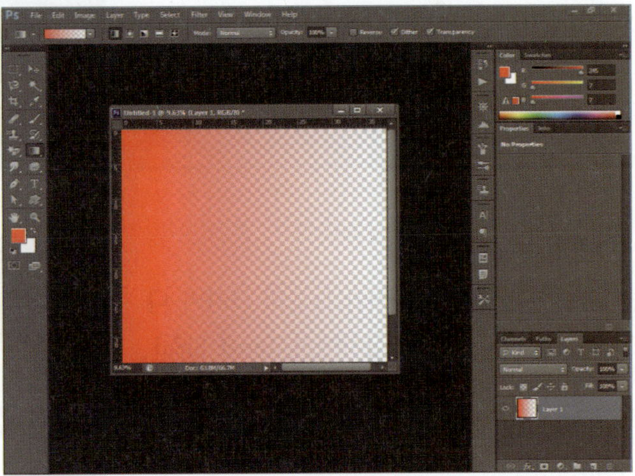

▲ Foreground to Transparent의 적용

그림자, 엠보싱, 베벨 등의 다양한 효과를 적용하여 제작할 수 있습니다. 적용한 레이어 스타일은 작업 레이어에 손상을 주지 않고 특수 방식으로 삽입되기 때문에 마음에 들지 않으면 언제든지 수정이 가능합니다.

01 | 글자 입력하기

'Horizontal Type Tool'로 작업창을 클릭하고 GRAPHICS를 입력한 다음 [Window] 〉 [Character]를 선택합니다. Character 패널에서 'Font : Arial, Style : Black, Size : 99.12', Color는 'C : 75, M : 56, Y : 0, K : 0', 'Faux Bold'로 설정합니다.

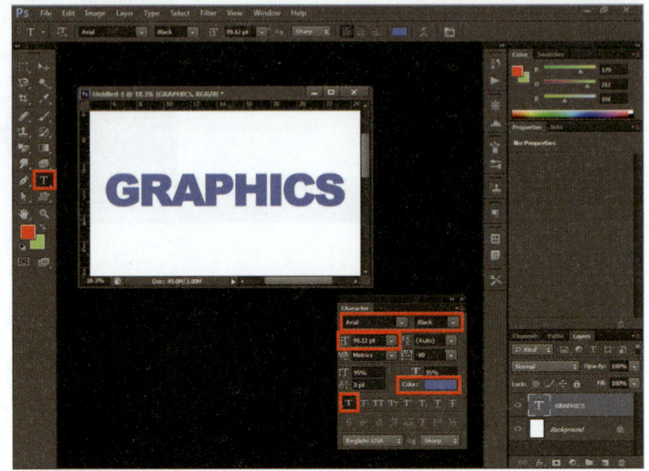

02 | 그림자 만들기

Layer 패널 아래쪽의 'Layer Style' 클릭하여 'Drop Shadow'를 선택하거나 [Layer] 〉 [Layer Style] 〉 [Drop Shadow]를 선택합니다. 'Opacity : 62%, Distance : 6px, Spread : 16%, Size : 5px'로 설정하고 [OK] 버튼을 클릭합니다.

> **기적의 TIP**
>
> 'GRAPHICS' 레이어를 더블클릭하면 [Layer Style] 대화상자가 바로 열립니다.

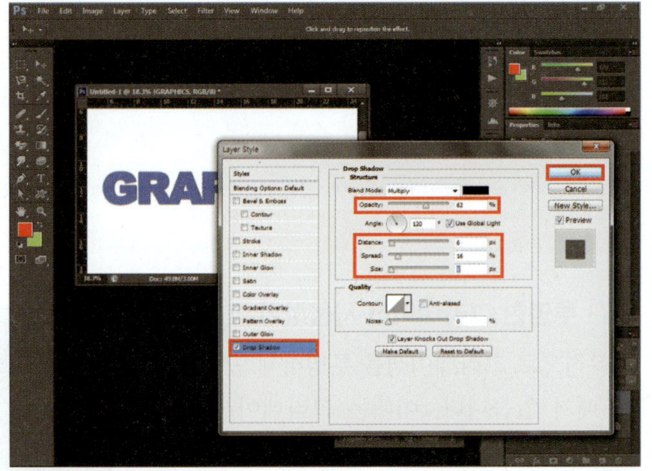

03 | 음각글자 만들기

시험에서 안쪽으로 들어간 느낌의 글자가 나오면 Layer Style 대화상자에서 'Inner Shadow'를 선택하고 'Opacity : 100%, Distance : 6px, Size : 5px'로 설정하고, [OK] 버튼을 클릭합니다.

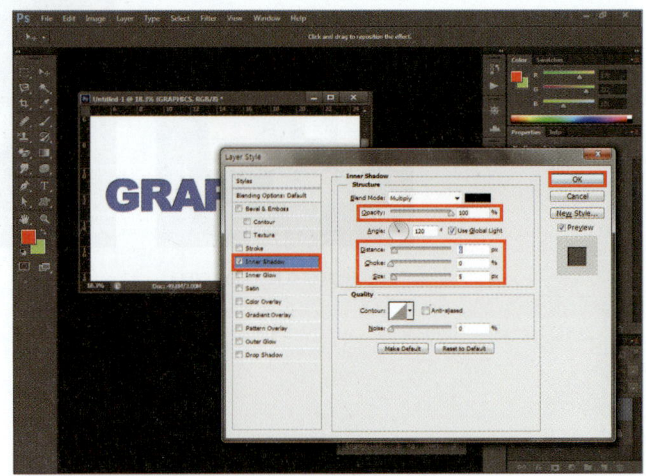

04 | 입체적인 글자 이미지 만들기

IMG109.jpg를 불러옵니다. 'Horizontal Type
Mask Tool'을 클릭하고 Summer를 입력합니
다. [Layer] > [New] > [Layer via Copy]를 선
택합니다.

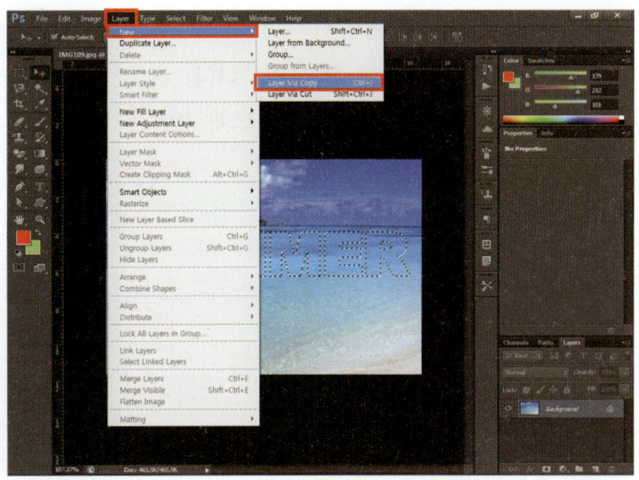

05 | 입체적인 글자 완성하기

선택영역이 복사되어 새로 레이어가 생성되
었으면 레이어 스타일에서 'Bevel and Em-
boss'를 선택하고 'Style : Emboss'를 선택
합니다. 그런 다음 'Size : 8px'로 변경하고
[OK] 버튼을 클릭하면 입체적인 글자가 완
성됩니다.

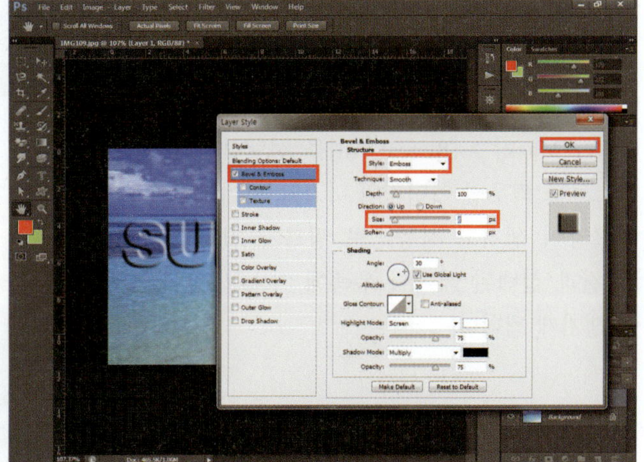

07 이미지 합성하기

실기시험에서 이미지 합성부분은 많은 비중을 차지하고 있습니다. 마스크는 원본을 손상하지 않고 자연스
럽게 이미지를 지우는 역할을 합니다. 즉, 위쪽 레이어를 부분적으로 가려서 아래쪽 레이어가 보이도록 하
는 합성작업을 말합니다. 기본적인 이미지 합성은 레이어 마스크 기능으로 대부분 제작할 수 있으므로 레
이어 마스크의 기능에 대하여 숙지해 두어야 합니다.

01 | 합성할 이미지 준비하기

IMG112.jpg와 IMG113.jpg를 불러옵니다.
사람 이미지를 배경 이미지 창으로 드래그합
니다.

02 | 레이어 마스크 만들기

위쪽 레이어를 선택한 상태에 Layers 패널 하
단의 'Add a mask'를 클릭하거나 [Layer] 〉
[Layer Mask] 〉 [Reveal All]을 선택합니다.
마스크를 씌우면 이미지와 마스크 사이에 고
리모양이 생기고 자동으로 링크가 됩니다.
그 결과 선택된 레이어 우측에 마스크 영역
이 생기게 됩니다.

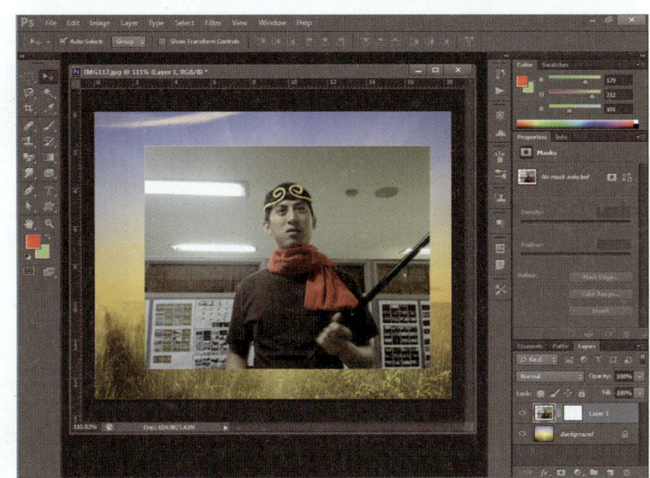

03 | 레이어 마스크 적용하기

'Gradient Tool'을 클릭하고, 옵션 바에서
그라데이션 형식을 'Foreground to Back-
ground(　)'를 선택합니다.

> ### 기적의 TIP
>
> Layer Mask는 'Gradient Tool'을 가장 많이 사용합니
> 다. 흰색은 이미지를 보이게 하며, 검정색은 이미지를 가
> 리게 합니다.

04 | 마스크 영역 수정하기

'Brush Tool'을 클릭하고 브러쉬 크기를 조절합니다. 옵션 바에서 'Airbrush Soft Round 27% flow'를 선택한 다음 속성을 조절하면 정밀하게 작업을 할 수 있습니다.

▶ 기적의 TIP

Hardness를 0%로 해줘도 에어브러쉬가 됩니다. 브러쉬 영역은 [ㅣ], [ㅣ]를 눌러 확대와 축소할 수 있습니다.

08 모노톤 만들기

이미지 전체의 색을 한 가지 계열로 만들어 줍니다. 모노톤을 만들 때는 여러 방법이 사용되지만 가장 쉬운 것이 Hue/Saturation의 Colorize 기능입니다.

01 | Hue/Saturation 적용하기

IMG116.jpg를 불러옵니다. [Image] > [Adjustments] > [Hue/Saturation]을 선택합니다.

▶ 기적의 TIP

- [Ctrl]+[U] : Hue/Saturation
- 'Hue/Saturation'을 이용하면 Hue, Saturation, Lightness를 한꺼번에 조절할 수 있습니다.

02 | Colorize 적용하기

대화상자에서 오른쪽 아래에 있는 Colorize
항목을 체크하면 한 가지 색상 계열로 만들
어집니다.

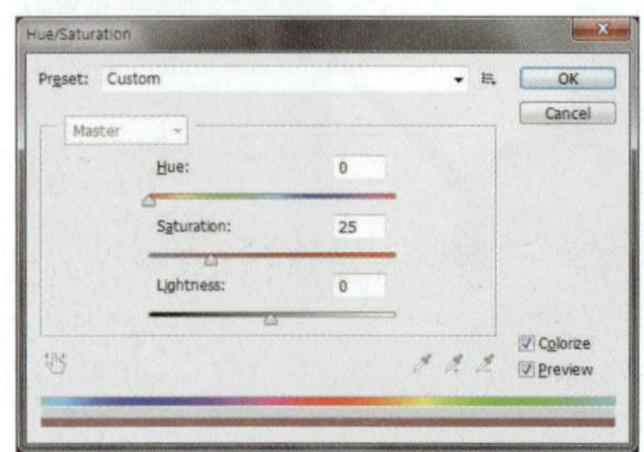

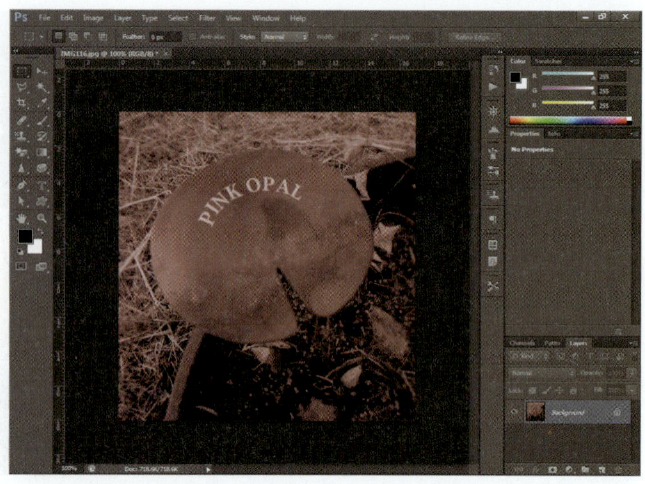

03 | 속성 조절하기

색상, 채도, 명도에 해당하는 슬라이더를 조
절하면 원하는 색상의 톤으로 변경됩니다.

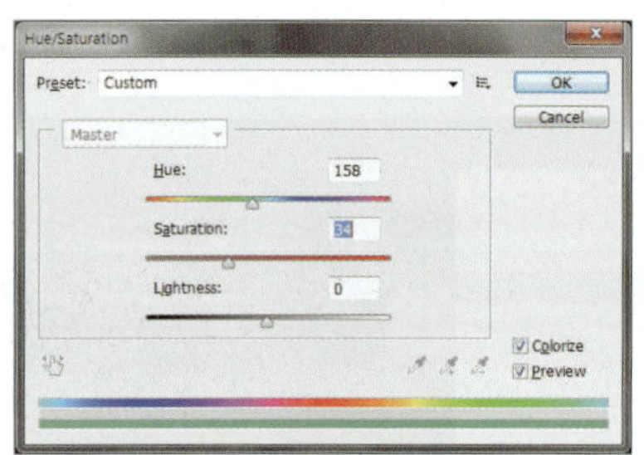

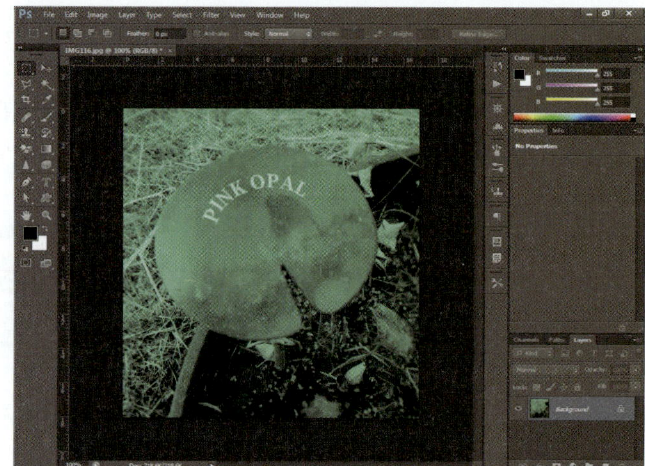

04 | 흑백이미지 만들기

Hue/Saturation 옵션에서 Colorize에 체크하
지 않고 'Saturation : −100'으로 입력하면 흑
백의 이미지가 만들어집니다.

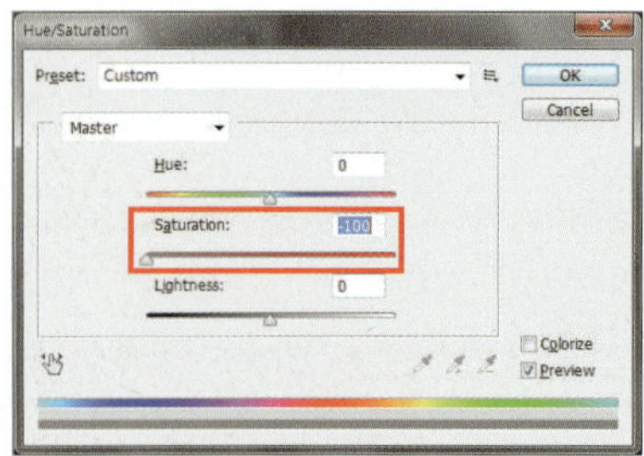

여러 개의 레이어와 클리핑 마스크를 이용하여 레이어 마스크를 이용하지 않고도 두 개 이상의 많은 레이어를 하나의 이미지 영역으로만 보이도록 마스크 효과를 적용할 수 있습니다.

01 | 이미지 준비하기

IMG117.jpg, IMG118.jpg, IMG119.jpg, IMG120.jpg, IMG122.jpg, IMG123.jpg, 클리핑마스크.psd를 불러와 이미지들을 클리핑마스크.psd로 드래그하여 레이어를 추가합니다. 추가한 레이어들을 Layers 패널에서 순서대로 정렬합니다.

02 | 클리핑 마스크 설정

각 이미지들을 들어갈 액자의 위치에 맞게 'Move Tool'로 드래그해서 이동합니다. 'Layer 6' 레이어와 'Layer 12' 레이어 사이에 마우스 포인터를 올려놓고 [Alt]를 누른 채 클릭합니다. 같은 방법으로 클리핑 마스크를 만듭니다.

기적의 TIP

'Layer 12'에 [Ctrl]+[Alt]+[G]를 누르면 클리핑 마스크가 바로 적용되어 작업 시간을 단축시킬 수 있습니다.

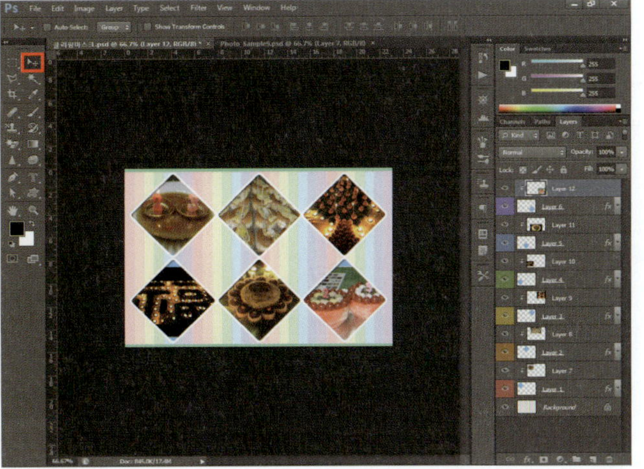

실기시험에서의 효과는 대부분 포토샵의 기본 필터 효과를 요구합니다.

01 Filter Gallery

필터 갤러리는 다양한 필터 효과를 한 눈에 볼 수 있어 시간을 단축시킬 수 있으며 시험 시 유용하게 사용됩니다. 여러 효과를 적용하거나 삭제할 수 있습니다. CMYK Color Mode에서는 활성화되지 않기 때문에 RGB Color Mode로 변환한 후 사용해야 합니다.

01 | Artistic

▲ Colored Pencil

▲ Cutout ★

▲ Dry Brush ★

▲ Film Grain

▲ Fresco

▲ Neon Glow ★

▲ Paint Daubs ★

▲ Palette Knife ★

▲ Plastic Wrap ★

▲ Poster Edges ★

▲ Rough Pastels ★

▲ Smudge Stick ★

▲ Sponge

▲ Underpainting ★

▲ Watercolor ★

02 | Brush Strokes

▲ Accented Edges

▲ Angled Strokes

▲ Crosshatch ★

▲ Dark Strokes

▲ Ink Outlines

▲ Spatter ★

▲ Sprayed Stroke

▲ Sumi—e

03 | Distort

▲ Diffuse Glow

▲ Glass

▲ Ocean Ripple

04 | Sketch

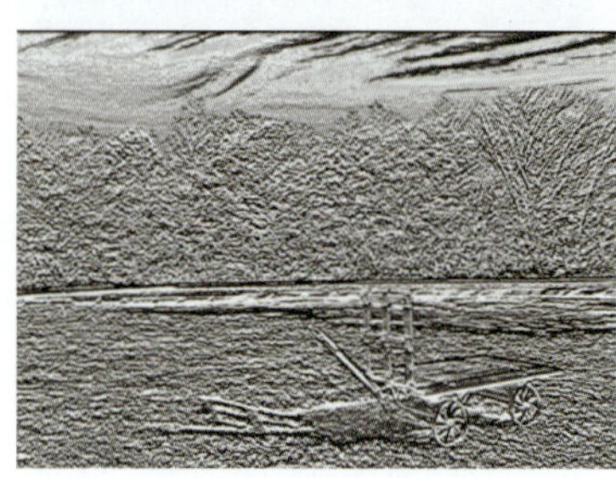

▲ Bas Relief

▲ Chalk & Charcoal

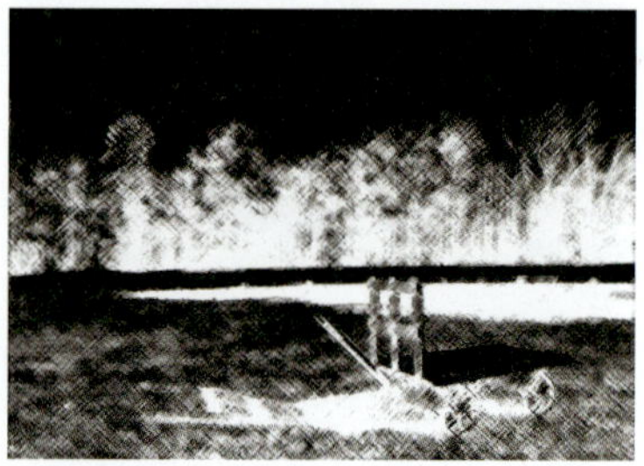

▲ Charcoal

▲ Chrome

▲ Conte Crayon ★

▲ Graphic Pen ★

▲ Halftone Pattern ★

▲ Note Paper

▲ Photocopy

▲ Plaster

▲ Reticulation

▲ Stamp ★

▲ Torn Edges

▲ Water Paper

▲ Glowing Edges

06 | Texture

▲ Craquelure ★

▲ Grain

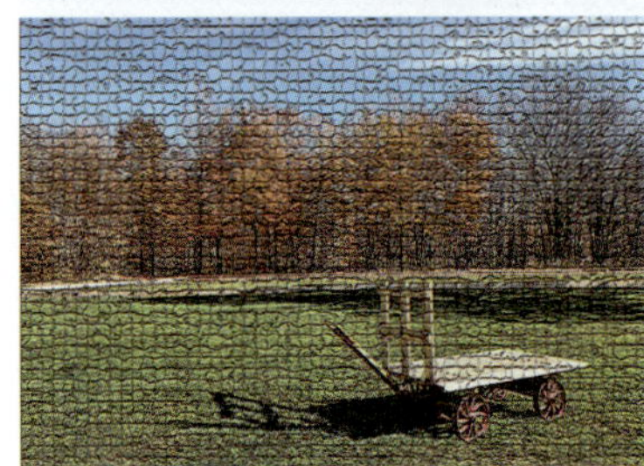
▲ Mosic Tiles ★

▲ Patchwork ★

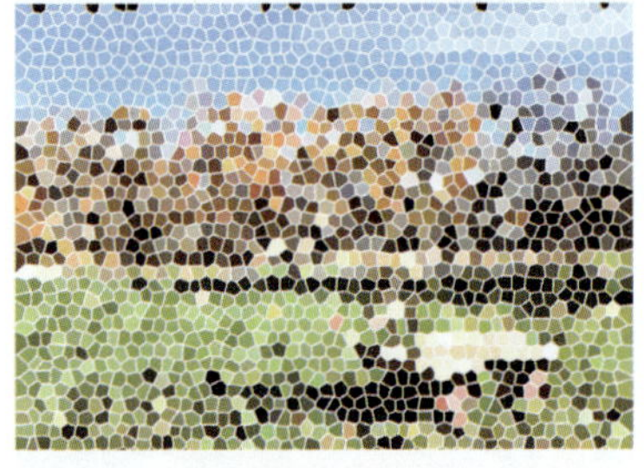
▲ Stained Glass ★

▲ Texturizer ★

02 Filter

필터 메뉴는 필터 갤러리처럼 적용된 이미지를 썸네일로 한꺼번에 볼 수 없기 때문에 시험을 보기 전에 어떤 것들이 있는지 미리 살펴보고 가야 합니다. 두 세가지 필터를 제외하고 CMYK Color Mode에서도 적용이 됩니다.

Filter Gallery	Ctrl+F
Convert for Smart Filters	
Filter Gallery...	
Adaptive Wide Angle...	Shift+Ctrl+A
Lens Correction...	Shift+Ctrl+R
Liquify...	Shift+Ctrl+X
Oil Paint...	
Vanishing Point...	Alt+Ctrl+V
Blur	▶
Distort	▶
Noise	▶
Pixelate	▶
Render	▶
Sharpen	▶
Stylize	▶
Video	▶
Other	▶
Digimarc	▶
Browse Filters Online...	

01 | Blur

▲ Blur

▲ Gaussian Blur ★

▲ Motion Blur ★

▲ Radial Blur ★

02 | Distort

▲ Pinch

▲ Ripple ★

▲ Shear ★

▲ Spherize ★

▲ Twirl

▲ Wave ★

▲ ZigZag ★

03 | Noise

▲ Add Noise ★

▲ Noise_Dust&Scratch

04 | Pixelate

▲ Color Halftone ★

▲ Crystallize ★

▲ Fragment ★

▲ Mezzotint ★

▲ Mosaic ★

▲ Pointillize ★

05 | Render

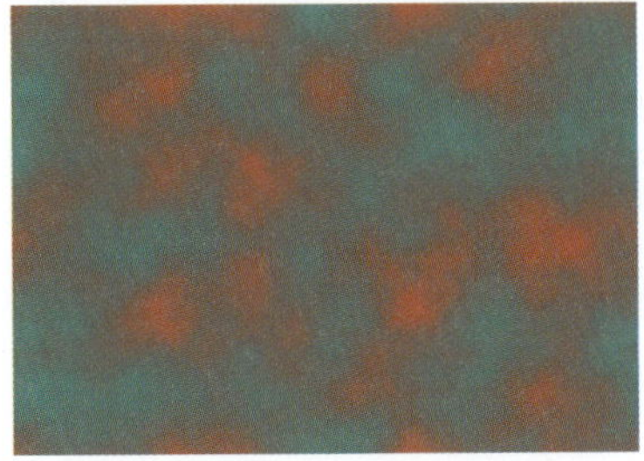

▲ Clouds ★

▲ Lens Flare ★

06 | Stylize

▲ Diffuse

▲ Emboss ★

▲ Extrude ★

▲ Find Edges

▲ Solarize

▲ Tile ★

▲ Trace Contour ★

▲ Wind ★

Indesign

01 기본 화면 구성

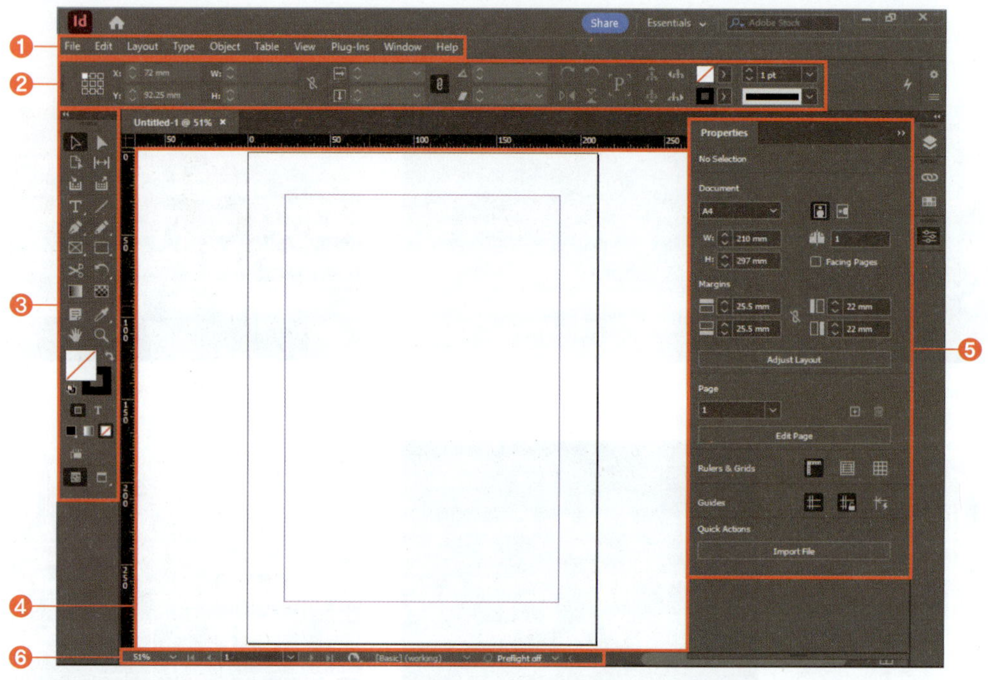

❶ **메뉴 바** : 기본적인 기능들이 쓰임새와 성격에 맞게 분리되어 있으며 거의 모든 기능은 이 메뉴 바에 있는 파일관리, 이미지 편집 등을 선택해서 사용할 수 있습니다. 각 메뉴를 선택하면 세부 메뉴가 나타납니다.

❷ **컨트롤 패널** : 툴 패널에서 현재 사용하고 있는 툴을 클릭할 때마다 각각의 맞추어진 옵션으로 바뀝니다.

❸ **툴 패널** : 자주 사용하는 각종 툴을 모아놓은 곳으로 모든 작업은 툴 패널에서부터 시작됩니다.

❹ **작업창** : 새로운 문서 또는 불러온 파일을 작업하기 위한 영역입니다.

❺ **패널** : 작업 그룹별로 분류되어 있는 패널로 필요할 때마다 편리하게 사용할 수 있습니다.

❻ **상태표시줄** : 라이브 프리플라이트의 오류나 마스터 페이지를 선택하고 페이지 위치의 이동 등 작업창에 대한 전반적인 정보가 표시됩니다.

01 새 작업 창을 만들고 이미지 불러오기

01 | 새 작업 창 만들기

인디자인을 열고 [New file]을 클릭하거나 [File] > [New] > [Document]를 클릭해서 새 파일의 사전 설정 옵션을 지정해 줍니다.

'파일명 : 비번호를 쓰고, Width : 210mm, Height : 297mm, Units : Millimeters'를 입력하고, 하단에 있는 Margins의 'Top : 25.5mm, Bottom : 25.5mm, Left : 22mm, Right: 22mm'를 입력합니다.

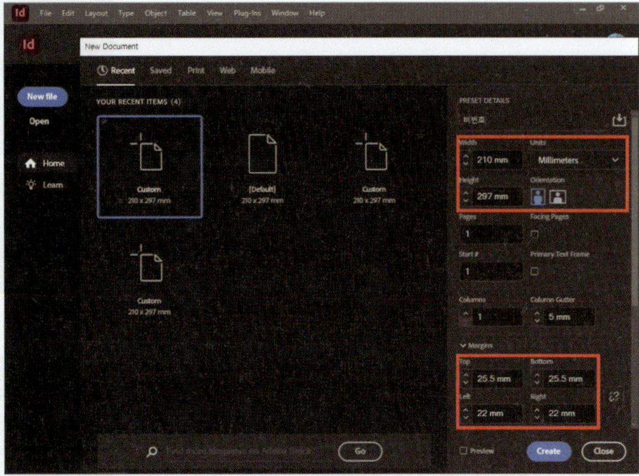

02 | 이미지 불러오기

미리 설정 해놓은 여백 및 단 가이드 박스가 나타나 있습니다.

[File] > [Place]를 클릭해서 포토샵에서 최종 저장한 *.jpg 이미지 파일을 불러옵니다.

> **기적의 TIP**
>
> • 모든 가이드 끄고 켜기 : [View] > [Grids & Guides] > [Hide Guides]
> • 여백 및 단 가이드 박스 고정하기 : [View] > [Grids & Guides] > [Lock Column Guides]

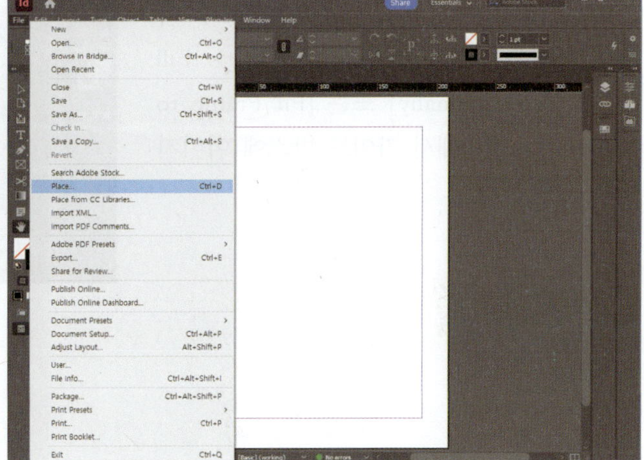

03 | 이미지 배치하기

마우스를 가이드 박스의 왼쪽 상단 모서리에
대고 클릭해서 오른쪽 하단 모서리까지 드래
그하면 가이드 박스 안으로 이미지가 배치됩
니다.

이미지를 가이드 박스에 딱 달라붙게 하려면 [View] 〉
[Grids & Guides] 〉 [Snap to Guides]를 체크합니다.

04 | 가이드 박스에 이미지 맞추기

상단 옵션 바에 이미지 사이즈를 확인해 보
니 166.132mm, 246.142mm로 소수점이 생
겨 있습니다. 소수점 삭제 후 166mm, 246
mm로 정정해 주고, 이미지를 클릭한 후 마
우스 오른쪽 버튼을 눌러서 [Fitting] 〉 [Fill
Frame Proportionally] 또는 [Fit Frame to
Content]를 클릭해서 가이드 박스에 이미지
를 딱 맞춥니다.

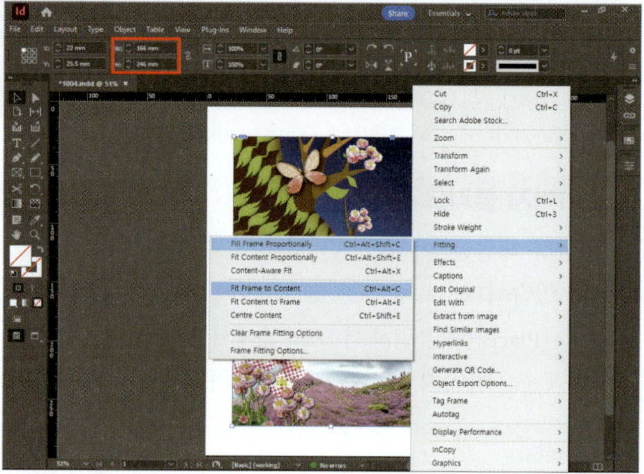

05 | 이미지 선명도 조정하기

[View] 〉 [Display Performance] 〉 [High Quality Display]를 클릭하면 보이는 화면이 좀 더 선명해집니다.

High Quality Display는 화면에 보이는 이미지의 선명도를 가장 선명하게 조절할 수 있고 인쇄한 출력물의 품질과는 전혀 상관이 없습니다.

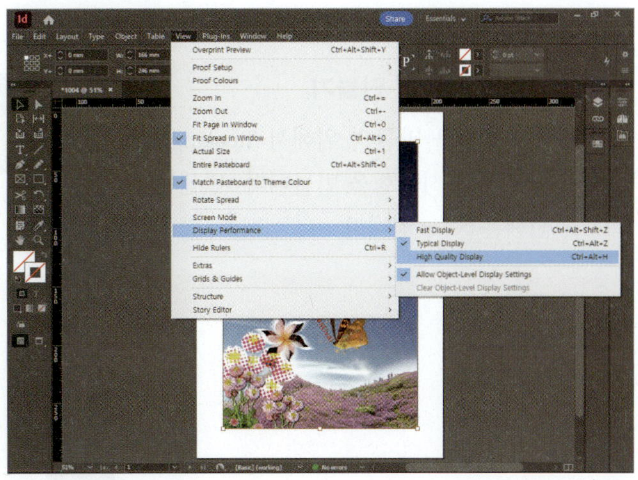

02 이미지 링크

01 | 링크 업데이트하기

인디자인에서 배치해 둔 이미지를 다른 프로그램에서 수정한 후 같은 위치에 같은 이름으로 저장했는데도 '링크 오류'가 나타납니다.

이럴 때는 [Window] 〉 [Links] 패널을 열고 'Update Link' 버튼을 클릭합니다. 수정된 이미지가 업데이트되고 오류가 사라집니다.

링크 이미지를 다른 이미지 파일로 바꾸고 싶다면 [Link] 패널의 'Relink' 버튼을 클릭해서 교체할 이미지 파일을 선택합니다.

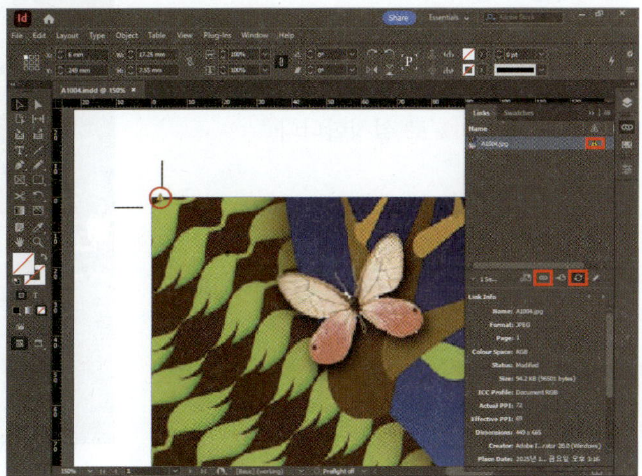

01 | 반투명한 사각형 만들기

반투명한 사각형을 만들기 위해서 'Rectangle Tool'을 클릭하고 사각형을 만듭니다. 면색은 White, 선색은 None입니다.

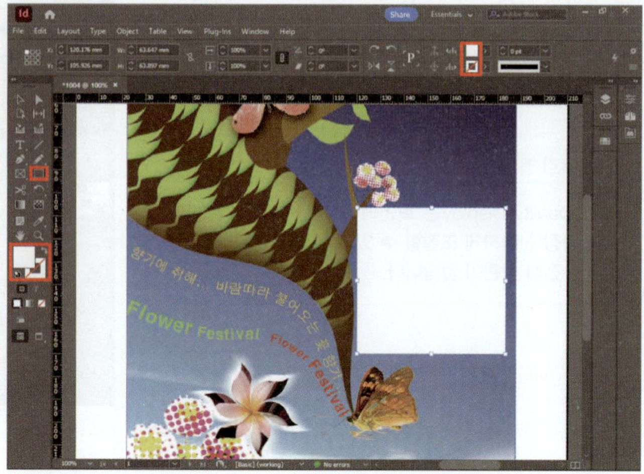

02 | 패널 수정하기

[Window] 〉 [Properties]를 클릭해서 패널이 열리면 'Appearance Corner : 5mm, Rounded', 'Opacity : 20%'로 설정합니다.

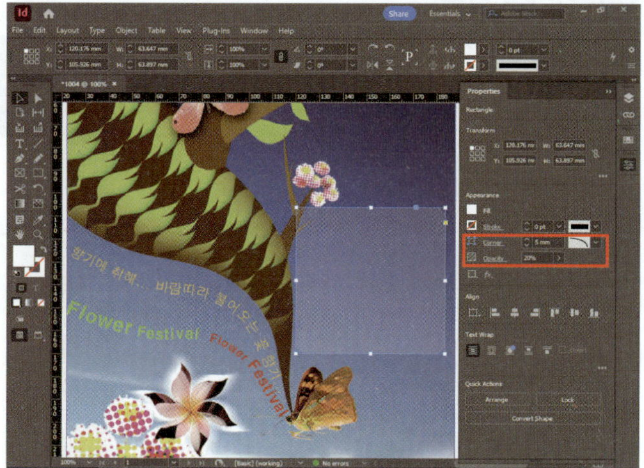

01 | 텍스트 입력

'Type Tool'을 선택하고 글자를 삽입할 부분에 클릭+드래그해서 텍스트 박스를 만들고 '꽃' '향기에 취하다'를 타이핑합니다.

글자를 드래그해서 블록을 씌운 후 상단 옵션 바에서 폰트와 글자 크기를 설정하고, 면색의 T를 클릭해서 각각의 색상을 지정해 줍니다.

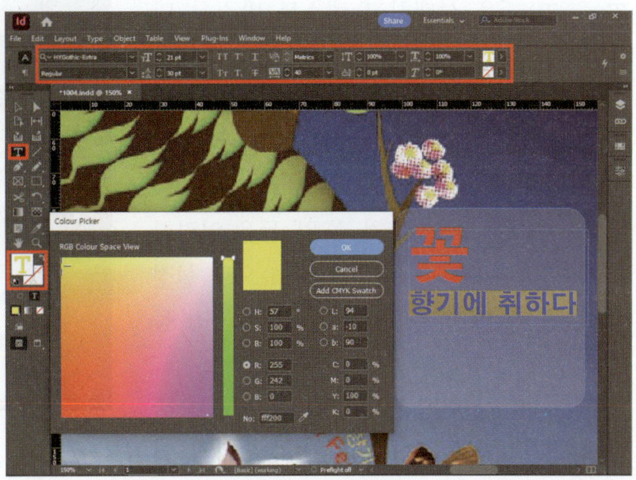

02 | 글자 효과 설정하기

'Selection Tool'로 텍스트 박스를 선택하고 마우스 오른쪽 버튼을 눌러서 'Effects'를 클릭합니다. 'Drop Shadow'를 체크하고 오른쪽 옵션에 'Blending Mode : Multiply, Opacity : 90%'로 설정합니다. 위치와 각도 크기도 각자의 작업물에 맞게 설정해 줍니다.

기적의 TIP

Effects의 효과들의 사용법은 포토샵과 아주 비슷합니다. 어떠한 효과들이 있는지 확인 해두고 작업 계획을 세울 때 참고하세요.

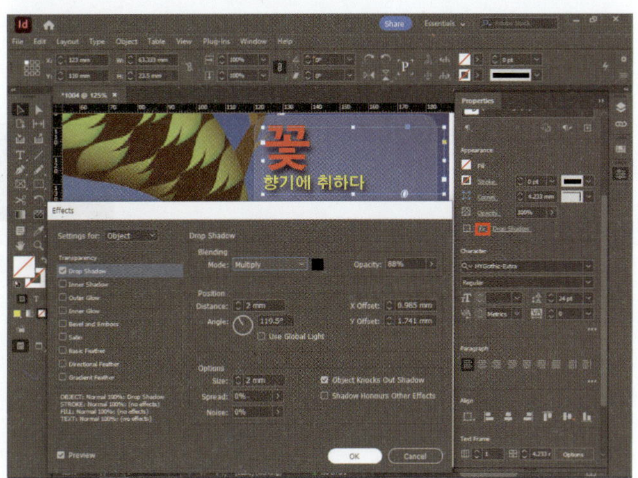

03 | 세부 효과 지정하기

'Type Tool'을 선택하고 텍스트 박스를 만들어서 'Flower Festival'을 입력하고 면색은 Y100, 선색은 None으로 설정합니다. 상단 옵션바에서 폰트와 글자 크기, 자간 등을 설정합니다. 다시 'Type Tool'로 텍스트 박스를 만들고 '일시, 장소, 주최, 후원' 등을 입력합니다. 면색은 White, 선색은 None으로 설정하고, 옵션바에서 폰트와 글자 크기, 자간 등을 설정해 줍니다.

'Selection Tool'을 선택하고 텍스트 박스를 클릭해서 디자인 원고와 같은 위치로 각각 이동시킵니다.

05 재단선 만들기

01 | 가이드 선 꺼내기

눈금자의 가로세로가 만나는 모서리를 클릭해서 이미지의 모서리까지 드래그합니다. 그러면 눈금자의 0점이 종이의 모서리 끝이 아닌 이미지의 모서리 끝으로 바뀝니다.

상단의 눈금자를 클릭+드래그해서 가이드 선을 꺼내고 옵션 바에서 Y : 3mm를 입력합니다.

다시 상단의 눈금자에서 가이드 선을 꺼내고 옵션 바에서 Y : 243mm를 입력합니다.

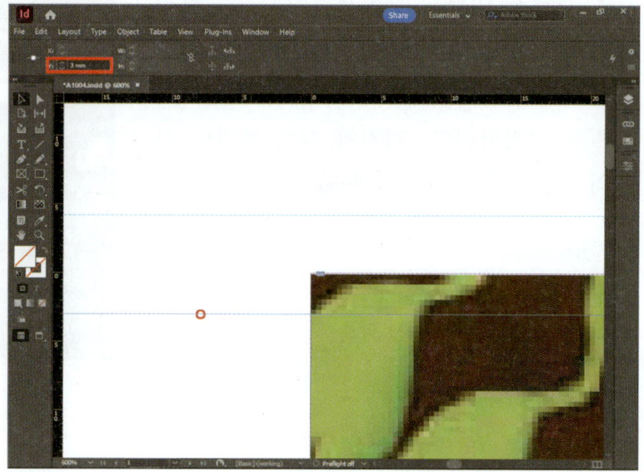

02 | 가이드 선 작업

왼쪽의 눈금자에서 가이드 선 두 개를 꺼내
서 옵션바에서 X : 3mm로 입력해 주고, 다
른 하나는 X : 163mm로 입력합니다.
총 4개의 가이드 선이 이미지의 상, 하, 좌,
우의 3mm 안쪽에 생성되었습니다.

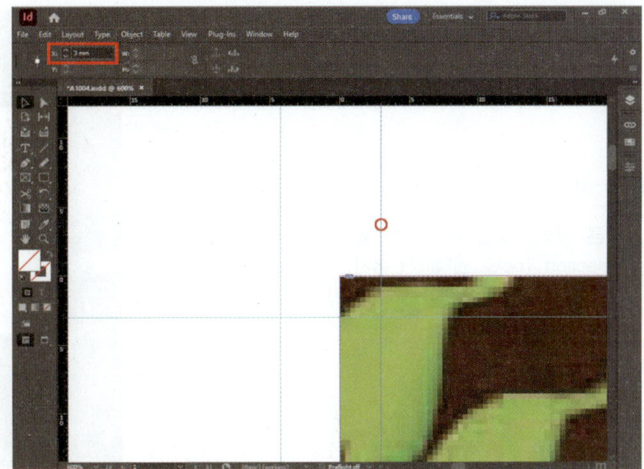

03 | 가이드 선에 맞춰 라인 설정

'Line Tool'을 선택하고 가이드 선 위에 Shift
키를 누른 채 선을 그려줍니다.
상단 옵션바에서 L : 8mm를 설정하고, 면색
은 None 선색은 Black, 선의 두께는 1pt로 설
정합니다.
'Selection Tool'을 선택하고 선을 이미지에 붙
인 후 Shift 키를 누른채 방향키 ↑ 를 눌러서
간격을 넓혀 주고, 측면의 선도 같은 방법으
로 이미지에 붙인 후 Shift + ← 키를 눌러서
간격을 일정하게 넓혀 줍니다.

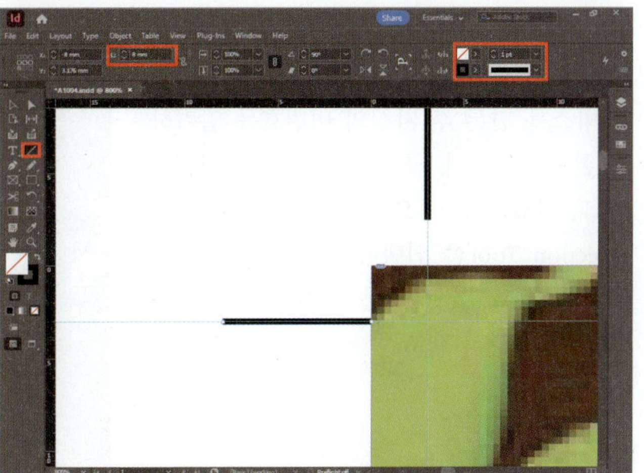

기적의 TIP

- 가이드 선이 함께 선택되어 움직인다면 [View] 〉
  [Grids & Guides] 〉 [Lock Guides]를 클릭해서 고정
  합니다.
- Shift 를 누른 채 이동키를 누르면 설정된 이동 단위
  의 10배로 이동합니다.

04 | 모든 모서리 라인 작업

모서리마다 같은 방법으로 라인을 그려줍니다.

다른 방법으로는 처음 그려놓은 두 개의 라인을 Selection Tool로 선택해서 복사한 후 다른 모서리에 붙여넣기하고, 회전을 시켜주는 방법도 있습니다.

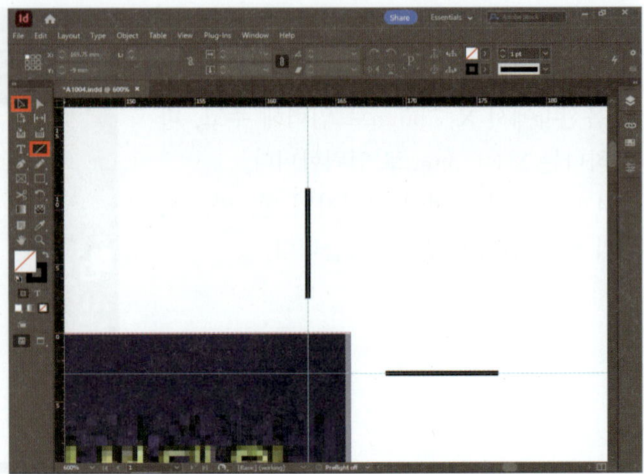

05 | 비번호 입력하기

왼쪽 하단에 'Type Tool'을 이용해서 텍스트 박스를 만든 후 자신의 비번호를 입력하고 '폰트 : 고딕체, 글자 크기 : 10pt, 면색은 Black, 선색은 None'으로 설정합니다.

'Selection Tool'을 선택하고 상단 옵션 바에 'X : 6mm, Y : 249mm'를 입력해서 이미지와 재단선으로부터 3mm씩 간격을 만들어줍니다.

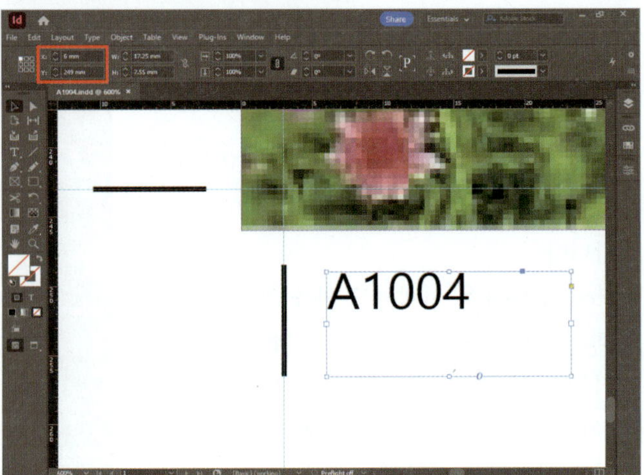

• 재단선이 3mm 위치에 있으니 그 수치에서 3을 더해주면 6mm가 됩니다.
• 이미지의 세로 길이가 246mm이고 그 수치에서 3을 더해주면 249가 됩니다.

01 | 가이드 선 숨기기

[View] 〉 [Grids & Guides] 〉 [Hide Guides]
를 클릭해서 모든 가이드 선을 보이지 않게
해줍니다.

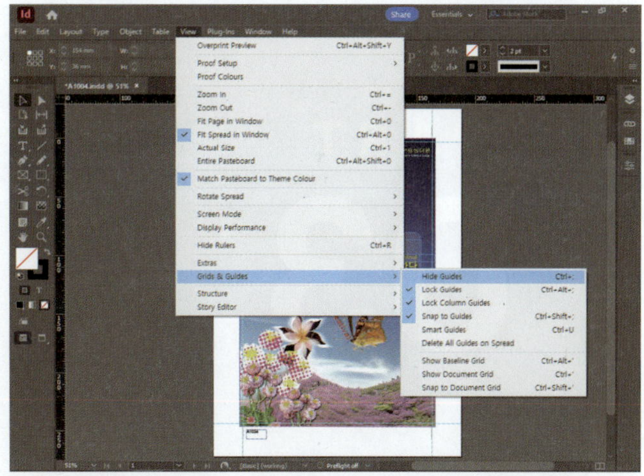

02 | 파일 저장하기

[File] 〉 [Save As]를 클릭해서 바탕화면에 만
들어 둔 폴더를 선택하고 [저장] 버튼을 눌러
줍니다.

> **기적의 TIP**
>
> 바탕화면의 제출용 폴더 안에는 '비번호.jpg' 파일과 '비
> 번호.indd' 파일이 있어야 합니다. 제출용 폴더의 총 용
> 량은 15MB를 초과하지 않아야 합니다.

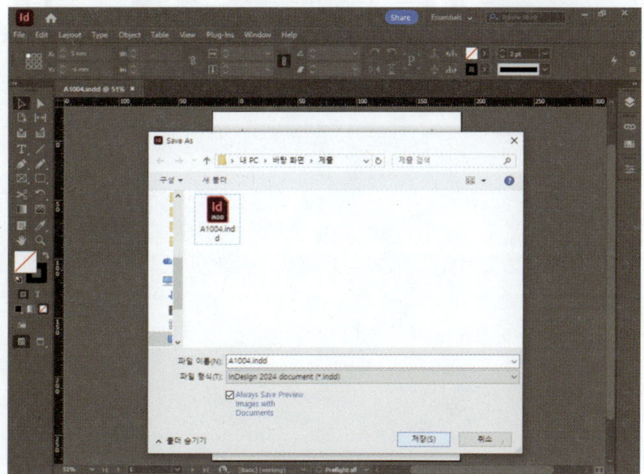

03

기출 유형 톺아보기

파트 소개

Part 03에서는 시행처의 공개문제 중 15개 문제의 핵심적인 기능과 실수나 누락이 많은 포인트만 골라 짧고 집중적으로 연습할 수 있도록 구성했습니다. 도형 제작, 패스 편집, 효과 적용 등 어려운 부분과 디테일을 처리하는 부분을 단계별로 짚어 봅니다. 시험장에 어떤 문제가 나와도 당황하지 않도록 각 요소를 다른 형태의 문제에 어떻게 응용하고 변형해 적용할지 고민하며 연습하는 훈련을 할 수 있습니다.

※ 기출 유형 톺아보기는 실습 자료가 제공되지 않습니다.

각 문제의 작업 과정마다 실수하기 쉬운 옵션과 수치, 순서를 체크하고 직접 연습해
보며 손에 익히는 것을 목표로 합니다. 도형의 모양이나 색상, 텍스트의 내용을 바꿔
변형 문제를 스스로 해결해 보는 방식으로, 어떤 문제가 나와도 응용할 수 있는 패턴
을 익혀보세요.

차례

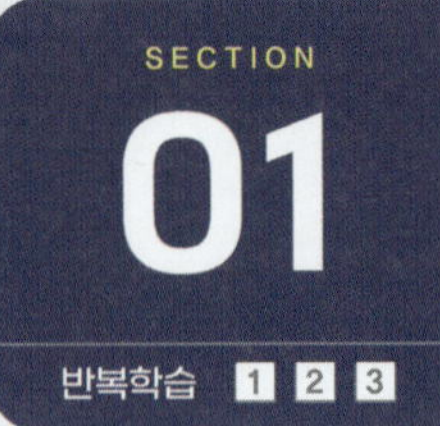

기출 유형 톺아보기

반복학습 **1 2 3**　　**작업 프로그램** 포토샵, 일러스트레이터, 인디자인

---

01 플라워 페스티벌

나무 기둥에 패턴을 입히고, 배경 이미지 왜곡을 통해 자연스럽게 어우러지게 만드는 연습을 해 보세요. 패턴 크기와 방향을 조절하는 'Transform Patterns' 옵션을 활용해 보고, Warp로 이미지를 자연스럽게 구부리는 요령을 익혀봅시다.

01 패턴 제작

01 [Window] 〉 [Swatches] 패널을 열어두고 패턴으로 등록할 오브젝트를 모두 선택한 후 [Swatches] 패널로 드래그해서 등록합니다.

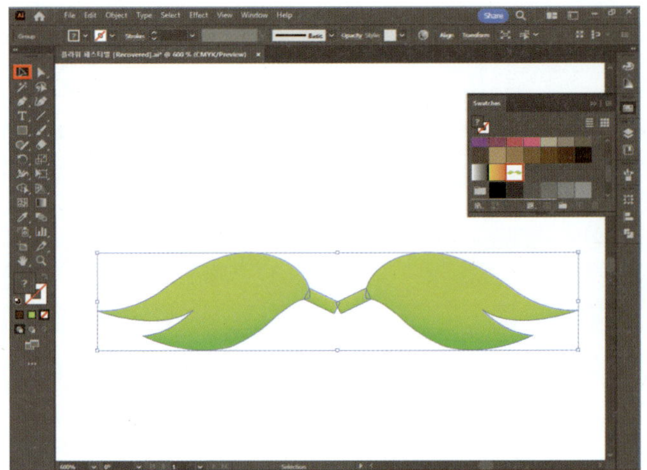

02 'Rectangle tool'로 사각형을 만들고 선색은 None, 면색은 등록한 패턴을 클릭해서 적용합니다.

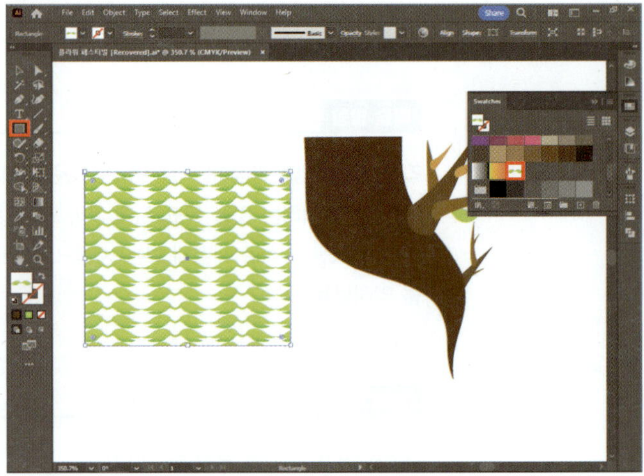

03 'Selection tool'로 패턴이 적용된 사각형을 나무 오브젝트 위로 이동시켜서 사각형의 크기를 줄이거나 키워서 패턴의 무늬 크기를 조절합니다.

패턴의 크기가 변하지 않는다면 'Scale tool'을 더블클릭해서 'Transform Patterns'을 체크합니다. 사각형의 크기가 바뀌면 패턴의 무늬도 함께 바뀝니다. [Swatches] 패널에 등록한 패턴을 더블클릭해서 크기를 바꿀 수도 있습니다.

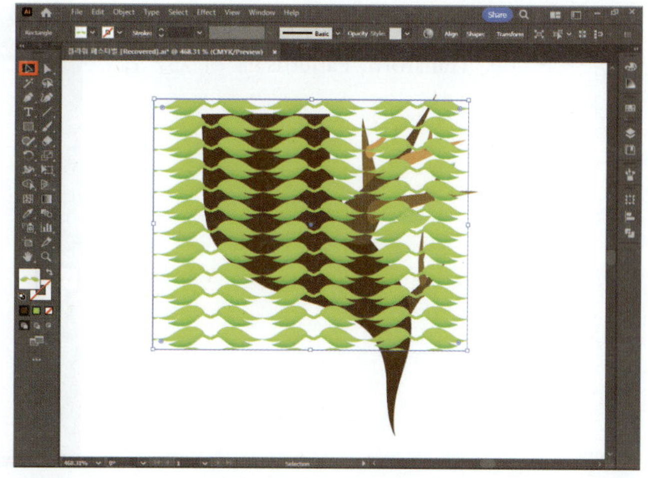

04 패턴 무늬의 크기가 적절해지면 'Scale tool'을 더블클릭해서 [Scale] 대화상자를 열고 'Transform Patterns'의 체크를 해제하고 [OK] 버튼을 클릭합니다.

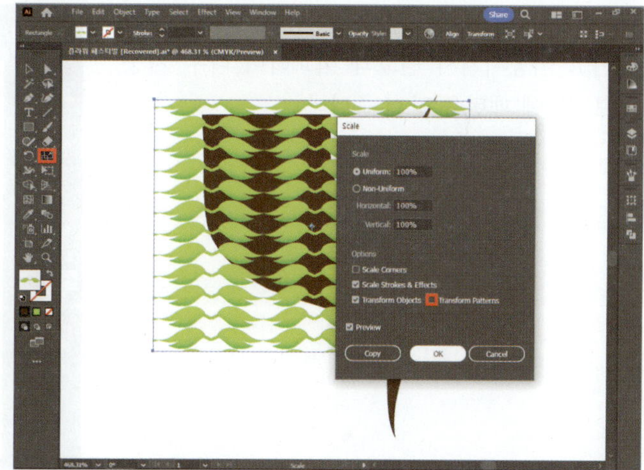

05 'Selection tool'로 사각형의 크기를 나무 오브젝트가 덮일 만큼 키워줍니다.

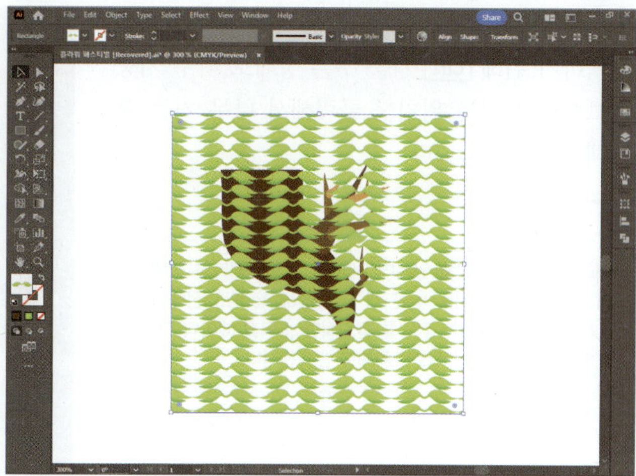

06 다시 'Scale tool'을 더블클릭해서 [Scale] 대화상자를 열고 'Transform Patterns'에 체크를 합니다.

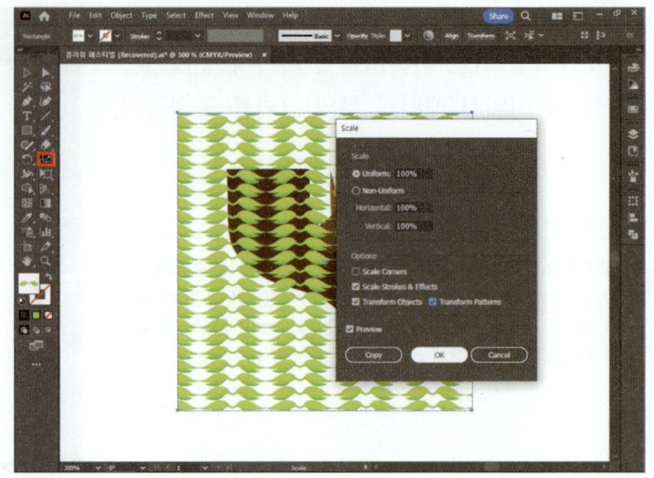

07 'Selection tool'로 패턴이 적용된 사각형을 기울이고 이동시켜서 원고와 비교하며 나무 기둥 오브젝트에 패턴을 맞춰 줍니다.

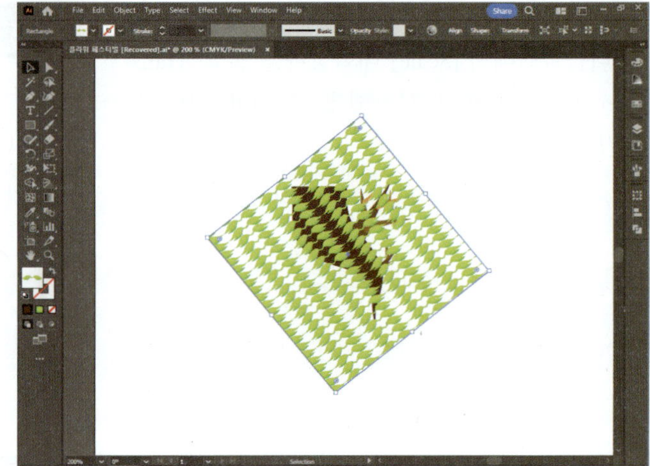

08 사각형 아래에 있는 나무 기둥 오브젝트를 선택하기 위해 Ctrl 키를 누른 상태로 나무 기둥 오브젝트가 있는 위치를 클릭해서 나무 기둥 오브젝트만 선택합니다.

📑 **기적의 TIP**

여러 오브젝트가 겹쳐 있는데 뒤에 있는 오브젝트를 선택해야 할 때는 Ctrl 키를 누른 채 'Selection tool'로 선택하고 싶은 오브젝트가 있는 위치를 클릭하면 클릭할 때마다 그 위치에 겹쳐 있는 오브젝트가 차례로 선택됩니다.

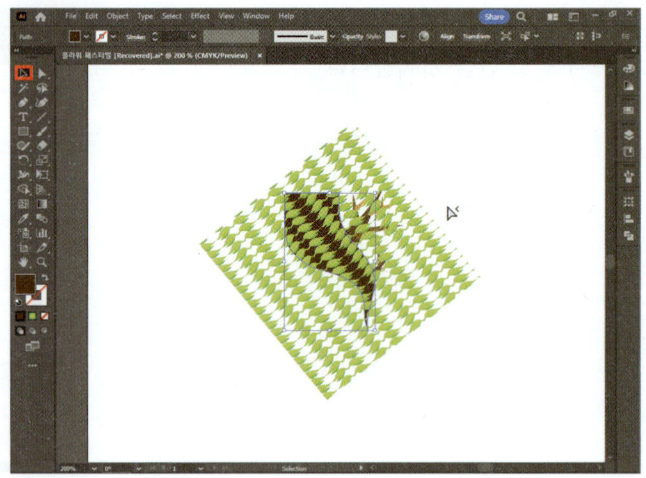

09 잔 가지를 뺀 나무 기둥 오브젝트만 선택되면 Ctrl + C 키를 눌러서 복사한 후 Ctrl + F 키를 눌러서 동일 위치에 붙여넣기 하고, 마우스 오른쪽 버튼을 클릭해서 [Arrange] 〉 [Bring to Front]를 눌러서 맨 위에 위치시킵니다.

나무의 기둥 부분만 따로 복사해서 위로 옮겨둔 이유는 마스크 적용 후에도 갈색의 기둥 부분이 남아 있기 때문에 원본은 갈색의 배경으로 두고, 복사본은 마스크를 적용하기 위해서입니다.

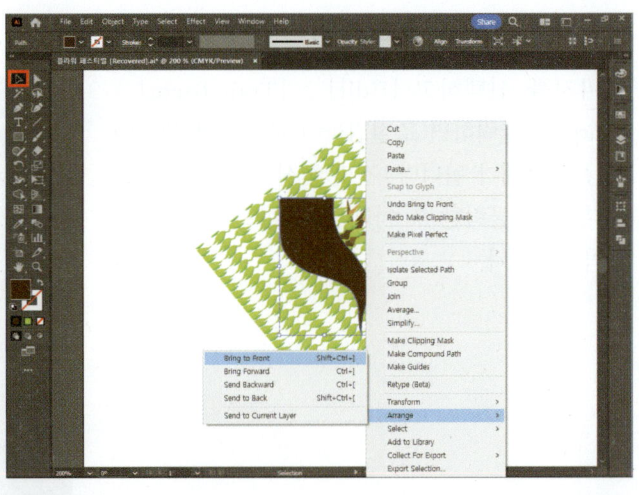

10 맨 위에 복사된 기둥 오브젝트와 패턴이 적용된 사각형을 모두 선택하고 마우스 오른쪽 버튼을 눌러서 'Make Clipping Mask'를 클릭합니다.

오브젝트가 선택된 상태에서 추가로 다른 오브젝트를 더 선택해야 할 때에는 Shift 키를 누른 상태로 추가 선택할 오브젝트를 클릭합니다.

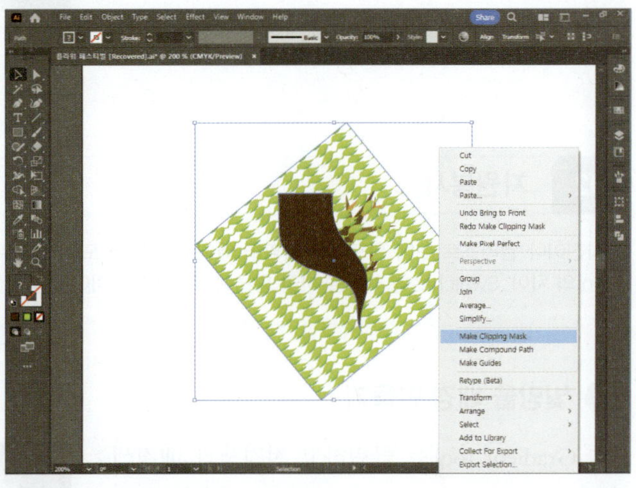

11 결과물을 확인하고 모두 선택한 후 마우스 오른쪽 버튼을 클릭해서 'Group'을 눌러줍니다.

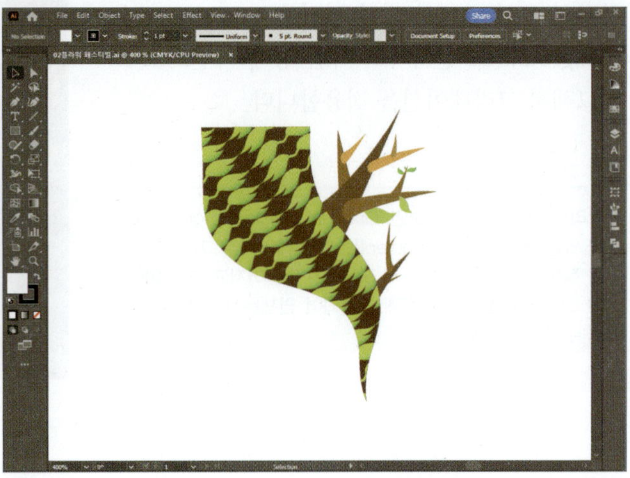

02 이미지 왜곡 효과 주기

이미지를 선택하고 [Edit] 〉 [Transform] 〉
[Warp]를 클릭하면 조절점들이 보이면서 왜곡이
가능한 상태가 됩니다. 진달래 산 이미지의 오른
쪽 부분을 클릭한 후 아래 방향으로 드래그해서
왜곡시킵니다.

02 자원봉사

사진이나 일러스트 뒤에 부드러운 빛망울 배경을 만들어 포스터 분위기를 살리는 작업을 해 보세요. Gradient와 Classic Gradi-ent의 차이, Swatches에 색상을 미리 등록해 두는 법, 레이어를 나눠 빛망울을 자연스럽게 섞는 브러시 활용법 등을 짚어 봅니다.

01 빛망울 배경 만들기

01 'Gradient tool'을 클릭하고 전경색과 배경색
을 M60Y100, C100M100Y40으로 설정합니다.
상단의 옵션 바에서 색상 설정을 'Foreground to
Background'로 선택하고 작업 창에 사선으로 드
래그해서 그라데이션을 적용합니다.

기적의 TIP

그라디언트 옵션 바를 보면 'Gradient'와 'Classic gradient'
가 있습니다. Classic gradient는 현재 레이어에 그라데이션
을 적용하고, Gradient는 새 레이어가 만들어지고 그 레이어
에 그라데이션 위젯이 함께 생성되어 언제든지 그라데이션
을 수정할 수가 있습니다.

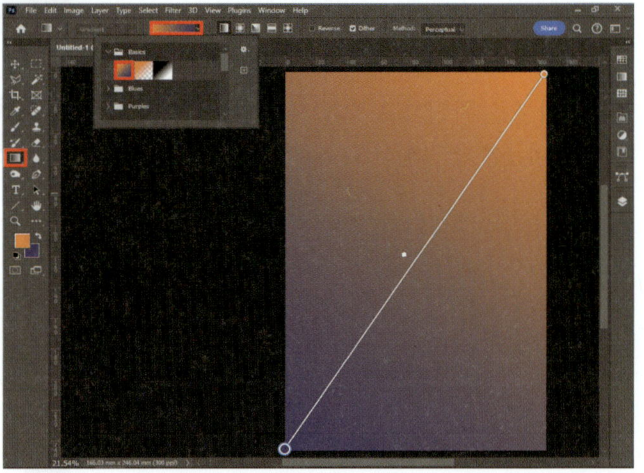

02 빛망울을 빠르게 작업하기 위해 [Window] 〉
[Swatches] 패널을 열고 아래의 폴더 모양 아이
콘을 클릭해서 새 그룹을 만듭니다.
전경색을 클릭해서 [Color Picker] 패널을 열고
지시사항에 있는 CMYK의 색상값을 입력한 후
[Add to Swatches]를 클릭해서 만들어 둔 폴더에
등록합니다.
지시사항에 있는 일곱 가지의 색상을 모두 등록
해 둡니다.

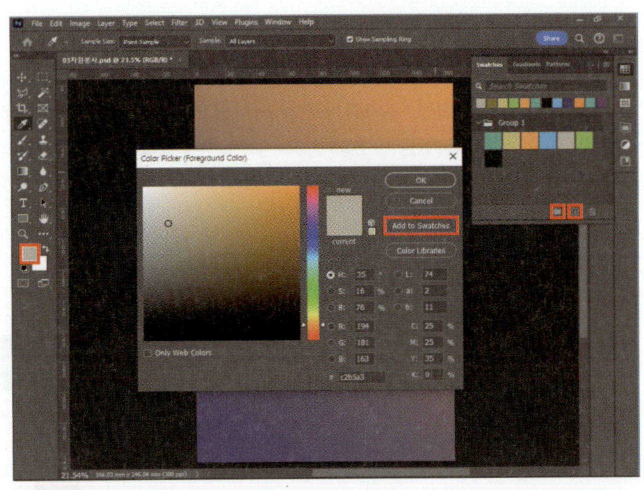

03 레이어 패널에서 새 레이어를 만들고 'Brush
tool'을 클릭합니다.
상단의 브러시 옵션 바가 나타나면 프리셋 피
커를 클릭해서 커다란 크기의 부드러운 브러시
로 옵션을 설정하고, [Swatches] 패널에서 만들
어 둔 색상을 선택한 후 적절한 곳에 클릭합니
다. 크고 부드러운 브러시 위주로 색상을 바꿔가
며 클릭합니다. 다시 새 레이어를 만들어서 작
고, 단단한 경도의 브러시 위주로 만들어서 색상
을 선택한 후 클릭해서 빛망울을 만듭니다.

여러 개의 꽃잎을 회전, 복사해서 겹쳐 배치하고, 블렌딩 모드를 활용해 중첩된 느낌의 꽃 모양을 만들어 보세요. 회전 중심점을 정확히 찍는 방법, Transform Again으로 반복 복사하는 법, Multiply를 적용해 자연스럽게 색을 겹치는 법 등 실수하기 쉬운 부분을 연습합니다.

01 중첩된 느낌의 꽃 모양 만들기

01 면색은 C40Y90, 선색은 None으로 설정하고 'Ellipse tool'을 이용해서 세로로 긴 타원을 그립니다.

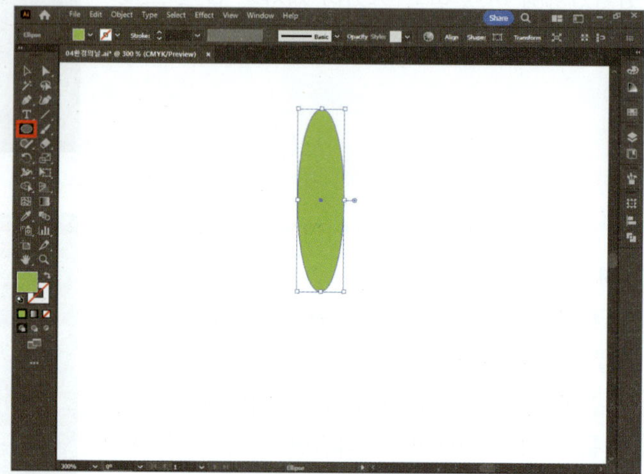

02 'Rotate tool'을 선택하고 [Alt] 키를 누른 채 오브젝트의 가장 아래쪽 조절점을 클릭합니다. [Rotate] 대화상자가 열리면 'Angle : 15°'로 입력하고 [Copy] 버튼을 클릭하여 회전 복사합니다.

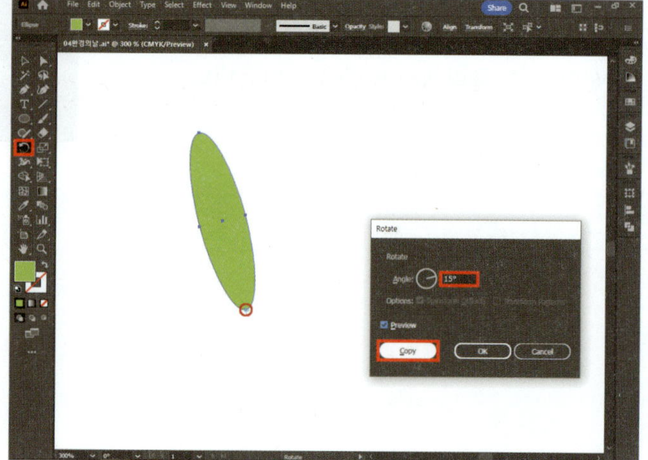

03 바로 이어서 Ctrl+D를 스물두 번 연속으
로 눌러서 꽃잎을 22개 더 복사합니다.

04 'Selection tool'을 이용해서 꽃 모양 오브젝트
를 모두 선택합니다.
[Window] 〉 [Transparency] 패널을 열고 'Multi-
ply' 블렌딩 모드를 선택합니다.

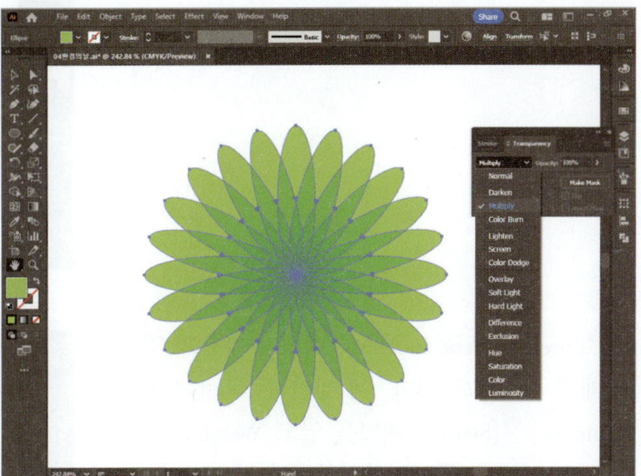

선을 회전하고 복사해 눈 결정 패턴을 만들고, Offset Path와 그라데이션으로 입체감을 주는 연습을 해 보세요. 글자에 Scribble 효과를 적용해 휘갈겨 쓴 질감을 표현하는 연습도 중요합니다. Offset Path로 여러 겹의 테두리 만들기, 그라데이션 방향 설정, Scribble 옵션과 단위 세팅과 같이 완성도를 좌우하는 디테일한 부분을 자세히 다룹니다.

01　눈 결정체 만들기

01 'Polygon tool'을 선택해서 정육각형을 만들고 면색은 None 선색은 Black으로 설정합니다. 상단 옵션 바에서 Stroke : 6pt로 설정합니다.

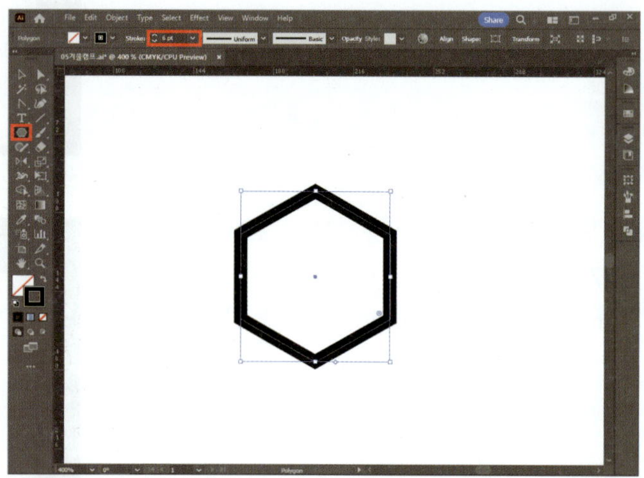

02 'Line Segment tool'을 선택하고 다음과 같이 세 개의 선을 그립니다. 세 개의 선을 선택한 후 [Window] > [Stroke] 패널을 열고 'Weight : 7pt, Cap : Round Cap'으로 설정합니다.

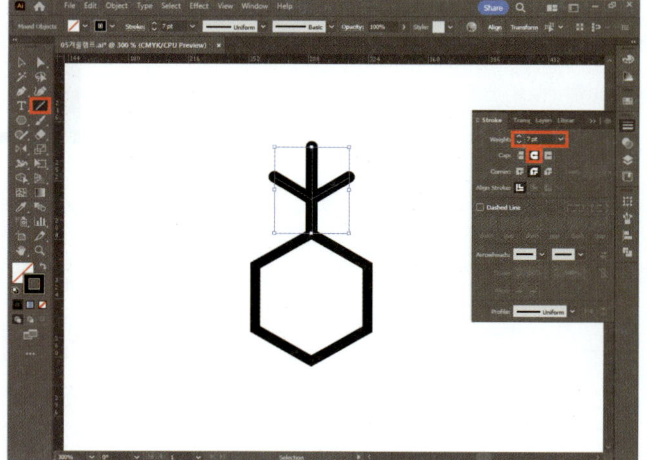

03 세 개의 선이 선택된 상태로 'Rotate tool'을 선택하고 [Alt] 키를 누른 채 정육각형의 중심을 클릭합니다.

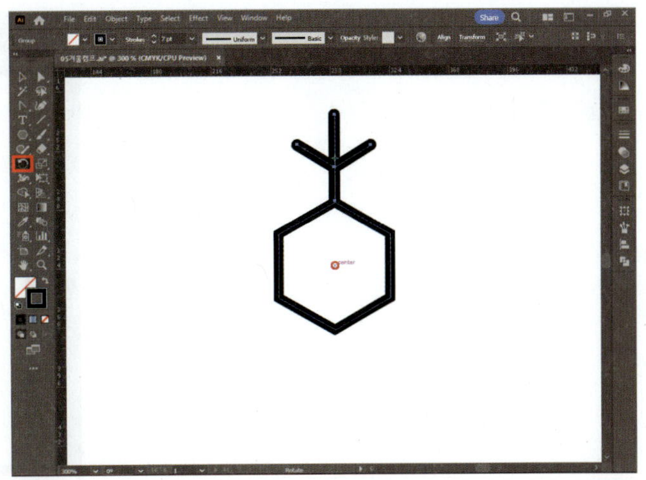

04 [Rotate] 대화상자가 열리면 'Angle : 60°'로 입력하고 [Copy] 버튼을 클릭하여 회전 복사합니다.
바로 이어서 [Ctrl]+[D]를 네 번 연속으로 눌러서 4개를 더 복사합니다.

> **기적의 TIP**
>
> [Ctrl]+[D] : Transform Again
> 원본으로부터 복사본이 가진 이동, 회전, 크기의 변형까지 기억하여 복사해 줍니다. 자주 사용되는 기능이므로 반드시 단축키를 외워서 사용하는 것이 좋습니다.

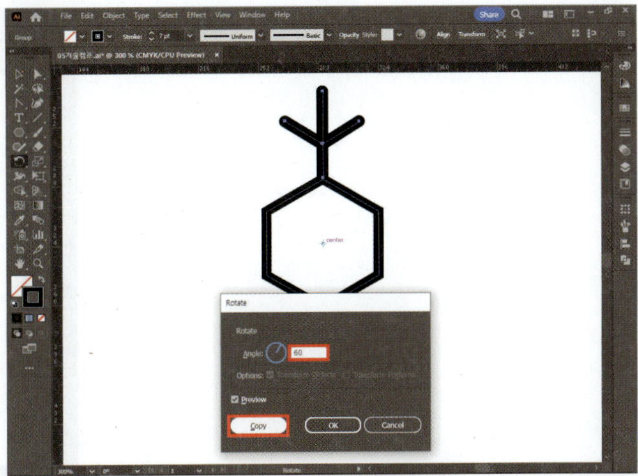

05 전체를 선택한 후 [Object] 〉 [Path] 〉 [Outline Stroke]를 클릭해서 선을 면으로 만들어 줍니다.

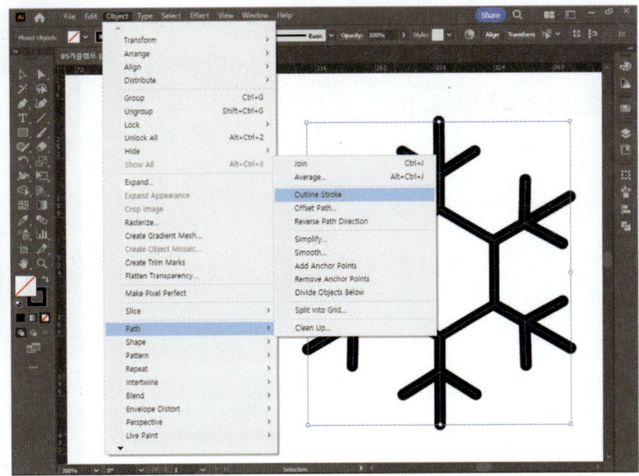

06 [Window] 〉 [Pathfinder]를 열고 'Shape Modes : Unite'를 클릭해서 면을 한 개의 개체로 만들어 줍니다.

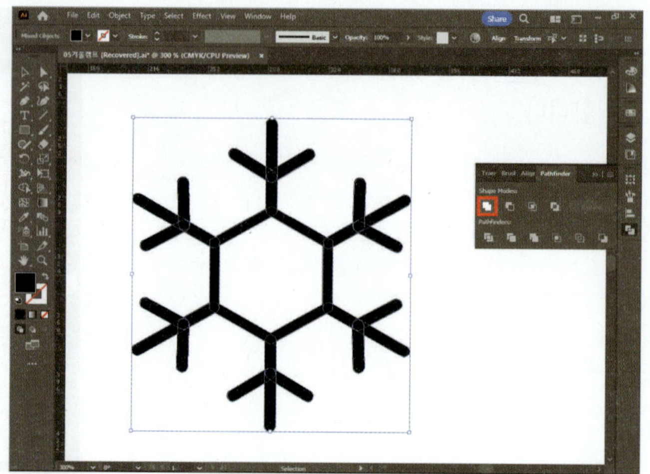

07 한 개의 면이 된 오브젝트를 선택한 후 [Object] 〉 [Offset Path…]를 클릭합니다.

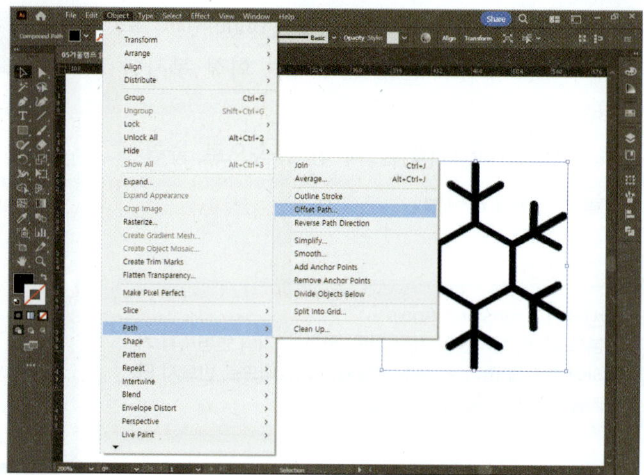

08 [Offset Path] 대화상자가 나타나면 'Offset : 2pt'를 입력하고 [OK]를 클릭해서 2pt만큼 확장된 오브젝트를 만듭니다.

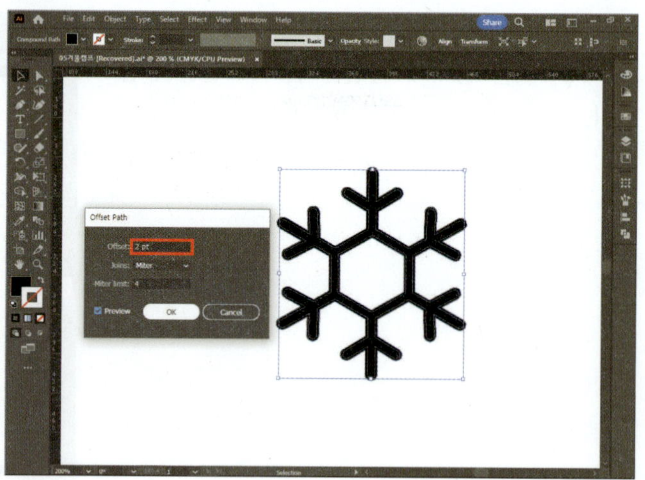

09 다시 [Offset Path] 대화상자를 열고 'Offset Path : 7pt'를 확장하고 [OK], 다시 'Offset Path : 4pt'를 확장하고 [OK]를 클릭합니다.
원본 포함 총 4개의 오브젝트를 만듭니다.

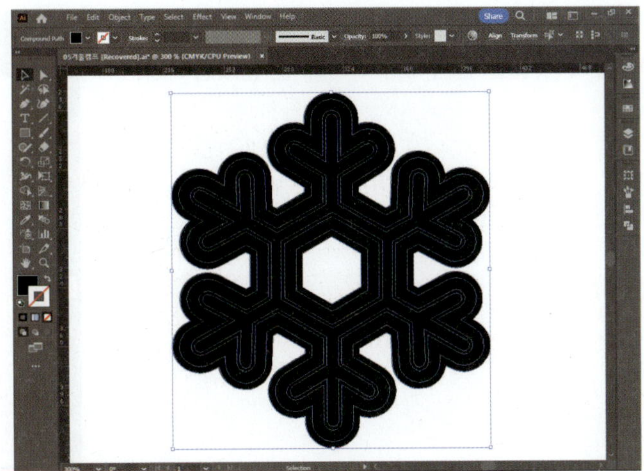

10 'Gradient tool'을 더블클릭하면 [Gradient] 패널이 나타납니다. Gradient Slider에 White와 C90M70K20을 지정합니다.
[Swatches] 패널을 열고 하단의 [+] 버튼을 누르고, [New Swatch] 패널이 나타나면 'Swatch Name : A'로 등록합니다.
같은 방법으로 그래디언트 슬라이더의 색상을 바꿔서 문제지에서 지정한 그라데이션 색상 'B'와 'C'를 등록합니다.

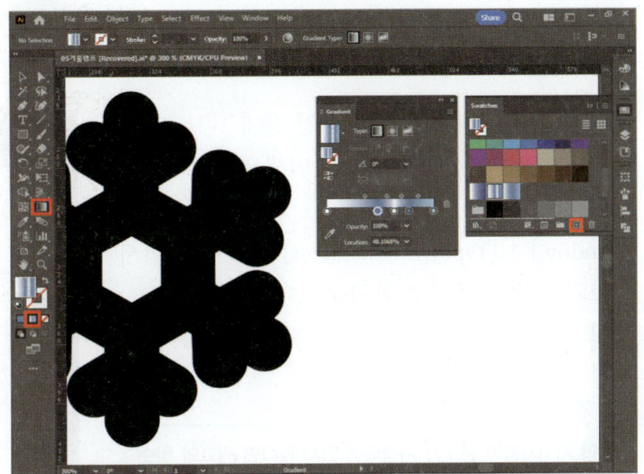

11 'Selection tool'로 오브젝트를 선택하고 스와치 패널에 등록해 둔 그라데이션 색상을 선택한 후 'Gradient tool'을 클릭하고 그라데이션 방향에 맞게 클릭 드래그합니다.
나머지 오브젝트들도 같은 방법으로 그라데이션을 적용합니다.

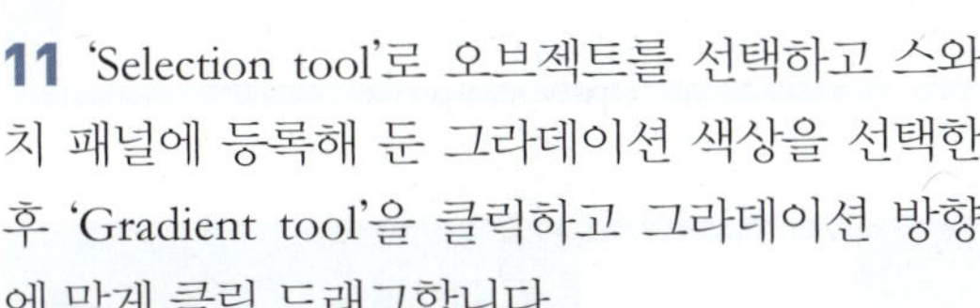

기적의 TIP

그라데이션 방향 정리
- A(가는 테두리선 두 개) : 7시 → 2시 방향으로
- B(가장 두꺼운 오브젝트) : 10시 → 4시 방향으로
- C(처음 그렸던 오브젝트) : 10시 → 4시 방향으로

12 결과물을 확인하고 모두 선택한 후 마우스 오른쪽 버튼을 클릭해서 'Group'을 눌러줍니다.

02 휘갈겨 쓴 필터 효과 주기

01 'Type tool'을 선택하고 작업 창에 'WINTER'를 입력합니다. 선색은 None, 면색은 M100Y100으로 설정합니다.

[Window] 〉 [Type] 〉 [Character] 패널을 열어서 원고와 비슷한 폰트로 바꿔줍니다.

상단 옵션 바에서 'Opacity : 40%'로 입력합니다.

> **기적의 TIP**
>
> 시험 지시사항에 폰트가 지정되어 있지 않다면 원고와 비슷한 폰트를 사용합니다.

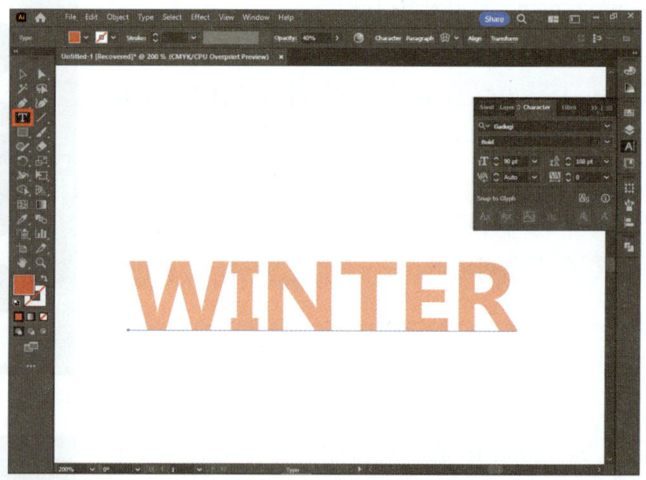

02 글자가 선택된 상태에서 [Effect] 〉 [Stylize] 〉 [Scribble...]을 클릭합니다.

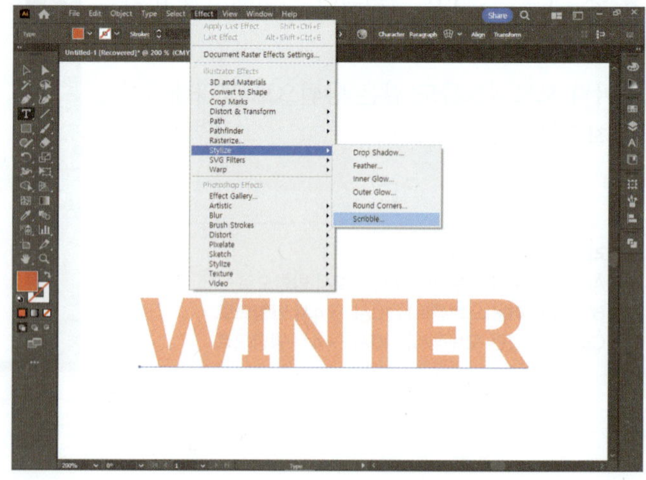

03 스크리블 옵션을 적절히 입력해서 원고와 비
슷하게 만들어 줍니다.

옵션을 조절해도 원하는 결과가 나오지 않는다면 옵션의 단
위를 확인해 보세요.
옵션의 단위가 mm로 설정되어 있다면 [Edit] 〉 [Preferences]
〉 [Units]을 클릭하고 'General : Points'로 바꾼 후 스크리블
옵션을 조절해 보세요.

04 결과물을 확인하고 수시로 Ctrl + S 를 눌러
서 저장합니다.

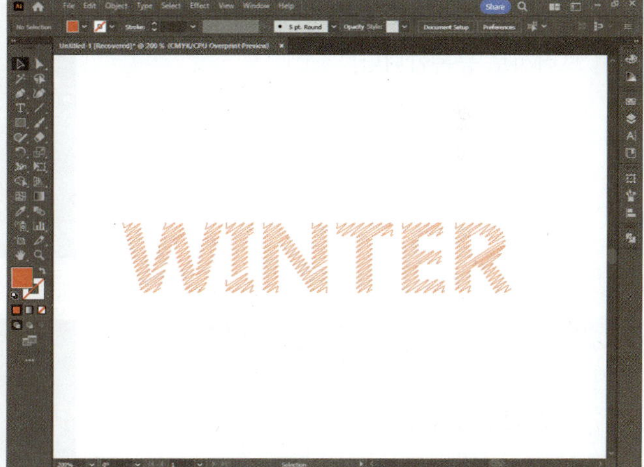

만든 이미지를 패턴 브러시로 등록한 뒤, Free Distort와 Envelope Mesh를 이용해 원근감 있는 요소를 만들어 보세요. 패턴 브러시 적용법, Expand Appearance와 Envelope Distort의 차이, Mesh 조절점으로 말린 필름 끝을 표현하는 법, 포토샵 클리핑 마스크 사용법 등을 짚어 봅니다.

01   원근감 있는 필름 만들기

01 'Rectangle tool'을 이용해서 그림과 같이 위 아래 다섯 군데가 뚫려있는 필름 한 조각을 만듭니다.

전체를 선택해서 [Brushes] 패널로 드래그하고, 브러시 타입을 선택하는 옵션 창이 나타나면 'Pattern Brush'를 선택하고 [OK] 버튼을 눌러서 패턴 브러시로 등록합니다.

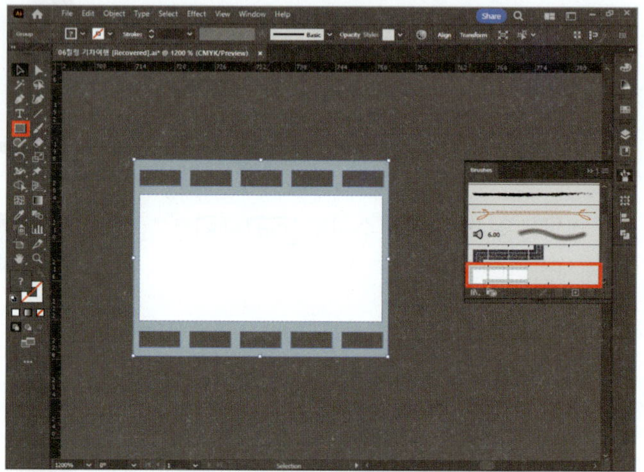

02 'Pen tool'을 이용해서 필름의 휘어진 정도를 고려하여 곡선을 그려주고, 면색은 None, 선색은 임의로 설정합니다.

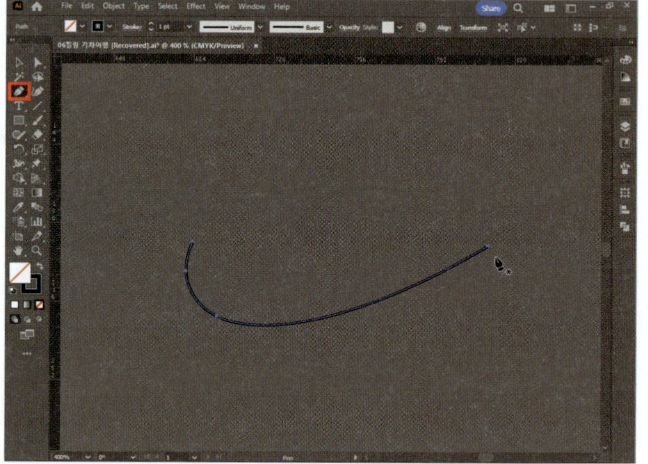

03 브러시 패널에 등록한 브러시를 클릭해서 적용하고, 'Direct Selection tool'을 이용해서 필름칸의 개수가 11칸이 되도록 곡선의 길이를 조절합니다.

브러시 패널의 브러시를 더블클릭해서 패턴 브러시 옵션 창을 열고 Scale에서 크기를 조절할 수도 있습니다.

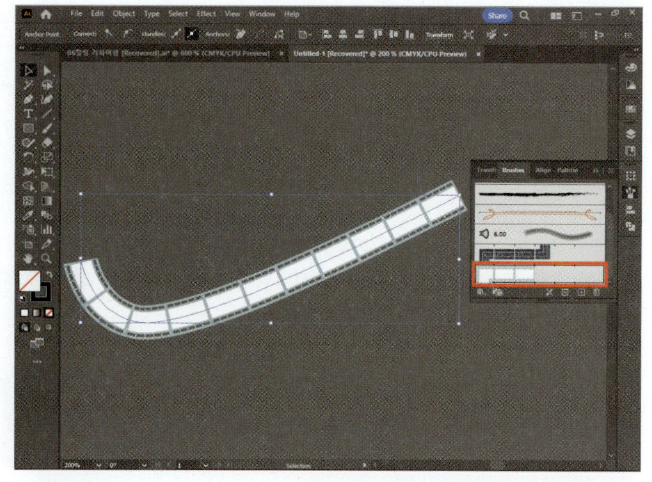

04 [Object] > [Expand Appearance]를 클릭해서 선을 면으로 확장시켜줍니다.

Expand Appearance : 효과가 적용된 오브젝트의 변형된 모양을 고정된 패스선으로 만들어 다양한 변형 작업에 활용할 수 있습니다.

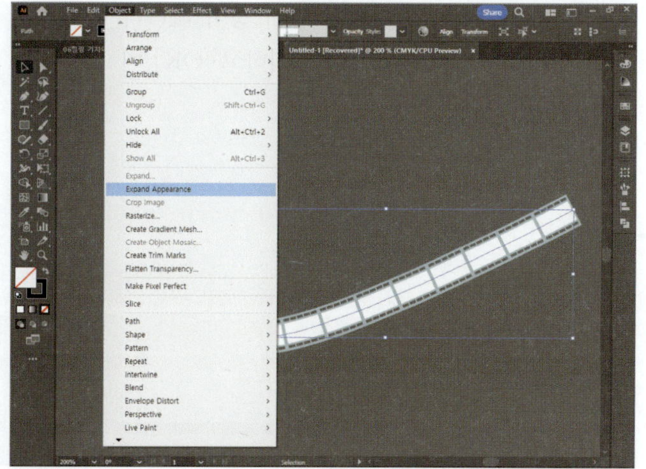

05 'Free Distort tool'을 클릭하고 조절점이 나타나면 조절점을 잡고 오브젝트를 늘리고 줄여서 원근감을 표현해 줍니다.

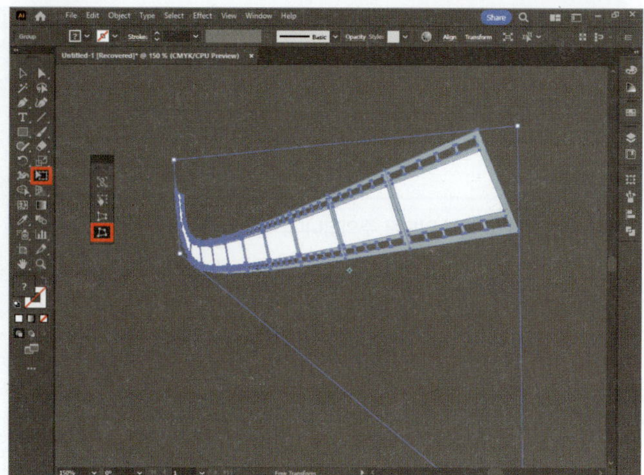

06 멀어지는 끝부분을 뾰족하게 모아주기 위해 [Object] 〉 [Envelope Distort] 〉 [Make with Mesh…]를 클릭합니다.

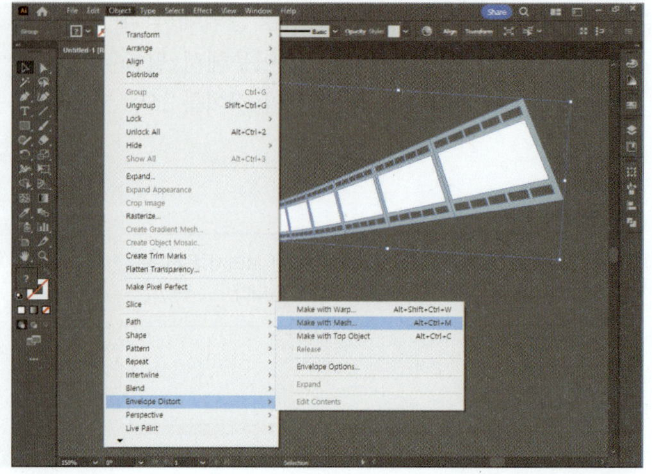

07 [Envelope Mesh] 패널의 옵션 창이 나타나면 'Rows : 1, Columns : 3'을 입력하고 [OK] 버튼을 클릭합니다.

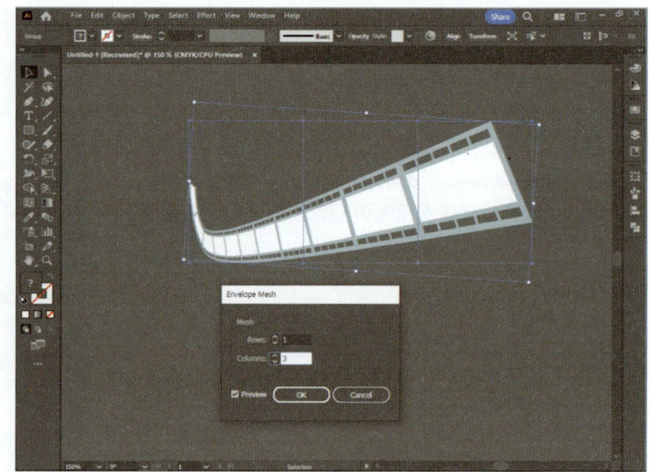

08 'Direct Selection tool'을 이용해서 왼쪽 상단 모퉁이의 조절점을 움직여 필름의 말린 끝부분을 만들어 줍니다.

> **기적의 TIP**
>
> 너무 심한 왜곡이 되지 않도록 주의합니다.

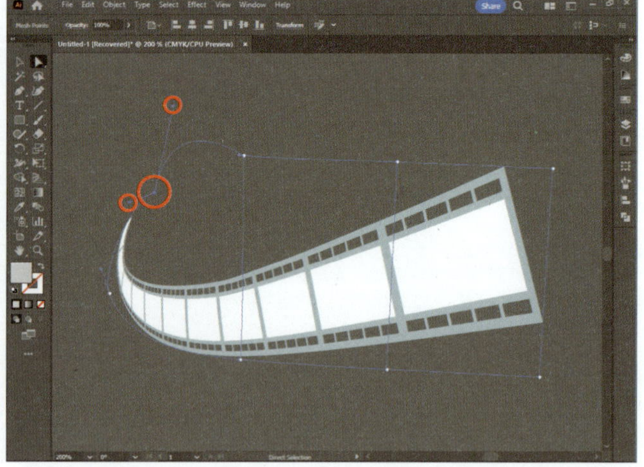

09 원고와 비슷한 모양이 만들어졌으면 [Object] > [Expand]를 클릭합니다.

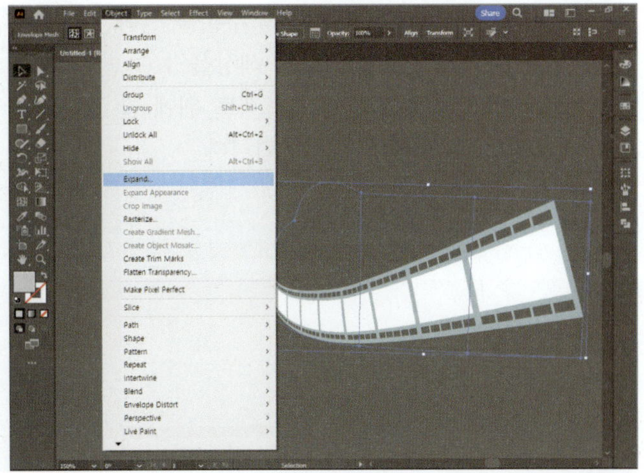

10 [Expand] 옵션 창이 나타나면 'Object와 Fill'을 체크하고 [OK] 버튼을 클릭해서 일반적인 면 속성으로 만들어 줍니다.
'Selection tool'을 클릭하고 오브젝트 전체를 드래그해서 모두 선택한 후 마우스 오른쪽 버튼을 클릭해서 'Ungroup'을 눌러서 모든 그룹을 해제합니다.

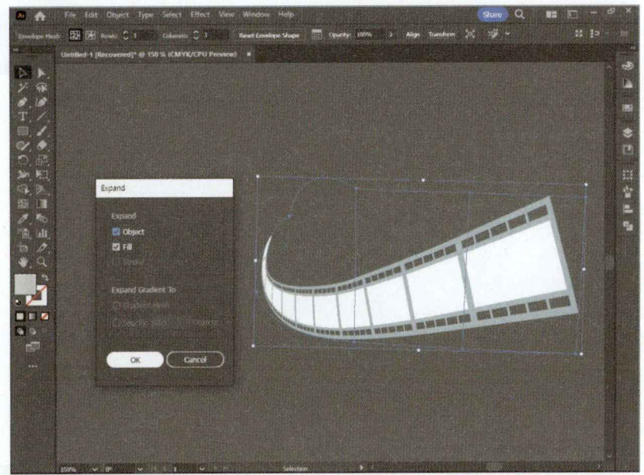

11 'Selection tool'을 선택하고 Ctrl 키를 누른 채 가운데 흰 부분을 제외한 하늘색 면을 모두 선택합니다. [Window] > [Pathfinder]를 클릭 후 [Pathfinder] 패널이 열리면 'Shape Modes : Unite'를 클릭해서 하나의 면으로 만들어 줍니다.

> **기적의 TIP**
>
> 여러 개의 오브젝트 선택하기 : Selection Tool을 선택하고 오브젝트를 드래그하거나 Shift 키를 누른 채 오브젝트를 하나씩 차례로 추가 선택을 합니다.

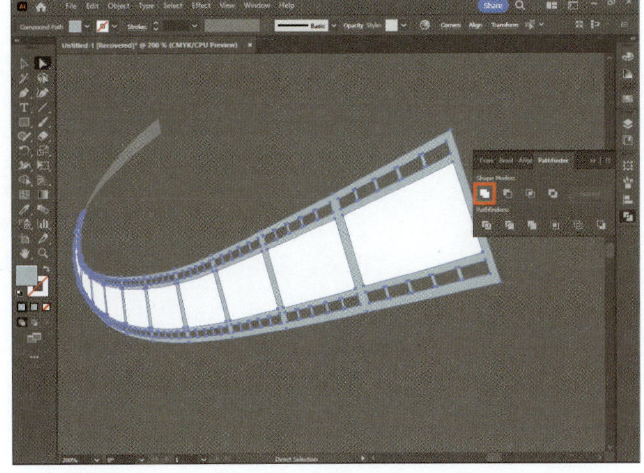

12 한 개의 면이 된 필름의 하늘색 부분을 선택한 후 'Gradient tool'을 클릭하고 색상을 'K60, C20Y5K20'으로 지정한 후에 오브젝트 위에 클릭 드래그해서 그라데이션을 적용합니다

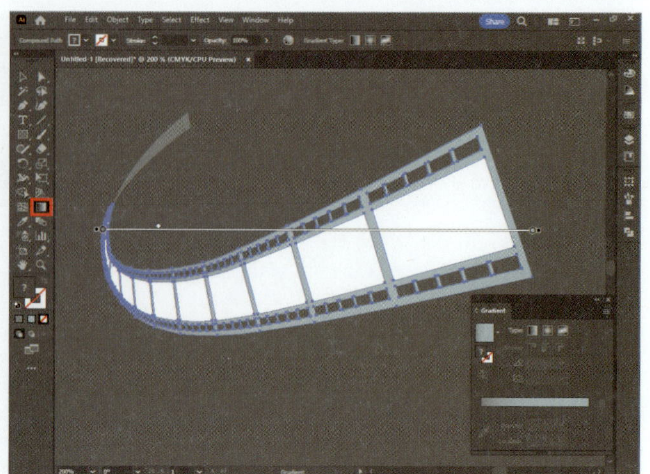

13 가운데 흰색 면을 남겨둔 이유는 포토샵에서 클리핑 마스크의 범위 선택을 쉽게 하기 위해서입니다.
필름 전체를 드래그해서 선택한 후 마우스 오른쪽 버튼을 눌러 Group을 해줍니다.

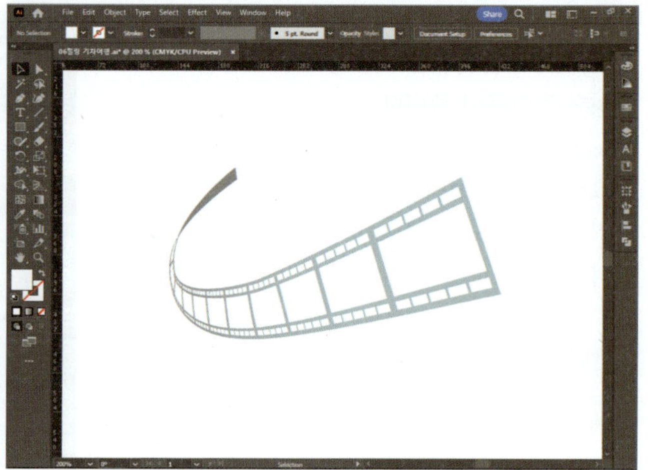

블렌드 툴을 이용해 발차기하는 남자의 실루엣이 점점 사라지는 듯한 잔상 효과를 만들어 보세요. 색과 불투명도를 다르게 설정한 뒤 오브젝트를 복제해 그림자와 연필 선 느낌을 더해보세요. 블렌드 앞뒤 배열 바꾸기, Expand 후 개별 오브젝트 편집하기, 아트 브러시 적용 등 헷갈리기 쉬운 부분을 중심으로 정리합니다.

01 블렌드 툴을 이용한 효과

01 'Pen tool'을 이용해서 발차기하는 남자의 실루엣을 그려줍니다. 선색은 None, 면색은 임의로 설정합니다.

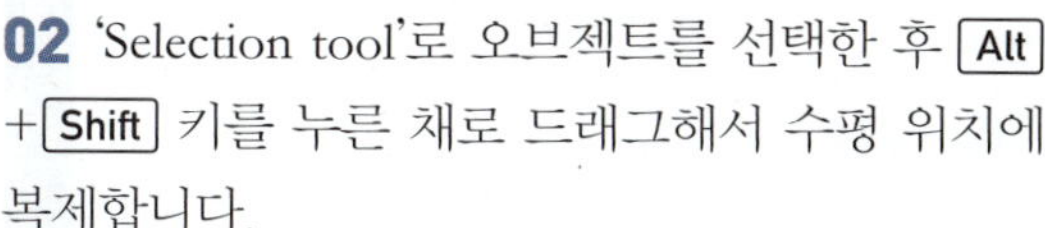

⚑ **기적**의 TIP

- 비율이 맞게 큰 실루엣을 대충 그려놓고 세부적인 선을 수정하는 방법을 추천합니다.
- Pen tool로 선을 수정
- 점 추가/삭제 : 선을 클릭/점 클릭
- 점 위치 수정 : Ctrl 키를 누른 채 점 이동
- 곡선 모양 수정 : Ctrl 키를 누른 채 곡선 핸들 드래그
- 직선을 곡선/곡선을 직선 변환 : Alt 키를 누른 채 점을 클릭/점을 잡고 드래그

02 'Selection tool'로 오브젝트를 선택한 후 Alt + Shift 키를 누른 채로 드래그해서 수평 위치에 복제합니다.

⚑ **기적**의 TIP

Shift 키를 누른 채 이동하면 수직, 수평, 45°로 이동할 수 있습니다.

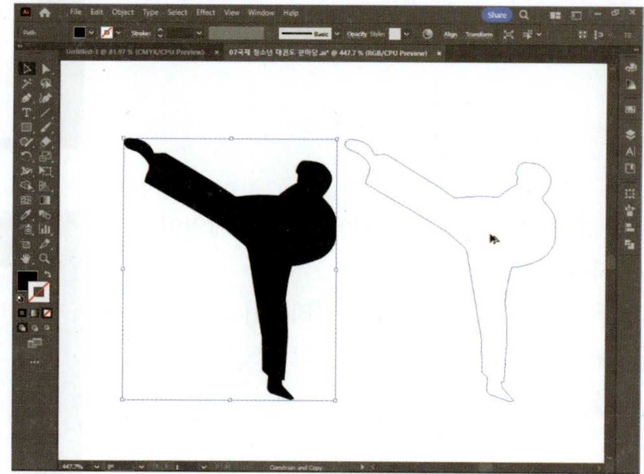

03 왼쪽 오브젝트를 선택하고 선색은 None, 면색은 C15M100Y100으로 지정해 주고, 오른쪽 오브젝트에는 선색은 None, 면색은 M15Y90으로 지정하고 상단 옵션 바에 있는 'Opacity : 0'으로 설정합니다.

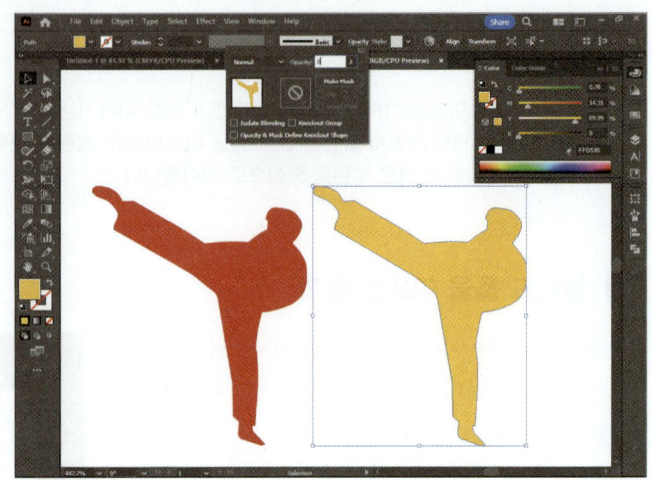

04 두 오브젝트를 모두 선택한 후 [Object] 〉 [Blend] 〉 [Make]를 클릭합니다.

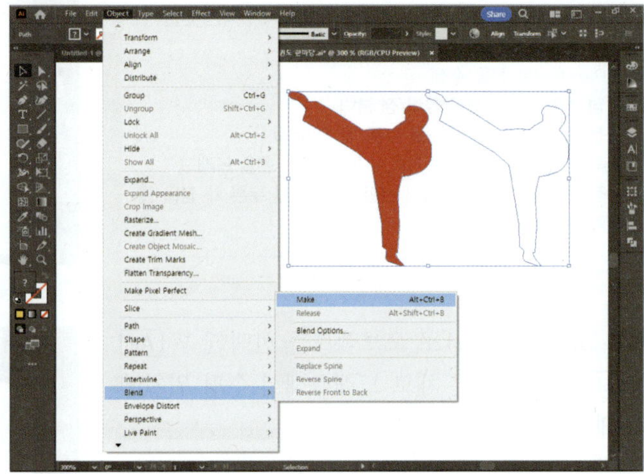

05 오른쪽 오브젝트가 위에 있어서 배열이 잘못되어 있습니다.
모두 선택한 후에 [Object] 〉 [Blend] 〉 [Reverse Front to Back]를 클릭해서 오브젝트의 앞뒤 배열을 바꿔줍니다.

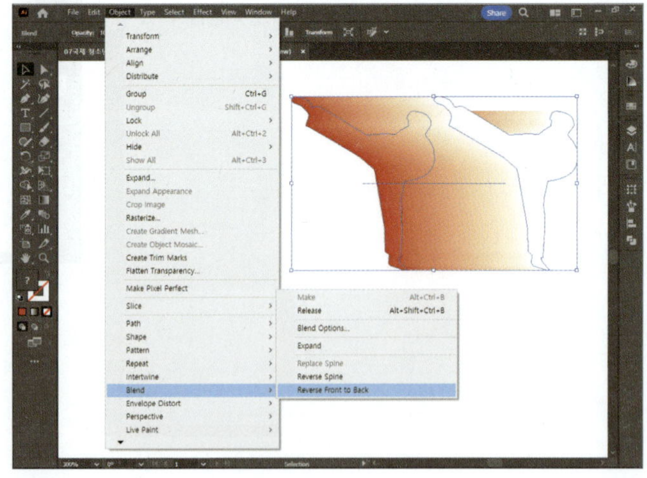

06 오브젝트를 선택하고 [Object] 〉 [Blend] 〉 [Expand]를 클릭하고 Shift + Ctrl + G 키를 눌러서 그룹을 해제합니다.

블렌드된 오브젝트를 Expand 하면 블렌드 상태가 해제되고 모두 개별 오브젝트 상태로 바뀌어서 추가 편집도 가능합니다.

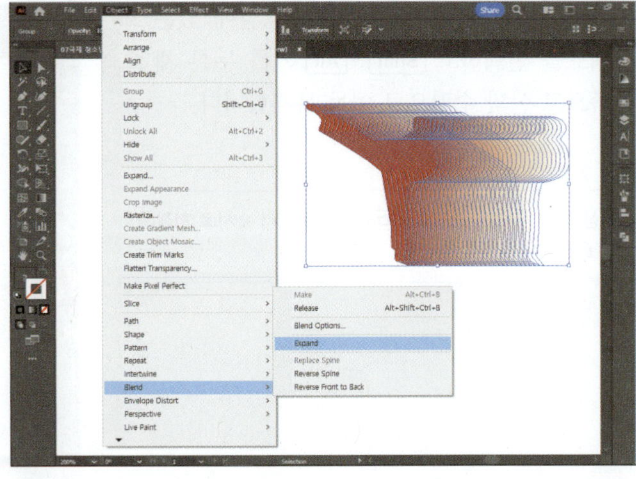

07 'Selection tool'을 이용해서 맨 앞에 있는 오브젝트를 선택하고 Shift + Alt 키를 누른 채 왼쪽으로 살짝만 수평으로 이동 복제합니다.

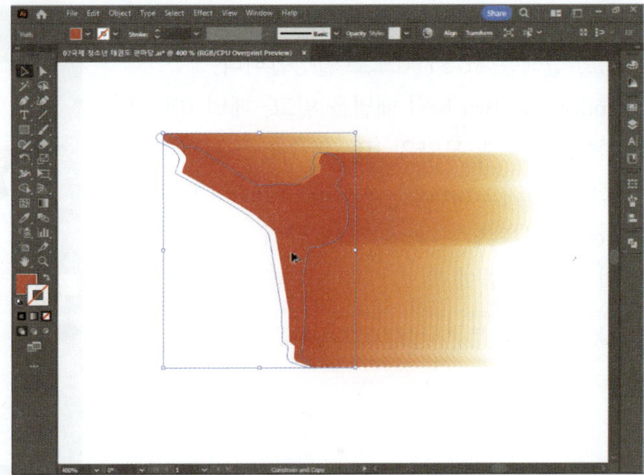

08 이동한 오브젝트에 선색은 None, 면색은 Black으로 바꿔줍니다.
마우스 오른쪽 버튼을 클릭하고 [Arrange] 〉 [Send to Back]를 클릭해서 오브젝트를 맨 뒤로 보냅니다.

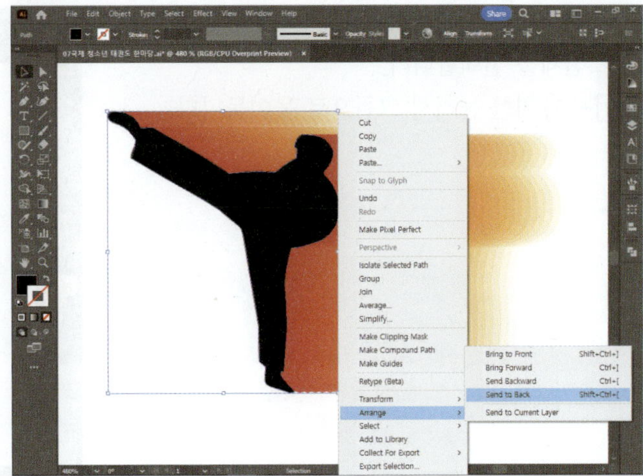

09 ‘Selection tool’을 이용해서 맨 앞에 있는 오브젝트를 선택하고 [Shift]+[Alt] 키를 누른 채 오른쪽으로 살짝 수평으로 이동 복제합니다.

항상 작업 시작과 도중에는 [Ctrl]+[S]를 눌러 수시로 저장하는 습관을 기르도록 합니다.

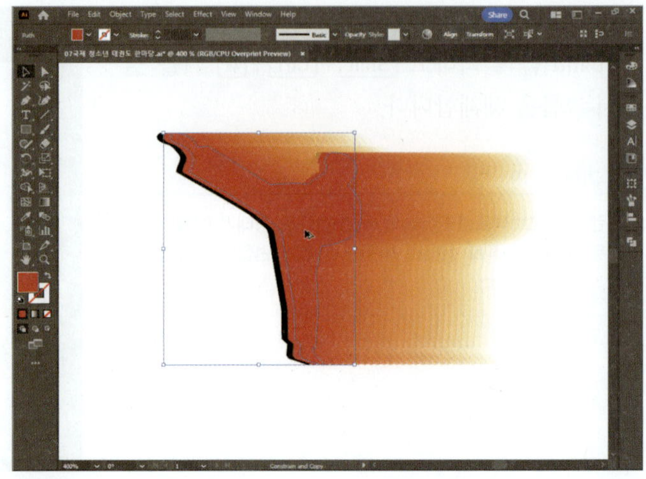

10 오른쪽으로 이동시킨 오브젝트의 면색은 None, 선색은 M15Y90으로 설정합니다.
[Window] > [Brushes] 패널을 열고, 패널 하단의 왼쪽에 있는 책 모양의 [Brush Libraries Menu]를 클릭하고 [Artistic] > [Artistic_Chalk Charcoal Pencil]을 선택합니다. 여러 모양의 분필, 목탄, 연필 브러시 중에 ‘Pencil-Thick’를 선택해서 오브젝트에 적용합니다.

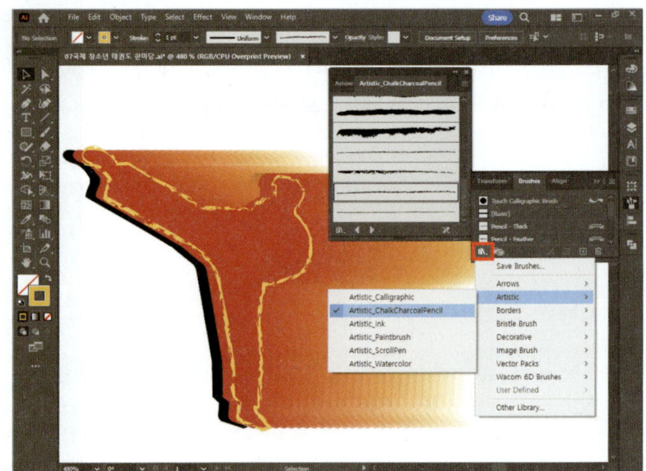

11 ‘Selection tool’을 선택하고 드래그해서 오브젝트 전체를 선택합니다.
[Ctrl]+[G] 키를 눌러서 그룹으로 묶어둡니다.

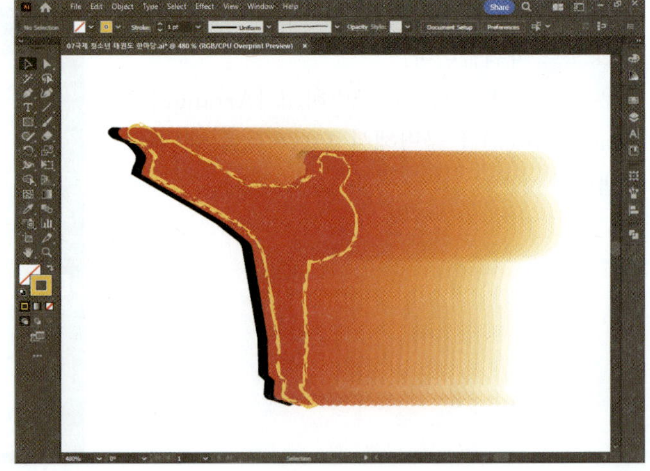

뽀족한 별 모양을 만들고 원을 정렬해 요소를 만들어 보세요. 'Star Tool'로 모양 컨트롤 하는 방법, Stroke 옵션으로 선 정리하기, Align 패널로 중앙 맞추고 그룹으로 묶는 방법 등 단순하지만 틀리기 쉬운 포인트를 짚어 봅니다.

01   뽀족뽀족한 원과 점선 만들기

01 'Star tool'을 선택해서 아트보드 위에 클릭합니다. 대화상자가 나타나면 'Radius1 : 40mm, Radius 2 : 37mm, Points : 51'을 입력하고 [OK] 버튼을 클릭합니다.

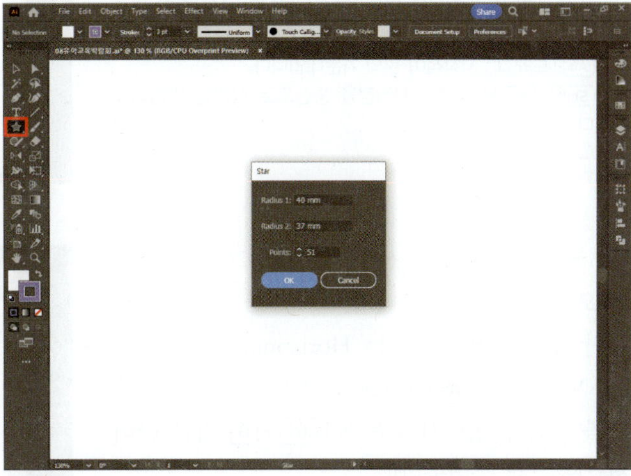

02 만들어진 뽀족한 원을 선택하고 [Window] 〉 [Stroke]을 클릭해서 대화상자가 나타나면 'Weight : 3pt, Corner : Round join'으로 설정합니다.

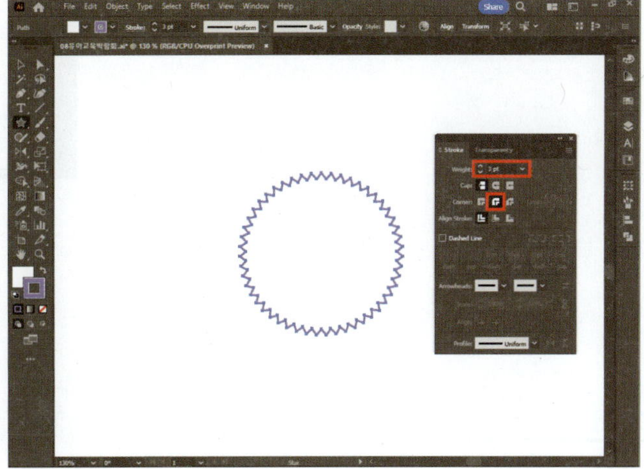

03 'Ellipse tool'을 선택하고 오브젝트의 중앙에 서부터 `Alt`+`Shift` 키를 누른 채 드래그해서 원을 그려줍니다. 면색은 None, 선색은 K80으로 설정합니다.

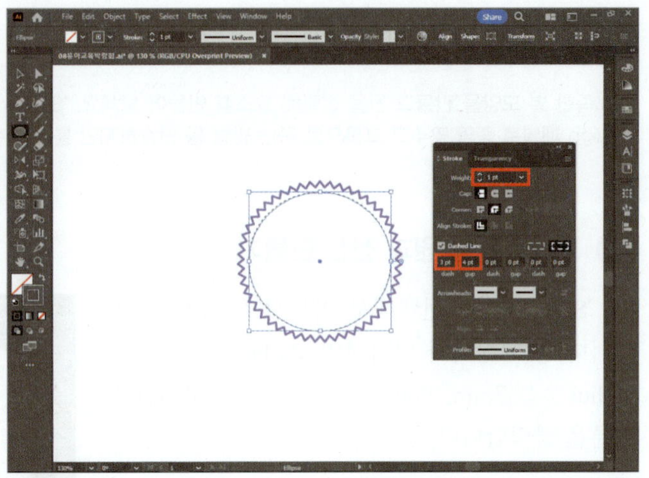

04 'Selection tool'을 선택하고 드래그해서 두 개의 오브젝트를 선택합니다.

상단 옵션 바에 나타나는 'Horizontal Align Center, Vertical Align Center'를 클릭해서 가로와 세로를 가운데 정렬시켜준 후 `Ctrl`+`G` 키를 눌러서 그룹으로 묶어둡니다.

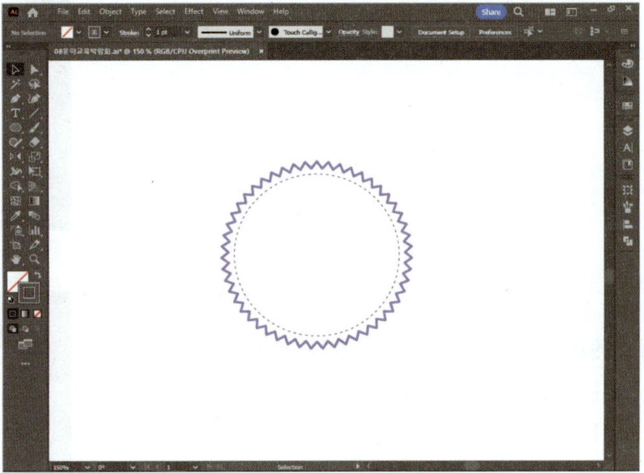

여러 줄로 배치한 문자를 타원을 감싸고 휘어진 효과를 만들어 보세요. 문자를 도형으로 변환한 뒤 Envelope Distort의 Make with Top Object를 이용해 왜곡을 준 후 포토샵에서 텍스처 필터와 가져온 패턴으로 배경을 완성해 보세요.

01 둘러싸기 왜곡 효과

01 'Type tool'을 선택하고 선색은 None, 면색은 M100Y100을 설정하고 '딸기'를 입력합니다. [Window] 〉 [Type] 〉 [Character] 패널을 열고 폰트를 고딕체 볼드로 설정합니다.

가로로 '딸기'를 6번 쓰고, 'Selection tool'을 이용해서 선택한 후 Alt + Shift 키를 누른 상태로 아래로 내려서 수직으로 이동 복제합니다.

Ctrl + D 키를 6번 눌러서 6줄을 더 복제해서 총 8줄을 만듭니다.

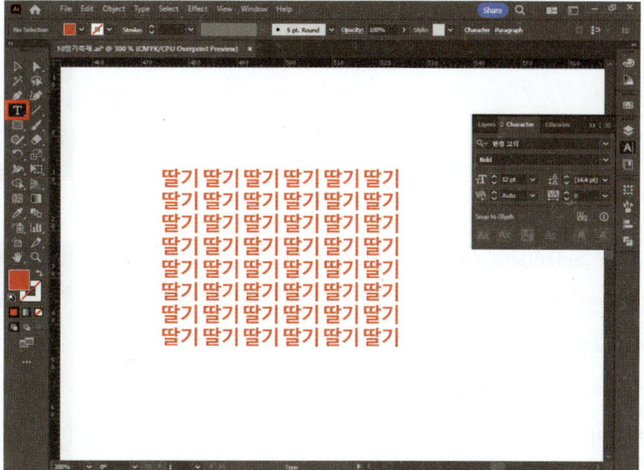

02 'Selection tool'을 선택하고 Shift 키를 누른 채 두 번째 줄, 네 번째 줄, 여섯 번째 줄, 여덟 번째 줄을 클릭해서 선택합니다.

선택된 글줄을 수평으로 이동시키기 위해 좌우 방향키 또는 Shift 키를 누른 채 드래그해서 한 칸 이동시킵니다.

F 기적의 TIP

Selection tool을 사용할 때 Shift 키를 누른 채 오브젝트를 클릭하면 선택이 추가되고, 이미 선택된 오브젝트를 클릭하면 선택이 해제됩니다.

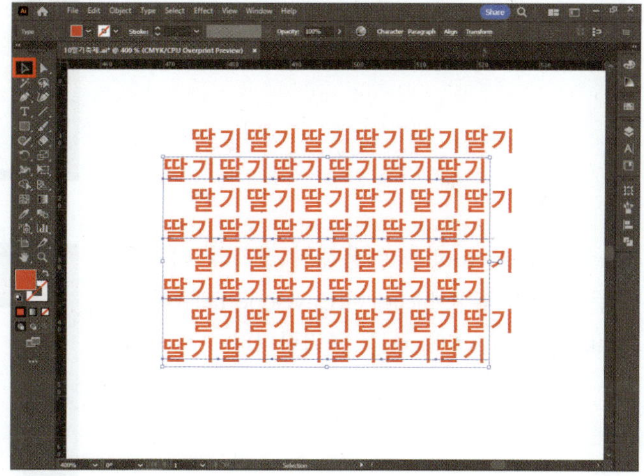

03 'Selection tool'을 이용해서 문자 오브젝트 전체를 드래그해 선택하고 마우스 오른쪽 버튼을 클릭 후 'Create Outlines'를 클릭해서 문자를 도형으로 변환시킵니다.
전체가 선택된 그 상태에서 다시 마우스 오른쪽 버튼을 클릭하고 그룹 해제를 눌러줍니다.

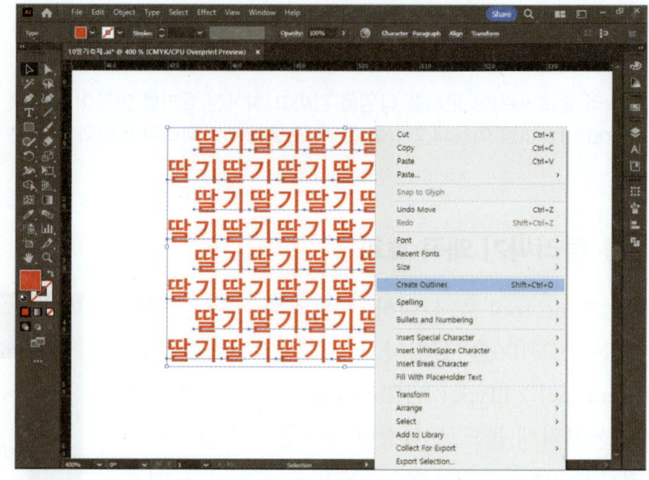

04 'Selection tool'을 이용해서 왼쪽의 튀어나와 있는 '딸' 네 개를 한꺼번에 드래그해 선택한 후 Delete 키를 눌러서 지워주고, 오른쪽의 '기' 네 개도 한꺼번에 드래그해 선택 후 지워줍니다.
'Ellipse tool'을 이용해서 가로가 살짝 긴 타원을 만듭니다. 이때 타원이 딸기 글자보다 위에 위치해야 합니다.

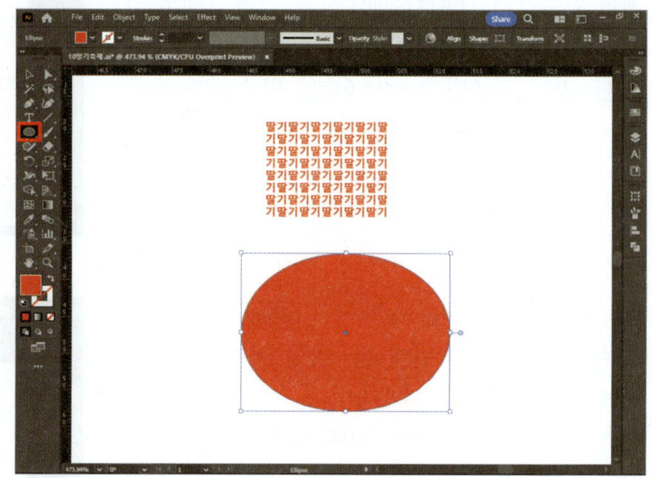

05 'Selection tool'을 이용해서 딸기와 타원을 모두 선택한 후 [Object] 〉 [Envelope Distort] 〉 [Make with Top Object]를 클릭합니다.

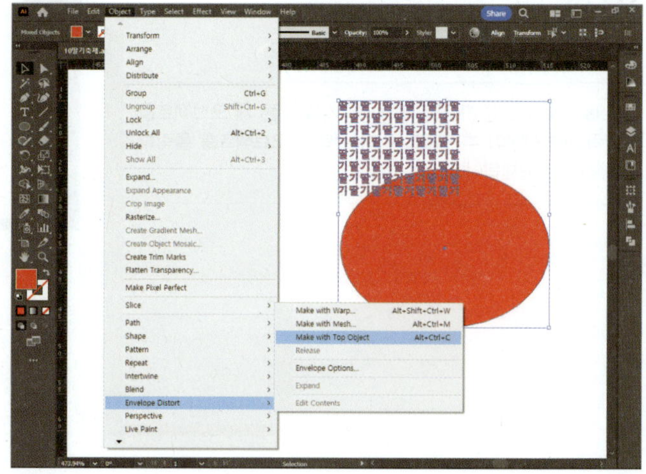

06 타원을 감싼 모양의 딸기가 만들어졌습니다.

> 배경의 벽지 무늬 패턴과 딸기 문자 패턴은 [Edit] 〉 [Define Pattern]을 이용해서 패턴 등록을 해야 하지만 심사 기준이 작업 과정이 아닌 결과물이기 때문에 더 패턴처럼 보이도록 빠르게 복제해서 사용합니다.

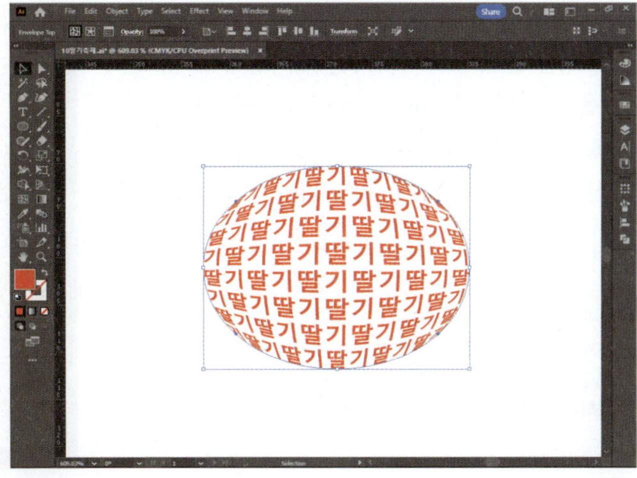

07 아트보드 맨 상단에 가로로 5개의 오브젝트를 복제합니다. 복제된 5개의 오브젝트를 한꺼번에 선택해서 Alt+Shift 키를 누른 상태로 아래로 내려서 수직 이동 복제합니다.
Ctrl+D 키를 6번 눌러서 6줄을 더 복제해서 총 8줄을 만듭니다.

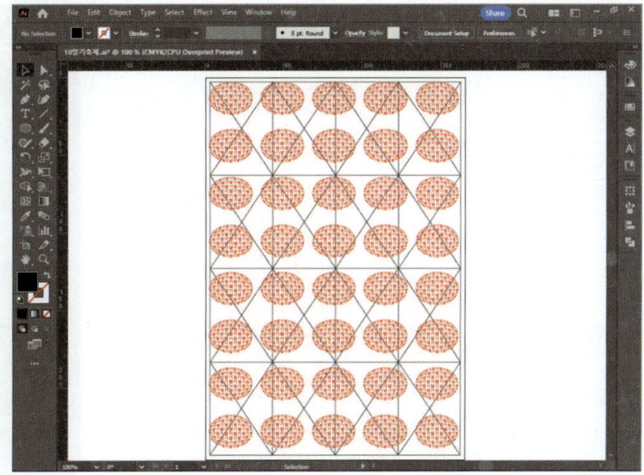

02 배경 패턴 간단히 만들기(포토샵)

01 레이어 패널에서 새 레이어를 추가합니다. 전경색을 Y30으로 지정해 주고 Alt+Delete 키를 눌러서 전경색으로 채워줍니다.

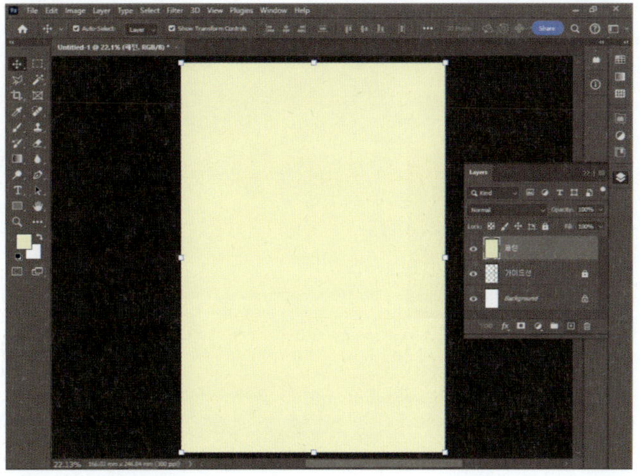

02 [Filter] 〉 [Filter Gallery] 〉 [Texture] 〉 [Tex-turizer]를 선택하고 나타나는 대화상자에서 오른쪽 옵션 설정을 'Txture : Burlap, Scaling : 200, Relief : 7'을 입력합니다.

자신의 작업물에 맞게 옵션값을 조절해도 됩니다.

공개된 문제에는 이 필터를 적용한 조각을 만들어서 패턴으로 등록한 후 배경에 다시 적용하라는 내용인데 결과물이 동일하므로 바로 배경에 패턴을 적용합니다.

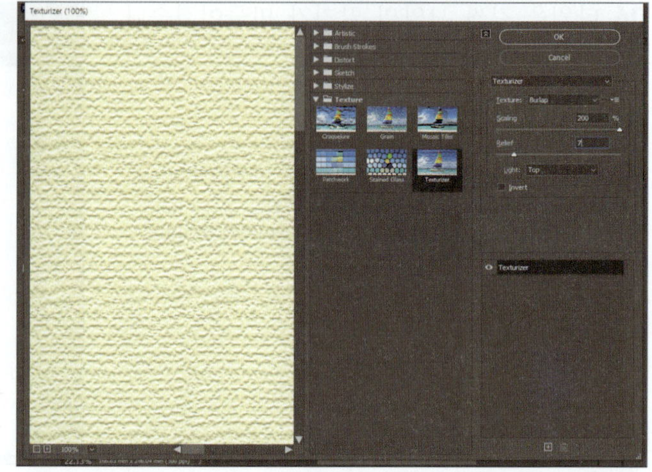

03 일러스트에서 만들어 둔 딸기패턴을 가져옵니다.

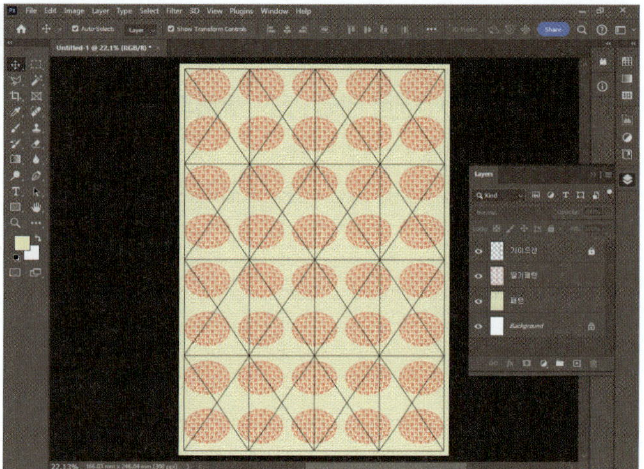

포토샵의 Custom Shape를 활용해 높은음자리표와 음표를 불러오고 레이어 스타일로 입체감을 더해 악보 느낌의 요소를 만들어 보세요. 직접 그리지 않고도 다양한 아이콘을 빠르게 배치하고, 그룹과 레이어 스타일을 활용해 통일감 있는 디자인 연출을 연습해 보세요.

01 둘러싸기 왜곡 효과(포토샵)

01 높은음자리표와 음표들을 그리지 않고 포토샵 내에 있는 'Custom Shape tool'을 이용해서 만들어 보겠습니다. [Window] 〉 [Shapes]를 클릭해서 대화상자가 나타나면 [Legacy Shapes and More] 〉 [All Legacy Default Shapes] 〉 [Music] 폴더를 클릭합니다. 상단의 옵션 바의 'Shape'를 클릭해서 폴더를 열 수도 있습니다.

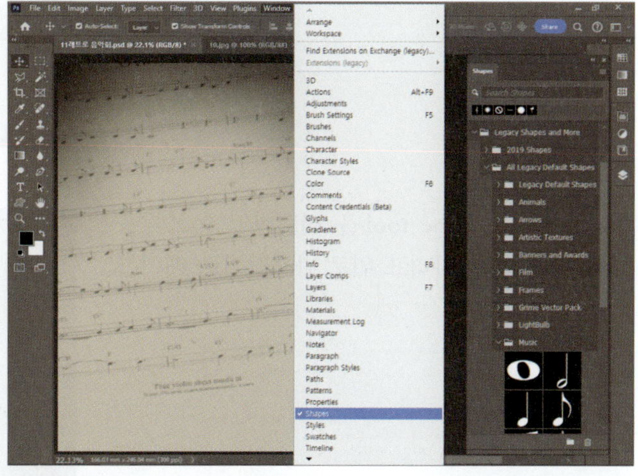

02 'Custom Shape tool'을 선택하면 상단의 Shape에서 Music 폴더를 열 수 있습니다. 높은음자리표를 선택하고 캔버스 위에 클릭 드래그합니다.

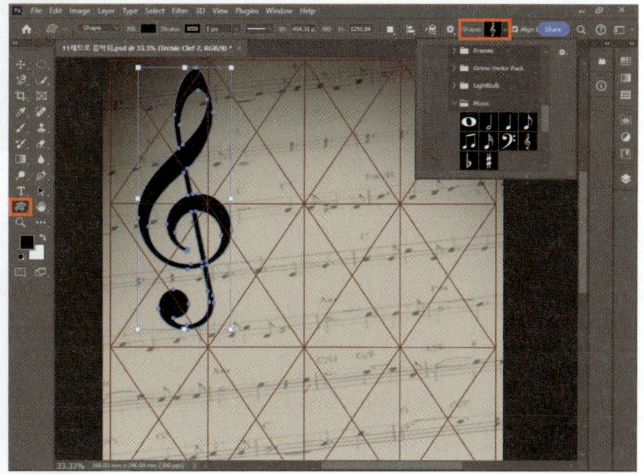

03 높은음자리표 레이어를 선택하고 레이어 패널의 상단에 있는 'Fill : 0'으로 설정하고, 레이어 패널의 하단에 있는 'Add a layer style' 버튼을 클릭해서 [Layer Style] 옵션 창을 열어줍니다. Stroke, Inner Shadow, Drop Shadow를 원고를 보고 적절히 적용합니다.

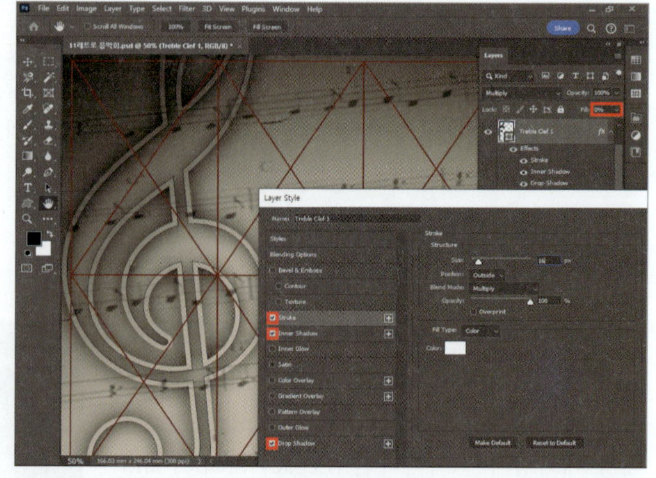

04 'Custom Shape tool'을 선택하고 음표들을 선택해서 높은음자리표 위로 마구잡이로 배치합니다.

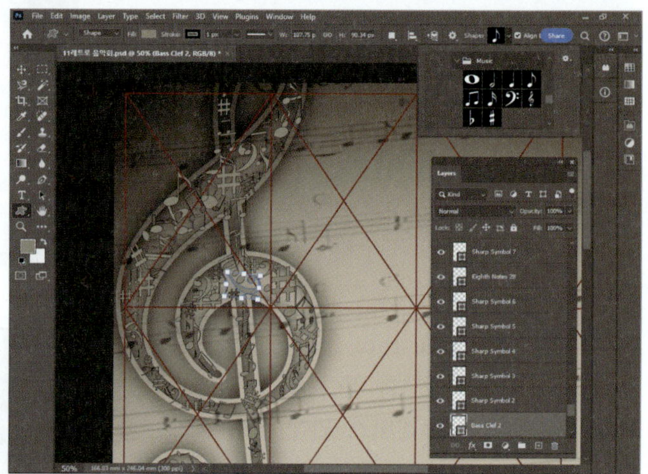

05 하단의 'Create a new group'을 클릭해서 작은 음표 폴더를 만들어 줍니다. 여러 개의 음표 레이어들을 '작은 음표' 폴더로 모두 넣습니다. 레이어 패널 하단의 fx 아이콘을 눌러서 [Layer Style] 옵션 창을 열고 'Bevel & Emboss'를 클릭해서 엠보스 효과를 적용합니다.

서로 가장 멀리 떨어진 레이어 두 개를 Shift 키를 누른 채로 클릭하면 두 레이어 사이에 있는 모든 레이어가 선택됩니다.

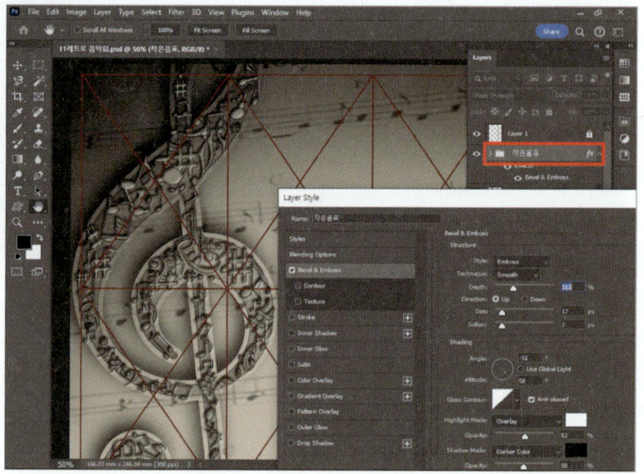

06 `Ctrl`+`S`를 눌러서 저장합니다.

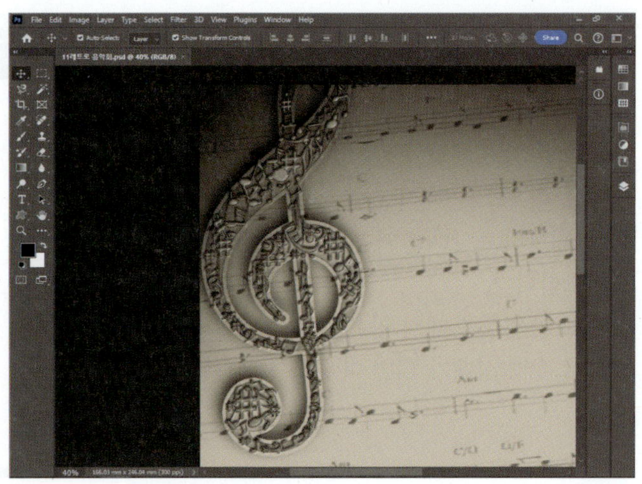

---

10 황금의 도시 경주전

Star, Polygon, Rotate 툴을 활용해 나침반 오브젝트를 만들어 보세요. 만든 요소를 포토샵으로 불러와 Distort와 Wave 필터로 종이 위에 인쇄된 나침반을 비틀어 원근감도 표현해 보세요. 회전 각도 계산과 복사, Shape Builder로 필요한 부분만 남기는 법, 포토샵의 Distort, Wave 효과를 짚어 봅니다.

01 나침반 만들기

01 'Ellipse tool'을 선택하고 면색은 Black, 선색은 None의 정원을 만듭니다. `Ctrl`+`R` 키를 눌러서 작업 창의 왼쪽과 위쪽에 눈금자가 나타나게 하고 눈금자에서 가이드 선을 꺼내어 중앙에 배치합니다.

'Selection tool'을 선택하고 가로세로 가이드 선과 원을 모두 선택해서 상단 옵션 바에서 Align을 클릭해서 원을 가이드선 중앙에 정렬해 줍니다. `Ctrl`+`Alt`+`;` 키를 눌러서 가이드 선을 고정해서 선택되지 않도록 해둡니다.

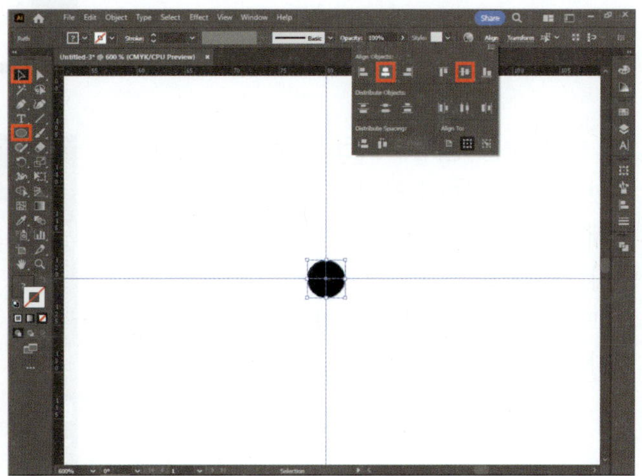

02 'Star tool'을 선택하고 원의 가운데를 클릭+드래그 후, 마우스를 떼지 않은 상태에서 위, 아래 방향키를 눌러서 돌출한 부분의 개수를 조절합니다.

그대로 마우스를 떼지 않은 상태에서 A의 거리를 드래그하고, [Ctrl] 키를 누른 채 B의 거리를 드래그합니다.

그대로 마우스를 떼지 않은 상태에서 [Shift] 키를 눌러서 수평 상태가 되면 마우스를 뗍니다.

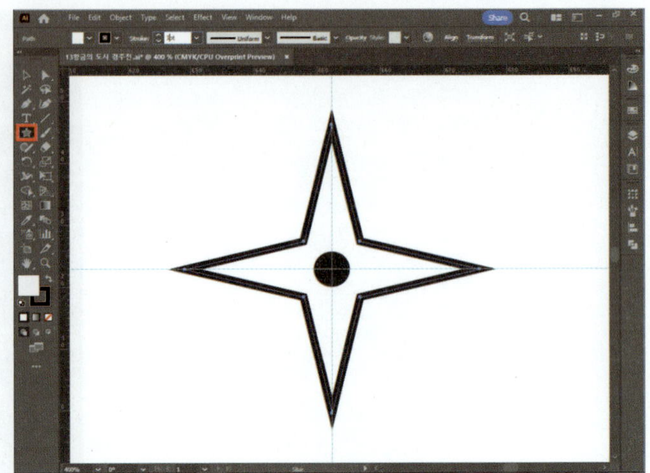

03 Start tool 사용법 참고하여 그림과 같은 모양을 만듭니다.

> **기적의 TIP**
>
> **Star tool 사용법**
> - [↑][↓] 방향키로 뾰족한 돌출부의 개수를 조절합니다.
> - [Ctrl] 키를 이용해서 뾰족한 부분의 길이를 조절합니다. 드래그해서 A의 길이를 조절하고 [Ctrl] 키를 눌러서 B의 길이를 조절합니다.

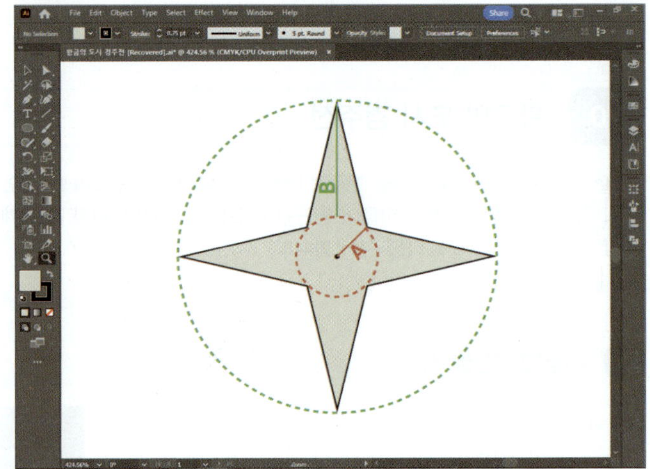

04 별 모양을 선택해서 [Ctrl]+[C]를 눌러서 복사한 후 [Ctrl]+[F]를 눌러서 복사한 오브젝트의 위에 붙여넣기 합니다.

[Alt]+[Shift] 키를 누른 채 모서리를 잡고 안쪽으로 드래그해서 복제한 별 모양의 크기를 줄여 줍니다.

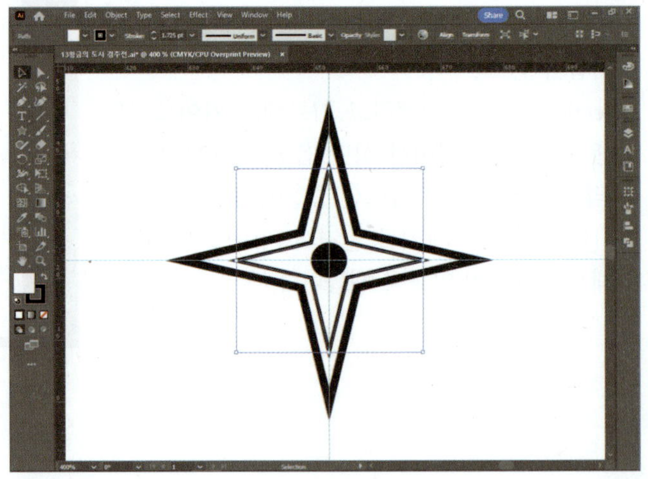

05 별을 모두 선택하고 [Ctrl]+[C]를 눌러서 복사한 후 [Ctrl]+[B]를 눌러서 오브젝트의 아래에 붙여넣기 합니다.

바운딩 박스의 모서리를 클릭하고 [Shift] 키를 누른 채로 45° 회전시켜줍니다.

회전된 작은 별을 선택해서 면색은 Black, 선색은 None으로 바꿔줍니다.

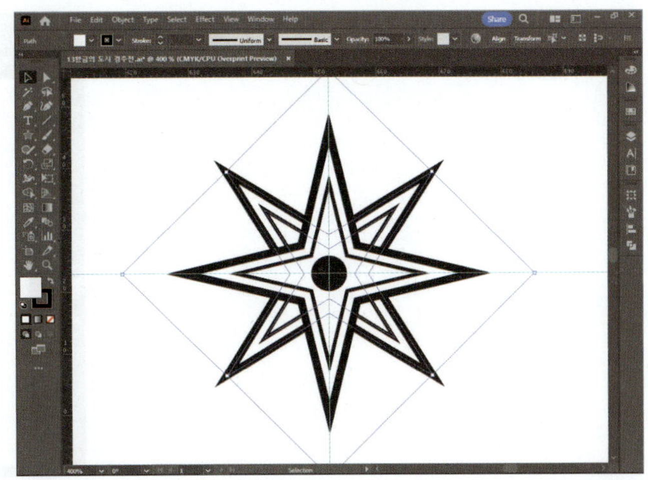

06 'Type tool'을 선택하고 상단 옵션 바에서 'Paragraph : Align Center'를 클릭한 후에 N을 입력하고 12시 방향에 위치를 잡아줍니다. 'Rotate tool'을 선택하고 [Alt] 키를 누른 채 원의 한 가운데를 클릭합니다. [Rotate] 대화상자가 나타나면 'Angle: 90'을 입력하고 [Copy]를 클릭합니다. [Ctrl]+[D]를 두 번 더 눌러서 복사합니다.

각각의 자리에 N 글자를 W, S, E로 바꿔줍니다.

07 'Ellipse tool'을 선택하고 [Alt]+[Shift] 키를 누른 채 중앙에서부터 드래그해서 정원을 만듭니다. 면색은 None, 선색은 Black으로 지정하고, 상단 옵션 바에서 'Stroke'을 수치를 높여서 두께를 적절히 조절합니다.

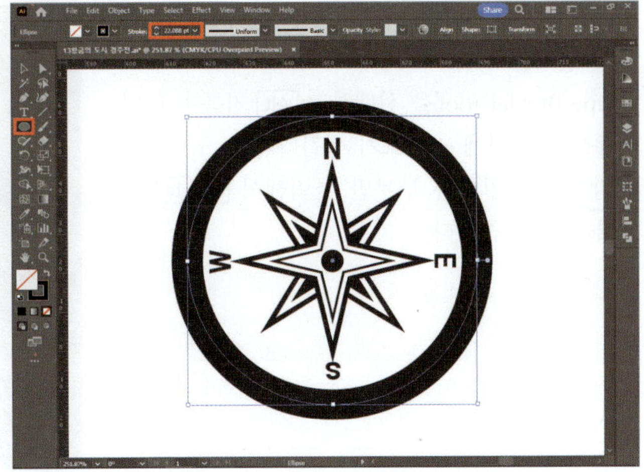

08 [Object] 〉 [Expand]를 클릭해서 선을 면으로 바꿔줍니다.

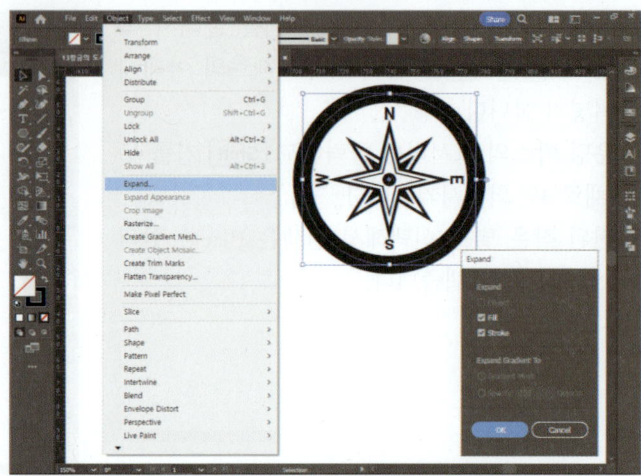

09 'Polygon tool'을 이용해서 삼각형을 만들고 12시 방향에 위치시킵니다.
삼각형의 모서리 개수는 삼각형을 만드는 동안 방향키 위, 아래를 누르면 조절이 가능합니다.

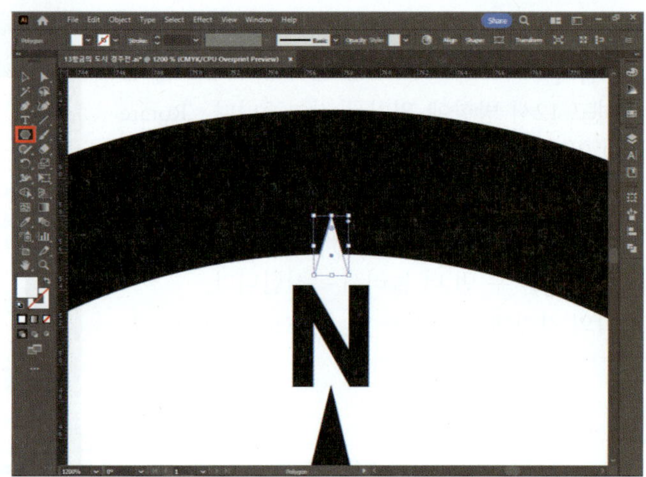

10 'Selection tool'을 이용해서 흰 삼각형과 검은 원을 선택합니다.
'Shape Builder tool'을 선택하고 Alt 키를 누르면 마우스 포인터에 − 기호가 생깁니다.
삼각형의 불필요한 부분만 클릭해서 Delete 키를 눌러 지워줍니다.

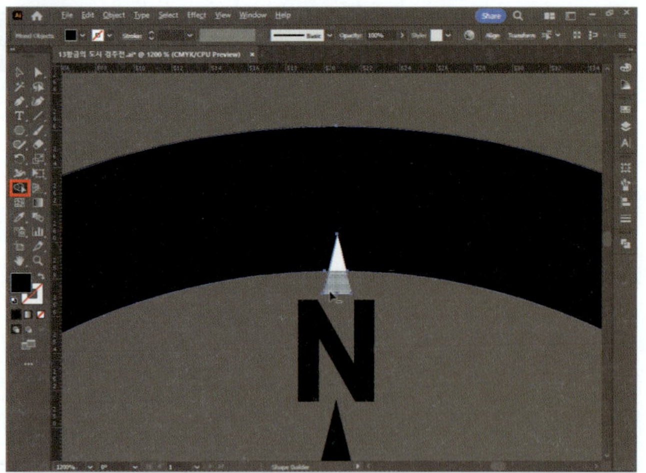

11 삼각형이 선택된 상태에서 'Rotate tool'을 선택하고 `Alt` 키를 누른 채 원의 한 가운데를 클릭합니다. [Rotate] 대화상자가 나타나면 'Angle : 90'을 입력하고 [Copy]를 클릭합니다.
`Ctrl`+`D`를 두 번 더 눌러서 복사합니다.

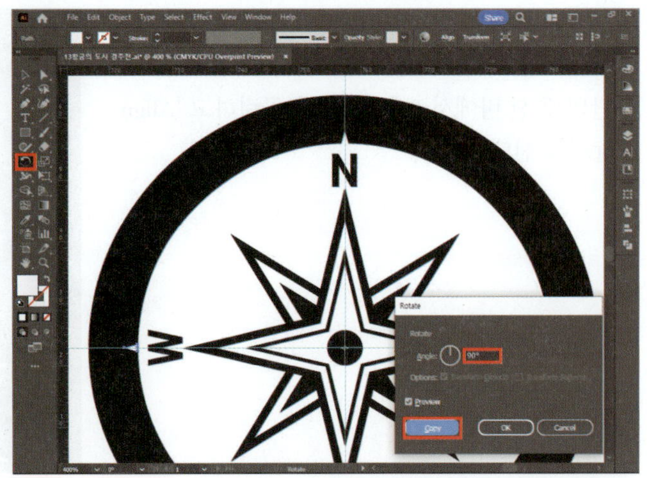

12 'Line Segment tool'로 직선을 그린 후 상단 옵션 바에 나타난 'Stroke'로 선의 두께를 조절합니다.

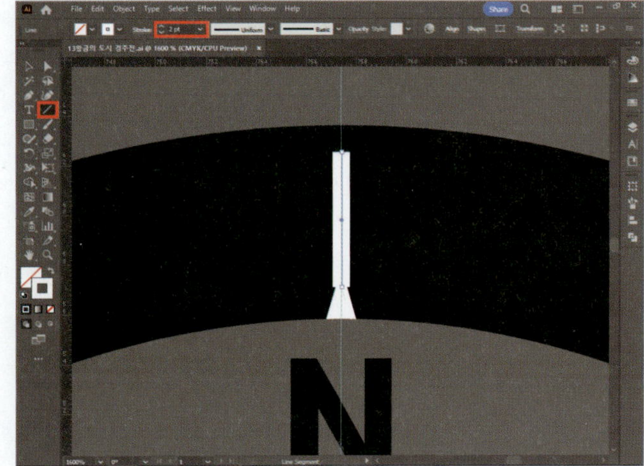

13 직선이 선택된 상태로 'Rotate tool'을 클릭하고 `Alt` 키를 누른 채 원의 한가운데를 클릭합니다. [Rotate] 대화상자가 나타나면 'Angle : 360/32'를 입력하고 [Copy]를 클릭합니다.
`Ctrl`+`D`를 서른 번 더 눌러서 복사합니다.
숫자가 들어갈 부분에 자리한 직선을 삭제해 줍니다.

⊫ 기적의 TIP

'Angle : 360/32'는 360°를 32로 나눈 값이 자동으로 계산됩니다.

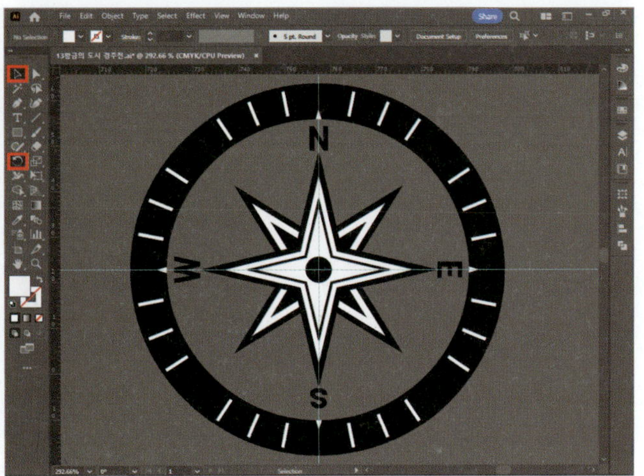

14 'Type Tool'로 숫자 0을 입력하고 12시 방향에 위치시킵니다.
상단의 옵션 바에서 Paragraph를 클릭하고 'Align center'를 선택합니다.

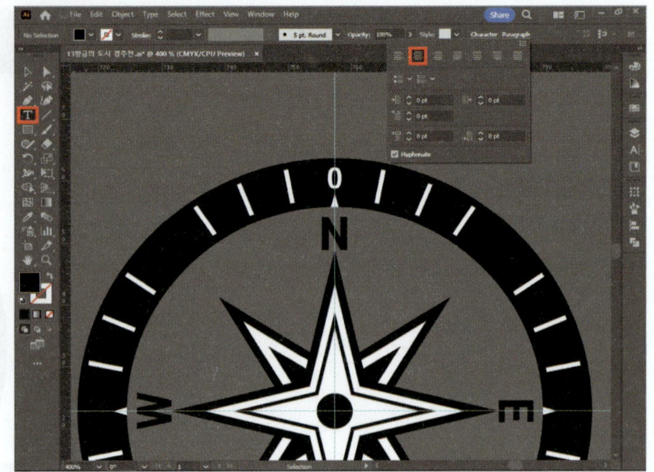

15 숫자 0이 선택된 상태로 'Rotate tool'을 클릭하고 Alt 키를 누른 채 원의 한가운데를 클릭합니다. [Rotate] 대화상자가 나타나면 'Angle : 45'를 입력하고 [Copy]를 클릭합니다.
Ctrl + D 를 여섯 번 더 눌러서 복사합니다.

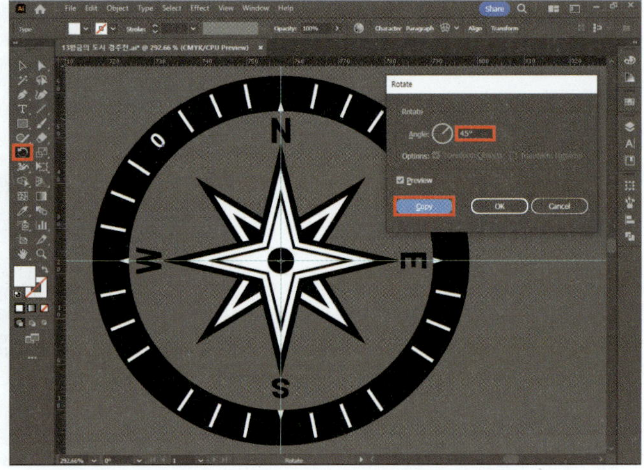

16 복제된 숫자 '0'을 각각의 자리에 맞는 숫자로 다시 입력합니다.

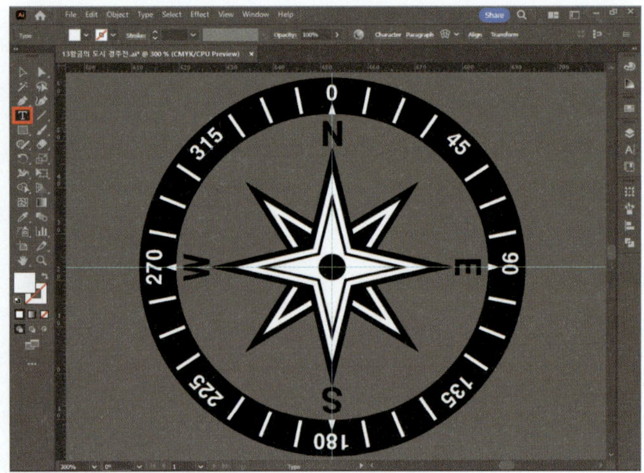

17 테두리에 있는 원을 만들기 위해 면색은 None, 선색은 Black을 설정합니다.
'Ellipse tool'을 클릭하고 Alt + Shift 키를 누른 채 가운데에서부터 클릭 드래그를 해서 정원을 두 개 만들고 각각의 두께를 상단 옵션 바의 'Stroke'에서 조절해 줍니다.
Ctrl + G 키를 눌러서 그룹으로 묶어줍니다.

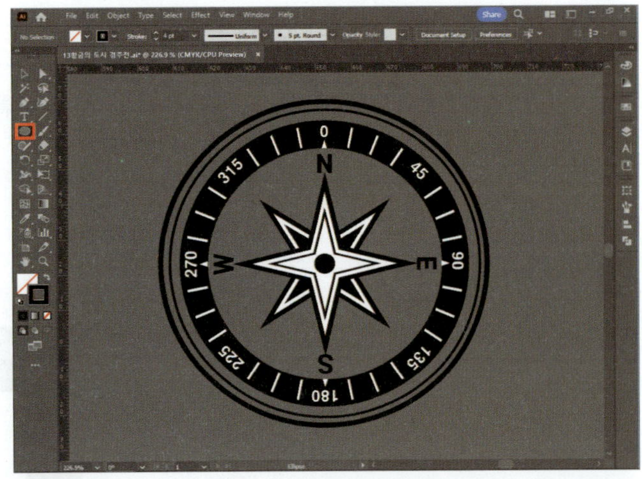

18 나침반 오브젝트를 포토샵으로 가져옵니다.
[Edit] > [Transform] > [Distort]를 클릭하면 각각의 모서리에 바운딩 박스가 나타납니다.
모서리의 조절점을 잡고 원근감 있게 조절해 줍니다.

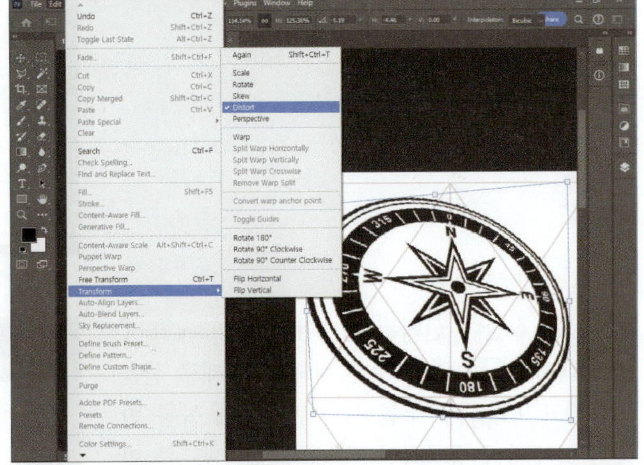

19 [Filter] > [Distort] > [Wave]를 클릭해서 대화상자가 나타나면 수치를 조절해서 원고와 비슷하게 만들어 줍니다.

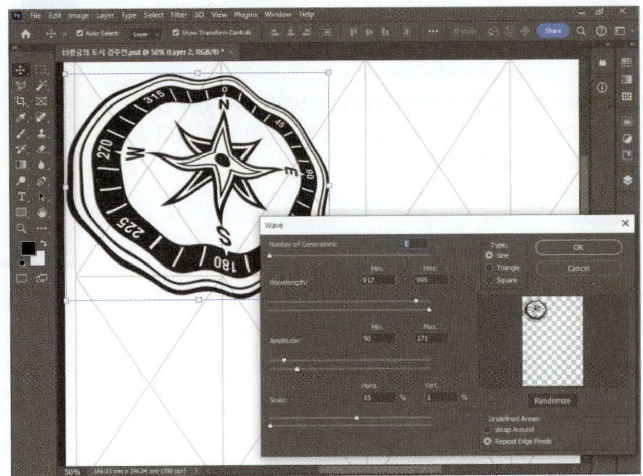

펜 툴로 진드기의 몸통과 다리를 그리고 Reflect, Blend, 그라데이션을 활용해 입체감 있는 일러스트를 완성해 보세요. 나뭇잎 이미지를 만든 뒤 패턴으로 등록하고 Scale, Pattern Options를 활용해 크기와 간격을 조정 후 자연스럽게 반복되는 배경으로 만들어 보세요.

01 진드기 그리기

01 'Pen tool'을 이용해서 진드기 몸통 절반을 그려줍니다. 선색은 None, 면색은 C65M65Y75K25로 설정합니다.

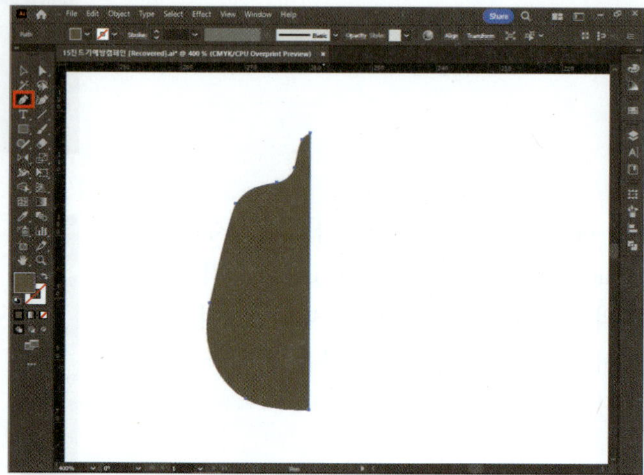

02 몸통 절반이 선택된 상태에서 'Reflect tool'을 선택하고 [Alt] 키를 누른 채 몸통의 세로 선을 클릭하고 [Copy]를 누릅니다. 반대쪽에 몸통 반쪽이 복제되어 생성되면 두 개의 오브젝트를 맞붙여줍니다.

> **기적의 TIP**
>
> 오브젝트가 서로 떨어져 있다면 좌, 우 방향키 [←][→]를 눌러서 붙여주거나, 드래그해서 이동시킬 때 [Shift] 키를 눌러서 수평으로 이동시켜 맞붙여줍니다.

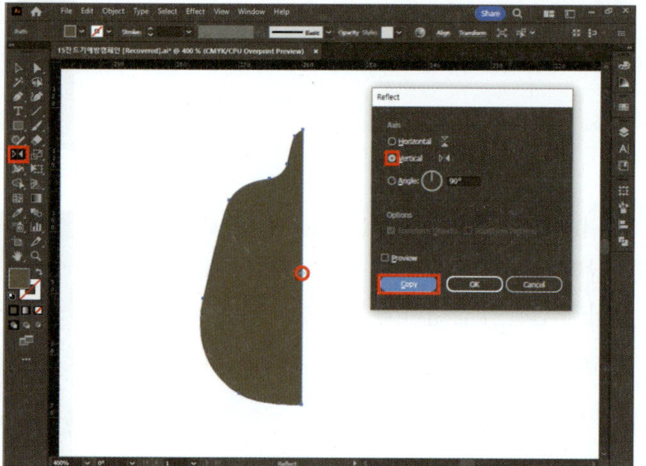

03 맞붙은 두 개의 오브젝트를 선택한 후 'Shape Builder tool'을 클릭하고 오브젝트 하나를 클릭해서 다른 하나로 드래그합니다.
두 개의 오브젝트가 하나로 합쳐집니다.

⚙ 버전 TIP

CS6 버전 사용자는 [Window] 〉 [Pathfinder]를 열고, 'Shape Modes : Unite'를 클릭하면 두 개의 맞붙어 있는 오브젝트가 하나로 합쳐집니다.

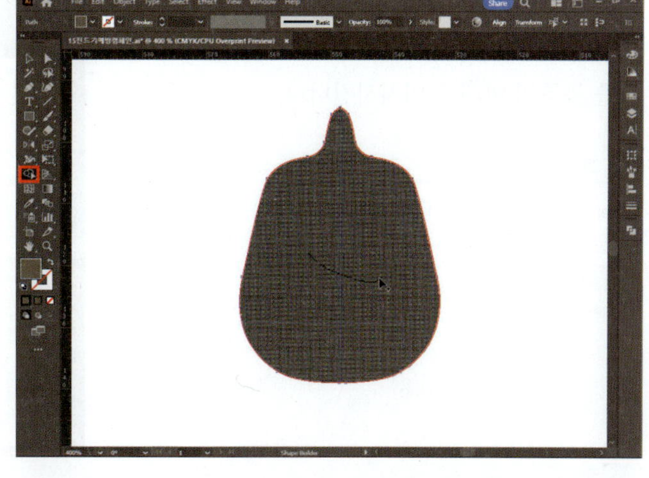

04 'Pen tool'을 이용해서 다리 하나를 그려줍니다. 그려진 다리 하나를 복사해서 왼쪽의 다리 4개를 만듭니다.
4개의 다리를 모두 선택한 후 'Reflect tool'을 선택하고 [Alt] 키를 누른 채 몸통의 가운데 부분을 클릭한 후 [Copy]를 누릅니다.
다리의 마디의 방향이나 길이 두께 등을 조절해 줍니다.

⚑ 기적의 TIP

다리의 마디 수정은 시간 여유가 없다면 생략합니다.

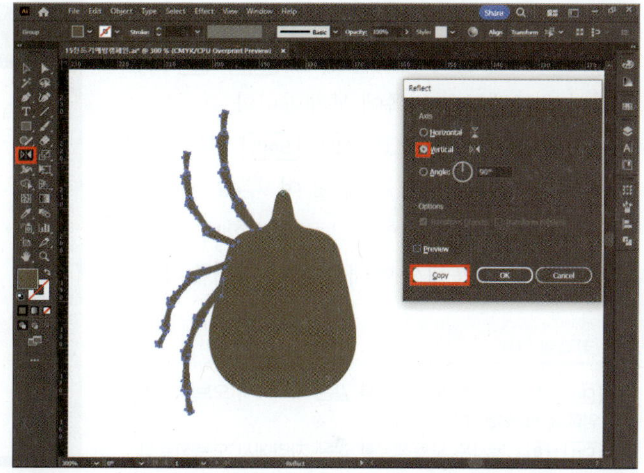

05 'Selection tool'을 선택하고 오브젝트 전체를 드래그해서 모두 선택합니다.
[Shift] 키를 누른 채 몸통을 클릭하면 몸통이 선택 해제되고 다리들만 선택된 상태가 됩니다.
[Window] 〉 [Pathfinder]를 열고 'Shape Modes : Unite'를 클릭해서 마디가 분리된 다리들을 하나의 면으로 만들어 준 후에 마우스 오른쪽 버튼을 클릭해서 'Ungroup'을 클릭합니다.

⚑ 기적의 TIP

Selection tool 또는 Direct selection tool을 사용할 때 [Shift] 키를 누른 채 클릭을 하면, 이미 선택된 상태에서는 선택이 해제되고, 선택이 안 된 상태일 때는 선택 상태가 됩니다.

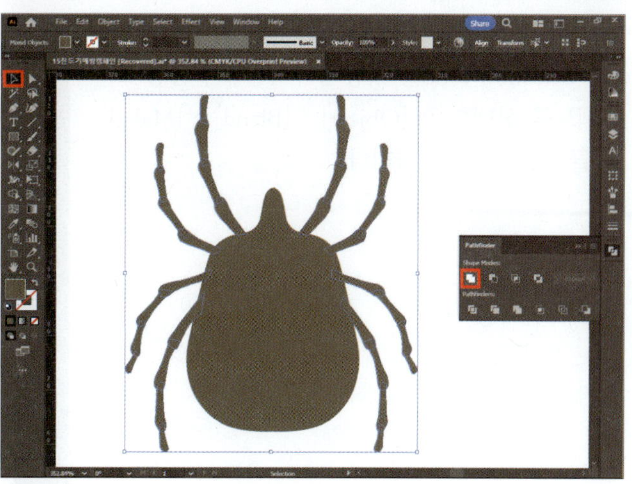

06 다리가 선택된 상태로 마우스 오른쪽 버튼을 클릭해서 'Arrange 〉 Send to Back'를 눌러서 다리를 몸통의 아래로 위치시킵니다.

🏁 **기적**의 TIP

Send to Back : [Shift]+[Ctrl]+[[]

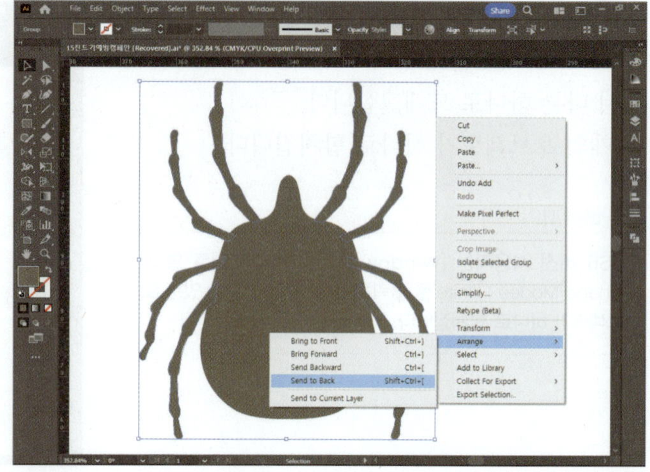

07 'Selection tool'을 이용해서 몸통을 선택하고 [Ctrl]+[C] 키를 눌러 복사를 한 후 [Ctrl]+[F] 키를 눌러서 오브젝트의 위쪽에 복제합니다.
모서리의 조절점을 잡고 [Alt]+[Shift] 키를 누른 채 가운데 방향으로 작게 줄여 주고 선색은 None, 면색은 C30M30Y40으로 설정합니다.
방향키 [↓]를 이용해서 아래로 살짝 내려줍니다.

🏁 **기적**의 TIP

- [Ctrl]+[F] : 복사된 오브젝트를 같은 자리에서 오브젝트의 위쪽에 복제합니다.
- [Ctrl]+[B] : 복사된 오브젝트를 같은 자리에서 오브젝트의 아래쪽에 복제합니다.

08 'Selection tool'을 이용해서 두 개의 몸통 오브젝트를 선택한 후 [Object] 〉 [Blend] 〉 [Make]를 클릭해서 블렌딩합니다.

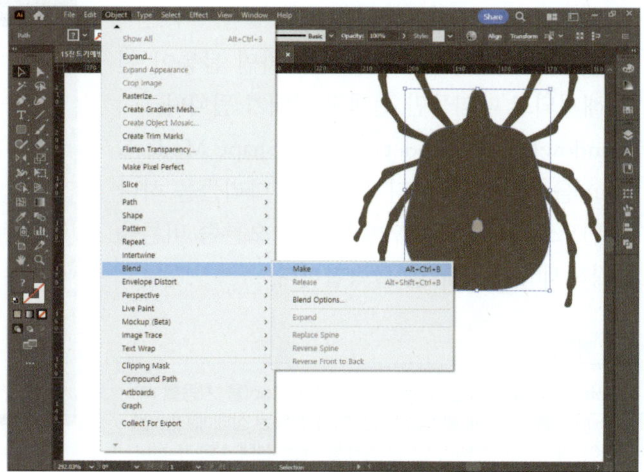

09 'Selection tool'을 이용해서 다리 오브젝트들을 모두 선택한 후 'Gradient tool'을 더블클릭합니다. [Gradient] 패널이 열리면 Gradient Slider를 클릭해서 C65M65Y75K25와 Black을 지정해 주고 슬라이더 위의 작은 마름모 모양의 아이콘을 검은색 쪽으로 움직여서 색상 전환 지점을 조절합니다.

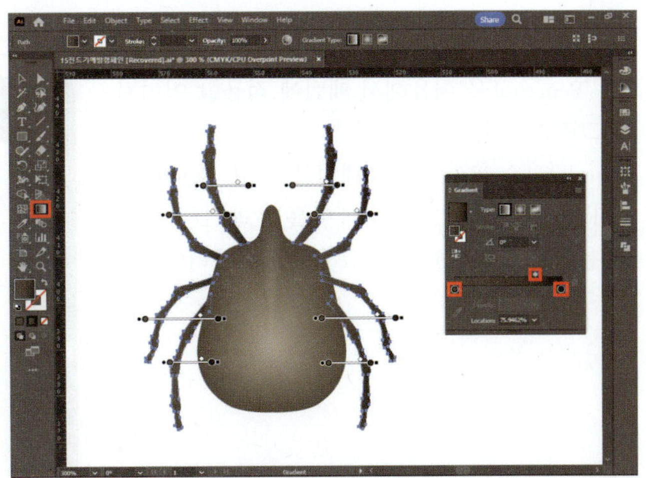

10 'Selection tool'을 이용해서 다리를 하나 선택한 후 'Gradient tool'을 클릭하고 색상 방향에 맞게 다리에 클릭 드래그합니다.
같은 작업을 다리마다 반복해서 모든 다리에 그라데이션을 적용합니다.

기적의 TIP

- Selection tool : V
- Gradient tool : G
- 반복되는 작업일수록 단축키를 활용해서 빠르게 작업합니다.

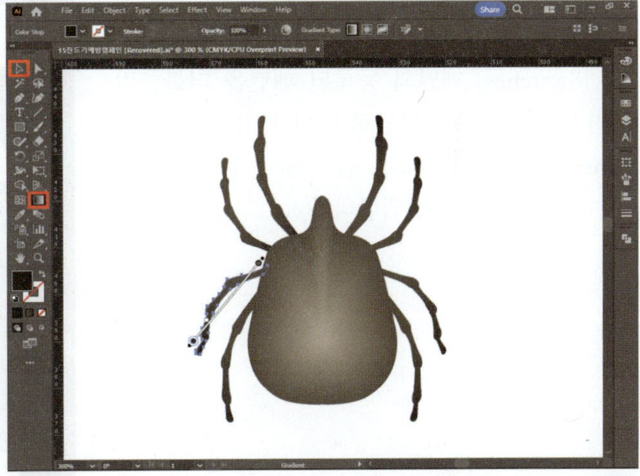

11 'Selection tool'을 이용해서 완성된 오브젝트를 모두 선택하고, Ctrl+G 키를 눌러서 그룹으로 묶어둡니다.

② 패턴 만들기

01 'Pen tool'을 이용해서 패턴에 적용할 이미지를 그려줍니다.

[Window] 〉 [Swatches] 패널을 열고 'Selection tool'을 선택해서 그려둔 패턴을 드래그해서 모두 선택한 후 패널로 드래그해서 등록합니다.

02 [Swatches] 패널의 등록된 패턴을 더블클릭하면 [Edit Pattern] 모드로 바뀌고, [Pattern Options] 패널이 열립니다. 옵션에서 'Tile Type : Hex by Column'을 선택합니다.

03 'Selection tool'을 클릭하고 패턴을 드래그해서 선택한 후 나타나는 조절점의 모퉁이를 잡고 크기를 조절합니다. 가로 세로의 비율을 그대로 적용하려면 Shift 키를 누르고 조절점을 조절합니다.

패턴과 패턴의 거리가 너무 가깝거나 멀다면 'Size Tile to Art'를 체크하고 아래 나타난 H Spacing, V Spacing에 수치를 입력해서 조절합니다. [Edit Pattern] 창의 상단에 있는 Done을 클릭하면 저장과 동시에 [Edit Patten] 창이 닫히고 작업 중이던 아트보드가 있는 창이 나타납니다.

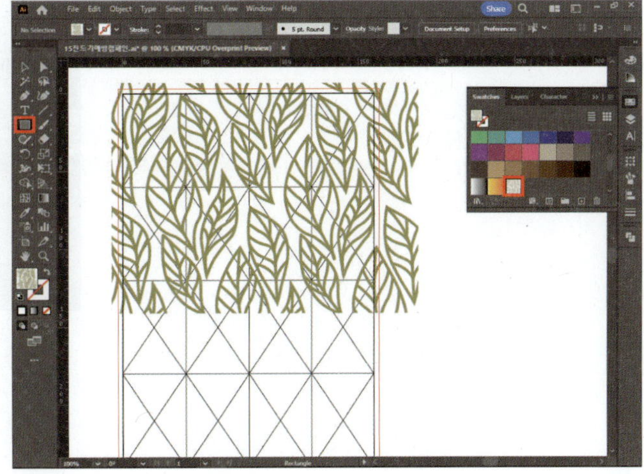

🏁 기적의 TIP

패턴의 크기는 패턴이 적용된 오브젝트를 선택하고 Scale tool을 더블클릭해서 조절할 수도 있습니다.

04 'Rectangle tool'을 선택하고 아트보드보다 크게 드래그해서 사각형을 만듭니다.

면 색은 [Swatches] 패널에 만들어 둔 패턴을 선택해 주고, 선색은 None으로 설정합니다.

05 패턴의 크기를 조절하기 위해 사각형이 선택된 상태에서 'Scale tool'을 더블클릭합니다. [Scale] 대화상자가 열리면 Transform Patterns에 체크하고 [OK] 버튼을 클릭합니다.

사각형을 키우거나 줄여서 패턴의 크기와 위치를 조절한 후 다시 'Scale tool'을 더블클릭하고 Transform Patterns에 체크를 해제하고 [OK] 버튼을 누릅니다.

패턴의 크기는 Edit Pattern 창에서도 조절할 수 있습니다.

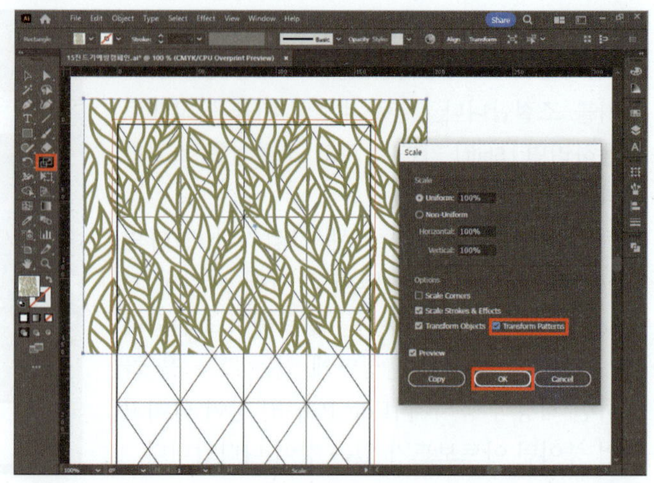

06 'Selection tool'을 선택하고 패턴은 고정된 상태이므로 사각형의 크기만 적절히 조절해 줍니다.

포토샵에서 배경을 제거한 사진을 일러스트레이터로 가져와 흑백의 벡터 일러스트로 변환한 뒤, 프레임을 더해 배지처럼 만들어 보세요. 완성된 이미지는 다시 포토샵으로 가져와 다른 이미지와 클리핑 마스크, Levels, 블렌딩 모드를 활용해 자연스럽게 합성하는 과정을 연습해 보세요.

01   이미지 추적 적용하기

01 포토샵에서 농부 이미지를 불러온 후 'Quick Selection tool'을 사용해서 배경을 선택한 후 배경을 흰색으로 바꿔주고 저장합니다.

02 일러스트의 [File] 〉 [Place]를 눌러서 저장한 농부 이미지를 선택해서 불러옵니다.
상단의 옵션 바에서 'Embed'를 클릭해서 이미지를 일러스트에 포함해주고, 'Image Trace'를 클릭해서 비트맵 이미지를 벡터로 바꿔줍니다.

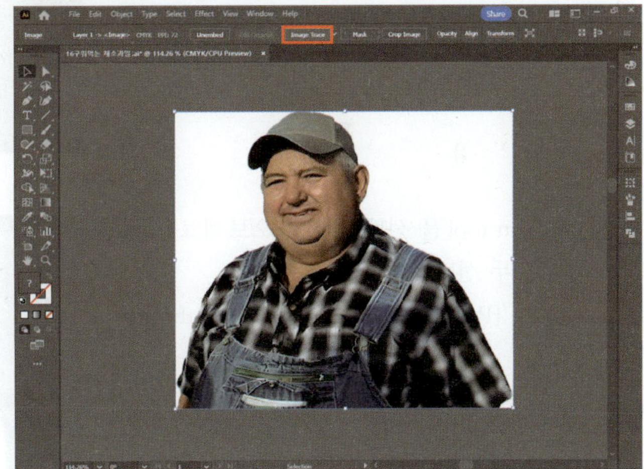

03 상단 옵션 바에서 'Image Trace Panel'을 선택해 옵션 창이 열리면 'Black and White' 아이콘을 클릭하고 'Threshold'의 슬라이더를 조절해서 검은색과 흰색의 범위를 조절해 줍니다. 적절한 이미지가 추출되었다면 상단 옵션 바의 'Expand'를 클릭해서 선과 면으로 확장합니다.

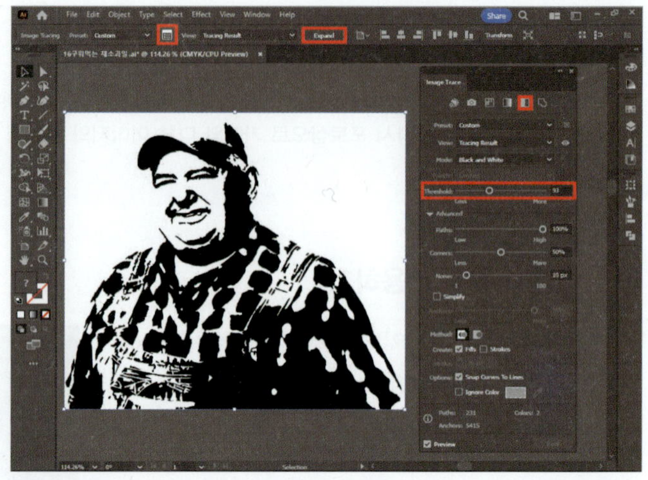

04 'Ellipse tool'을 클릭하고 Shift + Alt 키를 누른 채 드래그해서 정원을 그려줍니다.
아래의 농부 오브젝트가 보이도록 원의 면색은 None 선색은 임의의 색으로 설정해서 원의 크기와 위치를 조절합니다.

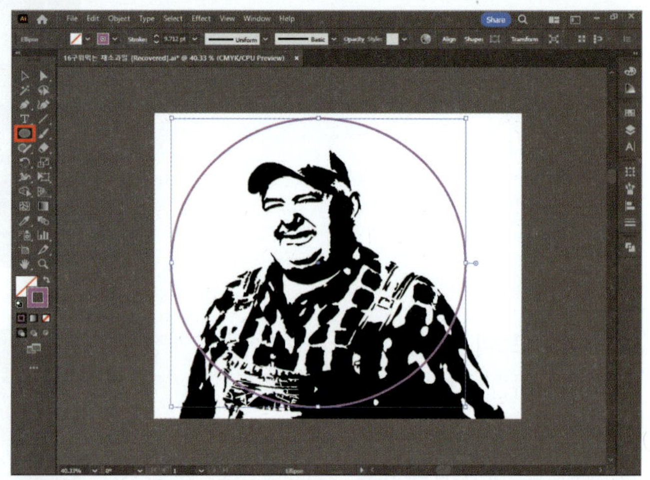

05 'Selection tool'을 선택하고 두 오브젝트를 드래그해서 모두 선택합니다.
[Window] 〉 [Pathfinder] 패널을 열고 'Pathfinders : Crop'을 클릭합니다.

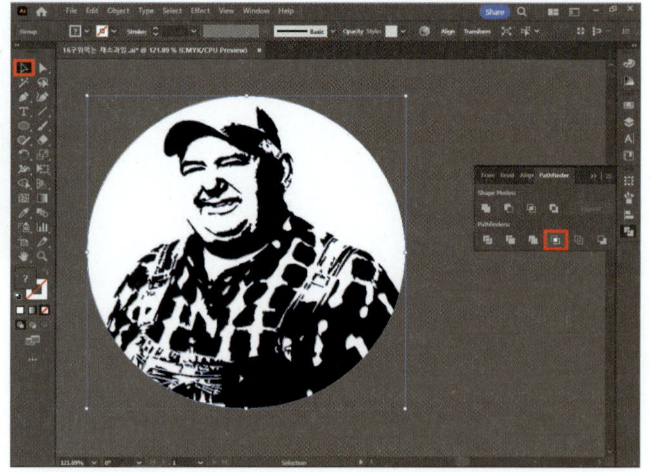

06 'Selection tool'을 클릭하고 오브젝트를 더블 클릭해서 'Isolation Mode'로 들어갑니다.
'Magic Wand tool'을 이용해서 검은색을 클릭하고 Delete 키를 눌러서 지워줍니다.
화면 상단의 회색 바를 클릭하면 Isolation Mode 상태를 벗어나 아트보드로 돌아갑니다.

> **기적의 TIP**
>
> - 오브젝트를 더블클릭해서 '격리 모드'에서 작업을 하면 다른 개체에 영향을 주지 않고 독자적으로 수정할 수가 있습니다.
> - Magic Wand tool을 이용해서 검은색을 선택했을 때 다른 개체에 있는 검은색이 함께 선택되기 때문에 '격리 모드'에서 검은색을 선택합니다.

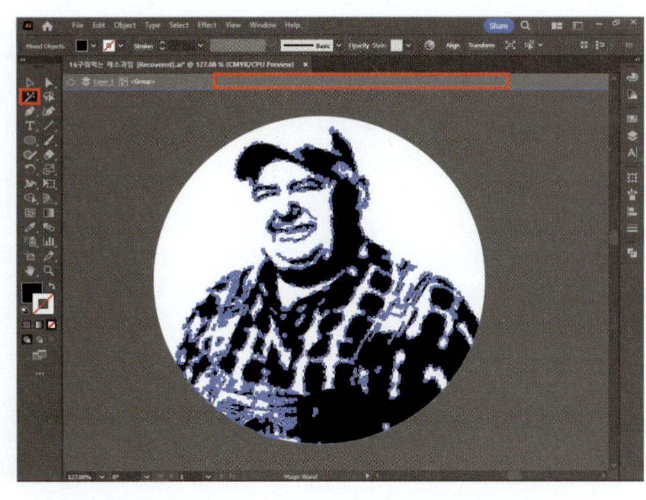

07 'Selection tool'을 선택하고 농부 오브젝트 전체를 드래그해서 선택합니다.
Ctrl + G 키를 눌러서 그룹으로 묶어둡니다.

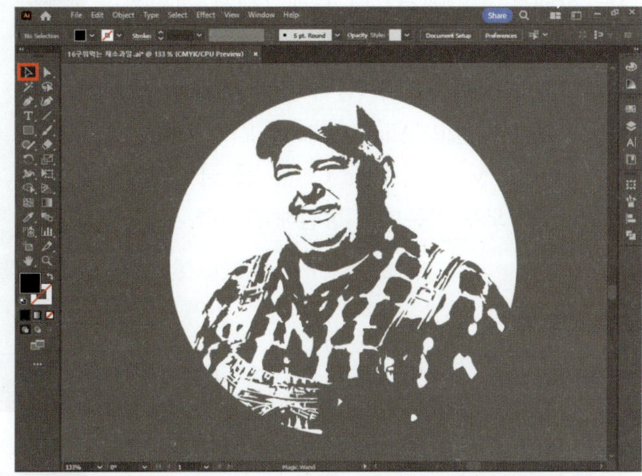

08 'Star tool'을 선택하고 뾰족한 부분이 여덟 개가 되도록 만듭니다. 선색은 None, 면색은 White로 설정합니다.

> **기적의 TIP**
>
> - 뾰족한 부분의 개수를 늘리거나 줄이려면 드래그 한 상태에서 마우스를 떼지 않고 방향키 ↑, ↓를 누릅니다.
> - 뾰족한 부분을 더 길거나 짧게 그릴 때는 드래그한 상태로 마우스를 떼지 않고 Ctrl 키를 누른 상태에서 마우스를 움직여 조절해 보세요.

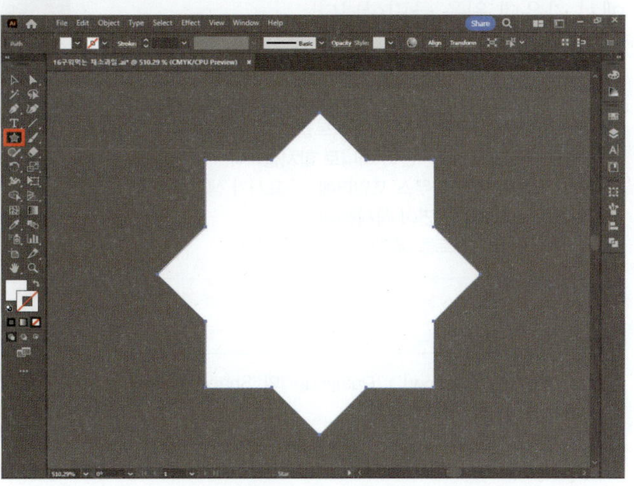

09 'Direct Selection tool'을 선택하면 꺾이는 모서리마다 조절점이 생성됩니다.
조절점 한 개를 잡고 움직여서 모서리를 완만한 곡선으로 만들어 줍니다.

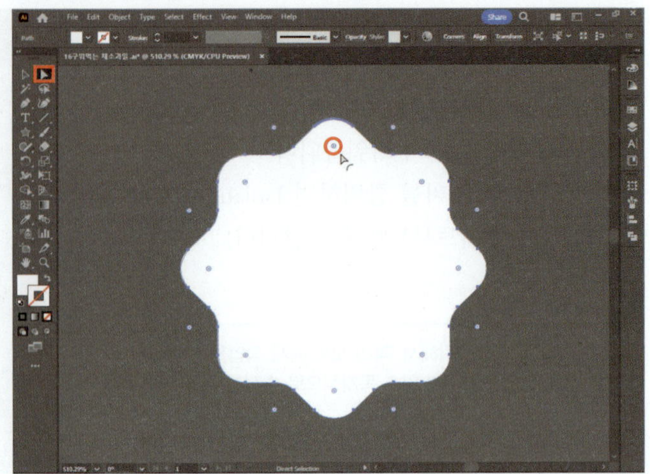

10 'Ellipse tool'을 선택하고 [Alt]+[Shift] 키를 누른 상태로 중앙에서부터 드래그해서 정원을 만들어 줍니다.
두 개의 오브젝트를 모두 선택하고 [Window] 〉 [Align] 패널을 열고 'Align Objects : Horizontal Align Center, Vertical Align Center'를 클릭해서 가로와 세로 모두 가운데로 정렬해 줍니다.

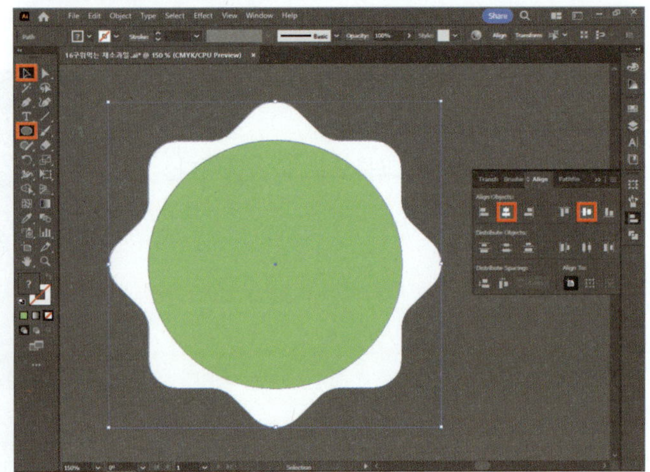

11 'Shape tool'을 선택하고 [Alt] 키를 누른 상태에서 가운데 원을 클릭합니다.

 **기적**의 TIP

- Shape tool : 선택이 된 오브젝트들이 서로 겹쳐져 있는 상태에서 드래그하면 면이 하나로 합쳐집니다.
- [Alt] 키를 누르면 마우스 포인터에 '–' 표시가 생기고 클릭하거나 드래그하면 면이 삭제됩니다.
- 선택이 된 오브젝트들 에게만 적용이 됩니다.

버전 TIP

CS6 사용자는 [Window] 〉 [Pathfinder]의 'Shape Modes : Minus Front'를 이용합니다.

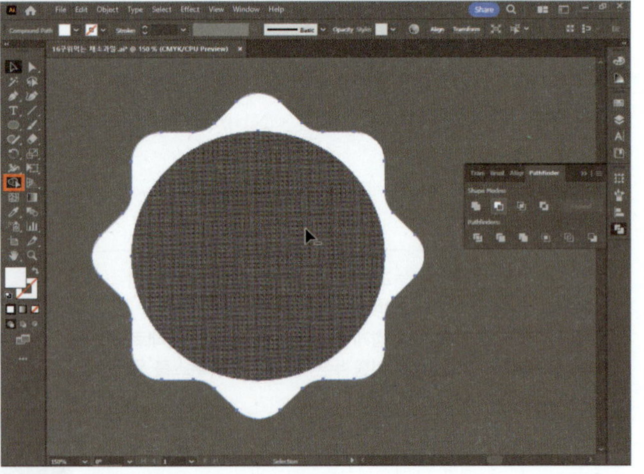

12 'Selection tool'을 선택하고 농부 원 위로 가져와서 원과 간격을 살짝 두고 크기를 조절합니다. 두 개의 오브젝트를 모두 선택하고 [Window] 〉 [Align] 패널을 열고 'Align Objects: Horizontal Align Center, Vertical Align Center'를 클릭해서 가로와 세로 모두 가운데로 정렬해 줍니다.

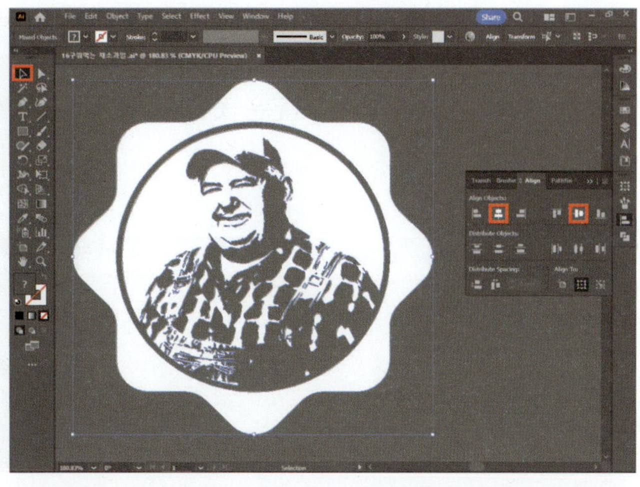

13 일러스트에서 작업한 '농부'를 포토샵으로 가져옵니다. 'Move tool'을 이용해서 크기와 위치를 잡아줍니다.

14 칠판 자국 배경 이미지를 불러옵니다. 레이어는 '농부' 레이어 위로 위치시키고, 'Move tool'을 이용해서 크기는 '농부'보다 크게, 위치는 '농부'가 충분히 덮이는 위치로 이동시킵니다.

15 [Image] 〉 [Adjustments] 〉 [Levels] 패널을 열고, 'Input Levels'의 삼각형 슬라이더 세 개를 움직여서 밝은 곳은 더 밝게, 어두운 곳은 더 어둡게 조절합니다.

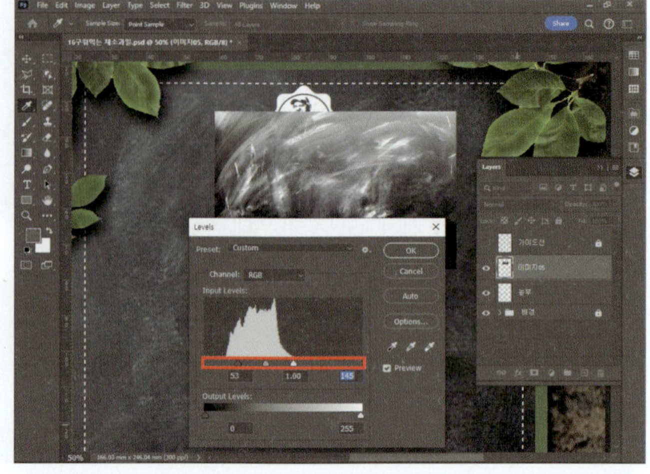

16 칠판 자국 배경 이미지 레이어와 아래에 있는 '농부' 레이어 사이를 Alt 키를 누른 채 마우스를 가져대 대면 커서의 모양이 바뀝니다. 그대로 클릭해서 클리핑 마스크를 적용합니다.

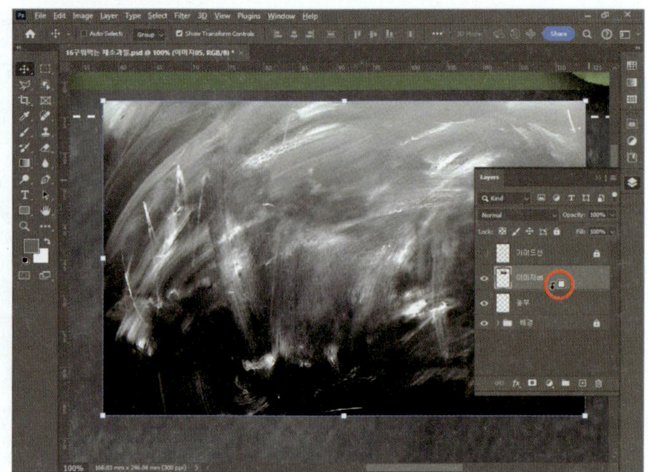

17 [Layers] 패널의 상단에 있는 블렌딩 모드를 적용해서 자연스럽게 합성합니다.

브러시로 붓 터치 모양을 만든 뒤 Expand와 Compound Path를 이용해 하나의 개체로 정리하고, 그라데이션을 적용해 질감이 있는 색 번짐 효과를 만들어 보세요. 이어서 악수하는 손 이미지를 가져와 포토샵의 필터, Levels, 클리핑 마스크를 활용해 손 라인과 붓 터치 배경을 깔끔하게 분리하고 합성하는 과정을 연습해 보세요.

01 브러시 그라데이션

01 'Pen tool'을 이용해서 면색 None, 선색 Black의 선을 그려줍니다.

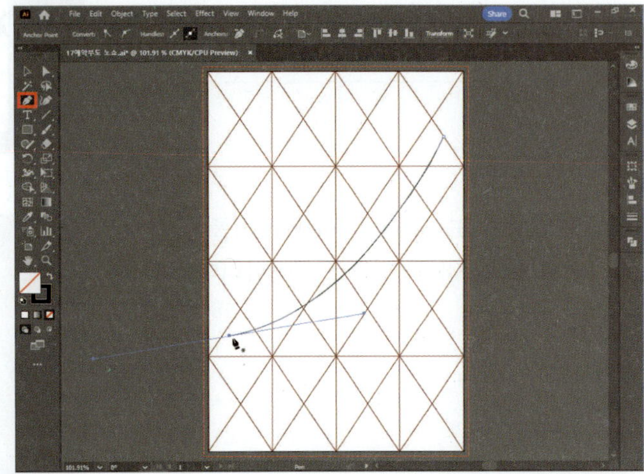

02 [Window] 〉 [Brushes] 패널을 열고 하단의 'Brush Libraries Menu'를 클릭한 뒤 'Vector Packs 〉 Grunge brushes vector pack'을 클릭합니다.

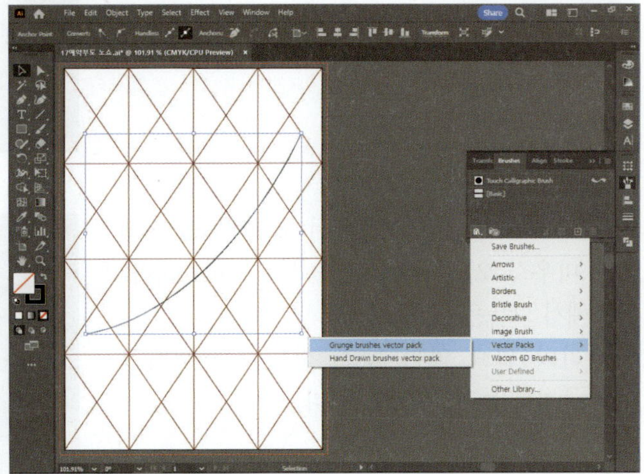

03 [Grunge brushes vector pack]의 브러시 패널이 열리고 그중 맨 아래의 'Grunge brushes vector pack 07'을 선택합니다.

상단 옵션 바의 'Stroke : 3pt'로 입력해서 두께를 조절해 줍니다.

똑같은 브러시가 없다면 가장 비슷한 브러시를 선택해서 적용합니다. 브러시는 시험에 자주 나오는 항목이고 종류도 많기 때문에 어떠한 브러시들이 있는지 미리 확인해 둡니다.

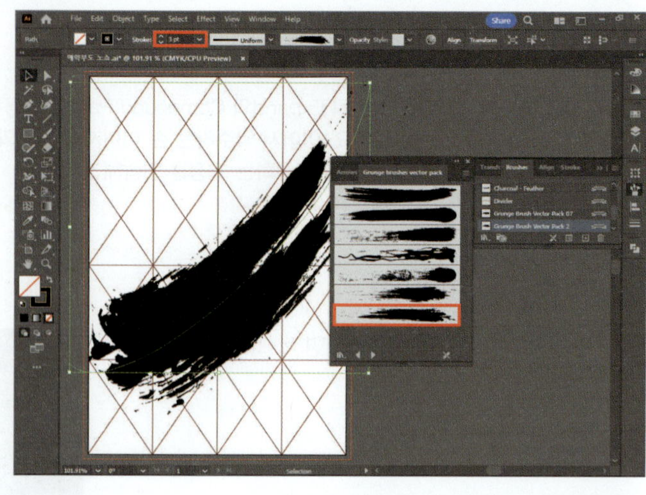

04 [Object] 〉 [Expand Appearance]를 클릭해서 브러시 효과를 선과 면으로 확장합니다.

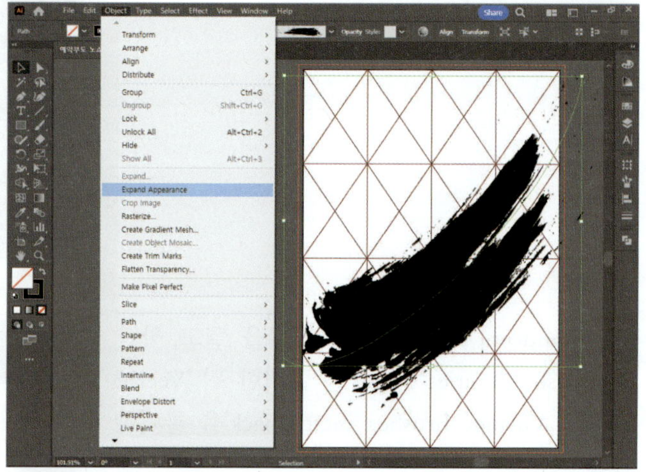

05 'Selection tool'을 이용해서 오브젝트를 선택하고 마우스 오른쪽 버튼을 눌러서 'Ungroup'을 클릭해서 그룹을 해제합니다.

테두리의 필요 없는 패스 선들을 선택하고 Delete 키를 눌러서 지워줍니다.

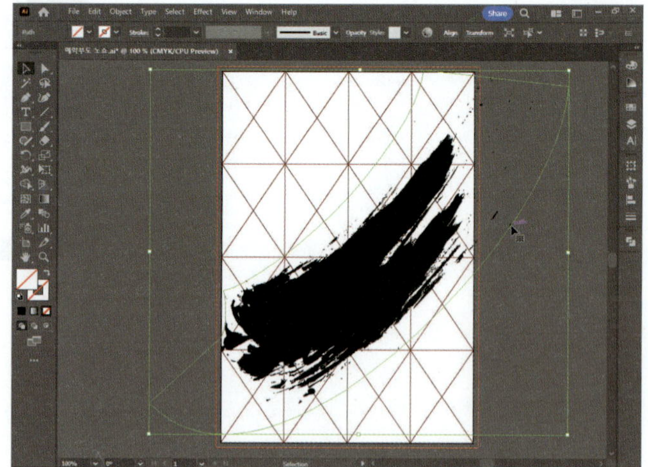

06 오브젝트들을 모두 드래그해서 선택한 후 [Object] 〉 [Compound Path] 〉 [Make]를 클릭해서 여러 개의 오브젝트를 한 개로 합쳐줍니다.

Compound Path
- Make : 여러 개의 오브젝트들을 하나로 인식시켜주기 때문에 붓 터치의 크고 작은 오브젝트들을 모두 한 개의 개체로 인식합니다.
- Release : Make를 눌러서 한 개의 개체로 인식했던 오브젝트들을 원래로 되돌려 개별 오브젝트들로 인식합니다.

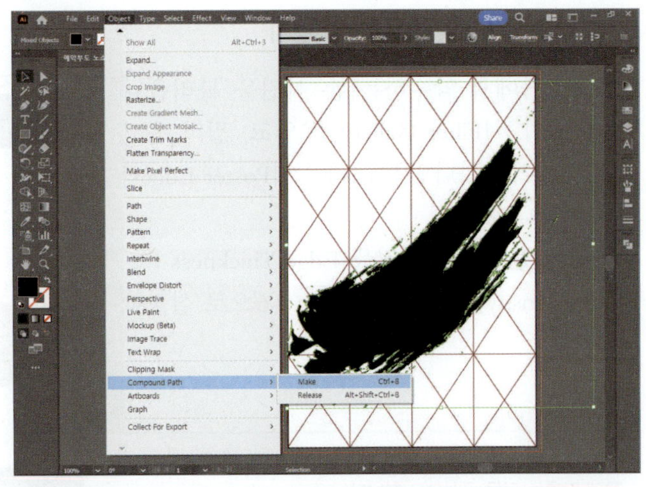

07 'Gradient tool'을 더블클릭해서 슬라이더의 색상을 M90과 C60Y40으로 입력하고 오브젝트 위로 클릭 드래그해서 그라데이션을 적용합니다.

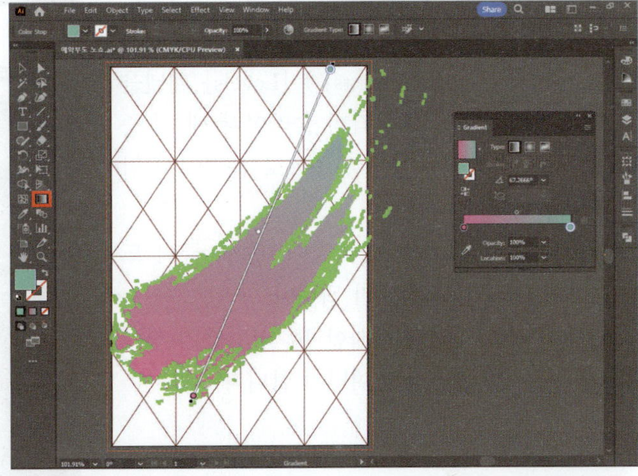

08 브러시를 이용해 만든 붓터치 모양의 오브젝트에 그라데이션을 넣는 방법은 여러 가지가 있습니다. 그라디언트가 적용된 오브젝트를 겹쳐 두고 붓 터치 모양으로 클리핑 마스크를 적용하는 방법도 있고, 포토샵으로 가져가서 그라데이션을 적용하는 방법도 있습니다.
시험의 결과물을 보고 채점을 하므로 각자 익숙한 방법으로 그라디언트를 적용하면 됩니다.

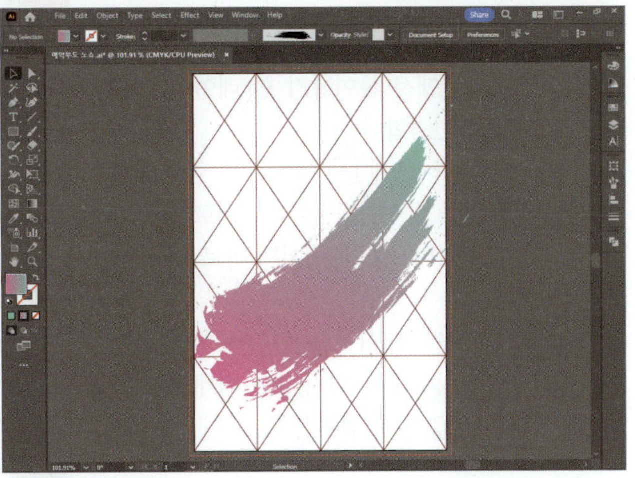

01 포토샵에서 악수하는 손 사진을 불러옵니다. [Filter] 〉 [Filter Gallery]를 열고, 필터 옵션 설정 패널이 나타나면 [Artistic] 〉 [Poster Edges]를 클릭합니다.

오른쪽에 있는 옵션 설정을 'Edge Thickness : 1, Edge Intensity : 0, Posterization : 6'으로 설정합니다.

기적의 TIP

효과의 옵션 설정은 여러 가지 변수가 많으므로 본인의 작업물에 맞추는 것을 우선으로 합니다.

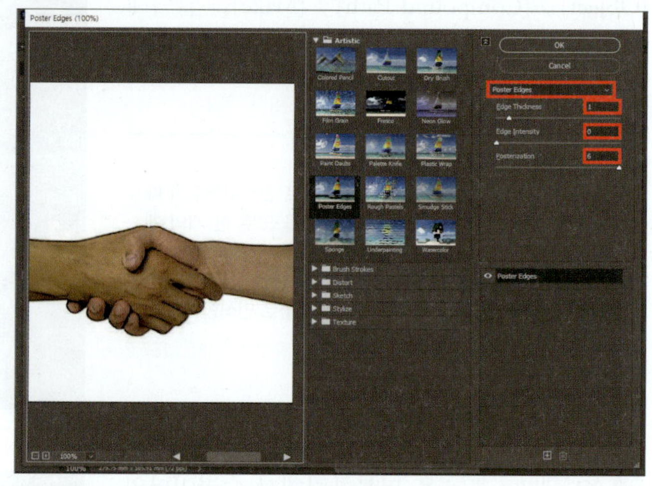

02 [Image] 〉 [Adjustments] 〉 [Levels] 패널을 열고, 'Input Levels'의 삼각형 슬라이더 세 개 중에 오른쪽 흰색 삼각형을 왼쪽으로 움직여서 밝기를 조절합니다.

'Quick Selection tool'을 클릭하고 손에 클릭 드래그하면 손이 선택 상태가 됩니다.

Ctrl + C 키를 눌러서 복사한 후 작업 중인 창에 Ctrl + V 키를 눌러서 붙여넣기 합니다.

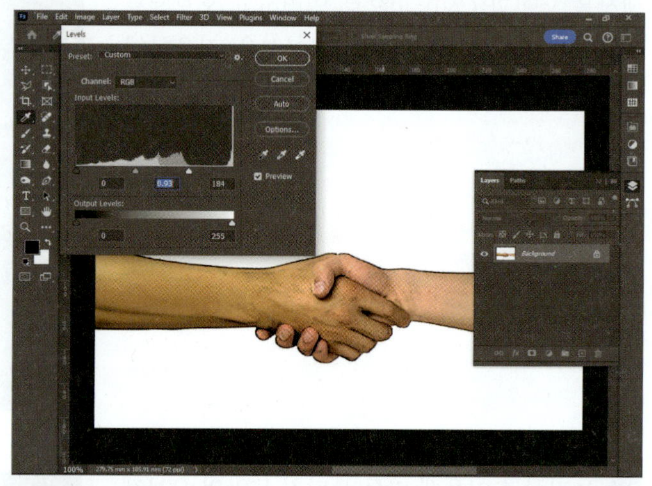

03 [Layers] 패널에서 붙여넣기 한 레이어 이름을 '이미지02'로 변경합니다.

[Layers] 패널의 하단에 + 아이콘을 클릭해서 새 레이어를 만들고 이름을 손 라인으로 바꾸고 레이어 위치는 '이미지02' 레이어의 바로 위에 위치시킵니다.

마우스로 '손 라인' 레이어를 클릭해서 선택한 후, Ctrl 키를 누른 채 '이미지02'의 썸네일을 클릭해서 선택영역을 지정합니다.

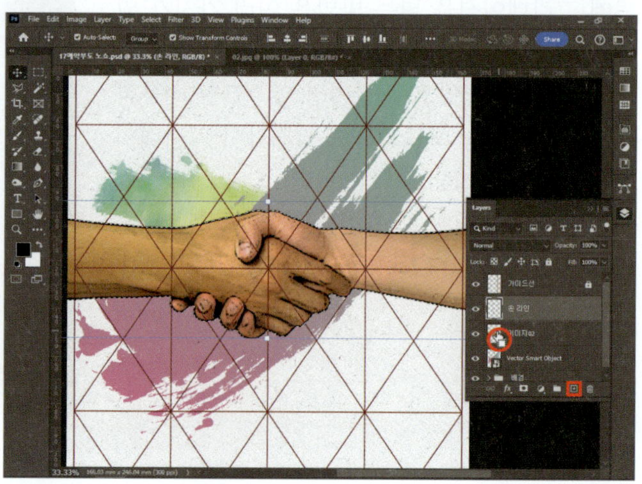

04 손이 선택영역으로 지정되었다면 [Edit] 〉 [Stroke]를 열고 'Stroke Width : 5px, Color : Black, Location : Inside'로 설정합니다.
아무것도 없던 '손 라인' 레이어에 5px의 검은색 손 테두리 라인이 생성되었습니다.

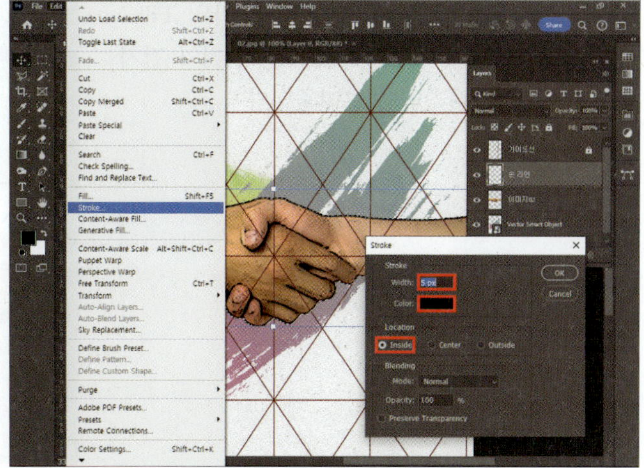

05 '이미지02' 레이어 바로 아래에 붓 터치 레이어가 위치해 있도록 한 후 두 레이어의 사이를 Alt 키를 누른 채 마우스로 클릭합니다.

> **기적의 TIP**
>
> '이미지02' 레이어에 마우스 오른쪽 버튼을 클릭하고 'Create Clipping Mask'를 클릭하는 방법도 있습니다.

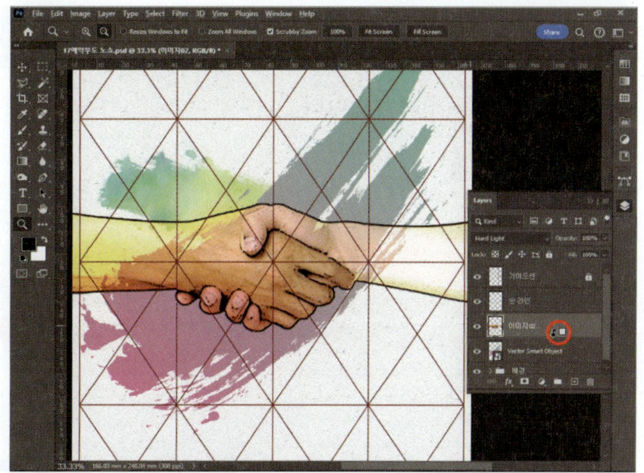

06 클리핑 마스크가 적용되고 손 테두리는 남아 있습니다.

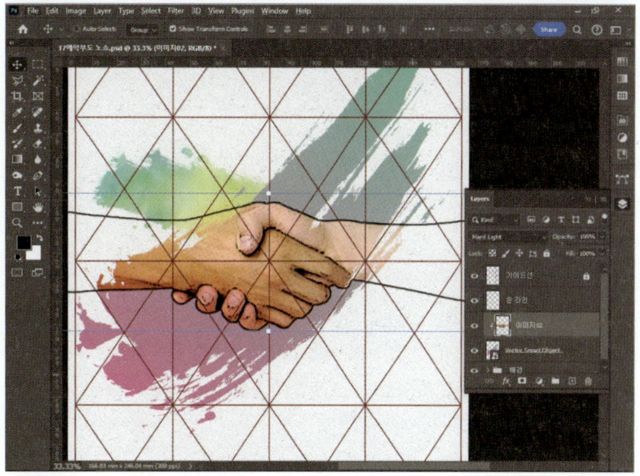

07 'Pen tool'을 선택하고 상단 옵션 바의 'Fill :
없음, Stroke : 5px'로 설정해주고, 엄지와 검지
의 뚜렷하지 않은 라인을 그려줍니다.

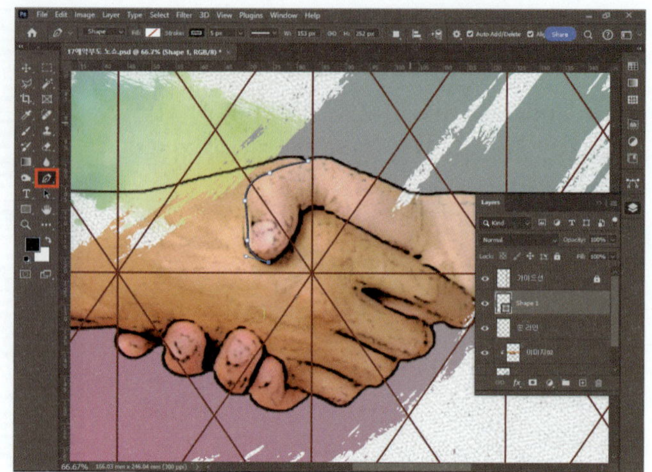

08 악수하는 손 라인 전체를 펜 툴로 그리지 않
고 필터 효과를 이용해서 간단하게 원고와 비슷
한 이미지를 만들어 보았습니다.

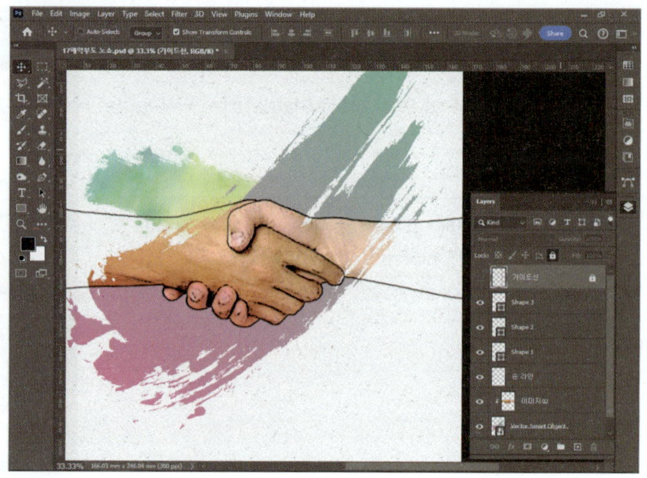

기와 사진에 그라데이션과 하프톤 필터를 적용해 망점 느낌의 질감을 만든 뒤, 클리핑 마스크와 블렌딩 모드로 자연스러운 연출을 해 보세요. Soft Light 블렌딩과 Opacity 조절, 색상 반전과 망점 레이어 회전을 통해 분위기를 조절하는 연습을 해 보세요.

01 기와에 망점 필터 효과 적용하고 블렌딩하기

01 [Layers] 패널의 하단에 ⊞ 아이콘을 클릭해서 새 레이어를 만들고 이름을 망점으로 입력합니다.
'Gradient tool'을 클릭하고 상단의 옵션 바에 'Classic gradient'를 선택하고, 색상은 'Black, White'로 선택합니다.
'망점' 레이어가 선택된 상태로 캔버스에 클릭 드래그해서 그라데이션을 적용합니다.
[Filter] 〉 [Pixelate] 〉 [Color Halftone]을 클릭하고, 대화상자가 나타나면 'Max, Radius : 15, Screen Angles(Degrees) : 모두 0'을 입력합니다.

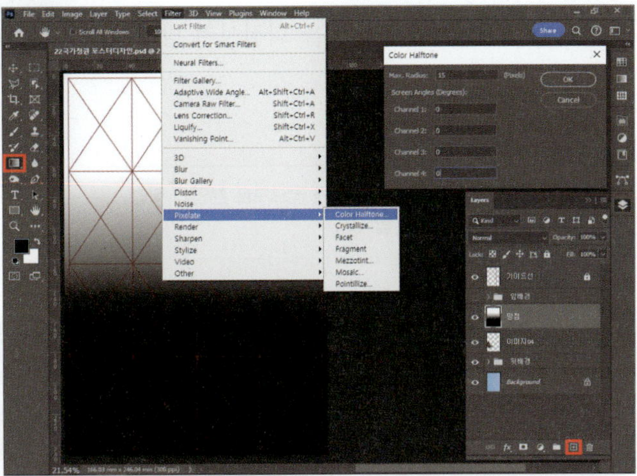

02 [Layers] 패널에서 기와 사진의 '이미지 04' 레이어 바로 위에 '망점' 레이어가 위치해 있도록 합니다. 두 레이어의 사이를 Alt 키를 누른 채 마우스로 클릭해서 클리핑 마스크를 적용합니다.

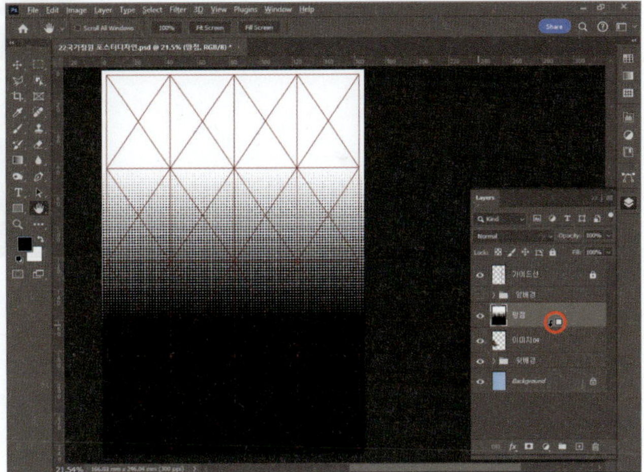

03 [Layers] 패널에서 ‘망점’ 레이어를 선택한 후 패널 상단에 있는 ‘blending mode : Soft Light’를 선택합니다. 바로 옆의 ‘Opacity : 32%’로 설정해 줍니다.

블렌딩된 망점의 색상이 바뀌어 있다면 [Image] 〉[Adjustments] 〉[Invert]를 클릭하면 색상이 반전됩니다.

Ctrl + T 키를 눌러서 ‘망점’을 회전시켜 방향과 위치를 잡아줍니다.

효과의 옵션 설정은 여러 가지 변수가 많으므로 본인의 작업물에 맞추는 것을 우선으로 합니다.

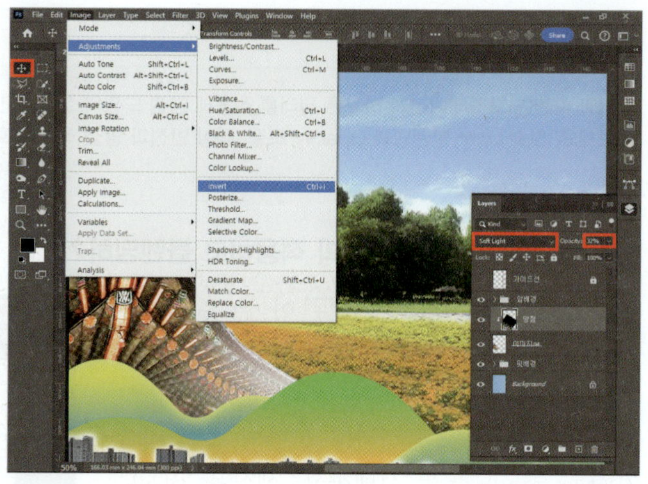

04 Blending mode는 시험에 자주 나오기 때문에 자신의 결과물에 어울리는 값을 찾아보며 각각의 특성이 어떠한지도 살펴보도록 합니다.

색상의 반전은 블렌딩 모드를 적용한 후 결과물을 보고 적용 여부를 결정합니다.

Ctrl + S 키를 수시로 눌러서 저장하는 습관은 매우 중요합니다.

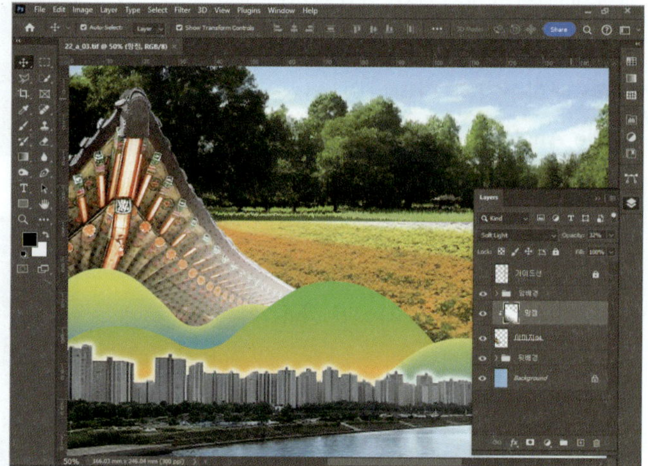

벚꽃잎 모양을 기준으로 텍스트가 흘러가도록 텍스트 감싸기(Text Wrap) 기능을 연습해 보세요. 일러스트로 가져온 꽃잎을 Image Trace로 벡터화한 뒤, Text Wrap Options의 Offset 설정으로 텍스트 박스와 거리를 조절하고, 인디자인에서는 본문 텍스트를 레이아웃에 맞게 흐르게 만드는 과정을 연습해 보세요.

01   텍스트 감싸기(일러스트레이터)

01 [Layers] 패널에서 텍스트가 감싸야 할 꽃잎 레이어를 선택하고 Ctrl+J 키를 눌러 레이어를 복제합니다.

복제된 레이어를 선택하고 Ctrl 키를 누른 채 레이어의 썸네일을 클릭해서 선택영역으로 만들고 Alt+Delete 키를 눌러서 전경색으로 칠해줍니다.

Ctrl+C 키를 눌러서 검은색으로 칠해진 벚꽃잎 모양을 복사해서 일러스트레이터를 열고 Ctrl+V 키를 눌러서 붙여넣기합니다.

02 일러스트에 복사된 꽃잎 이미지를 벡터 이미지로 바꾸기 위해 상단 옵션 바의 'Image Trace'를 클릭합니다.

옵션은 '3 Colors' 또는 'Black and White Logo'로 선택해 줍니다.

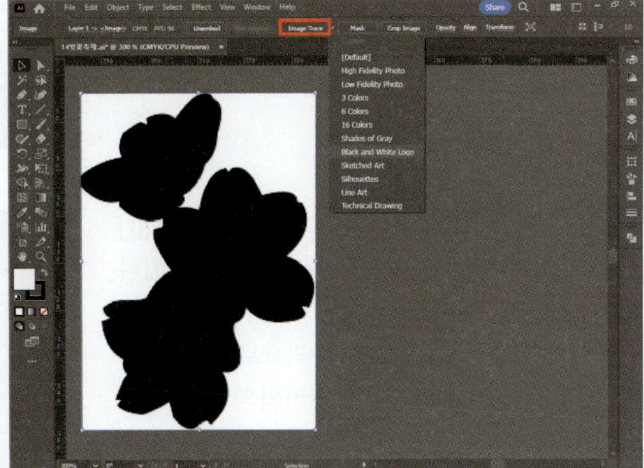

03 상단의 옵션 바의 'Expand'를 클릭해서 선과 면으로 확장합니다.

마우스 오른쪽 버튼을 눌러서 'Ungroup'을 클릭해 그룹을 해제한 후에 'Selection tool'로 흰색의 필요 없는 부분을 선택해 삭제합니다.

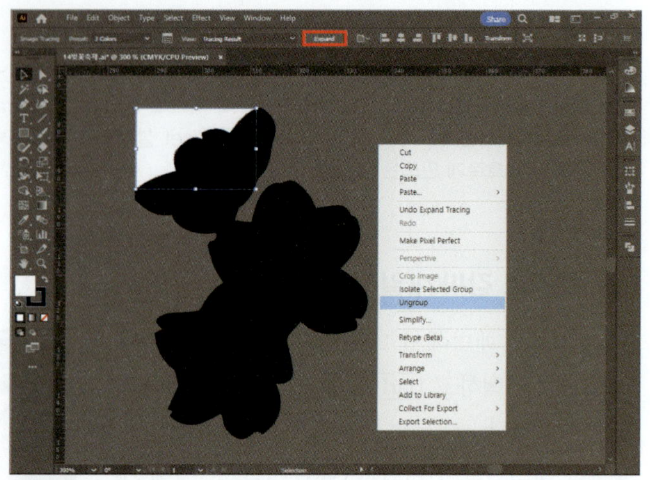

04 [Type tool]을 선택하고 아트보드에 클릭 드래그해서 텍스트 박스를 만들고 면색을 C57M100Y60K20으로 선색은 None으로 설정합니다.

상단 옵션 바의 'Character'를 클릭하고 폰트를 '명조' 폰트 크기는 '8pt'로 선택한 뒤 지시사항에 있는 긴 문장을 텍스트 박스에 입력합니다.

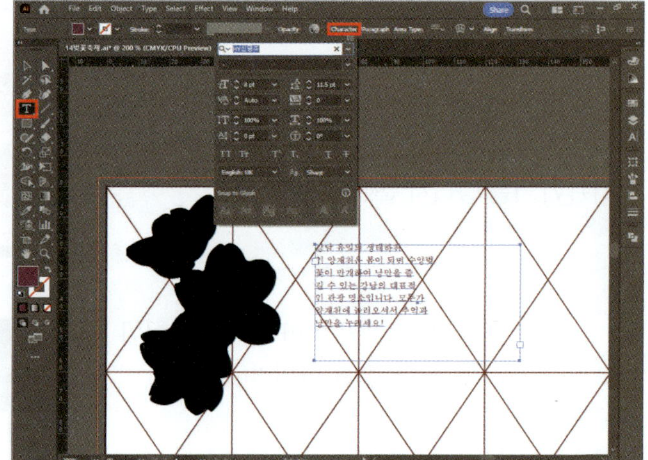

05 꽃잎 오브젝트를 선택하고 Shift + Ctrl +] 키를 눌러서 텍스트 박스보다 위에 위치시킵니다. 메뉴바의 [Object] 〉 [Text Wrap] 〉 [Make]를 클릭하면 패스 선이 일정한 간격으로 외곽에 하나가 더 생기고 그 간격만큼 글자와의 거리가 글줄이 바뀌어도 유지됩니다.

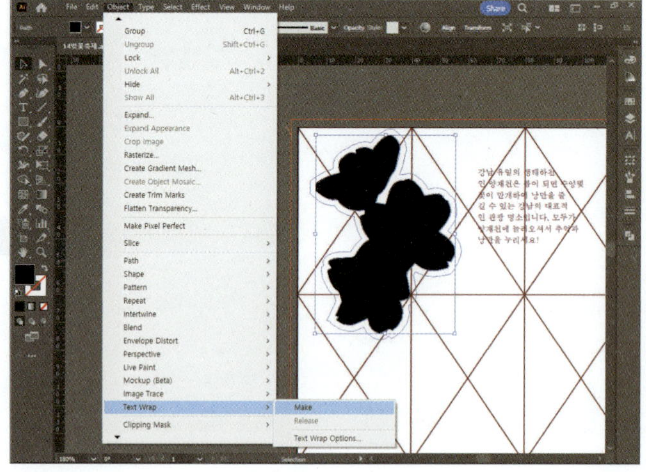

꽃잎과 글자와의 거리를 조절하고 싶다면 [Object] 〉 [Text Wrap] 〉 [Text Wrap Options]를 클릭해서 'Offset'의 설정 값을 조절해 보세요

06 'Selection tool'을 이용해서 텍스트 박스를 디자인 원고와 비슷하게 바뀌도록 이동시키고 줄 간격도 조절해 봅니다.

텍스트 박스를 가까이 겹쳐도 문자가 바뀌지 않는다면 꽃잎 오브젝트를 선택하고 [Shift]+[Ctrl]+[]] 키를 눌러서 글자보다 위에 위치시켜 줍니다.

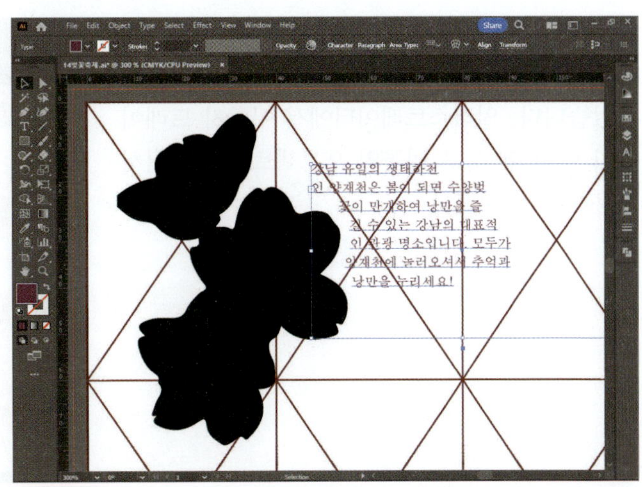

07 디자인 원고와 비슷하게 만들어졌다면 텍스트 박스를 선택하고 마우스 오른쪽 버튼을 클릭한 후 'Create Outlines'를 클릭해서 문자를 이미지로 바꿔줍니다.

[Ctrl]+[C] 키를 눌러서 복사한 후 포토샵의 작업 중이던 창을 열고 [Ctrl]+[V] 키를 눌러서 붙여넣기 합니다.

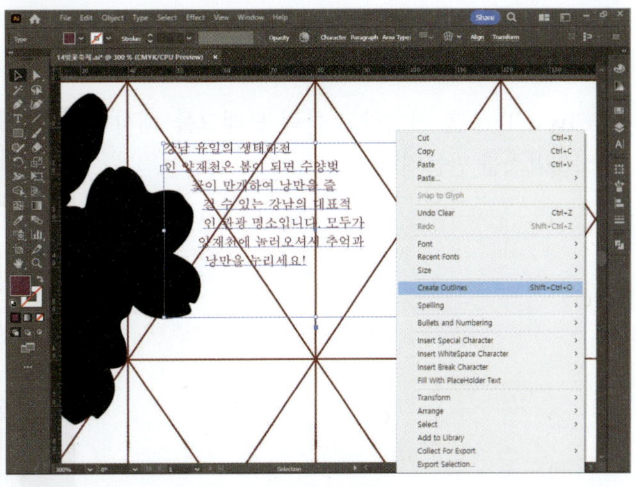

08 검은색으로 칠했던 레이어는 필요가 없어졌기 때문에, [Layers] 패널의 벚꽃잎을 복사해서 패널 하단 쓰레기통 모양의 'Delete layer'를 클릭해서 삭제합니다.

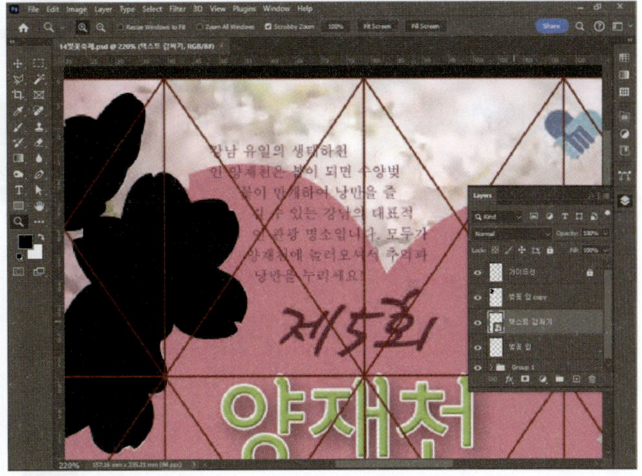

09 포토샵에서 이미 벚꽃잎만 깔끔하게 분리해
놓은 레이어가 있기 때문에 그 레이어를 활용해
보았습니다. 일러스트레이터에서 이미지 트레이
스가 아닌 펜 툴로 벚꽃잎 오브젝트를 만들어서
사용해도 됩니다.

02 텍스트 감싸기(인디자인)

01 'Type Tool'을 선택하고 클릭 드래그를 해서
텍스트 박스를 만듭니다.

02 지시사항에 있는 긴 글을 텍스트 박스 안에
입력합니다.

입력된 글자들을 클릭 드래그해서 블록을 씌운
후 상단의 옵션 바에서 '폰트 : 명조, 폰트크기 :
8pt'로 입력합니다.

글자 색은 옵션 바의 오른쪽에 T 모양 아이콘을
클릭해서 'New Colors Swatch'를 클릭합니다.

03 [New Colour Swatch] 패널이 나타나면
C57M100Y60K20으로 설정합니다.

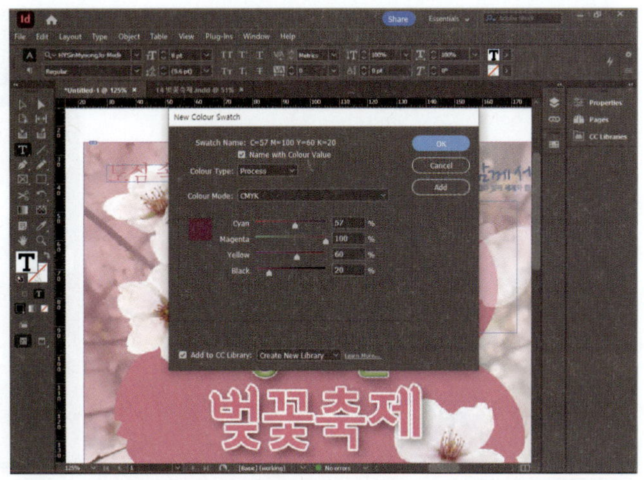

04 'Pen Tool'을 클릭해서 텍스트 박스와 맞닿는
부분의 꽃잎을 그려줍니다.

05 [Window] 〉 [Text Wrap]을 클릭하고 옵션
창이 열리면 파란 동그라미가 있는 아이콘 'Wrap
around object shape'을 클릭하고, 'Top Offset: 1'
로 설정합니다.

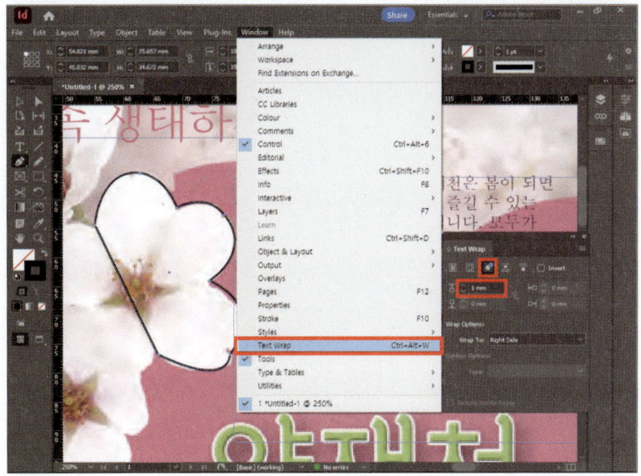

06 펜 툴로 그렸던 꽃잎을 선택하고 선색과 면
색을 모두 None으로 설정합니다.

자격증은 이기적!

합격입니다.

이기적 강의는
무조건 0원!
이기적 영진닷컴

공부하다가
궁금한 사항은?
이기적 스터디 카페

자격증은
이기적!